2026
New International
Standards
on Auditing

2025 개정사항 반영

NEW

ISA
회계감사

저자 노준화

도서출판 탐진
www.tamjin.co.kr

2025년 개정판은 매우 많은 내용이 개정되었다. 주요 개정은 ❶ 최근 출제 경향에 맞게 전반적 개정하고 ❷ 2025년에 개정된 감사기준서 315, 540 및 720의 내용을 반영하였다. 특히 개정 감사기준서의 개정 내용은 기본 판을 흔들 정도로 전반적이다. 아래는 개정된 감사기준서 315, 540 및 720의 주요 내용을 제시한다.

ISA 315 중요왜곡표시위험의 식별과 평가

1. 기준서 제목과 목적의 변경 : 현행 기준은 감사인이 기업의 내부통제를 기업과 기업환경 내에서 이해할 것을 요구하고 있으나, 개정 개정기준은 감사인이 ① 기업과 기업환경, ② 해당 재무보고체계 및 ③ 기업의 내부통제 시스템 등 3가지 사항에 대하여 별도의 이해를 요구하고 있다.
2. 전문가적 의구심의 행사와 관련한 요구사항 강화
3. '관련경영진주장'과 '유의적인 거래유형, 계정잔액 또는 공시' 개념 도입
4. 위험평가절차가 중요왜곡표시위험의 식별과 평가 등의 근거가 됨을 명확히 함
5. 고유위험과 통제위험에 대한 분리 평가
6. 고유위험요소, 고유위험의 범위 도입 및 유의적 위험의 정의 변경
7. 식별되어야 하는 통제의 명확화 등 내부통제 시스템 관련 개정
8. 위험평가절차에서 정보기술 및 자동화된 도구와 기법의 사용
9. 문서화 요구사항의 확대

540 회계추정치와 관련 공시에 대한 감사

1. 기준서 제목과 목적의 변경
2. 고유위험요소 개념 도입
3. 위험평가절차 강화
4. 통제 테스트
5. 요구사항의 재구성(restructure) 및 기준의 확장성 확보
6. 감사인의 점(범위)추정치 도출

ISA 720 기타정보에 관한 감사인의 책임

구 분	현행 기준	개정 기준
기타정보의 범위	• 기타정보 – 감사받은 재무제표 및 해당 재무제표에 대한 감사보고서가 포함되어 있는 문서에 법규 또는 관습에 의해 포함되는 (해당 재무제표와 이에 대한 감사보고서 외의) 재무정보와 비재무정보 • "감사받은 재무제표를 포함하고 있는 문서": 소유주(또는 이와 유사한 이해관계자)에게 발행되는 사업보고서(또는 유사문서) • 사업보고서 외에 감사받은 재무제표를 포함하고 있는 기타의 문서(예, 유가증권 발행시 사용하는 문서)에도 적용될 수 있음	• 기타정보 – 기업의 사업보고서에 포함되어 있는 (재무제표와 재무제표에 대한 감사보고서 외의) 재무정보와 비재무정보 • 사업보고서 (annual report) – 경영진 또는 지배기구가 소유주 또는 유사한 이해관계자에게 기업의 영업과 재무제표에 기술된 재무성과와 재무상태에 대한 정보를 제공하기 위해 법규 또는 관습에 따라 통상적으로 연차 기준으로 작성한 문서(의 결합) • 증권 공무 서류(예측 정보 포함)는 명시적으로 적용범위에서 제외
기타정보의 입수	• 사업보고서를 감사보고서일 전 입수할 수 없는 경우, 가급적 조기에 열람하도록 할 뿐 구체적 조치 없음	• 사업보고서를 감사보고서일 전 입수할 수 없는 경우, 사업보고서 최종본을 감사인에게 제공하겠다는 경영진 서면 진술을 요청해야 함
중요한 불일치의 범위	• 기타정보와 재무제표 간 중요한 불일치만 고려	• 중요한 불일치에 기타정보와 감사인의 지식 간 불일치가 추가됨
기타정보를 열람, 고려하는 절차	• 기타정보를 열람하도록 요구할뿐 구체적인 절차 없음	• 기타정보에서 선택된 금액 또는 항목을 재무제표와 비교하도록 요그함 • 감사인의 지식과 불일치 여부를 확인하기 위해 관련 조서를 참조하거나 관련 팀원 등에게 질문해야 할수도 있음

구 분	현행 기준	개정 기준
중요한 불일치가 아닌 기타 정보의 왜곡표시	• 중요한 불일치가 아닌 왜곡표시(사실의 중요한 왜곡표시로 지칭)는 경영진의 수정 거부 시, 지배기구 통지 후 적합한 추가 조치(법적 조언 등)를 취하면 됨	• 왜곡표시 징후가 식별된 이후에는 중요한 불일치에 의한 왜곡표시인지 아닌지를 구분하지 않음 • 즉 기타정보의 왜곡표시가 재무제표 또는 감사인의 지식과 무관한 경우에도 감사보고서에 기재하는 등 중요한 불일치와 동일한 조치를 취해야 함
감사보고서일 전 기타정보의 왜곡표시	• 경영진이 기타정보 수정을 거부하는 경우 다음 조치 – 기타사항에 기재 – 감사보고서 발행 보류 – 가능한 경우, 계약 해지	• 경영진 → 지배기구가 모두 기타정보 수정을 거부하는 경우 – 감사보고서상 시사점 고려 – 가능한 경우, 계약 해지
감사보고서일 후 기타정보의 왜곡표시	• 경영진이 수정 거부 시, 지배기구에 통지하고 적합한 추가조치를 취함(법적 조언 등)	• 경영진 → 지배기구가 모두 수정 거부시, 감사보고서의 이용자가 적절하게 주의를 기울일 수 있도록 적절한 조치를 취함(감사보고서 재발행 포함)
보 고	• 감사보고서일 전, 중요한 불일치가 식별된 경우에만 기타사항 기재 고려	• 상장기업의 경우, 기타정보를 입수하였거나 입수할 것으로 예상되면, 기타정보의 왜곡표시와 무관하게 '기타정보' 별도 단락 기재 • 기타정보 단락에 '보고할 사항이 없다'고 기술하거나, 'X보고서는 감사보고서일 후 입수할 것으로 예상된다. X보고서에서 중요한 왜곡표시를 발견할 경우 ~한 조치를 취한다'고 기술해야 함

2025. 12. 5

2025년 공인회계사 2차 시험 회계감사 문제를 AI에게 풀어보게 했습니다. 단순한 호기심에서 시작했지만, 예상보다 흥미로운 결과가 나와 여러분께도 도움이 될 것 같아 이 책에 함께 실었습니다. 저는 먼저 기출문제를 PDF로 변환한 뒤, AI에게 이렇게 물었습니다.

> "첨부한 파일은 2025년 공인회계사 회계감사 과목의 기출문제입니다. 회계감사기준에 근거하여 답안을 작성하고, 가능하다면 기준 번호도 함께 기재해 주세요."

AI가 작성한 답안을 살펴보니, 제 기준으로는 약 53점 정도, 즉 회계감사를 포함해 2유예 수준의 수험생이 흔히 쓸 수 있는 답안이었습니다.

AI는 방대한 자료를 바탕으로 답안을 작성하지만, 본질을 깊이 이해하기보다는 단순히 연결하고 추론하는 방식이기에 한계가 있습니다. 이는 마치 수험생이 요약집만 외워서 답안을 쓰는 모습과 크게 다르지 않습니다.

AI 와 수험생은 다음과 같이 비교할 수 있습니다.

구 분	특 징	점수 수준	학습 방식
AI / 암기형 수험생	자료를 폭넓게 알고 있지만 이해는 부족함	약 53점	단순 암기, 요약집 중심 학습
이해형 수험생	기본서를 정독하며 맥락과 원리를 이해함	60점 이상	개념 중심, 상황 연상 학습
통찰형 학습자	경험과 원리를 연결하여 상황을 판단함	80점 이상	응용 · 판단 중심의 학습

AI는 세상에 공개된 거의 모든 자료를 검색하고, 이를 바탕으로 추론할 수 있습니다. 이 점만 보면 마치 open book 시험을 치르는 것과 비슷하지요.

하지만 중요한 차이가 있습니다. AI는 회계감사 경험이 없습니다. 즉, 스스로 이해하지 못한 내용을 단지 "기억"만 하고 있는 상태입니다. 그래서 AI를 수험생에 비유하자면, 책의 내용을 100% 암기했지만 하나도 이해하지 못한 학생과 같습니다.

그런 학생이 시험을 본다면 몇 점쯤 받을까요? 아마 AI와 유사하게 53점, 바로 그 수준일 것입니다.

하지만 여기에 '이해'라는 노력이 더해진다면 상황은 달라집니다. 그 순간 점수는 60점을 넘어가기 시작합니다. 암기에서 이해로, 그리고 이해에서 통찰로 나아가는 과정—그것이 바로 진짜 공부의 힘입니다.

이 책은 회계감사 경험이 없는 독자들을 위해 스토리텔링(storytelling)의 방식으로 회계감사를 설명하고 있습니다. 단 한 번이 아니라 최소한 세 번 이상 정독해 보세요. 그러면 외워야 할 부분이 눈에 띄게 줄어들 것입니다. 처음엔 시간이 오래 걸릴까 두려울 수 있습니다. 하지만 그 두려움 때문에 암기에만 매달리면, 시험일이 다가올수록 불안과 초조함은 커질 뿐입니다.

그러니 독자 여러분, 잠시 마음의 여유를 가지고 기본서를 차근차근 정독해 보세요. 읽는 동안 이해가 쌓이고, 그 이해가 여러분을 시험장에서도 지켜줄 것입니다.

이번 실험을 통해 저자는 '이해'의 중요성을 다시 한번 확인했습니다. 사회 경험이 부족한 수험생이 단순 암기만으로는 회계감사의 깊이에 도달하기 어렵습니다. 저자가 권하는 방법은 명확합니다.

기본서를 한 줄 한 줄 이해하면서, 주어진 상황을 머릿속에 그려보는 것입니다. 마치 간접 경험을 하듯 상황을 상상하고, 그 안에서 원리를 이해하는 연습이 필요합니다.

실제로 2025년 기출문제에서도, 문제 상황만 제대로 이해했다면 암기하지 않아도 90점 가까이 쓸 수 있는 문제들이 많았습니다. 저 역시 모든 절차를 외우고 있진 않지만, 상황이 주어지면 전문가로서의 대응이 자연스럽게 떠오릅니다. 그 힘은 기본서의 이해에서 비롯된 것입니다.

여러분께 AI의 답안을 그대로 보여드리는 이유는 단순한 호기심 때문이 아닙니다. 이 답안이 우리에게 전하는 메시지는 명확합니다.

"암기만으로는 한계가 있고, 이해를 통한 학습이 진짜 실력을 만든다."

공부가 힘들고 조급할 때일수록 기본서로 돌아가야 합니다. 끝까지 차근차근 이해하며 나아가다 보면, 그 이해는 곧 실력으로, 그리고 결실로 이어질 것입니다.

※ 2025년 기출문제의 AI 작성 답안은 '회계감사 REVIEW'에 수록되어 있습니다.

2025. 12. 5

머리말

우리나라는 2013년부터 국제감사기준(New ISA)을 번역해서 회계감사기준으로 사용하고 있다. 국제감사기준은 매년 개정이 이루어지고 있지만, 우리나라는 국제감사기준이 대폭 개정되는 특별한 상황이거나 또는 대체로 과거 5년 동안 개정된 국제회계기준의 내용을 주기적으로 반영하여 회계감사기준을 개정한다.

회계감사기준은 국제회계감사기준과 동일한 체계로 주제별로 100단위의 감사기준서로 구성되어 있다.

구체적으로 감사기준서는 기준(Standard)과 기준에 대한 적용 및 설명자료(Application & Explanation)로 구성되어 있다. 기준은 200.10, 200.11과 같은 번호로, 적용 및 설명자료는 200.A10, 200.A11과 같은 체계를 가진다. 적용 및 설명자료는 기준에 대한 설명과 다양한 상황에서 기준을 어떻게 적용할 수 있는지를 예시하고 있다. 실로 그 양이 방대하여 도저히 암기로는 내용을 숙지할 수 없다.

적용 및 기타 설명자료의 경우, 일부만으로도 기준을 이해하는 데 부족하지 않다. 따라서 저자는 분량이 방대하고 복잡한 사항들을 도표로 정리하여 간결(compact)함을 추구하고 있다.

첫째 본문의 내용은 원칙적으로 New ISA에 충실하고 이를 회계감사이론 및 실무와 결부시켜 서술하고 있다. 또한 관련 법률은 빠짐없이 수록하여 별도로 법규를 찾는 불편이 없도록 하였다.

둘째 본서는 수험생이 반드시 알아야 할 사항을 본문에 수록하였으며, 본문이 광범위하거나 복잡할 경우 본문 앞부분에 '핵심'을 추가하였고, 어렵고 이해하기 어려운 부분은 Tip과 Review Point를 제공하고 있다. 또한 기본서를 읽을 때 반드시 숙지해야 할 내용은 Q라는 질문을 수록하고 있다.

셋째 본서는 다양한 예제(Examples)와 기본개념을 이해하는데 필요한 연습문제(Exercises)를 제시함으로써 본문의 개념을 정립하는 데 도움을 주고 있다. 또한 도표와 그림을 통하여 독자 스스로 정리할 수 있도록 하였다. 단원이 끝나는 부분에 기초적인 연습문제를 해답과 함께 수록하였다.

넷째 본서를 공부하기 전에 다음 사항을 참조할 것을 권장한다.

- 인용문구의 표시 : 본문 중 감사기준에서 인용한 것은 'ISA 200-10'과 같이, 적용 및 설명자료를 인용한 것은 'ISA A200-10'과 같이 표시하였다. 공인회계가 윤리기준을 인용한 것은 예를 들면 '윤리기준 100.1'과 같이 표시하였다.

- 본서의 구성 : 본 서는 총 5개의 part로 구성되어 있다.

  PART Ⅰ(감사의 개념) : 제1장에서 본서를 이해하는 데 필요한 감사의 기본적인 개념을 제시한다.

  PART Ⅱ(감사의 시작) : 제2장부터 제10장에서 감사과정을 순서별로 제시하고 있다. 공인회계사 시험에서는 대부분 이 부분에서 출제된다. 그러나 대부분이지 전부는 아니라는 것을 명심하자.

  PART Ⅲ(그룹재무제표감사 등) : 제11장과 제12장에서 그룹재무제표감사, 검토, 기타 인증서비스 및 내부회계관리제도에 대한 감사(검토))를 제시하고 있다.

  PART Ⅳ(감사의 통계적 환경과 IT환경) : 제13장과 제14장에서 감사의 통계적 환경과 IT환경을 제시하고 있다.

  PART Ⅴ(감사인의 책임과 감사품질) : 제15장과 제16장에서 감사인의 책임과 감사품질을 제시하고 있다.

본 서는 New ISA의 도입으로 2014년 신간을 발간한 후 대폭 개정한 Version 4.0에 해당한다. 저자는 본서의 수준을 높이기 위하여 매년 개정작업을 게을리 하지 않을 것을 약속한다. 또한 이 책이 여러 독자에게 읽혀져 회계학의 발전에 조금이나마 일조하기를 바라며, 독자 여러분의 아낌없는 조언과 비판을 바란다.

본 서를 개정하는데 있어 충남대학교를 졸업하고 2021년 공인회계사 시험에 합격한 이민용 회계사의 도움이 컸다. 이 책이 출판되기까지 도서출판 탐진의 최재범 사장님과 편집부 직원 여러분의 노고에도 깊은 감사를 드린다.

2014년 1월 초판

2025년 12월 개정

저자 씀

CONTENTS

PART 1

The Overview of Auditing

감사의 개념

Chapter 1 회계감사의 개요

new ISA

차 례

CONTENTS

PART 2

Audit Process

감사과정

Chapter 2 감사의 시작: 감사계약, 위험평가 및 감사계획

new ISA

CONTENTS

Chapter 4 감사의 수행: 위험평가(내부통제의 평가)

Chapter 5 감사의 수행: 위험평가(부정과 오류)

new ISA

차례

Chapter 6 감사의 수행: 감사증거

Chapter 7 감사의 수행: 기본적 실증절차

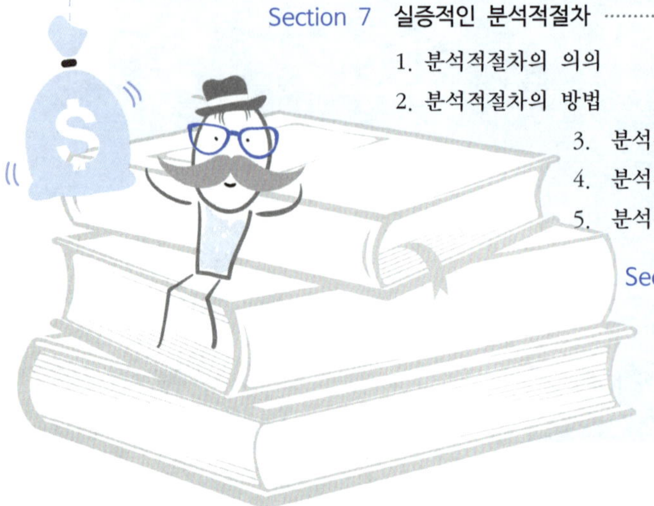

CONTENTS

new ISA

차 례

Chapter 9 감사의 수행: 실증절차의 완료

차 례

CONTENTS

PART 3

Auditing on Special Environment

그룹재무제표감사, 검토, 기타 인증서비스 및 내부회계관리제도에 대한 감사(검토)

Chapter 11 그룹재무제표감사, 검토 및 기타 인증서비스

new ISA

차 례

CONTENTS

PART 4

Auditing on Special Environment

감사의 통계적 환경과 IT환경

Chapter 13 표본감사

n e w I S A

차 례

CONTENTS

new ISA

차례

PART 5 감사인의 책임과 감사품질

Auditor' Responsibility and Audit Quality

Chapter 15 감사인의 책임과 의무

Chapter 16 감사인의 자격과 감사품질

CONTENTS

new ISA

NEW INTERNATIONAL STANDARDS ON AUDITING

PART 1

감사의 개념

contents

NEW INTERNATIONAL STANDARDS ON AUDITING

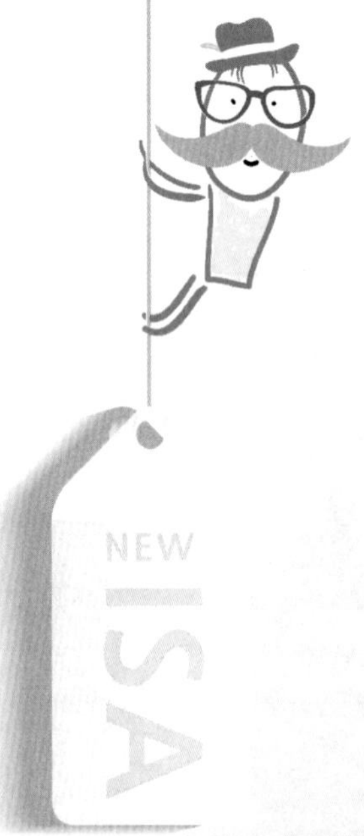

CHAPTER 1

회계감사의 개요

SECTION 01 회계감사와 재무제표의 신뢰성

1 회계감사의 의의

핵심

1. 회계감사는 재무제표의 신뢰성을 제고함으로써 재무제표의 가치를 증진시킨다. 즉, 회계감사는 재무제표가 보다 유용한 정보가 될 수 있도록 해준다.
2. 회계감사는 공인회계사가 제공할 수 있는 다양한 서비스 중 재무제표에 대한 인증업무에 속하며, 감사인은 감사를 통하여 "재무제표가 회계기준에 따라 작성되었다"는 합리적 확신을 제공한다.
3. 회계감사는 재무제표에 대한 신뢰성만을 부여할 뿐이며, 기업의 건전성 여부에 대한 의견을 제시하는 것은 아니다.

1.1 회계감사의 출현과 가치

회계감사는 영국에서 시작된 산업혁명과 함께 출현하였다. 산업혁명 전에는 가족중심의 소규모 가내수공업이 일반적이었다면, 산업혁명 후에는 엔진(증기기관)을 활용한 대규모 설비를 구축하고 규격화된 제품을 생산함으로써 규모의 경제를 실현할 수 있었다. 그 결과 제품원가를 낮춤으로써 가격 경쟁력을 가질 수 있게 되었고, 기업은 더 높은 수준의 규모의 경제를 실현하기 위하여 경쟁적으로 규모를 키우게 되었다. 그 과정에서 불특정 다수로부터 자금을 모집하는 것이 필요하였다. 특히 영국의 경우 민영회사가 철도를 건설하는 과정에서 불특정 다수에게 채권(bonds)을 발행하여 필요한 자금을 조달하였는데, 채권 투자자들은 민영철도회사가 제공하는 재무제표를 믿지 못해 투자를 주저하였고, 결과적으로 자금모집에 어려움을 겪게 되었다.

그러던 중 어떤 민영철도회사가 제3의 독립적인 전문가에게 재무제표를 감사받아 제출하기 시작하였다. 그런데 뜻하지 않게 민영철도회사들은 투자자들이 감사받는 재무제표를 제공하는 채권에 더 잘 투자하고, 해당 채권의 가격 또한 높게 책정되는 현상을 경험하면서, 회계감사서비스가 확산되었다. 이후 영국 왕실은 선발된 회계전문가에게 직접 칙허회계사(CA: Chartered Accountant)라는 자격을 부여하기 시작하였고, 민

주국가에서는 권위를 가진 기관이 공인회계사(CPA: Certified Public Accountant) 면허를 발급하고 있다.

영국의 경우 초기에는 개인 칙허회계사(CA)가 회계감사서비스를 제공하였지만 시간이 흐르면서 회계법인(accounting firm)으로 조직화되었고, 수많은 개인 칙허회계사(CA) 또는 회계법인이 서로 경쟁하며 회계감사서비스를 제공하게 되었다. 그 중에서 유독 8개의 회계법인이 자본시장으로부터 집중적으로 신뢰를 받았는데 이를 Big 8이라고 한다.

산업혁명은 영국에서 출발하였지만 오늘날 자본주의를 주도하는 국가는 미국이다. 그 과정에서 Big 8의 주된 활동무대도, 미국 특히 뉴욕의 Wall Street에 집중되었다. 1980년대 들어 Big 8 간에도 경쟁이 치열하였는데, 당시에는 주로 매출액 순위(rank)를 높이는데 주력하였다. 그 결과 Big 8 중 두 개의 회계법인이 서로 합병(M&A)함으로써 순위를 높이자 짧은 시간 내에 또 다른 두 개의 회계법인 합병하여 곧바로 Big 6 체계로 시장을 지배하게 되었다.

1990년대 들어 두 개의 회계법인(PriceWaterhouse와 Coopers & Lybrand)이 합병하여 Big 5로 재편되었고, 2001년 Enron 등의 회계부정 사건으로 아더앤더슨(Arthur Andersen) 회계법인이 면허(firm license)를 반납함으로써 Big 4체제로 재편되었다.

Big 4 회계법인은 시장에서 수많은 다른 회계법인과는 분명히 차별되는 독보적인 위치를 차지하고 있다. [그림 1-1]은 미국(2023년 기준)의 상위 4개 회계법인을 매출액(단위: billion $)기준으로 표시한 것이다. Big 4회계법인의 매출액은 독보적이다. 이는 시장이 Big 4 회계법인을 얼마나 신뢰하고 그들이 제공하는 서비스에 대하여 얼마나 높은 가치를 부여하는지를 알 수 있게 한다.

TIP

Deloitte.

PRICEWATERHOUSECOOPERS

ERNST & YOUNG EY

KPMG

그림 1-1 미국의 상위 4개 회계법인의 매출액(2023년 기준)

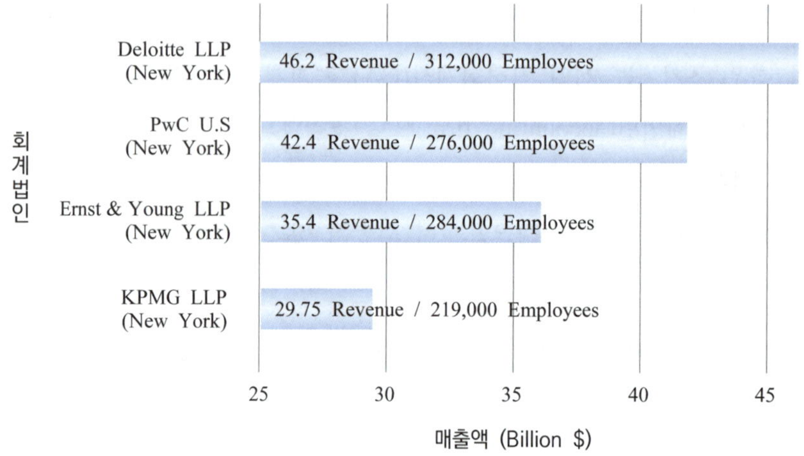

Big 4 중 미국에서 가장 사장의 신뢰를 받고 있는 매출액 1위는 Deloitte이며 Deloitte는 안진회계법인과 네트워크(network) 관계를 가지고 있다. 2위는 PwC로 삼일회계법인과 네트워크(network) 관계를 가지고 있다. 3위는 Earnst & Young으로 한영회계법인과 네트워크(network) 관계를 가지고 있다. 4위는 KPMG로 삼정회계법인과 네트워크(network) 관계를 가지고 있다.

오늘날 생존하는 상위 Big 4는 그 역사가 100년이 넘는다. 오랜 역사동안 수많은 감사보고서를 발행하면서 Big 4가 시장으로부터 얻은 신뢰는 어느 누구도 대신할 수 없었다.

그러나 Big 4가 합병 등을 통해 규모만 키운 것은 아니다. 내부적으로는 전문가로서 경쟁력을 가지기 위해 끊임없이 차별화를 시도하여 왔다. 예를 들면, Big 4는 산업별 전문화(industry specialization)를 이루기 위해 시도하고, 더 효과적인 감사기법을 개발하는데 투자를 아끼지 않았다.

1.2 회계감사의 본질(Nature of Auditing)

회계감사의 목적

감사는 감사대상 재무제표가 회사의 재무상태와 경영성과 및 기타 재무정보를 회계기준에 따라 중요성의 관점에서 공정하게 표시하고 있는지에 대하여 감사인이 독립적으로 의견을 표명함으로써 ① 재무제표의 신뢰성을 제고하고 ② 재무제표의 이용자가 회사에 관하여 올바른 판단을 할 수 있도록 함을 목적으로 한다. 따라서 회계감사는 재무제표를 이용하는 정보이용자에게 정보위험을 감소시켜준다.

회계감사가 자본시장에서 자발적인 수요에 의해 출현하였다는 것은 그만큼 회계감사가 자본시장에서 의미있는 가치를 제공한다는 것을 말한다.

불특정 다수로부터 자본을 모집하여 주식회사를 설립하여 경영을 하게 되면 각 투자자들은 주식(stock)이라는 증서를 갖게 됨으로써 주주(share holder = owner)가 되고, 경영성과를 높이기 위해서 전문경영인(management)을 선임하여 대리 경영한다. 경영진은 일정주기(1년, 반기, 분기 등)마다 공동사업형태인 주식회사의 재무상태와 경영성과를 측정하여 주주들에게 보고할 것을 요청받게 되는데, 이것이 발전하여 오늘날에는 재무제표(financial statements)로 체계화되었다.

주주들은 주로 경영진이 제공하는 재무제표에 의존(rely on the financial statements)하여 의사결정을 하는데, 여기에는 경영진에 대한 보수, 신규 유상증자에 참여, 보유주식의 처분 등에 대한 의사결정을 포함한다. 특히 해당 주식이 정규 주식시장(security market)에 상장되어 있는 경우에 재무제표라는 주요 정보가 공개될 때마다 주가(stock price)가 즉각 반응(response)한다. 이는 잘못된 재무제표가 공개될 경우 투자자들이 의사결정을 잘못하여 손해를 볼 가능성이 있다는 것을 의미한다. 따라서 자본시장이 발달한 나라들은 회사가 증권(stocks or bonds)을 발행하여 자본시장에서 공개적으로 자본을 모집하고 할 때, 자본시장법 또는 주식시장의 요구사항으로 감사받은 재무제표(audited financial statements)를 공시할 것을 요구하고 있다. 이러한 요구는 자본시장에 참여하는 투자자를 보호하는데 그 목적이 있다. 투자자들에 대한 안전장치는 투자자들로 하여금 재무제표를 믿고 투자의사결정을 할 수 있게 함으로써, 기업들이 필요한 자본을 자본시장에서 조달할 수 있게 한다.

이제 회계감사의 본질을 정의해 보자. 회계감사를 수행하는 자를 감사인(auditor)이라고 하는데 대부분의 국가에서는 엄격한 자격을 갖춘 자에게만 회계감사를 허용하고 있다. 감사인은 국가마다 법률로 개인공인회계사 또는 회계법인 등의 형태로 감사할 수 있는 조직을 정하고 있다.

그림 1-2 회계정보의 전달과 감사의 기능

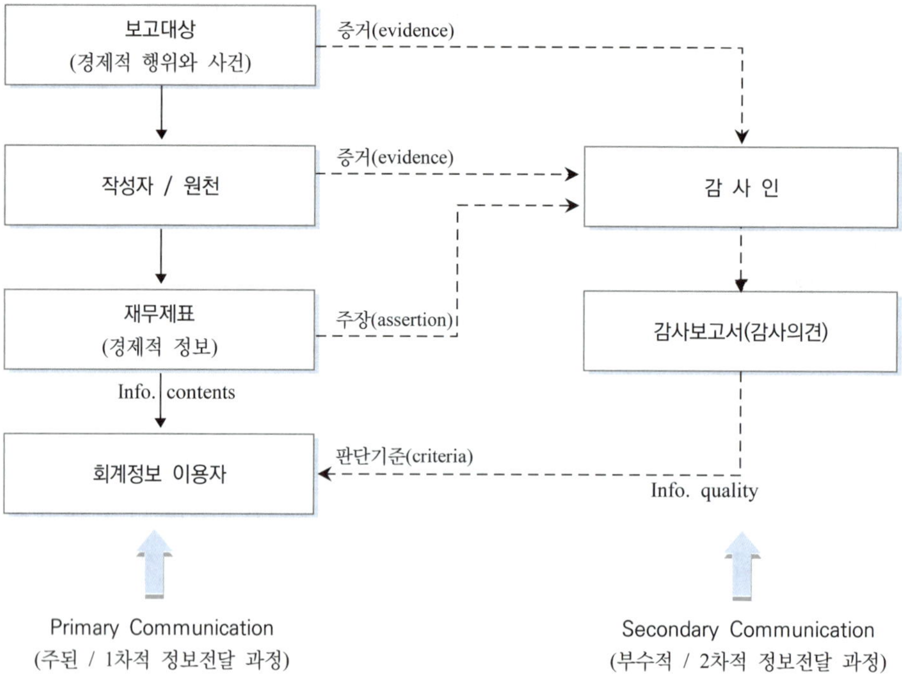

Q

적정의견 인지를 판단하는 기준은?

TIP

[그림설명] 재무제표는 1차적으로 투자자들에게 정보를 전달하는 과정이며, 감사보고서는 이에 추가하여 2차적으로 투자자들에게 정보를 전달하는 과정이다. 재무제표와 감사보고서는 결합된 하나의 정보가 아니라 서로 분리된 것이다. 재무제표를 회계기준에 따라 작성할 책임은 회사의 경영자에게 있고 감사인은 동 재무제표에 대하여 의견을 표명한다.

그러면 재무제표에 대한 경영진과 감사인의 역할은 어떤 차이가 있을까? 위 그림에서 제시한 바와 같이 경영진은 재무제표를 작성할 책임이 있다. 기업은 외부에 공시하는 재무제표의 경우 회계기준(accounting standards)에 따라 작성하여 공시하여야 한다. 재무제표가 회계기준에 따라 작성되기만 하면, 이용자들은 해당 정보를 분석하여 투자의사결정을 할 수 있다. 그러나 공시되는 재무제표가 회계기준에서 벗어나 왜곡표시를 포함하고 있다면 재무제표에 의존하여 투자의사결정하는 투자자들은 잘못된 의사결정을 할 수 있고 그 결과 손해를 볼 수 있다. 따라서 투자자들은 회사에 재무제표를 감사받을 것을 요구하는데, 상장법인과 같이 자본시장에서 대규모 자본을 조달하는 기업의 경우 감사를 요구하는 투자자들의 요구를 받아들이지 않는다면 필요한 자본을 조달하기 어렵게 된다. 물론 오늘날에는 대부분의 국가에서 상장기업에 대하여 감사받은 재무제표를 공시할 것을 요구하고 있지만 그 시작은 투자자들의 요구로부터 비롯된 것이다.

그런데 경영진이 작성한 재무제표가 회계기준에 따라 작성되었는지는 누구도 확신(assure)할 수 없다. 물론 경영진은 자기가 작성하여 제시하는 "재무제표가 회계기준에 따라 작성되었다"는 것을 주장한다. 이를 경영진주장(management assertions)이라고 한다. 여기서, 회계기준(accounting standards)은 재무제표를 작성하는 기준을 말하는데 회계감사에서는 이를 "재무보고체계"라고 한다.

그러면 경영진이 작성한 재무제표는 정말 왜곡되었을까? 그럴 수도 있고 그렇지 않을 수도 있다. 따라서 누군가가 이를 감사하지 않고서는 어느 누구도 확신할 수 없다. 만약, 독립적이고 전문가인 제3자가 사전에 정한 기준에 따라 감사를 수행할 수 있다면 해당 물음에 답할 수 있을 것이다.

Q 재무제표가 왜곡되는 이유는?

그러면 재무제표는 왜 왜곡되는 것일까? 사실 의도적이건 의도적이지 않건 어떤 재무제표도 회계기준에 정확하게 일치하지는 않다. 회계기준 자체도 여러 가지 선택적인 것이 있고 일부 계정은 추정(estimation)에 의해 보고되는 것도 있기 때문이다. 경영진이 재무제표를 왜곡하여 작성하는 이유는 다음과 같다.

재무제표가 왜곡되는 이유

① 우연히 발생한 오류(accidental errors)
② 회계기준에 대한 이해부족(lack of knowledge of accounting principles)
③ 의도적이지 않은 편이(unintentional bias)
④ 의도적인 왜곡(Deliberate falsification)

Q 공인회계사가 제공하는 서비스가 확신을 제공하는데 필요한 요건은?

감사인은 경영진이 작성한 재무제표를 받아 해당 재무제표가 작성기준에 따라(in conformity with) 작성되었는지 여부를 평가하여 최종적으로 회사가 공시하고자 하는 재무제표가 중요한 왜곡표시(material misstatements)를 포함하고 있는지 여부에 대한 의견(audit opinion)을 표명한다. 이 때 감사인은 일정한 기준에 따라 감사를 수행하는데, 이를 회계감사기준(auditing standards)이라고 한다. 회계감사기준은 권위(authority)있는 기관에서 제정하기 때문에 회계감사기준에 따라 감사하면 감사인은 그 결과에 대하여 확신(assurance)을 제공할 수 있다고 가정한다.

회계감사기준은 감사인이 재무제표가 중요한 왜곡표시를 포함하고 있지 않다는 확신을 제공하기 위하여 충분(sufficiency)하고 적합(appropriateness)한 감사증거(audit evidences)를 수집하도록 요구한다. 즉, 감사인은 충분하고 적합한 감사증거에 따라 감사의견을 표명한다. 권위있는 기관에서 제정한 회계감사기준에 따라 회계감사를 수행한다는 것은 확신(assurance)을 제공할 수 있는 가장 기본적인 조건이다. 후술하는 회사와 감사인이 협의하여 감사할 기준을 정하여 수행한 "합의된 절차 수행(agreed-upon procedures)"은 그 결과에 대하여 감사인이 어떠한 확신(assurance)도 제공할 수 없는데 그 이유는 바로 권위있는 기관에서 정한 기준에 따라 업무가 수행되지 않았기 때문이다.

합의된 절차에 따라 수행된 업무는 감사인이 수집한 감사증거가 과연 충분하고 적합한지에 대한 권위있는 판단을 할 수 없게 한다. 오직 업무를 의뢰한 회사만을 만족시킬 뿐이고 그 외의 제3자에게는 어떠한 확신도 제공할 수 없다.

여기서 중요한 것은 감사인은 경영진이 작성한 재무제표를 감사한 후 일부 왜곡표시를 발견하였다고 하여 적정의견 이외의 감사의견을 표명하는 것은 아니라는 것이다. 감사인이 의견을 표명하는 대상은 경영진이 감사인에게 감사받기 위하여 제시한 최초재무제표가 아니라 감사받은 후 경영진이 외부에 공시하기로 이사회가 승인한 재무제표이다. 따라서 감사인이 감사과정에서 왜곡표시를 발견하였더라도 경영진이 이를 수정하여 궁극적으로 회계기준에 따라 작성된 재무제표를 외부에 공시한다면 감사인은 적정의견을 표명한다. 또한 의사결정에 영향을 미치지 않는 사소한 왜곡표시는 감사의견에 영향을 미치지 아니하며, 의사결정에 영향을 미치는 중요한 왜곡표시(material misstatements)만이 감사의견에 영향을 미친다.

요약하면, 회계감사는 재무제표가 회계기준에 따라 작성되었다는 경영진주장을 감사인이 회계감사기준에 따라 감사하고 기업이 공시하기로 이사회가 승인한 재무제표에 대하여 재무제표가 중요한 왜곡표시를 포함하고 있지 않다는 확신(assurance)을 제공하는 것이다. 여기서, 감사인이 확신을 제공할 수 있는 이유는 권위있는 기관에서 정한 회계감사기준에 따라 충분하고 적합한 감사증거를 수집하고 감사의견을 표명하기 때문이다.

감사(auditing)와 유사한 것으로 검토(review)가 있다. 검토는 다른 것은 감사와 동일하고 회계감사기준이 아닌 검토기준(review standards)에 따라 재무제표를 검토한다는 것이 상이하다. 회계감사기준은 감사증거를 수집할 때 감사결과에 대하여 높은 확신을 제공할 수 있도록 가능한 모든 절차(unlimited procedures)를 적용할 것을 요구하지만 검토기준은 질문(inquiry)이나 분석적 절차(analytical procedures) 위주의 제한적인 절차(limited procedures)로 증거를 수집할 것을 요구하고 있다. 검토기준 역시 권위있는 기관에서 제정하기 때문에 감사인은 검토결과에 대하여 확신을 제공할 수는 있지만 그 확신의 정도는 감사보다는 낮다.

감사인이 "재무제표가 적정하다"는 감사의견에 대하여 "100% 확신한다"는 것은 보증(guarantee)한다는 것을 의미한다. 감사인이 감사(audit)를 통해 제공할 수 있는 확신은 100%는 아니지만 높은 수준의 확신을 제공한다. 왜냐하면 회계감사기준에 따라 충분하고 적합한 감사증거를 수집하면 감사의견에 대하여 높은 수준의 확신을 제공할 수 있다고 가정하기 때문이다. 그러나 검토는 감사보다 낮은 보통수준의 확신을 제공한다. 대부분의 국가에서는 연간 재무제표에 대해서는 감사를, 분기와 반기 재무제표에 대해서는 검토를 요구한다.

따라서 적정의견이라는 것은 재무제표가 작성기준(회계기준)에 따라 작성되었다는 것을 의미하는 것이지 "투자할만하다", "도산되지 않는다", "건전하다" 또는 "수익성이 높다"는 것을 의미하지는 않는다. 심각한 부실기업이라도 회계기준에 따라 있는 그대로 부실하다고 재무보고한다면 감사인은 적정의견을 표명한다. 결국, 회계감사는 재무제표의 신뢰성을 제고함으로써 재무제표의 가치를 증진시킨다. 즉, 회계감사는 재무제표가 보다 유용한 정보가 될 수 있도록 해준다.

재무제표가 회계기준에 따라 작성되었다는 확신(assurance)을 제공하는 것을 재무제표에 대하여 인증(certification)한다고 표현한다. 이러한 인증은 신뢰성을 부여하여 거래(예 주식거래)를 활발하게 한다. 재무제표에 대한 인증으로 사회로부터 신뢰를 얻은 공인회계사들은 재무제표가 아닌 다양한 분야에 대한 인증서비스를 제공하고 있다. 예를 들면, 전세계적으로 탄소배출을 억제하고자 하는데 협약에 의해 국가마다 탄소를 배출할 수 있는 한도를 정하고, 한도에 미달하게 된 탄소배출여유분을 높은 가격으로 거래할 수 있다. 이때 기업 또는 국가는 필수적으로 탄소를 얼마나 배출하였는지에 대한 보고서를 작성하게 되고, 공인회계사는 이 보고서가 기준에 따라 작성되었는지에 대한 인증서비스를 제공하기도 한다.

공인회계사가 제공하는 인증의 대상은 무한대로 확대되고 있다. 대체로 공인회계사에 대한 인증서비스 수요는 이해관계가 대립하는 중간에서 누군가 정보를 심판해 줄 것을 요청하는 것에서 출발한다. 또한 공인회계사가 가진 세법, 경영에 대한 우월한 지식은 인증서비스 이외에도 세무나 컨설팅(consulting)분야에서도 높은 인지도를 가지고 있다.

우리나라는 정규시장으로 한국거래소가 개설한 유가증권시장(KSE)과 코스닥시장(KOSDAQ)이 있다. 코스닥시장은 거래소 없이 네트워크(network) 시스템에 의하여 주식거래가 이루어지며 미국의 나스닥시장(NASDAQ)과 비교된다. 또한 코스닥시장 상장 요건을 충족시키지 못하는 벤처기업과 중소기업을 위하여 중소기업 전용 주식시장인 코넥스시장(KONEX)이 있다.

미국과 우리나라 모두 해당 증권시장에 주식을 상장하기 위해서는 사전에 정한 요건을 충족하여야 하며, 상장된 후에도 그 지위를 유지하기 위해서는 엄격한 조건을 준수하여야 한다. 그 중에서 가장 중요한 것 중 하나가 바로 감사받는 재무제표(Audited Financial Statements)를 주식시장에 공시하여야 한다는 것인데, 기업이 적정의견을 받지 않은 재무제표를 공시할 경우 상장지위를 위협받기도 한다.

REVIEW POINT *New International Standards on Auditing*

미국의 주식시장(security market)

회사는 주식을 발행하여 시장에서 판매하는데 여기에는 정규시장과 정규시장 밖의 장외시장이 있다. 일반적으로 주식시장이라 하면 정규시장을 의미한다.

미국에는 전국규모의 정규시장으로 뉴욕증권거래소(NYSE: New York Stock Exchange), 아메리칸 증권거래소(AMEX: American Stock Exchange)가 있으며, 전국규모의 장외시장으로 나스닥(NASDAQ: National Association of Securities Dealers Automated Quotation)이 있다. 즉, 나스닥(NASDAQ)은 전미증권업협회(NASD)가 거래소 없이 컴퓨터전산망을 통하여 운영하는 장외시장의 시세보도시스템을 말한다. 그 외에도 미국에는 약 7개의 지방증권거래소가 있다.

1.3 회계감사의 정의

회계감사에 대한 정의로 가장 널리 인용되는 것은 미국회계학회(1973)의 ASOBAC에서 정의한 것이다.

회계감사에 대한 ASOBAC의 정의

"회계감사란 어떤 실체의 경제적 행위와 사건들에 대하여 경영진이 주장하는 바와 관련된 증거를 객관적으로 수집하고 평가함으로써 그 주장과 사전에 설정된 기준과의 일치 정도를 확인하고 그 결과를 이해관계자에게 전달하는 체계적인 과정이다."
(Auditing is a systematic process of objectively obtaining and evaluating evidence regarding assertions about economic actions and events to ascertain the degree of correspondence between those assertions and established criteria and communicating the results to interested users.)

(1) 경영진주장(Assertions)

Q 경영진주장이란?

경영진주장이란 경영진이 작성하여 이용자에게 제시한 재무제표에 포함된 기업의 경제적 행위와 사건(economic actions and events)을 의미하며, 이것이 곧 회계감사인이 감사하고자 하는 바이다. 경영진은 재무제표를 작성하여 감사인에게 제시하는데, 회계감사에서는 이러한 행위를 경영진주장(Management Assertions)이라고 한다. 이 때 경영진은 암묵적이든 또는 명시적이든 "해당 재무제표가 회계기준에 따라 작성되었다"라고 주장한다. 따라서 감사인은 경영진이 주장하는 바가 맞는지를 회계감사기준(Auditing Standard)에 따라 감사한다.

(2) 관련된 증거를 객관적으로 수집하고 평가

관련된 증거를 객관적으로 수집하고 평가하는 것은 감사기술(audit technique)과 관련된 개념이다. 감사증거는 주로 재무제표, 회계기록 및 다양한 형태의 증빙서류 등이 될 수 있으며, 때로는 재고자산의 실물검사와 같이 물리적 검증이 필요할 수도 있다.

(3) 사전에 설정된 기준과의 일치 정도 확인

회계감사의 본질은 기업의 건전성 여부에 대한 평가가 아니라 사전에 설정된 기준과 일치하는지 여부에 대하여 확인하는 것이다. 여기서 사전에 설정된 기준이란 재무보고체계 즉, 회계기준(Accounting Standards)을 의미한다. 즉, 회계감사는 재무제표가 회계기준에 따라 작성되었는지 여부를 확인하여 그 의견을 제시하는 것이다.

(4) 결과를 이해관계자에게 전달하는 체계적인 과정

회계감사는 감사결과를 이해관계자에게 전달함으로써 종결된다. 회계감사의 결과는 감사보고서(auditor's report)로 작성되며, 감사보고서에는 사전에 설정된 기준과의 일치여부에 대한 감사의견(auditor's opinion)이 포함된다.

2 감사받은 재무제표의 이용자와 가치

감사받은 재무제표는 어떤 가치를 가지고 있을까? 이 물음에 대한 답은 재무제표 이용자를 살펴봄으로써 가능할 수 있다. 재무제표 이용자는 회사의 주주를 비롯하여 채권자, 정부, 신용평가회사 등 다양하다.

(1) 주 주

주주는 자신이 투자한 기업의 경영권을 경영진에게 위임하였기 때문에 경영진이 작성한 재무제표를 통하여 경영성과를 평가하고, 이를 근거로 경영진의 보상 또는 경영진의 교체여부도 결정한다. 또한 주식의 투자의사결정에도 재무제표를 이용한다. 주주가 재무제표를 이용한다는 증거는 회계이익의 공표와 주가와의 관계를 연구한 실증연구에서도 잘 나타나 있는데 이러한 연구는 재무제표가 유용한 정보를 제공하고 있다는 간접적인 증거라고 할 수 있다. 따라서 투자자들이 감사받은 재무제표를 이용한다면 투자의사결정을 잘못 내릴 가능성은 줄어든다.

(2) 채권자

채권자는 금융기관으로 대표될 수 있다. 금융기관은 기업에 대출여부를 결정할 때 대출금과 이자를 회수할 수 있을 것인가에 대하여 관심을 가지며, 신용대출의 경우 주로 기업의 재무제표로 신용등급을 결정하고 대출여부와 대출조건을 결정한다. 물론 과거 우리나라의 대출관행은 신용대출보다는 담보대출에 의존하여 왔기 때문에 재무제표 이용 정도는 낮았지만 1997년 외환위기 이후 대출방식이 담보대출에서 신용대출로 변화하는 양상이 증가하면서 재무제표의 중요성도 점차 증가하고 있다. 따라서 금융기관이 감사받은 재무제표를 이용한다면 대출의사결정을 잘못 내릴 가능성은 줄어든다.

(3) 정 부

정부는 기업에 대한 각종 통계자료(예 GNP, GDP 등)를 산출하기 위하여 기업의 재무제표를 이용하기도 하며 대규모 기업집단을 규제하기 위한 목적으로 재무제표를 이용하기도 한다. 또한 세수확보를 목적으로 기업의 재무제표를 이용하기도 한다. 물론 과세의 근거가 되는 기업의 과세소득은 세법에 따라 측정하지만 현재 회계기준에 따라 작성된 포괄손익계산서에서는 회계기준과 세법의 차이만을 조정하는 방식을 채택하고 있기 때문에 과세관청의 재무제표 의존도는 매우 높다.

(4) 신용평가회사

신용평가회사는 기업의 신용을 평가할 뿐만 아니라 세계적으로 유명한 신용평가회사인 미국의 Moody's사나 Standard & Poor's사의 경우에는 국가에 대한 신용도 평가한다. 이들 신용평가회사가 신용평가를 할 때 주로 이용하는 정보는 재무제표이며 그 신용등급에 따라 기업이나 국가의 신용 정도가 달라지고 신용도에 따라 채권의 이자율도 달라지고 있다. 따라서 신용평가회사가 감사받은 재무제표를 이용한다면 잘못된 신용평가를 행할 가능성이 줄어드는 이점이 있다.

이와 같이 경영진이 제공하는 재무제표가 다양하고 매우 중요하게 이용되고 있기 때문에 이들 정보를 이용하는 정보이용자 입장에서는 믿을 수 있는 재무제표를 요구하는 것이 당연하며 기업은 이러한 욕구를 충족시키기 위하여 회계감사를 받을 유인이 있다.

만약 기업이 회계감사를 받지 않았을 경우를 가정해보자. 아마도 유상증자를 통하여 투자자금을 조달하고자 할 때 기업은 투자자들로부터 외면당하거나 실제가치보다 낮은 가액으로 주식을 발행할 수밖에 없을 것이다. 왜냐하면 감사받지 않은 재무제표는 신뢰성이 낮아 이를 곧이곧대로 믿고 투자의사결정을 하였다가는 큰 손해를 볼 수도 있으므로 투자자들이 투자하기를 꺼려하기 때문이다.

채권자도 마찬가지이다. 금융기관은 신용평가를 위하여 기업의 재무제표를 이용하는데 기업이 감사받지 않은 재무제표를 제시한다면 금융기관은 대출을 취소하거나 또는 매우 높은 이자율을 요구할 수도 있다.

이 외에도 감사를 받지 않았을 경우 기업에게 미치는 영향은 다양하고 때로는 매우 클 수도 있다. 결국 기업이 회계감사를 받는 것이 받지 않는 것보다 유리하다면 기업은 회계감사인에게 감사수수료를 제공하고서라도 감사를 받고자 할 것이다.

3 회계감사와 관련된 기본개념

회계감사를 이해하기 위해서는 먼저 다음과 같은 기본적인 사항을 이해하여야 한다.

3.1 재무제표감사에서 회계감사의 대상

회계감사기준에서 정하는 회계감사의 대상은 재무제표(별도재무제표 + 연결재무제표)에 국한된다. 재무제표에 대한 정의는 다음과 같다(ISA 200-13).

Q
감사의견을 표명하는 재무제표에 포함되는 것은?

감사대상 재무제표 (ISA 200-13)

재무제표란 어떤 기업의 일정시점의 경제적 자원이나 의무의 상태 또는 일정기간의 이들의 변동을 일정한 재무보고체계에 따라 커뮤니케이션하도록 의도된 역사적 재무정보의 체계적인 표시로서, 관련 공시(disclosures)를 포함한다. 관련 주석은 통상 유의적인 회계정책의 요약과 그 밖의 설명정보로 구성된다. "재무제표"라는 용어는 일반적으로 해당 재무보고체계의 요구사항에 의하여 결정된 전체재무제표를 지칭하지만, 단위재무제표를 지칭할 수도 있다. 공시(disclosures)는 해당 재무보고체계에서 ①재무제표 본문이나 주석 또는 상호참조로 그에 포함되도록 요구되거나, ②명시적으로 허용되거나, 또는 달리 허용되는 것으로 제시된 설명적 정보나 서술적 정보로 구성된다.

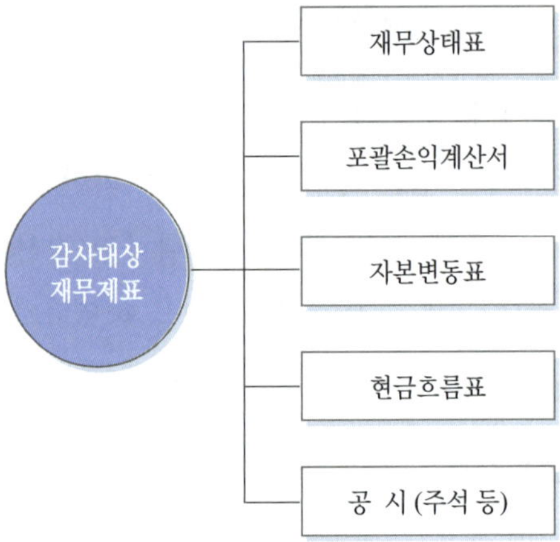

회계감사기준이 일부 개정(2022.4)되었는데, 기준서 전반에 걸쳐 언급하는 재무제표의 정의가 변경되었다. 개정 감사기준서는 '관련 주석'이라는 표현 대신 '공시'라는 용어를 사용한다. 개정 감사기준서에서 언급하는 '공시'는 해당 재무보고체계에서 공시하도록 요구하는 정보만을 의미하며 정기공시나 수시공시와 같이 재무보고체계가 아닌 다른 법규 등에서 공시하도록 요구하는 정보는 포함하지 않는다.

마찬가지로 위 정의에서 언급한 '상호참조로 그에 포함되도록 요구되거나, 명시적으로 허용되거나, 또는 달리 허용되는 것으로 제시된 설명적 정보' 역시 해당 재무보고체계에서 공시하도록 요구하는 정보로서 재무제표 또는 재무제표 주석에서 다른 보고서를 참조하는 경우를 의미하는 것이며, 재무제표가 아닌 다른 공시 정보에서 재무제표 또는 재무제표 주석을 참조한 정보를 의미하는 것이 아니다. 즉, 표현이 변경되었다고 해서 감사대상 재무제표의 범위가 확대되는 것은 아니다(감사기준서 주요개정내용 14-18).

3.2 경영진주장(Management Assertion)과 감사보고서

경영진은 자신의 책임 하에 작성된 재무제표를 감사인에게 제시하면서 적정의견(unqualified opinion)을 표명해 달라고 요청한다. 이 때 경영진이 재무제표를 제시하는 것을 회계감사에서는 명시적 또는 암묵적으로 "이 재무제표가 회계기준에 따라 작성되었다(in accordance with GAAP)"는 것을 주장(assert)하는 것이라고 정의하고 있다.

감사보고서는 독립적(independent)인 입장에서 경영진이 작성한 재무제표가 경영진이 주장하는 바와 같이 회계기준에 따라(in accordance with GAAP) 작성되었다는 것을 감사하고 의견을 보고하는 것이다.

여기서, 감사의 발생은 ① 경영진은 재무제표를 왜곡하여 작성할 유인이 있으니, ② 이를 자본시장에서 곧이곧대로 믿지 않으려 하고, ③ 이를 불식하기 위하여 독립적이고 전문가인 감사인으로부터 감사받으면, ④ 그 감사인이 가지고 있는 명성(reputation)의 효과가 재무제표에 스며들어 ⑤ 감사받은 재무제표가 더욱 신뢰받을 것이라는 가정에서 비롯된 것이다.

따라서 감사하는 감사인의 명성의 높고 낮음에 따라 감사받은 재무제표의 신뢰수준도 달라질 수 있다. 재무제표가 미치는 영향이 더욱 중요한 회사는 명성이 높은 감사인을 선임하여 엄격하게 감사받음으로써 감사인의 명성효과를 이전받으려고 할 유인이 있다. 이 경우 명성이 높은 감사인은 더 엄격하게 감사하고 외부의 압력에도 굳건하게 버팀으로써 자신의 명성을 더 높이려 할 것이고, 높은 명성은 곧 높은 감사보수로 연결될 수 있을 것이다.

시간이 지나면서 최소한 감사를 언제? 어떻게? 그리고 얼마나? 해야 하는지 그리고 감사보고서는 어떻게 작성해야 하는지 등에 대한 구체적인 기준이 만들어졌는데 이를 회계감사기준이라 한다. 세계적으로 널리 사용되고 있는 국제감사기준(international standards on auditing)을 도입하는 나라들이 확대되고 있으며, 이는 감사보고서 이용자로 하여금 필요한 감사보고서에 대한 지식을 학습하는데 소요되는 노력을 낮게 함으로써 감사보고서의 활용을 더욱 용이하게 한다.

결국, 감사는 "내(경영진)가 제대로 작성했으니 권위 있는 당신(감사인)이 내 주장에 힘을 실어 달라"는 것이다. 이를 경영진주장(management assertion)이라 하며, 경영진주장은 한마디로 "재무제표가 회계기준에 따라 작성되었다"는 주장이다.

그런데 재무제표가 회계기준에 따라 작성되었다는 경영진의 주장은 어떤 의미를 담고 있을까?

재무제표가 회계기준에 따라 작성되었다는 경영진의 주장의 의미

① 재무제표가 장부와 기록에 따라 작성(in accordance with the books and records)
② 재무제표가 중요성의 관점에서 진실되고, 정확하며, 공정하게 표시(true, correct and fairly present in all material respects the financial position)
③ 재무제표에는 공시(disclosure)를 포함

이런 경영진주장을 세부적으로 설명하면 다음과 같다.

경영진주장의 대상	경영진주장
(a) 보고기간말 계정잔액 및 관련 공시 (Accounts)	• 실재성: 자산, 부채 및 주주지분은 실재함 • 권리와 의무: 기업은 자산에 대한 권리를 보유하거나 통제하고 있으며 부채는 기업의 의무임 • 완전성: 기록되어야 하는 자산, 부채 및 주주지분은 모두 기록되었으며 재무제표에 포함되어야 하는 모든 관련 공시는 재무제표에 포함되었음 • 정확성, 평가 및 배분: 자산, 부채 및 주주지분은 적합한 금액으로 재무제표에 계상되어 있고 평가나 배분의 결과는 적합하게 기록되어 있으며, 관련 공시는 적합하게 측정되고 기술되어 있음 • 분류: 자산, 부채 및 주주지분은 적절한 계정으로 기록되었음 • 표시: 자산, 부채 및 주주지분은 적합하게 합산되거나 세분화되고 명확하게 기술되었으며 관련 공시는 해당 재무보고체계의 요구사항의 측면에서 관련성이 있으며 이해가능함
(b) 감사대상기간의 거래 및 사건의 유형과 관련된 공시 (Transactions)	• 발생사실: 기록되거나 공시된 거래와 사건은 발생되었고 기업에 귀속됨 • 완전성: 기록되어야 하는 모든 거래와 사건은 기록되었으며 재무제표에 포함되어야 하는 모든 관련 공시는 재무제표에 포함되었음 • 정확성: 기록된 거래와 사건에 관련된 금액 및 기타 데이터는 적합하게 기록되었고 관련 공시는 적합하게 측정되고 기술되었음 • 기간귀속: 거래와 사건은 해당 보고기간에 기록되었음 • 분류: 거래와 사건은 적절한 계정으로 기록되었음 • 표시: 거래와 사건은 적합하게 합해지거나 세분화되고 명확하게 기술되었으며 관련 공시는 해당 재무보고체계의 요구사항의 측면에서 관련성이 있으며 이해가능함

※ 보다 자세한 내용은 Chapter 6에서 설명하고 있다.

3.3 감사의견(Auditor's Opinions) 및 감사보고서

Q 감사의견을 표명하는 대상 재무제표는?

감사의견은 재무제표가 회계기준에 따라 작성되었는가에 대한 감사인의 의견이다. 즉, 감사의견은 재무제표가 회계기준에 따라 작성되었다는 것을 의미할 뿐이며, 기업의 재무상태나 경영성과가 양호하다는 것을 의미하지는 않는다. 감사의견에는 적정의견(unqualified opinion), 한정의견(qualified opinion), 부적정의견(adverse opinion) 및 의견거절(disclaimer opinion)이 있다.

재무제표는 외부보고 목적으로 작성되기 때문에 감사의견은 외부이용자가 이용할 수 있는 공표용 재무제표에 대한 의견이지 경영진이 감사인에게 제시하는 최초의 재무제표에 대한 의견이 아니다. 만약, 감사의견이 공표용 재무제표에 대한 의견이 아니라 경영진이 최초로 제시하는 재무제표에 대한 의견이라면 이는 회계감사(auditing)가 아니라 시험(tests)이라고 표현하는 것이 바람직할 것이다. 즉, 감사받기 위해 제시하는 재무제표가 회계기준에 따라 작성되지 않았더라도 감사인으로부터 감사받은 후 공표용 재무제표는 회계기준에 맞게 공시한다면 감사인은 적정의견을 표명한다.

TIP
감사의견에 대한 보다 자세한 설명은 Chapter 10을 참조

표 1-1 감사의견의 종류

감사의견	내 용
적정의견 (unqualified opinion)	감사인은 재무제표가 중요성의 관점에서 해당 재무보고체계(회계기준)에 따라 작성되었다고 결론을 내릴 경우 적정의견을 표명한다.
한정의견 (qualified opinion)	감사인은 다음의 경우 한정의견을 표명한다. • 감사인이 충분하고 적합한 감사증거를 입수한 결과, 왜곡표시가 재무제표에 개별적으로 또는 집합적으로 중요하나 전반적이지는 않다고 결론을 내리는 경우 • 감사인이 감사의견의 근거가 되는 충분하고 적합한 감사증거를 입수할 수 없었지만, 발견되지 아니한 왜곡표시가 재무제표에 미칠 수 있는 영향이 중요할 수는 있으나 전반적이지는 않을 것으로 결론을 내리는 경우
부적정의견 (adverse opinion)	감사인이 충분하고 적합한 감사증거를 입수한 결과 왜곡표시가 재무제표에 개별적으로 또는 집합적으로 중요하며 동시에 전반적이라고 결론을 내리는 경우 부적정의견을 표명한다.
의견거절 (disclaimer opinion)	감사인이 감사의견의 근거가 되는 충분하고 적합한 감사증거를 입수할 수 없으며, 발견되지 아니한 왜곡표시가 있을 경우 이것이 재무제표에 미칠 수 있는 영향이 중요하고 동시에 전반적일 수 있다고 결론을 내리는 경우 의견거절을 표명한다.

표준이 되는 적정의견 감사보고서(Standard Audit Report)는 다음과 같다.

표준감사보고서

독립된 감사인의 감사보고서

ABC주식회사의 주주 귀중 [또는 다른 적합한 수신인]

재무제표감사에 대한 보고

감사의견

우리는 ABC 주식회사(이하 "회사")의 재무제표를 감사하였습니다. 해당 재무제표는 20×1년 12월 31일 현재의 재무상태표, 동일로 종료된 보고기간의 포괄손익계산서, 자본변동표, 현금흐름표 그리고 유의적인 회계정책의 요약을 포함한 재무제표의 주석으로 구성되어 있습니다.

우리의 의견으로는 별첨된 회사의 재무제표는 회사의 20×1년 12월 31일 현재의 재무상태와 동일로 종료되는 보고기간의 재무성과 및 현금흐름을 한국채택국제회계기준에 따라, 중요성의 관점에서 공정하게 표시하고 있습니다.

적정의견도 감사의견 근거 단락 포함 관련 윤리적 요구사항 준수에 관한 진술 및 관할지 명시

감사의견근거

우리는 감사기준에 따라 감사를 수행하였습니다. 이 기준에 따른 우리의 책임은 이 감사보고서의 재무제표감사에 대한 감사인의 책임 단락에 기술되어 있습니다. 우리는 재무제표감사와 관련된 대한민국의 윤리적 요구사항에 따라 회사로부터 독립적이며 그러한 요구사항에 따른 기타의 윤리적 책임들을 이행하였습니다. 우리가 입수한 감사증거가 감사의견을 위한 근거로서 충분하고 적합하다고 우리는 믿습니다.

핵심감사사항(KAM) 단락 신설 (상장기업 감사의 경우)

핵심감사사항

핵심감사사항은 우리의 전문가적 판단에 따라 당기 재무제표감사에서 가장 유의적인 사항들입니다. 해당 사항들은 재무제표 전체에 대한 감사의 관점에서 우리의 의견형성 시 다루어졌으며, 우리는 이런 사항에 대하여 별도의 의견을 제공하지는 않습니다.

우리는 아래에 기술된 사항을 이 감사보고서에서 커뮤니케이션할 핵심감사사항으로 결정하였습니다.

[핵심감사사항 각각에 대한 기술]

재무제표에 대한 경영진과 지배기구의 책임

경영진은 한국채택국제회계기준에 따라 이 재무제표를 작성하고 공정하게 표시할 책임이 있으며, 부정이나 오류로 인한 중요한 왜곡표시가 없는 재무제표를 작성하는데 필요하다고 결정한 내부통제에 대해서도 책임이 있습니다.

계속기업으로서의 존속능력평가와 계속기업전제 사용의 적절성에 대한 경영진의 책임 기술

경영진은 재무제표를 작성할 때, 회사의 계속기업으로서의 존속능력을 평가하고 해당되는 경우 계속기업 관련 사항을 공시할 책임이 있습니다. 그리고 경영진이 기업을 청산하거나 영업을 중단할 의도가 없는 한 또는 그 외에는 다른 현실적인 대안이 없는 한, 회계의 계속기업전제의 사용은 적절합니다.

재무제표 작성 책임자와 재무보고절차 감시 책임자가 다른 경우 지배기구의 감시책임 별도 기술

지배기구는 회사의 재무보고절차의 감시에 대한 책임이 있습니다.

재무제표감사에 대한 감사인의 책임은 감사보고서 보론으로 첨부할 수 있고, 별도 웹사이트에 게재할 수 있음

재무제표에 대한 감사인의 책임

우리의 목적은 재무제표에 전체적으로 부정이나 오류로 인한 중요한 왜곡표시가 없는지에 대하여 합리적인 확신을 얻어 우리의 의견이 포함된 감사보고서를 발행하는데 있습니다. 합리적인 확신은 높은 수준의 확신을 의미하나 감사기준에 따라 수행된 감사가 항상 중요한 왜곡표시를 발견한다는 것을 보장하지는 않습니다. 왜곡표시는 부정이나 오류로부터 발생할 수 있으며 왜곡표시가 재무제표를 근거로 하는 이해관계자의 경제적 의사결정에 개별적으로 또는 집합적으로 영향을 미칠 것이 합리적으로 예상되면 그 왜곡표시는 중요하다고 간주됩니다.

기타 법규의 요구사항에 대한 보고

[기타 법규의 요구사항에 대한 보고를 기술]

업무수행이사의 이름 (상장법인 감사의 경우)

이 독립된 감사인의 감사보고서의 근거가 된 감사를 실시한 업무수행이사는 [이름]입니다.

○○회계법인 대표이사 ×××

[감사인의 주소]

[감사보고서일]

3.4 감사인의 행위기준: 회계감사기준

(1) 회계감사기준(Auditing Standards)의 의의

핵심

1. 회계감사기준은 감사인이 회계감사를 수행할 때 준수하여야 할 행위기준이다.
2. 회계감사기준은 감사인의 책임한계를 정하는 기준이다.

감사인은 자기가 표명한 감사의견에 대하여 책임을 지게 된다. 따라서 감사의견은 이를 뒷받침하는 충분하고 적합한 감사증거에 기초하여야 한다. 감사받은 재무제표는 그 이용범위가 광범위하며 이용자의 중요한 경제적 의사결정에 이용되기 때문에 감사의견이 잘못 표명되었을 경우 그 파장은 매우 크다.

그렇다면 감사인이 감사의견을 표명하기 위하여 수집하여야 할 충분하고 적합한 증거란 어느 정도일까? 만약 이에 대한 판단기준이 없다면 감사의견에 대한 분쟁은 끊임없을 것이고 결국 사회에서 감사인은 사라지게 될 수도 있다. 또한 감사인이 전문가로서의 정당한 주의를 다하여 감사를 수행하였음에도 불구하고 잘못된 결과만을 보고 감사인에게 책임을 묻는다면 아무도 감사인이 되지 않으려고 할 것이다. 이러한 우려 때문에 타당한 연구결과를 토대로 회계감사를 수행할 때 따라야 할 구체적인 기준과 절차를 정하고, 감사인으로 하여금 이에 따라 감사를 수행할 것을 요구하고 있다. 만약 타당한 기준과 절차에 따라 감사하였음에도 불구하고 감사의견이 잘못되었을 경우에는 감사인에게 책임을 묻지 않는다. 여기서, 회계감사를 수행할 때 따라야 할 구체적인 기준과 절차를 회계감사기준(auditing standards)이라 한다. 즉, 감사인이 회계감사기준에 따라 감사를 수행하였다면 전문가로서 정당한 주의를 다한 것으로 보며, 회계감사기준에 따라 수행한 감사결과에 대해서는 책임을 묻지 않는다. 따라서 회계감사기준은 감사인의 책임한계를 정하는 근거가 된다.

이러한 예는 감사인 이외의 다른 전문가 집단에서도 찾아볼 수 있는데, 의사의 예를 들어보면 다음과 같다. 의사의 경우 환자를 돌보는 과정에서 다양한 의료사고가 발생하기도 하는데, 이때 마다 의사에게 모든 책임을 묻는다면 의사가 되고자 할 사람은 아무도 없을 것이다. 이러한 우려 때문에 타당한 연구결과를 토대로 의료행위를 할 때 따라야 할 구체적인 기준과 절차(이를 '의료수칙'이라 함)를 정하고 의사에게 이를 따를 것을 요구하고 있다. 만약 이에 따라 의료행위를 하였음에도 불구하고 수술도중 환자가 사망하였다면 의사에게 책임을 묻지 않는다. 의사의 의료수칙에 해당하는 것이 감사인의 회계감사기준이다.

(2) 회계감사기준의 체계

회계감사기준은 회계감사기준 전문과 감사기준서로 구성되어 있다. 구체적인 내용은 다음과 같다.

회계감사기준 및 감사기준서	기준서의 지위
① 회계감사기준 전문(前文) (감사기준서가 아님) 회계감사기준위원회가 제정하는 회계감사기준의 구조와 제정 절차, 국제감사기준의 채택, 감사의 목적과 고유한계 등에 대한 회계감사기준위원회의 기본 입장을 밝히기 위하여 제정	회계감사기준의 일부가 아님
② 감사기준서 200 ~ 720 : (일반목적 재무제표감사기준서)	외부감사법 제16조에 따른 회계감사기준 "감사의견근거문단 : 우리는 감사기준에 따라 감사를 수행하였습니다."
③ 감사기준서 800번대 : (특정목적 재무제표 감사 등에 대한 특별 고려사항) 국제감사기준과의 정합성을 제고하기 위해 특정목적 감사에 적용되는 800번대 국제감사기준서들 3개(800, 805, 810)를 도입	외부감사법 제16조에 따른 회계감사기준에 해당하지 않음
④ 감사기준서 1100 (내부회계관리제도의 감사) 감사인이 재무제표감사와 통합하여 수행되는 내부회계관리제도감사를 수행하는 경우 (통합감사)에 적용하는 기준	
⑤ 감사기준서 1200 (소규모기업 재무제표에 대한 감사) 금융위원회의 '중소기업 회계부담 합리화 방안'에 따라 다음의 소기업에 적용가능. - 자산 200억원 미만 또는 매출액 100억원 미만인 비상장 기업 - 다만 이해관계자가 많고 거래구조가 복잡한 (1) 상장 예정기업, (2) 연결재무제표 작성기업, (3) 금융회사는 제외	외부감사법 제16조에 따른 회계감사기준의 일부를 구성함. ※ 일반목적 재무제표감사기준서와 독립된 별도 기준 : 일반목적 재무제표감사기준서와 함께 적용하거나 일반목적 재무제표감사기준서를 보완하는 기준이 아니며 단독으로 적용하는 기준. 감사인은 소규모기업 재무제표 감사에 감사기준서 1200만을 적용하여 합리적 확신을 얻고 감사의견을 형성. 감사의견근거 문단 : 우리는 대한민국의 회계감사기준(일반목적 감사의 경우 감사기준)에 따라 감사를 수행하였습니다.

다음 사항을 기타사항으로 추가하여야 함.

기타사항 문단 : 우리의 20X2년 재무제표에 대한 감사는 감사기준서 1200 '소규모기업 재무제표에 대한 감사'에 따라 수행되었습니다.

(3) 회계감사기준의 적용

핵심

구 분	일반적인 경우	예외적인 경우
준 거 기 준	회계감사기준 적용	예외적인 상황에서 회계감사기준보다 효과적으로 감사목적을 달성하기 위하여 필요하다고 판단되는 경우, 회계감사기준에서 정한 바와 다르게 감사할 수 있음
감 사 인 의 추가적 조치	–	회계감사기준과 다르게 감사하는 이유와 타당성을 조서화

회계감사기준은 감사인이 회계감사기준에 명시된 목적들을 달성할 수 있도록, 그리고 이에 따라 감사인의 전반적인 목적을 달성할 수 있도록 설계되었다(ISA 230-A18). 그러나 감사인이 직면할 수 있는 모든 상황에 적용할 수 있는 회계감사기준을 제정하기란 불가능하다. 따라서 회계감사기준은 감사를 수행할 때 준수하여야 할 기본원리로 사용되어야 한다. 그러면, 감사인이 회계감사기준에서 정하는 요구사항을 이탈하여 감사하는 것이 정당화될 수 있을까?

회계감사기준은 예외적인 상황에서 회계감사기준보다 효과적으로 감사목적을 달성하기 위하여 필요하다고 판단되는 경우, 회계감사기준에서 정한 바와 다르게 감사하는 것을 허용하고 있다(ISA 230-12). 다만, 이 경우 감사인이 회계감사기준을 이탈하여 감사를 수행한 것이 타당하다는 것을 입증하여야 한다. 그 수단으로 회계감사기준은 감사인이 예외적인 상황에서 회계감사기준을 이탈할 필요가 있다고 판단한 경우, 다음을 문서화하도록 규정하고 있다(ISA 230-12).

기출 2021

Q

감사인은 회계감사기준에 이탈하여 감사할 수 있는가?

❶ 대체적 방법으로 수행한 방법
❷ 회계감사기준과 다르게 감사하는 이유(타당성)

① 수행한 대체적 감사절차가 그 목적을 어떻게 달성하였는지? ❶
② 이탈의 이유 ❷

우리나라는 국제감사기준(ISA)을 번역하여 사용하고 있다. 그러나 우리나라 회계감사기준이 국제감사기준과 완전히 일치하지는 않으며, 대부분은 일치한다. 국제감사기준은 수시로 개정되는데 우리나라는 일정기간 동안의 개정 내용을 모아 주기적으로 대대적 개정을 한다. 가장 최근의 개정은 2013년에 발효된 것으로 2005년 이래 대대적인 개정에 해당한다.

국제감사기준은 강제성은 없으며, 국제감사기준을 도입하고 있는 나라들은 국제감사기준을 모델로 하여 각국의 감사환경에 따라 일부를 수정하여 도입하고 있다. 국제회계기준(IFRS)은 기업의 언어(language)로서 경영진과 투자자들간의 커뮤니케이션 수단이며, 국제회계기준위원회(IASB)는 국제회계기준(IFRS)을 직역직독하는 방법으로 번역하여 사용하지 않을 경우 국제회계기준을 사용하였다는 표현을 사용할 수 없도록 금지하고 있다. 그러나 국제감사기준은 국제감사인증기준위원회(IAASB)가 제정한 감사하는 표준적 방법을 말하며, 감사하는 방법은 특히 각국의 법적, 경제적 환경에 많은 영향을 받는다. 그런데 나라마다 법적, 경제적 환경이 달라 통일된 감사기준을 강제하기 어려우며, 국제적으로도 국제감사기준에 따라 감사받았다는 표현이 필요하지도 않다.

미국의 감사기준은 미국공인회계사(AICPA)가 제정한 SAS(Statement on Auditing Standards)와 회계감독위원회(PCAOB)가 제정한 PCAOB Standards가 있다. SAS는 비상장기업에 적용되는 기준이며, PCAOB Standards는 상장기업에 적용되는 기준이다.

(4) 회계감사기준의 제정

Q
회계감사기준의 제정권자는?

회계감사기준은 한국공인회계사회가 정하되, 금융위원회의 사전승인을 얻어야 한다(외감법 제16조 ②). 이를 위하여 한국공인회계사회는 내부에 회계감사기준위원회를 둔다(외감법 시행령 제22조②).

REVIEW POINT New International Standards on Auditing

소규모기업 감사기준

1. 개요 및 제정 배경

소규모기업 감사기준은 외부감사 대상 중 자산 200억 원 미만 또는 매출액 100억 원 미만인 비상장기업을 대상으로 금융위원회가 2023년 2월 승인한 별도의 간소화된 감사기준이다. 단, 상장 예정기업, 연결재무제표 작성 기업, 금융회사, 사업보고서 제출대상 법인, 감사인 직권 지정 법인은 적용 대상에서 제외된다.

한국공인회계사회는 이 기준을 '감사기준서 1200: 소규모기업 재무제표에 대한 감사'로 제정하였다.

2. 주요 차이

항 목	일반기업 감사기준	소규모기업 감사기준
적용 대상	모든 외부감사 대상 기업	- 자산 < 200억 or - 매출 < 100억 비상장기업
위험평가 절차	내부통제 이해 · 운영효과성 테스트 필수	간소화: 내부통제 운영효과성 테스트 등 위험평가 절차를 축소하거나 생략할 수 있도록 하여, 실증절차 중심으로 감사 수행이 가능
지배기구 커뮤니케이션	엄격한 의무조항 적용	소유주 1인이 경영하는 기업과 같이 지배기구가 경영진만으로 구성된 경우 경영진과 커뮤니케이션한 사항을 재차 지배기구와 커뮤니케이션할 필요 없음
중요성 기준	- 재무제표 전체에 대한 중요성	- 재무제표 전체에 대한 중요성
	- 특정 거래유형, 계정잔액 혹은 공시에 대한 중요성	생략 가능
	- 수행중요성	- 수행중요성
	- 감사 진행에 따른 중요성과 수행중요성의 수정 고려	- 감사 진행에 따른 중요성과 수행중요성의 수정 고려
위험 평가	항상 고려 및 절차 설계	실증절차 위주의 접근법이 가능하도록 일반 감사기준서보다 위험평가 절차를 간소화하였다.

항 목	일반기업 감사기준	소규모기업 감사기준
계속기업 평가	- 경영진이 계속기업 존속 능력에 대한 예비평가를 수행했는지 여부를 결정.	- 계속기업으로서의 존속능력에 대하여 유의적 의문을 초래할 만한 사건이나 상황이 식별되지 않았다면 감사인으로서 경영진의 계속기업 존속능력에 대한 평가를 하지 않아도 됨. (즉, 유의적 의문이 제기될 경우에만 계속기업 감사절차를 수행)
	- 감사인으로서 경영진의 계속기업 존속능력에 대한 평가를 수행하여야 함.	- 경영진이 계속기업 존속능력에 대한 예비평가를 수행했는지 여부를 결정하도록 요구하지 않음.
	- close call 상황에서 감사인이 적절한 공시가 이루어졌는지 여부를 평가하여야 함.	- close call 상황에서 감사인이 적절한 공시가 이루어졌는지 여부를 평가하지 않아도 됨. ※ close call 상황: 유의적 의문을 초래할 수 있는 사건이나 상황이 식별되었으나 감사인이 중요한 불확실성이 존재하지 않는다고 결론을 내린 경우(제9장 참조)

3. 기대 효과

감사부담 완화	절차를 축소함으로써 외부감사인과 기업 모두의 수고를 덜고 핵심 절차 중심의 감사가 가능하게 함
감사품질 유지	절차는 간소화하되, 핵심 절차를 중심으로 감사 품질 유지 가능하도록 설계됨

3.5 전문가적 의구심(Professional Skepticism)

감사인은 재무제표를 중요하게 왜곡표시되게 하는 상황이 존재할 수 있음을 인식하고, 전문가적 의구심을 가지고 감사를 계획하고 수행하여야 한다(ISA 200-15).

(1) 전문가적 의구심의 정의

> 전문가적 의구심이란 부정이나 오류로 인한 왜곡표시 가능성을 나타내는 것일 수 있는 상황에 유의하면서, ① 의문을 갖는 마음(questioning mind)과 ② 감사증거에 대한 비판적인 평가(critical assessment)를 포함하는 태도를 말한다.

Q
전문가적 의구심을 구성하는 핵심 요소 두가지는?

전문가적 의구심은 다음과 같은 사항에 대하여 주의를 유지하는 것을 포함한다(ISA 200-A20).

- 이미 입수한 다른 감사증거와 상반되는 감사증거
- 감사증거로 사용될 문서 및 질의에 대한 답변의 신뢰성에 의문을 갖게 하는 정보
- 부정의 존재가능성을 나타내는 것일 수 있는 상황
- 감사기준에서 요구하는 절차 외에 추가적인 감사절차의 필요성을 시사하는 상황

(2) 전문가적 의구심의 활용

감사의 전 과정에 걸쳐 전문가적 의구심을 유지하는 것은 감사인이 다음과 같은 위험을 감소시킬 경우에 필요하다(ISA 200-A21).

- 비경상적 상황의 간과
- 감사상 관찰결과에서 결론을 도출할 때의 과도한 일반화
- 감사절차의 성격, 시기 및 범위를 결정하고 그 결과를 평가할 때 부적합한 가정의 이용

(3) 전문가적 의구심의 적용

- 전문가적 의구심은 감사증거에 대한 비판적 평가에 필요하다. 전문가적 의구심은 상반된 감사증거 및 경영진과 지배기구로부터 입수된 문서, 질의에 대한 답변, 기타 정보의 신뢰성에 대해 의문을 품는 것을 포함한다. 또한 입수된 감사증거의 충분성과 적합성을 상황에 비추어 고려하는 것도 이에 포함된다. 예를 들어, 부정위험요소가 존재하고 있는 상황에서 재무제표의 중요한 금액을 뒷받침하는 유일한 증거가 부정의 가능성이 있는 문서인 경우가 그러하다(ISA 200-A22).
- 감사인은 그렇지 않다고 믿을 만한 사유가 없는 한, 기록과 문서들은 진실하다고 인정할 수 있을 것이다. 그럼에도 불구하고, 감사인은 감사증거로 사용될 정보의 신뢰성을 고려하도록 요구된다.

정보의 신뢰성에 의문이 있거나 부정가능성의 징후가 있는 경우(예 감사 중 식별된 제반 상황에 따르면 문서가 진실하지 아니하거나 문서 내의 문구가 위조되었을 것으로 감사인이 믿게 되는 경우), 감사기준은 감사인이 그 사항을 해결하기 위해 감사절차의 변경이나 추가가 필요한지 더 조사하고 결정할 것을 요구한다(ISA 200-A23).

- 감사인은 기업의 경영진과 지배기구의 정직성과 성실성에 대한 과거의 경험을 무시할 수는 없다. 그러나 감사인이 경영진과 지배기구의 정직성과 성실성을 믿는다고 해서, 합리적 확신을 얻을 때 전문가적 의구심을 유지할 필요성이 경감되거나 설득력이 낮은 감사증거에 만족할 수 있도록 허용되지는 않는다(ISA 200-A24).

Q
적정의견의 판단기준은?

3.6 감사인의 판단기준: 회계기준

감사인이 재무제표의 적정성을 판단할 때 적용하는 기준은 해당 재무보고체계(재무제표를 작성하는데 적용한 회계기준)이다. 예를 들면, 우리나라의 경우 상장법인은 의무적으로 한국채택국제회계기준에 따라 재무제표를 작성하여야 한다. 비상장법인의 경우 일반기업회계기준을 적용하거나 한국채택국제회계기준을 적용할 수 있다. 따라서 적정의견은 기업의 공표용 재무제표가 중요성의 관점에서 해당 재무보고체계에 따라 작성되었다는 것을 의미한다.

감사인의 판단기준을 이해하면 회계감사가 기업의 건전성 여부를 평가하는 것이 아니라는 것을 이해할 수 있다.

3.7 감사범위

재무제표에 대한 감사는 재무제표가 중요성의 관점에서 해당 재무보고체계에 따라 작성되었는지 여부를 감사하는 것이다. 따라서 재무제표에 대한 감사는 기업의 향후 존속가능성이나 경영진이 기업의 업무를 효과적으로 또는 효율적으로 수행하였는지 여부를 인증하는 것이 아니다(ISA 200-A1).

또한 감사인은 주권상장법인의 내부회계관리제도의 운영실태에 관한 보고내용을 감사(audit)하여야 하고, 일정규모(직전연도 자산총액이 1천억원) 이상의 주권비상장주식회사의 내부회계관리제도의 운영실태에 관한 보고내용을 검토(review)하여, 그 검토결과 또는 감사결과에 대한 종합의견을 감사보고서에 표명하여야 한다(외감법 제8조).

3.8 재무보고체계와 감사보고

		공정표시 재무보고체계 (fair presentation framework)	준수 재무보고체계 (compliance framework)
		감사의견 - 중요성의 관점에서 공정하게 표시되어 있는지 (or 진실하고 공정한 관점을 제시하는지) 여부를 보고	감사의견 - 중요성의 관점에서 해당 재무보고체계에 따라 작성되었는지 여부
일반목적 재무제표 (General-Purpose F/S)	광범위한 이용자의 공통된 재무정보 요구	일반적 국내 외부감사 (K-IFRS 적용 + 회계감사기준)	
특정목적 재무제표 (Special-Purpose F/S)	특정한 이용자의 재무정보 요구	※ 특정목적 감사기준 적용 특정 이용자 목적에 해당하는 추가공시정보(회계정책, 일반적 GAAP과 차이 내용 등)를 주석과 감사보고서에 추가 언급	

회계감사는 재무보고체계가 무엇인가에 따라 그 성격이 달라질 수 있다. 여기서, 재무보고체계란 경영진 재무제표를 작성할 때 채택한 재무보고체계로서, 기업의 성격 및 재무제표 목적의 관점에서 수용가능하거나 법규에 의해 요구되는 재무보고체계를 말한다. 국제감사기준(ISA)은 재무보고체계를 ① 공정표시 재무체계와 ② 준수 재무보고체계로 구분하고 있다. 외감법에 따른 회계감사는 공정표시 재무보고체계에 해당하며, 상장법인은 한국채택국제회계기준(K-IFRS)에 따라 재무제표를 작성하여야 하며, 그리고 비상장법인은 한국채택국제회계기준과 일반기업회계기준 중 어느 하나를 선택하여 재무제표를 작성할 수 있다. 본 서에서도 공정표시 재무체계에 따른 회계감사만을 설명한다.

(1) 공정표시 재무보고체계(Fair Presentation Framework)

공정표시 재무보고체계(또는 공정표시체계)는 해당 체계가 그 요구사항들을 준수하도록 요구할 뿐 아니라. 다음 중 어느 하나를 인정하는 재무보고체계를 언급할 때 사용된다(ISA 200-13).

① 재무제표의 공정한 표시를 달성하기 위하여 경영진이 해당 체계가 특정하여 요구하는 범위 이상으로 공시하는 것이 필요할 수 있다고 명시적이거나 묵시적으로 인정한다.

② 재무제표의 공정한 표시를 달성하기 위하여 경영진이 해당 체계의 요구사항에서

Q 현행 외감법에 따른 회계감사는 어떤 재무보고체계를 따르고 있는가?

Q 재무보고체계란?

이탈하는 것이 필요할 수 있다고 명시적으로 인정함. 그러한 이탈은 극히 드문 상황에서만 필요할 것으로 예상된다.

(2) 준수 재무보고체계(Compliance Framework)

준수 재무보고체계(또는 준수체계)는 해당 체계의 요구사항들을 준수하도록 요구하지만, 위 ① 또는 ②에서 인정하는 사항은 포함되지 아니한 재무보고체계를 언급할 때 사용된다(ISA 200-13). 예를 들면, 우리나라의 경우 공동주택 관리령에 따라 300세대 이상의 공동주택(아파트)은 회계감사를 받아야 한다. 공동주택의 감사계약은 해당 법률을 잘 따르고 있는가에 대하여도 감사하도록 요구하며, 이 경우 재무보고체계는 준수 재무보고체계를 따른 것이 된다.

3.9 지배기구, 경영진, 이사회와 회계감사

회계감사기준에는 지배기구, 경영진 그리고 이사회의 역할에 대하여 자주 설명하고 있다. 이는 회계감사를 이해하는 데 있어 중요한 개념이다.

(1) 지배기구(Those Charged with Governance)

> 지배기구란 기업의 전략방향을 감독할 책임과 기업의 수탁책임을 감시할 의무가 있는 사람이나 조직(예 기업의 이사회)을 말한다. 이러한 책임에는 재무보고절차에 대한 감시가 포함된다. 국가에 따라서는 일반기업 또는 공공부문의 이사회 집행임원이나 소유경영자와 같이 경영진의 구성원이 지배기구에 포함될 수 있다(ISA 200-13).

회계감사기준에서 정의하고 있는 지배기구란 기업 내에 존재하는 기구나 조직이 아닌 개념적인 것이다. 그것이 어느 조직에 속해 있건 아니건 관계없이 기업의 전반적인 수탁책임을 감시하는 기능을 말하는 소위 기업을 지배하는 자를 말한다. 이를 구체적인 조직으로 설명하자면 일반적으로 이사회(board of directors)가 기업의 지배기구가 된다. 그러나 이사회와 기업의 지배기구가 반드시 일치하지는 않으며, 지배기구와 이사회는 서로 겹치는(overlap) 관계이다. 그러나 지배기구는 경영진(management)과는 반드시 독립적이어야 한다는 것이 바람직한 관계라고 보고된다.

TIP

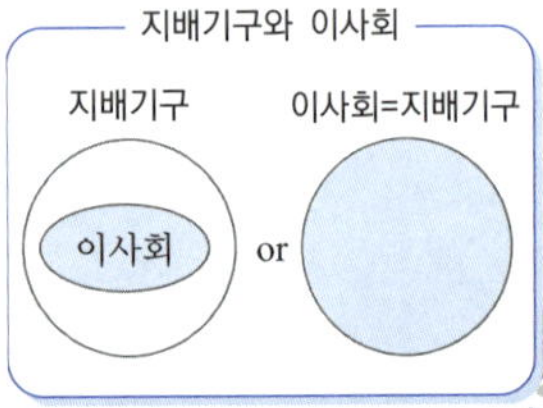

지배구조는 국가와 기업에 따라 다양하며. 서로 다른 문화와 법률적 배경, 기업규모나 소유권의 특성과 같은 사항의 영향을 반영한다. 예를 들어 다음과 같다(ISA 260-A1).

- 일부 국가에서는 집행이사회(즉, 경영진)와 법적으로 분리되어 있는 감독이사회(전부 또는 대부분 비집행이사로 구성됨)와 같은 “이원화된” 이사회 구조가 존재한다.

또 어떤 국가에서는 감독기능과 집행기능에 대한 법적 책임이 모두 단독의 이사회에 있다("일원화된" 이사회 구조).

- 일부 기업에서는, 예를 들어 이사회의 경우처럼 지배기구가 기업의 법적구조상 분리할 수 없는 구성요소로서의 지위를 지닌다. 반면, 예를 들어 일부 정부기구의 경우와 같이, 어떤 실체는 해당 실체의 일부를 구성하지 않는 기구가 지배기능을 담당한다.
- 경우에 따라서는, 지배기구의 일부 또는 모든 구성원이 기업경영에 참여한다. 반면, 지배기구와 경영진이 서로 다른 자로 구성되는 경우도 있다.
- 어떤 경우에는 지배기구가 재무제표의 승인에 대한 책임을 진다(그렇지 않은 경우에는 경영진이 이러한 책임을 진다).

(2) 이사회(Board of Directors) or 감사위원회(Audit Committee)

이사회는 의결기구로서 소집에 의하여 열리게 되는 법률상의 회의체로서 기업의 주요사항을 의사결정한다. 법령 및 정관으로써 주주총회의 권한으로 되어 있는 것을 제외한 업무집행에 관한 사항은 모두 이사회의 결의에 의하여 행하여진다(상법 393조). 이사회는 의사결정만 하며, 결정된 사항을 집행하는 자는 경영진이 된다. 그러나 이사회와 경영진은 서로 긴밀한 관계를 가지고 커뮤니케이션하여야 한다. 그런 점에서 경영진(집행임원) 중 소수가 이사회의 구성원이 되지만 바람직한 이사회는 사내이사(경영진 중 소수)와 사외이사가 모두 참여하는 것을 권장하고 있다.

TIP

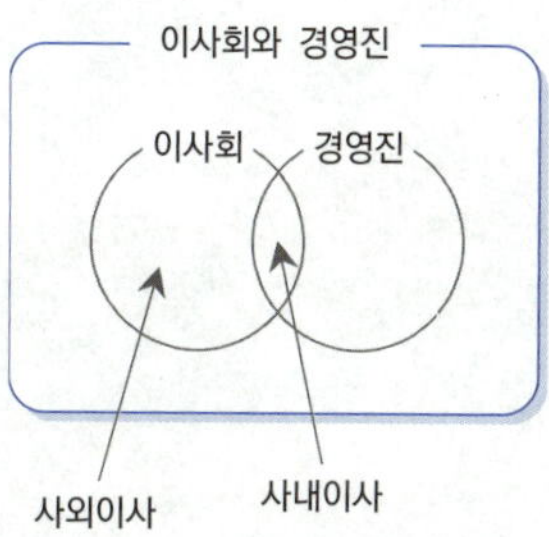

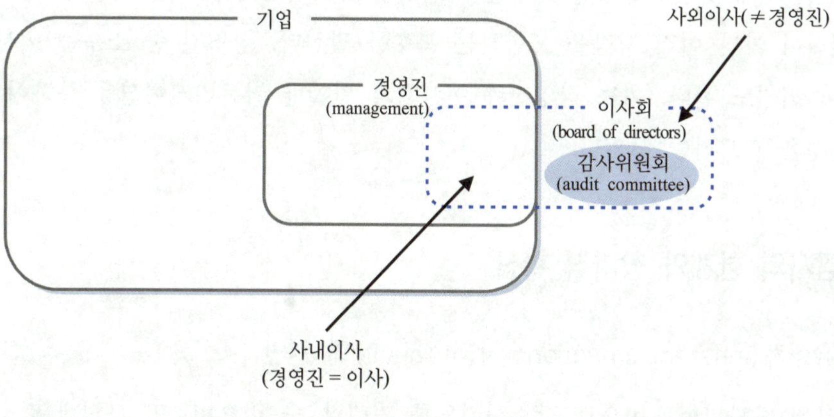

Q 모범지배구조란?

소위 모범지배구조란 주주가 경영진을 견제하기 위하여 경영진과 독립적인 이사회를 구성하는 것을 말한다. 여기서, 이사회를 일반적으로 지배기구라고 하며, 이사회는 소수의 경영진인 이사와 다수의 사외이사로 구성될 때 경영진과 독립적일 수 있다. 소수의 경영진을 이사회에 포함하는 이유는 경영진과 이사회간의 정보공유와 원활한 커뮤니케이션 때문이

Q
감사위원회의 전문성을 강조해서 자본시장에서 일반적으로 요구하는 사항은?

Q
감사위원회의 중요성

다. 그리고 사외이사를 선임할 때 무엇보다 경영진과 독립적일 것이 요구된다. 이사회 내에는 다수의 하부 위원회를 둔다. 그 중에서 감사위원회는 주로 내부감사기능을 담당하며 경영진이 작성한 재무제표가 이해관계자들에게 왜곡되지 않고 공시될 수 있게 한다. 따라서 감사위원회는 무엇보다 전문성이 요구된다. 이런 관점에서 미국의 사베인스옥슬리법(Sarbanes-Oxley Act)은 최소한 1인 이상의 재무회계 전문가(at least one financial expert)를 감사위원회에 포함하도록 요구하고 있다. 우리나라의 자본시장법도 이와 동일하게 최소한 1인 이상의 재무전문가를 감사위원회에 포함하도록 요구하고 있다. 만약, 지배구조가 양호하다면 주주들의 의사가 반영된 이사회가 구성될 것이고, 해당 이사회는 경영진과 독립적일 것이며, 감사위원회는 경영진이 재무제표를 왜곡하여 공시하는 것을 방지하기 위하여 기업내부에서 감시하며, 가장 적절한 감사인을 선임하여 서로 커뮤니케이션할 것이다.

상법상 이사회의 결의사항으로서 주주총회의 소집(362조), 지배인의 선임 · 해임, 지점의 설치 · 이전 또는 폐지, 이사의 직무집행의 감독(393조), 대표이사의 선임과 공동대표의 결정(389조), 이사의 자기거래의 승인(398조), 신주발행사항의 결정(416조) 등이 있다.

(3) 경영진(management)

> 경영진은 기업의 경영에 대한 집행책임이 있는 자를 말한다(ISA 200-13).

TIP
이사회는 의사결정을, 경영진은 이사회가 결정하거나 위임한 것을 집행한다.

경영진은 이사회에서 결정한 사항들을 실질적으로 집행하는 자를 말한다. 경영진은 특정 개인이 아닌 여러 사람을 포함하는 복수를 말한다. 경영진 중 소수는 이사회의 구성원이 되기도 한다. 이는 경영진과 이사회의 원활한 커뮤니케이션을 통하여 경영의 효율성을 도모하는데 있다.

4 감사의 한계와 합리적 확신

기출 2021

기출 2023

4.1 고유한계(Inherent limitations of an audit)의 원인

Q
감사의 고유한계가 없다면 감사는 100% 확신을 제공할 수 있는가?

감사인은 감사위험을 0으로 감소시키도록 기대할 수 없으며, 또 그렇게 감소시킬 수도 없으므로, 재무제표에 부정이나 오류에 의한 중요한 왜곡표시가 없다는 절대적 확신(100% 보증)은 얻을 수 없다. 이것은 감사에 고유한계가 존재하며, 그 결과 감사인의 결론도출과 감사의견의 기초가 되는 대부분의 감사증거가 결정적(conclusive)이기보다는 설득적(persuasive)이기 때문이다. 감사의 고유한계는 다음에 기인한다(ISA 200-A47).

감사의 고유한계의 원인(ISA 200-A47)

① 재무보고의 성격
② 감사절차의 성격
③ 합리적인 시간 내에 합리적인 비용으로 감사가 수행될 필요성
④ 기타 사항

(1) 재무보고의 성격

기업이 해당 재무보고체계에서 요구하는 사항을 그 기업의 사실과 상황에 적용하여 재무제표를 작성할 때는 경영진의 판단이 수반된다. 또한 다수의 재무제표 항목에는 주관적인 결정이나 평가 또는 불확실성이 수반되며, 해석이나 판단에 있어서도 수용가능한 일정한 범위가 존재할 수 있다. 그 결과, 특정 회계추정치와 같이 재무제표의 어떤 항목은 추가적인 감사절차를 적용해도 제거될 수 없는 고유한 수준의 가변성이 있다. 그럼에도 불구하고 감사기준은 회계추정이 해당 재무보고체계 및 관련 공시의 관점에서 합리적인지 여부, 그리고 경영진판단의 편의가능성 징후 등 해당 기업 회계실무의 질적 측면을 구체적으로 고려할 것을 감사인에게 요구하고 있다(ISA 200-A48).

(2) 감사절차의 성격

감사인의 감사증거 입수능력에는 다음과 같은 실무적, 법률적 한계가 존재한다(ISA 200-A49).

① 경영진이나 기타의 자들은 의도적으로 또는 비의도적으로 재무제표 작성과 관련된 정보나 감사인이 요청한 정보를 완전하게 제공하지 않을 수 있다. 따라서 감사인이 관련된 모든 정보를 입수했다는 확신을 얻기 위해 감사절차를 수행하였어도, 감사인은 정보의 완전성을 확신할 수 없다.

② 부정에는 이를 은폐하기 위해 정교하고 치밀하게 구성된 계획이 수반될 것이다. 그러므로 감사증거를 입수하기 위해 적용하는 감사절차는, 예를 들어 공모를 통해 문서를 조작하여 동 문서가 진실하지 않음에도 그렇게 믿게 하는 것과 같은 의도적인 왜곡표시를 발견하는 데 효과적이지 않을 수 있다. 감사인은 문서의 진위에 대한 전문가로서 훈련을 받지 않았으며 그렇게 기대될 수도 없다.

③ 감사는 범죄 혐의를 밝히려는 공적 수사가 아니다. 따라서 감사인은 그러한 수사를 하는 경우에 필요한 수색권한과 같은 특정한 법적 권한을 부여 받고 있지 않다.

(①, ② → 실무적 한계 / ③ → 법률적 한계)

Q 감사의 효익과 비용을 고려하면 100% 확신을 제공하는 것이 합리적인가?

(3) 합리적인 시간 내에 합리적인 비용으로 감사가 수행될 필요성

어렵다는 문제, 시간상 또는 비용상 문제 그 자체는 감사인이 대체적인 절차가 없는 감사절차

를 생략하거나 보다 설득력이 낮은 감사증거에 만족하는 정당한 근거가 되지 못한다. 재무제표 이용자들은 감사인이 합리적인 기간 내에 합리적인 비용으로 재무제표에 대한 의견을 형성할 것이라고 기대하며, 존재할 수 있는 모든 정보를 다루거나 또는 정보가 오류나 부정을 포함하고 있다는 가정하에 그렇지 않다고 입증이 될 때까지 모든 사항을 누락 없이 추적하는 것이 가능하지 않다는 것을 인식하고 있다(ISA 200-A50).

(4) 감사의 고유한계에 영향을 주는 기타 사항

특정 경영진주장이나 대상의 경우, 중요한 왜곡표시를 발견할 수 있는 감사인의 능력에 고유한계가 미치는 잠재적 영향이 특히 유의적이다. 그러한 경영진주장이나 대상은 다음과 같다(ISA 200-A53).

- 부정이나 공모. 특히, 고위 경영진이 관여된 부정
- 특수관계 및 그 거래내역의 실재성과 완전성
- 법규위반
- 계속기업으로서 존속을 중단시킬 미래의 사건이나 상황

4.2 감사의 고유한계와 합리적 확신

감사는 상기와 같은 이유로 고유의 한계를 가진다. 이와 같이 감사의 고유한계가 존재하는 상황에서 차선의 방법은 감사결과에 대하여 완전(100%)하지는 않더라도 높은 수준의 확신을 달성하는 것이다. 이와 같이 높은 수준의 확신을 달성하는 절차로 감사기준은 다음과 같은 절차를 제시하고 있다(ISA 200-A51-52).

TIP

100% 확신
→ High assurance(높은 확신)
→ audit(감사)
→ medium assurance(중간 확신)
→ review(검토)
0% 확신

감사절차와 확신 (ISA 200-A51, 52)

구 분	내 용
높은 수준의 확신을 달성하기 위하여 요구되는 감사절차 (ISA 200-A51)	① 감사가 효과적으로 수행될 수 있도록 계획함 ② 부정이나 오류에 의한 중요한 왜곡표시위험이 포함될 것으로 가장 높게 예상되는 분야에 감사노력을 집중하고, 그렇지 아니한 다른 분야에는 상대적으로 적은 노력을 기울임 ③ 모집단의 왜곡표시를 조사하기 위해 테스트나 기타 수단을 사용함
높은 수준의 확신을 달성하기 위하여 요구되는 감사계획 (ISA 200-A52)	① 위험평가절차 및 관련 활동을 수행함으로써 재무제표 및 경영진주장 수준의 중요왜곡표시위험을 식별하고 평가한 근거를 확보 ② 감사인이 모집단에 대하여 테스트나 기타 조사 수단을 이용할 때는 모집단에 대한 결론을 도출한 합리적인 근거를 제시할 수 있는 방법으로 수행

4.3 수행된 감사결과의 판단

감사가 감사기준에 따라 적절하게 계획되고 수행되었어도, 감사의 고유한계로 인해 재무제표의 중요한 왜곡표시가 발견되지 않을 불가피한 위험이 존재한다. 따라서 부정이나 오류에 의한 재무제표의 중요한 왜곡표시가 차후에 발견되었다는 것만으로, 그 사실 자체가 감사기준에 따른 감사를 수행하지 못했다는 것을 의미하는 것은 아니다. 그러나 감사의 고유한계가 감사인이 설득력이 부족한 감사증거에 만족하는 것을 정당화시키지는 아니한다. 감사인이 감사기준에 따라 감사를 수행하였는지 여부는 다음에 따라 결정된다(ISA 200-A54).

감사인이 감사기준에 따라 감사하였는가에 대한 판단기준(ISA 200-A54)

① 각 상황에서 감사인이 수행한 감사절차
② 이 결과 입수된 감사증거의 충분성과 적합성
③ 감사인의 전반적인 목적에 비추어 동 감사증거에 대한 평가를 기초로 한 감사보고서의 적합성

SECTION 02

회계감사의 수요와 기능

NEW INTERNATIONAL STANDARDS ON AUDITING

1 정보위험과 회계감사

핵심

1. 회계감사의 필요성: 재무제표에 정보위험 (information risk)이 존재
   ① 정보이용자와 정보제공자 간의 이해관계의 상충
   ② 회계정보가 정보이용자에게 미치는 중대한 영향
   ③ 회계정보의 복잡성
   ④ 정보이용자와 정보원과의 원격성
2. 회계감사: 감사인이 재무제표를 감사하고 이에 대한 의견을 표명함
   ① 회계감사인은 재무제표를 감사하고 이에 대한 의견을 표명함으로써 재무제표의 신뢰성을 제고시킨다.
   ② 회계감사인은 회사가 공표하는 재무제표의 신뢰성만 제고할 뿐이지 당해 회사의 건전성 여부에 대한 의견을 표명하는 것은 아니다.
3. 회계감사의 효과: 정보위험(information risk)의 감소(재무제표의 신뢰성 제고)

1.1 정보위험과 재무제표의 신뢰성

재무제표는 회계정보이용자가 경제적 의사결정을 내리는 데 도움을 줄 수 있는 유용한 정보를 제공할 뿐만 아니라 경영진의 수탁책임에 대한 정보를 제공한다. 이와 같이 회계정보를 제공하는 것을 재무보고(financial reporting)라고 하며, 재무보고의 대표적인 수단이 재무제표(financial statements)이다.

재무제표가 정보로서 유용한 가치를 가지기 위해서는 제공되는 재무제표가 신뢰할(reliability) 수 있어야 한다. 그러면 경영진이 작성 · 보고하는 재무제표는 믿을 수 없는 것일까? 재무제표에 대한 일반적인 견해는 믿을 수 없다는 것이다. 그러면 경영진이 작성 · 보고하는 재무제표를 믿을 수 없다면 어떤 문제점이 발생할까? 재무제표를 믿을 수 없을 때 발생할 수 있는 문제점은 재무제표 이용 목적을 살펴보면 알 수 있다. 재무제표를 이용하는 주된 목적 중 하나는 바로 경제적 의사결정에 유용한 정보로 이용하기 위해서이다. 따라서 믿을 수 없는 재무제표를 의사결정에 이용한다면, 의사결정

을 잘못 내릴 가능성이 존재한다. 잘못된 의사결정의 결과는 중대한 손실을 야기시킬 수도 있기 때문에 재무제표가 유용한 가치를 가지기 위한 필수조건 중의 하나가 바로 신뢰성이다.

잘못된 정보를 이용하여 잘못된 의사결정을 내릴 가능성을 정보위험(information risk)이라 하며, 경영진이 작성 · 보고하는 재무제표에는 정보위험이 존재하기 때문에 이를 신뢰할 수 없고 따라서 그 자체로는 회계정보의 유용성이 떨어진다고 할 수 있다.

회계감사의 목적

감사는 감사대상 재무제표가 회사의 재무상태와 경영성과 및 기타 재무정보를 회계기준에 따라 중요성의 관점에서 공정하게 표시하고 있는지에 대하여 감사인이 독립적으로 의견을 표명함으로써 ① 재무제표의 신뢰성을 제고하고 ② 재무제표의 이용자가 회사에 관하여 올바른 판단을 할 수 있도록 함을 목적으로 한다. 따라서 회계감사는 재무제표를 이용하는 정보이용자에게 정보위험을 감소시켜준다.

정보위험이 초래되는 원인과 회계감사의 필요성에 대한 가장 일반적인 설명은 미국회계학회의 기초적 회계감사개념에 관한 보고서(ASOBAC)에 잘 나타나 있다. 이 보고서에서는 다음에서 제시하는 이유 때문에 정보위험이 초래되고 따라서 회계감사기능이 필요하다고 보고하고 있다.

정보위험의 원인

① 정보이용자와 정보제공자간 이해관계의 상충(conflict of interest between preparer and users)
② 회계정보가 정보이용자에게 미치는 중대한 영향(consequence of information to users)
③ 회계정보의 복잡성(complexity of subject matter and audit process)
④ 정보이용자와 정보원과의 원격성(remoteness of users from subject matter and preparer)

(1) 정보이용자와 정보제공자 간 이해관계의 상충

일반적으로 정보제공자의 정보제공 목적은 정보이용자의 의사결정 목적과 일치하지 않는다. 이와 같이 정보이용자와 정보제공자간의 이해관계가 상충될 경우, 회계정보는 제공자의 이해에 따라 왜곡(정보위험의 존재)될 수 있다. 따라서 제3자에 의한 회계감사기능이 필요하다.

(2) 회계정보가 정보이용자에게 미치는 중대한 영향

일반적으로 재무제표의 주된 목적은 재무제표 이용자가 경제적 의사결정을 내리는 데 유용한 정보를 제공하는데 있다. 만약, 재무제표가 편의(biased)되었거나 또는 완전하지 못한 상황에서 회계정보이용자가 이를 의사결정에 이용한다면 중대한 손실(즉, 정보위험의 결과)을 입을 수도 있다. 따라서 회계정보이용자는 이러한 손실을 미연에 방지하기 위하여 회계감사기능이 필요하다는 것을 인식한다. 그러나 재무제표가 편의(biased)되었다 할지라도 회계정보이용자에게 미치는 영향이 중대하지 않다면 회계감사의 필요성이 제기되지 않을 수도 있다.

(3) 회계정보의 복잡성

회계정보는 매우 복잡한 반면, 회계정보이용자들은 회계정보의 진위여부를 평가할 만한 전문적인 지식이 없다. 따라서 회계정보이용자들은 제3자의 전문가에 의한 회계감사기능이 필요하다고 주장한다.

(4) 정보이용자와 정보원과의 원격성

일반적으로 회계정보이용자가 복잡한 회계정보를 검증할 수 있는 능력을 가졌다 할지라도 정보원과의 원격성(remoteness) 때문에 불가능한 경우가 있다. 예를 들면, 법률적 · 제도적인 장벽과 정보이용자 스스로 검증할 수 없는 시간적 · 경제적 제약은 정보이용자와 정보원과의 원격성(remoteness)을 야기시키며, 이러한 원격성 때문에 정보이용자는 정보의 질을 직접 평가하지 못한다. 따라서 회계정보이용자들은 회계감사기능이 필요하다고 주장한다.

상기와 같이 정보위험을 초래하는 4가지 원인은 그 정도가 높을수록 정보에 대한 독립적이고 전문적인 판단이 더욱 중요해지게 되고, 제3자의 도움 없이는 이러한 판단이 곤란하게 된다. 따라서 회계정보이용자들은 독립적이고 전문가인 제3자에 의한 재무제표 증명기능(예 회계감사)이 필요하다는 것을 인식하게 된다.

예제 01 정보위험

은행의 대출의사결정시 고려하는 이자율 결정요소를 ① 무위험이자율(risk-free interest rate), ② 고객의 영업위험(business risk for customer) 및 ③ 정보위험(information risk)이라고 할 때 상기 세 가지 요소를 정의하시오. 또한 이들 요소 중 회계감사와 관련이 있는 요소를 지적하고 이를 통하여 회계감사의 필요성을 역설하시오.

해답

(1) 무위험이자율(risk-free interest rate): 무위험이자율이란 위험이 거의 없는 채권(미국의 경우 U.S. treasury notes)에 투자하여 얻을 수 있는 수익률을 반영한 것이다.

(2) 고객의 영업위험(business risk for customer): 고객의 영업위험이란 기업이 도산하여 대출금을 회수할 수 없을 가능성을 반영한 것이다.

(3) 정보위험(information risk): 정보위험이란 고객의 사업위험을 평가할 수 있는 정보(예 재무제표 등)가 정확하지 못할 가능성을 반영한 것이다.

이들 세 가지 요소 중 회계감사와 관련이 있는 요소는 정보위험이다. 구체적으로 은행은 대출여부와 대출이자율을 결정하기 위하여 고객의 재무제표 등과 같은 정보를 이용하는데, 이 때 당해 정보가 사실과 달라 의사결정을 잘못할 가능성이 존재하기 때문에 이를 이자율에 반영한다.

대출의사결정자 입장에서는 기업이 회계감사를 받으면 정보위험이 낮아지기 때문에 대출이자율을 인하한다. 기업 입장에서는 회계감사를 받음으로써 비용이 발생하지만 낮은 비용으로 자금을 조달할 수 있는 효익이 있다. 만약 이러한 효익이 비용을 능가한다면 기업은 회계감사를 받을 만한 가치가 있다.

1.2 정보위험을 제거하는 방법

정보위험은 회계정보이용자에게 잘못된 의사결정을 유발할 수 있다. 회계정보이용자는 이를 제거할 것을 요구하게 되고 따라서 회계감사와 같은 제3자의 증명기능이 필요하다는 것이 회계감사의 존재이유 중 하나라고 할 수 있다. 그러면 회계감사가 회계정보의 정보위험을 제거하는 유일한 방법일까? 일반적으로 정보위험을 제거하는 방법은 다음의 세 가지로 요약된다.

① 정보이용자가 직접 정보의 신뢰성을 검증하는 방법
② 정보이용자와 정보제공자가 분담하는 방법
③ 제3자에게 정보를 검증하게 하는 방법

(1) 정보이용자가 직접 정보의 신뢰성을 검증하는 방법

정보이용자가 직접 정보의 신뢰성을 검증하는 방법은 시간과 경제적인 측면에서 비효율적일 뿐만 아니라 정보작성과정과 검증절차에 대하여 정보이용자가 충분한 지식을 갖고 있지 않아 정보위험을 효과적으로 제거할 수 없다는 단점이 있다.

(2) 정보이용자와 정보제공자가 분담하는 방법

정보이용자와 정보제공자가 분담하는 방법은 정보제공자로부터 획득한 정보를 이용한 결과 입은 손실에 대하여 정보이용자가 전적으로 손실을 부담하거나 소송 등을 제기하여 정보제공자로부터 손해배상을 받는 방안이다. 이 방법 역시 정보제공자가 손해배상능력이 부족할 경우 정보이용자가 전적으로 정보위험을 부담해야 되기 때문에 불합리하다는 지적이 있다.

(3) 제3자에게 정보를 검증하게 하는 방법: 회계감사

정보이용자가 다수이며, 독립적이고 전문가적인 적격성을 갖춘 제3자(information specialist)가 존재한다면 제3자에게 정보를 검증하게 하는 방법이 가장 효율적이고 효과적일 수 있다. 이러한 방법이 바로 회계감사이다.

요약하면, 회계감사의 필요성은 경영진이 작성 · 제시하는 재무제표에 정보위험(information risk)이 존재하기 때문이다. 회계감사는 재무제표에 대하여 감사를 수행하고 이에 대한 의견을 표명함으로써 재무제표의 신뢰성을 제고(정보위험의 감소)하는데 그 목적이 있다. 회계감사의 역할에 대한 보다 구체적인 설명은 다음에서 설명하는 바와 같다.

1.3 회계감사의 역할

전술한 바와 같이 회계감사의 역할은 독립적인 전문가가 수행하는 재무제표 증명기능이다. 회계감사는 "적격성을 갖춘 감사인이 독립적인 입장에서 감사를 수행하면 재무제표의 신뢰성이 제고된다"는 것을 전제한다. 회계감사는 기업에게 비용을 유발하지만 비용 이상의 추가적인 효익을 가져다 줄 수도 있다. 따라서 회계감사의 효익이 감사비용을 능가한다고 기대되는 기업은 자발적으로 회계감사를 받고자 한다.

감사인이 재무제표에 대한 의견을 표명하면 재무제표 이용자들은 재무제표를 보다 신뢰하게 되고 잘못된 회계정보를 이용하여 잘못된 의사결정을 내릴 가능성(이를 '정보위험'이라 함)이 줄어들게 된다. 결국 감사인은 의사결정자들이 이용하는 다양한 정보 중 재무제표에 대하여 검증과정을 거쳐 이 재무제표가 회계기준에 따라 작성되었는가에 대한 의견을 표명함으로써 회사가 제시하는 재무제표의 신뢰성을 부여하는 역할을 수행하는 것이다.

신뢰성을 부여한다는 의미는 "정보를 믿을 수 있게 한다"는 것을 의미한다. 경제적 의사결정은 불확실한 상황에서 이루어지기 때문에 잘못된 의사결정을 내릴 수 있는 가능성은 항상 존재하며, 이때 회계감사인이 회계정보에 대하여 부여하는 신뢰성은 경제적 의사결정을 잘못 내릴 가능성을 줄여줄 수 있다. 즉, 회계감사인은 회계정보에 대하여 신뢰성을 부여함으로써 잘못된 정보를 이용하여 잘못된 의사결정을 내릴 수 있는 정보위험을 줄여줄 수 있다. 정보위험을 감소시켜 재무제표의 신뢰성을 제고하기 위해서는 경영진이 제시한 재무제표가 회계기준 등과 같은 일정한 기준을 따르고 있는가에 대하여 평가받을 필요가 있는데 이것이 회계감사이다.

여기서 주의하여야 할 것은 회계감사인은 경영진이 제시하는 재무제표가 회계기준에 따라 작성되었는지에 대한 의견을 표명함으로써 회사가 공표하는 재무제표에 대하여 신뢰성을 부여할 뿐이지, 당해 회사의 건전성 여부에 대한 의견을 표명하는 것은 아니라는 점이다.

Q

감사의견이 제공하는 의미는?

간혹 "적정의견을 받은 기업이 왜 도산하는가?"라는 주제의 기사가 신문에 실리곤 하는데 이는 잘못된 표현이다. 적정의견이라는 표현은 기업이 공표하는 재무제표가 회계기준을 따르고 있다는 뜻이지 회사의 장래 전망을 보장해 주거나 경영진의 능력을 평가하는 것은 아니기 때문이다. 따라서 결손누적으로 도산될 가능성이 높은 기업이라 할지라도 회계기준에 따라 기업의 재무상태와 경영성과 등을 진실하게 공표한다면 회계감사인은 적정의견을 표명한다.

경영진과 감사인 그리고 재무제표 이용자 사이에서 회계정보가 생산되고 이용되는 과정과 감사인의 역할을 요약하면 다음과 같다. 경영진은 재무제표를 작성할 역할과 책임을 가지고 있으며, 감사인은 독립적인 입장에서 이 재무제표가 회계기준에 따라 작성되었는지에 대한 의견을 제시함으로써 경영진이 제시하는 재무제표에 대한 신뢰성을 부여하는 역할을 수행한다. 재무제표 이용자는 의사결정을 수행할 때 감사받은 재무제표를 이용하지만 최종 의사결정은 전적으로 투자자가 결정한다. 즉, 감사인은 재무제표 이용자의 조언자가 아니며 투자자가 이용하는 재무제표에 대한 신뢰성을 제고하는 역할을 수행할 뿐이다.

이러한 감사인의 역할을 재무제표 증명기능 또는 입증기능(attest function)이라 한다. 재무제표가 일정한 기준(예 회계기준)을 따르고 있는지에 대한 확신(assurance)을 가지기 위하여 감사인은 관련된 증거(evidence)를 수집한다. 이러한 증거는 재무상태표의 경우 자산이 실제로 존재(실재성)하며, 당해 자산의 소유권(권리)이 회사에 있고 회계기준에 따라 평가되었다는 것을 입증할 수 있는 수준의 증거이어야 한다. 또한 재무상태표에는 회사의 모든 부채가 포함되었는지(완전성), 회계기준에서 요구하는 주기와 주석을 포함하고 있는지를 입증할 수 있는 수준의 증거이어야 한다. 이와 유사하게 감사인은 포괄손익계산서, 자본변동표 및 현금흐름표가 회계기준에 따라 작성되었는지 여부를 입증하는 데 필요한 수준의 증거를 수집하여야 한다.

그림 1-3 재무제표 작성과 회계감사의 역할

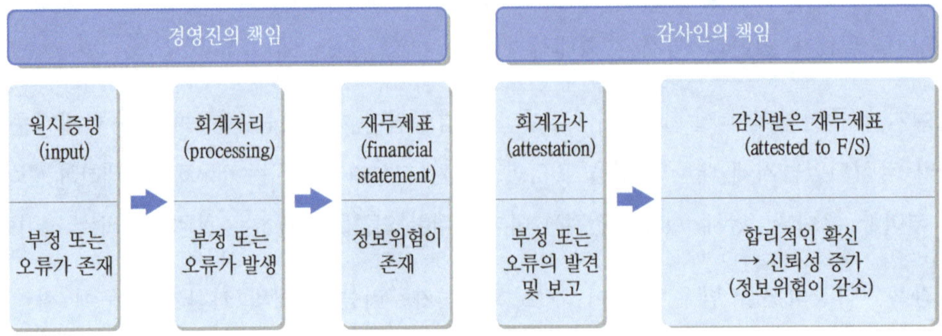

2 회계감사의 수요를 설명하는 이론

회계감사가 왜 필요한지 그리고 회계감사의 기능은 무엇인지에 대한 연구는 아주 오랫동안 진행되어 왔다. 회계감사의 수요를 설명하는 이론으로는 대리인이론, 정보가설 및 보험가설로 요약된다. 이러한 이론은 아직 실증적으로 완전하게 검증된 것이 아니어서 가설이라고 부른다. 이를 구체적으로 설명하면 다음과 같다.

2.1 정보불균형과 회계감사의 수요(대리인 이론)

(1) 정보불균형(Information Asymmetry)과 대리인 문제

오늘날 주식회사제도하에서 소유주가 직접 경영활동을 수행하는 기업은 많지 않다.

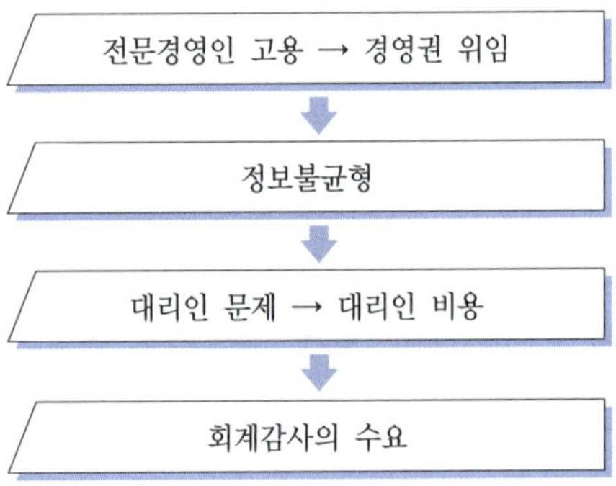

그 이유는 재무관리이론에서 볼 수 있듯이 소유와 경영을 분리할수록 경영의 효율이 높아지고 궁극적으로 기업가치가 극대화되기 때문이다. 그러나 소유주가 기업을 직접 경영하지 않고 전문경영인에게 경영권을 위임할 경우 경영진이 소유주보다 기업에 대한 더

많은 정보를 가지게 된다. 이를 위임자와 대리인간의 정보불균형(information asymmetry)이 존재한다고 한다. 이와 같이 정보불균형이 존재하게 되면 도덕적 해이(moral hazard)와 같은 대리인 문제가 발생된다.

도덕적 해이란 위임자가 대리인의 노력이나 성과를 완전하게 관찰할 수 없는 경우에 대리인은 최선의 노력을 다하지 않고 태만히 하는 것을 말한다. 즉, 도덕적 해이는 위임자가 대리인에 대한 정보가 부족한 상황 하에서 대리인이 최선의 노력을 투여하지 않고 도덕적으로 태만한 것을 말한다. 도덕적 해이 이외에도 대리인 문제에는 역선택(adverse selection) 등이 있다.

(2) 대리인 비용(Agency Cost)

대리인 문제를 극소화하기 위해서는 대리인 비용이 수반된다. Jensen과 Meckling(1976)은 대리인 비용을 다음의 세 가지로 분류하고 있다.

① 감시비용(monitoring cost): 감시비용이란 주주가 경영진을 감시하기 위하여 감사인을 고용함으로써 발생하는 비용을 말한다.

② 보증비용(bonding cost): 보증비용이란 경영진이 정기적으로 재무보고를 위하여 재무제표를 작성하는 비용 등을 말한다.

③ 잔여손실(residual cost): 잔여손실이란 주주와 경영진간의 의사결정의 차이로 인하여 발생하는 기업가치의 하락분을 말한다.

(3) 대리인 문제와 회계감사

Q 대리인 비용과 회계감사의 관계는?

정보불균형으로 인한 대리인 문제를 완화하기 위해서 기업은 여러 가지 제도를 도입 · 시행하고 있다. 예를 들면, 위임자와 대리인의 이해를 일치시키기 위한 보상제도(예 stock option)를 도입하거나 일정수준 이상의 회계정보를 공개하도록 하거나 재무제표에 대한 회계감사제도를 도입하는 것 등이 그 예이다.

요약하면, 주주가 경영진에게 경영권을 위임하는 고용계약을 체결함으로써 정보불균형으로 인한 대리인 문제가 발생한다. 회계감사는 정보불균형을 완화함으로써 계약과 관련되는 비용(예 주주와 경영진간의 고용계약 때문에 발생하는 비용)을 줄일 수 있고 궁극적으로 주주의 효용을 증대시켜 준다.

그러나 기업이 회계감사를 받고자 하면 필연적으로 감사수수료를 지불해야 한다. 따라서 회계감사를 받지 않았을 때 발생할 수 있는 기회비용을 고려하여 기회비용이 감사수수료 이상일 경우에만 회계감사의 가치를 설명할 수 있다.

REVIEW POINT New International Standards on Auditing

1. Jensen과 Meckling(1976)은 모든 경제활동이 계약을 근간으로 하고 있으며 기업을 계약의 집합체(a nexus of contracts)로 보았다. 예를 들면, 주식투자, 대출 등과 같이 기업의 모든 경제활동은 기업과 투자자, 채권자 등 경제주체들과의 계약이다. 특히 기업조직 내에서 주주와 전문경영인과의 계약관계를 보면 주주가 위임자(principal)가 되고 경영진은 대리인(agent)이 된다. 즉, 전문경영인을 고용하는 것 자체가 계약이고 이러한 계약으로 인한 문제가 바로 대리인 문제이다. 그런데 계약의 조건은 주로 회계정보에 기초한다. 예를 들면, 경영진의 보상기준은 회계이익에 따라 결정되기도 한다. 이러한 측면에서 회계감사는 계약비용을 줄여줄 수 있다.
2. 대리인 이론 이외에도 회계감사의 수요와 기능을 설명하는 이론에는 정보가설과 보험가설 등이 있다.

2.2 정보가설(Information Hypothesis)

정보가설은 투자자가 투자의사결정의 질을 높이기 위하여 회계감사를 필요로 한다는 가설이다. 즉, 투자자들은 미래현금흐름을 예측하고 이를 토대로 투자안의 순현재가치(NPV)를 계산하여 이를 토대로 의사결정을 한다. 이 때 미래현금흐름에 대한 정보는 회계이익으로부터 추론할 수 있으며, 회계이익에 대한 정보는 재무제표로부터 수집할 수 있다. 따라서 투자자들은 보다 더 정확하고 신뢰성 있는 재무제표로부터 미래현금흐름에 대한 정보를 확보하려고 하며, 그 수단으로 회계감사를 요구하게 된다는 이론이다.

예제 02 주식가치와 정보가설

주식투자의 예를 들어보자. 매기 현금배당(D)을 받고 n기에 주식을 매각한다고 할 때 주식취득으로 인한 현금흐름은 다음과 같다.

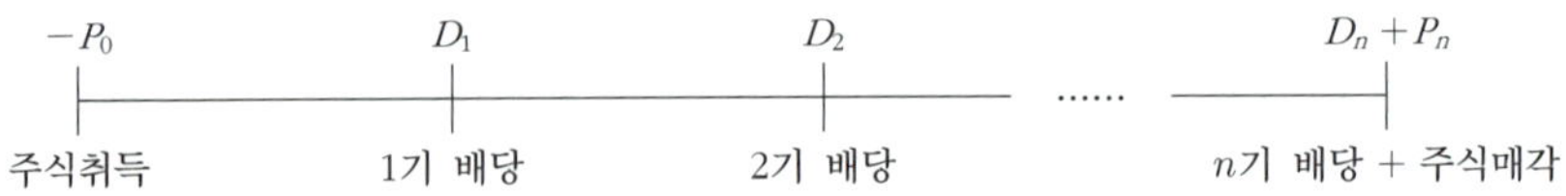

특정주식을 취득할 것인가에 대한 의사결정을 순현재가치(NPV)로 평가한다면 다음과 같이 표현할 수 있다.

$$\text{NPV} = -P_0 + \frac{E(D_1)}{1+E(r)} + \frac{E(D_2)}{(1+E(r))^2} + \cdots\cdots + \frac{E(D_n+P_n)}{(1+E(r))^n}$$

만약 순현재가치(NPV)가 영(0)보다 크다면 특정주식을 매입하는 것이 유리할 것이며, 영(0)보다 작다면 이미 보유한 주식마저도 매각하는 것이 유리할 것이다. 여기서 주목할 것은 미래현금흐름이 미래 현금배당(D_n)과 미래 매각가치(P_n)로 구성되어 있다는 것이다. 주식투자자는 합리적인 의사결정을 위하여 미래의 현금배당과 미래매각가치에 대한 양질의 정보를 수집하려할 것이다. 따라서 투자자들은 양질의 회계정보를 요구하게 되며, 회사는 투자자의 요구에 부응하기 위하여 회계감사를 받게 된다는 것이 정보가설에 입각한 회계감사의 수요와 기능이다.

2.3 보험가설(Insurance Hypothesis)

경영진은 재무제표를 작성하여 이해관계자에게 제공할 의무가 있다. 이 때, 이를 믿고 의사결정한 이해관계자들이 재무제표로 인하여 부당한 손실을 입는다면 경영진은 이에 대한 손해를 배상하여야 할 경우도 있다.

Q 회계감사에서 보험회사의 기능을 수행하는 자는 누구인가?

회계정보는 그 산출과정이 복잡하고 난해하여 경영진이 이를 성실하게 작성하고 보고하였다 하더라도 여전히 잘못 보고할 위험이 존재한다. 따라서 경영진은 회계감사를 받음으로써 재무제표의 작성 · 보고의무에 대한 책임을 감사인에게 전가하려는 유인이 있는데 이를 보험가설이라 한다. 그러나 주주가 잘못된 재무제표를 이용함으로써 손해 볼 가능성에 대비하기 위하여 감사인을 보험회사로 이용한다는 이론도 있다.

SECTION 03 감사인(Auditor)

NEW INTERNATIONAL STANDARDS ON AUDITING

1 감사인이란?

Q 감사인은 사람(개인)을 의미하는가?

감사인(auditor)은 회계감사를 수행하는 주체를 말한다. 회계감사인은 회사가 제시하는 재무제표를 감사하고 이에 대한 의견을 표명한다. 재무제표에 대한 감사보고서는 광범위하게 이용되기 때문에, 만약 부실한 감사보고서가 발행된다면 그 파급효과 또한 광범위할 수밖에 없다. 따라서 대부분의 국가에서는 공인회계사(Certified Public Accountant: CPA)제도를 시행하고 있으며, 공인회계사 자격을 갖춘 자에게만 회계감사업무를 허용하고 있다. 공인회계사가 독자적으로 감사업무를 수행할 수 있는가에 대해서는 나라마다 약간의 차이가 있다. 공인회계사가 감사업무를 수행하는 가장 일반적인 형태는 회계법인(CPA firm)이며, 법률이 허용하는 경우에 공인회계사(CPA)도 가능하다. 그러나 우리나라는 공인회계사 3인 이상의 결속조직인 감사반도 감사인의 한 형태이다. 공인회계사, 회계법인 및 감사반의 정의는 [표 1-2]에서 제시한 바와 같다.

표 1-2 감사인의 종류

감사인	내 용
공인회계사	공인회계사는 공인회계사 시험에 합격하고 일정기간동안의 연수과정(2년)을 거친 후 공인회계사회에 등록한 자를 말한다.
회 계 법 인	회계법인은 공인회계사법에 따라 공인회계사 10인 이상, 공인회계사인 이사 3인 이상, 공인회계사인 사원 3인 이상, 자본금 5억원 이상 등의 요건을 갖추어 기획재정부 장관에게 등록한다.
감 사 반	감사반은 총리령이 정하는 바에 의하여 한국공인회계사회에 등록한다.

기출 2023

우리나라의 경우 관련 법률에서 회계감사를 수행할 수 있는 감사인을 규정하고 있다. 예를 들면, 외감법에 따라 회계감사를 수행할 수 있는 감사인은 회계법인과 감사반에 한한다(외감법 제2조). 외감법 이외의 일부 관련 법률은 회계법인과 감사반뿐만 아니라 공인회계사도 회계감사를 수행할 수 있는 것으로 규정하고 있다. 회계감사를 수행할 수 있는 감사인을 관련 법률별로 분류하면 [표 1-3]과 같다.

표 1-3 관련 법률에서 규정하고 있는 감사인

관련법률	감 사 인
주식회사 등의 외부감사에 관한 법률	감사인(회계법인, 감사반)
독점규제 및 공정거래에 관한 법률	공인회계사(회계법인, 감사반, 공인회계사)
자본시장과 금융투자업에 관한 법률	외감법상 감사인(회계법인, 감사반)
기 타 법 률	관련 법률에서 규정한 감사인(일반적으로 공인회계사의 감사를 받아야 …… 라고 규정하고 있음. 따라서 회계법인, 감사반 및 공인회계사도 가능)
임 의 감 사	회계법인, 감사반 및 공인회계사

TIP
우리나라의 경우 외감법에 의한 감사가 대부분이므로 외감법상 감사인에 대하여 중점적으로 학습할 필요가 있다.

예제 03 관련 법률별 감사인

1. 외감법에 따라 회계감사를 수행할 수 있는 감사인은?
2. 독점규제 및 공정거래에 관한 법률에 따라 회계감사를 수행할 수 있는 감사인은?
3. 임의감사를 수행할 수 있는 감사인은?

해답

1. 직전 사업연도말의 자산총액, 부채총액 및 종업원수 등이 기준액 이상인 주식회사는 재무제표를 작성하여 감사인에 의한 회계감사를 받아야 한다(외감법 제2조) : 회계법인, 감사반
2. 대규모기업집단에 속하는 회사는 공인회계사의 회계감사를 받아야 한다(독점규제 및 공정거래에 관한 법률 제14조) : 공인회계사, 회계법인, 감사반
3. 관련 법률에서 명시된 것이 없다: 회계법인, 감사반 및 공인회계사

외감법상 감사할 수 있는 감사인은 회계법인과 감사반이며, 외감법 제9조 ①항에서는 감사인별로도 감사할 수 있는 범위를 제한하고 있다. 즉, 주권상장법인 · 대형비상장주식회사 · 금융회사와 감사인 지정은 회계법인만이 감사할 수 있으며, 연결재무제표의 경우 원칙적으로 회계법인만 감사할 수 있지만 예외적으로 지배회사와 종속회사 모두가 주권상장법인 · 대형비상장주식회사 · 금융회사 이외의 법인만으로 구성된 경우 감사반도 감사할 수 있다.

감사반은 주권상장법인 · 대형비상장주식회사 · 금융회사 이외의 재무제표와 주권상장법인 · 대형비상장주식회사 · 금융회사 이외의 법인만으로 구성된 연결재무제표를 감사할 수 있다.

표 1-4 외감법상 감사인별 수행 가능한 감사업무

구 분	주권상장법인 + 대형비상장주식회사 + 금융회사(비상장)	기타 주권비상장법인
재무제표 감사인	회계법인[주]	회계법인+감사반
연결재무제표감사인	회계법인	회계법인+감사반
감사인 지정	회계법인	회계법인

Q 주권상장법인이란?

주 주권상장법인이라 할지라도 외감법 시행령에서 정한 예외적인 경우 감사반이 감사할 수 있음

1.1 회계법인(Accounting Firm or Audit Firm)

핵심

1. 회계법인은 공인회계사법상 특수법인이다.
2. 회계법인은 자본금이 5억원 이상이어야 하며, 자본금액(자산총계－부채총계)이 5억원에 미달하는 경우 매 사업연도 종료 후 6개월 이내에 사원의 증여로 보전하거나 증자하여야 한다.
3. 회계법인은 회계법인 내에 손해배상준비금을 의무적으로 적립하여야 한다.
4. 회계법인은 공인회계사회에 손해배상공동기금을 의무적으로 적립하여야 한다.

(1) 회계법인의 구성

회계법인은 조직화된 감사인 형태로서 공인회계사 · 수습공인회계사 · 감사보조직원 및 일반관리사원으로 구성되어 있다.

미국의 경우 감사인은 곧 회계법인으로 지칭되는데 2014년 1월 현재 45,000개 이상의 회계법인이 존재하고 있다. 미국의 회계법인 규모는 1인으로 구성된 회계법인이 있는가 하면 수 천명의 공인회계사로 구성된 대형 회계법인도 있다. 미국의 회계법인은 규모별로 「Big 4 international firms」 · 「national firms」 · 「large local and regional firms」 그리고 「small local firms」의 4개 그룹으로 구분된다. 이 중에서 특히 Big 4 회계법인은 우리나라에도 잘 알려졌으며, 그 명성 또한 매우 높다. Big 4 회계법인은 해당 국가의 법률이 외국회계법인의 진출을 허용하는 경우 독자적으로 진출하기도 하며, 그렇지 않은 경우 해당 국가의 회계법인과 업무제휴(이를 'member firms'라고 함) 형식으로 전 세계적인 조직망을 구축하고 있다.

> **TIP**
> 1989년 이전에는 8개의 대규모 회계법인이 존재하여 Big 8라 불리웠지만 2개의 회계법인이 합병되어 Big 6로, 1998년에는 다시 한 개의 회계법인이 합병되어 Big 5로, 2001년에는 Arthur Anderson의 파산으로 현재 Big 4 형태로 남게 되었다.

우리나라의 경우 4개의 회계법인이 미국의 Big 4 회계법인과 업무를 제휴하고 있으며, 그 외에도 150개 이상의 내국회계법인(Local Accounting Firms)이 있다.

그러면 우리나라의 회계법인이 외국의 유명 회계법인과 업무제휴 관계를 유지하려는 이유는 무엇일까? 가장 큰 이유는 외국의 재무제표 이용자에게 보다 높은 신뢰성을 제고하기 위해서이다.

예를 들면, 지배구조가 모범적이고 외국인지분율이 높은 KT&G가 해외 전환사채를 발행하기 위하여 순수 국내회계법인이 감사한 재무제표를 제시하였을 경우를 생각해 보자. 아마 외국 투자자들은 이를 믿지 않으려고 할 것이다. 그러나 세계적으로 이미 잘 알려진 유명 회계법인과 제휴관계에 있는 국내회계법인이 감사한 재무제표를 제시한다면 상황은 달라질 수 있다. 또 다른 예로 미국에 본사를 두고 우리나라에 진출한 외국인 투자기업을 생각해보자. 이들 기업은 일정 주기로 본사에 재무제표를 보고하여야 하는데, 미국 본사가 신뢰할 수 있는 회계법인은 당연히 세계적으로 유명한 회계법인과 제휴관계에 있는 회계법인일 것이다.

따라서 회계법인들은 외국의 유명한 회계법인과 업무제휴관계를 유지함으로써 잠재적인 고객을 유치하고자 한다. 일단 업무제휴관계가 체결되면 외국의 유명 회계법인은 자신의 명성에 알맞은 감사보고서가 발행될 수 있도록 감사기술을 전수하고 이를 강요하는가 하면 때로는 상당 인원을 우리나라에 파견하여 중요한 감사조서 및 감사보고서를 검토하기도 한다. 국내 회계법인은 업무제휴의 대가로 제휴 회계법인에게 상당한 수수료를 제공하고 있다.

그림 1-4 미국의 Big 4 회계법인과 우리나라 회계법인의 업무제휴 관계 주

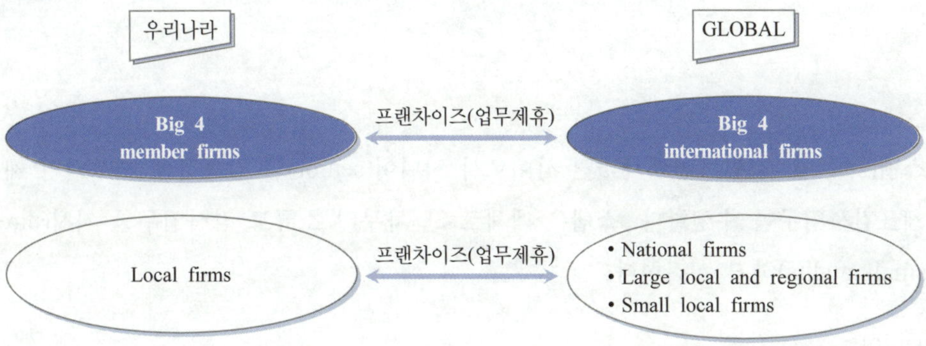

주 Local firm들은 Global 회계법인과 업무제휴를 하는 경우도 있고, 그렇지 않은 경우도 있다.

이와 비슷한 예는 일상생활에서도 찾아볼 수 있는데 미국에 본사를 두고 있는 맥도널드 햄버거 체인점이 바로 그것이다. 햄버거를 아무리 잘 만들어도 소비자들에게 이를 인식시키기는 매우 어렵다. 즉, 세계적으로 유명한 햄버거 회사와 체인계약을 맺으려는 이유가 바로 여기에 있다. 물론 체인계약이 체결되면 본사에서는 햄버거 품질이 유지될 수 있도록 직 · 간접적으로 관리하며, 체인점은 일정수준의 수수료를 본사에 지불하여야 한다. 미국의 회계법인과 우리나라 회계법인의 업무제휴 관계를 그림으로 표현하면 [그림 1-4]와 같다.

(2) 회계법인의 공인회계사 직급체계

회계법인의 공인회계사 직급체계는 크게 4가지로 분류할 수 있습니다. 파트너(partner), 매니저(manager), 시니어(senior) 및 스탭(staff)이 그것이다. 물론 회계법인

TIP

회계법인을 잘 이해하면 향후 감사전개를 잘 이해할 수 있다.

마다 직급체계가 다소 다를 수 있지만 Big 4의 경우 미국의 Big 4 International의 직급체계를 대체로 따르고 있어 매우 유사하다. 다음은 미국공인회계사회(AICPA)에서 제시하고 있는 각 직급에 대한 설명이다.

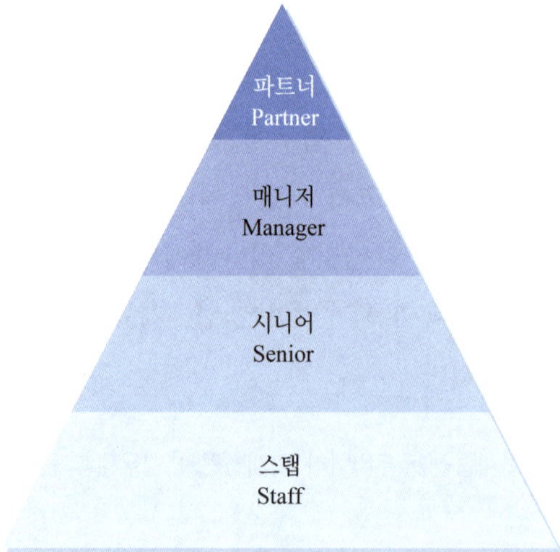

■ 스탭(Staff)

스탭(staff)은 경력 1년에서 3년 사이로서 시니어(senior)의 감독하에 세부적인 재무제표감사업무를 수행한다. 스탭은 대체로 2년차부터 소규모 감사업무를 지시(direct small audits)하기 시작한다.

■ 시니어(Senior)

회계법인에 입사하여 경력 3년에서 6년 사이로 매니저로부터 일반적인 지시를 받는다. 감사현장의 지휘(direction of audit field work), 스탭에 대한 구체적 평가(assignment of detail work to Staff), 그리고 감사조서의 작성 및 검토(review of their working papers) 등을 책임진다.

■ 매니저(Manager)

회계법인에 입사하여 경력 6년 이상으로 아래 직급인 시니어(Seniors)와 스탭(Staff)을 감독하는 책임을 진다. 또한 개별 감사업무에 대한 감사계획의 승인(audit program approval), 감사투입인원 조정(personnel scheduling), 감사조서 검토(audit working papers review), 재무제표와 주석공시 검토, 일상적인 고객관계(day-to-day client relationships), 감사보수의 청구(determination of billings for engagements), 그리고 시니어와 스탭의 교육과 평가를 책임지고 있다.

■ 파트너(Partner)

파트너는 회계법인에서 최상위 직급에 해당한다. 파트너는 회계법인에서 자신의 지분을 취득하기 때문에 이익을 분배받는다. 파트너가 되기 위해서는 공인회계사여야만 한다. 규모가 큰 회계법인에서는 공인회계사가 아니더라도 그럴만한 가치가 있는 전문가인 경우 높은 위치에 도달할 수도 있다. 회계감사, 세무 또는 컨설팅파트너의 경우 일반적으로 고객관련 활동(client-related activities)을 책임진다.

파트너 중 높은 직급을 시니어 파트너(Senior Partner)라고 한다. 시니어 파트너는 파트너로서 모든 책임을 진다. 시니어파트너는 집행위원회(Executive Committee)의 멤버가 될 수 있다. 집행위원회는 회계법인의 정책, 기획(planning activities) 그리고 일상적인 업무를 집행(day-to-day management)한다.

전세계의 회계법인은 대부분이 파트너(partner) 위주로 운영되고 있다. 파트너(partner)는 공인회계사법의 '이사' 직위와 일치한다. 공인회계사법은 출자자를 사원이라 하며 공인회계사만 출자할 수 있고, 이사는 공인회계사이어야 한다고 제한하고 있기 때문에 우리나라의 경우 사원 = 이사 = partner의 의미가 성립될 수 있다. 미국의 경우 일부 주에서는 공인회계사가 아니어도 출자를 허용하는 경우도 있지만 이 경우에도 공인회계사가 아닌 자가 다수지분을 갖지 못하게 하고 있다.

회계법인 내에는 다수의 파트너(partner)가 존재하며, 파트너(partner)의 수가 많을수록 대체로 소속 공인회계사의 수도 많고 매출액도 비례하여 높다. 그런데 회계감사는 여러 파트너(partner)가 공동으로 업무를 수행하는 것이 아니라 개별 파트너(partner)별로 독립적으로 업무를 수행하는 것이 일반적이다.

파트너(partner) 중 해당 회사를 직접 책임지고 감사를 총괄하는 파트너(partner)를 engagement partner(EP) 라고 하며, 회계감사기준은 engagement partner를 '업무수행이사'라고 번역하고 있다. 그러나 실제로 감사현장을 담당하지 않는 파트너(partner)도 있다. 대표적으로 인사와 총무와 같은 관리를 담당하는 관리담당파트너(admin partner), 업무수행이사가 수행한 업무를 검토함으로써 품질을 관리하는 품질관리부서 파트너(Quality Control Partner)가 여기에 해당한다.

■ 대표 파트너(CEO)

파트너 중 대표 파트너를 우리나라에서는 대표이사 공인회계사라고 하는데, 대표파트너는 파트너 총회(우리나라의 경우 파트너 총회 = 사원총회)에서 투표로 선출한다. 우리나라의 경우 회계서비스와 회계법인의 운영 전반에 걸친 노하우를 미국으로부터 도입한 것이기 때문에 사원총회를 파트너 총회라고 부른다. 대표 파트너라고 하여 일반 파트너(우리나라에서는 이를 '평 파트너'라고 함)를 지배하는 수직적 관계에 있는 것은 아니다. 이는 대표 파트너가 법인을 지배할 만한 지분을 투자한 것이 아니라 개별 파트너가 지분을 공동으로 투자하여 공동의 노력으로 품질관리시스템을 구축하고 평판을 높이는 동업자 조직이기 때문에 가능한 것이다.

예를 들면, 대표 파트너가 법인을 위험에 빠뜨리는 비전문가적 행동을 하거나 도덕적으로라도 사회적으로 지탄을 받는 행동을 한다면 파트너 총회에서 이를 용인하지 않는다.

(3) 회계법인의 감사업무 수행조직(= 업무팀, Engagement Team)

회계법인에서 감사를 수행하는 조직은 팀으로 구성된다. 이를 회계감사기준에서는 업무팀(Engagement Team)이라고 한다. 그리고 업무팀의 수장을 업무수행이사(Engagement Partner)라고 한다.

Q
업무수행이사란?

따라서 업무수행이사의 역할과 책임을 이해하기 위해서는 업무팀을 이해할 필요가 있다. 업무팀과 업무수행이사의 역할과 책임은 회계감사기준에서 명확하게 정의하고 있다.

■ 업무팀(Engagement Team)

업무팀의 정의

회계감사기준 220-7 (d)

(d) 업무팀 – 감사업무를 수행하는 모든 파트너와 스태프, 그리고 당해 회계법인 또는 네트워크 회계법인에 고용되어 해당 감사업무에 대한 감사절차를 수행하는 자들. 회계법인 또는 네트워크 회계법인에 계약된 감사인의 외부전문가는 여기서 제외된다.

(NEW ISA 220-7 (d))

(d) Engagement team – All partners and staff performing the engagement, and any individuals engaged by the firm or a network firm who perform audit procedures on the engagement. This excludes an auditor's external expert engaged by the firm or a network firm.

업무팀이란 회계법인이 계약한 감사업무를 수행하는 모든 파트너와 스탭을 말하는데 회계법인 내에는 다수의 업무팀이 존재한다. 그러나 이 업무팀은 일반 기업처럼 정해진 부서에서 구성원이 고정된 조직은 아니다.

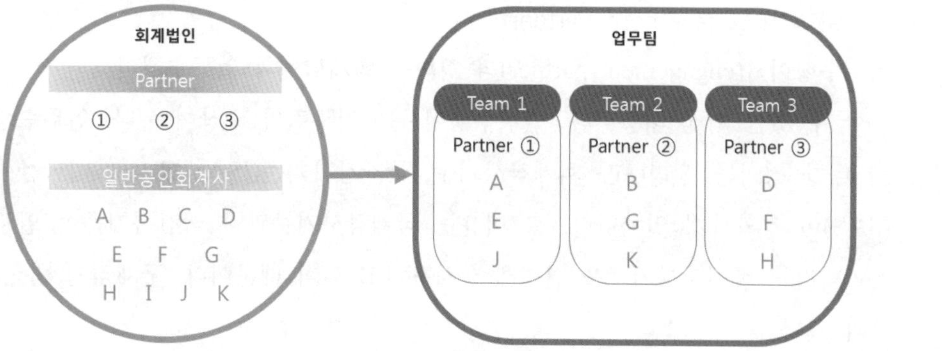

업무팀의 수장인 업무수행이사(engagement partner)가 담당할 회사는 파트너회의에서 정해지는데 이는 외감법 등 준수하여야 할 법률을 고려하여 정하는 것이 실무이다. 그리고 그 아래 이사(director)와 매니저(manager) 직급까지는 대체로 자신의 상사(업무수행이사)가 정해져 있지만 업무팀의 다수를 구성하는 그 아래 직급(senior, staff 등)은 풀링(pooling)이라고 하여 인력풀에서 적격하다고 판단되는 인원을 인선하여 업무팀을 구성한다.

인력풀은 산업 전문성을 갖추기 위하여 산업별로 세분화하여 구축하는 것이 Big 4의 일반적인 인력 관리 방식이다. 이는 보다 높은 수준의 감사품질을 제공하기 위하여 Big 4 internationals가 선택한 세분화를 통한 전문화의 영향으로 해석된다. 또한 소위 풀링(pooling)방식은 유휴 인력을 줄여줌으로써 회계법인의 원가절감에도 도움이 된다.

연도별로는 감사초기에 업무팀이 구성되면 동일 연도 내에는 교체하지 않는 것이 감사품질을 유지하는데 도움이 된다. 또한 회사로부터 불평(complain)을 사전에 방지할 수 있다. 그러나 우리나라 외감법은 업무팀의 구성원 중 업무수행이사를 제외한 나머지 인력들에 대해서는 3년마다 2/3를 교체하도록 요구하고 있다(외감법 제3조 ⑤)[1]. 이러한 제한은 업무팀의 구성원(업무수행이사 제외)이 회사와 유착함으로써 발생할 수 있는 문제를 완화하기 위한 것으로 해석되는데 미국에서도 규제하지 않는 독특한 규제이다. 그러나 실제로는 다수의 스탭(staffs)들이 짧은 경력에도 불구하고 이직하는 사례가 많기 때문에 실무적으로는 해당 법률을 준수하는데 큰 어려움이 없다.

1) 외감법 제3조(감사인) ⑤ 회계법인인 감사인은 그 소속공인회계사(「공인회계사법」 제26조 제3항에 따른 소속공인회계사를 말한다)를 주권상장법인인 회사에 대한 감사업무의 보조자로 함에 있어서 동일한 보조자에게 해당 회사의 연속하는 3개 사업연도에 대한 감사업무를 하게 한 경우, 그 다음 사업연도에는 그 보조자의 3분의 2 이상을 교체하여야 한다.

■ 업무수행이사(Engagement Partner)

업무수행이사(engagement partner)의 정의는 회계법인과 업무수행이사의 책임을 구분할 수 있는 핵심 내용이다. 업무수행이사는 업무팀의 수장이 된다. 업무수행이사에 대한 정의는 우리나라 회계감사기준, 국제감사기준(ISA) 그리고 미국감사기준(SAS)이 정확하게 일치한다. 그 이유는 국제감사기준과 미국감사기준이 일치하고 우리나라는 국제감사기준을 번역해서 사용하고 있기 때문이다. 구체적인 내용은 다음과 같다.

업무수행이사의 정의

회계감사기준 220-7 (a)

(a) 업무수행이사: 감사업무와 그 수행 그리고 회계법인을 대신하여 발행된 감사보고서에 대해서 책임을 지며, 관련 요구사항이 있을 경우에는 전문직단체, 정부 또는 규제기관으로부터 적합한 권한을 받은 파트너 또는 회계법인 내 기타의 자.

(국제감사기준 NEW ISA 220-7 (a))

(a) Engagement partner: The partner or other person in the firm who is responsible for the audit engagement and its performance, and for the auditor's report that is issued on behalf of the firm, and who, where required, has the appropriate authority from a professional, legal or regulatory body.

(미국감사기준 AU-C Section 220)

.09 For purposes of GAAS, the following terms have the meanings attributed as follows: Engagement partner. The partner or other person in the firm who is responsible for the audit engagement and its performance and for the auditor's report that is issued on behalf of the firm and who, when required, has the appropriate authority from a professional, legal, or regulatory body.

즉, 업무수행이사란 ① 감사업무와 그 수행(audit engagement and its performance) 그리고 발행된 감사보고서에 대해서(and for the auditor's report that is issued), 회계법인을 대신하여(on behalf of the firm) 책임을 지며, 그리고 ② 관련 요구사항이 있을 경우에는(and who, where required) 전문직단체, 정부 또는 규제기관(from a professional, legal, or regulatory body)으로부터 적합한 권한을 받은(has the appropriate authority) 파트너 또는 회계법인 내 기타의 자(The partner or other person in the firm)라고 정의된다.

그리고 우리나라 회계감사기준은 on behalf of the firm을 '회계법인을 대신하여'라고 번역하고 있는데 영어 사전에는 on behalf of the firm을 '~을 대신하여'라는 뜻도 있지만 '~을 대표하여'라는 뜻도 지니고 있다.

(4) 설립요건 및 법적지위

회계법인은 공인회계사법 제23조에 의해 설립된 특수법인이다. 회계법인의 설립, 설립절차, 등기, 자본금 등에 대한 사항은 공인회계사법에서 규정하고 있으며, 공인회계사법에서 규정하고 있지 아니한 사항에 대해서는 상법상 유한회사에 관한 규정을 준용하고 있다(공인회계사법 제40조의 ②). 즉, 회계법인은 상법에 의해 설립된 회사가 아니라 공인회계사법에 의해 설립된 특수법인이다.

회계법인인 감사인은 소속공인회계사 총수가 7인 이상으로서 공인회계사인 이사 3인 이상, 공인회계사인 사원 3인 이상, 자본금 5억원 이상 등의 요건을 갖추어 금융위원회에 등록하여야 한다. 주식회사의 최소 자본금에 대한 제한이 없다는 것을 감안할 때 회계법인의 최소 자본금 5억원은 매우 큰 것이다. 회계법인의 최소 자본금 규모를 규제하는 이유는 회계법인의 손해배상책임과도 무관하지 않다. 만약 회계법인의 자본이 충분하지 않다면 손해배상 책임을 다하지 못할 것이기 때문이다. 이러한 취지에서 공인회계사법에서는 회계법인의 최소 자본금이 유지될 수 있도록 직전연도의 자본금액(자산총계 - 부채총계)이 5억원에 미달하는 경우 미달한 금액을 매 사업연도 종료 후 6개월 이내에 사원의 증여로 보전하거나 증자하도록 강제하고 있다.

> **TIP**
> 소속공인회계사란?
> 회계법인을 구성하는 공인회계사는 임원(partner)과 임원 이외의 공인회계사로 구분된다. 임원은 감사책임자가 되며, 임원 이외의 공인회계사는 감사현장에 투입되어 감사업무를 직접 수행하는 역할을 수행한다. 소속공인회계사란 바로 임원 이외의 공인회계사를 말하며 회계감사기준에서는 이를 감사보조자라고 표현하고 있다.

(5) 손해배상준비금과 손해배상공동기금의 적립

회계법인은 손해배상책임을 보장하기 위하여 매 사업연도마다 법령에서 정하는 일정금액 이상을 회계법인 내에 손해배상준비금으로 적립하여야 한다. 또한 회계법인은 회계법인 밖(한국공인회계사회)에 손해배상공동기금을 적립하여야 한다(외감법 32조).

1.2 감사반

핵심

1. 감사반은 공인회계사 3인 이상으로 공인회계사회에 등록한 감사업체를 말한다.
2. 감사반은 재무제표의 경우 주권상장법인 · 대형비상장주식회사 · 금융회사를 제외한 모든 회사의 재무제표와 주권상장법인 · 대형비상장주식회사 · 금융회사가 아닌 회사만으로 구성된 연결재무제표를 감사할 수 있다.
3. 감사반은 손해배상책임을 위한 보험가입 등 필요한 조치를 취하여야 한다.

> **TIP**
> 감사반은 조직이 아닌 3인 이상 개업공인회계사의 연합체라고 설명할 수 있다.
> 미국은 주마다 다르지만 대체로 공인회계사 1인으로 구성된 회계법인(sole proprietorship)을 허용한다. 그러나 우리나라는 회계법인의 설립요건으로 공인회계사 10 이상으로 제한하고 있어 특이한 감사반이 존재한다.

감사반은 관련 규정에 따라 공인회계사 3인 이상으로 공인회계사회에 등록한 감사업체를 말한다. 이와 같이 감사인 조직을 회계법인과 감사반으로 이원화하여 감사인

형태에 따라 수행할 수 있는 업무를 차별화하고 있는데, 이러한 차별화는 감사보고서의 질적 수준의 유지 및 손해배상 책임능력을 고려한 것이다.

2 감사인의 권한

감사인의 권한은 감사계약에서 부여된다. 그러나 감사인을 지정까지 해야 하는 상황에서 계약에 따라 감사인이 주어진 권한을 충분히 행사할 수 없을 것이라는 우려가 많았다. 따라서 2017년 개정 외감법에서는 감사인의 권한을 다음과 같이 외감법에서 명시하고 있다. 그러나 그 내용은 감사계약서에서 명시하는 내용과 큰 차이가 없다. 다만 주목할 것은 연결재무제표가 주재무제표이다 보니 관계회사와 관계회사 감사인에게 자료제출과 협조를 구할 수 있는 권한을 명시하였다는 것이다(외감법 제21조).

감사인의 권한(외감법 제21조)

① 감사인은 언제든지 회사 및 해당 회사의 관계회사의 회계에 관한 장부와 서류를 열람 또는 복사하거나 회계에 관한 자료의 제출을 요구할 수 있으며, 그 직무를 수행하기 위하여 특히 필요하면 회사 및 관계회사의 업무와 재산상태를 조사할 수 있다. 이 경우 회사 및 관계회사는 지체 없이 감사인의 자료 제출 요구에 따라야 한다.

② 연결재무제표를 감사하는 감사인은 그 직무의 수행을 위하여 필요하면 회사 또는 관계회사의 감사인에게 감사 관련 자료의 제출 등 필요한 협조를 요청할 수 있다. 이 경우 회사 또는 관계회사의 감사인은 지체 없이 이에 따라야 한다.

3 주권상장법인 감사인의 등록제도

미국은 2001년 사베인스옥슬리법(SOX)이라는 회계개혁법을 도입하면서 PCAOB (Public Company Accounting Oversight Board)를 설립하여 상장법인에 대한 감사품질을 강화하였다. 주된 내용 중 하나로 PCAOB는 일정 요건을 정해 놓고 이러한 요건에 해당하는 회계법인이 PCAOB에 등록하고, 등록한 회계법인이 해당 요건을 계속 유지할 경우에만 상장법인을 감사할 수 있게 하였다.

2017년 개정 외감법은 미국의 PCAOB등록과 유사하게 금융위원회가 일정 요건을 정해 놓고 이러한 요건에 해당하는 회계법인이 금융위원회에 등록하고, 등록한 회계법인이 해당 요건을 계속 유지할 경우에만 상장법인을 감사할 수 있게 하였다. 금융위원회에서 정한 상장법인 감사인의 요건은 다음과 같다(외감법 제9조의 2).

Q

감사인 등록제도의 도입으로 기대되는 효과는?

금융위원회에 등록할 수 있는 감사인의 요건(외감법 제9조의 2)

① 회계법인에 해당할 것
② 감사품질 확보를 위하여 금융위원회가 정하는 바에 따른 충분한 인력, 예산, 그 밖의 물적 설비를 갖출 것
③ 감사품질 관리를 위한 사후 심리체계, 보상체계, 업무방법, 그 밖에 금융위원회가 정하는 요건을 갖출 것

기출 2023

PCAOB와 금융위원회가 해당 기관에 등록한 경우에만 상장법인을 감사할 수 있게 제한한 것은 상장법인의 경우 회사가 자본시장에서 불특정 다수로부터 자금을 모집하기 때문에 특히 재무제표의 투명성이 강조되고 따라서 감사품질을 더욱 높일 필요가 있기 때문이다.

SECTION 04 감사인의 선임방식

NEW INTERNATIONAL STANDARDS ON AUDITING

핵심

1. 바람직한 지배구조
   - 이사회는 경영진과 독립적이어야 한다.
   - 감사위원회는 재무적 전문성을 가져야 한다.
2. 바람직한 감사인 선임
   - 경영진과 독립적이고 전문성을 지닌 감사위원회가 감사인을 선임한다.

1 감사인을 어떻게 선임하는 것이 바람직한가?

본 장에서는 누가 회계감사를 수행하는지 그리고 해당 감사인을 어떻게 선임하는지를 설명한다. 회계감사와 관련된 모든 제도와 규제는 "투자자들에게 신뢰할 수 있는 재무정보를 제공한다"는 회계감사의 목적을 충실하게 달성하는데 초점을 맞추고 있다. 감사인을 선임하는 방법도 마찬가지이다.

재무제표는 경영진(management)이 작성하고 이를 이용하는 자는 투자자들이다. 따라서 투자자들에게 신뢰할 수 있는 재무정보를 제공하기 위해서는 투자자들이 직접

감사인을 선임하는 것이 바람직할 것이다. 그러나 투자자들은 불특정 다수로서 조직화되어 있지 않기 때문에 선호하는 감사인에 대한 통일된 의견을 제시하기 어렵다. 그렇다면 투자자들로 부터 권한을 위임받은 자가 감사인을 선임하는 것을 고려해 볼 수 있다. 자본시장 선진국들은 투자자들을 대표하는 이사회 내의 하부 위원회인 감사위원회가 감사인을 선임함으로써 경영진이 작성한 재무제표가 왜곡되어 투자자들에게 전달되는 것을 방지하고 있다.

주식회사는 주주들이 선임한 이사회(board of directors)가 주주를 대신하여 지배기구로서 경영진(management)을 감시 · 감독한다. 현대 경영학에서는 이사회가 경영진과 독립적일 때 바람직한 지배구조라고 평가하고 있다. 그렇다고 이사회가 경영진과 완전하게 독립적이기는 어렵다. 왜냐하면, 이사회가 올바르게 판단하기 위해서는 경영진과 정보교류(communication)가 있어야 하기 때문이다. 따라서 소수의 경영진이 이사회에 이사로 참여하는 구조가 일반적이다. 그 결과 이사회는 다수의 사외이사와 소수의 사내이사(경영진)가 참여하는 구조를 가진다. 또한 이사회 내에는 다수의 하부 위원회(sub-committee)가 존재하는데 그 중에서 감사위원회(audit committee)는 감사전문가로 구성되며, 내부통제 등과 같이 외부감사업무와 가장 관련이 있는 기능을 수행한다. 따라서 감사위원회가 외부감사인(external auditor)을 선임하면 투자자들이 직접 외부감사인을 선임하는 것과 유사한 효과를 기대할 수 있을 것이다.

기출 2021

미국은 외부감사 자체가 법으로 강제하고 있지 않고, 주식시장이 상장을 유지하는 조건으로 외부감사를 요구하고 있기 때문에, 감사인을 어떻게 선임하라고 강제하지 않는다. 따라서 기업은 자유의사로 감사인을 선임한다. 미국의 자본시장은 정보가 주가에 곧바로 반영되는 효율적인 시장이기 때문에, 기업들이 투자자들을 보호하기 위한 노력을 다하지 않을 경우 자본시장에서 올바른 평가를 받기 어렵다. 또한 투자자들도 스스로의 권익을 보호하기 위하여 주주총회 등을 통하여 적극적으로 의사를 개진하고, 따라서 기업의 지배구조는 어떤 나라보다 우수하다. 그 결과 자본시장에서 제대로 평가받기를 원하는 기업은 누가 강제하지 않더라도 기업을 구성하고 지배하는 지배구조(이사회) 스스로 경영진과 독립적인 '감사위원회'에서 감사인을 선임하는 경향이 확산되고 있다. 또한 감사위원회는 감사인이 감사를 효과적으로 수행하여 투자자들에게 신뢰성있는 재무보고를 할 수 있도록 적극 돕는다. 구체적으로 감사위원회는 내부감사로서 감시업무를 충실히 하고 그 과정에서 얻게 된 정보 중 회계감사와 관련있는 정보를 감사인과 공유한다. 이를 회계감사기준에서는 '지배기구(예 이사회 내 감사위원회)와 커뮤니케이션'이라고 한다. 감사인이 내부감사의 도움 없이는 재무제표에서 왜곡표시를 발견하는 데는 한계가 있다. 특히 New ISA는 감사 전반적인 과정에서 '지배기구와 커뮤니케이션'을 요구하고 있는데 이는 바로 감사인만으로는 감사의 효과를 얻을 수 없다는 점이 반영된 것이다. 그러나 기업마다 처한 경제적 상황이 다르고 따라서 지배구조의 정도도 달라 감사인에 대한 선호도 다양하다. 미국에는 약 45,000개의 회계법인이 존재하는데 기업의 감사위원회가 수많은 회계법인 중에서 해당 기업에 가장 적합한 감사인을 선임하고 지속적으로 서로 커뮤니케이션함으로써 해당 기업에 최적화된 외부감사의 효과를 얻고자 한다.

우리나라는 외감법에서 외부감사를 강제하고 있기 때문에 감사인을 선임하는 과정을 법에서 강제하고 있다. 또한 아래에서 설명하고 있는 바와 같이 감사위원회가 감사인을 선임하지만, 이사회와 감사위원회를 구성하는데 경영진이 개입하고 있어 경영진과 독립된 감사인을 선임하는데 한계가 있다. 또한 일부 조건에 해당되는 경우 정부가 감사인을 지정한다. 감사인은 회계감사기준에 따라 감사를 수행하며, 회계감사기준은 감사의 단계마다 감사인으로 하여금 '지배기구와 커뮤니케이션' 할 것을 요구하고 있다. 회계감사기준은 국제감사기준을 번역하여 사용하고 있기 때문에 선진 감사환경을 가정하고 있다. 그러나 우리나라의 감사환경은 선진국과 다른 면이 많이 엿보인다.

투자자들은 스스로를 보호받기 위해 노력하지 않거나 또는 학습되지 않은 자본시장에서 정부가 적극적으로 나서서 법과 규제로 투자자들을 보호하는 것은 한계가 있기 마련이다. 투자자들이 지배구조(이사회, 감사위원회 등)를 개선하지 않는 한, 선임된 감사인이 회계감사기준에 따라 '지배기구와 커뮤니케이션' 하면서 감사를 수행하더라도 감사의 효과를 기대하기는 어려울 것이라는 것을 알 수 있다.

2 미국의 감사인 선임

미국은 자본시장의 선진국으로 자본시장에서 불특정 다수로부터 공개적으로 자본을 모집하기 위해서는 '투자자들을 보호하기 위한 조치'가 선행되어야 한다. 따라서 기업은 경영진과 독립적인 사외이사 위주의 이사회를 구성하고 그 하부 위원회로 특히 감사위원회를 구성할 때 전문성을 강조한다. 관련 법률도 이를 지지하고 있는데 사베인스옥슬리법(Sarbanes-Oxley Act)은 최소한 1인 이상의 재무회계 전문가(at least one financial expert)를 감사위원회에 포함하도록 요구하고 있다. 감사위원회는 ASR 19(Accounting Series Release)에서 제안된 것으로 미국증권거래위원회, 뉴욕증권거

Q

자유선임이 더 바람직하다는 논리는 어떻게 설명할 수 있는가?

A 자기가 투자한 회사는 자기가 감사인을 직접 선임하여 감사하게 하는 것이 바람직하다는 인식. 즉, 투자자가 지배기구를 통해 가장 적합한 감사인을 직(간)접 선임하고 외부감사인이 지배기구와 커뮤니케이션해 가며 감사하는 것이 효과적이라는 인식 때문에 선진국에서 정착된 제도이다.

래소(NYSE) 및 미국공인회계사회(AICPA)가 이를 적극 권장함으로써 점차 확대되고 있다. 미국의 경우 경영진으로부터 독립적이고 전문성을 지닌 감사위원회가 감사인을 선임할 때 자본시장에서 해당 기업이 공시하는 재무제표에 대한 신뢰성을 높이 평가하고 있다.

3 우리나라의 감사인 선임

우리나라도 자본시장 선진국과 유사하게 원칙적으로 회사가 감사인을 선임하는 자유수임제도를 채택하고 있다. 앞서 설명한 바와 같이 미국은 감사인을 어떻게 선임할 것인가는 회사의 자유로운 선택이다. 그러나 우리나라는 외감법에서 감사인을 어떻게 선임할 것인지에 대하여 규제하고 있다. 자유수임제도는 1982년 외감법이 도입된 후 1983년부터 채택된 제도로 1983년 전에는 정부가 회사에 감사인을 배정하는 배정방식을 채택하고 있었다.

우리나라가 채택한 자유수임은 미국에서 권장하고 있는 감사인 선임과도 차이가 있다. 우선 제도는 미국과 유사하지만 주주들이 그들의 권한을 제대로 행사하지 않아 이사회의 구성원이 주주들을 대표하기 보다는 경영진의 지배하에 있다고 평가되고 있다. 이 경우 감사위원회도 경영진과 독립적일 수 없다. 독립적이지 않은 감사위원회는 전문성을 지녔다 하더라도 설계된 기능을 다하기 어렵다.

Q

특히 우리나라에서 자유선임에 대한 우려가 높은 이유는?

A 자유선임은 주식회사의 경우 ① 투자자가 자신을 대신하여 선량한 관리자로서의 임무를 다해 줄 이사를 선임하고, ②이사 중 일부는 외부감사 전문가(at least one financial expert)이고, ③ 투자자가 이사를 지속적으로 감시 및 책임을 묻는 자본주의에 충실할 때 가능하다.

그러나 우리나라는 자본주의가 선진국으로부터 수입되었기 때문에 투자자가 스스로를 지키는데 익숙하지 못하여 주주총회에서 ①이사를 선임할 때 투자자들의 개입수준이 낮으며(스스로 지켜야 한다는 인식과 행동이 낮음), ②선임된 이사도 자신에게 주어진 임무를 제대로 인지하지 못하며, ③인지하고 있더라도 능동적으로 임무를 다하고자 할 때 다른 이사나 경영진과 갈등이 발생하는 취약한 투자환경이라는 점에서 자유선임의 취약점이 두드러지고 있다.

4 자유수임의 보완

위에서 설명한 바와 같이 우리나라는 기업의 지배구조가 선진국과 다르다. 회계부정 사건이 끊임없이 발생하는 가운데 정부는 그 원인 중 하나로 감사인이 독립적이지 못하기 때문이라는 판단에 따라 외감법에서 다음과 같은 제약을 두고 있다. 따라서 우리나라는 완전한 자유수임은 아니라고 할 수 있다.

기출 2021

① 일반적 감사인 지정: 부실감사가 우려되거나 공정한 감사가 필요하다고 인정되는 특수한 회사의 경우 증권선물위원회가 감사인을 변경 또는 지정한다.

② 주기적 감사인 지정(자율 6년 + 지정 3년): 자산규모 1천억원 이상의 기업이 동일 감사인(자율 감사인)으로부터 6년 동안 감사받으면, 이후 3년은 증권선물위원회가 지정하는 다른 감사인(지정 감사인)으로 교체하여야 한다. 이는 기업이 오랫동안 동일 감사인으로부터 감사받으면 회사와 감사인간 유착관계가 형성되어 감사인의

독립성이 훼손될 가능성을 우려하여 도입한 제도이다.

③ 감사인 형태에 따라 감사대상 제한: 외감법에서는 주권상장법인 · 대형비상장주식회사 · 금융회사 그리고 이들 회사가 포함된 연결재무제표 및 감사인 지정의 경우 회계법인만 감사할 수 있다.

④ 주권상장법인 · 대형비상장주식회사 · 금융기관(비상장)의 감사계약기간(연속하는 3개 사업연도 동일감사인) 제한: 주권상장법인 · 대형비상장주식회사 · 금융기관(비상장)은 연속하는 3개 사업연도 감사인을 동일감사인으로 감사계약을 체결하여야 한다.

TIP

주권상장법인
= 유가증권시장상장법인
+ 코스닥시장상장법인
+ 코넥스시장상장법인

자유수임방식의 장점과 단점은 다음과 같다.

(1) 장 점

- 감사인의 실질적인 조직화: 감사인의 실질적인 조직화를 유도하고 내부심리조직을 두도록 함으로써 감사업무의 질적수준을 향상시킬 수 있다.
- 감사업무의 부업화 방지: 회계감사, 세무 및 경영진업무 등 분야별 전문화를 통하여 사회적인 신뢰도를 제고하여 감사업무의 부업화를 방지할 수 있다.

(2) 단 점

- 독립성 훼손: 감사인의 수임경쟁이 치열해짐에 따라 독립성이 유지되기 어려워 공정한 감사업무수행이 어렵게 되고, 따라서 외부감사제도의 전반적인 공신력에 대하여 의문이 제기될 수 있다

5 왜 자유수임인가?

Q

자유수임하에서 감사품질을 높이기 위한 환경은?

감사가 제대로 이루어지기 위해서는 무엇보다 감사인에게 독립성(independence)이 보장되도록 하여야 하며 또한 감사인이 전문가적 적격성(competence)을 갖추도록 하여야 한다. 자유수임은 감사인간 경쟁(competition)을 유도하여 전문가적 적격성을 높일 수 있다. 또한 기업의 지배구조가 좋다면 감사위원회가 가장 적합한 감사인을 선임하여, 선임된 감사인으로 하여금 경영진이 재무제표를 왜곡하는 것을 방지 또는 발견하게 하여 감사 본연의 목적인 이해관계자에게 신뢰할 수 있는 재무정보를 제공할 수 있을 것이다.

즉, 자유수임은 부정한 재무보고로부터 투자자들을 가장 잘 보호해 줄 수 있는 주체는 투자자 자신이고 따라서 투자자들을 대신하는 감사위원회가 감사인을 선임하는 것이 바람직하다는 논리에 근거한 것이다.

6 회사와 감사인의 딜레마

회사는 다수의 감사인 중 어느 한 곳을 선택하여야 한다. 감사인 중에는 능력 있는 공인회계사를 많이 보유하고 엄격하게 감사하며, 독립성을 유지하는 품질 높은 감사인이 있는가 하면 그렇지 않은 감사인도 있다. 감사품질은 감사보수와도 밀접하게 관련되어 있다. 예를 들면, 품질이 높은 감사인은 감사보수를 높게 청구하지만 품질이 낮은 감사인은 감사보수를 적게 청구한다.

회사는 높은 감사수수료를 지불하고 명성이 높은 감사인에게 엄격한 감사를 받을 것인가? 아니면 낮은 감사수수료를 지불하고 명성이 낮은 감사인에게 관대한 감사를 받을 것인가? 하는 딜레마에 빠지게 된다. 명성이 낮은 감사인으로부터 감사를 받을 경우 회사의 의도대로 재무제표를 공표할 가능성은 높지만 재무제표의 신뢰성은 낮다. 따라서 회사는 감사를 받는데 소요되는 비용과 회계감사의 효익을 고려하여 어떤 감사인을 선임할 것인지를 결정하여야 할 것이다.

감사인은 감사과정에서 발견한 사실을 있는 그대로 보고함으로써 명성을 얻을 것인가 아니면 발견사항을 묵인함으로써 회사와의 관계를 돈독히 할 것인가 하는 딜레마에 빠지는 경우가 있다. 감사인이 감사과정에서 회사가 의도적으로 이익을 과대계상한 사실을 발견하여 이를 감사보고서에 반영할 경우 장기적으로는 재무제표 이용자들로부터 명성을 얻을 수는 있지만 단기적으로는 회사와의 관계가 악화되어 향후 감사계약을 체결할 수 없는 손해를 볼 수도 있다. 반대로 발견사항을 묵인할 경우 단기적으로는 감사계약을 계속 체결함으로써 이익을 얻을 수도 있지만 장기적으로는 이러한 사실이 재무제표 이용자들에게 알려짐으로써 감사인의 명성이 떨어질 수도 있다. 감사인은 그 명성이 떨어질 경우 명성이 높은 감사인을 선호하는 잠재적인 고객회사를 잃게 되는 손실을 입게 될 수도 있다.

또한 감사인은 "과연 공인회계사의 교육에 대한 투자를 늘릴 것인가?" 또는 "보다 효과적이고 효율적인 감사기법을 개발하는데 투자할 것인가?" 하는 딜레마에 빠지는 경우가 있다. 이들에 대한 투자를 늘리면 명성을 얻게 되어 높은 감사수수료를 받을 수 있다. 그러나 이들에 대한 투자를 소홀히 하면 투자비용을 절약할 수는 있지만 장기적으로 명성이 낮아져 감사수수료를 할인해야만 하는 경우도 발생할 수 있다. 즉, 감사인은 어떤 방안을 선택하는 것이 이익극대화를 실현할 수 있는 방안인지에 대한 고민에 빠지게 된다.

SECTION 05 인증업무와 관련 서비스

NEW INTERNATIONAL STANDARDS ON AUDITING

1 확신(Assurance)

확신(assurance)이란?

확신은 재무제표에 포함된 경영진주장의 신뢰성에 대하여 정보이용자의 입장에서 감사인이 만족하는 상태이다.

Q

회계사인 당신은 이 재무제표가 적정하다는 것에 대하여 어느 정도 확신합니까?

감사인이 사전에 설정된 기준(예 회계감사기준)에 따라 감사증거를 수집하고 결론을 내린다면 당해 결론에 대하여 확신할 수 있다. 확신(assurance)이란 재무제표에 포함된 경영진주장의 신뢰성에 대하여 정보이용자의 입장에서 감사인이 만족하는 상태를 말한다. 감사인이 확신을 얻기 위해서는 수행한 절차를 통하여 수집한 증거를 평가하고 결론을 내려야 한다. 만족의 정도와 그에 따른 확신의 수준은 수행된 절차 및 그 결과에 따라 상이하다. 예를 들면, 감사인은 회계감사기준에 따라 감사를 수행할 수도 있고, 분·반기재무제표 검토준칙이나 합의된 감사절차에 따라 감사를 수행할 수도 있다. 각 기준마다 요구하는 감사증거의 수준이 상이하기 때문에 결과에 대하여 만족하는 정도와 그에 따른 확신의 수준 또한 상이하다. 구체적으로 다음과 같다.

2 인증업무 및 관련 서비스의 체계

공인회계사가 제공하는 서비스는 인증업무와 관련 서비스로 구분할 수 있다. 인증업무는 확신(assurance)을 제공할 수 있으며, 제공할 수 있는 확신의 수준에 따라 ① 합리적 확신업무(회계감사는 여기에 해당함)와 ② 제한적 확신업무(검토는 여기에 해당함)로 구분된다.

확신을 제공할 수는 없지만 공인회계사는 ① 합의된 절차 수행업무와 ② 재무정보 작성업무 등과 같은 관련 서비스를 제공할 수 있다. 인증업무와 관련 서비스가 제공하는 업무의 성격과 이들이 제공하는 확신의 정도 및 보고의 형태는 다음과 같다.

Q

인증업무와 비인증업무의 차이는?

« 표 1-6 인증업무와 관련서비스

구 분	인증업무		관련 서비스	
업무의 성격	합리적 확신업무: 감사는 여기에 해당함	제한적 확신업무: 검토는 여기에 해당함	합의된 절차 수행업무	재무정보 작성업무
제공하는 확신의 수준	높은 수준의 확신 (절대적 확신은 제공하지 아니함)	중간수준의 확신	확신을 제공하지 아니함	확신을 제공하지 아니함
보고의 형태	주장에 대하여 적극적인 확신을 표명	주장에 대하여 소극적으로 확신을 표명	절차의 수행결과 발견된 사항을 보고	정보의 수집, 분류 및 요약

« 그림 1-5 인증서비스와 입증서비스

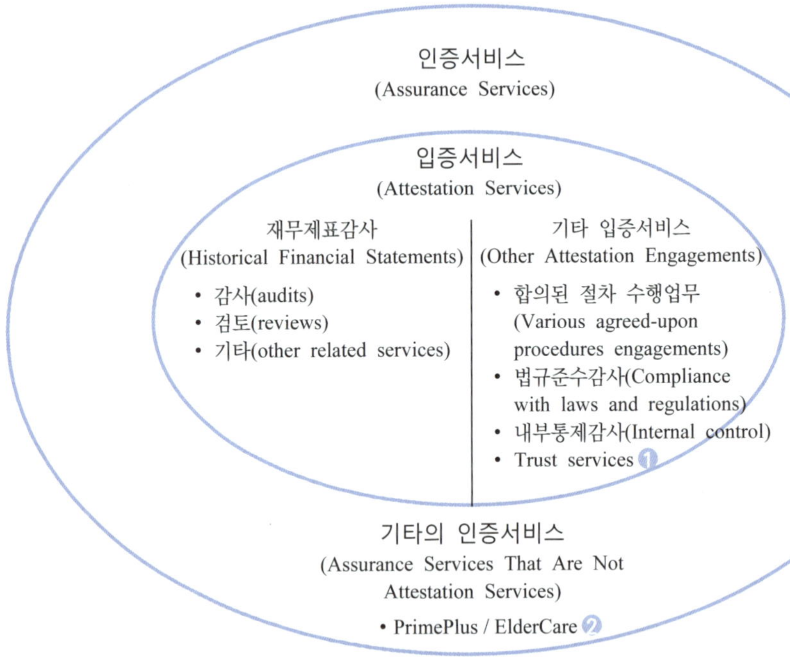

① 미국에는 공인회계사가 가진 특별할 경험과 능력 때문에 공인회계사의 서비스 영역이 매우 다양하다. Trust services에는 WebTrust와 SysTrust가 있는데 WebTrust와 SysTrust가는 각각 공인회계사가 해당 웹사이트 또는 시스템을 신뢰할 수 있는지 여부에 대하여 확신을 제공하는 서비스를 말한다. 주로 전자상거래에서 방문자들이 해당 웹사이트를 신뢰하지 못해 거래를 주저하는 것을 완화하기 위해 고안된 확신서비스이다. 해당 웹사이트를 방문하면 팝업창에서 '공인회계사가 제공한 Trust services 보고서'가 방문자들에게 제공된다.

② *PrimePlus/ElderCare services*란 예를 들면 미국에서 노인들을 위한 다양한 요양원이 존재하는데 노인이나 그 가족들이 직접 해당 요양원이 만족할만한 서비스를 제공하는지 검증하기 어려워 입주를 주저한데서 시작되었다. 일부 PrimePlus나 ElderCare기관들은 공인회계사로부터 자신들이 제공하는 서비스를 검증받아 그 보고서를 방문자들에게 제공하는데 그 결과 입주자가 증가하는 등 긍정적인 효과가 관찰되었다.

3 인증업무 및 관련 서비스의 차이점

3.1 합리적 확신업무: 감사(Auditing)

공인회계사가 제공할 수 있는 인증업무 중 합리적 확신업무는 곧 감사(auditing)를 지칭한다. 감사는 일반적으로 제공하는 확신의 수준이 가장 높은 수준인 적극적 의견(positive opinion)을 표명한다. 적극적 의견이란 "...공정하게 표시하고 있습니다..." 라는 의견을 제

TIP

인증업무는 확신을 제공하고 비인증업무는 확신을 제공하지 않는다.

시하는 것을 말한다. 감사의견은 재무제표에 대한 절대적인 수준은 아니지만 높은 수준의 합리적인 확신을 제공함으로써 재무제표의 신뢰성을 높인다. 따라서 감사인은 충분하고 적합한 수준의 감사증거를 수집하여 재무제표가 중요하게 왜곡표시되지 않았다는 것을 입증하여야 한다. 만약 필요한 모든 감사증거를 수집할 수 있다면 확신의 수준은 증가할 수 있지만 감사의 고유한계 때문에 절대적인 입증은 불가능하다.

즉, 감사인은 충분하고 적합한 수준의 감사증거에 근거하여 절대적 수준은 아니지만 비교적 높은 수준의 합리적인 확신(reasonable assurance)을 제공한다. 감사의견(적극적 의견)을 표명하는데 필요한 증거의 수집량과 방법에 대한 일반적인 절차는 회계감사기준에서 명시하고 있다.

3.2 제한적 확신업무: 검토(Review)

공인회계사가 제공할 수 있는 인증업무 중 제한적 확신업무는 곧 검토(review)를 지칭한다. 검토는 감사와는 달리 필요한 모든 증거를 수집하기 위하여 감사절차를 수행하는 것이 아니라 제한된 절차에 따라 중요성의 관점에서 인정되는 재무보고기준에 따라 작성되지 않았다고 판단할 수 있는 사실이 있었는지에 대하여 의견을 표명하는 것이다. 제한된 절차란 회계감사기준이 아닌 분 · 반기재무제표 검토준칙을 말하며 여기서 요구하는 증거의 수준은 감사보다 낮은 수준이다. 따라서 검토의견이 제공하는 확신의 수준은 감사의견보다 낮은 중간 수준이다. 즉, 감사의견은 재무제표가 회계기준에 따라 작성되었다는 것을 합리적으로 입증하는 적극적 의견인 반면, 검토의견은 재무제표가 재무보고기준에 따라 작성되지 않았다는 증거를 수집하여 의견을 표명하는 소극적 의견(negative assurance)이다. 소극적 의견이란 "...중요성의 관점에서 공정하게 표시되지 않은 사항이 발견되지 아니하였습니다..."라는 의견을 제시하는 것을 말한다.

3.3 합의된 절차 수행업무(Agreed-Upon Procedures)

감사인은 고객과 사전에 합의된 절차에 따라 감사와 유사한 서비스를 제공하는 경우도 있다. 회계감사와의 차이점은 감사인의 행위기준이 회계감사기준이 아니라 고객과 사전에 합의된 절차라는 점이다. 보고서도 사전에 절차를 합의한 당사자에게만 제한적으로 보고한다. 왜냐하면, 계약당사자가 아니면 사전에 합의된 절차에 대한 지식이 없으므로 보고서를 잘못 이해할 수도 있기 때문이다. 예를 들면, 외환위기 이후 ○○회계법인이 GM의 대우자동차 인수를 위한 대우자동차의 자산 · 부채 실사작업을 수행한 바가 있다. 이는 GM의 의뢰에 따라 이루어진 것으로 자산 · 부채를 실사하는 데 필요한 절차는 회계감사기준도 재무제표 등에 대한 검토업무 기준도 아닌 GM과 사전에 합의된 절차에 따라 수행되었다. 그런데 회계감사기준의 경우 감사인이 믿어 의심치 않지만 사전에 합의된 절차는 검증된 바가 없기 때문에 이에 따라 수행된 결과에 대해서는 감사인이 확신을 제공할 수 없다. 즉, 적극적 의견도 소극적 의견도 제시할 수 없고 단지 사전에 합의된 절차에 따라 발견한 사실을 보고할 뿐이다.

TIP
감사인이 감사와 동시에 재무제표를 작성해 주는 것은 독립성이 위배되고, 외감법에서도 금지하고 있다.

3.4 재무정보 작성업무(Compilation)

공인회계사는 회계전문가이기 때문에 고객의 재무정보를 대신 작성해 주기도 한다. 재무정보의 작성과정은 경영진주장(즉, 재무제표가 회계기준에 따라 작성되었다는 주장)에 대하여 조사하는 것이 아니라 회계자료를 관리가능하고 이해가능한 형식으로 정리하는 것이다. 감사인이 재무정보를 작성하기 위하여 수행한 제반 절차는 재무정보에 대한 확신을 표시하기 위한 것이 아니다. 따라서 감사인은 어떠한 확신도 제공할 수 없다. 그러나 재무제표를 감사하는 감사인은 고객의 재무제표를 대신 작성할 수 없다.

예제 04 공인회계사가 제공하는 서비스와 독립성 및 확신

다음은 공인회계사가 제공할 수 있는 다양한 서비스를 제시하고 있다. 물음 1과 물음 2에 들어갈 내용을 보기에서 찾아 쓰시오.

TIP
합의된 절차 수행업무에 대한 독립성 요구사항은 ISA와 미국기준(SAS)에 차이가 있다. ISA는 합의된 절차 수행업무에 대하여 독립성을 요구하지 않지만 SAS는 독립성을 요구한다.

서비스의 종류	물음 1(독립성)	물음 2(확신제공)
1. 재무제표에 대한 회계감사 (audit)		
2. 재무제표에 대한 검토 (review)		
3. 컨설팅 (consulting)		
4. 재무제표 작성 (compilation)		
5. 합의된 절차 수행업무 (agreed-upon procedures)		

<물음 1 (독립성)>
① 독립성이 요구됨
② 독립성이 요구되지 않음

<물음 2 (확신제공)>
(1) 적극적 확신을 제공함
(2) 소극적 확신을 제공함
(3) 확신을 제공하지 않음
(4) 어떤 확신도 제공하지 않고 다만 절차의 결과만을 제공함

해답

서비스의 종류	물음 1(독립성)	물음 2(확신제공)
1. 재무제표에 대한 회계감사 (audit)	①	(1)
2. 재무제표에 대한 검토 (review)	①	(2)
3. 컨설팅 (consulting)	②	(3)
4. 재무제표 작성 (compilation)	②	(3)
5. 합의된 절차 수행업무 (agreed-upon procedures)	②	(4)

SECTION 06 감사의 분류

NEW INTERNATIONAL STANDARDS ON AUDITING

1 감사목적에 따른 분류

핵심

구 분	재무제표감사	업무감사	이행감사
감 사 목 적	재무제표가 회계기준에 따라 작성되었는가에 대한 의견표명	업무의 효율과 효과를 높임	관련법률 또는 규정의 준수 여부
감 사 인 의 판 단 기 준	회계기준	회사의 경영목표와 감사인의 주관적인 판단	관련법률 또는 규정
감 사 인	외부감사인(독립성과 전문가적 적격성을 갖춘 제3자)	내부 또는 외부감사인	내부 또는 외부감사인
감사결과의 조 치	감사의견만을 표명	개선권고	징 계

감사를 실시하는 목적에 따라 재무제표감사, 업무감사 및 이행감사로 분류된다.

TIP

재무제표감사는 그 목적상 반드시 조직의 외부인이 감사(독립성이 필요조건)를 수행하여야 한다. 그러나 업무감사와 이행감사는 감사인이 조직의 내부인이건 외부인이건 관계없다.

1.1 재무제표감사(Audits of Financial Statements)

재무제표감사는 경영진이 작성 · 제시하는 재무제표가 회계기준에 따라 작성되었는지 여부에 대한 의견을 표명함으로써 재무제표의 신뢰성을 제고하는데 그 목적이 있다. 그러나 반드시 회계기준만이 판단의 기준이 되는 것은 아니다. 감사인은 종종 회계기준 이외의 회계기준이 적용되어 작성된 재무서류를 감사하기도 한다. 이때의 회계기준을 기타 포괄적인 회계기준(other comprehensive basis of accounting)이라고 부르는데 회계기준 이외의 포괄적인 회계기준에는 다음과 같은 내용들이 있다.

① 정부기관, 지방공기업회계규칙과 기타 정부, 공공기관 및 비영리+단체의 법령 또는 규정에 의한 회계처리방법

② 현금주의 또는 수정현금주의 회계처리방법

③ 청산기준 또는 시가기준과 같이 판단근거가 확실한 회계처리방법

우리나라의 경우 대표적으로 외감법에서 직전 사업연도말의 자산총액, 부채총액 및 종업원수 등이 기준액 이상인 주식회사이면 의무적으로 회계감사를 받도록 하고 있다. 이 이외에도 공동주택관리령에 의한 아파트관리사무소의 재무제표감사, 독점규제 및 공정거래에 관한 법률에 의한 대규모기업집단에 속한 회사의 재무제표감사 등이 있다.

재무제표감사의 목적이 재무제표 신뢰성을 제고하는데 있으므로 감사를 수행하는 감사인은 독립성과 전문가적 적격성을 갖추어야 한다.

1.2 업무감사(Operational Audits)

업무감사는 조직의 목표와 관련하여 업무의 효율(efficiency)과 효과(effectiveness)를 높이기 위하여 업무절차와 방법을 검토하고 그 개선방안을 제시하는 감사를 의미하며, 경영감사 또는 성과감사(performance audits)라고도 한다. 업무감사의 범위는 전적으로 감사의뢰인(clients)의 요구에 의한 감사계약에 따라 정해지며 재무제표뿐만 아니라 생산기법, 업무절차, 영업방침 등까지도 확대될 수 있다. 그러나 궁극적인 목적은 업무감사를 통하여 조직의 문제점과 그 개선방안을 제시함으로써 경영의 효율과 효과를 높이는 데 있다.

업무감사는 조직의 업무전반에 관한 감사이므로 감사대상은 매우 포괄적이고 명확히 한정하기 어려우나 일반적으로 다음과 같은 사항이 업무감사의 대상이 된다(정용근 외 3人: 2000년, p.21).

① 조직의 내부통제제도(internal control structure)에 대한 평가

② 업무가 관련된 법령, 규정 또는 조직의 경영정책과 일치하는가의 여부

③ 재무정보 및 기타 업무내용과 관련된 정보의 신뢰성 여부

④ 조직이 보유한 자원의 효율적 이용 여부

⑤ 조직이 설정한 목표 또는 정책의 효과적인 수행 여부

위의 다섯 가지 항목 중에서 ①, ② 및 ③은 일반적으로 회계감사 대상에 포함되나 ④, ⑤는 업무감사의 고유한 감사대상이라 할 수 있다.

업무감사에 있어 감사인의 판단기준은 사전적으로 정하여진 회사의 경영목표가 될 수 있지만 세부적으로는 감사인의 주관적인 판단이라고 볼 수 있다. 왜냐하면 어느 방안이 경영의 효율과 효과를 높일 수 있는가에 대한 명확한 판단기준은 존재하지 않으며 전문가의 주관적인 판단에 의존할 수밖에 없기 때문이다. 감사인은 조직 내부인이 될 수도 있고 외부인이 될 수도 있다. 예를 들어, 조직 내부의 감사부서 등에서 감사를 수행하는 경우도 있으나 때로는 조직 외부의 컨설팅회사에 의뢰하여 감사를 수행하는 경우도 있다. 즉, 업무감사의 경우 감사인의 독립성은 필수적인 요건은 아니다. 그러나 감사인의 전문가적 적격성은 반드시 요구된다.

1.3 이행감사(Compliance Audits)

이행감사는 감사를 받는 대상이 법률 또는 규정을 준수하였는가를 감사하는 것을 그 목적으로 하고 있다. 이행감사의 예로는 독점규제 및 공정거래에 관한 법률의 준수여부에 대한 감사, 세법에 따라 과세소득을 산출하였는가에 대한 세무조사, 금융기관의 대출규정 준수여부에 대한 감사 등이 있다. 이 때 감사인의 판단기준은 해당 관련규정에 의하며 감사인은 조직 내부인이 될 수도 있고 외부인이 될 수도 있다. 예를 들어, 정부조직의 경우 조직 내부의 감사실에서 감사를 수행하는가 하면 조직 외부의 감사원에서 감사를 수행하는 경우도 있다. 즉, 이행감사도 업무감사와 마찬가지로 감사인의 독립성은 필수적인 요건은 아니다. 그러나 감사인의 전문가적 적격성은 반드시 요구된다.

2 감사의 강제성에 따른 분류

핵심

법정감사(statutory audit)	임의감사(voluntary audit)
① 외감법에 의한 회계감사 ② 독점규제 및 공정거래에 관한 법률에 의한 대규모기업집단에 속한 회사의 감사 ③ 자본시장과 금융투자업에 관한 법률에 의한 금융위원회와 거래소에 재무에 관한 서류를 제출하는 회사의 회계감사 ④ 지방공기업법 등	고객과 감사인이 협의함

법률 또는 규정에 의하여 감사가 강제되는가에 따라 법정감사와 임의감사로 분류한다.

2.1 법정감사(Statutory Audit)

법정감사란 관련 법률 또는 규정에 의하여 강제적으로 수행되는 감사를 의미한다. 우리나라의 경우 법률에 따른 법정감사의 예는 다음과 같다.

(1) 외감법에 의한 재무제표감사

다음의 주식회사와 유한회사는 재무제표(연결재무제표를 포함)를 작성하여 감사인에 의한 회계감사를 받아야 한다.

구 분		내 용				
감사대상회사	주권상장법인	해당 사업연도 + 다음 사업연도 중에 주권상장법인이 되려는 주식회사				
	주권비상장회사		자산총액	매출액	부채	종업원
		무 조 건	500억원	500억원	-	-
		요건충족 - 주식회사 : 2개 - 유한회사 : 3개	120억원	100억원	70억원	100명
		※ 직전연도 기준이며, 매출액은 연12개월 환산금액임				

감사대상 재무제표	재무제표 + 연결재무제표	
(연결)재무제표의 작성 책임 및 제출 (외감법 제6조)	작성의무자	회사의 대표이사와 회계담당 이사(회계담당 이사가 없는 경우 회계업무 집행직원)는 해당 회사의 재무제표(연결재무제표 포함)를 작성할 책임이 있다.
	제출기한	회사는 해당 사업연도의 재무제표를 작성하여 다음의 기간 내에 감사인에게 제출하여야 한다. 1. 재무제표의 경우에는 정기총회 6주일 전 2. 연결재무제표의 경우 다음의 기한 • IFRS를 적용하는 회사: 정기총회 4주일 전 • IFRS를 적용하지 않는 회사: 사업연도 종료 후 90일 이내(자본시장과 금융투자업에 관한 법률에 따른 사업보고서 제출대상법인 중 직전 사업연도 말 현재 자산총액이 2조원 이상인 법인의 경우에는 사업연도 종료 후 70일 이내)
	주권상장법인 등에 대한 추가 요구사항	주권상장법인인 회사 및 대통령령으로 정하는 회사는 감사인에게 제출한 재무제표를 증권선물위원회에 동시에 제출하여야 한다.
	감사인의 금지사항	감사인은 회사의 재무제표를 대표이사와 회계담당 이사를 대신하여 작성하거나 재무제표 작성과 관련된 회계처리에 대하여 자문하는 등의 행위를 하여서는 안 된다.

TIP

감사인은 회사로부터 최초 재무제표를 제시받아 감사하고, 왜곡표시를 요약한다. 그 중에서 회사가 반영한 그리고 반영하지 않은 미수정왜곡표시를 감사문서(조서)에 남기고 수정재무제표도 남긴다. 그런데 어떤 감사인은 미수정왜곡표시가 없는 것으로 꾸미기 위하여 최초 재무제표를 수정재무제표로 교체하여 감사문서(조서)에 남기는 경우가 있었다. 이러한 문제점을 개선하기 위하여 2013년 12월 외감법 개정에서 일정 요건 이상의 회사에 대하여 감사받기 위해 작성한 (연결)재무제표를 증권선물위원회에도 제출하도록 하였다.

감사대상을 주식회사 · 금융회사 · 대형유한회사로 제한한 것은 분명하지는 않지만 다른 형태의 회사에 비하여 주식회사와 유한회사의 이해관계자가 다수이며, 규모(자산총액, 부채총액, 종업원수 또는 매출액 기준)가 일정 이상인 기업으로 제한하는 이유는 소규모 회사의 경우 이해관계자는 존재하나 이해관계로 인한 영향의 중대성이 적고 감사수수료의 부담이 규모에 비해 과중하기 때문인 것으로 보인다.

REVIEW POINT *New International Standards on Auditing*

1. 외감법에 따른 감사대상회사

   외감법에 따른 감사대상은 네 가지 요건을 제시하고 있다.

   (1) 회사의 규모: 주식회사로서 규모(직전 사업연도 말 기준)가 다음의 일정기준 이상일 것

   ① 자산총계만의 기준: 120억원

   ② 부채총계 추가기준: 자산총계 70억원 + 부채총계 70억원

   ③ 종업원수 추가기준: 자산총계 70억원 + 종업원수 300명

Q

외감법에서 이해관계자가 다수일 것을 판단하는 기준은?

(2) 주권의 상장: 주권상장법인과 해당 사업연도 또는 다음 사업연도 중에 주권상장법인이 되려는 주식회사
(3) 금융회사
(4) 대형유한회사

2. 주권상장법인
주권상장법인이란 자본시장과 금융투자업에 관한 법률에서 다음 중 어느 하나에 속하는 법인으로 정의하고 있다.
① 증권시장에 상장된 주권을 발행한 법인
② 주권과 관련된 증권예탁증권이 증권시장에 상장된 경우에는 그 주권을 발행한 법인

TIP
우리나라의 증권시장은 유가증권시장, 코스닥시장, 그리고 코넥스시장이 존재한다. 따라서 이들 시장에 주권이 상장된 회사를 각각 유가증권시장상장법인, 코스닥시장상장법인 그리고 코넥스시장상장법인이라 하며, 이를 통합하여 주권상장법인이라 한다.

(2) 독점규제 및 공정거래에 관한 법률에 의한 대규모기업집단에 속한 회사의 감사

독점규제 및 공정거래에 관한 법률 제14조에 의하면 대규모기업집단에 속하는 회사는 공인회계사의 회계감사를 받아야 하며, 공정거래위원회는 공인회계사의 감사의견에 따라 수정한 재무상태표를 사용하여야 한다.

(3) 자본시장과 금융투자업에 관한 법률에 의한 회계감사

자본시장과 금융투자업에 관한 법률 제160조에 의하면 자본시장과 금융투자업에 관한 법률에 의하여 금융위원회와 거래소에 재무에 관한 서류를 제출하는 자 중 대통령령으로 정하는 자는 외감법에 따라 회계감사를 받아야 한다.

(4) 지방공기업법에 의한 회계감사

지방공기업법 제35조에 의하면 지방자치단체의 장은 결산 및 사업보고서와 기타 서류에 공인회계사의 회계감사보고서를 첨부하여 지방의회의 승인을 얻어야 한다.

2.2 임의감사(Voluntary Audit)

임의감사란 회사의 형태 및 규모 등과 관련 없이 감사의뢰인의 필요에 따라 자의적으로 받는 감사를 말한다. 예를 들면, 주식회사가 아닌 유한회사, 합명회사, 외감법상 외부감사대상이 아닌 주식회사에 대한 회계감사 등이 있다. 그러나 이 경우에도 감사의 목적이 재무제표의 적정성에 대한 외부감사이면 반드시 회계감사기준에 따라 감사를 수행하여야 한다.

3 감사실시 시기에 따른 분류

핵심

구 분	중간감사	기말감사
감사실시 시기	회계기간 중	회계기간 종료 후
감사실시 목적	위험평가 + 통제테스트	실 증 절 차
감사의견 여부	–	감 사 의 견 표 명

TIP
중요왜곡표시위험평가
+ 통제테스트

감사를 실시시기에 따라 분류하면 회계기간 중에 실시하는 중간감사와 회계기간이 종료된 이후에 실시하는 기말감사로 분류할 수 있다.

« 그림 1-6 중간감사와 기말감사

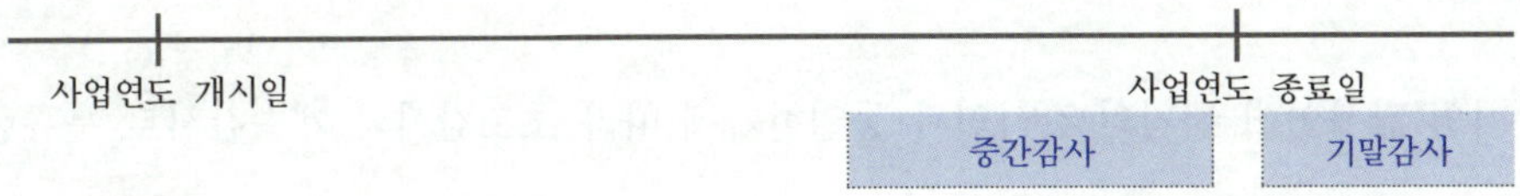

3.1 중간감사(Interim Audit)

중간감사란 감사대상 회계기간 중에 실시하는 감사를 의미한다. 재무제표감사의 예를 들면, 감사인은 계정잔액에 대한 입증을 통하여 재무제표가 회계기준에 따라 공정하게 작성되었는지에 대한 의견을 제시하며, 이러한 실증절차는 회계기간이 종료된 이후 제한된 기간 이내에 이루어진다. 회계감사가 제한된 기간 이내에 이루어지기 때문에 감사인은 회계기간 중에 회사의 재무제표에 부정이나 오류가 포함되어 있을 가능성(이를 '감사위험 = 중요왜곡표시위험'이라 함)을 판단하고, 이를 근거로 회계기간 종료 이후에 주로 실시하는 실증절차의 성격, 시기 및 범위를 계획함으로써 효율적이고 효과적인 감사를 수행하고자 한다.

대부분의 회사는 부정이나 오류를 방지하기 위하여 내부통제를 구축하고 이를 운영하고 있다. 감사인은 회계기간 중에 회사의 내부통제가 부정이나 오류를 효과적으로 방지할 수 있는지를 살펴봄으로써 재무제표가 잘못 작성되고 보고될 가능성을 평가한다. 만약 내부통제가 효과적이지 못하여 재무제표에 부정이나 오류가 포함될 정도가 높다고 판단되면 감사인은 회계기간 종료 이후에 주로 실시하는 계정잔액에 대한 실증절차의 범위를 확대하는 방향으로 감사계획을 수립한다. 반대로 회사의 내부통제가 매우 효과적이어서 재무제표에 부정이나 오류가 포함될 가능성이 낮다고 판단되면 계정잔액에 대한 실증절차의 범위를 축소하는 방향으로 감사계획을 수립한다.

중간감사를 실시하는 주된 목적은 내부통제를 평가하는 것이지만 부수적으로 일부의 실증절차(이를 '이중목적테스트'라 함)를 수행하기도 한다.

3.2 기말감사(Year End Audit or Final Audit)

TIP
감사 본연의 업무는 대부분 기말감사에서 이루어지며, 중간감사는 기말감사를 보다 효과적이고 효율적으로 수행하기 위하여 실시한다.

기말감사는 중간감사 단계에서 수립한 실증절차의 성격, 시기 및 범위에 대한 계획을 근거로 계정잔액이 회계기준에 따라 공정하게 표시되었는지에 대한 여부를 입증하기 위하여 실시한다.

4 감사의 계속성에 따른 분류

당기의 감사인이 전기의 감사인과 동일한가에 따라 초도감사와 계속감사로 분류한다.

4.1 초도감사(Initial Audit)

초도감사란 당해연도의 감사가 전기의 감사인에 의해 수행되지 않는 경우를 의미한다. 초도감사는 다시 다음과 같이 구분될 수 있다.

① 전기 감사인을 교체하여 당해연도에 새로운 감사인으로부터 감사를 받는 경우
② 당기에 최초로 외부감사 대상이 되어 감사를 받는 경우

4.2 계속감사(Continuing Audit)

전기의 감사인과 당기의 감사인이 동일한 경우 이를 계속감사라 한다.

5 감사의 위치에 따른 분류

핵심

구 분	외부감사	내부감사
독립성	반드시 요구됨	반드시 요구되는 것은 아님
전문가적 적격성	반드시 요구됨	반드시 요구됨

감사인이 기업 내부인인지 아니면 외부인인지에 따라 외부감사, 내부감사(상법상 감사 포함)로 분류한다.

5.1 외부감사(External Audit)

외부감사란 감사를 실시하는 감사인이 조직의 외부인인 경우를 말한다. 외부감사는 이해관계가 없는 독립적인 제3자가 수행하므로 공정한 감사결과를 기대할 수 있다. 특히 외부감사인이 수행한 재무제표감사는 재무제표의 신뢰성을 제고시킬 수 있다는 전제하에 외감법에서는 직전연도 자산총계 등 기준액 이상인 주식회사에 대하여 외부감사를 의무화하고 있다. 외부감사를 실시하는 목적이 감사결과의 공정성과 신뢰성에 있다면 감사인의 독립성과 전문가적 적격성이 필수적으로 요구된다. 외부감사의 예로는 공인회계사에 의하여 수행되는 재무제표감사가 대표적이다.

5.2 내부감사(Internal Audit)

내부감사란 감사를 실시하는 감사인이 조직의 내부인인 경우를 말한다. 내부감사는 내부통제의 적정성과 효율성을 조사, 평가 및 감시하는 기능을 수행한다. 따라서 외부감사와는 달리 감사인의 독립성이 필수적이지는 않다. 그러나 내부감사인이라 할지라도 감사를 수행할 수 있는 전문가적 적격성은 반드시 요구된다. 내부감사는 상법상 감사(또는 감사위원회) 뿐만 아니라 감사기능을 가진 조직내부인을 포함하는 개념이다.

내부감사는 외부감사의 범위와 관련성이 있다. 예를 들면, 내부감사의 기능이 양호한 경우 외부감사의 성격, 시기 및 범위가 달라질 수도 있다. 또한 내부감사와 외부감사인 간의 업무연계가 강화될수록 부정이나 오류를 효과적으로 방지하고 발견할 수 있다.

<미국의 외부감사기준>

미국은 상장법인에 대하여는 1932년 뉴욕증권거래소(NYSE)가 상장법인이 제출하는 재무제표에 대하여 회계감사를 요구하였으며, 또한 1933년 증권법(Securities Act of 1933)과 1934년의 증권거래법(Securities Exchange Act of 1934)에서 최초상장 또는 상장의 유지조건으로 회계감사를 요구하였다. 1964년에 이루어진 1934년의 증권거래법 개정에서는 비상장법인이라도 자산의 총계가 500만 달러 이상이며 동시에 주주가 500명 이상인 경우 감사받은 재무보고서를 공시하도록 요구하였다. 비상장법인은 일반적으로 주주의 수가 매우 작다.

그러나 미국의 경우 극히 예외적으로 비상장법인이 500명 이상의 주주를 가지고 있는 경우가 있다. 구체적으로 1800년대 말과 1900년대 초에 일부 기업이 재무적인 어려움을 겪고 있을 때 채권자들에게 지급할 현금이 부족하여 주식으로 채무를 변제한 경우가 있었다. 시간이 경과함에 따라 이들 주식을 보유하고 있던 사람들이 주식을 상속하였고 이와 같은 상속으로 인해 주주의 수가 500명을 초과한 경우가 있다. 그러나 이와 같은 기업의 수는 극히 적다. 미국의 경우도 비상장법인이 매분기 증권거래소(SEC)에 감사받은 재무보고서를 제출하는 것에 대하여 엄청난 부담을 느낀 나머지 일부기업은 차라리 청산을 하는 예도 있었다(Afterman, A.B.: 1995, p.43-46).

SECTION 07 회계감사에 관한 전반적인 과정의 이해

NEW INTERNATIONAL STANDARDS ON AUDITING

회계감사를 수행하는 목적은 경영진이 작성한 재무제표가 일정한 기준에 적합하다는 확신을 주기 위한 것이다. 회계정보의 산출과정과 회계감사의 과정을 비교하면 다음과 같다.

	투입(input)	산출과정(processing)	산출물(output)
회계정보	거래증빙	분개 · 전기 등의 거래기록과정	재무제표
회계감사	재무제표	회계감사	감사받은 재무제표

감사인은 회계감사과정에서 경영진이 제시한 재무제표가 회계기준에 따라 작성되었는가를 판단하기 위하여 다양한 증거를 수집한다. 감사인은 이러한 증거수집과정을 통하여 재무상태표상의 자산이 실제로 존재한다는 것과 자산의 평가방법이 회계기준과 일치한다는 경영진주장을 검증한다. 또한 모든 부채가 재무제표에 기록되었다는 것과 재무제표의 주기와 주석이 적절하게 공시되었다는 경영진주장도 검증한다. 이와 유사하게 포괄손익계산서, 자본변동표 및 현금흐름표에 대한 증거도 수집한다. 전반적인 회계감사의 과정은 ① 감사수임단계, ② 위험평가절차와 감사계획수립단계, ③ 내부통제의 평가단계, ④ 실증절차의 수행단계와 ⑤ 감사의견형성 및 감사보고단계로 이루어진다.

<회계감사에 관한 전반적인 과정을 이해하려면>

회계감사는 감사실무를 학습하는 학문이다. 감사실무를 현장에서 학습하지 않고 교과서를 통하여 학습한다는 것은 그리 쉬운 일이 아니다. 저자가 권하는 가장 좋은 학습방법은 회계감사의 전반적인 흐름을 이해하는 것이다. 본 Section에서는 회계감사의 전반적인 흐름을 비교적 쉬운 문구로 설명하고 있지만 본 저서의 후반부에서 설명하고 있는 사항들까지 포함되어 있어 초보자들에게는 이해가 어려울 수도 있다. 따라서 수험생들은 본 Section을 한 번에 이해하려고 하기 보다는 전반적인 과정을 부담 없이 읽고 난 후, 향후 전개되는 각 장을 학습할 때마다 회계감사의 전반적인 과정과 연결시켜 학습하는 것이 바람직할 것으로 판단된다. 무엇보다 저자는 수험생들이 본 절에서 설명하고 있는 회계감사의 전반적인 과정을 처음부터 이해하려고 욕심 부리다가 학습의욕을 상실할 것을 우려한다. 저자의 판단으로 본 절은 단번에 이해될 수 없으며 마지막 장까지 충실히 학습하였을 때에 비로소 이해될 수 있는 것이다.

« 그림 1-7 회계감사의 전반적인 과정

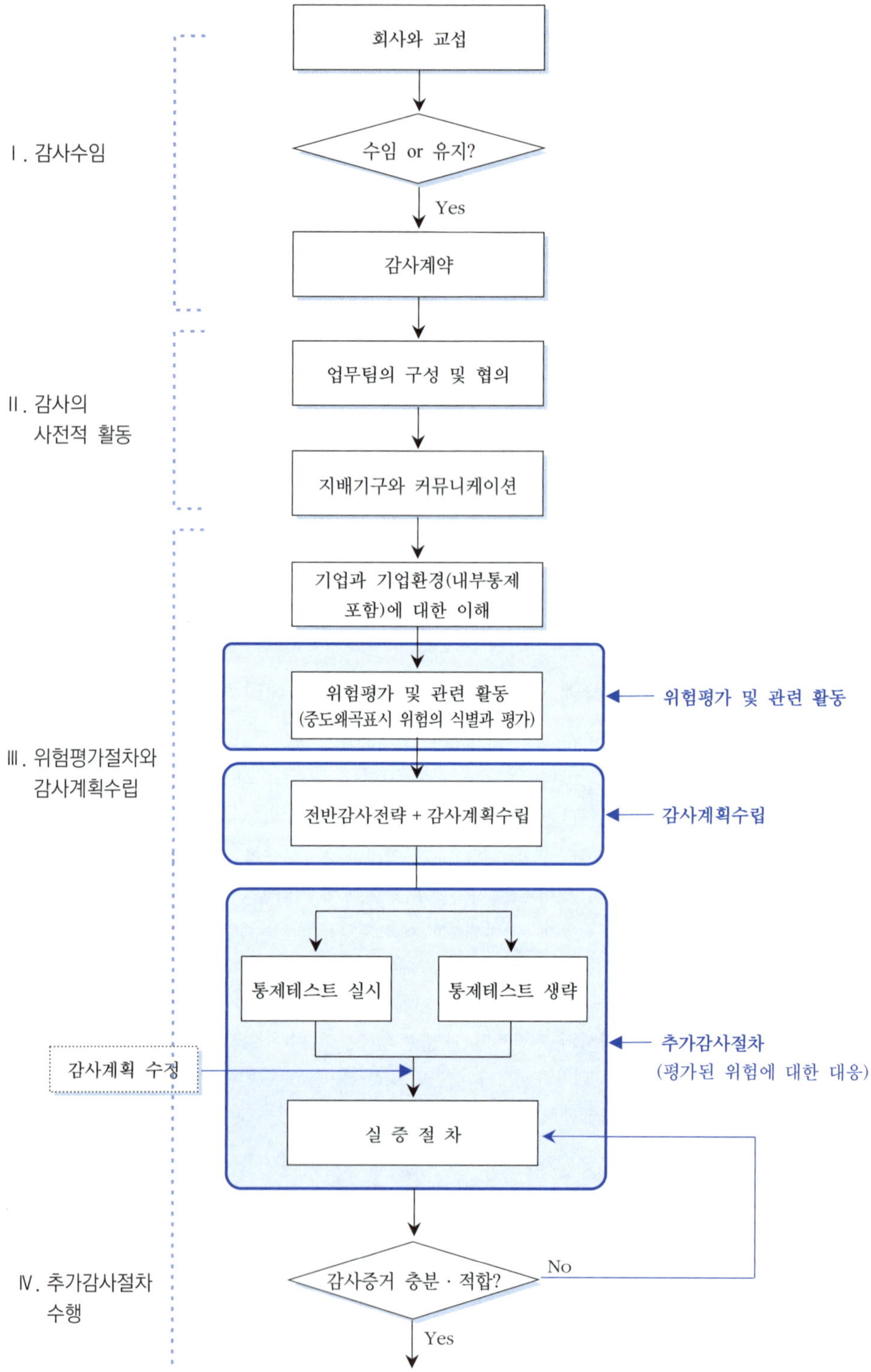

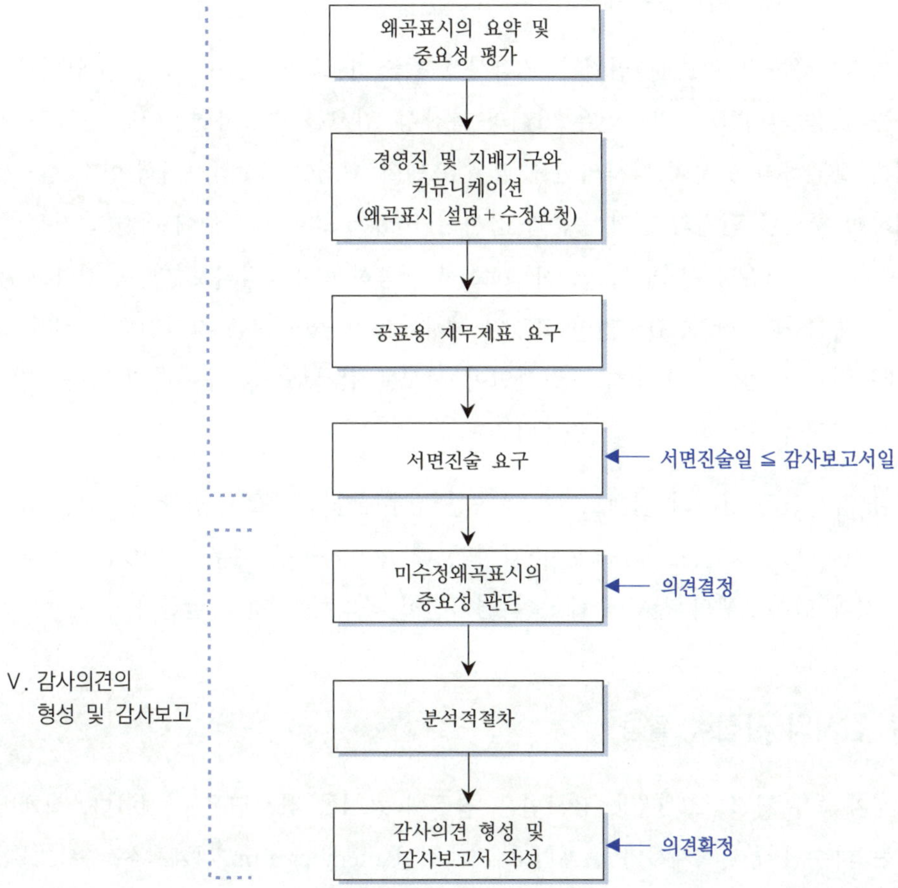

감사는 Ⅰ. 감사수임, Ⅱ. 감사의 사전적 활동, Ⅲ. 위험평가절차와 감사계획수립, Ⅳ. 추가감사절차 수행 그리고 마지막으로 Ⅴ. 감사의견형성 및 감사보고로 구분할 수 있다.

1 감사수임: 제2장 참조

감사는 감사대상회사가 자유의사에 따라 감사인을 선임하고 감사인과 감사계약을 체결하는 것으로부터 시작된다. 감사인은 감사계약을 체결하기 전에 새로운 고객을 수임할 것인지? 또는 기존 고객을 유지할 것인지? 여부를 평가한다. 이 때 감사인이 고려할 사항은 ① 감사업무를 수임하는 것이 경제적으로 이득이 될 것인지?와 ② 감사의 전제조건을 충족하는지?에 대한 평가이다. 즉, 감사인은 고객을 수임하기 전에 '기업과 기업환경(내부통제 포함)에 대한 전반적인 이해'와 함께 '재무제표의 중요왜곡표시위험'을 평가한다. 이는 감사를 수임한 후 실시하는 기업과 기업환경의 이해 및 중요왜곡표시위험에 대한

> **TIP**
> 1 - 감사위험(audit risk) = 확신(assurance)

평가와 유사하지만 그 정도와 목적은 다르다.

경제적이라는 의미는 투입원가와 감사보수를 비교하여 감사보수가 투입원가보다 높다는 것을 의미한다. 감사인은 거래의 복잡성, 감사를 수행하였음에도 중요한 왜곡표시를 발견하지 못하여 감사의견을 잘못 표명할 위험(이를 '감사위험'이라 함) 등을 고려하여 투입할 인력의 질적 수준과 감사시간(chargeable hours)에 대한 견적을 추정한다. 여기에 시간당 보수(chargeable rate)를 적용하여 추정감사보수를 산정하고 이를 회사에 제시한다. 만약, 감사인이 고객의 감사위험이 높아 많은 감사인력과 시간 그리고 비용이 예상됨에도 불구하고 감사인이 제시한 감사보수를 수용하지 않는다면, 감사인은 고객을 수임하지 않을 것이다.

또한 감사인은 감사의 전제조건을 충족한 경우에만 감사를 수임할 수 있다. 감사의 전제조건이란 경영진은 재무제표를 작성할 때 수용가능한 재무보고체계를 적용하였다는 것과 감사수행의 전제에 대하여 경영진이 동의하는 것을 말한다.

2 감사의 사전적 활동

감사계약이 체결되고 나면, 감사인은 업무에 참여할 감사팀을 구성한다. 회계법인 내에는 다수의 공인회계사가 존재하고 세계적인 member firm 관계를 구축하고 있는 회계법인일수록 업종별 전문인력을 양성하여 감사인의 적격성을 높이고자 한다. 따라서 감사팀을 구성할 때는 회사의 업종과 규모 등을 고려하여 적절한 인력을 배치하고 구성한다. 감사팀이 구성되면 팀 구성원들은 감사에 대한 전반적인 사항을 협의한다.

감사팀의 구성과 협의가 끝나면 감사인은 회사를 방문하여 지배기구와 적절한 커뮤니케이션함으로써 감사업무를 개시한다.

3 위험평가절차와 감사계획수립: 제2장 ~ 제5장 참조

전통적으로 감사(특히 New ISA)는 위험평가접근법(risk assesment approach)을 채택하고 있다. 감사는 재무제표가 회계기준에 따라 작성되었다는 경영진주장을 뒷받침할 수 있는 증거를 수집하고 이를 근거로 의견을 표명하는 것이다. 그런데 기업의 규모가 커지고 복잡해짐에 따라 감사인이 모든 고객에 대하여 평균적인 수준의 감사시간(또는 감사원가)을 투입하는 전략은 좋은 전략이 아니다. 예를 들면, 재무제표의 중요왜곡표시위험이 높은 기업은 평균적인 수준의 감사시간으로는 중요한 왜곡표시를 발견할 수 없을 것(부실감사)이다. 반대로 재무제표의 중요왜곡표시위험이 낮은 기업은 평균적인 수준의 감사시간을 투입하면 과잉감사가 발생할 것이다.

따라서 오늘날의 감사기법은 감사인이 사전적으로 수용할 수 있는 위험의 상한선(허용감사위험)을 정하고 재무제표가 중요하게 왜곡표시될 위험(이를 '중요왜곡표시위험'이라 함)을 평가하고, 이를 바탕으로 추가감사절차에 대한 전반감사전략과 감사계획을 수립하는 접근법을 채택하고 있다. 여기서, 중요왜곡표시위험은 위험평가 및 관련활동(내부통제 평가)를 통하여 평가한다. 예를 들면,

① 중요왜곡표시위험이 높은 경우: 감사인은 중요왜곡표시위험이 높은 기업에 대해서는 통제테스트를 생략하고 실증절차를 위주로 감사를 수행함으로써 위험을 수용가능한 수준 이하로 통제하고자 계획한다.

② 중요왜곡표시위험이 낮은 경우: 감사인은 중요왜곡표시위험이 낮은 기업에 대해서는 추가적으로 통제테스트를 실시할지 여부를 고려하여 실증절차의 성격, 시기 및 범위를 결정한다.

4 추가감사절차(평가된 위험에 대한 대응): 제4장, 제7장 ~ 제9장 참조

이제 평가된 중요왜곡표시위험을 수용가능한 수준 이하로 낮추기 위한 감사전략과 감사계획을 실행할 단계이다. 이를 위험평가에 대응하기 위한 추가적인 절차라는 의미로 회계감사기준에서는 추가감사절차(further audit procedures)라 한다. 추가감사절차는 다음의 두 가지를 말한다.

① 통제테스트(TOC: Test Of Controls) → 내부통제의 운용테스트

② 실증절차(Substantive Test) → 세부테스트 + 실증적 분석적 절차

통제테스트란 내부통제가 설계된 바와 같이 운용되고 있는지에 대한 추가적인 증거를 수집하는 절차를 말한다. 감사인은 기업과 기업환경에 대한 이해 단계에서 기업이 구축하고 있는 내부통제에 대한 이해만으로 중요왜곡표시위험을 평가하고 감사계획을 수립하였다. 그러나 감사인이 내부통제에 의존하여 자신이 직접 감사증거를 수집하는 실증절차의 의존정도를 축소하기 위해서는 내부통제가 설계(design)된 바와 같

이 운용(operating)되고 있다는 추가적인 증거가 필요하다. 이와 같이 내부통제의 운용에 대한 증거를 수집하는 절차를 통제테스트라 한다.

그러나 감사인이 내부통제에 의존하지 않는 것이 바람직하다고 판단한다면 추가적으로 통제테스트를 수행할 필요 없이 실증절차 위주로 감사를 수행할 수 있다. 추가감사절차는 다음과 같은 조합으로 가능하다.

① 통제테스트 수행 + 낮은 수준의 실증절차: 통제테스트를 수행한다는 것은 내부통제의 운용이 효과적이라는 기대가 있기 때문이다. 통제테스트의 수행결과 위험평가결과와 일치하게 내부통제의 운용도 효과적이라는 증거를 수집할 수 있다면, 감사인은 내부통제에 의존할 수 있고 따라서 감사인이 직접 감사증거를 수집하는 과정인 실증절차를 축소(limited substantive procedures)하는 감사전략을 수립하고 이를 이행한다. 이 경우 감사인은 실증절차를 축소하더라도 허용할 수 있는 수준 이하로 감사위험을 통제할 수 있고 제공하기로 한 확신의 수준을 달성할 수 있다. ❶

❶ 통제테스트의 비용 < 실증절차의 축소로 인한 효익: 효익이 비용보다 큼

② 통제테스트 수행 + 높은 수준의 실증절차: 통제테스트의 수행결과 위험평가결과와는 다르게 내부통제의 운용이 효과적이지 않다면, 감사인은 내부통제에 의존할 수 없고, 따라서 실증절차(최대수준의 실증절차) 위주로 감사전략을 수정하여 이를 이행한다. ❷

❷ 통제테스트 비용 > 실증절차 축소 효익(= 0): 통제테스트 비용만 낭비(가장 나쁜 시나리오)

③ 통제테스트 생략 + 높은 수준의 실증절차: 위험평가결과에 따라 통제테스트를 생략하기로 하였고 따라서 중요왜곡표시위험이 낮다는 것에 대한 충분하고 적합한 증거를 수집하지 못하였기 때문에 실증절차(최대수준의 실증절차) 위주로 감사를 계획한다. ㊟

㊟ 통제테스트 비용(= 0) = 실증절차의 축소로 인한 효익(= 0): 효익도 손해도 없음

상기의 추가감사절차의 조합을 보면 통제테스트는 생략할 수 있지만 어떤 경우에도 실증절차는 생략할 수 없다. 특히 중요한 계정잔액과 거래에 대해서는 중요왜곡표시위험에 대한 평가결과와 관계없이 반드시 실증절차를 수행하여야 한다.

5 감사의견형성 및 감사보고: 제10장 참조

마지막으로 감사인이 실증절차로부터 수집한 감사증거로부터 중요한 왜곡표시를 발견하였다면 이를 집계(왜곡표시)한다. 감사인은 왜곡표시의 중요성을 평가한 후 경영진과 커뮤니케이션을 통하여 수정할 것을 협의(권고)한다. 경영진은 내부적으로 왜곡표시의 수정여부를 의사결정한 후 공표용 재무제표를 작성하여 감사인에게 제시하

고, 감사인은 공표용 재무제표가 왜곡표시 중 수정되지 아니한 금액(미수정왜곡표시)을 어느 정도 포함하고 있는지를 평가한다. 즉, 공표용 재무제표에 포함된 미수정왜곡표시가 중요하지 않을 경우 적정의견을, 중요하지만 전반적이지 않을 경우 한정의견을, 중요할 뿐만 아니라 전반적일 경우 부적정의견 또는 의견거절을 표명한다.

Chapter 01 OX문제

01 적정의견은 기업의 재무상태가 건전하다는 감사인의 확신이다.

02 회계감사는 재무제표가 회계기준에 따라 작성되었는지 여부에 대하여 보증한다.

03 회계감사에서 경영진은 재무제표가 회계기준에 따라 작성되었다고 주장한다.

04 명시적으로 경영진이 주장을 표시하지 않는다면, 회계감사에서 경영진은 재무제표에 대하여 감사인에게 주장하는 바가 없다.

05 재무제표감사에서 재무제표란 4개의 단위재무제표와 관련 주석을 의미한다.

06 외부감사법상 회계감사는 반드시 회계감사기준에 따라 수행하여야 한다.

07 감사인은 어떤 경우라도 회계감사기준을 벗어나 감사를 수행할 수 없다.

08 전문가적 의구심이란 부정이나 오류로 인한 왜곡표시 가능성을 나타내는 것일 수 있는 상황에 유의하면서, 의문을 갖는 마음과 감사증거에 대한 (　　　)를 포함하는 태도를 말한다.

09 감사인은 그렇지 않다고 믿을 만한 사유가 없는 한, 기록과 문서들은 진실하다고 인정할 수 있을 것이다. 따라서 감사인은 감사증거로 사용될 정보의 신뢰성을 고려할 필요는 없다.

10 감사인이 경영진과 지배기구의 정직성과 성실성을 믿는다고 해서, 합리적 확신을 얻을 때 전문가적 의구심을 유지할 필요성이 경감되거나 설득력이 낮은 감사증거에 만족할 수 있도록 허용되지는 않는다.

11 회계감사는 왜곡표시가 없다는 높은 수준의 확신을 제공한다.

12 별도재무제표와 연결재무제표 감사인은 동일하여야 한다.

13 자유수임제도 하에서 우려되는 것은 감사인의 독립성이다.

14 직전 사업연도 말의 자산총액이 500억 원 미만인 주권비상장회사는 외부감사법상 회계감사를 받지 않아도 된다.

15 재무제표감사는 반드시 감사인의 독립성이 전제된다.

16 내부감사는 반드시 독립성이 필요하다.

Chapter 01 정답 및 해설

01 × 적정의견은 재무제표가 회계기준에 따라 작성되었다는 감사인의 확신이다.

02 × 회계감사는 높은 수준의 확신을 제공하는 것이지 보증(100% 신뢰)하지는 않으며 보증할 수도 없다.

03 ○

04 × 명시적이건 암묵적이건 경영진이 감사인에게 감사받기 위하여 재무제표를 제시했다는 것 자체가 경영진이 재무제표가 회계기준에 따라 작성되었다는 것을 주장하는 것이다.

05 × 재무제표에는 4개의 단위재무제표와 관련 공시(주석 포함)가 포함된다. (ISA 200-13)

---

06 ○

07 × 회계감사기준은 예외적인 상황에서 회계감사기준보다 효과적으로 감사목적을 달성하기 위하여 필요하다고 판단되는 경우, 회계감사기준에서 정한 바와 다르게 감사하는 것을 허용하고 있다. 다만, 이 경우 감사인이 회계감사기준을 이탈하여 감사를 수행한 것이 타당하다는 것을 입증하여야 한다. (ISA 230-12)

08 전문가적 의구심이란 오류나 부정으로 인한 왜곡표시 가능성을 나타내는 것일 수 있는 상황에 유의하면서, 의문을 갖는 마음과 감사증거에 대한 (비판적인 평가)를 포함하는 태도를 말한다. (ISA 200-13)

09 × 감사인은 그렇지 않다고 믿을 만한 사유가 없으면, 기록과 문서들은 진실하다고 인정할 수 있을 것이다. 그럼에도 불구하고, 감사인은 감사증거로 사용될 정보의 신뢰성을 고려하도록 요구된다. (ISA 200-A23)

10 ○ (ISA 200-A24)

---

11 × 중요한 왜곡표시가 없다는 높은 수준의 확신을 제공한다.

12 ○

13 ○

14 × 해당 사업연도 또는 다음 사업연도 중에 주권상장법인이 되려는 회사 또는 직전 사업연도 말의 자산, 부채, 종업원 수 또는 매출액 등이 일정 기준에 해당하는 회사는 외부감사의 대상기업에 포함될 수 있다. (외부감사법 제4조)

15 ○

---

16 × 내부감사란 감사를 실시하는 감사인이 조직의 내부인이며, 정보이용자 또한 조직의 내부인이기 때문에 반드시 독립성이 필요하지는 않다.

New International Standards on Auditing

PART 2

감사과정

contents

new ISA

NEW INTERNATIONAL STANDARDS ON AUDITING

CHAPTER 2

감사의 시작: 감사계약, 위험평가 및 감사계획

SECTION 01 감사의 개시과정

NEW INTERNATIONAL STANDARDS ON AUDITING

회계감사는 고객으로부터 감사업무를 수임하는 것으로부터 시작된다. 잠재고객이 감사인에게 감사를 의뢰하면 감사인은 이를 수임할 것인지를 결정하고 감사계약을 체결한다. 물론 감사계약을 체결하기 전에 기업은 감사인 선임절차를 거친다. 감사계약이 체결되고 나면, 감사인은 업무팀을 구성하여, 필요한 정보를 수집하고 이를 근거로 감사계획을 수립한다. 이러한 전반적인 과정을 감사의 개시과정이라 한다. [그림 2-1]은 감사의 전반적인 과정을 제시하고 있다.

« 그림 2-1 감사의 수행 중 감사의 개시과정

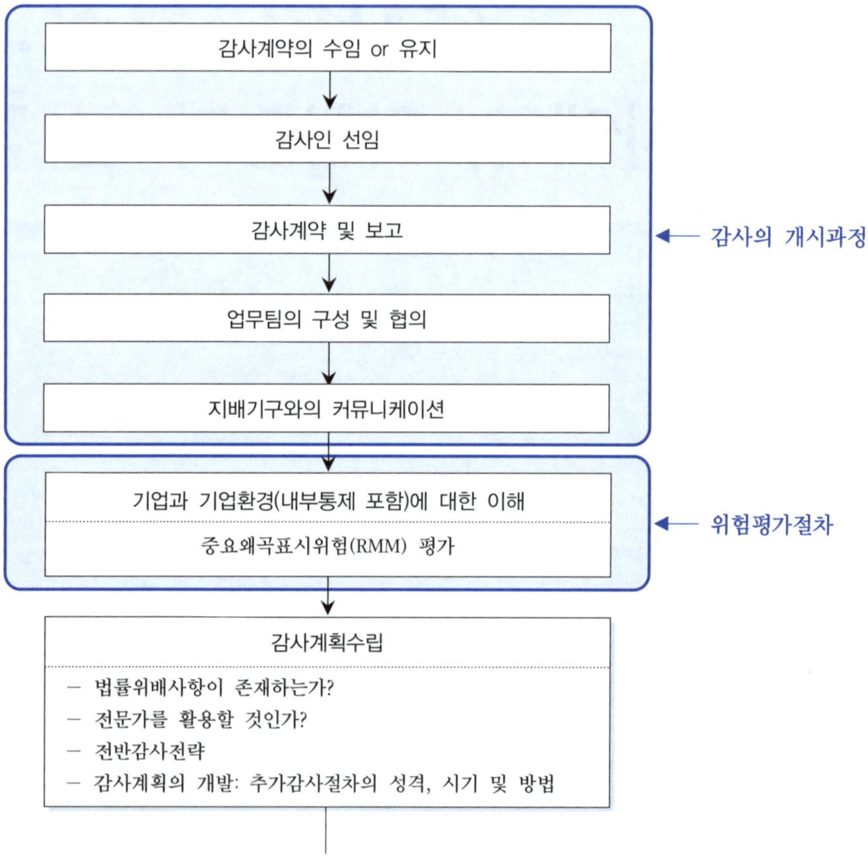

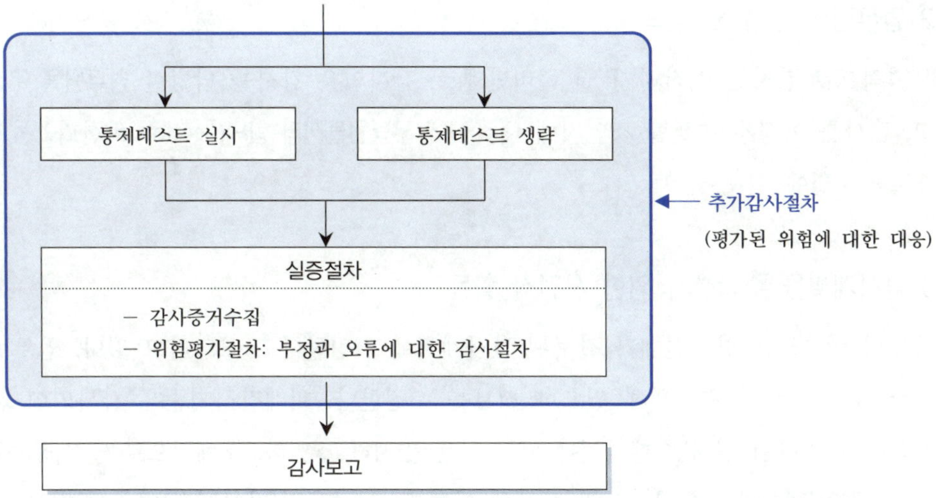

1.1 감사계약의 수임 또는 유지

회계감사는 고객을 확보하는 것으로부터 시작된다. 새로운 고객 또는 기존 고객이 감사인에게 감사를 의뢰하면, 감사인은 새로운 고객을 수임할 것인지? 또는 기존 고객을 유지할 것인지?(section 2) 판단한다. 감사인이 고객을 수임 또는 유지하겠다고 결정하면 기업은 감사인 선임절차(section 3)를 거쳐 감사인을 선임한다. 후속절차로 기업과 감사인은 계약조건을 합의하고 감사계약을 체결(section 4)한다.

미국의 경우 감사인을 언제 선임하여야 하는가는 전적으로 선임권자의 자율이다. 재무제표 감사(이후부터 1년을 회계연도로, 12.31일을 결산일로 가정)는 재무제표의 사업연도 개시일부터 결산일까지의 경영성과와 결산일 현재의 재무상태를 포함한다. 감사인은 감사를 개시하기 전에 회사와 사업에 대한 이해를 바탕으로 감사계획을 수립하여야 하기 때문에 회사는 사업연도 개시일 전에 감사인을 선임하는 것이 바람직하다.

우리나라는 외감법에서 감사인을 언제까지 선임하여야 하는지에 대한 규제가 있고, 규제의 의도는 가능하면 사업연도 개시일 전에 감사인을 선임하게 하는 것이다. 외감법상 감사인을 언제까지 선임하여야 하는지는 (section 3)에서 설명하고 있다. 이하에서는 사업연도 개시일에 당해연도를 감사할 감사인이 이미 선임되어 있다는 것을 가정한다.

TIP

1. 좋은 감사품질은 좋은 고객을 수임하는 것에 주로 달려있다.
2. 좋은 고객은 명성 높은 회계법인을 선임하려는 동기를 가진다. → 차별화 전략

1.2 업무팀의 구성 및 협의

본격적으로 감사를 시작하기 전 준비단계로, 감사인은 감사를 담당할 업무팀을 구성하고, 감사를 어떻게 수행할 것인지에 대하여 업무팀원들끼리 협의(section 5)한다. 시기적으로는 4월에 이루어진다.

1.3 감사계획을 수립하기 위한 사전적 활동

다수의 연구들은 감사실패가 잘못된 감사계획에 기인한다고 보고하고 있다. 업무팀은 감사계획을 수립하기 위해 필요한 정보를 수집한다. 회계감사기준은 감사인이 감사계획을 수립하기 위해 수행하여야 할 절차를 명시하고 있다. 구체적으로 ① 지배기구와 커뮤니케이션(section 6)함으로써 감사를 어떻게 수행할 것(감사계획)인지에 대한 주요 방향을 결정한다. ② 기업과 기업환경에 대하여 이해(section 7)함으로써 재무제표가 중요하게 왜곡표시될 위험을 평가(section 8.3)하여 감사계획을 수립한다. 평가된 중요왜곡표시위험 이외에 감사인은 ① 내부감사와 전문가를 활용할 것인지?(Chapter 7 section 10) 그리고 ② 법률과 규정을 고려(Chapter 7 section 11)한다.

감사는 중요한 왜곡표시를 발견하고 이를 보고하는 것이다. 즉, 의사결정에 영향을 미치지 아니하는 사소한 왜곡표시는 감사를 계획할 때 고려하지 않는다. 따라서 감사인은 감사계획을 수립할 때 어떤 수준의 왜곡표시가 중요한지에 대한 기준(중요성수준: materiality)을 정하고(Chapter 3 section 1), 이를 감사계획에 반영한다. 시기적으로는 4월에서 5월 사이에 이루어진다.

상기 고려요소 중 핵심이 되는 것은 감사위험(audit risk)과 중요성수준(materiality)이다. 위험을 평가하는 과정을 위험평가절차라 하며, 이는 감사의 전 과정(overall process)에서 이루어진다. 단계별로는 ① '감사계획을 수립하기 전'과 ② '감사를 수행하는 과정 중'으로 구분할 수 있다. 감사계획을 수립하기 전, 감사인은 기업과 기업환경에 대한 이해를 통하여 위험을 평가하고 이를 바탕으로 감사계획을 수립한다. 그 외에도 감사인은 감사계획을 수립할 때 전문가를 활용할 것인지, 그리고 법률과 규정에 위배된 사항은 없는지 등을 고려한다. 기업과 기업환경에 대한 이해를 통하여 중요왜곡표시위험을 평가하는 과정은 경영진 등에게 질문, 분석적절차 및 관찰 · 검사 등을 활용한다. 시기적으로는 4월에서 5월 중에 이루어진다.

감사위험(audit risk)은 감사를 계획할 때 가장 중요하게 고려되는 요소 중 하나이다. 그러나 감사인이 대략적인 정보에 근거하여 위험을 평가하고 감사계획을 수립하는 것은 완전하지 못하다. 따라서 감사인은 감사계획을 수립한 후 추가적으로 보다 자세한 정보를 수집하여 위험을 평가하는데, 이를 감사수행 중 위험평가절차라 한다. 구체적으로 감사인은 내부통제의 평가(Chapter 4), 부정과 오류(Chapter 5) 그리고 정보시스템 환경에서의 위험평가(Chapter 13)를 수행한다. 시기적으로는 1월에서 9월까지의 거래를 대상으로 10월에서 12월 사이에 이루어진다. 만약, 감사수행 중 위험평가의 결과가 감사계획을 수립하기 전에 평가한 결과와 상이한 경우, 감사인은 평가한 위험을 수정하고 감사계획도 수정한다.

이와 같이 수정된 감사계획에 따라 실증절차를 수행하면, 충분하고 적합한 감사증거를 수집(위험을 일정수준 이하로 통제)할 수 있고, 성공적으로 감사를 완료할 수 있다.

1.4 감사계획

감사계획을 수립하는 데 필요한 정보들을 수집하였으니, 감사인은 이를 활용하여 감사계획을 수립(section 8)한다.

Section 2부터는 감사의 개시과정을 자세히 설명하고 있다. 감사의 개시과정은 감사계약을 수임하는 것으로부터 시작한다.

SECTION 02 감사계약의 수용 또는 유지

NEW INTERNATIONAL STANDARDS ON AUDITING

1 감사업무의 수용 또는 유지의 판단

TIP
높은 품질의 감사보고서는 좋은 고객을 수임하는 것에서 출발한다.

감사는 고객으로부터 감사업무를 수용(또는 기존고객의 유지)하는 활동으로부터 시작된다. 감사인은 모든 고객을 수용하지는 않는다. 감사인은 다음 사항을 고려하여 새로이 감사를 의뢰하는 고객(client)을 수임(acceptance of a new client)할 것인지 또는 기존의 고객을 계속하여 유지(continue an existing engagement)할 것인지를 결정한다 (ISA 220-A8).

감사업무의 수용 또는 유지를 결정할 때 고려할 사항 (ISA 220-A8)

- 주요 주주, 주요 경영진 및 지배기구의 성실성(integrity)
- 업무팀이 감사업무를 수행할 능력이 있으며 시간과 자원 등 필요한 역량을 갖추었는지 여부(competency)
- 회계법인과 업무팀이 관련 윤리적 요구사항을 준수할 수 있는지 여부(comply with relevant ethical requirements)
- 당기 또는 이전에 감사업무를 수행하는 중에 발생한 유의적 사항들과 그러한 사항들이 의뢰인과의 관계유지에 대하여 시사하는 점(significant matters and their implications for continuing the relationship)

법규 또는 관련 윤리적 요구사항에서 감사인이 감사업무를 수용하기 전에 전임감사인에게 전임감사인이 판단하기에 감사인이 업무를 수용할지 여부를 결정하기 전에 알 필요가 있는 사실과 상황에 대한 알려진 정보를 제공하도록 요청할 것을 요구할 수 있다(ISA 250-A9).

2 감사업무의 수용 또는 유지에 대한 경제적 관점

TIP
감사비용 < 감사효익

감사인은 고객을 수용할지 여부를 결정할 때 경제적으로 감사보수가 감사원가를 능가하는지를 고려한다. 즉, 감사인은 감사서비스를 제공함으로써 받을 수 있는 감사보수가 감사원가 이상일 경우 감사를 수임할 유인이 있다.

감사인이 더 많은 이익을 얻기 위해서는 감사보수를 더 많이 받거나 감사원가를 절감하여야 한다. 그러나 감사인들 간 수임경쟁이 치열하기 때문에 감사보수를 더 많이 받는다는 것은 가능하지 않다. 따라서 감사인은 감사원가를 최소화함으로써 감사보수를 낮추어 수임경쟁에서 우위에 서고자 한다. 그러나 감사원가를 무한정 낮출 수는 없다. 감사는 상당히 높은 수준의 확신을 제공하여야 하기 때문(회계감사기준의 요구사항)에 충분하고 적합한 감사증거를 수집하는 것이 전제되어야 한다. 따라서 감사인은 감사의견을 잘못 표명할 위험(감사위험)을 일정수준 이하로 낮춤으로써 높은 수준의 확신을 제공하면서도 감사원가를 최소화하고자 한다.

예제 01 감사원가와 감사증거에 대한 감사인의 목표

두 개의 장소(a, b)에 분리 · 보관되어 있는 자산에 대한 감사를 실시하고자 하는 바, 감사인은 감사위험을 일정한 수준(M)이하로 유지하면서 경제성 있는 감사를 수행하려고 한다. 각 장소에서 감사증거를 수집하는 비용은 증거량에 비례하는 변동비로만 구성되어 있으며 감사위험과 증거량과의 관계는 다음과 같이 역의 관계가 있다.

$$감사위험 = \frac{100}{X_a + X_b}$$

요구사항

각 장소에서 수집할 증거량을 결정하는 감사인의 의사결정문제를 다음의 기호를 사용하여 목적함수와 제약조건으로 표시하시오(문제를 풀 필요는 없음).

X_i: 장소 i에서 감사인이 수집할 증거량 $(i = a,\ b)$

C_i: 장소 i로부터 증거 한 단위를 수집하는데 소요되는 비용 $(i = a,\ b)$

해답

• 목적함수: $\text{Min}[C_aX_a + C_bX_b]$ • 제약조건: $\frac{100}{(X_a + X_b)} \leq \text{M}$

3 감사의 전제조건(Preconditions for an Audit)

(1) 감사에서 전제조건이 왜 필요한가?

우리에게 익숙한 법률은 관련법에 따라 감사기관이 강제로 피감사기관을 감사한다. 감사원 감사가 대표적이다. 이 경우 감사인은 강조에 권한이, 피감사기관에는 의무가 부여된다. 예를 들면, 감사인은 피감사기관에 자료제출을 요구할 수 있으며, 피감사기관은 감사인에게 자료를 제출할 의무를 가진다. 이 경우 피감사기관은 가능하다면 법률에서 정한 강제감사를 회피하고자 한다.

그런데 자본주의에서 회계감사는 회사가 공인회계사에게 감사받기로 그리고 공인회계사는 회사의 요청에 따라 감사하기로 계약함으로써 시작된다. 민간 전문가인 공인회계사는 민간 회사를 감사할 아무런 권한도 없으며, 회사 또한 공인회계사에 감사받을 아무런 의무도 없다.

그러나 회사가 자본시장에서 불특정 다수로부터 자금을 모집하게 되면, 회사가 제공하는 재무제표가 거짓이 아니라는 것을 전문가인 제3자가 검증(감사)해 주었으면 하는 수요가 발생한다. 또한 자본시장도 재무정보를 속여서 사기적인 방법으로 자금을 모집하는 회사를 퇴출하여야만 자본시장이 활성화 된다는 것을 알고 있다.

정부도 자본시장에서 투자자들을 보호할 필요성을 알고 있다. 그 결과 선진국들은 대체로 증권법 등에서 자본시장을 통해 자금을 공개적으로 모집하는 회사(주로 상장회사)는 감사받은 재무제표를 데이터베이스에 등록하게 하여 자본시장 참여자가 공정하게 정보를 이용할 수 있게 하고 있다.

따라서, 자본시장이 발달된 국가에서는 자연스럽게 회사가 공인회계사로부터 재무제표를 감사받고자 하는 동기가 발생한다. 여기서, 중요한 것은 공인회계사는 민간 전문가이기 때문에 회사를 감사할 어떠한 권한도 없다. 그리하여 회사는 감사계약을 통하여 공인회계사에게 감사할 권한을 부여하게 된다.

회사가 공인회계사에게 부여하는 감사할 권한은 필요한 자료를 요구할 권한과 필요한 자료에 대한 제한 없는 접근에 불과하다. 회사가 공인회계사에 부여한 감사권한은 경찰이나 검찰의 압수수색과 같은 강제수사 권한과는 차별된다. 따라서 회사가 공인회계사에 진실된 자료를 제공하지 않으면 공인회계사의 감사는 의미를 가지기 어렵다.

이런 사정을 고려하여 회계감사기준에서는 일정조건을 갖출 경우에만 회계감사기준에 따른 감사보고서를 발행할 수 있다는 전제조건을 추가하였다. 그 내용 중에는 '회사가 진실된 자료를 제출할 것을 조건으로'라는 전제조건을 추가하고 있다.

회계감사기준에서 제시하는 전제조건을 모두 충족할 경우, 공인회계사는 회계감사기준에 따라 감사증거를 수집하고 감사보고서를 발행할 수 있다. 이 때 공인회계사가 수집한 증거자료는 대부분 회사가 제출한 것들이다. 회사는 감사계약에서 '진실한 자료를 제출한다'고 명시하기에 공인회계사가 수집한 회사의 자료는 진실된 것이라고 전제하고 감사의견을 형성한다.

그럼에도 불구하고 회사가 공인회계사에 거짓 자료를 제공하여 공인회계사로 하여금 잘못된 감사의견을 형성하게 하면 이는 감사계약서에 명시된 감사의 전제조건을 어긴 것이 되어 감사계약 자체가 유효하지 않게 될 수 있다.

법률에서는 회사가 공인회계사에게 감사할 권한을 위임한 것을 위임권한이라 한다.

(2) 감사의 전제조건이란?

감사인은 감사의 전제조건을 충족할 경우에만 감사를 수임할 수 있다. 감사의 전제조건이란 ① 경영진은 재무제표를 작성할 때 수용가능한 재무보고체계를 적용하였다는 것과, ② 감사수행의 전제에 대하여 경영진(지배기구 포함)이 동의하는 것을 말한다. 여기서, 재무보고체계란 예를 들면 한국채택국제회계기준, 일반기업회계기준 등을 말한다. 감사수행의 전제란 경영진이 ① 재무제표를 작성할 책임, ② 내부통제에 대한 책임, ③ 감사인에게 필요한 모든 정보를 제공할 책임에 대하여 경영진이 동의하는 것을 말한다. 감사의 전제조건과 이를 확인하는 절차는 다음과 같다(ISA 210-6).

감사의 전제조건 (ISA 210-6)

(1) 감사인이 판단(결정): 재무제표 작성에 적용되는 재무보고체계가 수용가능하다.

(2) 경영진으로부터 동의 받음
감사수행의 전제: 경영진이 다음과 같은 책임을 인정하고 이해하고 있다.
a. 경영진이 해당 재무보고체계에 따라 재무제표를 작성할 책임
b. 부정이나 오류로 인한 중요한 왜곡표시가 없는 재무제표를 작성하기 위해 경영진이 필요하다고 결정한 내부통제에 대한 책임
c. 감사인에게 감사에 필요한 (다음의) 정보를 제공할 책임
- 기록, 문서, 기타사항 등 재무제표의 작성과 관련하여 경영진이 알고 있는 모든 정보에 대한 접근
- 감사인이 감사목적으로 경영진에게 요청하는 추가적인 정보
- 감사인이 감사증거를 입수하기 위하여 필요하다고 판단한 기업 내부의 관계자들에 대한 제한 없는 접근

(3) 감사 전제조건의 중요성과 법적 책임

감사의 전제가 깨지는 순간 회계감사 자체가 의미가 없어진다. 왜냐하면 감사가 특정 조건을 충족할 경우에 설 수 있는 것인데 그 전제가 무너졌기 때문이다.

보험계약에서는 특히 이러한 전제가 법률적 책임을 다투는 절대적 기준이 되기도 한다. 보험계약에는 '고지의무'라는 것이 있다. 보험가입자가 생명보험에 가입한다고 할 때 보험회사로서는 보험가입자의 건강상태를 제대로 파악하는 것은 매우 중요하다. 따라서 보험계약을 체결할 때 보험가입자는 자신의 현재 건강상태뿐만 아니라 과거의 중대한 병력(medical history)까지도 고지할 것을 전제하고, 이를 어길 경우 사후적으로 보험금을 청구하더라도 보험계약 자체가 무효처리 되거나 때로는 보험사기로 처벌받을 수도 있다.

보험계약은 가입자가 보험회사에 자신의 건강정보를 진실하게 고지할 것을 전제로

성립한 것이다. 만약 가입자가 고지의무를 제대로 이행하지 않을 경우 보험회사는 이후 일어나는 배상책임에 대한 의무가 없다. 조건을 충족하지 못한 보험계약은 효력을 잃는다.

회계감사도 경영진이 재무제표를 회계기준에 따라 정직하게 작성할 것을 조건으로 감사인이 회계감사기준이라는 미약한 기법으로 감사할 수 있다고 회계감사기준에서 전제하고 있다. 경영진이 사기적 방법으로 재무제표를 작성하여 감사인과는 회계감사기준에 따라 감사받을 것을 계약하고 감사받는 것은 감사인에 대한 사기(fraud)에 해당한다. 따라서 허위 재무제표를 제시받아 회계감사기준으로 감사한 감사인에게 회계감사기준에 따라 감사하지 않았다고 책임을 지우는 것은 회계감사의 취지를 잘못 이해한 것이라고 할 수 있다. 외감법은 거짓으로 자료를 제출하는 등의 경우 감사를 방해한 것으로 보아 관련자를 처벌한다고 규정함으로써 감사의 전제를 지지하고 있다(외감법 제20조 ③ 4호).

4 회사의 재무제표 작성책임 관련 일반원칙

감사의 전제조건에서 제시한 바와 같이 감사인은 경영진이 재무제표를 작성하여 감사인에게 제시하는 것을 전제로 감사를 수임한다. 그런데 일부 기업과 감사인의 현금흐름표와 재무제표에 대한 주석을 감사인이 대신 작성해 주고 감사를 수행하는 경우가 있었다. 이는 감사에 대한 인식을 훼손하는 문제를 안고 있다. 따라서 2014년 외감법 개정에서는 법률에서도 이를 금지하고 이를 위반할 경우 처벌할 수 있는 근거를 마련하였다.

외감법 제6조 (재무제표의 작성 책임 및 제출): 자기감사위험의 방지

① 회사의 대표이사와 회계담당 임원은 해당 회사의 재무제표를 작성할 책임이 있다.
② 회사는 해당 사업연도의 재무제표(연결재무제표 포함)를 작성하여 일정한 기간 내에 감사인에게 제출하여야 한다.
④ 주권상장법인인 회사, 대형비상장주식회사(직전 사업연도 말 자산총액 1천억원 이상) 및 금융회사는 증권선물위원회에 동시에 제출하여야 한다.
⑥ 회사의 감사인 및 그 소속 공인회계사는 해당 회사의 재무제표를 대표이사와 회계담당 임원을 대신하여 작성하거나 재무제표 작성과 관련된 회계처리에 대한 자문에 응하는 등의 행위를 하여서는 아니되며, 해당 회사는 감사인 및 그 소속 공인회계사에게 이러한 행위를 요구하여서는 아니된다.

회사의 재무제표 작성책임에 대한 일반원칙은 회사에게 새로운 의무를 부과하는 것이 아니라 재무제표 작성의 개념, 재무제표 작성프로세스 등 회사의 재무제표 작성책임의 일반원칙을 제시한 것이다.

회사가 재무제표를 외부에 공시하기 위해서는 다음과 같이 사전단계, 작성단계 및 외부감사단계를 거쳐야 한다.

« 그림 2-2 재무제표 작성 주요 업무절차

사전단계
- 계획수립: 재무제표 작성업무단계별로 세부일정을 구체적으로 계획
- 인력배분: 재무제표작성업무단계별로 작성담당자 및 관리자 지정

작성단계
- 재무제표 작성: 업무단계별 세부일정에 따라 재무제표 작성업무 충실하게 수행
- 확인 단계: 재무제표 초안 완성 후 기초서류 대조 등을 통해 오류여부 확인
- 편집 단계: 작성목적과 법령에 부합하도록 재무제표 편집업무 수행
- 제출 단계: 회계담당이사(내부회계관리자)의 확인을 받아 외부감사인 및 증권선물위원회에 제출
- 공시 단계: 공시서식 형태로 변환하여 외부감사인에게 제공하고 외부감사의견 표명의 기초가 된 재무제표임을 확인

외부감사
- 외부감사 업무협조
  - 외부감사 자료의 작성, 검증, 조회 등에 관한 지원업무 수행
  - 회사와 외부감사인의 의견이 불인치하는 경우 회사가 수정여부 및 수정할 사항을 직접 결정하고 수정작업도 직접 수행

(1) 사전단계

① 계획수립: 회사는 재무제표 작성을 위한 업무단계별 세부일정을 구체적으로 계획하고, 재무제표 작성업무 담당자별 업무분장에 관한 세부적인 계획을 마련한다.

② 인력배분: 회사는 업무단계별로 작성담당자 및 관리자를 지정하여 재무제표 작성업무 단계별 직무권한과 책임을 명확히 한다. 만약, 회사 인력만으로 재무제표를 직접 작성하기 어려운 경우 외부전문가 또는 용역대행업체를 활용할 수 있다. 다만, 외부전문가 또는 용역대행업체를 활용하더라도 회계처리와 관련된 최종적인 책임은 회사가 전적으로 부담한다.

(2) 재무제표의 작성단계

① 작성단계: 회사는 재무제표 작성업무 담당자별로 업무분장에 따라 재무제표 작성업무를 충실하게 수행한다. 만약, 외부전문가를 활용할 경우 외부전문가 활용절차의 적정성에 대한 점검도 실시한다.

② 확인단계: 회사는 재무제표 초안 완성 후 기초서류 및 명세서와의 대조 등을 통해 재무제표의 오류가능성 여부를 확인한다.

③ 편집단계: 회사는 재무제표 편집업무를 직접 수행하고 편집된 재무제표가 원래의 재무제표와 일치하는지 확인한다.

④ 제출단계: 회사는 재무제표(연결재무제표 포함)가 완성되는 즉시 회계담당이사(내부회계관리자)의 확인을 받아 외부감사인 및 증권선물위원회에 제출한다.

⑤ 공시단계: 회사는 정기주주총회 등의 승인을 받은 재무제표(연결재무제표 포함)를 직접 공시서식 형태로 변환하여 외부감사인에게 제공하고 외부감사인으로부터 감사의견 표명의 기초가 된 재무제표임을 확인받는다.

(3) 외부감사단계

회사는 재무제표에 대한 외부감사가 원활히 수행될 수 있도록 외부감사인이 수행하는 감사업무에 적극 협조하고, 외부감사 관련 자료의 작성, 검증, 외부조회 등에 관한 지원업무를 수행한다. 만약, 회사와 외부감사인의 의견이 불일치하는 경우 회사는 수정여부 및 수정할 사항을 직접 결정하고 수정작업도 직접 수행한다.

(4) 감사업무 수임 전의 범위제한(Limitation on Scope Prior to Audit Engagement Acceptance)

Q

감사업무를 수임하기 전에 감사범위가 제한될 것이라고 예상될 경우 감사인이 취할 조치는?

제안된 감사업무에 대한 조건에서 경영진 또는 지배기구가 감사인의 업무범위를 제한하고, 그 결과 감사인이 의견거절 될 것이라고 믿으면, 감사인은 법규에 의해 요구되는 것이 아닌 한 그와 같이 제한된 감사업무를 수임해서는 안 된다(ISA 210-7).

5 감사인의 자격

감사업무를 포함한 인증업무는 공인회계사가 독립성과 전문가적 적격성 등 관련 윤리적 요구사항을 충족할 수 있고, 그 업무가 특정의 성격을 보일 때에만 수임될 수 있다(ISA 210-A1). 만약 감사인이 독립성이 위배되었거나 전문가적 적격성이 부족하다고 판단되면 감사계약을 체결하여서는 안 된다.

(1) 독립성(Independence): 외부감사의 경우 반드시 독립성이 요구됨

감사인은 감사업무를 수행하고 보고하는 전 과정에서 독립성을 유지할 수 있을 경우에만 감사를 수임할 수 있다. 왜냐하면, 감사인의 독립성은 후술하는 감사인의 적격성과 함께 재무제표의 신뢰성을 제고하는 데 필요한 중요한 요소이기 때문이다.

독립성을 유지하여야 하는지 여부는 공인회계사가 제공하는 서비스의 성격에 따라 결정된다. 공인회계사가 제공하는 서비스는 인증업무(assurance service)와 비인증업무로 구분된다. 여기서 독립성을 유지하여야 할 업무는 인증업무에 한정된다. 예를 들면, 재무제표감사라면 법정감사와 임의감사 모두 독립성이 요구되지만 업무감사나 이행감사의 경우에는 독립성이 중요하지 않다.

(2) 전문가적 적격성(Competence)

감사인은 감사업무를 수행하기에 충분한 전문지식, 실무경험 및 인격을 갖추고 있어야 한다. 만약 감사인이 감사업무를 수행할 만한 전문지식이나 실무경험 등이 부족하다고 판단되면 감사계약을 체결하여서는 안 될 것이다. 왜냐하면, 전문가적 적격성이 부족함에도 불구하고 감사계약을 수임한다면, 이기적 위협을 야기하여 재무제표에 내재되어 있는 감사위험을 충분하게 제거하지 못할 가능성이 높기 때문이다.

TIP

의견구매(opinion shopping) : 감사인은 관계법률에 위배되는 내용을 약정해서는 안 된다. 예를 들면, 적정의견을 조건으로 감사계약을 체결(즉, 의견구매, opinion shopping)하면 외감법에 위배된다. 만약 감사인이 관계법률을 위배하여 감사계약을 체결할 경우 증권선물위원회는 감사인을 지정할 수 있다.

SECTION 03 감사인의 선임

NEW INTERNATIONAL STANDARDS ON AUDITING

감사인이 고객의 감사업무를 수임하기로 하고 계약조건에 합의하였다면, 기업은 감사인선임절차에 따라 해당 감사인을 선임한다. 외감법상 감사인선임절차는 다음과 같다. 그러나 임의감사의 경우 기업이 정한 절차에 따라 감사인을 선임하면 된다.

1 감사인 선임절차

미국은 상장법인을 감사할 수 있는 회계법인만을 법률로 제한(PCAOB에 등록)할 뿐 어떤 감사인을 어떻게 선임할 것인가는 전적으로 회사의 감사위원회의 자유의사에 따른다. 여기에는 회사라는 법률적 조직(entity)을 중심으로 주인인 주주, 주주가 경영을 감시할 목적으로 소수의 대표를 뽑아 구성한 이사회, 이사회가 주주를 대표하여 경영자를 선임하고 경영자는 경영에 대한 전반적인 권한을 주주로부터 위임받아 경영진을 구성하여 시업을 수행하는 감시와 견제가 잘 갖추어진 조직이라는 경영환경이 전제되어 있다. 이사회 안에는 몇몇 소위원회가 구성되는데 그 중 감사위원회는 외부 감사인을 선임하고 외부 감사인과 커뮤니케이션함으로써 경영진을 잘 감시하고 감독하여 주주를 포함한 외부의 이해관계자들에게 투명한 재무보고가 이루어지도록 한다. 이런 환경에서 감사위원회는 해당 회사에 가장 적합한 감사인을 선임하고, 감사인과 긴밀하게 커뮤니케이션함으로써 감시 · 감독이라는 소기의 목적을 달성하고자 한다. 따라서 한번 선임된 감사인은 적합한 감사인이 아니라는 증거가 수집되지 않는 한 감사인을 교체하지 않는다. 왜냐하면, 감사위원회는 경영진을 감시하기 위해 존재하는 것이고, 주식회사라는 사업형태가 제대로 정착된 미국 등 선진국에서는 감사위원회가 경영진으로부터 독립적이지 못할 것이라는 의심은 상상할 수 없기 때문이다. 이 경우 경영진으로부터 독립적인 감사위원회가 선임한 감사인을 정부나 증권시장에서 교체할 필요가 있다는 의견을 제시하거나 그런 권한을 갖고 있지 않다. 정부나 증권시장은 투자자를 보호하는 것에 많은 관심이 있는데 특별히 감사위원회가 제 기능을 다하지 못하여 감사위원회가 선임한 감사인이 독립적이지 못하다는 가정이나 의심은 보고되지 않고 있다.

우리나라는 미국 등 선진국과는 달리 자생적 자본주의가 아니라 이미 존재하던 사업의 형태를 외국으로부터 도입하였기 때문에 사업에 필요하고 적합한 기능을 법률 등 규제를 통하여 시현해 왔다. 그러다 보니 규제가 자본시장을 제대로 이끌지 못하거나 예상하지 못한 문제들도 나타나고 있다. 그 중 하나가 바로 주주, 이사회, 감사위원회가 협심하여 경영진을 선임하고 감시하여야 하는데, 경영진이 오히려 이사회와 감사위원회를 구성하는데 지대한 영향력을 행사하는 예상하지 못했던 문제가 오랫동안 지속되어 왔다. 물론 일부 주식회사는 이러한 문제를 과감하게 청산하고 이사회와 감사위원회가 경영진을 제대로 감시하는 기업들도 있지만 여전히 소수에 불과하다. 그러다 보니 감사위원회 자체가 전문적이지 못하고 또한 경영진으로부터 독립적이지 못하여 그들이 선임한 감사인이 재무제표를 제대로 감사할 수 없는 환경이 조성될 수밖에 없다.

이런 고질적인 문제를 치유하는 방법에는 여러 가지가 있다. 근본적인 치유로 이사회와 감사위원회라는 지배구조가 제대로 구성되고 활동할 수 있게 자본시장이 해당 시장에 상장된 기업들에 대한 지배구조의 정도가 제대로 알려지게 하여 투자자들로부터 해당 기업이 제대로 평가받을 수 있게 하는 방법 등이 예를 들 수 있다. 그러나 우리나라는 외감법이라는 규제로 기업의 지배구조와 외부 감사인이라는 감시제도 중 외부 감사인을 증권선물위원회가 지정하는 감사인 지정을 도입하였다. 감사인 지정은 감사위원회가 독립적이지 못하니 외부 감사인의 선임권한을 박탈한다는 것으로 해석할 수 있다. 그러나 그보다 더 중요한 것이 감사위원회가 선임된 감사인과 커뮤니케이션함으로써 효과적이고 효율적인 외부감사를 협조하여야 하는데 지정감사의 경우에도 여전히 불신받은 회사의 감사위원회가 선임된 감사인과 커뮤니케이션해야 하는 풀기 어려운 난제들로 산적해 있다.

이제 우리나라의 감사인 선임에 대하여 설명한다. 다음은 외감법에서 규정한 감사인 선임에 대한 절차들이다.

1.1 감사인 선임기한

감사인은 해당 회계연도의 회계감사를 수행한다. 따라서 회계연도 개시일 전에 감사인이 선임되는 것이 바람직하다. 미국은 감사인 선임과 관련하여 상장법인은 PCAOB에 등록한 회계법인을 선임하여야 한다는 것 이외에는 별다른 규제가 없다. 따라서 감사인을 언제 선임할 것인지 등에 대한 고민은 감사위원회가 한다. 그리고 한번 선임된 감사인은 반대되는 증거가 없는 한 가장 적한한 감사인이라고 가정하고 좀처럼 교체하지 않는다. 우리나라는 선임된 감사인을 오랜동안 유지하는 것이 문제가 되는 것으로 인식하고 있는데 이것은 감사인의 문제라기 보다는 주식회사의 환경 특히 감사위원회가 독립적이고 전문적이지 못한 것에 유래한 것이라고 하는 견해가 설득적이다.

우리나라에서 외감법에 따라 감사를 받는 회사는 다음 기한 내에 감사인을 선임하여야 한다.

기출 2024

회 사		감사인 선임기한
감사위원회를 설치하여야 하는 회사	직전연도에 감사를 받은 회사	매 사업연도 개시일 이전
	직전연도에 감사를 받지 않은 회사	해당 사업연도 개시일로부터 4개월 이내
감사위원회를 설치하지 않아도 되는 회사	직전연도에 감사를 받은 회사	매 사업연도 개시일로부터 45일 이내
	직전연도에 감사를 받지 않은 회사	해당 사업연도 개시일로부터 4개월 이내

1.2 감사인 선임 주체

Q 감사인 선임주체는?

기출 2024

회 사		감사인 선임주체	계약기간
- 주권상장법인 - 대형비상장주식회사 - 금융회사(비상장)	감사위원회가 설치된 경우	감사위원회	최소한 3년
	감사위원회가 설치되지 않은 경우	감사인선임위원회 승인 + 감사가 선임	
기타의 비상장법인 (주식회사 + 유한회사)	초도감사	감사 또는 감사위원회	1년
	계속감사	직전 감사인을 별도의 선임 절차 없이 선임	1년
	감사가 없는 유한회사	• 대형 유한회사 : 사원총회 • 소형 유한회사 : 회사	1년

■ 주권상장법인, 대형비상장주식회사 또는 금융회사

주권상장법인, 대형비상장주식회사 또는 금융회사는 감사위원회가 설치되었으면 감사위원회가 감사인을 선임한다. 그러나 감사위원회가 설치되지 않은 경우에는 감사가 독단적으로 감사인을 선임할 수 없으며, 회사가 감사인선임위원회(감사를 포함한 임시 위원회)를 구성하여 감사인선임위원회의 승인을 받아 감사가 감사인을 선임하여야 한다.

또한 이들 주권상장법인, 대형비상장주식회사 또는 금융회사는 연속하는 3개 사업연도의 감사인을 동일한 감사인(최소 3년)으로 선임하여야 한다.

■ 기타의 비상장법인

주권상장법인, 대형비상장주식회사 또는 금융회사를 제외한 기타의 비상장법인은 소형주식회사와 유한회사를 포함한다.

기타의 비상장법인 중 감사(또는 감사위원회)가 있는 회사는 감사인을 처음으로 선임하거나 현행 감사인을 변경하여 다른 감사인으로 선임할 때에 만 감사인 선임절차를 거친다. 구체적으로 기타의 비상장법인(소형주식회사 + 유한회사)으로 감사(또는 감사위원회)가 있는 경우 감사(또는 감사위원회)가 감사인 선임한다. 따라서 이들 기타의 비상장법인이 현행 감사인을 계속하여 유지하고자 할 때에는 별도의 선임절차 없이 현행 감사인과 계약하면 된다.

유한회사의 경우 감사를 두지 않아도 되는 회사가 있다. 이 경우 대형 유한회사는 사원총회가, 소형 유한회사는 회사가 감사인을 선임한다.

Q

표준 감사시간의 제시가 감사품질에 미치는 영향은?

TIP

표준감사시간 : 감사품질을 유지하는데 가장 중요한 요소 중 하나가 바로 투입할 감사시간이다. 필요한 감사시간은 감사위원회가 감사인과 협의하여 달성하고자 하는 감사품질에 이르게 하는 시간을 정하고 감사위원회가 이에 상응하는 감사보수를 회사의 경영진에게 통보하고 회사와 감사인이 계약하게 하면 된다. 그런데 우리나라는 감사위원회가 독립적이고 전문적이지 못하다는 비판 때문에 이러한 자율적 최선치는 기대하기 어렵다. 회사는 감사보수를 적게 요청하는 감사인을 선임하는 경향이 만연해지고 감사인은 투입할 수 있는 감사원가에 심각한 제약이 있다는 지적이 있었다. 이런 문제를 해결하기 위하여 2017 외감법 개정에서는 감

1.3 감사인 선임과 감사환경 보장

(1) 감사인을 선임할 때 감사보수와 감사시간, 감사에 필요한 인력에 관한 사항의 문서화

감사인을 선임하는 과정에서 가장 중요하게 보아야 할 사항이라면 어떤 감사인이 회사의 경영진이 작성한 재무제표를 잘 감사할 수 있을 것인가이다. 이것은 선임이라는 한순간만의 관심만으로는 바람직한 감사품질을 달성할 수 없기 때문이다. 선임된 감사인이 감사를 잘 할 수 있는 환경을 보장하는 것도 감사품질을 높이는 중요한 요소이다. 그런 관점에서 2017년 개정 외감법은 감사인을 선임한 주체가 감사인의 감사보수와 감사시간, 감사에 필요한 인력에 관한 사항을 문서로 정하도록 강제하고 있다(외감법 제10조 ⑤).

구체적으로 감사위원회가 감사인을 선임하였으면 감사위원회, 감사가 감사인을 선임하였으면 감사가 감사인의 감사보수와 감사시간, 감사에 필요한 인력에 관한 사항

을 문서로 정하여야 한다. 이 경우 감사위원회가 설치되지 아니한 주권상장법인, 대형비상장주식회사 또는 금융회사의 감사는 감사인선임위원회의 승인을 받아야 한다. 왜냐하면, 감사위원회가 설치되지 아니한 주권상장법인, 대형비상장주식회사 또는 금융회사는 감사인선임위원회의 승인을 받아 감사가 감사인을 선임하였기 때문이다.

(2) 감사보고할 때 감사보수와 감사시간, 감사에 필요한 인력에 관한 사항의 확인

외감법은 감사인을 선임할 때 사전적으로 감사보수와 감사시간, 감사에 필요한 인력에 관한 사항을 문서로 정하였다. 여기에 추가하여 외감법은 감사가 완료된 후 사전에 문서로 정한 감사보수와 감사시간, 감사에 필요한 인력에 관한 사항이 준수되었는지 확인하도록 요구하고 있다. 이를 확인하여야 할 자는 감사인을 선임한 주체이다.

사시간과 관련하여 다음과 같은 규제를 신설하였다.

1. 감사계약을 체결할 때 감사인을 선임한 주체가 감사인의 감사보수와 감사시간, 감사에 필요한 인력에 관한 사항을 문서로 정하도록 함
2. 감사가 완료된 후 감사인을 선임한 주체가 사전에 문서로 정한 감사보수와 감사시간, 감사에 필요한 인력에 관한 사항이 준수되었는지 확인하도록 요구함
3. 한국공인회계사로 하여금 표준감사시간을 제정하게 함
4. 표준 감사시간에 심각하게 미달하는 회사의 감사인을 증권선물위원회가 지정

1.4 감사인 선임의 보고

(1) 회사 → 주주총회(또는 사원총회)에 보고

회사는 감사인을 선임 또는 변경선임하는 경우 그 사실을 ①감사인을 선임한 이후에 소집되는 정기총회(주식회사는 주주총회, 유한회사는 사원총회)에 보고하거나 ②주주(or 사원)에게 문서로 통지 또는 ③인터넷 홈페이지에 감사계약이 종료될 때 까지 공고하여야 한다(외감법 제12조①).

(2) 회사 + 감사인 → 증권선물위원회에 보고

또한 회사가 감사인을 선임 또는 변경선임하는 경우 해당 회사 및 감사인은 증권선물위원회에 보고하여야 한다. 다만, 회사는 다음 중 어느 하나에 해당되는 경우에는 보고를 생략할 수 있다.

감사인 선임 보고의 면제 (외감법 제12조)

① 회사의 요청에 따라 증권선물위원회가 지정한 자를 감사인으로 선임한 경우
② 증권선물위원회의 요구에 따라 감사인을 선임 또는 변경선임하는 경우
③ 주권상장법인 · 대형비상장주식회사 · 금융회사가 아닌 회사가 직전 사업연도의 감사인을 다시 선임한 경우

1.5 감사계약의 해지

핵심

기출 2022

	회사가 해지할 수 있는 경우	감사인이 해지할 수 있는 경우
모든 회사	감사인이 공인회계사법(직무제한)에서 금지한 비감사서비스를 제공하는 경우	① 외감법에 따라 회사의 감사인이 될 수 없는 경우 ② 독립성이 훼손된 경우 등 회계감사기준에서 정하는 사유가 발생한 경우 ③ 직업윤리에 관한 규정에서 정한 감사인의 독립성이 훼손된 경우 ④ 회사가 직전 사업연도 또는 사업연도 중 감사보수의 지급에 관한 감사계약상의 의무를 이행하지 아니한 경우 ⑤ 감사계약을 체결한 후 회사의 합병, 분할 또는 사업의 양도 · 양수로 주요 사업부문의 성격이나 회사의 규모가 현저히 달라졌으나 감사보수에 대한 재계약이 이루어지지 않은 경우
주권상장법인 + 대형비상장주식회사 + 금융회사	감사인이 직무상 의무를 위반하는 등 다음의 사유 ① 감사인이 회사의 기밀을 누설하는 등 직무상 의무를 위반한 경우 ② 감사인이 그 임무를 게을리 하여 회사에 손해를 발생하게 한 경우 ③ 감사인이 회계감사와 관련하여 부당한 요구를 하거나 압력을 행사한 경우 ④ 외자도입법등에서 감사인을 한정하고 있는 경우 ⑤ 감사보고서에 대한 감리 또는 품질관리감리 금융감독위원회가 정하는 사유에 해당하는 경우	주요 이해관계자로부터 감사의견과 관련하여 부당한 요구나 압력을 받은 경우

↓

증권선물위원회에 보고

감사계약을 체결하면 원칙적으로 회사와 감사인은 각각 그 계약을 이행할 의무가 있다. 그러나 때로는 감사계약을 이행할 수 없는 경우도 있다. 특히 외감법상 감사의 경우 외감법에서 정하고 있는 바에 따라 감사계약을 체결하여야 하기 때문에 계약의 해지도 외감법에서 정하는 바에 따라야 한다.

(1) 회사가 감사계약을 해지할 수 있는 경우

■ 모든 회사

모든 회사는 감사인이 공인회계사법 제21조(직무제한)에서 명시한 감사인이 제공할 수 없는 비감사서비스를 제공하거나 공인회계사법 제33조(직무제한)에서 명시한 회계법인과 회사와의 관계로 독립성이 훼손되는 경우에 해당되는 경우 지체없이 감사계약을 해지하여야 하며, 감사계약을 해지한 후 2개월 이내에 새로운 감사인을 선임하여야 한다(외감법 제13조).

■ 주권상장법인 · 대형비상장주식회사 · 금융회사

주권상장법인 · 대형비상장주식회사 · 금융회사의 경우 감사인이 직무상 의무를 위반하는 등 다음 중 어느 하나에 해당하는 경우에는 연속하는 3개 사업연도 중이라도 매 사업연도 종료 후 3월 이내에 감사위원회(또는 감사인선임위원회)가 해임을 요청한 감사인을 해임하여야 한다(외감법 제13조).

주권상장법인 · 대형비상장주식회사 · 금융회사가 3개 사업연도 중 감사계약을 해지할 수 있는 경우 (외감법 시행령 제19조)

① 감사인이 회사의 기밀을 누설하는 등 직무상 의무를 위반한 경우
② 감사인이 그 임무를 게을리하여 회사에 손해를 입힌 경우
③ 감사인이 회계감사와 관련하여 부당한 요구를 하거나 압력을 행사한 경우
④ 외국투자가가 출자한 회사로서 그 출자조건에서 감사인을 한정하고 있는 경우
⑤ 지배회사 또는 종속회사가 그 지배 · 종속의 관계에 있는 회사와 같은 지정감사인을 선임하여야 하는 경우

주권상장법인 · 대형비상장주식회사 · 금융회사는 감사계약을 해지하거나 감사인을 해임한 경우 회사는 지체 없이 그 사실을 증권선물위원회에 보고하여야 한다(외감법 제13조③).

(2) 감사인이 감사계약을 해지할 수 있는 경우

■ 모든 회사의 감사인이 감사계약을 해지할 수 있는 경우

모든 회사의 감사인은 회계감사기준에서 정하는 독립성이 훼손되는 경우 등 다음 중 어느 하나에 해당하는 경우에는 사업연도 중이라도 감사계약을 해지할 수 있다 (외감법 제15조 ①, 동 시행령 제21조 ①).

모든 회사의 감사인이 사업연도 중 감사계약을 해지할 수 있는 경우

① 외감법에 따라 회사의 감사인이 될 수 없는 경우
② 회계감사기준과 공인회계사 윤리규정에서 정하는 독립성이 훼손된 경우로서 증권선물위원회가 인정하는 경우
③ 회사가 직전 사업연도 또는 해당 사업연도 중 감사보수 지급에 관한 감사계약에 따른 의무를 이행하지 아니한 경우
④ 감사계약을 체결한 후 회사의 합병, 분할 또는 사업의 양도 · 양수로 주요 사업부문의 성격이나 회사의 규모가 현저히 달라졌으나 감사보수에 대한 재계약이 이루어지지 아니한 경우

■ 주권상장법인 · 대형비상장주식회사 · 금융회사의 감사인이 감사계약을 해지할 수 있는 경우

1) 주권상장법인, 대형비상장주식회사 또는 금융회사의 감사인은 감사의견과 관련하여 부당한 요구나 압력을 받은 경우 등 대통령령으로 정하는 사유에 해당하는 경우에는 연속하는 3개 사업연도 중이라도 매 사업연도 종료 후 3개월 이내에 남은 사업연도에 대한 감사계약을 해지할 수 있다(외감법 제15조 ②).

   "감사의견과 관련하여 부당한 요구나 압력을 받은 경우 등 대통령령으로 정하는 사유에 해당하는 경우"란 다음 중 어느 하나에 해당하는 경우를 말한다(외감법 시행령 제21조 ③).

   ① 회사의 임원, 회사의 회계업무를 담당하는 자, 주주 또는 채권자로부터 감사의견과 관련하여 부당한 요구나 압력을 받은 경우

   ② 내부회계관리제도 감사 의견에 2개 사업연도 연속하여 중요한 취약점이 발견되었다는 내용이 포함된 경우

2) 감사인(주권상장법인, 대형비상장주식회사 또는 금융회사의 감사인에 한정)이 감사업무(자본시장법에 따른 반기 · 분기보고서 검토업무 포함)와 관련하여 회사에 자료를 요청하였으나 회사가 특별한 사유 없이 요청한 자료를 제출하지 아니하여 감사업무에 현저한 지장을 주었다고 인정되는 경우, 사업연도 중이라도 감사계약을 해지할 수 있다.

■ 감사계약 해지의 보고

감사인은 상기의 사유와 같이 외감법에서 정하는 바에 따라 감사계약을 해지한 경우에는 지체 없이 그 사실을 증권선물위원회에 보고하여야 한다(외감법 제15조 ③).

2 감사인에 대한 업무규제

기출 2023

구 분	주권상장법인	대형비상장주식회사 + 금융회사(비상장)	기타의 주권비상장법인
감사인 선임기간	3년간 연속	3년간 연속	매년 선임
회계법인의 동일이사	3년간 연속감사 후 3년 냉각기간		5년간 연속감사 후 1년 냉각기간
회계법인의 동일보조자	3년간 연속감사 후 보조자 2/3 교체	해당 없음	해당 없음

㈜ 동일 이사에 대한 규제는 회계법인이 감사하는 모든 회사에, 그리고 동일 보조자에 대한 규제는 주권상장법인에만 적용됨.

감사인은 감사를 수행함에 있어 외감법상 규제를 받는다. 외감법상 규제는 주로 감사인으로 하여금 독립성을 유지하게 하는 데 있다. 회사와 감사인간 긴밀한 관계가 지속될 경우 감사인은 독립성을 의심받을 수 있다. 그러나 지나친 관계단절은 감사인의 학습효과로 인한 부정과 오류의 발견가능성을 떨어뜨릴 수 있다. 현행 외감법상 감사인과 회사간 관계단절의 규제는 다음과 같다.

2.1 회계법인이 감사한 경우

회계법인이 감사를 수행하는 경우 회사의 주권이 상장되었는지 그리고 규모와 관계없이 업무수행이사(engagement partner)를 일정기간 후 교체하여야 한다. 여기서, 업무수행이사란 감사업무와 감사업무수행 및 발행된 감사보고서에 대해서 회계법인을 대신하여 책임을 지며, 관련 요구사항이 있을 경우에는 전문직단체, 정부 또는 규제기관으로부터 적합한 권한을 받은 파트너를 말한다. 회계법인에서 업무수행이사를 제외한 나머지 모든 감사 참여자를 보조자라 한다. 업무수행이사의 주기적 교체에 대한 규제는 주권의 상장여부와 회사의 규모에 따라 상이하다.

TIP
외감법은 업무를 총괄하는 이사를 '담당이사'로 정의하고 있으며, 회계감사기준에서는 '업무수행이사'라고 정의하고 있다.

주권상장법인 · 대형비상장주식회사 · 금융회사의 경우 동일한 이사가 연속하는 3개 사업연도를 감사한 경우 4년 차에 업무수행이사를 교체하여야 하고 이후 3년간 해당 감사업무에 참여할 수 없는 냉각기간을 가져야 한다. 그러나 기타 비상장법인의 경우 업무수행이사가 5년간 연속감사 후 1년간 해당 감사업무에 참여할 수 없는 냉각기간을 가져야 한다. 또한 회계법인인 감사인은 그 소속 공인회계사를 주권상장법인인 회사에 대한 감사업무의 보조자로 함에 있어서 동일한 보조자에게 해당 회사의 연속하는 3개 사업연도에 대한 감사업무를 하게 한 경우, 4년차에는 보조자의 2/3를 교체하여야 한다(외감법 제9조).

2.2 감사반이 감사한 경우

감사반은 이사가 존재하지 않기 때문에 보조자의 개념도 없으며, 오로지 참여자만 존재한다. 따라서 감사반이 감사한 경우 업무수행이사와 보조자에 대한 규제가 없으며, 감사반이 감사할 수 있는 예외적인 주권상장법인의 경우 감사참여자가 3년간 연속감사 후 참여자 2/3 이상을 교체하여야 한다(외감법 제9조).

2.3 감사인 유지(Auditor Retention): 공인회계사 윤리기준상 압력위협과 관련

주권상장법인 · 대형비상장주식회사 · 금융회사는 연속하는 3개 사업연도를 동일 감사인으로 하여 감사계약을 체결하여야 한다. 이와 같이 복수사업연도에 대하여 감사계약을 강제하는 것을 감사인 유지제도라 한다. 강제적인 감사인 유지제도를 도입한 이유는 감사인에 대한 교체압력을 완화함으로써 감사인의 독립성을 강화하는데 있다. 실제로 감사인이 독립성을 유지하지 못하는 가장 중요한 이유 중의 하나가 바로 감사인 교체압력이다(Simunic, 1980, Dye, 1991; Teoh, 1992; DeFond and Subramanyam, 1998). 감사인 유지제도에 대한 실증적 분석결과 이 제도가 감사인의 독립성을 강화하는 효과가 있다고 보고하고 있다(Gil S. Bae, Joon-Hwa Rho, 2001).

Q

감사인유지제도로 기대되는 효과는?

3 감사인 변경과 전기감사인의 의견진술권

회사의 감사인선임권자는 외감법상 감사인 선임절차에 따라 신임 감사인을 선임하는 방법으로 감사인을 변경할 수 있다. 다수의 연구는 감사인이 독립성을 유지하여 감사보고하였을 때 교체압력을 받는다고 보고하고 있다. 사실 감사위원회가 제 기능을 다하는 좋은 지배구조에서는 상상하기 어려운 일이다. 그러나 수많은 회사 중에는 여전히 감사위원회가 독립성이 떨어지고 전문성이 떨어지는 경우도 다수 있을 것이다. 이 경우 외부감사인이 독립성을 유지하여 회사의 중요한 왜곡표시를 보고하고자 할 때 감사인 교체(auditor switch)라는 부당한 압력에 직면하게 된다.

TIP

미국의 전기감사인의 의견진술권 : 미국은 주식회사를 구성하는 다양한 주체들이 법률에서 부여된 권한이나 의무를 충실히 이행함으로써 자유로운 경제활동이 보장되어 있다. 미국은 외부감사를 규제하는 외감법이 없다. 감사품질을 높여 기업회계투명성을 높이고 자본시장에서 기업에 대한 평가가 제대로 이루어져서 기업들은 좋은 지배구조, 높은 감사품질을 제공하려는 동기를 가지고 있다. 미국은 전기감사인의 의견진술권을 법률로 규제하지 않고 있으며, 회계감사기준에서 정하고 있다. 또한 전기감사인은 부당하게 해임되었다면 후임감사인에게 의견을 진술할 수 있다. 이 경우 후임감사인은 해당 감사계획을 수립할 때 이런 사항을 고려한다.

부당한 감사인 교체압력을 줄여주는 것은 감사품질을 높이는데 기여한다. 그런 관점에서 외감법은 회사는 전기감사인과 더 이상 감사계약을 유지하지 않고 다른 감사인으로 교체선임하거나, 주권상장법인 · 대형비상장주식회사 · 금융회사가 현행감사인을 해임하여 새로운 감사인을 선임할 경우, 전기감사인에게 감사인선임권자(감사, 감사위원회 또는 감사인선임위원회)에 의견을 진술할 수 있는 기회를 주어야 한다고 규정하고 있다(외감법 14조). 구체적인 내용은 다음과 같다.

감사인 변경과 전기감사인의 의견진술(외감법 제14조)

① 감사인을 교체할 때 전기감사인이 감사인선임권자에 의견을 진술할 기회 부여
② 전기감사인이 부당한 감사인 교체에 대한 의견을 진술한 경우 회사는 그 내용을 증권선물위원회에 보고

4 감사인 지정

증권선물위원회는 회사의 요청에 의하여 당해 회사의 감사인을 지명하거나 외감법에서 규정하고 있는 일부 회사에 대하여 3개 사업연도 범위 안에서 증권선물위원회가 지명하는 자를 감사인으로 변경선임하거나 선정(이를 '감사인 지정'이라 함)할 것을 요구할 수 있다. 이 경우 증권선물위원회가 지명하는 감사인은 회계법인에 한한다.

감사인 지정은 다른 나라에는 찾아보기 어려운 우리나라만의 독특한 제도이다. 우리나라는 외부감사제도를 선진국으로부터 수입하였고, 회계감사기준도 국제감사기준을 번역해서 사용하고 있는 점을 감안하면 무엇인가 선진국과는 다른 기업환경이 존재한다는 것을 의미한다.

외부감사제도는 주식회사에서 그 필요성이 특히 강조되었다. 주식회사는 다수의 주주가 회사를 설립하여 경영진에게 경영을 위임한다. 이 때 주주가 직접 경영진을 지배하면서 감시 · 감독하기 어렵기 때문에 세계 어느 나라이건 주식회사는 이사회라는 지배구조를 구성한다. 주주는 이사회를 구성할 권리를 가지며, 이사회는 하부에 감사위원회를 비롯한 소위원회를 구성하여 활동한다. 감사위원회는 특히 경영진을 감시 · 감독하는데 자본시장에 재무제표를 제공하기 위해서는 외부감사인의 감사보고서를 제시하여야 한다. 따라서 감사위원회는 해당 회사에 가장 적합한 감사인을 선임하고, 외부감사인이 감사를 잘할 수 있도록 환경을 제공(충분한 감사기간 등)하며, 주기적으로 양자간의 커뮤니케이션을 통해 신뢰할 수 있는 재무보고가 가능하게 한다.

감사인 지정은 이러한 일련의 감사위원회 활동 중 일부분인 감사인 선임권에 정부가 개입하는 것이다. 감사인을 지정하는 논리는 감사위원회가 경영진과 독립적이지 못하기 때문에 정부가 감사인을 지정함으로써 독립성을 높인다는 것이 그 동기이다. 그러나 감사인을 지정하는 것에 대하여 찬 · 반 여론이 팽배하다. 학계와 실무에서 주장하는 찬 · 반 의견은 다음과 같다.

- 찬성의견: 지배구조가 좋지 않은 경우 감사위원회가 경영진과 독립적이지 않기 때문에 감사인이 독립적으로 감사할 수 없다. 따라서 감사위원회로부터 감사인 선임권을 박탈하여 정부가 감사인을 지정하여야 한다.

- 반대의견: ① 전 세계적으로 찾아보기 어려운 제도로 국제적 정합성에 어긋난다. ② 감사인이 제대로 감사할 수 없는 이유는 회사의 지배구조가 좋지 않기 때문이다. 따라서 기업지배구조를 개선하는 것이 바람직한 처방이다. ③ 감사인을 지정할 때 개별 기업에 가장 적합한 감사인을 지정하지 않고 관계 단절효과만을 고려한다. 이 경우 감사위원회와 감사인의 효과적인 커뮤니케이션이 어려워 감사품질을 개선하는데 기여하기 어렵다. ④ 감사품질은 감사위원회와 감사인의 공동 노력의 결과물인데, 감사인 지정은 감사품질이 감사인만의 결과물이라고 간주하는데서 비롯된 제도이다. ⑤ 감사인 지정은 회계법인간 경쟁을 약화시켜 장기적으로는 감사인의 적격성을 떨어뜨릴 수 있다.

4.1 감사인 지정 등의 사유

기출 2022

감사인을 지정하는 사유는 외감법에 명시되어 있다. 외감법상 감사인 지정사유는 ① 직전지정(모든 기업에 적용되는 요건)과 ② 주기적 감사인 지정(주권상장법인 및 대형비상장주식회사에만 적용)으로 이원화 되어 있다.

- 직전 지정 : 모든 기업에 적용되는 지정요건

  모든 기업에 적용되는 지정요건은 크게 1) 기업의 자발적인 요청, 2) 외감법을 위반한 경우 및 3) 회계부정이 우려되는 기업에 해당한다. 모든 기업에 적용되는 감사인 지정사유는 다음과 같다(외감법 제11조).

  ① 감사 또는 감사위원회의 승인을 받아 감사인의 선임기간 내에 증권선물위원회에 감사인 지정을 요청한 회사

  ② 감사인의 선임기간 내에 감사인을 선임하지 아니한 회사

  ③ 외감법을 위반하여 감사인을 선임하거나 증권선물위원회가 회사의 감사인 교체

사유가 부당하다고 인정한 회사

④ 증권선물위원회의 감리 결과 회계처리기준을 위반(경미한 위반은 제외)하여 재무제표를 작성한 사실이 확인된 회사.

⑤ 회사의 재무제표를 감사인이 대신하여 작성하거나, 재무제표 작성과 관련된 회계처리에 대한 자문을 요구하거나 받은 회사

⑥ 주권상장법인으로 다음 중 어느 하나에 해당하는 회사
- 3개 사업연도 연속 영업이익이 0보다 작은 회사
- 3개 사업연도 연속 영업현금흐름이 0보다 작은 회사
- 3개 사업연도 연속 이자보상배율이 1 미만인 회사
- 그 외 대통령령으로 정하는 재무기준에 해당하는 회사

⑦ 주권상장법인 중 증권선물위원회가 공정한 감사가 필요하다고 인정하여 지정하는 회사

⑧ 기업구조조정 촉진법에 따른 주채권은행 또는 대통령령으로 정하는 주주가 대통령령으로 정하는 방법에 따라 증권선물위원회에 감사인 지정을 요청하는 경우의 해당 회사

⑨ 외감법을 위반하여 감사계약의 해지 또는 감사인의 해임을 하지 아니하거나 새로운 감사인을 선임하지 아니한 회사

⑩ 감사인의 감사시간이 표준 감사시간보다 현저히 낮은 수준이라고 증권선물위원회가 인정한 회사

⑪ 직전 사업연도를 포함하여 과거 3년간 최대주주의 변경이 2회 이상 발생하거나 대표이사의 교체가 3회 이상 발생한 주권상장법인

⑫ 그 밖에 공정한 감사가 특히 필요하다고 인정되어 대통령령으로 정하는 회사

- 주기적 감사인 지정 : 주권상장법인과 대형비상장주식회사에 대한 감사인 지정(6년 자율수임 + 3년 지정)

감사인을 지정하는 가장 주된 요인은 부실감사로 자본시장에서 선량한 투자자가 투자손해를 입는다는 것이다. 따라서 2017년 개정 외감법은 특히 주권상장기업과 대형비상장주식회사에 대한 감사인 지정을 확대하여 시행하고 있다.

구체적으로 증권선물위원회는 다음 중 어느 하나에 해당하는 회사가 연속하는 6개 사업연도에 대하여 외감법에서 정하는 바에 따라 감사인을 선임한 경우에는 그 다음 사업연도부터 연속하는 3개 사업연도에 대하여 증권선물위원회가 지정하는 회계법인을 감사인으로 선임하거나 변경선임할 것을 요구할 수 있다(외감법 제11조 ②).

① 주권상장법인. 다만, 대통령령으로 정하는 주권상장법인(코넥스시장상장법인)은 제외한다. → 우리나라 주식시장은 ❶거래소시장, ❷코스닥시장 그리고 ❸코넥스시장이 있다. 주기적 감사인 지정은 거래소시장과 코스닥시장에 주권이 상장된 기업만을 대상으로 한다.

② 자산총액이 대통령령으로 정하는 금액 이상(대형비상장주식회사)이고 대주주 및 그 대주주와 특수관계에 있는 자의 지분비율이 50% 이상인 회사로서 대주주 또는 그 대주주와 특수관계에 있는 자가 해당 회사의 대표이사인 회사. 대통령령으로 정하는 금액이란 직전 사업연도 말을 기준으로 5천억원을 말한다. 다만, 다음 각 호의 어느 하나에 해당하는 회사의 경우에는 1천억원을 말한다.

1. 직전 사업연도 말 기준 공시대상기업집단에 속하는 국내 회사
2. 직전 사업연도 말 기준 사업보고서 제출대상법인

4.2 감사인 지정 종료후 관계단절

감사인 지정은 감사인과 회사와의 관계를 단절하는데 중점을 두고 있다. 따라서 2017 개정 외감법은 감사인 지정기간이 종료된 후 기업이 자유로운 의사에 따라 감사인을 선임할 때 직전 지정감사인을 감사인으로 선임할 수 없게 하였다(외감법 제11조). 이것은 지정감사인이 지정기간 종료 후 해당 회사와 감사계약할 기회가 존재하는 경우 지정기간동안 독립성을 유지하기 어렵다는 우려에서 나온 것이다.

5 감사보수(감사수수료)

5.1 감사보수의 결정

회사가 감사인을 선임하고 회계감사라는 용역을 제공받게 되면 그 대가를 지불하여야 한다. 이를 회사입장에서는 감사수수료(audit fee)라 하고, 감사인 입장에서는 감사보수라 한다. 감사보수를 결정하는 방식은 나라마다 약간의 차이는 있지만 회계감사제도가 잘 정착된 대부분의 나라는 감사위원회와 감사인이 협의하여 결정하는 방식을 채택하고 있다. 그러면 먼저 미국의 감사보수 결정방식을 살펴보고 우리나라의 감사보수 결정방식을 살펴보기로 하자.

(1) 미국의 감사보수 결정방식

회계감사제도가 잘 정착된 미국의 경우 감사위원회와 감사인이 협의하여 감사보수를 결

정하는데, 구체적으로 설명하면 다음과 같다.

$$감사보수(감사수수료) = \sum_{i=1}^{n}(시간당\ 감사수수료\ i \times 투입시간\ i)$$

단, i는 감사참여자를 의미함

감사보수는 감사투입시간에 비례한다. 회사가 특정 회계법인에 감사를 의뢰하여 오면 회계법인은 시간당 수수료율과 예상 투입시간을 제시한다. 이 때 시간당 수수료율은 참여인원의 직급에 따라 달라지며, 예상 투입시간은 회사의 크기, 회계처리의 복잡성 그리고 감사위험의 정도 등에 따라 달라진다. 예를 들어 회사의 규모가 크고, 지점의 수가 많아 본 · 지점간의 거래가 빈번하며, 회사의 내부통제제도가 적절하지 못한 회사는 감사인이 회사의 재무제표에 대한 합리적인 확신을 가지는데 많은 시간이 요구되기 때문에 감사보수 또한 높아질 수밖에 없다.

감사인은 회사에 대한 정보를 토대로 감사보수 산정에 필요한 수수료율과 예상 투입시간을 회사에 제시하고 회사는 그 수락 여부를 결정한다. 회사는 선택할 수 있는 다수의 회계법인이 존재하므로 가장 비용이 저렴하면서 자신에게 필요한 정도의 재무제표 신뢰성을 제고할 수 있는 회계법인을 선택한다. 물론 회계법인별로 고용하고 있는 공인회계사의 질이 다르고 감사기술에 대한 정도가 다르기 때문에 시간당 수수료율과 예상 투입시간은 다를 수 있다. 미국 등과 같이 감사보수가 감사투입시간에 비례하는 방식의 장점과 단점은 다음과 같다.

장 점	① 각 기업의 감사여건의 특성(고유위험과 통제위험 등)을 반영하여 감사보수를 결정할 수 있다. ② 감사인은 회사의 감사여건에 따라 감사투입시간을 신축적으로 적용할 수 있으므로 부실감사를 많이 줄일 수 있다.
단 점	① 감사시간을 적게 사용하는 감사인을 선호하는 경향이 발생할 수 있다. ② 감사시간에 대하여 감사인과 감사대상회사 간에 분쟁이 발생할 소지가 있다.

예제 02 감사보수의 산정과정

1. A회계법인이 갑(주)으로부터 회계감사를 의뢰받은 바, A회계법인이 다음과 같은 예상 감사보수를 제시하였다고 하자.

투입직급	인 원	1인당 예상 투입시간	시간당 감사수수료	감사보수
Partner	1	24시간	250,000원	6,000,000원
Manager	1	50시간	180,000원	9,000,000원
Senior	1	160시간	150,000원	24,000,000원
Staff Assistant	4	150시간	100,000원	60,000,000원
합 계				99,000,000원

2. 회계법인이 제시한 감사보수 99,000,000원은 예상 투입시간을 전제한 금액이다. 만약, 실제 투입시간이 이와 상이하다면 실제 감사보수는 이와 달라질 수 있다.

3. 1인당 예상 투입시간은 회사의 크기, 회계처리의 복잡성 그리고 감사위험의 정도 등을 고려하여 결정되며, 시간당 감사수수료는 참여인원의 직급에 따라 결정된다. 또한 회계법인별로 1인당 예상 투입시간과 시간당 감사수수료가 상이할 수 있다.

(2) 우리나라의 감사보수 결정방식

우리나라의 감사보수 결정방법은 1998년을 기점으로 큰 변화가 일어났다. 1998년 이전에는 재정경제부장관의 승인을 받은 감사보수규정(자산총계에 따라 결정)에 따라 결정되었다. 그러나 공인회계사와 변호사를 비롯한 전문직의 감사보수규정이 독점규제 및 공정거래에 관한 법률에 위배된다는 의견이 제시되어 공인회계사법상 감사보수규정(제14조)이 삭제(1999년 2월 5일)되면서 감사인이 회사와 협의하여 결정하는 방식으로 전환되었다. 또한 2001년 3월 외감법 개정에서 감사인의 보수 및 감사시간 등에 관한 사항을 감사인이 감사 또는 감사인선임위원회와 협의하여 결정하도록 재개정되었다.

« 그림 2-3 우리나라의 감사보수 결정방식 변천과정

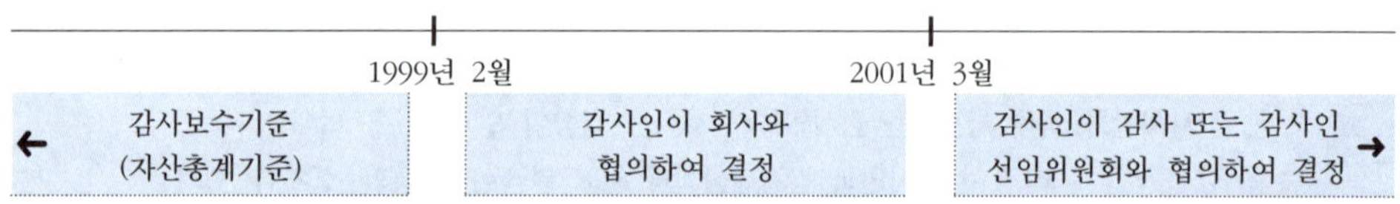

1998년 이전의 감사보수규정은 회사의 자산총계에 따라 감사보수가 달라지도록 규정하고 있었으며, 공인회계사법에서는 감사인이 감사보수규정을 초과하여 보수를 받지 못하도록 규정하고 있었다. 예를 들면, 회계처리가 간단하고 거래도 적기 때문에 단시일에 감사를 종결할 수 있는 회사라 할지라도 자산총계가 크면 감사보수가 높게 책정되었다. 반대로 회계처리가 복잡하고 감사위험이 높은 회사의 경우에는, 많은 투입시간이 요구됨에도 불구하고 자산총계가 작으면 감사보수도 낮게 책정되었다. 특히 후자의 경우 감사인이 낮은 감사보수에 맞는 수준의 감사시간을 투입할 가능성도 배제할 수 없어 부실감사가 우려되기도 하였다.

감사보수가 자산총계에 따라 정해지고 감사인을 상대로 한 손해배상소송이 빈번하지 않은 우리나라와 같은 상황에서 합리적인 감사인이라면, 감사투입시간을 줄이거나 연구개발비를 줄이는 방법으로 이익극대화를 시도할 수도 있다. 이러한 이유 때문에 자산총계에 기초한 기존의 감사보수규정이 전반적으로 감사품질을 하향 평준화하였다는 지적도 있다.

품질이 좋은 제품일수록 높은 가격을 받는 것과 같이, 품질이 좋은 감사서비스를 제공할수록 높은 감사보수를 받을 수 있다면 감사인은 적절한 수준의 감사시간을 투입하려 할 것이다. 또한 가격경쟁력을 갖추기 위하여 보다 더 효율적이고 효과적인 감사기법을 개발하고자 할 것이다.

5.2 감사계약 초기의 감사보수 할인(Low-Balling)

감사인은 새로운 고객과 감사계약을 체결하기 위하여 감사계약 초기에 감사보수를 할인하는 경향이 있다. 왜냐하면, 초년도의 감사에서 발생하는 손실은 향후에 계속되는 감사에서 회수할 수 있다는 기대 때문이다. 이와 같이 감사계약 초기에 감사보수를 할인하는 경향을 low-balling 또는 price-cutting이라 한다.

Q 초도감사에서 감사보수가 할인되기 위한 조건은?

여기서 low-balling이란 감사원가 이하로 감사보수를 할인(dumping)하는 현상을 말하며 price-cutting은 원가를 알지 못하는 상황 하에서 감사보수를 정상적인 수준보다 할인하는 현상을 말한다. 그러나 일반적으로 이러한 개념을 엄격히 구분하기보다는 low-balling을 포괄적인 개념으로 사용하고 있다.

실제로 많은 연구가 감사인이 감사계약 초기에 감사보수를 할인한다는 이론적 · 실증적인 증거를 제시하고 있다(DeAngelo, 1981; Kanodia and Mukherji, 1994; Francis and Simon, 1987; Simon and Francis, 1988 등).[1] 그러면 low-balling이 발생하는 원인은 무엇일까? 이는 DeAngelo(1981)의 연구에서 찾을 수 있다. DeAngelo(1981)는 low-balling이 발생하는 조건으로 다음 두 가지를 제시하고 있다.

① 감사인이 거래비용이나 기술적인 우위로 인해 미래에 기대되는 경제적 이익(client-specific quasi-rents)이 존재하고
② 초도감사의 감사시장에 경쟁이 존재하여야 한다.

1) 그러나 실증적 결과가 항상 일관적이지는 않다. 예를 들면, Simunic(1980), Francis(1984) 그리고 Palmrose(1986)은 초도감사에서 유의한 감사보수할인(price-cutting)을 발견하지 못하였다.

즉, 감사로부터 기대되는 미래의 경제적 이익이 초도감사의 손실을 능가하고, 초도감사의 수임시장이 경쟁적일 경우, 감사인은 원가 이하로 감사보수를 할인하여 수임하는 경향이 발생할 수 있다는 것이다.

그러면 low-balling은 독립성과 어떤 관계가 있는가? 상기에서 언급한 바와 같이 초도감사에서 원가이하로 감사보수를 할인하였다면 향후 일정기간 동안 감사계약을 지속해야만 초기의 손실을 회복(recover)할 수 있는데 그 과정에서 감사인이 독립성을 훼손함으로써 감사계약을 지속할 유인이 있다는 것이 문제점으로 지적되고 있다. 독립성과 직접적인 관련은 적지만 low-balling은 다음과 같은 점에서도 감사품질에 영향을 미칠 수 있다. 즉, 초도감사시 원가이하로 수임하였지만 바람직한 감사품질을 유지하기 위해서는 일정수준의 감사원가를 투입하여야 하는데 감사인이 감사보수 이상의 원가를 투입하지 않는다면 부실감사가 발생할 수 있다.

따라서 규제기관들은 독립성을 향상시키기 위하여 감사로부터 기대되는 미래의 경제적 이익을 감소시키는데 관심을 가지고 있다. 예를 들면, 미국의 경우 Arthur Anderson에 의한 Enron사건 이후 두 상원의원은 감사인이 감사할 수 있는 최장감사기간을 제한하는 법안을 제출하는 등 감사인 순환(auditor rotation)에 대하여 많은 관심을 보이고 있다.[2)]

SECTION 04 감사계약의 체결

NEW INTERNATIONAL STANDARDS ON AUDITING

감사인과 회사가 감사조건에 합의하고 회사가 감사인 선임절차에 따라 감사인을 선임하면 양 당사자는 감사계약을 체결한다. 감사계약에 대한 구체적인 사항은 다음과 같다.

1 감사계약

1.1 일반적인 감사계약

합의된 감사업무 조건은 감사계약서 또는 기타 적절한 형태의 합의서에 기록되어야 하며, 다음 각 사항이 포함되어야 한다(ISA 210-10).

2) Enron의 부도는 2001 회계연도에 Anderson에게 감사보수로 25,000,000달러를 컨설팅보수로 27,000,000달러를 지불함으로써 이해관계의 상충으로 인한 위험이 부각되었다. 또한 Anderson은 Enron에게 내부감사서비스와 외부감사서비스를 함께 제공한 것으로 드러났다. 재무제표공시의 신뢰성에 관한 공공의 반응으로서 상원의원인 Chris Dodd [D-Conn.]과 Jon Corzine [D - N.J.]는 회계감사와 컨설팅을 분리할 것과 매 7년마다 감사인을 강제로 순환(rotation)하는 법안을 제안하였다(New York, February 5, 2002, Reuters).

감사계약서 기재사항 (ISA 210-10)

기출 2024

TIP
그룹재무제표감사와 연관하여 학습해 보세요.

(1) 필수적 사항

- 재무제표감사의 목적과 범위: 감사보고서 '재무제표에 대한 감사인의 책임' 단락에도 동일한 내용이 기재되어 있음
- 감사인의 책임: 감사보고서 '감사의견근거' 단락과 '재무제표감사에 대한 감사인의 책임' 단락에도 동일한 내용이 기재되어 있음
- 경영진의 책임: 서면진술과 감사보고서 '재무제표에 대한 경영진과 지배기구의 책임' 단락에도 동일한 내용이 기재되어 있음
- 재무제표 작성을 위한 해당 재무보고체계의 식별: 감사보고서 '감사의견' 단락에도 재무보고체계가 언급되어 있음
- 감사인에 의해 발행될 보고서의 예상되는 형태와 내용에 대한 언급, 그리고 해당 보고서가 예상되는 형태와 내용과 다를 수 있는 상황이 존재할 수 있다는 설명

(2) 보충적 사항

- 감사인이 준수하는 해당 법규, 감사기준, 윤리기준 및 기타 전문직 단체가 공표한 기준에 대한 언급 등 감사범위에 대한 상세한 설명
- 감사결과에 대한 기타의 커뮤니케이션 형태
- 감사인은 감사보고서에서 핵심감사사항에 대하여 커뮤니케이션 한다는 요구사항
- 내부통제의 고유한계 및 감사의 고유한계 때문에 감사가 감사기준에 따라 적절하게 계획되고 수행되어도 중요한 왜곡표시가 발견되지 않을 수 있는 불가피한 위험이 존재한다는 사실
- 업무팀의 구성 등 감사의 계획 및 수행에 관한 사항
- 경영진이 서면진술을 제공할 것이라는 기대
- 경영진이 재무제표 작성에 관련되었다고 알고 있는 모든 정보에 접근을 제공할 것이라는 기대(공시와 관련된 정보에 대한 접근 포함)
- 감사인이 예정된 일정에 따라 감사를 종료할 수 있도록 총계정원장과 보조원장에서 또는 그 외부에서 입수된 모든 정보(공시의 작성과 관련된 모든 정보 포함)를 포함한 최초 재무제표와 해당되는 경우 기타정보를 적시에 감사인에게 제공할 것이라는 경영진의 동의
- 감사보고서일부터 재무제표 발행일까지의 기간 중 재무제표에 영향을 미칠 수 있는 사실로서 경영진이 알게 된 사실을 감사인에게 통지할 것에 대한 경영진의 동의
- 감사보수 계산의 근거, 감사보수의 청구 및 지급방법
- 경영진이 감사계약서의 수령을 확인하고 해당 감사계약서에 기재된 업무조건에 동의하기를 요청하는 내용
- 감사의 일부 분야에서의 타감사인 및 전문가의 참여에 관한 사항
- 내부감사인 및 기업 내 기타 직원의 참여에 관한 사항
- 초도감사의 경우 전임감사인과 관련된 사항
- 기업 외부의 관련기관에 대한 식별되거나 의심되는 법규위반의 보고를 다루는 법규와 관련 윤리적 요구사항의 언급과 기술
- 감사인의 책임을 제한할 가능성이 존재하는 경우 그 내용
- 감사인과 기업 간 추가적인 합의에 대한 언급
- 감사조서를 기타 당사자에게 제공해야 할 의무(존재하는 경우)

※ 〈부록 1〉에서 감사계약서를 예시하고 있다.

1.2 부문감사(Audits of Components)계약

지배기업의 감사인이 그 자회사, 지점 또는 사업부문을 감사할 경우도 있다. 지배기업의 감사인이 동시에 부문감사인이기도 할 때, 동 부문에 별도의 감사계약서를 발송할지 여부의 결정에 영향을 미칠 수 있는 요소는 다음과 같다.

사업부문별로 감사계약을 체결할지 여부를 판단할 때 고려할 사항 (ISA 210-A26)

- 부문감사인을 선임하는 주체
- 부문에 대하여 별도의 감사보고서가 발행되는지 여부
- 감사인의 선임과 관련된 법적 요구사항
- 지배기업의 소유 정도
- 부문경영진의 지배기업으로부터의 독립성 정도

그러나 우리나라의 경우 외감법에서 연결대상에 포함되는 종속회사도 개별적으로 감사계약을 체결하도록 요구하고 있다.

1.3 계속감사의 감사계약

계속감사의 경우, 감사인은 상황의 변화에 따라 감사업무 조건을 수정하여야 하는지 여부 그리고 기존 업무조건을 기업에 다시 알릴 필요가 있는지 여부를 평가하여야 한다(ISA 210-13).

감사인은 매 보고기간마다 새로운 감사계약서 또는 기타 합의서를 발송하지는 않을 것이라고 결정할 수 있을 것이다. 그러나 다음과 같은 경우에는 감사업무의 조건을 갱신하거나 현행 조건을 기업에 알리는 것이 적합할 수 있다(ISA 210-A29).

계속감사의 감사계약 (ISA 210-A29)

- 기업이 감사의 목적과 범위를 오해하고 있다는 징후
- 감사업무 조건의 변경 또는 특약의 존재
- 최근의 고위 경영진 교체
- 소유권의 유의적인 변동
- 기업의 사업 성격 또는 규모의 유의적인 변동
- 법규상 요구사항의 변경
- 재무제표 작성시 채택된 재무보고체계의 변경
- 기타의 보고 요구사항에서의 변경

REVIEW POINT New International Standards on Auditing

1. 주권상장법인 · 대형비상장주식회사 · 금융회사는 연속하는 매 3개 사업연도 감사인을 동일 감사인으로 선임하여야 한다. 그러나 이 경우 최소 3년 동안 감사인만 동일하면 되는 것이며 감사계약까지 최소 3년 단위로 체결하여야 하는 것은 아니다. 즉, 감사인은 동일하게 유지하면서 감사계약은 매년 체결할 수 있다.
2. 기타의 비상장법인의 계속감사는 당사자간의 이의가 없는 한 지난해의 계약조건을 당해 연도에도 지속시킬 수 있을 것으로 보인다.

2 감사업무 조건의 변경에 대한 수용

핵심

계약수정의 사유	사 례	감사인의 대응
합리적인 경우	① 기업의 요구사항에 영향을 주는 상황의 변화(예제 3의 사례 참조) ② 당초 요청했던 감사의 성격에 대한 오해	계약을 수정할 수 있음
비합리적인 경우	감사업무 조건의 변경이 부정확, 불완전 또는 불만족스러운 정보와 관련된 것으로 보이는 경우 그러한 변경 예 감사인이 매출채권에 관한 충분하고 적합한 감사증거를 입수할 수 없고 기업이 한정의견이나 의견거절을 피하기 위해 감사업무를 검토업무로 변경해 줄 것을 요청하는 경우	〈선택 1〉 원래의 계약조건대로 이행한다. 〈선택 2〉 원래의 감사계약을 이행할 수 없는 경우 ① 감사계약을 해지하고 ② 해지사실 및 이유에 대하여 회사의 이사회, 감사 또는 주주에게 보고하여야 할 계약상의 의무 또는 법규상 의무가 있는지 고려

감사업무 조건의 변경에 합리적 정당성이 없는 경우, 감사인은 그 변경에 동의해서는 안 된다(ISA 210-14).

2.1 조건 변경의 요청이 합리적인 경우

감사계약 수정과 관련하여 회사의 요구가 합리적인 경우 감사인은 원래의 감사계약을 수정할 수 있다. 다음과 같은 경우 계약변경의 요청이 합리적이라고 볼 수 있다 (ISA 210-A30).

① 기업의 요구사항에 영향을 주는 상황의 변화(예제 3의 사례 참조)
② 당초 요청했던 감사의 성격에 대한 오해

예를 들면, 회사가 원래의 계약보다 낮은 수준의 확신을 제공하는 인증 서비스로 변경해 줄 것을 요청한다 할지라도 그것이 충분하고 적합한 감사증거를 제시할 수 없기 때문에 감사의견의 불이익을 회피하기 위한 의도가 아니라 회사의 필요에 의한 것이라면 감사인은 계약 변경에 동의할 수 있다.

감사업무 조건이 변경된 경우, 감사인과 경영진은 새로운 업무조건에 합의하고 계약서 또는 기타 적절한 형태의 합의서에 이를 기록하여야 한다.

예제 03 회계감사의 필요성에 영향을 미치는 환경의 변화

회계감사의 필요성에 영향을 미치는 환경이 변화된 경우를 예시하시오.

해답

감사계약 체결당시에는 연결재무제표를 작성할 의무가 있었고 따라서 재무제표뿐만 아니라 연결재무제표감사까지도 감사계약에 포함시켰다. 그러나 이후 종속회사에 대한 지분율 변동으로 연결재무제표를 작성하지 않아도 되는 경우, 이는 연결재무제표감사의 필요성에 영향을 미친다.

감사인이 감사업무를 검토 또는 관련 서비스로 변경할 합리적 정당성이 존재한다고 결론을 내릴 경우, 변경일까지 수행된 감사가 변경된 업무와 관련이 있을 수 있다. 그러나 수행되어야 할 업무와 발행될 보고서는 변경된 업무에 적합하여야 할 것이다. 보고서를 읽을 때의 혼란을 피하기 위하여, 관련 서비스의 보고서에는 다음 어느 사항에 대한 언급도 포함되지 않아야 할 것이다(ISA 210-A34).

① 당초 감사업무
② 당초 감사업무에서 수행되었던 절차(단, 해당 감사업무가 합의된 절차를 수행하는 업무로 변경된 경우로서 수행한 절차에 대하여 보고서에 언급하는 것이 통상적인 경우 제외)

2.2 조건 변경의 요청이 비합리적인 경우

기출 2021

구 분	내 용
비합리적인 요구: 조건 변경에 동의하지 않음	감사업무 조건의 변경이 부정확, 불완전 또는 불만족스러운 정보와 관련된 것으로 보이는 경우 그러한 변경은 합리적인 것으로 간주될 수 없을 것이다.
감 사 인 의 대 응	〈선택 1〉 원래의 계약조건대로 감사업무를 계속한다. 〈선택 2〉 원래의 계약조건대로 감사업무를 계속할 수 없는 경우 ① 해당 법규에서 허용하는 경우 감사업무를 해지함 ② 지배기구, 소유자 또는 규제기관과 같은 기타 이해관계자에게 그러한 상황을 보고하여야 할 계약상 또는 기타 형태의 의무가 존재하는지 여부를 결정함

감사업무 조건의 변경에 합리적 정당성이 없는 경우, 감사인은 그 변경에 동의해서는 안 된다. 감사업무 조건의 변경이 부정확, 불완전 또는 불만족스러운 정보와 관련된 것으로 보이는 경우 그러한 변경은 합리적인 것으로 간주될 수 없을 것이다.

감사인이 감사를 종료하기 이전에 감사업무를 보다 낮은 수준의 확신을 제공하는 업무로 변경할 것을 요청받은 경우, 감사인은 그러한 변경에 대하여 합리적 정당성이 있는지 여부를 결정하여야 한다(ISA 210-15).

TIP

1. 감사인이 매출채권에 관한 충분하고 적합한 감사증거를 입수할 수 없고 기업이 한정의견이나 의견거절을 피하기 위해 감사업무를 검토업무로 변경해 줄 것을 요청하는 경우 변경요청은 합리적이지 않다.
2. 감사보다 낮은 수준의 확신을 주는 인증관련 서비스로 계약 변경을 요청하는 경우라 할지라도 그것이 회사의 필요에 의한 것이라면 이러한 변경요청은 합리적이다.

SECTION 05 업무팀(Engagement Team Members)의 구성 및 협의

NEW INTERNATIONAL STANDARDS ON AUDITING

감사인을 선임하고 감사계약을 체결하였다. 이제 감사인은 본격적으로 감사업무를 시작하여야 한다. 먼저 많은 내부 구성원 중 해당 감사업무를 담당할 팀을 구성하여야 한다. 또한 해당 업무팀은 감사를 어떻게 수행할 것인지에 대하여 협의하여야 한다. 업무팀의 구성과 협의에 대한 구체적인 사항은 다음과 같다.

1 업무팀(Engagement Team)의 구성

감사계약서를 작성하고 이를 관계기관에 보고하고 나면 감사인은 업무팀을 구성한다. 업무팀은 당해 감사와 관련된 현장감사를 실시할 뿐만 아니라 감사보고서 초안을 작성한다. 업무팀은 독립성과 전문가적 적격성을 갖춘 자로 회사의 규모, 거래의 복잡성, 감사위험 등을 고려하여 그 수를 결정한다. 업무팀은 업무수행이사(engagement partner)를 최종책임자로 하여, 현장책임자인 in-charge 1인과 staffs 3~10인 내외로 구성된다.[3)]

2 업무팀의 관리

업무팀은 in-charge 1인이 상당수의 staffs을 이끌고 감사현장에 투입되어 감사업무를 수행한다. 물론 in-charge가 수행한 업무는 manager, 업무수행이사(engagement partner) 및 내부심리실의 검토(review)를 받는다. in-charge는 감사보조자인 staffs에게 업무의 상당부분을 위임하고 감사업무가 원활하게 진행될 수 있도록 지시 · 감독 · 검토한다. 결국 감사현장에서 현장책임자인 in-charge가 감사보조자를 제대로 지시, 감독 및 검토할수록 감사품질은 높아질 수 있다. 그러면 senior 1인이 다수의 감사보조자(staffs)의 보조를 받아 수행한 감사결과를 신뢰할 수 있을까? 이에 대한 해답은 다른 전문가 집단과 비교해 보면 쉽게 얻을 수 있다.

감사인 집단을 의사 집단과 비교해 보면, 의사들도 전문의 자격을 갖춘 1인~2인이 다수의 전공의(resident or intern)와 간호사의 도움을 받아 수술을 진행한다. 물론 이 과정에서 담당 전문의는 수술업무의 상당부분을 전공의에게 위임하고 이를 지시 · 감독 · 검토함으로써 품질을 통제(quality control)한다. 즉, 의사 집단도 감사인 집단과 마찬가지로 소수의 책임자가 staffs의 보조를 받아 전문서비스를 제공한다. 이 과정에서 책임자는 staffs를 지시 · 감독 · 검토함으로써 서비스의 품질을 통제한다.

3 업무팀 내의 토의(Discussion among the Engagement Team)

업무팀이 구성되면 업무수행이사와 핵심업무팀원은 기업의 재무제표가 중요하게 왜곡표시될 가능성, 그리고 해당 재무보고체계를 기업의 실질과 상황에 맞게 적용하

3) 규모가 큰 회사의 경우 manager 또는 partner가 현장책임자가 되는 경우도 있다.

는 문제를 토의하여야 한다(ISA 315-10).

기업의 재무제표가 중요하게 왜곡표시될 가능성에 대한 업무팀 내의 토의는 다음과 같은 기능을 한다(ISA 315-A21).

- 업무수행이사(engagement partner) 등 경험이 많은 업무팀원들이 기업에 대한 지식에 기초하여 가지고 있는 통찰을 서로 공유하는 기회를 제공함
- 업무팀원들이 기업에 영향을 미치는 사업위험에 대한 정보와 재무제표의 어느 부분이 부정과 오류에 의한 왜곡표시위험에 어떻게 취약한지에 대하여 정보를 교환할 수 있게 함
- 업무팀원들이 자신에게 배정된 특정 분야의 중요한 왜곡표시 가능성을 더 잘 이해하게 하고, 업무팀원들이 수행하는 감사절차의 결과가 추가감사절차의 성격, 시기 및 범위의 결정 등 감사절차의 다른 측면에 어떻게 영향을 미칠 수 있는지 이해하게 함
- 업무팀원들이 중요왜곡표시위험의 평가 또는 이러한 위험에 대처하기 위해 수행되는 감사절차에 영향을 미칠 수 있는 새로운 정보를 감사의 전 과정에 걸쳐 입수하는 경우, 이를 공유하고 커뮤니케이션할 수 있는 기초를 제공함

SECTION 06 지배기구와의 커뮤니케이션

NEW INTERNATIONAL STANDARDS ON AUDITING

회사는 법인이기 때문에 자연인을 경영진으로 선임하고 이를 감시하는 지배기구(이사회)가 필요하다. 회사의 주인인 주주는 지배기구(이사회)를 두어 간접적으로 경영진을 감시한다.

또한 주주는 지배기구(특히 감사위원회)에 독립적인 제3자의 외부감사인을 선임하게 하여 경영진이 작성한 재무제표를 감사받게 하여 신뢰성있는 재무정보를 제공받고자 한다. 지배기구는 경영진으로부터 독립적인 외부 전문가를 선임하여 경영진으로 하여 그 외부 전문가에게 감사할 권한을 위임(감사계약을 통해)하게 하고, 외부감사가 원활하게 수행되도록 하여, 투자자에게 신뢰할 수 있는 재무정보가 전달될 수 있게 한다.

외부감사인은 지배기구의 위임에 따라 감사를 수행하는 것이기 때문에, 외부감사인은 감사의 전 과정에서 감사가 계약한 바와 같이 수행되는지를 지배기구와 커뮤니케이션할 필요가 있다. 그런 점에서 회계감사기준은 ①감사계획 단계부터, ②감사수행 단계 그리고 ③감사종료 단계에 이르기까지 감사의 전 과정에서 외부감사인이 회사의 지배기구와 커뮤니케이션하도록 요구하고 있다.

다음은 감사계획 단계에서 외부감사인이 지배기구와 커뮤니케이션해야 할 사항들이다.

감사계약단계 커뮤니케이션 사항

① 감사보수, 감사시간, 감사에 필요한 인력

② 재무제표 감사와 관련된 감사인의 책임

- 감사인은 지배기구의 감시 하에 경영진이 작성한 재무제표에 대하여 의견을 형성하고 표명할 책임이 있음
- 재무제표 감사는 경영진 또는 지배기구의 책임을 경감하지 아니함

③ 업무수행 이사의 신원 정보와 해당 역할

SECTION 07 기업과 기업환경에 대한 이해

NEW INTERNATIONAL STANDARDS ON AUDITING

그림 2-4 기업과 기업환경에 대한 이해, 위험평가 및 감사계획의 관계

목 표	위험에 대한 감사인의 목표
	위험을 수용가능한 수준 이하로 통제(reduce AR to an acceptable level)

↓

1st STEP	기업과 기업환경에 대한 이해
	감사계획의 수립

↓

2st STEP	위험평가활동 및 관련활동
	중요왜곡표시위험의 식별과 평가

↓

3nd STEP	평가된 위험에 대한 대응 → DR을 조절
	추가감사절차(통제테스트/실증절차, or both)를 계획하고 수행

↓

결 과	감사의 결과
	위험이 수용가능한 수준 이하로 통제됨

감사인은 기업과 기업환경을 이해함으로써 감사계획(특히 전반감사계획)을 수립할 수 있다. 구체적으로 감사인은 기업과 기업환경에 대한 이해를 통하여 연간 감사일정과 투입할 감사인력, 자신이 수용(허용)할 수 있는 허용가능한 감사위험(허용감사위험) 등과 같은 전반감사계획을 수립한다.

전반감사계획에 따라 감사인은 위험평가 및 관련 활동을 수행하고, 재무제표가 중요하게 왜곡표시될 위험(중요왜곡표시위험 : RMM)을 식별하고 평가한다. 만약, 평가된 위험이 수용할 수 있는 위험보다 높다면 감사인은 부정과 오류를 더 많이 적발하기 위한 감사계획을 수립하여 자신이 수용하기로 한 감사위험의 수준에 도달하려고 할 것이다. 즉, 위험평가 및 관련 활동은 감사인이 평가된 중요왜곡표시위험에 대응하기 위한 기초(a basis for responding to the assessed RMM)를 제공한다.

위험평가활동 및 관련 활동은 주로 내부통제를 평가하는 것이다. 감사인은 평가된 중요왜곡표시위험의 결과에 대응하기 위하여 추가감사절차를 계획하고 수행하는데 이를 '평가된 위험에 대한 감사인의 대응'이라고 한다.

위험평가 및 관련 활동은 내부통제의 설계(design)를 이해하고 회사의 내부통제가 부정과 오류를 효과적으로 방지할 수 있게 설계되었는가를 평가한다. 만약 ❶회사의 내부통제가 효과적으로 설계되고 있고 ❷감사인이 회사의 내부통제에 의존하는 실증절차를 계획한다면 감사인은 추가적으로 회사의 내부통제가 설계된 대로 운용(implement)되고 있는지를 테스트(통제테스트) 한다. 이 단계부터 수행하는 감사절차를 추가감사절차라 한다.

Q
추가감사절차란?

추가감사절차란 ❶통제테스트와 ❷실증절차(분석적 절차 + 세부테스트)로 구성된다. 통제테스트란 내부통제의 설계에 대한 이해에 추가하여 기업이 내부통제를 설계한 바와 같이 운용(implement)하고 있는지에 대하여 추가 감사증거를 수집하는 절차를 말한다. 통제테스트를 실시할 것을 고려한다는 것은 기본적으로 기업이 구축하고 있는 내부통제가 설계상으로는 양호하다는 기대에 근거한다. 만약 통제테스트를 실시한 후 내부통제의 운용이 효과적이라고 결론 내린다면 감사인은 기업의 내부통제를 믿고 자신이 직접 부정이나 오류를 적발하려는 노력(실증절차)을 축소하려는 전략을 구사할 수 있을 것이다.

만약 회사가 내부통제를 설계된 바와 운용되고 있다면 감사인은 중요왜곡표시위험이 낮다고 평가할 수 있다. 이 경우 감사인은 계정잔액, 거래유형 및 계정잔액에 대한 경영진주장 수준의 실증절차에 필요한 감사증거의 양이나 질을 낮게 수집하는 감사전략을 계획할 수 있다.

1 기업과 기업환경(내부통제 포함)에 대한 이해 (Understanding the Entity and Its Environment)

Q
기업과 기업환경에 대한 이해는 생략 가능한가?

감사인은 계약조건을 원활하게 이행할 수 있도록 계획을 수립한다. 감사인은 감사계약을 체결하기 위하여 또는 감사계약 체결 후 감사계획을 수립하기 위하여 기업의 내부통제 등 기업과 기업환경을 이해하여야 한다. 이와 같이 기업과 기업환경에 대한 이해는 감사 초기에 단 한번 이루어지는 것이라기보다는 감사의 전 과정에서 정보를 입수, 갱신 그리고 분석하는 동적인 과정이다.

기업과 기업환경에 대한 이해는 감사인이 감사를 계획하고 감사의 전 과정에 걸쳐 전문가적 판단을 수행할 때 적용될 준거기준이다. 예를 들어 다음과 같은 경우 기업과 기업환경에 대한 이해의 정보가 감사인의 판단에 사용된다(ISA 315-A1).

기업과 기업환경에 대한 이해의 정보가 사용되는 전문가적 판단(ISA 315-A1)

- 재무제표의 중요왜곡표시위험의 평가
- 중요성의 결정
- 회계정책의 선택과 적용의 적합성 및 재무제표 공시의 적절성에 대한 고려
- 예를 들어 특수관계자와의 거래, 경영진이 사용한 계속기업가정의 적절성 등 감사상 특별한 고려가 필요한 분야의 식별, 또는 거래의 사업목적에 대한 고려
- 분석적절차의 수행에 사용되는 기대치 도출
- 충분하고 적합한 감사증거를 입수하기 위한 추가감사절차의 설계와 수행 등 평가된 중요왜곡표시위험에 대한 대응
- 제 가정들과 경영진의 구두 또는 문서화된 진술의 적절성 등 입수된 감사증거의 충분성과 적합성에 대한 평가

감사인이 기업을 이해하는 목적은 감사계약을 체결하기 전과 감사계약을 체결한 후에 각각 상이하다. 감사인은 감사계약을 체결하기 전에는 감사업무(고객)를 수용 또는 유지할지 여부를 결정하기 위하여, 감사계약을 체결한 후에는 중요왜곡표시위험을 평가하여 감사계획을 수립하고 실증절차를 수행하는 과정에서 감사증거를 수집하기 위하여 기업에 대한 정보를 수집한다. 구체적으로는 다음과 같다.

구 분	내 용
감사계약 체결 전: 감사업무(고객)를 수용 또는 유지할 수 있을지 여부 결정	감사인은 감사계약을 체결하기 전에 기업이 속한 산업, 기업의 주주, 경영진 및 영업에 대한 예비적 수준의 지식을 입수한 후, 감사업무(고객)를 수용 또는 유지(client acceptance or continuance)할 것인지 여부를 결정한다.
위험평가절차단계 (감사계획수립단계)	기업과 기업환경에 대한 이해는 감사인이 재무제표의 중요왜곡표시위험(고유위험과 통제위험)을 파악하고 감사절차의 성격, 시기 및 범위를 결정하기 위하여 필요하다. 기업과 기업환경에 대한 이해는 감사계획을 수립할 때 다음과 같은 감사인의 판단에 도움을 준다. • 재무제표의 중요왜곡표시위험의 평가 • 중요성의 결정 • 회계정책의 선택과 적용의 적합성 및 재무제표 공시의 적절성에 대한 고려 • 예를 들어 특수관계자와의 거래, 경영진이 사용한 계속기업가정의 적절성 등 감사상 특별한 고려가 필요한 분야의 식별, 또는 거래의 사업목적에 대한 고려

구 분	내 용
감사수행단계: 감사증거의 판단 / 기존의 지식을 수정 · 보완	감사를 수행하면서 얻게 되는 기업과 기업환경에 대한 이해는 다음과 같은 감사인의 판단에 도움을 준다. • 분석적절차의 수행에 사용되는 기대치 도출 • 충분하고 적합한 감사증거를 입수하기 위한 추가감사절차의 설계와 수행 등 평가된 중요왜곡표시위험에 대한 대응 • 제 가정들과 경영진의 구두 또는 문서화된 진술의 적절성 등 입수된 감사증거의 충분성과 적합성에 대한 평가 또한 이전 단계에서 확보한 기업과 기업환경에 대한 이해의 정보를 수정 · 보완한다.

2 기업과 기업환경(내부통제 포함)에 대하여 요구되는 이해

감사인이 중요왜곡표시위험을 평가하여 이를 감사계획에 반영하여 충분하고 적합한 감사증거를 수집하여 궁극적으로 감사위험을 수용가능한 수준 이하로 감소시키기 위해서는 내부통제를 포함한 기업과 기업환경에 대한 다음과 같은 정보를 이해하여야 한다.

2.1 기업과 기업환경(Entity and Its Environment)

감사인은 다음 사항을 이해하여야 한다(ISA 315-11).

(a) 해당 재무보고체계를 포함하여 관련 산업적 요인, 규제적 요인 및 기타 외부적 요인

(b) 재무제표에 예상되는 거래유형, 계정잔액 및 공시 등의 이해를 위한 기업의 성격

(c) 회계정책의 선택 및 적용과 회계정책의 변경시 그 이유. 감사인은 기업의 회계정책이 해당 기업의 사업에 적합한지, 그리고 그것이 해당 재무보고체계 및 관련 산업에서 적용되는 회계정책과 일관성이 있는지 여부를 평가하여야 한다.

(d) 기업의 목적과 전략 및 중요왜곡표시위험을 초래할 수 있는 관련 사업위험.

(e) 재무성과의 측정과 검토

2.2 기업의 내부통제(The Entity's Internal Control)

TIP
내부통제에 대한 자세한 내용은 chapter 4에서 설명하고 있다.

감사인은 감사에 관련된 내부통제를 이해하여야 한다. 기업이 내부통제를 구축하는 목적과 내부통제의 구성은 다음과 같다.

구 분	내 용
내부통제의 구축 목적	① Reliability of financial reporting 재무정보의 신뢰성 확보(재무보고목적): 회사가 정확하고 신뢰할 수 있는 재무정보의 작성 및 보고체계를 유지하고 있다. ② Effectiveness and efficiency of operations 기업운영의 효과성과 효율성 확보(운영목적): 회사가 업무를 수행함에 있어 자원을 효과적이고 효율적으로 사용하고 있다. ③ Compliance with applicable laws and regulations 관련 법규의 준수(법규준수목적)
내부통제의 구성요소	① 통제환경(Control environment) ② 기업의 위험평가절차(Entity's risk assessment process) ③ 정보시스템과 커뮤니케이션(Information system and communication) ④ 통제활동(Control activities) ⑤ 통제의 모니터링(Monitoring of controls)

Q

내부감사와 외부감사의 역할의 차이는?

감사와 관련된 통제는 대부분 재무보고와 관계가 있지만, 재무보고와 관계가 있는 통제가 모두 감사에 관련되는 것은 아니다. 어떤 통제가 개별적으로 혹은 다른 통제와 결합하여 감사와 관련성이 있는지 여부는 감사인의 전문가적 판단사항이다(ISA 315-12).

기업의 내부통제를 이해하는 데 있어 특히 감사기준에서 구체적으로 제시하고 있는 절차는 내부감사기능이 수행한 업무를 감사인이 어떻게 활용할 것인가?이다. 내부감사기능은 내부통제의 구성요소 중 통제의 모니터링의 일부분이다. 따라서 외부감사인이 내부감사기능을 활용할 것인지?에 대한 판단은 감사인의 중요왜곡표시위험에 대한 판단에 포함되어 감사계획을 수립할 때 고려할 요소 중 하나이다.

TIP

내부감사기능의 활동에 대한 보다 자세한 내용은 본 장 후속면을 참조하세요.

3 위험평가절차 및 관련활동(The Entity's Risk Assessment Process)

위에서 감사인이 이해하여야 할 기업과 기업환경(내부통제 포함)에 대하여 설명하였다. 그러면 구체적으로 어떤 절차(감사기술)를 통하여 기업과 기업환경을 이해하고 이를 중요왜곡표시위험의 평가로 연결할 수 있을까? 아래에서는 감사인이 기업과 기업환경을 이해하는 절차를 설명한다. 감사기준에서는 이를 위험평가절차와 관련활동이라고 한다.

Q
위험평가접근법의 장점은?

3.1 위험평가접근법

핵심

기존의 감사접근법 (ISA에 기초)	New ISA의 감사접근법
전통적인 거래 중심의 감사접근법	위험평가접근법(Risk Assessment Approach): 위험이 높은 기업에 감사노력을 집중하여 모든 고객에 대한 성공적인 감사를 이루고자 함

위험평가절차를 설명하기에 앞서 감사인은 왜 많은 시간과 노력을 들여 기업과 기업환경에 대하여 이해하고 이를 통하여 중요왜곡표시위험을 평가하는 것인지에 대하여 설명할 필요가 있다.

New ISA의 감사기법은 위험평가접근법(Risk Assessment Approach)에 기초하고 있다. 즉, 고객의 재무제표가 중요하게 왜곡표시될 위험을 평가하여 위험이 낮은 경우 평균적인 경우보다 감사노력(감사원가)을 줄이고, 반대로 위험이 높은 경우 감사노력(감사원가)을 더 많이 투입하는 전략을 구사한다. 즉, 위험평가접근법은 특정 기업의 재무제표에서 감사인이 개별 항목별(경영진주장)로 중요왜곡표시위험을 평가하여, 위험이 높은 항목(경영진주장)에 감사인의 노력을 더욱 집중함으로써 전체 재무제표에 대한 중요왜곡표시위험을 허용가능한 수준 이하로 낮추고자 하는 감사접근법을 말한다. 만약, 위험평가접근법을 사용하지 않는다면, 감사인은 모든 항목(경영진주장)에 대하여 평균적인 수준의 감사노력을 투입할 것이고, 이 경우 위험이 높은 항목(경영진주장)은 필요한 것보다 낮은 수준의 감사노력이 배분되어 부실감사(감사의 효과가 떨어짐)가, 위험이 낮은 항목(경영진주장)은 필요한 것보다 높은 수준의 감사노력이 배분되어 과잉감사(감사의 효율이 떨어짐)가 이루어진다. 특정 항목에 대하여 감사인이 중요왜곡표시위험을 허용가능한 수준 이하로 낮추지 못하면, 전체 재무제표 수준의 중요왜곡표시위험도 허용가능한 수준 이하로 낮출 수 없게 된다(감사실패). 감사실패는 감사보고서 이용자들로부터 피소될 경우 감사인이 그 손해를 배상할 가능성을 높인다는 점에서 감사인의 경제적 손실로 연결될 수 있다.

위험평가접근법은 동일한 회계법인 내에서 주어진 감사투입인력을 기업별로 배분하는데도 사용된다. 즉, 위험평가접근법은 회계법인이 기업별로 중요왜곡표시위험을 평가하여 상대적으로 위험이 높은 기업에 더 많은 감사투입인력을 배분함으로써 모든 기업의 감사에서 실패하지 않게 하는데 기여한다. 회계법인이 지속적으로 생존하고 평판을 유지하기 위해서는 가능한 모든 기업에 대한 감사에서 실패하지 않아야 한다는 점에서 위험평가접근법은 유익한 감사접근법이다.

Q 감사인은 중요왜곡표시위험(RMM)을 어떤 절차를 통하여 평가하는가?

감사인은 위험평가접근법을 적용하기 위하여 기업과 기업환경(내부통제 포함)에 대하여 이해함으로써 중요왜곡표시위험(RMM)을 식별하고 평가하는데 이를 위험평가절차라 한다. 그러나 위험평가절차는 그 자체만으로 감사의견의 근거가 되는 충분하고 적합한 감사증거를 제공하지는 않으며, 해당 위험에 대응하기 위한 적합한 감사계획을 수립하고, 실증절차를 수행함으로써 감사인이 필요로 하는 충분하고 적합한 감사증거를 수집할 수 있다(ISA 315-5).

3.2 위험평가절차

TIP

위험평가절차
• 질 문 • 분석적절차 • 관 찰 • 검 사

위에서 감사인이 왜 중요왜곡표시위험을 평가하는지?에 대하여 이해하였다. 이제부터 구체적으로 기업과 기업환경에 대한 이해절차(위험평가절차)는 어떻게 수행되는지에 대하여 설명한다.

감사인은 감사의 전 과정에서 위험을 평가하는데 그러자면 회계기간이 종료된 후에나 위험을 평가할 수 있다. 이러한 문제점을 보완하기 위하여 감사기준은 대략적인 정보에 근거하여 위험을 평가(질문, 분석적절차 및 관찰 · 검사)하고 이에 근거하여 감사계획을 수립하는 정책을 채택하고 있다. 이후 추가감사절차(통제테스트 + 실증절차)에서 위험평가와 관련된 상반된 정보가 수집된다면 감사인은 평가된 위험을 수정하고 감사계획도 수정한다.

본 section은 감사기준에서 정하는 감사계획을 수립하기 전에 위험을 평가하는 절차(위험평가절차)에 대하여 설명한다. 감사계획을 수립하기 전 위험평가절차에는 다음 사항을 포함한다(ISA 315-6).

기출 2023

위험평가절차 (ISA 315-6)

(1) 경영진, 내부감사기능 내의 적합한 담당자 그리고 기업 내부의 관련자에 대한 질문(Inquiries)
감사인은 경영진, 그리고 부정이나 오류에 의한 중요왜곡표시위험을 식별할 때 도움이 될 수 있는 정보를 가지고 있다고 판단되는 기업 내부의 관련자에 대한 질문함으로써 기업과 기업환경에 대하여 이해하고 중요왜곡표시위험에 대한 정보를 얻을 수 있다.

(2) 분석적절차(Analytical procedures)
본 단계에서 실시하는 분석적절차는 위험평가절차로서의 분석적절차라고 한다. 분석적절차는 감사의 단계별로 서로 다른 목적을 가지고 실시하지만 이 단계에서 실시하는 분석적절차는 기업의 위험을 평가함으로써 합리적인 감사계획을 수립하는데 있다.주

주 분석적절차에 대한 자세한 내용은 Chapter 6을 참조하시오.

(3) 관찰과 검사(Observation and inspection)
관찰과 검사는 경영진 등에 대한 질문으로 뒷받침할 수 있으며, 기업 및 기업환경에 대한 정보를 제공할 수도 있다.

위험평가절차에 대한 자세한 내용은 제3장에서 설명한다. 왜냐하면, 위험평가절차는 감사의 전 과정에서 이루어지기 때문이다. 즉, 본 단계에서와 같이 감사계획을 수립할 때 수행하는 위험평가절차 이외에도 내부통제의 평가, 부정과 오류에 대한 감사절차 그리고 심지어 실증절차를 수행하는 과정에서도 위험평가절차가 이루어진다.

또한 감사인은 위험을 평가할 때 이전단계 즉, 고객을 수임 또는 유지할 것인지 여부를 결정할 때 평가한 위험도 참조한다. 이와 같이 위험평가절차가 광범위하게 수행되는 이유는 감사가 위험평가접근법을 채택하고 있고, 위험을 잘못 평가하면 감사계획을 잘못 수립하고, 충분하고 적합한 감사증거를 수집하지 못하게 되어 감사의견을 잘못 표명하기 때문이다.

예제 04 위험평가절차로서의 분석적절차

영업환경은 전년도와 큰 변화가 없는데 주요 재무수치는 큰 변화가 있군! 특히 매출액이 큰 폭으로 감소했는데 법인세차감전순이익은 큰 변화가 없어! 또한 매출총이익률은 전기에 비하여 큰 폭으로 증가하였어! 뭔가 이상해! 분식의 위험이 높으니 위험을 최대로 평가하지!

<주요재무수치>

과 목	2×14년 ㈜	2×13년	증가(감소)
유동자산	1,000	980	20
비유동자산	2,500	2,495	5
자산총계	3,500	3,475	25
부채총계	2,000	2,050	-50
자본총계	1,500	1,425	75
부채와자본총계	3,500	3,475	25
			0
매출액	3,800	4,300	-500
매출원가	2,600	3,050	-450
매출총이익	1,200	1,250	-50
법인세비용차감전순이익	120	121	-1
매출총이익률	3.16%	2.81%	0.35%

㈜ 2×14년 수치는 1분기 재무제표를 근거로 연 환산한 금액임

SECTION 08 계획수립

NEW INTERNATIONAL STANDARDS ON AUDITING

감사계획을 수립하기 위한 사전정보활동과 위험평가절차를 수행하였으니 이제 감사계획을 수립할 수 있다.

1 계획수립(Planning)의 의의

1.1 계획수립의 역할(The Role of Planning)

전반감사전략의 수립 (Establishing the overall audit strategy for the engagement)	➜	감사계획의 개발 (Developing an audit plan)

- 통제테스트를 위한 감사계획개발
- 실증절차를 위한 감사계획개발

계획수립은 감사업무에 대한 전반감사전략(overall audit strategy)을 수립하고 감사계획(an audit plan)을 개발하는 것과 관련된다. 적절한 계획수립은 다음과 같은 점을 포함하여 재무제표감사에 다양하게 도움을 준다(ISA 300-2).

계획수립의 효익 (ISA 300-2)

- 감사인이 중요한 감사분야에 적합한 주의를 기울임
- 감사인이 잠재적 문제를 적시에 식별하고 해결함
- 감사인이 감사업무를 적절히 조직화하고 관리함으로써 효율적이고 효과적인 감사가 수행되게 함
- 예상되는 위험에 대응하기 위해 적합한 수준의 역량과 적격성을 갖춘 업무팀원을 선정하고, 적절하게 업무를 배정하는 것을 도움
- 업무팀원에 대한 지휘 및 감독과 업무결과에 대한 검토가 용이하게 이루어지도록 함
- 해당되는 경우, 부문감사인 및 전문가가 수행한 업무의 조정을 도움

1.2 계획수립의 시기

계획수립은 감사에 있어서 따로 분리된 단계가 아니라 전기감사의 종료 직후(또는 전기감사 종료단계)부터 시작하여 당기감사가 끝날 때까지 진행되는 연속적이고 반복적인 과정이다. 그

러나 계획수립은 추가감사절차를 수행하기 이전에 완료될 필요가 있는 일정한 활동 및 감사절차에 대하여 그 수행시기를 고려하는 것이 포함된다.

1.3 계획수립에 대한 경영진과의 협의 및 감사인의 책임

감사인은 감사업무의 수행과 관리를 원활하게 하기 위하여 계획수립의 요소에 관해 경영진과 논의하기로 결정할 수 있을 것이다(예 계획된 감사절차 중 일부를 해당 기업 인원의 작업에 맞추어 조정함). 이 같은 논의는 종종 일어나지만, 전반감사전략과 감사계획의 책임은 감사인에게 있다.

전반감사전략이나 감사계획에 포함된 사항을 기업의 경영진과 논의하는 경우, 감사의 효과성이 손상되지 않도록 주의가 요구된다. 예를 들어, 경영진과 세부감사절차의 성격과 시기를 논의하는 것은 감사절차가 지나치게 예측가능하게 되어 감사의 효과성이 손상될 수 있다(ISA 300-A3).

2 감사계획을 수립할 때 고려할 사항

그러면 감사계획을 수립할 때 감사인이 주로 고려하는 사항은 무엇일까? 상기에서 설명한 바와 같이 감사계획은 한번 수립되면 고정되는 것이 아니라 이후 추가감사절차에서 평가된 위험과 상반되거나 추가적으로 고려할 정보가 수집된다면 계속적으로 수정된다. 다음은 감사계획을 수립하기 위하여 중요왜곡표시위험을 식별하고 평가하기 위하여 주로 고려하는 사항이다(ISA 300-A2).

감사계획을 수립하기 위하여 중요왜곡표시위험을 평가하기 전에 고려할 사항(ISA 300-A2)

① 위험평가절차로서 적용될 분석적절차
② 기업에 적용되는 법규 및 기업이 그러한 법규를 어떻게 준수하는지에 대한 개괄적인 이해
③ 중요성의 결정
④ 전문가의 참여
⑤ 기타 위험평가절차의 수행

위에서 고려할 사항은 다음과 같이 요약된다.

- 기업과 기업환경에 대한 이해를 통한 위험평가절차(①+⑤)
- 중요성(③: chapter 3에서 설명)
- 전문가의 활용(④: Chapter 7에서 설명)

- 법률과 규정을 위배한 사항(②: Chapter 7에서 설명)
- 내부감사기능이 수행한 업무의 활용(⑤: 뒤에서 설명)

3 계획수립(Planning an Audit of Financial Statements)

3.1 핵심업무팀원의 참여(Involvement of Key Engagement Team Members)

해당감사의 업무수행이사와 다른 핵심업무팀원들은 업무팀원간의 토의를 계획하고 참여하는 등 감사계획에 참여하여야 한다(ISA 300-5). 감사계획을 수립할 때 업무수행이사와 다른 핵심업무팀원들이 참여하면 이들의 경험과 식견을 이용할 수 있고, 이에 따라 계획수립의 과정의 효과성과 효율성이 높아진다(ISA 300-A4).

Q
계획수립의 주된 근거는?
A 평가된 중요왜곡표시위험

3.2 예비적 활동

감사인은 당기감사의 시작단계에서 다음과 같은 예비적 활동을 수행하여야 한다. 이러한 예비적 활동은 또한 감사인에게 다음과 같은 감사업무를 계획하게 한다(ISA 300-6, A6).

구 분	내 용
수행해야 할 예비적 활동	① 의뢰인 관계 및 특정 감사업무의 계속 여부에 대하여 감사기준에서 요구되는 절차를 수행함 ② 독립성 등 관련 윤리적 요구사항의 준수여부를 평가함 ③ 감사업무 조건을 이해함
예비적 활동의 효익 (다음의 감사업무를 계획하게 함)	① 감사인이 업무를 수행하는 데 필요한 독립성 및 능력을 유지함 ② 업무를 계속할 감사인의 의향에 영향을 미칠 수 있는, 경영진의 성실성과 관련된 쟁점이 없음 ③ 감사업무 조건에 대하여 의뢰인과 오해가 없음

감사인이 당기감사의 시작단계에서 예비적 활동을 수행하면, 감사업무를 계획하고 수행할 감사인의 능력에 부정적인 영향을 미칠 수 있는 사건이나 상황을 식별하고 평가하는 데 도움을 준다.

3.3 계획수립 활동(Planning Activities)

감사인은 감사의 범위, 시기 및 방향을 수립하고 감사계획 개발의 지침이 되는 전반감사전략을 수립하고 보다 구체적인 감사계획을 수립하여야 한다. 전반감사전략과 감사계획은 다음과 같이 구분된다.

기출 2022

구 분	전반감사전략	감사계획
목 적	① 특정 감사분야에 배치할 자원 ② 특정 감사분야에 할당할 자원의 양 ③ 자원의 배치 시기 ④ 자원을 관리, 지휘 및 감독하는 방법	① 계획된 위험평가절차의 성격, 시기 및 범위 ② 경영진주장 수준에서 계획된 추가감사절차의 성격, 시기 및 범위 ③ 해당 감사를 감사기준에 따라 수행하기 위해 요구되는 기타의 계획된 감사절차

(1) 전반감사전략의 수립 (The Overall Audit Strategy)

감사인은 전반감사전략을 수립할 때 다음의 절차를 수행해야 한다(ISA 300-8). 또한 전반감사전략에는 다음을 포함한다.

TIP

〈부록 2〉에서 전반감사전략을 예시하고 있다.

전반감사전략의 수립 (ISA 300-8, A8)

(1) 전반감사전략을 수립할 때 수행할 절차

- 감사범위를 정의하게 될 해당 감사업무의 특성을 식별함
- 감사일정을 계획하기 위하여 해당 업무의 보고목적을 확인하며 요구되는 커뮤니케이션의 성격을 확인함
- 감사인의 전문가적 판단에 따라, 업무팀의 업무방향을 설정하는 데 유의적이라고 판단되는 요소들을 고려함
- 감사업무의 예비적 활동의 결과, 그리고 해당되는 경우 업무수행이사가 감사대상 기업을 위해 수행하였던 다른 업무에서 얻은 지식이 관련성이 있는지를 고려함
- 해당 감사를 수행하는 데 필요한 자원의 성격, 시기 및 범위를 확인함

(2) 전반감사전략에 포함할 사항

- **특정 감사분야에 배치할 자원**: 예를 들어, 위험이 높은 분야에는 경험이 많은 팀원을 배정하고 복잡한 사항에 대하여는 전문가를 참여시킴.
- **특정 감사분야에 할당할 자원의 양**: 예를 들어, 중요한 사업장의 재고실사에 입회할 업무팀원의 수, 그룹감사의 경우 부문감사인이 수행한 작업에 대한 검토범위, 또는 위험이 높은 분야에 사용할 시간 예산 등
- **자원의 배치시기**: 예를 들어, 중간감사단계에 배치할 것인지 또는 기간귀속의 주요 기준일에 배치할 것인지 여부
- **자원을 관리, 지휘 및 감독하는 방법**: 예를 들어, 사전 및 사후 보고회의를 언제 할 것인지, 해당감사의 업무수행이사와 매니저의 검토는 어떻게 수행할 것인지(감사현장 또는 감사현장 외의 장소 등), 그리고 업무품질관리검토를 수행할 것인지 여부

전반감사전략이 수립되면, 감사인의 자원을 효율적으로 이용하여 감사목적을 달성할 필요성을 감안하여, 전반감사전략에서 식별된 다양한 사항에 대처하기 위한 감사계획이 개발될 수 있다. 전반감사전략과 세부적인 감사계획의 수립은 양자가 반드시 개별적이거나 순차적 과정일 필요는 없지만, 한쪽이 변경되면 그 결과 다른 쪽도 변경될 수 있으므로 서로 밀접하게 관련되어 있다(ISA 300-A10).

(2) 감사계획의 개발 (Developing an Audit Plan)

감사인은 감사계획을 개발하여야 하며, 감사계획에는 다음 사항에 관한 설명이 포함되어야 한다(ISA 300-9).

감사계획에 포함되어야 할 사항 (ISA 300-9)

(a) 계획된 위험평가절차의 성격, 시기 및 범위
(b) 경영진주장 수준에서 계획된 추가감사절차의 성격, 시기 및 범위
(c) 해당 감사를 감사기준에 따라 수행하기 위해 요구되는 기타의 계획된 감사절차

감사계획은 업무팀원에 의해 수행될 감사절차의 성격, 시기 및 범위를 포함한다는 점에서 전반감사전략보다 더 상세하다. 세부적인 감사절차에 대한 계획수립은 해당 감사업무를 위한 감사계획의 개발에 맞추어 감사의 전 과정에서 발생된다. 예를 들어, 감사인의 위험평가절차에 대한 계획수립은 감사과정의 초기단계에서 이루어진다. 그러나 특정한 추가감사절차의 성격, 시기 및 범위에 대한 계획수립은 이러한 위험평가절차의 결과에 따라 달라진다. 아울러, 감사인은 일부의 거래유형과 계정잔액 및 공시에 대한 추가감사절차를 먼저 시작한 후, 남아있는 모든 추가감사절차에 대한 계획을 수립할 수도 있을 것이다(ISA 300-A12).

(3) 전반감사전략과 감사계획의 갱신 또는 변경

감사인은 감사의 진행 중 필요에 따라 전반감사전략과 감사계획을 갱신하고 변경해야 한다(ISA 300-10). 예상하지 못한 사건의 발생이나 상황의 변경 또는 감사절차로부터 입수된 감사증거의 결과, 기존의 평가된 위험은 재고려될 수 있고, 감사인은 이에 기초하여 전반감사전략 및 감사계획과 그리고 이에 따라 계획되었던 추가감사절차의 성격, 시기 및 범위를 변경할 필요가 있을 수 있다. 감사인이 알게 된 정보가 감사절차를 계획했을 때 이용 가능했던 정보와 유의적으로 차이가 있을 때 이러한 경우에 해당될 것이다. 예를 들어, 실증절차를 수행하여 얻은 감사증거가 통제테스트를 통해 얻은

Q
전반감사전략과 감사계획을 수정할 수 있는가?

감사증거와 모순되는 경우를 들 수 있다(ISA 300-A15).

감사인은 업무팀원들에 대한 지휘와 감독 및 업무팀원들이 수행한 작업의 검토에 대하여 그 성격과 시기 및 범위를 계획하여야 한다(ISA 300-11).

3.4 문서화(Documentation)

감사인은 다음 사항을 감사문서에 포함하여야 한다(ISA 300-12).

문서화할 감사계획 (ISA 300-12)

① 전반감사전략
② 감사계획
③ 감사의 진행 중 발생한 전반감사전략 또는 감사계획의 중요한 변경과 그러한 변경의 이유

전반감사전략의 문서화는 감사를 적절히 계획하고 업무팀과 유의적 사안을 커뮤니케이션하는 데 필요하다고 판단한 핵심적 의사결정사항들에 대한 기록이다. 예를 들어, 감사인은 감사의 전반적인 범위, 시기 및 그 수행과 관련하여 핵심적 의사결정을 포함하고 있는 비망록형태로 전반감사전략을 요약할 수 있을 것이다(ISA 300-A18).

감사계획의 문서화는 위험평가절차의 계획된 성격, 시기 및 범위와 위험평가결과에 대응한 경영진주장 수준의 추가감사절차에 대한 기록이다. 이것은 또한 감사절차에 대한 계획이 적절히 수립되었다는 기록의 역할도 하며, 그 수행 전에 검토와 승인이 이루어질 수 있을 것이다. 감사인은 특정 감사상황에 맞추어 필요한 사항을 수정 반영한 표준적 감사프로그램이나 감사완료점검표를 사용할 수 있다(ISA 300-A19).

전반감사전략 및 감사계획의 유의적인 변경과 이에 따른 감사절차의 계획된 성격, 시기 및 범위에 대한 변경기록은 유의적인 변경이 이루어진 이유와 해당 감사를 위해 최종적으로 채택된 전반감사전략과 감사계획을 설명해 준다(ISA 300-A20).

3.5 초도감사 시 추가적 고려사항

초도감사의 경우 감사인은 감사를 착수하기 전에 다음의 절차를 수행하여야 한다(ISA 300-13).

초도감사의 경우 추가적으로 고려할 계획수립 (ISA 300-13)

① 의뢰인 관계의 수용 및 특정 감사업무의 수임 여부에 대하여 감사기준(재무제표감사의 품질관리)에서 요구하는 절차를 수행함

② 감사인의 변경이 있는 경우, 공인회계사윤리기준의 관련 요구사항을 준수하기 위하여 전임 감사인과 커뮤니케이션을 함

TIP

감사계약서 예시는 충분히 숙지해야 함

부록 감사계약서의 예시

감사계약서

다음은 한국채택국제회계기준에 따라 작성된 일반목적 재무제표의 감사를 위한 감사계약서의 예시이다.

ABC 회사
경영진 또는 지배기구의 (적합한) 대표자 귀중

[감사의 목적과 범위]

귀하는 우리에게 ABC회사의 20×1년 12월 31일 현재의 재무상태표와 동일로 종료되는 보고기간의 손익계산서(또는 포괄손익계산서), 자본변동표, 현금흐름표 그리고 유의적인 회계정책의 요약을 포함한 재무제표의 주석에 대한 감사를 요청하였습니다. 우리는 본 계약서를 통하여 이 감사업무를 수임하고 우리의 이해를 확인할 수 있게 되어 기쁘게 생각합니다.

우리 감사의 목적은 재무제표에 전체적으로 부정이나 오류로 인한 중요한 왜곡표시가 없는지에 대하여 합리적인 확신을 얻어 우리의 의견이 포함된 감사보고서를 발행하는데 있습니다. 합리적인 확신은 높은 수준의 확신을 의미하나 감사기준에 따라 수행된 감사가 항상 중요한 왜곡표시를 발견한다는 것을 보장하지는 않습니다. 왜곡표시는 부정이나 오류로부터 발생할 수 있으며 왜곡표시가 재무제표를 근거로 하는 이용자의 경제적 의사결정에 개별적으로 또는 집합적으로 영향을 미칠 것이 합리적으로 예상되면 그 왜곡표시는 중요하다고 간주됩니다.

[감사인의 책임]

우리는 감사기준에 따라 감사를 수행할 것입니다. 이 기준은 우리가 윤리적 요구사항을 준수하도록 요구하고 있습니다. 감사기준에 따른 감사의 일부로서 우리는 감사의 전 과정에 걸쳐 전문가적 판단을 수행하고 전문가적 의구심을 유지하고 있습니다. 우리는 또한:

- 부정이나 오류로 인한 재무제표의 중요왜곡표시위험을 식별하고 평가하며 그러한 위험에 대응하는 감사절차를 설계하고 수행합니다. 그리고 감사의견의 근거로서 충분하고 적합한 감사증거를 입수합니다. 부정은 공모, 위조, 의도적인 누락, 허위진술 또는 내부통제 무력화가 개입될 수 있기 때문에 부정으로 인한 중요한 왜곡표시를 발견하지 못할 위험은 오류로 인한 위험보다 큽니다.
- 상황에 적합한 감사절차를 설계하기 위하여 감사와 관련된 내부통제를 이해합니다. 그러나 이는 내부통제의 효과성에 대한 의견을 표명하기 위한 것이 아닙니다. 그러나, 우리가 감사 중에 식별한 것으로서 재무제표감사에 관련된 유의적 내부통제 미비점에 관해서는 귀하에게 서면으로 커뮤니케이션을 할 것입니다.
- 재무제표를 작성하기 위하여 경영진이 적용한 회계정책의 적합성과 경영진이 도출한 회계추정치와 관련 공시의 합리성에 대하여 평가합니다.
- 경영진의 회계의 계속기업전제 사용의 적절성과, 입수한 감사증거를 근거로 계속기업으로서의 존속능력에 대하여 유의적 의문을 초래할 수 있는 사건이나 상황과 관련된 중요한 불확실성이 존재하는지 여부에 대하여 결론을 내립니다. 중요한 불확실성이 존재한다고 결론을 내리는 경우, 우리는 재무제표의 관련 공시에 대하여 감사보고서에 주의를 환기시키고 이들 공시가 부적절한 경우 의견을 변형시킬 것을 요구받고 있습니다. 우리의 결론은 감사보

고서일까지 입수된 감사증거에 기초하나, 미래의 사건이나 상황이 회사의 계속기업으로서 존속을 중단시킬 수 있습니다.

• 공시를 포함한 재무제표의 전반적인 표시와 구조 및 내용을 평가하고 재무제표가 기초가 되는 거래와 사건을 공정한 표시가 달성될 수 있는 방식으로 표시하고 있는지 여부를 평가합니다.

감사인이 감사기준에 따라 적절하게 감사를 계획하고 수행하여도 내부통제의 고유한계와 더불어 감사의 고유한계 때문에 재무제표의 중요한 왜곡표시 중 일부가 발견되지 못할 불가피한 위험이 존재합니다.

[경영진의 책임과 해당 재무보고체계의 식별]

※ 본 사례의 목적상 감사인은 법규가 적절하게 경영진의 책임을 규정하지 않은 것으로 결정했다고 가정한다.

우리의 감사는 [경영진(적절한 경우 지배기구를 포함)]이 다음 사항에 대하여 책임이 있음을 인정하고 이해한다는 것을 토대로 하여 수행될 것입니다.

(a) 한국채택국제회계기준에 따라 재무제표를 작성하고 공정하게 표시할 책임

(b) 부정이나 오류로 인한 중요한 왜곡표시가 없는 재무제표를 작성하기 위해 [경영진]이 필요하다고 결정한 내부통제에 대한 책임

(c) 우리에게 다음 사항을 제공할 책임

• 기록, 문서 및 기타사항 등 재무제표의 작성과 관련하여 [경영진(적절한 경우 지배기구를 포함)]이 알고 있는 모든 정보에 대한 접근

• 우리가 감사목적으로 [경영진(적절한 경우 지배기구를 포함)]에게 요청할 수도 있는 추가적인 정보

• 감사증거를 입수하기 위해 우리가 필요하다고 결정하는 기업 내 관계자에 대한 제한 없는 접근

우리는 감사과정 중 일부로서, [경영진(적절한 경우 지배기구를 포함)]이 감사와 관련하여 우리에게 행한 진술에 관해서 서면확인을 요청할 것입니다.

우리는 감사 중 귀 직원의 충분한 협조를 기대합니다.

[기타 관련 정보]

[보수약정, 대금 청구, 기타 특약사항 등 기타 정보를 적합하게 삽입한다]

[보고]

[예상되는 감사보고서의 형태와 내용에 대한 적합한 언급을 삽입한다. 해당되는 경우 감사기준서 720에 따른 기타정보에 대한 보고를 포함한다.]

우리의 보고서 형태와 내용은 감사의 발견사항에 따라 수정이 필요할 수도 있습니다.

귀하와 우리의 책임을 포함하여 재무제표감사에 대한 우리의 합의와 약정에 대하여 귀하가 확인하고 동의한다는 뜻을 표시하기 위해, 본 계약서에 첨부된 사본에 서명하신 후 회송하여 주시기 바랍니다.

XYZ 회계법인

ABC회사를 대표하여 확인하고 동의함.

(서 명)

....

성명과 직함

일 자

부록 전반감사전략의 예시

TIP
전반감사전략의 예시를 이해하면 위험평가와 감사계획 그리고 추가 감사절차의 관계를 알 수 있다.

전반감사전략

1. 감사목적 (description for services)

본 감사는 회사의 2×14년 12월 31일(제 기)로 종료되는 회계연도의 재무제표가 한국채택국제회계기준에 준거하여 적정하게 작성되었는지에 대한 의견을 표명함을 목적으로 함(외감법감사, 임의감사).

2. 회사의 개요 (description of the client)

가. 설립일
나. 주요주주의 구성
다. 회계관련 주요임직원
라. 사업장

3. 사업의 개요 (description of the business)

가. 주요영업 및 제품(상품) 또는 용역의 내용
나. 주요거래처, 판매방법 등
다. 영업추세, 주요경쟁자 또는 경쟁정도, 업계현황
라. 주요구입품목 및 구매처
마. 기타 참고사항(특수관계자와의 거래 등)

4. 분석적절차 (analytical procedures)

	당년도	전년도
매 출	×××	×××
매출원가	×××	×××
매출총이익	×××	×××
당기순이익	×××	×××
총 자 산	×××	×××
기 타		

5. 통제환경에 대한 전반적인 평가 및 감사전략에 미치는 영향 (assessment of control environment)

6. 중요한 회계상의 문제나 감사상의 문제 (significant auditing and accounting matters)

7. 감사계획수립을 위한 중요성수준(planning materiality)

근 거	대상금액	%	계산금액
매 출 액			
자기자본			
기 타 :			

(매출액, 자기자본, 기타 ← 양적기준)

상기 계산의 결과 다음의 이유로 ______ 를 중요성수준으로 설정함.

이유: ← 질적기준

8. 일정계획 (work schedule)

감 사 일 정	기 간
기업과 기업환경에 대한 이해	
반 기 검 토	
중 간 감 사	
재 고 실 사	
현 금 실 사	
은 행 계 정 조 회	
채 권 채 무 조 회	
기 말 감 사	
보 고 서 초 안 작 성	
기 타	

9. 주요 감사참여자 (staffing)

직 위	성 명

	서 명	일 자
작 성 자:		
검 토 자:		
검 토 자:		
담당사원:		

Chapter 02 OX문제

01 감사인은 현금주의에 따라 작성된 외감대상기업의 재무제표 감사업무를 수임할 수 있다.

02 직전연도에 감사를 받았으며 감사위원회 설치의무가 있는 주권상장법인은 사업연도 개시일로부터 45일 이내에 감사인을 선임하여야 한다.

03 주권상장법인, 대형비상장주식회사 또는 금융회사에게 연속하는 3개 사업연도의 감사인을 동일한 감사인으로 선임하게 한 이유는 3개 사업연도 이후 감사인을 교체하게 함으로써 유착위협을 감소시켜 감사인의 독립성을 강화하기 위한 것이다.

04 감사인은 회사의 감사인 선임기한일로부터 2주 이내에 회사와의 감사계약서 사본을 증권선물위원회에 제출하여야 한다.

05 외부감사법상 감사계약 해지사유에 해당하여 감사계약을 해지한 모든 감사인은 지체 없이 그 사실을 증권선물위원회에 보고하여야 한다.

06 회사는 전기감사인을 해임하여 감사인을 교체하려면 전기감사인에게 현행감사인에 의견을 진술할 기회를 부여하여야 한다.

07 증권선물위원회가 지정하는 감사인은 회계법인에 한한다.

08 회사는 감사인 지정기간 종료 후 최초로 도래하는 사업연도의 감사인으로 지정감사인을 자유롭게 선임할 수 있다.

09 감사인은 당초 요청했던 감사의 성격에 대한 오해로 회사가 감사업무 조건을 변경해 줄 것을 요청한다면 감사계약을 변경해 줄 수 있다.

10 감사위원회는 지배기구에 포함될 수 없다.

11 감사인이 지배기구와 커뮤니케이션할 사항을 경영진이 지배기구와 커뮤니케이션하였다고 해서, 지배기구에 대한 감사인의 커뮤니케이션 책임이 경감되는 것은 아니다.

12 지배기구의 모든 구성원이 기업의 경영에 참여하는 경우, 감사기준서에서 요구되는 사항들이 경영책임자(들)와 커뮤니케이션되었고, 이 책임자(들)가 지배책임도 가지고 있다 하더라도, 커뮤니케이션에 대한 감사인의 책임은 경감되지 않으므로, 지배기구 구성원 중 경영책임자와 동일한 사람(들)과 재차 해당 사항을 커뮤니케이션해야 한다.

13 계획된 감사범위와 시기에 대한 지배기구와의 커뮤니케이션은 감사인이 추가적인 절차를 취하도록 요청할 분야를 식별하게 한다.

14 감사인은 내부통제를 별도로 평가하기 때문에 기업과 기업환경에 대한 이해에는 내부통제에 대한 이해가 포함되지 않는다.

15 위험평가접근법은 감사의 효율을 높일 수 있지만 효과를 높일 수는 없다.

16 위험평가절차 그 자체만으로 감사의견의 근거가 되는 충분하고 적합한 감사증거를 제공하지는 않는다.

17 위험평가기법에는 질문, 관찰, 검사 및 재수행이 있다.

18 계획수립활동에는 전반감사전략과 감사계획이 있다.

19 전반감사전략과 감사계획의 책임은 감사인에게 있기 때문에 계획수립의 요소에 관해 경영진과 논의할 수는 없다.

20 감사계획은 업무팀원에 의해 수행될 감사절차의 성격, 시기 및 범위를 포함한다는 점에서 전반감사전략보다 더 상세하다.

21 추가감사절차는 크게 분석적절차와 실증절차 두 가지로 구분할 수 있다.

22 감사인은 내부통제 때문에 중요왜곡표시위험이 낮다고 평가하였고, 이러한 낮은 평가에 기초하여 추가감사절차를 계획한다면 중요한 거래유형과 계정잔액 및 공시에 대해서도 실증절차를 생략할 수 있다.

Chapter 02 정답 및 해설

01 × 감사를 위한 전제조건으로서 재무제표 작성에 적용되는 재무보고체계가 수용가능해야 한다. (ISA 210-6)

02 × 감사위원회를 설치하여야 하는 회사는 매 사업연도 개시일 이전에 해당 사업연도의 감사인을 선임하여야 한다. (외부감사법 제10조)

03 × 최소 3개 사업연도 동안 감사인을 교체하지 못하게 함으로써 압력위협을 감소시켜 독립성을 강화하기 위한 것이다.

04 × 감사인은 감사계약을 체결한 날부터 2주 이내에 해당 회사와의 감사계약서 사본을 증권선물위원회에 제출하여야 한다.

05 ○ 감사인은 외부감사법에 따라 감사계약을 해지한 경우 지체 없이 그 사실을 증권선물위원회에 보고하여야 한다. (외부감사법 제15조)

---

06 × 회사는 직전 사업연도에 해당 회사에 대하여 감사업무를 한 감사인 외의 다른 감사인을 감사인으로 선임하거나 전기감사인을 해임하려면 해당 전기감사인에게 감사 또는 감사위원회에 의견을 진술할 수 있는 기회를 주어야 한다. 즉, 의견을 진술할 대상은 현행감사인이 아닌 감사인선임권자이다. (외부감사법 제14조)

07 ○ (외부감사법 제11조)

08 × 회사는 증권선물위원회로부터 지정받은 감사인을 지정 사업연도 이후 최초로 도래하는 사업연도의 감사인으로 선임할 수 없다. (외부감사법 제11조)

09 ○ 기업의 요구사항에 영향을 주는 상황의 변화나 당초 요청했던 감사의 성격에 대한 오해는 감사업무의 변경을 요청하는 합리적인 근거로서 고려될 수 있다. (ISA 210-A31)

10 × 이사회는 지배기구이고 감사위원회는 이사회 내의 소위원회이다. 따라서 감사위원회도 지배기구에 속한다.

---

11 ○ (ISA 260-5)

12 × 소규모기업과 같이 지배기구의 모든 구성원이 기업의 경영에 참여하는 경우, 감사기준서에서 요구되는 사항들이 경영책임자(들)와 커뮤니케이션되었고, 이 책임자(들)가 지배책임도 가지고 있다면, 지배기구 구성원 중 경영책임자와 동일한 사람(들)과 재차 이 사항을 커뮤니케이션할 필요는 없다. (ISA 260-13)

13 ○ (ISA 260-A11)

14 × 감사인은 감사에 관련된 내부통제를 이해하여야 한다. (ISA 315-12)

15 × 위험평가접근법은 위험이 높은 분야에 더욱 집중할 수 있게 하여 감사의 효과도 높인다.

16 ○ 감사인은 재무제표 및 경영진주장 수준의 중요왜곡표시위험의 식별과 평가에 대한 근거를 제공하기 위하여 위험평가절차를 수행하여야 한다. 그러나, 위험평가절차 그 자체만으로는 감사의견의 근거가 되는 충분하고 적합한 감사증거를 제공하지는 않는다. (ISA 315-5)

17 × 위험평가기법에는 질문, 관찰, 검사 및 분석적절차가 있다. (ISA 315-6)

18 ○

19 × 감사인은 감사업무의 수행과 관리를 원활하게 하기 위하여 계획수립의 요소에 관해 경영진과 논의하기로 결정할 수 있을 것이다. 이 같은 논의는 종종 일어나지만, 전반감사전략과 감사계획의 책임은 감사인에게 있다. 전반감사전략이나 감사계획에 포함된 사항을 기업의 경영진과 논의하는 경우, 감사의 효과성이 손상되지 않도록 주의가 요구된다. (ISA 300-A3)

20 ○ (ISA 300-A12)

21 × 추가감사절차는 통제테스트와 실증절차로 구분한다. (ISA 500-A10)

22 × 감사인은 평가된 중요왜곡표시위험과 관계없이 중요한 각 거래유형과 계정잔액 및 공시에 대하여는 실증절차를 설계하고 수행하여야 한다. (ISA 330-18)

NEW INTERNATIONAL STANDARDS ON AUDITING

CHAPTER 3

감사의 수행: 중요성과 위험평가

SECTION 01 중 요 성(Materiality)

NEW INTERNATIONAL STANDARDS ON AUDITING

감사계획을 수립하는 데는 여러 가지 요소가 고려된다. 그 중에서 가장 핵심은 어떤 왜곡표시가 중요한가에 대한 기준인 중요성수준과 중요왜곡표시위험에 대한 감사인의 평가이다. 본 section에서는 중요성수준이 감사계획에 어떤 영향을 미치며, 감사를 수행할 때 어떻게 적용되는지 그리고 감사결과를 평가하고 보고할 때 어떻게 적용되는지를 설명한다.

1 중요성(Materiality)

1.1 중요성의 개념

TIP
재무회계 개념체계에서도 중요성을 효익과 비용간의 균형과 함께 재무제표가 유용해지기 위한 제약조건이라고 제시하고 있다.

Q
중요성 개념에 대해 전반적으로 이해하고 있는가?

기출 2022

중요성의 개념 (ISA 320-2)

- 누락 등 왜곡표시가 개별적으로 또는 집합적으로 재무제표에 기초한 이용자의 경제적 의사결정에 영향을 미칠 것으로 합리적으로 예상될 수 있는 경우 중요하다고 간주한다.
- 중요성에 대한 판단은 주변 상황에 비추어 내려지며, 왜곡표시의 크기나 성격 또는 양자의 결합에 의해 영향을 받는다.
- 재무제표 이용자에게 중요한 사항인지 여부는 집단으로서 이용자들의 공통적인 재무정보 요구사항을 고려하여 판단한다. 개별 이용자별 정보 요구사항은 광범위하게 다양할 수 있으므로 왜곡표시가 특정의 개별 이용자에게 미치는 영향은 고려하지 않는다.

재무제표감사의 목적은 회사의 재무제표가 회계기준에 따라 중요성의 관점에서 공정하게 작성되었는지의 여부에 대하여 감사인이 의견을 표명하는 데 있다. 여기서, "중요성의 관점에서"라는 표현에는 회계감사가 완벽한 것이 아니라 의사결정에 영향을 미칠만한 중요한 사항이 회계기준에 위배되었는가를 감사하는 것이라는 의미가 내포되어 있다.

혹자는 "전문가인 감사인이 감사하였으면 감사받은 재무제표에는 회계기준에 위배된 사항이 전혀 포함되지 않아야 하지 않는가?" 라고 질문하기도 한다. 그러나 회계감사는 그 고유한계 때문에 완벽할 수 없다. 완벽한 감사를 수행할 것인가 아니면 중요성의 관점에서 감사를 수행할 것인가는 감사받은 재무제표가 어떤 목적으로 이용되는가에 달려 있다. 일반적으로 회계정보이용자는 재무제표를 경제적 의사결정의 정보원으로 이용한다. 따라서 의사결정에 영향을 미치지 않는 누락 또는 왜곡표시사항은 합리적인 의사결정에 지장을 초래하지 않기 때문에 감사인은 중요성의 관점에서 감사를 수행할 수 있다.

중요한 왜곡표시사항의 여부에 대한 판단은 누가 하는 것이며 중요성의 판단기준은 무엇일까? 중요성의 평가는 감사인의 전문가적 판단사항이다. 정보의 누락 또는 왜곡표시사항은 다양하게 존재할 수 있지만 누락 또는 왜곡표시사항의 크기가 작을 경우에는 그것이 의사결정에 영향을 미치지 아니한다. 그러나 누락 또는 왜곡표시사항의 크기가 클 경우 이것이 의사결정에 영향을 미칠 가능성이 높아지며, 특정 시점을 기준으로 하여서는 상반된 의사결정을 할 수 있다. 이 특정 시점을 중요성수준이라 한다.

감사인은 중요성수준 이상의 누락 또는 왜곡표시사항이 존재하는가? 를 감사하고 이에 대한 의견을 표명하기만 하면 된다.

1.2 재무제표 이용자에 대한 감사인의 가정

감사인의 중요성 결정은 전문가적 판단사항이며, 재무제표 이용자들의 재무정보 수요에 대한 감사인의 인식에 의해 영향을 받는다. 이러한 관점에서, 감사인은 재무제표 이용자에 대하여 다음과 같이 가정하는 것이 합리적이다.

TIP

재무제표이용자를 파악해야 수행할 감사범위, 감사절차 및 감사보고의 수준을 결정할 수 있다.

Q

감사인은 중요성에 대하여 어떻게 가정해야 하는가?

재무제표 이용자에 대한 감사인의 가정 (ISA 320-4)

- 이용자는 사업과 경제활동 및 회계에 대하여 합리적인 지식을 보유하고 있으며, 합리적인 주의를 기울여 재무제표에 담긴 정보를 연구하려는 의향을 가지고 있음
- 이용자는 재무제표가 중요성수준에서 작성, 표시되고 감사가 이루어지고 있다는 점을 이해하고 있음
- 이용자는 추정치의 사용, 판단 그리고 미래 사건들에 대한 고려에 기초한 금액 측정에 내재하는 불확실성을 인식하고 있음
- 이용자는 재무제표에 담긴 정보에 기초하여 합리적인 경제적 의사결정을 함

1.3 감사에서 중요성

감사계획을 수립할 때, 감사인은 중요하다고 고려될 왜곡표시의 크기에 관한 판단을 내리게 된다. 이러한 판단은 다음 사항에 대한 근거를 제공한다(ISA 320-6).

중요성이 제공하는 정보 (ISA 320-6)

① 위험평가절차의 성격, 시기 및 범위의 결정
② 중요왜곡표시위험의 식별과 평가
③ 추가감사절차의 성격, 시기 및 범위의 결정

감사계획을 수립할 때 결정된 중요성이, 미수정왜곡표시가 개별적으로 혹은 다른 금액과 합쳐져서 중요하지 않다고 항상 평가될 일정금액을 반드시 정하는 것은 아니다.

감사인은 왜곡표시와 관련된 상황에 따라서는 그 금액이 중요성에 미달되더라도 중요하다고 평가할 수 있다. 단지 그 성격만으로 중요할 수 있는 왜곡표시를 모두 발견하는 감사절차의 설계는 실행가능하지 않을 수도 있다. 그러나 공시의 잠재적인 왜곡표시의 성격에 대한 고려는 중요왜곡표시위험에 대응하는 감사절차의 설계와 관련성이 있다.

또한 감사인은 모든 미수정왜곡표시가 재무제표에 미치는 영향을 평가할 때 미수정왜곡표시의 크기(양적) 뿐만 아니라 그 성격, 그리고 그러한 미수정왜곡표시가 발생한 특수한 상황(질적)도 고려한다.

1.4 감사에서 중요성과 감사위험

중요성과 감사위험은 감사의 전 과정을 통하여, 특히 다음과 같은 경우에 고려된다(ISA 320-A1).

중요성과 감사위험이 고려되는 상황 (ISA 320-A1)

① 중요왜곡표시위험의 식별과 평가
② 추가감사절차의 성격, 시기 및 범위의 결정
③ 미수정왜곡표시가 재무제표 및 감사의견 형성에 미치는 영향에 대한 평가

1.5 중요성의 적용시기

중요성 개념은 다음의 시기에 적용된다.

기출 2021

중요성 적용시기 (ISA 320-5)

- 감사인이 감사를 계획하고 수행할 때: 수행중요성
- 식별된 왜곡표시가 감사에 미치는 영향과 미수정된 왜곡표시가 있는 경우 재무제표에 미치는 영향을 평가할 때
- 감사보고서에 표명할 의견을 형성할 때 적용된다.

2 중요성수준의 설정

핵심

중요성 수준별 상대적 크기

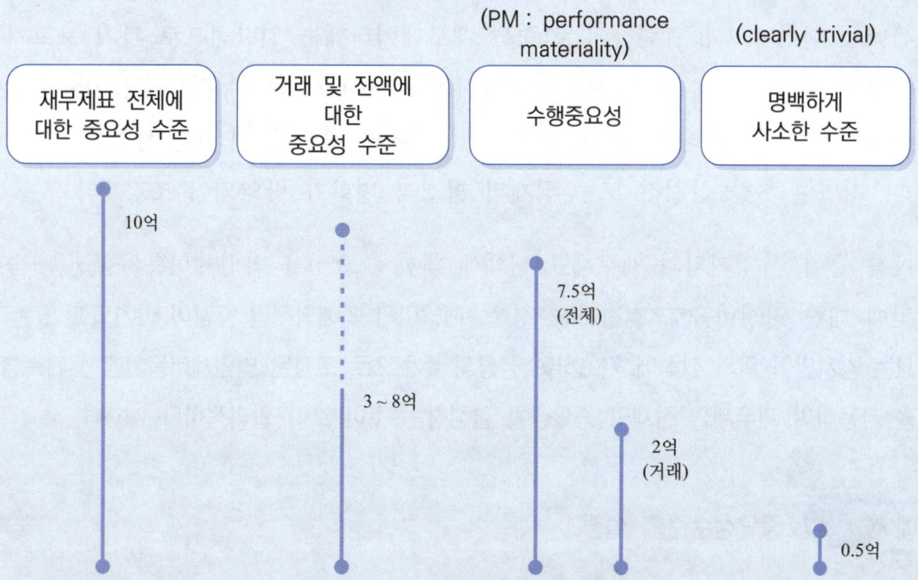

2.1 재무제표 전체에 대한 중요성수준

감사인은 감사계획을 수립할 때 중요성수준과 감사위험을 고려한다. 중요성수준을 낮게 설정하고 감사위험이 높다고 판단하면 감사범위를 확대하는 계획이 바람직하다. 감사인은 전반감사전략을 수립할 때 재무제표 전체에 대한 중요성을 결정해야 한다. 재무제표 전체에 대한 중요성수준을 정할 때 고려할 요소는 다음과 같다.

기출 2021

TIP

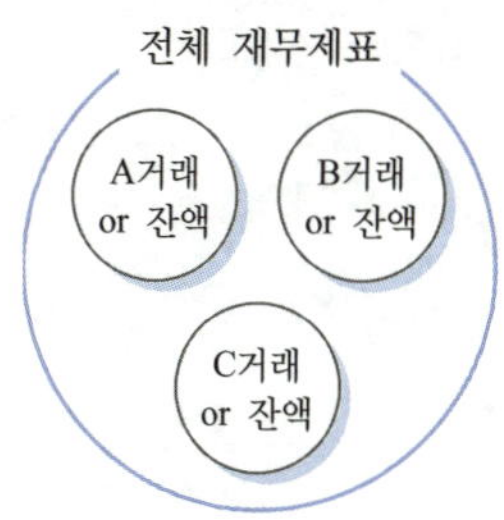

재무제표 전체에 대한 중요성수준을 결정할 때 고려하는 요소 (ISA 320-A4)

- 재무제표의 요소(예 자산, 부채, 자본, 수익, 비용)
- 특정 기업의 재무제표 이용자가 중점을 둘 가능성이 높은 항목들이 존재하는지 여부(예 이용자는 재무성과의 평가를 위하여 이익, 매출 또는 순자산에 중점을 둘 수 있을 것이다)
- 기업의 성격, 기업 수명주기상의 위치 그리고 기업이 속한 산업 및 경제 환경
- 기업의 소유구조와 자본조달방법(예 어떤 기업이 자본이 아닌 부채만으로 자금을 조달한다면, 이용자는 기업의 이익보다는 자산 및 이에 대한 청구권에 더욱 중점을 둘 것이다)
- 벤치마크의 상대적 변동성

기출 2021

기출 2024

기업의 상황에 따라 다르지만, 적합한 벤치마크의 예로는 법인세비용차감전순이익, 총매출, 매출총이익과 총비용 같은 보고이익의 범주, 총자본이나 순자산가치와 같은 것들이 포함된다. 영리기업의 경우 종종 법인세비용차감전 계속영업이익이 사용된다. 법인세비용차감전 계속영업이익의 변동성이 크다면 매출총이익이나 총매출처럼 다른 벤치마크 금액이 보다 적합할 수 있다.

선택된 벤치마크와 관련하여, 관련된 재무데이터에는 일반적으로 과거 보고기간의 재무결과 및 재무상태, 기초부터 현재까지의 재무성과 및 재무상태, 당기의 예산이나 예측이 포함되며, 이러한 데이터들은 기업 상황의 중요한 변화(예 사업상 중요한 취득)나 기업이 속한 산업적 또는 경제적 환경의 변화가 반영되어 조정된다.

예를 들어, 특정기업의 재무제표 전체에 대한 중요성을 법인세비용차감전 계속영업이익에 대한 일정비율로 결정하는 경우, 해당이익의 예외적인 증감이 야기되고 있는 상황에서는 감사인이 과거 실적에 기초하여 정상적 수준으로 조정된 법인세비용차감전 계속영업이익을 사용하여 재무제표 전체의 중요성을 결정하는 것이 보다 합리적이다(320-A5, A6).

기출 2021

TIP

중요성수준은 감사인의 판단기준이므로 감사인별로 중요성수준이 상이하다. 모든 감사인에게 공통적으로 적용되는 통일된 기준을 마련하지 못하는 이유는 다음과 같다.

① 감사인마다 위험회피도가 다르다. 감사인마다 감사실패가능성에 대한 위험회피도가 상이하다. 따라서 중요성수준에 대한 절대적인 기준은 마련될 수 없다. 또한 임의적으로 절대적인 기준을 마련하더라도 그 타당성을 검증할 수 없다.

② 감사인의 판단기준은 객관적인 양적기준 뿐만 아니라 주관적인 질적기준도 고려하여야 한다. 따라서 주관적인 요소에 대하여는 통일된 기준을 측정하여 마련하기가 어렵다.

예제 01 중요성수준의 설정

다음은 (주)갑을의 직전 3개년간 주요 재무정보이다. 2×14년 (주)갑을의 재무제표를 감사하는 ABC회계법인은 중요성수준을 결정할 때 법인세비용차감전순이익의 5%를 기준으로 한다.

	2×11년	2×12년	2×13년	2×14년
자산총계	5,000억원	5,500억원	6,000억원	6,500억원
자본총계	2,000억원	2,100억원	2,150억원	2,200억원
총매출액	5,500억원	6,050억원	6,655억원	7,320억원
법인세비용차감전순이익	100억원	110억원	121억원	250억원

요구사항

1. 다른 요소를 고려하지 않고 정해진 기준에 따라 2×14년 재무제표를 감사할 때 적용할 중요성수준을 계산하시오.
2. 요구사항 1과 같이 다른 요소를 고려하지 않고 중요성수준을 설정할 때 발생할 수 있는 문제점은?
3. 매출액과 법인세비용차감전순이익의 관계 및 추세를 추가적으로 고려하여 2×14년 재무제표를 감사할 때 적용할 중요성수준을 합리적인 방법으로 계산하시오.

해답

1. 250억원 × 0.05 = 12.5억원
2. 과거 3년간 매출액은 평균적으로 10%씩 성장하였다. 당기의 매출액도 전년도보다 10% 성장하였지만 법인세비용차감전순이익은 약 107% 성장하였다. 이는 비정상적인 수치로 판단된다. 만약 감사받기 전 주어진 자료를 이용하여 중요성수준을 설정한다면 중요성수준이 과대설정되는 문제점이 있다. 따라서 이를 정상적인 수준으로 추정하여 중요성수준을 설정할 필요가 있다.

	2×11	2×12	2×13	2×14
총매출액	5,500억원	6,050억원	6,655억원	7,320억원
법인세비용차감전순이익	100억원	110억원	121억원	250억원
순이익률	1.8%	1.8%	1.8%	3.4%
이익성장률		10%	10%	107%

3. 상기자료에서 과거 3개년 순이익률은 평균적으로 1.8%이다. 따라서 당기의 법인세비용차감전순이익은 132억원(7,320억원 × 1.8%)으로 추정되고 중요성수준은 6.6억원(132억원 × 0.05 = 6.6억원)으로 설정할 수 있다.

2.2 특정 거래유형과 계정잔액 및 공시에 대한 중요성수준

특정 거래유형과 계정잔액 및 공시에 대한 중요성수준 (ISA 320-10)

감사인은 전반감사전략을 수립할 때 재무제표 전체에 대한 중요성을 결정해야 한다. 해당 기업의 특정한 상황에서, 하나 이상의 특정 거래유형, 계정잔액 혹은 공시에 대하여 재무제표 전체에 대한 중요성보다 작은 왜곡표시가 재무제표에 기초한 이용자의 경제적 의사결정에 영향을 줄 것이라고 합리적으로 예상되는 경우, 감사인은 이러한 특정 거래유형, 계정잔액 혹은 공시에 적용되는 중요성수준도 결정하여야 한다.

특정 거래유형, 계정잔액 또는 공시에서 발견된 왜곡표시가 재무제표 전체에 대한 중요성수준보다는 작지만 재무제표에 기초한 경제적 의사결정에 영향을 줄 수 있다. 이와 같이 특정 거래유형, 계정잔액 또는 공시에서 재무제표 전체에 대한 중요성수준보다는 작지만 재무제표에 기초한 경제적 의사결정에 영향을 줄 수 있는 왜곡표시가 존재할 것이라고 예상되는 경우, 감사인은 이들 왜곡표시가 중요한지 여부를 판단할 수 있는 중요성수준도 필요하다.

예를 들면, 감사인은 재무제표 전체에 대하여 의견을 표명하기 위하여 감사계획을 수립한다. 이 때 감사계획은 거래유형별 또는 계정잔액별로 세분화하여 수립되며, 실증절차는 세분화된 감사계획에 따라 거래유형별 또는 계정잔액별로 수행된다. 따라서 감사인은 거래유형별 또는 계정잔액별로도 중요성에 대한 판단기준이 필요하다. 특정 거래유형, 계정잔액에 대한 중요성수준은 재무제표 전체에 대한 중요성수준보다 작게 설정되며(특정 거래유형 또는 계정잔액이 재무제표 전체보다 작기 때문에), 통상적으로 해당 거래 또는 잔액의 크기와 왜곡표시될 위험의 정도 등을 고려하여 재무제표 전체에 대한 중요성수준에 비례하여 계산된다.

재무제표 전체에 대한 중요성수준보다는 작지만 재무제표에 기초한 경제적 의사결정에 영향을 줄 수 있는 특정 거래유형, 계정잔액 또는 공시가 존재할 것이라고 판단할 수 있는 요소는 다음과 같다.

특정 거래유형, 계정잔액 또는 공시 (ISA 320-A11)

- 법규 또는 해당 재무보고체계가 어떤 항목(예 특수관계자와의 거래, 경영진과 지배기구에 대한 보상, 추정 불확실성이 높은 공정가치 회계 추정치에 대한 민감도 분석)의 측정이나 공시에 대한 이용자의 기대에 영향을 미치는지 여부
- 기업이 속한 산업에 관련된 핵심 공시(예 제약회사의 연구개발비)의 측정이나 공시에 대한 이용자의 기대에 영향을 미치는지 여부
- 재무제표에 별도로 공시되는 회사 사업의 특정 측면에 주의가 집중되는지 여부(예 부문이나 유의적인 사업결합에 대한 공시)

감사인은 기업의 특정 상황에서 이러한 거래유형과 계정잔액 및 공시가 존재하는지 고려할 때, 지배기구 및 경영진의 시각과 기대를 이해하는 것이 유익하다.

예제 02 특정 거래유형과 계정잔액에 대한 중요성수준

(주)갑을의 자산총계는 5,000억원이고, 재고자산, 유형자산의 잔액은 각각 500억원, 1,250억원, 매출액은 4,000억원, 법인세비용차감전순이익은 600억이다. (주)갑을을 감사하고 있는 ABC 회계법인은 중요성수준을 다음과 같이 결정하는 내부방침을 가지고 있다.

① 전체 재무제표 수준의 중요성수준 = 법인세비용차감전순이익 × 5%

② 특정 거래유형과 계정잔액의 중요성수준
= 전체 재무제표수준의 중요성수준 × (특정 계정잔액(또는 거래유형) / 자산총계) × 1.2
단, 특정계정잔액(또는 거래 유형)이 자산총계에서 차지하는 비중이 1보다 클 때는 1로 한다.

요구사항

상기 자료를 이용하여 (1) 재무제표 전체에 대한 중요성수준, (2) 재고자산, (3) 유형자산 그리고 (4) 매출액에 적용할 중요성수준을 계산하시오.

해답

(1) 재무제표 전체에 대한 중요성수준: 600억원 × 5% = 30억원

(2) 재고자산에 적용할 중요성수준: 30억원 × (500억원 / 5,000억원) × 1.2 = 3.6억원

(3) 유형자산에 적용할 중요성수준: 30억원 × (1,250억원 / 5,000억원) × 1.2 = 9.0억원

(4) 매출액에 적용할 중요성수준: 30억원 × (4,000억원 / 5,000억원) × 1.2 = 28.8억원

예 제 03 특정 거래유형에 대한 중요성수준의 설정: 특수관계자와의 거래 고려

다른 자료는 (예제 2)와 같다고 가정하자. 다만, (예제 3)에서는 (예제 2)와 달리 (주)갑을이 대규모기업집단에 속한 계열회사로서 특수관계자와의 거래가 매출액 4,000억원의 70%인 2,800억원이다. 또한 감사인은 중요성수준을 다음과 같이 결정하는 내부방침을 가지고 있다.

① 일반적인 경우 특정 거래유형과 계정잔액의 중요성수준
= 전체 재무제표수준의 중요성수준 × (특정 계정잔액(또는 거래유형) / 자산총계) × 1.2

② 특수관계자와의 거래에 대한 특정 거래유형과 계정잔액의 중요성수준
= 일반적인 경우의 중요성수준 × 0.5

요구사항

1. 상기 사례에서 매출액에 대한 중요성수준을 설정할 때 감사인이 추가적으로 고려할 사항은 무엇인가?
2. 상기 사례에서 매출액에 대한 중요성수준을 계산하시오.

해답

1. 상기 사례에서 특수관계자와의 거래는 재무제표 전체에 대한 중요성수준보다는 작지만 재무제표에 기초한 경제적 의사결정에 영향을 줄 수 있는 왜곡표시가 존재할 수 있다. 따라서 특수관계자와의 거래를 계획하고 결론을 내릴 때 필요한 별도의 중요성수준이 필요하다.
2. 일반적인 경우 매출액의 중요성수준은 28.8억원이다. 매출액은 제3자와 특수관계자가 각각 30%와 70%로 구성되어 있다. 따라서 특수관계자와의 거래가 포함된 매출액에 대한 중요성 수준은 다음과 같이 계산할 수 있다.

구 분	계 산 근 거	중요성수준
제3자와의 매출액에 대한 중요성수준	30억원 × (1,200억원/5,000억원) × 1.2	8.64억원
특수관계자와의 매출액에 대한 중요성수준	30억원 × (2,800억원/5,000억원) × 1.2 × 0.5	10.08억원
매출액에 대한 중요성수준		18.72억원

2.3 수행중요성(Performance Materiality)

핵심

감사인은 중요왜곡표시위험을 평가하고 추가감사절차의 성격, 시기 및 범위를 결정하기 위하여 수행중요성을 결정하여야 한다(ISA 320-11).

(1) 수행중요성의 정의

기출 2021

수행중요성이란 미수정왜곡표시와 미발견왜곡표시의 합계가 재무제표 전체의 중요성을 초과할 확률을 적절하게 낮은 수준으로 감소시키기 위해 ① 감사인이 재무제표 전체의 중요성 보다 작게 설정하는 금액을 의미한다. 또 어떤 경우에는, ② 감사인이 특정 거래유형과 계정잔액 및 공시에 대한 중요성수준(들)보다 작게 설정한 금액을 말하기도 한다(ISA 320-9). 이는 우리가 어떤 목표를 달성하기 위하여 노력하는 단계에서, 달성하여야 할 목표보다 높게 달성할 수 있도록 노력할 경우에 비로소 목표라도 간신히 달성할 수 있는 것과 같은 논리이다. 감사인이 여러 가지 요소를 고려하여 중요성수준을 설정(예 100)하였지만 감사를 실행하는 단계에서는 이보다 낮은(예 80) 금액으로 조정함으로써, 계획하였던 것보다 더 많은 감사증거를 수집한다면, 감사인이 미처 발견하지 못하여 미수정(미발견)왜곡표시의 합계가 중요하지 않다고 결론내릴 가능성을 현저하게 줄일 수 있을 것이다.

Q 수행중요성은 왜 필요한가?

(2) 전체의 중요성보다 작게 설정하는 금액

감사인은 감사를 수행할 때 적용할 중요성을 전반감사전략을 수립할 때 설정한 전체 중요성보다 작게 설정(수행중요성)함으로써, 감사과정에서 간과할 수도 있는 왜곡표시를 발견하여 '왜곡표시를 발견하지 못하여 의견을 잘못 표명할 가능성'을 현저히 줄일 수 있다. 그러나 이 경우에도 감사의견을 형성할 때 적용하는 중요성수준은 수행중요성이 아니라 전반감사전략을 수립할 때 설정한 전체 중요성수준이다. 예를 들어, 중요성수준이 10억원이고 특정 기업의 재무제표가 12억원 왜곡표시되었다고 가정하자. case 1은 수행중요성을 별도로 설정하지 않고 10억원을 기준으로 감사를 수행하는 경우이고, case 2는 별도로 7억원을 수행중요성으로 설정한 경우이다.

case 1의 경우 case 2에 비하여 적용하는 중요성수준(10억원)이 높기 때문에 감사인은 case 2보다 관대하게 감사한다. 그 결과 감사인이 일부 왜곡표시를 발견하지 못하고 9억원의 왜곡표시를 발견하였다고 가정하자. 즉, 3억원(= 12억원 – 9억원)의 왜곡표시를 미처 발견하지 못하였다. 이러한 가정은 현실에서도 일어날 수 있다. 왜냐하면, 감사는 그 고유한계가 있기 때문이다. 그 결과 감사인은 재무제표가 적정(9억원 < 중요성수준 10억원)하다고 잘못 결론 내릴 수 있다.

case 2의 경우 case 1에 비하여 적용하는 중요성수준(7억원)이 낮기 때문에 감사인은 case 1보다 엄격하게 감사한다. 그 결과 case 1보다 더 많은 11억원의 왜곡표시를 발견하였다고 가정하자. 즉, 1억원(= 12억원 – 11억원)의 왜곡표시를 여전히 발견하지 못하였다. 이러한 가정 역시 현실에서 일어날 수 있다. 그 결과 감사인은 재무제표가 적정하지 못하다(11억원 > 중요성수준 10억원)고 결론내릴 수 있다.

즉, 감사를 수행할 때는 보다 엄격하게 감사하는 대신에 감사결과를 평가할 때는 본래의 중요성수준을 적용함으로써 감사인이 발견하지 못할 확률을 낮추자는 취지이다.

수행중요성 〈 재무제표전체에 대한 중요성수준

그러면 수행중요성을 어떻게 설정하여야 할까? (예제 4)를 통하여 그 개념을 이해할 수 있다.

(3) 특정 거래유형과 계정잔액 및 공시에 대한 중요성수준보다 작게 설정한 금액

유사하게, 특정 거래유형과 계정잔액 및 공시에 대한 수행중요성은 특정 거래유형과 계정잔액 및 공시의 미수정왜곡표시와 미발견왜곡표시의 합계가 해당 거래유형과 계정잔액 및 공시의 중요성수준을 초과할 가능성을 적절하게 낮은 수준으로 감소시킬 수 있도록 설정한다.

수행중요성은 단순한 기계적 계산이 아니라 전문가적 판단이 수반되는 것이다. 수행중요성은 감사인의 위험평가절차의 수행 중 갱신된 기업에 대한 이해, 과거의 감사에서 식별된 왜곡표시의 성격과 범위 그리고 이에 따른 당기의 왜곡표시와 관련된 감사인의 예상에 영향을 받는다(ISA 320-A13).

예제 04 수행중요성: 전체의 중요성 보다 작게 설정하는 금액

(주)갑의 재무제표를 감사하는 감사인은 다음과 같은 자료를 이용하여 중요성수준을 결정한다.

- 재무제표 전체에 대한 중요성수준 = 법인세비용차감전순이익 × 5%
- 법인세비용차감전순이익 = 250억원

요구사항

1. 상기 자료를 이용하여 전반감사계획을 수립할 때 재무제표 전체에 대한 중요성수준을 계산하시오.
2. 수행중요성은 재무제표 전체에 대한 중요성수준의 80%를 적용한다. 수행중요성을 계산하시오.
3. 요구사항 2와 같이 수행중요성을 설정하여 얻을 수 있는 효익은 무엇인가?

해답

1. 재무제표 전체에 대한 중요성수준 = 250억원 × 0.05 = 12.5억원
2. 수행중요성 = 12.5억원 × 80% = 10억원
3. 재무제표의 미수정왜곡표시와 미발견왜곡표시의 합계가 재무제표 전체에 대한 중요성을 초과할 가능성을 적절하게 낮은 수준으로 감소시킬 수 있다.

2.4 명백하게 사소한 기준금액(Clearly Trivial)

(1) 명백하게 사소한 왜곡표시의 의의

감사기준은 중요한 왜곡표시를 발견할 수 있도록 설계되어 있다. 예를 들면, 중요성수준이 그러하며, 위험평가도 중요왜곡표시위험을 고려한다. 따라서 감사계획도 중요한 왜곡표시를 발견할 수 있게 설계되고, 이에 따라 감사를 수행하면 중요한 왜곡표시를 발견할 수 있다는 것을 전제로 한다. 그러나 감사인은 감사과정에서 명백하게 사소한 왜곡표시를 발견할 수도 있다. 업무팀원이 명백하게 사소하여 이것이 다른 왜곡표시와 누적되어도 중요하지 않을 것이라고 판단하면 이는 팀장(In-charge auditor)에게 보고하지도 않고 팀원 수준에서 무시할 수 있다. 따라서 이는 왜곡표시의 집계에도 집계되지 않으며, 후술할 경영진의 서면진술에도 포함하지 않는다. 이는 명백하게 사소하기 때문에 경영진에게 왜곡표시라고 인정하게 할 필요조차 없다는 것을 의미한다.

> **TIP**
> PwC는 명백하게 사소한 금액을 The mini miss라고 한다.

(2) 명백하게 사소한 금액의 기준지정

"명백하게 사소하다(clearly trivial)"는 것은 "중요하지 않다(not material)"와 동일한 표현이 아니다. 명백하게 사소한(clearly trivial) 왜곡표시는 중요한 것으로 판단되는 왜곡표시와는 전적으로 다른(즉, 더 작은) 차원의 규모이거나 전적으로 다른 성격이며, 개별적으로나 집합적으로 보거나, 혹은 크기, 성격 또는 상황의 어느 기준으로 판단하더라도 명백하게 영향이 미미한 왜곡표시일 것이다. 하나 이상의 항목이 명백하게 사소한지(clearly trivial) 여부에 대하여 어떤 불확실성이 존재한다면, 이는 명백하게 사소한(clearly trivial) 왜곡표시가 아니라고 판단한다(ISA 450-A2).

2.5 소규모기업에 대한 고려

소유주가 경영하는 사업과 같이 소유주가 자신에 대한 보수형태로 세전이익의 상당부분을 취하고 법인세비용차감전 계속영업이익이 지속적으로 경미한 금액일 때에는 해당 보수 및 세금을 차감하기 전의 이익과 같은 벤치마크가 보다 관련성이 있을 것이다(ISA 320-A9).

예 제 05 중요성수준: 소규모기업에 대한 고려

(주)갑을 감사하는 감사인은 중요성수준을 설정할 때 법인세비용차감전순이익의 5%를 기준으로 한다. 그러나 (주)갑은 소규모 기업이고 주요 재무정보는 다음과 같다. 다음 요구사항에 답하시오.

구 분	금 액
자 산 총 계	₩3,200,000,000
매 출 액	3,000,000,000
소 유 경 영 진 의 보 수	250,000,000
법 인 세 비 용 차 감 전 순 이 익	₩(−)5,000,000

요구사항

1. 다른 사항을 고려하지 않고 일반적인 기준에 따라 중요성수준을 계산하시오.
2. 요구사항 1과 같이 중요성을 설정하면 어떤 문제가 있는지를 (1) 발생이유, (2) 불합리한 이유, (3) 개선방안과 새로운 중요성수준으로 나누어 답하시오.

해답

1. 중요성수준 = 법인세비용차감전순이익 × 5% = ₩(－)5,000,000 × 5% = ₩(－)250,000

2. (1) 발생이유: 소규모 기업이고 소유주가 경영자이기 때문에 이익의 대부분을 자신의 보수로 지급하고 있다. 이는 소유경영진의 보수를 자신이 결정할 수 있는 소규모기업에서 발생할 수 있는 사례이다. 그 결과 세전이익은 0에 가깝거나 사례와 같이 음(－)의 세전이익이 보고될 수 있다.

   (2) 불합리한 이유: 중요성수준의 기준을 세전이익으로 선정할 경우 중요성수준이 매우 낮거나 때로는 음(－)의 값을 가지기 때문에 중요성수준으로서의 기능으로 불합리하다.

   (3) 개선방안과 새로운 중요성수준:
   중요성수준 = (법인세비용차감전순이익 + 소유경영진의 보수) × 5%
   = (₩－5,000,000 + 250,000,000) × 5% = ₩12,250,000

2.6 중요성수준의 수정

TIP
일반적으로 감사계획단계에서 중요성수준은 5월경에 결정한다. 따라서 당해 연도에 적용할 중요성수준은 5월 당시에 임시로 작성한 재무제표에 근거하여 결정한다. 따라서 사후적으로 중요성수준을 변경할 필요가 있다.

중요성수준의 수정 (ISA 320-13)

감사인은 재무제표 전체에 대한 중요성(특정 거래유형과 계정잔액 및 공시에 대한 중요성수준)을 최초에 결정한 중요성보다 낮추는 것이 적합하다고 결정한 경우, 수행중요성을 수정하는 것이 필요한지 그리고 후속감사절차의 성격, 시기 및 범위가 여전히 적합한지 여부를 결정하여야 한다.

재무제표 전체에 대한 중요성(특정 거래유형과 계정잔액 및 공시에 대한 중요성수준)은 감사 중에 발생된 상황의 변화(예 주요사업의 처분결정), 새로운 정보 또는 후속감사절차의 수행에 따른 기업과 사업에 대한 이해의 변화에 따라 수정될 필요가 있다.

예를 들면, 감사인은 감사 중 실제의 재무수치가 재무제표 전체에 대한 중요성을 결정할 때 처음 사용한 예측치(preliminary F/S에 따라 중요성수준을 결정한 경우)와 중요한 차이가 있다면 최초 중요성을 수정하는 것이 바람직하다.

감사 중 환경의 변화로 중요성수준을 수정할 필요가 있다고 판단할 수 있는 상황은 중요성수준을 종전보다 높여야 하는 경우와 낮추어야 하는 경우 두 가지로 가정해 볼 수 있다. 두 가지 상황 모두 중요성수준을 수정할 수 있을까? 감사기준에서는 종전보다 중요성수준을 낮추는 것에 대해서만 고려할 것을 규정하고 있다. 그 이유는 중요성수준은 감사계획을 수립할 때 매우 중요한 요소이지만 이를 설정할 때 고려하는 요소와 그 과정은 완전할 정도로 세밀하지 못하다. 따라서 일부 정보가 추가되더라도 중요성수준을 높이는 것은 위험하며, 낮추어야 하는 상황에는 종전의 중요성수준을 낮춘다.

2.7 문서화

감사인은 다음의 금액 그리고 그러한 금액을 결정할 때 고려한 요소들을 감사문서에 포함하여야 한다(ISA 320-14).

기출 2021

Q 감사인이 중요성수준을 결정하면 무엇을 문서화하여야 하는가?

중요성수준과 관련하여 문서화할 사항 (ISA 320-14)

(a) 재무제표 전체에 대한 중요성
(b) 해당되는 경우, 특정 거래유형과 계정잔액 및 공시에 대한 중요성수준
(c) 수행중요성
(d) 감사의 진행에 따른 중요성수준의 수정내용

3 중요성의 적용

3.1 중요성과 감사계획

핵심

중요성수준	감사계획
높게 설정한 경우	실증절차 축소(감사증거량 축소)
낮게 설정한 경우	실증절차 확대(감사증거량 확대)

회계감사는 재무제표가 중요성의 관점에서 회계기준에 따라 작성되었는가에 대한 의견을 표명하는 것이다. 따라서 감사인은 중요한 누락 또는 왜곡표시사항(이것을 '부정이나 오류'라 함)을 발견할 수 있도록 감사계획을 수립하며, 계획수립에 필요한 중요성수준은 사전에 합리적으로 설정한다.

만약, 감사계획을 수립할 때 중요성수준을 낮게 설정하면, 감사인이 허용할 수 있는 부정이나 오류의 크기가 작다는 것을 의미한다. 따라서 감사범위를 확대(표본의 수를 증가)하는 감사계획을 수립하여야만 재무제표가 회계기준에 따라 작성되었다는 합리적인 확신을 얻을 수 있다. 극단적으로 중요성수준을 영(0)으로 설정하였다면, 어떠한 부정이나 오류도 허용하지 않겠다는 것을 의미한다. 이 경우 감사인은 전수감사를 계획한다.

반대로 만약, 중요성수준을 높게 설정하면 감사인이 허용할 수 있는 부정이나 오류의 크기가 크다는 것을 의미한다. 따라서 감사범위를 축소(표본의 수를 감소)하는 감사계획을

수립하여도 재무제표가 회계기준에 따라 작성되었다는 확신을 얻을 수 있을 것이다. 극단적으로 중요성수준을 자산총계와 같은 금액으로 설정하였다면, 모든 부정이나 오류를 허용하겠다는 것을 의미한다. 이와 같은 경우 감사인은 최소한의 실증절차만을 수행하는 감사계획을 수립한다.

3.2 중요성과 감사의견

핵심

1. 미수정왜곡표시(감사범위제한 포함)가 중요 → 한정의견
2. 미수정왜곡표시(감사범위제한 포함)가 대단히 중요 → 부적정의견 또는 의견거절
3. 감사계획을 수립할 때의 중요성수준과 감사결과를 평가할 때의 중요성수준

구 분	내 용
감사계획 수립 (실증절차의 성격, 시기 및 범위)	① 중요성수준을 크게 설정 상대적으로 중요한 거래(또는 계정잔액)가 적으므로 실증절차의 범위를 축소한다. ② 중요성수준을 작게 설정 상대적으로 중요한 거래(또는 계정잔액)가 많으므로 실증절차 범위를 확대한다.
감사결과의 평가 (미수정왜곡표시의 평가)	① 미수정왜곡표시(감사범위제한 포함) ≥ 중요성수준 중요함 but 전반적이지 않음: 경영진이 수정거부하면 한정의견 ② 미수정왜곡표시(감사범위제한 포함) ≫ 중요성수준 중요함 & 전반적임: 경영진이 수정거부하면 부적정의견 또는 의견거절 ③ 미수정왜곡표시(감사범위제한 포함) < 중요성수준 중요하지 않음: 경영진이 거부하더라도 적정의견

감사인은 사전에 설정한 중요성수준과 감사위험을 고려하여 감사계획을 수립하고 이에 따라 감사절차를 수행한다. 감사인은 감사과정에서 발견한 왜곡표시를 일목요연하게 정리하여, 왜곡표시의 중요성을 평가한 후, 공표용 재무제표를 요청한다. 이때 감사인은 수정권고한 왜곡표시가 공표용 재무제표에 모두 반영되었는가를 평가하여야 한다.

만약 왜곡표시가 모두 수정되고 반영되었다면 공표용 재무제표에는 중요한 미수정왜곡표시가 존재하지 않으므로 적정의견을 표명할 수 있다. 그러나 왜곡표시가 반영되지 않았다면 반영되지 아니한 미수정왜곡표시의 중요성을 평가하여야 한다. 만약 미

TIP

왜곡표시는 ① 발견된 왜곡표시와 ② 감사인이 수정권고한 후에도 경영진이 재무제표에 반영하지 아니한 미수정왜곡표시로 구분된다. 회계감사기준에서는 이 두 가지를 구분하지 않고 설명하고 있다.

수정왜곡표시가 중요하지만 전반적이지 않다면 감사인은 한정의견을 표명한다. 그러나 미수정왜곡표시가 중요할 뿐만 아니라 전반적이라면 부적정의견 또는 의견거절한다. 여기서 주의하여야 할 것은 왜곡표시가 발견되었다는 자체만으로 감사의견을 표명하는 것이 아니라 수정권고를 받아들이지 아니한 미수정왜곡표시의 중요성을 평가하여 감사의견을 표명한다는 것이다.

결국 감사의견은 공표용 재무제표에 대한 의견이지 회사가 최초로 제시한 재무제표에 대한 의견이 아니다.

예제 06 중요성수준의 적용

A(주)의 매출액, 자산총계 그리고 법인세비용차감전순이익은 각각 1,000억원, 1,200억원 그리고 220억원이라고 하고, 감사인이 적용할 양적 중요성수준이 세전순이익의 5%라고 하자. 또한 A(주)는 계속기업으로서의 존속가능성에 의문이 제기되기 때문에 양적기준에 의한 중요성수준의 75%(1천만원 미만은 절사함)만을 중요성수준으로 채택하기로 하였다. 또한 계정별 중요성수준의 배분은 다음과 같은 기준에 의한다(1천만원 미만은 절사함).

(1) 재무상태표 항목 = 중요성수준 × $\frac{\text{개별계정잔액}}{\text{자산총계}}$ × 1.5

(2) 포괄손익계산서 항목 = 중요성수준 × $\frac{\text{개별계정잔액}}{\text{매출액}}$ × 1.2

요구사항

1. A(주)의 중요성수준은 얼마인가?
2. A(주)의 재고자산의 잔액이 200억원이라고 할 때 재고자산에 배분될 중요성수준은?
3. A(주)의 판매비와 관리비의 잔액이 150억원이라고 할 때 판매비와 관리비에 배분될 중요성수준은?
4. A(주)의 감사결과 재고자산, 매출채권 및 유형자산에서 각각 3억원, 7억원 및 5억원이 과대계상되었다는 것을 발견하였다. 감사인은 미수정왜곡표시사항이 중요성수준을 초과하면 중요하지만 전반적이지는 않다고 결론내리며, 중요성수준의 1.5배를 초과하면 중요할 뿐만 아니라 전반적이라고 결론을 내린다. 상기 왜곡표시사항을 권고한 결과 경영진이 유형자산만을 수정하였다고 할 때 감사의견은?

TIP
(예제 6)에서 중요성수준 8억2천만원은 양적수준 이외에 계속기업이라는 질적수준을 추가로 고려한 것의 결과이며 수행중요성과는 다른 의미이다.

해답

1. 1차 중요성수준 = 220억원 × 0.05 = 11억원
   2차 중요성수준 = 11억원 × 75% = ₩825,000,000
   ∴ ₩820,000,000(5백만원 절사)

2. $820,000,000 \times \dfrac{200억원}{1,200억원} \times 1.5 = ₩205,000,000 \quad \therefore ₩200,000,000$

3. $820,000,000 \times \dfrac{150억원}{1,000억원} \times 1.2 = ₩147,600,000 \quad \therefore ₩140,000,000$

4. 15억원 − 5억원 = 10억원 > 8억2천만원

∴ 미수정왜곡표시는 중요하지만 전반적이지는 않기 때문에 한정의견을 표명함

SECTION 02 감사위험(Audit Risk)

NEW INTERNATIONAL STANDARDS ON AUDITING

1 감사위험의 의의

감사위험 (Audit Risk)

감사위험이란 감사인이 중요하게 왜곡표시되어 있는 재무제표에 대하여 부적절한 감사의견을 표명할 위험을 말한다. 감사위험은 고유위험, 통제위험 및 적발위험의 세 가지 요소로 구성되어 있다.

기출 2021

기출 2022

Q

감사위험 개념에 대해 전반적으로 이해하고 있는가?

1.1 감사위험의 정의

감사위험(audit risk)이란 재무제표가 중요하게 왜곡표시되어 있을 경우에 감사인이 부적합한 감사의견을 표명할 위험을 말한다. 감사위험은 중요왜곡표시위험과 적발위험의 함수이다(ISA 200-13).

감사받은 재무제표라 할지라도 여전히 중대한 왜곡표시사항이 존재할 가능성(이를 '달성감사위험'이라 함)이 있는데, 감사인은 이를 일정수준(이를 '허용감사위험'이라 함) 이하로 감소시키기 위하여 노력하여야 한다.

1.2 달성감사위험

감사받은 재무제표에 감사인이 발견하지 못한 중요한 왜곡표시가 존재할 가능성을 달성감사위험이라 한다. 달성감사위험은 감사의 고유한계 때문에 완전히 제거될 수 없다. 달성감사위험이 높을수록 감사품질은 떨어진다. 따라서 감사보고서의 신뢰성을

일정수준 이상 유지시키기 위해서는 달성감사위험이 일정수준(즉, 허용감사위험) 이하로 유지되어야 한다. 그러면 과연 달성감사위험을 어느 수준 이하로 낮추어야만 감사보고서를 신뢰할 수 있다고 합리적으로 확신할 수 있을까? 이에 대한 해답은 그리 간단하지 않다. 달성감사위험의 수준이 낮을수록 감사보고서의 신뢰성은 증가하지만 감사비용을 고려한다면 무작정 낮출 수도 없다.

Q

감사인은 목표한 만큼 정확하게 위험을 달성할 수 없는가?

1.3 허용감사위험

감사인은 자신이 감수할 수 있는 감사위험에 대한 기준을 가지고 있는데 이를 허용감사위험이라 한다. 감사인은 달성감사위험이 허용감사위험 수준이하로 달성될 수 있도록 감사계획을 수립한다.

만약 허용감사위험 이하로 감사위험을 낮추었다면 감사의 효과가 있다고 하며, 허용감사위험 이하로 감사위험을 낮추지 못하였다면 감사실패(audit failure)라고 한다.

2 감사위험의 발생원인(구성요소)

핵심

1. 고유위험과 통제위험은 기업측 위험으로서 재무제표감사와 독립적으로 존재한다(ISA 200-A39).
2. 감사기준은 일반적으로 고유위험과 통제위험을 구분하여 언급하지 않고 이들을 결합하여 평가한 "중요왜곡표시위험"으로 칭한다. 그러나 감사인이 선호하는 감사기법이나 감사방법론, 그리고 실무상의 고려에 따라 고유위험과 통제위험을 분리하거나 결합하여 평가할 수 있다. 중요왜곡표시위험의 평가는 백분율과 같이 계량적으로 또는 비계량적으로 표현될 수 있다. 어느 경우이든, 감사인이 위험을 평가하는 서로 다른 접근 방법 중 어떤 것을 채택하느냐보다는 위험을 적합하게 평가해야 할 필요성이 더욱 중요하다(ISA 200-A42).

감사받은 재무제표에 중요한 왜곡표시사항이 존재함에도 불구하고 이를 감사의견에 반영하지 못할 가능성은 그 발생원인에 따라 고유위험, 통제위험 및 적발위험으로 구분할 수 있다.

TIP

1. 중요왜곡표시위험(RMM) = 고유위험 × 통제위험
2. 회계감사기준은 중요왜곡표시위험의 개념을 설명하기 위해 중요왜곡표시위험을 고유위험과 통제위험으로 분리하여 설명하지만, 위험을 평가할 때에는 중요왜곡표시위험으로 통합하여 평가한다.

2.1 고유위험(Inherent Risk)

고유위험은 모든 관련 통제를 고려하기 전에 거래유형, 계정잔액 혹은 공시에 대한 경영진의 주장이, 개별적으로 또는 다른 왜곡표시와 합칠 때 중요하게 왜곡표시 될 가능성을 말한다(ISA 200-13).

특정 경영진주장과 이에 관련된 거래유형과 계정잔액 및 공시는 다른 경우에 비해 고유위험이 더 높다. 예를 들어, 복잡한 계산 또는 유의적 추정불확실성이 더 높은 회계추정에서 도출된 금액으로 구성된 계정은 고유위험이 더 높을 수 있다. 사업위험을 야기하는 외부 상황도 고유위험에 영향을 미칠 수 있다. 예를 들면, 기술발전은 특정 제품을 진부화시키고, 그 결과 재고자산이 과대평가될 가능성이 높아진다. 전체 혹은 일부의 거래유형, 계정잔액 또는 공시와 관련된 기업내부요인과 환경요인들도 특정의 경영진주장과 관련된 고유위험에 영향을 미칠 수 있다. 예를 들어, 지속으로 사업을 운영하는 데 필요한 운전자본이 충분하지 않거나 사양산업이 이러한 요인들에 포함될 수 있다(ISA 200-A40).

Q

내부통제와 관련된 감사위험은?

2.2 통제위험(Control Risk)

통제위험은 거래유형, 계정잔액 혹은 공시에 대한 경영진의 주장에서 발생할 수 있으며, 개별적으로 또는 다른 왜곡표시와 합쳐 중요할 수 있는 왜곡표시가 기업의 내부통제에 의해 적시에 예방되거나 발견, 수정되지 못할 위험을 말한다(ISA 200-13). 감사인은 내부통제를 평가함으로써 통제위험을 평가할 수 있다.

통제위험은 재무제표 작성과 관련된 기업의 목적달성에 위협이 되는 것으로, 식별된 위험에 대처하기 위하여 경영진이 설계, 실행, 유지하는 내부통제 효과성에 대한 감사인의 평가에 따라 달라진다.

그러나 아무리 내부통제가 잘 설계되고 운영되어도 내부통제는 그 고유한계로 인해 재무제표의 중요왜곡표시위험을 제거할 수는 없으며, 단지 감소시킬 수 있을 뿐이다. 이러한 한계에는 인적 실수나 오류의 가능성, 공모 또는 경영진의 부적절한 통제무력화로 인해 회피되고 있는 통제가 포함될 수 있다. 따라서 어느 정도의 통제위험은 항상 존재할 것이다. 감사기준은 감사인이 수행할 실증절차의 성격, 시기 및 범위를 결정할 때 통제의 운영효과성을 반드시 테스트해야 하거나 선택적으로 테스트할 수 있는 조건을 제시하고 있다(ISA 200-A41).

2.3 적발위험(Detection Risk)

핵심

1. 주어진 수준의 감사위험에서 감사인이 수용가능한 적발위험의 수준은 경영진주장 수준의 평가된 중요왜곡표시위험과 역의 관계에 있다. 예를 들어, 중요한 왜곡표시가 존재할 위험이 보다 크다고 감사인이 믿을수록, 수용가능한 적발위험은 더 작아야 하며 감사인은 보다 설득력 있는 감사증거를 필요로 한다(ISA 200-A44).
2. 적발위험은 감사위험을 수용가능한 낮은 수준으로 감소시키기 위하여 감사인이 결정하는 감사절차의 성격, 시기 및 범위와 관계가 있다. 그러므로 적발위험은 감사절차와 그 적용에 대한 효과성의 함수이다. 다음과 같은 사항은 감사절차와 그 적용의 효과성을 높이는데 도움이 되고 감사인이 부적합한 감사절차를 선택하거나, 적합한 감사절차를 잘못 적용하거나, 감사결과를 잘못 해석할 가능성을 감소시키는 데 도움이 된다(ISA 200-A45).
   - 적절한 계획수립
   - 업무팀원의 적절한 구성
   - 전문가적 의구심의 적용
   - 수행된 감사업무의 감독과 검토
3. 적발위험이란 감소될 수는 있어도, 감사의 고유한계 때문에 제거될 수는 없다. 따라서 어느 정도의 적발위험은 항상 존재할 것이다(ISA 200-A46).
4. 감사인은 감사위험을 수용 가능한 수준 이하로 감소시키기 위한 실증절차의 성격, 시기 및 범위를 결정할 때 고유위험과 통제위험의 평가수준을 고려하여야 한다.
5. 감사인은 고유위험과 통제위험의 평가수준과 무관하게 중요한 계정잔액과 거래유형에 대하여는 일정수준 이상의 실증절차를 수행하여야 한다.
6. 감사인은 고유위험과 통제위험의 수준이 높을수록 실증절차에서 더 많은 감사증거를 수집하여야 한다. 실증절차를 통하여 수집한 증거를 평가한 결과 중요한 계정과목이나 거래유형의 경영진주장에 대한 적발위험을 수용 가능한 수준 이하로 감소시킬 수 없다고 판단하는 경우, 감사인은 한정의견을 표명하거나 감사의견 표명을 거절하여야 한다.

적발위험은 감사위험을 수용가능한 낮은 수준으로 감소시키기 위해 감사인이 수행하는 절차가 개별적으로 또는 다른 왜곡표시와 합칠 경우 중요할 수 있는 왜곡표시를 발견하지 못할 위험을 말한다(ISA 200-13). 감사인은 적발위험을 통제하기 위하여 주로 실증절차에 의존한다.

적발위험의 수준은 실증절차의 성격, 시기 및 범위와 직접적으로 관계되어 있다. 대부분의 감사증거가 결정적이라기보다는 설득적이기 때문에 계정잔액이나 거래를 전수조사 하더라도 일정수준의 적발위험은 항상 존재한다. 결정적인 증거란 인과관계를 객관적(objective)으로 검증할 수 있는 증거를 말하며, 설득적인 증거란 인과관계를 합리적(reasonable)으로 추론할 수 있는 증거를 말한다. 따라서 결정적인 증거는 확신의 정도가 100%인 반면에 설득적인 증거는 확신의 정도가 상당히 높지만 100%는 아니다. 회계감사는 그 특성상 결정적인 증거보다는 설득적인 증거에 많이 의존하기 때문에 설득적인 증거만으로는 적발위험을 완전히 제거할 수는 없다.

Q
적발위험은 왜 발생하는가?

(1) 적발위험의 발생원인

적발위험에는 실증절차를 수행할 때 추출하는 표본이 모집단을 대표하지 못하기 때문에 발생하는 표본위험(sampling risk)과 전체 모집단을 대상으로 전수조사를 실시하였더라도 발생할 수 있는 비표본위험(non-sampling risk)이 있다.

- 표본위험(sampling risk): 회계감사는 표본감사를 원칙으로 한다. 즉, 표본을 추출하여 감사를 수행하고 표본감사결과를 통하여 모집단을 추론한다. 따라서 표본이 모집단을 대표하지 못한다면, 모집단에 대한 감사인의 결론도 잘못될 수 있다. 표본이 모집단을 대표하지 못함으로써 발생할 수 있는 통계적 위험을 표본위험(sampling risk)이라 한다. 감사과정에서 다음과 같은 방법을 적용한다면 표본위험을 다소 감소시킬 수 있다.

Q
표본위험을 줄이려면?

① 비통계적인 방법보다는 통계적인 방법으로 표본을 추출하고 결과를 평가한다.
② 추출할 표본의 크기를 증가시킴으로써 감사범위를 확대한다.

- 비표본위험(non-sampling risk): 비표본위험이란 감사인이 모집단을 전수감사하더라도 감사결과가 모집단의 특성을 적절하게 반영하지 못할 위험을 말한다. 비표본위험의 발생원인은 다음과 같다.

Q
비표본위험은 왜 발생하는가?

① 감사인이 감사절차를 잘못 선택할 경우
② 감사인의 부주의, 전문지식의 부족
③ 시사의 결과를 잘못 해석함

(2) 적발위험을 낮추는 방법

적발위험은 감사위험을 수용가능한 낮은 수준으로 감소시키기 위하여 감사인이 결정하는 감사절차의 성격, 시기 및 범위와 관계가 있다. 그러므로 적발위험은 감사절차와 그 적용에 대한 효과성의 함수이다. 다음과 같은 사항은 감사절차와 그 적용의 효과성을 높이는 데 도움이 되고 감사인이 부적합한 감사절차를 선택하거나, 적합한 감사절차를 잘못 적용하거나, 감사결과를 잘못 해석할 가능성을 감소시키는 데 도움이 된다(ISA 200-A45).

적발위험을 낮추는 방법 (ISA 200-A45)

① 적절한 계획수립　② 업무팀원의 적절한 구성
③ 전문가적 의구심의 적용　④ 수행된 감사업무의 감독과 검토

Q 적발위험을 낮추려면?

예제 07 감사위험의 개념

1. 제조업의 경우 재고자산과 매출채권에 내재될 수 있는 고유위험을 비교하여 설명하시오.
2. 내부통제와 통제위험과의 관계를 설명하시오.
3. 감사인과 적발위험과의 관계를 설명하시오.

해답

1. 일반적으로 재고자산은 수량을 과대계상하거나 단가를 조작하는 등의 방법으로 재무제표일 현재의 잔액을 쉽게 왜곡표시 할 수 있을 뿐만 아니라, 그 왜곡표시가 재무제표에 미치는 영향 또한 중대하다. 반면에 매출채권은 재고자산보다는 계정잔액을 조작하는 것이 쉽지 않기 때문에 재무제표일 현재의 잔액을 왜곡표시 하는 것이 쉽지 않다. 즉, 일반적으로 고유위험은 재고자산이 매출채권보다 높다.
2. 내부통제가 적절하고 또한 그 제도를 제대로 운용하고 있다면 거래의 처리과정에서 부정이나 오류(왜곡표시)가 방지되거나 또는 적발될 가능성이 높다. 이 경우 거래의 요약체인 재무제표에는 중요한 부정이나 오류가 포함될 가능성이 낮다. 즉, 통제위험이란 내부통제에 의해 중요한 부정이나 오류가 방지 또는 적발되지 않을 가능성을 말하므로 내부통제가 유효할수록 통제위험은 낮다.
3. 경영진이 부정이나 오류를 방지 또는 적발하기 위하여 내부통제를 구축하여 운용하고 있지만 여전히 재무제표가 중요하게 왜곡표시 되었을 가능성이 높다. 또한 감사받지 아니한 재무제표가 중요하게 왜곡표시 되지 않았다 할지라도 재무제표 이용자는 이를 인식하지 못한다. 따라서 회계감사가 필요하지만 감사인 마저도 감사의 고유한계 등 여러 가지 이유 때문에 중요한 부정이나 오류가 적발되지 못할 가능성이 있으며 이를 적발위험이라 한다. 결국 적발위험은 감사의 고유한계와 감사인의 귀책사유로 중요한 부정이나 오류가 적발되지 못할 가능성을 말한다.

3 감사위험 구성요소간의 관계

감사위험은 고유위험, 통제위험 및 적발위험의 결합확률이다. 즉, 감사위험은 고유위험, 통제위험 및 적발위험 상호간의 합(+)의 관계가 아닌 곱(×)의 관계로 표시된다. 이는

고유위험, 통제위험 및 적발위험이 조건부 확률이기 때문이다. 즉, 통제위험은 주어진 고유위험을 전제로 정의되고 적발위험은 고유위험과 통제위험을 전제로 정의된다. 이를 그림으로 나타내면 [그림 3-1]과 같다.

« 그림 3-1 감사위험의 구성요소와 이들의 상호관계

감사위험의 구성요소
- ① 고유위험(Inherent Risk)
- ② 통제위험(Control Risk)
- ③ 적발위험(Detection Risk)

감사위험	=	재무제표가 중요하게 왜곡표시될 위험 (고유위험×통제위험)	×	중요하게 왜곡표시된 재무제표를 감사인이 적발하지 못할 위험 (적발위험)
AR		IR×CR		DR

고유위험의 개념은 거래의 특성 및 계정과목 자체의 특성 등에 따라 중요한 부정이나 오류가 발생할 가능성이다. 예를 들면, 건설업에 종사하는 회사는 제조업에 종사하는 회사보다 부정이나 오류가 발생할 가능성이 높다. 또한 같은 회사라 할지라도 계정과목별로 부정이나 오류가 발생할 가능성은 상이하다. 예를 들면, 재고자산 계정은 매출채권 계정보다 부정이나 오류가 발생할 가능성이 높다. 부정이나 오류는 반드시 재무제표의 왜곡을 유발시키기 때문에 감사인은 재무제표에 포함되어 있을 부정이나 오류를 적극적으로 발견하여 회사 경영진에게 수정하도록 권고한다.

Q 감사받으려고 제시한 재무제표에 존재하는 감사위험의 수준은?

감사받지 아니한 재무제표에서 고유위험, 통제위험 그리고 적발위험이 높을수록 감사받은 재무제표에 감사위험이 존재할 가능성은 높다. 경영진은 고유위험을 방지하고 적발하기 위한 정책이나 절차(이를 '내부통제'라 함)를 설계 · 운용하고자 한다. 만약 회사의 내부통제가 완벽하게 설계되고 운용된다면 고유위험이 아무리 높다하더라도 내부통제를 통과한 거래에는 부정이나 오류가 포함되어 있지 않을 것이다. 그러나 불행하게도 회사의 내부통제는 완벽하지 못하며 그 수준도 회사마다 상이하다. 또한 같은 회사라 할지라도 계정잔액 또는 거래유형마다 내부통제의 유효성은 상이하다. 이와 같이 내부통제가 완벽하지 못하여 중요한 부정이나 오류를 방지 또는 발견하지 못할 가능성을 통제위험이라 한다.

« 그림 3-2 중요왜곡표시위험과 달성감사위험

(Audit Risk)	=	RMM	×	DR	=	(IR	×	CR)	×	(DR)
감사위험	=	중요한 왜곡 표시위험	×	적발 위험	=	고유 위험	×	통제 위험	×	적발 위험

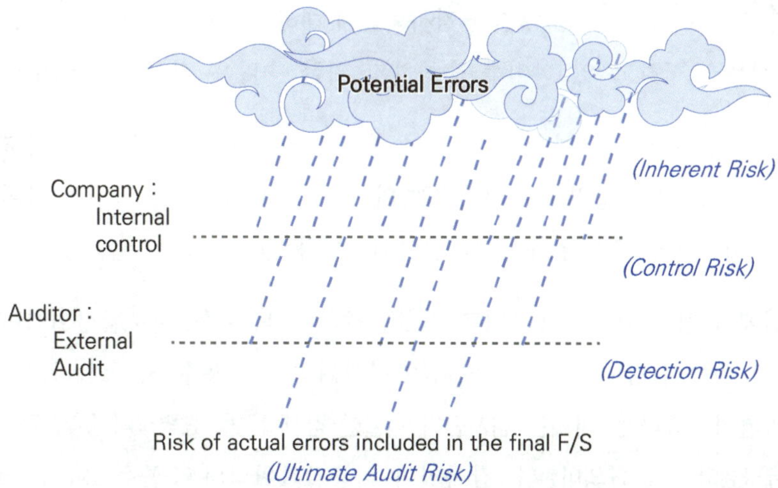

달성감사위험은 상기의 고유위험과 통제위험뿐만 아니라 감사인이 감사절차를 통하여 중요한 왜곡표시사항(부정이나 오류)을 적발하지 못하여도 존재한다. 이와 같이 감사인이 감사과정에서 중요한 왜곡표시사항(부정이나 오류)을 적발하지 못할 가능성을 적발위험이라 한다. 결론적으로 고유위험, 통제위험 및 적발위험이 높을수록 달성감사위험은 높다.

4 감사위험과 감사계획

핵심

1. 감사위험 = 고유위험 × 통제위험 × 적발위험에서 감사인은 적발위험의 수준을 조절함으로써 허용감사위험을 달성할 수 있다.
2. 감사위험은 허용감사위험의 수준보다 낮게 달성될수록 감사품질은 양호해질 수 있다. 그러나 감사품질이 양호해지는 것 이상으로 감사비용이 발생하기 때문에 무작정 감사범위를 확대할 수는 없다.

TIP
감사위험 = 1 - 확신

4.1 감사위험모형(Audit Risk Model)

(1) 허용감사위험

재무제표는 어떤 이유로 왜곡표시될 가능성이 있다. 다만, 그 정도는 기업마다 다르다. 감사인은 재무제표를 감사하고 자신의 의견을 표명한다. 감사의견은 감사인의 주관적인 의견이고 또한 감사의 고유한계 때문에, 자신의 의견에 대하여 100% 확신할 수는 없다. 감사기준은 수치로 제시하지는 않지만 감사의견에 대하여 100%는 아니지만 상당히 높은 수준의 확신을 요구하고 있고 이를 충족하기 위한 수많은 절차를 제시하고 있다.

그러면 어떻게 하면 상당히 높은 수준의 확신을 달성할 수 있을까? 이제 확신에 대한 다른 측면으로 이를 설명해 보자. 100%와 감사인이 제공하는 확신의 차이(= 100% - 감사인이 제공하는 확신의 수준)를 감사위험이라 한다.

감사위험에서 감사인이 수용하기로 한 최대한의 허용치를 허용감사위험이라 한다. 이해를 돕기 위하여 감사인이 통제하려는 감사위험의 허용수준을 5%라고 가정하자. 허용감사위험이 5%라는 의미는 감사인이 적절한 감사의견을 표명하지 못할 가능성을 5% 이하로 통제하겠다는 것을 의미한다. 감사인이 허용감사위험의 수준을 영(0)으로 설정하지 않는 이유는 감사의 고유한계가 존재하기 때문이다.

(2) 감사위험모형

그러면 감사인에게 주어진 중요왜곡표시위험을 어떻게 수용가능한 수준 이하로 낮출 수 있을까? 감사기준에서는 다음과 같은 감사위험모델을 통하여 감사인이 감사위험에 대하여 대응하도록 제시하고 있다.

기출 2021

감사위험(AR)	=	고유위험(IR) × 통제위험(CR)	×	적발위험(DR)
= 100% - 확신		중요왜곡표시위험		조절변수

만약, 감사인이 제공하려는 확신의 수준이 95%라고 하면 감사인이 수용가능한 위험은 5% 이하이다. 감사계획은 위험접근법이기 때문에 이제부터 위험을 위주로 설명한다. 어떤 경우이든 감사인이 의견을 제공하기 위해서는 위험을 5%(확신 = 95%) 이하로 통제하여야 한다.

감사인에게 주어진 재무제표에는 중요왜곡표시위험이 존재한다. 그 수준은 고유위험과 통제위험을 곱한 수준이다. 감사인은 위험평가절차를 통하여 주어진 재무제표의 왜곡표시위험을 평가한다. 감사기준은 일반적으로 고유위험과 통제위험을 구분하여 언급하지 않고 이들을 결합하여 평가한 "중요왜곡표시위험(RMM)"으로 정의하고 있다. 그러나 감사인이 선호하는 감사기법이나 감사방법론, 그리고 실무상의 고려에 따라 고유위험과 통제위험을 분리하거나 결합하여 평가할 수 있다(ISA 200-A40).

중요왜곡표시위험(고유위험과 통제위험)은 감사인이 증가 또는 축소시킬 수 없는 기업측 위험이고, 적발위험은 감사인이 조절할 수 있는 위험이다. 감사위험에 대한 감사인의 주된 목표는 달성감사위험이 허용감사위험 수준이하가 되도록 통제하는 데 있다. 따라서 감사인은 적발위험을 조절함으로써 전반적인 감사위험을 수용할 수 있는 수준 이하로 줄이고자 한다.

그러면 적발위험의 수준은 어떻게 조절할 수 있을까? 감사인은 실증절차의 성격, 시기 및 범위를 조절함으로써 적발위험을 조절할 수 있다. 예를 들면, 감사인이 감사범위를 확대하면 적발위험은 감소되며, 감사범위를 축소하면 적발위험은 증가된다.

그런데 감사인이 감사위험을 지나치게 낮추고자 한다면 감사품질은 높아질 수 있지만 감사가 비효율적이라는 지적을 받게 된다. 회계법인도 이윤을 추구하기 때문에 감사의 효율(efficiency)은 감사의 효과(effectiveness) 못지않게 중요하다. 그러나 감사인이 허용감사위험을 달성하지 못한다면 감사실패(audit failure 비효과적인 감사)가 발생된다. 감사실패가 발생되면 감사인은 제3자로부터 손해배상소송에 휘말릴 가능성이 높아진다. 이와 같이 비효율과 비효과 모두 감사인에게는 부담이기 때문에 감사위험에 대한 가장 합리적인 수준은 허용감사위험 만큼 달성하는 것이다.

만약 평가된 중요왜곡표시위험이 4%라면 감사를 하기 전에, 이미 위험이 수용가능한 수준 이하에 해당한다. 이 경우 이론적으로는 아무런 추가절차를 취하지 않아도 (즉, 적발위험 = 100%) 감사인이 표명한 감사의견은 상당히 안전한 수준의 확신을 제공한다. 그러나 이 경우에도 감사기준은 중요한 거래(사소한 거래는 아님)에 대해서는 반드시 실증절차를 수행하도록 요구하고 있다.

Q

감사위험을 허용감사위험수준 이하로 통제하기 위해 감사인이 조절할 수 있는 감사위험의 구성요소는?

> 감사인은 평가된 중요왜곡표시위험과 관계없이 중요한 각 거래유형과 계정잔액 및 공시에 대하여는 실증절차를 설계하고 수행하여야 한다(ISA 330-18).

Q

감사인은 왜 평가된 중요왜곡표시위험이 낮아도 기본적인 실증절차는 수행하여야 하는가?

그러나 만약 평가된 위험이 20%라면 실증절차를 통하여 이를 낮추어야만 감사인이 수용가능한 수준 이하로 위험을 낮출 수 있다. 이제부터 감사인의 역할이 두드러진다.

과연 20%나 왜곡표시된 재무제표에 대하여 감사인은 어느 정도의 노력을 하여야 할까? 이는 다음과 같은 감사위험모델에서 답을 얻을 수 있다.

$$DR = \frac{AR}{IR \times CR}, \quad 25\% = \frac{5\%}{20\%}$$

즉, 감사인은 주어진 재무제표에서 최소한 75% 이상의 중요한 왜곡표시사항을 발견하여 보고하여야만 한다. 이를 위험으로 설명하면 감사인은 중요한 왜곡표시를 적발하지 못할 위험을 25% 이하로 낮추어야 한다.

상기 사례에서 감사인에게 주어진 위험(중요왜곡표시위험)은 20%이다. 그러면 이 수치는 정확한 것일까? 아니다. 감사기준은 위험평가절차를 제시하고 있지만 여전히 한계가 있는 방법이다. 따라서 감사인은 가능하면 위험을 평가할 때 보수적인 자세(가능하면 위험을 높다고 평가함)를 가져야 안전하다.

요약하면, 허용감사위험은 감사인이 정하는 것이고 중요왜곡표시위험(고유위험 × 통제위험)은 기업에 내재된 것으로 감사인이 평가하여야 한다. 그러면 중요왜곡표시위험은 어떻게 식별하고 평가하는 것일까? 우리는 허용감사위험과 중요왜곡표시위험만 알면 감사위험모형을 통하여 감사인이 조절하여야 하는 적발위험의 허용수준을 계산할 수 있고, 이를 근거로 구체적인 감사계획을 수립할 수 있다.

예제 08 감사위험

감사위험이 다음과 같을 때 감사인이 허용하는 적발위험의 수준을 산출하고, 각 사례별로 감사범위를 비교하시오.

구 분	허용감사위험	고유위험	통제위험
사례 1	5%	30%	50%
사례 2	5%	50%	60%
사례 3	5%	50%	70%

해답

1. 허용적발위험

구 분	허용감사위험	고유위험	통제위험	허용적발위험
사례 1	5%	30%	50%	33%
사례 2	5%	50%	60%	17%
사례 3	5%	50%	70%	14%

2. 감사범위

허용적발위험의 수준은 사례 3이 가장 낮고, 다음으로 사례 2와 사례 1 순이다. 즉, 감사인이 적발 못할 가능성을 높여도 되는 사례 1은 사례 2이나 3보다 감사범위를 축소할 수 있다. 또한 사례 2는 사례 3보다는 감사범위를 축소할 수 있다.

3. 감사위험의 평가결과에 따른 감사계획의 의미

사례 3에서 감사인이 적발위험의 수준을 14%로 통제하였을 때 달성감사위험(= 50% × 70% × 14%)은 허용감사위험 수준인 5%를 달성할 수 있다. 적발위험의 수준을 14%로 달성하기 위한 감사계획은 감사인이 수집하여야 할 최소한의 감사증거량에 대한 정보만을 제공해 줄 뿐이다. 즉, 감사위험은 일정수준 이하로 통제되어야 하기 때문에 감사계획도 최소한 적발위험이 14%이하로 통제될 수 있도록 수립되어야 한다. 예를 들어, 적발위험이 14% 달성되기 위한 감사증거량이 100개라면, 감사인은 최소한 100개 이상의 감사증거를 수집하여야 한다.

REVIEW POINT

New International Standards on Auditing

1. 감사위험모델은 감사위험의 결정에 영향을 미치는 모든 요인을 포함하는 공식을 수학적으로 표현한 것이다.
2. 감사위험모델은 여러 위험 요인간의 일반적 관계를 평가할 때 유용하다. 그러나 감사위험모델에만 의존해서는 안 된다.
3. 감사위험모델은 허용감사위험을 달성하기 위하여 실증절차의 성격, 시기 및 범위를 계획하는 데 유용하다.
4. 실증절차는 ① 거래유형, 계정잔액 및 공시의 세부테스트(Tests of details of classes of transactions, account balances, and disclosures), ② 실증적인 분석적절차(Substantive analytical procedures)로 구분된다.

4.2 허용감사위험과 합리적인 감사증거

TIP

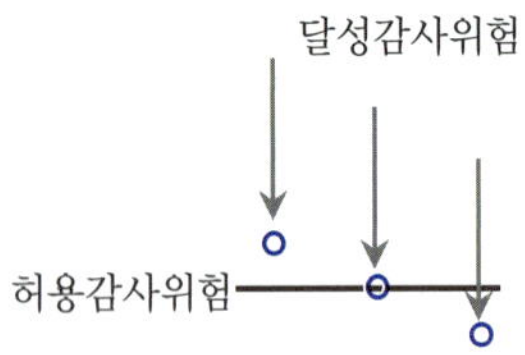

핵심

구 분	감사위험과 감사증거량
1. 합리적인 감사증거 (허용감사위험 = 달성감사위험)	감사인이 감수하기로 한 허용감사위험만큼 감사위험을 달성할 수 있는 감사증거량이 가장 합리적인 수준이다.
2. 비효율적인 감사 (허용감사위험 〉 달성감사위험)	감사위험을 허용감사위험 수준보다 낮게 달성하였을 경우를 비효율적인 감사라 한다.
3. 비효과적인 감사 (허용감사위험 〈 달성감사위험)	감사위험을 허용감사위험 수준만큼도 달성하지 못하였을 경우를 비효과적인 감사 또는 감사실패라고 한다.

감사인은 감사위험 평가결과를 감사계획에 반영한다. 감사위험은 감사증거량을 확대함으로써 감소시킬 수 있다. 그러면 감사인이 수집하여야 할 감사증거량은 과연 어느 정도일까? 감사인이 수집하여야 할 감사증거량의 합리적인 수준은 감사위험이 허용감사위험만큼 달성될 수 있는 수준이다. 그러나 허용감사위험을 정확히 달성하는 것은 우연한 경우를 제외하고는 어렵다. 그러면 허용감사위험보다 높게 달성하는 것이 감사목표를 달성하는 것일까? 아니면 낮게 달성하는 것이 감사목표를 달성하는 것일까? 이에 대한 답은 감사위험과 감사증거량과의 관계를 통해 얻을 수 있다. [그림 3-3]은 감사위험과 감사증거량과의 관계를 보여주고 있다.

그림 3-3 감사위험과 감사증거량과의 관계

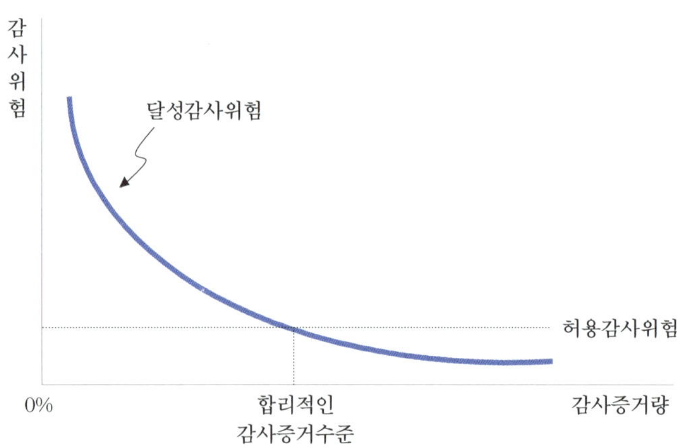

[그림 3-3]에서 회계감사의 고유한계 때문에 감사인이 아무리 많은 감사증거량을 수집하더라도 감사위험은 0%로 달성할 수는 없다. 감사인이 수집하여야 할 합리적인 감사증거의 수준은 허용감사위험과 달성감사위험이 일치하는 수준이다. 만약 합리적인 수준을 초과하여 감사증거를 수집할 경우 감사비용이 합리적인 수준을 능가하므로 비효율적인 감사가 되며, 합리적인 수준에 미달된 감사증거를 수집할 경우 비효과적인 감사(또는 감사실패)가 된다. 한편, 감사증거량을 증가시킴에 따라 달성감사위험의 수준이 체감하여 감소하는 것은 한계생산체감의 법칙 때문이다. 따라서 허용한 만큼 정확하게 감사위험을 달성할 수 없다면 감사인은 허용감사위험보다 낮은 수준으로 감사위험을 달성하여야 한다(허용감사위험 ≥ 달성감사위험).

Q
감사위험에 대한 감사인의 목표는?

4.3 허용감사위험의 변경과 감사증거

핵심

허용감사위험	감사증거량
높이는 경우	감 소(감사범위 축소)
낮추는 경우	증 가(감사범위 확대)

기출 2023

이제 허용감사위험을 변경하는 경우를 고려해 보자. 감사인이 감수하기로 한 감사위험의 수준(허용감사위험)을 변경하면, 수집하여야 할 감사증거량도 변동된다. 허용감사위험의 변경과 감사증거량과의 관계를 그림으로 나타내면 [그림 3-4]와 같다.

Q
평가된 중요왜곡표시위험도 변경(수정)이 가능한가?

그림 3-4 허용감사위험의 변경과 감사증거

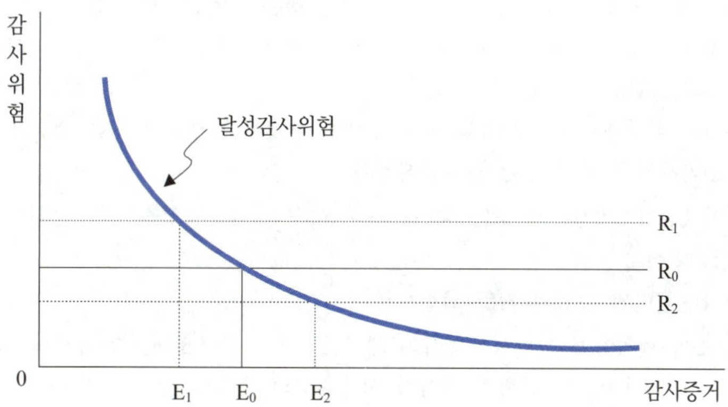

TIP
허용감사위험은 ① 외부이용자가 재무제표에 의존하는 정도와 ② 감사보고서 발행 후에 회사가 재무적 곤란에 처할 가능성에 따라 달라진다. 허용감사위험에 대한 평가는 매우 주관적이어서 같은 회사에 대하여 서로 다른 회계법인이 평가할 경우 허용감사위험은 달라질 수 있다. 또한 같은 회계법인이라 할지라도 감사에 참여하는 공인회계사별로도 약간의 차이가 있을 수 있다. 따라서 회계법인은 허용감사위험을 얼마로 설정할지에 대하여 매우 신중한 태도를 보이고 있다. 이와 같이 감사인별로 허용감사위험에 대한 평가의 정도가 상이한 것은 ① 감사인마다 위험에 대한 성향이 다르며, ② 허용감사위험의 설정이 주관적인 판단에 의존하기 때문이다.

[그림 3-4]에서 허용감사위험을 $R_0 \rightarrow R_1$으로 높이면, 합리적인 감사증거의 수준은 $E_0 \rightarrow E_1$으로 낮아짐을 알 수 있다. 반대로 $R_0 \rightarrow R_2$로 낮추면, 합리적인 감사증거의 수준은 $E_0 \rightarrow E_2$로 증대됨을 알 수 있다.

SECTION 03 중요왜곡표시위험의 식별과 평가

용어의 정리

- (경영진)주장 – 경영진이 재무제표가 해당 재무보고체계에 따라 작성되었다고 진술하는데 내재되어 있는, 재무제표상 정보의 인식, 측정, 표시 및 공시와 관련된 명시적이거나 그렇지 아니한 진술. 경영진주장은 감사인이 중요왜곡표시위험을 식별하고 평가할 때, 감사인이 발생가능한 서로 다른 형태의 잠재적 왜곡표시를 고려하는 데 사용된다.
- 사업위험 – 기업의 목적을 달성하고 경영전략을 집행하는 능력에 부정적인 영향을 줄 수 있는 유의적 상황, 사건, 환경, 행동하거나 행동하지 않음으로 인하여 발생하는 위험 또는 기업이 부적합한 목적과 전략을 수립하여 발생하는 위험
- 통제 – 경영진 또는 지배기구의 통제목적을 달성하기 위해 수립된 정책이나 절차.

① 정책은 통제 목적을 달성하기 위하여 기업 내에서 해야할 일 또는 하지 말아야 할 일을 제시한 것이다. 이는 문서화될 수도 있고, 커뮤니케이션 과정에서 명시적으로 언급될 수도 있고, 행위와 의사결정을 통해 암묵적으로 제시될 수도 있다.

② 절차는 정책을 실행하기 위한 행위이다.

- 고유위험요소 – 통제를 고려하기 전에 부정 또는 오류로 인하여 거래유형, 계정잔액 또는 공시에 대한 경영진주장이 왜곡표시될 가능성에 영향을 미치는 사건이나 상황의 특성. 그러한 요소는 질적이거나 양적일 수 있으며 복잡성, 주관성, 변화, 불확실성 또는 경영진 편의로 인한 왜곡표시 가능성 또는 고유위험에 영향을 미치는 한 기타 부정위험요소12를 포함한다.
- 관련경영진주장 – 거래유형, 계정잔액 또는 공시에 대한 경영진주장 중에 중요왜곡표시위험이 식별된 경영진주장. 어떤 경영진주장이 관련경영진주장인지는 관련 통제를 고려하기 전에 결정한다(즉 고유위험).
- 위험평가절차 – 재무제표 및 경영진주장 수준에서 부정이나 오류로 인한 중요왜곡표시위험을 식별하고 평가하기 위하여 수행하는 감사절차
- 유의적인 거래유형, 계정잔액 또는 공시 – 하나 이상의 관련경영진주장이 있는 거래유형, 계정잔액 또는 공시.
- 유의적 위험 – 식별된 중요왜곡표시위험으로

① 고유위험요소가 왜곡표시의 발생가능성과 왜곡표시가 발생했을 때 그 규모의 결합에 영향을 미치는 정도로 인하여 고유위험의 평가가 고유위험의 범위의 상단에 가까운 위험 또는

② 타 감사기준서의 요구사항에 따라 유의적 위험으로 다루는 위험이다.

1 위험평가절차 및 관련활동과 중요왜곡표시위험의 식별 및 평가

회계감사기준은 위험평가접근법에 기초하여 감사를 수행하고 그 결과 감사인이 확신할 경우 확신을 제공하게 하였다.

회계감사기준은 크게 위험평가절차 및 관련 활동을 통해 중요왜곡표시위험을 식별 및 평가하고 그 결과 중요왜곡표시위험이 낮거나 높을 경우 각각 위험평가에 대한 감사인의 대응을 달리하게 하였다. 여기서, 위험평가에 대한 감사인의 대응은 추가감사절차를 조절하는 것을 의미한다.

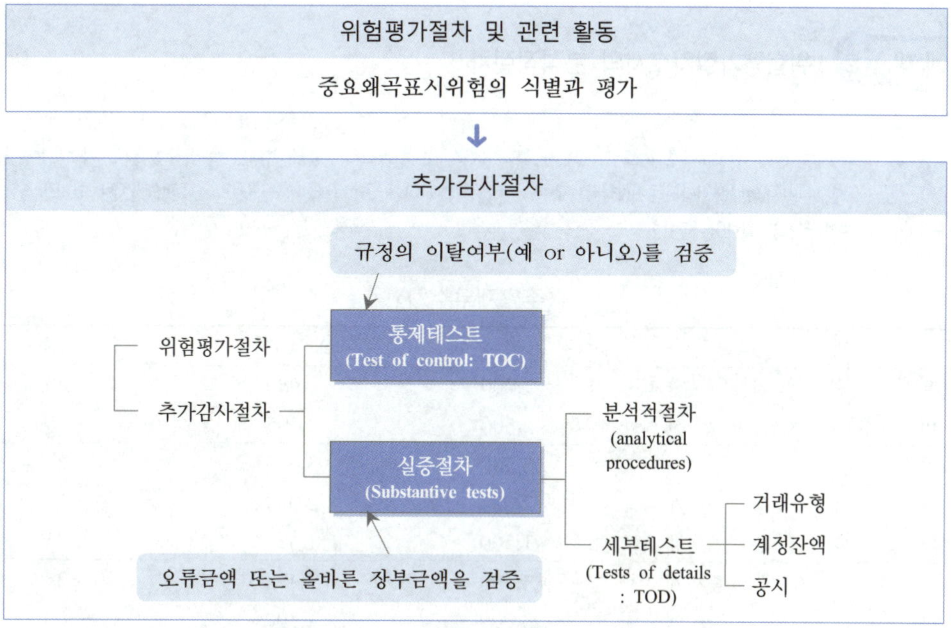

2 위험평가절차 및 관련 활동(The Entity's Risk Assessment Process)

2.1 위험평가절차 및 관련 활동의 목적

감사인은 다음에 대한 적합한 근거를 제공하는 감사증거를 입수하기 위하여 위험평가절차를 설계하고 수행하여야 한다(ISA 315-13).

위험평가절차 및 관련 활동의 목적 (ISA 315-13)

① 부정이나 오류로 인한 재무제표 수준과 경영진주장 수준에서의 중요왜곡표시위험의 식별과 평가
② 추가감사절차의 설계

2.2 위험평가절차

위험평가절차에는 다음 사항이 포함되어야 한다.

위험평가절차 (ISA 315-14)

① 경영진, (기능이 존재한다면) 내부감사기능 내의 담당자를 포함한 기업 내부의 기타 적절한 관련자에 대한 질문
② 분석적절차
③ 관찰
④ 검사

예제 09 위험평가절차로서의 분석적절차

〈주요재무수치〉

과 목	2×14년주	2×13년	증가(감소)
유동자산	1,000	980	20
비유동자산	2,500	2,495	5
자산총계	3,500	3,475	25
부채총계	2,000	2,050	-50
자본총계	1,500	1,425	75
부채와자본총계	3,500	3,475	25
매출액	3,800	4,300	-500
매출원가	2,600	3,050	-450
매출총이익	1,200	1,250	-50
법인세비용차감전순이익	120	121	-1
매출총이익률	3.16%	2.81%	0.35%

주 2×14년 수치는 1분기 재무제표를 근거로 연 환산한 금액임

상기 사례는 요약된 정보를 사용한 것이다. 요약정보는 매출액, 매출원가 등이 왜곡표시되지 않았다는 충분하고 적합한 증거를 제공하지는 못한다. 즉, 위험평가절차로서는 적합하지만 재무제표가 중요하게 왜곡표시되었다는 증거는 제공하지 못한다. 위험평가는 위험이 낮다는 것을 제시함으로써 감사범위를 낮추는데 그 목적이 있다. 따라서 세분화된 정보(예 거래처별 매출액자료, 품목별 매출원가자료 등)를 사용할 경우 매출액이나 매출원가가 왜곡표시되었다는 증거를 제공할 수는 있겠지만 분석적절차의 비용이 높아져서 위험평가 본연의 목적으로는 과도하다.

2.3 기타 원천의 정보

감사인은 위험평가절차를 수행할 때 정보의 원천은 다음을 포함한다(ISA 315-15).

① 고객관계 또는 감사업무의 수용 또는 유지에 대한 감사인의 절차
② 해당되는 경우 해당 기업에 대한 업무수행이사가 수행하는 다른 업무

감사인이 기업에 대한 과거의 경험 그리고 과거의 감사에서 수행된 감사절차로부터 얻은 정보를 이용하고자 하는 경우, 감사인은 그러한 정보가 당기 감사를 위한 감사증거로서 여전히 ❶관련성이 있고 ❷신뢰할 수 있는지 평가하여야 한다(ISA 315-16).

2.4 업무팀 토의

업무수행이사와 다른 주요업무팀원은 해당 재무보고체계의 적용과 기업의 재무제표가 중요하게 왜곡표시될 가능성을 토의하여야 한다(ISA 315-17).

3 기업과 기업환경, 해당 재무보고체계 및 기업의 내부통제 시스템에 대한 이해

감사인은 위험평가절차로 다음을 이해하여야 한다.

위험평가절차로 이해할 사항 (ISA 315-19~20)

① 기업과 기업환경
② 해당재무보고체계의 이해
③ 기업의 내부통제 시스템

3.1 기업과 기업환경

- 기업의 조직구조, 소유 및 지배구조, 그리고 기업의 사업모델
- 산업적 요인, 규제적요인 및 기타 외부적 요인
- 내외부적으로 기업의 재무성과를 평가하는데 사용되는 측정치

3.2 해당재무보고체계의 이해

- 해당 재무보고체계와 기업의 회계정책 및 변경 시 그 이유
- 해당 재무보고체계에 따른 재무제표의 작성에 있어 고유위험요소가 경영진주장

의 왜곡표시 가능성에 어떻게 영향을 미치는지 그리고 영향을 미치는 정도

3.3 기업의 내부통제 시스템 구성요소에 대한 이해

내부통제의 구성 (ISA 315-12)

(1) 통제환경(Control environment)
(2) 기업의 위험평가절차(The Entity's risk assessment process)
(3) 정보시스템과 커뮤니케이션(The entity's process to monitor the system of internal control)
(4) 정보시스템 및 커뮤니케이션과 통제활동(The information system and communication)
(5) 통 제 활 동(Control activities)

※ 내부통제에 대한 기본개념은 'CH 4 내부통제 운용에 대한 세부테스트'에서 설명함.

(1) 통제환경(Control environment)

감사인은 다음과 같은 위험평가절차의 수행을 통하여 재무제표 작성과 관련된 통제환경을 이해하여야 한다(ISA 315-21).

① 다음을 다루는 일련의 통제, 절차 및 구조를 이해한다.
- 기업의 문화, 경영진의 성실성과 윤리적 가치에 대한 약속 등과 같이 경영진이 감독책임을 이행하는 방법
- 지배기구가 경영진과 분리되어 있는 경우, 지배기구의 독립성과 기업의 내부통제 시스템에 대한 감독
- 기업의 권한과 책임의 배부
- 기업이 적격성 있는 인력을 유치하고, 육성하고 유지하는 방법
- 기업이 내부통제 시스템의 목적을 추구하는 데 있어 개인에게 책임을 지게 하는 방법

② 다음을 평가한다.
- 경영진이 지배기구의 감독과 함께 정직하고 윤리적으로 행동하는 문화를 조성하고 유지하는지 여부
- 기업의 성격과 복잡성을 고려했을 때, 통제환경이 기업의 내부통제 시스템의 다른 구성요소들에 대하여 적절한 기반을 제공하고 있는지 여부
- 통제환경에서 식별된 미비점이 기업의 내부통제 시스템의 다른 구성요소를 약화시키는지 여부

(2) 기업의 위험평가절차(The Entity's risk assessment process)

감사인은 다음과 같은 위험평가절차의 수행을 통하여 재무제표 작성과 관련된 기업의 위험평가절차를 이해하여야 한다(ISA 315-22).

① (다음과 같은) 기업의 위험평가절차 이해
- 재무보고목적과 관련된 사업위험의 식별
- 이러한 위험의 발생가능성을 포함한 위험의 유의성 평가
- 이러한 위험에 대한 대응

② 기업의 성격과 복잡성을 고려하였을 때, 기업의 위험평가절차가 기업의 상황에 적합한지 여부를 평가한다.

경영진이 식별하지 못한 중요왜곡표시위험을 감사인이 식별하면, 감사인은 다음 절차를 수행한다(ISA 315-23).

경영진이 식별하지 못한 중요왜곡표시위험을 감사인이 식별한 경우 (ISA 315-23)

① 해당 위험이 기업의 위험평가절차에서 식별될 것으로 기대하였던 종류의 위험인지 결정하고, 만약 그렇다면 기업의 위험평가절차가 해당 중요왜곡표시위험을 식별하지 못한 이유에 대하여 이해한다.

② 기업의 위험평가절차가 기업의 상황에 적합한지에 대한 감사인의 평가에 대한 시사점을 고려한다.

(3) 내부통제 시스템을 모니터링하는 기업의 절차(The entity's process to monitor the system of internal control)

감사인은 다음과 같은 위험평가절차의 수행을 통하여 재무제표 작성과 관련된 내부통제 시스템을 모니터링하는 기업의 절차를 이해하여야 한다(ISA 315-24).

① 다음을 다루는 기업의 절차의 측면들을 이해한다.
- 통제의 효과성 모니터링과 식별된 통제 미비점에 대한 식별과 개선을 위한 상시적인 평가 및 별도의 평가
- 내부감사기능이 있는 경우, 기업의 내부감사 기능. 그 성격, 책임 및 활동을 포함한다.

② 내부통제 시스템을 모니터링하는 기업의 절차에서 사용되는 정보의 원천과 경영진이 해당 정보를 목적상 충분히 신뢰성이 있는 정보라고 생각하는 근거를 이해한다.

③ 기업의 성격과 복잡성을 고려하였을 때, 내부통제 시스템을 모니터링하는 기업의 절차가 기업의 상황에 적합한지 여부를 평가한다.

(4) 정보시스템 및 커뮤니케이션(The information system and communication)

감사인은 다음과 같은 위험평가절차의 수행을 통하여 재무제표 작성과 관련된 기업의 정보시스템 및 커뮤니케이션을 이해하여야 한다(ISA 315-25).

① 유의적인 거래유형, 계정잔액 및 공시에 대한 기업의 정보처리활동을 이해한다. 해당 활동에서 사용되는 데이터와 정보 및 자원과 다음을 정의하는 정책을 포함한다.
 a. 정보가 기업의 정보시스템에 흘러가는 방법. 다음을 포함한다.
  - 거래가 개시되고 거래에 대한 정보가 기록, 처리되고 필요시 수정되고 총계정원장에 포함되고 재무제표에 보고되는 방법
  - 거래 외에 사건과 상황에 대한 정보가 포착, 처리되고 재무제표에 공시되는 방법
 b. 회계기록, 재무제표의 특정 계정 및 기타 정보시스템의 정보 흐름에 관한 기타 증빙 기록
 c. 공시를 포함하여 기업의 재무제표 작성에 사용된 재무보고 절차
 d. 위 사항과 관련된 IT 환경을 포함한 기업의 자원
② 기업이 재무제표 작성과 관련 보고 책임을 뒷받침하는 유의적 사항들을 정보시스템과 내부통제 시스템의 기타 구성요소에서 다음의 커뮤니케이션을 하는 방법을 이해한다.
 a. 재무보고 역할과 책임이 커뮤니케이션되는 방법을 포함한 기업 내 사람들 간의 커뮤니케이션
 b. 경영진과 지배기구 간의 커뮤니케이션
 c. 규제당국과 같은 외부 제삼자와의 커뮤니케이션

(5) 통제활동(Control activities)

감사인은 다음과 같은 위험평가절차의 수행을 통하여 통제활동 구성요소를 이해하여야 한다(ISA 315-26).

①통제활동 구성요소에서 경영진주장 수준의 중요왜곡표시위험에 대처하는 다음과 같은 통제를 식별한다.
 a. 유의적 위험으로 결정된 위험에 대처하는 통제
 b. 비반복적이고 일상적이지 않은 거래나 조정에 사용되는 비표준적인 분개를 포함한 분개에 대한 통제
 c. 감사인이 실증 테스트의 성격, 시기 및 범위를 결정하는 데 있어 운영효과성을 테스트하기로 계획한 통제. 이러한 통제에는 실증절차만으로는 충분하고 적합한 감사증거를 제공하지 못하는 위험에 대처하는 통제를 포함하여야 한다.
 d. 감사인의 전문가적 판단에 기초하여 감사인이 경영진주장 수준의 위험과 관련하여 적절하다고 판단한 기타 통제.
②①에서 식별된 통제를 바탕으로, IT 응용프로그램과 IT 사용으로 인한 위험이 따르는 기업의 IT 환경의 기타 측면을 식별한다.
③②에서 식별된 IT 응용프로그램과 IT 환경의 기타 측면에 대하여 다음을 식별한다.
 a. IT 사용으로 인한 관련 위험
 b. 그러한 위험에 대처하는 기업의 정보기술 일반통제
④① 또는 ③-a에서 식별된 통제에 대하여,
 a. 통제가 경영진주장 수준의 중요왜곡표시위험에 대처하기에 효과적으로 설계되었는지 또는 다른 통제의 운영을 지원하기에 효과적으로 설계되었는지 여부를 평가한다.
 b. 기업의 인원에 대한 질문에 추가된 절차를 수행함으로써 기업의 통제가 실행되었는지 여부를 결정한다.

4 중요왜곡표시위험의 식별과 평가

4.1 중요왜곡표시위험의 식별

감사인은 다음과 같은 수준에서의 중요왜곡표시위험을 식별하고 평가하여야 한다(ISA 315-28).

<table>
<tr><td>(1) 재무제표 수준</td><td>재무제표 수준의 중요왜곡표시위험은 재무제표 전체에 전반적으로 관련된 위험을 말하며, 잠재적으로 다수의 경영진주장에 영향을 미친다. 이러한 성격의 위험은 거래유형과 계정잔액 및 공시 수준의 특정 경영진주장에서 반드시 식별될 수 있는 위험이 아니다(ISA 315-A195).

재무제표 수준의 중요왜곡표시위험에 대한 감사인의 식별과 평가는 기업의 내부통제 시스템에 대한 이해의 영향을 받으며 특히 통제환경, 기업의 위험평가절차 및 내부통제 시스템을 모니터링하는 기업의 절차에 대한 이해와 다음 사항에 대한 이해의 영향을 받는다. 문단 21(b), 22(b), 24(c), 25(c)에서 요구되는 관련 평가의 결과 문단 27에 따라 식별된 모든 통제 미비점 특히 재무제표 수준의 위험은 통제환경의 미비점이나 경제상황의 침체와 같은 외부 사건이나 상황에서 발생할 수 있다.

〈사례〉
1. 기업이 영업손실과 유동성 문제를 겪고 있으며 아직 보장되지 않은 자금조달에 의존하고 있다. 그러한 상황에서 감사인은 계속기업가정의 회계처리가 재무제표 수준의 중요왜곡표시위험을 야기한다고 판단할 수 있다. 이런 경우 회계체계는 청산기준을 사용하여 적용될 필요가 있을 수 있으며 이것은 모든 경영진주장에 전반적으로 영향을 줄 것이다.

2. 기업의 통제환경을 평가한 결과 감사인은 기업 경영진의 성실성에 대하여 우려할 수 있으며, 그 우려가 매우 심각하여 경영진이 재무제표를 왜곡표시할 위험이 감사를 수행할 수 없을 정도라고 결론짓게 될 수 있다.

3. 기업의 정보시스템과 커뮤니케이션에 대한 평가 결과, IT 환경의 유의적인 변화가 경영진이나 지배기구의 감시 없이 형편없이 관리되었다고 결정할 수 있다. 감사인은 기업의 회계기록의 상태와 신뢰성에 유의적인 우려가 있다고 결론지을 수 있다. 그러한 상황에서 감사인은 재무제표에 대한 적정의견을 뒷받침할 수 있는 충분하고 적합한 감사증거의 입수가 가능할 것 같지 않다고 결론을 내릴 수 있다.</td></tr>
<tr><td>(2) 거래유형, 계정잔액 및 공시에 대한 경영진주장 수준</td><td>재무제표에 전반적으로 관련되지 않은 중요왜곡표시위험은 경영진주장 수준의 중요왜곡표시위험이다.</td></tr>
</table>

4.2 재무제표 수준의 중요왜곡표시위험의 평가

식별된 재무제표 수준의 중요왜곡표시위험에 대하여 감사인은 위험을 평가하고 다음 절차를 수행하여야 한다.

① 그러한 위험이 경영진주장 수준의 위험 평가에 영향을 주는지 결정한다.

② 재무제표에 미치는 전반적인 영향의 성격과 규모를 평가한다.

4.3 경영진주장 수준의 중요왜곡표시위험의 평가

(1) 고유위험의 평가

식별된 경영진주장 수준의 중요왜곡표시위험에 대하여 감사인은 왜곡표시의 발생 가능성과 규모를 평가함으로써 고유위험을 평가하여야 한다. 그 과정에서 감사인은 다음을 고려하여야 한다(ISA 315-31).

① 고유위험요소가 관련경영진주장의 왜곡표시가능성에 영향을 미치는 방법과 그 정도

② 재무제표 수준의 중요왜곡표시위험이 경영진주장 수준의 중요왜곡표시위험의 고유위험 평가에 영향을 미치는 방법과 그 정도

관련 고유위험 요소	경영진주장 수준의 중요왜곡표시위험의 존재를 나타낼 수 있는 사건이나 상황의 예시
복잡성	규제 : • 높은 수준의 복잡한 규제를 따르는 영업 사업모델 : • 복잡한 제휴와 합작투자 해당재무보고체계 : • 복잡한 절차를 수반하는 회계측정 거래 : • 부외 자금조달, 특수목적기업, 기타 복잡한 재무 약정의 사용
주관성	해당 재무보고첼계 : • 회계추정치에 대한 광범위한 가능한 측정 요건. 예를 들어 경영진의 감가상각 또는 공사수익과 공사원가의 인식 • 투자부동산과 같은 비유동자산에 대한 평가기법이나 모델에 대한 경영진의 선택
변 화	경제 상황 : • 예를 들어 유의적인 통화의 평가절하나 높은 물가상승률이 높은 경제상황인 국가와 같은 경제적으로 불안정한 지역에서의 영업 시장 : • 변동성있는 시장에 노출된 영업. 예를 들어 선물시장

관련 고유위험 요소	경영진주장 수준의 중요왜곡표시위험의 존재를 나타낼 수 있는 사건이나 상황의 예시
	고객 이탈 : • 유의적인 고객의 이탈을 포함한 계속기업과 청산 이슈 산업모델 : • 기업이 속한 산업의 변화 사업모델 : • 공급망의 변화 • 새로운 제품이나 서비스의 개발 또는 제안 또는 새로운 사업 계열로의 진출 지리 : • 새로운 지역으로의 확장 기업 구조 : • 대규모 인수 또는 재조직화 또는 기타 비경상적인 사건과 같은 기업의 변화 • 매각할 기업 또는 사업 분야 인적자원의 경쟁력 : • 핵심 임원의 이탈과 같은 핵심 인원의 변화 정보기술 : • IT 환경의 변화 • 재무보고와 관련된 유의적인 새로운 정보기술 시스템의 설치 해당 재무보고체계 : • 새로운 회계 의견서의 적용 자본 : • 자본과 신용의 이용가능성에 대한 새로운 제약 규제기관 : • 규제기관이나 정부기관에 의한 기업의 영업이나 재무 결과에 대한 조사의 착수 • 환경보호와 관련된 새로운 법률의 영향
불확실성	보고 : • 회계추정치와 관련 공시를 포함한 유이적인 측정 불확실성이 있는 사건이나 거래 • 계류중인 소송과 우발부채. 예를 들어 판매보증 재무보증 환경개선
경영진 편의 또는 고유위험에 영향을 미치는 기타 부정위험 요소로 인한 왜곡표시 가능성	보고 : • 경영진과 종업원이 부정 재무보고(공시의 유의적인 정보의 생략이나 모호성 포함)에 개입할 기회 거래 : • 특수관계자와의 유의적인 거래 • 유의적인 수의 비일상적이고 비체계적 거래(회사간 거래 및 기말시점의 거액의 수익거래 포함) • 경영진의 의도에 기초하여 기록되는 거래. 예를 들어 채무재조달, 매각예정자산 시장성 유가증권의 분류

감사인은 평가된 중요왜곡표시위험 중에서 유의적 위험이 있는지 결정하여야 한다. 또한 감사인은 경영진주장 수준의 중요왜곡표시위험 중 실증절차만으로는 충분하고 적합한 감사증거를 제공할 수 없는 위험이 있는지 결정하여야 한다(ISA 315-32, 33).

(2) 통제위험의 평가

통제의 운영효과성을 테스트할 계획인 경우	통제의 운영효과성을 테스트하지 않을 계획인 경우
↓	↓
반드시 통제위험 평가 (통제의 운용효과성 테스트를 수행함)	
↓	↓
평가한 후	평가 없이
- 기대한 바와 같이 통제의 운용이 효과적임 → 통제위험 낮음 - 기대와는 달리 통제의 운용이 효과적이지 않음 → 통제위험 높음	통제위험이 높다고 평가함(통제의 운용효과성 테스트를 생략했기 때문에 통제위험이 낮다고 평가할 수 없음)

통제의 운영효과성을 테스트할 계획인 경우, 감사인은 통제위험을 평가하여야 한다(CH4. 내부통제에서 설명). 통제의 운영효과성을 테스트하지 않을 계획인 경우, 감사인은 중요왜곡표시위험이 고유위험과 동일하게 평가되도록 통제위험을 평가하여야 한다(ISA 315-34).

여기서, 감사인이 통제의 운용효과성을 테스트 할 계획이란 회사의 통제가 효과적으로 운용되고 있다는 감사인의 기대에 근거한 것이다. 감사인은 통제가 기대한 바와 같이 효과적으로 운용되고 있는지에 대한 감사증거를 수집(통제테스트)한 후 기대한 바와 같이 통제가 효과적으로 운용된다면 통제위험이 낮다고 평가한다. 그러나 감사인의 기대와는 달리 통제테스트의 결과, 회사의 통제가 효과적이지 않다면 감사인은 통제위험이 높다고 평가한다.

그러나 감사인이 통제의 운영효과성을 테스트하지 않을 계획인 경우, 통제가 효과적이라는 증거가 없기 때문에 통제위험이 낮다고 결론 내릴 수 없고 그 결과 통제위험은 높다고 결론 내리게 된다. 여기서, "중요왜곡표시위험이 고유위험과 동일하게 평가되도록 통제위험을 평가하여야 한다"는 것은 고유위험(IR)이 높아 통제위험(IR)이 낮게 평가되더라도 중요왜곡표시위험(IR × CR)이 낮추어지지 않게 된다. 따라서 감사인은 중요왜곡표시위험이 높아 감사범위를 축소할 수 없는 상황에 직면하게 되며, 감사인은 굳이 감사비용을 투입하여 통제의 운용효과성을 테스트할 필요가 없게 된다. 이 경우 감사인은 통제의 운용효과성을 테스트 하지 않고 곧바로 통제위험이 높다고 결론내리는 것이 합리적이다. ※ ISA 315-A228, A229에서 설명한 바와 같음. 보다 자세한 내용은 CH4. 내부통제의 평가에서 설명함.

4.4 위험평가절차에서 입수한 감사증거의 평가

> 감사인은 위험평가절차에서 입수한 감사증거가 중요왜곡표시위험의 식별과 평가에 대한 적절한 근거를 제공하는지 여부를 평가하여야 한다. 만약 그렇지 않다면, 감사인은 그러한 근거를 제공하는 감사증거가 입수될 때까지 추가적인 위험평가절차를 수행하여야 한다. 중요왜곡표시위험을 식별하고 평가할 때, 감사인은 확인하는 증거이든 상반되는 증거이든 위험평가절차에서 입수한 모든 감사증거를 고려하여야 한다(ISA 315-35).

감사인은 위험평가절차를 통해 중요왜곡표시위험을 식별하고 평가한다. 그리고 평가된 중요왜곡표시위험에 따라 감사계획을 확정한다. 따라서 감사인은 위험평가절차 과정에서 수집한 증거가 중요왜곡표시위험을 뒷받침할 수 있을 정도로 충분하고 적합해야 한다. 만약, 감사인이 위험평가절차를 통해 수집한 증거가 중요왜곡표시위험이 낮다는 것을 뒷받침 할 수 없는 경우, 중요왜곡표시위험이 낮다고 결론 내릴 수 없고 높다고 결론 내려야 한다.

■ 유의적이지 않지만 중요한 거래유형, 계정잔액 및 공시

> 유의적인 거래유형, 계정잔액 또는 공시로 결정되지 않은 중요한 거래유형, 계정잔액 또는 공시에 대하여, 감사인은 감사인의 결정이 여전히 적합한지에 대하여 평가하여야 한다(ISA 315-36).

■ 중요하지만 유의적인 거래유형, 계정잔액 또는 공시로 결정되지 않은 거래유형, 계정잔액 또는 공시

중요하지만 유의적인 거래유형, 계정잔액 또는 공시로 결정되지 않은 거래유형, 계정잔액 또는 공시가 있을 수 있다(즉 식별된 관련경영진주장이 없음).

> 예시 : 기업이 감사인이 중요왜곡표시위험으로 식별하지 않은 임원보상에 대한 공시가 있을 수 있다. 그러나 감사인은 이 공시는 중요하다고 결정할 수 있다(ISA 315-A234).

4.5 위험평가의 수정

최초 중요왜곡표시위험을 식별하고 평가하는 데 근거가 된 감사증거와 일관성이 없는 새로운 정보를 입수한 경우, 감사인은 그러한 식별 또는 평가를 수정하여야 한다(ISA 315-37).

감사인의 위험평가절차가 특정 통제가 효과적으로 운영되고 있다는 기대에 근거할 수 있다. 이 경우 감사인은 잠정적으로 통제위험이 낮다고 결론 내리게 된다. 그런데 감사인이 해당 통제에 대한 테스트(운용효과성)를 수행하면서 회사의 통제가 효과적으로 운영되지 않고 있다는 감사증거를 입수하게 된다면, 감사인은 잠정적으로 통제위험이 낮다는 것을 수정하여 통제위험이 높다고 수정하다.

감사인이 중요왜곡표시위험에 대한 평가 결과는 위험평가절차에 의존하지만 감사과정에서 중요왜곡표시위험의 평가결과와 상반되는 감사증거가 입수된다면 감사인은 중요왜곡표시위험을 지속적으로 수정한다.

5 문서화

감사인은 위험평가절차를 수행한 후 다음 사항을 감사문서에 포함하여야 한다.

위험평가절차 후 문서화할 사항 (ISA 315-38)

① 업무팀원 간의 토의내용 및 도달된 유의적 결정사항
② 기업과 기업환경, 해당 재무보고체계 및 기업의 내부통제 시스템에 대한 감사인의 이해의 주요 요소, 감사인이 이해를 얻은 정보의 원천, 그리고 수행한 위험평가절차
③ 식별된 통제의 설계에 대한 평가와 그러한 통제가 실행되었는지에 여부에 대한 결정
④ 식별되고 평가된 재무제표 수준과 경영진주장 수준의 중요왜곡표시위험.
※ 유의적 위험과 실증절차만으로 충분하고 적합한 감사증거를 제공할 수 없는 위험 및 유의적 판단의 근거를 포함한다.

SECTION 04 평가된 위험에 대한 대응 (Auditor's Responses to Assessed Risks)

이제 위험에 대한 감사인의 대응을 보다 구체적으로 설명한다. 감사기준은 위험을 ① 재무제표 수준과 ② 경영진주장 수준으로 구분하고 있다. 따라서 위험에 대응하기 위한 감사인의 대응도 두 가지로 구분하고 있다.

1 재무제표 수준의 위험에 대응한 감사절차

핵심

일반적 대응	통제환경이 효과적인 경우의 대응	통제환경이 효과적이지 않은 경우의 대응
① 업무팀이 전문가적 의구심을 유지할 필요성을 강조함 ② 보다 경험이 풍부하거나 특수한 기술을 보유한 인력을 배정하거나 또는 전문가를 활용함 ③ 감독활동을 강화함 ④ 수행될 추가 감사절차를 선택할 때 예측불가능성 요소를 추가로 반영함 ⑤ 감사절차의 성격, 시기 또는 범위를 전반적으로 변경함	일부 감사절차를 보고기간 말이 아닌 기중에 수행 가능	① 기중보다 보고기간 말에 더 많은 감사절차를 수행함 ② 실증절차를 통해 보다 확대된 감사증거를 입수함 ③ 감사범위에 포함되는 사업장의 수를 확대함

감사인은 재무제표 수준의 평가된 중요왜곡표시위험에 대처하기 위한 전반적인 대응을 설계하고 실행하여야 한다(ISA 330-5).

1.1 일반적 대응

재무제표 수준의 평가된 중요왜곡표시위험에 대처하기 위한 전반적인 대응에는 다음 사항이 포함될 것이다(ISA 330-A1).

재무제표 수준의 위험에 대응한 일반적인 감사절차 (ISA 330-A1)

- 업무팀이 전문가적 의구심을 유지할 필요성을 강조함
- 보다 경험이 풍부하거나 특수한 기술을 보유한 인력을 배정하거나 또는 전문가를 활용함
- 감독활동을 강화함
- 수행될 추가 감사절차를 선택할 때 예측불가능성 요소를 추가로 반영함
- 감사절차의 성격, 시기 또는 범위를 전반적으로 변경함. 예를 들어 실증절차는 기중보다는 보고기간말에 수행하거나, 보다 설득력 있는 감사증거를 입수하기 위하여 감사절차의 성격을 변경함

재무제표 수준의 중요왜곡표시위험에 대한 평가 그리고 이에 따른 감사인의 전반적인 대응은 통제환경에 대한 감사인의 이해에 의해 영향을 받는다.

1.2 통제환경이 효과적인 경우의 대응

통제환경이 효과적이면 감사인은 기업의 내부통제와 기업 내부에서 생성된 감사증거를 보다 신뢰할 수 있고, 이에 따라 감사인이 일부 감사절차를 보고기간 말이 아닌 기중에 수행할 수 있을 것이다(ISA 330-A2).

1.3 통제환경이 효과적이지 않은 경우의 대응

반면, 통제환경의 미비점은 반대의 영향을 미친다. 이에 따라, 감사인은 비효과적인 통제환경에 대하여 다음과 같이 대응할 것이다(ISA 330-A2).

통제환경이 효과적이지 않는 경우의 대응 (ISA 330-A2)

① 기중보다 보고기간 말에 더 많은 감사절차를 수행함
② 실증절차를 통해 보다 확대된 감사증거를 입수함
③ 감사범위에 포함되는 사업장의 수를 확대함

2 경영진주장 수준의 위험에 대응한 감사절차

핵심

추가감사절차의 성격, 시기 및 범위를 결정할 때 고려할 요소

중요왜곡표시위험(고유위험×통제위험)

추가로 고려할 사항

성 격	시 기	범 위
	• 통제환경 • 관련된 정보의 이용 가능 시기 • 위험의 성격 • 감사증거가 관련되는 해당 기간이나 일자	• 추출할 표본수의 증가(or 축소)

구 분	내 용
성 격 (Nature)	(a) 위험이 높다고 평가한 경우: 문서조사에 추가하여 계약 상대방에게 계약 조건의 완전성에 대하여 확인 + 특정 감사절차 (b) 수익에 대한 완전성 주장을 감사하는 경우 • 수익과 관련하여, 완전성 주장에 대하여 된 중요왜곡표시위험에 대하여는 통제테스트 • 발생사실 주장에 대한 평가된 중요왜곡표시위험에 대하여는 실증절차 (c) 위험이 낮다고 평가한 경우 • 관련된 통제를 고려하지 않더라도 해당 거래유형의 특별한 성격 때문에 위험이 낮다고 평가한 경우, 실증적 분석절차(Substantive analytical procedures) • 내부통제 때문에 위험이 낮다고 평가된 경우 통제테스트(Test Of Controls)
시 기 (Timing)	(a) 중요왜곡표시위험이 높은 경우 • 기중보다는 보고기간말 또는 보고기간말에 근접한 시기에 실증절차를 수행 • 불시에 또는 예측불가능한 시기에 감사절차를 수행 (b) 보고기간말 또는 그 이후에만 수행할 수 있는 감사절차 (c) 감사절차의 시기를 결정할 때 감사위험에 추가하여 고려할 사항
범 위 (Extent)	중요왜곡표시위험이 증가할수록 감사절차의 범위는 확대 • 부정으로 인한 왜곡표시위험에 대응할 때는 감사절차의 점위를 확대 (부정이 개입된 경우 고려할 것 없이 위험이 높은 것으로 간주)

감사인은 경영진주장 수준의 평가된 중요왜곡표시위험을 기초로 하여 이에 대응하는 추가감사절차의 성격, 시기 및 범위를 설계하고 수행하여야 한다(ISA 330-6). 감사인은 예를 들어 다음과 같이 결정할 수 있을 것이다.

(a) 통제테스트를 수행하는 것만으로 특정 경영진주장에 대한 평가된 중요왜곡표시위험에 효과적으로 대응할 수 있음 ①
(b) 특정 경영진주장에 대하여는 실증절차만을 수행하는 것이 적합하므로, 관련된 위험을 평가할 때 통제가 미치는 영향을 배제함 ②
(c) 통제테스트와 실증절차를 모두 병행하는 결합적 접근방법이 효과적임 ③

① 위험만 평가하고 실증절차는 추가로 수행하지 않는다는 것을 의미함. 예를 들면, 위험이 지나치게 낮아 추가적으로 실증절차의 필요성을 느끼지 못함. 그러나 이 경우에도 중요한(사소한 것은 아님) 왜곡표시위험과 관계없이 중요한 각 거래유형과 계정잔액 및 공시에 대하여는 실증절차를 설계하고 수행하여야 한다(ISA 330-18).

② 감사인이 위험평가절차를 통하여 해당 경영진주장과 관련된 효과적인 통제를 전혀 식별하지 못했거나 통제를 테스트하는 것이 비효율적이기 때문에, 내부통제에 의존하지 않고 실증절차 위주로 감사하기로 결정한 경우를 말한다.

③ 효과적인 내부통제가 존재하고 내부통제에 의존하는 것이 효율적이라고 판단될 경우 위험평가 결과에 따라 실증절차의 성격, 시기 및 범위를 조절하는 경우에 해당한다.

통제테스트와 실증절차(추가감사절차)는 다음의 조합이 가능하다.

Case 1: 통제테스트 수행 + 낮은 수준의 실증절차 : 통제테스트를 수행한다는 것은 내부통제의 운용이 효과적이라는 기대가 있기 때문이다. 통제테스트의 수행결과 위험평가결과와 일치하게 내부통제의 운용도 효과적이라는 증거를 수집할 수 있다면, 감사인은 내부통제에 의존할 수 있고 따라서 감사인이 직접 감사증거를 수집하는 과정인 실증절차를 축소(limited substantive procedures)하는 감사전략을 수립하고 이를 이행한다. 이 경우 감사인은 실증절차를 축소하더라도 허용할 수 있는 수준 이하로 감사위험을 통제할 수 있고 제공하기로 한 확신의 수준을 달성할 수 있다. → 위의 (a)

통제테스트의 비용 < 실증절차의 축소로 인한 효익

Case 2: 통제테스트 수행 + 높은 수준의 실증절차 : 통제테스트의 수행결과 위험평가결과와 다르게 내부통제의 운용이 효과적이지 않다면, 감사인은 내부통제에 의존할 수 없고, 따라서 실증절차(최대수준의 실증절차) 위주로 감사전략을 수정하여 이를 이행한다. → 위의 (c)

통제테스트 비용 > 실증절차 축소 효익(= 0)

Case 3: 통제테스트 생략 + 높은 수준의 실증절차 : 위험평가결과에 따라 통제테스트를 생략하기로 하였고 따라서 중요왜곡표시위험이 낮다는 것에 대한 충분하고 적합한 증거를 수집하지 못하였기 때문에 실증절차(최대수준의 실증절차) 위주로 감사를 계획한다. → 위의 (b)

통제테스트 비용(= 0) = 실증절차의 축소로 인한 효익(= 0)

예제 10 감사위험모델과 감사계획

감사인이 사전에 설정한 허용감사위험과 고유위험 및 통제위험의 평가결과가 다음과 같다.

구 분	감사위험
허용감사위험	10%
고유위험	20%
통제위험	30%

요구사항

1. 상기 자료에서 고유위험 × 통제위험 평가결과의 최소수준은?
2. 상기 자료에서 합리적인 실증절차에 대한 계획은?

해답

1. IR × CR(6%)이 허용감사위험(10%) 이하라 할지라도 회계법인은 보수적으로 내부지침에 따라 IR × CR의 수준이 최소한 10%를 초과한다고 결론내려야 한다. 만약, 회계법인이 내부적으로 최소한 IR × CR의 수준이 허용감사위험 수준보다 2% 초과한 것으로 평가하여야 한다는 규정이 있다면, 상기 사례의 IR × CR의 평가결과는 12%(= Max[12%, 6%])가 된다.
2. 허용감사위험 = 고유위험 × 통제위험 × 허용적발위험에서 감사인이 허용하는 감사위험은 10%인데 회사가 제시하는 재무제표에 포함되어 있는 감사위험(고유위험 × 통제위험 = 6% = 20% × 30%)이므로 감사하기도 전에 이미 허용수준을 달성하였다는 것을 의미한다. 그러나 ISA 330-18에서 다음과 같이 규정하고 있으므로 최소한의 실증절차는 수행하여야 한다.

   "감사인은 평가된 중요왜곡표시위험과 관계없이 중요한(사소한 것은 아님) 각 거래유형과 계정잔액 및 공시에 대하여는 실증절차를 설계하고 수행하여야 한다(ISA 330-18)."

일반적으로 감사인은 중간감사기간 동안 내부통제를 평가하고, 기말감사기간 동안 실증절차를 수행한다. 중간감사는 내부통제를 평가함으로써 통제위험을 평가하는 데 그 주안점을 두고, 실증절차는 재무제표가 회계기준에 따라 작성되었는가에 대한 감사증거를 수집하는 데 중점을 둔다. 그러나 중간감사기간 중에도 실증절차를 실시하는 경우가 있는데 이중목적테스트(dual-purpose test)가 바로 그것이다.

> 여기서, 이중목적테스트란 통제테스트(내부통제 운용에 대한 테스트)와 거래 및 계정잔액에 대한 세부테스트(실증절차)를 동시에 실시하는 것을 말한다.

Q
이중목적테스트란 무엇과 무엇을 동시에 실시하는 것을 말하는가?

감사인은 감사위험과 중요성 등을 고려하여 추가감사절차의 감사계획을 수립한다. 추가감사절차는 통제테스트와 실증절차로 구성된다. 실증절차의 계획은 실증절차의 성격, 시기 및 범위(nature, timing and extent)에 대한 계획이며 이는 다음과 같이 정의된다.

TIP

감사절차에는 다음과 같은 통제테스트와 실증절차가 있다(ISA 330 -4). 이를 위험평가 후 추가적으로 실시하는 감사절차라는 의미에서 추가감사절차라고 한다.

(a) 통제테스트(Test of controls): 경영진주장 수준의 중요한 왜곡표시를 예방 또는 발견 및 수정하기 위한 통제의 운영효과성을 평가하기 위해 설계된 감사절차를 말한다.

(b) 실증절차(Substantive procedure): 경영진주장 수준의 중요한 왜곡표시를 발견하기 위해 설계된 감사절차를 말한다. 실증절차는 다음과 같이 구성되어 있다.

- 거래유형, 계정잔액 및 공시의 세부테스트
- 실증적인 분석적절차

구 분		내 용
어떤?	감사(실증) 절차의 성격	감사절차의 성격이란 감사절차의 목적(즉, 통제테스트 또는 실증절차)과 유형(즉, 검사, 관찰, 질문, 조회, 재계산, 재수행 또는 분석적절차)을 말한다. 감사절차의 성격은 평가된 위험에 대응할 때 가장 중요하다. 즉, 감사절차의 성격이란 상기의 감사절차 중 어떤 절차를 선택하여 적용할 것인가에 대한 것이다.
언제?	감사(실증) 절차의 시기	감사절차의 시기는 감사절차가 언제 수행되는지, 또는 감사증거의 해당 기간이나 일자를 말한다.
얼마나?	감사(실증) 절차의 범위	감사절차의 범위는 표본규모나 통제활동의 관찰 빈도 등 수행할 업무의 양 등을 의미한다.

감사기준에서는 추가감사절차를 설계할 때 다음 사항을 고려하도록 규정하고 있다 (ISA 330-7).

추가감사절차의 성격, 시기 및 범위를 결정할 때 고려할 요소 (ISA 330-7)

(a) 각 거래유형과 계정잔액 및 공시에 대한 경영진주장 수준의 중요왜곡표시위험의 평가 이유를 고려하되, 다음 사항을 포함하여야 한다.
- 관련 거래유형과 계정잔액 및 공시의 고유한 특성에 기인하는 중요한 왜곡표시 가능성(즉, 고유위험)
- 위험평가에 관련 통제를 고려하였는지(즉, 통제위험), 이 결과 통제가 효과적으로 운영되는지 여부를 결정하기 위한 감사증거를 입수할 것이 요구되는지 여부(즉, 감사인은 실증절차의 성격, 시기 및 범위를 결정할 때 통제의 운영효과성에 의존할 것인지 여부).

(b) 감사인은 위험평가 수준이 높을수록 더욱 설득력 있는 감사증거를 입수하여야 한다. → 감사인이 위험을 높게 평가하여 보다 설득력 있는 감사증거를 입수할 때는, 감사증거의 양을 증가시킬 수도 있고 또는 제3자로부터 입수하는 증거에 보다 중점을 두거나 다수의 독립적인 원천으로부터 보강증거를 입수함으로써 보다 관련성이 있고 신뢰성이 있는 감사증거를 입수할 수 있다.

2.1 추가감사절차의 성격(Nature)

감사인이 평가한 위험은 수행할 감사절차의 유형 및 감사절차의 조합 모두에 영향을 미칠 수 있다(ISA 330-A9~A10).

(1) 위험이 높다고 평가한 경우

예를 들어, 위험이 높다고 평가한 경우 감사인은 문서에 대한 조사에 추가하여 계약 상대방에게 계약조건의 완전성에 대하여 확인할 것이다. 또 어떤 경영진주장을 확인할 때는 특정 감사절차가 다른 절차보다 더 적합할 수 있다.

(2) 수익에 대한 완전성 주장을 감사하는 경우

예를 들면, 수익과 관련하여 완전성 주장에 대하여 평가된 중요왜곡표시위험에 대하여는 통제테스트가, 발생사실 주장에 대한 평가된 중요왜곡표시위험에 대하여는 실증절차가 가장 잘 대응하는 것일 것이다.

(3) 위험이 낮다고 평가한 경우

해당 위험에 대한 평가 이유는 감사절차의 성격을 결정할 때 관련성이 있다. 예를 들어, 관련된 통제를 고려하지 않더라도 해당 거래유형의 특별한 성격 때문에 위험이 낮다고 평가한 경우, 감사인은 실증적인 분석적절차(Substantive analytical procedures)만으로 충분하고 적합한 감사증거를 입수할 수 있을 것이다. 이와 달리, 내부통제 때문에 위험이 낮다고 평가되었고 감사인이 이러한 낮은 평가에 기초하여 실증절차를 수행할 계획이라면, 통제테스트(Test of Controls)를 수행한다. 예를 들어, 기업의 정보시스템에 의해 일상적으로 처리되고 통제가 이루어지는 비교적 통일된 형태의 복잡하지 않은 거래유형이 이러한 경우에 해당될 것이다.

Application & Explanation

1. 관련된 통제를 고려하지 않더라도 해당 거래유형의 특별한 성격 때문에 위험이 낮다고 평가한 경우란 다음과 같은 사례를 예로 들 수 있다.
   - 위험평가 : 잡손실과 잡이익의 경우 전체 재무제표에서 차지하는 비중이 낮다. 달리 얘기하면 이것이 왜곡되어도 재무제표가 중요하게 왜곡표시될 정도는 아니다. 또한 계정의 성격상 위험이 내포될 가능성이 낮다.
   - 감사절차 : 이 경우 굳이 위험평가를 할 필요는 없고 위험이 낮은 것으로 가정하여 최소한의 실증절차만을 수행하는 것을 계획할 수 있을 것이다.
2. 내부통제 때문에 위험이 낮다고 평가되었고 감사인이 이러한 낮은 평가에 기초하여 실증절차를 수행할 계획이란 다음과 같은 사례를 예로 들 수 있다.
   - 위험평가 : 매출액의 경우 재무제표에서 차지하는 비중이 높다. 감사인이 내부통제를 평가한 결과 부정이나 오류를 효과적으로 방지 또는 적발할 수 있도록 설계되었고 따라서 통제위험이 낮을 것이라고 판단하고 실증절차의 범위를 축소하려는 계획을 수립할 것이다.
   - 감사절차 : 이 경우 감사인은 통제테스트(Test Of Controls)를 통하여 효과적인 내부통제가 실제로 운용되고 있다는 증거를 수집함으로써 실증절차의 범위를 축소하려는 자신의 전략을 뒷받침하여야 한다.

2.2 추가감사절차의 시기(Timing)

감사인은 통제테스트나 실증절차를 기중 혹은 보고기간 말에 수행할 수 있다(ISA 330-A11~A14).

(1) 중요왜곡표시위험이 높은 경우

중요왜곡표시위험이 높을수록, 감사인은 기중보다는 보고기간말 또는 보고기간말에 근접한 시기에 실증절차를 수행하거나 불시에 또는 예측불가능한 시기에 감사절차를 수행하는 것이 더 효과적이라고 결정할 수 있을 것이다(예 선택된 지역에서 예고 없이 감사절차를 수행). 이러한 방법은 특히 부정위험에 대한 대응을 고려할 때 특히 관련이 있다. 예를 들어 고의적인 왜곡표시위험 또는 조작위험이 식별되었을 때, 감사인은 감사결론을 기중의 일자에서 보고기간말까지 확대하는 감사절차가 효과적이지 않을 것이라고 결론을 내릴 것이다.

한편, 감사인이 보고기간말 이전에 감사절차를 수행하면 감사인이 감사의 초기 단계에서 유의적 사항을 식별하고 이에 따라 경영진의 지원을 받아 해당 사항을 해결할 때, 또는 이러한 사항에 대처하기 위한 효과적인 감사접근방법을 개발할 때 도움이 될 것이다.

(2) 보고기간말 또는 그 이후에만 수행할 수 있는 감사절차

특정 감사절차는 보고기간말 또는 그 이후에만 수행될 수 있는데 예를 들어 다음과 같다(ISA 330-A13).

① 재무제표의 정보가 기초가 되는 회계기록과 일치하는지 확인하거나 차이를 조정하는 절차(총계정원장과 보조원장 내에서 입수된 정보이든 외부에서 입수된 정보이든 공시의 정보가 일치하는지 확인하거나 차이를 조정하는 것을 포함)
② 재무제표의 작성과정에서 발생된 조정사항을 검토하는 절차
③ 보고기간말에 기업이 부적절한 판매계약을 체결하거나 거래가 완결되지 않을 위험에 대응하는 절차

(3) 감사절차의 시기를 결정할 때 감사위험에 추가하여 고려할 사항

감사인이 언제 감사절차를 수행할지를 고려하는 데 영향을 미치는 추가적 관련 요인들에는 다음이 포함된다.

① 통제환경
② 관련된 정보의 이용가능 시기(예 전자 파일은 추후에 덮어 쓰여질 수 있으며, 관찰대상이 되는 기업의 어떤 절차는 특정 시기에만 발생될 수 있다)
③ 위험의 성격(예 이익기대치를 달성하기 위해 허위의 판매계약을 만들어 이익을 과대계상할 위험이 존재하는 경우, 감사인은 보고기간말에 입수가능한 약정을 검토하려 할 것이다)
④ 감사증거가 관련되는 해당 기간이나 일자
⑤ 재무제표의 작성 시기, 특히 재무상태표, 포괄손익계산서, 자본변동표 또는 현금흐름표에 기록된 금액에 대한 설명을 제공하는 공시의 작성 시기

2.3 추가감사절차의 범위(Extent)

Q
감사절차의 범위를 결정할 때 고려할 사항은?

필요하다고 판단되는 감사절차의 범위는 중요성, 위험평가 그리고 감사인이 얻고자 하는 확신의 수준을 고려하여 결정된다. 단일의 목적이 여러 절차들의 조합에 의해 달성되는 경우, 개별적인 절차의 범위는 분리하여 고려한다. 일반적으로, 중요왜곡표시위험이 증가할수록 감사절차의 범위도 증가한다. 예를 들어 부정으로 인한 중요왜곡표시위험의 평가내용에 대응할 때는, 표본규모를 늘리거나 보다 상세한 수준의 실증적 분석절차를 수행하는 것이 적합할 수 있다. 그러나 감사절차의 범위를 확대하는 것은 해당 감사절차 자체가 특정위험과 관련성(relevant)이 있는 경우에만 효과적이다.

컴퓨터를 이용한 감사기법의 적용은 전자형태의 거래파일과 계정파일에 대한 보다 광범위한 테스트를 가능하게 하는데, 이 기법은 감사인이 부정에 의한 중요왜곡표시위험에 대응하여 테스트의 범위를 변경하기로 한 때에도 유용하다. 이러한 기법은 주요 전자파일로부터 표본거래를 추출하거나, 특정의 성격을 지닌 거래를 가려내거나 표본대신 전체 모집단을 테스트하기 위해 사용될 수 있다(ISA 330-A15~A17).

3 소규모기업에 대한 고려

소규모기업의 경우, 감사인이 식별할 수 있는 통제활동이 많지 않을 수도 있다. 또한 통제활동의 존재나 통제운영에 관한 기업의 문서화 범위가 제한되기도 한다. 이때는 감사인은 실증절차 위주의 추가감사절차를 수행하는 것이 보다 효율적일 수 있다. 드문 경우이지만, 통제활동이나 통제의 다른 구성요소가 결여되어 충분하고 적합한 감사증거를 입수하는 것이 불가능할 수도 있다(ISA 330-A18).

4 문서화(Documentation) : 평가된 위험에 대한 감사인의 대응

감사인은 평가된 위험에 대한 감사인의 대응에 대하여 다음 사항을 감사문서에 포함하여야 한다(ISA 330-28).

문서화: 평가된 위험에 대한 감사인의 대응 (ISA 330-28)

(a) 재무제표 수준의 평가된 중요왜곡표시위험에 대처하기 위한 전반적인 대응, 수행된 추가 감사절차의 성격과 시기 및 범위

(b) 이러한 감사절차와 경영진주장 수준의 평가된 위험과의 연결관계

(c) 감사절차의 결과(명확하지 않은 경우에는 그 결론을 포함)

Chapter 03 OX문제

01 감사인은 사후적으로 누락 등 왜곡표시가 재무제표에 이용자의 경제적 의사결정에 영향을 미친 경우에만 중요하다고 간주한다.

02 감사인은 중요성에 대하여 재무지표 이용자가 회계에 대한 어떤 지식을 보유할 것을 가정하지 않는다.

03 감사인은 중요왜곡표시위험을 식별하고 평가할 때에도 중요성을 사용한다.

04 감사계획을 수립할 때 결정된 중요성이, 미수정왜곡표시가 개별적으로 혹은 다른 금액과 합쳐져서 중요하지 않다고 항상 평가될 일정금액을 반드시 정하는 것은 아니다.

05 단지 그 성격만으로 중요할 수 있는 왜곡표시를 모두 발견하는 감사절차의 설계는 실행가능하지 않을 수도 있다. 그러므로 공시의 잠재적인 왜곡표시의 성격에 대한 고려는 중요왜곡표시위험에 대응하는 감사절차의 설계와 관련성이 없다.

---

06 감사인은 전반감사전략을 수립할 때 재무제표 전체에 대한 중요성 기준을 결정하고 그 외의 중요성은 고려하지 않는다.

07 (　　　)이란 미수정왜곡표시와 미발견왜곡표시의 합계가 재무제표 전체의 중요성을 초과할 확률을 적절하게 낮은 수준으로 감소시키기 위해 감사인이 재무제표 전체의 중요성보다 작게 설정하는 금액을 의미한다.

08 수행중요성은 재무제표 전체에 대한 중요성과 일치할 경우 의미가 없다.

09 "명백하게 사소하다(clearly trivial)"는 것은 "중요하지 않다(not material)"와 동일한 표현이다.

10 하나 이상의 항목이 명백하게 사소한지 여부에 대하여 어떤 불확실성이 존재한다면, 이는 명백하게 사소한 왜곡표시라고 판단한다.

---

11 감사인은 중요성기준을 설정한 후에는 수정할 수 없다. 만약 감사인이 중요성을 사후적으로 수정하면 이는 감사인이 감사의견을 왜곡하려는 의도를 가진 것으로 보기 때문이다.

12 감사인이 중요성을 높게 설정하면 회사의 재무제표가 적정의견을 받을 가능성은 낮아진다.

13 감사인이 중요성을 높게 설정하면 감사인은 감사범위를 더욱 축소하여야 한다.

14 미수정왜곡표시가 중요하면 한정의견만 가능하다.

15 미수정왜곡표시가 중요하고 전반적이라면 감사인은 부적정의견이나 의견거절 중 어느 하나를 표명한다.

16 감사위험이란 감사인이 왜곡표시되어 있는 재무제표에 대하여 부적절한 감사의견을 표명할 위험을 말한다. 감사위험은 고유위험, 통제위험 및 적발위험의 세 가지 요소로 구성되어 있다.

17 허용감사위험이란 모든 감사인에게 동일하게 주어지는 하나의 기준이다.

18 고유위험은 중요왜곡표시위험을 구성하는 요소이다.

19 적발위험은 중요왜곡표시위험을 구성하는 요소이다.

20 적발위험은 감사위험을 수용가능한 낮은 수준으로 감소시키기 위하여 감사인이 결정하는 감사절차의 성격, 시기 및 범위와 관계가 있다. 그러므로 적발위험은 감사절차와 그 적용에 대한 효율성의 함수이다.

21 감사범위를 확대하면 적발위험을 낮출 수 있다.

22 재무제표 수준의 중요왜곡표시 위험은 거래유형과 계정잔액 및 공시 수준의 특정 경영진주장에서 반드시 식별될 수 있는 위험이 아니다.

23 위험평가절차로서 수행되는 분석적절차에는 하위수준으로 세분화된 데이터가 이용되며, 분석적절차의 결과는 중요왜곡표시위험의 존재여부에 대하여 구체적인 감사증거를 제공한다.

24 감사인은 위험평가 수준이 높을수록 더욱 설득력 있는 감사증거를 입수하여야 한다.

25 내부통제 때문에 위험이 높다고 평가되었고 감사인이 이러한 높은 평가에 기초하여 실증절차를 수행할 계획이라면, 통제의 운영효과성에 의존하기 위해 통제테스트를 수행한다.

Chapter 03 정답 및 해설

01 × 중요성은 감사계획을 수립하거나 감사의견을 형성할 때 필요한 사전적 개념이다. 누락 등 왜곡표시가 개별적으로 또는 집합적으로 재무제표에 기초한 이용자의 경제적 의사결정에 영향을 미칠 것으로 합리적으로 예상될 수 있는 경우 중요하다고 간주한다. (ISA 320-2)

02 × 이용자는 사업과 경제활동 및 회계에 대하여 합리적인 지식을 보유하고 있으며, 합리적인 주의를 기울여 재무제표에 담긴 정보를 연구하려는 의향을 가지고 있음을 가정한다. (ISA 320-4)

03 ○ (ISA 320-A1)

04 ○ (ISA 320-6)

05 × 공시의 잠재적인 왜곡표시의 성격에 대한 고려는 중요왜곡표시위험에 대응하는 감사절차의 설계와 관련성이 있다. (ISA 320-6)

---

06 × 해당 기업의 특정한 상황에서, 하나 이상의 특정 거래유형, 계정잔액 혹은 공시에 대하여 재무제표 전체에 대한 중요성보다 작은 왜곡표시가 재무제표에 기초한 이용자의 경제적 의사결정에 영향을 줄 것이라고 합리적으로 예상되는 경우, 감사인은 이러한 특정 거래유형, 계정잔액 혹은 공시에 적용되는 중요성 수준도 결정하여야 한다. (ISA 320-10)

07 (수행중요성)이란 미수정왜곡표시와 미발견왜곡표시의 합계가 재무제표 전체의 중요성을 초과할 확률을 적절하게 낮은 수준으로 감소시키기 위해 감사인이 재무제표 전체의 중요성보다 낮게 설정하는 금액을 의미한다.

08 ○ 감사과정에서 간과할 수도 있는 왜곡표시를 발견하여 '왜곡표시를 발견하지 못하여 의견을 잘못 표명할 가능성'을 줄이기 위해서는 감사를 수행할 때 적용할 중요성을 전반감사전략을 수립할 때 설정한 전체 중요성보다 작게 설정해야 한다.

09 × "명백하게 사소하다(clearly trivial)"는 것은 "중요하지 않다(not material)"와 동일한 표현이 아니다. (ISA 450-A2)

10 × 하나 이상의 항목이 명백하게 사소한지 여부에 대하여 어떤 불확실성이 존재한다면, 이는 명백하게 사소한 왜곡표시가 아니라고 판단한다.

---

11 × 감사인은 재무제표 전체에 대한 중요성 (그리고 해당되는 경우, 특정 거래유형과 계정잔액 및 공시에 대한 중요성 수준(들))을 최초에 결정한 중요성보다 낮추는 것이 적합하다고 결정한 경우, 수행중요성을 수정하는 것이 필요한지 그리고 추가감사절차의 성격, 시기 및 범위가 여전히 적합한지 여부를 결정하여야 한다. (ISA 320-13)

12 × 감사인이 중요성을 높게 설정하면 허용하는 부정이나 오류의 크기가 크다는 것을 의미하므로 적정의견의 가능성은 높아진다.

13 × 반드시 축소해야 하는 의무는 아니다.

14 ○

15 × 미수정왜곡표시가 중요하고 전반적이라는 충분하고 적합한 감사증거가 있기 때문에 부적정의견을 표명한다.

---

16 × 감사위험이란 재무제표가 중요하게 왜곡표시되어 있을 경우에 감사인이 부적합한 감사의견을 표명할 위험이다. (ISA 200-13)

17 × 감사인이 스스로 결정하는 하나의 기준이다. 따라서 감사인마다 그 수준은 다를 수 있다.

18 ○

19 × 적발위험은 감사위험을 수용가능한 낮은 수준으로 감소시키기 위해 감사인이 수행하는 절차가 개별적으로 또는 다른 왜곡표시와 합칠 경우 중요할 수 있는 왜곡표시를 발견하지 못할 위험이다.

20 × 적발위험은 감사위험을 수용가능한 낮은 수준으로 감소시키기 위하여 감사인이 결정하는 감사절차의 성격, 시기 및 범위와 관계가 있다. 그러므로 적발위험은 감사절차와 그 적용에 대한 효과성의 함수이다. (ISA 200 - A45)

---

21 ○

22 ○ (ISA 315 - A122)

23 × 위험평가절차로서 수행되는 분석적절차에 상위수준으로 요약된 데이터가 이용되는 경우, 분석적절차의 결과는 중요왜곡표시위험의 존재여부에 대하여 광범위한 초기적 징후만을 제공한다. (ISA 315 - A16)

24 ○ (ISA 330 - 7)

25 × 내부통제 때문에 위험이 낮다고 평가되었고 감사인이 이러한 낮은 평가에 기초하여 실증절차를 수행할 계획이라면, 통제의 운영효과성에 의존하기 위해 통제테스트를 수행한다. (ISA 330 - A10)

CHAPTER 4

감사의 수행:
위험평가(내부통제의 평가)

SECTION 01 내부통제의 기본개념

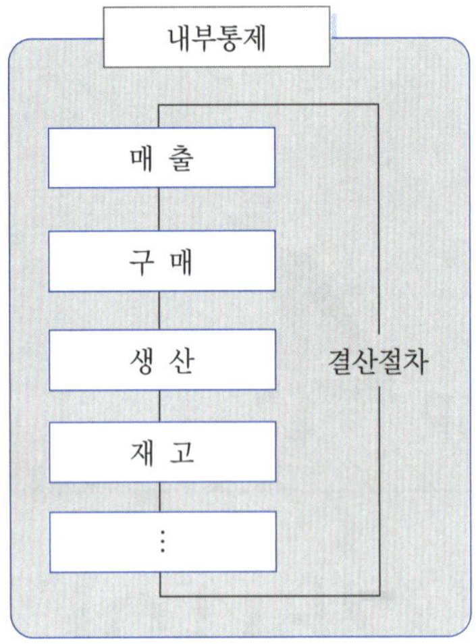

내부통제가 외부감사에 직접적으로 미치는 영향은 중요왜곡표시위험에 대한 감사인의 평가이다. 감사인은 내부통제로 인한 중요왜곡표시위험을 평가하기 위하여 감사인은 두 단계를 거친다.

- 내부통제의 이해 ▶ 감사계획을 수립하기 전 기업과 기업환경의 이해 단계
- 통제테스트 ▶ 감사계획을 수립한 후 추가감사절차의 단계

내부통제의 이해 단계에서는 기업이 구축하고 있는 내부통제의 설계(design)를 이해한다. 내부통제의 설계만으로는 내부통제로 인한 재무제표의 왜곡표시위험의 정도를 평가하기 어렵다. 따라서 감사인은 추가적으로 내부통제가 구축된 바와 같이 실제로 운용(operating)되고 있다는 것에 대한 감사증거를 수집할 필요가 있다. 이를 통제테스트라 한다.

그러면 왜 감사인은 내부통제의 이해와 통제테스트를 모두 수행한 후 감사계획을 수립하지 않는 것일까? 이는 감사계획은 감사의 초기단계에서 수립되어야 하기 때문이다. 즉, 내부통제의 이해는 기업과 기업환경의 이해 단계에서 작은 노력으로도 가능하다. 이 단계에서 기업이 양호한 내부통제를 설계하고 있다고 판단한다면 이를 실제로 운용하고 있다는 기대가 가능하다. 그러나 감사인은 내부통제의 운용에 대한 충분하고 적합한 증거를 수집하지 않고서는 실증절차의 정도를 축소할 수 없기 때문에 통제테스트를 실시할지

TIP

내부통제를 구축하는 데는 많은 투자가 필요하다. 또한 내부통제는 아래 내부통제의 목적에서 설명하는 바와 같이 기업에게 많은 효익을 가져다준다. 따라서 기업이 양호한 내부통제를 설계하고 있다면 이를 실제로 운용하지 않을 특별한 이유가 없을 것이다.

여부를 고려한다.

따라서 통제테스트는 추가감사절차 중 일부로서, 내부통제의 이해를 통하여 평가한 중요왜곡표시위험과 상반된 평가가 이루어진다면 감사인은 중요왜곡표시위험을 수정하여 실증절차의 계획을 수정한다.

본 chapter에서는 내부통제와 관련된 모든 사항을 결집하여 설명하고 있다. 따라서 기업과 기업환경에 대한 이해 단계에서 수행하는 내부통제의 이해와 추가감사절차에서 수행하는 통제테스트를 종합하여 설명한다.

1 내부통제(Internal Control)의 목적

내부통제란 경영진이 사업의 목적을 달성하기 위해 채택한 모든 정책과 절차(내부통제)를 말한다. 구체적으로 내부통제는 다음과 관련된 기업의 목적달성에 위협을 주는 것으로 식별된 사업위험에 대처하기 위하여 조직의 이사회, 경영진 및 여타 구성원에 의해 설계, 실행 및 유지된다. 기업이 내부통제를 구축하는 목적은 다음과 같다.

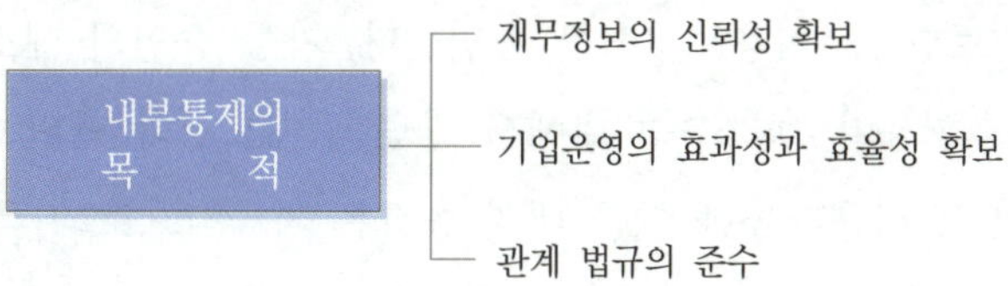

내부통제의 목적

① Reliability of financial reporting → 재무정보의 신뢰성 확보(재무보고목적): 회사가 정확하고 신뢰할 수 있는 재무정보의 작성 및 보고체계를 유지하고 있다.

② Effectiveness and efficiency of operations → 기업운영의 효과성과 효율성 확보(운영목적): 회사가 업무를 수행함에 있어 자원을 효과적이고 효율적으로 사용하고 있다.

③ Compliance with applicable laws and regulations → 관련 법규의 준수(법규준수목적): 회사의 모든 활동은 관련법규, 감독규정, 내부정책 및 절차를 준수하고 있다.

기업이 내부통제를 구축하고 유지하는 세 가지 목적 중 '재무정보의 신뢰성 확보'가 회계감사와 가장 관련이 높다.

2 내부통제의 원칙(Internal control principles)

회사는 내부통제의 목적을 달성하기 위하여 다음과 같은 원칙에 따라 내부통제를 구축한다. 이는 기업의 표준이 되는 통제활동의 원칙이다.

내부통제의 기본 원칙(Internal control principles)

(1) 권한부여와 승인(Authorization and approvals)
(2) 차이조정(Reconciliations)
(3) 검증(Verifications)
(4) 물리적 또는 논리적 통제(Physical or logical controls)
(5) 업무분장(Segregation of duties)

(1) 권한부여와 승인(Authorization and approvals)

권한부여는 거래가 유효하다(즉, 실제의 경제적 사건을 나타내거나 기업의 정책에 포함된다)는 것을 확인한다. 일반적으로 권한부여는 상급 경영진의 승인이나, 거래가 유효하다면, 검증과 판단의 형태를 가진다. 예를 들어 감독자는 비용이 합리적이고 정책에 부합하는지 검토한 후 비용보고서를 승인한다. 자동 승인의 예로는 송장의 단위원가가 사전 설정된 허용가능한 수준 내에서 관련 구매요청의 단위 비용과 자동으로 비교되는 경우가 있다. 허용가능한 수준 내의 송장은 자동적으로 지급이 승인된다. 허용 범위를 벗어난 송장은 추가 조사를 위해 표시가 된다. 승인에는 일반승인과 특별승인이 있다.

- 일반승인 : 일반승인이란 일상적이고 반복적인 업무에 대하여 사전에 업무집행기준을 설정하고 이 요건을 충족하면 별도의 승인 없이 집행할 수 있도록 한 것이다. 예를 들면 사전 승인된 판매가격표에 의한 매출이나 사전 승인된 신용조사표에 의한 신용거래의 승인 등이 있다.
- 특별승인 : 특별승인이란 회사의 특정한 거래나 의사결정시 거래 건건이 승인을 받아 거래가 이루어지도록 하는 것이다.

(2) 차이조정(Reconciliations)

차이조정은 두개 이상의 데이터 요소를 비교한다. 차이가 식별되면 데이터를 일치시키기 위한 조치를 취한다. 차이조정은 일반적으로 거래처리의 완전성과 정확성을 다룬다.

(3) 검증(Verifications)

검증은 두개 이상의 항목을 서로 비교하거나 한 항목을 정책과 비교하며 두 항목이 일치하지 않거나 한 항목이 정책과 일관되지 않은 경우 후속조치가 수반될 것이다. 검증은 일반적으로 거래처리의 완전성, 정확성 또는 타당성을 다룬다.

(4) 물리적 또는 논리적 통제(Physical or logical controls)

물리적 또는 논리적 통제는 승인되지 않은 접근, 취득, 사용 또는 처분으로부터 자산의 안전을 다루는 통제를 포함한다. 통제는 다음을 포함한다.

- 컴퓨터 프로그램과 데이터 파일에 대한 접근의 권한부여(즉 논리적 접근)
- 정기적인 실사 및 통제기록에 나타나는 금액과의 비교(예를 들어 현금, 유가증권, 재고실사의 결과를 회계기록과 비교)

(5) 업무분장(Segregation of duties)

업무분장이란 거래의 승인, 거래의 기록, 자산의 보호에 대한 책임을 서로 다른 자에게 배정하는 것을 말한다. 업무분장은 누구든지 일상적인 직무수행 중 오류나 부정을 범하고 동시에 이를 은폐시킬 수 있는 위치에 있을 수 있는 기회를 감소시키기 위한 것이다. 특히 다음의 기능은 분리되어야 한다.

- 자산의 보관 vs 회계기록 : 자산을 보관하는 담당자는 해당 자산을 기록하는 담당자와 분리되어야 한다. 만약, 두 기능이 동일인에 의하여 수행될 경우 개인적인 목적으로 자산을 부당하게 사용(처분, 횡령 또는 유용)하고, 관련 기록을 변조함으로써 부정을 저지를 수 있다.
- 거래의 승인 vs 자산의 보관 : 예를 들면, 현금지출을 승인하는 담당자는 현금을 보관하는 담당자와 분리되어야 한다. 만약, 두 기능이 동일인에 의하여 수행될 경우 회사의 자금을 개인적으로 유용할 수 있도록 스스로 승인하고 해당 현금을 지출할 수 있다.

업무분장은 누구든 일상적인 업무과정에서 오류나 부정을 저지르고 숨길 수 있는 위치에 있을 기회를 감소하고자 한다. 예를 들어, 신용판매를 승인하는 관리자는 매출채권 기록을 유지하거나 현금수취를 다루는 책임을 지지 않는다. 만약 한 사람이 이러한 활동 모두를 수행한다면, 그 사람은 예를 들어 적발되지 않는 허위 매출을 만들 수 있다. 이와 유사하게, 판매사원이 제품 가격파일이나 수수료율을 수정할 능력을 가져서는 안된다. 가끔 분장이 실무적이거나 비용 효율적이거나 현실적이지 않을 수 있다. 예를 들어 소규모의 덜 복잡한 기업은 이상적인 분장을 달성하기에 충분한 자원이 부족하고 추가적인 직원을 고용하는 것이 제한적일 있을 수 있다. 이러한 상황에서 경영진은 추가적인 통제를 구성할 수 있다. 위의 예시에서, 매출 기능과 관련되어 있지 않은 직원이 정기적으로 판매사원이 가격을 변경하는지 여부와 어떤 상황에서 변경하는지를 검토하는 적발통제활동을 구비할 수 있을 것이다.

« 그림 4-1 업무분장(자산의 보관 vs 회계기록)

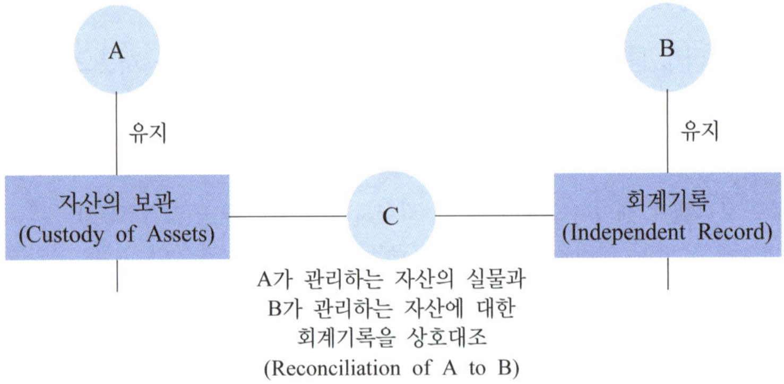

3 내부통제의 구성

기출 2023

과연 어느 내부통제가 바람직한가에 대한 견해는 의견이 다를 수 있다. 다양한 의견이 있을 수 있지만 오늘날 가장 권위 있는 내부통제에 대한 개념 정립은 COSO의 내부통제에 대한 frame이며, ISA 뿐만 아니라 미국의 회계감사기준(SAS)도 COSO를 그대로 수용하고 있다. 내부통제는 다음의 5가지 요소로 구성된다.

내부통제의 구성요소	내부통제의 내용(ISA 315-보론 3)
(1) 통 제 환 경	통제환경에는 다음과 같은 요소가 포함된다. ① 기업의 문화를 조성하고 유지하며, 정직성과 윤리적 가치에 대한 경영진의 의지를 보여주는 등 경영진의 책임이 수행되는 방법 ② 지배기구가 경영진과 분리되어 있을 때, 지배기구가 경영진으로부터 독립성을 입증하고 기업의 내부통제 시스템에 대한 감독을 행사하는 방법 ③ 기업이 목적을 추구하기 위해 권한과 책임을 부여하는 방법 ④ 기업이 자신의 목적에 따라 역량있는 개인을 끌어들이고, 개발하고, 유지하는 방법 ⑤ 기업의 내부통제 시스템의 목적을 추구하면서 개인에게 책임을 묻는 방법

(2) 기업의 위험평가절차	신뢰할 수 있는 재무보고와 관련된 위험에는 발생하여 재무제표의 경영진 주장과 일관되게 재무정보를 개시, 기록, 처리, 보고하는 능력에 부정적 영향을 미칠 수 있는 내, 외부의 사건, 거래 또는 상황이 포함된다. 경영진은 특정 위험에 대처하기 위한 계획, 프로그램 또는 행동에 착수할 수도 있고, 비용이나 다른 고려사항들 때문에 위험을 수용하기로 결정할 수도 있다. 이러한 위험은 다음과 같은 상황으로 인하여 발생하거나 변화할 수 있다. ① 사업환경의 변화 ② 신규인력 ③ 신규 또는 개편된 정보시스템 ④ 급속한 성장 ⑤ 새로운 기술 ⑥ 새로운 사업모델, 제품 또는 활동 ⑦ 기업 구조조정 ⑧ 해외사업의 확장 ⑨ 새로운 회계기준의 공표 ⑩ 정보기술의 이용
(3) 내부통제 시스템을 모니터링하는 기업의 절차	내부통제 시스템을 모니터링하는 기업의 절차는 기업의 내부통제 시스템의 효과성을 평가하고 적시에 필요한 수정조치를 취하는 연속적인 과정이다. 내부통제 시스템을 모니터링하는 기업의 절차는 지속적인 활동, 별도의 평가(주기적으로 수행됨), 또는 이 두 가지의 결합으로 이루어질 수 있다. 지속적인 모니터링활동은 종종 기업의 보통의 반복적인 활동에 포함될 수 있으며 일상적인 경영 및 감독 활동을 포함할 수 있다. 기업의 절차는 기업에 의한 위험의 평가에 따라 범위와 빈도가 다양할 것이다.
(4) 정보시스템과 커뮤니케이션	재무제표 작성에 관련된 정보시스템은 다음 목적을 위하여 설계되고 수립된 활동과 정책, 회계기록 및 이를 뒷받침하는 기록으로 구성된다. ① 기업의 거래를 개시, 기록, 처리(및 거래 이외의 사건과 상황에 대한 정보의 포착, 처리, 공시)와 관련 자산, 부채 및 자본에 대한 수탁책임의 유지 ② 예를 들어 자동으로 계류되고 있는 파일과 이를 적시에 처리하기 위해 따르는 절차와 같이, 거래에 대한 부정확한 처리의 해결 ③ 시스템의 무력화나 통제의 우회에 대한 과정과 규명 ④ 거래처리시스템에서 총계정원장으로 정보의 전기 ⑤ 자산의 감가상각 및 매출채권 회수가능성의 변화와 같이, 거래 외의 사건이나 상황에 대한 재무정보 관련 정보의 포착 ⑥ 해당 재무보고체계에 따라 공시되어야 할 정보가 축적, 기록, 처리, 집계되어 재무제표에 적합하게 보고되도록 함

내부통제의 구성요소	내부통제의 내용(ISA 315-보론 3)
(5) 통 제 활 동	통제활동에는 정보처리통제와 정보기술 일반통제가 포함되며, 둘 다 성격상 수작업 또는 자동화통제일 수 있다. 경영진이 재무보고에 대하여 사용하고 신뢰하는 자동화된 통제 또는 자동화된 측면이 수반된 통제의 범위가 클수록, 기업이 자동화된 측면의 정보처리통제의 계속적인 기능을 다루는 정보기술 일반통제를 실행하는 것이 더 중요하다.

4 내부통제의 한계

기업의 내부통제 시스템은 아무리 효과적이라 할지라도 기업의 재무보고목적을 달성하는 것에 대한 합리적인 확신만을 제공할 수 있다. 그들의 달성가능성은 내부통제의 고유한 한계에 의해 영향을 받는다.

① 인간의 판단오류(human judgment in decision-making) : 의사결정에서 인간의 판단이 잘못될 수 있고 인간의 실수로 인해 기업의 내부통제 시스템의 붕괴가 발생할 수 있는 현실이 포함된다. 예를 들어, 통제의 설계 또는 변경에 오류가 있을 수 있다.
정보를 검토할 책임이 있는 개인이 목적을 이해하지 못하거나 적절한 조치를 취하지 못하기 때문에 기업의 내부통제 시스템의 목적을 위해 생성된 정보(예: 예외사항 보고서)가 효과적으로 사용되지 않는 경우와 같이 통제의 운용이 효과적이지 않을 수 있다.

② 공모와 경영진의 내부통제 무시(collusion of two or more people or inappropriate management override of controls) : 둘 이상의 사람들이 공모나 부적절한 경영진의 통제 무력화로 통제를 회피할 수 있다. 예를 들어 경영진은 고객과 기업의 표준판매계약의 조건을 변경하는 부수적인 계약을 체결하여 수익을 부적절하게 인식할 수 있다. 또한 지정된 신용 한도를 초과하는 거래를 식별하고 보고하도록 설계된 IT 응용프로그램의 수정 확인은 무시되거나 비활성화될 수 있다. 더 나아가 통제를 설계하고 실행할 때 경영진은 실행하기로 선택한 통제의 성격과 범위와 감수하기로 한 위험의 성격과 범위에 대하여 판단을 내릴 수 있다.

SECTION 02 내부통제의 운용효과성

NEW INTERNATIONAL STANDARDS ON AUDITING

1 내부통제의 운용효과성 평가(통제테스트)

1.1 통제테스트(Tests of Control)

감사인은 다음 중 하나에 해당하는 경우 통제의 운영효과성을 테스트(통제테스트)한다(ISA 330-8).

통제테스트를 실시하는 경우 (ISA 330-8)

(a) 감사인이 경영진주장 수준의 중요왜곡표시위험을 평가할 때 통제가 효과적으로 운영되고 있다고 기대한 경우(즉, 감사인이 실증절차의 성격, 시기 및 범위를 결정할 때 통제의 운영효과성에 의존하려고 하는 경우)
(b) 실증절차만으로는 경영진주장 수준의 충분하고 적합한 감사증거를 제공할 수 없는 경우

(1) 통제가 효과적으로 운영되고 있다고 기대한 경우

기업의 내부통제가 효과적으로 운용되고 있다고 기대할 경우, 감사인은 통제의 운용효과성을 테스트(통제테스트)함으로써 내부통제가 효과적으로 운용되고 있다는 결론을 얻고자 한다. 만약, 기업의 내부통제가 효과적으로 운용되고 있다고 결론내린다면, 감사인은 확신의 수준을 유지하면서도 실증절차의 의존도를 낮출 수 있다.

(2) 실증절차만으로는 충분하고 적합한 감사증거를 제공할 수 없는 경우

기업의 규모가 커지고 거래가 점점 더 복잡해지는 상황에서 감사인의 노력에 의존하는 실증절차만으로는 충분하고 적합한 감사증거를 수집할 수 없기 때문에, 감사인은 내부통제에 의존하는 감사전략을 선호한다. 감사인이 내부통제에 의존하기 위해서는 반드시 통제위험이 낮다는 증거를 얻어야 하고, 그러기 위해서는 내부통제를 효과적으로 운용하고 있다는 것을 테스트하여야 한다.

TIP

이중목적테스트(dual－purpose test) － 감사의 효율 증진: 감사인은 동일거래에 대하여 세부테스트와 통제테스트가 동시에 수행되도록 설계할 수 있다. 통제테스트는 세부테스트와 그 목적과 다르지만, 동일 거래에 대하여 통제테스트와 세부테스트를 동시에 수행하는 경우도 있다. 예를 들어, 감사인은 청구서의 승인여부를 결정하기 위해(통제테스트) 그리고 거래에 대한 감사증거를 입수하기 위해(세부테스트), 청구서의 조사를 설계하고 그 결과를 평가할 수 있을 것이다. 이중목적테스트는 각각의 테스트 목적을 개별적으로 고려하여 설계되고 평가된다(ISA 330-A23).

TIP

통제테스트를 위해 수집하는 감사증거의 양과 질: 감사인은 통제테스트를 설계하고 수행할 때 감사인이 통제의 효과성에 보다 크게 의존하려는 전략을 가질수록 더욱 설득력이 있는 감사증거를 입수하여야 한다. 특히 실증절차만으로는 충분하고 적합한 감사증거를 입수하는 것이 불가능하거나 실행가능하지 않아 주로 통제테스트로 구성된 접근방법을 채택할 때는, 통제의 운영효과성에 관하여 높은 수준의 확신이 요구될 것이다(ISA 330-9, A25).

1.2 통제테스트의 성격과 범위

(1) 통제테스트의 성격

감사인은 통제테스트를 설계하고 수행할 때 다음의 절차를 수행하여야 한다(ISA 330-10).

Q 통제테스트는 반드시 실시해야 하는가?

통제테스트의 설계 및 수행을 위한 감사절차 (ISA 330-10)

(a) 통제의 운영효과성에 대한 감사증거를 입수하기 위하여 다음과 같은 사항이 포함된 질문과 더불어 기타의 감사절차를 수행함
- 감사대상 기간 중 관련 시기에 해당 통제가 적용된 방법
- 통제의 일관된 적용
- 통제 적용의 수행자 또는 수단

(b) 테스트할 통제가 다른 통제(간접통제)에 의존하고 있는지 여부를 결정함. 만약 그렇다면 그러한 간접통제가 효과적으로 운영되고 있음을 뒷받침하는 감사증거를 입수할 필요가 있는지 여부를 결정하여야 한다.

TIP

통제테스트의 기법
- 질 문
- 관 찰
- 검 사
- 재수행

- 질 문: 전문가적인 의구심을 가질 경우 감사인은 질문으로부터 의미있는 정보를 얻을 수 있다. 그러나 질문만으로는 특정 통제절차가 효과적이라는 결론을 뒷받침할 만한 충분한 증거를 제공하지 못한다. 따라서 감사인은 경영진으로부터 서면진술을 받음으로써 질문의 증거력을 보완한다.
- 관 찰: 업무분장 등과 같이 통제절차의 운영과 관련된 문서가 존재하지 않을 때 적절한 방법이다. 그러나 감사인이 관찰한 순간에만 해당 통제가 존재한다는 증거를 제공할 뿐이며, 감사인이 철수한 뒤에는 지켜지지 않을 수도 있다는 것을 고려하여야 한다.
- 검 사: 통제절차의 운영과 관련된 문서가 존재할 때 매우 효과적인 방법이다.
- 재수행: 재수행은 다른 방법보다 더 강력한 증거를 제공하므로 질문, 관찰, 검사와 같은 다른 방법이 통제의 운용에 대한 충분한 확신을 제공하지 못할 경우 사용된다.

상기 절차가 제공하는 확신의 수준은 다음과 같다. 재수행 〉 검사 〉 관찰 〉 질문

(2) 통제에 대한 의존도와 통제테스트의 범위

통제의 효과성에 관해 더욱 설득력 있는 감사증거가 필요한 때는, 통제테스트의 범위를 확대하는 것이 적합할 것이다(ISA 330-A28). 감사인이 통제에 대한 의존도와 통제테스트의 범위를 결정할 때 고려할 사항에는 다음이 포함된다.

통제에 대한 의존도와 통제테스트의 범위를 결정할 때 고려할 사항 (ISA 330-A28)

- 해당 기간 중 기업이 통제를 수행한 빈도
- 감사대상 기간 중 감사인이 통제의 운영효과성에 의존하는 기간
- 통제로부터의 기대이탈율
- 경영진주장 수준의 통제에 대한 운영효과성에 관하여 입수하고자 하는 감사증거의 관련성과 신뢰성
- 해당 경영진주장과 관련하여 다른 통제테스트로부터 입수되는 감사증거의 범위

1.3 통제테스트의 시기

감사인은 통제에 대한 의존계획의 적절한 근거를 제공하기 위하여, 해당 통제에 의존하고자 하는 특정의 시기나 전체 기간에 대하여 통제테스트를 수행하여야 한다(ISA 330-11).

예를 들어, 보고기간말의 재고실사에 관한 통제를 테스트할 때와 같이, 어떤 시점에만 해당되는 감사증거도 감사인의 목적에 충분할 수 있다. 이와 달리, 감사인이 일정기간에 걸쳐 통제에 의존하고자 할 때는, 해당 기간 중 그 통제가 효과적으로 운영되었다는 감사증거를 제공할 수 있는 테스트가 적합하다. 이러한 테스트에는 기업의 통제 모니터링에 대한 테스트가 포함될 것이다(ISA 330-A32).

1.4 중간기간 중 입수된 감사증거의 이용

감사인이 중간기간 중에 통제의 운영효과성에 대한 감사증거를 입수하면, 감사인은 중간기간 이후(잔여기간)에 대하여 다음의 절차를 수행하여야 한다(ISA 330-12).

중간기간 중 입수된 감사증거를 이용할 경우 추가감사절차 (ISA 330-12)

기출 2023

(1) 중간기간 이후 해당 통제에 유의적 변화가 있었는지에 대하여 감사증거를 입수함	

(2) 잔여기간에 대하여 입수할 추가적인 감사증거를 결정함	중간기간 후 잔여기간 동안 운영되고 있는 통제에 대하여 어떤 추가적인 감사증거를 입수할지 여부를 결정할 때, 관련 요소에는 다음이 포함된다(ISA 330-A33). • 경영진주장 수준의 평가된 중요왜곡표시위험의 유의성 • 중간기간에 테스트하였던 특정 통제, 그리고 정보시스템 · 절차 · 담당자의 변경 등 테스트 이후 특정 통제의 유의적 변경 • 통제의 운영효과성에 대한 감사증거의 입수 정도 • 잔여기간의 정도 • 감사인이 후속실증절차를 감소시키기 위해 통제에 의존하려는 정도 • 통제환경 예를 들어, 잔여기간에 대한 통제테스트를 확대하거나 기업의 통제 모니터링을 테스트하면, 추가적인 감사증거가 입수될 수도 있을 것이다(ISA 330-A34).

1.5 이전의 감사에서 입수된 감사증거의 이용

감사인이 전기에 이어 당기에도 계속하여 감사를 수행하는 경우 이전연도에 수집한 통제테스트의 증거를 당기에도 사용할 수 있다. 왜냐하면 기업의 내부통제는 일반적으로 짧은 시간 내에 크게 변경되지 않기 때문이다. 만약, 내부통제가 이전연도와 크게 달라지지 않아 전기에 수집한 통제테스트의 감사증거를 당기에도 사용할 수 있다는 기대가 가능하다면 감사인은 감사비용을 절약하고서도 내부통제에 의존하는 감사계획을 수립할 수 있을 것이다. 계속감사에서 감사인이 과연 이전연도에 수집한 통제테스트에 대한 감사증거를 당기에도 활용할 계획인지 여부는 다음 요소들을 고려하여 결정한다(ISA 330-13).

계속감사에서 통제테스트를 새롭게 실시할지 아니면 이전연도에 입수한 증거로 대체할지 여부를 결정할 때 고려할 사항(ISA 330-13)

(a) 통제환경, 기업의 통제모니터링 그리고 기업의 위험평가 절차 등 내부통제의 다른 요소들의 효과성

(b) 통제가 수작업에 의하고 있는지 또는 자동화되어 있는지 여부 등 통제의 특성에서 발생되는 위험

(c) 정보기술 일반통제의 효과성

(d) 통제의 적용과 관련하여 이전의 감사에서 발견된 이탈의 성격과 범위, 그리고 통제의 적용에 유의적인 영향을 미치는 담당자의 변화가 있었는지 등 통제와 통제를 적용할 때의 효과성

(e) 특정 통제의 변화가 결여되어 주변 상황이 변화하면 위험이 초래될 가능성이 있는지 여부

(f) 중요왜곡표시위험과 통제에 대한 의존 정도

TIP

1. 내부통제에 의존하기 위해서는 ① 내부통제에 대한 이해 ② 통제테스트를 모두 수행하여야 한다.
2. 계속감사에서 감사인이 이전연도에 수집한 통제테스트의 증거를 당기에도 활용하기로 계획한 경우 다음 감사절차를 수행하여야 한다.
   ① 내부통제에 대한 이해를 재확인
   ② 내부통제가 변경되어 이전연도에 수집한 통제테스트 감사증거가 당기 감사와 관련성이 낮을 경우 당기에 추가적으로 통제테스트 수행
   ③ 내부통제가 변경되지 않아 이전연도에 수집한 통제테스트 감사증거가 여전히 당기 감사와 관련성이 있을 경우 최소한 매 3년마다 한 번씩 통제테스트 수행

상기 요소들을 고려한 후 만약, 감사인이 이전연도에 수집한 통제테스트(운용의 효과성)의 증거를 당기에도 활용하기로 계획한 경우, 감사인은 전기 감사 후 해당 통제에 유의적인 변화가 발생하였는지에 관한 감사증거를 입수함으로써, 전기 감사로부터 얻은 감사증거가 당기에도 계속적으로 관련있는지 따라서 내부통제가 효과적으로 운용되고 있다는 증거로 활용할 수 있는지를 확인하여야 한다. 개별 상황에 따른 감사절차는 다음과 같다.

기출 2025

이전연도에 수집한 통제테스트의 증거를 당기에도 활용하기로 계획한 경우 (ISA 330-14)

(1) 이전연도에 수집한 내부통제에 대한 이해를 재확인 → 관찰, 검사 및 질문(※ 내부통제를 이해하는 기법으로는 관찰, 검사, 질문 및 분석적 절차가 있음)

(2) 내부통제가 변경되어 이전연도에 수집한 통제테스트 감사증거가 당기 감사와 관련성이 낮을 경우 → 당기에 추가적으로 통제테스트를 수행(※ 이전연도에 수집한 통제테스트의 증거를 활용할 수 없음)

(3) 내부통제가 변경되지 않아 이전연도에 수집한 통제테스트 감사증거가 여전히 당기 감사와 관련성이 있을 경우 → 최소한 매 3년마다 한번은 통제테스트 수행. 이 때 특정 연도에 모든 통제에 대하여 통제테스트를 실시하고 후속 2년 동안 통제테스트를 모두 생략하는 것은 허용되지 않는다. 따라서 감사인은 매년 일부 통제에 대해서는 통제테스트를 실시하고 해당 통제에 대해서만 향후 2년간 실시하지 않는 방법으로 보고기간마다 일부 통제에 대해서는 반드시 통제테스트를 수행하여야 한다.

1.6 유의적 위험에 대한 통제

기출 2023

감사인은 유의적이라고 결정한 위험에 대하여 그 통제에 의존하려고 계획한 경우, 당기에 해당 통제를 테스트하여야 한다(ISA 330-15). 즉, 감사인이 내부통제에 의존하려고 하면, 해당 내부통제가 의존할 만할 정도로 유효하다는 증거에 기초하여야 한다. 따라서 감사인은 통제테스트를 수행하지 않고서는 내부통제에 의존할 수 없다.

2 통제의 운영효과성에 대한 감사인의 평가

2.1 내부통제에 의존할 것인지 결정

감사인은 제2단계에서 내부통제의 설계가 효과적이라고 결론내리고 제3단계에서 과연 기업이 내부통제를 실제로 운용하고 있는지에 대하여 테스트하였다. 감사인은 이제 마지막으로 내부통제의 운용효과성에 대하여 결론 내려야 한다. 만약, 기업이 내부통제를 효과적으로 운용하고 있다고 판단하면, 감사인은 중요왜곡표시위험이 낮다고 결론내리고 내부통제의 의존도를 높여 실증절차의 의존도를 낮출 수 있다.

반대로 내부통제는 효과적으로 설계되었지만 이를 효과적으로 운용하고 있지 않다고 판단하면, 감사인은 중요왜곡표시위험이 높다고 결론내리고 실증절차의 의존도를 낮출 수 없다.

2.2 감사인이 의존하고자 하는 통제에 이탈이 발견된 경우 수행절차

감사인이 의존하고자 하는 통제에 이탈이 발견되었으면, 감사인은 이러한 사항과 그 잠재적인 영향을 이해하기 위해 구체적인 질문을 하고 또 다음 사항을 결정해야 한다(ISA 330-7).

기출 2024

감사인이 의존하고자 하는 통제에 이탈이 발견된 경우 (ISA 330-7)

(a) 통제테스트를 수행한 결과가 해당 통제에 의존하는 것에 대한 적절한 근거를 제공하는지 여부

(b) 통제에 대한 추가적인 테스트가 필요한지 여부

(c) 왜곡표시에 대한 잠재적 위험에 대처하기 위하여 실증절차를 적용할 필요가 있는지 여부

SECTION 03 내부통제의 미비점에 대한 지배기구와 경영진의 커뮤니케이션

NEW INTERNATIONAL STANDARDS ON AUDITING

감사인은 중요왜곡표시위험을 평가할 때 내부통제를 고려한다. 이는 내부통제의 효과성에 대한 의견을 표명하기 위해서가 아니라 궁극적으로 해당 상황에 적합한 감사절차를 설계하기 위한 것이다. 그러나 감사인은 내부통제를 평가할 때 부수적으로 내부통제의 미비점을 식별할 수도 있다. 감사인이 내부통제의 미비점을 식별한 경우 지배기구와 경영진에게 커뮤니케이션하여야 한다.

1 내부통제 미비점의 의의

1.1 내부통제 미비점의 정의

내부통제의 미비점은 그 유의성에 따라 다음과 같이 정의된다(ISA 265-6).

(a) 내부통제의 미비점

- 어떠한 통제가 재무제표의 왜곡표시를 적시에 예방 또는 발견 및 수정할 수 없게 설계, 실행, 또는 운영되는 경우
- 재무제표의 왜곡표시를 적시에 예방 또는 발견 및 수정하기 위해 필요한 통제가 누락된 경우

(b) 유의적 내부통제 미비점 — 감사인의 전문가적 판단에 따라, 지배기구가 주의를 기울일 만큼 충분히 중요하다고 판단되는 내부통제의 미비점 또는 미비점들의 결합

1.2 감사인이 내부통제의 미비점에 관심을 가지는 이유

감사인이 감사과정에서 알게 된 내부통제의 미비점들은 통제위험에 대한 감사인의 평가에 영향을 미친다. 감사인이 내부통제를 평가하는 궁극적인 목적은 당기의 왜곡표시위험(통제위험)을 평가하는 데 있다. 그러나 감사인이 당기에 알게 된 미비점들은 수정되지 않으면 미래의 왜곡표시위험에도 영향을 미친다. 따라서 감사인은 감사과정에서 알게 된 내부통제의 미비점을 경영진과 지배기구와 커뮤니케이션함으로써 미래의 왜곡표시위험을 적절하게 통제할 수 있다.

2 내부통제의 미비점들이 식별되었는지에 대한 결정

감사인은 수행된 감사업무에 근거하여 하나 이상의 내부통제 미비점을 식별하였는지 여부를 결정하여야 한다(ISA 330-7).

2.1 내부통제의 미비점을 식별한 경우

감사인이 하나 이상의 내부통제의 미비점을 식별하였는지 결정할 때는, 감사인의 발견사항과 관련된 사실과 상황을 적합한 수준의 경영진과 토의할 수 있을 것이다. 이러한 토의는 경영진이 이전에 알지 못했던 미비점들을 적시에 알려주는 기회를 제공한다. 그 발견사항을 토의할 적합한 수준의 경영진은 관련된 내부통제 영역을 잘

알고 있으며, 내부통제의 모든 미비점들에 대하여 시정조치를 취할 수 있는 권한을 가지고 있는 사람이다. 상황에 따라서는, 예를 들어 발견사항이 경영진의 성실성이나 적격성에 의문을 제기하는 것이라면 감사인이 그 발견사항을 경영진과 토의하는 것이 적합하지 않을 것이다(ISA 265-A1).

2.2 유의적 내부통제의 미비점들

감사인은 하나 이상의 내부통제 미비점을 식별한 경우, 수행된 감사업무에 근거하여 이들이 개별적으로 혹은 결합하여 유의적 미비점을 형성하는지 여부를 결정하여야 한다(ISA 265-8).

내부통제의 미비점 또는 이들이 결합된 미비점에 대한 유의성은, 왜곡표시가 실제로 발생하였는지 여부뿐 아니라 왜곡표시가 발생할 수 있는 가능성 및 왜곡표시의 잠재적 크기에 따라 달라진다. 그러므로 비록 감사인이 감사 중에 왜곡표시를 식별하지 못하였더라도 유의적 미비점들은 존재할 수 있는 것이다(ISA 265-A5).

2.3 내부통제의 미비점들에 대한 커뮤니케이션

Q
감사인이 발견한 유의적 내부통제의 미비점에 대한 후속조치는?

감사인은 감사 중에 식별된 유의적 내부통제 미비점들을 지배기구에게 적시에 서면으로 커뮤니케이션하여야 한다(ISA 265-9).

(1) 유의적 내부통제 미비점들에 대한 지배기구와의 커뮤니케이션

핵심

1. 유의적 미비점의 커뮤니케이션 시기: 최종감사파일 취합을 완료(감사보고서일로부터 60일 이내)하기 전
2. 비용이나 효익과 관계없이 감사인은 유의적 미비점들을 지배기구에게 적시에 서면으로 커뮤니케이션하여야 한다.
3. 미비점에 대한 지배기구와 경영진의 커뮤니케이션

구 분	지배기구	경영진
유의적 미비점	O (서면)	O (서면)
기타 미비점	—	O (서면 or 구두)

유의적 미비점들에 대하여 지배기구와 서면으로 커뮤니케이션하는 것은 이러한 사항들에 대한 중요성을 보여주는 것이며, 지배기구가 그들의 감시책임을 완수하는 데 도움을 준다(ISA 265-A12).

- 시기: 그 시기는 법률에서 따로 규정하지 않은 한 최종감사파일 취합을 완료(감사보고서일로부터 60일 이내)하기 전에 이루어져야 한다.
- 구두로 통보한 경우: 또한 감사인은 중요왜곡표시위험을 최소화하기 위하여 경영진과 지배기구에게 적시에 내부통제의 미비점을 구두로 할 수도 있다. 그러나 감사기준은 어떤 경우에도 그 미비점을 서면으로 할 것을 요청하고 있기 때문에 구두통보가 서면으로 유의적 미비점들을 커뮤니케이션할 감사인의 책임을 경감시키지 않는다(ISA 265-A14).
- 비용과 효익: 경영진과 지배기구는 감사인이 식별한 유의적 미비점들에 대하여 이미 알고 있을 수도 있으며, 비용 등의 이유로 그 미비점을 시정하지 않았을 수도 있다. 미비점 이행에 필요한 비용과 효익을 평가할 책임은 전적으로 경영진과 지배기구에 있다. 그러나 그 비용이나 효익과 관계없이 감사인은 유의적 미비점들을 지배기구에게 적시에 서면으로 커뮤니케이션하여야 한다(ISA 265-A16).
- 미비점들이 여전히 시정되고 있지 않은 경우: 이전의 감사에서 시정을 요구했지만 여전히 시정되지 않고 있는 경우, 감사인은 당기에 다시 커뮤니케이션해야 한다. 또한 감사인은 경영진(적절한 경우 지배기구를 포함)에게 해당 유의적 미비점이 시정되지 않은 이유에 대하여 질문할 수 있다. 합당한 설명 없이 시정조치를 취하지 않고 있는 것은 그 자체로서 유의적 미비점을 나타낼 수 있는 것이다(ISA 265-A17).

전기의 유의적이지 않은 미비적 + 경영진과 커뮤니케이션 + 시정하지 않은 경우: 만약 전기에 감사인이 유의적이지 않은 내부통제의 미비점들에 대하여 경영진에게 커뮤니케이션하였고, 경영진이 비용이나 기타 이유로 그러한 미비점을 시정하지 않기로 하였다면, 감사인은 당기에 그러한 커뮤니케이션을 반복할 필요가 없다. 또, 내부감사기능이나 규제기관과 같은 다른 관계자가 그러한 미비점을 경영진에게 이전에 커뮤니케이션하였다면, 감사인은 그러한 미비점에 관한 정보를 반복하지 않아도 된다.

그러나 해당 미비점에 관하여 감사인과 경영진의 이전의 이해를 변경시키는 새로운 정보를 알게 된 경우에는 이러한 기타의 미비점에 대하여 커뮤니케이션하는 것이 적합할 것이다. 그러나, 경영진이 이전에 커뮤니케이션한 내부통제의 기타 미비점을 시정하지 못한 것은 그 자체로 지배기구와 커뮤니케이션하여야 할 유의적 미비점이 될 수 있다. 이것이 유의적 미비점이 되는지 여부는 해당 상황에 대한 감사인의 판단에 따라 달라진다

(ISA 265-A24).

(2) 내부통제의 미비점들에 대한 경영진과의 커뮤니케이션 (유의적, 비유의적 포함)

적합한 수준의 경영진(appropriate level of management)은 내부통제의 미비점들을 평가하고 필요한 시정조치를 취할 수 있는 책임과 권한을 가지고 있다. 감사인은 적합한 수준의 책임을 가진 경영진에게 다음과 같은 사항들을 적시에 커뮤니케이션하여야 한다(ISA 265-10).

> **TIP**
> 유의적 내부통제 미비점은 반드시 서면으로만 가능하다.

> **TIP**
> 기타의 내부통제 미비점은 반드시 서면일 필요는 없고 구두로도 가능하다.

- 유의적 내부통제 미비점(서면): 해당 상황에서 경영진에게 직접 커뮤니케이션하는 것이 부적합하지 않는 한, 감사인이 지배기구에게 커뮤니케이션하였거나 커뮤니케이션하려는 유의적 내부통제 미비점들을 경영진과 서면으로 커뮤니케이션하여야 한다(ISA 265-10).
- 기타 미비점(구두로도 가능): 감사 중에 식별된 내부통제의 기타 미비점들로서 다른 관계자가 경영진에게 커뮤니케이션하지 않았고, 감사인의 전문가적 판단에 따라, 경영진이 주의를 기울일 만큼 충분한 중요성이 있다고 판단되는 미비점들을 경영진과 커뮤니케이션한다.

(3) 유의적 미비점에 대한 서면 커뮤니케이션 (경영진+지배기구)

감사인은 유의적 내부통제 미비점에 대한 경영진과 지배기구와의 서면 커뮤니케이션에는 다음 사항을 포함하여야 한다(ISA 265-11).

유의적 미비점에 대한 서면 커뮤니케이션 내용 (ISA 265-11)

(a) 미비점들에 대한 내역과 그러한 미비점들의 잠재적인 영향에 대한 설명

(b) 지배기구와 경영진이 커뮤니케이션의 관점을 이해할 수 있도록 하는 충분한 정보. 특히, 감사인은 다음을 설명하여야 한다.
- 감사의 목적은 감사인이 재무제표에 대한 의견을 표명하는 것임
- 감사는 내부통제의 효과성에 대한 의견표명이 목적이 아닌, 해당 상황에 적합한 감사절차를 설계하기 위하여 재무제표 작성과 관련된 내부통제에 대한 고려를 포함하고 있음
- 보고할 사항은 감사인이 감사 중에 식별한 미비점들로서 감사인이 지배기구에 보고할 만큼 충분히 중요하다고 결정한 미비점들로 제한됨

SECTION 04

내부통제의 평가결과와 감사계획의 개발(Developing an Audit Plan)

NEW INTERNATIONAL STANDARDS ON AUDITING

1 감사계획

감사인은 감사계획을 개발하여야 하며, 감사계획에는 다음 사항에 관한 설명이 포함되어야 한다(ISA 300-9).

감사계획에 포함되어야 할 사항 (ISA 300-9)

(a) 계획된 위험평가절차의 성격, 시기 및 범위
(b) 경영진주장 수준에서 계획된 추가감사절차의 성격, 시기 및 범위
(c) 해당 감사를 감사기준에 따라 수행하기 위해 요구되는 기타의 계획된 감사절차

감사계획은 업무팀원에 의해 수행될 감사절차의 성격, 시기 및 범위를 포함한다는 점에서 전반감사전략보다 더 상세하다. 세부적인 감사절차에 대한 계획수립은 해당 감사업무를 위한 감사계획의 개발에 맞추어 감사의 전 과정에서 발생된다. 예를 들어, 감사인의 위험평가절차에 대한 계획수립은 감사과정의 초기단계에서 이루어진다. 그러나 특정한 추가감사절차의 성격, 시기 및 범위에 대한 계획수립은 이러한 위험평가절차의 결과에 따라 달라진다. 아울러, 감사인은 일부의 거래유형과 계정잔액 및 공시에 대한 추가감사절차를 먼저 시작한 후, 남아있는 모든 추가감사절차에 대한 계획을 수립할 수도 있을 것이다(ISA 300-A12).

여기서, 추가감사절차(further audit procedures)란 다음의 두 가지를 말한다.

Q 추가감사절차란?

추가감사절차

① 통제테스트(TOC: Test Of Controls): 내부통제의 운용테스트
② 실증절차(Substantive Test)

통제테스트(TOC: Test Of Controls)란 내부통제가 구축된 바와 같이 운용(operating)되고 있는지를 테스트하는 것으로, 감사인은 내부통제의 이해(design)에 추가하여 양호한 내부통제가 실제로 운용되고 있다고 확신할 때 비로소 내부통제의 의존 정도를 높

이고 자신이 직접 재무제표가 공정하다고 입증하여야 하는 실증절차(Substantive Test)를 축소할 수 있다. 내부통제의 이해는 기업과 기업환경에 대한 이해 단계에서 이미 이루어졌고 이를 통하여 중요한 감사계획을 수립하기 위한 중요왜곡표시위험을 평가하였기 때문에 이에 추가하여 통제테스트와 실증절차를 수행하는 것을 추가감사절차라 한다.

Q
통제테스트는 반드시 수행해야 하는가?

여기서, 통제테스트는 감사인이 반드시 수행하는 것이 아니라 다음의 두 가지를 충족할 때 수행하는 것이다.

- 중요왜곡표시위험에 대한 평가결과 내부통제의 운용이 효과적이라고 기대될 때(expectation of operating effectiveness of controls): 이 경우 감사인은 내부통제에 의존하는 전략을 수립함으로써 실증절차를 축소하고자 함
- 실증절차만으로는 충분하고 적합한 감사증거를 수집할 수 없다고 판단될 때(substantive procedures alone do not provide sufficient appropriate evidence): 이 경우 일상적인 거래(routine transactions)는 컴퓨터에 의한 자동화의 정도가 높고 따라서 눈으로 확인할 수 있는 증거(문서 등)가 존재하지 않을 수 있다. 이 경우 통제테스트가 유용하며 바람직하다.

2 추가감사절차

추가감사절차는 다음과 같은 조합으로 가능하다.

2.1 통제테스트 수행 + 낮은 수준의 실증절차

통제테스트를 수행한다는 것은 내부통제의 운용이 효과적이라는 기대가 있기 때문이다. 통제테스트의 수행결과 위험평가결과와 일치하게 내부통제의 운용도 효과적이라는 증거를 수집할 수 있다면, 감사인은 내부통제에 의존할 수 있고 따라서 감사인이 직접 감사증거를 수집하는 과정인 실증절차를 축소(limited substantive procedures)하는 감사전략을 수립하고 이를 이행한다. 이 경우 감사인은 실증절차를 축소하더라도 허용할 수 있는 수준 이하로 감사위험을 통제할 수 있고 제공하기로 한 확신의 수준을 달성할 수 있다.

통제테스트의 비용 < 실증절차의 축소로 인한 효익 ❶

❶ 효익이 비용보다 큼

2.2 통제테스트 수행 + 높은 수준의 실증절차

통제테스트의 수행결과 위험평가결과와 달리 내부통제의 운용이 효과적이지 않다

면, 감사인은 내부통제에 의존할 수 없고, 따라서 실증절차(최대수준의 실증절차) 위주로 감사전략을 수정하여 이를 이행한다.

통제테스트 비용 > 실증절차 축소 효익(= 0) ❷

❷ 통제테스트 비용만 낭비(가장 나쁜 시나리오)

2.3 통제테스트 생략 + 높은 수준의 실증절차

위험평가결과에 따라 통제테스트를 생략하기로 하였고 따라서 중요왜곡표시위험이 낮다는 것에 대한 충분하고 적합한 증거를 수집하지 못하였기 때문에 실증절차(최대수준의 실증절차) 위주로 감사를 계획한다.

통제테스트 비용(= 0) = 실증절차의 축소로 인한 효익(= 0) ❸

❸ 효익도 손해도 없음

2.4 평가된 중요왜곡표시위험과 관계없이 실증절차 수행

상기의 추가감사절차의 조합을 보면 통제테스트는 생략할 수 있지만 어떤 경우에도(내부통제가 유효한 경우에도) 실증절차는 생략할 수 없다. 특히 중요한 계정잔액과 거래에 대해서는 중요왜곡표시위험에 대한 평가결과와 관계없이 반드시 실증절차를 수행하여야 한다.

평가된 중요왜곡표시위험과 관계없이 실증절차 수행 (ISA 330-18, A42)

감사인은 평가된 중요왜곡표시위험과 관계없이 중요한 각 거래유형과 계정잔액 및 공시에 대하여는 실증절차를 설계하고 수행하여야 한다. 이러한 요구사항은 다음 두 가지 사항을 반영하는 것이다.

① 감사인의 위험평가에는 판단이 수반되므로 모든 중요왜곡표시위험이 식별되지 않을 수 있고,

② 경영진의 통제무력화 등 내부통제에 고유한계가 존재한다는 사실

3 전반감사전략과 감사계획의 갱신 또는 변경

Q 전반감사전략과 감사계획을 수정할 수 있는가?

감사인은 감사의 진행 중 필요에 따라 전반감사전략과 감사계획을 갱신하고 변경해야 한다(ISA 300-10). 예상하지 못한 사건의 발생이나 상황의 변경 또는 감사절차로부터 입수된 감사증거의 결과, 기존의 평가된 위험은 재고려될 수 있고, 감사인은 이에 기초하여 전반감사전략 및 감사계획과 그리고 이에 따라 계획되었던 추가감사절차의 성격, 시기 및 범위를 변경할 필요가 있을 수 있다. 감사인이 알게 된 정보가 감사절

차를 계획했을 때 이용 가능했던 정보와 유의적으로 차이가 있을 때 이러한 경우에 해당될 것이다. 예를 들어, 실증절차를 수행하여 얻은 감사증거가 통제테스트를 통해 얻은 감사증거와 모순되는 경우를 들 수 있다(ISA 300-A15).

감사인은 업무팀원들에 대한 지휘와 감독 및 업무팀원들이 수행한 작업의 검토에 대하여 그 성격과 시기 및 범위를 계획하여야 한다(ISA 300-11).

보론 주요거래유형별 업무흐름도(= flowchart법에 의한 내부통제의 문서화)

부록에서는 "매출 및 매출채권"과 "매입 및 매입채무" 거래 유형에 대한 업무흐름을 제시하고 있다. 수험목적이라면 소개한 업무흐름도를 보고 내부통제의 취약점을 파악할 수 있어야 한다. 이때 평가기준은 다음과 같은 통제절차이다.

통제절차	내용
(1) 승인(Authorization)절차가 존재하고 이것이 적절한가?	• 차이조정업무의 보고, 검토 및 승인 • 문서의 승인과 통제
(2) 성과검토(Performance reviews) 절차가 적절한가?	• 실제 성과를 예산, 예측치 및 전기 성과와 비교하여 검토, 분석
(3) 정보처리(Information processing) 절차가 적절한가?	• 일반통제 • 응용통제
(4) 물리적 통제(Physical controls) 절차가 존재하고 이것이 적절한가?	• 자산과 기록의 접근에 대한 안전설비와 같은 적절한 안전장치 등 자산의 물리적 보안 • 컴퓨터 프로그램과 데이터 파일에 대한 접근의 승인 • 주기적으로 금액을 실사하고 이를 통제기록상 금액과 비교
(5) 업무분장(Segregation of duties)이 적절한가?	• 자산 보관 기능과 회계기능의 분장 • 거래의 승인 기능과 관련 자산 보관 기능의 분리

보론 거래유형별 내부통제

1. 매출 및 매출채권거래

(1) 주문처리

기출 2025

매출거래의 시작은 거래처로부터 주문서를 받는 것으로 시작된다. 주문을 받은 담당자는 「판매지시서」 6부를 작성하여 거래처에 1부, 신용조사부서에 2부, 적송부서에 1부 및 대금청구부서에 1부를 송부하고 나머지 1부는 문서화를 위하여 보관한다. 판매지시서를 거래처에 송부하는 목적은 주문내용을 확인시키기 위한 것이고, 신용조사부서에 송부하는 목적은 「신용승인을 받은 판매지시서」에 따라 물품이 출고되도록 하기 위함이다. 적송부서에 송부하는 목적은 물품을 인도하고 「판매지시서」에 근거하여 「적송서류」를 작성하기 위함이며, 대금청구부서에 송부하는 목적은 「주문서」와 「신용승인된 판매지시서」, 「적송서류」를 대조하여 「매출송장」을 작성하기 위함이다.

(2) 신용조사부서

물품의 판매는 반드시 신용승인을 받은 것에 한하여 이루어져야 한다. 이러한 통제목적을 달성하기 위하여 주문처리부서로부터 수령한 「판매지시서」에 대하여 거래처에 대한 신용조사를 수행하고, 승인하는 기능이 필요하다. 「신용승인 받은 판매지시서」 2부는 창고부서에 송부하여 물품이 거래처에 인도될 수 있도록 한다.

(3) 창고부서

창고부서에서는 물품을 보관하고 관리하는 업무만을 담당한다. 거래의 승인과 관련자산관리의 승인이 분리되어야 하므로 창고부서에서는 거래의 승인기능은 있어서는 아니되며 자산관리의 승인기능만이 필요하다. 따라서 신용조사부서로부터 송부받은 「승인된 판매지시서」에 따라 물품을 출고한다.

(4) 적송부서

적송부서에서는 창고부서에서 출고된 물품을 「적송서류」와 함께 거래처에 인도하는 작업을 수행한다. 이 때 「적송서류(우리나라의 경우 거래명세서 기능)」는 3부가 작성되며 반드시 「판매지시서」와 실물을 대조확인하여야 한다. 「적송서류」에는 적송하는 물품의 품목 · 규격 · 수량 · 단가 등에 대한 정보가 수록되어 있다. 따라서 「적송서류」는 거래처에 인도된 물품과 일치하여야 하며 대금청구부서에서 청구하여야 할 금액을 산출하는 근거가 된다.

(5) 대금청구부서

대금청구부서는 「주문서」 및 「판매지시서」를 「적송서류」와 대조하여 거래처에 대금을 청구하는 활동을 수행한다. 대금의 청구는 「매출송장(우리나라의 경우 세금계산서 기능)」에 의한다. 「매출송장」은 거래처에 송부되어 청구기능을 수행하며, 일반회계부서에 송부하여 회계처리가 이루어지도록 한다. 매출채권회계부서와 재고회계부서에도 송부하여 매출채권관리와 재고자산관리를 수행하도록 한다.

2. 매입 및 매입채무거래

(1) 구매의 요청

생산현장에서 작업도중 안전재고를 유지하기 위하여 특정품목에 대하여 구매를 요청하는데 이는 「구매요청서」라는 문서로 표현된다. 「구매요청서」는 생산부서의 승인권자에 의하여 승인을 받아 구매부서로 송부된다.

(2) 구매부서

구매부서에서는 생산부서에서 승인한 「구매요청서」에 따라 거래처를 파악하여 주문서를 작성한 후 거래처에 주문한다. 또한 검수부서에도 송부하여 주문물품과 입고물품이 일치하는가를 대조할 수 있도록 한다.

(3) 검수부서

구매부서에서 주문한 물품이 도달하면 검수부서에서는 「주문서」와 거래처에서 송부된 「적송서류」를 실물과 대조확인하여 「검수보고서」를 3부 작성한다. 이 때 검수하는 과정에서 물품의 질도 함께 검사하여 품질이 낮은 것은 입고되지 않도록 하여야 한다. 검수 완료된 물품은 입고처리되어 생산현장에 인도되며 이때 검수보고서 1부를 함께 송부한다. 또 다른 「검수보고서」 1부는 검수부서에서 보관하며 나머지 1부는 「지출결의부서」에 송부하여 매입채무를 기록하고 지출하는 근거자료로 사용할 수 있도록 한다.

(4) 지출결의부서

지출결의부서에서는 검수부서로부터 수령한 「검수보고서」, 구매부서로부터 수령한 「구매요청서」 및 「주문서」와 거래처로부터 수령한 「매도인송장」을 대조확인하여 실제로 입고된 물품에 해당하는 금액이 청구되는가를 대조하고 「지출결의서」를 3부 작성하여 부서장으로부터 승인을 받는다. 「승인된 지출결의서」 중 1부는 보관하고, 1부는 회계부서로 송부하여 매입채무를 기록하도록 하며, 나머지 1부는 「검수보고서」·「주문서」·「구매요청서」와 함께 자금부서에 송부하여 대금지급의 근거로 사용될 수 있도록 한다.

(5) 자금부서

자금부서에서는 지출결의부서로부터 수령한 「지출결의서」·「검수보고서」·「주문서」 및 「구매요청서」를 송부받아 검토하고 수표를 발행하여 거래처에 송부하고 「지출결의서」·「검수보고서」·「주문서」 및 「구매요청서」에 지급필 표시를 하고 보관한다. 또한 수표의 사본은 회계부서에 송부하여 회계처리가 이루어지도록 한다.

◎ 매출 및 매출채권거래의 flowchart[1]

제조업의 매출 및 매출채권의 일반적인 회계제도와 통제절차

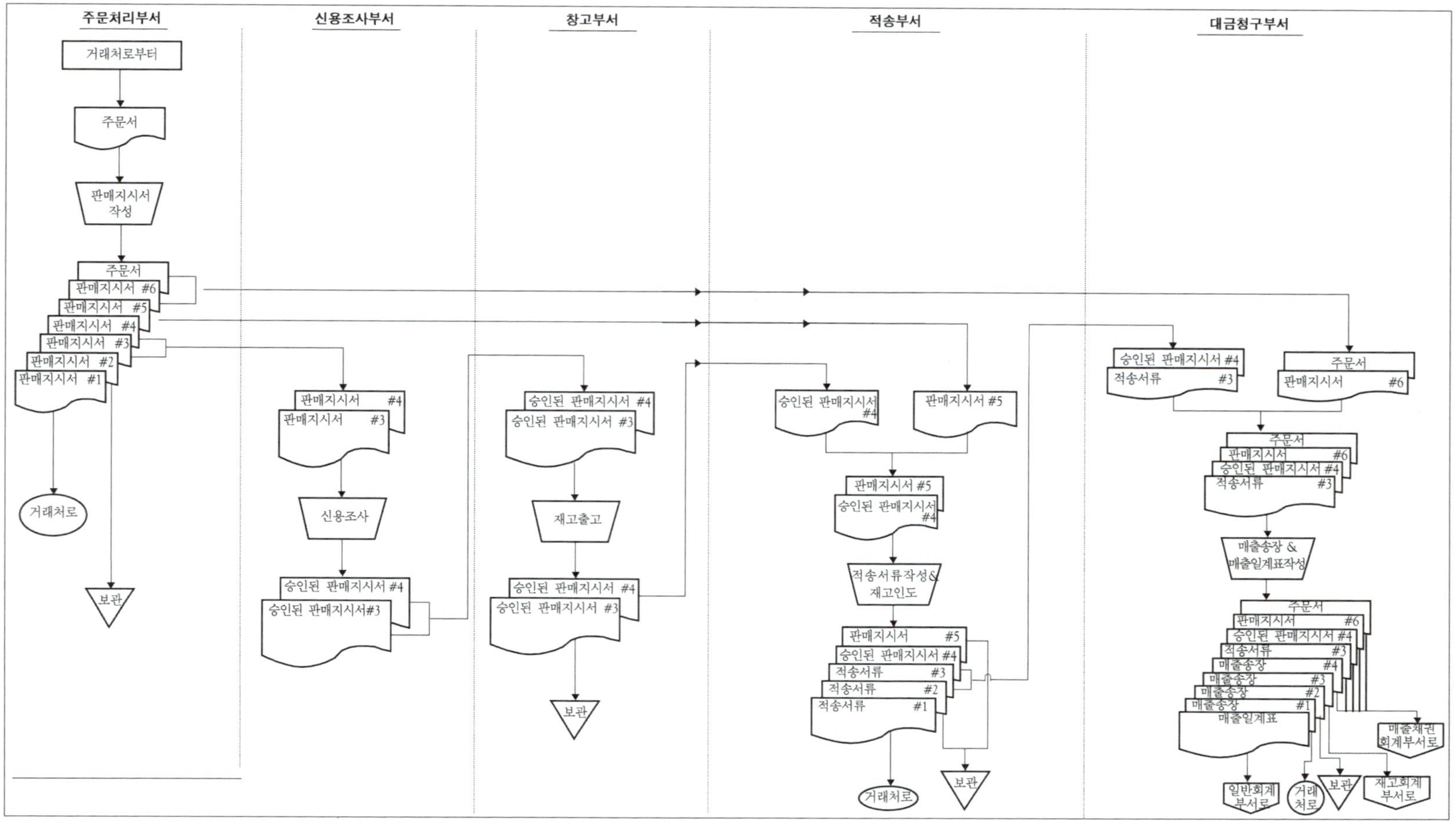

[1] Kell & Ziegler, MODERN AUDITING(제5판) Ch.7 참조

◎ 매입 및 매입채무거래의 **flowchart**

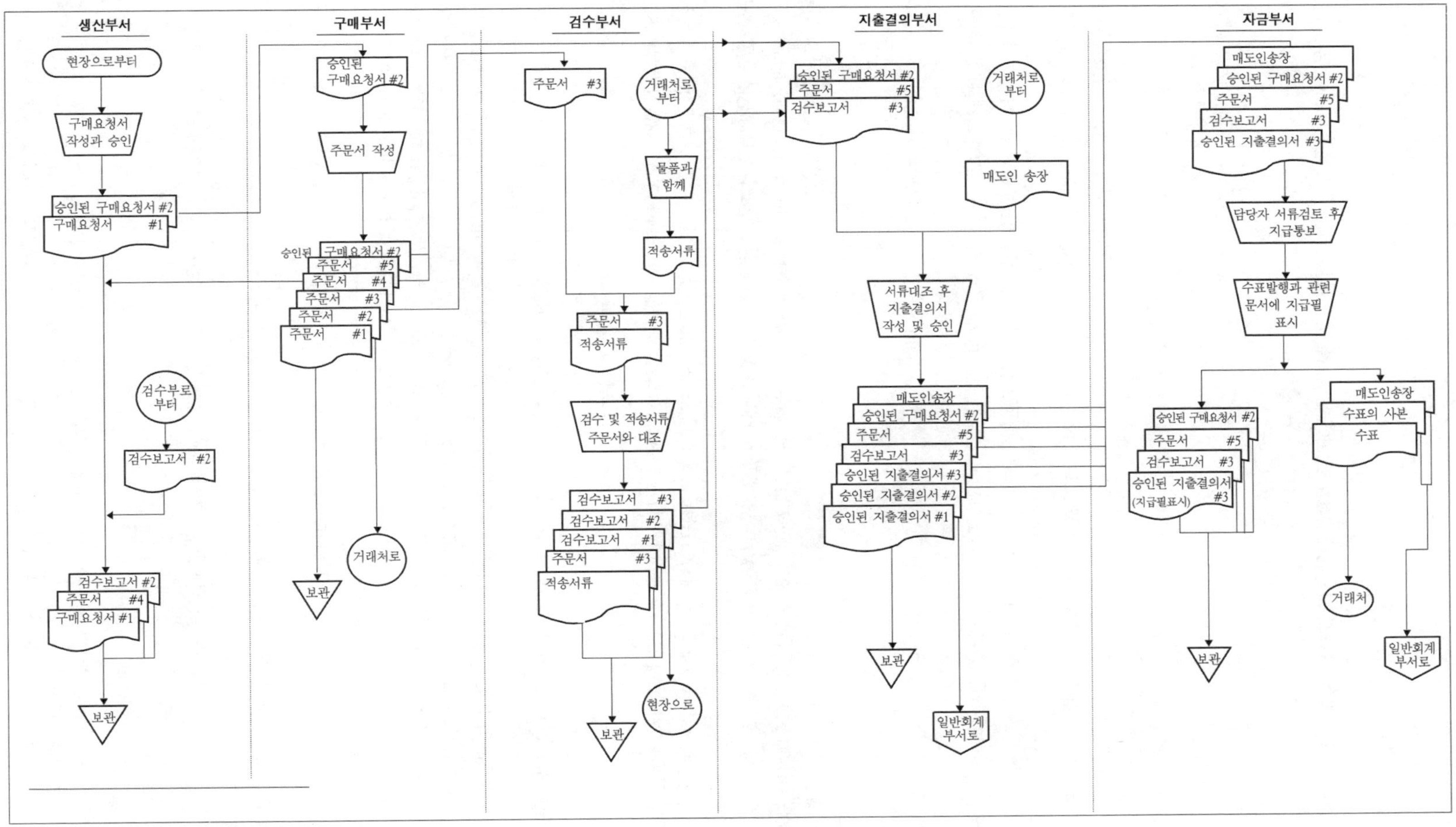

Chapter 04 OX문제

01 내부통제의 목적은 ① (　　), ② 기업운영의 효과성과 효율성 확보, ③ 관계법규의 준수에 있다.

02 내부통제의 원칙 중 업무분장의 예에서 자산의 보관기능과 반드시 분리되어야 하는 기능 두 가지는 무엇인가?

03 다음 각 설명이 내부통제의 5가지 구성요소 중 어느 것에 속하는지 답하시오.

> (1) 통제에 대한 기업의 인식은 지배기구에 의하여 유의적으로 영향을 받는다.
> (2) 유의적이고 급속한 영업확장은 통제를 왜곡시킬 수 있고, 또 통제를 와해시킬 위험을 증가시킨다.
> (3) 거래의 개시, 기록, 처리, 보고에 이용되는 관련 회계기록과 증빙 그리고 재무제표 내의 특정 계정. 이에는 부정확한 정보의 수정과 정보가 총계정원장으로 전기되는 방법이 포함된다. 기록은 수작업 형태일 수도 있고 전자적 형태일 수도 있다.
> (4) 누구든지 일상적인 직무수행 중 오류나 부정을 범하고 동시에 이를 은폐시킬 수 있는 위치에 있을 수 있는 기회를 감소시키기 위한 조치가 필요하다.

04 소규모기업의 통제환경 요소에 대한 감사증거는 문서화된 형태로 존재하지 않을 수도 있다. 따라서 경영진 또는 소유경영자의 태도와 의식 및 행동은 감사인이 소규모기업의 통제환경을 이해하는 데 중요하지 않다.

05 소규모기업의 경우 위험평가절차가 수립되어 있지 않을 수 있다. 이러한 경우, 경영진은 사업에 직접적으로 참여함으로써 위험을 식별할 것이다. 그러나 이러한 상황과 관계없이, 식별된 위험 그리고 이에 대하여 경영진이 어떻게 대처하는지에 대한 질문은 여전히 필요하다.

06 통제테스트는 내부통제를 이해하기 위한 절차이다.

07 통제환경 그 자체가 중요한 왜곡표시를 예방하거나 이를 발견하고 수정하지는 않는다. 따라서 감사인이 경영진주장 수준의 중요왜곡표시위험을 평가하는데 영향을 주지 않는다.

08 감사는 재무제표에 유의적인 각 거래유형, 계정잔액 및 공시 또는 이들과 관련된 모든 경영진주장에 대하여 그 모든 통제활동을 이해할 것을 요구한다.

09 내부통제의 설계가 효과적이지 않은 경우에도 통제테스트를 실시할 가치가 있다.

10 통제테스트 기법에는 분석적절차도 있다.

11 감사인은 유의적이라고 결정한 위험에 대하여 그 통제에 의존하려고 계획한 경우, 당기에 해당 통제를 테스트하여야 한다.

12 내부통제의 미비점은 왜곡표시를 식별하지 못하였더라도 존재할 수 있지만 유의적 미비점은 반드시 왜곡표시가 식별되는 경우에만 존재할 수 있다.

13 내부통제의 유의적 미비점은 지배기구 뿐 아니라 경영진과도 반드시 서면으로 커뮤니케이션한다.

14 감사인은 미비점들을 우선 구두로 경영진 및 지배기구와 커뮤니케이션할 수도 있다. 이 경우에도 서면으로 유의적 미비점들을 커뮤니케이션할 감사인의 책임이 경감되지는 않는다.

15 미비점을 시정하기 위한 비용이 효익보다 클 경우, 감사인은 유의적 미비점들을 지배기구에게 커뮤니케이션하지 않아도 된다.

---

16 기타 미비점은 경영진과 커뮤니케이션하지 않아도 된다.

17 감사인은 내부감사기능의 적격성이 부족한 경우에도 내부감사기능을 활용할 수 있다.

18 외부감사인이 내부감사기능의 업무를 활용한 경우, 표명된 감사의견에 대한 책임이 경감된다.

Chapter 04 정답 및 해설

01 재무정보의 신뢰성

02 회계기록, 거래의 승인

03 (1) 통제환경 (2) 위험평가절차 (3) 정보시스템 및 커뮤니케이션 (4) 통제활동

04 × 경영진 또는 소유경영자의 태도와 의식 및 행동은 감사인이 소규모기업의 통제환경을 이해하는 데 특히 중요하다. (ISA 315 - A87)

05 ○ (ISA 315 - A89)

06 × 통제테스트는 통제의 운영효과성에 대한 감사증거를 입수하기 위한 절차이다. (ISA 330 - 10)

07 × 통제환경 그 자체가 중요한 왜곡표시를 예방하거나 이를 발견하고 수정하지는 않는다. 그러나, 통제환경은 감사인이 다른 통제들(예를 들어, 통제의 모니터링과 특정 통제활동의 수행)의 효과성을 평가하는 데 영향을 미침으로써 감사인이 중요왜곡표시위험을 평가하는데 영향을 줄 수 있다. (ISA 315 - A84)

08 × 감사는 재무제표에 유의적인 각 거래유형, 계정잔액 및 공시 또는 이들과 관련된 모든 경영진주장에 대하여 그 모든 통제활동을 이해할 것을 요구하지는 아니한다. (ISA 315 - 20)

09 × 이미 통제위험이 높다는 결론을 얻었기 때문에 추가로 통제테스트를 실시하여도 결론 및 추가감사절차는 바뀌지 않는다. 따라서 통제테스트를 실시할 실익이 없다.

10 × 통제테스트기법에는 질문, 관찰, 검사, 재수행이 있다.

11 ○ (ISA 330 - 15)

12 × 내부통제의 미비점 또는 이들이 결합된 미비점에 대한 유의성은, 왜곡표시가 실제로 발생하였는지 여부뿐 아니라 왜곡표시가 발생할 수 있는 가능성 및 왜곡표시의 잠재적 크기에 따라 달라진다. 감사인이 감사 중에 왜곡표시를 식별하지 못하였더라도 유의적 미비점들은 존재할 수 있는 것이다. (ISA 265 - A5)

13 ○ (ISA 265 - 10)

14 ○ (ISA 265 - A14)

15 × 비용이나 효익과 관계없이 감사인은 유의적 미비점들을 지배기구에게 적시에 서면으로 커뮤니케이션하여야 한다. (ISA 265 - A16)

16 × 감사 중에 식별된 내부통제의 기타 미비점들로서 다른 관계자가 경영진에게 커뮤니케이션하지 않았고, 감사인의 전문가적 판단에 따라, 경영진이 주의를 기울일 만큼 충분한 중요성이 있다고 판단되는 미비점들은 경영진과 커뮤니케이션하여야 한다. (ISA 265 - 10)

17 × 외부감사인은 내부감사기능의 적격성이 부족한 경우 내부감사기능이 수행한 업무를 활용해서는 안 된다. (ISA 610 -16)

18 × 외부감사인은 표명된 감사의견에 대하여 전적인 책임을 지며, 그러한 책임은 내부감사기능의 업무를 활용하였다고 하더라도 경감되지 아니한다.

NEW INTERNATIONAL STANDARDS ON AUDITING

CHAPTER 5

감사의 수행:
위험평가(부정과 오류)

SECTION 01
부정의 정의와 특징

재무제표는 부정과 오류에 의하여 왜곡표시될 가능성이 존재한다. 예를 들어, 경영진이 가공의 기계장치 영수증을 첨부함으로써 비자금을 마련한다면 자산과 감가상각비가 왜곡된다. 또한 금액적으로 부정확하거나 전산입력할 때 발생하는 오류는 관련 분개장, 총계정원장, 시산표 및 재무제표의 왜곡을 초래한다. 따라서 감사인은 부정과 오류로 인하여 재무제표가 왜곡될 가능성을 고려한다.

1 부정의 정의와 특징

1.1 부정(Fraud)의 정의

부정의 정의 (ISA 240-11)

부정이란 경영진, 지배기구, 종업원 또는 제3자 중 1인 이상이 부당하거나 불법적인 이득을 취하기 위해 기만행위가 연루된 의도적 행위를 말한다.

재무제표의 왜곡표시는 부정이나 오류에 의해 발생될 수 있다. 부정과 오류를 구별하는 요소는 재무제표의 왜곡표시를 초래하는 기초행위가 의도적인지 비의도적인지 여부이다.

부정은 부정한 재무보고이거나 자산의 횡령이거나 관계없이 부정을 저지르려는 동기나 압력, 부정을 저지를 수 있는 알려진 기회, 그리고 행위에 대한 어떠한 합리화와 관련되어 있다(ISA 240-A1).

기출 2023

TIP

부정의 트라이앵글

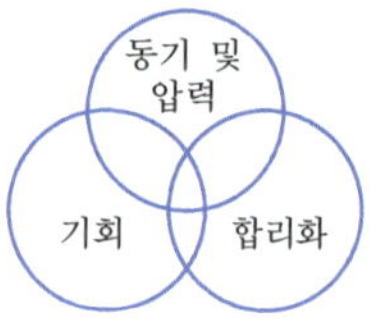

부정의 패턴 (ISA 240-A1)

1. 부정의 동기 및 압력: 부정한 재무보고의 동기나 압력은 경영진이 기업 내·외부로부터 예정된 (아마도 비현실적인) 이익목표나 재무적 성과의 달성압력을 받고 있을 때, 특히 재무적 목표를 달성하지 못할 경우 경영진에 미치는 영향이 중요할 때 존재한다. 이와 마찬가지로 개인의 경우 수입액을 초과하는 생활을 하고 있는 경우 자산횡령의 동기를 가질 수 있다.

2. 부정의 기회: 부정을 저지를 수 있는 알려진 기회는 개인이 내부통제를 무력화할 수 있다고 믿을 때, 예를 들어 해당 내부통제의 책임있는 위치에 있거나 내부통제의 특정 미비점을 잘 알고 있을 경우 존재할 수 있다.
3. 부정의 합리화: 개인은 부정한 행위를 합리화할 수 있을 것이다. 어떤 사람은 의식적이고 의도적으로 부정직한 행위를 저지르는 태도나 성격 또는 윤리적 가치관을 가지고 있다. 그러나 정직한 개인이라도 일정 수준의 압력이 가해지는 환경에서는 부정을 저지를 수 있을 것이다.

1.2 부정(Fraud)의 특징

부정은 광범위한 법률적 개념이지만, 감사인은 감사기준의 목적상 재무제표의 중요한 왜곡표시를 초래하는 부정에 관심을 둔다. 감사인과 관련있는 의도적 왜곡표시에는 두 가지 유형, 즉 ① 부정한 재무보고에 의한 왜곡표시와 ② 자산의 횡령에 의한 왜곡표시가 있다. 감사인은 부정의 발생을 의심할 수 있고, 예외적으로 이를 식별할 수도 있으나, 부정이 실제로 발생했는지 여부에 대한 법률적 결정을 내리지 아니한다(ISA 240-3). 왜냐하면, 회계감사의 궁극적인 목적은 재무제표가 기업회계기준 등의 보고기준에 따라 적정하게 작성되었는가에 대한 의견을 표명하는데 있기 때문이다. 따라서 만약 감사인이 부정이 존재하더라도 이것이 재무제표에 영향을 미치지 아니한다면 이에 대한 법률적 판단을 할 필요가 없다.

> **TIP**
>
> **부정의 트라이앵글 사례**
>
> - 동기 및 압력: 이번 달 매출 목표를 달성해야 해!
> - 기회: 아무도 실제로 매출되었는지를 체크하지 않아! 보고서만 조작하면 돼!
> - 합리화: 모두 그렇게 하잖아! 이 정도는 괜찮아! 돈을 훔치는 것도 아니잖아! 합리화는 성선설에 기초한 것이다. 즉, 인간은 본래 선하기 때문에 스스로 나쁘다고 생각하는 일을 저지르지는 않는다는 것이다. 그러면 인간이 어떻게 부정을 저지르는가? 바로 나쁜일이지만 이를 나쁘지 않다고 합리화하여 스스로를 세뇌한 후 부정을 저지른다는 것이다. 예를 들면, 남들도 다 회사돈을 개인용도로 사용하니까 나도 그렇게 해도 괜찮아! 사장인 00는 나쁜 사람이야. 나쁜 사람 돈을 가져가는 것은 나쁜 행동이 아니야! 나는 매년 불우이웃돕기도 하는걸... 하면서 자신의 행동을 합리화하면 나쁜행동에 대한 거리낌이 없어진다는 것이다. 이런 합리화 없이 부정을 저지르는 사람은 합리적인 인간이 아니므로 이런 사람이 회사의 엄격한 검증과정을 거쳐 고용될 가능성은 희박하다.

2 재무제표감사와 관련된 부정의 종류

재무제표감사에서 감사와 관련된 의도적 왜곡표시(부정)에는 두 가지 유형, 즉 ① 부정한 재무보고에 의한 왜곡표시와 ② 자산의 횡령에 의한 왜곡표시가 있다.

2.1 부정한 재무보고에 의한 왜곡표시

부정한 재무보고는 재무제표 이용자를 기만하기 위한 재무제표 금액이나 공시의 누락 등 의도적 왜곡표시를 수반한다. 부정한 재무보고는 경영진이 기업의 성과와 수익성에 대한 재무제표 이용자의 인식에 영향을 미쳐 이들을 기만하기 위한 목적으로 이익을 조정하려는 노력에 의해 야기될 수 있다. 그러한 이익조정은 사소한 행위나 가정에 대한 부적합한 수정 또는 경영진의 판단 변경으로부터 시작될 수 있을 것이다. 압력과 동기는 이러한 행위를 강화시켜 부정한 재무보고를 초래할 정도까지 이끌 수 있다. 그와 같은 상황은 경영진이 시장의 기대를 충족시키려는 압력이나 성과에 따른 보상을 최대화하려는 욕구에 따라, 재무제표를 중요하게 왜곡표시함으로써 부정한 재무보고를 유도하는 입장을 의도적으로 취할 때 발생될 수 있다. 기업에 따라서는 경영진이 세금을 최소화시키기 위하여 이익을 중요하게 감소시키거나, 은행 차입을 위하여 이익을 과장하려는 동기도 있을 것이다. 부정한 재무보고는 다음의 행위에 의해 수행될 수 있다(ISA 240-A2, A3).

부정한 재무보고 (240-A3)

- 재무제표 작성의 기초가 되는 회계기록이나 근거문서의 조작, 위·변조 또는 수정
- 사건, 거래 또는 기타 유의적인 정보를 재무제표에 허위로 기재하거나 의도적으로 누락
- 금액, 분류, 표시방법 또는 공시에 대한 회계원칙의 의도적인 잘못 적용

부정한 재무보고에는 그렇지 않았다면 효과적으로 운영되고 있다고 보일 내부통제에 대한 경영진의 무력화가 종종 수반된다. 부정은 경영진이 아래와 같은 기법을 사용하여 내부통제를 의도적으로 무시함으로써 발생될 수 있다(ISA 240-A4).

- 영업성과를 조작하거나 다른 목적을 달성하기 위하여 특히 보고기간말에 근접하여 가공의 분개를 기록
- 계정 잔액의 추정에 적용되는 가정을 부적합하게 수정하거나 판단을 변경함
- 보고기간에 발생한 사건이나 거래를 재무제표에 누락시킴, 또는 그 인식시기를 앞당기거나 지연시킴
- 해당 재무보고체계에서 요구되거나 공정표시를 달성하기 위하여 필요한 공시를 누락하거나, 이해하기 어렵게 만들거나, 왜곡표시함
- 재무제표에 기록된 금액에 영향을 미칠 수 있는 사실을 은폐함
- 기업의 재무상태나 재무적 성과를 왜곡표시하도록 설계된 복잡한 거래를 수행함
- 유의적 거래 및 비경상적인 거래와 관련된 기록이나 조건을 변경시킴

2.2 자산의 횡령에 의한 왜곡표시

자산의 횡령은 기업자산의 도난을 수반하며, 종업원들이 종종 상대적으로 소액이며 중요하지 않은 금액으로 저지른다. 그러나 여기에는 대개 발견하기 힘든 방법으로 자산의 횡령을 더 잘 숨기고 위장할 수 있는 경영진이 연루될 수도 있다. 자산의 횡령은 다음과 같이 다양한 방법으로 이루어질 수 있다(ISA 240-A5).

- 입금의 횡령(예 매출채권 회수액의 횡령, 상각채권 추심액의 개인구좌 입금)
- 물리적 자산 또는 지적 자산의 절도(예 사적인 이용이나 판매를 위한 재고자산 절도,

재판매를 위한 부산물 절도, 경쟁기업과 공모하여 대가를 받고 기술적 데이터를 유출)

REVIEW POINT *New International Standards on Auditing*

부정의 종류와 부정의 패턴

	부정한 재무보고	자산의 횡령
동기 및 압력	공격적인 목표 이익 달성이 요구되는 상황 → 기업 & 기업환경이 열악한 경우	• 경제적 압박 • 해고의 예상, 급여 감봉, 승진 누락 등
실행기회	• 복잡한 거래 or 판단, 추정 개입 여지 높음 • 내부통제 취약 → 주로 통제환경	• 횡령가능성이 높은 자산을 다량 보유 • 내부통제취약 → 주로 통제활동
태도 및 합리화 행위	• 내부통제무시 • 비재무담당 경영진의 회계정책관여	• 내부통제 무시 및 용인 • 횡령을 암시하는 달라진 행동(생활방식)

SECTION 02 부정의 예방 및 발견에 대한 책임

NEW INTERNATIONAL STANDARDS ON AUDITING

핵심

구 분	지배기구와 경영진	감 사 인
주된 책임	부정과 오류의 예방과 발견	재무제표가 전체적으로 부정이나 오류로 인한 중요한 왜곡표시가 없다는 합리적 확신을 얻을 책임
구체적 책임	부정과 오류의 예방이나 발견을 위하여 내부통제제도를 수립하고 이를 계속적으로 실행	감사의 전 과정을 통하여 전문가적 의구심을 유지할 책임

기출 2024

1 기업의 지배기구와 경영진의 책임

부정과 오류의 예방과 발견에 대한 주된 책임은 기업의 지배기구와 경영진에게 있다. 지배기구의 감시와 더불어, 경영진은 부정의 예방을 강조하여 부정이 발생할 기회를 감소시키고, 또한 부정의 억제를 강조함으로써 각 개인들이 부정의 발견 및 이에 대한 처벌의 가능성을 의식하여 부정을 저지르지 않도록 설득하는 것이 중요하다. 이는 정직하고 윤리적으로 행동하는 문화의 창조의지와 관련되며, 지배기구의 적극적인 감시에 의하여 더욱 강화될 수 있을 것이다. 기업의 성과와 수익성에 대한 재무분석가들의 인식에 영향을 주기 위해 이익을 조정하려는 경영진의 노력과 같이, 지배기구의 감시에는 재무보고절차에 대한 통제를 무력화하거나 기타 부적절한 영향력을 행사할 가능성에 대하여 고려하는 것이 포함된다.

기출 2024

Q 부정에 대한 감사인의 책임은?

2 감사인의 책임

감사기준에 따라 감사를 수행하는 감사인은 재무제표가 전체적으로 부정이나 오류로 인한 중요한 왜곡표시가 없다는 합리적 확신을 얻을 책임이 있다. 감사인이 감사기준에 따라 적절하게 감사를 계획하고 수행하여도 감사의 고유한계에 의하여 재무제표의 중요한 왜곡표시 중 일부가 발견되지 못할 불가피한 위험이 존재한다.

2.1 고유한계

Q 부정의 특징

고유한계의 잠재적인 영향은 부정으로 인한 왜곡표시의 경우 특히 유의적이다. 부정으로 인한 중요한 왜곡표시를 발견하지 못할 위험은 오류로 인한 경우보다 크다. 이는 부정의 경우 그 사실을 은폐하기 위해 위조, 거래의 기록에 대한 계획적인 누락 또는 감사인에 대한 의도적인 거짓 진술 등 정교하고 면밀하게 설계된 수단들이 이용되기 때문이다. 이러한 은폐 시도에 공모가 수반되는 경우에는 훨씬 더 발견하기 어려울 수 있다. 공모가 있으면 감사증거가 실제로는 허위임에도 감사인은 그 증거가 설득적이라고 믿게 될 것이다. 감사인의 부정발견 능력은 부정을 저지르는 사람의 숙련도, 조작의 빈도와 정도, 공모의 정도, 조작된 개별금액의 상대적 크기, 그리고 연루된 개인들의 조직 내 직위 등 요인에 따라 다르다. 감사인은 부정이 수행될 잠재적 기회는 식별할 수는 있으나, 회계추정과 같이 판단이 수반되는 영역의 왜곡표시는 그것이 부정으로 인한 것인지 오류로 인한 것인지 결정하기 어렵다.

기출 2024

또한, 감사인이 경영진의 부정으로 인한 중요한 왜곡표시를 발견하지 못할 위험은 종업원의 부정으로 인한 경우보다 크다. 경영진은 회계기록을 직 · 간접적으로 조작하고 허위의 재무정보를 제공하거나, 다른 종업원에 의해 유사한 부정이 예방되도록 설계된 통제절차를 무력화할 수 있는 위치에 있는 경우가 빈번하기 때문이다.

감사인은 합리적 확신을 얻을 때, 경영진에 의한 통제무력화 가능성을 고려하고, 오류의 발견에는 효과적일 수 있는 감사절차가 부정의 발견에는 그렇지 않을 수 있다는 사실을 인식하면서 감사의 전 과정을 통하여 전문가적 의구심을 유지할 책임이 있다.

2.2 전문가적 의구심

회계감사기준은 부정에 대한 감사절차에서 전문가적 의구심에 대하여 다음 세가지를 요구하고 있다.

① 감사의 전 과정에서 전문가적 의구심 유지
② 문서의 진위여부에 대한 의구심
③ 질문에 대한 답변이 일관적이지 않은 경우 불일치 조사

(1) 감사의 전 과정에서 전문가적 의구심 유지

기출 2023

감사인은 기업의 경영진 및 지배기구의 정직성과 성실성에 대한 감사인의 과거 경험과 관계없이, 부정으로 인한 중요한 왜곡표시의 가능성이 존재한다는 것을 인식하면서 감사의 전 과정을 통하여 전문가적 의구심을 유지하여야 한다(ISA 240-13).

(2) 문서의 진위여부에 대한 의구심

감사인은 감사과정에서 회사로부터 많은 문서를 요청하여 감사증거로 활용한다. 때로는 회사가 문서를 조작하거나 허위의 문서를 감사인에게 제시할 가능성도 있다. 과연 감사인은 회사가 제시한 문서의 진위여부를 확인해 가면서 진실한 문서만을 골라 감사증거로 활용하여야 할까? 본 의문에 대하여 회계감사기준은 다음과 같이 답하고 있다.

회사가 제시한 문서를 진실하다고 받아들일 것인가? (ISA 240-14)

그렇지 아니하다고 믿을 이유가 없으면, 감사인은 회계기록이나 문서가 진실하다고 받아들일 수 있다.

감사기준에 따라 수행되는 감사에 문서의 진위 판별이 수반되는 경우는 거의 없으며, 감사인은 문서의 진위에 대한 전문가로서 훈련을 받지 않았고, 그렇게 기대될 수도 없다. 그러나 감사인은 감사 중 식별된 상황으로 인하여 문서가 진실하지 아니하거나 문서 내의 문구가 변경되었음에도 불구하고 감사인에게 공개되지 아니하였다고 믿는다면, 다음과 같은 추가적인 조사를 실시하여야 한다(ISA 240-14).

문서가 진실되지 않거나 변경의 미공개시 추가적인 절차 (ISA 240-13)

① 제3자에게 직접 조회
② 문서의 진실성을 평가하기 위해 전문가를 이용(예 외부의 문서감정기관을 이용)

(3) 질문에 대한 답변이 일관적이지 않은 경우 불일치 조사

감사인의 질문에 대하여 경영진 또는 지배기구의 답변이 일관성이 없는 경우, 감사인은 그 불일치를 조사하여야 한다(ISA 240-15).

SECTION 03 업무팀 내부의 토의 (Discussion Among the Engagement Team)

NEW INTERNATIONAL STANDARDS ON AUDITING

1 부정과 토의의 필요성

핵심

감사인은 경영진과 지배기구가 정직하고 성실하다는 믿음을 배제하고 토의하여야 한다.

감사는 감사개시 전에 업무팀원들 간 토의를 시작으로 기업과 기업환경을 이해하는 것으로부터 시작한다. 이러한 토의에서는, 부정이 어떻게 발생할 것인지 등 기업의 재무제표가 부정에 의하여 어디서 어떻게 중요하게 왜곡표시될 위험성이 높은지 등을 특히 강조하여야 한다. 이 때 감사인은 경영진과 지배기구가 정직하고 성실하다는 믿음을 배제하고 토의하여야 한다(ISA 240-15).

이러한 토의에는 아래와 같은 사항들이 포함될 수 있을 것이다(ISA 240-A12).

- 재무제표(각 재무제표와 공시를 포함)가 어떻게 그리고 어느 부분에서 부정으로 인하여 중요하게 왜곡표시 되기 쉬운지, 경영진이 부정한 재무보고를 어떻게 수행하고 은폐하는지, 그리고 기업의 자산이 어떻게 횡령될 수 있는지에 대한 업무팀원간 의견 교환
- 이익조정을 나타내는 상황, 그리고 부정한 재무보고로 이어질 수 있는 이익조정을 위해 경영진이 따르는 실무에 대한 고려
- 경영진이 공시된 사항에 대한 적절한 이해를 어렵게 하는 방식으로 공시를 표시하고자 할 위험 고려(예 중요하지 않은 정보를 너무 많이 포함시키거나 또는 명확하지 않거나 모호한 표현을 사용하는 방식)
- 경영진 또는 그 외의 사람들이 부정을 저지를 동기나 압력을 유발하고, 부정이 실행될 기회를 제공하며 부정을 범하는 것을 합리화시킬 수 있는 문화 또는 환경을 나타내는, 기업에 영향을 미치는 알려진 내 · 외부 요소들에 대한 고려
- 횡령하기 쉬운 현금이나 기타의 자산을 다루는 종업원에 대한 경영진의 감시 여부에 대한 고려
- 경영진이나 종업원의 행동이나 생활방식에 있어 업무팀이 주목하게 된 비경상적이거나 설명되지 않는 변화에 대한 고려
- 부정으로 인한 중요한 왜곡표시 가능성에 대한 감사의 전 과정을 통하여 적절한 마음 상태 유지의 중요성을 강조
- 부정이 발생되었을 경우, 부정의 가능성을 암시할 수도 있는 상황 유형에 대한 고려
- 수행할 감사절차의 성격, 시기 및 범위에 예측불가능성 요소를 어떻게 포함시킬지에 대한 고려
- 재무제표가 부정으로 인하여 중요하게 왜곡표시 될 위험성에 대응하기 위하여 선택할 수 있는 감사절차, 그리고 어떤 유형의 감사절차가 다른 감사절차보다 더 효과적인지 여부의 고려
- 감사인이 알게 된 부정의 혐의에 대한 고려
- 경영진이 내부통제를 무력화할 위험에 대한 고려

2 중요하게 왜곡표시될 위험에 대한 토의의 효과

기업의 재무제표가 부정으로 인해 중요하게 왜곡표시될 위험성에 대한 업무팀의 토의는 다음과 같은 효과가 있다(ISA 240-A10).

부정으로 인한 중요왜곡표시위험에 대한 업무팀 토의의 효과 (ISA 240-A10)

① 재무제표가 어떻게 그리고 어느 부분에서 부정으로 인해 중요하게 왜곡표시되기 쉬운지에 대하여 업무팀원 중 경험이 많은 사람들의 통찰을 공유할 기회를 제공한다.
② 감사인이 그러한 위험성에 대한 적합한 대응을 고려할 수 있게 하고, 업무팀원 중 누구에게 어떤 감사절차를 맡길 것인지 결정할 수 있게 해준다.
③ 감사인이 감사절차의 수행 결과를 업무팀원과 어떻게 공유할지, 감사인이 주목하게 된 부정 혐의를 어떻게 다루어야 할지 결정할 수 있게 한다.

SECTION 04 위험평가절차 및 관련 활동

NEW INTERNATIONAL STANDARDS ON AUDITING

감사인은 감사기준서에서 요구하는 바와 같이, 기업의 내부통제 등 기업과 그 환경을 이해하기 위한 위험평가절차 및 관련 활동을 수행할 때, 부정으로 인한 중요왜곡표시위험을 식별하기 위한 정보를 입수하기 위하여 적절한 절차를 수행하여야 한다.

1 경영진과 기업 내의 적합한 사람(Management and Others within the Entity)에 대한 질문

핵심

감사인은 경영진에 대한 질문을 통하여 종업원의 부정으로 인한 중요왜곡표시위험에 관한 유용한 정보를 얻을 수 있다. 그러나 경영진의 부정으로 인한 중요왜곡표시위험에 관한 유용한 정보를 얻을 수는 없을 것이다.

1.1 경영진에 대한 질문

감사인은 경영진에게 다음에 관한 질문을 하여야 한다(ISA 240-17).

(a) 재무제표가 부정으로 인해 중요하게 왜곡표시될 위험에 대한 경영진의 평가(이러한 평가의 성격, 범위 및 빈도를 포함)
(b) 경영진이 기업의 부정위험을 식별하고 대응하는 절차. 이러한 절차에는 경영진

이 식별하였거나 주목하게 된 특정의 부정위험, 그리고 부정위험이 존재할 가능성이 있는 거래유형, 계정과목 혹은 공시를 포함한다.

(c) 해당 사항이 있는 경우, 기업의 부정위험을 식별하고 대응하는 절차에 관하여 경영진이 지배기구에게 행한 커뮤니케이션

(d) 해당 사항이 있는 경우, 기업의 영업실무와 윤리적 행동에 대한 경영진의 견해에 관하여 경영진이 종업원에게 행한 커뮤니케이션

1.2 경영진 및 기업 내의 적합한 사람에 대한 질문

감사인은 기업에 영향을 주는 부정으로서 실제로 발생하였거나 의심되는 부정 또는 혐의 중인 부정을 알고 있는지 여부를 결정하기 위해, 경영진 및 기업 내의 적합한 사람에게 질문하여야 한다(ISA 240-18).

부정의 존재 또는 의심에 대하여 감사인이 질문을 할 기업 내의 적합한 사람은 다음과 같다.

- 재무보고절차에 직접 관여되지 않는 일상업무 수행인원
- 다른 수준의 권한을 가진 종업원
- 복잡하거나 비경상적인 거래의 개시, 처리 또는 기록에 관여하는 종업원과 그러한 종업원을 감독하거나 모니터링하는 사람
- 내부 법률고문
- 윤리담당 임원 또는 그에 상응하는 사람
- 부정혐의를 다루는 업무를 맡고 있는 사람

감사인은 경영진에 대한 질문을 통하여 종업원의 부정으로 인한 중요왜곡표시위험에 관한 유용한 정보를 얻을 수 있다. 그러나 경영진의 부정으로 인한 중요왜곡표시위험에 관한 유용한 정보를 얻을 수는 없을 것이다(ISA 240-A15).

경영진은 종종 부정을 행할 최적의 위치에 있다. 따라서 감사인은 그 질문에 대한 경영진의 답변에 대하여 전문가적 의구심의 자세로서 평가할 때, 경영진의 답변 내용들을 다른 정보로 확인할 필요가 있다고 판단할 수 있을 것이다(ISA 240-A17).

1.3 내부감사부서에 대한 질문

내부감사기능이 있는 기업의 경우, 감사인은 내부감사부서에 질문을 하여, 기업에 영향을 주는 부정으로서 실제로 발생하였거나 의심되는 부정 또는 혐의중인 부정을

내부감사부서가 알고 있는지 여부를 결정하고, 부정위험에 관한 이들의 견해를 파악하기 위해 내부감사부서에 질문하여야 한다.

구체적으로 부정의 관점에서 내부감사부서에 다음과 같은 특정 내부감사 활동에 대하여 질문할 수 있을 것이다(ISA 240-A18).

- 보고기간 중 내부감사인이 부정발견을 위하여 수행한 절차
- 이러한 절차의 결과 발견된 사항에 대한 경영진의 대응이 만족스러웠는지 여부

2 지배기구에 대한 질문

2.1 지배기구의 감시기능에 대한 이해

지배기구의 모든 구성원이 그 기업의 경영에 참여하고 있지 않는 한, 감사인은 기업의 부정위험을 식별하고 대응하기 위한 경영진의 절차와 이러한 부정위험을 감소시키기 위하여 경영진이 수립한 내부통제에 대하여 지배기구가 어떠한 감시기능을 수행하고 있는지 이해하여야 한다.

2.2 부정과 관련하여 지배기구에 대한 질문

Q 왜 부정위험에 대하여 경영진은 배제하고 지배기구에 대하여 질문하는가?

A 경영진은 부정의 당사자가 될 수 있기 때문이다.

지배기구의 모든 구성원이 그 기업의 경영에 참여하고 있지 않는 한, 감사인은 기업에 영향을 주는 부정으로서 실제로 발생하였거나 의심되는 부정 또는 혐의중인 부정을 지배기구가 인지하고 있는지 여부에 대하여 지배기구에게 질문을 하여야 한다. 지배기구에 대한 이러한 질문은 경영진에 대한 질문의 답변내용을 확인하는 목적도 있다(ISA 240-21).

3 분석적절차에서 비경상적이거나 예상되지 아니한 관계가 발견된 경우

감사인은 수익계정 등에 대한 분석적절차를 수행할 때 비경상적이거나 예상되지 아니한 관계가 식별된 경우, 이것이 부정으로 인한 중요왜곡표시위험을 나타내는지 여부를 평가하여야 한다(ISA 240-22).

4 기타정보

감사인은 입수한 기타정보가 부정으로 인한 중요왜곡표시위험을 나타내는지 여부를 고려하여야 한다(ISA 240-23). 예를 들면, 분석적절차의 적용으로부터 입수한 정보

에 추가하여 기업과 그 환경에 관하여 입수한 기타의 정보는 부정으로 인한 중요왜곡표시위험을 식별하는 데 도움이 될 수 있다. 업무팀 내부의 토의는 그러한 위험을 식별하는 데 도움이 되는 정보를 제공해 줄 수 있다. 또한 감사인의 의뢰인 수용과 유지 여부의 절차로부터 입수한 정보, 그리고 중간재무제표의 검토업무와 같이 해당기업에 제공한 다른 업무로부터 얻은 경험도 부정으로 인한 중요왜곡표시위험의 식별에 도움을 줄 수 있다.

5 부정위험요소의 평가

부정위험요소의 정의 (ISA 240-11)

부정위험요소란 부정을 행할 동기 또는 압력을 나타내거나, 부정을 행할 기회를 나타내는 사건이나 상황을 말한다.

감사인은 다른 위험평가절차 및 관련 활동의 수행을 통해 입수한 정보가 하나 이상의 부정위험요소가 존재하고 있음을 나타내는지 여부를 평가하여야 한다. 부정위험요소가 반드시 부정의 존재를 나타내는 것은 아니지만, 이는 종종 부정이 발생하였던 환경에서 있어 왔으므로 부정으로 인한 중요왜곡표시위험을 나타내는 것일 수 있다(ISA 240-24).

부정은 일반적으로 은폐된다는 사실 때문에 발견하기 어려울 수 있다. 그럼에도 불구하고 감사인은 부정을 저지를 수 있는 동기나 압력을 나타내거나 부정을 저지를 기회를 제공하는 사건이나 상황(부정위험요소)을 식별할 수 있다. 이러한 예는 다음과 같다.

- 추가적인 자본의 조달을 위해 제3자의 기대를 충족시킬 필요성은 부정을 범할 압력을 유발할 수 있다.
- 비현실적인 이익목표가 달성될 경우 거액의 보너스가 부여된다면, 부정을 범할 동기가 유발될 수 있다.
- 비효과적인 통제환경은 부정을 수행하는 기회를 유발할 수 있다.

부정위험요소는 중요도 순으로 쉽게 등급화될 수 없다. 부정위험요소의 유의성은 광범위하게 변한다. 부정위험요소 중 어떤 것은 중요왜곡표시위험의 구체적인 상황이 없는 기업에도 존재할 것이다. 따라서 특정 부정위험요소가 존재하고 있는지 여부 및 부정으로 인한 재무제표의 중요왜곡표시위험을 평가할 때 그 부정위험요소를 고려하여야 하는지 여부를 결정할 때는 전문가적 판단이 요구된다.

부정한 재무보고 및 자산 횡령과 관련된 부정위험요소의 예는 보론 1에 제시되어 있다. 예시된 부정위험요소들은 부정이 존재할 경우 일반적으로 나타나는 다음 세 가지의 상황에 기초하여 분류되고 있다.

부정위험요소

① 부정을 범하는 동기나 압력
② 부정을 범할 감지된 기회
③ 부정행위를 합리화하는 능력

부정행위의 합리화를 허용하는 태도를 반영하는 위험요소들은 감사인에게 쉽게 관찰되지 않을 수 있다. 그럼에도 불구하고 감사인은 그러한 정보의 존재를 인지하게 될 수 있다. 비록 보론 1의 부정위험요소에는 감사인이 직면할 수 있는 광범위한 상황이 열거되어 있지만, 이는 단순히 예시일 뿐이며 다른 부정위험요소도 존재할 수 있다.

SECTION 05 부정으로 인한 중요왜곡표시위험의 식별과 평가

NEW INTERNATIONAL STANDARDS ON AUDITING

감사인은 중요왜곡표시위험을 평가하고 이를 허용가능한 수준 이하로 낮추기 위하여 대응하여야 한다. 여기서 중요왜곡표시위험은 다음과 같이 두 가지로 분류된다.

① 일반적인 중요왜곡표시위험 → Chapter 3에서 설명함
② 부정으로 인한 중요왜곡표시위험 → Chapter 5에서 설명함

부정으로 인한 중요왜곡표시위험을 일반적인 위험과 달리 분류하고 평가하는 것은 부정이 재무제표에 미치는 영향과 부정으로 인한 중요왜곡표시위험에 대한 감사인의 대응절차가 일반적인 것과는 다르기 때문이다.

본 section에서는 부정으로 인한 중요왜곡표시위험을 어떻게 식별하고 평가하는지에 대하여 설명한다.

감사인은 재무제표 수준과 거래유형, 계정과목 및 공시에 대한 경영진주장의 수준

에서 부정으로 인한 중요왜곡표시위험을 식별하고 평가하여야 한다(ISA 240-25). 그 중 다음의 세 분야에 해당한다면 감사인은 특별한 반증이 없는 한 유의적 위험으로 간주하여야 하며, 따라서 부정으로 인한 위험을 평가할 때 반드시 확인하여야 하는 항목에 해당한다.

특별한 반증이 없는 한 유의적 위험으로 간주하는 분야(ISA 240-26~31)	
① 수익인식(revenue recognition)	– 반드시 수익인식에는 부정위험이 존재한다고 가정하여 위험평가 의무화 – 만약 수익인식에 부정위험이 없다고 판단하였을 경우에는 그 이유를 문서화해야 함
② 부정으로 인한 중요한 왜곡표시위험의 존재(risks of material misstatement due to fraud)	– 부정으로 인한 중요왜곡표시위험이 존재할 경우에는 반드시 유의적 위험으로 간주
③ 경영진의 통제무력화(management override)	– 경영진의 통제무력화는 예측불가능하게 발생될 수 있기 때문에, 부정으로 인한 중요왜곡표시위험이 되고, 따라서 항상 유의적 위험으로 되어야 함 – 따라서 경영진의 통제무력화에 대한 감사절차는 (위험평가결과와 관계없이) 모든 감사에서 반드시 수행하여야 하는 필수적 감사절차에 해당

특별한 반증이 없는 한 유의적 위험으로 간주하는 분야(ISA 240-26~31)

↓

반증이 없다면 곧 바로 중요왜곡표시위험(RMM)

↓

유의적 위험(significant risks)

↓

부정에 대한 감사절차를 수행

Q 특별한 반증이 없는 한 유의적 위험을 간주하는 분야는?

1 수익인식(revenue recognition)의 부정위험

(1) 수익인식과 부정위험

손익계산서는 기본적으로 수익과 비용을 총액으로 표시하고 그 결과 당기순이익을 순액으로 표시하고 있다. 수익 중 당기순이익에 가장 크게 영향을 미치는 것은 매출액이기 때문에 경영진이 재무제표를 왜곡시키고자 하는 경우 매출액을 왜곡하는 것이 가장 효과가 크다. 따라서 수익인식은 경영진이 재무제표를 왜곡할 때 주된 목표(target)가 된다.

그렇기 때문에 감사인은 수익인식에는 부정위험이 존재한다는 가정에 기초하여 어떤 유형의 수익거래 또는 경영진주장이 그러한 위험을 발생시키는지 평가하여야 한다(ISA 240-26). 그러나 감사인은 "해당 수익인식에 부정위험이 존재한다는 추정이 적용되지 아니한다"고 결론을 내리고, 따라서 수익인식에 부정으로 인한 중요왜곡표시위험이 없다고 판단하였을 경우에는 반드시 그 이유를 문서화하여야 한다.

(2) 수익인식으로 재무보고를 왜곡하는 수단

경영진이 수익인식과 관련하여 부정하게 재무보고를 왜곡하는 수단으로는 다음과 같은 것이 있다.

수익인식과 관련하여 재무보고를 왜곡하는 방법 (ISA 240-A28~A32)

① 수익의 조기인식과 가공수익의 계상 → 수익의 과대계상
② 수익의 부적절한 이연인식 → 수익의 과소계상

(3) 수익인식에서 부정위험이 높은 경우

다음과 같은 경우 경영진은 부적합한 수익인식을 통하여 부정한 재무보고를 할 압력이나 동기가 높을 수 있다.

① 상장기업 경영진의 성과가 매년의 매출액 성장률이나 순이익에 의해 측정되는 경우
② 상당한 비중의 수익이 현금매출을 통하여 창출되는 기업의 경우

2 부정으로 인한 중요왜곡표시위험의 존재 (risks of material misstatement due to fraud)

감사인은 평가된 부정으로 인한 중요왜곡표시위험을 유의적 위험으로 취급하여야 하며, 따라서, 아직 수행하지 않은 부분이 있다면 기업의 통제활동 등 그러한 위험에 관련된 통제를 이해하여야 한다(ISA 240-27). 즉, 부정으로 인한 중요왜곡표시위험이 존재할 경우, 감사인은 반드시 이를 유의적 위험으로 간주하여야 한다.

3 경영진의 통제무력화(management override)

기출 2024

기업의 내부통제는 경영진이 추구하는 경영방침(예 부정이나 오류의 방지)이 잘 달성될 수 있도록 구축되고, 이를 구축한 바와 같이 운영할 때 효과적이다. 그러나 아무리 잘 구축된 내부통제라도 경영진이 의도적으로 내부통제를 무시한다면 구축된 내부통제는 무력화되고 부정이 통제되지 않는다. 경영진의 의도적인 내부통제 무시로 인한 부정위험은 경영진이 내부통제를 무력화하여 회계기록을 조작하고 재무제표를 부정하게 작성할 수 있는 능력을 가진 특별한 위치에 있기 때문이다.

경영진이 통제를 무력화할 위험은 정도의 차이는 있지만 모든 기업에 존재하며, 예측불가능하게 발생될 수 있기 때문에, 감사인은 경영진의 통제무력화가 존재할 경우 이를 부정으로 인한 중요왜곡표시위험으로 분류하고, 부정으로 인한 중요왜곡표시위험은 곧바로 유의적 위험에 해당한다. 따라서 경영진의 통제무력화 위험에 대한 감사인의 평가결과에 관계없이, 감사인은 경영진의 통제무력화 위험에 대응하기 위한 구체적인 감사절차를 계획하고 수행하여야 한다.

SECTION 06 부정으로 인한 중요왜곡표시위험에 대한 감사인의 대응

NEW INTERNATIONAL STANDARDS ON AUDITING

Section 5에서는 중요왜곡표시위험을 두 가지로 구분하고 그 중에서 부정으로 인한 중요왜곡표시위험을 어떻게 식별하고 평가하는지에 대하여 설명하였다. 이제 위험이 평가되었으니 감사인은 이를 일정수준 이하로 낮추기 위하여 적절한 대응절차(감사절차)를 마련하여야 한다. 부정으로 인한 중요왜곡표시위험이 일반적인 중요왜곡표시위험과는 그 식별과 평가방법이 상이하듯이 이에 대응하는 감사인의 방법(감사절차)도 상이하다. 본 section에서는 부정으로 인한 중요왜곡표시위험에 대응하는 감사절차를 설명한다. 부정에 대한 감사인의 대응절차는 재무제표수준과 경영진주장수준의 대응절차와 구체적인 대응절차로 구분된다.

1 부정에 대한 재무제표수준과 경영진주장 수준의 대응절차

1.1 재무제표수준의 대응절차

감사인은 재무제표 수준의 부정으로 인한 중요왜곡표시위험의 평가내용에 대하여, 전반적인 대응을 결정하여야 한다(ISA 240-28).

감사인은 재무제표 수준의 부정으로 인한 중요왜곡표시위험의 평가내용에 대한 전반적인 대응을 결정할 때, 다음의 절차를 수행하여야 한다.

① 부정으로 인한 중요왜곡표시위험에 대한 감사인의 평가결과를 고려하여 업무를 배정하고 감독함

② 특히 주관적인 측정과 복잡한 거래와 관련된 경우, 회계정책의 선택과 적용이 경영진의 이익조정 노력에 따른 부정한 재무보고의 징후인지 여부를 평가함

③ 감사절차의 성격, 시기 및 범위를 선택할 때 예측불가능성 요소를 포함시킴

Q

감사인이 이사의 부정행위와 법령이나 정관에 위반된 사항을 발견한 경우 내부와 외부에 보고할 수 있는가? (CH.14 비밀유지의무 참조)

A - 내부 : 감사(또는 감사위원회)에 통보 + 주주총회 보고
- 외부 : 증권선물위원회에 보고

1.2 경영진주장수준의 대응절차

감사인은 경영진주장 수준의 부정으로 인한 중요왜곡표시위험의 평가내용에 대응할 수 있도록 추가감사절차의 성격, 시기 및 범위를 설계하고 수행하여야 한다(ISA 240-30).

경영진주장 수준의 부정으로 인한 중요왜곡표시위험의 평가내용에 대처하기 위한 감사인의 대응에는 감사절차의 성격, 시기 및 범위를 다음과 같이 변경하는 것이 포함될 수 있다.

① 감사절차의 성격: 보다 신뢰할 수 있거나 관련성이 있는 감사증거 또는 추가적인 확인 정보를 입수하기 위하여 변경

② 감사절차의 시기: 실증절차의 시기를 보고기간말 또는 보고기간말에 근접한 때에 실시

③ 감사절차의 범위: 감사절차의 범위는 부정으로 인한 중요왜곡표시위험의 평가를 반영

- 감사절차의 성격: 수행할 감사절차의 성격은 보다 신뢰할 수 있거나 관련성이 있는 감사증거 또는 추가적인 확인적 정보를 입수하기 위하여 변경될 필요가 있을 수 있다. 이것은 수행할 감사절차의 유형과 이들의 조합에 영향을 미칠 것이다. 예를 들어 다음과 같다.
  - 특정 자산의 실물 관찰이나 검사가 더욱 중요하게 되거나, 유의적인 계정과목이나 전자형태의 거래파일에 포함된 데이터에 관하여 더 많은 증거를 입수하기 위하여 감사인은 컴퓨터를 이용한 감사기법을 이용할 수 있다.

– 감사인은 추가적인 확인적 정보를 입수하기 위한 절차를 설계할 수 있다. 예를 들어 경영진이 이익기대치를 달성하기 위한 압력을 받고 있다는 것을 식별한 경우, 수익인식을 금지하는 조건이 포함된 판매약정을 체결하거나 목적물의 인도 전에 송장을 발행함으로써 경영진이 매출을 과대계상하고 있는 관련 위험이 있을 수 있다. 이러한 상황에서는 감사인은 현재 잔액에 대한 조회뿐만 아니라 일자, 반품권한, 인도조건 등 판매약정의 세부내역을 조회하기 위한 외부조회서를 설계할 수 있다. 더 나아가 감사인은 기업의 비재무 인원에게 판매약정이나 인도조건의 변경여부에 대하여 질문함으로써 그러한 외부조회를 보충하는 것이 효과적이라고 판단할 수 있을 것이다.

- 감사절차의 시기: 실증절차의 시기에 대한 수정이 필요할 수 있다. 감사인은 보고기간말 또는 보고기간말에 근접한 때에 실증절차를 수행하는 것이 부정으로 인한 중요왜곡표시위험의 평가내용에 더욱 잘 대처하는 것이라고 결론내릴 수 있다. 의도적인 왜곡표시나 조작에 대한 평가된 위험을 고려할 때, 감사인은 기중의 감사결론을 보고기간말까지 확대하기 위한 감사절차는 효과적이지 않을 것이라고 결론을 내릴 수 있다. 이와는 대조적으로, 부적절한 수익인식을 수반하는 왜곡표시와 같은 의도적인 왜곡표시는 기중에 생성되었을 수 있기 때문에 감사인은 실증절차를 보고기간 초기에 발생된 거래에 대하여 적용할 것인지 또는 보고기간 전체에 걸친 거래에 대하여 적용할 것인지 선택할 수도 있다.

- 감사절차의 범위: 적용된 절차의 범위는 부정으로 인한 중요왜곡표시위험의 평가내용을 반영한다. 예를 들어, 표본규모를 확대하거나 보다 세부적인 수준에서 분석적절차를 수행하는 것이 적합할 수 있다. 또한 컴퓨터를 이용한 감사기법은 전자형태의 거래파일과 계정파일에 대하여 보다 확대된 테스트를 가능하게 할 것이다. 그러한 기법은 전자형태의 주요 파일에서 표본거래를 추출하거나 특정한 성격의 거래를 분류하거나, 표본대신 모집단 전체를 테스트하기 위하여 이용될 수 있다.

TIP
부정으로 인한 중요왜곡표시위험은 이례적이고 심각한 것에 해당함 → 감사의 범위를 확대

Q
부정으로 인한 중요왜곡표시위험에 대응하기 위해서는 감사절차의 범위를 확대 or 축소?

감사인이 재고자산의 수량에 영향을 미치는 부정으로 인한 중요왜곡표시위험을 식별하였다면, 기업의 재고자산 기록에 대한 조사는 재고자산 실사 때나 실사 후에 특히 주의할 장소나 항목을 식별하는 데 도움이 될 수 있다. 그러한 검토는 예고 없이 특정 장소에서 재고자산 실사에 입회하거나 동일한 일자에 모든 장소에서 재고자산을 실사하는 결정으로 나타날 수 있다.

감사인은 부정으로 인한 중요왜곡표시위험 중 다수의 계정과목과 경영진주장에 영향

을 미치는 것을 식별할 수 있다. 예측불가능성 요소의 포함 등 부정으로 인한 중요왜곡표시위험의 평가내용에 대처하기 위해 가능한 감사절차는 보론 2에 예시되어 있다. 이 보론은 부적절한 수익인식 등 부정한 재무보고 및 자산횡령으로 인한 중요왜곡표시위험에 대한 감사인의 평가에 대응한 사례들을 포함하고 있다.

2 경영진의 통제무력화에 대한 구체적인 대응절차

기출 2023

부정으로 인한 중요왜곡표시위험을 평가할 때 아래의 특정 세 분야에 해당한다면 감사인은 특별한 반증이 없는 한 유의적 위험으로 간주한다.

① 수익인식

② 부정으로 인한 중요왜곡표시위험이 존재

③ 경영진의 통제무력화

위의 특정 세 분야 중 경영진의 통제무력화에 해당하는 경우 이에 대응하기 위한 감사절차는 일반적인 절차와 다른 다음의 구체적인 절차를 적용한다. 경영진의 통제무력화 위험이 존재할 경우 이에 대한 감사인은 그 평가결과에 관계없이, 이를 유의적 위험으로 간주하고 다음의 특정 절차를 계획하고 수행하여야 한다.

경영진의 통제무력화에 대한 감사절차(ISA 240-32)

① 저널엔트리 테스트(Journal Entry Test)

② 회계추정 감사

③ 비경상적 거래(특이 거래)의 감사

2.1 저널엔트리 테스트(Journal Entry Test)

총계정원장에 기록된 분개와 재무제표 작성시 이루어진 조정사항의 적절성을 테스트한다. 이러한 테스트를 위한 감사절차를 설계하고 수행할 때 감사인은 다음의 절차를 수행하여야 한다.

① 분개 및 기타 조정사항의 처리와 관련하여 부적합하거나 비경상적인 행위가 있었는지에 대하여 재무보고절차에 관여하는 사람들에게 질문함

② 보고기간말에 이루어진 분개 및 기타 조정사항을 추출함

③ 보고기간 전체를 통하여 이루어진 분개 및 기타 조정사항을 테스트할 필요가 있는지 고려함

Q 저널엔트리테스트란?

A 입력한 분개에 대한 조사로 증빙이 거래를 뒷받침하는지, 해당분개는 회계처리가 적합한지 등을 조사하기 위한 것이다. 문서검사중 전진법을 유추하면 이해가 쉬울 것이다.

저널엔트리 테스트(Journal Entry Test)는 회계처리과정 중 가장 초기 단계인 분개장에서 이상항목을 추출하여 부정이나 오류를 찾는 감사를 말한다. 대부분의 회사가 정보기술에 기초하여 컴퓨터로 회계처리하는 만큼 감사인이 저널엔트리 테스트를 수행하기 위해서는 회사의 데이터베이스에 직접 접속하여 전산기법을 이용하여 분개장에서 사전에 결정한 일정 조건에 해당하는 분개를 추출하여 그 진위와 부정 또는 오류를 감사한다.

이 때 감사인은 사전에 부정이나 오류가 발생할 만한 시나리오를 계획하고 이 조건에 해당하는 거래는 모두 추출할 수 있도록 조건을 설정한다.

예를 들면 다음과 같은 시나리오를 저널엔트리 테스트 표본으로 추출할 대상과 분석목적은 다음과 같다.

저널엔트리 테스트의 분석대상	저널엔트리 테스트의 분석목적
12월 31일 전후 7일 이내에 경영진이 입력한 전표	통상적인 전표입력자가 아닌 management(대표이사, 재무실장, 회계팀장)의 전표입력은 부정과 관련이 있다는 가정
비영업일에 입력된 전표	주말 및 공휴일에 입력된 전표는 정상적인 거래가 아닌 위험이 높은 항목
매출의 상대 계정과목이 매출채권이 아닌 전표	일반적인 거래에서 매출의 상대계정과목은 매출채권이다. 만약 매출채권이 아닌 거래가 있다면 이는 부정이나 오류의 위험이 높음
거래설명(description)에서 특정 공란 또는 특정 키워드가 포함된 전표	거래설명(description)에서 공란 또는 특정 단어가 입력되어 있는 전표는 부정이나 감사에서 특별하게 주의를 요하는 항목일 가능성이 있음 ※ 특정단어 : 소송, 착오, 부정, 위험, 조작, 정치, 오류 등
재무제표 결산 이사회 이후 입력된 전표	재무제표 결산 이사회 이후 입력된 전표는 적절한 승인을 거치지 않았을 위험이 있음

2.2 회계추정 감사

회계추정치에 편의가 있는지 검토하고, 편의가 있다면 이를 유발하는 환경이 부정으로 인한 중요왜곡표시위험을 나타내는 것인지 여부를 평가함. 감사인은 이러한 검토를 할 때 다음의 절차를 수행하여야 한다.

① 경영진이 재무제표에 반영된 제반 회계추정을 할 때 행한 판단과 결정이 비록 개별적으로는 합리적이라고 하더라도, 부정으로 인한 중요왜곡표시위험을 의미할 수 있는 경영진의 편의가능성을 나타내는 것인지 여부를 평가함. 만약 그렇다면 감사

인은 회계추정치를 전반적으로 다시 평가함

② 전기재무제표에 반영된 유의적 회계추정치에 관련된 경영진의 판단과 가정들을 소급해서 재검토함

2.3 비경상적 거래(특이 거래)의 감사

기업의 정상적인 사업과정을 벗어나는 거래, 또는 기업과 그 환경에 대한 감사인의 이해와 감사 중에 입수한 정보에 근거했을 때 비경상적으로 보이는 유의적 거래의 경우, 감사인은 해당 거래의 사업상 논리적 근거(또는 그 결여)에 비추어 볼 때 그러한 거래가 부정한 재무보고를 수행하거나 자산횡령을 은폐하기 위하여 체결되었음을 나타내는 것인지 여부를 평가하여야 한다.

SECTION 07 감사증거의 평가

NEW INTERNATIONAL STANDARDS ON AUDITING

1 전반적인 결론을 형성할 때 수행되는 분석적절차

감사인은 재무제표가 기업에 대하여 감사인이 이해한 바와 일치하는지 전반적인 결론을 내릴 때, 감사의 종결에 근접하여 수행된 분석적절차가 부정으로 인한 중요왜곡표시위험으로서 전에는 인식하지 못했던 위험을 나타내는지 여부를 평가하여야 한다(ISA 240-34).

2 식별된 왜곡표시의 고려

2.1 일반적인 경우

감사인은 왜곡표시를 식별한 경우 그러한 왜곡표시가 부정의 징후인지 여부를 평가하여야 한다. 만약 그러한 징후가 있으면 감사인은 특정의 부정사례가 고립되어 단독으로 발생한 사건이 아닐 수 있음을 인식하고, 감사의 다른 측면, 특히 경영진진술의 신뢰성과 관련하여 해당 왜곡표시가 미치는 시사점을 평가하여야 한다(ISA 240-35).

2.2 경영진이 연루된 부정

Q
경영진이 연루된 부정을 발견하면?

감사인이 그 중요성과 관계없이 어떤 왜곡표시를 식별하였으며, 그 왜곡표시는 부정의 결과이거나 결과일 가능성이 있고, 경영진(특히 상위 경영진)이 연루되었다고 믿을 이유가 있다면, 감사인은 부정으로 인한 중요왜곡표시위험의 평가 및 그러한 평가에 대응하였던 감사절차의 성격, 시기 및 범위에 미치는 영향을 재평가하여야 한다. 감사인은 또한 이전에 입수한 증거의 신뢰성을 재고려할 때, 상황이나 조건들이 종업원, 경영진 또는 제3자가 관여된 공모의 가능성을 나타내는지를 고려하여야 한다(ISA 240-36).

SECTION 08 감사인이 업무를 계속할 수 없는 경우

NEW INTERNATIONAL STANDARDS ON AUDITING

1.1 부정으로 감사계약을 지속할 수 없는 경우란?

감사인은 감사과정에서 예상하지 못했던 부정을 발견하는 경우가 있다. 어떤 경우 그 정도가 심각하고 회사도 의도적으로 부정을 은닉하는 등으로 인하여 감사인은 주어진 예산과 시간 내에서 감사위험을 허용가능한 수준 이하로 낮출 수 없다고 판단할 수도 있다. 감사인이 감사를 계속 수행할 능력에 의문이 제기될 수 있는 예외적 상황이 발생할 수 있는 경우는 예를 들어 다음과 같다(ISA 240-A54).

(a) 부정이 비록 재무제표에 중요하지 않지만, 부정에 대하여 감사인이 해당 상황에 필요하다고 생각하는 적절한 절차를 기업이 취하지 아니함
(b) 부정으로 인한 중요왜곡표시위험에 대한 감사인의 검토와 테스트 결과가 중요하고도 전반적인 부정에 대하여 유의적인 위험을 나타내고 있음
(c) 감사인이 경영진 또는 지배기구의 적격성과 성실성을 매우 우려함

Q
부정으로 감사계약을 지속할 수 없다면?

1.2 부정으로 감사계약을 지속할 수 없는 경우 감사절차

부정 또는 부정으로 의심되는 사건에 의한 왜곡표시의 결과로 감사인이 해당 감사를 계속하여 수행할 감사인의 능력에 의문을 초래하는 예외적인 환경에 직면한 경우, 감사인은 다음의 절차를 수행하여야 한다(ISA 240-38).

TIP

1. 회계감사기준은 경영진이 재무제표를 사기적인 방법으로 작성하여 감사받는 것은 감사의 전제를 어긴 것으로 여긴다.
2. 그럼에도 불구하고 회계감사기준 240은 감사인이 부정이 존재한다는 것을 알게 되었을 때 1) 해당 부정위험을 고려하더라도 중요왜곡표시위험을 허용수준 이하로 낮출 수 있다면 감사계약을 지속할 수 있지만, 2) 부정 때문에 중요왜곡표시위험을 허용수준 이하로 낮출 수 없다면 감사계약을 해지할 것을 고려할 수 있게 하였다.
3. 그러나 외감법은 감사인이 감사계약을 해지할 수 있는 사유를 제한하고 있는데 경영진의 부정은 계약해지사유에 해당하지 않는다. 이는 외감법이 국제감사기준을 고려하지 못한 것에 해당한다.

부정으로 감사계약을 지속할 수 없는 경우 감사절차 (ISA 240-38)

(a) 해당 상황에 맞는 전문가로서의 책임과 법률적 책임을 결정함(감사인을 선임한 당사자들, 또는 경우에 따라 규제기관에 대한 보고할 의무가 존재하는지 여부를 포함)
(b) 관련 법규상 감사업무의 해지가 가능한 경우, 해당 감사업무를 해지하는 것이 적절한지 여부를 고려함.
(c) 감사인이 감사를 해지하는 경우에는 다음의 절차를 수행하여야 한다.
- 감사인이 감사업무를 해지한다는 사실과 그 이유에 대하여 적합한 수준의 경영진 및 지배기구와 토의
- 감사인을 선임한 당사자(들), 또는 경우에 따라 규제기관에 감사인의 감사업무 해지와 그 이유를 보고할 전문가로서의 요구사항이나 법률적인 요구사항이 존재하는지 여부결정

SECTION 09 서면진술(Written Representations)

NEW INTERNATIONAL STANDARDS ON AUDITING

감사인은 다음 사항에 대하여 경영진(적절한 경우 지배기구를 포함)의 서면진술을 입수하여야 한다(ISA 240-39).

경영진의 서면진술을 입수하여야 하는 경우 (ISA 240-39)

(a) 부정의 예방과 발견을 위한 내부통제의 설계, 실행 및 유지할 책임이 이들에게 있다는 사실을 인정한다는 것
(b) 부정에 의하여 재무제표가 중요하게 왜곡표시 될 위험에 대한 경영진의 평가결과를 감사인에게 공개하였다는 것
(c) 다음의 사람들이 연루되고 기업에 영향을 미치는 부정 또는 의심되는 부정에 대하여, 이들이 알고 있는 바를 감사인에게 공개하였다는 것
- 경영진
- 내부통제에 유의적인 역할을 수행하는 종업원
- 부정이 재무제표에 중요한 영향을 미칠 수 있는 경우의 기타 관련자

(d) 기업의 재무제표에 영향을 미치는 부정 또는 의심되는 부정에 대한 주장들로서, 이들이 종업원, 과거의 종업원, 분석가, 규제기관 등으로부터 알고 있는 사항을 감사인에게 모두 공개하였다는 것

SECTION 10 경영진, 지배기구에 대한 커뮤니케이션

NEW INTERNATIONAL STANDARDS ON AUDITING

감사인이 감사과정에서 부정과 관련된 사항을 알게 되면, 회계감사기준은 경영진 및 지배기구와 커뮤니케이션할 것(ISA 240-41, 42)을 요구하고 있다.

기출 2025

커뮤니케이션할 대상	커뮤니케이션할 사항
경 영 진	감사인이 부정을 식별하였거나 부정이 존재할 가능성을 나타내는 정보를 입수한 경우, 법규상 금지되지 않는 한 감사인은 부정의 예방과 발견에 주된 책임이 있는 사람들에게 그 주어진 책임과 관련된 사항들을 알리기 위하여, 적합한 수준의 경영진에게 적시에 커뮤니케이션하여야 한다(ISA 240-41).
지 배 기 구	감사인이 ① 경영진, ② 내부통제에 유의적인 역할을 수행하는 종업원, 또는 ③ 기타관련자가 연루되어있는 부정이나 의심되는 부정을 식별하였거나 의심하는 경우에는, 지배기구와 이러한 사항들을 적시에 커뮤니케이션하여야 한다. 만약 감사인이 경영진이 연루된 부정이라고 의심하는 경우에는 이러한 의심에 대하여 지배기구에게 커뮤니케이션하고, 감사를 완료하기 위하여 필요한 감사절차의 성격, 시기 및 범위를 이들과 논의하여야 한다(ISA 240-41).

SECTION 11 기업외부의 적절한 기관에 대한 부정의 보고

NEW INTERNATIONAL STANDARDS ON AUDITING

1 회계감사기준에서 요구하는 부정의 외부기관에 대한 보고

감사인이 법규위반을 식별하였거나 의심하고 있는 경우, 감사인은 다음에 해당하는지 여부를 결정하여야 한다.

법규위반을 식별하였거나 의심하고 있는 경우 외부기관에 보고할 것인지 판단 (ISA 240-44)

① 법규 또는 관련 윤리적 요구사항에서 감사인이 기업 외부의 적절한 기관에 보고하도록 요구함
② 법규 또는 관련 윤리적 요구사항에서 확립된 책임에 따르면 기업 외부의 적절한 기관에 보고하는 것이 상황에 적합한 조치일 수 있음

2 외감법에서 요구하는 부정의 외부기관에 대한 보고

부정과 관련하여 외감법은 지배기구(감사 또는 감사위원회, 주주총회)와 규제감독기관(증권선물위원회)에 보고할 것을 요구하고 있다.

부정행위 등의 보고 (외감법 제22조)

① 감사인은 직무를 수행할 때 이사의 직무수행에 관하여 부정행위 또는 법령이나 정관에 위반되는 중대한 사실을 발견하면 감사 또는 감사위원회에 통보하고 주주총회(유한회사는 사원총회)에 보고하여야 한다.
② 감사인은 회사가 회계처리 등에 관하여 회계처리기준을 위반한 사실을 발견하면 감사 또는 감사위원회에 통보하여야 한다.
③ 회사의 회계처리기준 위반사실을 통보받은 감사 또는 감사위원회는 회사의 비용으로 외부전문가를 선임하여 위반사실 등을 조사하도록 하고 그 결과에 따라 회사의 대표자에게 시정 등을 요구하여야 한다.
④ 감사 또는 감사위원회는 회계처리기준 위반사실에 따른 조사결과 및 회사의 시정조치 결과 등을 즉시 증권선물위원회와 감사인에게 제출하여야 한다.
⑤ 감사 또는 감사위원회는 회계처리기준 위반사실의 직무를 수행할 때 회사의 대표자에 대하여 필요한 자료나 정보 및 비용의 제공을 요청할 수 있다. 이 경우 회사의 대표자는 특별한 사유가 없으면 이에 따라야 한다.
⑥ 감사 또는 감사위원회는 이사의 직무수행에 관하여 부정행위 또는 법령이나 정관에 위반되는 중대한 사실을 발견하면 감사인에게 통보하여야 한다.
⑦ 감사인은 이사의 직무수행에 관하여 부정행위 또는 법령에 위반되는 중대한 사실을 발견하거나 감사 또는 감사위원회로부터 이러한 사실을 통보받은 경우에는 증권선물위원회에 보고하여야 한다.

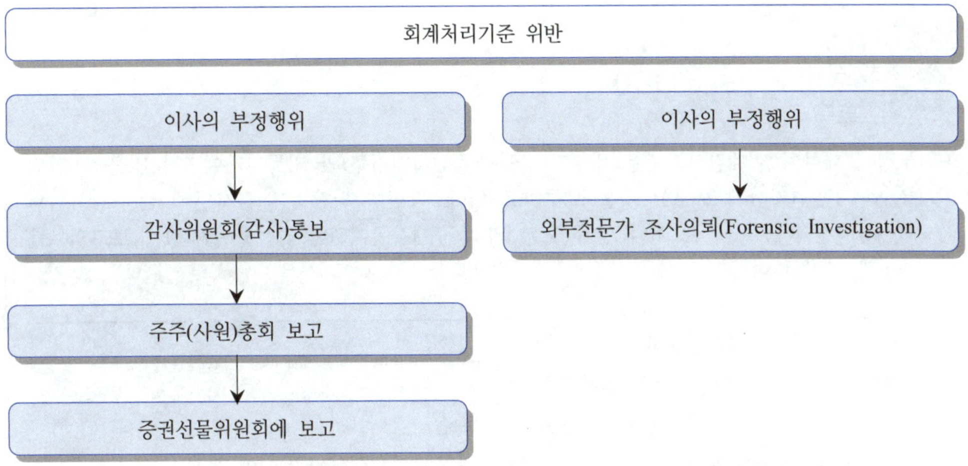

우리나라의 법규는 감사인이 감사 중 알게 된 부정이나 관계법규의 위반 등에 대하여 경영진 및 지배기구와 커뮤니케이션할 것을 요구하고 있다. 그러나 감사인이 기업 외부에 이를 보고하는 것에는 비밀유지의무를 부과함으로써 엄격하게 제한하고 있다. 다만, 다음은 비밀유지의무의 예외로서 감사인이 외부기관에 기업의 비밀을 보고할 수 있다(윤리기준 140.7).

비밀유지의무의 예외 (윤리기준 140.7)

① 법규에 의해 정보의 공개가 허용되고 의뢰인 또는 고용주로부터 공개를 허락 받은 경우

② 다음과 같이 법규에 의해 정보의 공개가 요구되는 경우
- 소송절차에 따라 문서를 제시하거나 기타증거로 제시하는 경우
- 이미 알려진 법규위반 사실을 해당 공공기관에 공개하는 경우

③ 법규에 의해 정보의 공개가 금지되지 아니한 경우로서, 정보의 공개에 대하여 전문가적인 권리 또는 의무가 있는 경우
- 한국공인회계사회 또는 감독기관의 품질관리 감리의무를 준수하기 위한 경우
- 한국공인회계사회 또는 감독기관의 질의 또는 조사에 응하기 위한 경우
- 소송에서 공인회계사의 직업상의 이해관계를 보호하기 위한 경우
- 기술적 기준 및 윤리적 요구사항을 준수하기 위한 경우

REVIEW POINT

New International Standards on Auditing

부정에 대하여 회계감사기준은 내부자(경영진 및 지배기구)와 커뮤니케이션할 것을, 외감법은 외부 관련기관에 보고할 것을 요구하고 있다. 그런데 외감법은 감사인과 감사(감사위원회) 쌍방간의 통보(or 보고)와 양쪽 모두 외부 규제감독기관(증권선물위원회)에 보고의무를 다음과 같이 부여하고 있다.

기출 2022

	이사의 부정행위 + 법령에 위배되는 중대한 사실(정관위배 제외)	회계처리기준 위반
감사인	감사(감사위원회)에 통보 → 주주총회 등에 보고 → 증권선물위원회에 보고	감사(감사위원회)에 통보
감 사 (감사위원회)	감사인에 통보	1. 회사의 비용으로 외부전문가를 선임하여 위반사실 등을 조사하도록 하고 그 결과에 따라 회사의 대표자에게 시정 등을 요구 2. 감사(감사위원회)는 회계처리기준 위반사실에 따른 조사결과 및 회사의 시정조치 결과 등을 즉시 증권선물위원회와 감사인에게 제출

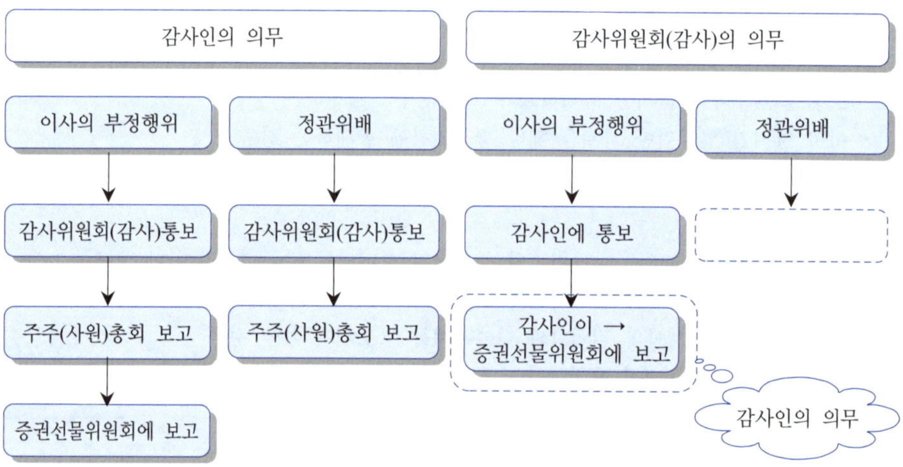

SECTION 12 문서화 (Documentation)

NEW INTERNATIONAL STANDARDS ON AUDITING

감사인이 부정에 대하여 다음과 같은 내용을 문서화 하여야 한다.

① 부정과 관련한 기업과 그 환경에 대한 감사인의 이해 그리고 중요왜곡표시위험의 평가
② 부정과 관련하여 평가된 중요왜곡표시위험에 대하여 수행한 대응
③ 부정과 관련하여 수행한 커뮤니케이션
④ 수익인식과 관련하여 부정으로 인한 중요왜곡표시위험이 존재하지 않는다고 결론 내린 경우

(1) 부정과 관련한 기업과 그 환경에 대한 감사인의 이해 그리고 중요왜곡표시위험의 평가

감사인은 부정과 관련한 기업과 그 환경에 대한 감사인의 이해 그리고 중요왜곡표시위험의 평가에 대하여 다음 사항을 감사문서에 포함하여야 한다(ISA 240-45).

① 업무팀이 기업의 재무제표가 부정으로 인하여 중요하게 왜곡표시 될 취약성에 대하여 토론한 결과 도달된 유의적 결정들
② 재무제표 수준과 경영진주장 수준의 부정으로 인한 중요왜곡표시위험의 식별 및 평가내용

(2) 부정과 관련하여 평가된 중요왜곡표시위험에 대하여 수행한 대응

감사인은 평가된 중요왜곡표시위험에 대하여 수행한 대응과 관련하여, 다음 사항을 감사문서에 포함하여야 한다(ISA 240-46).

① 재무제표 수준의 부정으로 인한 중요왜곡표시위험의 평가내용에 대처하기 위한 전반적인 대응, 감사절차의 성격, 시기 및 범위, 그리고 이들 감사절차와 경영진주장 수준의 부정으로 인한 중요왜곡표시위험의 평가내용과의 연계성
② 경영진의 통제무력화 위험에 대응하기 위하여 설계된 절차 등 감사절차의 적용결과

(3) 부정과 관련하여 수행한 커뮤니케이션

감사인은 부정과 관련하여 경영진, 지배기구, 규제감독기관 및 기타 당사자와 수행한 커뮤니케이션을 감사문서에 포함하여야 한다(ISA 240-47).

(4) 수익인식과 관련하여 부정으로 인한 중요왜곡표시위험이 존재하지 않는다고 결론 내린 경우

앞서 정리한 바와 같이 특별한 반증이 없는 한 유의적 위험(부정)으로 간주하는 분야 세가지 중 하나가 수익인식(revenue recognition)이다. 그런데 감사인이 특별한 반증이 있다고 결론내리며 해당 수익인식에 대한 위험(부정)을 유의적이지 않다고 결론 내리게 되면 필연적으로 실증절차를 축소하게 된다. 이런 예외적인 상황에 대한 도전적(challenging)인 감사절차를 수행하기 위해서는 감사인 스스로 위험판단에 대하여 증명하고 그 결과를 기록으로 남길 필요가 있다.

수익인식을 중요왜곡표시위험이 존재하지 않는다고 결론 내린 경우 문서화 (ISA 240-48)

감사인은 수익인식과 관련하여 부정으로 인한 중요왜곡표시위험이 존재한다는 가정을 해당 감사업무의 상황에 적용할 수 없다고 결론을 내린 경우, 그러한 결론을 내리게 된 이유를 감사문서에 포함하여야 한다.

보론 부정위험요소의 예

이 보론에서 제시하는 부정위험요소는 광범위한 상황에서 감사인이 직면하게 되는 요소의 사례이다. 감사인의 고려와 관련성이 있는 두 가지 유형의 부정, 즉 부정한 재무보고와 자산의 횡령과 관련된 예는 별도로 제시되어 있다. 부정위험요소는 이와 같은 각 부정의 유형에 대하여 부정으로 인한 중요한 왜곡표시가 발생될 때 일반적으로 나타나는 세 가지 상황, 즉 (a) 동기/압력 (b) 기회 (c) 태도/합리화에 기초하여 세분되어 있다. 비록 부정요소들이 광범위한 상황들에 걸쳐 있지만 이들은 단지 예시일 뿐이며 따라서 감사인은 추가적인 위험요소나 기타의 다른 위험요소를 식별할 수 있을 것이다. 모든 부정요소들의 예가 모든 상황에 관련성이 있는 것은 아니며 어떤 것은 기업의 규모나 소유구조 또는 환경에 따라서 유의성이 더 높거나 낮을 수도 있다. 또한 예시된 부정요소의 순서는 이들 간의 상대적 중요성이나 발생빈도를 반영하는 것이 아니다.

1. 부정한 재무보고로 인한 왜곡표시와 관련된 위험요소

다음은 부정한 재무보고로 인한 왜곡표시와 관련된 위험요소의 예이다.

(1) 동기 / 압력

재무적 안정성 또는 수익성이 다음과 같은 (또는 이들이 나타내고 있는) 경제적, 산업적 또는 개별기업의 운영 상황에 의해 위협을 받는다.

- 이익 감소를 수반하는 치열한 경쟁이나 시장의 포화
- 기술 변화, 제품진부화 또는 이자율 변동과 같은 급격한 변동에 대한 고도의 취약성
- 소비자 수요의 유의적인 감소, 산업 또는 경제 전반에 걸친 사업실패의 증가
- 파산, 채무불이행에 따른 담보물 처분, 또는 적대적 인수의 위협을 임박하게 만드는 영업손실
- 재무제표에는 이익 및 이익의 증가로 보고됨에도 불구하고 반복적으로 음(-)의 영업활동 현금흐름을 갖거나 영업활동으로부터 현금을 조달할 능력이 없음
- 특히 동종 산업의 타기업에 비했을 때 급격한 성장이나 비경상적인 수익성
- 새로운 회계나 법률, 또는 규제상의 요구사항

다음과 같은 경우에는 경영진이 제3자의 요구사항이나 기대를 충족시켜야 하는 지나친 압력이 존재한다.

- 예를 들어 지나치게 낙관적인 보도자료나 사업보고서 상의 메시지와 같이, 경영진이 만들어낸 기대를 포함하여 투자분석가, 기관투자자, 중요한 채권자 또는 다른 외부인의 수익성이나 추세에 대한 (특히 과도하게 공격적이거나 비현실적인) 기대 수준
- 주요 연구개발이나 자본적 지출을 위한 조달 등 경쟁력을 유지하기 위한 추가적인 부채나

자본조달을 해야 할 필요성
- 상장유지요건이나 부채상환 또는 기타 채무약정 요구사항의 충족에 대한 능력이 한계에 이르렀음
- 사업 결합이나 계약 체결 등 진행 중인 유의적 거래에 있어 저조한 재무적 결과를 보고할 경우 예상되거나 실재하는 부정적 영향

이용가능한 정보에 따르면 다음과 같은 이유로 경영진이나 지배기구 구성원들의 개인적 재무상황이 기업의 재무적 성과에 의하여 위협을 받고 있음을 보인다.
- 기업에 대한 재무상의 중요한 이해관계
- 예를 들어 상여금, 주식옵션, 수익에 따른 지급약정과 같이 그 보상 중 중요한 부분이 주가, 영업성과, 재무상태 또는 현금흐름에 대한 공격적인 목표의 달성여부에 의존됨.
- 기업채무에 대한 개인 보증

매출이나 수익성에 따른 성과보상 목표 등 지배기구에 의해 수립된 재무적 목표를 달성하고자 하는 경영진이나 종업원에 대한 과도한 압력이 존재한다.

(2) 기 회

부정한 재무보고를 하게 되는 계기는 산업의 성격이나 해당기업의 영업성격에 따라 다음과 같은 사항에서 발생될 수 있다.
- 일반적인 영업활동이 아닌 특수관계자와의 거래 또는 감사를 받지 않거나 타감사인이 감사하는 관계기업과의 유의적 거래
- 공급처나 판매처에 대하여 부적합하거나 불공정한 거래를 초래할 수도 있는 거래조건을 강제할 수 있는, 특정 산업영역을 지배하는 강력한 재무적 상황이나 능력
- 확인하기 어려운 주관적 판단이나 불확실성이 개입된 유의적 추정치에 근거한 자산, 부채, 수익 또는 비용
- 유의적이거나 비경상적인, 또는 고도로 복잡한 거래. 특히 보고기간말에 근접한 거래로서 "형식보다 실질의 우선"이라는 난해한 문제를 일으키는 것.
- 경영환경과 문화가 상이한 서로 다른 국가 간에 국제적으로 위치하거나 수행되는 주요 사업
- 명백한 사업적 당위성이 없어 보이는 사업 중개자의 이용
- 명백한 사업적 당위성이 없어 보이는 조세피난처에서의 중요한 은행계좌, 종속기업 또는 지점운영

경영진의 모니터링이 다음과 같은 이유로 효과적이지 아니하다.
- (소유경영기업이 아닌 경우에) 보완통제가 없이 1인 또는 소집단에 의해 경영이 지배됨
- 재무보고절차 및 내부통제에 대한 지배기구의 감시가 효과적이지 아니함

다음에서 나타나는 것처럼 복잡하거나 불안정한 조직구조가 존재한다.
- 기업에서 지배적 지분을 가지고 있는 조직이나 개인을 결정하기가 어려움

- 통상적이지 않는 법적 실체나 권한구조가 수반된 지나치게 복잡한 조직구조
- 상위경영진, 법률고문 또는 지배기구의 빈번한 교체

내부통제의 각 부문이 다음과 같은 이유로 미비점이 있다.

- 자동화된 통제 및 (외부보고가 요구되는 경우) 중간재무보고에 대한 통제 등 통제 일반에 대한 부적절한 모니터링
- 높은 이직률, 또는 회계, 정보기술, 내부감사기능에서의 효과적이지 못한 인력의 고용
- 유의적 내부통제 미비점이 존재하는 상황 등 효과적이지 않은 회계 및 정보시스템

(3) **태도 / 합리화**

- 기업가치나 윤리기준에 대한 경영진의 커뮤니케이션, 실행, 지원 또는 집행 혹은 부적합한 가치나 윤리기준에 관한 커뮤니케이션이 효과적이지 않음
- 회계정책의 선택이나 유의적 회계추정치의 결정에 비재무담당 경영진의 과도한 참여나 집착
- 증권관련 법규나 기타 법규의 위반 사실이 있거나, 부정혐의 또는 법규위반의 혐의로 기업이나 상위경영진 또는 지배기구에 대한 제소의 사실이 있음
- 기업의 주가나 이익추세의 유지 또는 상승에 대한 경영진의 과도한 관심
- 경영진이 재무분석가, 채권자 그리고 기타의 제3자에게 공격적이거나 비현실적인 예측치의 달성을 약속함
- 경영진이 알려진 유의적 내부통제 미비점을 적시에 개선하지 못함
- 경영진이 세무상의 목적으로 보고이익을 최소화시키기 위해 부적합한 수단을 이용하는 데 관심을 가짐
- 상위경영진의 낮은 사기
- 소유경영진이 개인적 거래와 사업적 거래를 구분하지 아니함
- 소유집중기업에서의 주주 간 분쟁
- 한계선 상에 있거나 부적합한 회계처리를 중요성 기준에 근거하여 정당화하려는 경영진의 반복적인 시도
- 경영진과 당기 또는 전임 감사인이 다음과 같은 이유로 긴장 관계에 있음
  - 회계, 감사 또는 보고 사항과 관련하여 당기 또는 전임감사인과의 빈번한 논쟁
  - 감사의 완료 또는 감사보고서 발행에 대한 비현실적인 시간제약 등 감사인에 대한 비합리적인 요구
  - 관련 인원 또는 정보에 대하여 부적합하게 접근을 제한하거나 지배기구와 효과적으로 커뮤니케이션할 수 없도록 감사인에게 가해지는 제약
  - 특히 감사인의 업무수행 범위 또는 감사업무에 참여하거나 자문을 제공하는 인원의 선정이나 계속적인 참여에 대하여 영향을 미치려는 시도와 같이 감사인에 대한 경영진의 지배적인 행동

2. 자산의 횡령으로 인한 왜곡표시에서 나타나는 위험요소

자산의 횡령으로 인한 왜곡표시와 관련된 위험요소도 부정이 존재할 때 일반적으로 나타나는 세 가지 상황, 즉 동기나 압력, 기회, 태도 및 합리화의 기준으로 분류된다. 부정한 재무보고로 인한 왜곡표시와 관련된 위험요소의 일부는 자산의 횡령으로 인한 왜곡표시가 발생할 때에도 나타날 수 있다. 예를 들어 경영진의 효과적이지 못한 모니터링과 내부통제의 기타 미비점은 왜곡표시가 부정한 재무보고로 인한 경우와 자산의 횡령으로 인한 경우 모두에 나타날 수 있다. 다음은 자산의 횡령으로 인한 왜곡표시와 관련된 위험요소의 예이다.

(1) 동기 / 압력

현금이나 횡령이 용이한 기타의 자산을 취급하는 경영진이나 종업원의 개인적인 금융채무는 자산을 횡령하도록 하는 압력을 발생시킬 수도 있다.

기업과 현금이나 횡령이 용이한 기타의 자산을 취급하는 종업원간 대립적인 관계는 해당 종업원이 이러한 자산을 횡령할 동기를 유발할 수 있다. 대립적인 관계는 다음과 같은 이유로 생길 수 있을 것이다.

- 종업원에 대한 알려지거나 예상되는 해고
- 종업원의 급여나 복리후생 계획에 대한 최근 또는 향후의 예상되는 변경
- 기대에 맞지 않는 승진, 급여 또는 기타 보상

(2) 기 회

자산횡령의 가능성은 어떤 특성이나 환경에 따라 증가될 수 있다. 예를 들어 다음과 같은 경우 자산횡령의 기회가 증가한다.

- 보유 중이거나 처리 중인 거액의 현금
- 고가 또는 수요가 많은 소형의 재고자산
- 무기명채권, 다이아몬드 또는 컴퓨터 칩 등 환금이 용이한 자산
- 시장성이 높거나 소유권에 대한 관찰가능한 식별이 어려운 소형의 유형자산

자산에 대한 부적절한 내부통제는 자산횡령의 가능성을 증가시킬 수 있을 것이다. 예를 들어, 다음과 같은 경우에는 자산이 횡령될 수 있을 것이다.

- 직무분장이나 독립적 견제가 적절하지 아니함
- 여비나 기타 청구가능 경비와 같은 상위경영진의 지출에 대한 부적절한 감시
- 원격 사업장에 대한 부적절한 감독이나 모니터링과 같이, 자산담당 종업원에 대한 경영진의 부적절한 감시
- 자산 취급 종업원에 대한 부적절한 채용심사
- 자산에 대한 부적절한 기록관리
- 거래의 권한부여 및 승인에서의 부적절한 시스템(예 구매업무의 경우)
- 현금, 투자자산, 재고자산 또는 유형자산에 대한 부적절한 물리적 보호장치
- 자산에 대한 완전하고 적시적인 차이조정의 결여

- 거래에 대한 적시적이고 적합한 문서화의 결여(예 반품에 대한 기록)
- 핵심 통제기능을 수행하는 종업원에 대한 강제휴가의 미실시
- 정보기술에 대한 경영진의 부적절한 이해에 따라 정보기술 담당종업원에 의한 자산횡령이 가능함
- 정보시스템 접속기록에 대한 통제 및 검토 등 자동화된 기록에 대한 부적절한 접근통제

(3) 태도 / 합리화

- 자산횡령과 관련된 위험을 모니터링하거나 감소시킬 필요성에 대한 무시함
- 현존하는 통제를 무력화하거나 내부통제의 알려진 미비점에 대한 적합한 개선조치를 취하지 않음으로써 자산횡령에 대한 내부통제를 무시함
- 기업, 또는 종업원에 대한 기업의 처우에 불쾌함이나 불만을 나타내는 행동
- 자산이 횡령되었음을 나타내는 것일 수 있는 행동이나 생활방식의 변화
- 소액 절도에 대한 용인

보론 부정으로 인한 중요왜곡표시위험의 평가내용에 대응하여 적용가능한 감사절차의 예

다음은 부정한 재무보고 또는 자산의 횡령으로 인한 부정으로 인한 중요왜곡표시위험의 평가내용에 대처하기 위하여 적용 가능한 감사절차의 예시이다. 비록 이 절차들이 광범위한 상황을 다루고 있으나, 이 절차들은 단지 예시이며 따라서 개별적인 상황에 가장 적합하거나 반드시 필요한 절차가 아닐 수 있다. 또한 제시된 절차의 순서는 이들 절차간의 상대적 중요성을 반영하는 것은 아니다.

1. 경영진주장 수준에서의 고려

부정으로 인한 중요왜곡표시위험에 관한 감사인의 평가에 대한 구체적 대응은 부정위험요소, 식별된 상황, 영향을 미칠 거래유형, 계정잔액, 공시 및 경영진주장의 유형이나 이들의 결합에 따라 달라질 것이다. 다음은 이러한 대응의 구체적인 예시이다.

- 기습적이거나 예고 없이 사업장을 방문하거나 특정 테스트를 수행함. 예를 들어 미리 감사인의 참석이 예고되지 않았던 사업장의 재고실사에 입회하거나, 갑자기 특정 일자에 현금실사를 수행함
- 실사완료일과 보고기간말 사이에 잔액의 조작위험을 최소화시키기 위하여 기업이 재고실사를 보고기간말 또는 이에 근접한 일자에 수행하도록 요청함
- 당기의 감사접근방법을 변경함. 예를 들어 조회서의 발송과 더불어 주요 거래처와 공급자

와 구두로 접촉하거나, 조직 내의 특정 당사자에게 조회요청서를발송하거나, 추가적이거나 다른 정보를 요청함

- 분기말 또는 보고기간말의 조정분개를 세부적으로 검토하여 그 성격이나 금액상 비경상적으로 보이는 항목을 조사함
- 특히 보고기간말 또는 보고기간말에 근접하여 발생한 유의적이고 비경상적인 거래들에 대하여 특수관계자와의 거래가능성이나 거래를 뒷받침할 수 있는 재무적 자원의 원천을 조사함
- 세분화된 데이터를 이용하여 실증적 분석절차를 수행함. 예를 들어 매출과 매출원가를 지역별, 사업단위별 또는 월별로 감사인이 예측한 수치와 비교함
- 위험 및 위험에 대처하기 위한 통제여부와 그 방법을 통찰하기 위해 부정으로 인한 중요왜곡표시위험이 식별된 영역과 관련된 인원을 면담함
- 독립된 타감사인이 하나 이상의 종속기업, 사업부문 또는 지점의 재무제표를 감사하고 있는 경우, 이러한 부문 간의 거래나 활동으로부터 발생하는 부정으로 인한 중요왜곡표시위험의 평가내용에 대처하기 위하여 수행하여야 할 업무의 범위를 타감사인과 토의함
- 부정으로 인한 중요왜곡표시위험의 평가내용이 높은 재무제표 항목과 관련하여 전문가의 업무가 특별히 중요하다면, 전문가의 발견사항이 합리적인지 여부를 결정하기 위하여 전문가의 가정이나 방법론, 또는 그 발견사항의 일부 또는 전부와 관련된 추가적인 절차를 수행하거나 이러한 목적으로 타전문가와 계약함
- 예를 들어 반품충당부채와 같이, 회계추정치와 판단이 개입되는 특정의 이슈가 어떻게 해결되었는지 사후적으로 평가하기 위하여, 이전에 감사받은 재무제표에서 선정한 재무상태표 계정과목의 기초잔액을 분석하기 위한 감사절차를 수행함
- 보고기간 중에 수행한 차이조정에 대한 고려 등 계정이나 기업이 작성한 기타의 차이조정에 대하여 절차를 수행함
- 모집단의 예외사항 테스트를 위한 데이터 마이닝 등 컴퓨터를 이용한 기법을 수행함
- 정보시스템에서 생성된 기록과 거래의 무결성을 테스트함
- 감사대상기업의 외부원천으로부터 추가적인 감사증거를 구함

2. 구체적인 대응 - 부정한 재무보고로 인한 왜곡표시

부정한 재무보고로 인한 중요왜곡표시위험에 대한 감사인 평가의 대응사례는 다음과 같다.

(1) 수익인식

- 예를 들어, 당기와 과거 보고기간의 월별, 제품별 또는 사업부별 보고수익간의 비교와 같이, 세분화된 데이터를 이용함으로써 수익 관련 실증적 분석절차를 수행함. 컴퓨터를 이용한 감사기법은 수익간의 비경상적이거나 기대하지 못한 관계나 거래들을 식별하는 데 유용할 수 있음
- 적합한 회계처리는 종종 거래조건이나 약정에 의해 영향을 받으며 할인조건이나 그 적용

기간이 적절히 문서화되지 아니하는 경우가 있기 때문에, 관련 계약조건과 부속약정 존재에 대하여 거래처에 조회함. 예를 들어, 인수조건, 인도 및 지급조건, 향후 또는 진행 중인 공급자 의무의 존재여부, 제품에 대한 반품권, 보증된 재판매가액, 취소 및 환불조항 등이 종종 그러한 상황과 관련되어 있음

- 기업의 판매 및 마케팅 인원이나 내부의 법률고문에게 보고기간 말에 근접한 매출이나 출고에 대하여 질문함. 그리고 이러한 거래와 연관하여 비경상적인 조건이나 상황을 알고 있는지 질문함
- 출고 중이거나 출고대기 상태에 있는 제품(또는 처리 대기중인 반품)을 관찰하기 위하여 보고기간말에 하나 이상의 사업장에 입회하고 매출 및 재고자산과 관련된 기타의 적절한 기간귀속 절차를 수행함
- 수익거래가 전자적으로 개시, 처리 및 기록되는 상황이라면, 거래들이 실제로 발생하였으며 적절하게 기록되고 있다는 확신을 제공하는지를 결정하기 위하여 통제에 대한 테스트를 수행함

(2) 재고자산 수량

- 재고실사 때나 그 후에 특별한 주의를 요하는 사업장이나 항목을 식별하기 위하여 기업의 재고기록을 조사함
- 예고하지 아니하고 특정 사업장의 재고실사에 입회하거나 동일한 날에 모든 사업장의 재고실사를 수행함
- 실사수행일과 보고기간말 사이의 부당한 조작위험을 최소화시키기 위하여 재고실사를 보고기간말 또는 이에 근접한 일자에 수행함
- 실사입회 중에 추가적인 절차를 수행함. 예를 들어 포장된 재고자산에 대하여는 내용물, 적재방법(예 가운데를 비우기) 및 라벨의 부착 방식을, 그리고 향수나 특수 화학제품과 같은 액체는 그 품질(즉, 순도, 등급 또는 농도)을 더 엄격하게 조사함. 전문가의 활용은 이러한 측면에서 도움이 될 수 있음
- 수량을 재고자산의 등급이나 유형, 사업장 또는 기타의 기준에 따라 과거 보고기간의 수량과 비교하거나, 실사수량을 계속기록법에 의한 수량과 비교함
- 컴퓨터를 이용한 감사기법으로 재고실사 자료를 추가로 테스트함. 예를 들어, 일련번호에 대한 통제를 테스트하기 위하여 태그번호 별로 정렬하거나 항목의 중복 또는 누락가능성을 테스트하기 위하여 항목의 일련번호로 정렬함

(3) 경영진의 추정치

- 경영진의 추정치와 비교하기 위한 독립적인 추정치를 도출하기 위하여 전문가를 이용함
- 회계추정치의 도출과 관련된 계획을 수행할 경영진의 능력과 의도를 확인하기 위해 경영진과 회계부서 외의 사람에게 질문을 확대함

(4) 구체적인 대응 - 자산의 횡령으로 인한 왜곡표시

서로 다른 상황에서는 항상 서로 다른 대응이 필요하다. 일반적으로, 자산의 횡령으로 인한 부정으로 인한 중요왜곡표시위험의 평가내용에 대한 감사인의 대응은 특정 계정잔액과 거래유형에 중점을 두게 될 것이다. 비록 위에서 언급한 두 가지 범주에 대한 감사인의 대응 중 일부는 그러한 상황에 적용될 수 있겠지만, 업무수행의 범위는 식별된 횡령위험에 대한 개별적인 정보와 연계되어야 한다.

자산의 횡령으로 인한 중요왜곡표시위험에 관한 감사인의 평가에 따른 대응의 예는 다음과 같다.

- 보고기간말 또는 이에 근접한 시기에 현금이나 유가증권을 실사함
- (지급일, 매출취소 및 환입 기록 등) 감사대상 보고기간의 계정 변동에 대하여 거래처에 직접 조회함
- 상각채권의 추심액에 대하여 분석함
- 사업장별 또는 제품유형별 재고부족을 분석함
- 주요 재고자산 비율을 산업표준과 비교함
- 재고감소에 대한 근거문서를 계속기록법에 의한 기록과 검토함
- 매입처 목록과 종업원 목록 간 주소 또는 전화번호가 일치하는지 식별하기 위하여 전산상으로 대조함
- 주소, 종업원 주민등록 번호 또는 과세당국 번호나 은행계좌번호의 중복 여부를 확인하기 위하여 급여지급 기록을 컴퓨터를 이용하여 조사함
- 예를 들어 성과평가의 부재와 같이, 관련 활동에 대한 증거가 거의 또는 전혀 없는 종업원에 대한 인사기록을 검토함
- 비경상적인 유형이나 추세를 나타내는 매출할인이나 환입을 분석함
- 특정의 계약조건을 제3자에게 확인함
- 계약이 조건대로 수행되고 있는지에 대한 증거를 입수함
- 거액의 비경상적인 비용의 타당성을 검토함
- 상위경영진과 특수관계자에 대한 대여금의 승인내역 및 현재 잔액을 검토함
- 상위경영진이 제출, 보고한 지출의 수준 및 그 타당성을 검토함

보론 부정의 가능성을 나타내는 상황의 예

다음은 재무제표가 부정으로 인한 중요한 왜곡표시를 포함하고 있을 가능성을 나타내는 상황의 예이다.

1. 다음과 같은 회계기록의 불일치

- 완전하게 또는 적시에 기록되지 않은 거래, 그리고 금액, 보고기간, 분류 또는 회계정책에 있어 부적절하게 기록된 거래
- 근거가 없거나 승인되지 않은 잔액이나 거래
- 재무적 결과에 중요한 영향을 미치는 최종 순간의 조정사항들
- 종업원이 승인된 직무의 수행에 필요한 것과 상응하지 않는 시스템과 기록에 접근한 증거
- 부정 혐의에 관하여 감사인이 알게 된 정보나 불만사항

2. 다음과 같이 상호 모순되거나 찾을 수 없는 증거

- 문서의 분실
- 변조가 된 것으로 보이는 문서
- 원본문서가 존재할 것으로 예상됨에도 불구하고 사진촬영본이나 전자전송 문서 외에는 확인할 수 없는 경우
- 차이조정에서 설명되지 않은 중요한 항목
- 예를 들어 수익보다 급속한 성장을 보이는 매출채권과 같이, 재무상태표 항목의 비경상적인 변화나 추세, 또는 주요 재무비율이나 상호관계의 비경상적인 변화
- 질문이나 분석적절차에서, 경영진이나 종업원들의 일관성 없고 모호하거나 납득할 수 없는 답변
- 기업의 기록과 조회서 회신내용간의 비경상적인 차이
- 매출채권 기록에서 다수의 대변분개나 기타 조정사항들
- 매출채권 보조원장과 통제계정 간, 또는 거래처가 확인해 준 금액과 매출채권 보조원장간의 설명되지 않거나 불충분하게 설명된 차이
- 취소된 수표가 일반적으로 은행잔액명세와 함께 기업에 반송되는 상황임에도 불구하고 분실되었거나 존재하지 않는 취소수표
- 유의적 크기의 재고자산 또는 실물자산의 분실
- 해당 기업의 기록보관에 대한 실무나 정책과 일관성이 없는, 입수할 수 없거나 분실한 전자적 증거
- 조회에 대하여 기대보다 더 적거나 더 많은 수의 회신
- 주요 시스템의 변경 및 프로그램 변경 테스트 그리고 당기 시스템의 변경 및 개발에 대한 실행활동의 증거를 생성할 능력이 없음

3. 다음과 같이 감사인과 경영진 간에 문제가 있거나 비경상적인 관계

- 감사증거가 발견될 것으로 보이는 기록, 설비, 특정 종업원, 고객, 거래처 또는 기타의 사람에 대한 접근 거부
- 복잡하거나 논란이 있는 이슈들의 해결에 대한 경영진의 부당한 시간적 압력
- 특히 감사증거에 대한 감사인의 비판적 평가와 관련하여, 또는 경영진과의 잠재적인 의견불일치에 대한 해결과정에 있어 감사업무의 수행에 대한 경영진의 불평이나 업무팀원에 대한 경영진의 위협
- 요청한 정보 제공에 대한 기업의 비경상적인 지연
- 감사인이 컴퓨터를 이용한 감사기법으로 테스트하기 위해 주요 전자파일에 접근하는 것을 꺼림
- 보안, 운영 그리고 시스템 개발 인원 등 주요 정보기술 운영 인원과 설비에 대한 접근 거부
- 보다 완전하고 이해가능성이 높게 재무제표의 공시를 추가하거나 수정하는 것을 꺼림
- 식별된 내부통제의 미비점들에 대하여 적시에 대처하는 것을 꺼림

4. 기 타

- 감사인이 개인적으로 지배기구와 만나는 것을 경영진이 허용하기 꺼려함
- 산업표준과 일치되지 않는 것으로 보이는 회계정책
- 변화된 상황에 따른 것으로 보이지 않는 회계추정치의 빈번한 변경
- 기업 행동강령의 위반에 대한 용인

Chapter 05 OX문제

01 감사인은 부정의 발생을 의심할 수 있고, 예외적으로 이를 식별할 수도 있으나, 부정이 실제로 발생했는지 여부에 대한 법률적 결정을 내리지 아니한다.

02 부정과 오류의 예방에 대한 책임은 경영진에게 있으며, 발견에 대한 책임은 지배기구에 있다.

03 감사인에게는 모든 부정이나 오류를 발견할 책임이 있다.

04 감사인은 기업의 경영진 및 지배기구가 과거에 횡령 등 부정을 저질렀다는 경험이 있는 경우에만 전문가적 의구심을 유지해야 한다.

05 감사인은 경영진에 대한 질문을 통해서 경영진의 부정으로 인한 중요왜곡표시위험에 관한 유용한 정보를 얻을 수 있다.

---

06 부정위험요소란 부정을 저지르고 이를 합리화는 것을 말한다.

07 부정위험요소가 반드시 부정의 존재를 나타내는 것은 아니지만, 부정으로 인한 중요왜곡표시위험을 나타내는 것일 수 있다.

08 감사인이 부정으로 인한 중요왜곡표시위험을 식별하고 평가할 때 특별한 반증이 없는 한 유의적 위험으로 간주하는 세 가지 분야는 무엇인가?

09 감사인은 수익인식에는 부정위험이 존재하지 않는다는 가정에 기초하여, 어떤 유형의 수익이나 수익거래 또는 경영진주장이 그러한 위험을 발생시키는지 평가하여야 한다.

10 경영진의 통제무력화에 대한 감사절차 세 가지는?

---

11 경영진의 통제무력화로 인한 중요왜곡표시위험이 높은 경우에만 감사인은 통제무력화 위험에 대응하기 위한 구체적인 감사절차를 계획하고 수행하여야 한다.

12 감사인은 직무를 수행할 때 이사의 직무수행에 관하여 부정행위 또는 법령이나 정관에 위반되는 중대한 사실을 발견하면 증권선물위원회에만 보고하면 된다.

13 감사인은 회사가 회계처리 등에 관하여 회계처리기준을 위반한 사실을 발견하면 증권선물위원회에 통보하여야 한다.

Chapter 05 정답 및 해설

01 ○ (ISA 240-3)

02 × 부정과 오류의 예방과 발견에 대한 주된 책임은 기업의 지배기구와 경영진에게 있다. (ISA 240-4)

03 × 감사인에게 모든 부정과 오류를 발견할 책임은 없다. 감사기준에 따라 감사를 수행하는 감사인은 재무제표가 전체적으로 부정이나 오류로 인한 중요한 왜곡표시가 없다는 합리적 확신을 얻을 책임이 있다. (ISA 240-5)

04 × 감사인은 기업의 경영진 및 지배기구의 정직성과 성실성에 대한 감사인의 과거 경험과 관계없이, 부정으로 인한 중요한 왜곡표시의 가능성이 존재한다는 것을 인식하면서 감사의 전 과정을 통하여 전문가적 의구심을 유지하여야 한다. (ISA 240-13)

05 × 감사인은 경영진에 대한 질문을 통하여 종업원의 부정으로 인한 중요왜곡표시위험에 관한 유용한 정보를 얻을 수 있다. 그러나 이러한 질문을 통해서 경영진의 부정으로 인한 중요왜곡표시위험에 관한 유용한 정보를 얻을 수는 없을 것이다. (ISA 240-A16)

---

06 × 부정위험요소란 부정을 행할 동기 또는 압력을 나타내거나, 부정을 행할 기회를 나타내는 사건이나 상황을 말한다. (ISA 240-12)

07 ○ (ISA 240-25)

08 수익인식, 부정으로 인한 중요왜곡표시위험, 경영진의 통제무력화 (ISA 240-26~32)

09 × 부정으로 인한 중요왜곡표시위험을 식별하고 평가할 때, 감사인은 수익의 인식에 부정위험이 존재한다는 가정에 기초하여, 어떤 유형의 수익이나 수익거래 또는 경영진주장이 그러한 위험을 발생시키는지 평가하여야 한다. (ISA 240-27)

10 ① 저널엔트리 테스트(Journal Entry Test), ② 회계추정 감사, ③ 비경상적 거래(특이 거래)의 감사 (ISA 240-33)

---

11 × 경영진의 통제무력화 위험에 대한 감사인의 평가결과에 관계없이, 감사인은 구체적인 감사절차를 계획하고 수행하여야 한다. (ISA 240-33)

12 × 감사인은 직무를 수행할 때 이사의 직무수행에 관하여 부정행위 또는 법령이나 정관에 위반되는 중대한 사실을 발견하면 감사 또는 감사위원회에 통보하고 주주총회에 보고하여야 한다. 또한 감사인은 이사의 직무수행에 관하여 부정행위 또는 법령에 위반되는 중대한 사실을 발견하거나 감사 또는 감사위원회로부터 이러한 사실을 통보받은 경우에는 증권선물위원회에 보고하여야 한다. (외부감사법 제22조 ①, ⑦)

13 × 감사인은 회사가 회계처리 등에 관하여 회계처리기준을 위반한 사실을 발견하면 감사 또는 감사위원회에 통보하여야 한다. (외부감사법 제22조 ②)

CHAPTER 6

감사의 수행: 감사증거

SECTION 01 감사증거(Audit Evidence)

NEW INTERNATIONAL STANDARDS ON AUDITING

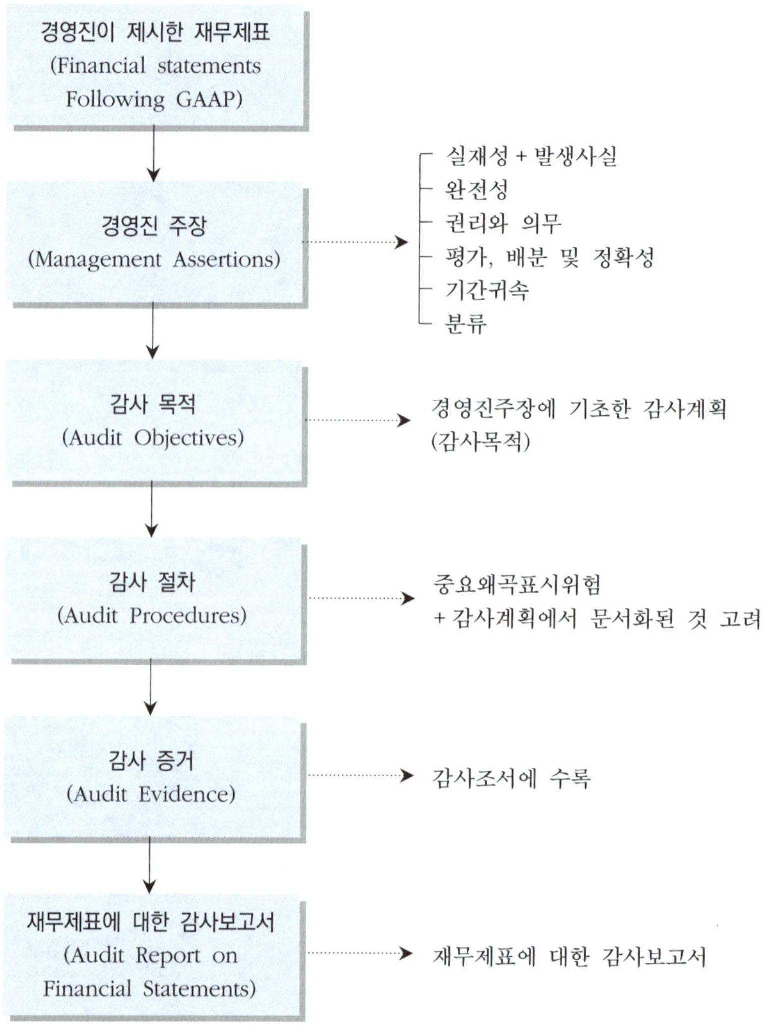

1 개 요

구 분	내 용
감 사 의 목 적	감사의견 표명
제공할 확신의 수준	감사의견에 대한 높은 수준의 합리적 확신
필 요 조 건	충분하고 적합한 감사증거
수 단	충분하고 적합한 감사증거를 수집할 수 있는 감사계획(절차) 수립
감 사 수 행	정해진 감사절차에 따라 증거수집: 감사위험이 수용가능한 수준으로 낮추어짐

감사증거(audit evidence)란 감사의견의 근거가 되는 것으로, 감사인이 감사계획부터 감사결론에 이르기까지 수집한 모든 정보를 말한다. 감사증거에는 회계기록[1])과 다른 원천에서 입수한 정보를 모두 포함한다(ISA 500-5CC).

감사인은 충분하고 적합한 감사증거에 기초하여 감사의견을 형성하여야 하며, 그 정도에 따라 자신이 표명한 감사의견에 대한 확신의 수준이 달라진다. 여기서, 충분은 감사증거의 양적 수준을, 적합은 감사증거의 질적 수준을 의미한다.

감사(audit)는 절대적이지는 않지만 높은 수준의 확신을 제공하는 것으로 정의된다. 따라서 감사인은 높은 수준의 확신을 제공하는 데 필요한 수준의 감사증거를 수집하고 이에 따라 감사의견을 표명하여야 소송으로부터 자신을 보호할 수 있다. 반대로 검토(review)는 보통수준의 확신을 제공하는 것으로 정의된다. 따라서 검토인은 보통수준의 확신을 제공하는데 필요한 수준의 감사증거를 수집하고 이에 따라 검토의견을 표명하여야 소송으로부터 자신을 보호할 수 있다. 그러나 감사인은 어떤 경우에도 (극단적으로 전수감사를 수행하더라도) 감사의 고유한계 때문에 절대적 확신(100% 확신: 보증)을 제공할 수 없다.

그러면 필요한 수준의 감사증거란 어느 정도일까? 이는 객관적 수치로 제시하기는 어렵다. 따라서 감사기준에서는 충분하고 적합한 수준이라는 개념만을 제시하고 있으며 구체적인 감사증거의 수준은 개별 감사인의 전문가적 판단에 맡기고 있다. 예를 들면, 명성이 높은 회계법인은 위험회피 성향이 높고, 따라서 가능하면 감사원가를 더 많이 투입함으로써 수준 높은 감사증거를 수집하는 경향이 있다.

그러면 감사증거는 어떻게 수집할 수 있을까? 감사에서는 이를 감사절차(audit procedure)라고 한다. 감사절차는 감사를 수행하기 전 계획단계에서 수립하며 어떻게

TIP

합리적인 확신은 높은 수준의 확신을 의미한다. 감사인은 충분하고 적합한 감사증거를 입수하여 감사위험(즉, 재무제표가 중요하게 왜곡표시되어 있음에도 불구하고 감사인이 부적합한 의견을 표명할 위험)을 수용가능한 낮은 수준으로 감소시켰을 때 이러한 확신을 얻는다. 그러나 합리적인 확신이 절대적인 수준의 확신을 의미하지는 않는다. 감사에는 고유한계가 존재하며, 그 결과 감사인의 결론도출과 의견표명의 기초가 되는 대부분의 감사증거는 결정적 증거이기보다는 설득적 증거이기 때문이다.

Q

감사와 검토가 제공하는 확신의 수준은?

1) 회계기록: 원시 분개의 기록 및 이를 뒷받침하는 기록. 예를 들어 수표와 전자자금이체 기록, 송장, 계약서, 총계정원장과 보조원장, 분개장, 분개장에 반영되지 않은 재무제표의 기타 조정사항, 그리고 원가배분, 계산, 조정사항 및 공시를 뒷받침하는 작업표와 스프레드쉬트와 같은 기록을 말한다.

하면 충분하고 적합한 감사증거를 수집할 수 있을까?에 초점을 맞추고 있다. 즉, 감사는 합리적으로 감사절차를 계획하고 이를 제대로 실행하면 충분하고 적합한 감사증거를 수집할 수 있으며, 충분하고 적합한 증거에 기초한 감사인의 판단(감사의견)은 높은 수준의 확신을 제공할 수 있다는 믿음에 기초하고 있다.

Q
추가감사절차
=통제테스트+실증절차

감사증거는 통제테스트와 실증절차를 적절히 조합함으로써 수집하지만, 경우에 따라서는 실증절차만을 통하여 수집할 수도 있다. 통제테스트(tests of control: TOC)란 내부통제가 효과적으로 운용되고 있는지 여부에 대한 증거를 얻기 위하여 실시하는 시사를 말한다. 실증절차(substantive procedures)란 재무제표 내에 중요하게 왜곡표시되어 있는 사항을 적발하기 위하여 수행하는 시사를 말한다.

2 재무제표에 의한 경영진주장과 감사증거

Q
경영진이 재무제표를 통하여 주장하는 바는?

경영진은 명시적이든 암묵적이든 '재무제표가 재무보고체계(회계기준)에 따라 작성되었다'고 주장하며, 이를 경영진주장(financial statements assertions)이라 한다. 감사인은 과연 경영진주장이 적절한지 여부를 감사하기 위하여 감사증거를 수집한다. 이 때 감사증거는 감사인이 표명하는 감사의견을 뒷받침할 수 있을 정도로 충분하고 적합해야 한다. 따라서 경영진주장은 곧 감사목적이 된다.

2.1 재무제표(범주)별 경영진주장

재무제표에 대한 경영진주장은 '재무제표가 회계기준에 따라 작성되었다'는 것이지만 다음의 두 가지 범주로 분류된다(ISA 315-A129).

TIP
보고기간말 계정잔액에 대한 경영진주장은 재무상태표에 대한 주장을 말한다.

경영진주장의 대상	경영진주장
(a) 보고기간말 계정잔액 및 관련 공시 (Accounts)	• 실재성: 자산, 부채 및 주주지분은 실재함 • 권리와 의무: 기업은 자산에 대한 권리를 보유하거나 통제하고 있으며 부채는 기업의 의무임 • 완전성: 기록되어야 하는 자산, 부채 및 주주지분은 모두 기록되었으며 재무제표에 포함되어야 하는 모든 관련 공시는 재무제표에 포함되었음 • 정확성, 평가 및 배분: 자산, 부채 및 주주지분은 적합한 금액으로 재무제표에 계상되어 있고 평가나 배분의 결과는 적합하게 기록되어 있으며, 관련 공시는 적합하게 측정되고 기술되어 있음 • 분류: 자산, 부채 및 주주지분은 적절한 계정으로 기록되었음 • 표시: 자산, 부채 및 주주지분은 적합하게 합산되거나 세분화되고 명확하게 기술되었으며 관련 공시는 해당 재무보고체계의 요구사항의 측면에서 관련성이 있으며 이해가능함

(b) 감사대상기간의 거래 및 사건의 유형과 관련 공시 (Transactions)	• 발생사실: 기록되거나 공시된 거래와 사건은 발생되었고 기업에 귀속됨 • 완전성: 기록되어야 하는 모든 거래와 사건은 기록되었으며 재무제표에 포함되어야 하는 모든 관련 공시는 재무제표에 포함되었음 • 정확성: 기록된 거래와 사건에 관련된 금액 및 기타 데이터는 적합하게 기록되었고 관련 공시는 적합하게 측정되고 기술되었음 • 기간귀속: 거래와 사건은 해당 보고기간에 기록되었음 • 분류: 거래와 사건은 적절한 계정으로 기록되었음 • 표시: 거래와 사건은 적합하게 합해지거나 세분화되고 명확하게 기술되었으며 관련 공시는 해당 재무보고체계의 요구사항의 측면에서 관련성이 있으며 이해가능함

보고기간말 계정잔액 및 관련 공시 (Accounts : 자산, 부채 및 자본)	감사대상기간의 거래 및 사건의 유형과 관련 공시 (Transactions: 손익항목 및 자산・부채・자본의 기중거래)
실재성(Existence)	발생사실(Occurrence)
권리와 의무(Rights and obligations)	
완전성(Completeness)	완전성(Completeness)
정확성(Accuracy), 평가와 배분(Valuation and allocation)	정확성(Accuracy)
	기간귀속(Cutoff)
분류(Classification)	분류(Classification)
표시(presentation)	표시(presentation)

TIP
감사대상기간의 거래 및 사건의 유형에 대한 경영진주장은 손익계산서와 현금흐름표에 대한 주장과 재무상태표 항목 중 기중거래에 대한 주장을 말한다.

2.2 세부 경영진주장

상기 경영진주장은 잔액에만 적용되는 것, 거래에만 적용되는 것 그리고 공시에만 적용되기도 하지만 둘 이상에 서로 복합적으로 적용되기도 한다. 또한 어떤 경영진주장은 개념은 같지만 적용되는 대상(잔액, 거래 및 공시)에 따라 명칭이 다르기도 하다. 경영진주장의 세부 개념은 다음과 같다.

Q
세부 경영진주장의 개념을 상세하게 이해하고 있는가?
기출 2022

(1) 실재성(Existence)과 발생사실(Occurrence)

실재성이란 '자산, 부채 및 자본은 보고기간 종료일 등 주어진 특정일자 현재에 존재한다'는 경영진주장과 실제로 존재하는지 여부에 대한 감사목적을 말한다. 실제로 존재한다는 것은 과대계상되지 않았다는 의미이다. 일반적으로 경영진은 자신의 경영성과를 과대계상하기 위하여 자산은 과대계상, 부채는 과소계상하는 경향이 있다. 따라서 실재성은 부채보다는 자산을 감사할 때 더 중요하게 여겨지는 감사목적이다. 예를 들면, 재무제표상 재고자산이 실제로 존재하는 지 여부에 대하여 실사하는 것 등이 있다.

발생사실은 '거래나 사건들이 회계기간 동안 실제로 발생하였다'는 것에 대한 경영진주장과 실제로 발생하였는지 여부에 대한 감사목적을 말한다.

반면에, 실재성은 특정시점에서 자산, 부채 및 자본의 존재여부에 대한 경영진주장과 감사목적을 말한다. 실제로 발생하였다는 것은 과대계상되지 않았다는 의미이다. 예를 들면, 포괄손익계산서상 매출이 가공거래를 통한 허위매출은 아닌지 여부를 검사하는 것 등이 있다.

(2) 완전성(Completeness)

완전성이란 '재무제표에 기록되지 않은 사항은 없다' 즉, '완전하게 기록되었다'는 경영진주장과 누락 없이 완전하게 기록되었는지 여부에 대한 감사목적을 말한다. 완전하게 기록되었다는 경영진주장은 자산, 부채 및 자본과 같은 기말잔액, 손익항목과 자산 · 부채 · 자본의 기중거래 그리고 표시와 공시에 까지 확장된다.

완전하게 기록하였다는 것은 과소계상되지 않았다는 의미이다. 일반적으로 경영진은 부채와 비용은 과소계상하려는 동기를 가지고 있다. 따라서 완전성은 자산과 수익보다는 부채와 비용을 감사할 때 더 중요하게 여겨지는 감사목적이다.

(3) 권리와 의무(Rights and Obligations)

권리와 의무란 '자산은 재무제표일 현재 회사가 소유권을 가지고 있으며, 부채는 재무제표일 현재 회사에 귀속되는 의무이다'는 경영진주장과 실제로 회사가 권리를 가지고 있고 회사에 의무가 있는지 여부에 대한 감사목적을 말한다.

자산의 정의에 따르면 회사의 자산은 배타적으로 사용할 수 있어야 하는데 만약 회사가 권리를 가지고 있지 않은 자산을 재무제표에 계상한다면 이는 회계기준에 위배된 것이다. 예들 들면, 위험과 보상이 넘어간 재고자산을 회사소유의 기말재고자산으로 계상한 경우 회계기준에 위배된 것이다.

권리와 의무라는 경영진주장은 자산, 부채 및 자본과 같은 기말잔액과 표시와 공시에 적용된다.

(4) 평가(Valuation), 배분(Allocation) 및 정확성(Accuracy)

평가는 '회사의 자산, 부채 및 자본이 회계기준에 따라 평가되었다'는 경영진주장과 회계기준에 따라 평가되었는지 여부에 대한 감사인의 감사목적을 말한다. 예를 들면, 매출채권은 순실현가능가액으로 평가되어야만 회계기준에 따라 평가된 것이다. 경영진은 순실현가능가액으로 평가되었다고 주장하며, 감사인은 이것이 회계기준에 따라 평가되었는지 여부를 감사하고자 한다.

배분이란 '비용을 발생주의에 따라 적절한 기간에 배분하였다'는 경영진주장과 회계기준에 따라 배분되었는지에 대한 감사인의 감사목적을 말한다. 예를 들면, 기계장치의 감가상각비는 합리적인 상각방법과 잔존가액 그리고 내용연수로부터 시작한다. 감가상각비는 대표적으로 비용의 기간 간 배분에 해당하며, 경영진은 감가상각비가 합리적으로 배분되었다고 주장하며, 감사인은 이것이 회계기준에 따라 배분되었는지 여부를 감사하고자 한다.

정확성이란 '기록된 거래와 사건에 관련된 금액 및 기타 데이터는 적합하게 기록되었다'는 경영진주장과 적합하게 기록되었는지에 대한 감사목적을 말한다.

여기서, 평가라는 경영진주장은 자산, 부채 및 자본과 같은 기말잔액과 표시와 공시에 적용된다. 배분이라는 경영진주장은 자산, 부채 및 자본과 같은 기말잔액에 적용된다. 정확성이라는 경영진주장은 손익항목과 자산 · 부채 · 자본의 기중거래 그리고 표시와 공시에 적용된다.

(5) 기간귀속(Cutoff)

기간귀속이란 '거래와 사건은 해당 보고기간에 기록되었다'는 경영진주장과 재무제표일을 기준으로 거래가 귀속될 연도가 엄격하게 구분되었는지에 대한 감사목적을 말한다. 수익의 경우 수익인식시기를 준수하는 것이 매우 중요하다. 소위 밀어내기 매출은 수익인식기준을 충족하지 않았는데도 수익으로 인식한 것으로, 이를 회계기간별로 보면 당기에는 매출과대인식, 차기에는 매출과소인식의 오류를 발생시킨다. 경영진은 매출이 수익인식기준에 따라 측정되었다고 주장하고 감사인은 이것이 회계기준에 따라 인식되었는지 여부를 감사하고자 한다. 기간귀속이라는 경영진주장은 손익항목에 적용된다.

(6) 분류(Classification)

분류란 '거래와 사건은 적절한 계정으로 기록되었다'는 경영진주장과 적절한 계정으로 기록되었는지에 대한 감사목적을 말한다. 손익항목은 정상적인 영업활동으로부터 발생한 것과 우연하고 우발적으로 발생한 것을 구분한다. 기업은 수익과 이득은 '영업활동'으로 비용과 손실은 '영업외 활동'으로 분류하고자 하는 동기를 가지고 있다. 경영진이 부당하게 영업외 활동에서 발생한 이득을 영업활동으로 분류하고 이를 정당하다고 주장한다면, 감사인은 과연 이러한 경영진주장이 정당한지를 감사하여야 할 것이다.

(7) 표시(Presentation)

표시란 거래와 사건은 적합하게 합해지거나 세분화되고 명확하게 기술되었으며, 관련 공시는 해당 재무보고체계의 요구사항의 측면에서 관련성이 있으며, 이해가능하다는 경영진 주장과 감사목적을 말한다.

3 충분하고 적합한 증거

감사증거는 감사의견과 보고서를 뒷받침하는 데 필요하다. 감사인은 충분(sufficiency)하고 적합(appropriateness)한 감사증거를 입수하기 위하여 상황에 적합한 감사절차를 설계하고 수행하여야 한다. 감사증거는 성격상 누적적인 것이고 주로 감사의 진행 중에 수행되는 감사절차로부터 입수된다. 그러나 감사증거에는 과거의 감사 또는 감사업무의 수임 및 계속을 위한 회계법인의 품질관리절차와 같은 기타 원천으로부터 입수된 정보도 포함될 수 있다(ISA 500-A1). 기업 내외의 다른 원천과 더불어, 기업의 회계기록은 감사증거의 중요한 원천이다. 또, 감사증거로 사용될 정보는 경영진측 전문가의 작업을 이용하여 작성되었을 수도 있다. 감사증거는 경영진주장을 뒷받침하거나 보강하는 정보, 그리고 그러한 주장과 상반되는 정보 모두를 포함한다. 뿐만 아니라, 어떤 경우에는 정보의 부재(예 경영진이 진술서 제공의 요청을 거절할 경우)도 감사인이 사용하므로 이 역시 감사증거를 구성한다.

3.1 충분성(Sufficiency)

기출 2023

감사증거의 충분성과 적합성은 상호 관련되어 있다. 충분성은 감사증거의 양적 척도이다. 필요한 감사증거의 양은 왜곡표시위험에 대한 감사인의 평가에 의해 영향을 받으며(위험이 높다고 평가할수록 요구되는 감사증거의 양은 더 많아질 것임), 감사증거의 질에 의해서도 영향을 받는다(품질이 높을수록 요구되는 감사증거의 양은 더 적어질 것임). 그러나 더 많은 감사증거를 입수하는 것이 곧 그 증거의 낮은 품질을 보완할 수는 없을 것이다(ISA 200-A31).
→ 관련 없거나 증거력이 낮은 감사증거를 더 많이 확보한다고 감사증거가 충분해지지 않는다는 것을 의미

감사인은 모든 고객에게 동일한 수준의 감사증거를 수집하지는 않는다. 이러한 전략은 평균적인 고객에게는 적합한 전략이지만 재무제표의 왜곡표시위험이 낮은 고객에게는 필요한 수준을 초과하여 증거를 수집함으로써 감사비용을 낭비하는 결과를 초래한다. 반대로 재무제표의 왜곡표시위험이 높은 고객에게는 필요한 수준보다 부족하게 증거를 수집함으로

써 감사의견에 대한 합리적인 확신을 제공할 수 없다. 이 경우 감사인은 소송이 제기되었을 때 자신을 방어할 수 없을 것이다.

정해진 기간 내에 투입할 수 있는 감사인력(감사비용)의 총량이 정해진 상황에서, 다수의 고객을 동시에 감사하여야 하는 감사인이, 모든 고객에 대하여 충분하고 적합한 증거를 수집함으로써 높은 수준의 확신을 제공하기 위해서는 고객의 왜곡표시위험을 평가하여 투입할 감사인력(감사비용)을 조절하는 전략이 필요하다.

감사증거의 충분성과 적합성은 서로 밀접한 관계가 있다. 충분성은 감사증거의 양적 척도이다. 필요로 하는 감사증거의 양은 왜곡표시위험에 대한 감사인의 평가 (위험이 높다고 평가할수록 더 많은 양의 감사증거가 요구될 것임)에 의해서, 그리고 감사증거의 질 (감사증거의 질이 높을수록 더 적은 양의 감사증거가 요구될 것임)에 의해서도 영향을 받는다. 그러나 더 많은 감사증거를 입수한다고 해서 그 증거의 낮은 품질을 보완할 수는 없다(ISA 500-A4).

3.2 적합성(Appropriateness)

기출 2023

> 적합성은 감사증거의 질적 척도로서, 감사의견의 기초가 되는 결론을 뒷받침할 때의 ①목적적합성과 ②신뢰성을 말한다. 감사증거의 신뢰성은 그 원천과 성격에 영향을 받으며, 증거가 입수되는 개별적인 상황에 따라 다를 것이다(ISA 200-A32).

기출 2021

감사증거의 충분성과 적합성은 서로 밀접한 관계가 있다. 동일한 수준의 확신을 제공하기 위하여 필요한 감사증거의 양은 해당 증거가 제공할 수 있는 질적 수준이 높을수록 작아진다. 이는 아래의 예제에서 확인할 수 있다. 예제에서 제시하는 바와 같이 5가지 사례에서 공통적으로 질적 수준을 고려하여 결정한 충분하고 적합한 감사증거는 100이다. 그러나 개별 사례에서 제공할 수 있는 감사증거의 질적수준은 100%에서 20%로 점점 낮아지고 있다. 이 경우 필요한 감사증거의 량은 100에서 500까지 높아지고 있다.

예제 01 감사증거의 적합성

충분하고 적합한 감사증거가 100이라고 할 때 다음과 같이 감사증거가 제공할 수 있는 질적 수준이 상이한 경우 필요로 하는 감사증거량을 계산하시오.

	충분하고 적합한 감사증거	감사증거의 질적 수준	필요한 감사증거량	
case 1	100	100%	= 100/1.0	100
case 2	100	80%	= 100/0.8	125
case 3	100	60%	= 100/0.6	167
case 4	100	40%	= 100/0.4	250
case 5	100	20%	= 100/0.2	500

(1) 감사증거의 관련성

감사증거는 제공하고자 하는 증거와 관련성이 높을수록 적합하다. 다음은 관련성에 대한 것이다. 관련성은 감사절차의 목적, 그리고 적절한 경우 고려중인 경영진주장과의 논리적인 연결이나 관계의 정도를 말한다(ISA 500-A27).

Application & Explanation

1. 감사절차의 목적이 매입채무의 과대계상 여부를 테스트하는 것이라면, 장부에 기록된 매입채무를 테스트하는 것이 관련성 있는 감사절차가 될 수 있다. 이와 달리, 매입채무의 과소계상 여부를 테스트하는 것이라면, 후속적인 지급거래, 미지급된 송장, 매입처 계산서 그리고 일치하지 않는 검수보고서 같은 정보를 테스트하는 것이 관련성이 있을 것이다(ISA 500-A26).
2. 주어진 감사절차들은 경영진의 특정한 주장에는 관련성이 있는 감사증거를 제공할 수 있지만 다른 주장에는 그렇지 않을 수 있다. 예를 들어 보고기간말 후 매출채권의 회수에 관한 문서를 조사하는 것은 실재성과 평가에 관한 감사증거를 제공할 수 있지만, 기간귀속에 관한 감사증거는 제공할 수 없다(ISA 500-A27).
3. 재고자산의 실재성과 같은 특정 경영진주장에 대하여 감사증거를 입수하는 것은 다른 경영진주장, 예를 들면, 동 재고자산의 평가에 관한 감사증거를 입수하는 데 한계가 있다. 이에 반해 서로 다른 원천으로부터 입수되었거나 서로 다른 성격을 가진 감사증거들이 종종 동일한 경영진주장과 관련성이 있을 수도 있다(ISA 500-A28).
4. 통제테스트는 경영진주장 수준의 중요한 왜곡표시를 예방하거나 발견 및 수정할 수 있는 회사의 내부통제를 실제로 운용하고 있는지를 평가하기 위한 것으로 설계된다. 이 경우 관련성 있는 감사증거를 입수한 통제테스트는 어떤 통제의 수행을 의미하는 (특성이나 속성 같은) 조건, 또는 적절한 수행으로부터의 일탈을 나타내는 일탈조건을 식별하는 것이 포함된다. 감사인은 이후 그러한 조건의 존재 또는 부재를 테스트할 수 있을 것이다(ISA 500-A29).
5. 실증절차는 경영진주장 수준의 중요한 왜곡표시를 발견하기 위하여 설계되며, 세부테스트와 실증적 분석절차를 포함한다. 실증절차의 설계에는 해당 테스트의 목적과 관련하여 관련 경영진주장의 왜곡표시를 구성하는 조건을 식별하는 것이 포함된다(ISA 500-A30).

(2) 감사증거의 신뢰성

감사증거는 신뢰성이 높을수록 적합하다. 감사증거로 사용되는 정보, 즉 감사증거 자체의 신뢰성은 그 원천과 성격, 그리고 해당되는 경우 그러한 증거의 작성과 유지에 대한 통제 등 감사증거가 입수된 상황에 영향을 받는다. 다음은 감사증거의 신뢰성과 관련된 것이다.

감사증거의 신뢰성에 영향을 미치는 요소 (ISA 500-A7~A9)

신뢰성에 영향을 미치는 요소	신뢰성을 평가하는데 활용되는 사례
감사증거의 원천	• 기업 외부의 독립된 원천에서 얻을 때 그 신뢰성이 증가됨 • 감사인이 직접 입수한 감사증거(예 통제의 적용에 대한 관찰)는 간접적으로 또는 추론으로 입수한 감사증거(예 통제의 적용에 관한 질문)보다 신뢰성이 높음
감사증거의 성격	• 문서나 서한 형태의 감사증거가 구두형태의 감사증거보다 신뢰성이 높음
증거의 작성과 유지에 대한 통제	• 내부적으로 생성된 감사증거는 그 작성과 유지에 대한 통제 등 기업이 수립한 관련 통제가 효과적일 때 그 신뢰성이 증가됨

Q
감사증거의 신뢰성에 영향을 미치는 요소는?
기출 2022

3.3 기업이 생산한 정보를 이용할 때

기출 2021
기출 2024

감사인은 상당부분 기업이 생산한 정보(IPE: Information Produced by the Entity)를 감사증거로 수집한다. 앞서 언급한 바와 같이 내부증거는 외부증거보다 신뢰성이 낮다. 따라서 감사인은 기업이 생산한 정보(내부증거)를 이용할 때, 해당 정보가 감사인의 목적을 위해 충분히 신뢰할 수 있는지 평가하여야 하며, 해당 상황의 필요에 따라 다음을 포함한 절차를 수행하여야 한다(ISA 500-9).

기업이 생산한 정보를 감사증거로 사용할 경우 추가 감사절차 (ISA 500-9)

(a) 해당 정보의 정확성과 완전성에 대한 감사증거를 입수함
(b) 정보가 감사인의 목적을 위해 충분히 정확하고 자세한지 여부를 평가함

3.4 경영진측 전문가에 의해 생성된 정보의 신뢰성

감사증거로 사용될 정보가 경영진측 전문가의 도움으로 작성된 경우도 있다. 이 경

우 감사인은 다음과 같은 감사절차를 수행하여야 한다(ISA 500-8). 여기서, 경영진측 전문가란 회계나 감사 외의 분야에서 전문성을 보유하고, 해당 분야에서 기업의 재무제표 작성에 도움을 주는 개인 또는 조직(예 감정평가사, 보험계리사 등)을 말한다.

경영진측 전문가에 의해 생성된 정보를 이용할 경우 감사절차(ISA 500-8)

- 경영진측 전문가의 적격성, 역량 및 객관성을 평가
- 경영진측 전문가가 수행한 업무를 이해
- 관련 경영진주장에 대한 감사증거로서, 경영진측 전문가가 수행한 업무의 적합성을 평가

(1) 경영진측 전문가의 적격성, 역량 및 객관성

적격성은 경영진측 전문가가 보유하고 있는 전문성의 성격 및 수준과 관련된다. 역량은 이러한 적격성을 상황에 맞게 발휘할 수 있는 경영진측 전문가의 능력과 관련된다. 이러한 역량에 영향을 줄 수 있는 요소에는 지리적 위치, 시간과 자원의 이용가능성 등이 포함된다. 공정성은 편의, 이해의 상충 또는 타인의 영향이 경영진측 전문가의 전문적 판단이나 업무상의 판단에 미칠 수 있는 영향과 관련된다.

경영진측 전문가의 적격성과 역량 및 객관성, 그리고 동 전문가가 수행한 업무에 대한 기업의 내부통제는 경영진측 전문가에 의해 생성되는 정보의 신뢰성과 관련된 중요한 요소이다(ISA 500-A37).

경영진측 전문가의 적격성과 역량 및 객관성에 관한 정보는 다음과 같은 다양한 원천에서 나올 수 있다(ISA 500-A38).

- 당해 전문가가 과거에 수행한 업무에 대한 개인적 경험
- 당해 전문가와의 토의
- 당해 전문가가 수행한 업무에 익숙한 타인과의 토의
- 당해 전문가의 자격, 전문직 단체 또는 협회의 회원여부, 개업요건 또는 기타형태의 외부적 공인제도에 대하여 알고 있는 지식
- 당해 전문가가 저술한 논문이나 서적
- 감사인이 경영진측 전문가에 의해 생성된 정보와 관련하여 충분하고 적합한 감사증거를 얻는 데 도움을 줄 수 있는 감사인측 전문가

(2) 경영진측 전문가가 수행한 업무에 대한 이해

경영진측 전문가가 수행한 업무를 이해할 때는 관련 전문영역을 이해하는 것도 포

함된다. 관련 전문영역에 대한 이해는 감사인이 경영진측 전문가가 수행한 업무를 평가할 전문성을 갖고 있는지 여부 또는 감사인이 이러한 목적을 위해 감사인측 전문가를 필요로 하는지 여부에 대한 결정과 함께 이루어질 것이다(ISA 500-A44).

(3) 경영진측 전문가가 수행한 업무의 적합성에 대한 평가

감사인은 기업이 생산한 정보를 이용할 때, 해당 정보가 감사인의 목적을 위해 충분히 신뢰할 수 있는지 평가하여야 하며, 해당 상황의 필요에 따라 다음을 포함한 절차를 수행하여야 한다(ISA 500-9).

경영진측 전문가가 수행한 업무의 적합성 평가에 대한 감사절차 (ISA 500-A48)

- 해당 전문가의 발견사항이나 결론의 관련성과 합리성, 다른 감사증거와의 일관성, 그리고 이들이 재무제표에 적합하게 반영되었는지 여부
- 해당 전문가가 유의적 가정과 방법을 사용한 경우, 그러한 가정과 방법의 관련성과 합리성
- 해당 전문가가 수행한 업무에 원천데이터가 유의적으로 사용되는 경우에는, 그러한 원천데이터의 관련성, 완전성 및 정확성

4 감사증거를 입수하기 위한 감사절차(Audit Procedures)

감사의견의 근거가 되는 합리적인 결론을 도출하기 위한 감사증거는 다음과 같은 절차를 통하여 입수된다.

감사증거를 입수하기 위한 감사절차 (ISA 500-A10)

① 위험평가절차(Risk assessment procedures)
② 추가감사절차
- 감사기준이 요구하거나 감사인이 수행하기로 선택한 통제테스트(test of controls)
- 실증절차(Substantive procedures) = 세부테스트(tests of details) + 실증적인 분석적절차 (substantive analytical procedures) 등

TIP

기업과 기업환경(내부통제 포함)에 대한 이해
질문 + 분석적절차 + 관찰 + 검사
↓
추가감사절차
통제테스트 + 실증절차
↑
세부테스트 + 실증적인 분석적절차

감사증거란 감사계획단계에서부터 감사결론을 내릴 때까지 감사의견을 형성하는데 도움을 주는 모든 자료를 말한다. 이런 관점에서 보면 감사인이 감사계획을 수립하기 위하여 고객의 재무제표가 왜곡표시될 위험을 평가하는데 이와 같이 위험평가절차(Risk Assessment Procedures)과정에서 수집한 자료는 감사계획을 수립하는데 사용되고 따라서 감사증거가 될 수 있다. 예를 들면, 고객의 고유위험을 평가하기 위하여 고객이 속한 산업에 대한 정보를 수집하였을 경우 이 자료는 감사증거가 될 수 있다.

또 다른 감사증거를 입수하기 위한 절차로 통제테스트(Test Of Controls: TOC)란 예를 들면, 고객의 통제위험을 평가하고 이를 확인하기 위한 것으로 이 과정에서 수집한 자료는 감사증거가 된다.

세부테스트(Tests Of Details)란 계정잔액이나 거래에 대한 세부테스트로 해당 계정잔액이나 거래가 회계기준에 따라 재무제표에 보고되었는지를 감사하기 위한 것으로 감사의견을 뒷받침하는 감사증거의 입수를 위한 주된 감사절차 중 하나이다.

마지막으로 실증적인 분석적절차(substantive analytical procedures)란 분석적절차 중 실증절차단계에서 수행하는 것으로 이는 증거력은 낮지만 수집비용이 낮기 때문에 감사인은 상황에 따라 이를 적절하게 사용함으로써 충분하고 적합한 감사증거를 수집할 수 있다.

5 충분하고 적합한 감사증거를 확보하지 못할 경우

핵심

감사단계	회계감사에 미치는 영향
감사수임단계	감사계약을 체결해서는 안됨
감사절차 수행단계	감사계획을 수정 또는 추가
감사의견 형성단계	감사범위제한이므로 한정의견 또는 의견거절

감사인은 재무제표가 적정하다고 합리적으로 확신할 수 있는 수준의 감사증거를 확보하여야 한다. 만약 감사인이 충분하고 적합한 감사증거를 확보할 수 없을 때 이것이 회계감사에 미치는 영향을 단계별로 설명하면 다음과 같다.

5.1 감사수임단계

Q
각 단계에서 충분하고 적합한 감사증거를 수집할 수 없다면?

감사수임단계에서 충분하고 적합한 감사증거를 수집할 수 없다고 판단되면 감사계약을 체결하여서는 안 된다. 만약 충분하고 적합한 감사증거를 확보할 수 없을 것이라고 기대됨에도 불구하고 감사계약을 체결하였다면 결국 감사실패로 이어져 손해배상소송에 연루될 수도 있기 때문이다.

5.2 감사절차 수행단계

감사절차를 수행하는 단계에서 충분하고 적합한 감사증거를 수집할 수 없다고 판단되면, 감사계획을 수정 또는 추가함으로써 합리적인 수준의 감사증거를 확보하여야 한다.

5.3 감사의견 형성단계

감사절차를 완료하고 감사의견을 형성하는 단계에서 충분하고 적합한 감사증거를 확보하지 못하였다고 판단되면, 감사인은 이를 감사의견에 반영하여야 한다. 즉, 충분하고 적합한 감사증거를 수집할 수 없었다면 감사범위가 제한된 것이기 때문에 감사인은 그 중요성에 따라 한정의견 또는 의견거절을 표명한다.

SECTION 02 감사증거를 수집하는 방법(감사기술)

NEW INTERNATIONAL STANDARDS ON AUDITING

핵심

기출 2022

감사기술	감사목적	구체적인 사례
문서검사	완전성(전진법), 실재성과 발생사실(역진법), 권리와 의무	선적서류 검사, 매입세금계산서 검사 등
실물검사	실재성	현금, 유가증권, 받을어음, 재고자산의 실물검사
관찰	실재성	재고자산 실사의 입회
외부조회	실재성, 발생사실, 권리와 의무	예금 · 차입금에 대한 조회 채권 · 채무에 대한 조회
재계산	정확성	
재수행	내부통제의 유효성	
분석적절차	완전성	이자비용과 차입금의 상관관계를 이용한 부외부채 감사
질문	완전성, 권리와 의무	부외부채, 우발부채 및 사용이 제한된 예금에 대한 질문

감사증거를 수집하는 방법을 감사기술(audit techniques)이라고 하며, 이러한 방법을 적용하는 절차를 감사절차라 한다. 감사기술에는 검사, 관찰, 외부조회, 재계산, 재수

행, 분석적절차 및 질문이 있다.

1 검사(Inspection): 완전성, 실재성, 발생사실, 권리와 의무

검사란 기록이나 문서 또는 실물을 감사인이 직접 조사하는 것을 말한다. 검사는 내 · 외부의 문서, 전자 또는 기타 매체의 기록이나 문서에 대한 검사와 자산에 대한 실물검사로 나뉘어진다.

1.1 문서검사: 완전성, 실재성과 발생사실

문서검사(inspection)란 기록이나 문서를 감사인이 직접 검사하는 것을 말한다. 문서적 감사증거는 그 성격과 원천 그리고 이를 처리하는 내부통제의 유효성에 따라 신뢰성이 상이하다. 예를 들면, 회사 내부로부터 수집한 증거보다는 외부로부터 수집한 증거가 신뢰성이 더 높다. 또한 같은 내부문서라 할지라도 내부통제제도가 양호한 회사로부터 수집한 문서증거일수록 신뢰성이 높다.

주식이나 채권과 같은 금융상품의 문서는 자산의 실재성에 대한 신뢰성 있는 감사증거를 제공해 준다. 그러나 문서검사가 반드시 소유권이나 가치에 관한 감사증거를 제공하는 것은 아니다.

또한 계약서와 같은 문서에 대한 검사는 수익인식과 같이 회계정책의 적용과 관련된 감사증거를 제공할 수 있다(ISA 500-A15).

기록이나 문서를 검사하는 방법에는 거래증빙에서부터 추적하여 재무제표의 기록에 이르기까지 순차적으로 대조하는 방법(전진법)과 그 반대의 방법(역진법)이 있다.

기출 2021

기출 2025

Q

Tracing과 Vouching의 차이는?

REVIEW POINT

New International Standards on Auditing

1. 전진법 (원천문서에서 거래기록까지): 완전성

   전진법(tracing)은 기록과 문서를 거래의 발생과 기록순으로 추적·대조하는 방법이다. 전진법은 '발생한 거래가 모두 회계장부와 재무제표에 누락 없이 완전하게 기록되었는가?' 라는 완전성을 감사하는 데 유용한 방법이다. 즉, 전진법은 거래증빙에서 표본을 추출하여 → 회계전표 → 분개장 → 보조원장 → 총계정원장의 거래기록 순으로 추적·대조한다.

2. 역진법 (거래기록에서 원천문서까지): 실재성과 발생사실

역진법(vouching)은 기록과 문서를 거래의 발생과 기록의 역순으로 추적·대조하는 방법이다. 역진법은 '회계장부와 재무제표상의 거래나 계정잔액이 실제로 발생하고 존재하는 것인가?' 라는 실재성과 발생사실을 확인하는데 유용한 감사기법이다. 즉, 역진법은 총계정원장에서 표본을 추출하여 → 보조원장 → 분개장 → 회계전표 → 거래증빙의 거래기록 역순으로 추적·대조한다.

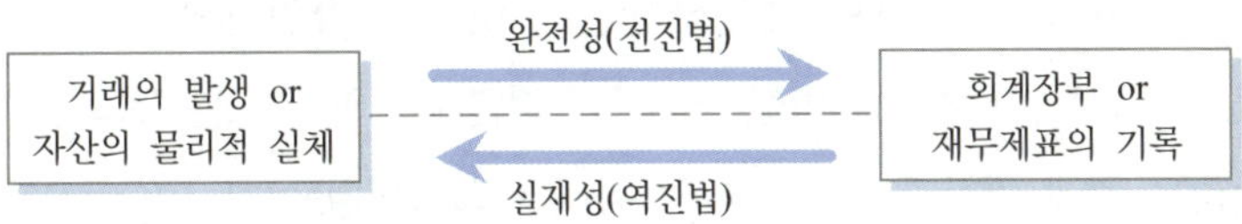

1.2 실물검사: 실재성

실물검사란 감사인이 물리적 자산을 직접 검사하는 것을 말한다. 물리적 자산의 검사는 실재성에 대한 증거를 제공하지만, 소유권(권리)이나 가치(평가)에 대한 증거를 제공하는데 한계가 있다.

유형자산에 대한 검사는 자산의 실재성에 관한 신뢰성 있는 감사증거를 제공할 수 있으나, 권리와 의무, 평가에 대한 증거를 제공하는 데에는 한계가 있다. 또한 재고자산의 개별 항목에 대한 검사는 재고자산 실사의 입회와 함께 수행될 수 있다.

2 관찰(Observation): 실재성

관찰(observation)이란 타인이 수행하는 어떤 과정이나 절차를 감사인이 관찰하는 것을 말한다. 회사가 수행하는 재고자산의 실사를 감사인이 관찰(재고자산 실사의 입회)하거나 회사가 수행하는 통제활동을 감사인이 관찰하는 것을 예로 들 수 있다. 관찰은 어떤 과정이나 절차의 수행에 대한 감사증거를 제공하지만, 감사인이 수집할 수 있는 증거의 범위는 관찰이 행해지는 시점으로만 제한된다. 또한 그 행위가 감사인에 의해 관찰되고 있다는 사실 자체가 그 과정이나 절차에 영향을 미칠 수 있다는 제한이 있다(ISA 500-A17).

TIP

입회(attendance)란 타인이 실시하는 절차의 전과정 또는 일부과정에 참석하는 행위를 말한다. 예를 들어, 재고자산 실사에 입회함으로써 감사인은 재고자산을 검사할 수 있고, 수량의 확인과 기록에 관한 절차가 규정대로 수행되고 있는지 관찰할 수 있을 뿐만 아니라 감사인이 직접 표본을 추출하여 수량을 확인할 수도 있다.

3 외부조회(External Confirmation): 실재성, 발생사실 및 권리와 의무

외부조회(External Confirmation)란 문서나 전자 형태 또는 기타 형태에 의해, 제3

자(조회대상자)가 감사인에게 직접 회신함으로써 감사인이 입수할 수 있는 감사증거를 말한다. 외부조회의 절차는 일반적으로 특정 계정잔액 및 그 구성요소와 연관된 경영진주장을 확인할 때 유용하다. 그러나 외부조회의 대상을 특정 계정의 잔액에만 국한할 필요는 없다. 예를 들면, 감사인은 어떤 기업이 제3자와 맺은 계약이나 거래조건에 대하여 확인할 필요도 있을 수 있다. 이 경우 외부조회는 해당 계약에 어떤 수정이 있었는지 그리고 수정이 있다면 관련 세부사항은 무엇인지 확인하는 것으로 설계될 수 있다. 외부조회는 수익인식에 영향을 미칠 수 있는 '이면계약'이 없다는 것과 같이, 특정 조건이 존재하지 않는다는 것에 대한 감사증거를 얻기 위해 사용되기도 한다(ISA 500-A18).

감사인은 외부조회를 통하여 예금·차입금, 매출채권·매입채무 그리고 타처보관 재고자산 등에 대한 실재성, 발생사실 및 권리와 의무에 대한 증거를 수집할 수 있다. 그러나 채권의 회수가능성(평가)이나 기록되지 아니한 채권의 존재유무(완전성)에 대한 증거를 제공하지는 않는다.

TIP

1. 매출채권의 조회를 통하여 얻을 수 있는 정보: 실재성 & 측정(정확성)
2. 매출채권의 조회를 통하여 얻을 수 없는 정보: 평가(채권의 회수가능성) & 완전성

4 재계산(Recalculation): 정확성

재계산(Recalculation)이란 문서나 기록의 산술적 정확성을 점검하는 것을 말한다. 재계산은 수작업 또는 전자적 수단으로 수행될 수 있다(ISA 500-A19). 감사인은 재계산을 통하여 정확성 등에 대한 감사증거를 수집할 수 있다.

5 재수행(Reperformance): 내부통제의 운용

재수행(Reperformance)은 감사인이 원래 내부통제의 일부로서 수행되었던 절차와 통제를 독립적으로 실행하는 것을 말한다(ISA 500-A20). 감사인은 재수행을 통하여 내부통제의 운용효과에 대한 증거를 얻을 수 있다. 또 다른 예로 회사가 작성한 은행계정조정표와는 별도로 감사인이 독립적으로 은행계정조정표를 작성하여 비교하기도 하는데 이 또한 재수행의 예라고 할 수 있다.

6 분석적절차(Analytical Procedures)

분석적절차(analytical procedures)란 재무데이터와 비재무데이터 간의 관계를 이용하여 재무정보를 평가하는 것을 말한다. 분석적절차에는 다른 관련된 정보와 일관성이 없

거나 예측금액에서 유의적으로 벗어난 추세 또는 상관관계에 대하여 조사하는 것을 포함한다(ISA 500-A21).

즉, 분석적절차는 비율과 추세, 관련 있는 재무 또는 비재무정보 간 상관관계를 이용하여 특정 계정잔액에 대한 합리적인 기대치를 산출하고 이를 재무제표상의 금액과 비교함으로써 재무제표상의 금액이 적정한지 여부에 대한 증거를 수집하는 것을 말한다. 따라서 분석적절차를 수행하기 위해서는 다음과 같은 가정이 전제되어야 한다. 만약 다음의 가정이 전제되지 않는다면 비율과 추세, 상관관계를 이용하여 산출한 기대치가 합리적이라고 할 수 없기 때문에 분석적절차의 설득력이 떨어진다.

① 데이터간에 상관관계가 존재
② 알려진 조건에 반증이 없는 한 그러한 관계가 지속된다는 기대

분석적절차에는 ① 위험평가절차로서의 분석적절차, ② 실증적인 분석적절차 및 ③ 전반적인 결론을 내리기 위한 분석적절차의 세 가지가 있다.

위험평가절차로서의 분석적절차(Analytical Procedures as Risk Assessment Procedures)는 감사계획단계에서 실시한다. 실증적인 분석적절차(Substantive Analytical Procedures)는 위험평가의 결과 수립한 감사계획에 따라 실증절차단계에서 실증적 감사증거를 수집하는 것으로 'Chapter 7 section 7의 실증적인 분석적절차'에서 설명한다. 마지막으로 전반적인 결론을 내리기 위한 분석적절차(Analytical Procedures that Assist When Forming an Overall Conclusion)는 감사를 종료하는 단계에서 전반적인 결론을 내리기 위한 것으로 'Chapter 9, section 8. 감사의견의 결정 및 분석적절차'에서 설명한다. 각 단계별 분석적절차의 목적은 다음과 같다.

단 계	분석적절차의 목적	생략가능여부
위험평가절차로서의 분석적절차	감사인이 알지 못한 기업의 측면들을 식별하게 할 수 있고, 중요왜곡표시위험을 평가하는 데 도움을 주기 위함	생략 불가
실증적인 분석적절차	관련성이 있고 신뢰할 수 있는 감사증거를 입수하기 위함	생략 가능 (더 효율적이고 효과적인 방법이 존재한다면)
전반적인 결론을 내리기 위한 분석적절차	감사의 종료시점에 근접하여 기업에 대하여 이해한 바와 재무제표가 일관성이 있는지에 대하여 전반적인 결론을 내리기 위함	생략 불가

예제 02 위험평가절차로서의 분석적절차

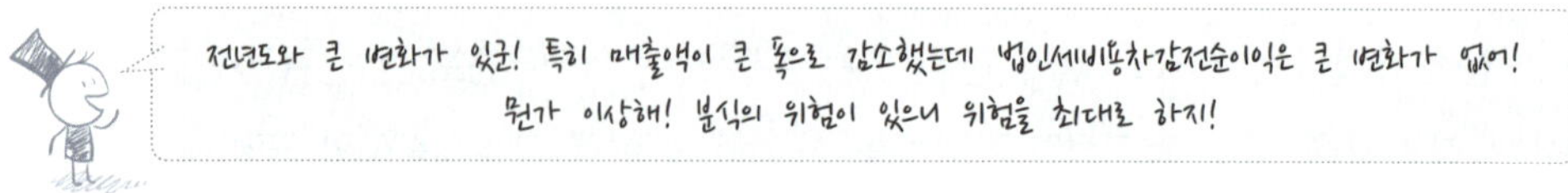

〈주요 재무수치〉

과 목	2×14년 주	2×13년	증가(감소)
유 동 자 산	1,000	980	20
비 유 동 자 산	2,500	2,495	5
자 산 총 계	3,500	3,475	25
부 채 총 계	2,000	2,050	-50
자 본 총 계	1,500	1,425	75
부 채 와 자 본 총 계	3,500	3,475	25
매 출 액	3,800	4,300	-500
매 출 원 가	2,600	3,050	-450
매 출 총 이 익	1,200	1,250	-50
법인세비용차감전순이익	120	121	-1

주 2×14년 수치는 1분기 재무제표를 근거로 연 환산한 금액임

예제 03 실증적인 분석적절차

분석적절차는 비율과 추세, 상관관계를 이용하여 감사대상항목의 합리적인 기대치를 산출하고 이를 재무제표상 잔액과 비교함으로써 계정잔액의 적정성을 확신하는 데 그 목적이 있다.

1. 추세분석을 이용한 분석적절차

특정 계장잔액의 추세를 분석하는 것은 기대치를 산출하는 좋은 분석적절차 중 하나이다. 다음은 매출 및 매출채권의 과대계상가능성을 감사하기 위하여 월별 매출액의 추세를 이용한 분석적절차의 사례이다.

① A(주)의 장부상 월별 매출액이 다음과 같다고 하자.

(단위: 원)

월 별	03.1~5	03. 6	03. 7	03. 8	03. 9	03.10	03.11	03.12	04. 1	04. 2
매출액	생략	101,000	98,000	101,000	102,000	99,000	100,000	120,000	80,000	101,000

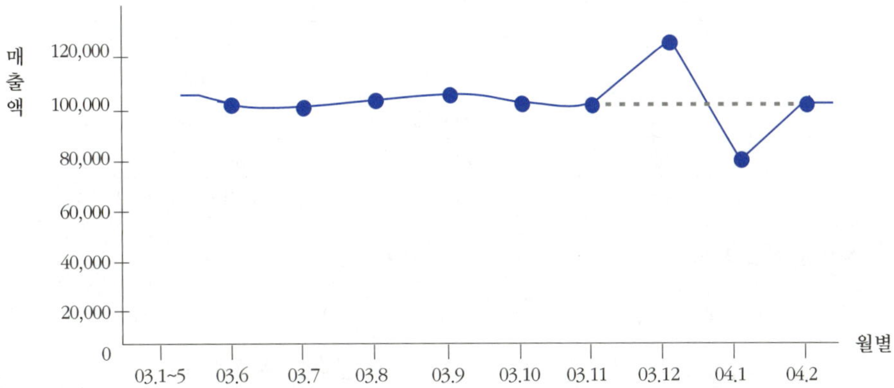

② 매출액의 월별추세는 안정적이다. 따라서 과거의 추세에 의하면 20×3년 12월 매출액의 기대치는 약 100,000원이다. 그러나 장부상의 매출액은 120,000원으로, 영업환경의 중요한 변화가 없다면, 20×3년 12월 매출액이 약 20,000원 과대계상되었을 가능성이 있다. 또한 매출채권도 약 20,000원 과대계상되었을 가능성이 있다.

③ 이러한 추론에 대한 보다 설득적인 증거는 20×4년 1월의 매출액이 기대치인 100,000원보다 20,000원 적다는 것이다. 즉, 20×4년 1월의 매출액 20,000원을 20×3년 12월의 매출액으로 조기 인식하였을 가능성이 있다.

④ 본 사례와 같이 매출액의 추세분석을 이용함으로써 매출 및 매출채권의 과대계상가능성을 추론할 수 있다. 그러나 그 자체가 매출 및 매출채권의 과대계상가능성에 대한 충분하고 적합한 증거가 될 수 없으며, 추가적인 감사절차를 통하여 보다 설득적인 감사증거를 수집할 필요가 있다.

2. 상관관계를 이용한 분석적절차

특정 계정잔액과 관련 있는 재무 또는 비재무정보 간에 상관관계를 이용하는 것도 특정 계정잔액에 대한 합리적인 기대치를 산출할 수 있는 좋은 방법 중 하나이다. 다음은 차입금의 과소계상가능성(부외부채)을 감사하기 위하여 차입금과 이자비용간의 상관관계를 이용한 분석적절차의 사례이다.

① 회사의 장부상 차입금잔액의 적수를 산출하고, 차입금 적수에 차입이자율을 곱하면 이자비용의 기대치를 산출할 수 있다.

예를 들어 회사의 차입금 기초잔액이 100,000원(차입이자율 연 10%)이고, 회사가 20×3년 7월에 차입한 200,000원을 누락하였다고 하면, 장부상 잔액과 실제잔액은 월별로 다음과 같을 것이다.

월 별	장부상 잔액	실제잔액
20×3. 1	₩100,000	₩100,000
20×3. 2	100,000	100,000
20×3. 3	100,000	100,000
20×3. 4	100,000	100,000
20×3. 5	100,000	100,000
20×3. 6	100,000	100,000
20×3. 7	100,000	300,000
20×3. 8	100,000	300,000

월 별	장부상 잔액	실제잔액
20×3. 9	100,000	300,000
20×3. 10	100,000	300,000
20×3. 11	100,000	300,000
20×3. 12	₩100,000	₩300,000

- 장부상 차입금 적수 = ₩100,000 × 12 = ₩1,200,000
- 이자비용의 기대치 = $\left(\dfrac{₩1,200,000}{12}\right) \times 10\% = ₩10,000$
- 장부상 이자비용 = $\left(\dfrac{₩100,000 \times 6}{12}\right) \times 10\% + \left(\dfrac{₩300,000 \times 6}{12}\right) \times 10\% = ₩20,000$

② 이자비용의 기대치와 장부상 이자비용을 비교해 본 결과 이자비용의 기대치가 장부상의 이자비용보다 10,000원 작고, 따라서 장부상 차입금잔액이 실제잔액보다 과소계상 되었을 가능성이 있다고 추정할 수 있다. 왜냐하면, 이자비용의 기대치를 산출하는 데 필요한 차입금의 적수가 차입금 장부로부터 유래되었기 때문이다.

③ 즉, 차입금과 이자비용간의 상관관계를 이용하면 부채의 과소계상가능성을 추론할 수 있다. 그러나 그 자체가 부외부채의 존재에 대한 충분하고 적합한 증거가 될 수 없으며, 추가적인 감사절차를 통하여 부외부채의 존재에 대한 보다 설득적인 감사증거를 수집할 필요가 있다. 예를 들면, 장부상 이자비용의 발생건수별로 차입금 장부와 대조해 보면 이자비용은 발생하였는데 관련 차입금은 존재하지 않는 부외부채를 발견할 수도 있다.

예제 04 전반적인 결론을 내리기 위한 분석적절차

백분율 재무상태표와 손익계산서를 보니 전체를 알 수 있군! 연도별로 큰 변화가 없어. 내가 이해하고 있던 바와 크게 다르지 않은데... 적정의견이라는 것에 확신이 가! 그대로 발행하게!

〈백분율 재무상태표〉

(단위: %)

과 목	2×14	2×13	2×12	2×11	2×10
〈자 산〉					
유 동 자 산	36.1	32.4	31.6	33.4	31.4
비 유 동 자 산	73.9	77.6	78.4	76.6	78.6
자산총계	100.0	100.0	100.0	100.0	100.0
〈부채및자본〉					
유 동 부 채	38.4	32.2	31.5	32.7	30.3
비 유 동 부 채	46.2	51.9	54.1	55.6	64.8
부채총계	84.6	84.1	85.6	88.3	95.1
자본총계	15.4	15.9	14.4	11.7	4.9
부채와자본총계	100.0	100.0	100.0	100.0	100.0

〈백분율 포괄손익계산서〉

과 목	2×14	2×13	2×12	2×11	2×10
매출액	100.0	100.0	100.0	100.0	100.0
매출원가	45.2	45.6	44.9	45.0	45.4
매출총이익	54.8	54.4	55.1	55.0	54.6
판매비와관리비	35.6	34.4	34.2	33.3	32.6
순기타(수익)비용	1.5	0.6	0.9	(0.2)	0.2
영업이익	17.7	19.4	20	21.9	21.7
순이자비용	1.3	1.2	1.1	1.3	1.5
법인세비용차감전순이익	16.4	18.2	18.9	20.6	20.1
법인세비용	5.3	6.4	6.4	6.3	6.3
당기순이익	11.1	11.9	12.5	14.4	13.9

7 질문(Inquiry): 완전성, 권리와 의무

핵심

질문	• 부외부채, 우발부채의 존재: 완전성 • 사용이 제한된 예금: 권리와 의무 • 분석적절차에서 기댓값(추정치)과 장부가액의 차이가 중요한 경우 그 원인 • 계속기업으로서 존속할 수 있다는 경영진의 자구책
필수적 절차로 답변에 대한 평가 주	• 담당자 또는 경영진의 답변에 대한 진위여부를 확인: 문서검사 등
필요한 경우 서면진술 확보	• 부외부채의 존재 • 우발부채의 존재 • 계속기업으로서 존속여부와 그 자구책

주 낮은 증거력을 보완하기 위하여

7.1 질문 및 그 후속절차

질문이란 회사의 내부 또는 외부의 관련지식이 있는 사람에게 정보를 구하는 행위를 말한다. 질문은 제3자에게 발송하는 공식적 서면질의에서 회사 내부의 인원에 대한 비공식적인 구두질문까지 망라한다. 감사인은 질문에 대한 답변으로부터 이전에 갖지 못했던 정보나 보강적 감사증거를 입수할 수 있다.

Q 질문에 대한 후속절차는?

질문에 대한 답변 자체로는 증거력이 매우 낮다. 따라서 감사인이 감사증거를 확보하기 위한 절차로서 질문을 선택할 경우 그 답변을 평가하는 것은 필수적인 후속절차이다(ISA 500-A22). 또한 어떤 경우 더 나아가 경영진(적절한 경우 지배기구 포함)으로부터 서면진술을 입수하는 것이 필요하다고 판단할 수 있다(ISA 500-A25).

예를 들면, 감사인이 분석적절차를 통하여 당기에 비정상적으로 매출액이 증가한 상황 특히 결산일이 가까운 월에 매출액이 비정상적으로 급증한 것에 대하여 경영진에 이유를 질문할 수 있다. 경영진은 질문에 대하여 답변할 것이고 답변 그 자체로는 감사증거로서 신뢰성을 확보하기 어려운 경우도 있다. 경영진의 답변이 합리적이지 않다고 판단될 경우 감사인은 경영진의 답변이 사실인지 여부를 확인하는 추가절차를 이행한다. 예를 들면, 경영진이 결산일이 가까운 월에 새로운 해외거래처로부터 기대하지 않았던 대량주문이 있었고 이를 납품하였기 때문이라고 답변하였을 경우 감사인은 실제로 새로운 해외거래처의 대량주문이 있었다는 것을 문서검사 등을 통하여 확인한다. 이와 같이 질문에 대한 답변을 추가적으로 평가하는 이유는 질문으로부터 얻을 수 있는 감사증거의 신뢰성이 낮기 때문이다.

TIP

경영진의 답변이 합리적이지 않다고 판단되는 경우, 감사인은 경영진 답변의 진위 여부를 확인하는 추가절차를 이행하여야 한다. 그러나 경영진의 답변이 합리적이라고 판단되는 경우에도 감사인은 중요한 사항에 대해서는 경영진 답변의 진위 여부를 확인하는 추가절차를 이행하여야 한다. 이는 질문이 가지는 낮은 증거력을 보완하는 절차에 해당하는 것이다.

7.2 질문의 적용

질문을 통하여 얻을 수 있는 증거는 다른 감사증거에 비하여 그 증거력이 낮다. 그러면 왜 질문을 통하여 증거를 확보하는 것을 허용하는 것일까? 예를 들면, 부외부채, 우발부채의 존재 등과 같이 질문 이외에 다른 선택가능한 절차가 제한적인 경우 질문은 선택가능한 좋은 감사절차이다.

7.3 질문으로서 얻을 수 있는 증거

감사인은 질문에 대한 답변에서 이전에 갖지 못했던 정보나 확인적 감사증거를 입수할 수 있다. 또한 통제기능에 대한 경영진의 무시(management override of controls)[2] 가능성에 관한 정보와 같이, 감사인이 입수한 다른 정보와 유의적으로 차이가 있는 정보가 입수되는 때도 있다. 이는 감사인이 감사절차를 변경하거나 추가적인 감사절차를 수행하는 근거가 되기도 한다.

감사인은 경영진의 의도와 관련된 질문을 할 수도 있다. 이와 같은 경우 그 진위 여부를 확인할 수 있는 정보는 제한적일 수 있다. 예를 들면, 감사인이 회사의 계속기업으

2) 기준에서는 이를 경영진의 통제무력화라고 번역하고 있다.

로서 의문을 가지고 있고 경영진이 자구책을 제시하였을 경우를 가정해 보자. 경영진의 자구책이 과연 실현가능성이 있는지를 확인할 수 있는 정보는 매우 제한적이다. 이와 같은 경우 감사인이 취할 수 있는 선택적인 방법은 경영진이 과거에 기술했던 의도를 실천한 이력, 경영진이 특정한 일련의 조치를 선택한 이유, 그리고 이러한 일련의 조치를 추진할 경영진의 능력 등을 통하여 경영진의 의도에 대한 확신을 얻을 수 있다.

감사인이 의견을 형성하기 위한 업무는 대부분 감사증거를 입수하고 평가하는 것으로 이루어져 있다. 감사증거를 입수하기 위한 감사절차에는 질문 외에 검사, 관찰, 조회, 재계산, 재수행 및 분석적절차 그리고 경우에 따라 이들이 결합된 절차가 포함될 수 있다. 질문은 중요한 감사증거를 제공하고 왜곡표시의 증거까지도 생성할 수도 있지만, 일반적으로 질문만으로는 경영진주장 수준의 중요한 왜곡표시가 없다는 것 또는 통제의 운영효과성에 대한 충분한 감사증거를 제공하지 못한다(ISA 500-A2).

예제 05 질문 및 그 후속절차

2×13 회계연도의 매출액은 2,000억원이었고 과거 5년간 평균 매출액 성장률은 연간 10%이다. 경영진은 2×14 회계연도의 매출액을 2,300억원이라고 주장하고 있으며, 매출액을 평가할 때 적용하는 중요성수준은 10억원이다.

요구사항

1. 상기 자료를 이용하여 2×14 회계연도 매출액의 합리적인 기대치를 독립적으로 추정하시오.
2. 감사인의 독립적인 추정치와 회사 계상액의 차이가 중요한 지 판단하시오.
3. 요구사항 2의 결과에 대하여 감사인이 추가적으로 취할 수 있는 감사절차는 무엇인가?
4. 요구사항 3의 결과 감사인이 추가적으로 취할 수 있는 조치는 무엇인가?

해답

1. 독립적 추정치 = 2,000억원 × 1.1 = 2,200억원
2. 차이 = 2,300억원 − 2,200억원 = 100억원 > 10억원 차이가 10억원을 초과하므로 중요한 차이가 존재할 것이라고 추정할 수 있다.
3. 경영진에게 질문: "과거 3개연도의 매출액은 안정적으로 평균 10%씩 매년 성장해 왔습니다. 우리는 당해연도에도 영업환경의 특별한 차이가 있다고 판단하지 않습니다. 이러한 상황을 고려할 때 회사의 당기 매출액이 과거 3개 연도보다 급증한 이유가 무엇입니까?
   답변: "12월(결산월)에 새로운 해외거래처 A로부터 기대하지 않았던 대량주문(100억원)이 있었고 이를 납품하였기 때문입니다"

4. 문서검사: 과연 12월에 100억원의 추가 매출이 이루어졌는지를 문서검사(예 주문서, 선적서류, 신용장 등)를 통하여 비정상적인 매출이 이루어졌다는 것을 확인한다.

예제 06 질문 및 그 후속절차

2×13 회계연도의 재무제표를 감사하는 감사인은 감사 중 부외부채와 우발부채(어음이나 수표와 관련된 것 제외)가 존재하는지에 대하여 감사하고자 한다.

요구사항

1. 상기와 같은 경우 감사인이 선택할 수 있는 감사절차는?
2. 요구사항 1에서 후속절차가 필요하다면 이를 서술하시오.

해답

1. 경영진에게 질문
2. 1) 경영진의 답변의 진위여부를 확인
   2) 서면진술을 통하여 확인을 받음

SECTION 03 감사증거의 문서화: 감사문서(조서)

NEW INTERNATIONAL STANDARDS ON AUDITING

감사인은 재무제표의 정보가 그 기초가 되는 회계기록과 일치 또는 조정(총계정원장과 보조원장 내에서 입수된 정보이든 외부에서 입수된 정보이든 공시의 일치 또는 조정 포함)되었다는 것을 감사문서에 명시하여야 한다(ISA 330-30).

1 감사문서(조서)의 성격 및 목적

1.1 감사문서의 정의

감사문서(Audit Documentation)란 감사인이 수행한 감사절차, 입수한 관련 감사증거 및 감사인이 도달한 결론에 관한 기록을 말하며 '감사조서(working paper)'라고도 한다(ISA 230-6). 감사문서는 종이, 전자 혹은 기타 매체의 형태로 기록될 수 있을 것이다. 감사문서(조서)의 예는 다음과 같다.

감사문서의 예 (ISA 230-A3)

- 감사프로그램: 감사계획서(감사절차지시서)
- 분석자료
- 이슈에 대한 비망록
- 유의적 사항의 요약
- 조회서 및 진술서
- 점검표
- 유의적 사항에 대한 왕복문서(전자우편 포함)

1.2 감사문서(조서)의 기본목적

감사문서(조서)는 다음의 증거를 제공한다.

감사문서(조서)가 제공하는 증거 (ISA 230-5)

- 감사인의 전반적인 목적의 달성에 관한 결론의 근거
- 감사가 감사기준과 관련 법규의 요구사항에 따라 계획되고 수행되었다는 사실

1.3 감사문서(조서)의 추가적인 목적

감사문서(조서)는 다음에 관한 사항 등 다수의 추가적인 목적에 기여한다(ISA 230-3).

감사문서(조서)의 효익 (ISA 230-3)

- 업무팀이 감사를 계획하고 수행하는 것을 지원함
- 감독책임이 있는 업무팀원들이 감사업무를 지휘 · 감독하며 감사기준에 따른 검토책임을 완수하도록 지원함
- 업무팀이 자신이 수행한 업무에 대하여 책임질 수 있도록 함
- 향후의 감사에 지속적으로 유의적인 사항에 대한 기록을 유지함
- 품질관리기준에 따른 품질관리검토와 검사를 가능하게 함
- 관련 법규 또는 기타 요구사항에 따른 외부 검사업무 수행을 가능하게 함

2 감사문서의 적시 작성

감사문서(조서)를 적시에 충분하고 적합하게 작성하는 것은 감사품질을 높이는 데

도움을 주며, 입수한 감사증거 및 도달된 결론에 대하여 감사보고서가 확정되기 전에 효과적으로 검토하고 평가하는 데 도움을 준다. 감사업무 수행 후에 작성된 감사문서는 감사업무 수행 중에 작성된 것보다는 정확성이 낮을 것이다(ISA 230-A1).

3 수행한 감사절차와 입수한 감사증거의 문서화

3.1 감사문서(조서)의 내용

감사인은 이전에 당해 감사에 관여되지 아니한 숙련된 감사인이 다음 사항을 충분히 이해할 수 있도록 감사문서(조서)를 작성하여야 한다.

기출 2025

감사문서(조서)의 내용 (ISA 230-8)

① 감사기준과 관련 법규의 요구사항을 준수하기 위해 수행한 감사절차의 성격, 시기 및 범위
- 테스트한 특정 항목이나 사항에 대하여 식별한 특성
- 감사업무의 수행자 및 그 수행업무의 종료일
- 수행된 감사업무를 검토한 사람, 검토일 및 검토범위

② 감사절차의 수행결과 및 입수한 감사증거

③ 감사 중 발생한 유의적 사항, 그러한 사항에 대하여 도달된 결론 및 결론에 도달할 때 행한 유의적인 전문가적 판단 → 감사인은 유의적 사항에 대한 최종 결론과 일관성이 없는 정보를 식별하면, 이러한 불일치를 어떻게 처리하였는지 문서화하여야 한다.

그림 6-1 감사문서(조서)의 예시

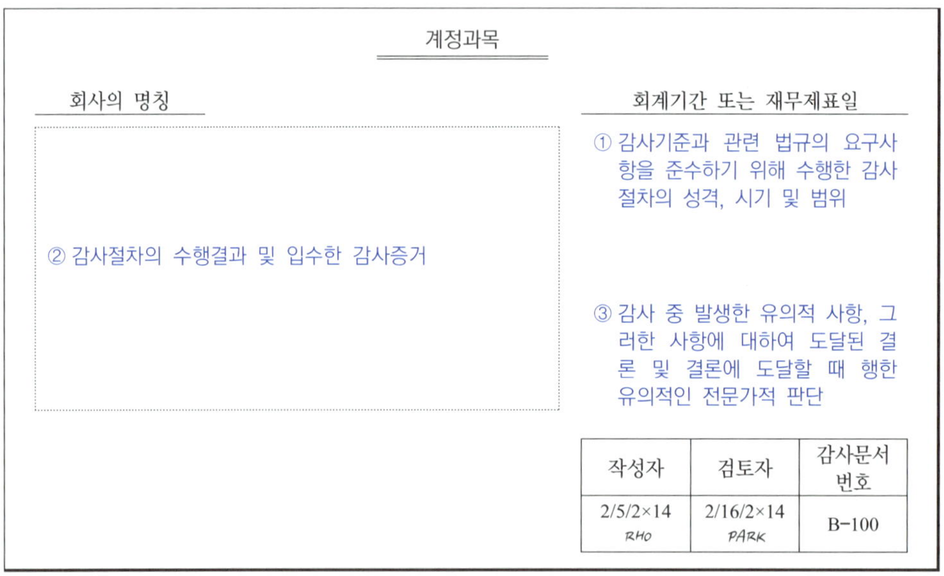

(1) 감사문서와 기업의 기록

감사인은 감사문서의 일부로서 기업의 기록(예 중요한 성격의 특정 계약서나 약정서)의 발췌본이나 사본을 포함시킬 수 있다. 그러나 감사문서가 기업의 회계기록을 대신하는 것은 아니다(ISA 230-A3).

(2) 감사문서가 교체된 경우

감사인은 교체된 감사문서 및 재무제표의 교체 전 초안, 불완전하거나 예비적인 생각을 나타낸 기록, 기재상의 실수나 기타 오류사항을 수정하기 전의 원고, 그리고 문서의 사본 등은 감사문서에 포함시킬 필요가 없다(ISA 230-A4).

TIP

교체된 감사문서란 처음 감사문서를 작성한 것을 다시 작성하여 교체하는 것을 말한다. 이 경우 이전의 문서는 감사문서로 보관할 필요가 없다. 재무제표 역시 회사가 감사받기 위해 감사인에게 제시하지만 이를 다시 수정하여 제출하고 수정된 재무제표를 감사받기 원하는 경우 이전의 재무제표는 감사문서로 보관할 필요가 없다.

3.2 감사문서(조서)의 형태, 내용 및 범위

감사문서(조서)의 형태, 내용 및 범위는 아래와 같은 요소에 따라 달라진다.

감사문서(조서)의 형태, 내용 및 범위를 결정할 때 고려하는 요소 (ISA 230-A2)

- 기업의 규모와 복잡성
- 수행하여야 할 감사절차의 성격
- 식별된 중요왜곡표시위험
- 입수된 감사증거의 유의성
- 식별된 예외사항의 성격과 범위
- 수행한 업무나 입수한 감사증거의 문서화를 통하여는 손쉽게 결정을 내릴 수 없는 결론이나 그 근거에 대한 문서화의 필요성
- 이용된 감사 방법론과 수단

4 감사기준과 다른 절차를 취하는 경우

감사기준은 일반적인 상황에서 왜곡표시사항을 적발할 수 있는 절차를 제시하고 있다. 그러나 고객마다 감사환경이 상이하고 경우에 따라서는 감사기준에서 정한 절차가 특정 상황에서 합리적이지 않을 수 있다. 이 경우 감사인은 감사기준과 다른 대체적 감사절차를 선택할 수 있다.

Q

감사인이 회계감사기준과 다르게 감사할 수 있는가?

상기와 같은 예외적인 상황에서 특정 감사기준의 요구사항을 이탈할 필요가 있다고 판단한 경우, 다음을 문서화하여야 한다.

> ① 해당 요구사항이 의도하는 목적을 달성하기 위해 수행한 대체적 감사절차가 그 목적을 어떻게 달성하였는지
> ② 이탈의 이유

이 때 문서화는 해당 상황에 관련성이 있는 요구사항에 대하여만 적용된다. 감사기준서 어떤 요구사항이 직면한 상황과 관련성이 없다는 것은 다음 경우에만 해당된다 (ISA 230-A19).

(a) 개별 감사기준서 전체가 관련성이 없는 경우(예 어떤 기업이 내부감사기능을 가지고 있지 않다면 내부감사기능 관련 감사기준서 요구사항은 문서화 할 필요 없음)
(b) 요구사항이 조건부인데, 해당 조건이 존재하지 않는 경우

5 감사보고서일 후 발생한 사항

감사인은 감사보고서일 후 감사인이 알게 된 사실로서, 감사보고서일 현재 존재하였고, 감사인이 감사보고서일에 알았더라면 재무제표를 수정하였거나 감사의견을 변형하였을 경우와 같은 예외적인 상황에서, 감사인이 감사보고서일 후 새로운 또는 추가적인 감사절차를 수행하거나 새로운 결론을 도출하는 경우, 다음 사항을 문서화하여야 한다.

감사보고서일 후 추가적으로 감사절차를 취하거나 새로운 결론을 내린 경우 문서화 (ISA 230-A20)

- 당면한 상황
- 수행한 새로운 감사절차 또는 추가적인 감사절차, 입수한 감사증거, 도달된 결론 및 감사보고서에 미친 영향
- 이에 따른 감사문서의 변경자와 검토자 및 그 시기

이 경우 변경된 감사문서는 감사기준에서 정한 바와 같이 검토 받고, 업무수행이사는 그 변경에 대한 최종책임을 진다.

6 최종감사파일의 취합

6.1 최종감사파일의 취합

감사인은 감사보고서일로부터 60일 이내에 감사와 관련된 문서들을 하나의 감사파일로 취합하는 행정적인 절차를 완료하여야 한다(ISA 230-14).

6.2 감사파일의 보존

감사인은 최종감사파일의 취합이 완료된 후에는 그 보존기간 종료 전까지 어떠한 성격의 감사문서도 삭제하거나 폐기하여서는 안 된다(ISA 230-15).

감사인은 감사문서를 체계적으로 조합하여 감사종료시점(감사보고서일)부터 8년간 보관하여야 한다(외감법 19조의2 ②). 또한 감사인은 감사문서를 위조 · 변조 · 훼손 및 파기하여서는 안 된다(외감법 제19조의2 ③). 이는 Big 5 중 하나였던 아더 앤더슨(Arthur Andersen) 회계법인이 회계부정을 은닉하기 위하여 Enron의 감사문서와 서류를 파기한 것으로부터 입법화가 추진된 것이다.

Q
감사조서의 보관기간은?

6.3 최종감사파일의 수정 또는 추가

감사인은 최종감사파일을 취합한 후에 감사보고서일 후 발생한 사항 외의 상황으로 인하여 기존 감사문서를 수정하거나 새로운 감사문서를 추가할 필요성을 발견한 경우 다음 사항을 문서화하여야 한다(ISA 230-16).

TIP
감사파일의 취합이 완료된 후 감사인이 기존 감사문서를 변형시키거나 새로운 감사문서를 추가할 필요성이 있는 상황은, 내부(심리) 또는 외부(감리)에서 수행한 모니터링 검사 중에 받은 검토의견에 따라 기존 감사문서를 명확하게 할 필요가 있을 때이다(ISA 230-A24).

최종감사파일을 취합 한 후 감사문서의 수정 또는 추가하는 경우 문서화할 사항 (ISA 230-16)

최종감사파일을 취합 한 후 감사문서의 수정 또는 추가하는 경우	참고: 감사보고서일 후 발생한 상황의 경우
• 감사문서를 수정하거나 추가하는 구체적 이유 • 감사문서를 수정, 추가하고 이를 검토한 자와 그 시기	• 당면한 상황 • 수행한 새로운 감사절차 또는 추가적인 감사절차, 입수한 감사증거, 도달된 결론 및 감사보고서에 미친 영향 • 이에 따른 감사문서의 변경자와 검토자 및 그 시기

7 감사조서의 소유권

감사조서의 소유권은 감사인이 독립적인 계약자인가 아니면 대리인인가에 따라 상이하다.

Q
감사조서의 소유권은?

7.1 독립적 계약자

외부감사의 경우 법정감사이든 임의감사이든 감사인은 독립적인 계약자의 지위를 가진다. 감사인이 독립적인 계약자의 지위에 있다면, 감사조서의 소유권은 감사인에게 있다. 감사인의 재량으로 감사조서의 일부 또는 일부 발췌 내용이 회사에 제공될 수는 있어도, 제공된 감사조서 자체가 회사의 회계기록을 대체할 수는 없다.

7.2 대리인

업무감사와 같이 감사인이 감사의뢰인을 대신하여 감사를 수행하였다면 감사인은 감사의뢰인의 대리인이 된다. 감사인이 대리인의 지위에 있다면, 감사조서의 소유권은 감사의뢰인에게 있다. 예를 들면, 감사인이 타감사인의 대리인으로 감사업무를 수행하였다면 당해 감사조서의 소유권은 주감사인에게 있다.

8 감사조서의 비밀유지

감사인은 감사과정에서 얻게 된 기업의 정보를 감사조서에 수록한다. 감사인은 그 직무상 알게 된 기업의 비밀을 누설하여서는 안 된다(외감법 제20조). 이는 감사인뿐만 아니라 모든 전문가에게 공통적으로 부여되는 의무이다. 이를 비밀유지의무라 하는데 감사인의 비밀유지의무는 외감법 뿐만 아니라 공인회계사 윤리규정에서도 규정하고 있으며 그 내용은 유사하다. 또한 외감법과 공인회계사 윤리규정은 다음과 같은 경우 예외적인 경우에 한하여 감사인이 감사조서를 포함한 기업의 비밀을 외부에 공개할 수 있도록 규정하고 있다.

TIP
외감법상 비밀유지의무의 대상은 감사인, 소속 공인회계사, 증권선물위원회위원, 감사 또는 감리업무와 관련하여 업무를 보조하거나 지원하는 자를 포함한다.

표 6-1 비밀유지의무의 예외

외감법 (제20조)	공인회계사 윤리규정 (140.7) – 제14장. 비밀유지 참조
① 다른 법률에 특별한 규정이 있는 경우 ② 증권선물위원회가 감리에 상당하는 업무를 수행하는 외국 감독기관과 정보를 교환하거나 그 외국 감독기관이 하는 감리 · 조사에 협조하기 위하여 필요하다고 인정한 경우	① 법규에 의해 정보의 공개가 허용되고 의뢰인 또는 고용주로부터 공개를 허락 받은 경우 ② 다음과 같이 법규에 의해 정보의 공개가 요구되는 경우 – 소송절차에 따라 문서를 제시하거나 기타증거로 제시하는 경우 – 이미 알려진 법규위반 사실을 해당 공공기관에 공개하는 경우 ③ 법규에 의해 정보의 공개가 금지되지 아니한 경우로서, 정보의 공개에 대하여 전문가적인 권리 또는 의무가 있는 경우

	– 한국공인회계사회 또는 감독기관의 품질관리 감리의무를 준수하기 위한 경우 – 한국공인회계사회 또는 감독기관의 질의 또는 조사에 응하기 위한 경우 – 소송에서 공인회계사의 직업상의 이해관계를 보호하기 위한 경우 – 기술적 기준 및 윤리적 요구사항을 준수하기 위한 경우

Chapter 06 OX문제

01 감사인은 감사증거가 충분하고 적합하다는 높은 확신을 제공한다.

02 감사인이 전수조사를 수행하는 경우에는 절대적 확신을 제공할 수 있다.

03 기업의 경영실적이 기대에 미치지 못하는 경우, 감사인이 해당 회사의 자산을 감사할 때 가장 중요하게 다루어야 할 경영진주장은 완전성이다.

04 여러 감사목적 중 자산을 감사할 때는 실재성만 감사한다.

05 회사의 자산을 금융기관에 담보로 제공한 사실이 있는지에 대한 감사증거를 수집하는 것은 완전성이라는 경영진주장을 감사하는 것이다.

06 발생사실은 '거래나 사건들이 실제로 존재한다'는 것에 대한 경영진주장과 감사목적을 말한다.

07 감사증거에는 경영진주장을 뒷받침하거나 보강하는 정보 뿐 아니라 경영진주장과 상반되는 정보도 포함된다.

08 품질관리과정에서 품질관리가 수행되었다는 것을 증명하는 정보는 감사증거에 포함되지 않는다.

09 감사증거의 질이 높을수록 더 적은 양의 감사증거가 요구되며, 낮은 품질을 보완하기 위해서는 더 많은 감사증거를 입수해야 한다.

10 감사증거의 적합성은 증거가 입증하려는 것과 관련성이 있고 해당 증거가 신뢰성이 있어야 한다는 것을 의미한다.

11 경영진 측이 생성한 증거는 회사 내부통제의 유효성 정도와 관계없이 신뢰성이 낮다.

12 감사의견의 근거가 되는 합리적인 결론을 도출하기 위한 감사증거는 위험평가절차 후 (　　)를 통하여 입수된다.

13 분석적절차란 재무데이터와 비재무데이터 간의 관계를 이용하여 기업의 재무보고 관련 내부통제를 평가하는 것을 말한다.

14 어떤 분석적절차도 실증절차에서는 사용할 수 없다.

15 질문은 중요한 감사증거를 제공하고 경우에 따라 왜곡표시의 증거까지도 생성할 수 있다.

16 세부테스트는 위험평가절차에 속한다.

17 전진법은 '발생한 거래가 모두 회계장부와 재무제표에 누락 없이 완전하게 기록되었는가?'라는 완전성을 감사하는 데 유용한 방법이다.

18 재고자산실사입회는 감사인이 재고사산을 직접 실사하는 과정을 감독책임이 있는 자가 입회하여 관찰하는 절차를 말한다.

19 과거 매출액이 어떤 추세를 가지지 않더라도 미래 매출액은 지속적으로 안정적인 추세를 가질 것으로 기대한다면 추세를 이용한 분석적절차를 수행하는 것이 합리적이다.

20 위험평가절차로서의 분석적절차는 생략이 불가능하지만, 실증적인 분석적절차 및 전반적인 결론을 내리기 위한 분석적절차는 더 효율적이고 효과적인 방법이 존재한다면 생략이 가능하다.

---

21 감사업무 수행 중에 작성된 감사문서는 감사업무 수행 후에 작성된 것보다는 정확성이 낮을 것이다.

22 감사인은 교체된 감사조서 및 재무제표의 교체전 초안, 기타 오류사항을 수정하기 전의 원고, 그리고 문서의 사본 등을 반드시 감사문서에 포함시켜야 한다.

23 감사인은 감사기준에서 정한 감사절차를 생략하고 이를 대체하는 다른 감사절차를 수행할 수 있다.

24 감사인은 감사조서를 최종감사파일 취합완료일로부터 8년간 보관하여야 한다.

Chapter 06 정답 및 해설

01 × 감사인은 표명한 감사의견에 대한 높은 확신을 제공한다.

02 × 감사인은 전수조사를 수행하더라도 절대적 확신을 제공할 수 없다. 감사에는 고유한계가 존재하며 감사인의 결론도출과 의견표명의 기초가 되는 대부분의 감사증거는 결정적 증거이기보다는 설득적 증거이기 때문이다. (ISA 200 - 5)

03 × 실재성이다. 일반적으로 경영실적을 과대계상하기 위해 자산은 과대계상, 부채는 과소계상하는 경향이 있다.

04 × 실재성이 주된 목적이지만 다른 경영진주장도 감사하여야 한다.

05 × 권리와 의무에 대한 경영진주장을 감사하는 것이다. 권리와 의무란 '자산은 재무제표일 현재 회사가 소유권을 가지고 있으며, 부채는 재무제표일 현재 회사에 귀속되는 의무이다'는 경영진주장과 실제로 회사가 권리를 가지고 있고 회사에 의무가 있는지 여부에 대한 감사목적을 말한다. 권리와 의무 경영진주장에는 자산의 담보제공과 같이 회사 자산의 권리가 제한된 경우 이를 감사하는 것이 포함된다.

---

06 × 발생사실은 '기록되거나 공시된 거래와 사건은 발생되었고 기업에 귀속된다'는 것에 대한 경영진주장과 감사목적을 말한다. (ISA 315 - A129)

07 ○ (ISA 500 - A1)

08 × 감사증거에는 과거의 감사 또는 감사업무의 수임과 유지를 위한 회계법인의 품질관리절차와 같은 기타 원천으로부터 입수된 정보도 포함될 수 있다. (ISA 500 - A1)

09 × 더 많은 감사증거를 입수한다고 해서 그 증거의 낮은 품질을 보완할 수는 없다. (ISA 500 - A4)

10 ○ 감사증거의 적합성은 감사증거의 질적 척도로서 감사의견의 근거가 되는 결론을 뒷받침하는 데 있어 감사증거의 관련성과 신뢰성을 의미한다. (ISA 500 - 5)

---

11 × 내부적으로 생성된 감사증거는 그 작성과 유지에 대한 통제 등 기업이 수립한 관련 통제가 효과적일 때 그 신뢰성이 증가된다. (ISA 500 - A31)

12 추가감사절차 (ISA 500 - A10)

13 × 분석적절차는 재무데이터와 비재무데이터간의 개연적인 관계를 연구함으로써 재무정보를 평가하는 것을 의미한다. (ISA 520 - 4)

14 × 실증적인 분석적절차는 실증절차에 속한다. (ISA 500 - A10)

15 ○ (ISA 500 - A2)

16 × 세부테스트는 실증절차에 속한다. (ISA 500 - A10)

17 ○

18 × 기업 내부의 담당자가 실사하고 감사인이 해당 실사절차를 관찰하는 것이다.

19 × 과거 추세를 이용하여 당 매출액의 기댓값을 산출하는 것이 추세를 이용한 분석적절차의 핵심이다. 따라서 매출액의 과거 추세가 안정적이지 않다면 추세를 이용한 분석적절차를 이용할 수 없다.

20 × 감사인은 감사의 종료시점에 근접하여 기업에 대하여 이해한 바와 재무제표가 일관성이 있는지에 대하여 전반적인 결론을 내리기 위하여 분석적절차를 설계하고 수행하여야 한다. (ISA 520 - 6)

21 × 감사업무 수행 후에 작성된 감사문서는 감사업무 수행 중에 작성된 것보다는 정확성이 낮을 것이다. (ISA 230 - A1)

22 × 감사인은 교체된 감사조서 및 재무제표의 교체전 초안, 불완전하거나 예비적인 생각을 나타낸 기록, 기재상의 실수나 기타 오류사항을 수정하기 전의 원고, 그리고 문서의 사본 등은 감사문서에 포함시킬 필요가 없다. (ISA 230 - A4)

23 ○ (ISA 230 -12)

24 × 감사인은 감사조서를 감사종료 시점부터 8년간 보존하여야 한다. (외부감사법 제19조)

NEW INTERNATIONAL STANDARDS ON AUDITING

CHAPTER 7

감사의 수행: 기본적 실증절차

SECTION 01

실증절차(Substantive Procedure)

NEW INTERNATIONAL STANDARDS ON AUDITING

1 실증절차(Substantive Procedure)의 구성

TIP

실증절차가 경영진주장을 감사하기 위한 것이라면 통제테스트(Test Of Controls)는 경영진주장 수준의 중요한 왜곡표시를 예방 또는 발견 및 수정하기 위한 통제의 운영효과성을 평가하기 위해 설계된 감사절차를 말한다.

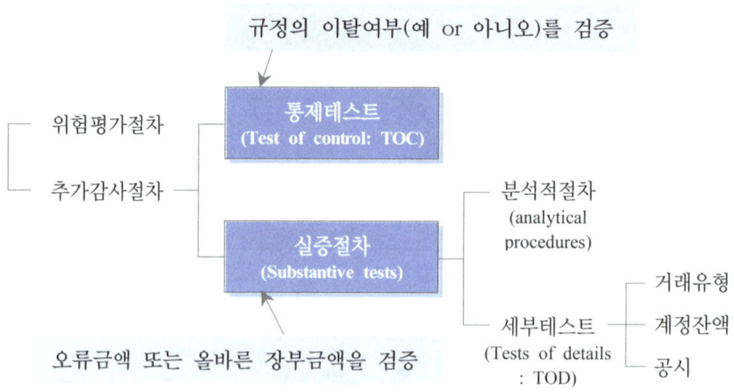

실증절차란 경영진주장 수준의 중요왜곡표시위험을 발견하기 위해 설계된 감사절차를 말한다. 실증절차는 다음과 같이 구성되어 있다.

- 거래유형, 계정잔액 및 공시의 세부테스트(Tests of details of classes of transactions, account balances, and disclosures): 표본감사
- 실증적 분석적절차(Substantive Analytical Procedures): 표본감사가 아님

거래유형, 계정잔액 및 공시의 세부테스트 중 거래에 대한 세부테스트와 계정잔액에 대한 세부테스트를 설명하면 다음과 같다.[주]

주 분석적절차는 본장 section 7을 참조

1.1 거래유형에 대한 세부테스트(Tests of Details of Classes of Transactions)

거래유형에 대한 세부테스트는 일반적으로 회계기간 중 거래발생 빈도가 작아 회전율이 낮은 비유동자산과 비유동부채와 손익거래를 테스트하는데 주로 쓰이는 방법이다. 예를 들면, 계속감사의 경우 비유동자산과 비유동부채는 기초잔액에 대한 충분하고 적합한 증거가 존재하고 당기 중 거래량이 많지 않기 때문에 당기증가거래와 당기감소거래를 테스트하면 당기말잔액에 대한 충분하고 적합한 증거를 수집할 수 있다.

예 제 01 거래유형에 대한 세부테스트

1. A(주)의 토지를 감사하는 경우를 가정해보자. 토지는 기초잔액이 8,000,000원(30건), 당기취득이 1,000,000원(2건), 당기처분이 100,000원(1건), 기말잔액이 8,900,000원(31건)이다. 이 경우 기말잔액 8,900,000원에 대한 합리적인 확신을 가지기 위해서는 31건의 기말잔액을 테스트하는 방법을 사용할 수도 있다. 이를 계정잔액에 대한 시사라 한다. 또 다른 방법으로는 계속감사로 기초잔액 8,000,000원(30건)에 대한 충분하고 적합한 증거를 확보하고 있다면 기중 거래인 당기 취득거래 2건과 당기 처분거래 1건에 대한 테스트만으로 기말잔액 8,900,000(31건)에 대한 충분하고 적합한 증거를 확보할 수 있다. 이를 거래유형에 대한 테스트라 한다.

<토　지>

기초잔액	당기증가	당기감소	기말잔액
₩8,000,000	₩1,000,000	₩100,000	₩8,900,000
(30건)	(2건)	(1건)	(31건)

2. 또 다른 예로 매출액은 잔액의 의미라기보다는 회계기간동안 각각의 거래가 누적된 것이다. 따라서 기말잔액에 대한 테스트는 의미가 없고 거래유형에 대한 테스트가 적합하다. 예를 들면, A(주)의 당기 매출액이 ₩1,279라고 하고 전기는 ₩1,200이라고 하자.

<매 출 액>

1월	2월	3월	…	10월	11월	12월	당기	전기
₩100	105	101	…	105	102	140	₩1,279	₩1,200
1,200거래	1,300	1,250	…	1,200	1,270	1,290	12,400거래	12,200거래

전기는 감사를 받았고 당기는 감사받기 전 수치이다. 이 경우 당기 매출액이 적정하다는 충분하고 적합한 증거는 어떻게 수집할 수 있을까? ₩1,279는 회계기간 1년 중에 누적된 것이고 많은 거래처로부터 발생한 것이기 때문에 외부조회하는 것도 바람직하지 않다. 또한 기중의 거래 발생 건수가 너무도 많다. 이 경우 가능한 방법은 다음과 같다.

① 월별 추세분석 ← 실증적인 분석적절차 : 위와 같이 월별로 추세를 분석해 본 결과 12월의 매출액이 다른 월에 비하여 비정상적인 추세를 보이고 있다. 따라서 12월 매출액의 거래는 실증절차의 범위를 확대할 필요가 있다.

② 세부테스트 : 1월부터 11월까지의 거래는 무작위(또는 과대계상을 우려한다면 금액이 큰 거래 위주)로 최소의 표본수만 추출하고 12월의 거래는 많은 표본수(얼마나 많은 표본수가 적합한지는 표본수 계산 방법에 따름)를 추출하여 해당거래가 실제로 발생하였다는 경영진주장을 검증한다. 이렇게 하면 모든 거래를 테스트하지 않아도 일정 수의 표본만으로 매출액이 적정하다는 경영진주장을 검증할 수 있으며, 감사인의 결론에 대한 합리적 확신을 제공할 수 있다. 합리적 확신이라는 용어를 사용한다는 것은 이렇게 수집한 감사증거가 감사인의 결론을 뒷받침할 수 있는 충분하고 적합한 증거라는 것을 말한다.

1.2 계정잔액에 대한 세부테스트(Tests of Details Account Balances)

계정잔액에 대한 세부테스트는 일반적으로 회계기간 중 거래발생 빈도가 많아 회전율이 높은 현금, 매출채권 및 매입채무 등의 자산, 부채의 기말잔액을 직접 테스트하는 것을 말한다.

예제 02 계정잔액에 대한 세부테스트

A(주)의 매출채권을 감사하는 경우를 가정해보자. 매출채권은, 기초잔액이 100,000원(200개 거래처), 당기 외상매출액이 8,000,000원(3,000건의 거래), 당기 채권회수액이 7,800,000원(2,900건의 거래), 기말잔액이 300,000원(210개 거래처)이다. 이 경우 기말잔액 300,000원에 대한 합리적인 확신을 가지기 위해서는 210개 거래처 중 표본을 추출하여 거래처별 매출채권 잔액을 조회하는 방법이 사용될 수 있다. 이를 계정잔액에 대한 세부테스트라 한다.

<매출채권>

기초잔액	당기증가	당기감소	기말잔액
₩100,000	₩8,000,000	₩7,800,000	₩300,000
(200거래처)	(3,000건)	(2,900건)	(300거래처)

1.3 실무적인 방법

실무에서는 계정잔액에 대한 세부테스트와 거래유형에 대한 세부테스트 중 어느 하나에 전적으로 의존하기보다는 어느 하나의 방법을 중점적으로 실시하고 다른 방법을 보완적인 수단으로 사용하는 것이 일반적이다. 예를 들면, 매출채권의 경우 계정잔액에 대한 세부테스트를 중점적으로 실시하지만 기중 거래유형에 대한 세부테스트도 병행하여 실시한다. 그러나 손익계정의 경우 그 특성상 계정잔액에 대한 세부테스트는 실시할 수 없으며 거래유형에 대한 세부테스트만 실시할 수 있다.

2 실증절차의 분류

실증절차에는 (1) 재무제표 결산절차와 관련된 실증절차와 (2) 유의적 위험에 대응하는 실증절차가 있다. 여기서, 재무제표 결산절차와 관련된 실증절차란 평가된 위험과 관계없이 감사인이 기본적으로 실시하여야 하는 절차를 말한다. 유의적 위험에 대응하는 실증절차란 소위 위험평가접근법에 따라 평가된 위험에 대응하기 위한 전반감사전략과 감사계획에 따라 실시하는 절차를 말한다.

실증절차의 분류(ISA 330-20, 21)

(1) 재무제표 결산절차와 관련된 실증절차(ISA 330-20)

① 재무제표의 정보가 그 기초가 되는 회계기록과 일치하는지를 확인하거나 차이를 조정함(총계정원장과 보조원장 내에서 입수된 정보이든 외부에서 입수된 정보이든 공시에 포함된 정보가 일치하는지 확인하거나 차이를 조정하는 것을 포함)

② 재무제표를 작성하는 과정에서 행한 중요한 분개 및 기타 수정사항에 대하여 조사함㊟

(2) 유의적 위험에 대응하는 실증절차(ISA 330-21)

감사인은 경영진주장 수준의 평가된 중요왜곡표시위험이 유의적이라고 결정하면, 해당 위험에 구체적으로 대응하는 실증절차를 수행하여야 한다. 유의적 위험에 대응하는 접근방법이 실증절차만으로 구성되어 있는 경우에는, 반드시 세부테스트(tests of details)를 포함하여야 한다.

㊟ 분개와 기타 수정사항에 대한 감사인 검토의 성격과 범위는 기업의 재무보고절차 및 관련 중요왜곡표시위험의 성격과 복잡성에 따라 다르다.

2.1 재무제표 결산절차와 관련된 실증절차

TIP
재무제표 결산절차와 관련된 실증절차란 재무제표가 그 기초가 되는 회계기록과 일치하는지를 확인하거나 차이를 조정하는 것을 의미한다.

기출 2024

(1) 재무제표가 그 기초가 되는 회계기록과 일치하는지를 확인하거나 차이를 조정함
(2) 재무제표를 작성하는 과정에서 행한 중요한 분개 및 기타 수정사항에 대하여 조사함

(1) 재무제표가 그 기초가 되는 회계기록과 일치하는지를 확인하거나 차이를 조정함

감사인은 경영진으로부터 감사받을 재무제표를 제시 받는다. 재무제표는 발생한 거래에 대한 회계기록의 요약이기 때문에 감사인은 재무제표의 각 계정잔액이 회계기록(예 총계정원장 등)과 일치하는지 대조(문서검사)하여야 한다. 혹자는 재무제표의 계정잔액과 회계기록은 당연히 일치하는 것인데 왜 서로 대조하느냐? 라고 반문할 수 있다. 부정이나 오류는 당연히 해야 할 것들을 하지 않을 때 발생한다. 또한 경영진이나 종업원은 부정을 저지를 때 고난도의 기법만을 사용하는 것은 아니다. 예를 들면, 어떤 기업은 장부상 매출채권 잔액이 ₩100인데 재무제표에는 ₩150으로 왜곡하는 경우도 있다. 너무나도 당연한 것이기 때문에 감사인이 재무제표와 회계기록을 서로 대조하지 않는다면 재무제표의 왜곡표시를 발견할 수 없을 것이다. 이와 같이 감사인은 경영진이 쉬운 방법으로도 재무제표를 왜곡할 것이라고 의심하는 자세가 바로 전문가적 의구심(professional skepticism)이다.

만약, 재무제표의 특정 계정잔액과 회계기록이 일치하지 않는다면, 감사인은 그 차이의 원인을 규명하고 이를 조정하여야 한다. 이는 재무제표의 왜곡표시위험과 관계없이 감사인이 기본적으로 수행하여야 할 기본적인 실증절차 중 하나이다.

(2) 재무제표를 작성하는 과정에서 행한 중요한 분개 및 기타 수정사항에 대하여 조사함

감사인이 재무제표의 각 계정잔액과 회계기록이 일치하는지를 확인하였으니 이제 경영진이 가장 일반적으로 재무제표를 왜곡하는 수단을 점검할 차례이다. 경영진은 회계기간 중에는 현금주의(예 보험료의 지급) 또는 발생주의(예 매출채권)에 따라 거

(1) 재무제표가 그 기초가 되는 회계기록과 일치하는지를 확인하거나 차이를 조정함

(2) 재무제표를 작성하는 과정에서 행한 중요한 분개 및 기타 수정사항에 대하여 조사함

래를 기록하고, 총계정원장과 수정전시산표에 해당 거래를 요약한다. 그리고 회계기간이 종료된 후 결산수정분개를 통하여 현금주의에 따른 거래를 발생주의로 전환(예 미지급비용, 미수수익, 감가상각비 등)한다.

연구자들은 재무제표의 중요한 왜곡표시가 주로 ① 결산일에 가까운 거래(예 밀어내기 매출)와 ② 결산과정(결산수정분개)에서 발생한다고 보고하고 있다. 이런 현상은 아마도 결산일이 가까워지거나 지난 후에야 비로소 경영진은 자신의 목표이익을 달성하였는지를 알 수 있기 때문으로 추정된다. 따라서 감사인은 재무제표의 왜곡표시위험과 관계없이 기본적인 실증절차로서 경영진이 결산과정에서 행한 중요한 분개 및 기타 수정사항을 조사하여야 한다.

2.2 유의적 위험에 대응하는 실증절차

실증절차를 수행하기 전에 감사인은 재무제표의 왜곡표시위험을 평가하였다. 감사인은 평가된 위험이 낮은 경우 감사노력을 절약하고, 위험이 높은 경우 감사노력을 더 많이 투입하는 위험평가접근법에 따라 전반감사전략과 감사계획을 수립하였다. 유의적 위험에 대응하는 실증절차란 바로 감사인이 평가된 위험에 대응하기 위하여 수립한 감사계획에 따라 실시하는 것으로 실증절차의 성격, 시기 및 범위는 평가된 위험에 따라 상이하다.

감사인은 경영진주장 수준의 평가된 중요왜곡표시위험이 유의적이라고 결정하면, 해당 위험에 구체적으로 대응하는 실증절차를 수행하여야 한다. 유의적 위험에 대응하는 접근방법이 실증절차 만으로 구성되어 있는 경우에는, 반드시 세부테스트를 포함하여야 한다(ISA 330-21).

3 실증절차의 시기: 중간기간에 입수한 감사증거의 이용

감사의 대상은 재무상태표일 현재 또는 동일로 종료하는 회계기간 동안의 재무제표이다. 따라서 실증절차는 재무상태표일 이후에 실시하는 것이 목적에 부합한다. 그러나 매출채권과 같이 외부조회를 요하는 경우 회신을 받을 때까지 많은 시간을 요한다. 이 경우 감사인은 기중(예 9월 말 현재)의 특정일을 기준으로 채권에 대한 외부조회를 하는 경우가 있다. 그러나 이 때 받은 조회에 대한 회신은 9월 말 잔액에 대한 증거만을 제공한다. 감사인이 궁극적으로 필요한 증거는 재무상태표일 현재 매출채권의 잔액에 대한 증거이다. 이와 같은 경우 감사기준에서는 후속기간(9월 말부터 12월 말까지)에 대하여 추가적인 절차를 취하는 등 재무상태표일 현재의 잔액에 대하여 충분하고 적합한 증거를 수집할 수 있는 절차를 제시하고 있다.

3.1 중간기간에 실증절차를 수행할 수 있는 경우

회계감사는 재무제표를 감사하는 것이기 때문에 실증절차는 재무상태표일 이후에 실시하는 것이 원칙이다. 다만 일정한 조건을 갖춘 예외적인 경우 중간기간에 실증절차를 실시할 수 있다. 다음은 감사인이 기중에 실증절차를 수행할지 여부를 판단할 때 고려할 요인이다(ISA 330-A56).

중간기간에 실증절차를 수행할지 여부를 판단할 때 고려할 사항 (ISA 330-A56)

- 통제환경 및 기타의 관련 통제: 내부통제가 효과적인 경우 예외적으로 중간기간에 실증절차를 실시할 수 있음
- 감사인이 수행할 절차에 필요한 정보가 이후 시점에 입수될 수 있는지 여부: 중간기간에 실증절차를 수행하면 반드시 잔여기간 동안에 추가정보를 수집하여 회계연도 전체 기간을 감사대상에 포함하거나 또는 잔여기간 동안의 거래를 추적하여 기말현재의 잔액을 추정할 수 있어야 한다.
- 실증절차의 목적
- 평가된 중요왜곡표시위험: 위험이 낮다고 평가된 경우 예외적으로 중간기간에 실증절차를 실시할 수 있음
- 거래유형과 계정잔액의 성격 및 관련 경영진주장
- 보고기간말에 존재할 수 있으나 발견되지 않을 왜곡표시위험을 감소시키기 위해 감사인이 잔여기간에 대하여 적합한 실증절차 혹은 통제테스트와 실증절차를 결합하여 수행할 수 있는지 여부

3.2 중간기간에 입수한 감사증거를 이용할 경우 → 잔여기간에 대한 감사절차

핵심

〈중간기간에 입수한 감사증거를 이용할 경우 감사절차〉

통제테스트		실증절차
잔여기간 동안 내부통제가 여전히 효과적인가? ※ 중간기간에 실증절차를 실시하기 위해서는 여러 조건 중 내부통제가 유효하여야 한다. 따라서 잔여기간 동안에도 내부통제가 여전히 유효한지? 여부를 판단할 필요가 있다. 그러나 감사기준은 통제테스트를 선택적으로 수행할 수 있게 하였다. 이는 내부통제가 여전히 효과적일 것이라는 감사인의 판단에 따르게 하는 것이다.	+	중간기간에 입수한 증거와 기말잔액을 비교 · 조정 ⬇ 다음을 달성 ① 비경상적으로 보이는 금액을 식별함 ② 식별한 비경상적 금액을 조사함 ③ 잔여기간에 대하여 실증적 분석절차 또는 세부테스트를 수행함

실증절차가 기중의 일자를 기준으로 수행되면, 감사인은 기중 일자를 기준으로 얻은 감사결론을 보고기간말까지 확대하기 위한 합리적인 근거를 제공하기 위하여 잔여기간에 대하여 다음 절차를 수행하여야 한다(ISA 330-22).

TIP

잔여기간에 대한 감사절차

통제테스트 + 실증절차

통제테스트 → 생략가능

실증절차 → 생략불가

중간기간에 입수한 감사증거를 이용할 경우 감사절차(ISA 330-22)

① 잔여기간에 대한 통제테스트와 실증절차 수행

② 감사인이 충분하다고 결정한 경우 실증절차만 수행. 즉, 통제테스트는 생략하고 실증절차만 수행

잔여기간에 대한 실증절차 중 하나는 중간기간에 입수한 증거와 기말잔액을 비교 · 조정하는 것이다. 기말잔액을 중간기간에 입수한 증거와 비교 · 조정하는 이유는 다음과 같은 목적을 달성하는데 있다(ISA 330-A55).

① 비경상적으로 보이는 금액을 식별함

② 식별한 비경상적 금액을 조사함

③ 잔여기간에 대하여 실증적 분석절차 또는 세부테스트를 수행함

예제 03 잔여기간에 대한 실증절차

다음과 같은 일정으로 매출채권에 대한 조회를 실시하였다면 조회기준일 이후 감사인이 수행하여야 할 추가적인 절차를 서술하시오.

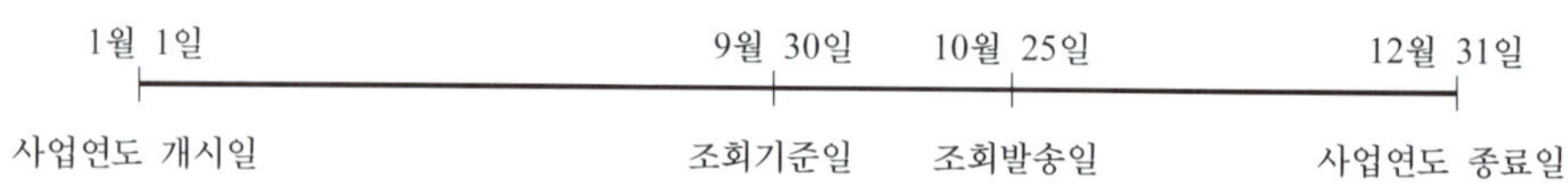

거래처	9.30.
A	₩125,000
B	300,000
C	450,000
D	250,000
E	1,540,000
F	3,450,000
G	125,000
H	125,000
I	250,000
J	₩3,545,000

해답

(a) 비경상적으로 보이는 금액을 식별함 : 영업환경의 중요한 변화가 없는 한 월별 채권잔액은 큰 변화가 없을 것이다. 감사인은 상기 거래처에서 9.30. 잔액과 12.31 잔액을 비교한다. 비교결과 C와 G 거래처는 9.30. 잔액과 12.31. 잔액의 차이가 중요하다. 따라서 C와 G 거래처는 추가조사가 필요하다.

<잔여기간에 대한 실증절차 : 중간기간에 입수한 증거와 기말잔액을 비교 · 조정>

거래처	9.30.	12.31.
A	125,000	118,480
B	300,000	274,750
C	450,000	1,475,250
D	250,000	268,750
E	1,540,000	1,622,750
F	3,450,000	3,670,250
G	125,000	1,726,201
H	125,000	92,400
I	250,000	314,830
J	3,545,000	3,412,125

(b) 식별한 비경상적 금액을 조사함: C와 G 거래처는 12.31 잔액으로 채권조회를 다시 실시하거나 10.1부터 매출발생과 회수거래에 대하여 문서검사 등을 통하여 추가조사 한다. 그러면 C와 G 거래처에 대하여 12.31 현재의 매출채권 잔액에 대한 충분하고 적합한 증거를 얻을 수 있을 것이다.

(c) 잔여기간에 대하여 실증적 분석절차 또는 세부테스트를 수행함: 채권조회를 실시한 모든 거래처에 대하여 10.1부터 12.31까지 거래 추세를 분석한다.

<잔여기간에 대한 실증절차 : 실증적 분석적절차>

거래처	9.30	10월		11월		12월		12.31
	잔액	증가	감소	증가	감소	증가	감소	잔액
A	125,000	10,000	−12,400	16,500	−21,080	11,000	−10,540	118,480
B	300,000	120,000	−245,000	198,000	−210,000	320,000	−208,250	274,750
C	450,000	212,000	−245,000	369,800	−416,500	1,313,200	−208,250	1,475,250
D	250,000	222,000	−245,000	210,000	−270,000	310,000	−208,250	268,750
E	1,540,000	314,000	−245,000	423,100	−416,500	215,400	−208,250	1,622,750
F	3,450,000	300,000	−245,000	460,000	−416,500	330,000	−208,250	3,670,250
G	125,000	14,500	−24,570	23,925	−41,769	1,650,000	−20,885	1,726,201
H	125,000	14,500	−24,500	23,925	−41,650	15,950	−20,825	92,400
I	250,000	148,000	−125,400	144,200	−143,180	462,800	−421,590	314,830
J	3,545,000	224,500	−345,000	540,425	−586,500	326,950	−293,250	3,412,125

추세를 분석한 결과 C, G 및 I 거래처를 제외한 나머지 거래처는 월별로 중요한 차이를 보이지 않는다. C와 G 거래처는 9월 30일 잔액과 12월 31일 잔액도 비경상적인 차이를 보였지만 매출의 월별 추세도 12월에 특히 비경상적인 매출 증가를 보이고 있다. 감사인은 위 두 번째 절차(b)에서 12월의 매출액이 매출의 조기인식을 통하여 미래의 매출을 당기에 조기인식한 부정을 밝혔을 것이다. I 거래처의 경우 9월 30일 잔액과 12월 31일 잔액을 비교한 실증적 분석적절차에서는 비경상적이라고 판단하지 않았지만 월별 추세분석에서는 12월에 특히 비경상적인 매출 증가를 보이고 있다. 감사인은 I 거래처의 12월 매출 증가에 대해서도 문서검사 등을 통하여 실증절차를 실시한다. 그러나 나머지 거래는 12.31 잔액과 거래처별 채권장부와 대조하는 것으로 감사를 종료한다.

3.3 기중에 발견된 왜곡표시

TIP

위험평가 후 평가된 위험을 변경할만한 추가적인 정보가 수집되는 경우 감사인은 평가된 위험을 수정하고 실증절차의 성격, 시기 및 범위를 변경할 수 있다.

만약 중요왜곡표시위험을 평가할 때 예상하지 않았던 왜곡표시가 기중에 발견된 경우, 감사인은 관련된 위험평가 및 잔여기간을 포괄하는 실증절차의 계획된 성격, 시기 및 범위를 변경할 필요가 있는지 평가하여야 한다(ISA 330-23).

감사인이 예상하지 않은 왜곡표시를 기중에 발견하여 잔여기간에 대한 실증절차의 계획된 성격, 시기 또는 범위를 변경시킬 필요가 있다고 결론을 내렸을 때에는 기중에 수행한 감사절차를 보고기간말로 확대하거나 반복하는 것이 포함될 수 있을 것이다.

4 재무제표 표시의 적절성

계정잔액에 대한 감사절차는 상기에서 설명한 바와 같다. 그러나 경영진주장 중 표시와 공시는 상기 절차만으로 충분하고 적합한 감사증거를 수집할 수 없다. 감사인은 재무제표의 전반적인 표시가 해당 재무보고체계를 준수하였는지 여부를 평가하기 위한 감사절차를 수행하여야 한다. 이러한 평가를 함에 있어 감사인은 재무제표가 다음을 적절히 반영하는 형태로 표시되는지 고려하여야 하다(ISA 330-24).

① 재무정보와 기초가 되는 거래, 사건 및 상황의 분류와 기술

② 재무제표의 표시, 구조 및 내용

5 감사증거의 충분성과 적합성 평가

5.1 충분하고 적합한지에 대한 판단

감사인은 수행한 감사절차와 입수된 감사증거에 기초하여, 감사를 종결하기 전에 경영진주장 수준의 중요한 왜곡표시위험에 대한 평가가 여전히 적합한지 여부를 평가

하여야 한다(ISA 330-25~27).

감사인은 감사를 종료하기 전에 과연 수집한 감사증거가 이미 형성한 감사의견을 뒷받침할 수 있을 정도로 충분하고 적합한지를 결정하여야 한다. 과연 무엇이 충분하고 적합한지는 다음 요소를 고려하여 결정한다(ISA 330-A62).

감사증거가 충분하고 적합한지 여부를 판단할 때 고려하는 요소 (ISA 330-A62)

- 경영진주장에 대한 잠재적 왜곡표시의 유의성, 그리고 잠재적인 왜곡표시가 개별적으로 또는 다른 잠재적인 왜곡표시와 합쳐질 때 재무제표에 중요한 영향을 미치게 될 가능성
- 위험에 대처하기 위한 경영진의 대응 및 통제의 효과성
- 유사한 잠재적인 왜곡표시에 대하여 과거의 감사에서 얻은 경험
- 해당 감사절차로 특정한 부정이나 오류를 식별했는지 여부 등 감사절차를 수행한 결과
- 이용가능한 정보의 원천 및 신뢰성
- 감사증거의 설득력
- 내부통제 등 기업과 기업환경에 대한 이해

그런데 수집하여야 할 감사증거는 중요왜곡표시위험에 대한 감사인의 평가(주관적인 평가)에 따라 달라진다. 따라서 감사 종료단계에서 과연 수집한 감사증거가 충분하고 적합한지 여부를 평가할 때에는 다음의 절차를 포함한다(ISA 330-25~27).

① 감사계획단계에서 평가한 중요왜곡표시위험이 여전히 적합한가?

② 만약, 감사인이 충분하고 적합한 감사증거를 입수하지 못한 경우 다음과 같이 결정한다.

- 1st STEP : 추가로 감사증거를 입수한다.
- 2nd STEP : 최종적으로 충분하고 적합한 감사증거를 수집할 수 없다고 결론 내릴 경우 감사의견에 반영한다.

5.2 감사증거의 수준과 감사의견

핵심

(1) 감사증거가 충분하고 적합하지 못한 경우	중요하게 왜곡표시된 위험을 수용가능한 수준 이하로 통제하지 못함

↓

(2) 재무제표가 적정하다는 합리적 확신을 할 수 없음

↓

(3) 감사범위제한

- 중요하지만 전반적이지 않은 경우 : 한정의견
- 중요하고 전반적인 경우 : 의견거절

감사인은 충분하고 적합한 감사증거를 입수하였는지 여부에 대하여 결론을 내려야 한다. 감사인은 감사증거가 재무제표에 대한 경영진주장을 확인하는지 또는 배치되는지 여부와 관계없이 의견을 형성할 때는 관련된 감사증거를 모두 고려하여야 한다 (ISA 330-26).

만약 감사인이 재무제표에 대한 경영진의 중요한 주장에 대하여 충분하고 적합한 감사증거를 입수하지 못한 경우, 감사인은 감사증거를 추가로 입수할 수 있도록 노력하여야 한다. 만약 감사인이 충분하고 적합한 감사증거를 입수할 수 없는 경우에는, 한정의견을 표명하거나 재무제표에 대한 의견을 거절하여야 한다(ISA 330-27).

6 재무제표별 실증절차의 특징

6.1 재무상태표의 실증절차

재무상태표의 실증절차는 다음과 같은 사항을 유의하여야 한다.

(1) 자산: 실재성과 권리에 중점을 두어야 함

회사의 경영진은 보상계약, 차입약관 등으로 인하여 회사의 자산을 과대평가하려는 유인이 있다. 따라서 자산계정을 감사할 때 감사인은 자산의 과대계상 가능성(실재성, 권리)에 보다 많은 관심을 가지고 감사한다.

(2) 부채: 완전성과 의무에 중점을 두어야 함

회사의 경영진은 부채는 과소계상하려는 유인이 있다. 즉, 경영진은 부채를 과소계상함으로써 자신의 경영성과를 과대계상하려고 할 뿐만 아니라 보다 유리한 조건으로 차입금을 조달하려는 유인이 있다. 따라서 부채를 감사할 때 감사인은 부채의 과소계상 가능성(완전성, 의무)에 보다 많은 관심을 가지고 감사한다.

(3) 감사범위: 재무상태표일 현재의 증거

재무상태표는 재무제표일 현재의 자산, 부채 및 자본을 표시한 재무제표이다. 재무상태표가 회계기준에 따라 작성되었다는 감사증거는 재무제표일 인접의 것일수록 목적적합성이 높다. 따라서 재무상태표에 대한 감사범위는 재무상태표일 인접일이 된다.

6.2 포괄손익계산서 항목의 실증절차

포괄손익계산서 항목에 대한 실증절차를 수행할 때, 감사인이 특히 유의하여야 할 사항은 다음과 같다.

(1) 재무상태표와의 연계성에 의한 동시감사

재무상태표 항목과 포괄손익계산서 항목은 서로 관련되어 있다. 일반적으로 자산은 수익과, 부채는 비용과 관련되어 있다. 예를 들면 정기예금 등의 금융상품은 이자수익과, 차입금은 이자비용과 관련이 있다. 따라서 포괄손익계산서 항목 중 재무상태표와 관련성이 있는 항목은 재무상태표 항목을 감사할 때 동시에 실시하는 것이 감사의 효율(efficiency)과 효과(effectiveness)를 높일 수 있다. 재무상태표 항목과 포괄손익계산서 항목을 연계시켜 감사하면 다음과 같은 장점이 있다.

① 업무의 중복을 피할 수 있어 감사의 효율(efficiency)을 높일 수 있다.
② 관련계정을 동시에 분석함으로써 감사의 효과(effectiveness)를 높일 수 있다.

(2) 거래에 대한 세부테스트(Tests of Details of Transactions)가 주목적

재무상태표는 재무상태표일 현재의 재무상태를 표시한 것이므로 재무상태표 항목에 대한 감사는 각 계정잔액(balances)에 대한 실재성, 권리와 의무, 평가 등에 초점을 맞추어 감사한다. 반면에 포괄손익계산서는 회계연도의 경영성과를 표시한 것이므로 거래(transactions)에 초점을 맞추어 감사한다.

(3) 감사범위: 회계기간 동안의 증거

포괄손익계산서는 회계기간 동안의 경영성과를 표시한 재무제표이므로 전 회계기간 동안 발생한 거래가 모집단이 된다.

(4) 권리와 의무의 감사목적 불필요

포괄손익계산서 항목에 대한 감사는 권리와 의무에 대한 감사를 수행할 필요가 없다.

SECTION 02 재고자산(Inventory)의 실재성

NEW INTERNATIONAL STANDARDS ON AUDITING

1 재고자산 감사의 의의

재고자산은 매출채권, 유형자산과 함께 제조업의 3대 주요자산이라고 할 수 있다. 회사가 재무상태표에 재고자산을 계상하기 위해서는 재무상태표일 현재 재고자산을 실사함으로써 수량을 파악하고 원가계산을 통하여 단가를 산출하여야 한다. 재고자산에 대한 감사과정도 동일한 과정을 거치는데 수량에 대한 감사목적은 실재성이며, 단가에 대한 감사목적은 평가이다. 본 절에서는 재고자산의 수량을 감사하는 방법만을 구체적으로 설명하고 있다.

재고자산		수 량		단 가
감사목적 (감사기술)	=	실재성 (실사 또는 실사입회)	×	평 가 (원가계산 검토)

2 재고자산의 실재성

2.1 재고자산 실사의 입회계획

경영진은 재고자산의 수량과 상태를 주기적으로 조사한다. 일반적으로 재고자산의 수량이 많고 품목이 다양하기 때문에 감사인이 수량과 상태를 직접 검사하는 것은 증거력은 높지만 비효율적이다. 따라서 재고자산과 관련된 내부통제가 효과적이거나 품목별 단가가 낮은 등과 같은 일반적인 경우 경영진은 재고자산을 실사하고 감사인은 그 과정을 입회하는 방법으로 수량과 상태에 대한 감사증거를 수집한다. 따라서 감사인이 입회를 통하여 재고자산의 수량과 상태를 제대로 파악하기 위해서는 사전에 입회계획을 수립하여야 한다. 다음은 감사인이 재고자산 실사의 입회를 계획할 때 고려할 사항이다.

재고자산 실사의 입회를 계획할 때 고려할 사항(ISA 501-A3)

- 재고자산과 관련된 중요왜곡표시위험
  - 예 위험이 높으면 입회의 범위를 확대하는 등의 조치를 취함
- 재고자산과 관련된 내부통제의 성격
  - 예 내부통제가 효과적이지 않으면 입회보다는 감사인이 직접 실사하는 것으로 고려할 수 있음

- 재고자산의 실사를 위해 적절한 절차가 수립되고 적절한 지시가 전달될 것으로 예상되는지 여부
- 재고자산 실사의 시기
  예 실사일에 입회할 수 있음
- 기업이 계속기록법을 유지하는지 여부
- 적절한 입회장소를 결정시 보관장소(장소별 재고자산의 중요성 및 중요왜곡표시위험 포함)
- 감사인측 전문가의 도움이 필요한지 여부
  예 수량을 파악할 때 부피를 측정하여야 하는 경우 전문가의 도움이 필요할 수도 있음

이제 입회계획이 수립되었으면 감사인은 기업의 재고조사일에 입회하면 된다. 입회와 관련된 감사절차는 사례별로 차이가 있다.

2.2 일반적인 경우

경영진은 재무제표에 재고자산금액의 근거(실재성과 평가(상태))를 마련하고, 계속기록법에 의한 재고관리시스템의 신뢰성을 확보하기 위하여 최소한 1년에 한번 이상은 재고자산의 수량과 상태를 실제조사 한다. 재고자산 실사의 입회절차는 다음과 같다.

기출 2021
기출 2023
기출 2024

재고자산 실사의 입회절차 (ISA 501-4)

(a) 실행불가능하지 않는 한, 아래의 절차를 수행하기 위해 재고자산 실사에 입회함.
- 재고자산 실사의 결과를 기록하고 통제하기 위한 경영진의 지시와 절차의 평가
- 경영진이 수행하는 실사절차에 대한 관찰
- 재고자산에 대한 조사
- 테스트 실사의 수행

(b) 재고자산의 최종 기록이 재고자산 실사의 결과를 정확하게 반영하고 있는지 여부를 결정하기 위해 재고자산의 최종 기록에 대한 감사절차를 수행함.

(1) 경영진의 지시와 절차의 평가

재고자산은 경영진의 통제 아래에서 수량과 상태가 조사된다. 따라서 경영진은 재고자산의 수량을 제대로 파악하기 위해 적절한 절차를 구축하고 실사현장에서 지시한다. 따라서 감사인은 경영진의 지시와 재고조사 절차가 효과적인지 여부를 평가하여야 하며 이는 구체적으로 다음을 포함한다(ISA 501-A4).

- 적합한 통제절차의 적용(예 사용한 재고실사표의 회수, 미사용 재고실사표의 처리, 수량파악 및 검증의 절차 등)
- 재공품의 완성도, 회전율이 낮거나 진부화 또는 손상된 항목 및 제3자 소유재고자산(예 위탁품)에 대한 정확한 식별

- 실제 수량을 추정하기 위해 사용된 절차(예 야적된 석탄 수량의 추정)
- 재고자산의 보관장소간 이동과 실사기준일 전후의 재고자산 입 · 출고에 대한 통제

(2) 경영진이 수행하는 실사절차에 대한 관찰

실사 전후 및 실사 중 재고자산의 이동에 대한 통제와 같이, 경영진이 수행하는 실사절차를 관찰하는 것은 감사인이 경영진의 지시와 실사절차가 적절하게 설계되어 실행되고 있다는 감사증거를 입수하는 데 도움을 준다. 아울러 감사인은 재고자산의 이동에 관한 추후의 회계처리에 대한 감사절차를 수행하는 데 도움이 되도록 재고자산의 이동내역과 같은 기간귀속 구분정보의 사본을 입수할 수 있을 것이다(ISA 501-A5).

(3) 재고자산에 대한 조사

감사인이 재고자산 실사의 입회 때 재고자산을 조사(예 재고자산의 진부화 여부 등)하는 것은 재고자산의 실재성(실재성이 반드시 소유권을 의미하는 것은 아님)을 확인하고 진부화되었거나 손상된, 또는 장기 보유 중인 재고자산을 식별하는 데 도움이 된다(ISA 501-A6).

(4) 테스트 실사의 수행

입회는 제한된 시간동안 많은 증거를 수집할 수 있다는 장점이 있지만 증거력이 낮다는 한계가 있다. 이러한 한계점은 입회한 재고자산의 실사 중 일부분에 대해서는 감사인이 직접 실사하는 것을 병행함으로써 보완할 수 있다. 구체적인 방법은 다음과 같다(ISA 501-A7).

> ① 경영진의 실사기록 중 일부항목을 추출하여 실제의 재고로 추적: 실재성(정확성)
> ② 실제의 재고에서 일부항목을 추출하여 경영진의 실사기록으로 추적: 완전성

감사인이 테스트 실사의 결과를 기록하고, 또 경영진의 완료된 실사기록 사본을 입수하면 재고자산의 최종기록이 기업의 실제 재고자산을 정확하게 반영하고 있는지 여부를 결정하기 위한 후속적 감사절차(기간귀속과 실재성)를 수행하는데 도움을 준다.

2.3 재고자산의 실사기준일이 재무제표일과 다른 경우

기출 2024

재고자산 실사가 재무제표일 외의 날에 수행될 경우, 감사인은 재고자산 실사일에 '실사의 입회절차'를 실시하고 추가적으로 실사일과 재무제표일 사이의 재고자산 변동이 적절하게 기록되었는지 여부에 대한 감사절차를 수행하여야 한다.

REVIEW POINT New International Standards on Auditing

만약, 실사일이 재무제표일 전이라면 이는 중간기간에 입수한 감사증거를 이용할 경우의 감사절차를 적용한다. → '3.2 중간기간에 입수한 감사증거의 이용' 참조

〈중간기간에 입수한 감사증거를 이용할 경우 감사절차〉

통제테스트		실증절차
잔여기간 동안 내부통제가 여전히 효과적인가?	+	중간기간에 입수한 증거와 기말잔액을 비교·조정

재고자산의 실사일과 재무제표일 사이의 금액변동이 적절히 기록되었는지 여부에 대한 감사증거를 얻기 위하여 감사절차를 설계할 때 고려할 사항은 다음을 포함한다(ISA 501-A11).

- 계속기록법에 의한 재고기록이 바르게 조정되는지 여부
- 기업의 계속기록법에 의한 재고기록의 신뢰성
- 실사 중 입수된 정보와 계속기록법에 의한 재고기록간의 유의적 차이에 대한 이유

2.4 재고자산 실사에 입회할 수 없는 경우

핵심

구 분	내 용
재고자산 실사에 입회할 수 없는 경우	
대체적인 절차 수행	실사일 전에 취득한 재고자산에 대하여 이후 매출한 서류를 검사
대체적인 절차로서도 충분하고 적합한 증거를 수집하지 못한 경우: 감사의견 변형	〈감사의견 변경〉 – 중요한 경우: 한정의견 – 중요할 뿐만 아니라 전반적인 경우: 의견거절

감사인이 예상하지 못한 상황으로 재고자산 실사에 입회할 수 없는 경우 감사인은 다른 일자를 정하여 재고자산을 실사하거나 실사에 입회하여야 하며, 기업의 재고자산 실사일과 감사인의 실사일(또는 실사 입회일) 사이의 거래에 대한 감사절차를 수행하여야 한다(ISA 501-6).

재고자산 실사의 입회가 불가능한 경우 감사인은 재고자산의 실재성과 상태에 관한 충분하고 적합한 감사증거를 입수하기 위해 대체적인 감사절차를 수행하여야 한다. 대체적인 절차란 예를 들면, 재무제표일 전에 취득한 재고자산에 대하여 이후 매출한 서류를 검사하는 것 등이 있다. 이는 감사인이 비록 재고자산의 실사일에 입회하지 못하였지만 사후적으로 이것이 매출되었다는 증거를 수집함으로써 실사일에 해당 재고자산이 존재하였다는 실재성에 대한 설득력 있는 증거를 제공해 준다.

대체적인 절차도 수행할 수 없는 경우 감사인은 감사의견을 변형하여야 한다(ISA 501-7). 충분하고 적합한 감사증거를 수집할 수 없는 경우 감사인은 감사기준에서 요구하는 높은 수준의 확신을 제공할 수 없다. 이 경우 감사인은 해당 재고자산의 중요성에 따라 중요하면 한정의견, 중요할 뿐만 아니라 전반적이면 의견거절을 표명한다.

2.5 제3자가 보관 · 통제하고 있는 재고자산

제3자가 보관 · 통제하고 있는 재고자산이 재무제표에 중요한 경우, 감사인은 다음 중 하나 이상의 절차를 수행하여 해당 재고자산의 실재성과 상태에 관한 충분하고 적합한 감사증거를 입수하여야 한다.

기출 2021

기출 2025

제3자가 보관 · 통제하고 있는 재고자산에 대한 실재성

① 재고자산의 수량과 상태에 대하여 제3자에게 조회를 요청함
② 해당 상황에 적합한 검사 또는 기타의 감사절차(주)를 수행함

(주) 기타의 감사절차란?
예를 들어 해당 제3자에 대해서 그 성실성과 객관성에 의문이 제기되는 경우, 상황에 따라 제3자에 대한 조회를 대신하여, 또는 이에 추가하여 기타의 감사절차를 수행하는 것이 적절할 수 있다. 이러한 기타의 감사절차는 예를 들어 다음과 같다(ISA 501-A16).
- 실행가능한 경우, 제3자가 수행하는 재고자산 실사에 직접 입회하거나 타감사인이 입회하도록 조치함
- 재고자산이 바르게 실사되고 적절하게 보호되는지 확인하기 위해 제3자의 내부통제가 적절한지에 대한 타감사인의 감사보고서 또는 서비스조직 감사인의 감사보고서를 입수함
- 창고보관증과 같이 제3자가 보관하는 재고자산에 관한 문서를 조사함
- 재고자산이 담보로 제공되어 있다면 해당 당사자의 조회를 요청함

SECTION 03 소송과 배상청구(Litigation and Claims)

NEW INTERNATIONAL STANDARDS ON AUDITING

1 소송과 배상청구에 대한 감사절차

1.1 소송과 배상청구를 파악하기 위한 감사절차

회사와 관련된 소송과 배상청구 건은 그 영향을 재무제표에 반영하거나 또는 주석으로 공시하여야 한다. 따라서 감사인은 재무제표에 중요한 영향을 미칠 수도 있는 소송과

배상청구를 파악할 수 있는 다음과 같은 감사절차를 계획하고 수행하여야 한다(ISA 501-9).

기출 2022

소송과 배상청구를 파악하기 위한 감사절차 (ISA 501-9)

① 경영진, 내부 법률고문 등 기업 내부의 다른 사람에게 질문함
② 지배기구의 회의록 및 기업과 외부 법률고문간의 왕복문서를 검토함
③ 법률비용 계정을 검토함 주

주 법률비용의 청구서와 같은 관련 원시문서를 조사하면 소송이나 배상청구건을 파악할 수도 있다.

1.2 파악한 소송과 배상청구에 중요왜곡표시위험이 있는 경우

핵심

〈감사인이 외부 법률고문과 직접 커뮤니케이션〉

- 경영진이 작성한 질의서를 감사인이 발송하며
- 외부 법률고문이 감사인과 직접 커뮤니케이션을 하도록 요청하여야 한다.

구분	일반질문서	세부질문서
기본개념	경영진이 외부 법률고문에게 소송과 배상청구사항을 알고 있으면 이에 대하여 아래 3가지를 알려줄 것을 요청하는 포괄적인 부탁편지	경영진이 구체적으로 관련 소송과 배상청구사항을 열거하고, 이에 대한 경영진의 재무적 추정치를 질문서에 기록하고, 경영진의 추청치가 타당한지 그리고 소송과 배상청구목록이 불완전할 경우 이를 보완해 달라는 부탁편지
질문서의 형식	(a) 경영진은 소송과 배상청구사항의 목록을 기록하지 않고, 외부 법률 전문가에게 회신해 달라고 요청함	① 경영진은 자신이 알고 있는 소송과 배상청구사항의 목록을 기록함
	(b) 경영진은 목록에 추가하여 외부 법률전문가에게 알고 있는 소송과 배상청구사항에 대한 평가(승소 or 패소가능성)를 요청함	
	(c) 위 (a)와 (b)에 추가하여 소송과 배상청구사항에 대한 외부 법률전문가의 추정치(손실)와 관련 비용(변호사 비용 등)을 알려달라고 요청함	② 경영진은 가능한 경우 자신이 알고 있는 소송과 배상청구의 결과에 대한 경영진의 추정치(손실) 및 관련 비용(변호사 비용 등)을 세부질문서에 기록함
		③ ②에서 제시한 경영진의 평가가 타당한지 평가해 달라는 것과 ①에서 제시한 경영진이 작성한 소송과 배상청구 목록이 불완전하거나 부정확하다면 이를 수정·보완해 줄 것을 요청

파악한 소송이나 배상청구에 중요왜곡표시위험이 있다고 평가한 경우 또는 감사절차를 수행한 결과 그 밖의 중요한 소송이나 배상청구가 존재할 가능성이 있는 경우, 감사인은 기업의 외부 법률고문과 직접 커뮤니케이션할 것을 추진하여야 한다.

외부 법률고문과의 직접적인 커뮤니케이션은 잠재적으로 중요한 소송과 배상청구가 알려져 있는지 여부, 그리고 관련 비용 등 재무적 영향에 대한 경영진의 추정이 합리적인지 여부에 관하여 감사인이 충분하고 적합한 감사증거를 얻는 데 도움이 된다. 구체적인 절차는 다음과 같다.

외부 법률고문과 커뮤니케이션 절차(ISA 501-10)

- 경영진이 작성한 질의서를 감사인이 발송하며, ❶
- 외부 법률고문이 감사인과 직접 커뮤니케이션을 하도록 요청하여야 한다. ❷

❶ 질의서는 변호사조회서를 말하며, 이는 반드시 경영진이 작성하는 것을 강조한다.
❷ 변호사조회서는 변호사가 감사인에게 직접 회신하는 것을 강조하고 있다.

Q

1. 질문서는 누가 작성하는가?
2. 질문서의 회신자는 누구여야 하는가?

(1) 일반적인 커뮤니케이션

일반적인 경우 감사인은 일반질문서(a letter of general inquiry)를 통하여 외부 법률고문과 커뮤니케이션한다. 그러나 변호사회 등과 같은 법률전문직 단체가 소속 법률가로 하여금 일반질문서에 답하는 것을 금지하는 경우와 같이 해당 법률고문이 일반질문서에 적절하게 답변하지 않을 것으로 예상되는 경우 감사인은 세부질문서(a letter of specific inquiry)를 통하여 커뮤니케이션 할 수 있다(ISA 501-A23).

일반질문서는 소송과 배상청구사항을 구체적으로 적시하지 않고 응답해 달라는 것이고, 세부질문서는 소송과 배상청구사항을 구체적으로 적시하고 이것이 맞고 전부인지 그리고 만약 맞지 않고 일부가 누락되었다면 이를 보완해 줄 것을 요청하는 것이다. 일반질문서와 세부질문서의 구체적 차이는 다음과 같다(ISA 501-A22, A23).

구 분	일반질문서(기본절차)	세부질문서(예외적 절차)
기본개념	경영진이 외부 법률고문에게 소송과 배상청구사항을 알고 있으면 이에 대하여 아래 3가지를 알려줄 것을 요청하는 포괄적인 부탁편지	경영진이 구체적으로 관련 소송과 배상청구사항을 열거하고, 이에 대한 경영진의 재무적 추정치를 질문서에 기록하고, 경영진의 추정치가 타당한지 그리고 소송과 배상청구목록이 불완전할 경우 이를 보완해 달라는 부탁편지
질문서의 형 식	(a) 경영진은 소송과 배상청구사항의 목록을 기록하지 않고, 외부 법률전문가에게 회신해 달라고 요청함	① 경영진은 자신이 알고 있는 소송과 배상청구사항의 목록을 기록함
	(b) 경영진은 목록에 추가하여 외부 법률전문가에게 알고 있는 소송과 배상청구사항에 대한 평가(승소 or 패소가능성)를 요청함	

질문서의 형 식	(c) 위 (a)와 (b)에 추가하여 소송과 배상청구사항에 대한 외부 법률전문가의 추정치(손실)와 관련 비용(변호사 비용 등)을 알려달라고 요청함	② 경영진은 가능한 경우 자신이 알고 있는 소송과 배상청구의 결과에 대한 경영진의 추정치(손실) 및 관련 비용(변호사 비용 등)을 세부질문서에 기록함
		③ ②에서 제시한 경영진의 평가가 타당한지 평가해 달라는 것과 ①에서 제시한 경영진이 작성한 소송과 배상청구 목록이 불완전하거나 부정확하다면 이를 수정·보완해 줄 것을 요청

법규 또는 관련 법률전문직 단체에 의해 감사인과 외부 법률고문간의 직접적인 커뮤니케이션이 금지된 경우, 감사인은 대체적인 감사절차를 수행하여야 한다(ISA 501-10). 예를 들면, 다음과 같이 외부 법률고문을 직접 만나는 것 등이 있다.

(2) 대체적 커뮤니케이션: 외부 법률고문과 직접 만남

감사인은 소송이나 배상청구의 예상되는 결과를 논의하기 위하여 상황에 따라 기업의 외부 법률고문과 만날 필요가 있다고 판단할 수도 있을 것이다. 예를 들어, 다음과 같은 경우일 것이다(ISA 501-A24).

(a) 유의적 위험이 있는 사항이라고 결정한 경우

(b) 사항이 복잡한 경우

(c) 경영진과 외부 법률고문 간에 의견의 불일치가 있는 경우

일반적으로, 그러한 회합에는 경영진의 동의가 요구되며 경영진측 대리인이 참석한 가운데 열린다. 왜냐하면 감사인에게는 업무상 지득한 정보를 정당한 사유 없이 누설할 수 없는 비밀유지의무가 있기 때문이다.

그러나 외부 법률고문과의 커뮤니케이션은 경영진의 동의가 필요하지 않다. 왜냐하면 질문서를 경영진이 작성하기 때문이다.

1.3 서면진술 (Written Representations)

이상의 감사절차로 소송과 배상청구에 대한 충분하고 적합한 감사증거를 수집할 수 있을까? 아니다. 소송과 배상청구의 특성상 장부와 재무제표에 기록되지 않을 수 있을 뿐만 아니라 상기의 절차로서 존재하는 모든 소송과 배상청구를 파악할 수는 없다. 달리 얘기하면 상기의 절차는 경영진이 적극적으로 소송과 배상청구를 감사인에게 노출시킬 때 충분하고 적합한 것이다. 이는 소송과 배상청구에 대한 감사절차가 매

출채권과 같이 외부조회로 충분하고 적합한 증거를 수집할 수 있는 강력한 절차가 아니기 때문이다. 따라서 결국 감사인은 경영진에게 소송과 배상청구에 대한 정보를 모두 공개하였다는 진술을 받는다.

이러한 절차로 감사인은 경영진(적절한 경우 지배기구 포함)에게 이들이 재무제표를 작성할 때 그 영향을 고려해야 할 알려진 실제의 또는 발생가능한 소송과 배상청구를 감사인에게 모두 공개하였으며, 해당 재무보고체계에 따라 회계처리하고 공시하였다는 내용의 서면진술을 요구하여야 한다(ISA 501-12).

2 소송과 배상청구에 대한 감사보고

감사인은 다음의 모두에 해당되는 경우 감사의견을 변형한다(ISA 501-11). 이 경우 감사인은 그 중요성에 따라 한정의견 또는 의견거절을 표명한다.

(a) 감사인이 기업의 외부 법률고문과 커뮤니케이션을 하거나 만나는 것을 경영진이 거부함. 또는 기업의 외부 법률고문이 질의서에 대한 적절한 답변을 거부하거나 답변이 금지됨

(b) 감사인이 대체적인 감사절차를 통해서 충분하고 적합한 감사증거를 얻을 수 없음

3 소송과 배상청구와 감사보고서일

TIP

감사인은 감사보고서일까지 감사증거를 수집한다. 따라서 소송과 배상청구서에 대한 질문서에서 외부 법률고문에게 질문할 대상은 회계연도 개시일부터 감사보고서일까지의 사건이어야 한다. 즉, 다음의 사건을 포함한다.

- 회계기간 동안의 사건
- 재무제표일 후부터 감사보고서일까지의 사건

감사인은 재무제표에 대한 감사의견의 근거가 되는 충분하고 적합한 감사증거를 입수한 날 보다 빠르지 않은 날을 감사보고서일로 한다. 소송과 배상청구의 진행상태에 대한 감사보고서일까지의 감사증거는 관련 사항을 다룰 책임이 있는 경영진(사내 법률고문 포함)에게 질문하여 입수할 수 있을 것이다. 감사인은 경우에 따라 외부 법률고문으로부터 감사보고서일 이후에 갱신된 정보를 입수하는 것이 필요할 수도 있다.

변 호 사 조 회 서 (일반질문서)

년 월 일

주 소: ______________________

변호사(법무법인) ____________ 귀하

당사는 ○○회계법인으로부터 년 월 일로 종료되는 회계연도의 재무제표에 대한 회계감사를 받고 있습니다.

동 감사인은 당사의 법률고문 또는 소송업무 수임인인 귀하로부터 다음과 같은 사항에 대한 귀하의 의견이나 설명을 원하고 있습니다. 다음 사항에 대하여 당사의 감사인인 ○○회계법인(담당공인회계사 : ○○○)에게 직접 회신하여 주시면 대단히 감사하겠습니다. 감사인의 주소가 기입된 회신용 봉투를 동봉합니다.

1. 상기 결산일 현재 당사가 피소되어 계류 중에 있는(당사 승소판결이 있었으나 원고가 항소 또는 상고하리라고 예상되는 것 포함)소송사건의 번호, 계류법원, 사건명, 소송가액, 진행상황, 승패전망
2. 상기 결산일 현재 당사와 체결한 중요거래 또는 계약 중 거래처가 이의를 제기하여 논란이 있으나 아직 소송사태에는 이르지 않은 분쟁사건의 현 상태, 원인, 결과전망, 보상해야 할 예상금액
3. 상기 결산일 현재 당사가 제소하여 계류 중에 있는(당사가 패소판결 받았으나 당사가 항소 또는 상고하리라고 예상되는 것 포함)소송사건의 번호, 계류법원, 사건명, 소송가액, 진행상황, 승패전망
4. 결산일 현재 당사와 체결한 중요거래 또는 계약 중 당사가 이의를 제기하여 논란이 있으나 아직 소송사태에는 이르지 않은 분쟁사건의 현 상태, 원인, 결과전망, 보상받을 예상금액
5. 상기 1내지 4호와 유사한 사항으로서 상기 결산일로부터 본 조회서 작성일까지 발생되었거나 알게 된 것이 있을 경우 그 내용
6. 기타 감사인이 재무제표에 대한 감사의견을 결정하는데 도움이 될 것이라고 귀하가 생각하는 기타사항 또는 재무제표에 공시하는 것이 좋으리라고 판단되는 사항
7. 상기 사항에 대한 귀하의 회신내용 중 그 이용범위에 특별히 제한이 필요한 경우 그 내용

주식회사

대표이사 ㊞

작성일자	작성자	문서번호
		G21

SECTION 04 부문정보(Segment Information)

NEW INTERNATIONAL STANDARDS ON AUDITING

1 부문정보에 대한 감사인의 책임

현행 회계기준은 재무제표에 부문정보를 포함하도록 요구하고 있다. 이 경우 부문정보는 재무제표의 일부이다. 그러나 어떤 경우 재무제표와 별도로 부문정보가 독립적으로 보고서를 이루는 경우도 있을 수 있다. 이는 재무제표가 아니며, 이에 대해서는 재무제표감사의 범위를 벗어나므로 이에 대한 의견표명을 위한 감사절차를 수행하도록 감사인에게 요구되지 아니한다.

2 부문정보에 대한 감사절차

감사인은 부문정보가 해당 재무보고체계에 따라 표시되고 공시되었는지에 대하여 다음과 같이 충분하고 적합한 감사증거를 입수하여야 한다.

부문정보에 대한 감사절차 (ISA 501-13)

(a) 경영진이 부문정보의 결정에 사용한 방법을 이해함
- 그러한 방법에 의해 결과적으로 해당 재무보고체계에 따른 공시가 이루어질 수 있는지 여부를 평가함
- 적절한 경우, 해당 방법의 적용에 대하여 테스트 함

(b) 분석적절차 또는 해당 상황에 적합한 기타의 감사절차를 수행함

SECTION 05 외부조회(External Confirmation)

NEW INTERNATIONAL STANDARDS ON AUDITING

1 외부조회의 의의

1.1 외부조회의 정의

외부조회(External Confirmation)란 감사인이 제3자(조회처 또는 조회대상자)로부터 종이형태나, 전자문서 또는 기타매체를 통해 직접적인 서면회신으로 입수한 감사증거를 말한다. 외부조회는 조회하는 방법에 따라 적극적 조회와 소극적 조회로 구분된다.

적극적 조회(Positive Confirmation)란 조회처가 조회서의 정보에 동의하는지 여부를 표시하거나, 또는 요청된 정보를 제공하여 감사인에게 직접회신해 달라고 요청하는 조회의 방법이다.

소극적 조회(Negative Confirmation)란 조회처가 조회서의 정보에 동의하지 않는 경우에만 감사인에게 직접 회신해 달라고 요청하는 조회의 방법이다.

1.2 외부조회의 신뢰성

외부조회는 제공하는 증거력 때문에 감사에서 매우 중요하다. 감사기준은 감사증거의 신뢰성이 다음과 같이 그 원천과 성격에 영향을 받는다고 설명하고 있다.

- 기업 외부의 독립된 원천으로부터 입수된 감사증거가 더욱 신뢰성이 높음
- 감사인이 직접 입수한 감사증거가 간접적으로 또는 추론으로 입수한 감사증거보다 더욱 신뢰성이 높음
- 문서나 서한형태의 감사증거가 구두형태의 감사증거보다 더욱 신뢰성이 높음

외부조회는 기업의 외부로부터, 감사인이 직접 그리고 문서형태로 입수한다. 따라서 외부조회는 다른 어떤 증거보다 신뢰성이 높다.

TIP

외부조회의 개념: 외부조회란 감사인이 예를 들면 회사의 매출채권잔액을 확인하기 위하여 ① 여러 거래처 중 특정 거래처를 선택하여, ② 조회할 내용을 작성(조회서)하고, ③ 해당 거래처에 우편 등의 방법으로 회신받는 것을 말한다. 여기서 주요한 개념은 다음과 같다.

- 조회대상: 회사의 매출채권잔액, 특정일의 거래, 매입채무잔액 등
- 조회의 주체: 회사
- 조회서의 수신자: 대상 거래처의 적정인
- 조회서의 회신처: 감사인

즉, 조회서는 회사가 자신의 거래처에 감사인이 요청하는 사항을 확인해 줄 것을 문서로 보내고 이를 감사인에게 회신해 줄 것을 요청하는 것이다.

2 외부조회 절차

Q

조회과정에서 반드시 감사인이 직접 수행해야 하는 절차는?

기출 2022

핵심

조회단계	주의사항
조회처의 선정	• 조회대상(조회처)은 감사인이 직접 선정하여야 한다. 만약 기업이 조회대상을 선정한다면 왜곡표시된 거래처는 조회대상에서 누락할 위험이 있다.
조회서의 작성	• 조회서는 감사인이 직접 작성하는 것이 원칙이다. 그러나 예외적으로 기업의 도움을 받을 수도 있다. 이 경우 감사인은 조회대상이 누락되지는 않았는지? 조회서는 장부상 잔액과 일치하게 작성되었는지? 확인하여야 한다. • 거래처의 주소를 확인하여야 한다. 왜냐하면, 가공의 거래처가 존재할 경우 외부조회가 의미를 상실하며, 제3의 장소로 조회서가 발송되어 누군가 부정한 방법으로 회신하는 것을 어느 정도 방지할 수 있기 때문이다. • 조회서의 발송자 명의는 회사이며, 수신처는 감사인이어야 한다.
조회서의 발송	• 조회서는 감사인이 직접 발송하여야 한다. 만약 회사가 조회서를 발송한다면 왜곡표시된 조회서의 경우 발송과정에서 이를 누락시킬 가능성이 있다.
조회서의 회수	• 조회서는 감사인이 직접 회수하여야만 증거력이 유지된다. 만약 회사가 이를 수령하여 감사인에게 전달한다면 장부상잔액과 일치하지 않다고 회신된 조회서를 변조 또는 전달하지 않을 위험이 있다. • 적극적 조회에서 미회신 거래처에 대해서는 추가적인 조회서를 보낸다.
조회결과의 요약 · 평가	• 조회결과는 감사인이 직접 요약 · 평가하여야만 한다. 만약 회사가 조회결과를 요약 · 평가한다면 불일치사항이 있는 경우 불일치가 없다고 요약 · 평가할 위험이 있다. • 외부조회가 전수감사가 아닌 표본감사에 따라 수행되었다면 표본감사 결과를 토대로 모집단의 왜곡표시금액을 추정하는 절차가 필요하다.

2.1 일반적인 경우

감사인은 외부조회절차를 이용할 때 다음의 절차를 수행하여 외부조회의 요청에 대한 통제를 유지해야 한다.

외부조회에 대한 통제(ISA 505-7)

① 확인하거나 요청할 정보의 결정
② 적합한 조회대상자의 선택
③ 조회서에 수신인이 적절히 표시되었으며 감사인에게 직접 발송되도록 회신에 관한 정보가 포함되었는지에 대한 결정 등 조회서의 설계
④ 조회처에 대한 조회요청서의 발송. 적용 가능한 경우 후속확인조회서를 포함한다.

(1) 확인하거나 요청할 정보의 결정

감사인은 계정잔액과 그 구성요소에 관한 정보를 확인하거나 요청하기 위하여 외부조회를 수행한다. 또한 외부조회는 해당 기업과 다른 당사자 간의 약정, 계약 또는 거래의 조건을 확인하거나 "이면계약"과 같은 특정의 조건이 없다는 것을 확인하기 위하여 이용되기도 한다(ISA 505-A1).

(2) 적합한 조회대상자의 선택

감사인이 조회할 대상은 조회할 정보에 대하여 지식이 있을 때, 그 회신은 보다 관련성이 있고 신뢰할 수 있는 감사증거를 제공한다. 예를 들어 금융기관에 조회하는 경우, 조회할 거래나 약정에 대하여 잘 알고 있는 금융기관의 책임자가 가장 적합한 대상이다(ISA 505-A2).

(3) 조회서의 설계

조회서의 설계란 선택할 수 있는 다양한 절차 중에서 기업과 감사인의 상황을 고려하여 감사인이 특정 절차를 결정하는 것을 말한다. 조회서의 설계는 회신율, 그리고 회신을 통해 입수된 감사증거의 신뢰성과 성격에 영향을 미칠 수 있다. 조회서를 설계할 때 고려할 요소에는 다음이 포함된다.

조회서를 설계할 때 고려할 요소(ISA 505-A4)

조회서의 설계: 다음은 조회서를 설계할 때 고려할 요소들에 대한 사례이다.

1. 관련 경영진주장: 감사하려는 경영진주장이 실재성인지 완전성인지에 따라 조회의 설계는 달라진다. 실재성이면 금액이 큰 거래처 위주로, 완전성이면 금액이 작더라도 기중에 거래가 있는 거래처이면 조회 대상에 포함하도록 설계한다.
2. 부정위험을 포함하여 구체적으로 식별된 중요왜곡표시위험: 위험이 높을수록 표본수를 늘리고, 소극적 조회를 배제한다. 또한 미회신처에 대한 관리를 보다 철저하게 한다.
3. 조회서의 구성과 표시: 예를 들면, 조회의 대상을 금액이 큰 거래처 위주로만 선정할 것인지? 아니면 금액과 관계없이 무작위로 추출할 것인지?

4. 해당 감사업무 또는 유사업무에 관한 사전 경험: 위험이 높으면 경험이 충분한 감사인에게, 위험이 낮으면 경험이 낮은 감사인에게도 업무를 배정할 것을 고려할 수 있다.
5. 커뮤니케이션의 방법: 예를 들면, 종이 또는 전자문서 중 어떤 형태로 조회할 것인지? 전자문서는 신속하고 회신율을 높일 수 있지만 종이보다 신뢰성이 낮다.
6. 조회처가 감사인에게 회신해 주도록 하는 경영진의 승인이나 독려: 조회처는 경영진의 승인이 있는 조회서에 대해서만 회신하려고 할 것이다. 따라서 조회할 때 조회 안내문이나 당부의 말을 포함한다.
7. 의도된 조회대상자가 요청된 정보를 확인하거나 제공할 수 있는 능력: 조회서의 신뢰성은 응답자가 조회내용을 얼마나 잘 알고 있는가에 달려 있다. 따라서 적절한 담당자를 찾아 조회서를 송부한다. 예를 들면, 수신인은 기업으로 하고 참조인은 직접 업무를 담당하는 자를 지정할 수 있다.

2.2 적극적 조회(Positive Confirmations)

핵심

구 분	내 용
적극적 조회의 단점	① 조회처가 해당 정보가 정확한지 여부를 검증하지 않고 조회에 회신할 위험이 있다. ② 회신되지 않는 것이 수신인이 잘못표기된 것 때문인지 아니면 응답하지 않는 것인지 확신하기 어렵다.
단점의 보완책	① 조회서에 금액이나 기타의 정보를 기재하지 않고 조회처가 해당 금액을 기재하거나 기타의 정보를 제공해 주도록 요청한다.주 ② 조회서가 발송되기 전에 주소의 일부 또는 전부에 대하여 그 타당성을 테스트함으로써 수신인이 정확하게 표시되었는지 확인한다.

주 이 경우 응답률이 낮아질 가능성이 있다.

(1) 적극적 조회의 기본적 절차

적극적 조회는 주어진 정보에 대한 조회처의 동의를 표시하거나 조회처의 정보제공을 요청함으로써, 조회처가 모든 경우에 있어 감사인에게 회신하도록 요청하는 것이다. 적극적 조회에 대한 회신은 일반적으로 신뢰할 수 있는 감사증거를 제공한다. 반면, 조회처가 해당 정보가 정확한지 여부를 검증하지 않고 조회에 회신할 위험이 있다. 감사인은 조회서에 금액이나 기타의 정보를 기재하지 않고 조회처가 해당 금액을 기재하거나 기타의 정보를 제공해 주도록 요청하는 적극적 조회를 이용함으로써 이러한 위험을 감소시킬 수 있

TIP
적극적 조회에서 공란은 소송과 배상청구에서 일반질문서와 같은 개념이다.

다. 그러나 이러한 "공란" 형태의 조회는 조회처의 추가적인 노력을 요구하기 때문에 회신율이 더 낮을 수 있다(ISA 505-A5).

기출 2021

조회서에 수신인이 제대로 표시되었는지 여부를 결정하는 데는 조회서가 발송되기 전에 주소의 일부 또는 전부에 대하여 그 타당성을 테스트하는 것이 포함된다(ISA 505-A6).

(2) 적극적 조회의 후속조치

감사인은 조회에 대하여 합리적인 기간 내에 회신을 받지 못하였을 경우, 추가적인 조회서를 보낼 수 있다. 예를 들어, 감사인은 최초의 주소가 정확한지 다시 확인한 후에 추가적이거나 후속적인 조회서를 보낼 수 있다(ISA 505-A7).

2.3 소극적 조회(Negative Confirmations)

소극적 조회는 적극적 조회보다 설득력이 낮은 감사증거를 제공한다. 따라서 감사인은 다음 사항이 모두 충족되지 않는 한 경영진주장 수준에서 평가된 중요왜곡표시위험에 대처하기 위한 유일한 실증감사절차로서 소극적 조회를 이용하여서는 안 된다.

소극적 조회를 할 수 있는 예외적인 상황 (ISA 505-15)

① 감사인은 중요왜곡표시위험이 낮다고 평가하였고, 경영진주장과 관련된 통제의 운영효과성에 대하여 충분하고 적합한 감사증거를 입수하였음
② 소극적 조회절차의 대상이 되는 항목의 모집단이 다수의 동질적이며 소액인 계정잔액이나 거래 또는 조건들로 구성되어 있음
③ 불일치사항의 발생률이 매우 낮을 것으로 예상됨
④ 감사인은 소극적 조회의 수신자가 그러한 요청을 무시할 상황이나 조건에 대하여 알고 있지 아니함

Application & Explanation

1. 소극적 조회는 미회신의 경우 이것이 조회대상자가 조회서를 수령하였고, 조회서에 포함된 정보가 정확하다는 것을 명시적으로 나타내는 것은 아니다. 따라서 소극적 조회는 적극적 조회보다 설득력이 낮은 감사증거를 제공한다.
2. 조회처는 조회서에 있는 정보가 자신에게 불리한 경우 차이가 있다는 회신은 하고, 반대의 경우에는 회신하지 않을 수 있다. 예를 들어, 은행의 예금주가 예금잔액에 대한 조회서의 잔액이 과소표시되었다고 판단하면 적극적으로 회신하고, 잔액이 과대표시되었다고 판단하면 회신하지 않을 수 있다. 그러므로 은행의 예금주에게 소극적 조회서를 보내는 것은 예금잔액이 과소평가 되었는지 여부를 고려할 때에는 유용한 절차가 될 수 있으나 예금잔액의 과대표시에 관한 증거를 구하고 있을 때에는 효과적이지 않을 수 있다.

2.4 경영진이 외부조회를 거부하는 경우

특정 경영진주장을 감사하기 위해 외부조회를 결정한 경우, 감사인은 경영진에게 조회서의 발송을 요청한다. 그러나 경영진이 조회서 발송을 거부하면 어떻게 해야 할까? 이 경우 감사인은 다음의 절차를 수행한다.

기출 2023

조회를 거부할 경우 일반적인 감사절차(ISA 505-8)

① 경영진의 거부사유에 관하여 질문하고 그 타당성과 합리성에 관해 감사증거를 구함
② 경영진의 거부가 부정위험 등 관련 중요왜곡표시위험에 대한 감사인의 평가와 다른 감사절차의 성격, 시기 및 범위에 대하여 갖는 시사점을 평가함
③ 관련성이 있고 신뢰할 수 있는 감사증거를 입수할 수 있도록 설계된 대체적 감사절차를 수행함

↓

비합리적 거부 or 대체적 절차로 충분하고 적합하지 않은 경우(ISA 505-9)

① 지배기구와 커뮤니케이션
② 해당 감사와 감사의견에 대한 시사점을 결정(※ 대체적 절차로도 감사범위가 제한 된 경우의 일반적인 절차임)
- 감사범위제한이 중요한 경우 → 한정의견
- 감사범위제한이 중요+전반적인 경우 →
  - 1st : 감사계약해지(실행가능하며 관련 법규상 가능한 경우)
  - 2nd : 의견거절

※ 의견거절이 기대되는 경우 감사인은 우선 감사계약해지를 고려하고, 가능하지 않은 경우 의견거절한다.

(1) 경영진의 거부에 대한 합리성

경영진이 감사인의 조회서 발송을 거부하는 것은 감사인이 입수하고자 하는 감사증거에 대한 제한이 있는 것이다. 따라서 감사인은 경영진이 조회를 거부하는 이유를 질문하고 거부이유가 타당하고 합리적인지에 대한 감사증거를 수집하여야 한다(ISA 505-A8).

경영진의 거부가 합리적인 경우와 비합리적인 경우의 예는 다음과 같다(ISA 505-A8).

합리적인 경우	비합리적인 경우
조회대상자와 법적분쟁이나 협상이 진행 중이기 때문에 조회가 이러한 분쟁이나 협상의 해결에 영향을 미칠 수 있는 경우	부정 또는 오류를 드러낼 수 있는 감사증거에 대하여 감사인의 접근을 거절하고자 할 경우

TIP
조회를 거부하는 것이 합리적이거나 적극적 조회를 발송하였는데 조회처가 회신하지 않는 경우는 경영진이 감사증거에 대하여 접근을 제한한 것이 아니다. 이 경우 감사인은 대체적인 감사절차를 취하여야 한다.

(2) 중요왜곡표시위험의 평가에 대한 시사점

경영진이 조회를 거부할 경우, 감사인은 경영진주장 수준의 중요왜곡표시위험에 대한 평가를 수정하고 계획된 감사절차도 그에 맞게 변경할 수도 있다. 예를 들어, 외부조회 절차를 취하지 말라는 경영진의 요구가 비합리적인 경우, 이것은 부정위험요소를 나타내는 것일 수 있다(ISA 505-A9).

(3) 대체적 감사절차

경영진의 거부에 대한 대체적 감사절차는 후술하는 조회서 미회신의 경우 적용하는 감사절차와 동일하다.

3 외부조회의 결과

3.1 회신의 신뢰성

핵심

1. 조회의 회신에 대한 신뢰성에 의문이 제기될 경우: 이러한 의문을 해결하기 위한 추가적인 감사증거를 수집
2. 조회에 대한 회신이 신뢰할 수 없는 경우: 중요왜곡표시위험(부정위험 등)에 대한 평가와 감사절차의 성격, 시기 및 범위에 미치는 영향을 평가

(1) 조회의 회신에 대한 신뢰성에 의문이 제기될 경우

조회에 대한 회신은 신뢰할 수 있어야 한다. 만약, 조회의 회신에 대한 신뢰성에 의문이 제기된다면, 감사인은 이러한 의문을 해결하기 위한 추가적인 감사증거를 수집하여야 한다(ISA 505-10).

그러면 조회의 회신에 대하여 신뢰성에 의문이 제기되는 이유는 무엇일까? 모든 회신은 중간에서 가로채이거나 변조 또는 부정이 발생할 위험이 있다. 회신의 신뢰성에 의문을 갖게 할 수 있는 요인에는 다음과 같은 상황이 포함된다(ISA 505-A11).

- case 1: 회신이 감사인에게 간접적으로 전달됨
- case 2: 회신이 원래 의도된 조회 대상자로부터 발송되지 않은 것으로 보임

Application & Explanation

조회의 회신에 대한 신뢰성에 의문이 제기되는 경우

1. 팩스나 전자우편 등 전자적으로 수령한 회신은 회신자의 원천과 권한에 대한 증명을 확보하기가 어렵고 변조를 발견하는 것이 어려울 수 있다. 감사인과 회신자는 전자적으로 전달되는 회신에 대하여 안전절차(예 암호, 전자서명, 그리고 웹사이트의 신뢰성을 검증하는 절차)를 이용함으로써 이러한 위험을 감소시킬 수 있다(ISA 505-A12).
2. 조회처가 제3자에게 조회서의 제공 및 회신의 관리를 의뢰하여 관리한다면, 감사인은 다음의 위험에 대처하여야 한다(ISA 505-A13).
   (a) 회신이 적절한 원천으로부터 이루어지지 않을 위험
   (b) 회신자가 회신권한이 없을 위험
   (c) 전송의 진실성이 훼손되었을 위험
3. 감사인은 조회처와 접촉하여 조회에 대한 회신의 원천과 내용을 검증하는 절차를 취할 수도 있다. 예를 들어, 조회처가 전자메일로 회신하는 경우 감사인이 조회처에 전화하여 조회처가 실제 그 회신을 보냈는지 여부를 확인할 수 있다. 회신이 감사인에게 간접적으로 전달되었다면(예 조회처가 주소를 잘못 기재하여 감사인 주소 대신 해당 기업의 주소를 기재한 경우) 감사인은 조회처가 감사인에게 직접 서면으로 회신해 달라고 요청할 수 있다(ISA 505-A14).
4. 조회에 대한 구두회신은 감사인에 대한 직접적인 서면 회신이 아니기 때문에 그 자체로는 외부조회의 정의를 충족시키지 못한다. 그러나 감사인은 조회에 대하여 구두회신을 받은 즉시, 상황에 따라 감사인에게 직접 서면으로 회신해 달라고 조회처에 요청할 수 있을 것이다. 만약 그러한 회신이 수령되지 않으면, 감사인은 구두회신에 포함된 정보를 뒷받침할 기타의 감사증거를 구한다(ISA 505-A15).
5. 조회에는 회신의 이용에 관한 제한적인 문구가 포함되어 있을 수 있다. 그러한 제한이 있다고 해서 반드시 회신의 신뢰성이 없는 것은 아니다(ISA 505-A16).

(2) 조회의 회신이 신뢰할 수 없는 경우

감사인은 조회에 대한 회신을 신뢰할 수 없는 경우도 있다. 이 경우 감사인은 이것이 관련 중요왜곡표시위험(부정위험 등)에 대한 자신의 평가와 감사절차의 성격, 시기 및 범위에 미치는 영향을 평가하여야 한다(ISA 505-11). 필요한 경우 감사인은 경영진 주장 수준의 중요왜곡표시위험에 대한 평가를 수정하고 계획된 감사절차도 그에 맞게 변경할 수도 있다(ISA 505-A17).

3.2 미회신에 대한 조치

적극적 조회는 조회의 내용이 일치하든지 그렇지 않든지 관계없이 감사인은 조회처가 회신해줄 것을 가정하고 실시한다. 그런데 적극적 조회에서 정해진 기간 내에 회신이 되지 않는 경우가 있다.

적극적 조회의 경우 미회신은 경영진의 책임도 의도적인 것도 아니다. 또한 감사증거를 수집하여야 할 궁극적 책임은 감사인에게 있다. 조회는 증거를 수집하기 위한 하나의 선택이며, 다른 대체적인 방법도 존재한다. 따라서 적극적 조회에서 미회신의 경우 감사인은 대체적인 감사절차를 수행하여야 한다(ISA 505-12). 그러나 매출채권이나 매입채무의 경우 조회만큼 높은 증거력을 가진 대체적인 증거를 찾기 어렵다. 만약, 감사인이 충분하고 적합한 감사증거를 수집하기 위하여 반드시 적극적 조회에 대한 회신이 필요하다고 결정한다면, 대체적인 감사절차는 의미가 없다. 이 경우 감사인은 그것이 해당 감사와 감사의견에 미치는 시사점을 평가하여야 한다(ISA 505-13). 만약 해당사항이 재무제표에 중요하지만 전반적이지 않은 영향을 미친다면 한정의견을, 중요할 뿐만 아니라 전반적인 영향을 미친다면 의견거절을 표명한다(ISA 505-9).

미회신의 경우 감사인이 수행할 수 있는 대체적 감사절차로는 예를 들어 다음이 포함된다(ISA 505-A18).

기출 2021

적극적 조회 미회신에 대한 대체적 절차 (ISA 505-A18)

매출채권 잔액	매입채무 잔액
① 재무제표일 후 특정 현금회수 조사(주1) ② 선적서류 조사(주2) ③ 보고기간말에 근접하여 발생한 매출거래에 대한 조사(주3)	① 재무제표일 후 현금지급(주4) ② 제3자로부터 서신(주5) ③ 상품수령증의 조사(주6)

(주1) F/S일 후 특정 거래처에 대한 채권이 현금으로 회수되었다면 적어도 해당 회수액은 F/S일에 잔액이 존재한다는 확신을 가질 수 있음

(주2) 회계기간 중의 선적서류는 회계기간 중에 매출되었다는 강한 증거가 됨. 따라서 F/S일에 적어도 해당 선적서류에 해당하는 채권잔액은 실제로 존재한다는 확신을 가질 수 있음

(주3) 외상매출은 발생하고 채권이 회수되는 과정이 반복됨. 기말 채권잔액은 주로 기말 가까이에 매출되어 아직 회수되지 않은 것들로 구성될 가능성이 있음. 따라서 보고기간말에 근접하여 발생한 매출이 실제로 발생하였는지를 조사하면 기말 채권잔액이 실제로 존재한다는 확신을 가질 수 있음

(주4) F/S일 후 특정 거래처에 대한 채무가 현금으로 지급되었다면 적어도 해당 지급액은 F/S일에 채무로 존재한다는 확신을 가질 수 있음

(주5) 외부조회는 거래 당사자에게 채무의 존재를 확인하는 것인데 감사인이 이에 대한 회신을 받지 못하였음. 만약, 거래 당사자가 아닌 제3자가 회사가 거래 당사자에게 채무관계가 존재한다는 것을 알고 있다면 제3자에게 서신을 보내 확인가능

(주6) 거래는 주로 신용으로 이루어짐. 따라서 상품을 수령하였다는 것(예: 상품수령증, 검수보고서, 거래명세서 등)에 대한 조사는 적어도 해당 수령 상품에 해당하는 금액은 F/S 현재 매입채무가 존재한 확신을 가질 수 있음

3.3 불일치사항

적극적 조회이건 소극적 조회이건 관계없이 회신된 조회에서 조회한 내용과 회신된 내용이 일치하지 않는 경우도 있다. 이 경우 감사인은 해당 불일치사항이 왜곡표시를

나타내는 것인지(부정의 징후인지) 여부를 조사하여야 한다(ISA 505-14). 불일치사항은 감사인에게 다음과 같은 의미를 제공한다.

불일치사항의 의미 (ISA 505-14)

① 불일치사항은 재무제표의 왜곡표시 또는 잠재적 왜곡표시를 나타내는 것일 수 있다.
② 불일치사항은 외부조회 절차의 시기나 측정상의 문제, 또는 사무적 오류에서 발생된 것일 수도 있고 부정으로 인한 것일 수도 있다.
③ 불일치사항이 유사한 조회처 또는 계정의 회신에 대한 품질을 판단할 수 있는 지침을 제공할 수 있다.
④ 불일치사항은 또 기업의 재무보고에 대한 내부통제의 미비점을 나타내는 것일 수 있다.

4 입수된 증거의 평가 (Evaluating the Evidence Obtained)

외부조회를 통하여 입수된 증거에 대하여, 감사인은 외부조회의 절차를 통하여 얻은 결과가 특정 경영진주장과 관련성이 있고 신뢰할 수 있는 감사증거인지? 또는 추가적인 감사증거가 필요한지 여부를 평가하여야 한다(ISA 505-16). 여기에는 외부조회에 대한 대체적인 감사절차를 통하여 수집된 증거를 포함한다. 왜냐하면, 외부조회를 대체하는 감사절차도 외부조회절차의 일부이기 때문이다.

감사인은 외부조회의 결과를 평가할 때, 이를 다음과 같은 범주로 분류할 수 있다(ISA 505-A24).

외부조회 결과의 분류(ISA 505-A24)

① 적합한 조회 대상자로부터 받은 회신으로, 조회서에 제시된 정보에 대하여 동의를 표하였거나 어떠한 불일치사항이 없이 요청된 정보를 제공해 온 회신
② 신뢰할 수 없다고 여겨지는 회신
③ 미회신
④ 불일치사항을 표시하고 있는 회신

REVIEW POINT

New International Standards on Auditing

Q1. 조회는 왜 외부조회만 있을까? 내부조회는 없는 것일까? 외부조회는 감사인이 기업의 외부에 존재하는 증거(외부증거)를 수집하는 강력한 수단이다. 그러나 기업의 내부에 존재하는 증거(내부증거)를 수집하는 수단으로는 문서검사등과 같은 강력한 수단이 존재한다. 따라서 내부조회는 의미가 없다.

Q2. 외부조회의 사례는 어떤 것이 있을까? 가장 일반적인 사례는 채권 · 채무 잔액에 대한 조회와 거래은행에 대한 은행조회이다.

- **채권 · 채무조회** : 재무제표일 현재 거래처의 채권잔액 또는 채무잔액에 대한 증거를 수집하기 위하여, 감사인은 기록(장부)에서 **표본추출**한 거래처에 대하여 채권 · 채무조회서를 발송하여 회신받는다. ❶
- **은행조회서** : 재무제표일 현재 예금잔액과 차입금잔액에 대한 증거를 수집하기 위하여, 감사인은 기록(장부)에서 모든 거래은행을 대상으로 은행조회서를 발송하고 회신받는다. 은행조회서는 예금잔액의 실재성에 대한 강력한 증거를 제공하지만 차입금잔액의 경우 기록에서 누락되었다면 조회를 통하여 누락된 부채가 조회되지 않는다. 또한 채권·채무와 달리 거래은행의 수가 많지 않고 금액이 작더라도 중요하기 때문에 **전수조회**한다. ❷
- **은행연합회자료(월보) 검사** : 은행조회서는 기업의 기록에서 거래은행을 찾아 감사인이 조회하는 것이다. 따라서 원천적으로 기업이 차입금을 장부에서 누락한 경우 조회를 통하여 증거를 수집할 수 없다. 이를 보완하기 위하여 감사인은 은행연합회에 회원으로 가입하여 법률에서 허용하는 범위 내에서 기업의 매월 차입금잔액에 대한 자료를 조회(이를 은행연합회자료 - 월보라 함)하고 이를 은행조회서와 대조한다. 은행연합회는 기업 코드만 입력하면 거래하는 모든 은행과의 차입금 잔액을 월별로 제공한다. 따라서 기업이 누락한 차입금을 쉽게 확인할 수 있다. 그러나 이 경우에도 은행조회서는 감사기준에서 요청하는 감사절차이기 때문에 생략할 수 없고 은행연합회자료는 우리나라의 개별상황에서 존재하는 것이기 때문에(우리나라는 New ISA를 채택하고 있음) **보조적으로만 사용**할 수 있다.

❶ 제8장 3. 매출채권 및 매입채무에서 사례 참조

❷ 제8장 2. 현금및현금성자산에서 사례 참조

SECTION 06 초도감사 - 기초잔액 (Initial Audit Engagements-Opening Balances)

NEW INTERNATIONAL STANDARDS ON AUDITING

1 기초잔액 감사의 의의

감사는 계속감사와 초도감사로 분류된다. 여기서 초도감사란 ① 전기재무제표가 감사받지 아니한 경우와 ② 전기재무제표가 전임감사인의 감사를 받은 경우 중 어느 하나에 해당하는 것을 말한다. 초도감사의 경우 특히 문제가 되는 것은 기초잔액이다. 특히, 재무상태표는 기초잔액에 기중거래가 반영되어 기말잔액이 산출되기 때문에 기초잔액은 재무상태표의 기말잔액에도 영향을 미친다. 특히, 재고자산의 경우 기초잔액은 당기 매출원가에도 영향을 미친다. 따라서 감사인은 기중거래뿐만 아니라 기초잔액에 대하여서도 적절한 감사절차를 수행하여야 한다.

일반적으로 계속감사의 경우 기초잔액에 대한 충분한 증거를 확보하고 있기 때문에 별도의 감사절차를 수행할 필요가 없다. 그러나 초도감사의 경우 기초잔액에 대한 별도의 감사절차를 수행할 필요가 있다.

초도감사에서 기초잔액에 대한 감사절차의 목적은 다음에 관한 충분하고 적합한 감사증거를 수집하는 것이다(ISA 510-3).

초도감사 - 기초잔액에 대한 감사목적 (ISA 510-3)

(a) 당기재무제표에 중요하게 영향을 미치는 왜곡표시가 기초잔액에 포함되었는지 여부
(b) 기초잔액에 반영된 적합한 회계정책이 당기재무제표에 일관되게 적용되었는지 여부, 또는 회계정책이 변경되었다면 해당 재무보고체계에 따라 적절하게 처리되고 적절하게 표시 및 공시 되었는지 여부

2 초도감사시 기초잔액의 감사절차

2.1 초도감사 - 기초잔액에 대한 감사절차

감사인이 초도감사의 기초잔액에 대하여 감사증거를 수집하기 위해서는 기초잔액에 대한 정보를 수집하는 것이 우선되어야 한다. 다음으로 적절한 감사절차를 수행하여 기초잔액에 당기재무제표에 중요하게 영향을 미치는 왜곡표시가 포함되었는지 여

부에 대하여 충분하고 적합한 감사증거를 기초할 수 있을 것이다.

다음은 감사인이 기초잔액에 대한 정보를 수집하는 과정과 기초잔액에 대한 감사절차이다.

초도감사시 기초잔액의 감사절차 (ISA 510-6, 7)

구 분	내 용
기초잔액에 대한 정보수집(ISA 510-5)	감사인은 최근의 재무제표 및 이에 대한 전임감사인의 감사보고서, 그리고 공시 등 기초잔액에 관한 정보가 존재하는 경우 이를 열람하여야 한다.
기초잔액이 중요하게 왜곡표시되었는지에 대한 감사절차 (ISA 510-6)	감사인은 다음의 절차를 수행함으로써, 기초잔액에 당기재무제표에 중요하게 영향을 미치는 왜곡표시가 포함되었는지 여부에 대하여 충분하고 적합한 감사증거를 입수하여야 한다. (a) 전기의 마감잔액이 정확하게 당기로 이월되었는지, 또는 해당되는 경우 재작성되었는지 여부를 결정함 (b) 기초잔액에 적합한 회계정책이 반영되어 있는지 결정함 (c) 다음 절차 중 하나 이상을 수행함 • 전기재무제표가 감사를 받은 경우, 기초잔액에 관한 증거를 입수하기 위해 전임감사인의 감사문서를 검토함 • 당기에 수행된 감사절차가 기초잔액과 관련된 증거를 제공하는지 여부를 평가함 • 기초잔액에 관한 증거를 입수하기 위하여 특정의 감사절차를 수행함
	유동자산과 유동부채 기중 감사절차의 일부로서 수집가능(예 당기 중 회수된 기초매출채권과 당기중 지급된 매입채무는 보고기간 개시일의 실재성, 권리와 의무, 완전성 및 평가에 대한 감사증거 중 일부를 제공)
	재고자산 • 당기 재고자산 실사에 입회하고, 그 결과를 기초재고 수량으로 조정함 • 기초 재고자산항목의 평가에 대한 감사절차를 수행함 • 매출총이익과 기간귀속에 대하여 감사절차를 수행함
	비유동자산과 비유동부채 기초잔액의 근거가 되는 회계기록과 기타의 정보를 조사하여 일부 입수할 수 있음(예 장기부채와 투자자산의 경우 제3자에 대한 조회를 통하여 기초잔액에 대한 감사증거를 일부 입수할 수도 있음)
기초잔액이 중요하게 왜곡표시된 경우 (ISA 510-7)	기초잔액에 당기재무제표에 중요하게 영향을 미칠 수 있는 왜곡표시가 존재한다고 결론내린 경우, 감사인은 적합한 경영진 및 지배기구와 해당 왜곡표시에 대하여 커뮤니케이션을 하여야 한다.

기초잔액과 관련하여 충분하고 적합한 감사증거를 수집하기 위해 필요한 감사절차의 성격과 범위는 다음과 같은 사항에 따라 다르게 결정된다(ISA 510-A3).

- 기업이 적용한 회계정책
- 계정잔액, 거래유형 및 공시의 성격과, 당기재무제표에서 중요왜곡표시위험
- 당기재무제표에 대한 기초잔액의 유의성
- 전기재무제표가 감사받았는지 여부, 그리고 감사받은 경우 전임감사인의 의견이 변형되었는지 여부 주

주 전기재무제표가 전임감사인으로부터 감사를 받았다면 전임감사인의 감사문서를 검토함으로써 기초잔액에 대한 감사증거를 입수할 수 있을 것이다. 이를 통하여 충분하고 적합한 감사증거를 얻을 수 있는지 여부는 전임감사인의 적격성과 독립성에 따라 영향을 받는다.

그러면 구체적으로 기초잔액에 대하여 감사증거를 어떻게 수집할 수 있을까? 다음은 일부 계정에 대한 사례이다(ISA 510-A6, A7).

(1) 유동자산과 유동부채

유동자산과 유동부채의 경우, 기초잔액에 대한 감사증거 중 일부는 당기 감사절차의 일부로서 입수될 수 있을 것이다. 예를 들어, 당기 중 회수(지급)된 기초매출채권(매입채무)은 보고기간 개시일의 실재성, 권리와 의무, 완전성 및 평가에 대한 감사증거 중 일부를 제공할 것이다.

(2) 재고자산

재고자산의 경우, 해당계정의 마감잔액에 대한 당기의 감사절차는 기초 재고자산에 대하여는 증거를 제공하지 아니한다. 그러므로 추가적인 감사절차가 필요할 수 있고, 다음 중 하나 이상의 절차가 충분하고 적합한 감사증거를 제공할 수 있다.

- 당기 재고자산 실사에 입회하고, 그 결과를 기초재고 수량으로 조정함
- 기초 재고자산항목의 평가에 대한 감사절차를 수행함
- 매출총이익과 기간귀속에 대하여 감사절차를 수행함

(3) 비유동자산과 비유동부채

유형자산, 투자자산 및 장기부채와 같은 비유동자산·부채의 경우, 감사증거 중 일부는 기초잔액의 근거가 되는 회계기록과 기타의 정보를 조사하여 일부 입수할 수 있을 것이다. 어떤 경우에는, (예 장기부채와 투자자산의 경우) 제3자에 대한 조회를 통하여 기초잔액에 대한 감사증거를 일부 입수할 수도 있을 것이다.

비유동항목은 기말잔액 중 기초잔액의 비중이 높다는 특징이 있기 때문에 비유동항목은 아래 표에서 제시한 바와 같이 기초잔액, 당기증가, 당기감소 및 기말잔액으로

구분하여 기초잔액과 거래내역(당기증가와 당기감소)에 대하여 감사증거를 수집하는 방법을 채택함으로써 기말잔액에 대한 합리적인 확신을 얻는 것이 일반적이다.

〈유형자산 총괄표〉

계정과목	취 득 가 액			
	기초잔액	당기증가	당기감소	기말잔액
토　　지	200,000,000	15,000,000	2,000,000	213,000,000
건　　물	800,000,000	35,000,000	–	835,000,000
⋮				

2.2 기초잔액이 왜곡표시되고 당기재무제표에 중요한 영향을 미칠 경우

기초잔액에 당기재무제표에 중요하게 영향을 미칠 수 있는 왜곡표시가 포함되어 있다는 감사증거를 입수한 경우, 감사인은 당기재무제표에 대한 영향을 평가하기 위하여 해당 상황에 적합한 감사절차를 추가적으로 수행하여야 한다. 만약 기초잔액의 왜곡표시로 인하여 당기재무제표에도 중요한 왜곡표시가 존재한다고 결론을 내린 경우, 감사인은 적합한 경영진 및 지배기구와 해당 왜곡표시에 대하여 커뮤니케이션 하여야 한다(ISA 510-7).

2.3 회계정책의 일관성(Consistency of Accounting Policies)

감사인은 기초잔액에 반영된 회계정책이 당기재무제표에 일관되게 적용되고 있는지, 그리고 회계정책의 변경이 해당 재무보고체계에 따라 적절하게 처리·표시 및 공시 되었는지 여부에 대하여 충분하고 적합한 감사증거를 입수하여야 한다(ISA 510-8).

2.4 기초잔액에 대한 전임감사인의 감사보고서가 변형된 경우

전기재무제표가 전임감사인에 의하여 감사를 받았으며 감사의견에 변형이 있었던 경우, 감사인은 당기재무제표의 중요왜곡표시위험을 평가할 때 그 변형을 초래한 사항이 미치는 영향을 평가하여야 한다(ISA 510-9).

3 기초잔액에 대한 감사보고

기출 2025

핵심

구 분	내 용
기초잔액에 대한 감사증거를 수집할 수 없는 경우	(1) 감사범위제한(한정의견 or 의견거절) (2) 재무성과와 현금흐름에 대하여는 한정의견이나 의견거절, 그리고 재무상태에 대하여는 적정의견: 재무제표별로 의견을 분리하는 것은 초도감사에서만 허용된다.
기초잔액이 중요한 왜곡표시를 포함하고 있고 이것이 당기재무제표에 영향을 미칠 경우	회계기준위배(한정의견 or 부적정의견)
회계정책의 변경에 대한 회계처리 및 공시가 적절하지 않은 경우	회계기준위배(한정의견 or 부적정의견)
전임감사인의 의견변형	전기재무제표에 대한 전임감사인의 감사의견에 변형이 있었고 이것이 당기재무제표에 대하여도 계속 관련성이 있고 중요한 경우, 감사인은 당기재무제표에 대한 감사의견을 변형하여야 한다.

기초잔액에 대한 감사보고는 ① 기초잔액에 대한 충분하고 적합한 감사증거를 수집할 수 없는 경우, ② 기초잔액이 중요한 왜곡표시를 포함하고 있는 경우, ③ 회계정책의 변경에 대한 회계처리 및 공시가 적절하지 않은 경우로 구분된다.

3.1 기초잔액에 대한 감사증거를 수집할 수 없는 경우

(1) 기초잔액과 감사의견

초도감사시 가장 빈번하게 발생하는 문제는 기초잔액에 대한 감사증거를 수집할 수 없다는 것이다. 예를 들면 직전연도 자산총계가 처음으로 120억원을 초과하여 당해연도에 처음으로 감사받는 회사가 있다면 감사계약시점(사업연도 개시일로부터 4개월 이내)은 당해 연도일 것이고 따라서 기초잔액에 대한 감사증거를 수집할 수 없는 경우가 빈번하게 발생할 수 있다. 만약 기초잔액이 당기재무제표에 영향을 미치고 있지만 이것에 대한 충분하고 적합한 감사증거를 수집할 수 없다면, 감사인은 재무제표가 적정하다는 합리적 확신을 제공할 수 없다. 이 경우 감사인은 표준감사보고서를 다음과 같이 변형한다.

기초잔액에 대한 감사증거를 수집할 수 없는 경우 감사보고서의 변형

① 상황에 적합하게, 한정의견이나 의견거절
② 법규상 금지되지 않는 한, 해당 상황에 적합하게 재무성과와 현금흐름은 한정의견이나 의견거절, 그리고 재무상태는 적정의견 주

주 재무제표별로 의견을 분리하는 것은 초도감사에서만 허용된다.

다음은 기초잔액에 대한 감사증거를 수집할 수 없는 경우 모든 재무제표에 대하여 한정의견을 표명하는 경우와 재무제표별로 상이한 감사의견을 표명하는 감사보고서 사례이다.

(2) 모든 재무제표에 대하여 한정의견

〈사례조건〉

- 공정표시체계를 사용하는 상장기업 외 기업의 전체 재무제표에 대한 감사이며, 그룹감사가 아님
- 기업의 경영진이 한국채택국제회계기준 (일반목적체계)에 따라 작성한 재무제표임
- 감사업무의 조건에는 재무제표에 대한 경영진의 책임에 대한 기술이 반영되어 있음
- 감사인은 기초에 재고자산 실사에 입회하지 않았고 기초 재고자산 잔액에 대한 충분하고 적합한 감사증거를 입수할 수 없었음
- 재고자산의 기초잔액에 대한 충분하고 적합한 감사증거를 입수하지 못함으로 인한 잠재적 영향이 중요하다고 여겨지나, 기업의 재무성과와 현금흐름과 관련해서는 전반적이지 않다고 생각됨
- 보고기간말 재무상태는 공정하게 표시됨
- 감사인이 재무성과와 현금흐름은 한정의견을 표명하고, 재무상태는 적정의견을 표명하는 것이 법규상 금지되어 있는 국가임
- 감사에 적용된 관련 윤리적 요구사항은 해당 국가의 감사와 관련된 윤리적 요구사항임
- 입수한 감사증거에 근거하여, 감사인은 계속기업으로서의 존속능력에 대하여 유의적 의문을 초래할 수 있는 사건이나 상황과 관련된 중요한 불확실성이 존재하지 않는다고 결론을 내림
- 감사인은 핵심감사사항을 커뮤니케이션 하도록 요구되지도 않고 감사인이 결정하지도 않음
- 감사인은 감사보고서일 전에 모든 기타정보를 입수하였으며 기타정보의 중요한 왜곡표시는 식별되지 않았음
- 대응수치가 표시되고 전기재무제표는 전임감사인으로부터 감사를 받았음. 감사인이 대응수치에 대한 전임감사인의 감사보고서를 언급하는 것이 법규상 금지되어 있지 않으며, 이에 따라 감사인은 전임감사인의 감사보고서를 언급하기로 결정함
- 재무제표에 대한 감시 책임자와 재무제표의 작성 책임자가 다름
- 재무제표에 대한 감사에 추가하여, 감사인은 현지 법률의 요구에 따른 기타의 보고책임을 지고 있음

독립된 감사인의 감사보고서

ABC주식회사의 주주 귀중 [또는 다른 적합한 수신인]

재무제표감사에 대한 보고

한정의견

우리는 ABC 주식회사(이하 "회사")의 재무제표를 감사하였습니다. 해당 재무제표는 20×1년 12월 31일 현재의 재무상태표와 동일로 종료된 보고기간의 포괄손익계산서, 자본변동표, 현금흐름표 그리고 유의적인 회계정책의 요약을 포함한 재무제표의 주석으로 구성되어 있습니다.

우리의 의견으로는 별첨된 회사의 재무제표는 이 감사보고서의 한정의견근거 단락에 기술된 사항이 미칠 수 있는 영향을 제외하고는 회사의 20×1년 12월 31일 현재의 재무상태와 동일로 종료되는 보고기간의 재무성과 및 현금흐름을 한국채택국제회계기준에 따라, 중요성의 관점에서 공정하게 표시하고 있습니다.

한정의견근거

우리는 20×1년 6월 30일에 회사의 감사인으로 선임되었기 때문에, 보고기간 개시일 현재의 재고자산 실사에 입회하지 못하였습니다. 우리는 대체적인 방법으로도 해당 20×0년 12월31일 현재 보유 중인 재고자산 수량에 대하여 만족할만한 결과를 얻지 못하였습니다. 기초 재고자산이 재무성과와 현금흐름의 결정에 영향을 미치기 때문에, 우리는 손익계산서에 보고된 연간 손익과 현금흐름표에 보고된 영업활동으로부터의 순 현금흐름에 수정을 요하는 사항이 있는지 여부에 대하여 결정할 수 없었습니다.

우리는 감사기준에 따라 감사를 수행하였습니다. 이 기준에 따른 우리의 책임은 이 감사보고서의 재무제표감사에 대한 감사인의 책임 단락에 기술되어 있습니다. 우리는 재무제표감사와 관련된 대한민국의 윤리적 요구사항에 따라 회사로부터 독립적이며 그러한 요구사항에 따른 기타의 윤리적 책임들을 이행하였습니다. 우리가 입수한 감사증거가 한정의견을 위한 근거로서 충분하고 적합하다고 우리는 믿습니다.

기타사항

회사의 20×0년 12월 31일로 종료된 보고기간의 재무제표는 타감사인이 감사하였으며 이 감사인의 20×1년 3월 31일자 감사보고서에는 해당 재무제표에 대하여 적정의견이 표명되었습니다.

기타정보

재무제표에 대한 경영진과 지배기구의 책임

[표준감사보고서와 일치]

재무제표감사에 대한 감사인의 책임

[표준감사보고서와 일치]

기타 법규의 요구사항에 대한 보고

[표준감사보고서와 일치]

(3) 재무성과와 현금흐름은 한정의견, 재무상태는 적정의견을 표명하는 경우

기초잔액에 대하여 감사증거를 수집할 수 없고 이것이 재무상태에는 영향을 미치지 않지만, 재무성과 및 현금흐름에 영향을 미친다면 재무성과 및 현금흐름은 한정의견 또는 의견거절, 재무상태는 적정의견을 표명할 수도 있다.

예를 들면, 재고자산의 기초잔액에 대하여 감사증거를 수집할 수 없을 경우, 이는 당기손익과 전기손익에 모두 영향을 미치지만 손익에 미치는 영향은 자동정정 되므로 미처분이익잉여금에는 영향을 미치지 않는다. 따라서 포괄손익계산서와 현금흐름표는 적정의견을 표명할 수 없지만 당기손익을 이익잉여금과 구분하여 표시하지 않는 경우 재무상태표는 적정의견을 표명할 수 있다. 다음은 재무성과와 현금흐름은 한정의견, 재무상태는 적정의견을 표명하는 경우 감사보고서 사례이다.

Q

재무제표별로 상이한 감사의견을 표명할 수 있는가?

〈사례조건〉

- 공정표시체계를 사용하는 상장기업 이외 기업의 전체 재무제표에 대한 감사이며, 그룹감사가 아님
- 기업의 경영진이 한국채택국제회계기준 (일반목적체계)에 따라 작성한 재무제표임
- 감사업무의 조건에는 재무제표에 대한 경영진의 책임에 대한 기술이 반영되어 있음
- 감사인은 당기 기초재고자산 실사에 입회하지 않았고 재고자산의 기초잔액에 대한 충분하고 적합한 감사증거를 입수할 수 없었음
- 재고자산의 기초잔액에 대한 충분하고 적합한 감사증거를 입수하지 못함으로 인한 잠재적 영향이 중요하다고 여겨지나, 기업의 재무성과와 현금흐름에 대해서는 전반적이지 않다고 생각됨
- 보고기간말 재무상태는 공정하게 표시됨.
- 재무성과와 현금흐름은 한정의견을 표명하고 재무상태는 적정의견을 표명하는 것이 해당 상황에서 적합하다고 간주됨
- 감사에 적용된 관련 윤리적 요구사항은 해당 국가의 감사와 관련된 윤리적 요구사항임
- 입수한 감사증거에 근거하여, 감사인은 계속기업으로서의 존속능력에 대하여 유의적 의문을 초래할 수 있는 사건이나 상황과 관련된 중요한 불확실성이 존재하지 않는다고 결론을 내림
- 감사인은 핵심감사사항을 커뮤니케이션하도록 요구되지 않으며, 커뮤니케이션하기로 결정하지도 않음
- 감사인은 감사보고서일 전에 모든 기타정보를 입수하였으며 기타정보의 중요한 왜곡표시는 식별되지 않았음
- 대응수치가 표시되고 전기재무제표는 전임감사인으로부터 감사를 받았음. 감사인이 대응수치에 대한 전임감사인의 감사보고서를 언급하는 것이 법규상 금지되어 있지 않으며, 이에 따라 감사인은 전임감사인의 감사보고서를 언급하기로 결정함
- 재무제표에 대한 감시 책임자와 재무제표의 작성 책임자가 다름
- 재무제표에 대한 감사에 추가하여, 감사인은 현지 법률의 요구에 따른 기타의 보고책임을 지고 있음

독립된 감사인의 감사보고서

ABC주식회사의 주주 귀중 [또는 다른 적합한 수신인]

재무제표감사에 대한 보고

감사의견

우리는 ABC 주식회사(이하 "회사")의 재무제표를 감사하였습니다. 해당 재무제표는 20×1년 12월 31일 현재의 재무상태표와 동일로 종료된 보고기간의 포괄손익계산서, 자본변동표, 현금흐름표 그리고 유의적인 회계정책의 요약을 포함한 재무제표의 주석으로 구성되어 있습니다.

재무성과와 현금흐름에 대한 한정의견

우리의 의견으로는 별첨된 손익계산서와 현금흐름표는 이 감사보고서의 한정의견근거 단락에서 기술된 사항이 미칠 수 있는 영향을 제외하고는, 20×1년 12월 31일로 종료된 보고기간의 재무성과 그리고 현금흐름의 내용을 한국채택국제회계기준에 따라 중요성의 관점에서 공정하게 표시하고 있습니다.

재무상태에 대한 의견

우리의 의견으로는 별첨된 재무상태표는 회사의 20×1년 12월 31일 현재의 재무상태를 한국채택국제회계기준에 따라 중요성의 관점에서 공정하게 표시하고 있습니다.

재무성과와 현금흐름에 대한 한정의견 근거를 포함한 감사의견근거

우리는 20×1년 6월 30일에 회사의 감사인으로 선임되었기 때문에, 보고기간 개시일 현재의 재고자산 실사에 입회하지 못하였습니다. 우리는 대체적인 방법으로도 20×0년 12월31일 현재 보유 중인 재고자산 수량에 대하여 만족할만한 결과를 얻지 못하였습니다. 기초 재고자산이 재무성과와 현금흐름의 결정에 영향을 미치기 때문에, 우리는 손익계산서에 보고된 연간 손익과 현금흐름표에 보고된 영업활동으로부터의 순현금흐름에 수정을 요하는 사항이 있는지 여부를 결정할 수 없었습니다.

우리는 감사기준에 따라 감사를 수행하였습니다. 이 기준에 따른 우리의 책임은 이 감사보고서의 재무제표감사에 대한 감사인의 책임 단락에 기술되어 있습니다. 우리는 재무제표감사와 관련된 대한민국의 윤리적 요구사항에 따라 회사로부터 독립적이며 그러한 요구사항에 따른 기타의 윤리적 책임들을 이행하였습니다. 우리가 입수한 감사증거가 재무상태는 적정의견, 그리고 재무성과와 현금흐름은 한정의견을 위한 근거로서 충분하고 적합하다고 우리는 믿습니다.

기타사항

회사의 20×0년 12월 31일로 종료된 보고기간의 재무제표는 타감사인이 감사하였으며 이 감사인의 20×1년 3월 31일자 감사보고서에는 해당 재무제표에 대하여 적정의견이 표명되었습니다.

기타정보

재무제표에 대한 경영진과 지배기구의 책임

[표준감사보고서와 일치]

재무제표감사에 대한 감사인의 책임

[표준감사보고서와 일치]

기타 법규의 요구사항에 대한 보고

[표준감사보고서와 일치]

3.2 회계정책의 변경에 대한 회계처리 및 공시가 적절하지 않은 경우: 한정의견 또는 부적정의견

감사인은 다음의 두 가지 조건 중 어느 하나의 조건을 충족하는 경우 한정의견 또는 부적정의견을 표명한다(ISA 510-12).

회계정책의 변경으로 인하여 한정의견 or 부적정의견을 표명하는 경우(ISA 510-12)

① 당기 회계정책이 기초잔액과 관련하여 해당 재무보고체계에 따라 일관되게 적용되지 아니함
② 회계정책의 변경이 해당 재무보고체계에 따라 적합하게 회계처리되지 않았거나 적절하게 표시 또는 공시되지 않음

3.3 전임감사인의 의견변형

전기재무제표에 대한 전임감사인의 감사의견에 변형이 있었고 이것이 당기재무제표에 대하여도 계속 관련성이 있고 중요한 경우, 감사인은 당기재무제표에 대한 감사의견을 변형하여야 한다(ISA 510-13).

예를 들면, 전기에 전임감사인은 전기재무제표에 대하여 적정의견 감사보고서를 발행하였다. 그러나 당기에 전임감사인이 전기재무제표가 중요하게 왜곡표시된 것을 발견하였고, 경영진은 재무제표를 수정하지 않는다고 가정하자. 이 경우 전임감사인은 이미 발행한 전기재무제표에 대한 적정의견 감사보고서가 더 이상 유효하지 않다는 것을 감사보고서이용자들에게 알리고, 한정의견 감사보고서를 재발행한다.

당기재무제표를 감사하는 현행감사인은 당기재무제표의 기초잔액이 중요하게 왜곡표시되었고, 이것이 당기재무제표에도 중요한 영향을 미친다고 판단하는 경우, 현행감사인은 당기재무제표에 대한 감사의견을 한정의견으로 변형한다.

SECTION 07 실증적인 분석적절차 (Substantive Analytical Procedures)

NEW INTERNATIONAL STANDARDS ON AUDITING

본 절에서는 실증적인 분석적절차(Substantive Analytical Procedures)를 이용하여 감사증거를 입수하는 과정을 다루고 있다.

1 분석적절차의 의의

> 실증적인 분석적절차의 목적: 관련성이 있고 신뢰할 수 있는 감사증거를 입수하기 위함. 따라서 더 관련성이 높고 신뢰할 수 있는 방법이 존재한다면 이를 생략하고 다른 감사절차로 대체가능

실증적인 분석적절차란 개념적으로 감사인이 합리적인 방법을 이용하여 특정 재무제표의 계정잔액에 대한 기대치를 추정하고, 이를 경영진이 주장하는 특정 재무제표의 계정잔액과 비교함으로써 특정 재무제표의 계정잔액이 중요한 왜곡을 포함하고 있는지를 감사하는 것이다.

여기서, 분석적절차가 제공하는 증거력은 다음 요소에 따라 달라진다.

> ① 기대치를 추정하는 방법
> ② 사용하는 자료의 신뢰성
> ③ 얼마나 상세한 자료를 이용하는가?

분석적절차는 어디까지나 재무정보의 기댓값을 추정하는 것이기 때문에 비교하려고 하는 대상과는 차이가 발생할 수밖에 없다. 이러한 차이는 기댓값을 추정하는 방법이 완전하지 못한 데서 기인하기도 하고, 실제로 비교하려고 하는 대상이 왜곡을 포함하고 있기 때문이기도 하다. 따라서 감사인은 사전에 차이에 대하여 수용할 수 있는 기준(bench mark)인 중요성수준을 설정하고 차이가 중요한지 여부에 따라 세부테스트의 범위를 결정한다. 만약, 차이(차이 = 기댓값 − 비교대상)가 중요한 경우 감사인은 세부테스트의 범위를 확대하여야 한다. 그러나 차이가 중요하지 않은 경우 이는 기댓값이 가지는 한계 때문일 수도 있고, 설령 비교대상이 왜곡을 포함하고 있더라도 중요하지 않다는 것을 의미한다. 이 경우 감사인은 세부테스트를 생략하거나 범위를 축소할 수 있다.

TIP

실증적인 분석적절차의 유용성과 효과: 실증적인 분석적절차는 **"얼마만큼 왜곡표시되었다"**는 객관적인 증거를 제공하지 못하며, 전반적으로 **"얼마만큼 왜곡표시되었을 것 같다"**는 **왜곡표시 가능성**(likelyhood)을 제공할 뿐이다. 따라서 실증적인 분석적절차는 실증절차의 초기 단계에 전반적인 어떤 그룹(예를 들면, 유형자산 소계의 감가상각비 등)을 포괄적으로 분석하는데 사용된다.

- case 1 : 만약 왜곡표시 가능성이 낮다고 판단되면 감사인은 세부테스트를 생략하거나 최소한의 세부테스트만으로 해당 사항에 대하여 확신할 수 있다.
- case 2 : 만약 왜곡표시 가능성이 높다고 판단되면 감사인은 세부테스트를 생략할 수 없고, **세부 계정별**(예를 들면, 기계장치나 집기비품 같은 세부계정의 감가상각비 등)로 세부테스트를 확대하여야 한다. 감사인은 확대된 세부테스트를 수행함으로써 비로소 해당 사항에 대하여 확신할 수 있다.
- 결론 : 따라서 실증적인 분석적절차는 감사비용을 줄이고 감사를 보다 효율적으로 가능하게 한다(case 2의 경우에만 확대된 세부테스트를 수행하기 때문에)

분석적절차는 세부테스트에 비해 감사증거 수집비용이 매우 낮다. 그러나 객관적인 증거를 제공하기보다는 설득적인 증거(정황적 증거)를 제공한다. 따라서 분석적절차가 제공하는 증거는 세부테스트(예 외부확인, 검사)가 제공하는 증거보다 증거력이 낮다.

분석적절차 단독으로 증거가 충분하고 적합하다고 결론내리기 위해서는 여러 가지 상황을 고려한다. 예를 들어, 중요왜곡표시위험이 낮다고 결론내린 경우, 요구되는 증거량과 질은 상대적으로 낮다. 이 경우 분석적절차만으로도 충분하고 적합하다고 결론내릴 수 있을 것이다. 그러나 분석적절차는 그것이 제공하는 낮은 증거력 때문에 단독으로 증거를 제공하기 보다는 세부테스트와 결합하는 경우가 일반적이다.

즉, 실증적인 분석적절차는 객관적인 증거를 제공하지는 않지만 감사증거의 수집비용이 많이 드는 세부테스트의 범위를 줄이는데 기여하기도 하고 단독으로 감사증거를 제공하기도 한다.

2 분석적절차의 방법

분석적절차(Analytical Procedures)란 재무데이터와 비재무데이터 간의 개연적인 관계(plausible relationships)를 분석하여 재무정보를 평가하는 것을 의미한다. 또한 분석적절차에는 다른 관련정보와 불일치하거나 기대치와 유의적인 금액만큼 차이가 있는 변동이나 관계를 조사하는 것도 포함된다(ISA 520-3).

분석적절차에는 기업의 재무정보를 다음의 기대치와 비교하거나 관계를 이용하는 것을 포함한다(ISA 520-A1~A2).

분석적절차의 예시 (ISA 520-A1~A2)

(1) 재무정보를 다음의 기대치와 비교
- 과거 보고기간에 대한 비교가능한 정보
- 기업의 예산 또는 예측과 같은 기업의 기대치 또는 감가상각비의 추정과 같은 감사인의 기대치
- 유사한 산업정보(예 산업평균 또는 동일한 산업에서 비슷한 규모를 가진 기업의 매출채권회전율과 해당기업의 매출채권회전율을 비교)

(2) 재무정보와 비재무정보 간 관계를 이용
- 기업의 과거경험에 근거할 때 예측가능한 행태를 따를 것으로 기대되는 재무정보 구성요소들 간의 관계(예 매출총이익률)
- 재무정보와 관련 비재무정보간의 관계(예 종업원수 대비 급여)

2.1 재무정보를 기대치와 비교

분석적절차의 가장 일반적인 방법은 재무정보(감사대상)를 합리적인 기대치와 비교하여 경영진이 주장하는 재무정보가 적정한지 여부에 대하여 감사인이 확신하는 것이다. 따라서 무엇보다 재무정보와 비교하려고 하는 기대치(bench mark)가 합리적이어야 한다.

(1) 과거 보고기간에 대한 비교가능한 정보
(2) 기업의 예산 또는 예측과 같은 기업의 기대치 또는 감가상각비의 추정과 같은 감사인의 기대치
(3) 유사한 산업정보

(1) 과거 보고기간에 대한 비교가능한 정보

전기의 재무정보는 당기의 합리적인 기대치가 될 수 있다. 예를 들어, 전기 상품매출액이 100억원이라면 당기 상품매출액에 대한 기대치는 100억원이라고 기대할 수 있다. 만약 매년 상품매출액의 평균성장률이 10%라면 당기 상품매출액에 대한 기대치는 110억원으로 수정할 수 있을 것이다. 따라서 당기 상품매출액의 기대치와 당기 상품매출액을 대비하여 보면 당기 상품매출액이 과대 또는 과소계상 되었는지 여부에 대한 합리적인 증거를 얻을 수 있을 것이다. 회사가 제시한 당기 상품매출액이 150억원이고 당기 상품매출액의 합리적인 기대치가 110억원이라면 감사인은 당기 상품매출액이 40억원 과대계상 되었다고 의심할 수 있을 것이다.

실제로 감사현장에서는 모든 계정잔액에 대한 실증절차에서 가장 먼저 전기의 재무정보와 당기의 재무정보를 대비함으로써 계정잔액이 중요하게 왜곡되어 있는지 여부에 대한 설득적(정황적) 증거를 얻는다.

예제 04 분석적절차: 당기와 전기 재무정보의 대비

매출액에 대한 분석적절차의 결과가 다음과 같을 때 감사인은 어떠한 판단을 내릴 수 있을지 서술하시오. 단, 상품매출액에 배분된 중요성수준은 5억원이고, 제품매출액에 배분된 중요성수준은 8억원이다.

계정과목	전 기			당 기	차 이
	매출액	평균성장률	당기의 기대치		
상품매출액	100억원	2%	102억원	150억원	48억원
제품매출액	200억원	10%	220억원	221억원	1억원
합 계	300억원		322억원	371억원	49억원

해답

1. 상품매출액은 48억원의 비정상적인 차이가 발생하였고 이는 상품매출액에 배부된 중요성수준을

능가하므로 추가적인 감사절차(예 매출관련 서류에 대한 문서검사)를 실시하여 상품매출액이 과대계상 되었는지 여부에 대한 보다 신뢰성 있는 감사증거(세부테스트)를 수집하려고 할 것이다.

2. 제품매출액은 1억원의 차이가 발생하였지만 이는 제품매출액에 배분된 중요성수준 이하이므로 제품매출액이 과대계상 되었다고 판단할 수는 없다. 1억원의 차이는 당기의 기대치를 산출하는 방법이 완전하지 못하기 때문이라고도 할 수 있다. 그러나 분석적절차의 결과는 그 신뢰성이 다른 감사증거보다 낮기 때문에 감사인은 최소한의 수준에서 매출관련 서류에 대한 문서검사 등을 통하여 제품매출액이 적정하다는 감사증거를 수집할 수 있다.

(1) 과거 보고기간에 대한 비교가능한 정보
(2) 기업의 예산 또는 예측과 같은 기업의 기대치 또는 감가상각비의 추정과 같은 감사인의 기대치
(3) 유사한 산업정보

(2) 기업의 예산 또는 예측과 같은 기업의 기대치 또는 감가상각비의 추정과 같은 감사인의 기대치

당기 재무정보에 대한 예측자료와 회사의 재무정보를 비교하는 것은 당기 재무정보가 적정한가에 대한 합리적인 감사증거를 수집하는 훌륭한 수단이 될 수 있다. 예를 들면, 당기 감가상각비에 대한 기대치와 회사의 재무정보를 비교하는 것은 감가상각비가 적정한가에 대한 합리적인 감사증거가 될 수 있다.

예제 05 분석적절차: 감사인의 기대치

감사인은 유형자산의 감가상각비를 분석적절차를 통하여 추정하고 이를 장부상 감가상각비와 비교하여 장부상 감가상각비가 중요하게 왜곡되었는지 여부에 대하여 감사하려고 한다.
회사는 정액법을 사용하고 있으며, 잔존가액은 영(0)으로 추정하고 있다. 감사인은 개별적으로 감가상각대상금액을 계산하기 보다는 기초취득가액과 기말취득가액의 산술평균을 감가상각대상금액으로 사용한다. 또한 개별적으로 내용연수를 적용하기 보다는 계정과목별로 내용연수의 산술평균을 사용한다. 이와 같은 단순화된 방법을 사용한 분석적절차의 예는 다음과 같다.

〈감가상각비〉

계정과목	① 기초취득가액	② 기말취득가액	③=(①+②)/2 평균취득가액	④ 평균내용연수	⑤=③/④ 기대 감가상각비	⑥ 장부상 감가상각비	⑦=⑥−⑤ 차이
건물	₩100,000,000	₩130,000,000	₩115,000,000	25	₩4,600,000	₩4,000,000	₩−600,000
구축물	40,000,000	80,000,000	60,000,000	20	3,000,000	2,500,000	−500,000
기계장치	25,000,000	35,000,000	30,000,000	8	3,750,000	3,000,000	−750,000
기타	18,000,000	22,000,000	20,000,000	5	4,000,000	4,050,000	50,000

평가

1. 상기 사례는 감가상각비에 대한 실증적인 분석적절차의 예이다. 세부테스트는 개별적으로 건건이 감가상각비가 공정하게 계산되었는지 검사(재계산검증)하는 것이다. 상기와 같은 방법을 통하여

세부테스트의 범위를 축소할 것인지 여부를 결정할 수 있다.

2. 상기 사례에서 기대치의 한계는 다음과 같은 것으로부터 유래된다.
   - 기중 취득과 처분은 평균적으로 발생하지 않을 수 있다. 그런데 평균취득가액을 계산할 때 취득과 처분이 평균적일 것이라는 가정에 기초하고 있다.
   - 내용연수는 동일 계정과목이라 할지라도 다를 수 있다. 그런데 감사인은 개별 내용연수의 산술평균을 사용함으로써 내용연수별로 동일한 상각대상금액을 가지고 있다고 가정하고 있다.
   - 그럼에도 불구하고 상기의 분석적절차는 비교적 합리적인 방법으로 감가상각비의 기대치를 계산하고 있어 증거력도 높다. 그러나 차이는 회사의 감가상각비가 그것만큼 과대 또는 과소 계상되었다는 객관적인 증거를 제공하지는 않으며, 차이만큼 과대 또는 과소 계상되었을 수 있다는 정황적 증거를 제공해 줄 뿐이다.

(1) 과거 보고기간에 대한 비교가능한 정보

(2) 기업의 예산 또는 예측과 같은 기업의 기대치 또는 감가상각비의 추정과 같은 감사인의 기대치

(3) 유사한 산업정보

(3) 유사한 산업정보

회사가 속한 동종산업 재무정보는 회사의 재무정보와 관련이 있다. 따라서 감사인은 이를 비교함으로써 회사의 재무정보가 적정한가에 대한 합리적인 감사증거를 얻을 수도 있다.

예제 06 분석적절차: 유사한 산업정보

회사의 부채비율이 150%인데 동종산업의 평균부채비율이 500%라고 하면, 감사인은 회사의 부채비율이 비정상적으로 낮다고 판단할 수 있고, 따라서 부채가 누락되어 부외부채가 존재할 수도 있다는 것을 직감할 것이다. 이 경우 감사인은 부외부채에 대한 감사절차를 확대하여 실시할 것을 고려할 수 있다.

2.2 재무정보와 비재무정보간 관계를 이용

(1) 예측가능한 행태를 따를 것으로 기대되는 재무정보 구성요소들 간의 관계

분석적절차는 관련 재무비율을 계산하여 그 추세를 이용하여 당기 재무정보의 합리적인 기대치를 추정할 수 있다.

예제 07 분석적절차: 예측가능한 행태를 따를 것으로 기대되는 재무정보 구성요소들 간의 관계

감사인은 당기(2×13)의 매출원가가 중요한 왜곡을 포함하고 있는지 여부를 감사하고자 한다. 감사인이 사용한 방법은 아래 표와 같다. 과거 정보는 모두 본 감사인이 감사한 자료를 사용한 것이다.

	2×10년	2×11년	2×12년	2×13년
매 출 액	₩20,000	₩21,000	₩22,100	₩23,800
매 출 원 가	14,240	14,973	15,735	15,470
매 출 원 가 율	0.712	0.713	0.712	0.650

가 정

1. 감사인은 매출원가율의 과거 추세를 이용하고 있다. 감사인은 제조방법에 큰 변화가 없고 원재료, 인건비 그리고 기타 경비가 안정적이라고 판단하고 있기 때문에 매출원가율은 안정적인 추세를 보일 것이라고 판단하고 있다.

평 가

1. 과거 3년간 매출원가율은 안정적으로 0.712에서 0.713의 범위 내에 있다. 3년간 산술평균은 0.7123이다. 이를 당기 0.650과 비교하면 당기의 매출원가율이 비이상적으로 낮다. 원인은 여러 가지로 추정가능하다.
   - 제조방법과 원가가 안정적이라는 감사인의 가정이 사실과 다른 경우이다. 그러나 감사인이 확인한 결과 이러한 가정은 크게 잘못되지 않았다고 가정하자.
2. 회사가 매출원가를 과소계상 또는 매출액을 과대계상하였을 개연성이 있다. 기업에 대한 이해과정에서 감사인은 경영진이 경영실적에 따라 차기 재임용 여부가 결정되고 영업실적이 전기보다 좋지 않아 실적의 달성에 부담을 가지고 있다는 것을 알았다고 가정하자. 충분히 경영진이 매출액을 과대계상하고 매출원가를 과소계상할 유인이 있다.
3. 이 경우 감사인은 세부테스트를 확대하여 실시한다고 결론 짓는 것이 합리적이다.

(2) 재무정보와 관련 비재무정보간의 관계

인건비(재무정보)와 종업원수(비재무정보)와의 상관관계를 이용하여 전기와 당기의 종업원 일인당 인건비를 계산하고 이를 대비함으로써 인건비계정의 적정성에 대한 합리적인 증거를 수집할 수도 있다.

3 분석적절차의 적용

분석적절차는 일반적으로 다음의 순차로 수행된다.

TIP

분석적절차의 전 단계:
감사인은 분석적절차를 수행하기 전에 다음 단계를 선행한다.
① 분석적절차가 적절한지를 결정함
② 데이터의 신뢰성을 평가함

기대치 추정

↓

추가적인 조사를 하지 않고 수용할 수 있는 차이금액(중요성수준) 결정

↓

계정잔액 또는 비율을 기대치와 비교 → 차이 발생

↓

유의적인 차이 조사 / 비유의적인 차이는 수용함

감사인은 실증절차로서의 분석적절차를 단독으로 또는 세부테스트와 결합하여 설계하고 수행할 때 다음의 절차를 수행하여야 한다(ISA 510-5).

분석적절차의 적용절차 (ISA 520-5)

(a) 주어진 경영진주장에 대한 평가된 중요왜곡표시위험과 해당되는 경우 이러한 주장에 대한 세부테스트를 고려하여, 특정 실증적인 분석적절차가 적절한지를 결정함
(b) 기록된 금액이나 비율에 대한 감사인의 기대치가 도출될 데이터의 신뢰성을 평가함. 이때, 이용가능한 정보의 원천과 비교가능성 및 그 성격과 관련성을 고려하고, 그 작성에 대한 통제를 고려한다.
(c) 기록된 금액이나 비율에 대한 기대치를 도출하고, 그러한 기대치가 개별적으로 또는 다른 왜곡표시와 합쳐져서 재무제표를 중요하게 왜곡표시 시킬 수 있는지 왜곡표시를 식별할 정도로 충분히 정확한지 여부를 평가함
(d) 추가적인 조사를 하지 않고 수용할 수 있는 차이금액(기록된 금액 − 기대치)을 결정함

3.1 경영진주장에 대한 특정 분석적절차의 적합성

실증적인 분석적절차는 일반적으로 시간의 경과에 따라 예측가능성이 높아지는 대규모의 거래에 더 적합하다. 계획된 분석적절차는 다음과 같은 가정(또는 기대)에 기초하여 적용된다.(주)

(주) 이 부분에 대하여 원문을 제대로 번역하지 못하고 있다. 따라서 원문에 맞게 수정하였다. ISA 520-A6: The application of planned analytical procedures is based on the expectation that relationships among data exist and continue in the absence of known conditions to the contrary.

분석적절차의 가정

① 데이터 간 상관관계가 존재(relationships among data exist)
② 알려진 조건에 반증이 없는 한 그러한 관계가 지속된다(relationships continue in the absence of known conditions to the contrary)는 기대

반면, 특정의 분석적절차가 적합한지 여부는 왜곡표시를 발견하는 데 해당절차가 얼마나 효과적일 것인지에 대한 감사인의 평가에 따라 달라질 것이다(ISA 520-A6).

3.2 데이터의 신뢰성

분석적절차는 그 사용하는 데이터의 신뢰성에 따라 제공하는 증거력이 달라진다. 따라서 사용할 데이터는 신뢰할 수 있어야 한다. 실증적인 분석적절차를 설계할 때 데이터가 신뢰할 수 있는지는 다음 요소에 따라 결정된다.

사용할 자료의 신뢰성 (ISA 520-A12)

① 이용가능한 정보의 원천

예 정보의 원천은 외부정보가 내부정보보다, 독립적일수록, 그리고 내부정보는 내부통제가 효과적일수록 신뢰성이 높다.

② 이용가능한 정보의 비교가능성

예 광범위한 산업 데이터를 특정 제품을 생산, 판매하는 개별 기업의 데이터와 비교하기 위해서는 해당 데이터를 보완할 필요가 있을 것이다.

③ 이용가능한 정보의 성격과 관련성

예 어떤 예산이 달성하고자 하는 목표에 근거한 것이 아니라 예상되는 결과에 따라 수립되었는지 여부

④ 정보의 완전성과 정확성 및 타당성을 보장하도록 설계된, 정보의 작성에 대한 통제

예 예산의 작성과 검토 및 유지에 대한 통제

3.3 기대치가 충분히 정확한 지에 대한 평가

분석적절차에서 가장 중요한 것은 합리적인 기대치를 추정하는 것이다. 만약 합리적인 기대치를 추정할 수만 있다면 비교대상 정보에 포함되어 있는 중요한 왜곡표시를 식별할 수 있다. 얼마나 정확한 기대치를 산출할 수 있는가는 다음과 관련이 있다.

기대치의 정확성을 결정짓는 요소 (ISA 520-A15)

- 실증적인 분석적절차의 예상결과가 예측되는 정확성

  예 감사인은 연구비 또는 광고비와 같은 재량적 비용을 비교하는 것 보다는 특정 기간의 매출총이익을 다른 기간의 그것과 비교할 때 기대치는 더 정확하다.

- 정보가 세분될 수 있는 정도

  예 실증적인 분석적절차는 재무제표 전체에 포괄적으로 분석할 때보다 개별 단위별로 세분화할 때 더욱 효과적이다.

- 재무 및 비재무 정보의 이용가능성

  예 예산 또는 예측과 같은 재무정보와 생산수량 또는 판매수량과 같은 비재무정보를 이용할 수 있는 경우 기대치는 더 정확하다.

3.4 기록된 금액과 기대치의 수용될 수 있는 차이

감사인은 기대치를 추정할 때 일정한 가정에 기초하기 때문에 비교대상과 차이가 발생할 수밖에 없다. 감사인은 차이가 추가적인 조사없이 수용할 수 있는 기준을 초과할 때에만 그 차이가 중요한 왜곡표시라고 판단한다.

감사인이 차이를 추가적인 조사없이 수용할 수 있는지 여부는 중요성 및 요구되는 확신수준을 고려하여 결정한다. 이 경우 감사인은 왜곡표시가 개별적으로 또는 다른 왜곡표시들과 합쳐질 때 재무제표를 중요하게 왜곡시킬 가능성을 고려한다. 또한 감사대상의 위험이 높다고 평가할수록 추가적인 조사없이 수용가능한 차이는 작아진다.

4 분석적절차의 결과에 대한 조사

핵심

1. 경영진에게 질문하고 답변을 받음
2. 경영진의 답변을 확인하기 위한 증거 수집
   ① 경영진의 답변에 대한 확인. 예를 들어, 회사의 사업에 대한 감사인의 이해와 감사과정에서 얻은 기타의 증거를 경영진의 답변과 비교한다.
   ② 경영진이 설명하지 못하거나 설명이 적절하지 않은 경우 다른 감사절차를 적용할 필요성에 대하여 고려한다.

분석적절차의 결과, 다른 관련정보와 일관성이 없거나 기대치와 유의적인 차이나 관계를 식별한 경우, 감사인은 그 차이에 대하여 다음과 같이 조사하여야 한다(ISA 520-7).

분석적절차의 결과 장부와 기대치가 중요하게 차이나는 경우 추가적 감사절차(ISA 520-7)

(a) 경영진에게 질문하고 경영진의 답변과 관련성이 있는 적합한 감사증거를 입수함 ①
(b) 그러한 상황에 필요한 기타의 감사절차를 수행함 ②

① 경영진의 답변과 관련된 감사증거는 기업과 그 환경에 대한 감사인의 이해와 감사 중 입수한 다른 감사증거를 고려하여 평가할 수 있음
② 세부테스트

경영진의 답변과 관련된 감사증거는 기업과 그 환경에 대한 감사인의 이해를 고려하여 이러한 답변을 평가함으로써 입수될 수 있고, 감사의 진행 중에 입수한 다른 감사증거를 고려하여 이러한 답변을 평가함으로써 입수될 수 있을 것이다. 예를 들어, 경영진이 설명을 할 수 없거나 또는 경영진의 답변과 관련하여 입수한 감사증거로 인하여 해당 설명이 적절하다고 고려될 수 없는 경우, 다른 감사절차를 수행할 필요성이 발

생할 수 있다(ISA 520-A20, A21).

5 분석적절차의 한계점

분석적절차는 다른 방법에 비하여 적은 비용으로 증거를 수집할 수 있다는 장점이 있다. 그러나 분석적절차는 다음과 같은 한계점도 가지고 있다. 따라서 감사인이 분석적절차를 이용할 경우 다음과 같은 한계점을 충분히 고려하여야 한다.

① 평가기준인 기대치가 부적합할 수 있다. 예를 들면, 과연 회사 부채비율의 기대치로써 산업평균비율이 적합한가?

② 기대치와 특정 계정잔액의 차이가 왜곡표시 때문인지 아니면 특정 계정잔액에 포함된 우연한 변화 때문인지를 판단하기 어렵다.

③ 회계기록이 역사적 원가에 기초하기 때문에 회사의 연혁(ages)이나 자산의 구성 등이 서로 상이한 회사와의 비교가 어렵다.

④ 회계처리방법의 차이는 회사 간 비교를 어렵게 한다.

⑤ 분석적절차는 왜곡표시사항을 직접 적발하는 것이 아니라 의미 있는 차이가 존재할 경우 추가적인 감사절차를 수행하도록 할 수 있다는 정황적 증거만을 제시한다.

SECTION 08 회계추정치와 관련 공시에 대한 감사

NEW INTERNATIONAL STANDARDS ON AUDITING

용어의 정의

- 회계추정치 : 해당 재무보고체계에 따른 측정에 추정불확실성이 따르는 화폐금액
- 감사인의 점추정치 또는 범위추정치 : 경영진의 점추정치를 평가할 용도로 감사증거로부터 도출된 금액 또는 금액 범위
- 추정불확실성 : 본질적으로 그 측정의 정확성이 결여되기 쉬운 성질
- 경영진의 편의 : 정보의 작성에 있어 경영진의 중립성이 결여되는 것
- 경영진의 점추정치 : 재무제표상의 인식 또는 공시를 위하여 경영진이 회계추정치로서 선택한 금액
- 회계추정치의 결과 : 회계추정의 바탕이 되었던 기초적인 거래나 사건, 상황이 추후 해결되어 결정된 실제의 화폐금액

1 회계추정치에 대한 감사의 개요

회계추정치는 재무제표를 구성하는 일부분이다. 따라서 경영진은 회계기준에 따라 회계추정치를 추정하고 재무제표에 표시하며 또한 관련 사항을 재무제표에 대한 주석으로 공시하여야 한다.

회계추정치를 추정하는 과정에서 경영진은 일정한 가정에 기초하여 관련 있는 데이터를 이용하게 된다. 그리고 복잡하고 전문전인 추정방법이 동원되기도 한다. 예를 들면, 일반적인 국내 채권에 대한 대손충당금은 매출채권의 연령분석이나 과거 대손경험율 자료를 이용하여 비교적 간단하게 추정할 수 있다. 그러나 해외 채권의 경우 국가위험(country risk)을 고려하는 등 복잡하고 전문적인 기법이 수반되어야 한다. 보험회사의 책임준비금은 보험회사가 장래에 보험계약자에게 지급해야 할 보험금과 환급금 등의 채무를 이행하기 위해 미리 적립해 두는 것으로 수리적 준비금 방식(Actuarial Reserve Method)에 기초한다.

경영진은 회계추정치를 추정하여 재무제표에 계상하기 위하여 관련 내부통제를 설하고 운용하며, 스스로 회계추정치를 산정하기도 하지만 경영진이 고용한 외부전문가의 도움을 받아 추정하기도 한다. 예를 들면, 부동산의 공정가지 평가는 감정평가사, 보험회사의 책임준비금은 보험계리사의 도움을 받아 추정한다. 그러나 경영진이 외부전문가의 도움을 받아 회계추정치를 추정하더라도 재무제표 작성책임은 회사 경영진에게 있기 때문에 회사의 경영진이 외부전문가의 업무를 통제하여야 한다.

감사인은 회사의 ❶회계추정치 관련 내부통제를 평가(위험평가와 관련활동)하여 ❷중요왜곡표시위험을 식별하고 평가하고 ❸평가된 중요왜곡표시위험에 대한 대응(추가감사절차)를 수행하는 일반적인 절차를 따른다.

회계추정치에 대한 감사의 개요를 이해하고 아래 구체적 감사절차를 학습해 보자.

2 회계추정치(Accounting Estimates)의 성격

회계추정치란 재무제표에 포함된 추정불확실성이 따르는 회폐금액을 말한다. 회계추정치는 성격이 다양하며 화폐금액이 직접적으로 관측될 수 없을 때 경영진에 의해 도출될 필요가 있다. 이러한 화폐금액의 측정은 지식과 정보의 고유한계를 반영한 추정불확실성을 수반한다. 이러한 한계는 측정결과에 고유의 주관성과 변동성을 유발한다.

회계추정치를 도출하는 과정에서 가정과 데이터를 사용하는 기법을 선택하고 적용하게 되며, 이 때 경영진의 판단을 필요로 하고 측정에 있어 복잡성을 유발할 수 있다. 이러한 화폐금액의 측정에 대한 복잡성과 주관성 또는 기타 고유위험요소는 왜곡표시에 대한 위험성에 영향을 미친다(ISA 540-2).

거래유형, 계정 잔액 및 공시와 관련된 회계추정치의 예는 다음과 같다.

거래유형, 계정 잔액 및 공시와 관련된 회계추정치의 예 (ISA 540-A1)

- 재고자산의 진부화
- 유형자산의 감가상각
- 기반시설 자산의 평가
- 금융상품의 평가
- 계류중인 소송의 결과
- 기대신용손실 충당금
- 보험계약부채의 평가
- 보증 채무
- 종업원퇴직급여부채
- 주식기준보상
- 영업권과 무형자산의 결정을 포함한 사업결합으로 취득한 자산과 부채의 공정가치
- 매각예정 장기성 자산 또는 유형자산의 손상
- 독립적인 당사자간의 자산이나 부채의 비화폐성교환
- 장기계약에 대한 수익인식

3 위험평가절차 및 관련 활동

감사인은 기업의 내부통제 등 기업과 기업환경을 이해할 때, 기업의 회계추정치와 관련하여 다음 사항을 이해하여야 한다. 감사인의 이해 절차는 재무제표와 경영진주장 수준의 중요왜곡표시위험을 식별하고 평가하는 데 적합한 근거를 제공하기에 충분할 정도의 범위로 수행되어야 한다(ISA 540-13).

3.1 기업과 기업환경

① 재무제표에 인식되거나 공시되는 회계추정치를 유발하거나 회계추정치의 수정이 유발하는 기업의 거래와 기타 사건 및 상황.

② 회계추정치와 관련된 해당 재무보고체계의 요구사항(인식 기준, 측정 근거, 관련 표시와 공시 요구사항 포함), 이들이 기업과 기업환경의 성격과 상황의 관점에서 적용되는 방법(거래와 기타 사건 및 상황이 고유위험요소를 가지거나 영향을 받는 방법

포함).

③ 기업의 회계추정치에 대한 규제 요인(해당되는 경우 건전성 감독과 관련된 규제 체계 포함)

④ 감사인이 위 ①에서 ③의 사항에 대한 이해를 바탕으로 기업의 재무제표에 포함될 것으로 기대하는 회계추정치와 관련 공시의 성격

3.2 기업의 내부통제

① 회계추정치에 관한 경영진의 재무보고절차에 대한 기업의 감독과 관리의 성격과 범위

② 경영진이 경영진측 전문가의 활용을 포함하여 회계추정치와 관련된 전문적인 기술과 지식에 대한 필요성을 식별하고 적용하는 방법

③ 기업의 위험평가절차가 회계추정치와 관련된 위험을 식별하고 대응하는 방법

④ 다음과 관련된 내용을 포함한 기업의 정보시스템

- 재무제표에 유의적이며 회계추정치와 관련 공시를 유발하거나 변경을 유발하는 거래 유형, 사건, 상황
- 그러한 회계추정치와 관련 공시에 대한 다음 사항.
  - a. 경영진이 해당 재무보고체계의 관점에서 적합한 관련된 방법, 가정 또는 데이터의 원천, 그 변경 필요성을 식별하는 방법으로 다음을 포함한다.
    - 경영진이 모델의 이용을 포함하여 사용된 방법을 선택, 설계 및 적용한 방법
    - 경영진이 대용치를 포함한 사용된 가정을 선택하고 유의적 가정을 식별한 방법
    - 경영진이 사용된 데이터를 선택한 방법
  - b. 측정 결과의 가능한 범위에 대한 고려를 포함하여 경영진이 추정불확실성의 정도를 이해하는 방법
  - c. 재무제표에 포함될 점추정치와 관련 공시의 선택을 포함하여 경영진이 추정불확실성에 대응하는 방법
    - 회계추정치를 도출하기 위한 경영진의 절차에 대한 감사와 관련된 통제활동
    - 경영진이 이전 회계추정치의 결과를 검토하고 검토결과에 대응하는 방법

감사인은 당기의 중요왜곡표시위험을 식별하고 평가하는데 도움을 주기 위하여 이전 회계추정치의 결과, 또는 해당되는 경우 후속적인 재추정을 검토하여야 한다(ISA 540-14).

감사인은 업무팀이 회계추정치에 대하여 위험평가절차를 수행하고 중요왜곡표시위험을 식별 및 평가하며 이러한 위험에 대응된 감사절차를 설계하고 수행하거나 입수한 감사증거를 평가하기 위하여 전문적인 기술이나 지식이 필요한지 판단하여야 한다(ISA 540-15).

4 중요왜곡표시위험의 식별과 평가

경영진주장 수준의 회계추정치와 관련 공시에 대한 중요왜곡표시위험을 식별하고 평가할 때, 감사인은 고유위험과 통제위험을 각각 평가하여야 한다. 감사인은 중요왜곡표시위험을 식별하고 고유위험을 평가할 때 다음을 고려하여야 한다(ISA 540-16).

회계추정치 중요왜곡표시위험을 식별하고 고유위험을 평가할 때 고려할 사항 (ISA 540-16)

① 회계추정치에 추정불확실성이 있는 정도
② 다음 사항이 복잡성과 주관성 또는 기타 고유위험요소에 영향을 받는 정도
- 회계추정치를 도출할 때 방법, 가정 그리고 데이터의 선택과 적용
- 재무제표에 포함될 경영진의 점추정치와 관련 공시의 선택

감사인은 식별되고 평가된 중요왜곡표시위험이 감사인이 판단하기에 유의적 위험인지 결정하여야 한다. 유의적 위험이 존재한다고 결정한 경우 감사인은 해당 위험과 관련된 통제활동을 포함한 통제를 이해하여야 한다(ISA 540-17).

5 평가된 중요왜곡표시위험에 대한 대응

5.1 회계추정치의 추가감사절차

감사인의 추가감사절차는, 각 위험에 대한 평가 이유를 고려하여, 경영진주장 수준의 평가된 중요왜곡표시위험에 대응하여야 한다. 감사인의 추가적인 감사절차는 다음 접근방법 중 하나 이상을 포함하여야 한다.

회계추정치에 대한 감사절차(평가된 중요왜곡표시위험에 대한 대응) (ISA 540-18)

① 감사보고서일까지 발생한 사건으로부터 감사증거를 입수
② 경영진의 회계추정치 도출방법에 대한 테스트
③ 감사인의 점추정치 또는 범위 추정치의 도출

감사인의 추가감사절차에는 평가된 중요왜곡표시위험이 높을수록 감사증거가 더 설득력이 있을 필요가 있다는 점이 고려되어야 한다. 감사인은 확인적인 감사증거를 입수하려 하거나 상반될 수 있는 감사증거를 배제하려 하는 편향되지 않은 방식으로 추가감사절차를 설계하고 수행하여야 한다(ISA 540-18).

5.2 회계추정치 통제의 운용효과성에 대한 통제테스트

감사인은 다음과 같은 경우에 관련 통제의 운영효과성에 대한 충분하고 적합한 감사증거를 입수하기 위한 테스트를 설계하고 수행하여야 한다.

회계추정치 통제의 운용효과성에 대한 통제테스트를 수행하여야 할 경우 (ISA 540-19)

① 경영진주장 수준의 중요왜곡표시위험에 대한 감사인의 평가에 통제가 효과적으로 운영될 것이라는 기대가 포함되어 있는 경우
② 실증절차만으로는 경영진주장 수준에서 충분하고 적합한 감사증거를 제공할 수 없는 경우

회계추정치에 대하여 감사인의 통제 테스트는 중요왜곡표시위험에 대하여 내려진 평가의 이유에 대응하여야 한다. 통제 테스트를 설계하고 수행할 때 감사인은 통제의 효과성을 더 많이 신뢰를 할수록 더 설득력 있는 감사증거를 입수하여야 한다(ISA 540-19).

관련 통제에 대해 의존하고자 할 경우	유의적 위험에 대한 접근방법이 실정절차로만 이루어지는 경우
회계추정치와 관련된 유의적 위험에 대한 감사인의 추가적인 감사절차에는 당기의 통제에 대한 테스트를 포함	세부테스트를 포함

※ 내부통제의 운용효과성을 테스트하는 것을 통제테스트(Tests of Controls)라 하고, 실증절차에서 계정잔액에 대한 경영진주장을 테스트 하는 것을 세부테스트(Tests of Details)라 한다.

(1) 감사보고서일까지 발생한 사건으로부터 감사증거 입수

감사인의 추가감사절차가 감사보고서일까지 발생한 사건으로부터 감사증거를 입수

하는 것을 포함하는 경우, 감사인은 그 사건과 측정일간의 환경 및 기타 관련 상황의 변화가 해당 재무보고체계의 관점에서 감사증거의 관련성에 영향을 줄 수 있다는 점을 고려하여 그러한 감사증거가 회계추정치에 대한 중요왜곡표시위험을 다루기에 충분하고 적합한지를 평가하여야 한다(ISA 540-21).

> 사례 : 어떤 상황에서는 감사보고서일까지 발생한 사건은 중요왜곡표시위험을 다루기 위한 충분하고 적합한 감사증거를 제공할 수 있다. 예를 들어, 중단된 제품을 보고기간말 직후 완전히 매각한 경우 이는 순실현가능가치의 추정과 관련된 충분하고 적합한 감사증거를 제공할 수 있다. 다른 경우에는, 문단 18의 다른 접근법과 함께 이 테스트 접근법을 사용할 필요가 있을 수 있다(540-A91).

(2) 경영진이 회계추정치를 도출하는 방법에 대한 테스트

경영진이 회계추정치를 도출한 방법을 테스트할 때, 감사인의 추가감사절차는 다음과 관련된 중요왜곡표시위험과 관하여 충분하고 적합한 감사증거를 입수하기 위하여 계획되고 수행된 절차를 포함하여야 한다.

경영진의 회계추정치를 도출 방법에 대한 감사인의 세부테스트 (ISA 540-22)

① 회계추정치를 도출하는 데 경영진이 사용한 ❶방법, ❷유의적 가정 및 ❸데이터의 선택과 적용

② ❹경영진이 점추정치를 선택하고 회계추정치에 대한 관련 공시를 개발한 방법

❶ 방법 : 방법과 관련하여 감사인의 추가감사절차는 다음을 다루어야 한다(ISA 540-23).

① 선택된 방법이 해당 재무보고체계의 관점에서 적합하며, 해당되는 경우 전기 사용된 방법으로부터의 변경이 적합한지 여부

② 방법을 선택할 때 이루어진 판단이 경영진의 편의가능성에 대한 징후를 발생시키는지 여부

③ 계산이 방법에 맞고 수학적으로 정확하게 이루어졌는지 여부

④ 경영진의 방법 적용에 복잡한 모델에 연관되는지 여부, 적용된 판단이 일관적인지 여부. 해당되는 경우 다음을 포함한다.
- 모델의 설계가 해당 재무보고체계의 측정 목적을 충족하고, 상황에 적합하며, 해당되는 경우 전기 모델의 변경이 적절한지 여부
- 모델의 결과에 대한 조정이 해당 재무보고체계의 측정 목적과 일관되며 상황에 적합한지 여부

⑤ 방법의 적용에 있어 유의적 가정과 데이터의 진실성이 유지되는지 여부

❷ 유의적 가정: 유의적 가정과 관련하여, 감사인의 추가감사절차는 다음을 다루어야 한다(ISA 540-24).

> ① 유의적 가정이 해당 재무보고체계의 관점에서 적합하며 해당되는 경우 전기로부터의 변경이 적합한지 여부
> ② 유의적 가정을 선택할 때 이루어진 판단이 경영진의 편의가능성에 대한 징후를 발생시키는지 여부
> ③ 유의적 가정이 서로 간에 그리고 다른 회계추정치에 사용되는 가정과 일관되는지, 또는 감사에서 입수한 감사인의 지식에 근거하였을 때 기업의 사업활동의 다른 분야에서 사용되는 가정과 일관되는지 여부
> ④ 해당되는 경우 경영진이 특정한 일련의 조치를 취할 의도가 있고 그러한 능력이 있는지 여부

❸ 데이터: 데이터와 관련하여 감사인의 추가감사절차는 다음을 다루어야 한다(ISA 540-25).

> ① 데이터가 해당 재무보고체계의 관점에서 적합하며, 해당되는 경우, 전기로부터의 변경이 적합한지 여부
> ② 데이터를 선택할 때 이루어진 판단이 경영진의 편의가능성 징후를 발생시키는지 여부
> ③ 데이터가 상황과 관련성이 있으며 신뢰할 수 있는지 여부(문단 A107 참조)
> ④ 계약 조건을 포함하여 경영진이 데이터를 적절하게 이해했는지 또는 해석했는지 여부

❹ 경영진의 점추정치 및 추정불확실성에 대한 관련 공시의 선택: 감사인의 추가감사절차는 경영진이 해당 재무보고체계의 관점에서 다음에 대한 적합한 조치를 취하였는지 여부를 다루어야 한다(ISA 540-26).

> ① 추정불확실성에 대하여 이해함
> ② 적합한 점추정치를 선택하고 추정불확실성에 대한 관련 공시를 개발하여 추정불확실성을 다룸

입수된 감사증거에 기초하여 감사인이 판단하기에 경영진이 추정불확실성을 이해하고 다루기 위한 적합한 조치를 취하지 않는 경우 다음을 수행하여야 한다(ISA 540-27).

① 경영진에게 추정불확실성을 이해하거나 경영진의 점추정치의 선택을 재고하거나 추정불확실성에 대한 추가적인 공시를 제공함으로써 추정불확실성을 다루는 추가적인 절차를 수행하도록 요구하고, 경영진의 대응을 평가한다.
② 감사인이 감사인의 요구에 대한 경영진의 대응이 추정불확실성을 충분히 다루고 있지 않다고 결정하는 경우, 실행가능한 정도까지 감사인의 점추정치 또는 범위추정치를 도출한다.
③ 내부통제의 미비점이 존재하는지를 평가하고 미비점이 존재하는 경우 내부통제 미비점에 대한 지배기구 및 경영진과 커뮤니케이션한다.

(3) 경영진의 점추정치 및 추정불확실성에 대한 관련 공시의 선택

감사인은 경영진이 회계추정치를 도출하는 방법에 대하여 세부테스트하여야 한다. 이 때 감사인의 추가감사절차는 경영진이 해당 재무보고체계의 관점에서 다음에 대한 적합한 조치를 취하였는지 여부를 다루어야 한다.

경영진의 점추정치 및 추정불확실성에 대한 조치를 취하였는가? (ISA 540-26)

① 추정불확실성에 대하여 이해함
② 적합한 점추정치를 선택하고 추정불확실성에 대한 관련 공시를 개발하여 추정불확실성을 다룸

입수된 감사증거에 기초하여 감사인이 판단하기에 경영진이 추정불확실성을 이해하고 다루기 위한 적합한 조치를 취하지 않는 경우 다음을 수행하여야 한다.

경영진이 추정불확실성을 이해하고 다루기 위한 적합한 조치를 취하지 않는 경우 (ISA 540-27)

① 경영진에게 추정불확실성을 이해하거나 경영진의 점추정치의 선택을 재고하거나 추정불확실성에 대한 추가적인 공시를 제공함으로써 추정불확실성을 다루는 추가적인 절차를 수행하도록 요구하고, 경영진의 대응을 평가한다.
② 감사인이 감사인의 요구에 대한 경영진의 대응이 추정불확실성을 충분히 다루고 있지 않다고 결정하는 경우, 실행가능한 정도까지 감사인의 점추정치 또는 범위추정치를 도출한다.
③ 내부통제의 미비점이 존재하는지를 평가하고 미비점이 존재하는 경우 지배기구 및 경영진과 커뮤니케이션한다.

(4) 점추정치 또는 범위추정치의 도출

추정불확실성에 대한 경영진의 점추정치와 관련 공시를 평가하기 위하여 감사인이 점추정치 또는 범위추정치를 도출할 때, 감사인의 추가감사절차는 방법, 가정 또는 사용된 데이터가 해당 재무보고체계의 관점에서 적합한지 평가하는 절차를 포함하여야

한다. 감사인이 경영진 또는 감사인 자체의 방법, 가정 또는 데이터 중 어느 것을 사용하는지에 관계없이 이러한 추가감사사절차는 방법, 유의적 가정 및 데이터를 다루도록 설계되고 수행되어야 한다(ISA 540-28). 감사인이 범위추정치를 도출하는 경우 다음의 절차를 수행하여야 한다.

감사인이 범위추정치를 도출할 때 수행할 절차 (ISA 540-29)

① 충분하고 적합한 감사증거에 의하여 뒷받침되며 해당 재무보고체계의 측정목적과 기타 요구사항의 관점에서 합리적인지 감사인에 의해 평가된 금액만 포함하는지를 판단한다.
② 추정불확실성을 기술하는 재무제표의 공시에 대한 평가된 중요왜곡표시위험과 관련된 충분하고 적합한 감사증거를 입수하기 위한 추가감사절차를 설계하고 수행한다.

(5) 감사증거와 관련된 기타 고려사항

회계추정치는 전문지식이 필요한 분야일 수 있다. 경영진은 회계추정치에 전문가르 활용할 수 있다. 이 경우 감사인은 경영진측 전문가가 수행한 업무를 평가하는 감사기준서에 따라 감사하게 된다.

감사인이 경영진측 전문가의 업무를 평가할 때, 추가적인 감사절차의 성격, 시기 및 범위는 전문가의 적격성, 역량 및 객관성에 대한 감사인의 평가, 전문가가 수행한 업무의 성격에 대한 감사인의 이해, 그리고 전문가의 전문분야에 대한 감사인의 익숙한 정도에 영향을 받는다(ISA 540-30).

6 회계추정치에 관한 공시

감사인은 추정불확실성에 대한 절차 외에, 회계추정치에 관한 공시에 대한 경영진 주장 수준의 평가된 왜곡표시위험에 관한 충분하고 적합한 감사증거를 입수하기 위한 추가적인 감사절차를 설계하고 수행하여야 한다(ISA 540-31).

7 경영진의 편의가능성을 나타내는 징후

경영진이 재무제표에 포함된 회계추정치를 도출할 때 내린 판단과 결정이, 개별적으로는 합리적일지라도, 감사인은 경영진의 편의가능성을 나타내는 징후인지를 평가하여야 한다. 경영진의 편의가능성을 나타내는 징후가 식별된 경우 감사인은 감사에 대한 시사점을 평가하여야 한다. 오도할 의도가 있는 경우, 경영진의 편의는 본질적으로 부정에 해당된다(ISA 540-32).

8 수행한 감사절차에 기초한 전반적인 평가

감사인은 회계추정치에 수행한 감사절차와 입수한 감사증거를 바탕으로 다음을 평가하여야 한다.

회계추정치에 수행한 감사절차에 기초한 전반적인 평가 (ISA 540-7)

① 경영진 편의가능성을 나타내는 징후가 식별되었을 때를 포함하여 경영진주장 수준의 중요왜곡표시위험의 평가가 여전히 적합한지 여부
② 회계추정치의 인식, 측정, 재무제표에의 표시 및 공시에 대한 경영진의 결정이 해당 재무보고체계에 따르는지 여부
③ 충분하고 적합한 감사증거를 입수하였는지 여부

충분하고 적합한 감사증거를 입수하지 못하는 경우	공정표시체계인 경우	준수체계인 경우
재무제표에 대한 감사의견에 대한 시사점을 평가 – 중요하게 왜곡 → 한정의견 – 중요하고 + 전반적 왜곡 → 의견거절	체계에서 구체적으로 요구하는 공시 외에 전체 재무제표의 공정표시를 달성하기 위하여 필요한 공시를 포함하고 있는지 여부를 평가	공시가 재무제표가 오도하지 않기 위하여 필요한 공시인지 여부를 평가

9 서면진술

감사인은 경영진(적절한 경우 지배기구 포함)에게 다음을 포함한 서면진술을 요청하여야 한다.

경영진에 요청할 서면진술 (ISA 540-37)

회계추정치와 관련 공시를 도출할 때 사용한
① 방법
② 유의적 가정
③ 데이터가 해당 재무보고체계에 따른 인식, 측정 또는 공시를 달성하기에 적합한지 여부
④ 특정 회계추정치에 대한 진술 → 고려함

10 지배기구, 경영진 또는 기타 관련 당사자와의 커뮤니케이션

감사인은 기업의 회계 실무의 유의적인 양적 측면과 내부통제의 유의적인 미비점 각각을 포함하여 특정 사항에 대하여 지배기구 또는 경영진과 커뮤니케이션하여야 한다. 이 때, 감사인은 회계추정치에 관하여 커뮤니케이션할 사항을 고려하여야 하며, 특히 다음을 고려하여야 한다.

회계추정치 관련 경영진 및 지배기구와 커뮤니케이션할 사항 (ISA 540-38)

중요왜곡표시위험의 원인이

① 추정불확실성과 관련이 있는지 또는

② 회계추정치 및 관련 공시를 도출하는 데 있어 복잡성, 주관성 또는 고유위험요소의 영향과 관련이 있는지 여부

11 문서화

감사인은 회계추정치와 관련하여 다음 사항을 감사문서에 포함하여야 한다.

회계추정치와 관련하여 문서화 할 사항 (ISA 540-39)

① 기업의 회계추정치와 관련된 기업의 내부통제를 포함한 기업과 그 환경에 대한 감사인 이해의 핵심요소

② 고유위험 또는 통제위험의 평가에 대한 근거를 고려한, 감사인의 추가감사절차와 경영진주장 수준의 평가된 중요왜곡표시위험 간의 연결

③ 경영진이 추정불확실성을 이해하고 다루기 위해 적절한 조치를 취하지 않은 경우 감사인의 대응

④ 회계추정치에 대한 경영진 편의가 있는 경우 그 징후와 요구하는 감사에 미치는 영향에 대한 감사인의 평가

⑤ 회계추정치와 관련 공시가 해당 재무보고체계의 관점에서 합리적인지 또는 왜곡표시 되었는지에 대한 감사인의 결정에 대한 유의적인 판단

SECTION 09 특수관계자(Related Parties)

NEW INTERNATIONAL STANDARDS ON AUDITING

기출 2024

1 특수관계 및 특수관계자 거래의 성격 (Nature of Related Party Relationships and Transactions)

1.1 특수관계자의 정의

특수관계자에 대한 정의는 재무보고체계마다 다를 수 있지만 일반적으로는 지배력과 유의적인 영향력이 있는 경우 특수관계자로 정의한다(ISA 550-A4).

(a) 지배력이란 기업의 활동으로부터 효익을 얻기 위하여 기업의 재무정책과 영업정책을 결정할 수 있는 능력을 말한다.

(b) 유의적인 영향력(지분소유)이란 기업의 재무정책과 영업정책에 관한 의사결정에 참여할 수 있는 능력을 말한다. 그러나 이러한 정책에 대한 지배력을 의미하는 것은 아니다.

1.2 특수관계자 거래의 성격

특수관계자 거래는 특별히 다르게 회계처리 되는 것은 아니지만 정상거래와 다를 수 있다는 점에서 특별한 주의를 요한다. 예를 들면, 모기업이 관계회사에 정상가격보다 낮은 가격으로 자산을 구매 또는 판매할 수도 있으며, 결제조건도 정상거래와 다를 수 있다. 또한 상환조건, 기한 등의 약정사항 없이 자금거래를 할 수도 있다.

특수관계자 거래에 대한 정보는 외부 이해관계자의 의사결정에 중요하게 사용된다. 따라서 회계감사기준에서 특수관계자 및 그 거래에 대하여 적절하게 공시하고 있는가에 대한 충분하고 적절한 감사증거를 수집하도록 요구하고 있다. 특수관계자 거래는 정상적인 사업과정에서 존재하며, 이 경우 정상거래보다 중요왜곡표시위험이 높지 않을 수 있다.

그러나 다음과 같은 예외적인 상황에서는 정상거래보다 중요왜곡표시위험이 높을 수 있다(ISA 550-2).

특수관계자와의 거래가 중요왜곡표시위험이 높은 경우(ISA 550-2)

- 특수관계자들은 그 성격상 광범위하고 복잡한 관계 및 구조를 통해 사업을 수행하고 이에 따라 특수관계자 거래의 복잡성이 증가하는 경우
- 정보시스템이 해당 기업과 그 특수관계자들 간의 거래와 잔액을 식별하거나 요약하는 데 효과적이지 않을 경우
- 특수관계자 거래가 정상적인 시장의 계약조건 하에서 수행되지 않을 경우[주]

[주] 특수관계자 거래가 대가의 교환 없이 수행될 경우

2 감사인의 책임

2.1 중요왜곡표시위험을 식별 · 평가하고, 적절한 감사절차를 수행할 책임

특수관계자는 서로 독립적이지 않기 때문에 다수의 재무보고체계에서는 재무제표 이용자가 특수관계(related party relationships), 관련 거래(transactions) 및 잔액(balances)에 대하여 그것이 미치는 영향을 이해할 수 있도록 회계처리 및 공시 요구사항을 정하고 있다. 해당 재무보고체계가 이러한 요구사항을 정하고 있는 경우, 감사인은 이에 따라 특수관계 및 특수관계자 거래 또는 잔액을 해당 체계의 요구사항에 따라 적합하게 회계처리하지 않거나 공시하지 않음으로써 발생하는 중요왜곡표시위험을 식별하고, 평가하며 이에 대응하기 위한 감사절차를 수행할 책임이 있다(ISA 550-3).

2.2 특수관계 및 특수관계자와의 거래 · 잔액을 이해하는 이유

감사인은 다음과 같은 이유 때문에 특수관계자 및 특수관계자와의 거래 및 잔액을 이해하여야 한다.

(1) 부정위험요소와 관련

부정은 특수관계자를 통해 더 용이하게 실행될 수 있다. 따라서 감사인이 해당 기업의 특수관계 및 특수관계자 거래를 이해하는 것은 부정위험요소가 존재하고 있는지 여부를 평가하는 것과 관련 있다(ISA 550-5).

(2) 감사의 고유한계

감사가 감사기준에 따라 적절하게 계획되고 설계되어도, 감사의 고유한계 때문에 재무제표의 중요한 왜곡표시 중 어떤 것은 발견되지 않을 불가피한 위험이 있다. 특수관계자의 경우, 다음과 같은 이유 때문에 감사의 고유한계를 더욱 증가시킨다(ISA 550-6).

특수관계자가 감사의 고유한계를 증가시키는 이유 (ISA 550-6)

- 특히 해당 재무보고체계에서 특수관계자에 관한 요구사항이 없는 경우, 경영진이 특수관계 및 특수관계자 거래를 모두 알지 못할 수 있음
- 특수관계는 경영진에 의한 공모, 은폐, 조작의 기회를 더 많이 제공할 수 있음

따라서 특수관계자와의 관계와 거래가 공시되지 않을 잠재성을 고려할 때, 감사인이 전문가적 의구심을 가지고 감사를 계획하고 수행하는 것은 특히 중요하다.

3 특수관계자 및 특수관계자 거래와 연관된 위험평가절차, 중요왜곡표시위험의 식별과 평가

핵심

1. 특수관계자 및 그 거래와 연관된 위험평가절차 및 관련활동, 중요왜곡표시위험의 식별과 평가절차

구 분	감사절차
위험평가절차 및 관련 활동	(1) 기업의 특수관계 및 특수관계자 거래에 대한 이해 (2) 기록 또는 문서의 검토에 있어 특수관계자 정보에 대한 주의 유지 (3) 업무팀의 특수관계자 정보의 공유
중요한 왜곡표시 위험의 식별과 평가	식별된 유의적인 특수관계자 거래가 해당 기업의 정상적인 사업과정을 벗어난 경우, 감사인은 이를 유의적 위험으로 취급해야 한다.

3.1 위험평가절차 및 관련 활동

위험평가절차 및 관련 활동의 일부로서, 감사인은 특수관계 및 특수관계자 거래와 연관된 중요왜곡표시위험의 식별과 관련된 정보를 얻기 위하여 정해진 감사절차 및 관련 활동을 수행하여야 한다(ISA 550-11).

(1) 기업의 특수관계 및 특수관계자 거래에 대한 이해

기업의 특수관계 및 특수관계자 거래를 이해하기 위하여 감사인은 다음 절차를 수행하여야 한다.

(a) 업무팀 내부의 토의: 감사인은 기업의 특수관계 및 특수관계자 거래에 대하여 이해하기 위하여 업무팀 내부에서 토의하여야 한다(ISA 550-12). 해당 기업의 특수관계 및 특수관계자 거래로부터 유발될 수 있는 부정이나 오류로 재무제표가 중요하게 왜곡표시될 취약성을 포함하여야 한다.

(b) 경영진에게 질문: 감사인은 경영진에게 다음 사항에 대하여 질문하여야 한다(ISA 550-13).

- 특수관계자들의 신원(변동이 있는 경우에는 그 내용 포함)
- 기업과 특수관계자들 간 관계의 성격
- 기업이 해당 기간 중에 특수관계자와 거래를 체결했는지 여부, 만약 그렇다면 그러한 거래의 형태와 목적

(c) 경영진 및 기업 내부에 질문, 적절한 위험평가절차 수행: 감사인은 특수관계자와의 거래에 대한 통제를 이해하기 위해 경영진 및 기업 내부의 다른 사람에게 질문하고 또 적절하다고 고려되는 기타의 위험평가절차를 수행하여야 한다(ISA 550-14).

(2) 기록 또는 문서의 검토에 있어 특수관계자 정보에 대한 주의유지

감사인은 감사 중에 기록이나 문서를 검사할 때, 경영진이 이전에 식별하지 못하였거나 감사인에게 공개하지 않았던 특수관계나 특수관계자 거래의 존재를 나타내는 것일 수 있는 약정이나 기타정보에 대하여 주의를 유지하여야 한다. 이와 관련하여 감사인은 특히 다음 사항을 검사하여야 한다(ISA 550-15).

(a) 감사절차의 일부로서 입수한 은행의 확인서(은행조회서)나 법률문제에 관한 확인서(변호사조회서)

(b) 주주총회의사록과 지배기구(회의)의사록

(c) 해당 기업의 상황에서 감사인이 필요하다고 생각하는 기타의 기록이나 문서

만약 위의 감사절차 또는 다른 감사절차를 수행할 때 해당 기업의 정상적인 사업과정을 벗어난 유의적 거래를 식별한 경우, 감사인은 경영진에게 다음 사항에 대하여 질문하여야 한다.

(a) 해당 거래의 성격

(b) 특수관계자가 관여될 가능성

(3) 업무팀의 특수관계자 정보의 공유

감사인은 해당 기업의 특수관계자에 대하여 입수한 관련 정보를 업무팀의 다른 구성원과 공유하여야 한다(ISA 550-17).

3.2 특수관계 및 특수관계자 거래와 연관된 중요왜곡표시위험의 식별과 평가

감사인은 특수관계 및 특수관계자 거래와 연관된 중요왜곡표시위험을 식별하고 평가하여야 하며, 그러한 위험 중 유의적 위험이 있는지 여부를 결정하여야 한다.

이를 결정할 때, 식별된 유의적인 특수관계자 거래가 해당 기업의 정상적인 사업과정을 벗어난 경우, 감사인은 이를 유의적 위험으로 취급해야 한다(ISA 550-18).

감사인이 특수관계자와 관련하여 위험평가절차 및 관련 활동을 수행하면서 부정위험요소를 식별한 경우, 부정으로 인한 중요왜곡표시위험을 식별하고 평가할 때 그러한 정보를 고려하여야 한다(ISA 550-19).

4 특수관계 및 특수관계자 거래와 연관된 중요왜곡표시위험에 대한 대응 (추가감사절차)

특수관계 및 특수관계자 거래와 연관된 중요왜곡표시위험에 대하여 감사인은 다음과 같이 대응할 수 있다.

기출 2021

(1) 이전에 식별 또는 공개되지 않았던 특수관계자 또는 유의적인 특수관계자 거래의 식별	(a) 업무팀의 다른 구성원에게 관련 정보를 신속하게 커뮤니케이션을 함 (b) 해당 재무보고체계에서 특수관계자에 관한 요구사항을 정하고 있는 경우 다음의 절차를 수행함 • 감사인의 추가적인 평가를 위해 경영진에게 새로 식별된 특수관계자와의 모든 거래를 식별할 것을 요청함; 그리고 • 특수관계 및 특수관계자 거래에 대한 기업의 통제가 해당 특수관계나 특수관계자거래를 식별하거나 공개하는 데 실패한 이유를 질문함 (c) 새로 식별된 특수관계자 또는 이들과의 유의적 거래에 대하여 적합한 실증감사절차를 수행함 (d) 경영진이 이전에 식별하지 못하였거나 감사인에게 공개하지 않았던 다른 특수관계자 및 이들과의 유의적 거래가 존재할 위험을 다시 고려하고, 필요에 따라 추가적인 감사절차를 수행함 (e) 만약 경영진의 미공개가 고의적인 경우에는, 해당 감사에 대한 시사점을 평가함
(2) 기업의 정상적인 사업과정을 벗어난 유의적인 특수관계자 거래를 식별한 경우	(a) 근거 계약이나 약정이 존재한다면 이를 검사하여 다음 사항을 평가한다. • 해당 거래의 사업상 이유(또는 그러한 근거의 결여)에 비추어 볼 때, 그러한 거래가 부정한 재무보고를 행하거나 자산의 유용을 은폐하기 위해 체결되었을 것임을 나타내는지 여부

(2) 기업의 정상적인 사업과정을 벗어난 유의적인 특수관계자 거래를 식별한 경우	• 해당 거래의 조건이 경영진의 설명과 일관성이 있는지 여부 • 해당 거래가 해당 재무보고체계에 따라 적합하게 회계처리 되고 공시되었는지 여부 ⓑ 해당 거래가 적합하게 권한이 부여되고 승인되었다는 감사증거를 입수함
(3) 특수관계자 거래가 독립된 당사자 간의 거래에 통용되는 조건과 동등한 조건으로 수행되었다는 경영진의 주장 입수	ⓐ 경영진이 감사인에게 입증하는 절차 (ISA 550-A43) • 해당 특수관계자 거래의 조건을 하나 이상의 특수관계가 아닌 당사자와의 동일하거나 유사한 거래의 조건과 비교함 • 해당 거래에 대한 시장가치의 결정 및 시장계약조건의 확인을 위하여 외부전문가를 활용함 • 해당 거래의 조건을 공개시장의 대체로 유사한 거래에 대하여 알려진 시장조건과 비교함 ⓑ 감사인이 경영진주장을 평가하는 절차 (ISA 550-A44) • 해당 주장을 뒷받침하기 위한 경영진의 절차가 적합한지 고려함 • 해당 주장을 뒷받침하는 내·외부 데이터의 원천을 검증하고, 데이터의 정확성, 완전성 및 관련성을 결정하기 위해 이를 테스트 함 • 해당 주장의 근거가 되는 유의적 가정의 합리성을 평가함

부정이나 오류 여부에 관계없이 경영진이 특정의 특수관계자 거래를 해당 재무보고체계에 따라 적합하게 회계처리 또는 공시하지 아니하였을 유의적인 위험을 감사인이 평가하였을 때 수행할 수 있는 실증감사절차의 예는 다음과 같다(ISA 550-A32).

① 실행가능하고 법규 또는 윤리규정에서 금지하지 않는 한 은행, 법무법인, 보증인 또는 대리인과 같은 중개자에게 해당 거래의 특정 측면을 조회하거나 이들과 토의함

② 해당 거래의 목적, 구체적인 조건 또는 금액을 해당 특수관계자에게 조회함(특수관계자가 감사인에게 회신하는 데 기업이 영향을 미칠 가능성이 있다고 감사인이 판단하는 경우에는 이러한 감사절차의 유효성이 떨어질 것이다)

③ 특수관계자의 재무제표 또는 기타 관련 재무정보를 이용할 수 있는 경우, 해당 거래의 회계처리에 대한 증거로써 특수관계자의 회계기록에 있는 재무정보나 또는 기타 관련 재무정보를 열람

5 식별된 특수관계 및 특수관계자 거래에 대한 회계처리와 공시에 대한 평가

감사인은 재무제표에 대한 의견을 형성할 때 다음 사항을 평가하여야 한다.

특수관계와 관련한 회계처리 및 공시의 평가절차 (ISA 550-25)

(a) 식별된 특수관계 및 특수관계자 거래가 해당 재무보고체계에 따라 적합하게 회계처리 및 공시되었는지 여부
(b) 특수관계 및 특수관계자 거래가 재무제표에 영향을 미치는지 여부

6 서면진술

해당 재무보고체계에서 특수관계자와 관련된 요구사항이 있는 경우, 감사인은 경영진(적절한 경우 지배기구 포함)으로부터 다음 사항에 대하여 서면진술을 입수하여야 한다(ISA 550-26).

특수관계자 및 특수관계자 거래에 대한 서면진술 내용 (ISA 550-26)

(a) 경영진(적절한 경우 지배기구 포함)은 그들이 알고 있는 기업의 특수관계자들의 신원과 모든 특수관계 및 특수관계자 거래의 내용을 감사인에게 모두 공개하였음
(b) 경영진(적절한 경우 지배기구 포함)은 이러한 관계 및 거래들을 해당 재무보고체계에 따라 적합하게 회계처리하고 공시하였음

7 지배기구와의 커뮤니케이션

지배기구의 모든 구성원이 해당 기업의 경영에 참여하고 있지 않는 한, 감사인은 해당 기업의 특수관계자와 관련하여 감사 중 발생한 유의적 사항들에 대하여 지배기구와 커뮤니케이션을 하여야 한다(ISA 550-27).

8 문서화

감사인은 식별된 특수관계자의 명칭과 특수관계의 성격을 감사문서에 포함하여야 한다(ISA 550-28).

SECTION 10 감사인측 전문가가 수행한 업무의 활용

NEW INTERNATIONAL STANDARDS ON AUDITING

감사를 수행함에 있어 감사인은 적격성(competence)이 요구된다. 즉, 감사할 수 있는 능력을 갖추어야 한다는 것이다. 그러면 감사인은 외부 또는 내부로부터 조력을 받을 수 있을까? 조력을 받을 수 있다면 어떤 분야에 조력을 받을 수 있고, 이 경우 감사인이 적용하여야 할 특별한 감사절차는 무엇일까? 사후적으로 책임은 누가 지는 것이며, 감사보고서에는 어떻게 기술하여야 할까? 본 절에서는 감사인이 전문가를 활용할 때 필요한 개념을 정립하고 필요한 감사절차와 감사보고를 서술한다.

1 감사인측 전문가란?

Q
회계전문가는 감사인측 전문가가 될 수 있는가?

감사인측 전문가의 정의(ISA 620-6)

'감사인측 전문가'란 회계나 감사 외의 분야에서 전문성을 보유하고, 해당분야에서 감사인이 충분하고 적합한 감사증거를 입수하는 데 도움을 주는 개인 또는 조직을 말한다. 감사인측 전문가는 감사인의 내부전문가(당해 회계법인 또는 네트워크 회계법인의 파트너 또는 스태프. 임시적인 스태프도 포함한다)이거나 감사인의 외부전문가일 수 있다.

TIP
감사인이 '감사인측 전문가'를 활용할 수 있는 것과 같이 경영진도 '경영진측 전문가'를 활용할 수 있다. 여기서 경영진측 전문가란 경영진이 고용한 전문가로 회계나 감사 외의 분야에서 전문성을 보유하고 분야에서 기업의 해당 재무제표 작성에 도움을 주는 개인 또는 조직을 말한다(ISA620-6).

감사인은 일부 감사업무에 대하여 전문가(auditor's expert)를 활용할 수 있다. 이를 감사인측 전문가라 한다. 여기서 감사인측 전문가는 감사인의 내부전문가(해당 회계법인 또는 네트워크 회계법인의 파트너 또는 스태프, 임시적인 스텝도 포함)이거나 감사인의 외부전문가일 수도 있다(ISA 620-6).

1.1 외부 or 내부

전문가란 외부와 내부 전문가를 모두 포함하는 것일까? 아니면 외부 전문가만을 정의하는 것일까? 회계감사기준은 외부 전문가를 활용할 경우의 감사절차만을 정하고 있다. 왜냐하면, 회계법인은 곧 감사인이기 때문에 회계법인이 고용하고 있는 내부 전문가는 감사인 그 자체이지 감사인과 분리된 객체가 아니기 때문이다.

1.2 전문가의 영역

감사인이 활용할 수 있는 전문가의 영역은 회계와 감사 이외의 분야에 국한한다. 예를 들면, 변호사, 감정평가사, 보험계리사 등이 여기에 속한다. 그러면 회계와 감사 분야의 외부 전문가는 활용할 수 없을까? 감사인은 회계와 감사 분야의 전문가이다. 회계감사기준은 감사인이 되고자 할 때 적격성(competence)를 요구하고 있다. 즉, 스스로 완전하게 감사할 수 있는 능력을 갖추어야 한다는 것이다. 만약 감사인이 스스로 적격하지 않다고 판단되면 해당 고객을 수임하여서는 안된다. 따라서 감사인이 회계와 감사분야의 외부 전문가에게 일정부분 업무를 위탁하는 것은 허용되지 않는다. 따라서 회계와 감사분야의 외부전문가를 활용할 때 수행하여야 할 감사절차는 존재하지 않는다.

> **TIP**
> 감사는 건설공사처럼 하도급을 줄 수 없다.

감사인이 감사업무를 실시함에 있어 감사인측 전문가를 활용할 수 있는 사례는 다음과 같다(ISA 620-A1).

감사인측 전문가 활용의 예 (ISA 620-A1)

- 복잡한 금융상품, 토지 및 건물, 공장과 기계장치, 보석, 예술작품, 골동품, 무형자산, 사업결합으로 인수한 자산과 부채, 손상되었을 가능성이 있는 자산 등에 대한 평가(예 감정평가사)
- 보험계약이나 종업원급여제도와 연관된 부채의 보험수리적 계산(예 보험계리사)
- 원유 및 가스의 매장량에 대한 추정
- 환경부채 및 부지환경정화비용의 평가
- 계약 및 법규의 해석(예 변호사)
- 복잡하거나 비경상적인 세법준수이슈의 분석

2 감사인측 전문가의 필요성 결정

> **Q**
> 감사인은 외부의 회계전문가를 활용할 수 있는가?

감사에 있어 필요조건은 감사의견을 형성하는데 필요한 충분하고 적합한 감사증거를 수집하는 것이다. 충분하고 적합한 감사증거를 수집하기 위해서는 전문가적 지식이 필요하다. 그러나 감사인이 모든 분야에 대하여 전문적 지식을 보유하고 있지는 않기 때문에 때로는 감사인의 책임 하에 감사인측 전문가를 활용할 수도 있다. 감사인은 감사인측 전문가를 활용할 것인지 여부를 결정하기 위하여 일정 사항을 고려한다. 이 때 감사인이 고려할 사항은 일반적인 경우와 경영진이 재무제표를 작성할 때 경영진측 전문가를 활용하였는가에 따라 다르다(ISA 620-A8, A9).

감사인이 감사인측 전문가 활용을 결정할 때 고려할 사항 (ISA 620-A8~A9)

(1) 일반적인 경우(ISA 620-A8)
- 경영진이 재무제표를 작성할 때 경영진측 전문가를 활용하였는지 여부: 경영진측 전문가를 활용하였다는 것은 복잡하고 위험이 높다는 것을 암시함
- 해당 사항의 복잡성 등 관련 사항의 성격과 유의성
- 해당 사항에 포함된 중요왜곡표시위험: 왜곡표시위험이 높을수록 전문가를 활용한다.
- 해당 사항과 관련된 전문가의 업무에 대한 감사인의 지식과 경험 등 식별된 위험에 대응하는 감사절차의 예상되는 성격, 그리고 감사증거에 대한 대체적 원천의 이용가능성: 감사인의 지식이나 경험이 부족하거나 대체적 감사증거가 존재하지 않을수록 전문가를 활용한다.

(2) 경영진이 경영진측 전문가를 활용하여 재무제표를 작성하였을 경우(ISA 620-A9)
- 경영진측 전문가의 업무의 성격, 범위 및 목적
- 경영진측 전문가가 기업에 고용되었는지 또는 관련 서비스를 제공하도록 기업과 계약된 계약당사자인지 여부
- 경영진이 경영진측 전문가의 업무에 대하여 통제를 하거나 영향을 줄 수 있는 정도
- 경영진측 전문가의 적격성과 역량
- 경영진측 전문가가 기술적인 수행기준 또는 기타 전문직 요구사항이나 소속 산업의 요구사항을 준수하여야 하는지 여부
- 경영진측 전문가의 업무에 대한 기업 내부의 통제

3 감사절차의 성격, 시기 및 범위

감사인이 외부 전문가를 활용할 경우 감사절차의 성격, 시기 및 범위는 다음 사항을 고려하여 결정하여야 한다(ISA 620-8).

외부 전문가를 활용할 경우 감사절차의 성격, 시기 및 범위 (ISA 620-8)

① 전문가의 업무가 관련된 사항의 성격
② 전문가의 업무가 관련된 사항에서의 중요왜곡표시위험
③ 감사 관점에서 해당 전문가의 업무가 가지는 유의성
④ 해당 전문가가 이전에 수행한 업무에 대한 감사인의 지식과 경험
⑤ 해당 전문가가 감사인이 속한 회계법인의 품질관리정책과 절차의 적용대상인지 여부

4 감사인측 전문가의 적격성, 역량 및 객관성

기출 2021

감사인은 감사목적에 필요한 적격성, 역량 및 객관성을 감사인측 전문가가 보유하

고 있는지를 평가하여야 한다. 감사인측 외부전문가의 경우, 객관성에 대한 평가는 해당 전문가의 객관성에 위협을 발생시킬 수 있는 이해 및 관계들에 대한 질문을 포함하여야 한다.

감사인측 전문가의 적격성, 역량 및 객관성에 대한 정보는 예를 들어 다음과 같은 다양한 원천에서 나올 수 있다(ISA 620-A15).

- 감사인측 전문가의 과거 업무에 대한 개인적 경험
- 감사인측 전문가와의 토의
- 해당 감사인측 전문가의 업무에 익숙한 타감사인 또는 다른 사람들과의 토의
- 해당 전문가의 관련 자격, 전문직 단체나 협회의 회원, 개업면허 또는 기타 형태의 외부적 공인에 대한 감사인의 지식
- 해당 전문가가 저술한 문헌이나 저서
- 감사인이 속한 회계법인의 품질관리정책과 절차

감사인측 외부전문가의 객관성을 평가할 때는 다음 절차들이 관련성이 있을 것이다(ISA 620-A20).

(a) 기업과 감사인측 외부전문가 간에 전문가의 객관성에 영향을 미칠 수 있는 알려진 이해 또는 관계들에 대하여 기업에 질문함

(b) 적용가능한 안전장치(해당 전문가에 적용되는 전문직 요구사항 포함)에 대하여 해당 전문가와 토의하고, 그러한 안전장치가 위협을 수용가능한 수준으로 감소시키는 데 적절한지 여부를 평가함

5 감사인측 전문가의 전문분야에 대한 이해

기출 2025

Q 감사인이 감사인측 전문가를 이용하고자 할 때 감사인이 해당분야를 전혀 몰라도 되는가?

감사인은 다음이 기능하도록 감사인측 전문가의 해당 분야를 충분히 이해하여야 한다(ISA 620-10).

① 감사목적을 위해 감사인측 전문가 업무의 성격, 범위 및 목적을 결정함

② 감사목적을 위해 감사인측 전문가 업무의 적합성을 평가함

6 감사인측 전문가와 합의

기출 2021

감사인은 감사인측 전문가가 수행하여야 할 다음과 같은 업무의 범위에 대하여 감

사인측 전문가와 문서로 합의한다(ISA 620-11).

TIP

1. 전문가에게 보고서의 내용과 형태를 알려주면 전문가가 무엇을 수행해야 할지를 알게 할 수 있다.
2. 전문가는 감사인이 고용하였기 때문에 감사인의 대리인이고 따라서 감사인과 동일한 수준의 비밀유지의무가 있다.

감시인측 전문가와 합의할 사항 (ISA 620-11)

① 감사인측 전문가 업무의 성격, 범위 및 목적
② 감사인과 감사인측 전문가 각자의 역할과 책임
③ 감사인측 전문가가 작성하는 보고서의 형태 등 감사인과 감사인측 전문가 간 커뮤니케이션의 성격, 시기 및 범위(감사인측 전문가가 작성하는 보고서의 형태 포함)
④ 감사인측 전문가가 비밀유지 요구사항을 준수할 필요성

7 감사인측 전문가가 수행한 업무에 대한 평가

7.1 감사인측 전문가가 수행한 업무의 적합성 평가

감사인측 전문가가 수행한 업무는 그 자체로 적합한 것은 아니다. 따라서 감사인은 다음을 포함하여 감사인측 전문가가 수행한 업무가 감사목적상 적합한지 여부를 평가하여야 한다(ISA 620-12).

기출 2021

TIP

감사인측 전문가가 작성한 문서는 그 소유권이 누구에게 있을까? 이는 전문가가 감사팀원에 해당하는지 아니면 외부전문가인지에 따라 상이하다. 감사인측 전문가가 업무팀원(a member of the engagement team, 감사인에게 고용된 전문가)인 경우 그들이 작성한 문서는 감사문서(audit documentation)에 해당하고 그 소유권은 감사인에게 있다. 그러나 감사인측 전문가가 외부전문가인 경우 그들이 작성한 문서는 감사문서의 일부를 구성하지 않으며, 별도의 합의가 없는 한 해당 외부전문가의 소유이다(ISA 620-A29 참조).

감사인측 전문가가 수행한 업무가 감사목적상 적합한지 여부를 평가할 대상 (ISA 620-12)

(a) 감사인측 전문가가 발견한 사항이나 결론의 관련성과 합리성 및 다른 감사증거와의 일관성
(b) 감사인측 전문가의 업무가 유의적인 가정과 방법을 수반하고 있다면 그 상황에서 그러한 가정과 방법의 관련성과 합리성
(c) 감사인측 전문가의 업무에 유의적인 원천데이터의 사용이 수반된다면 그러한 원천데이터의 관련성과 완전성 및 정확성

7.2 감사인측 전문가가 수행한 업무가 부적합할 경우

감사인은 감사계약을 하기 전에 충분하고 적합한 감사증거를 수집할 수 있다고 판단될 경우에 한하여 감사를 수임하는 것이 감사실패를 방지할 수 있는 방법이다. 그러나 감사인이 감사의 모든 분야에 대한 지식을 보유할 수는 없다. 이 때 예외적으로 감사인측 전문가를 활용하는 것이며, 감사인측 전문가가 충분하고 적합한 감사증거를 수집하지 못할 경우 이를 보완할 책임은 감사인에게 있다. 따라서 감사인은 감사인측 전문가가 수행한 업무가 적합하지 않은 경우 다음과 같은 추가절차를 수행하고 감사보고 한다.

감사인측 전문가가 수행한 업무가 부적합할 경우 (ISA 620-13)

(1) 감사인측 전문가가 수행한 업무가 부적합할 경우 감사절차(ISA 620-13)
- 해당 감사인측 전문가가 수행할 후속업무의 성격과 범위에 대하여 해당 전문가와 합의함
- 해당 상황에 적합한 추가적인 감사절차를 수행함; 감사인이 직접 수행하거나 타 전문가를 추가로 활용하는 것을 포함

(2) 감사보고(ISA 620-A40)
- 추가절차로 충분하고 적합한 감사증거를 수집하였다면 적정의견
- 추가절차로도 충분하고 적합한 감사증거를 수집하지 못하였다면 감사범위제한(한정의견 or 의견거절)

8 감사보고서에서의 감사인측 전문가의 언급

기출 2021

Q

1. 외부 전문가를 활용할 경우 감사보고서에 책임 구분이 가능한가?
2. 부문 감사인(타감사인)을 활용할 경우 감사보고서에 책임 구분이 가능한가?

감사인이 외부 전문가를 활용하였을 경우, 감사보고서에 외부 전문가가 수행한 업무를 언급함으로써 책임한계를 구분할 수 있을까?

감사인은 자기 책임 하에 외부 전문가를 활용하며, 감사인은 감사의견에 대하여 전적으로 책임진다. 따라서 비록 감사과정에서 외부 전문가를 활용하였다고 하더라도 해당 부분에 대한 책임을 외부 전문가에게 전가할 수는 없고, 감사보고서에 외부 전문가가 수행한 업무를 언급할 수 없다(ISA 620-15).

TIP

우리나라 법률은 감사인이 외부 전문가가 수행한 업무를 감사보고서에 기재해야 한다거나 기재를 허용하는 법률이 없다.

전문가가 수행한 업무를 감사보고서에 언급하면 표준감사보고서를 변형하는 것이다. 이와 관련하여 국제감사기준을 번역한 감사기준은 해당 국가의 법률에서 허용하지 않는 한 전문가가 수행한 업무를 감사보고서에 별도로 언급할 수 없도록 하였다. 해당 국가의 법률에서 전문가가 수행한 업무를 감사보고서에 기재하는 것을 허용하여 감사보고서에 이를 기재하더라도, 이러한 언급이 해당 의견에 대한 감사인의 책임을 경감시키지 아니한다는 점을 감사보고서에 표시해야 한다고 규정하고 있다(ISA 620-15).

SECTION 11 법률과 규정의 고려

감사인은 감사를 계획 · 수행하고 그 결과를 보고함에 있어, 기업이 법률과 규정을 준수하지 않아서 재무제표에 중요한 영향을 미칠 수 있는 사항이 존재하는지에 대하여 고려하여야 한다(ISA 250-7).

1 법규위반의 정의

법규위반 (ISA 250-12)

법규위반이란 기업, 지배기구, 경영진 또는 기업을 위해 일하거나 기업의 지시에 따르는 다른 개인이 현행 법률 또는 규정에 반하여 의도적으로 또는 비의도적으로 특정 행위를 누락하거나 실행하는 행위. 위반에는 기업의 사업활동과 관련되지 아니한 사적인 위법행위는 포함되지 아니한다.

Q
법규위반에는 임직원의 개인적인 위법행위를 포함하는가?

법규위반(non-compliance)이란 고의성 유무와 관계없이, 현행 법규에 반하는 기업의 행위를 말한다. 이러한 행위에는 지배기구, 경영진 또는 종업원이 기업의 명의, 또는 기업을 대표하여 수행한 거래들을 포함한다. 법규위반에는 기업의 지배기구, 경영진 또는 종업원의 사적인 위법행위, 즉 기업의 사업활동과 관련되지 아니한 행위는 포함되지 아니한다. 왜냐하면, 사적인 행위의 결과는 기업의 책임이 아니기 때문에 재무제표에 영향을 미치지 않기 때문이다.

2 법규준수에 대한 책임

기출 2024

법규준수에 대한 책임 (ISA 250-3)

구 분	내 용
경영진의 책임	기업의 재무제표에 보고되는 금액과 공시를 결정하는 법규를 준수하는 등 법규가 정하는 바에 따라 기업의 영업활동을 수행할 책임이 있으며, 지배기구는 경영진을 감시한다(ISA 250-3).

감사인의 책임	(1) 감사인은 법규위반을 예방할 책임이 없으며, 감사인이 모든 법규위반을 발견할 것이라고 기대할 수도 없다. (2) 감사인은 기업의 재무제표가 전체적으로 부정이나 오류에 의해 중요하게 왜곡표시되지 아니하였다는 합리적 확신을 얻을 책임이 있다. (3) 법규준수와 관련하여서는 특히 감사의 고유한계가 크다. (4) 감사인은 법규 또는 관련 윤리적 요구사항에 따라 기업의 법규위반과 관련된 추가적인 책임을 부담할 수 있다. 이러한 책임은 다음과 같이 감사기준서와 다르거나 감사기준서에서 요구하는 것 이상일 수 있다. 예를 들어 법규 또는 관련 윤리적 요구사항에서 다음과 같은 책임을 요구할 수도 있다. ① 경영진 및 지배기구와의 구체적인 커뮤니케이션과 관련된 요구사항을 포함하여 식별되었거나 의심되는 법규위반에 대한 대응할 책임, 위반에 대한 경영진과 지배기구의 대응이 적절한지에 대한 평가할 책임 및 추가적인 조치가 필요한지에 대한 결정할 책임 ② 타 감사인에게 식별되거나 의심되는 법규위반을 커뮤니케이션할 책임 (예 그룹재무제표에 대한 감사에서) ③ 식별되거나 의심되는 법규위반에 대한 문서화 요구사항

3 법규별 감사인의 책임

Q

법규위반사항을 감사할 때 감사인에게 특히 요구되는 자세는?

감사기준은 기업과 관련된 법규를 두 가지 유형으로 분류하고 각각에 대하여 감사인에게 서로 다른 수준의 책임을 규정하고 있다(ISA 250-6, 7 요약).

기출 2024

법규별 감사인의 책임 (ISA 250-6, 7의 요약)

구 분	(a) 재무제표상의 중요한 금액과 공시에 직접 영향을 미치는 법규	(b) 재무제표상의 금액과 공시에 직접 영향을 미치지는 않지만, 해당 법규가 사업의 일상적인 운영, 사업의 계속 또는 중요한 처벌의 면제와 관련이 있는 기타 법규
사 례	세금 또는 연금 관련 법규	사업 허가조건의 준수나 지급능력에 관한 규정준수, 또는 환경규제의 준수
재무제표에 미치는 영향	재무제표에 직접 영향을 미침	재무제표에 중요한 영향을 미침

감사인의 책임	감사인은 그 법규조항의 준수에 대하여 충분하고 적합한 감사증거를 입수할 책임이 있다.	감사인의 책임은 재무제표에 중요한 영향을 미칠 수 있는 법규의 위반을 식별하는 데 도움을 주는 특정의 감사절차만 수행하는 것으로 제한된다.

4 법규준수에 대한 감사인의 고려사항

감사인은 감사를 통해 기업의 법규준수 여부에 의문이 생기는 사건이나 상황을 발견할 수 있다는 점을 감안하여 전문가적 의구심(professional skepticism)을 가지고 감사를 계획하고 수행하여야 한다(ISA 250-8). 법규준수 여부에 대하여 감사인이 고려할 사항은 다음과 같다(ISA 250-13, 14).

법규준수에 대하여 감사인이 고려할 사항 (ISA 250-13 ~ 17)

① 기업과 환경에 대한 이해단계에서 회사에 적용되는 법규 이해: 감사인은 기업과 기업환경에 대한 이해의 일부분으로, 다음사항에 대한 일반적인 이해를 갖추어야 한다.
- 기업과 그 기업이 영업을 하고 있는 산업 또는 부문에 적용되는 법규
- 기업이 이러한 법규를 어떻게 준수하고 있는 지에 관한 사항

② 법규를 준수하고 있다는 충분하고 적합한 감사증거 입수: 감사인은 일반적으로 재무제표의 중요한 금액과 공시의 결정에 직접적인 영향을 미칠 것으로 인식되는 법규조항의 준수에 관하여 충분하고 적합한 감사증거를 입수하여야한다.

③ 법규위반을 식별하기 위한 감사절차 수행: 감사인은 재무제표에 중요한 영향을 미칠 수 있는 기타의 법규에 대한 위반사례를 식별하는 데 도움을 줄 수 있도록 아래의 감사절차를 수행하여야 한다.
- 기업이 이와 같은 법규를 준수하고 있는지 여부에 대하여 경영진(적절한 경우지배기구를 포함)에게 질의함
- 관련 인허가기관이나 규제기관과의 왕복문서가 있는 경우 이를 검사함

④ 다른 감사절차에서 법규위반이 식별 또는 의심되는 사례가 있는지 주의유지: 감사인은 재무제표에 대한 의견을 형성하기 위해 적용한 다른 감사절차에서 위반사례가 식별되거나 위반으로 의심되는 사례가 발견될 가능성에 대하여 감사 중 주의를 유지하여야 한다.

⑤ 서면진술: 감사인은 경영진(적절한 경우 지배기구를 포함)에게 재무제표를 작성할 때 그 영향을 고려해야 하는 법규위반 또는 위반으로 의심되는 사항으로서 알고 있는 모든 사실들을 감사인에게 공개하였다는 내용의 서면진술을 제공하도록 요청하여야 한다.

식별되었거나 의심되는 법규위반이 없는 경우, 감사인은 위에 서술된 절차외에는 기업의 법규준수에 관한 감사절차의 수행이 요구되지 아니한다(ISA 250-18).

5 법규위반이 식별되었거나 의심될 때의 감사절차

법규위반이 식별되거나 의심되면, 감사인은 다음의 절차를 수행하여야 한다(ISA 250- 19~22).

법규위반이 식별되었거나 의심될 때의 감사절차 (ISA 250-19~22)

① 법규위반 또는 의심되는 법규위반사례를 알게 될 경우
- 행위의 성격 및 그 행위가 발생한 상황을 이해함
- 재무제표에 미칠 수 있는 영향을 평가하기 위한 추가적 정보를 입수함

② 법규위반이 존재한다고 의심하는 경우
- 경영진(적절한 경우 지배기구를 포함)과 이를 논의

③ 의심되는 법규위반에 대한 감사증거를 입수하지 못할 경우
- 감사증거의 결여 때문에 감사의견에 미치는 영향 고려: 감사범위의 제한(한정의견 또는 의견거절)

④ 법규위반에 대한 감사의 다른 측면 고려
- 감사인의 위험평가, 서면진술의 신뢰성 등

6 식별되었거나 의심되는 법규위반에 대한 커뮤니케이션(또는 보고)

핵심

구 분	부정행위	법령에 위반되는 사항	정관 위배사항
보고내용	사소한 행위도 보고	중대한 사항만 보고	중대한 사항만 보고
보고대상	감사(또는 감사위원회 통보 + 주주총회 보고 + 증권선물위원회 보고)	감사(또는 감사위원회 통보 + 주주총회 보고 + 증권선물위원회 보고)	감사(또는 감사위원회 통보 + 주주총회 보고)

TIP
Chapter 5: 위험평가(부정과 오류)와 비교하여 학습하면 더욱 효과적임

감사인이 법규위반을 식별하였거나 의심하고 있는 경우, 감사인은 식별하였거나 의심하고 있는 법규위반을 다음과 같이 커뮤니케이션하거나 보고한다(ISA 250-24~29).

식별되었거나 의심되는 법규위반에 대한 커뮤니케이션과 보고 (ISA 250-24~29)

<table>
<tr><th>커뮤니케이션
(또는 보고)대상</th><th colspan="2">커뮤니케이션과 보고</th></tr>
<tr><td rowspan="4">지배기구에 대한 커뮤니케이션 (또는 보고)</td><td colspan="2">(1) 일반적인 경우</td></tr>
<tr><td>법규위반이 일반적인 경우</td><td>법규위반이 의도적이며 중요한 경우</td></tr>
<tr><td>중요한 경우와 중요하지 않은 경우 모두(명백히 경미한 경우 제외) 지배기구와 커뮤니케이션</td><td>가급적 조기에 모든 사항을 지배기구와 커뮤니케이션</td></tr>
<tr><td colspan="2">(2) 경영진 또는 지배기구가 위반에 연루된 것으로 의심되는 경우
감사인이 이사의 직무행위에 관하여 부정행위, 법령이나 정관에 위반되는 중대한 사항을 발견한 경우 감사(또는 감사위원회)에 통보하고, 주주총회에 보고하여야 한다(외감법 제22조).</td></tr>
<tr><td>감사보고서에 미치는 잠재적 영향</td><td colspan="2">(1) 법규위반에 대한 증거를 수집하였고 재무제표에 반영되지 않은 경우: 한정의견 또는 부적정의견
(2) 법규위반과 관련된 감사증거를 수집할 때 경영진(지배지구)의 방해를 받은 경우: 감사범위의 제한(한정의견 또는 의견거절)</td></tr>
<tr><td>기업 외부의 적절한 기관에 대한 보고</td><td colspan="2">만약 감사인이 법규위반을 식별하였거나 의심하고 있는 경우에는, 감사인은 다음에 해당하는지 결정하여야 한다.
(1) 법규 또는 관련 윤리적 요구사항에서 감사인이 기업 외부의 적절한 기관에 보고하도록 요구함
(2) 법규 또는 관련 윤리적 요구사항에서 확립된 책임에 따르면 기업 외부의 적절한 기관에 보고하는 것이 상황에 적합한 조치일 수 있음
※ 감사인이 이사의 직무행위에 관하여 부정행위 또는 법령 위반사항을 발견한 경우 증권선물위원회에 보고하여야 한다(외감법 제22조).</td></tr>
</table>

7 문서화

감사인은 식별되거나 의심되는 법규위반 및 다음 내용을 감사문서에 포함하여야 한다(ISA 250-30).

① 수행된 감사절차, 유의적인 전문가적 판단 그리고 이에 대한 결론

② 위반과 관련된 유의적인 사항들에 대한 경영진, 지배기구 및 기타의 인원들과의 토의 및 그 사항에 대한 경영진과 해당되는 경우 지배기구의 대응

SECTION 12 내부감사기능이 수행한 업무의 활용(Using the Work of internal Auditors)

NEW INTERNATIONAL STANDARDS ON AUDITING

감사계획을 수립할 때 감사인은 내부감사기능이 수행한 업무를 활용할 수 있는지 여부를 고려한다. 외부감사인이 내부감사기능이 수행한 업무를 활용할 수 있을 경우 감사의 효과와 효율을 높일 수 있다. 그러나 모든 경우에 내부감사기능이 수행한 업무를 활용할 수 있는 것은 아니다. 아래에서는 내부감사기능이 수행한 업무를 외부감사인이 활용할 경우 법적인 책임과 조건 등을 설명한다.

1 내부감사기능(Internal audit function)이란?

내부감사기능이란 기업지배, 위험관리 및 내부통제 관련 절차들의 효과성을 평가 및 개선하기 위해 설계된 인증 및 자문활동을 수행하는 기업의 기능을 말한다. 예를 들면, 기업에서 상법상 감사, 감사위원회 및 내부감사팀이 여기에 해당한다.

TIP

외부감사인이 내부감사기능을 직접적 보조로 활용할 수 있는가?
: 외부감사인은 일정 조건을 충족하는 경우 내부감사기능이 수행한 업무를 외부감사에 활용할 수 있다. 그러나 외부감사인의 지시, 감독 및 검토 하에 내부감사기능이 외부감사인을 직접보조하는 '직접적 보조'는 내부감사기능이 회사와 독립적이지 않기 때문에 우리나라 법률에서 허용하지 않는다.

2 감사에 대한 외부감사인의 책임

외부감사인은 표명된 감사의견에 대하여 전적인 책임을 지며, 그러한 책임은 내부감사기능 또는 감사업무팀에 직접적 보조를 제공하는 내부감사인의 업무를 활용하였다고 하더라도 경감되지 아니한다. 비록 내부감사인들이 외부감사인이 수행하는 절차와 유사한 감사절차를 수행할 수 있다고 할지라도, 재무제표감사에서 외부감사인에게 요구되는 정도로 내부감사기능이나 내부감사인이 기업으로부터 독립적이지는 않다. 따라서, 외부감사인이 내부감사인이 수행한 업무를 활용하기 위해서는 회계감사기준에서 정하는 필수조건을 충족하여야 한다(ISA 610-11).

3 감사에 대한 외부감사인의 평가

외부감사인이 내부감사기능을 활용하기 위해서는 내부감사기능이 일정한 조건을 충족하는지를 평가하여야 한다.

3.1 내부감사기능의 평가

외부감사인은 다음 사항을 평가하여 내부감사기능이 수행한 업무가 감사목적을 위해 활용될 수 있는지 여부를 결정해야 한다(ISA 610-15).

내부감사기능의 평가 (ISA 610-15)

① 내부감사기능의 조직 내 위상과 관련 정책 및 절차가 내부감사인의 객관성을 지원하는 정도
② 내부감사기능의 적격성 수준
③ 품질관리를 포함하여 내부감사기능이 체계적이고 규율된 접근법을 적용하는지 여부

3.2 내부감사기능이 수행한 업무를 활용할 수 없는 경우

외부감사인은 다음과 같이 결정한 경우 내부감사기능이 수행한 업무를 활용해서는 안 된다(ISA 610-16).

기출 2025

내부감사기능의 업무를 활용할 수 없는 경우 (ISA 610-16)

① 내부감사기능의 조직 내 위상과 관련 정책 및 절차가 내부감사인의 객관성을 적절히 지원하지 않음
② 내부감사기능이 충분한 적격성이 부족함
③ 품질관리를 포함하여 내부감사기능이 체계적이고 규율된 접근법을 적용하지 않음

4 활용 가능한 내부감사기능이 수행한 업무의 성격 및 범위의 결정

4.1 활용 가능한 내부감사기능이 수행한 업무의 성격 및 범위의 결정

내부감사기능이 수행한 업무가 활용될 수 있는 영역과 범위를 결정하는 근거로서, 외부감사인은 내부감사기능이 수행하였거나 수행예정인 업무의 성격 및 범위 그리고 외부감사인의 전반감사전략 및 감사계획에 대한 관련성을 고려하여야 한다(ISA 610-17).

외부감사인은 감사업무에 관한 모든 유의적인 판단을 수행하여야 하며, 다음과 같은 경우 내부감사기능이 수행한 업무의 과도한 활용을 방지하기 위하여 내부감사기능이 수행한 업무의 활용을 줄이고 직접 수행업무를 늘리도록 계획을 세워야 한다(ISA 610-18).

내부감사기능의 활용을 줄여야 할 경우 (ISA 610-18)

① 다음의 사항과 같이 많은 판단이 수반 될수록
- 관련된 감사절차의 계획 및 수행
- 입수된 감사증거의 평가

② 유의적인 것으로 식별된 위험에 대한 특별한 고려와 함께, 경영진주장 수준의 평가된 중요왜곡표시위험이 높을수록

③ 내부감사기능의 조직 내 위상과 관련 정책 및 절차가 내부감사인의 객관성을 적절하게 지원하지 못할수록

④ 내부감사기능의 적격성 수준이 낮을수록

4.2 내부감사기능의 활용에 대한 지배기구와의 커뮤니케이션

외부감사인은 계획된 감사범위와 시기에 대한 개요를 지배기구와 커뮤니케이션할 때 내부감사기능이 수행한 업무를 어떻게 활용할 계획인지도 커뮤니케이션 하여야 한다(ISA 610-20).

5 내부감사기능이 수행한 업무의 활용

5.1 내부감사기능과 토의

외부감사인이 내부감사기능이 수행한 업무를 활용할 계획인 경우, 외부감사인은 각자의 활동을 조정하는 근거로서 업무의 활용계획을 내부감사기능과 토의하여야 한다(ISA 610-21).

5.2 내부감사기능의 보고서 열람

외부감사인은 내부감사인이 수행한 감사절차의 성격 및 범위와 관련된 발견사항을 이해하기 위하여 외부감사인이 활용하기로 계획한 내부감사기능이 수행한 업무와 관련된 내부감사기능의 보고서(내부감사보고서)를 열람하여야 한다(ISA 610-22).

5.3 내부감사기능이 수행한 업무를 활용하기 위한 사전 감사절차 수행

외부감사인은 다음 사항에 대한 평가를 포함하여 감사목적에 대한 적절성을 결정하기 위해, 활용하기로 계획한 내부감사기능의 업무 전체에 대하여 충분한 감사절차를 수행하여야 한다(ISA 610-23).

① 해당 업무가 적절히 계획, 수행, 감독, 검토 및 문서화되었는지 여부

② 합리적 결론 도출을 위한 충분하고 적합한 증거가 입수되었는지 여부
③ 도달된 결론이 해당 상황에서 적합하고 내부감사기능이 작성한 보고서가 수행된 업무 결과와 일관성이 있는지 여부

5.4 내부감사기능이 수행한 업무를 활용할 때 외부감사인의 성격과 범위

내부감사기능이 수행한 업무를 활용할 때, 외부감사인의 감사절차의 성격과 범위는 다음 사항에 대한 외부감사인의 평가에 대응되어야 하고 일부 업무에 대한 재수행을 포함하여야 한다(ISA 610-24).

① 수반된 판단의 정도
② 평가된 중요한 왜곡표시 위험
③ 내부감사기능의 조직 내 위상과 관련 정책 및 절차가 내부감사인의 객관성을 지원하는 정도
④ 내부감사기능의 적격성 수준

5.5 내부감사기능에 대한 평가와 내부감사기능의 활용에 대한 적합성 평가

외부감사인은 또한 '내부감사기능의 평가'에 관한 외부감사인의 결론과 감사목적으로 내부감사기능이 수행한 업무의 활용 성격과 범위에 관한 결정이 여전히 적합한지 여부를 평가하여야 한다(ISA 610-25).

6 문서화: 내부감사기능이 수행한 업무의 활용

외부감사인이 내부감사기능이 수행한 업무를 활용하는 경우, 외부감사인은 감사문서에 다음 사항을 포함하여야 한다(ISA 610-36).

내부감사기능이 수행한 업무를 활용한 경우 문서화 (ISA 610-36)

① 다음 사항에 대한 평가
- 내부감사기능의 조직 내 위상과 관련 정책 및 절차가 내부감사인의 객관성을 적절하게 지원하는지 여부
- 내부감사기능의 적격성 수준; 그리고
- 품질관리를 포함하여 내부감사기능이 체계적이고 규율된 접근법을 적용하는지 여부

② 활용된 업무의 성격 및 범위 그리고 해당 결정의 근거; 그리고
③ 활용된 업무의 적절성을 평가하기 위하여 외부감사인이 수행한 감사 절차

SECTION 13 지배기구와 커뮤니케이션

NEW INTERNATIONAL STANDARDS ON AUDITING

지배기구와 커뮤니케이션은 감사기준서, 외감법, 품질관리기준서1 등에서 규정하고 있다. 아래 내용은 이를 종합하여 정리한 것이다.

1 적합한 커뮤니케이션 상대

구분	커뮤니케이션 상대
일반적인 경우	감사 또는 감사위원회를 일반적으로 적합한 커뮤니케이션 상대로 봄
감사 또는 감사위원회의 감시기능이 효과적이지 않거나 양방향 커뮤니케이션이 적절하지 않은 경우	이사회를 적합한 커뮤니케이션 상대로 봄

2 커뮤니케이션의 효익

기출 2025

감사인이 지배기구와 커뮤니케이션하면 다음과 같은 사항에 대한 도움을 준다.

지배기구와 커뮤니케이션의 효익(기능) (ISA 260-4)

① 감사인과 지배기구가 감사에 관련된 사항을 이해하고 건설적인 업무관계를 수립함. 이러한 관계는 감사인의 독립성과 객관성을 유지하면서 발전된다

② 감사인이 지배기구로부터 감사와 관련된 정보를 입수함. 예를 들어, 지배기구는 감사인이 기업과 그 환경을 이해하고, 감사증거의 적절한 원천을 식별하며, 구체적인 거래나 사건에 관한 정보를 제공할 때 감사인을 도울 수 있다.

③ 지배기구가 재무보고절차를 감시하는 책임을 완수함으로써 재무제표의 중요왜곡표시위험을 감소시킴

3 감사단계별 커뮤니케이션 사항

감사인은 적시에 지배기구와 커뮤니케이션하여야 한다(ISA 260-21). 아래의 감사 단계는 이해의 편의를 위해 통상적인 감사 단계를 구분한 것이며 반드시 해당 사항을 각 단계에서 커뮤니케이션해야 하는 것은 아니다. 예를 들어, 독립성에 관한 커뮤니케

이션은 감사종료 단계보다 독립성에 대한 위협 및 관련 안전장치에 대한 유의적 판단이 수행될 때마다 실시하는 것이 더 적합할 수 있다. 감사인은 해당 사항의 유의성과 성격, 지배기구가 취할 것으로 예상되는 조치 등을 고려하여 적합한 커뮤니케이션 시기를 결정하여야 한다(ISA 260-A49 ~ A50).

3.1 감사계약 단계

감사계약 단계에서 지배기구와 커뮤니케이션할 사항은 다음과 같다(커뮤니케이션 지침 17).

감사계약단계 커뮤니케이션 사항

① 감사보수, 감사시간, 감사에 필요한 인력

② 재무제표 감사와 관련된 감사인의 책임
- 감사인은 지배기구의 감시 하에 경영진이 작성한 재무제표에 대하여 의견을 형성하고 표명할 책임이 있음
- 재무제표 감사는 경영진 또는 지배기구의 책임을 경감하지 아니함

③ 업무수행 이사의 신원 정보와 해당 역할

3.2 감사수행단계

감사수행 단계에서 지배기구와 커뮤니케이션할 사항은 다음과 같다(커뮤니케이션 지침 27).

감사수행단계 커뮤니케이션 사항

① 감사에서의 유의적 발견사항

② 경영진이 연루된 부정 등 부정 관련 사항

③ 식별되었거나 의심되는 법규 위반

④ 유의적 내부통제 미비점

⑤ 계속기업으로서의 존속능력에 유의적 의문을 초래할 수 있다고 식별된 사건 또는 상황

⑥ 그룹재무제표 감사에서 발견된 유의적인 사항

⑦ 감사인이 핵심감사사항이라고 결정한 사항들 또는 핵심감사사항이 없다고 결정한 경우(핵심감사사항 적용 대상회사에 한함)

① 감사에서의 유의적 발견사항 : 감사수행 단계에서 지배기구와 커뮤니케이션하는 감사에서의 유의적 발견사항은 다음을 포함하여야 한다.

- 해당 기업 회계실무(accounting practice)의 유의적 질적 측면
- 감사 중 직면한 유의적 어려움 → 아래 설명 추가
- 경영진과 논의하였거나 서신을 교환한 유의적인 사항
- 감사보고서의 형태와 내용에 영향을 미치는 상황
- 기타 재무보고절차의 감시와 관련성이 있는 사항

감사 중 직면한 다음과 같은 유의적 어려움은 지배기구와 반드시 커뮤니케이션 하여야 한다.

- 한정의견을 표명하거나 의견을 거절할 필요가 있을 것으로 고려되는 경영진에 의한 감사범위의 제한을 알게 되었으나 경영진이 이러한 제한의 제거를 거절하는 경우
- 경영진이 조회서의 발송을 거부하고, 감사인이 경영진의 조회서 발송거부가 비합리적이라고 결론을 내린 경우
- 특수관계자와 관련하여 감사 중 발생한 일부[1] 유의적 사항
- 경영진이 특수관계자 또는 유의적인 특수관계자 거래를 (고의적이든, 그렇지 않든) 감사인에게 공개하지 아니한 경우
- 적합하게 위임/승인되지 않은 유의적인 특수관계자 거래를 식별한 경우. 이러한 거래는 부정의 징후일 수 있다.
- 해당 재무보고체계에 따른 유의적인 특수관계자 거래의 회계처리 및 공시에 대하여 경영진과 의견의 불일치가 있는 경우
- 특정 유형의 특수관계자 거래를 금지하거나 제한하는 현행 법규를 위반한 경우
- 해당 기업을 궁극적으로 지배하는 당사자를 식별하기 어려운 경우

③ 식별되었거나 의심되는 법규 위반: 감사인은 감사과정에서 알게 된 법규위반과 관련된 사항들이 명백히 경미한 경우를 제외하고는 이 사항을 지배기구와 커뮤니케이션하여야 한다.

⑤ 계속기업으로서의 존속능력에 유의적 의문을 초래할 수 있다고 식별된 사건 또는 상황 : 감사인이 계속기업으로서의 존속능력에 유의적 의문을 초래할 수 있는 사건이나 상황을 식별하였다면 지배기구와 커뮤니케이션하여야 한다. 지배기구와 커뮤

1) 특수관계자와 관련하여 감사 중 발생한 다음과 같은 유의적 사항
- 경영진이 특수관계자 또는 유의적인 특수관계자 거래를 (고의적이든, 그렇지 않든) 감사인에게 공개하지 아니한 경우
- 적합하게 위임/승인되지 않은 유의적인 특수관계자 거래를 식별한 경우. 이러한 거래는 부정의 징후일 수 있다.
- 해당 재무보고체계에 따른 유의적인 특수관계자 거래의 회계처리 및 공시에 대하여 경영진과 의견의 불일치가 있는 경우
- 특정 유형의 특수관계자 거래를 금지하거나 제한하는 현행 법규를 위반한 경우
- 해당 기업을 궁극적으로 지배하는 당사자를 식별하기 어려운 경우

니케이션할 사항에는 다음이 포함되어야 한다.

- 사건이나 상황이 중요한 불확실성을 구성하는지 여부
- 재무제표의 작성에 계속기업 전제 사용이 적합한지 여부
- 재무제표상 관련 공시의 적절성
- 해당되는 경우, 감사보고서에 대한 시사점

⑥ 그룹재무제표 감사에서 발견된 유의적인 사항: 그룹재무제표 감사를 수행하는 그룹감사인은 다음 사항에 대하여 그룹의 지배기구와 커뮤니케이션하여야 한다.

- 부문감사인의 업무에 대한 그룹업무팀의 평가가 해당 감사인의 업무품질에 대하여 우려를 발생시킨 경우
- 그룹감사에 대한 제한. 예를 들어, 그룹업무팀이 정보에 접근하는 데 제약이 가해진 경우
- 경영진, 부문경영진, 그룹차원의 통제에 유의적인 역할을 수행하는 종업원, 또는 그룹재무제표에 중요한 왜곡표시가 초래되는 부정과 관련된 기타의 사람들이 연루되어 있는 부정이나 의심되는 부정

그룹업무팀은 부문감사인이 그룹업무팀의 주의를 환기시켰던 사항으로서 그룹업무팀이 그룹지배기구의 책임에 유의적이라고 판단한 사항을 그룹의 지배기구와 커뮤니케이션 할 수 있다.

3.3 감사종료 단계

감사종료 단계에서 지배기구와 커뮤니케이션할 사항은 다음과 같다(커뮤니케이션 지침 47).

감사종료단계 커뮤니케이션 사항

① 상장기업의 경우, 독립성 관련 윤리적 요구사항을 준수하고 있다는 진술
② 후속사건
③ 경영진에게 요청한 서면진술
④ 미수정왜곡표시
⑤ 감사의견을 변형시킬 것으로 예상하는 경우
⑥ 감사보고서에 강조사항문단이나 기타사항문단을 포함시킬 것으로 예상하는 경우
⑦ 감사보고서에 업무수행이사의 이름을 포함하지 않는 경우
⑧ 감사 받은 재무제표를 포함하고 있는 문서 내의 기타정보의 수정이 필요하나 경영진이 그러한 수정을 거부하는 경우

⑤ 감사의견을 변형시킬 것으로 예상하는 경우 : 감사인이 재무제표에 대하여 한정의견을 표명하거나 의견을 거절할 필요가 있을 것으로 고려되는 경영진에 의한 감사범위의 제한을 알게 되었으나 경영진이 이러한 제한의 제거를 거절하는 경우, 감사인은 해당 사항을 지배기구에게 커뮤니케이션하고 충분하고 적합한 감사증거를 입수할 수 있는 대체적 절차의 수행이 가능한지 여부를 결정하여야 한다.

또한 감사인은 감사의견을 변형시킬 것으로 예상하는 경우, 예상되는 변형을 발생시킨 상황과 변형 문안을 지배기구와 커뮤니케이션하여야 한다.

4 커뮤니케이션 절차

지배기구(감사위원회)와의 커뮤니케이션과 관련하여, 다음과 같은 양호한 지배원칙을 준수할 필요가 있다.

양호한 지배원칙

- 감사위원회의 회의에 감사인이 정기적으로 참여하도록 초청함
- 감사위원회의 위원장 및, 관련되는 경우 감사위원회의 구성원은 감사인과 주기적으로 연락함
- 감사위원회는 최소한 1년에 한번씩 경영진을 참석시키지 않고 감사인과 만남

5 커뮤니케이션 형태

감사인의 전문가적 판단에 따라, 감사에서 발견한 유의적 사항을 구두로 커뮤니케이션하는 것이 적절하지 않다고 판단되면, 감사인은 서면으로 지배기구와 커뮤니케이션하여야 한다. 다음 사항은 지배기구와 서면으로 커뮤니케이션하여야 한다.

서면으로 커뮤니케이션 할 사항

① 상장기업의 경우, 독립성 관련 윤리적 요구사항을 준수하고 있다는 진술을 포함한 독립성 관련 문제

② 유의적 내부통제 미비점

6 문서화

감사인은 지배기구와 구두로 커뮤니케이션한 경우 그 내용과 함께 언제, 누구와 커뮤니케이션하였는지를 감사문서에 포함하여야 한다. 반면 이러한 사항들을 서면으로 커뮤니케이션하였다면, 감사인은 그 사본을 감사문서의 일부로 보관하여야 한다.

구두 커뮤니케이션을 문서화하는 경우, 이러한 커뮤니케이션에 대한 적합한 기록이라면 기업이 작성한 회의록으로서 감사인이 감사문서의 일부로 유지하고 있는 회의록의 사본도 포함시킬 수 있다.

Chapter 07 OX문제

01 통제테스트는 계정잔액에 중요한 오류가 없는 지를 검증하는 것이다.

02 감사인은 경영진주장 수준의 평가된 중요왜곡표시위험이 유의적이라고 결정하면, 반드시 세부테스트를 포함하여 대응하여야 한다.

03 기중 일자에 실증절차를 수행하고 그 이후에 추가적인 절차를 수행하지 않으면 감사인이 보고기간말에 존재할 수 있는 왜곡표시를 발견하지 못할 위험이 증가된다. 이러한 위험은 잔여기간이 짧을수록 증가한다.

04 실증절차가 기중의 일자를 기준으로 수행되는 경우, 감사인은 기중 일자를 기준으로 얻은 감사결론을 보고기간말까지 확대하기 위한 합리적인 근거를 얻기 위하여 반드시 잔여기간에 대하여 통제테스트를 수행하여야 한다.

05 손익계산서를 감사할 때는 거래유형에 대한 세부테스트가 유용하다.

---

06 감사인은 감사증거가 재무제표에 대한 경영진의 주장을 확인하는 감사증거만 입수하여야 하며, 경영진주장과 배치되는 감사증거는 고려하지 않는다.

07 재고자산 실사의 입회는 감사인이 직접 수량과 상태를 조사하는 것이다.

08 제3자가 보관 · 통제하고 있는 재고자산이 재무제표에 중요한 경우 감시인은 제3자에게 조회를 요청할 수 있다.

09 식별된 소송이나 배상청구에 관하여 감사인은 직접 질의서를 작성하여 외부 법률고문에 발송하며, 이 과정에는 경영진의 동의가 요구된다.

10 세부질문서에는 소송과 배상청구의 목록, 각 소송과 배상청구의 결과에 대한 감사인의 평가 및 관련 비용 등 재무적 영향에 대한 감사인의 추정치 등이 포함된다.

---

11 감사인은 회사의 채권이 중요하기 때문에 채권 잔액을 외부조회 하고자 하였으나 회사가 합리적인 이유로 외부조회를 거부한 경우, 감사인은 반드시 대체적절차를 수행하여야 한다.

12 구두회신은 외부조회로부터 얻은 감사증거의 요건을 충족한다.

13 적극적 조회에 대한 회신은 일반적으로 신뢰할 수 있는 감사증거를 제공한다. 반면, 조회처가 해당 정보가 정확한지 여부를 검증하지 않고 조회에 회신할 위험이 있다.

14 적극적 조회결과 회신된 조회에서 조회한 내용과 회신된 내용이 일치하지 않는 경우 이는 곧 왜곡표시를 의미한다.

15 소극적 조회는 조회처가 조회서의 정보에 동의하지 않는 경우에만 감사인에게 직접 회신해 달라고 요청하는 조회이다. 따라서 소극적 조회결과 미회신의 경우 이것이 조회대상자가 조회서를 수령하였고, 조회서에 포함된 정보가 정확하다는 것을 명시적으로 나타낸다.

16 기초잔액은 왜곡표시되었더라도 당기 재무제표에 영향을 미치지 않는다.

17 실증적인 분석적절차는 감사증거의 수집비용이 많이 드는 세부테스트의 범위를 줄이는데 기여할 수 있지만, 단독으로 감사증거를 제공하지는 않는다.

18 실증적인 분석적절차는 일반적으로 시간의 경과에 따라 예측가능성이 낮아지는 소규모의 거래에 더 적합하다.

19 감사인은 분석적절차 결과 기대치와 장부가액이 차이가 발생할 경우 이를 왜곡표시라고 판단한다.

20 공정가치측정이 요구되는 재무제표의 모든 항목에 추정불확실성이 수반되는 것은 아니다.

21 개별 회계추정치가 합리적인지 여부에 대한 결론을 도출할 목적에서 보면 경영진의 편의가능성 징후는 왜곡표시를 구성한다.

22 감사인이 전기재무제표에 포함된 회계추정치의 결과, 또는 해당되는 경우 후속적인 재추정을 검토하는 이유는 과거 보고기간에 내린 경영진의 판단에 의문을 제기하는 데 있다.

23 감사인이 점추정치를 채택할 경우 감사인의 점추정치가 경영진의 점추정치와 차이가 있을 경우, 그 차이는 왜곡표시를 의미한다.

24 감사인은 회계분야의 외부전문가를 감사에 활용할 수 있다.

25 감사인측 전문가가 적격성, 역량 및 객관성을 모두 갖추고 있다면, 감사인측 전문가가 수행한 업무에 대한 평가 없이 활용할 수 있다.

Chapter 07 정답 및 해설

01 × 통제테스트는 경영진주장 수준의 중요한 왜곡표시를 예방 또는 발견 및 수정하기 위한 통제의 운영효과성을 평가하기 위한 감사절차로 규정의 이탈여부를 검증한다. (ISA 330-4)

02 × 감사인은 경영진주장 수준의 평가된 중요왜곡표시위험이 유의적이라고 결정하면, 해당 위험에 구체적으로 대응하는 실증절차를 수행하여야 한다. 유의적 위험에 대응하는 접근방법이 실증절차 만으로 구성되어 있는 경우에는, 반드시 세부테스트를 포함하여야 한다. (ISA 330-21)

03 × 기중 일자에 실증절차를 수행하고 그 이후에 추가적인 절차를 수행하지 않으면 감사인이 보고기간말에 존재할 수 있는 왜곡표시를 발견하지 못할 위험이 증가된다. 이러한 위험은 잔여기간이 길수록 증가한다. (ISA 330-A56)

04 × 실증절차가 기중의 일자를 기준으로 수행되면, 감사인은 기중 일자를 기준으로 얻은 감사결론을 보고기간말까지 확대하기 위한 합리적인 근거를 제공하기 위하여 잔여기간에 대하여 다음 절차를 수행하여야 한다. (ISA 330-22)

① 잔여기간에 대한 통제테스트와 실증절차 수행
② 감사인이 충분하다고 결정한 경우 실증절차만 수행

05 ○

---

06 × 감사인은 감사증거가 재무제표에 대한 경영진의 주장을 확인하는지 또는 배치되는지 여부와 관계없이 의견을 형성할 때는 관련된 감사증거를 모두 고려하여야 한다. (ISA 330-26)

07 × 경영진이 재고자산을 실사하고 감사인은 입회(관찰)하는 것이다.

08 ○ (ISA 501-8)

09 × 경영진이 작성한 질의서를 감사인이 발송하므로 경영진 동의는 필요 없다. (ISA 501-10)

10 × 세부질문서에는 다음과 같은 내용이 포함된다. (ISA 501-A23)

(a) 소송과 배상청구의 목록
(b) 가능한 경우, 각 소송과 배상청구의 결과에 대한 경영진의 평가 및 관련 비용 등 재무적 영향에 대한 경영진의 추정치
(c) 경영진의 평가가 타당한지 외부 법률고문이 확인해 주고 소송과 배상청구 목록이 불완전하거나 부정확하다고 판단되면 추가적인 정보를 감사인에게 제공해 줄 것을 요청하는 내용

---

11 ○ (ISA 505-8)

12 × 조회에 대한 구두회신은 감사인에 대한 직접적인 서면 회신이 아니기 때문에 그 자체로는 외부조회의 정의를 충족시키지 못한다. (ISA 505 - A15)

13 ○ (ISA 505 - A5)

14 × 불일치사항은 외부조회 절차의 시기나 측정상의 문제, 또는 사무적 오류에서 발생된 것일 수도 있고 부정으로 인한 것일 수도 있다. (ISA 505 -14)

15 × 소극적 조회결과 미회신의 경우 이것이 조회대상자가 조회서를 수령하였고, 조회서에 포함된 정보가 정확하다는 것을 명시적으로 나타내는 것은 아니다.

---

16 × 재무상태표는 기초잔액에 기중거래가 반영되어 기말잔액이 산출되기 때문에 기초잔액은 재무상태표의 기말잔액에 영향을 미친다.

17 × 관련된 통제를 고려하지 않더라도 해당 거래유형의 특별한 성격 때문에 위험이 낮다고 평가한 경우, 감사인은 실증적 분석절차만으로 충분하고 적합한 감사증거를 입수할 수 있을 것이다. (ISA 330 - A10)

18 × 실증적인 분석적절차는 일반적으로 시간의 경과에 따라 예측가능성이 높아지는 대규모의 거래에 더 적합하다.

19 × 분석적절차 결과 기대치와 장부가액의 차이는 왜곡표시의 가능성을 높여 줄 뿐 실제차이는 아니다. 따라서 차이에 대한 추가 조사가 이루어져야만 왜곡표시를 적발할 수 있다.

20 ○ 예를 들면, 가격에 대하여 쉽게 이용가능하고 믿을 만한 정보를 제공하는 활성공개시장이 있고, 실제로 해당 가격에 교환이 이루어지는 재무제표 항목의 경우 추정의 불확실성이 존재하지 않는다.

---

21 × 개별 회계추정치가 합리적인지 여부에 대한 결론을 도출할 목적에서 보면 경영진의 편의가능성 징후 그 자체는 왜곡표시를 구성하지 아니한다.

22 × 경영진의 회계추정치에 대한 신뢰성을 평가하는데 그 목적이 있으며, 회계추정치에 대하여 과거 보고기간에 내린 경영진의 판단에 의문을 제기하기 위한 것이 아니다. (ISA 540 - 9)

23 ○ (ISA 540 - A116)

24 × 감사인이 활용할 수 있는 전문가의 영역은 회계와 감사 외의 분야에 국한한다.

25 × 감사인은 감사인측 전문가의 업무가 감사목적상 적합한지 평가하여야 한다. (ISA 620 -12)

CHAPTER 8

감사의 수행: 계정별 실증절차

SECTION 01 주요 거래 및 계정과목에 대한 기본적인 실증절차

1 중요한 거래와 계정잔액에 대한 경영진주장

중요한 거래와 계정잔액에 대한 일정수준의 실증절차는 당해 거래와 계정잔액의 중요한 경영진주장(material assertions)에 대하여 일반적으로 예상되는 감사절차를 수행하는 것을 말한다. 중요한 경영진주장은 예를 들어, 재고자산과 매출채권은 그 실재성과 평가, 현금과 유가증권은 실재성, 유형자산은 권리와 의무, 매입채무와 차입금은 부외부채의 존재여부(완전성) 등을 들 수 있다. 감사인은 이러한 유의적 경영진주장에 대하여 실물 자산이나 문서의 검사, 관찰, 질문, 외부조회, 재계산, 재수행 및 분석적 절차 등 적합하다고 판단되는 하나 이상의 절차를 적용하여 감사증거를 입수한다.

2 주요 거래 및 계정잔액에 대한 기본적인 실증절차

주요 유형의 거래와 계정잔액에 대한 기본적인 실증절차를 예시하면 다음과 같다. 다음의 절차는 해당 거래나 계정잔액에 대한 경영진주장과 이를 감사하기 위한 기본적인 실증절차를 예시한 것이다.

중요한 거래유형 계정과목	유의적 경영진주장 예시	실증절차 예시
현금 및 현금성자산	실재성, 권리와 의무	• 예금잔액 및 금융기관 지급보증, 금융상품에 대한 조회절차의 실시 • 은행계정조정표의 검토
매출채권	실재성, 평가, 완전성	• 매출채권에 대한 조회 • 매출채권의 회수가능성에 대한 검토 • 매출의 기간귀속에 대한 검토
재고자산	실재성, 평가	• 재고실사의 입회 • 재고자산의 원가계산 및 평가감의 적절성 검토
유가증권 및 투자자산	실재성, 평가	• 실사 또는 보관증권의 조회 • 당기 취득금액의 취득증빙의 확인 • 평가의 적절성에 대한 검토(지분법 포함) • 감액의 적절성에 대한 검토

유 형 자 산	실재성, 권리와 의무, 배분	• 당기 취득금액의 취득증빙의 확인 • 감가상각비의 적절성에 대한 검토
무 형 자 산	실재성, 배분	• 당기취득금액의 취득증빙의 확인 • 당기상각비 및 감액의 적절성에 대한 검토
매 입 채 무	실재성, 완전성	• 재무제표일 후 지급금액 또는 매입거래증빙의 확인 • 부외부채 감사절차의 실시
차 입 금	실재성, 완전성	• 금융기관으로부터의 잔액, 차입조건, 기타 계약사항에 대한 조회 • 부외부채 감사절차의 실시
퇴 직 급 여 충 당 부 채	완전성, 실재성	• 추계액의 적절성의 검토 • 당기지급액에 대한 확인
자 본 계 정	실재성	• 등기부등본, 증자서류 등에 대한 검토 • 자본조정과 관련자산, 부채변동사항의 검토
손 익 항 목	발생사실, 완전성	• 손익변동에 대한 분석적 검토절차

SECTION 02

현금및현금성자산

NEW INTERNATIONAL STANDARDS ON AUDITING

핵심

1. 현금및현금성자산이란?
   현금및현금성자산은 통화 및 타인발행수표 등 통화대용증권과 당좌예금 · 보통예금 및 기타의 현금성자산 등을 말한다.
2. 현금및현금성자산의 주요 감사절차
   현금및현금성자산의 주요 감사절차는 다음과 같다.
   ① 현금실사: 실재성
   ② 예금에 대한 외부조회: 완전성, 실재성, 권리와 의무
   ③ 은행계정조정표의 검토: 권리와 의무

1 총괄표의 작성: 정확성과 평가

일반적으로 감사조서는 top-down 방식으로 작성한다. 즉, 각 계정과목별 총괄표(lead schedule)를 우선 작성하여 전반적인 내용을 파악한 후, 감사증거에 대한 감사조서를

작성한다. 총괄표를 어떤 형식으로 작성하는가는 전문가적 판단에 따르지만 일반적으로 유동의 경우 당기와 전기를 대비하고, 비유동의 경우 기초잔액, 당기증가, 당기감소 및 기말잔액으로 분류하여 표시한다. 현금및현금성자산의 총괄표를 예시하면 다음과 같다.

〈현금및현금성자산의 총괄표〉

현금및현금성자산	당 기	전 기	증가(감소)
현 금	200,000	150,000	50,000
당좌예금	5,000,000	4,500,000	500,000
보통예금	6,000,000	7,000,000	(1,000,000)
정기적금	10,000,000	8,000,000	2,000,000
합 계	21,200,000	19,650,000	1,550,000

상기와 같이 총괄표를 작성하면 감사인은 다음과 같은 절차를 통하여 계정명세서와 총계정원장과의 일치여부를 확인한다.

① 현금및현금성자산의 구성요소별(현금, 당좌예금, 보통예금 등)로 계정명세서를 요청하여 계정명세서상 잔액과 총괄표상 잔액이 일치하는지를 확인한다.(주)

② 당기잔액은 당기의 총계정원장과 은행조회서를 통하여 확인하며, 전기잔액은 전기감사조서 또는 감사보고서를 통하여 확인한다.

(주) 이것은 제7장 section 1, 2에서 설명한 '재무제표 결산절차와 관련된 실증절차'에 해당한다. 이하 다른 계정도 동일하다.

상기와 같이 총괄표를 작성하여 잔액을 확인함으로써 감사인은 감사목적 중 '정확성과 평가'를 달성할 수 있다.

2 분석적절차: 완전성, 실재성, 평가

상기 총괄표에서 예시한 바와 같이 현금및현금성자산은 전기와 당기잔액을 대비함으로써 전기에 비하여 당기잔액이 얼마나 변동하였는지를 알 수 있다. 이는 전기잔액은 당기잔액의 기대치라는 가정이 내포된 것으로 전형적인 분석적절차의 기법 중 하나이다. 분석적절차는 다음과 같이 진행된다.

① 전기에 비하여 중대한 비정상적 변동이 존재하는지를 파악한다. 즉, 전기잔액은 당기잔액의 기대치라는 가정 하에 당기잔액이 전기잔액에 비하여 중요하게 차이가 존재한다면 이는 비정상적인 변동이라 할 수 있다.

② 비정상적인 항목이 존재하면 경영진에게 질문하거나 회사의 장부 및 증빙자료 등을 통하여(문서검사) 그 원인을 규명한다.

상기와 같이 분석적절차를 수행함으로써 감사인은 완전성, 실재성 및 평가 목적을 달성할 수 있다.

3 현금잔액에 대한 실물검사: 실재성

3.1 현금실사표

현금의 실재성에 대한 증거를 수집하기 위하여 감사인은 현금잔액에 대한 실물검사를 실시한다. 실무적으로 사용하는 현금실사표는 다음과 같다.

사 례 01

현 금 실 사 표

회사명: 20×1년 ○월 ○일 현재

구 분	적 요	금 액	비 고
1. 화 폐	50,000원권 매	원	
	10,000원권 매	원	
	5,000원권 매	원	
	1,000원권 매	원	
	500원권 매	원	
	100원권 매	원	
	10원권 매	원	
	소 계	소 계 원	
2. 통화대용증권	수 표 매	원	
3. 합 계		원	
4. 재무제표일(20×1년 ○월 ○일) 현재 장부가액		원	
5. 재무제표일 ~ 실사일까지의 입금액		원	
6. 재무제표일 ~ 실사일까지의 출금액		원	
7. 실사일 현재 장부가액		원	
8. 실사과부족 금액 (3—7)		원	

상기와 같이 20××년 ○월 ○일 ○시 ○분에 ○○에서 현금을 실사받고 시재액은 정히 공인회계사로부터 반환받았음을 확인합니다.

실사공인회계사 ○ ○ ○ 인

(회사명) ○ ○ ○ (주)
(보관자) ○ ○ ○ 인
(책임자) ○ ○ ○ 인

3.2 현금실사시 유의사항

현금실사시 다음 사항을 유의하여야 한다.

① 현금은 받을어음, 유가증권, 투자자산과 상호 호환성이 있기 때문에 동시에 실시하여야 한다.

② 실물의 분실 등으로 인한 오해의 소지를 없애기 위하여 실물검사 후 즉시 반환하였음을 확인받아야만 한다.

③ 현금의 실물검사는 재무제표일을 전 · 후로 하여 실시한다. 예를 들어, 재무제표일이 20×2년 12월 31일일 경우 12월 31일 마감 후 또는 다음해 1월 업무가 시작되기 직전에 실물검사를 실시하는 것이 적발위험을 감소시킬 수 있는 합리적인 시기이다. 그러나 부득이 재무제표일 전이나 후에 실물검사를 실시하는 경우 실물검사일로부터 재무제표일까지의 입 · 출금에 대하여 추가적인 증거(문서검사 등)를 확보하여야 한다.

4 예금잔액 및 중요한 약정사항에 대한 조회: 완전성, 실재성, 권리와 의무

현금및현금성자산에 대한 실증절차에서 가장 중요한 감사절차는 현금실사와 예금 및 중요한 약정사항에 대한 조회이다.

4.1 조회내용

조회서에는 다음과 같은 사항을 포함한다.

① 은행조회는 예금 · 적금 및 차입금 잔액의 실재성, 완전성, 및 권리와 의무에 대한 증거를 확보하는데 매우 효과적이다. 채권 · 채무조회와는 달리 은행조회는 총계정원장상 예금 · 적금 및 차입금잔액이 존재하는 거래처뿐만 아니라 잔액은 없지만 기중에 거래가 있었던 모든 은행에 대하여 조회서를 발송하여야 한다. 이는 예금 · 적금 및 차입금 잔액이 누락되었을 가능성을 조사하기 위한 것이다. 예를 들면, 특정 은행의 예금잔액이 존재하지 않더라도 차입금이 존재할 수 있다. 일반적으로 회사는 차입금을 누락할 유인을 가지므로 예금이나 차입금잔액이 존재하는 거래처에만 조회한다면 예금이나 차입금이 누락되었을 부정 · 오류를 적발할 수 없다.

② 회사와 은행간의 특별약정사항과 차입금과 관련된 담보제공 및 질권설정 등 사용제한여부를 확인할 수 있는 내용 등을 은행조회서에 포함하여야 한다. 왜냐하면, 이와 같은 정보는 재무제표에 대한 주석 중 중요한 것이기 때문이다.

4.2 은행조회서의 발송

은행조회서는 감사인 회신용, 은행 보관용의 2부가 작성되며, 감사인은 이를 모두 거래은행에 송부한다. 해당 은행은 조회내용을 확인하여 은행 보관용은 보관하고 감사인 회신용은 담당 공인회계사에게 회신한다. 은행조회의 구체적인 절차는 다음과 같다.

① 은행조회는 기말감사 이전에 감사인이 직접 작성하고 control sheet(조회서의 발송처, 회신여부 및 조회금액의 일치여부 등과 같은 조회결과를 요약하기 위하여 감사인이 작성하는 통제표)를 작성한다. 또한 발송한 조회서는 미회신처에 대한 재조회에 대비하기 위하여 감사인 보관용을 별도로 파일한다.

② 은행조회서는 은행으로부터 원본(전자 또는 우편)을 회수하는 것이 원칙이다.

③ 회수가 불가능할 경우 감사인이 직접회수, 2차 / 3차 재발송, FAX로 수령한 후 현장 철수 후 우편으로 회신하는 등의 대체적인 절차를 취할 수 있다.

④ 기말감사 시작일까지 은행조회서를 회수하지 못한 경우 은행측 담당자와 직접 통화하여 수신여부를 확인하고 답신을 독촉한다.

4.3 회신된 은행조회서의 검토

은행조회서가 회신되면 감사인은 다음 사항을 검토하여야 한다.

① 은행조회서와 은행계정명세서를 대조(reference)한다.

② 발견된 불일치 사항에 대하여 왜곡표시(summary of difference)에 수록할 것인지 여부를 결정한다.

③ 확인된 특별 약정사항이나 사용제한의 영향을 평가하고 주석으로 공시할 것인지 여부를 판단한다.

④ 감사종료일까지 조회서가 미회신된 경우 임시적으로 잔고증명, 통장 등의 잔액을 활용하고 추후 반드시 은행조회서를 회수하여 보완한다.

4.4 은행조회서의 양식

은행조회서의 조회내용과 양식은 다음과 같다. 다음의 은행조회서 양식과 같은 조서를 표준화된 조서라고 한다.

은 행 조 회 서

____________은행 ____________부·지점 귀중 20____년 ____월 ____일

삼가 귀행의 번영을 축원합니다.

당사의 회계감사 수행에 필요한 금융거래내역을 조회하고자 붙임과 같이 당사가 작성한 "금융거래 정보제공 동의서"를 제출하오니, 붙임 양식에 기입된 내용을 확인하신 후 정정 또는 추가사항을 기재하시고, 회신용 1부를 동봉한 회신용봉투를 이용하여 회신하여 주십시오. 귀행의 조회회신은 당사의 건전하고 투명한 회계관행의 정착을 통한 적정한 회계정보 공시를 위하여 꼭 필요한 것으로 귀행의 성실한 협조가 절대적으로 요청되는 바입니다. 본 조회내용은 공인회계사법 제20조 및 주식회사의외부감사에관한법률 제9조에 의거 그 비밀이 보장되고 회계감사목적으로만 이용될 것입니다.

양식의 작성요령을 각 양식의 하단에 기입하였사오니 참조하여 주시기 바라며, 해당란이 부족한 경우에는 총액만을 기입하고 따로 명세서를 첨부할 수 있으며, 만약 해당사항이 없는 경우에는 각 란에 "해당사항 없음"이라고 기입하여 주시기 바랍니다. 본 조회서 회신을 위해 수수료를 요청할 경우에는 당사로 청구하여 주시기 바랍니다. 아울러 조회내용에 의문이 있는 경우에는 아래의 담당공인회계사에게 문의하시기 바랍니다.

붙　임: 금융거래정보제공 동의서 1부
은행조회서 2부 (회신용 및 보관용 각 1부)

_______________ 회계법인
담당공인회계사 _______________
(문 의: ××× — ××××)

회 사 명 _______________
대 표 이 사 _______________(인)

【회신용】

______________회계법인(담당공인회계사 __________) 귀중

1. 20___년 ___월 ___일 현재 _______________회사의 당 은행에 대한 예 · 적금 등의 내용은 다음과 같습니다.

예 · 적금의 종류 (1)	계좌번호 (2)	금 액 (3)	연이자율 (4)	최종이자 지급기간 (5)	만기일 (6)	인출제한 등 (7)
기타의 금융상품 (8)						
기타 확인한 예 · 적금 (9)						

확인자: 소 속 ________________

성 명 ________________

2. 20___년 ___월 ___일 현재 _____________회사에 대2한 당 은행의 대출종류별 실대출금의 내용은 다음과 같습니다.

대출 종류 (10)	금 액 (11)	대출일 (12)	최종 만기일 (13)	이 자		상환방법 (16)	담보 또는 보증 (17)
				연이자율 (14)	최종이자지급기간 (15)		

확인자: 소 속 ________________

성 명 ________________

【회신용】

3. 20___년 ___월 ___일 현재 ______________회사에 대한 당 은행의 지급보증 및 기타약정사항의 내용은 다음과 같습니다.

내 용(18)	금 액(19)	비 고(20)
지급보증 기타약정사항		

확인자: 소 속 ______________
성 명 ______________

4. 20___년 ___월 ___일 현재 ______________회사에 대한 미결제된 선물환계약 등(선물환, 스왑, 옵션, 기타 이와 유사한 계약 포함)의 내용은 다음과 같습니다.

계약일 (21)	당행의 매입금액 (22)	당행의 매도금액 (23)	계약실행일 (24)	약정환율/ 이자율 (25)	비고(결제조건 등) (26)

확인자: 소 속 ______________
성 명 ______________

5. ______________회사에게 당 은행이 20___년 ___월 ___일부터 20___년 ___월 ___일까지 교부한 수표와 어음의 용지는 다음과 같습니다(수표 · 어음장의 교부명세는 거래처별로 수표 · 어음교부대장이 비치되어 있을 경우에는 의뢰기간의 해당회사에 대한 수표 · 어음교부 대장사본으로 대체할 수 있음).

수표	교부일자(27)	매수(28)	일련번호(29)	어음	교부일자(27)	매수(28)	일련번호(29)

확인자: 소 속 ______________
성 명 ______________

6. 당 은행이 ______________회사에게 교부한 수표와 어음의 용지 중에서 20___년 ___월 ___일 현재 미회수된 수표 · 어음의 내역은 다음과 같습니다(은행이 보유하고 있는 발행, 미회수, 미도래수표어음 조회표로 대체할 수 있음).

수표	교부일자(30)	매수(31)	일련번호(32)	어음	교부일자(30)	매수(31)	일련번호(32)

확인자: 소 속 ______________
성 명 ______________

【회신용】

7. 당 은행이 ____________회사로부터 20___년 ___월 ___일 현재 담보, 견질 목적으로 보관하고 있는 어음이나 수표의 내역은 다음과 같습니다.

구분(33) (어음 혹은 수표)	번 호 (34)	금 액 (35)	발행일자 (36)	만기일자 (37)	담보 · 견질목적 (38)

확인자: 소 속 ______________

성 명 ______________

8. 20___년 ___월 ___일부터 20___년 ___월 ___일까지 당 은행과 ____________회사가 거래한 당좌거래명세를 첨부합니다. (39)

20___년 ___월 ___일 ___________은행 부 · 지점 (직인)

__________________________ (인) (40)

5 은행계정조정표 검토: 평가, 기간귀속, 실재성

당좌거래의 경우 회계인식시점의 차이와 은행으로부터 무통장거래내역을 즉시 통보받지 못하는 등으로 인하여 회사측 당좌예금과 은행측 당좌예금의 차이가 발생할 수 있다. 따라서 회사는 이러한 차이를 조정하는데 이를 은행계정조정이라 한다.

감사인이 재무제표일 현재 회사측 당좌예금잔액을 기재하여 은행에 조회확인하면, 은행은 은행측잔액을 회신해 준다. 만약 회사측 당좌예금잔액과 은행측 조회회신잔액이 일치하지 않다면 감사인은 은행계정조정표를 검토하여야 한다. 은행계정조정표는 회사가 작성하는 것이고 감사인은 단지 그것이 정확한지를 감사하는 것이다. 은행계정조정표를 감사하는 절차는 다음과 같다.

〈은행계정조정표〉

(주)한국	20×5년 12월 31일
회사측 잔액	₩450,000
가산: 추심어음	200,000
차감: 은행수수료	(40,000)
올바른 잔액	₩610,000
은행측 잔액	₩980,000
가산: 미기입예금	100,000
차감: 기발행미인출수표	(470,000)
올바른 잔액	₩610,000

Q 당좌원장과 은행거래내역서란?

A 당좌원장이란 당좌계정의 총계정원장을 말한다. 은행거래내역서(bank statement)란 당좌예금의 거래내역을 은행측에서 출력하여 회사에게 제시한 것으로 통장을 대체한 것이다. 일반적으로 예금은 통장을 통하여 거래내역을 기록하지만 당좌예금은 그 거래량이 방대하기 때문에 통장에 기록하는 것이 비효율적일 수 있다. 따라서 통장을 대체하여 일반양식에 그 거래 내역을 출력하여 기업에게 제시하기도 하는데 이를 은행거래내역서라 한다.

① 계산검증을 통하여 상기의 은행계정조정표상에 계산상의 오류가 없는지 확인한다.
② 은행계정조정표상의 회사측 잔액을 당좌원장과 대조한다.
③ 은행계정조정표상의 은행측 잔액을 은행거래내역서(bank statement)와 대조한다.
④ 차기 회계연도의 당좌원장을 추적하여 기발행미인출수표와 미기입예금을 확인한다.
⑤ 장기 미인출수표 등이 존재하는지 확인하고, 만약 존재한다면 그 회계처리가 적절한지 검토한다.
⑥ 당좌예금의 기간귀속을 검토하여 회계처리의 적절성을 검토한다.

6 은행간대체거래의 검토(kiting test): 기간귀속

은행간대체거래를 추적하는 이유는 재무제표일 전 · 후에 은행간대체거래를 통하여 예금의 이중기록 또는 누락가능성(일반적으로 이중기록가능성)을 검토하기 위한 것이다. 예를 들어, A통장에서 12월 31일 마감시간 직전에 수표를 발행하여 B통장으로 이 수표를 입금하였다면 A통장에는 다음해 1월 초에 결제처리되며, B통장에는 수표를 입금한 날(12월 31일)에 입금처리되어 12월 31일 현재의 예금잔액을 이중으로 계상할 수 있다. 이러한 거래를 카이팅(Kiting)이라 한다. 이와 같은 부정이나 오류를 감사하기 위하여 재무제표일을 전 · 후로 하여 은행간대체거래를 집중적으로 추적하여야 한다. 이러한 은행간대체거래의 구체적인 감사절차는 다음과 같다.

① 재무제표일을 전후하여 발생한 회사의 은행간 자금이체 거래는 은행거래내역서나 예금통장 또는 회사의 당좌원장과 대조한다.
② 회사와 은행간 자금이체의 입금과 출금이 각각 동일한 회계기간에 기록되었는지를 검증한다.
③ 은행계정조정표의 항목 중 적정한 회계기간에 은행측 장부(통장)에 기록되지 않은 항목이 있는지 확인한다.

7 현금거래의 기간귀속 검토(cut-off test): 기간귀속

회사는 회계처리의 기간을 조정함으로써 재무제표를 왜곡할 수도 있다. 이러한 가능성을 감사하기 위하여 감사인은 재무제표일 전후 일정기간(일반적으로 약 15일 내외) 동안의 당좌원장과 은행거래내역서의 거래 중 일부를 표본추출하여 거래가 적절한 회계기간에 회계처리되었는지 검토한다.

8 재무제표 표시와 공시

다음 사항이 적절하게 표시 또는 공시되었는지를 확인한다.

① 장 · 단기 계정분류

② 사용이 제한된 예금

③ 외화자산의 내용 · 환산기준 및 환산손익

TIP

전 세계적으로 기업은 부정을 방지하기 위하여 현금결제와 현금수령을 가능하면 지양하고 있다. 현금은 언제나 분실이나 횡령에 노출되기 때문이다. 미국의 경우 작은 거래도 수표만을 결제수단으로 인정하는 곳이 많다. 따라서 개인도 수표계좌(checking account, 우리나라는 이를 '당좌계정'이라 함)를 개설하여 개인수표(personal check)를 발급하고 결제수단으로 사용한다. 오래전 우리나라도 가계수표를 사용한 적도 있지만 지금은 거의 사라졌다. 이 경우 월별로 자신 계좌의 bank statement(우리나라는 이를 '은행거래내역서'라 함)를 출력하여 개인수표 발행과 결제내역을 검증하는 소위 은행계정조정(bank reconciliation)을 한다. 우리나라도 기업거래에서는 현금결제는 소규모(예: 10만원 이하) 거래에만 허용하고 현금수령은 소액이라도 금지하는 것이 일반적이다.

SECTION 03 매출채권 및 매입채무

NEW INTERNATIONAL STANDARDS ON AUDITING

핵심

1. 매출채권(매입채무)이란?

   매출채권은 영업활동과 관련된 채권으로서 외상매출금과 받을어음으로 구성되며, 매입채무는 영업활동과 관련된 채무로서 외상매입금, 지급어음 및 선수금으로 구성된다.

2. 매출채권(매입채무) 감사의 특징

   매출채권(매입채무)은 유동항목이기 때문에 기초잔액으로부터 기중거래(당기증가와 당기감소)에 대한 증거를 수집하여 기말잔액에 대한 증거를 수집하는 절차보다는 기말잔액에 대한 증거를 직접 수집하는 방법이 보다 효율적이고 효과적이다. 왜냐하면 기중거래보다는 기말잔액의 건수가 더 적기 때문이다. 따라서 기중거래보다는 기말잔액 위주로 감사가 진행된다. 매출채권과 매입채무의 감사절차는 매우 유사하다. 따라서 이에 대한 감사절차도 동시에 설명한다.

3. 주요 감사절차
   ① 외부조회: 실재성, 완전성
   ② 매출채권의 회수가능성 평가: 평가
   ③ 매출의 기간귀속에 대한 검토: 완전성

1 총괄표의 작성: 정확성과 평가

매출채권과 매입채무를 감사하기 위해서 감사인은 다음과 같은 총괄표를 작성한다.

〈매출채권(매입채무)의 총괄표〉

매출채권	당 기	전 기	증가(감소)
받을어음	1,000,000	1,500,000	(500,000)
외상매출금	3,000,000	2,000,000	1,000,000
선 수 금	500,000	400,000	100,000
합 계	4,500,000	3,900,000	600,000

상기와 같이 총괄표를 작성하면 감사인은 다음과 같은 절차를 통하여 계정명세서와 총계정원장과의 일치여부를 확인한다.

① 매출채권(또는 매입채무)의 구성요소별(예 받을어음, 외상매출금, 선수금 등)로 계정명세서를 요청하여 계정명세서상 잔액과 총괄표상 잔액이 일치하는지를 확인한다.

② 당기 잔액은 당기의 총계정원장과 채권 · 채무조회서를 통하여 확인하며, 전기 잔액은 전기 감사조서 또는 감사보고서를 통하여 확인한다.

상기와 같이 총괄표를 작성하여 잔액을 확인함으로써 감사인은 감사목적 중 '정확성과 평가'를 달성할 수 있다.

2 분석적절차: 완전성, 기간귀속, 실재성 및 평가

상기 총괄표에서 예시한 바와 같이 매출채권(매입채무)은 전기와 당기 잔액을 대비함으로써 전기에 비하여 당기 잔액이 얼마나 변동하였는지를 알 수 있다. 분석적절차는 다음과 같이 진행된다.

① 전기에 비하여 중대한 비정상적 변동이 존재하는지를 파악한다. 즉, 전기 잔액은 당기 잔액의 기대치라는 가정하에 당기 잔액이 전기 잔액에 비하여 중요하게 차이

가 존재한다면 이는 비정상적인 변동이라 할 수 있다.

② 비정상적인 항목이 존재하면 경영진에게 질문하거나 회사의 장부 및 증빙자료 등을 통하여(문서검사) 그 원인을 규명한다.

③ 매출채권(매입채무)의 구성요소별 또는 총액별로 회전율, 회수기간(지급기간)을 계산하여 전기와 비교하고 회사의 채권(채무) 회수정책(지급정책)과 일치하는지를 조사한다.

④ 매출채권(매입채무)이 총자산, 당좌자산, 유동자산(매입채무의 경우 유동부채)에서 차지하는 비중을 계산하고 전기와 비교하여 특이한 변동은 그 원인을 규명한다.

⑤ 대손충당금이 매출채권에서 차지하는 비중을 계산하고 전기와 비교하여 특이한 변동은 그 원인을 규명한다.

상기와 같이 분석적절차를 수행함으로써 감사인은 완전성, 측정(계산의 정확성 / 기간귀속), 실재성 / 발생사실 및 평가 목적을 달성할 수 있다.

3 받을어음에 대한 실물검사: 실재성

받을어음의 실재성에 대한 증거를 수집하기 위하여 감사인은 받을어음에 대한 실물검사를 실시한다. 받을어음의 실물검사는 재고자산의 실사에 대한 입회와 함께 실시한다. 어떤 경우 회사가 받을어음을 실물로 보관하지 않고 은행에 위탁하는 경우도 있는데 이 경우 실물검사 대신에 수탁통장과 대조 또는 조회확인함으로써 실재성에 대한 증거를 확보한다.

4 매출채권(매입채무)에 대한 조회: 실재성, 완전성

매출채권(매입채무)에 대한 실증절차에서 가장 중요한 감사절차는 거래처에 대한 조회이다. 채권 · 채무조회서는 원본, 회신용 2부가 작성되어 원본과 회신용은 해당 거래처에게 송부한다. 해당 거래처는 조회내용을 확인하여 원본은 보관하고 회신용은 담당 공인회계사에게 직접 송부한다. 채권 · 채무조회의 구체적인 절차는 다음과 같다.

4.1 조회대상의 선정

중요성과 감사위험의 평가결과 수립한 매출채권(매입채무)의 실증절차 계획에 따라 조회의 범위와 조회방법(적극적 또는 소극적)을 결정한다. 실무적으로 매출채권의 경우 금액이 큰 거래처 순으로 누적하여 잔액의 일정 금액 이상을 포괄할 수 있는 거래처까지 조회대상으로 선정한다. 이와 같은 방법은 매출채권의 경우 과소계상보다는 과대계상하려는 유인이 있기 때문이며 과대계상오류를 적발하는 데는 금액이 큰 거래처 잔액을 조회하는 것이 매우 효과적이다.

반대로 매입채무의 경우 일반적으로 과소계상하려는 유인을 가지고 있으며 이 경우 금액이 큰 거래처 위주로 조회대상을 선정하는 방법은 과소계상오류를 적발하는 데 매우 취약하다. 극단적으로 특정 거래처의 매입채무를 완전히 누락하였다면 상기와 같은 방법으로는 조회대상에서 누락되어 과소계상오류를 적발할 수 없다. 따라서 매입채무의 경우 모든 거래처에 대하여 무작위 추출하는 것이 바람직할 것이다. 주의할 것은 조회대상은 반드시 감사인이 직접 선정하여야 한다는 것이다.

4.2 조회서의 발송

조회서를 발송하기 위해서는 다음과 같은 절차를 거친다.

① 조회서에 표시된 거래처명, 주소, 금액을 채권자(또는 채무자)의 인명계정(거래처별 채권/채무의 보조부)과 대조한다. 조회과정을 통제하기 위하여 control sheet(이는 조회서의 발송처, 회신여부 및 조회금액의 일치여부 등과 같은 조회결과를 요약하기 위하여 감사인이 작성하는 통제표이다)를 작성한다.

② 모든 조회서는 감사인이 직접 발송한다. 물론 이 과정에서 감사인의 통제하에 기계적인 처리과정(예 조회서의 작성)은 회사의 도움을 받을 수 있다.

〈 채권/채무조회서 control sheet 〉

NO	REF No.	거래처명	담당자	전화/팩스번호	주 소	받을어음	외상매출금	외상매입금	발송일	회수일
1		KT&G(주)				2,000		1,500		
2		영진약품공업(주)				1,800	1,200			
3										
4										
5										

4.3 회신된 조회서의 검토

조회서가 회신되면 감사인은 회신잔액과 장부(조회리스트)를 대조하여 일치여부를 확인하여 조회결과를 요약한다.

〈채권 · 채무조회결과 요약표〉

구 분		외상매출금		선수금		외상매입금	
		건 수	금 액	건 수	금 액	건 수	금 액
채권(채무)총액	A						
발 송 금 액	B						
회 신 금 액	C						
회 신 율	(C / B) × 100						
전화/팩스 확인	D						
최 종 회 신 율	(C + D) / B						
대체적인 절차	E						
최 종 확 인 율	(C + D + E) × 100 / A						
불 일 치 금 액	F						
불 일 치 율	(F / A) × 100						

4.4 조회확인의 한계

매출채권의 경우 외부조회는 실재성에 대한 강력한 증거를 제공한다. 그러나 매입채무에 대한 외부조회는 실재성에 대한 증거를 제공하지만 ① 과대계상채무에 대한 미회신가능성과 ② 과소계상채무 및 부외부채의 경우 근본적으로 조회대상에서 누락될 가능성 때문에 완전성 목적을 검증하는 데는 한계가 있다.

4.5 채권 · 채무조회서의 양식

적극적 조회의 경우 채권 · 채무조회의 내용과 양식은 다음과 같다.

감사인 보관용

채권 · 채무조회서

20____년 __월
__일

________________ 귀하

귀사의 번창하심을 축원하오며, 항상 각별하신 애호와 협조에 감사합니다. 바쁘실 줄 아오나 당사의 회계감사에 필요하여 20 년 월 일 현재의 귀사에 대한 당사의 채권 · 채무잔액과 내용을 확인하고자 하오니 귀사의 장부와 대조, 확인하시고 그 상위유무를 아래 확인통지란에 금액과 내용을 기입, 서명날인하여 첨부한 부본을 즉시 당사의 감사인인 ○○ 회계법인 앞으로 직접 우송하여 주시기 바랍니다. 감사인의 주소가 기입된 회신용 봉투를 동봉합니다.

본 조회내용은 공인회계사법 제20조 및 주식회사의 외부감사에 관한 법률 제20조에 의거 그 비밀이 보장되고 회계감사목적으로만 이용될 것입니다.

________________ (인)

1. 당사가 받을 금액

계 정 과 목	적 요	금 액	비 고
		₩	
합 계		₩	

2. 당사가 지급할 금액

계 정 과 목	적 요	금 액	비 고
		₩	
합 계		₩	

<u>확 인 통 지</u>

○○회계법인 앞

1. 위 조회서에 기재된 금액과 내용은 당사 장부와 일치하고 있으므로 이에 서명, 날인하여 통지합니다.
2. 아래와 같은 상위점이 있음을 알려드립니다(일자, 내용, 금액을 기재하여 주시고 지면이 부족한 경우에는 별지를 첨부하여 주시기 바랍니다).

____

____

____

주　　　소 ______________________

회사 또는 기관명 ______________________

대 표 자 성 명 ______________________(인)

조회서 번호

문　의　처 ______________

담당공인회계사 ______________

(○○회계법인 Tel ○○○-○○○○)

5 매출채권의 회수가능성 검토

매출채권은 재무상태표에 회수가능가액으로 표시한다. 따라서 감사인은 매출채권의 회수가능성을 평가하여 대손충당금의 적정성에 대한 증거를 수집하여야 한다. 구체적인 절차는 다음과 같다.

① 합리적이고 객관적인 대손추계액의 산정기준(주로 개별법 또는 과거 대손경험률 등)에 의하여 대손충당금이 설정되고 있으며 당해 기준을 계속적으로 적용하고 있는지를 확인한다.

② 연령분석표 등을 기준으로 매출채권의 회수가능성을 검토하고 회수불능채권의 경우 책임자의 승인하에 적절하게 대손처리되었는지 확인한다.

6 기간귀속 (cut-off)

매출채권의 기간귀속을 검증하기 위해서는 매출의 수익인식기간을 확인하여야 한다. 매출의 기간귀속은 매출채권뿐만 아니라 재고자산에도 영향을 미친다. 구체적인 절차는 다음과 같다.

① 회계연도말 전후 최종 및 최초 인도분에 대한 적송서류번호와 차기 회계연도의 매출거래기록을 비교한다.

② 재무제표일을 전후한 일정기간(일반적으로 약 5일 내외) 동안의 재고인도(재고실사의 입회 때 입수한 cut-off 자료에 의한 감사 포함) 및 용역의 제공이 해당기간에 적절히 반영되었는지 검사한다.

③ 재무제표일 이전에 판매한 재고의 반품에 대한 수정이 재무제표일 현재 적절하게 처리되었는지 검사한다.

④ 재무제표일 전후의 최근 월(또는 최근 일)에 대한 매출채권의 분석적절차(일반적으로 추세분석)를 통하여 기간귀속이 왜곡되었을 징후를 파악한다.

7 담보제공 및 할인

받을어음 중 담보로 제공되었거나 할인 및 배서양도한 어음금액에 대한 명세서를 요청하여 조회서와 대조하고 이것이 주석으로 적절하게 기재되었는지 검사한다.

8 특수관계자와의 거래

특수관계자에 대한 매출채권이 있는지 파악하여 이들 거래 중 비정상적인 거래가 존재하는지를 확인한다.

TIP

재무제표 표시와 공시에서 회계처리방침은 모든 계정과목에 해당되는 것이 아니라 주요 계정에만 해당된다. 일반적으로 특정계정과목의 선택적인 회계처리방침이 존재할 경우에는 반드시 회사가 채택하고 있는 회계처리방침을 재무제표 주석에 기재한다. 예를 들면, 매출채권 계정의 대손충당금 설정방법(개별법, 과거 경험률 등), 유형자산 감가상각방법(정액법, 정률법 등), 재고자산 평가방법(총평균법, 선입선출법 등) 등이 있다.

9 재무제표 표시와 공시

다음 사항이 적절하게 표시 또는 공시되었는지를 확인한다.

① 정상영업활동 이외의 채권이 매출채권(매입채무)에 포함되었는지 여부

② 회사가 채택한 회계처리방침(대손충당금설정방법)

③ 담보제공 · 할인 · 배서양도한 매출채권: 우발부채

④ 장기연불조건의 매출채권을 현재가치로 평가하는 경우 적용한 이자율, 기간 및 회계처리방법

⑤ 외화채권의 환산기준과 환산손익의 내용

SECTION 04 재고자산

NEW INTERNATIONAL STANDARDS ON AUDITING

핵심

1. 재고자산의 감사특징

재고자산은 수량과 단가를 측정함으로써 그 가액을 확정한다. 따라서 감사절차도 수량을 파악하고 단가의 적정성에 대한 증거를 수집하는 것으로 구성된다.

(1) 수 량

일반적으로 회사는 계속기록법에 의한 재고수불부와 실지재고조사법을 병행하여 기말재고수량을 확정한다. 따라서 감사인은 회사로부터 재고자산 수불부(재고 list)를 확보하여 수량에 대한 표본조사를 실시한다. 이때 가능한 방법은 감사인이 직접 실물을 검사하는 방법과 회사가 재고실사를 수행하고 감사인이 입회하는 방법이 있다.

(2) 단 가

원가법(FIFO 등)에 의한 회사의 원가계산서를 확보함으로써 단가계산이 적정한지에 대한 증거를 확보한다.

(3) 재고자산의 평가감

재고자산 중 일부는 평가손실을 인식하여야 하는 경우도 있다. 이 경우 감사인은 재고자산 실사의 입회 때 확보한 진부화 재고자산에 대한 회사의 평가손실이 적정한지에 대한 증거를 확보한다.

2. 주요 감사절차

재고자산의 주요 감사절차는 다음과 같다.

① 재고자산 실사의 입회: 실재성

② 재고자산의 원가계산 및 평가감의 적절성 검토: 평가

1 총괄표의 작성: 정확성과 평가

재고자산을 감사하기 위해서 감사인은 다음과 같은 총괄표를 작성한다.

〈재고자산의 총괄표〉

재고자산	기초잔액	증 가		감 소		기말잔액
		순증가	타계정대체(입)	순감소	타계정대체(출)	
상 품	900	6,000		5,200	100	1,600
제 품	500	7,900		7,900	200	8,200
재 공 품	100	8,000		5,500	100	200
원 재 료	300	5,500				200
합 계	1,800	27,400		18,600	400	10,200

상기와 같이 총괄표를 작성하면 감사인은 다음과 같은 절차를 통하여 계정명세서와 총계정원장과의 일치여부를 확인한다.

① 재고자산의 구성요소별(예 상품, 제품, 재공품, 원재료 등)로 계정명세서를 요청하여 계정명세서상 잔액과 총괄표상 잔액이 일치하는지를 확인한다.

② 당기 잔액은 당기의 총계정원장과 전기 잔액은 전기 감사조서 또는 감사보고서를 통하여 확인한다.

상기와 같이 총괄표를 작성하여 잔액을 확인함으로써 감사인은 감사목적 중 '정확성과 평가'를 달성할 수 있다.

2 분석적절차: 완전성, 기간귀속, 실재성 및 평가

재고자산은 주된 영업활동과 관련 있으므로 기중의 거래도 많을 뿐만 아니라 기말잔액도 광범위하다. 따라서 제한된 예산으로 효과적이고 효율적인 감사를 실시하기 위해서는 분석적절차를 통하여 비정상항목을 발견하고 이를 중점적으로 감사하는 것이 합리적이다. 분석적절차는 다음과 같이 진행된다.

① 전기에 비하여 중대한 비정상적 변동이 존재하는지를 파악한다. 즉, 전기 잔액은 당기 잔액의 기대치라는 가정하에 당기 잔액이 전기잔액에 비하여 중요하게 차이가 존재한다면 이는 비정상적인 변동이라 할 수 있다.

② 비정상적인 항목이 존재하면 경영진에게 질문하거나 회사의 장부 및 증빙자료 등을 통하여(문서검사) 그 원인을 규명한다.

③ 재고자산회전율, 매출원가율, 제조원가구성비율 등을 계산하여 전기와 비교한다.
④ 재고자산이 총자산, 유동자산에서 차지하는 비중을 계산하고 전기와 비교하여 특이한 변동은 그 원인을 규명한다.

상기와 같이 분석적절차를 수행함으로써 감사인은 완전성, 측정(계산의 정확성 / 기간귀속), 실재성 / 발생사실 및 평가 목적을 달성할 수 있다.

3 재고자산 실사의 입회

재고자산의 적정성에 대한 증거는 수량과 단가에 대한 증거가 필수적이다. 여기서 수량에 대한 증거는 재고자산 실사의 입회를 통하여, 단가에 대한 증거는 원가계산서를 검토함으로써 확보할 수 있다. 재고자산 실사의 입회는 다음과 같이 진행된다.

3.1 재고실사의 의의

재고실사의 입회에 있어 재고실사의 주체는 회사이며 그 목적은 특정 시점(재무제표일) 현재 회사가 보유하고 있는 재고자산의 수량과 상태(진부화 여부)를 확인함으로써 재고자산가액을 산출하는데 필요한 정보를 확보하는데 있다.

3.2 재고실사 입회의 목적

재고실사의 입회에 있어 재고실사를 입회하는 주체는 감사인이며 그 목적은 다음과 같다.

① 재무제표일 현재 재고자산 수량의 실재성 확인
② 기간귀속(cut-off)의 적정성 확인
③ 담보제공 되었거나 처분이 제한된 재고자산의 확인
④ 진부화 재고자산의 파악

3.3 재고실사의 방법

재고자산을 실사하는 방법에는 다음과 같은 방법이 사용된다.

(1) 재고조사표(TAG)법

재조자산의 종류별로 사전에 일련번호가 부여된 인식표를 준비하고 모든 재고자산에 대하여 수량을 파악하기 용이하게 정렬한 후 준비한 재고조사표(TAG)를 빠짐없이 부착한다. 이후 부착된 재고조사표를 절취하여 재고종류별로 정리하면 재고목록표(list)를 작성할 수 있다.

재고조사시 사용하는 TAG의 예시

품명: 일시:
규격: 장소:
상태: 양호( ), 불량( ) 수량:
1차 실사자: (인)
2차 실사자: (인)

(2) 재고목록표(LIST)법

계속기록법의 경우 재고자산 수불부가 계속적으로 갱신(update)된다. 따라서 재고자산 수불부로부터 재고목록표를 작성하고 당해 목록과 실물이 일치하는지를 확인함으로써 재고수량을 파악할 수 있다.

(3) 병행법

품목의 종류가 많지 않은 원재료와 제품 등의 경우 재고조사표를 부착하는 방법을 사용하고 품목이 많은 저장품 등의 경우 재고목록표법을 사용하는 방법을 말한다.

(4) 재고실사의 입회 절차

① 재고실사 입회일정 확정

② 재고실사의 입회계획서 작성: 입회 장소, 시기 및 수행하여야 할 구체적인 업무 등을 기술(재고실사계획서, 재고자산 배치도 등을 확보하여 참조함)

③ 재고실사의 입회

4 단가의 적정성 평가

재고자산의 수량에 대한 증거를 재고실사의 입회를 통하여 확보할 수 있다면 단가의 적정성은 원가계산을 검토함으로써 확보할 수 있다. 단가의 적정성에 대한 감사는 다음과 같이 진행된다.

① 원가계산서를 입수하여 전기와의 계속성, 원가계산논리의 합리성 검토
② 재고자산 단가적용과 계산과정의 정확성 검토
③ 진부화된 재고자산을 파악하고 그 평가의 적정성 검토
④ 순실현가능가액이 취득원가보다 하락한 경우에 순실현가능가액으로 평가하였는지 여부 검토
⑤ 재무제표일을 전 · 후한 일정기간 동안의 재고자산의 기간귀속 검토(cut-off test)

5 특수관계자와의 거래 및 내부거래의 타당성

① 관계회사 등 특수관계자와 거래유무를 파악하고 거래가격의 타당성(부당한 고가 또는 저가)을 파악한다.
② 본 · 지점 등 내부거래가 있는 경우 내부거래이익이 적절하게 제거되었는가를 검토한다.

6 재무제표 표시와 공시

다음 사항이 적절히 주석에 공시되었는가를 검토한다.

① 재고자산 수량 확인방법과 평가기준 및 평가손익의 내용
② 담보제공 및 보험가입 재고자산의 내역
③ 평가방법이 변경되었을 경우 그 변경내용, 변경사유 및 변경으로 인한 효과
④ 특수관계자와의 거래 내역

SECTION 05 유형자산

NEW INTERNATIONAL STANDARDS ON AUDITING

핵심

1. 유형자산의 감사특징

유형자산에는 토지 · 건물 · 구축물 · 기계장치 · 선박 · 차량운반구 · 건설중인자산 및 기타의 유형자산 등이 있다.

유형자산에서 감사인이 감사할 대상은 당기말 현재의 취득가액, 감가상각누계액 및 당기에 계상한 감가상각비이다. 이를 감사하는 방법은 당기말 현재의 취득가액, 감가상각누계액 및 당기에 계상한 감가상각비를 모두 감사하는 방법을 사용할 수 있다.

또 다른 방법은 만약 전기말 잔액에 대한 감사가 이루어졌고 따라서 전기말 잔액에 대한 합리적인 확신이 가능하다면 당기 증가분과 감소분만을 감사함으로써 당기말 현재의 취득가액, 감가상각누계액 및 당기에 계상한 감가상각비에 대한 합리적인 확신을 가질 수 있을 것이다. 비유동항목의 경우 가능하다면 후자의 방법이 보다 효율적이고 효과적이기 때문에 후자의 방법을 더 많이 사용한다.

따라서 유형자산에 대한 감사는 취득가액의 경우 기중거래(취득과 처분)를 감사하며 감가상각비의 경우 거래가 많기 때문에(즉, 감가상각비를 계산한 대상이 광범위함) 분석적절차를 통하여 비정상적인 부분을 파악하고 이 부분을 집중적으로 감사하는 방법을 사용한다.

2. 주요 감사절차

① 기중 거래에 대한 시사: 실재성

② 감가상각비에 대한 분석적절차: 완전성

③ 소유권 확인(소유권을 보장하는 보험가입과 소유권을 제한하는 담보제공 포함): 권리와 의무

1 총괄표의 작성

유형자산을 감사하기 위해서 감사인은 다음과 같은 총괄표를 작성한다. 여기서 특이한 점은 다른 계정과는 달리 취득가액과 감가상각누계액을 별도로 분리해서 작성한다는 것이다.

취득가액에서 당기 증가는 당기에 취득한 것과 건설중인자산에서 대체된 것, 당기 감소는 당기에 처분한 것과 건설중인자산 중 본 계정으로 대체된 것을 의미한다. 또한 논리적으로 건설중인자산에서 대체된 금액 ₩500과 건물로 대체된 금액 ₩500은 서로 cross check 된다.

감가상각누계액에서 당기 증가는 당기에 계상한 감가상각비 총액을, 당기 감소는 당기에 처분한 자산의 감가상각누계액의 감소를 의미한다.

〈유형자산 취득가액의 총괄표〉

유형자산	기초잔액	증 가		감 소		기말잔액
		취 득	타계정대체(입)	처 분	타계정대체(출)	
토 지	5,000					5,000
건 물	9,000		500	1,500		8,000
구 축 물	2,000					2,000
건설중인자산	1,000	600			500	1,100
합 계	17,000	600	500	1,500	500	16,100

〈감가상각누계액〉

유형자산	감가상각누계액				장부가액
	기초잔액	증 가	감 소	기말잔액	
토 지					5,000
건 물	1,000	200	300	900	7,100
구 축 물	900	150		1,050	950
건설중인자산					1,100
합 계	1,900	350	300	1,950	14,150

당기말 잔액은 총계정원장과, 전기말 잔액은 감사보고서와 각각 대조하고, 양년도간 특별한 변동사항은 경영진에게 질문 · 문서검사 등을 통하여 그 원인을 규명한다.

상기와 같이 총괄표를 작성한 후 감사인은 다음과 같은 절차를 통하여 계정명세서와 총계정원장과의 일치여부를 확인한다.

① 유형자산의 구성요소별(예 토지, 건물, 구축물 등)로 계정명세서를 요청하여 계정명세서상 잔액과 총괄표상 잔액이 일치하는지를 확인한다.

② 당기잔액은 당기의 총계정원장과 유형자산 관리대장(일반적으로 자산을 관리하고 감가상각비를 계산하기 위하여 자산별로 고유번호를 부여하여 관리하는 장부를 말함)을 통하여 확인하며, 전기잔액은 전기 감사조서 또는 감사보고서를 통하여 확인한다.

상기와 같이 총괄표를 작성하여 잔액을 확인함으로써 감사인은 감사목적 중 '정확성과 평가'를 달성할 수 있다.

2 거래유형에 대한 세부테스트(Tests of Details of Transactions): 거래건수가 많지 않으므로

① 당기 중 중요한 증감(취득과 처분)내용에 대하여 계약서 등의 증빙을 대조하고 취득승인 및 회계처리의 적정성을 검토한다.

② 수익적 지출 및 자본적 지출 구분의 타당성 및 계속성을 검토한다.

③ 유형자산처분명세서를 별도로 제시받아 그 적정성을 검토하고 처분손익 등 관련 손익계정과 상호검토(cross check)한다.

3 소유권과 소유권의 제한

권리증서(등기부등본 · 등록원부 등)를 입수하여 유형자산의 실재성 · 소유권 · 담보제공 및 보험가입여부를 확인한다.

4 감가상각비

감가상각비명세서를 입수하여 분석적절차 등을 실시하고, 계속 적용여부 및 제조원가 · 비용배부기준의 타당성을 검토한다. 또한 감가상각방법을 변경한 경우 그 타당성과 재무제표에 미치는 영향을 확인한다. 회사가 보유하고 있는 유형자산은 광범위하기 때문에 감가상각비를 전수조사하는 것은 비효율적이다. 일반적으로 분석적절차를 통하여 비정상적인 항목을 파악하고 비정상적인 항목은 집중적으로 감사하고 정상적인 항목은 기본적인 실증절차만으로 감사를 종료하는 방법을 사용한다.

구체적으로 감가상각비는 평균 감가상각률을 적용하여 감사인이 계산한 기대금액과 회사가 계상한 금액을 비교하는 분석적절차를 거쳐 중요한 차이가 발생하는 계정에 대해서만 추가적으로 세부테스트를 수행함으로써 감사범위를 축소할 수 있다.

다음은 정액법을 사용하고 있는 경우의 감가상각비 적정성에 대한 감사의 예이다.

사 례 02 정액법을 사용하고 있을 경우의 감가상각비 분석적절차

1단계: 분석적절차 (overall analytical procedure)

계정과목	① 평균상각 대상금액	② 평 균 상각률	③ = ① × ② 기대감가상각비	④ 회사계상 감가상각비	⑤ = ④ - ③ 차이	수용가능한 차이금액	감사인 판단
건 물	102,000,000	0.369	37,638,000	12,500,000	△25,138,000	10,000,000	material
구 축 물	50,000,000	0.272	13,600,000	12,900,000	△700,000	5,000,000	immaterial
기계장치	30,000,000	0.300	9,000,000	9,100,000	100,000	3,000,000	immaterial
기 타	20,000,000	0.250	5,000,000	4,900,000	△100,000	2,000,000	immaterial

2단계: 세부테스트 (detail test)

1단계에서 전반적인 분석적절차 결과 감사인의 기대 감가상각비와 회사가 계상한 감가상각비의 차이가 중요한 건물계정에 대하여는 추가적으로 세부테스트를 수행한다. 또한 건물을 제외한 계정에 대해서는 감가상각 list와 원가계산서(제조원가로 분류되는 감가상각비의 경우) 및 총계정원장(판매비와 관리비로 분류되는 감가상각비의 경우)을 대조하는 기본적인 절차만으로 감사를 종료한다.

5 리스자산

유형자산 중에는 리스자산이 존재할 수 있다. 리스자산의 경우 다음과 같은 감사절차가 필요하다.

① 리스계약서를 입수하여 운용리스와 금융리스의 구분이 정확한지 검토한다.

② 리스자산이 실제로 존재하며 회사의 영업활동을 위하여 사용되고 있는지 확인한다.

6 재무제표 표시와 공시

(1) 유형고정자산의 평가방법 및 감가상각방법을 파악하고 매기 계속적으로 적용하였으며 간접법으로 표시되었는지 확인한다.

(2) 감가상각방법을 변경한 경우에는 변경의 사유가 정당한지 검토하고, 변경내용 · 변경사유 및 변경으로 인하여 당해 회계연도의 재무제표에 미치는 영향이 주석에 적절히 공시되었는지 확인한다.

(3) 다음 사항이 주석에 공시되었는가를 파악한다.

① 보유토지의 공시지가

② 담보제공자산의 내용

③ 보험가입자산의 내용
④ 리스계약의 회계처리방법 및 관련 자산, 부채의 금액과 그 내용
⑤ 자본화금융비용 금액과 그 내용
⑥ 감가상각누계액을 일괄하여 표시한 경우 그 내용

SECTION 06 차입금

핵심

1. 차입금의 감사특징

차입금은 단기차입금과 장기차입금으로 구성되어 있다. 단기차입금은 금융기관으로부터의 당좌차월액과 1년 이내에 상환될 차입금을 말하며, 장기차입금은 1년 후에 상환되는 차입금을 말한다. 장기차입금 중 1년 이내에 만기가 도래하는 금액은 유동성장기부채계정으로 대체한다. 이와 같이 차입금 중 유동계정과 고정계정은 상호 유기적인 관계가 있기 때문에 동시에 감사하는 것이 그 효과와 효율을 높일 수 있다.

또한 은행으로부터 차입하는 것이 일반적이기 때문에 현금및현금성자산에서 설명한 은행조회서를 통하여 차입금 잔액과 차입관련 주요 약정사항(담보제공 여부 등)에 대한 증거를 확보할 수 있다. 따라서 본 절에서는 은행조회서에 대한 구체적인 설명은 생략한다.

2. 주요 감사절차

① 은행조회서를 통한 당기말 잔액, 만기, 주요 약정사항(담보제공 등) 및 부외부채의 감사: 실재성, 완전성
② 이자비용과 차입금 간의 상관관계를 이용한 부외부채의 감사: 완전성

1 총괄표의 작성

차입금을 감사하기 위해서 감사인은 다음과 같은 총괄표를 작성한다. 차입금은 단기와 장기가 존재하기 때문에 총괄표는 당기와 전기를 대비하는 유동계정과는 달리 기초잔액, 당기증가, 당기감사 및 기말잔액으로 표시함으로써 기중거래를 파악할 수 있도록 작성한다. 또한 장기차입금 중 1년 이내에 만기가 도래하는 금액은 유동성장기부채로 대체되기 때문에 이를 별도로 구분 표시한다.

구체적으로 단기차입금은 차입할 때부터 만기가 1년 이내에 도래하기 때문에 전기로부터 이월된 기초잔액은 모두 당기에 상환되며, 당기에 차입한 것 중 일부는 당기에 상환되며 나머지는 차기로 이월된다. 장기차입금은 차입할 때 만기가 1년 이후에 도래하는 것으로 분할상환방식과 일시상환방식이 있다. 분할상환방식이 보다 보편적이며 이 경우 시간이 지남에 따라 순차적으로 만기가 도래하며 재무제표일로부터 1년 이내에 만기가 도래하는 금액은 유동성장기부채로 대체한다.

하단의 총괄표에서 제시한 바와 같이 유동성장기부채의 기초잔액은 ₩1,500이며 이는 당기에 만기가 도래하는 장기차입금을 전기에 대체한 금액으로 당기에 상환된 금액 ₩1,500과 일치한다. 또한 장기차입금 중 차기에 만기가 도래하는 ₩3,500은 유동성장기부채로 대체되었으며 유동성장기부채로 대체된 ₩3,500과 일치한다. 이는 정상적이라면 차기에 모두 상환될 장기차입금이다.

〈차입금의 총괄표〉

차입금	기초잔액	증 가		감 소		기말잔액
		차 입	유동성대체(입)	상 환	유동성대체(출)	
단 기 차 입 금	5,000	6,000		7,000		4,000
장 기 차 입 금	10,000	2,000			3,500	8,500
유동성장기부채	1,500		3,500	1,500		3,500
합 계	16,500	8,000	3,500	8,500	3,500	16,000

2 은행조회

차입금의 경우 조회를 통하여 상당부분의 감사목적을 달성할 수 있으므로 누락하거나 생략하여서는 안 된다. 재무제표일 현재 차입금잔액이 없는 거래처라 할지라도 은행과 금융거래가 있다면 반드시 조회하여야 한다. 예를 들어, 지방거래처의 매출채권 수금거래만 있는 은행이라 할지라도 예금 · 차입금 등 모든 사항을 총망라하여 조회하여야 한다. 왜냐하면 예금거래만 있는 은행이라 할지라도 장부에 기록되지 않은 차입금이 존재할 가능성이 있기 때문이다. 즉, 차입금은 채권 · 채무조회와는 달리 모든 거래처에 대하여 조회하여야 한다.

아래의 차입금 관련 은행조회서에서 제시한 바와 같이 은행조회를 통하여 감사인은 차입금과 관련하여 다음과 같은 증거를 확보할 수 있다.

① 대출금 종류, 금액, 대출일과 만기일, 이자율 및 최종이자기급기간(이는 선급이자와 미지급이자에 대한 객관적인 증거로 활용됨), 상환방법(만기 일시상환 또는 분할상환) 및 담보 또는 보증

② 지급보증 및 주요 약정사항

③ 미결제된 선물환계약

<차입금에 대한 조회 내용>

2. 20___년 ___월 ___일 현재 ______________회사에 대한 당 은행의 대출종류별 실대출금의 내용은 다음과 같습니다.

대출 종류 (10)	금 액 (11)	대출일 (12)	최종 만기일 (13)	이 자		상환 방법 (16)	담보 또는 보증 (17)
				연이자율 (14)	최종이자지급기간 (15)		

3. 20___년 ___월 ___일 현재 ______________회사에 대한 당 은행의 지급보증 및 기타약정사항의 내용은 다음과 같습니다.

내 용(18)	금 액(19)	비 고(20)
지 급 보 증 기 타 약 정 사 항		

4. 20___년 ___월 ___일 현재 ______________회사에 대한 미결제된 선물환계약 등(선물환, 스왑, 옵션, 기타 이와 유사한 계약 포함)의 내용은 다음과 같습니다.

계약일 (21)	당행의 매입금액(22)	당행의 매도금액(23)	계약실행일 (24)	약정환율/ 이자율(25)	비고(결제조건 등) (26)

3 분석적절차

회사는 일반적으로 차입금을 누락하려는(부외부채) 의도를 가지고 있다. 장부에 계상된 차입금의 경우 외부에 조회함으로써 축소된 차입금의 존재를 파악할 수 있지만 완전히 누락된 차입금은 외부조회로서는 파악하기 어려운 경우도 있다. 예를 들면, 특정 금융기관의 예금잔액은 계상하고 차입금은 누락하였다면 금융거래에 대한 조회가 이루어질 것이고 이 과정에서 금융기관은 조회서에 기재된 금융거래 잔액뿐만 아니라 모든 금융거래잔액(누락된 금융 포함)을 조회 회신할 것이다. 그러나 예금과 차입금 등 모든 거래를 누락하였다면 특정 은행에 대한 조회 자체가 이루어지지 않을 수 있다. 또한 금융기관 이외의 차입금을 누락하였을 경우에도 조회 자체가 이루어지지 않을 수 있다. 따라서 부외부채의 존재 가능성은 외부조회뿐만 아니라 추가적인 감사기법을 사용할 필요가 있고 주로 사용하는 기법 중 하나가 차입금과 이자비용의 상관관계를 이용한 분석적절차이며 구체적으로 다음과 같이 진행된다.

3.1 이자비용과 차입금의 분석적절차 단계

기출 2024

이자비용과 차입금의 상관관계를 이용한 분석적절차는 다음과 같은 단계별로 수행된다.

단계	내용
1단계: 이자비용의 기대치 산출	① 차입금 장부에서 이자율별 차입금 적수 산출 ② 차입금 적수로부터 평균차입금 산출 ③ 이자비용의 기대치 = 평균차입금 × 평균이자율
↓	
2단계: 수용할 수 있는 기대치와의 차이금액을 계산(중요성수준)	
↓	
3단계: 장부상 이자비용과 이자비용의 기대치를 비교	차이 = 기대 이자비용 − 장부상 이자비용
↓	
4단계: 계정잔액과 기대치와의 중요한 차이 조사	• Case 1: 기대 이자비용 < 장부상 이자비용 이자비용의 기대치를 계산할 때 장부로부터 차입금을 추출하여 평균차입금을 계산하였기 때문에 차입금이 장부에서 누락되었을 경우 기대 이자비용이 낮을 수 있다. 이 경우 부외부채가능성이 존재한다. • Case 2: 기대 이자비용 > 장부상 이자비용 미지급이자 등 발생주의 이자비용 등을 계상하지 않았을 가능성이 존재한다.

TIP

분석적절차의 전 단계: 감사인은 실증적인 분석적절차를 수행하기 전에 다음 단계를 선행한다.
① 실증적인 분석적절차가 적절한지를 결정함
② 데이터의 신뢰성을 평가함

3.2 차입금 적수와 평균차입금의 계산 사례

상기의 4단계 중 제1단계의 차입금적수 산출과 평균차입금의 산출과정을 소개하면 다음과 같다.

평균 이자율	10%	9%	8%	7.5%	합 계
04 / 12 / 31	₩1,000,000	₩2,000,000	₩3,300,000	₩200,000	₩6,500,000
05 / 1 / 31	3,000,000	2,000,000	4,000,000	400,000	9,400,000
05 / 2 / 28	2,400,000	2,000,000	6,000,000	300,000	10,700,000
05 / 3 / 31	3,000,000	2,000,000	1,300,000	200,000	6,500,000
05 / 4 / 30	3,000,000	2,000,000	2,300,000	200,000	7,500,000
05 / 5 / 31	3,000,000	0	6,000,000	300,000	9,300,000
05 / 6 / 30	3,000,000	0	4,000,000	400,000	7,400,000
05 / 7 / 31	3,000,000	0	2,300,000	200,000	5,500,000
05 / 8 / 31	3,000,000	0	6,000,000	300,000	9,300,000
05 / 9 / 30	3,000,000	0	4,000,000	400,000	7,400,000
05 / 10 / 31	3,000,000	0	6,000,000	340,000	9,340,000
05 / 11 / 30	6,000,000	0	6,300,000	200,000	12,500,000
05 / 12 / 31	3,000,000	3,000,000	2,300,000	200,000	8,500,000
적 수 합 계	39,400,000 ÷ 13	13,000,000 ÷ 13	53,800,000 ÷ 13	3,640,000 ÷ 13	
연 평 균 차 입 금	3,030,770	1,000,000	4,138,460	280,000	
평 균 이 자 율	10.0%	9.0%	8.0%	7.5%	
기 대 이자비용	₩303,077	₩90,000	₩331,077	₩21,000	₩745,154
장부상 이자비용					744,900
차 이					₩254

3.3 분석적절차의 결론

상기의 사례에서와 같이 평균차입금에 평균이자율을 적용하여 감사인이 계산한 이자비용의 기대값은 정확한 이자계산 방법은 아니지만 장부에 기록된 이자비용과 차입금에 대한 합리적인 확신을 제공할 수는 있다. 만약 장부에 기록된 차입금을 근거로 하여 감사인이 계산한 이자비용의 기대값이 회사가 장부상에 계상한 이자비용보다 적으며 그 차이 또한 합리적인 수준을 초과할 경우 이는 이자비용을 계산할 때 사용된 장부상 차입금의 일부가 장부에 기록되지 않았기 때문일 수도 있다. 즉, 부외부채가 존재할 가능성이 있다. 만약 분석적절차의 수행결과 감사인이 기대한 금액과 회사의 재무제표상 차이가 합리적인 수준을 능가한다면 이는 재무제표상 해당 계정잔액이 합리적이라는 확신을 가질 수 없다. 따라서 감사인은 추가적으로 해당계정에 대하여 감사범위를 확대하여 세부테스트를 수행하여야 할 것이다.

4 이자비용(미지급 · 선급이자 및 당기 이자비용 포함)의 검토

차입금과 이자비용은 매우 밀접한 관련이 있다. 따라서 감사인은 차입금을 감사하면서 동시에 관련 손익계정인 이자비용, 미지급이자, 선급이자 등도 감사한다. 이와 같이 관련 계정을 동시에 감사하면 감사의 효율과 효과를 높일 수 있다. 구체적으로 관련 계정에 대한 감사는 다음과 같이 진행된다.

① 주요금액에 대한 미지급 · 선급이자의 계산을 은행조회서상의 최종이자지급일을 활용하여 검토하고 이것을 미지급비용명세서 또는 선급비용명세서와 상호검토(cross check)한다.

② 차입금과 이자비용의 상관관계를 이용하여 당기 이자비용에 대한 분석적절차를 실시한다.[주]

③ 분석적절차에 만족할 수 없는 경우 중요 이자지급거래에 대하여 이자지급 증빙에 대하여 문서검사하고 관련 손익계정과 상호검토(cross check)한다.

[주] 이는 위에서 설명한 부외부채 감사 목적도 달성할 수 있다.

5 재무제표 표시와 공시

다음 사항이 적절하게 표시 또는 공시되었는지를 확인한다.

① 장 · 단기 계정분류

② 차입약정서상 주요 제약사항 등의 준수여부와 연체유무를 확인하고 위배사항이 회계 및 감사의견에 미치는 영향

③ 차입금과 관련된 담보제공자산 및 제공받은 담보 또는 지급보증

④ 외화부채의 내용 · 환산기준 및 환산손익

부록 표준감사절차지시서

이 표준감사절차지시서는 일반제조업의 감사절차를 기술한 것이다. 이 감사절차지시서는 고유위험(Inherent risk)은 높거나 중간이고, 통제위험(Control risk)은 높으며 Substantive analysis risk도 높은 것으로 가정하여 작성된 것이다.

따라서 고객회사에 실제 적용시에는 이들 위험을 적절히 고려한 수정 · 보완된 감사절차지시서가 작성되어야 한다.

계 정 과 목
• 현금과 예금 • 매출 · 매출채권 및 입금거래 • 재고자산 및 매출원가 • 유형자산 • 매입, 매입채무 및 대금지급거래 • 단기차입금 • 어음 · 수표발행거래 및 부외부채

※ 이 지시서는 위 계정과목 중 일부만 게재한 것임

표준감사절차지시서

계정과목: 현금과 예금

회 사 명:

결 산 일:

조서번호	
작 성 자	
작성일자	

감사목적:

1. 현금의 실재성 및 소유권과 사용이 제한된 예금의 확인

입금과 출금의 기간귀속(Cut-off)의 적정성 확인 : 은행계정조정의 적정성을 확인한다.

내부통제제도평가(중간감사절차)				
	감 사 절 차	감사목적	감사인	조서번호
1	매출 및 매입거래와 관련한 내부통제질문서(Internal Control Questionnaire) 작성을 통해 현금 입 · 출금에 대한 내부통제제도에 대한 신뢰도를 평가하라.			
2	회사가 보유한 현금잔액을 실사할 수 없는 경우에는 현금 입 · 출금에 대한 이행검토(Test of Control)를 실시하여 현금에 대한 신뢰도를 확정하라.			

3	어음 · 수표의 명세작성을 의뢰하고 발행된 어음과 수표의 장부기록 여부를 검토하라(어음 · 수표발행거래 및 부외부채 감사절차지시서 참조).			
4	전거래은행의 관련예금 및 차입금의 종류와 주소를 파악하여 연말잔액 조회에 대비하라(Bank Confirmation Control Sheet를 작성할 것).			
	기말감사절차			
1	현금 · 예금의 실재성 및 소유권확인을 위하여 다음 절차를 수행하라. ▸ 재무제표일 현재 모든 거래은행에 확인조회서를 감사인이 직접 발송하여 회신을 받도록 하라. ▸ 실사가 가능한 현금보관처의 현금실사를 실시하라(유가증권, 어음 · 수표용지 등 환금성자산의 실사와 동시에 실시). 장 소 실 사 일 자 동시실사자산 ▸ 기타의 현금 · 전도금 보관처에 대해서는 전도금액을 보조부와 대조확인하고 전기와 대비하여 중요한 변동에 대해서는 원인을 확인하라. ▸ 현금잔액에 포함된 통화 대용증권(우표, 수입인지 등)의 유효성을 평가한다.			
2	사용이 제한되어 있는 예금을 확인하라. ▸ 차입금계약서, 은행조회서 등을 검토하여 사용이 제한된 예금의 명세를 입수하고 그 적정성을 검토하라. ▸ 은행조회서와 대조하고 상호 연결하라.			
3	은행계정 조정(reconciliation) 및 기간귀속(Cut off) 절차의 적정성을 검증하라. ▸ 회사가 작성한 은행계정조정표를 받아서 은행조회서 및 보조부와 대조하고 조정항목을 은행거래내역서 등 관련증빙 문서로 추적하여 적정성을 확인하라. ▸ 결산일전후 일정기간의 은행계정(지점, 공장, 사무소 등 회사내부 간의 거래 및 관계회사와의 거래를 포함하여) 간의 대체거래표를 입수하여 이러한 거래가 양 당사자 간에 적절히 기록되었는지를 확인하라. ▸ 결산일 후 약 2주 동안의 은행과의 거래내역이 포함된 은행계산서(Bank statement)를 입수하여 다음 절차를 수행하라. – 결산일 현재 은행계정조정표상의 미기입예금(deposit in transit)을 추적하여 은행계산서(Bank statement)에 기재되는 시차가 합리적인지 확인하라. – 은행계산서상의 수표지급일자와 예금지불부상의 일자가 다른 경우 그 원인을 조사하라.			

	감 사 절 차	감사목적	감사인	조서번호
	– 은행계정간의 대체거래를 나타내는 debit / credit memos 및 수표지급액이 은행계정간의 대체 거래표에 포함되어 있는지 확인하라. – 중요한 미결제수표(outstanding checks)가 통상의 기일 내에도 해당 은행에서 결제되지 않는 경우 그 원인을 조사하라. – 미기입예금(deposit in transit)과 미결제수표(outstanding checks) 이외에 기타조정항목이 적절히 기록되었는지를 확인하라. ▸ 거래은행으로부터 확인조회서를 회신 받은 후 다음 절차를 수행하라 – 회신금액과 회사의 은행계정조정(recon-ciliation)상의 금액과 대조확인하라. – 예금금액 이외에 기타 회신내용(지급어음, 대출한도, 담보제공자산 등)이 적절히 기록되고 공시되었는지를 확인하라. ▸ 결산일전후 일정기간동안의 예금 및 지급금액 중 큰 금액에 대하여는 그 내용을 조사하여 적절히 기록되었는지를 확인하라. ▸ Note : 예금계정의 기간귀속(Cut off) 감사절차시 입수한 회사자료들을 이용하여 현금입금거래 및 현금출금거래의 기간귀속 감사절차를 수행하라.			
4	현금예금계정의 계정분류의 적정성을 검토하라(장기성 예금, 당좌대월 등).			
5	회계처리방법의 적정성과 계속적용 여부를 검토하라.			
6	사용이 제한되어 있는 예금을 확인하라. ▸ 차입금계약서, 은행조회서등의 검토 및 경영진과의 질문을 통하여, 사용이 제한된 예금의 명세를 구하고 그 적정성을 검토하라.			
7	감사결론을 기술하라.			

Chapter 08 OX문제

01 현금과 투자유가증권 실물은 각기 다른 날짜에 실사할 수 있다.

02 감사인은 현금실사 후 실물을 모두 반환하였음을 구두로 확인할 수 있다.

03 매출채권의 과대계상오류를 적발하는 데 중점을 두는 경우, 무작위추출보다는 잔액이 큰 거래처 위주로 추출하여 조회하는 것이 효과적일 수 있다.

04 매입채무에 대한 외부조회 시 과소계상채무에 대한 미회신가능성이 과대계상채무에 대한 미회신가능성보다 크다.

05 매입채무에 대한 외부조회는 매입채무의 완전성 목적을 검증하는 데 효과적이다.

06 매입채무에 대한 조회를 실시할 때 매입채무의 완전성에 중점을 둔다면 잔액이 큰 거래처 위주로 추출하여 조회하는 것이 효과적이다.

07 감사인은 재고자산실사를 입회할 때 평가에 대한 감사증거는 수집할 수 없다.

08 감사인이 계산한 이자비용의 기댓값이 장부상에 계상한 이자비용보다 작으며 그 차이 또한 합리적인 수준을 초과할 경우 부외부채가 존재할 가능성이 있다.

Chapter 08 정답 및 해설

01 × 상호호환성이 있는 자산은 동시에 실사하는 것이 원칙이다.

02 × 오해 소지를 없애기 위하여 반드시 서면으로 반환 확인을 받아야 한다.

03 ○

04 × 조회서에 있는 정보가 조회처에게 유리한 경우 미회신가능성이 크다. 따라서 과대계상채무의 경우 조회처에 유리한 차이이므로 조회처에 불리한 차이인 과소계상채무의 경우보다 미회신가능성이 크다.

05 × 부외부채의 경우 근본적으로 조회대상에서 누락될 가능성이 크기 때문에 완전성 목적을 검증하는 데 한계가 있다.

---

06 × 기중 거래가 많지만 잔액이 적거나 없는 거래처를 포함하여 무작위 추출하는 것이 효과적이다.

07 × 진부화 재고나 평가손실이 우려되는 재고자산은 실사입회를 통해 관련 자료를 수집할 수 있다.

08 ○ 장부로부터 차입금을 추출하여 평균차입금을 계산하기 때문에 만약 차입금이 장부에서 누락되었을 경우 기대 이자비용이 실제보다 낮을 수 있다.

CHAPTER 9

감사의 수행: 실증절차의 완료

SECTION 01 실증절차의 완료과정

NEW INTERNATIONAL STANDARDS ON AUDITING

감사인은 거래유형별 또는 계정과목별 실증절차를 수행한 이후에 실증절차를 완료하는 절차를 수행한다. 실증절차의 완료절차는 일반적으로 다음과 같은 순서로 진행된다.

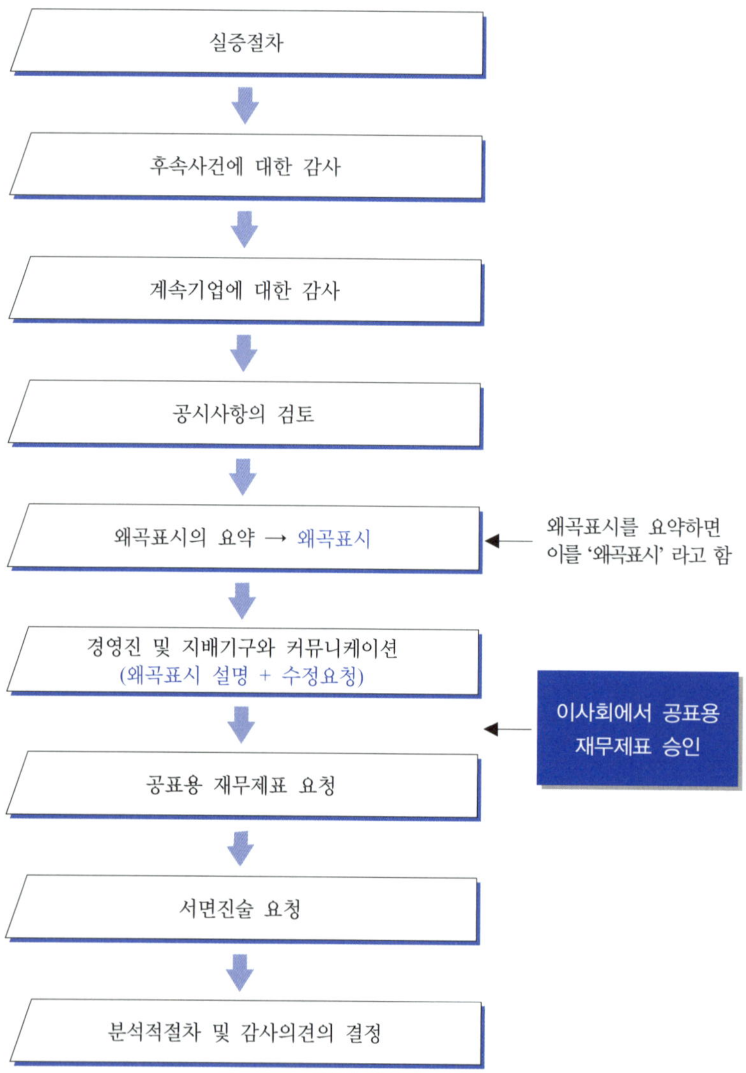

SECTION 02 후속사건에 대한 감사

NEW INTERNATIONAL STANDARDS ON AUDITING

1 재무제표일과 감사보고서일

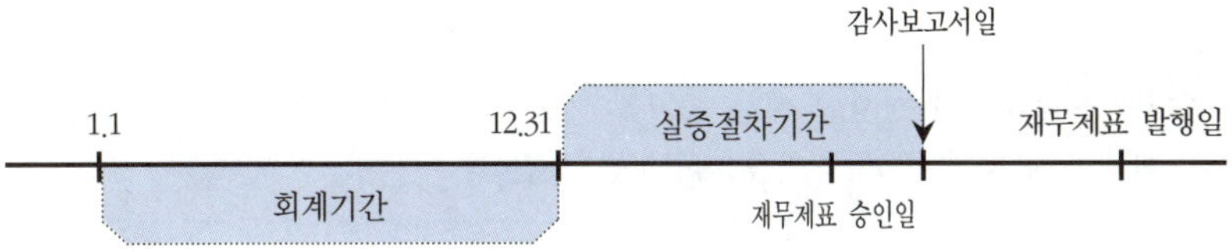

Q
1. 감사보고서일?
2. 재무제표 승인일?
3. 재무제표 발행일?

경영진은 재무제표일(Date of the financial statements)을 기준으로 재무제표를 작성한다. 일반적으로 기업의 재무제표일은 12월 31일이 된다. 경영진은 재무제표일이 지난 후 상당기간(1월 ~ 2월) 동안 결산작업을 한 후 재무제표를 작성하고 이사회와 같은 의사결정기구로부터 재무제표의 승인을 받는다. 이날을 재무제표 승인일(Date of approval of the financial statements)이라 한다.

Q
재무제표는 누가 승인하는가?

재무제표를 승인받으면, 경영진은 감사인에게 감사를 요청한다. 감사인은 제시받은 재무제표가 회계기준에 따라 작성되었는지를 감사한다. 이 시기에 이루어지는 감사를 기말감사라 하며 통상적으로 2주에서 3주간의 시간이 소요된다. 감사인은 충분하고 적합한 감사증거를 수집하였다고 판단하는 날에 감사를 종결한다. 이 날을 감사보고서일(Date of the auditor's report)이라 하며 감사보고서일은 아무리 빨라도 '재무제표 승인일(= 이사회의 재무제표 승인일)'보다 빨라서는 안 된다. 또한 업무품질관리검토의 종료일보다 빨라서는 안된다(ISA 220-19(c)).

Q
감사보고서일이 의미하는 바는?

감사보고서일은 감사인과 경영진 간의 책임의 한계를 구분짓는 하나의 기준일로서 '그 날까지 발생한 사건에 대하여 감사인이 알게 된 사건과 거래의 영향을 감사인이 고려하였다는 것을 감사보고서 이용자들에게 알리는 것'이다. 즉, 감사보고서일 이전에 발생한 사건에 대해서는 감사인이 감사증거를 수집할 수 있는 위치에 있었으므로 감사인에게 감사증거를 수집할 적극적인 책임이 있다. 그러나 감사보고서일 후에는 감사인이 알게 된 사건에 대해서만 감사보고서에 반영할지 여부를 고려할 소극적인 책임이 있을 뿐이다.

감사가 완료되면 경영진은 주주총회를 열어 재무제표를 승인하고 이를 외부에 공표하는데 이날은 재무제표 발행일(Date the financial statements are issued)이라 한다.

2 후속사건의 회계처리

재무제표일 후 발생한 어떤 사건에 의하여 재무제표가 영향을 받을 수 있다. 이와 같이 재무제표일 후에 발생한 사건으로 재무제표에 영향을 미치는 사건을 후속사건(Subsequent Events)이라 하며, 후속사건은 이것이 재무제표에 미치는 영향에 따라 다음의 두 가지로 분류된다.

① 재무제표일 현재에 존재하였던 상황에 대한 증거를 제공하는 사건
② 재무제표일 후 발생한 상황에 대한 증거를 제공하는 사건

후속사건에 대한 회계처리는 '당해 사건이 재무제표일 현재에 존재하였는가?'에 따라 달라진다.

표 9-1 후속사건에 대한 회계처리

구 분	올바른 회계처리
Type 1: 재무제표일 현재에 존재하였던 상황에 대한 추가적인 증거가 발견되는 경우	재무제표를 수정
Type 2: 재무제표일 현재로는 존재하지 않았으나 그 후에 발생한 상황에 대한 증거를 제공하는 사건	정보이용자의 합리적인 의사결정에 영향을 미칠만한 사항일 경우 주석에 공시

2.1 Type 1: 재무제표일 현재에 존재하던 사실에 대한 추가적 증거가 발견되는 경우: 재무제표를 수정

재무제표일 현재에 존재하던 사실에 대한 추가적인 증거가 재무제표일 후에 발생하였다면, 당해 사건은 재무제표일 현재의 자산 · 부채 등의 평가나 회계추정에 영향을 주기 때문에 재무제표를 직접 수정할 필요가 있다. 즉, 재무제표일 현재에는 가장 합리적인 방법에 의한 추정이나 평가에 따라 회계처리되었으나 재무제표일과 감사보고서일 사이에 이러한 추정이나 평가와 현저히 다른 거래나 사건이 발생하였기 때문에 그 전의 추정이나 평가가 잘못되었다고 판단되는 경우이다.

만약 회사가 재무제표를 수정하지 않았다면 감사인은 감사가 종료되지 않았기 때문에 왜곡표시가 수정될 수 있도록 권고할 수 있다. 재무제표일 현재 존재하였던 사실에 대한 추가적인 증거가 발견된 경우로서 재무제표의 수정을 요하는 사항의 예는 다음

과 같다(IFRS 1010.9).

① 보고기간 말에 존재하였던 현재의무가 보고기간 후에 소송사건의 확정에 의해 확인되는 경우
② 보고기간 말에 이미 자산손상이 발생되었음을 나타내는 정보를 보고기간 후에 입수하거나, 이미 손상차손을 인식한 자산에 대하여 손상차손금액의 수정이 필요한 정보를 보고기간 후에 입수하는 경우
③ 보고기간 말 이전에 구입한 자산의 취득원가나 매각한 자산의 대가를 보고기간 후에 결정하는 경우
④ 보고기간 말 이전 사건의 결과로서 보고기간 말에 종업원에게 지급해야 할 법적의무나 의제의무가 있는 이익분배나 상여금지급 금액을 보고기간 후에 확정하는 경우
⑤ 재무제표가 부정확하다는 것을 보여주는 부정이나 오류를 발견한 경우

2.2 Type 2: 재무제표일 현재로는 존재하지 않았으나 그 후에 발생한 상황에 대한 증거: 주석공시

재무제표일 현재로는 존재하지 않았으나 재무제표 이용자의 의사결정에 중요한 영향을 미치는 사건은 재무제표의 주석으로 공시한다. 후속사건에 대한 회계처리는 '당해 사건이 재무제표일 현재에 존재하였는가?' 에 따라 달라진다. 즉, 회사의 인지여부에 관계없이 재무제표일 현재 존재하였던 사항에 대한 후속사건은 재무제표를 수정하지만, 재무제표일 현재 존재하지 않았지만 재무제표일 후에 발생한 중요한 사건은 주석으로 공시한다. 재무제표일 현재로는 존재하지 않았으나 재무제표일 후에 발생한 중요한 사건을 주석으로 공시해야 하는 사례는 다음과 같다(IFRS 1010.22).

① 보고기간 후에 발생한 주요 사업결합 또는 주요 종속기업의 처분
② 영업 중단 계획의 발표
③ 주요 자산 구입, 기준서 제1105호 '매각예정비유동자산과 중단영업'에 따라 자산을 매각예정으로 분류, 자산 매각, 정부에 의한 주요 자산의 수용
④ 보고기간 후에 발생한 화재로 인한 주요 생산 설비의 파손
⑤ 주요한 구조조정계획의 공표나 이행착수
⑥ 보고기간 후에 발생한 주요한 보통주 거래와 잠재적보통주 거래
⑦ 보고기간 후에 발생한 자산 가격이나 환율의 비정상적 변동
⑧ 당기법인세 자산과 부채 및 이연법인세 자산과 부채에 중요한 영향을 미치는 세법이나 세율에 대한 보고기간 후의 변경 또는 변경 예고
⑨ 중요한 지급보증 등에 의한 우발부채의 발생이나 중요한 계약의 체결
⑩ 보고기간 후에 발생한 사건에만 관련되어 제기된 주요한 소송의 개시

3 재무제표일과 감사보고서일 사이에 발생한 사건

그림 9-1 후속사건의 회계처리와 감사인의 책임

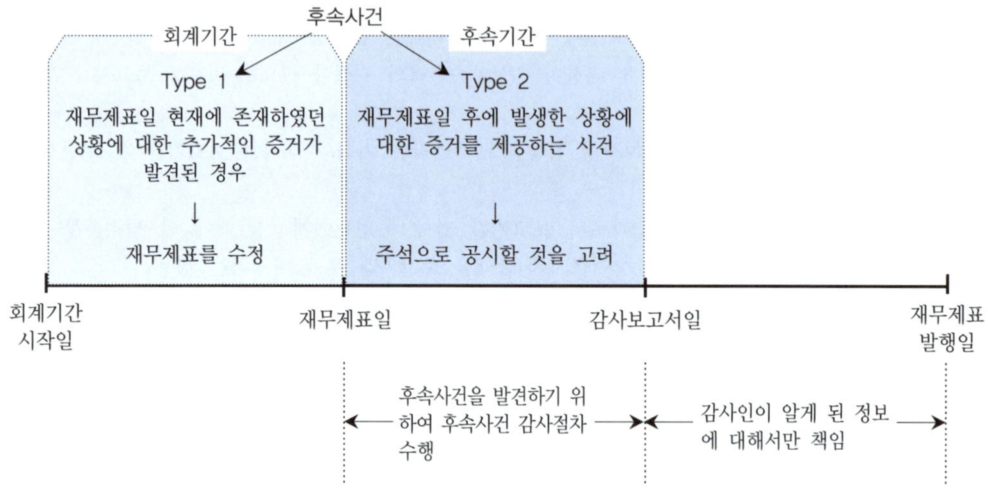

핵심

1. 감사인은 감사보고서일까지 발생한 사건으로서 재무제표의 수정이나 공시를 필요로 하는 사건을 모두 파악(적극적 책임)하였는지 충분하고 적합한 감사증거를 수집할 수 있도록 감사절차를 설계, 수행하여야 한다.

2. 구체적인 감사절차와 감사보고서일 및 감사의견은 다음과 같다.

구 분	구체적인 내용
감 사 절 차	① 후속사건에 대한 경영진의 절차 이해 ② 후속사건에 대하여 경영진에 질문 ③ 주요 회의록 열람 ④ 기업의 최근 후속 중간재무제표열람 → 후속사건 감사절차
감사보고서일	감사증거 수집 완료일 = 서면진술일 = 감사인의 책임한계 구분일(이후부터 소극적 책임)
감 사 의 견	① 재무제표를 수정 또는 주석에 반영할 경우: 적정의견 ② 재무제표를 수정 또는 주석에 반영하지 않을 경우: 한정의견 또는 부적정의견 ③ 후속사건에 대한 충분하고 적합한 감사증거를 수집하지 못한 경우: 한정의견 또는 의견거절

재무제표일 후 감사보고서일까지 발생한 사건은 아직 감사가 종료되지 않았기 때문에 감사인의 노력 여하에 따라 충분하고 적합한 감사증거를 수집할 수 있다. 따라서 감사인은 감사보고서일까지 발생한 사건으로서 재무제표의 수정이나 공시를 필요로 하는 사건을 모두 파악(적극적 책임)하는데 필요한 충분하고 적합한 감사증거를 수집할 수 있도록 감사절차를 설계 · 수행하여야 한다(ISA 560-6). 그러나 후술하고 있는 감사보고서일 후 재무제표 발행일 전에 발견한 사건은 감사인이 감사증거를 수집할 수 있는 위치에 있지 않기 때문에 의도적으로 감사절차를 수행할 필요가 없다(소극적 책임). 재무제표일 후 감사보고서일까지 발생한 사건에 대한 감사절차는 다음과 같다.

3.1 후속사건 감사절차

감사인은 다른 일반적인 감사절차를 수행하는 과정에서 후속사건에 대한 감사증거를 수집할 수도 있다. 예를 들면, 기간귀속 절차 또는 매출채권 후속회수와 관련된 절차와 같이 재무제표일의 계정잔액에 대한 감사증거를 입수하는 과정에서 후속사건에 대한 감사증거를 수집할 수 있을 것이다. 이러한 감사절차는 후속사건에 대한 감사절차가 아니라 일반적인 감사절차이다. 만약 그 과정에서 후속사건에 대한 충분하고 적합한 감사증거를 수집할 수 있었다면 감사인은 추가적인 감사증거를 수집할 필요가 없다(ISA 560-6).

그러나 일반적인 감사절차를 수행하는 과정에서 후속사건에 대한 충분하고 적합한 감사증거를 수집할 수 없다면, 감사인은 후속사건에 대한 감사증거를 수집하는데 특화된 감사절차(이를 '후속사건 감사절차'라 함)를 수행하여야 한다.

기출 2021

기출 2025

재무제표일 후 감사보고서일까지 발생한 사건에 대한 감사절차 (ISA 560-7)

후속사건 감사절차	구체적인 절차
① 후속사건에 대한 경영진의 절차 이해	경영진이 후속사건을 식별하기 위해 수립한 절차들을 이해한다.[주]
② 후속사건에 대하여 경영진에 질문	재무제표에 영향을 미칠 수 있는 후속사건이 발생했는지 여부에 대하여 경영진(적절한 경우 지배기구 포함)에게 질문한다. 경영진에게 하는 질문의 구체적 사례는 다음과 같다. • 새로운 약정이나 차입 또는 보증이 발생하였는지 여부 • 자산의 매각 또는 취득이 발생하였거나 예정되었는지 여부 • 신주 및 사채의 발행과 같이 자본의 증가 또는 채무상품의 발행이 있었는지, 또는 합병이나 청산에 대한 계약이 체결되었거나 예정되었는지 여부

[주] 후속사건을 파악하여 재무제표에 반영하거나 주석에 기재할 책임이 경영진에게 있기 때문에 경영진은 이를 파악하기 위한 절차를 수행한다.

후속사건 감사절차	구체적인 절차
	• 정부에 수용되거나 화재 또는 홍수에 의해 멸실된 자산이 있었는지 여부 • 우발상황에 관한 진전이 있었는지 여부 • 비경상적인 회계수정이 이루어졌는지 또는 고려중인지 여부 • 재무제표에 적용된 회계정책의 적합성에 의문을 유발할 사건이 발생하였거나 발생할 가능성이 있는지 여부. 예를 들어, 계속기업 가정의 타당성에 의문을 제기하는 사건이 이에 해당될 것이다. • 재무제표에 반영된 추정치나 충당부채의 측정과 관련된 사건이 발생하였는지 여부 • 자산의 회수가능성과 관련된 사건이 발생하였는지 여부
③ 주요 회의록 열람	재무제표일 후에 개최된 주주, 경영진 그리고 지배기구회의록이 있을 경우 이를 열람하고, 회의록이 아직 이용가능하지 않는 경우에는 해당 회의에서 논의된 사항들에 대하여 질문함
④ 기업의 최근 후속 중간재무제표열람	기업의 최근 후속 중간재무제표가 있다면, 이를 열람한다.

상기의 감사절차는 회계감사기준에서 요구하는 후속사건에 대한 감사절차이다. 그러나 상기의 후속사건 감사절차 이외에, 감사인은 다음의 절차를 추가적으로 고려할 수도 있다(ISA 560-A8).

- 재무제표일 후의 기간에 대하여 해당 기업의 이용가능한 최근의 예산, 현금흐름 예측 및 기타 관련된 경영관리보고서를 열람함
- 기업의 법률고문에게 소송과 배상청구에 관하여 질문하거나 기존의 구두 및 서면 질문을 확장함
- 다른 감사증거를 뒷받침하고 이에 따라 충분하고 적합한 감사증거를 입수하기 위해 특정의 후속사건에 대한 서면진술이 필요할 것인지 여부를 고려함

3.2 후속사건에 대한 감사절차의 기간[주]

주 감사보고서일 또는 감사보고서일과 가장 가까운 실행가능한 일자까지

상기의 후속사건에 대한 감사절차를 수행할 때 중요한 것 중 하나는 과연 언제까지 감사절차를 연장할 것인가? 이다. 이에 대하여 감사기준은 재무제표일로부터 감사보고서일 또는 감사보고서일과 가장 가까운 실행가능한 일자까지의 기간에 대하여 상기의 후속사건 감사절차를 수행하여야 한다고 규정하고 있다(ISA 560-7).

3.3 후속사건에 대한 감사절차의 성격과 범위

상기의 후속사건에 대한 감사절차의 성격과 범위를 결정할 때, 감사인은 위험평가를 고려하여야 한다.

TIP

어떤 경우이건 감사절차를 시행하기 전에는 위험평가와 이에 대응하기 위한 계획수정이라는 절차가 선행된다.

3.4 서면진술

감사인은 경영진(적절한 경우 지배기구)에게 재무제표일 후에 발생한 사건으로서 해당 재무보고체계에 따라 수정이나 공시가 요구되는 사건이 모두 수정 또는 공시되었다는 서면진술을 경영진(적절한 경우 지배기구 포함)에게 요청하여야 한다(ISA 560-9).

상기의 후속사건 감사절차는 그 한계 때문에 '질문'이라는 증거력이 낮은 감사절차를 포함하고 있다. 이는 증거력이 낮지만 '질문' 이외에 다른 어떤 감사절차로서도 충분하고 적합한 감사증거를 수집할 수 없기 때문이다. 이와 같이 '질문'이 주된 감사증거 수집방법일 경우 그 증거력을 보완하기 위하여 회계감사기준은 경영진으로부터 서면진술을 받도록 요구하고 있다.

4 감사보고서일 후 재무제표 발행일 전에 감사인이 알게 된 사실

기출 2021

핵심

1. 감사보고서일 후에 발생한 사건에 대하여 감사인은 원칙적으로 후속사건 감사절차(4가지)를 수행할 의무가 없다.
2. 기타정보(사업보고서)에 대한 예외적 책임: 감사보고서일 후 재무제표 발행일 전에 감사인은 재무제표에 대하여 어떠한 감사절차를 취할 의무가 없지만, 감사기준서 720은 감사보고서일 후 재무제표 발행일 전에 입수한 기타정보(사업보고서)가 포함된 감사보고서일 후에 입수한 기타정보에 관한 요구사항과 지침을 포함하고 있다. 기타정보가 재무제표와 일치하는 지를 확인하는 것은 감사절차라기 보다 감사인에게 주어진 추가적인 책임에 해당.
3. 경영진은 감사업무 조건에 의하여 감사보고서일로부터 재무제표 발행일까지의 기간 중 알게 된 사실을 감사인에게 통지할 의무가 있다.
4. 만약 수정되어야 할 사항이라면 다음과 같은 조치를 취하여야 한다.

㈜ 단일 감사보고서일을 사용: 재무제표일 ~ 새로운 감사보고서일까지 감사범위 확대(4가지 후속사건 감사절차)

구 분		감사절차	감사보고서일	감사보고
경영진이 수정하는 경우		(1) 모든 후속사건에 대하여 새로운 감사보고서일까지 감사절차를 확대하는 경우 ㈜ (2) 추가 후속사건에만 한정하여 새로운 감사보고서일까지 감사절차를 확대하는 경우: 최초일과 새로운 일을 이중으로 사용 or 최초일(또는 새로운 일)만 사용하고 추가적인 후속사건은 강조사항문단 또는 기타사항문단에 언급	수정재무제표의 승인일보다 빨라서는 안 됨	최초 감사의견
경영진이 수정하지 않는 경우	보고서 전달 전	상 동	최종 증거수집 완료일	한정의견 또는 부적정의견 (회계기준 위배)
	보고서 전달 후	(1) 감사인은 경영진에게, 필요한 수정을 하기 전에는 재무제표를 제3자에게 발행하지 말라고 통보하여야 한다. 또한 경영진이 그 요청에 동의하였다고 하더라도 감사인은 이와는 별도로 추가적인 법적 의무를 이행할 필요가 있다. (2) 그럼에도 불구하고 필요한 수정 없이 재무제표가 발행된 경우, 감사인은 재무제표 이용자가 해당 감사보고서에 의존하는 것을 방지하기 위한 적합한 조치를 취하여야 한다.	최초 감사보고서일	해당사항 없음

4.1 소극적 책임과 감사절차

기출 2025

감사보고서일 후에는 감사인이 감사증거를 수집할 수 있는 위치에 있지 않다. 따라서 감사인은 감사보고서일 후의 재무제표에 대하여 어떠한 감사절차도 수행할 의무가 없다(ISA 560-10). 그러나 경영진은 감사업무 조건에 의하여 감사보고서일부터 재무제표 발행일까지의 기간 중 알게 되는 사실을 감사인에게 통지할 의무가 있다. 왜냐하면, 감사업무의 조건에는 재무제표에 영향을 미칠 수 있는 사실로서 경영진이 감사보고서일부터 재무제표 발행일까지의 기간 중 알게 되는 사실을 감사인에게 통지하는 것에 대한 동의를 포함하고 있기 때문이다(ISA 560-A11).

TIP

감사보고서일 후 재무제표 발행일 전에 감사인이 알게 된 경우의 의미는 감사인이 적극적으로 후속사건에 대한 감사절차를 취하고 감사증거를 수집할 필요가 없다는 것을 의미한다. 따라서 이 기간 동안에 발생한 중요한 사건에 대한 충분하고 적합한 감사증거를 경영진이 감사인에게 제공한 경우에 한하여 감사인은 이를 감사보고서에 반영할 것인지 고려한다. 만약, 충분하지 않거나 적합하지 않은 증거를 제공할 경우 감사인은 이를 보완할 의무가 없다.

기출 2025

그러나 감사인이 감사보고서일에 알았더라면 감사보고서를 수정할 원인이 될 수도 있었던 사실을 감사보고서일 후 재무제표 발행일 전에 알게 된 경우(소극적 책임), 감사인은 다음의 절차를 수행하여야 한다(ISA 560-10).

① 경영진(적절한 경우 지배기구 포함)과 이 사항을 토의함
② 재무제표의 수정이 필요한지 여부를 결정함
③ 재무제표의 수정이 필요하다고 결정했다면, 경영진이 재무제표에 이 사항을 어떻게 다룰 계획인지에 대하여 질문함

만약, 감사인이 재무제표가 수정되어야 하는 상황이라고 판단할 경우 후속 감사절차는 경영진이 재무제표를 수정하는지 여부에 따라 달라진다.

4.2 경영진이 재무제표를 수정하는 경우

기출 2025

감사보고서일 후 알게 된 사건으로 ① 경영진이 감사인에게 알려왔고, ② 감사인이 재무제표가 수정되어야 한다는 것에 동의하며, 또한 ③ 경영진이 재무제표를 수정하는 경우 새로운 재무제표가 작성된다.

이 경우 감사증거수집 완료일은 확대되어야 한다. 그러나 과연 감사인이 후속사건에 대한 감사증거를 적극적으로 수집하여야 할 기간(적극적 책임기간)을 연장하는 것에 동의할 것인가? 하는 것은 매우 민감한 사항이다. 이러한 상황에 대하여 감사인이 취할 수 있는 선택사항은 다음 두 가지로 나눌 수 있다(ISA 560-11).

(1) 선택 1: 모든 후속사건에 대하여 새로운 감사보고서일까지 감사절차를 확대하는 경우 주

주 단일 감사보고서일을 사용

추가 후속사건을 포함한 모든 후속사건에 대하여 새로운 감사보고서일까지 감사인의 적극적 책임을 연장한다. 이 경우 최초 감사보고서일은 새로운 감사보고서에서 새로운 감사보고서일로 대체되어 사라지며, 감사인의 적극적 책임은 모든 후속사건에 대하여 새로운 감사보고서일까지로 확대된다(ISA 560-11). 이와 같이 감사인이 단일 감사보고서일을 사용할 경우 감사절차는 다음과 같다.

모든 후속사건에 대하여 새로운 감사보고서일까지 감사절차를 확대하는 경우(ISA 560-11)

I. 새로운 감사보고서일까지 필요한 감사절차를 수행 (ISA 560-11)	① 해당 수정사항: 해당 수정사항에 대하여 해당 상황에 필요한 감사절차를 수행함 ② 모든 후속사건: 해당 후속사건 이외에도 모든 후속사건에 대하여 상기의 '후속사건 감사절차'를 새로운 감사보고서일자까지 연장함
II. 수정된 재무제표에 대한 새로운 감사보고서를 작성하여 경영진에게 제출	수정된 재무제표에 대하여 감사인은 새로운 감사보고서를 경영진에게 제출함. 단, 새로운 감사보고서의 일자는 수정된 재무제표의 승인일보다 빠르지 않아야 한다. 주

주 왜냐하면, 감사보고서일은 감사증거수집 완료일인데, 새로이 승인된 재무제표도 감사증거 중 하나이기 때문이다.

(2) 선택 2: 추가 후속사건에만 한정하여 새로운 감사보고서일까지 감사절차를 확대하는 경우

기출 2023

Q
이중 감사보고서일을 사용하는 경우 감사인에게 미치는 영향은?

추가 후속사건에만 한정하여 새로운 감사보고서일까지 감사절차를 확대하는 경우 (ISA 560-12)

I. 필요한 감사절차를 수행 (ISA 560-12)	추가적인 후속사건에 대한 감사절차를 해당 수정사항에만 한정하는 것이 허용된다. 이와 같은 경우에는 감사인은 다음 중 하나의 절차를 수행하여야 한다. • 이중 감사보고서일(최초 감사보고서일 + 새로운 감사보고서일)을 사용 (1) 기존 후속사건에 대해서는 이미 최초 감사보고서일까지 후속사건 감사절차를 완료하였기 때문에 최초 감사보고서일을 유지하고, (2) 추가 후속사건에 대해서는 새로운 감사보고서일까지 후속사건 감사절차를 수행하고 새로운 감사보고서일을 추가함. 이는 추가적인 후속사건 감사절차가 오직 재무제표의 관련 주석에 기술된 수정(추가 후속사건)에만 한정하여 수행되었다는 것을 나타낸다. • 최초 감사보고서일만을 사용 + 추가 후속사건을 강조(기타)사항문단에 추가하여 설명 추가 후속사건에 대한 감사절차는 오직 재무제표의 관련 주석에 기술된 수정에만 한정하여 수행되었다는 설명을 강조사항문단 또는 기타사항문단에 포함하는 새로운(또는 수정된) 감사보고서를 제출 ※ 새로운 감사보고서일은 수정된 재무제표의 승인일보다 빠르지 않아야 함
II. 수정된 재무제표에 대한 새로운 감사보고서를 작성하여 경영진에게 제출	수정된 재무제표에 대하여 감사인은 새로운 감사보고서를 경영진에게 제출함. 단, 새로운 감사보고서의 일자는 수정된 재무제표의 승인일보다 빠르지 않아야 한다.

기출 2025

■ 이중 감사보고서일을 사용: 기존 후속사건은 최초 감사보고서일까지로 고정하고, 추가 후속사건에만 한정하여 새로운 감사보고서일까지 감사절차를 확대한다. 이 경우 기존 후속사건은 최초 감사보고서일이 적용되며, 추가 후속사건은 새로운 감사보고서일이 적용된다. 이는 후속사건에 대한 감사인의 적극적 책임을 모든 후속사건에 대하여 연장하지 않고 오직 추가 후속사건에만 한정하기 위한 것이다(ISA 560-12).

이와 같이 감사인이 추가 후속사건으로 인한 수정사항에만 한정된 추가 감사보고서일을 포함(이중 감사보고서일)하도록 감사보고서를 수정하는 경우, 최초 감사보고서일은 변경 없이 남는다. 왜냐하면, 최초 감사보고서일자는 감사보고서의 이용자들에게 해당 재무제표에 대한 감사업무가 언제 종료되었는지 알려주기 때문이다. 그러나 추가일자는 '최초 감사보고서일 후에 수행된 감사인의 절차는 해당 재무제표의 후속적 수정에만 한정되었다'는 점을 알리기 위해 감사보고서에 포함하는 것이다. 추가일자의 사례는 다음과 같다.

> (감사보고서일), 주석 Y에 관한 사항을 제외한다.
> (추가적인 일자), 주석 Y에 기술된 수정사항에 한정하여 수행된 감사절차의 종료일

- 최초 감사보고서일 + 추가 후속사건을 강조(또는 기타)사항문단을 추가하여 설명: 또 다른 방법은 기존 후속사건은 최초 감사보고서일까지로 고정하고, 추가 후속사건에만 한정하여 후속사건 감사절차를 확대하며, 추가 후속사건에 대한 감사절차는 오직 재무제표의 관련 주석에 기술된 수정에만 한정하여 수행되었다는 설명을 강조사항문단 또는 기타사항문단에 포함하는 새로운(또는 수정된) 감사보고서를 제출할 수 있다. 이때 감사보고서일은 최초 감사보고서일을 그대로 사용한다.[주]

> [주] ISA 560-12 (b): 후속사건에 대한 감사절차는 오직 재무제표의 관련 주석에 기술된 수정에만 한정하여 수행되었다는 설명을 강조사항문단 또는 기타사항문단에 포함하는 새로운 감사보고서 또는 수정된 감사보고서를 제출함.

REVIEW POINT *New International Standards on Auditing*

1. 최초의 감사보고서일

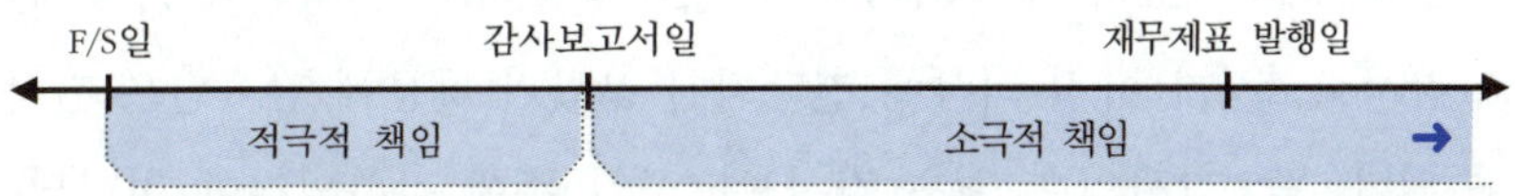

2. 감사보고서일 후 재무제표 발행일 전에 알게 된 사실로 F/S가 수정되고, 모든 후속사건에 대하여 후속사건 감사절차를 확대하는 경우 → 새로운 감사보고서일로 대체

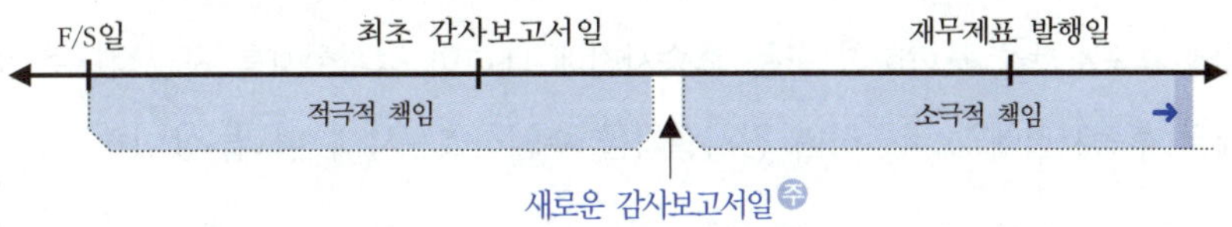

> [주] 새로운 감사보고서일은 수정된 재무제표를 승인한 날보다 빨라서는 안 된다.

3. 감사보고서일 후 재무제표발행일 전에 알게 된 사실로 F/S가 수정되고, 추가 후속사건에만 후속사건 감사절차를 한정하는 경우

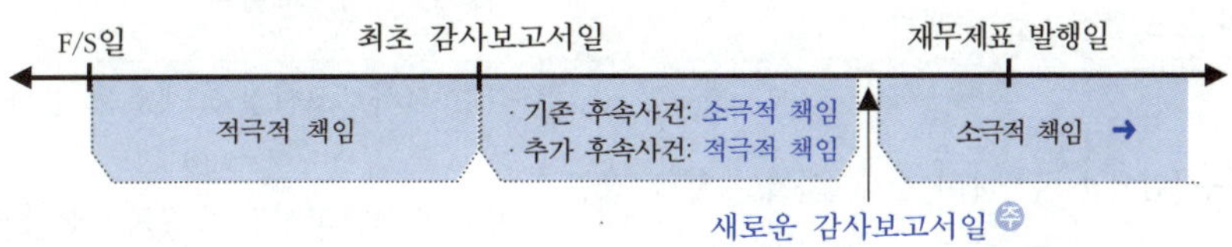

4.3 경영진이 재무제표를 수정하지 않는 경우

핵심

1. 감사보고서가 회사에 전달되지 않은 경우: 감사의견 변형(한정의견 or 부적정의견)
2. 감사보고서가 회사에 제출된 경우: (1) 재무제표가 발행되지 않은 경우 제3자에게 발행하지 말 것을 통보, (2) 재무제표가 발행된 경우 재무제표 이용자가 해당 감사보고서에 의존하는 것을 방지하기 위한 적합한 조치

경영진이 감사보고서일 후 재무제표 발행일 전에 알게 된 사건의 영향을 재무제표에 반영하지 않는 경우 감사인은 감사보고서가 회사에 전달되었느냐에 따라 상이한 절차를 수행하여야 한다.

(1) 감사보고서가 회사에 전달되지 않은 경우

감사인이 감사보고서일 후 재무제표 발행일 전에 알게 된 사건으로 재무제표가 수정되어야 한다고 판단하고, 아직 감사보고서가 회사에 전달되지 않은 상황에서 경영진이 재무제표를 수정하지 않는 경우, 감사인은 감사보고서를 재발행하여 감사의견을 변형(한정의견 or 부적정의견)하여야 한다(ISA 560-13(a)). 왜냐하면, 감사인이 수정을 권고하였음에도 불구하고 경영진이 이를 받아들이지 않으면 회계기준위배이기 때문이다.

후속사건으로 재무제표가 수정되어야 함에도 불구하고 경영진이 재무제표를 수정하지 않고 감사보고서가 아직 회사에 전달되지 않았기 때문에 감사인은 감사보고서를 수정할 수 있다. 즉, 감사인은 최초 감사보고서일 후에 감사의견이 변형되어야 하는 추가적인 증거를 수집한 것이다. 따라서 감사인은 추가로 증거를 수집한 날을 고려하여 감사보고서일을 정할 수 있다. 이 경우 감사보고서일은 감사인이 후속사건에 대하여 1) 해당 후속사건을 포함하여 모든 후속사건에 대하여 감사절차를 포괄적으로 수행하였는지, 2) 해당 후속사건에만 국한하여 감사절차를 수행하였는지에 따라 상이하다.

구 분	감사보고서일
해당 후속사건을 포함하여 모든 후속사건에 대하여 감사절차를 포괄적으로 수행한 경우	새로운 감사보고서일
해당 후속사건에만 국한하여 감사절차를 수행한 경우	최초 감사보고서일 + 새로운 감사보고서일 or 최초 감사보고서일 + 강조사항 문단 or 기타사항문단

예제 01 감사보고서일 후 발생한 사건에 대한 감사의견

감사보고서일 후 재무제표 발행일 전에 발생한 사건으로 경영진이 재무제표를 수정하지 않는 경우 감사범위제한으로 인한 한정의견이나 의견거절이 가능하지 않은 이유를 설명하시오.

해답

감사보고서일 후에 발생한 후속사건에 대하여 감사인은 적극적으로 감사증거를 수집할 의무가 없다. 또한 감사증거를 충분하고 적합하게 수집할 위치에 있지도 않다. 따라서 감사보고서일 후 후속사건으로 재무제표가 수정되어야 한다는 것은 해당 후속사건에 대하여 경영진이 충분하고 적합한 감사증거를 감사인에게 제시하였다는 것을 의미한다. 따라서 감사범위제한으로 인한 감사의견의 변형은 고려하지 않아도 된다.

---

(2) 감사보고서가 회사에 제출된 경우

변형되지 않은 채 회사에 이미 감사보고서가 제출된 경우 감사인은 다음과 같은 감사절차를 수행한다.

① 감사인은 경영진(지배기구의 모든 구성원이 그 기업의 경영에 참여하는 경우가 아니라면 지배기구를 포함)에게, 필요한 수정을 하기 전에는 재무제표를 제3자에게 발행하지 말라고 통보하여야 한다. 또한 경영진이 그 요청에 동의하였다고 하더라도 감사인은 이와는 별도로 추가적인 법적 의무를 이행할 필요가 있다(ISA 560-A15).

② 그럼에도 불구하고 필요한 수정 없이 재무제표가 발행된 경우, 감사인은 재무제표 이용자가 해당 감사보고서에 의존하는 것을 방지하기 위한 적합한 조치를 취하여야 한다(ISA 560-13(b)). 이 때 적합한 조치란 감사인의 법적 권리와 의무에 따른다(ISA 560-A16).

후속사건으로 재무제표가 수정되어야 함에도 불구하고 이미 감사보고서가 회사에 전달되었다. 즉, 감사인이 최초 감사보고서일 후에 감사의견이 변형되어야 하는 추가적인 증거를 수집하였지만 감사보고서를 수정할 수 없는 환경이다. 따라서 감사인은 감사보고서일을 추가로 고려할 필요가 없다.

5 재무제표 발행일 후 알게 된 사실

핵심

1. 감사보고서일 후에는 감사인이 감사증거를 수집할 수 있는 위치에 있지 않다. 더욱이 재무제표 발행일 후에는 이미 감사보고서가 발행되어 회사에 전달된 상황이기 때문에 감사인은 재무제표 발행일 후에 발생한 사건에 대하여 어떠한 감사절차도 수행할 의무가 없다.

2. 만약 수정되어야 할 사항이라면 다음과 같은 조치를 취하여야 한다.

구 분	경영진이 재무제표를 수정하는 경우	경영진이 재무제표를 수정하지 않는 경우
감사절차	① 재무제표일과 감사보고서일 사이에 발생한 후속사건과 동일한 절차 ② 재무제표 재발행 상황에 대하여 경영진이 취한 조치를 검토	① 감사인은 경영진에게 감사보고서에 대한 차후의 의존을 방지할 조치를 취할 것이라고 통보하여야 한다. ② 그러한 통보에도 불구하고 경영진 또는 지배기구가 필요한 조치를 취하지 않으면, 감사인은 해당 감사보고서에 대한 의존을 방지하기 위한 적합한 조치를 취하여야 한다.
감사보고서일	새로운 감사보고서 일자는 수정 재무제표를 승인한 날짜보다 빨라서는 안됨	해당사항 없음
감사보고	강조사항문단 또는 기타사항문단에 다음을 추가 ① 이전에 발행한 재무제표의 수정이유를 더 넓게 논의한 재무제표 주석을 참조하라는 내용 ② 감사인이 이전에 발행한 감사보고서 언급	해당사항 없음

① 감사보고서일에 감사인에게 알려졌을 경우 ② 동 감사보고서를 수정할 원인이 될 수 도 있었던 사실을 ③ 재무제표 발행일 후에 알게 된 경우, 감사인은 다음과 같은 절차를 수행하여야 한다(ISA 560-14).

재무제표 발행일 후 알게 된 후속사건의 감사절차 (ISA 560-14)

① 경영진(적절한 경우 지배기구 포함)과 이 사항을 토의함
② 재무제표의 수정이 필요한지 여부를 결정함
③ 재무제표의 수정이 필요하다고 결정했다면, 경영진이 재무제표에서 이 사항을 어떻게 다룰 계획인지 질문함

5.1 경영진이 재무제표를 수정하는 경우

경영진이 재무제표를 수정하는 경우 감사인은 다음의 절차를 수행하여야 한다(ISA 560 -15~16).

경영진이 재무제표를 수정하는 경우 (ISA 560-15~16)

절차	내용
I. 해당 수정사항에 대하여 해당 상황에 필요한 감사절차(후속사건 감사절차)를 수행함	이 때 감사보고서일을 단일로 사용할 것인지 아니면 이중으로 사용할 것인지에 따라 후속사건 감사절차를 수행할 기간이 달라진다.
II. 재무제표 재발행 상황에 대하여 경영진이 취한 조치를 검토	이전에 발행된 재무제표와 감사보고서를 수령한 모든 사람들이 이러한 상황에 대한 통보를 받았는지 확인하게 하기 위하여 경영진이 취한 조치를 검토함
III. 수정된 재무제표에 대한 새로운 감사보고서 제출	① 모든 후속사건에 대하여 새로운 감사보고서일까지 감사절차를 확대하는 경우: 단일 감사보고서일을 사용 ② 추가 후속사건에만 한정하여 새로운 감사보고서일까지 감사절차를 확대하는 경우: 다음 중 어느 하나의 절차를 수행함 • 이중 감사보고서일(최초 감사보고서일 + 새로운 감사보고서일)을 사용 (1) 기존 후속사건에 대해서는 이미 최초 감사보고서일까지 후속사건 감사절차를 완료하였기 때문에 최초 감사보고서일을 유지하고, (2) 추가 후속사건에 대해서는 새로운 감사보고서일까지 후속사건 감사절차를 수행하고 새로운 감사보고서일을 추가함. 이는 추가적인 후속사건 감사절차가 오직 재무제표의 관련 주석에 기술된 수정(추가 후속사건)에만 한정하여 수행되었다는 것을 나타낸다. • 최초(또는 새로운) 감사보고서일만을 사용[주] +추가 후속사건을 강조 또는 기타사항문단에 추가하여 설명 추가적인 후속사건 감사절차는 오직 재무제표의 관련 주석에 기술된 수정(추가적인 후속사건)에만 한정하여 수행되었다는 설명을 강조사항문단 또는 기타사항문단에 포함하는 새로운 감사보고서 또는 수정된 감사보고서를 제출함 ※ 새로운 감사보고서일은 수정된 재무제표의 승인일 보다 빠르지 않아야 함

[주] 감사기준서에서는 강조사항문단 또는 기타사항문단을 사용할 경우 감사보고서일에 대한 설명이 없다. 따라서 최초 감사보고서일과 새로운 감사보고서일 중 어느 하나를 선택할 수 있는 것으로 해석된다. 이 부분에 대하여 한국공인회계사의 실무담당자의 의견도 일치한다.

IV. 강조사항문단 또는 기타사항문단에 다음을 추가	감사인은 새로운 감사보고서 또는 수정된 감사보고서에 강조사항문단 또는 기타사항문단을 추가한다. 그 문단에는 ① 이전에 발행한 재무제표의 수정이유를 더 넓게 논의한 재무제표 주석을 참조하라는 내용과 ② 감사인이 이전에 발행한 감사보고서를 언급한다.

REVIEW POINT

New International Standards on Auditing

1. 경영진이 재무제표를 수정하는 경우, 감사보고서일 후 재무제표 발행일 전에 알게 된 사실과 재무제표 발행일 후 감사인이 알게 된 사실에 대한 후속사건 감사절차는 거의 일치한다. 다만, 재무제표 재발행 상황에 대하여 경영진이 취한 조치를 검토하는 것이 추가된다.

2. 감사보고의 경우, 감사보고서일 후 재무제표 발행일 전에 알게 된 사실과는 달리 재무제표 발행일 후 감사인이 알게 된 사실에 대하여, 감사인은 강조사항문단 또는 기타사항문단을 추가하여 ① 이전에 발행한 재무제표의 수정이유를 더 넓게 논의한 재무제표 주석을 참조하라는 내용과 ② 감사인이 이전에 발행한 감사보고서를 언급한다. 이는 이미 재무제표와 감사보고서가 발행되어 유통된 것을 대체하여 새로운 재무제표와 감사보고서가 발행되기 때문에 시장의 혼선을 막고 재무제표와 감사보고서의 신뢰를 회복하는데 있다.

3. 최초 감사보고서일

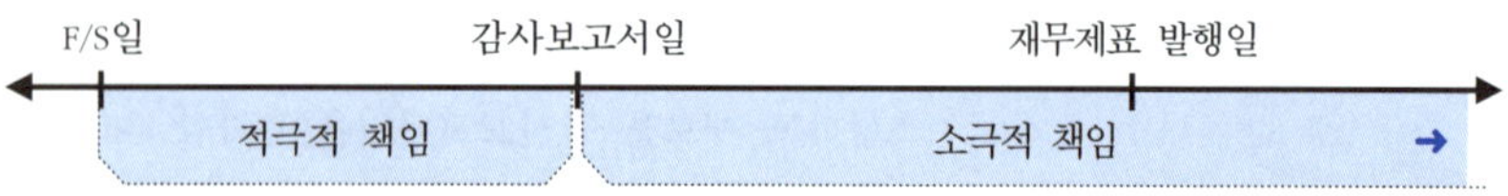

4. 재무제표 발행일 후 알게 된 사실로 F/S가 수정되고, 모든 후속사건에 대하여 후속사건 감사절차를 확대하는 경우: 새로운 감사보고서일로 대체

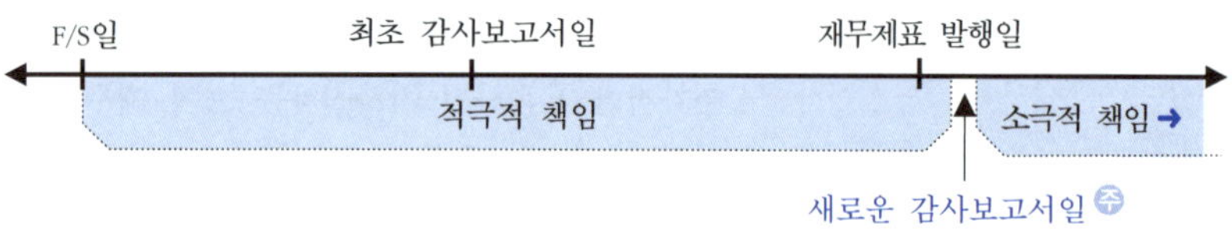

주 새로운 감사보고서일은 수정된 재무제표를 승인한 날보다 빨라서는 안 된다.

5. 재무제표 발행일 후 알게 된 사실로 F/S가 수정되고 추가 후속사건에만 후속사건 감사절차를 한정하는 경우

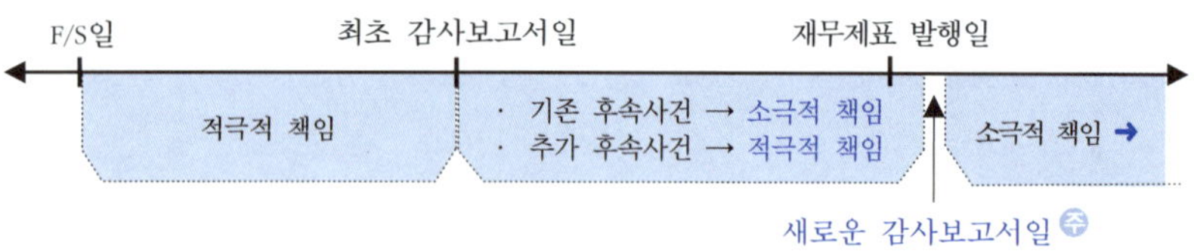

5.2 경영진이 재무제표를 수정하지 않는 경우

기출 2022

감사인이 재무제표의 수정이 필요하다고 믿는 상황에서, 경영진이 이전에 발행된 재무제표를 수령한 사람들에게 이러한 상황을 확실히 알리기 위한 필요조치를 취하지 않고 재무제표를 수정하지 않는 경우에는, 감사인은 경영진(그리고 지배기구의 모든 구성원이 그 기업의 경영에 참여하고 있는 경우가 아니라면, 지배기구를 포함)에게 감사보고서에 대한 차후의 의존을 방지할 조치를 취할 것이라고 통보하여야 한다.

그러한 통보에도 불구하고 경영진 또는 지배기구가 필요한 조치를 취하지 않으면, 감사인은 해당 감사보고서에 의존을 방지하기 위한 적합한 조치를 취하여야 한다(ISA 560-17).

6 감사보고서일 후 기타정보(사업보고서)에 대한 감사인의 책임

감사보고서일 후 재무제표 발행일 전 그리고 재무제표 발행일 후에는 감사인은 재무제표에 대하여 어떠한 감사절차를 취할 의무가 없다. 그러나 감사기준서 720(기타정보에 관한 감사인의 책임)은 ❶감사보고서일 후 재무제표 발행일 전 그리고 ❷재무제표 발행 후에 입수한 기타정보(사업보고서)에 대해서도 감사인이 기타정보가 감사받은 재무제표와 일치하는지 확인할 책임을 부여하였다(ISA 560-A11).

감사인은 재무제표에 대해서만 감사증거를 수집하고 감사의견을 표명하며 책임을 진다. 그러나 감사기준서(720)은 기타정보(사업보고서)가 재무제표와 일치하는지를 확인하는 책임을 감사인에게 부여하였다.

자본시장법은 상장회사와 같이 불특정 다수인으로부터 자본시장에서 공개적으로 자본(주식 or 회사채)을 모집하는 회사에 매년 사업보고서를 금융위원회(사업연도 경과 후 90일 이내)에 제출하도록 하였다(자본시장법 제159조). 사업보고서에는 감사받은 재무제표와 기타의 재무정보를 포함하고 있다.

따라서 기업은 재무제표를 작성하고 감사받은 후 사업보고서를 완성할 수 있다. 이 경우 사업보고서는 감사보고서일 후에 작성될 수도 있을 것을 예상할 수 있다.

재무제표에 대한 회계감사와 관련된 감사기준서는 감사보고서일 후에는 감사인이 적극적으로 감사증거를 수집할 의무를 부여하고 있지 않다. 그러나 감사기준서 720

(기타정보에 대한 감사인의 책임)은 감사보고서일 후에 발행될 수 있는 기타정보(사업보고서)가 감사받은 재무제표와 일치하는지 확인하도록 요구하고 있다. 이 때 수집한 증거는 재무제표 감사를 위해 수집한 증거가 아니기 때문에 감사증거는 아니고 감사인에게 재무제표 감사 외에 추가적으로 기타정보에 대하여 책임을 부여한 것에 해당한다.

SECTION 03 계속기업에 대한 감사

NEW INTERNATIONAL STANDARDS ON AUDITING

1 회계의 계속기업전제(Going Concern Basis of Accounting)

회계의 계속기업전제하에서의 재무제표는 기업은 계속기업이고 예측할 수 있는 미래의 기간 동안 영업을 계속할 것이라는 가정에서 작성된다. 일반적 재무제표는 경영진이 기업을 청산하거나 영업을 중단할 의도가 없는 한 또는 그 외에는 다른 현실적인 대안이 없는 한, 회계의 계속기업전제를 사용하여 작성된다. 특정적 재무제표(예 청산목적)는 회계의 계속기업전제가 적절한 재무보고체계에 따라 작성될 수도 있고 그렇지 않을 수도 있다. 회계의 계속기업전제의 사용이 적절한 경우, 자산과 부채는 기업이 정상적인 사업과정에서 자산을 실현하고 채무를 상환할 수 있을 것이라는 점에 근거하여 기록된다(ISA 570-2).

따라서 감사인은 감사절차를 계획 · 수행하고 그 결과를 평가할 때 재무제표 작성의 전제가 되는 계속기업가정이 타당한지를 고려하여야 한다.

2 계속기업으로서 존속능력에 대한 평가 책임

핵심

1. 경영진과 감사인의 책임

경영진의 책임	감사인의 책임
계속기업으로서의 존속능력(재무제표일로부터 적어도 1년)을 평가할 책임	① 재무제표의 작성에 있어 경영진의 회계의 계속기업전제 사용의 적합성에 대하여 충분하고 적합한 감사증거를 입수함 ② 입수된 감사증거에 기초하여 계속기업으로서의 존속능력에 대한 중요한 불확실성이 존재하는지 여부에 대하여 결론을 내림

2. 감사보고서에 계속기업 불확실성에 대한 언급이 없다고 하여 이러한 감사보고서가 회사의 계속기업으로서의 존속능력을 보장하는 것은 아니다.

2.1 경영진의 책임

계속기업은 재무제표 작성을 위한 전제이므로 계속기업으로서의 존속능력을 평가할 책임은 경영진에게 있다. 따라서 한국채택국제회계기준에서도 경영진에게 계속기업으로서 존속능력에 대하여 평가하도록 명시하고 있다(ISA 570-3). 이러한 책임은, 재무제표를 작성할 때 사용되는 재무보고체계가 경영진에게 계속기업으로서의 존속능력을 구체적으로 평가하도록 하는 명시적인 요구사항(예 IFRS)을 포함하지 않는 경우에도 존재한다(ISA 570-7). 왜냐하면, 계속기업전제는 회계기준에서 명시하고 있지 않더라도 재무제표 작성의 기본전제이기 때문이다.

계속기업으로서의 존속능력에 대한 경영진의 평가에는 근본적으로 불확실한 미래 사건이나 상황의 결과에 대해 특정시점에서 경영진의 판단이 수반된다. 이러한 판단에 영향을 미치는 요소에는 다음과 같은 것이 있다(ISA 570-5).

계속기업으로서 존속능력에 대한 경영진의 평가에 영향을 미치는 사항(ISA 570-5)

① 장래의 시간: 사건이나 상황 또는 그 결과가 보다 먼 미래에 발생할수록 그 결과와 연관된 불확실성의 정도가 유의적으로 증가함. 그러한 이유로, 경영진 평가를 명시적으로 요구하는 대부분의 재무보고체계는 경영진이 이용가능한 모든 정보를 고려해야하는 기간(IFRS에서는 12개월)을 명시한다.

② 기업의 규모와 복잡성, 사업의 성격과 상황: 기업의 규모와 복잡성, 사업의 성격과 상황 그리고 기업이 외적 요인에 영향을 받는 정도는 사건이나 상황의 결과를 판단하는 데 영향을 미친다.

③ 후속사건: 미래에 대한 어떠한 판단도 판단 시점에서 이용가능한 정보에 기초하여 이루어짐. 후속사건들은 그 당시에는 합리적이었던 판단과는 일관되지 아니한 결과를 초래할 수 있다.

개별적으로 또는 복합적으로 계속기업으로서의 존속능력에 대하여 유의적 의문을 초래할 수 있는 사건이나 상황의 사례는 다음과 같다. 다음의 사례는 모든 사례를 포함하고 있는 것이 아니며 또한 다음의 사례 중 하나 또는 둘 이상이 존재한다고 해서 항상 중요한 불확실성이 존재한다는 것을 의미하는 것은 아니다(ISA 570-A3).

표 9-2 계속기업가정에 유의적 의문을 불러일으킬 수 있는 사건이나 상황의 사례

구 분	내 용
재무적 상황	① 순부채 또는 순유동부채 상태 ② 현실적으로 갱신이나 상환의 가능성이 없는 확정만기차입금의 만기 도래, 또는 장기성 자산의 취득자금을 단기차입금에 지나치게 의존 ③ 채권자들의 금융지원 철회 징후 ④ 역사적 재무제표 또는 추정 재무제표상 부의 순영업현금흐름 ⑤ 핵심 재무비율의 악화 ⑥ 상당한 규모의 영업손실의 발생, 또는 현금흐름의 창출에 사용된 자산가치의 유의적 악화 ⑦ 배당금 지급의 연체 또는 배당의 중단 ⑧ 채무의 지급기일 준수 불능 ⑨ 차입약정 조건의 준수 불능 ⑩ 공급자와의 거래가 신용에서 현금결제조건으로 변경 ⑪ 핵심 신제품의 개발이나 기타 필수적 투자에 대한 자금조달 능력의 부재
영업적 상황	① 경영진의 기업청산이나 영업중단 의도 ② 후임자의 선임 없이 주요 경영진이 퇴진 ③ 주요 시장, 주요 고객, 프랜차이즈, 면허 혹은 주요 공급자의 상실 ④ 노사문제의 어려움 ⑤ 주요 부품의 부족 ⑥ 대단히 성공적인 경쟁자의 출현

구 분	내 용
기 타	① 금융기관에 대한 지급능력 또는 유동성 요건 같은 자본에 대한 요구사항 또는 기타 법령상의 요구사항에 대한 위반 ② 기업을 상대로 소송 또는 징계절차가 진행 중이며, 실패할 경우에는 기업이 감당할 수 없을 정도의 배상책임을 부담할 수 있는 경우 ③ 기업에 불리한 영향을 미칠 것으로 예상되는 법규나 정부정책의 변화 ④ 발생할 경우에 재앙이 될 사고에 대한 보험에 미가입 또는 불충분한 부보금액

2.2 감사인의 책임

계속기업전제에 있어 감사인의 책임은 ① 재무제표의 작성에 있어 경영진의 회계의 계속기업전제 사용의 적합성에 대하여 충분하고 적합한 감사증거를 입수하고 결론을 내리며, ② 입수된 감사증거에 기초하여 계속기업으로서의 존속능력에 대한 중요한 불확실성이 존재하는지 여부에 대하여 결론을 내리는 것이다.

그러나 계속기업으로서의 존속을 중단시킬 미래의 사건이나 상황의 경우에는, 감사의 고유한계가 중요한 왜곡표시를 발견할 수 있는 감사인의 능력에 미치는 잠재적 영향이 더욱 크다. 감사인은 그러한 미래 사건이나 상황을 예측할 수 없다. 따라서 감사보고서에서 계속기업으로서의 존속능력에 대한 중요한 불확실성에 대한 언급이 없다고 하여 계속기업으로서의 존속능력을 보장하는 것으로 보아서는 안 된다(ISA 570-7).

3 계속기업으로서의 존속능력과 감사계획: 위험평가절차 및 관련활동

감사인은 감사계획을 수립하기 위하여 위험평가절차를 수행할 때 계속기업으로서의 존속능력에 대하여 유의적 의문을 초래할 수 있는 사건이나 상황이 존재하는지 여부를 고려하여야 한다. 이 경우 감사인은 경영진이 이미 계속기업으로서의 존속능력에 대한 예비평가를 수행했는지 여부를 결정하여야 하고 다음 절차 중 어느 하나를 수행하여야 한다.

<경영진이 예비평가를 수행한 경우>	<경영진이 예비평가를 수행하지 않은 경우>
경영진 주장 = 계속기업전제의 사용이 적합한가?에 대한 의문	경영진 주장 = 계속기업전제의 사용이 적합하다.
경영진이 수행한 계속기업전제에 대한 예비평가에 대하여 경영진과 토의	경영진이 판단한 계속기업전제 사용의 근거: 경영진과 토의
⬇	⬇
계속기업으로서의 존속능력에 유의적인 의문을 초래할만한 사건·상황을 식별하였는가?: 경영진에게 확인	계속기업으로서의 존속능력에 유의적인 의문을 초래할만한 사건·상황의 존재 유무: 경영진에게 질문
⬇	
식별한 경우: 유의적 의문에 대한 경영진의 계획을 확인	

3.1 경영진이 예비평가를 수행한 경우

경영진이 예비평가를 수행한 경우, 감사인은 ① 경영진과 그 평가에 대하여 토의하여야 하며, ② 경영진이 개별적으로 또는 집합적으로 계속기업으로서의 존속능력에 유의적 의문을 제기할 수 있는 사건이나 상황을 식별하였는지 여부를 확인하여야 하고, ③ 식별된 경우에는 계속기업으로서 존속능력에 유의적 의문에 대한 경영진의 계획을 확인하여야 한다(ISA 570-10).

3.2 경영진이 예비평가를 수행하지 않은 경우

경영진이 아직 예비평가를 수행하지 않은 경우, ① 경영진이 계획하는 회계의 계속기업 전제 사용의 근거에 대하여 감사인은 경영진과 토의해야 하고, ② 개별적으로 또는 집합적으로 계속기업으로서의 존속능력에 유의적 의문을 초래할 수 있는 사건이나 상황이 존재하는지 여부를 질문하여야 한다(ISA 570-10).

4 계속기업에 대한 감사절차

핵심

구 분	감사절차
(1) 경영진의 평가에 대한 검토	① 감사인은 계속기업으로서의 존속능력의 평가기간이 재무제표일로부터 12개월에 미달하는 경우 경영진에게 그 평가대상기간을 적어도 12개월로 하도록 요구하여야 한다. ② 계속기업에 대한 경영진의 평가내용을 검토할 때는 다음 사항을 고려한다. • 경영진이 평가를 위해 수행한 절차 • 평가의 기초가 된 가정 • 경영진의 향후 실행계획 • 경영진 계획의 실행가능성 여부를 평가
(2) 경영진이 평가한 기간 후의 계속기업 문제	① 감사인은 경영진의 평가대상기간(재무제표일로부터 12개월) 이후에 계속기업으로서의 존속능력에 대하여 중대한 의문을 초래할 수 있는 사건이나 상황을 경영진이 알고 있는지 질문하여야 한다. ② 감사인은 경영진에 대한 질문 외에는 경영진의 평가기간을 초과하여, 계속기업으로서의 존속능력에 유의적 의문을 불러일으키는 사건이나 상황을 식별하기 위한 다른 감사절차를 수행할 책임이 없다.
(3) 계속기업 문제와 관련된 사건이나 상황이 파악된 경우의 추가적 감사절차	① 경영진이 존속능력 평가하지 않은 경우: 평가요청 ② 경영진의 향후 계획의 실행가능성 검토: 경영진에게 질문 ③ 미래 현금흐름의 예측치에 대한 신뢰성 검증 ④ 경영진이 평가한 이후 평가에 도움이 되는 추가적인 정보수집 ⑤ 경영진의 서면진술

4.1 경영진의 평가에 대한 검토

감사인은 계속기업으로서의 존속능력에 대한 경영진의 평가에 대하여 평가하여야 한다(ISA 570-12).

(1) 평가대상 기간

감사인은 계속기업으로서의 존속능력의 평가기간이 재무제표일로부터 12개월에 미달하는 경우 경영진에게 그 평가대상기간을 적어도 12개월로 하도록 요구하여야 한다(ISA 570-13).

(2) 감사절차

감사인이 회사의 계속기업가정에 관해 고려할 핵심사항은 계속기업으로서의 존속능력에 대하여 경영진이 평가한 내용이다. 경영진의 평가내용을 검토할 때는 다음 사항을 고려한다.

경영진의 평가를 감사인이 평가할 때 고려할 사항(ISA 570-A10)

① 경영진이 평가를 위해 수행한 절차
② 평가의 기초가 된 가정
③ 경영진의 향후 실행계획
④ 경영진 계획의 실행가능성 여부

또한 감사인은 이러한 평가를 수행할 때, 감사를 수행한 결과 알게 된 관련 정보가 경영진의 평가에 모두 포함되었는지 여부를 고려하여야 한다(ISA 570-14).

계속기업에 대하여 경영진이 수행한 분석이 부족할 경우 이를 바로 잡는 것은 감사인의 책임이 아니다. 그러나 경영진의 평가를 뒷받침하기 위한 경영진의 세부분석이 부족하다고 해서, 감사인이 회계의 계속기업전제에 대한 경영진의 판단이 적합한지 여부에 대하여 결론을 내릴 수 없는 것은 아니다.

예를 들어, 기업이 이익을 실현해 왔고 용이하게 금융자원에 접근할 수 있으면, 세부적인 분석을 수행하지 않아도 경영진은 계속기업으로서의 존속능력을 평가할 수 있다. 이 경우 재무제표 작성에 있어 경영진의 회계의 계속기업전제 사용이 해당 상황에서 적합한지 여부에 대하여 감사인의 다른 감사절차가 충분하다면, 감사인은 세부적인 평가절차를 수행하지 않고도 경영진의 평가가 적합한지 여부를 평가할 수 있다(ISA 570-A9).

4.2 경영진이 평가한 기간 후의 계속기업 문제: 경영진에게 질문

감사인은 경영진이 평가한 기간 후에 발생될 알려진 사건이나 상황이 있을 가능성에 대하여도 주의를 유지한다(ISA 570-A14). 따라서 감사인은 경영진의 평가대상기간(최소 재무제표일로부터 12개월 이상) 이후에 계속기업으로서의 존속능력에 대하여 중대한 의문을 초래할 수 있는 사건이나 상황을 경영진이 알고 있는지 질문하여야 한다(ISA 570-15).

감사인은 경영진에 대한 질문 외에는 경영진의 평가기간을 초과하여, 계속기업으로서의 존속능력에 유의적 의문을 불러일으키는 사건이나 상황을 식별하기 위한 다른 감사절차를 수행할 책임이 없다(ISA 570-A15).

4.3 계속기업 문제와 관련된 사건이나 상황이 파악된 경우의 추가적 감사절차

계속기업으로서의 존속능력에 대하여 유의적 의문을 초래할 만한 사건이나 상황을 식별한 경우, 감사인은 계속기업으로서의 존속능력에 대하여 유의적 의문을 초래할 수 있는 사건이나 상황과 관련된 중요한 불확실성이 존재하는지 여부를 결정하기 위해 추가적인 감사절차를 수행함으로써 충분하고 적합한 감사증거를 입수하여야 한다. 이에는 다음의 절차가 포함되어야 한다(ISA 570-16).

계속기업으로서의 존속능력에 유의적 의문을 불러일으킬 만한 사건이나 상황이 파악된 경우 감사절차 (ISA 570-16)

① 경영진이 계속기업으로서의 존속능력에 대한 평가를 아직 수행하지 않은 경우, 평가를 수행하도록 요청함

② 계속기업에 대한 경영진의 평가와 관련된 경영진의 향후 실행계획에 대하여, 이러한 계획의 결과가 상황을 개선시킬지 여부 그리고 경영진의 계획이 해당 상황에서 실행가능한지 여부를 평가함

③ 기업이 현금흐름을 예측하였고 이 예측에 대한 분석이 경영진의 미래 실행계획을 평가할 때 사건이나 상황의 미래결과를 고려하는 데 유의적인 요소인 경우, 다음의 절차를 수행함
- 예측을 위해 생성된 기초 데이터의 신뢰성을 평가함
- 예측의 기초가 되는 가정들에 대한 적절한 근거가 있는지 여부를 결정함

④ 경영진이 평가를 실시한 날 후에 추가적인 사실이나 정보가 이용가능하게 되었는지 여부를 고려함

⑤ 경영진(적절한 경우 지배기구 포함)에게 향후 실행계획과 이러한 계획의 실행가능성에 대하여 서면진술을 요청함

(1) 경영진이 존속능력을 평가하지 않은 경우: 평가요청

경영진은 계속기업으로서 존속능력에 대하여 평가할 책임이 있다. 감사인은 경영진의 평가가 적합한지를 감사하는 것이다. 따라서 만약, 경영진이 이를 평가하지 않은 경우 감사인은 경영진에게 이를 평가하도록 요청하여야 한다.

(2) 경영진의 향후 계획의 실행가능성 검토: 경영진에게 질문

계속기업에 대하여 의문이 제기될 경우 경영진은 이를 해소하기 위한 향후의 실행계획을 수립함으로써 계속기업의 타당성을 주장할 것이다. 과연 경영진이 수립한 향후의 실행계획이 실현되어 계속기업으로 존속할 것이 타당한 것인지 여부는 감사인의 전문가적 판단에 달려 있다.

그러면 감사인이 경영진의 향후 실행계획이 타당한지 여부는 어떤 감사절차를 통하여 감사할 수 있을까? 여기에는 자산의 처분, 자금의 차입, 부채구조의 조정, 지출의 축소나 지연, 증자에 대한 계획을 포함한 향후 실행계획에 대하여 경영진에게 질문하는 것 등이 포함된다(ISA 570-A17).

(3) 미래 현금흐름의 예측치에 대한 신뢰성 검증

계속기업으로서 존속 여부에 대하여 의문이 제기될 경우, 경영진은 이를 해소하기 위한 실행계획이 실현됨으로써 미래에 현금흐름이 개선되어 재무적 어려움을 극복할 수 있을 것이라는 예측치를 감사인에게 제시할 것이다. 이 경우 감사인은 미래의 현금흐름에 대한 예측치가 신뢰할 수 있는 것인지를 감사한다(ISA 570-16, A18).

(4) 경영진이 평가한 이후 평가에 도움이 되는 추가적인 정보수집

계속기업에 대한 경영진의 평가는 특정일까지 이용가능한 정보이다. 계속기업에 대한 평가는 기업의 미래에 대한 평가이기 때문에, 감사인은 특정일 이후에도 추가적인 사실이 발생하거나 새로운 정보가 이용가능한지 여부를 고려하여야 한다.

(5) 경영진의 서면진술

계속기업에 대한 감사절차는 매우 제한적이다. 따라서 감사인은 주로 경영진에게 질문함으로써 증거를 수집한다. 알고 있는 바와 같이 질문으로 수집할 수 있는 증거는 그 증거력이 낮다. 따라서 감사인은 추가적으로 경영진에게 향후 실행계획과 이러한 계획의 실행가능성에 대하여 서면진술을 요청하여야 한다.

(6) 지배기구와의 커뮤니케이션

(지배기구의 모든 구성원이 그 기업의 경영에 참여하고 있지 않는 한,) 감사인은 계속기업으로서의 존속능력에 유의적 의문을 초래할 수 있다고 식별된 사건 또는 상황에 대하여 지배기구와 커뮤니케이션하여야 한다. 지배기구와 커뮤니케이션할 사항에는 다음이 포함되어야 한다(ISA 570-25).

지배기구와 커뮤니케이션: 계속기업으로서의 존속능력에 유의적 의문을 초래할 수 있다고 식별된 사건 또는 상황 (ISA 570-25)

① 사건이나 상황이 중요한 불확실성을 구성하는지 여부
② 재무제표의 작성에 있어 경영진의 회계의 계속기업전제 사용이 적합한지 여부
③ 재무제표의 관련 공시의 적절성
④ 해당되는 경우, 감사보고서에 대한 시사점

5 감사결론

핵심

구 분	감사인이 고려할 사항
(1) 사건이나 상황이 식별되었고 중요한 불확실성이 존재하는 경우 공시의 적절성	① 계속기업으로서의 존속능력에 대하여 유의적 의문을 초래할 수 있는 주요 사건이나 상황 및 이러한 사건이나 상황을 다루기 위한 경영진의 계획이 재무제표에 적절히 공시되어 있는지 여부 ② 계속기업으로서의 존속능력에 대하여 유의적 의문을 초래할 수 있는 사건이나 상황과 관련하여 중요한 불확실성이 존재하고, 따라서 정상적인 사업과정에서 자산을 회수하고 부채를 상환하지 못할 수 있다는 사실이 재무제표에 명확히 공시되어 있는지 여부
(2) 사건이나 상황이 식별되었으나 중요한 불확실성이 존재하지 않는 경우의 공시의 적절성	해당 재무보고체계의 요구사항에 비추어, 재무제표에 이러한 사건이나 상황에 대한 적절한 공시(adequate disclosures)가 이루어지는지 여부를 평가

감사인은 입수한 감사증거를 기초로 회사의 계속기업으로서의 존속능력에 대하여 개별적 또는 복합적으로 유의적인 의문을 불러일으키는 사건이나 상황과 관련하여 중요하다고 판단되는 불확실성이 존재하는지를 결정하여야 한다. 여기서, 중요한 불확실성이란 감사인이 그 영향의 잠재적 크기와 발생가능성으로 인해 재무제표에 공시할 필요가 있다고 판단하는 경우의 불확실성을 말한다(ISA 570-17).

5.1 사건이나 상황이 식별되었고 중요한 불확실성이 존재하는 경우 공시의 적절성

사건이나 상황이 식별되었고 중요한 불확실성이 존재하는 경우란 경영진의 회계의 계속기업전제의 사용이 적절하지만 중요한 불확실성이 존재하는 경우를 말한다.

감사인은 사건이나 상황이 식별되었고 중요한 불확실성이 존재하는 경우(회계의 계속기업전제가 적절하나 중요한 불확실성이 존재하는 경우) 다음 사항을 결정하여야 한다(ISA 570-19).

❶ 주석공시를 의미함(주석에는 유의적 의문을 제기하는 사항 +의문을 해소하기 위한 경영진의 자구책)

❷ 주석공시를 의미함

중요한 불확실성이 존재하는 경우 감사인이 고려할 사항 (ISA 570-19)

① 계속기업으로서의 존속능력에 대하여 유의적 의문을 초래할 수 있는 주요 사건이나 상황 및 이러한 사건이나 상황을 다루기 위한 경영진의 계획이 재무제표에 적절히 기술되어 있는지 여부 ❶

② 계속기업으로서의 존속능력에 대하여 유의적 의문을 초래할 수 있는 사건이나 상황과 관련하여 중요한 불확실성이 존재하고, 따라서 정상적인 사업과정에서 자산을 회수하고 부채를 상환하지 못할 수 있다는 사실이 재무제표에 명확히 공시되어 있는지 여부 ❷

5.2 사건이나 상황이 식별되었으나 중요한 불확실성이 존재하지 않는 경우의 공시의 적절성

계속기업으로서의 존속능력에 유의적 의문을 초래할 수 있는 사건이나 상황이 식별되었으나 입수된 감사증거를 근거로 감사인이 중요한 불확실성이 존재하지 않는다고 결론을 내리는 경우, 감사인은, 해당 재무보고체계의 요구사항에 비추어, 재무제표에 이러한 사건이나 상황에 대한 적절한 공시(adequate disclosures)가 이루어지는지 여부를 평가하여야 한다(ISA 570-20).

전문가들은 오랫동안 'close call'의 재무제표에 대한 공시가 적절한지에 대한 검토를 감사인에게 요구하는 것이 바람직한 것인지에 대하여 논의해 왔다. 결국 국제감사기준(IAS)과 개정(2017) 회계감사기준은 위에서 설명한 바와 같이 감사인에게 "경영진이 close call 상황을 적절하게 공시하였는지"에 대하여 평가할 의무를 부여하였다.

여기서, 중요한 것은 ① 'close call' 상황이란 어떤 경우인지에 대한 개념 정립과 ② K-IFRS은 'close call'을 어떻게 공시하도록 요구하는가에 대한 것이다.

■ 'close call'이란?

투자자 등은 끊임없이 기업의 '계속기업으로서의 존속능력'과 관련하여 사전경고(earlier warning)를 요구해 왔다. 계속기업으로서 존속능력에 대한 평가 중 'close call'이란 다음의 상황을 말한다.

"close call" 상황이란?

계속기업으로서의 존속능력에 대해 유의적 의문을 초래할 수 있는 사건이나 상황이 식별되었으나, 이러한 사건이나 상황을 다루기 위한 경영진의 계획을 고려한 후 경영진과 감사인이 중요한 불확실성이 존재하지 않는다는 결론을 내리는 상황

■ 재무보고체계에서 'close call'에 대한 공시 요구사항

감사인이 'close call'에 대하여 경영진이 해당 재무보고체계에서 요구하는 바와 같이 적절하게 공시하고 있는지를 평가하기 위해서는 해당 재무보고체계(K-IFRS)에서 'close call'에 대하여 어떻게 공시할 것을 요구하는지 알아야 한다. 사실 'close call'에 대한 문제는 회계기준 전문가들이 먼저 논의하여야 할 문제일 수도 있다. 그러나 아이러니하게도 이것은 감사기준 전문가들이 먼저 논의하였고 그 결과 감사기준에서 'close call'에 대한 공시의 적절성을 감사인에게 평가할 의무를 부여하였다. 현재, 'IFRS Interpretations Committee'는 'close call'을 공시하게 할 것인지에 대한 논의가 이루어졌으며, 찬반 양론이 팽팽하여 결론을 내리지 못하고 있다[1]. 당연히 K-IFRS에서도 'close call'에 대한 공시를 강제하지 않고 있다. 따라서 국제감사기준과 이를 번역하여 사용하는 회계감사기준은 국가마다 해당 재무보고체계가 'close call'을 어떻게 공시하도록 요구하는지 모르기 때문에 가정법을 사용하여 해당 재무보고체계를 다음과 같이 설명하고 있다(IAS 570-A24).

'close call'에 대한 해당 재무보고체계의 공시 요구사항 (ISA 570-A24)

일부 재무보고체계는 다음 사항에 대한 공시를 다룰 수 있다.

① 주요 사건이나 상황
② 의무를 충족할 수 있는 기업의 능력과 관련된 해당 사건이나 상황의 유의성에 대한 경영진의 평가
③ 이러한 사건이나 상황의 영향을 완화하는 경영진의 계획; 또는
④ 계속기업으로서의 존속능력에 대한 평가의 일부분으로서 경영진이 내린 유의적 판단

6 감사보고서에 대한 시사점

핵심

구 분	감사보고
(1) 회계의 계속기업전제의 사용이 부적합한 경우	부적정의견(adverse opinion)

Q 계속기업에 대한 감사보고를 이해하고 있는가?

기출 2022

1) IAS 1: Disclosures about an Assessment of Going Concern 을 참조하시오.

(2) 회계의 계속기업전제의 사용이 적합하나 중요한 불확실성이 존재하는 경우	재무제표에 중요한 불확실성에 대한 적절한 공시가 이루어진 경우	적정의견 + "계속기업 관련 중요한 불확실성"이라는 제목의 별도 단락을 감사보고서에 포함
	재무제표에 중요한 불확실성에 대한 적절한 공시가 이루어지지 않은 경우	회계기준위배: 한정의견 or 부적정의견
(3) 경영진이 계속기업전제에 대한 평가 또는 평가의 확대를 기피하는 경우	감사범위제한: 한정의견 or 의견거절	
(4) 재무제표 승인의 유의적 지연	- 경영진 or 지배기구에 그 사유를 질문 - 감사인의 결론에 미치는 영향 고려 - 유의적 의문을 초래하는 사건 또는 상황이 식별된 경우 추가적인 감사절차 수행	

6.1 회계의 계속기업전제의 사용이 부적합한 경우

재무제표가 회계의 계속기업전제를 사용하여 작성되었지만 재무제표 작성에 있어 경영진의 회계의 계속기업전제 사용이 부적합하다고 판단되면, 감사인은 부적정의견(adverse opinion)을 표명하여야 한다(ISA 570-21).

6.2 회계의 계속기업전제의 사용이 적합하나 중요한 불확실성이 존재하는 경우

(1) 재무제표에 중요한 불확실성에 대한 적절한 공시가 이루어진 경우

재무제표에 중요한 불확실성에 대한 적절한 공시가 이루어진 경우, 감사인은 적정의견을 표명하여야 하며 다음의 목적을 위한 "계속기업 관련 중요한 불확실성"이라는 제목의 별도 단락을 감사보고서에 포함하여야 한다(ISA 570-22).

① 계속기업 관련 중요한 불확실성을 공시하고 있는 재무제표의 주석에 주의를 기울이도록 함

② 이러한 사건과 상황이 계속기업으로서의 존속능력에 유의적 의문을 초래할 수 있는 중요한 불확실성이 존재한다는 사실을 나타낸다는 점을 명시하고 해당 사항과 관련하여 감사의견이 변형되지 않았음을 명시함

독립된 감사인의 감사보고서

ABC주식회사의 주주 귀중 [또는 다른 적합한 수신인]

재무제표감사에 대한 보고

감사의견

우리는 ABC 주식회사(이하 "회사")의 재무제표를 감사하였습니다. 해당 재무제표는 20×1년 12월 31일 현재의 재무상태표, 동일로 종료되는 보고기간의 포괄손익계산서, 자본변동표, 현금흐름표 그리고 유의적인 회계정책의 요약을 포함한 재무제표의 주석으로 구성되어 있습니다.

우리의 의견으로는 별첨된 회사의 재무제표는 회사의 20×1년 12월 31일 현재의 재무상태와 동일로 종료되는 보고기간의 재무성과 및 현금흐름을 한국채택국제회계기준에 따라, 중요성의 관점에서 공정하게 표시하고 있습니다.

감사의견근거

우리는 감사기준에 따라 감사를 수행하였습니다. 이 기준에 따른 우리의 책임은 이 감사보고서의 재무제표감사에 대한 감사인의 책임 단락에 기술되어 있습니다. 우리는 재무제표감사와 관련된 대한민국의 윤리적 요구사항에 따라 회사로부터 독립적이며 그러한 요구사항에 따른 기타의 윤리적 책임들을 이행하였습니다. 우리가 입수한 감사증거가 감사의견을 위한 근거로서 충분하고 적합하다고 우리는 믿습니다.

계속기업 관련 중요한 불확실성

재무제표에 대한 주석 XXX에 주의를 기울여야 할 필요가 있습니다. 재무제표에 대한 주석 XXX은 20×1년 12월 31일로 종료된 보고기간에 순손실 ZZZ가 발생하였고, 재무제표일 현재로 기업의 유동부채가 총자산보다 YYY 만큼 더 많음을 나타내고 있습니다. 주석 XXX에서 기술된 바와 같이, 이러한 사건이나 상황은 주석 XXX에서 설명하고 있는 다른 사항과 더불어 계속기업으로서의 존속능력에 유의적 의문을 제기할 만한 중요한 불확실성이 존재함을 나타냅니다. 우리의 의견은 이 사항으로부터 영향을 받지 아니합니다.

핵심감사사항

핵심감사사항은 우리의 전문가적 판단에 따라 당기 재무제표감사에서 가장 유의적인 사항들입니다. 해당 사항들은 재무제표 전체에 대한 감사의 관점에서 우리의 의견형성 시 다루어졌으며, 우리는 이런 사항에 대하여 별도의 의견을 제공하지는 않습니다. 우리는 계속기업 관련 중요한 불확실성 단락에 기술된 사항에 추가하여, 아래에 기술된 사항을 이 감사보고서에서 커뮤니케이션할 핵심감사사항으로 결정하였습니다.

....이하 생략....

(2) 재무제표에 중요한 불확실성에 대한 적절한 공시가 이루어지지 않은 경우

재무제표에 중요한 불확실성에 대한 적절한 공시가 이루어지지 않은 경우, 감사인은 다음의 절차를 수행하여야 한다(ISA 570-23).

① 해당 중요성에 따라 한정의견이나 부적정의견을 표명함

② 감사보고서의 한정의견근거(부적정의견근거) 단락에, 계속기업으로서의 존속능력에 유의적 의문을 초래할 수 있는 중요한 불확실성이 존재한다는 점을 명시하고 재무제표에는 이 사항이 적절하게 공시되어 있지 않음을 명시함

독립된 감사인의 감사보고서

ABC주식회사의 주주 귀중 [또는 다른 적합한 수신인]

재무제표감사에 대한 보고

한정의견

우리는 ABC 주식회사(이하 "회사")의 재무제표를 감사하였습니다. 해당 재무제표는 20×1년 12월 31일 현재의 재무상태표, 동일로 종료되는 보고기간의 포괄손익계산서, 자본변동표, 현금흐름표 그리고 유의적인 회계정책의 요약을 포함한 재무제표의 주석으로 구성되어 있습니다.

우리의 의견으로는 별첨된 회사의 재무제표는 이 감사보고서의 한정의견근거 단락에서 언급된 정보의 불완전한 공시를 제외하고는 회사의 20×1년 12월 31일 현재의 재무상태와 동일로 종료되는 보고기간의 재무성과 및 현금흐름을 한국채택국제회계기준에 따라, 중요성의 관점에서 공정하게 표시하고 있습니다.

한정의견근거

주석 yy에서 논의된 바와 같이, 회사의 금융약정은 20×2년 3월 19일에 종료되며 잔액은 해당 일자로 상환되어야 합니다. 회사는 재협상을 결론짓거나 이를 대체할 자금조달 수단을 마련하지 못하였습니다. 이 상황은 계속기업으로서의 존속능력에 유의적 의문을 제기할 수 있는 중요한 불확실성의 존재를 나타냅니다. 재무제표에는 이 사실이 적절하게 공시되지 않았습니다.

우리는 감사기준에 따라 감사를 수행하였습니다. 이 기준에 따른 우리의 책임은 이 감사보고서의 재무제표감사에 대한 감사인의 책임 단락에 기술되어 있습니다. 우리는 재무제표감사와 관련된 대한민국의 윤리적 요구사항에 따라 회사로부터 독립적이며 그러한 요구사항에 따른 기타의 윤리적 책임들을 이행하였습니다. 우리가 입수한 감사증거가 한정의견을 위한 근거를 제공하는데 충분하고 적합하다고 우리는 믿습니다.

핵심감사사항

핵심감사사항은 우리의 전문가적 판단에 따라 당기 재무제표감사에서 가장 유의적인 사항들입니다. 해당 사항들은 재무제표 전체에 대한 감사의 관점에서 우리의 의견형성 시 다루어졌으며, 우리는 이런 사항에 대하여 별도의 의견을 제공하지는 않습니다. 우리는 한정의견근거 단락에 기술된 사항에 추가하여, 아래에 기술된 사항을 이 감사보고서에서 커뮤니케이션할 핵심감사사항으로 결정하였습니다.

6.3 경영진이 계속기업전제에 대한 평가 또는 평가의 확대를 기피하는 경우

감사인이 요청하는데도 경영진이 계속기업에 대한 평가 또는 평가의 확대를 꺼리는 경우에는, 감사인은 감사보고서에 대한 시사점을 고려하여야 한다(ISA 570-24). 만약, 이러한 경영진의 행동으로 감사인이 충분하고 적합한 감사증거를 수집할 수 없다고 판단하면, 감사인은 한정의견 또는 의견거절한다(ISA 570-A35).

Q
대체적 절차 수행?

6.4 재무제표 승인의 유의적 지연

감사인은 재무제표일 후 경영진이나 지배기구에 의한 재무제표 승인이 유의적으로 지연되고 있으면, 그 사유를 질문하여야 한다. 재무제표 승인의 지연이 계속기업 평가와 관련된 사건이나 상황과 관련되었을 수 있다고 믿는다면, 감사인은 ① 중요한 불확실성의 존재에 대하여 감사인의 결론에 미치는 영향을 고려할 뿐 아니라 ② 계속기업으로서 존속능력에 대하여 유의적 의문을 초래할 만한 사건이나 상황이 식별된 경우와 같이 필요한 추가적인 감사절차를 수행하여야 한다(ISA 570-26).

SECTION 04 공시사항의 검토

NEW INTERNATIONAL STANDARDS ON AUDITING

1 공시사항의 점검

감사의 완료단계에서 감사인은 회계기준에 의한 재무제표의 공시가 적절히 이루어졌는지를 검토하여야 한다. 공시사항의 분류와 공시방법의 적정성 및 회계처리 변경여부는 감사의 전 과정에서 파악되어야 하지만, 감사인은 감사완료단계에서 공시사항이 감사조서에 의하여 뒷받침되고 있는지의 여부를 총괄적으로 검토할 필요가 있다. 또한 회계기준에서 요구하는 공시사항이 모두 포함되었는지를 검토하여야 한다. 일반적으로 실무에서는 공시사항점검표(Check List)를 이용함으로써 공시사항에 대한 감사절차가 누락될 가능성을 사전에 방지하고 있다. 재무제표에 공시할 사항은 다음과 같다.

TIP
공시사항점검표는 공시하여야 할 사항을 사전에 조사하여 일정하게 양식화한 표준화된 조서를 말한다.

① 계정과목분류에 관한 사항
② 주석 및 주기하여야 할 사항
③ 관련 법률에서 특별히 요청하는 명세서(예 상장법인 재무관리규정 관련 명세서)

2 공시사항과 감사의견

회계기준에서는 회사가 재무제표와 함께 공시하여야 할 사항을 규정하고 있다. 따라서 만약 중요한 공시사항이 누락되었거나 적절하게 공시되지 않은 경우, 이는 재무제표의 왜곡표시이므로 중요성에 따라 한정의견 또는 부적정의견을 표명한다.

SECTION 05 감사인이 발견한 왜곡표시의 요약 및 수정권고

NEW INTERNATIONAL STANDARDS ON AUDITING

감사과정에서 발견한 왜곡표시는 재무제표에 반영되어야만 공표용 재무제표가 회계기준에 따라 작성되었다고 할 수 있다. 왜곡표시의 요약과 감사의견 형성과정은 다음과 같다.

왜곡표시의 요약 (왜곡표시)

↓

왜곡표시가 재무제표에 미치는 중요성 판단

↓

경영진과 커뮤니케이션 (경영진에게 설명 및 수정요청)

1 식별된 왜곡표시의 집계

(1) 왜곡표시의 발생

왜곡표시는 다음과 같은 원인으로 발생할 수 있다(ISA 450-A1).

왜곡표시의 발생원인 (ISA 450-A1)

① 재무제표 작성의 원천이 되는 데이터를 수집하고 처리할 때의 부정확성
② 금액이나 공시의 누락(불충분하거나 불완전한 공시와 특정 재무보고체계의 공시 목적을 충족하기 위해 요구되는 공시 누락 포함)
③ 사실에 대한 간과나 명백한 해석상 오류에 따른 부정확한 회계추정치
④ 감사인이 비합리적이라고 고려하는 회계추정치와 관련한 경영진의 판단, 또는 감사인이 적합하지 않다고 고려하는 경영진의 회계정책의 선택과 적용
⑤ 정보의 부적절한 분류, 합산 또는 세분화
⑥ 공정표시 체계에 따라 작성된 재무제표에서, 재무보고체계에서 구체적으로 요구되는 공시를 넘어 공정표시를 달성하기 위하여 재무제표에 필요한 공시의 누락

(2) 식별될 왜곡표시의 집계

감사인은 명백하게 사소한(clearly trivial) 것을 제외하고는 감사 중 식별된 왜곡표시를 집계하여야 한다(ISA 450-5).

특정 사항이 명백하게 사소한지(clearly trivial) 여부에 대해서 어떤 불확실성이 존재한다면, 이는 명백하게 사소한(clearly trivial) 사항이 아니라고 판단한다(ISA 450-A2).

감사인은 감사 중 집계한 왜곡표시의 영향을 평가하고 경영진 및 지배기구와 왜곡표시에 대한 커뮤니케이션을 하는 데 유익하도록, 사실적 왜곡표시와 판단적 왜곡표시 그리고 투영된 왜곡표시를 다음과 같이 구별하는 것이 유용할 것이다(ISA 450-A3).

- 개별재무제표의 왜곡표시

  감사인은 각 재무제표상 금액의 왜곡표시가 명백하게 사소한(clearly trivial) 것을 제외하고는 식별된 왜곡표시를 집계한다.

- 공시의 왜곡표시

  공시의 왜곡표시는 감사인이 왜곡표시가 관련 공시와 재무제표 전반에 미치는 영향을 평가하는 데 도움을 준다. 따라서 감사인은 공시의 왜곡표시(명백하게 사소한 것을 제외) 또한 집계한다(ISA 450-A4).

- 왜곡표시의 집계

  감사인은 ❶개별 재무제표의 왜곡표시와 ❷공시의 왜곡표시를 집계하였다. 그런데 이 두 종류의 왜곡표시는 그 성격이 다르기 때문에 서로 더할 수 없다. 그럼에도 불구하고 감사인은 이러한 왜곡표시가 중요한지를 결정하기 위하여 개별적으로나

기출 2023

Q

중요성수준이 1억원, 명백하게 사소한 금액의 기준이 1백만원인 회계감사에서 현금잔액이 재무제표보다 10만원 부족한 경우 이것은 명백하게 사소한 왜곡표시로 볼 수 있는가?

집합적으로(다른 왜곡표시와 함께 전체적으로) 평가하여야 한다.

감사인은 감사 중 집계한 왜곡표시의 영향을 평가하고 경영진 및 지배기구와 왜곡표시에 대한 커뮤니케이션하는 데 유익하도록, 왜곡표시를 다음과 같이 구별하는 것이 유용하다(ISA 450-A6).

- 사실적 왜곡표시(Factual Misstatements) : 사실적 왜곡표시는 의심의 여지가 없는 왜곡표시를 말한다.
- 판단적 왜곡표시(Judgmental Misstatements) : 판단적 왜곡표시는 감사인이 비합리적이거나 부적절하다고 고려하는, 재무제표의 인식, 측정, 표시와 공시(회계정책의 선택 또는 적용 포함) 등과 관련된 경영진의 판단으로 인하여 발생하는 차이를 말함
- 투영된 왜곡표시(Projected Misstatements) : 투영된 왜곡표시는 모집단의 왜곡표시에 대한 감사인의 최선의 추정치이며, 감사표본에서 식별된 왜곡표시를 표본이 추출된 전체 모집단으로 투영하는 것을 말한다.

기출 2024

Q 왜곡표시의 중요성을 판단할 때 표본감사한 계정은 투영할 필요가 있는가?

A 그런데 왜곡표시는 개별재무제표의 왜곡표시도 있지만 공시의 왜곡표시도 있다. 두 왜곡표시는 그 성격과 재무제표에 미치는 중요성이 다르다. 따라서 감사인은 서로 상이한 성격의 두 왜곡표시를 더할 수 없지만 모두 고려하여 재무제표가 중요하게 왜곡표시되었는지를 판단한다.

감사는 상황에 따라 특정 계정을 전수감사하기도 하지만 대체로 표본감사에 의존한다. 감사인은 전수감사한 계정의 왜곡표시와 표본감사한 계정의 왜곡표시를 집계하지만 이 두 왜곡표시를 단순하게 합하여 왜곡표시의 중요성을 평가할 수는 없다. 감사인은 집계한 왜곡표시 중 표본의 왜곡표시는 투영(Projection)하여 모집단의 왜곡표시를 추정하여 왜곡표시가 재무제표에 미치는 전반적인 중요성을 고려한다.

예제 02 왜곡표시의 구성

A(주) 매출은 장부상 금액이 100,000,000원이고 총 2,000건의 거래로 구성되어 있다. 2,000건의 거래 중에서 500개의 거래는 주요거래처와의 거래이고 장부상 금액은 80,000,000원 이다. 1,500건의 거래는 비교적 거래규모와 빈도가 낮은 소매거래처와의 거래이며 장부상 금액은 20,000,000원이다. 감사인은 A(주)의 매출계정을 감사함에 있어 주요거래처와의 거래는 100개의 표본(장부상 금액 12,000,000원)을 추출하여 거래에 대한 세부테스트(Test of transactions)를 실시하였으며, 나머지 1,500건의 거래는 분석적 절차를 실시하였다. 그 결과 100개의 표본으로부터 과대계상 오류금액이 1,200,000원 발견되었다. 또한 분석적 절차의 결과 5,000,000원의 과대계상오류가 존재한다는 것을 추정할 수 있었다. 오류는 장부가액에 비례한다고 가정할 때 다음 사항을 계산하시오.

1) 사실적 왜곡표시(factual misstatements)
2) 투영된 왜곡표시(projected misstatements)
3) 판단적 왜곡표시(judgemental misstatements)

해답

1) 사실적 왜곡표시(factual misstatements) = 1,200,000원

2) 투영된 왜곡표시(projected misstatements)의 계산

   12,000,000 : 1,200,000 = 80,000,000 : x

   $x = \frac{1,200,000}{12,000,000} \times 80,000,000\text{원} = 8,000,000\text{원}$

   ※ 상기 8,000,000원에는 특정왜곡표시사항 1,200,000이 포함된 개념이다.

3) 판단적 왜곡표시(judgemental misstatements) = 5,000,000원

   따라서 모집단인 100,000,000원에는 13,000,000원이 과대계상되었다고 추정할 수 있다. 그러나 감사인이 직접적인 증거를 가지고 있는 과대계상오류는 사실적 왜곡표시인 1,200,000뿐이며 나머지는 추정된 오류이다.

표 9-3 왜곡표시의 집계

감사조서		유동자산	비유동자산	유동부채	비유동부채	자본	법인세비용차감전순이익	법인세비용(20%)
	발견하였지만 미집계한 오류							생략
B-2	선급비용 과대계상	₩500				₩500	₩500	생략
D-6	전기 감가상각비의 과대계상		(₩12,000)			(12,000)		생략
R-2	부외부채			(₩20,000)		20,000	20,000	생략
F-5	매출채권의 과대계상(조회결과)	25,000				25,000	25,000	생략
	기타 추정 오류							생략
F-2	대손충당금의 과소계상	5,000				5,000	5,000	생략
Q-14	판매보증충당금의 과소계상				(₩15,000)	15,000	15,000	생략
	총추정오류	₩30,500	(₩12,000)	(₩20,000)	(₩15,000)	₩53,500	₩65,500	생략
	중요성금액	₩100,000	₩150,000	₩100,000	₩150,000	₩250,000	₩120,000	

2 감사 진행 중 식별된 왜곡표시에 대한 고려

2.1 식별된 왜곡표시와 감사계획의 수정

핵심

왜곡표시	감사인의 전략 → 감사위험의 감소
다른 왜곡표시가 존재할 가능성을 나타내고 있으며, 이것이 감사 중 집계한 왜곡표시들과 합쳐졌을 때 중요할 수 있는 경우	① 전반감사전략과 감사계획을 수정: 추가 감사절차의 수행 ② 최종 식별한 왜곡표시를 경영진에게 수정 요청
중요성에 근접하는 경우	상 동

감사인은 다음 중 하나의 경우 전반감사전략과 감사계획을 수정할 필요가 있는지 결정하여야 한다(ISA 450-6).

식별된 왜곡표시로 전반감사전략과 감사계획을 수정할 필요가 있는 경우 (ISA 450-6)

(a) 식별된 왜곡표시의 성격과 그 발생된 상황에 따르면 다른 왜곡표시가 존재할 가능성을 나타내고 있으며, 이것이 감사 중 집계한 (다른) 왜곡표시들과 합쳐졌을 때 중요할 수 있는 경우
(b) 감사 중 집계한 왜곡표시의 합계가 중요성에 근접하는 경우

어떤 경우 단독으로는 중요하지 않지만 다른 왜곡표시와 합쳐졌을 경우 재무제표를 중요하게 왜곡표시할 수 있는 왜곡표시도 있다.

예제 03

공인회계사는 자신이 감사하는 계정(해당 계정에 배부된 중요성수준은 ₩15,000,000) ₩8,000,000의 왜곡을 발견하였다. 함께 감사에 참여한 B, C 및 D 공인회계사가 발견한 왜곡표시는 ₩95,000,000이다. 중요성수준이 ₩100,000,000인 경우 A 공인회계사는 자신이 발견한 사항이 중요하고 따라서 현장책임 공인회계사(In-Charge)에게 보고하여야 할까?

해답

공인회계사가 발견한 왜곡은 자기 단계에서는 중요하지 않다. 그러나 이미 집계된 다른 왜곡표시 ₩95,000,000과 누적효과를 고려하면 ₩103,000,000으로 재무제표 수준에서는 중요해진다. 따라

서 A공인회계사는 자신이 발견한 ₩8,000,000의 오류가 특정 경영진주장 수준에서는 중요하지 않더라도 다른 왜곡표시와의 누적효과를 고려하여 중요한 왜곡표시라고 판단하고 보고하여야 한다.

감사 중 집계한 왜곡표시의 합계가 중요성에 근접하는 경우, 이것이 미발견 왜곡표시와 합쳐질 경우 중요성을 초과할 수 있는 위험(실질 감사위험)은 수용가능한 낮은 수준(허용감사위험)보다 높을 수도 있다. 이와 같은 미발견왜곡표시는 표본위험과 비표본위험 때문에 존재할 수 있다(ISA 450-A5 수정).

Q

미발견왜곡표시는 어떤 감사위험과 관련이 있는가?

2.2 왜곡표시를 수정한 경우 추가감사절차

기출 2023

만약 감사인의 요청으로 경영진이 거래유형, 계정잔액 혹은 공시를 조사하여 그 발견된 왜곡표시들을 수정한 경우, 감사인은 왜곡표시가 잔존하고 있는지 여부를 결정하기 위해 추가적인 감사절차를 수행하여야 한다(ISA 450-7).

잔존 가능한 왜곡표시를 파악하기 위한 감사절차 (ISA 450-A6)

① 감사인이 식별한 왜곡표시의 원인을 이해할 수 있도록 거래유형, 계정잔액 또는 공시를 조사하고,
② 이 항목들에서의 실제 왜곡표시 금액을 결정하는 절차를 수행하고,
③ 재무제표에 적합한 수정을 하도록 감사인은 경영진에게 요청할 수 있다. 이러한 요청은 감사인이 감사표본에서 식별된 왜곡표시를 표본이 추출된 전체 모집단에 투영한 결과에 근거하여 이루어지기도 한다.

3 경영진과 왜곡표시의 커뮤니케이션 및 수정요청

3.1 왜곡표시의 커뮤니케이션 및 수정요청

감사인은 법규상 금지되지 않는 한 감사 중 집계한 모든 왜곡표시에 대하여 적합한 수준의 경영진과 적시에 커뮤니케이션을 하여야 한다. 또한 감사인은 경영진에게 이러한 왜곡표시를 수정할 것을 요청하여야 한다(ISA 450-8).

왜곡표시에 대하여 적절한 수준의 경영진과 적시에 커뮤니케이션하는 것은 ① 경영진이 거래유형, 계정잔액 및 공시가 왜곡표시 되었는지를 평가하게 하고, ② 경영진이 동의하지 않는 경우 감사인에게 이것을 알리고 필요한 조치를 취할 수 있게 하므로 중요하다. 일반적으로, 적절한 수준의 경영진이란 왜곡표시를 평가하고 필요한 조치를 취할 수 있는

책임과 권한을 가진 사람이다(ISA 450-A10).

감사인은 경영진과 커뮤니케이션한 왜곡표시 등 모든 왜곡표시를 경영진에게 수정하게 함으로써, 정확한 회계장부와 회계기록을 유지할 수 있게 하고, 과거의 중요하지 않은 미수정왜곡표시가 누적되어 향후 재무제표도 중요하게 왜곡표시될 위험을 감소시킬 수 있다(ISA 450-A9).

3.2 경영진이 왜곡표시의 일부 또는 전부를 수정거부한 경우

만약 경영진이 감사인이 커뮤니케이션한 왜곡표시의 일부 또는 전부에 대하여 수정을 거절하는 경우, 감사인은 경영진이 수정하지 않는 사유를 이해하여야 하며 재무제표 전체에 중요한 왜곡표시가 없는지 여부를 평가할 때 그 사유를 고려하여야 한다(ISA 450-9).

4 미수정왜곡표시의 영향에 대한 평가

감사인이 경영진에게 왜곡표시의 수정을 요청한 후 경영진은 이를 ① 전적으로 수정할 수도 ② 그 중 일부를 수정할 수도 그리고 ③ 전혀 수정하지 않을 수도 있다. 감사인이 알고 있는 왜곡표시를 경영진이 수정하지 않은 왜곡표시를 미수정왜곡표시라고 한다.

이전 단계에서 감사인이 경영진에게 왜곡표시를 수정할 것을 요청하였기 때문에 이후부터 남은 왜곡표시는 미수정왜곡표시이다.

4.1 중요성의 재평가 및 감사계획의 수정

기출 2023

감사인은 미수정왜곡표시의 영향을 평가하기 전에, 중요성이 기업의 실제 재무결과의 관점에서도 여전히 적합한지 여부를 재평가하여야 한다(ISA 450-10).

감사인이 중요성을 결정할 때에는, 기업의 실제 재무결과를 알 수 없기 때문에 재무정보의 추정치를 사용한다. 그러므로 감사인은 미수정왜곡표시의 영향을 평가하기에 앞서, 추정치에 근거한 중요성을 실제 재무정보에 따라 수정할 필요가 있다(ISA 450-A12). ISA 320에서는 감사인이 최초에 설정한 중요성을 다르게 결정했을 만한 정보를 감사 중에 알게 된 경우에는, 재무제표 전체에 대한 중요성(그리고 해당되는 경우, 특정 거래유형과 계정잔액 및 공시에 대한 중요성수준)은 수정되어야 한다고 설명하고 있다.

만약, 경영진이 왜곡표시 중 일부를 수정하지 않았는데 해당 미수정왜곡표시가 여

TIP

1. 감사기준은 중요성수준이 이전보다 커진 경우에 대해서는 논하지 않고 있다. 이는 감사전략상 나타나지 않는 현상이기 때문이다. 왜냐하면, 감사자체가 한계가 있는 방법이고, 추가감사절차를 계획할 때 고려하는 많은 요소들이 판단에 의해 결정되기 때문에, 감사인은 판단의 오류를 항상 우려한다. 따라서 추가적인 정보가 입수되더라도 감사인은 가능하면 더 보수적인 경우에 한하여 감사계획을 수정한다.
2. 수행중요성이란 감사절차를 수행할 때 적용하는 중요성을 말한다.

전히 중요한 경우 감사인이 중요성수준을 높임으로써 적정의견을 제시한 경우를 생각해보자. 이와 같은 사후적 중요성수준의 수정은 감사에서 바라는 바람직한 감사품질과는 동떨어진 결과를 초래한다. 따라서 중요성수준을 수정할 경우에는 반드시 감사인이 미수정왜곡표시의 영향을 평가하기 전에 수정하여야 한다.

그러나 중요성을 재평가한 결과 중요성 금액이 작아진 경우에는 수행중요성과 추가 감사절차의 성격, 시기 및 범위가 적합한지 여부를 다시 고려하여야 한다(ISA 450-A13). 즉, 중요성 금액이 이전보다 작아진 경우 감사인은 감사범위를 확대하는 등의 방향으로 추가감사절차를 수정할 것을 고려하여야 한다.

4.2 미수정왜곡표시의 평가

감사인은 미수정왜곡표시가 개별적으로 또는 집합적으로 중요한지 여부를 결정하여야 한다. 이를 결정하기 위하여 감사인은 다음 사항을 고려하여야 한다(ISA 450-11).

기출 2023

미수정왜곡표시의 중요성을 평가할 때 고려하는 사항(ISA 450-11)

① 특정 거래유형, 계정잔액 혹은 공시 그리고 재무제표 전체와 관련된 왜곡표시의 규모와 성격, 그리고 그러한 왜곡표시가 발생된 특정 상황

② 과거 보고기간에 관련된 미수정왜곡표시가 관련 거래유형, 계정잔액 또는 공시 그리고 재무제표 전체에 미치는 영향

미수정왜곡표시가 중요한지 여부를 결정할 때, 감사인은 금액과 공시의 미수정왜곡표시를 고려한다. 이러한 왜곡표시는 개별적으로 또는 다른 왜곡표시와 결합하였을 때 중요하다고 고려될 수 있다. 예를 들어 식별된 공시의 왜곡표시에 따라 감사인은 다음을 고려할 수 있다.

① 식별된 오류가 지속적이거나 전반적인지 여부

② 다수의 식별된 왜곡표시가 동일한 사항과 관련되는지 그리고 집합적으로 고려하였을 때 그 사항에 대한 이용자의 이해에 영향을 미칠 수 있는지 여부

집계된 왜곡표시에 대한 이 고려는 감사인이 공시된 사항과 관련되지 않거나 적절한 이해를 어렵게 하는 정보를 포함함으로써 전체적인 재무제표의 표시가 훼손되었는지 여부를 고려하여 재무제표를 평가할 때 도움이 된다(ISA 450-A18).

(1) 특정 거래유형, 계정잔액 혹은 공시 그리고 재무제표 전체와 관련된 왜곡표시의 규모와 성격, 그리고 그러한 왜곡표시가 발생된 특정 상황

- 만약 개별 왜곡표시가 중요하다고 판단된 경우, 다른 왜곡표시에 의해 상계될 가능성은 희박하다. 예를 들어 수익이 중요하게 과대계상된 경우와 같이, 이익은 동액만큼 과대계상된 비용으로 완전히 상계될 수 있어도 재무제표 전체로는 중요하게 왜곡표시될 것이다. 동일한 계정잔액이나 거래유형 내에서 발생된 왜곡표시는 상계하는 것이 적절할 수도 있다. 그러나 중요하지 아니한 왜곡표시의 상계가 적합하다고 결론을 내리는 경우, 그 전에 추가적인 미발견왜곡표시가 존재할 위험이 고려되어야 한다(ISA 450-A14).

- 분류의 왜곡표시가 중요한지 여부를 결정할 때는 분류의 왜곡표시가 부채 또는 기타 계약상의 약정사항들에 대하여 미치는 영향, 개별 항목이나 소계에 미치는 영향, 또는 주요 비율에 미치는 영향과 같이 질적인 면에 대한 평가가 수반된다. 감사인은 분류의 왜곡표시가 다른 왜곡표시를 평가하는 데 적용된 중요성수준을 초과하는 경우에도 재무제표 전체의 관점에서 중요하지 않다고 결론을 내리는 상황도 있을 것이다. 예를 들어, 재무상태표의 관련 계정항목 크기에 비해 분류의 왜곡표시액이 작고 이것이 포괄손익계산서나 다른 주요 비율에 영향을 미치지 않는다면, 재무상태표 계정항목 간 분류의 왜곡표시는 재무제표 전체의 관점에서 중요하지 않다고 고려될 수 있을 것이다(ISA 450-A20).

- 왜곡표시와 관련된 상황에 따라서는 비록 해당 왜곡표시가 재무제표 전체의 중요성에 미달하는 경우에도, 감사인이 개별적으로 또는 감사 중 누적된 다른 왜곡표시들과 집합적으로 고려할 때는 중요하다고 평가할 수 있을 것이다(ISA 450-A21).

(2) 과거 보고기간에 관련된 미수정왜곡표시가 관련 거래유형, 계정잔액 또는 공시 그리고 재무제표 전체에 미치는 영향

- 과거 보고기간과 연관된 중요하지 않은 미수정왜곡표시라도 그 누적효과는 당기재무제표에 중요한 영향을 미칠 수 있다. 감사인이 이러한 미수정왜곡표시가 당기재무제표에 미치는 영향을 평가하는 데는 수용가능한 다양한 접근방법이 있다. 이때 동일한 평가방법을 사용하면 기간 간에 일관성이 있을 것이다(ISA 450-A18).

4.3 지배기구와의 커뮤니케이션: 경영진에 추가하여 지배기구와도 커뮤니케이션해야 함

감사인은 왜곡표시가 개별적으로 또는 집합적으로 감사의견에 미칠 영향에 대하여 지배기구와 커뮤니케이션을 하여야 한다. 이 때 감사인은 중요한 왜곡표시들을 개별적으로 식별하고, 수정하도록 요청하여야 한다.

또한 감사인은 과거 보고기간에 관련된 왜곡표시가 관련 거래유형, 계정잔액 혹은 공시 그리고 재무제표 전체에 미치는 영향에 대하여 지배기구와 커뮤니케이션을 하여야 한다(ISA 450-12).

5 서면진술

5.1 미수정왜곡표시에 대한 서면진술의 요청

감사인은 경영진(적절한 경우 지배기구 포함)에게 이들이 미수정왜곡표시가 개별적으로 또는 집합적으로 재무제표 전체에 중요하지 않다고 믿는지 여부에 대한 서면진술을 요청해야 한다. 이 때 미수정사항들은 해당 서면진술에 요약되어 포함되거나 첨부되어야 한다(ISA 450-14).

집계되어야 할 왜곡표시와 서면진술에 포함되어야 할 왜곡표시는 다음과 같다.

	집계되어야 할 왜곡표시	서면진술에 포함	
명백하게 사소한 왜곡표시	×	×	
중요한 왜곡표시	○	F/S에 반영	×
		F/S에 미반영	○

여기서, 재무제표에 반영하지 아니한 중요한 왜곡표시를 서면진술에 포함함으로써 자본시장에 공시한 재무제표가 중요하게 왜곡표시되었다는 것을 경영진 스스로 인정하게 하는 효과가 있다. 감사인은 재무제표가 중요하게 왜곡표시되었다는 것을 경영진이 인정한 것을 증거로 적정의견이 아닌 감사보고서를 발행한다.

5.2 경영진이 왜곡표시에 대하여 동의하지 않는 경우

상황에 따라, 경영진은 특정 왜곡표시가 왜곡표시가 아니라고 믿을 수도 있다. 따라서 경영진 서면진술에 "우리는 다음과 같은 이유 때문에 아래의 사항들이 왜곡표시를 구성한다는 데 동의하지 않는다"와 같은 문구의 추가를 원할 수 있다. 또한 이렇게 하는 것이 가능하다. 왜냐하면 서면진술은 경영진이 작성하여 감사인에게 제출하는 것이기 때문이다.

TIP

미수정왜곡표시와 서면진술

1. 미수정왜곡표시는 단계별로 조금 다른 것으로 지칭된다. ISA는 미수정왜곡표시라는 단일 표기를 하지만 그것은 1) 감사인이 감사 중 발견한 사항으로 지칭되기도 하며, 2) 감사종료단계에서 경영진이 이를 일부 수정하고 남은 미반영왜곡표시로 지칭되기도 한다. 후자를 전자와 구분하기 위하여 개념적으로는 '잔여미수정왜곡표시' 또는 '미반영왜곡표시'라고 구분 표기하는 것이 분명해 보일 수 있지만 ISA는 단일 표기인 미수정왜곡표시로만 사용하고 있다.
   본 서에서는 이를 구분하기 위해 전자를 왜곡표시, 후자를 미수정왜곡표시로 구분하고 있다.
2. 그러면 서면진술에는 미수정왜곡표시와 미반영왜곡표시(잔여미수정왜곡표시) 중 어느 것이 포함되어야 할까? 2017년에 기출된 사항이다. 정답은 미반영왜곡표시(잔여미수정왜곡표시)이다. 이 때 명백하게 사소한 오류는 미수정왜곡표시로 집계조차 되지 않기 때문에 이것은 서면진술에 포함될 여지가 없다.

그러나 감사인은 이와 같은 진술서를 입수하여도 미수정왜곡표시의 영향에 대하여 그 결론을 형성할 필요성이 경감되는 것은 아니다(ISA 450-A24). 즉, 미수정왜곡표시에 대하여 경영진의 주장과 감사인의 주장이 일치하지 않은 경우 감사인은 자신의 판단에 따라 감사의견을 형성한다. 왜냐하면, 감사인의 판단기준은 회계기준이기 때문이다. 또한 해당 불일치가 중요할 경우 감사인은 한정의견 또는 부적정의견을 표명할 수 있다.

6 문서화

감사인은 다음 사항을 감사문서(조서)에 포함하여야 한다(ISA 450-15).

명백하게 사소한 금액기준, 미수정왜곡표시, 그 수정 및 영향의 문서화 (ISA 450-15)

① 일정 금액 미만의 왜곡표시로서 명백하게 사소하다(clearly trivial)고 간주하게 되는 금액
② 감사 중 집계한 모든 왜곡표시 및 그러한 왜곡표시가 수정되었는지 여부
③ 미수정왜곡표시가 개별적으로 또는 집합적으로 중요한지 여부에 대한 감사인의 결론과 그 근거

7 미수정왜곡표시가 재무제표에 미치는 중요성 판단

미수정왜곡표시가 집계된 후, 감사인은 이러한 사항이 재무제표에 미치는 중요성을 판단한다. 중요성의 판단기준은 감사인이 사전적으로 설정한 중요성이다. 만약 미수정왜곡표시가 중요성을 초과한다면 미수정왜곡표시가 재무제표에 미치는 영향이 중요하다고 판단할 수 있다.

SECTION 06 공표용 재무제표 요청

NEW INTERNATIONAL STANDARDS ON AUDITING

경영진은 감사인이 권고한 미수정왜곡표시를 반드시 받아들여야 하는 것은 아니다. 미수정왜곡표시를 공표용 재무제표(주기 및 주석 포함)에 반영할 것인지 여부는 전적으로 경영진이 판단하고 공표용 재무제표는 이사회가 승인한다. 감사인은 자신이 수정권고한 미수정왜곡표시가 공표용 재무제표에 반영되었는가를 판단하기 위하여 회사의 대표이사가 기명날인한 공표용 재무제표를 요청한다.

SECTION 07 서면진술(Written Representations)

NEW INTERNATIONAL STANDARDS ON AUDITING

1 서면진술(Written Representations)의 의의

1.1 서면진술의 정의

서면진술 (ISA 580-7)

1. 서면진술(서)의 정의(ISA 580-7)
   서면진술(서)이란 특정 사항을 확인하거나 다른 감사증거를 뒷받침하기 위하여, 경영진이 감사인에게 제공하는 서면진술(서)을 말한다. 따라서 재무제표, 재무제표 내 경영진주장, 이를 뒷받침하는 장부와 기록은 서면진술에 포함되지 아니한다.
2. 감사증거로서 서면진술(ISA 580-4)
   서면진술이 비록 필요감사증거를 제공하지만, 서면진술이 다루는 그 어떠한 사항에 대해서도 서면진술 그 자체는 충분하고 적합한 감사증거를 제공하지 않는다. 뿐만 아니라, 신뢰할 수 있는 서면진술을 경영진이 제공했다는 사실이 경영진의 책임완수 또는 특정 경영진주장에 대하여 감사인이 입수하는 다른 감사증거의 성격이나 범위에 영향을 미치는 것은 아니다.

1.2 서면진술이 요청되는 경영진

감사인은 재무제표에 대한 적절한 책임을 갖고 있고 관심사항에 대한 지식이 있는 경영진으로부터 서면진술을 요청하여야 한다(ISA 580-9). 서면진술은 재무제표의 작성에 대한 책임이 있는 사람에게 요청된다. 이들은 기업의 지배구조와 관련 법규에 따라 달라질 수 있다. 그러나 (지배기구 보다는) 경영진이 종종 이러한 책임의 당사자이다. 그러므로 서면진술은 최고경영진과 재무담당임원에게 요청할 수 있을 것이다. 그러나 어떤 경우에는 지배기구와 같은 기타 당사자도 재무제표의 작성에 대하여 책임을 진다(ISA 580-A2).

TIP

경영진에 대한 서면진술은 경영진의 책임과 어떤 사항에 대하여 인정하는 형태를 취한다. 그러나 경우에 따라서는, 경영진은 '본인이 알고 있고 믿는 최선의 범위에서 진술을 하였다'는 제한적인 문구를 서면진술에 포함할 수도 있다. 해당 진술이 진술에 포함된 사항에 대하여 적합한 책임과 지식을 가지고 있는 사람들에 의하여 이루어지고 있다는 것에 감사인이 만족한다면, 감사인이 그러한 문구를 수용하는 것은 합리적이다(ISA 570-A5).

TIP

경영진의 책임과 감사인의 책임을 명백히 함으로써 경영진의 책임을 인정한 문서로는 다음과 같은 것이 있다.

① 감사계약서
② 서면진술
③ 감사보고서 '재무제표에 대한 경영진과 지배기구의 책임' 문단

2 요청할 서면진술

핵심

구분	내용
필수 서면진술	① 재무제표의 작성 ② 제공된 정보 및 거래의 완전성 → 감사의 전제조건
기타 서면진술	① 재무제표에 대한 추가적인 서면진술 ② 감사인에게 제공된 정보에 대한 추가적인 서면진술 ③ 특정 경영진주장에 대한 서면진술

서면진술의 주된 목적은 경영진에게 책임을 인정하게 하는 데 있다. 서면진술에는 필수 서면진술과 기타 서면진술이 있다. 뒤에서 설명하고 있지만 경영진이 필수 서면진술을 신뢰할 수 없거나 거부하는 경우 대체적 절차 없이 의견거절한다. 그러나 기타 서면진술의 경우 대체적 절차를 통하여 감사증거를 보완한다.

2.1 필수 서면진술

감사인이 경영진으로부터 요청하여야 할 필수 서면요청에는 다음의 두 가지가 있다. 필수 서면진술은 '감사의 전제조건(ISA 210-8)'이기도 하다(제2장 참조).

필수 서면진술 (ISA 580-10, 11)

① 재무제표의 작성: 경영진이 해당 재무보고체계에 따라 재무제표를 작성할 책임을 완수하였다.
② 제공된 정보 및 거래의 완전성: 경영진은 감사업무조건에서 합의한 대로 모든 관련 정보를 감사인에게 제공하고 접근하게 하였다. 또한 경영진은 모든 거래를 기록하고 재무제표에 반영하였다.

(1) 재무제표의 작성

감사인은 감사업무 조건에서 정한 바와 같이 경영진이 해당 재무보고체계에 따라 재무제표를 작성할 책임을 완수하였다는 서면진술을 경영진에게 요청하여야 한다. 여기에는 다음을 포함한다.

• 공정가치 측정을 포함한 회계추정치 도출시 우리가 사용한 유의적 가정은 합리적입니다(ISA 540).
• 특수관계 및 특수관계자 거래는 한국채택국제회계기준의 요구사항에 따라 적합하게 회계처리 되고 공시되었습니다(ISA 550).

- 수정이나 공시가 요구되는 재무제표일 후의 모든 후속사건은 한국채택국제회계기준의 요구에 따라 수정되고 공시되었습니다(ISA 560).
- 미수정왜곡표시는 개별적으로나 집합적으로 재무제표에 대한 영향이 중요하지 않습니다. 미수정왜곡표시의 목록은 본 진술서한에 첨부되었습니다(ISA 560).

(2) 제공된 정보 및 거래의 완전성

- 경영진은 감사업무조건에서 합의한 대로 모든 관련 정보를 감사인에게 제공하고 접근하게 하였습니다.
- 경영진은 모든 거래를 기록하고 재무제표에 반영하였습니다.

REVIEW POINT *New International Standards on Auditing*

서면진술 중 제공된 정보 및 거래의 완전성의 경우 감사기준서 중 서면진술(ISA 580) 뿐만 아니라 감사기준서의 다른 부분에서도 부분적으로 언급하고 있다. 이를 종합하면 다음과 같다.

(1) 우리는 귀감사인에게 다음 사항을 제공하였습니다.
- 기록, 문서 그리고 기타의 사항과 같이, 재무제표의 작성과 관련하여 우리가 알고 있는 모든 정보에 대한 접근
- 감사를 위해 귀 감사인이 우리에게 요청한 추가적인 정보
- 귀 감사인이 감사증거의 입수를 위해 필요하다고 결정한 기업 내부 사람들에 대한 제한 없는 접근

(2) 모든 거래는 회계기록에 기재되고 재무제표에 반영되었습니다.

(3) 우리는 부정으로 인하여 재무제표가 중요하게 왜곡표시될 위험에 대하여 우리의 평가결과를 귀 감사인에게 공개하였습니다(ISA 240).

(4) 우리는, 우리가 알고 있고 기업에 영향을 미치며 다음의 사람들이 개입되어 있는 부정이나 의심되는 부정과 관련하여 모든 정보를 귀 감사인에게 공개하였습니다.
- 경영진
- 내부통제에 유의적인 역할을 수행하는 종업원
- 부정이 재무제표에 중요한 영향을 미칠 수 있는 기타의 사람들(ISA 240)

(5) 우리는 종업원, 과거에 종업원이었던 사람, 분석가, 규제기관 또는 기타의 사람들로부터 커뮤니케이션된, 기업의 재무제표에 영향을 미치는 부정혐의 또는 의심되는 부정과 관련된 모든 정보를 귀 감사인에게 공개하였습니다(ISA 240).

(6) 우리는 재무제표를 작성할 때 그 영향을 고려해야 하는 법규위반 또는 의심되는 법규위반에 관한 알려진 사례를 모두 귀 감사인에게 공개하였습니다(ISA 250).

(7) 우리는 우리가 알고 있는 특수관계자의 신원과 모든 특수관계 및 특수관계자 거래에 대하여 귀 감사인에게 공개하였습니다(ISA 550).

(8) 소송과 배상청구사항

2.2 기타 서면진술

재무제표 또는 재무제표 내(하나 또는 그 이상의) 특정 경영진주장과 관련된 다른 감사증거를 뒷받침할 수 있는(하나 또는 그 이상의) 서면진술을 입수하는 것이 필요하다고 결정하는 경우, 감사인은 그러한 서면진술을 추가로 요청하여야 한다(ISA 580-13).

(1) 재무제표에 대한 추가적인 서면진술

상기의 서면진술 외에, 감사인은 재무제표에 대하여 기타의 서면진술을 요청할 필요가 있다고 생각할 수 있다. 그러한 서면진술은 상기의 서면진술을 보충할 수 있지만, 그 일부를 구성하는 것은 아니다. 추가적인 서면진술에는 다음 사항에 대한 진술이 포함될 수 있다(ISA 580-A10).

Q
미수정 왜곡표시도 서면진술에 포함되는가?

추가적인 서면진술(ISA 580-A10)

① 회계정책의 선택과 적용이 적합한지 여부
② 해당 재무보고체계 하에서 관련성이 있는 경우, 다음과 같은 사항들이 해당 체계에 따라 인식, 측정, 표시 또는 공시되었는지 여부
- 자산과 부채의 장부가액이나 그 분류에 영향을 미칠 수 있는 계획 또는 의도
- 실제 발생된 부채 및 우발부채
- 자산에 대한 권리 또는 통제, 자산에 대한 담보 또는 저당, 그리고 담보로 제공된 자산
- 재무제표에 영향을 미칠 수 있는 법규와 계약(이에 대한 위반 포함)에 관한 측면

(2) 감사인에게 제공된 정보에 대한 추가적 서면진술

감사인은 상기의 서면진술 외에도, 경영진이 알고 있는 내부통제의 모든 미비점을 감사인에게 전달하였다는 서면진술을 경영진에게 요청할 필요가 있다고 생각할 수 있다(ISA 580-A11).

(3) 특정 경영진주장에 대한 서면진술

감사인은 제표제표 전체 중 특정 경영진주장(제한된 특정분야)에 대한 판단과 의도에 대한 증거를 입수하거나, 판단과 의도를 평가할 때, 다음 중 하나 이상의 항목을 고려할 수 있다(ISA 580-A12).

① 기업이 그 진술한 의도를 수행한 과거의 이력
② 기업이 특정한 일련의 행동을 선택한 이유
③ 기업이 특정한 일련의 행동을 추진할 능력
④ 감사 중 입수하였을 수 있는 기타의 정보로서 경영진의 판단이나 의도와는 일관성

이 없을 수 있는 기타 정보의 존재 또는 결여

3 한도기준금액의 커뮤니케이션

감사기준서는 명백하게 사소한(clearly trivial) 것을 제외하고는 감사 중 식별된 왜곡표시를 집계하도록 감사인에게 요구하고 있다. 감사인은 그 금액 이상은 명백하게 사소하다(clearly trivial)고 간주될 수 없는 한도기준을 결정할 것이다. 마찬가지로, 감사인은 요청된 서면진술의 목적을 위하여 한도기준을 경영진과 커뮤니케이션할 것을 고려할 수 있다(ISA 580-A14).

4 서면진술일과 대상기간

서면진술일은 가능한 한 재무제표에 대한 감사보고서일에 실행가능한 가장 근접한 날로 하되, 감사보고서일보다 늦지 않아야 한다. 서면진술은 감사보고서에서 언급된 모든 재무제표와 기간을 대상으로 하여야 한다(ISA 580-14).

4.1 서면진술일과 감사보고서일

서면진술은 필요 감사증거이기 때문에 감사인은 서면진술일 전에 감사의견을 표명할 수 없고, 감사보고서일을 서면진술일 전으로 정할 수 없다. 감사인은 또한 재무제표에 대한 수정이나 공시를 요구할 수 있는 감사보고서일까지 발생한 사건에 관심을 두기 때문에, 서면진술일은 가능한 한 재무제표에 대한 감사보고서일에 실행가능한 가장 근접한 날로 하되 감사보고서일 후가 되어서는 안 된다(ISA 580-A15). 따라서 감사인은 통상적으로 서면진술일을 감사보고서와 일치시킨다.

감사보고서일자를 정할 때 적용되는 몇가지 원칙은 다음과 같다.

① 발행될 감사보고서(감사의견)를 뒷받침하는데 충분하고 적합한 감사증거를 수집한 날보다 빨라서는 안 된다(ISA 220-17).

② 공시할 재무제표를 이사회가 승인한 날보다 빨라서는 안 된다.

③ 감사보고서일은 업무품질관리검토일보다 빨라서는 안 된다(ISA 220-19).

④ 감사보고서일은 서면진술일보다 빨라서는 안 된다.

⑤ 감사보고서일 후 최종감사파일의 취합을 완료하는 것은 새로운 감사절차의 수행이나 새로운 결론의 도출과는 관계없는 행정적 절차이다. 따라서 감사보고서일에 영향을 미치지 아니한다(ISA 230-A21).

TIP

서면진술일과 감사보고서일

서면진술일은 감사보고서일과 같을 수는 있지만 감사보고서일보다 늦을 수는 없다. 왜냐하면, 서면진술은 감사인이 수집하는 감사증거 중 가장 최후에 수집하는 것이기 때문이다. 감사인은 감사증거를 수집완료한 후에 감사의견을 표명할 수 있기 때문에 감사증거수집완료일인 감사보고서일은 서면진술일보다 빠를 수 없다.

TIP

서면진술일의 대상기간

서면진술일의 대상기간은 기출된 적이 있다. 서면진술은 대표이사의 서면진술이다. 기출문제의 핵심은 회계기간 중에 대표이사가 변경되었을 때 서면진술일의 대상기간을 1) 현행 대표이사의 재직기간만으로 할지 아니면 2) 회계기간 전체로 할지에 대한 질문이었다. 예를 들면, 회계기간이 1.1~12.31이라고 할 때 9.1일 대표이사가 변경되었다고 가정하자. ISA는 이 경우에도 서면진술은 1.1~12.31일로 하여야 한다는 것을 명시하고 있다.

상기 원칙은 감사보고서일이 곧 감사증거 수집완료일인데 공시할 재무제표, 품질관리 업무 검토관련 문서 및 서면진술 등이 모두 감사증거에 해당하기 때문에 가능한 것이다.

REVIEW POINT *New International Standards on Auditing*

감사가 종료될 즈음 이루어지는 감사절차와 감사보고서일은 다음과 같은 관계가 있다.

① 감사현장책임자(In-charge)는 감사현장에서 예비적으로 감사증거를 수집완료하였다고 판단하면 감사현장에서 철수한다. 또한 이날을 기준으로 경영진으로부터 서면진술을 받는다.

② 감사현장에서 철수한 후 감사현장책임자(In-charge)는 감사보고서를 예비적으로 작성하여 감사조서와 함께 품질관리부서(심리실 등)의 검토를 받는다. 품질관리부서는 감사증거(감사조서)를 수정 또는 보완할 것을 요청한다.

③ 감사현장책임자(In-charge)가 감사증거를 추가 수집 또는 보완하여 품질관리기준을 충족하면, 품질관리부서장과 대표이사 공인회계사는 감사보고서의 발행을 승인하며, 이날이 비로소 감사인이 감사증거 수집을 완료한 날이 되고, 감사현장책임자(In-charge)는 가능한 경우 감사현장에서 철수하는 날 받은 서면진술을 감사보고서일자로 업데이트하여 최종 서면진술을 받는다.

따라서 감사보고서일은 감사증거를 수집 완료한 날이 된다, 감사인은 감사보고서일을 기준으로 최종 서면진술을 갱신하여 받는다. 감사현장철수일, 감사보고서 발행승인일, 감사증거 수집완료일 그리고 서면진술일은 다음과 같은 관계가 있다.

감사현장 철수일 < .....품질관리부서의 검토 및 감사증거 보완..... < 감사증거수집완료일 = 감사보고서일=서면진술일

4.2 감사수행 중 서면진술을 받은 경우

상황에 따라서는 재무제표 내의 특정 경영진주장에 대하여 감사의 수행 중에 서면진술을 입수하는 것이 적합할 수 있다. 이 경우, 서면진술을 최신의 것으로 갱신해달라고 요청하는 것이 필요할 수 있다(ISA 580-A16).

4.3 회계기간 중 경영진이 교체된 경우

현재의 경영진이 감사보고서에 언급된 모든 기간 동안 재직하지 않았을 상황이 발생할 수 있다. 이 경우 이들은 해당 기간 중 경영진의 지위가 아니었으므로 서면진술의 일부 또는 전부를 제공할 수 없다고 주장할 수 있다. 그러나 이러한 사실이 재무제표 전체에 대한 이들의 책임을 경감하지는 않는다. 따라서 이들에게 관련된 전체 기간을 포함하는 서면진술을 요청해야 할 감사인의 요구사항은 여전히 적용된다(ISA 580-A18).

5 서면진술의 형태

서면진술은 감사인을 수신인으로 하는 진술서 형태이어야 한다. 만약 법규상 경영진이 그 책임에 대하여 서면진술을 공표하도록 요구하고 있고 그러한 공표문이 회계감사기준에서 요구하는 진술의 일부 또는 전체내용을 제공하고 있는 경우, 그 공표문이 포함한 관련 사항들은 진술서한에 포함될 필요가 없다(ISA 580-A18).

6 서면진술의 신뢰성에 대한 의문 및 요청된 서면진술의 미제공

감사인이 감사증거를 수집할 때 사용할 수 있는 감사기술에는 검사, 관찰, 질문, 외부조회, 재계산, 재수행 및 분석적절차가 있다. 이 중 감사인이 질문이라는 감사기술을 적용하면 경영진은 이에 대하여 진술한다. 감사인은 경영진의 진술을 감사증거로 채택할 수 있으나 그 증거력이 낮기 때문에 추가적으로 서면진술을 받는 등의 조치를 수행한다. 따라서 질문에 대한 답변과 마찬가지로 서면진술도 감사증거에 속한다.

그러면 경영진이 제공하는 서면진술에 의문이 제기되거나 경영진이 서면진술을 제공하지 않을 경우 감사인은 어떤 절차를 수행하여야 할까?

6.1 서면진술의 신뢰성에 대한 의문

경영진의 적격성, 성실성, 윤리적 가치나 근면성, 또는 이에 대한 경영진의 약속이나 이행에 대하여 감사인이 우려를 갖고 있다면, 감사인은 그러한 우려가 경영진진술(구두 또는 서면) 및 감사증거일반의 신뢰성에 미칠 수 있는 영향을 결정하여야 한다(ISA 580-16).

특히, 서면진술이 다른 감사증거와 불일치하는 경우, 감사인은 이러한 사항의 해결을 시도하는 감사절차를 수행하여야 한다. 만약 이러한 사항이 해결되지 않고 있으면, 감사인은 경영진의 적격성, 성실성, 윤리적 가치나 근면성 또는 이에 대한 경영진의 약속이나 그 이행에 대한 평가를 재고하여야 하며, 경영진진술(구두 또는 서면) 및 감사증거의 신뢰성에 미칠 수 있는 영향을 결정하여야 한다(ISA 580-17).

만약 서면진술을 신뢰할 수 없다고 결론을 내리면, 감사인은 이것이 감사의견에 미칠 수 있는 영향을 결정하는 등 적절한 조치를 취하여야 한다.

6.2 요청한 서면진술의 미제공시 감사절차

경영진이 감사인이 요청한 서면진술 중 하나 이상을 제공하지 않는 경우, 감사인은 다음의 절차를 수행하여야 한다(ISA 580-19).

서면진술을 거부할 경우 감사절차 (ISA 580-19)

① 해당 사항을 경영진과 토의함
② 경영진의 성실성을 다시 평가하고, 경영진 진술(구두 또는 서면) 및 감사증거일반의 신뢰성에 미칠 수 있는 영향을 평가함
③ 감사의견에 미칠 가능성이 있는 영향의 결정을 포함한 적절한 조치를 취함

㈜ 감사범위제한(의견거절)

6.3 필수 서면진술 미제공시 감사보고㈜

서면진술에는 필수 서면진술과 기타 서면진술로 구분된다. 필수 서면진술은 재무제표의 작성과 제공된 정보 및 거래의 완전성에 대한 서면진술이다. 만약, 감사인이 서면진술을 요청하였는데, 다음 중 어느 하나와 같이 필수 서면진술에 의문이 있거나 서면진술을 거부하는 경우, 감사인은 **재무제표에 대한 의견표명을 거절**하여야 한다(ISA 580-20).

① 경영진의 성실성에 대해서, 재무제표의 작성과 제공된 정보 및 거래의 완전성에 대한 서면진술을 신뢰할 수 없을 정도로 의문이 있다고 감사인이 결론을 내린 경우
② 경영진이 재무제표의 작성과 제공된 정보 및 거래의 완전성에 대한 서면진술을 제공하지 않는 경우

REVIEW POINT *New International Standards on Auditing*

1. 필수 서면진술의 거부: 경영진이 필수 서면진술을 거부하는 경우 감사인이 대체적인 감사절차를 수행하여야 하는가? 그렇지 않다. 왜냐하면, 필수 서면진술은 감사의 전제조건이기 때문에 경영진이 진술을 거부할 타당한 사유가 없기 때문이다. 타당한 이유가 없는 경우에 감사인은 대체적 감사절차를 수행하지 않아도 된다.
2. 기타 서면진술의 거부: 경영진이 기타 서면진술을 거부하는 경우 감사인이 대체적 감사절차를 수행하여야 하는가? 그렇다. 왜냐하면, 이는 감사인이 수집한 감사증거(예 질문 등)를 보완하기 위하여 경영진에게 추가적으로 진술을 요청하는 것이기 때문이다. 만약, 대체적 절차로서도 충분하고 적합한 감사증거를 수집할 수 없는 경우 감사인은 감사범위제한으로 감사의견을 변형할 수 있다.

SECTION 08 감사의견의 결정 및 분석적절차

NEW INTERNATIONAL STANDARDS ON AUDITING

1 감사의견의 결정

감사인은 공표용 재무제표를 제시받아 수정권고사항이 모두 반영되었는가를 확인한다. 만약 공표용 재무제표에 반영되지 아니한 미수정왜곡표시가 존재한다면 감사인은 그 중요성에 따라 감사의견을 결정한다. 즉, 감사의견은 공표용 재무제표에 대한 의견이지 회사가 최초로 감사인에게 제시한 재무제표에 대한 의견이 아니다. 만약 감사의견이 회사가 최초로 제시한 재무제표에 대한 것이라면 이는 시험이지 회계감사가 아닐 것이다.

2 전반적인 결론을 내리기 위한 분석적절차

핵심

단 계	분석적절차의 목적	생략가능여부
위험평가절차로서의 분석적절차	감사인이 알지 못한 기업의 측면들을 식별하게 할 수 있고, 중요왜곡표시위험을 평가하는 데 도움을 주기 위함	생략 불가
실증적인 분석적절차	관련성이 있고 신뢰할 수 있는 감사증거를 입수하기 위함	생략 가능 (더 효율적이고 효과적인 방법이 존재한다면)
전반적인 결론을 내리기 위한 분석적절차	감사의 종료시점에 근접하여 기업에 대하여 이해한 바와 재무제표가 일치하는지에 대하여 전반적인 결론을 내리기 위함	생략 불가

감사인은 공표용 재무제표에 대한 감사의견을 결정한 후 재무제표 전반에 대한 분석적절차를 수행한다. 분석적절차는 위험평가단계(감사계획단계), 실증절차단계 및 전반적인 결론을 내리는 단계(감사의 종결단계)에서 수행된다. 이 중에서 ① 위험평가단계와 ② 전반적인 결론을 내리는 단계에서 실시하는 분석적절차는 생략하여서는 안 된다.

2.1 전반적인 결론을 내리기 위한 분석적절차의 목적

감사인은 감사의 종료시점에 근접하여 기업에 대하여 이해한 바와 재무제표가 일관성이 있는지에 대하여 전반적인 결론을 내리기 위하여 분석적절차를 설계하고 수행하여야 한다(ISA 520-6).

전반적인 결론을 내리기 위하여 설계되고 수행된 분석적절차의 결과로부터 도출된 결론은 재무제표의 개별 부문이나 요소에 대하여 감사 중 형성한 결론을 확인하기 위한 것이다. 이는 감사인이 감사의견의 근거가 되는 합리적인 결론을 도출하는데 도움이 된다(ISA 520-A20).

이와 같은 분석적절차의 결과, 이전에 인식되지 않았던 중요왜곡표시위험이 식별될 수도 있을 것이다. 이 경우 감사인은 중요왜곡표시위험에 대한 감사인의 평가를 수정하고 이에 따라 계획된 후속감사절차를 변경하여야 한다.

2.2 분석적절차의 내용

전반적 결론을 내리기 위한 분석적절차는 구체적인 감사증거를 확보하는 목적이 아니라 감사인의 확신에 도움을 주기 위한 것이므로 다음과 같은 절차를 실시할 수 있다.

① 백분율 재무상태표를 작성하고 주요 변동원인 규명
② 백분율 포괄손익계산서를 작성하고 원가율 등 주요 변동원인 규명
③ 재무상태표와 포괄손익계산서의 주요항목에 대한 추세비율을 분석하고 동종 산업의 일반적인 추세 등과 대비
④ 제조원가구성비율 등의 분석
⑤ 활동성비율(총자본회전율, 자기자본회전율, 재고자산회전율, 매출채권회전율 등)을 분석하고 주요 변동원인 규명
⑥ 안정성비율(유동비율, 당좌비율, 부채비율 등)을 분석하고 주요 변동원인 규명
⑦ 수익성비율(총자본이익률, 자기자본이익률 등)을 분석하고 주요 변동원인 규명
⑧ 자기자본이 잠식되어 있거나 매출총손실이 나타나는 경우에는 기업의 계속적 존속 가능 여부, 정상조업도, 판매가격형성, 생산성 등과 관련하여 주요 변동원인을 분석하여 정상화 방안 검토

예제 04 전반적인 결론을 내리기 위한 분석적절차

백분율 재무상태표

(단위: %)

과 목	2×14	2×13	2×12	2×11	2×10
현금 및 현금등가물	5.4	4.0	3.7	3.6	2.4
순 수 취 채 권	16.7	15.4	15.2	16.3	16.2
재 고 자 산	11.0	10.1	9.7	9.3	9.5
기 타 유 동 자 산	3.1	3.0	2.9	3.9	3.4
유 동 자 산	36.1	32.4	31.6	33.4	31.4
순 유 형 자 산	29.5	29.9	30.5	34.0	35.2
순 영 업 권	22.8	21.7	21.8	17.4	16.7
순 기 타 무 형 자 산	9.1	9.2	9.6	8.0	8.6
기 타 자 산	2.5	6.8	6.5	7.3	8.1
자산총계	100.0	100.0	100.0	100.0	100.0
지급어음과 차입금	1.9	2.0	1.5	1.4	1.3
장 기 성 유 동 부 채	8.5	4.2	5.2	4.2	4.2
미 지 급 금	11.4	10.3	10.0	10.1	10.3
미 수 수 익	1.8	2.5	1.8	2.5	1.7
부 가 세 예 수 금	14.4	13.2	13.0	14.6	12.8
유 동 부 채	38.4	32.2	31.5	32.7	30.3
장 기 차 입 금	29.8	34.3	35.6	35.9	45.3
이 연 법 인 세 부 채	3.4	6.5	5.9	6.1	6.9
기 타 부 채	13.4	9.9	12.7	13.4	12.5
부채총계	84.6	84.1	85.6	88.3	95.1
우 선 주 자 본 금	2.4	3.0	3.2	3.9	4.6
보 통 주 자 본 금	8.0	8.6	8.5	9.8	10.3
자 본 잉 여 금	13.3	12.5	12.6	15.1	16.0
이 익 잉 여 금	105.5	105.4	94.8	99.4	91.8
기타포괄손익누계액	−22.8	−21.2	−20.8	−25.0	−26.3
주 식 선 택 권	−2.8	−3.3	−3.5	−4.4	−4.8
자 기 주 식	−88.4	−89.1	−80.3	−86.9	−86.8
자본총계	15.4	15.9	14.4	11.7	4.9
부채와자본총계	100.0	100.0	100.0	100.0	100.0

백분율 재무상태표와 손익계산서를 보니 전체를 알 수 있군! 이번 연도에도 큰 변화가 없어. 내가 이해하고 있던 바와 크게 다르지 않은데! 적정의견이라는 것에 확신이 가! 그대로 발행하게!

백분율 포괄손익계산서

(단위: %)

과 목	2×14	2×13	2×12	2×11	2×10
매출액	100.0	100.0	100.0	100.0	100.0
매출원가	45.2	45.6	44.9	45.0	45.4
매출총이익	54.8	54.4	55.1	55.0	54.6
판매비와 관리비	35.6	34.4	34.2	33.3	32.6
순기타(수익)비용	1.5	0.6	0.9	(0.2)	0.2
영업이익	17.7	19.4	20	21.9	21.7
순이자비용	1.3	1.2	1.1	1.3	1.5
법인세비용차감전순이익	16.4	18.2	18.9	20.6	20.1
법인세	5.3	6.4	6.4	6.3	6.3
당기순이익	11.1	11.9	12.5	14.4	13.9

부록 서면진술

다음에 예시된 진술서는 2×13년 12월 31일 이후 개시되는 보고기간의 재무제표에 대한 감사부터 유효한 이 감사기준서와 다른 감사기준서에서 요구하는 서면진술을 포함하고 있다. 해당 재무보고체계는 한국채택국제회계기준이라고 가정한다. 서면진술 입수의 대한 감사기준서 570의 요구사항은 관련되지 않는다. 요청된 서면진술에 대한 예외사항은 없다. 예외사항이 있을 경우 이 진술서에 예시된 내용은 이를 반영하여 변형될 필요가 있을 것이다.

(기업명칭)

(감사인 귀중)

이 진술서는 ABC 회사의 20××년 12월 31일로 종료된 보고기간의 재무제표가 한국채택국제회계기준에 따라 모든 중요성의 관점에서 공정하게 표시되고 있는지에 대한 의견을 표명하기 위해 귀 감사인이 수행하고 있는 감사와 관련하여 제공하는 것입니다.

우리는 (*적합하게 정보를 제공하기 위해 필요하다고 생각한 질문을 수행하는 등, 최선의 지식과 판단에 따라*) 다음 사항을 확인합니다. (관련사항이 있으면 다음 문구도 추가한다: *또한 우리는 우리가 알고 또 믿고 있는 최선으로 적합한 정보 입수목적에 필요하다고 판단되는 질문을 수행하였습니다.*)

재무제표

우리는 20××년 ×월 ×일자 감사업무의 조건에서 정해진 바와 같이 한국채택국제회계기준에 따라 재무제표를 작성할 우리의 책임을 완수하였습니다. 특히 재무제표는 이에 따라 공정하게 표시되고 있습니다.

- 공정가치 측정을 포함한 회계추정치 도출시 우리가 사용한 유의적 가정은 합리적입니다. (감사기준서 540)
- 특수관계 및 특수관계자 거래는 한국채택국제회계기준의 요구사항에 따라 적합하게 회계처리 되고 공시되었습니다. (감사기준서 550)
- 수정이나 공시가 요구되는 재무제표일 후의 모든 후속사건은 한국채택국제회계기준의 요구에 따라 수정이나 공시가 요구되는 재무제표일 후의 모든 후속사건은 수정되고 공시되었습니다. (감사기준서 560)
- 미수정왜곡표시는 개별적으로나 집합적으로 재무제표에 대한 영향이 중요하지 않습니다. 미수정왜곡표시의 목록은 본 진술서한에 첨부되었습니다. (감사기준서 560)
- [기타 감사인이 적합하다고 고려하는 사항들]

제공된 정보

- 우리는 귀감사인에게 다음 사항을 제공하였습니다.
  - 기록, 문서 그리고 기타의 사항과 같이, 재무제표의 작성과 관련하여 우리가 알고 있는 모든 정보에 대한 접근
  - 감사를 위해 귀 감사인이 우리에게 요청한 추가적인 정보
  - 귀 감사인이 감사증거의 입수를 위해 필요하다고 결정한 기업 내부 사람들에 대한 제한 없는 접근
- 모든 거래는 회계기록에 기재되고 재무제표에 반영되었습니다
- 우리는 부정으로 인하여 재무제표가 중요하게 왜곡표시될 위험에 대하여 우리의 평가결과를 귀 감사인에게 공개하였습니다. (감사기준서 240)
- 우리는 우리가 알고 있고 기업에 영향을 미치며 다음의 사람들이 개입되어 있는 부정이나 의심되는 부정과 관련하여 모든 정보를 귀 감사인에게 공개하였습니다.
  - 경영진
  - 내부통제에 유의적인 역할을 수행하는 종업원
  - 부정이 재무제표에 중요한 영향을 미칠 수 있는 기타의 사람들 (감사기준서 240)
- 우리는 종업원, 과거에 종업원이었던 사람, 분석가, 규제기관 또는 기타의 사람들로부터 커뮤니케이션된, 기업의 재무제표에 영향을 미치는 부정혐의 또는 의심되는 부정과 관련된 모든 정보를 귀 감사인에게 공개하였습니다. (감사기준서 240)
- 우리는 재무제표를 작성할 때 그 영향을 고려해야 하는 법규위반 또는 의심되는 법규위반에 관한 알려진 사례를 모두 귀 감사인에게 공개하였습니다. (감사기준서 250)
- 우리는 우리가 알고 있는 특수관계자의 신원과 모든 특수관계 및 특수관계자 거래에 대하여 귀 감사인에게 공개하였습니다. (감사기준서 550)
- [기타 감사인이 적합하다고 고려하는 사항들]

Chapter 09 OX문제

01 당기 재무제표에 대한 재무제표일 현재에 존재하던 사실에 대한 추가적 증거가 재무제표일 후에 발견되는 경우 차기 재무제표를 수정해야 한다.

02 경영진은 후속사건을 식별하기 위한 계획을 수립하거나 절차를 취할 필요가 없다. 후속사건을 식별할 책임은 감사인에게 있다.

03 감사인은 재무제표일부터 감사보고서일 또는 감사보고서일과 가장 가까운 실행가능한 일자까지의 기간에 대하여 후속사건 감사절차를 수행하여야 한다.

04 일반적으로 감사인은 감사보고서일 후의 재무제표에 대하여 어떠한 감사절차도 수행할 의무가 없다.

05 감사인이 감사보고서일에 알았더라면 감사보고서를 수정할 원인이 될 수도 있었던 사실을 감사보고서일 후 재무제표 발행일 전에 알게 된 경우, 감사인은 즉시 감사절차를 종료한다.

06 감사보고서일 후 재무제표 발행일 전에 알게 된 사실에 대하여 경영진이 재무제표를 수정하였다. 이 경우 감사인은 모든 후속사건에 대하여 새로운 감사보고서일까지 감사절차를 확대하고 이중 감사보고서일을 사용하여 감사보고서를 작성할 수 있다.

07 계속기업은 재무제표 작성을 위한 전제이므로 계속기업으로서의 존속능력을 평가할 책임은 감사인에게 있다.

08 경영진이 예비평가를 수행한 경우, 감사인은 경영진과 그 평가에 대하여 토의하여야 하며, 경영진이 개별적으로 또는 집합적으로 계속기업으로서의 존속능력에 유의적 의문을 제기할 수 있는 사건이나 상황을 식별하였는지 여부를 확인하여야 하고, 식별된 경우에는 계속기업으로서 존속능력에 유의적 의문에 대한 (　　)을 확인하여야 한다.

09 경영진이 아직 예비평가를 수행하지 않은 경우, 경영진이 계획하는 회계의 계속기업전제 사용의 근거에 대하여 감사인은 경영진과 토의해야 하고, 개별적으로 또는 집합적으로 계속기업으로서의 존속능력에 유의적 의문을 초래할 수 있는 사건이나 상황이 존재하는지 여부를 (　　)하여야 한다.

10 감사인은 경영진에 대한 질문 외에는 경영진의 평가기간을 초과하여, 계속기업으로서의 존속능력에 유의적 의문을 불러일으키는 사건이나 상황을 식별하기 위한 다른 감사절차를 수행할 책임이 없다.

11 계속기업으로서의 존속능력에 유의적 의문을 초래할 수 있는 사건이나 상황이 식별되었으나 입수된 감사증거를 근거로 감사인이 중요한 불확실성이 존재하지 않는다고 결론을 내리는 경우, 감사인은, 해당 재무보고체계의 요구사항에 비추어, 재무제표에 이러한 사건이나 상황에 대한 (　　)가 이루어지는지 여부를 평가하여야 한다.

12 재무제표가 회계의 계속기업전제를 사용하여 작성되었지만 재무제표 작성에 있어 경영진의 회계의 계속기업전제 사용이 부적합하다고 판단되면, 감사인은 한정 또는 부적정의견을 표명하여야 한다.

13 회계의 계속기업전제의 사용이 적합하나 중요한 불확실성이 존재하고, 재무제표에 중요한 불확실성에 대한 적절한 공시가 이루어진 경우, 감사인은 적정의견을 표명하여야 하며 강조사항문단을 추가한다.

14 감사인은 감사 중 식별된 모든 왜곡표시를 집계하여야 한다.

15 감사인은 경영진(적절한 경우 지배기구 포함)에게 이들이 미수정왜곡표시가 개별적으로 또는 집합적으로 재무제표 전체에 중요하지 않다고 믿는지 여부에 대한 서면진술을 요청해야 한다. 이 때 이미 수정한 왜곡표시와 경영진이 수정하지 않겠다는 미수정사항들은 해당 서면진술에 요약되어 포함되거나 첨부되어야 한다.

---

16 분류의 왜곡표시가 다른 왜곡표시를 평가하는데 적용된 중요성 수준을 초과하는 경우에는 재무제표 전체의 관점에서 중요하지 않다고 결론을 내릴 수 없다.

17 왜곡표시와 관련된 상황에 따라서는 비록 해당 왜곡표시가 재무제표 전체의 중요성에 미달하는 경우에도, 감사인이 개별적으로 또는 감사 중 누적된 다른 왜곡표시들과 집합적으로 고려할 때는 중요하다고 평가할 수 있을 것이다.

18 서면진술일은 가능한 한 재무제표에 대한 감사보고서일에 실행가능한 가장 근접한 날인 감사보고서일 전후로 한다.

Chapter 09 정답 및 해설

01 × 당기 재무제표를 수정해야 한다. (IFRS 1010.8)

02 × 경영진은 후속사건을 식별하기 위하여 계획을 수립하고 절차를 수행한다. 감사인은 경영진이 후속사건을 식별하기 위해 수립한 절차들을 이해한다.

03 ○ (ISA 560-7)

04 ○ (ISA 560-10)

05 × 감사인이 감사보고서일에 알았더라면 감사보고서를 수정할 원인이 될 수도 있었던 사실을 감사보고서일 후 재무제표 발행일 전에 알게 된 경우, 감사인은 다음의 절차를 수행하여야 한다. (ISA 560-10)

① 경영진(적절한 경우 지배기구 포함)과 이 사항을 토의함
② 재무제표의 수정이 필요한지 여부를 결정함
③ 재무제표의 수정이 필요하다고 결정했다면, 경영진이 재무제표에 이 사항을 어떻게 다룰 계획인지에 대하여 질문함

06 × 모든 후속사건에 대하여 새로운 감사보고서일까지 감사절차를 확대한 경우, 감사보고서일은 새로운 감사보고서일로 한다. (ISA 560-11)

07 × 계속기업은 재무제표 작성을 위한 전제이므로 이를 평가할 책임은 경영진에게 있다. (ISA 570-3)

08 경영진의 계획 (ISA 570-10)

09 질문 (ISA 570-10)

10 ○ (ISA 570-A15)

11 적절한 공시 (ISA 570-20)

12 × 재무제표가 회계의 계속기업전제를 사용하여 작성되었지만 재무제표 작성에 있어 경영진의 회계의 계속기업전제 사용이 부적합하다고 판단되면, 감사인은 부적정의견을 표명하여야 한다. (ISA 570-21)

13 × "계속기업 관련 중요한 불확실성"이라는 제목의 별도 단락을 감사보고서에 포함하여야 한다. (ISA 570-22)

14 × 감사인은 명백하게 사소한(clearly trivial) 것을 제외하고는 감사 중 식별된 왜곡표시를 집계하여야 한다. (ISA 450-5)

15 × 이미 수정한 왜곡표시를 제외한 미수정사항들이 해당 서면진술에 요약되어 포함되거나 첨부되어야 한다. (ISA 450-14)

16 × 분류의 왜곡표시가 다른 왜곡표시를 평가하는 데 적용된 중요성수준을 초과하는 경우에도 재무제표 전체의 관점에서 중요하지 않다고 결론을 내리는 상황도 있을 것이다. 예를 들어, 재무상태표의 관련 계정항목 크기에 비해 분류의 왜곡표시액이 작고 이것이 포괄손익계산서나 다른 주요 비율에 영향을 미치지 않는다면, 재무상태표 계정항목 간 분류의 왜곡표시는 재무제표 전체의 관점에서 중요하지 않다고 고려될 수 있을 것이다. (ISA 450 - A20)

17 ○ (ISA 450 - A21)

18 × 서면진술일은 가능한 한 재무제표에 대한 감사보고서일에 실행가능한 가장 근접한 날로 하되 감사보고서일 후가 되어서는 안 된다. (ISA 580 - A15)

CHAPTER 10

감사의 완료: 감사보고

SECTION 01 감사보고의 전반적인 과정

NEW INTERNATIONAL STANDARDS ON AUDITING

감사인은 감사결과를 요약하여 그 중요성을 평가한 후 이를 경영진과 지배기구에게 설명(커뮤니케이션)하고, 왜곡표시의 수정을 권고한다. 만약 경영진이 왜곡표시를 모두 수정한다면, 감사인은 적정의견을 표명한다. 그러나 경영진이 일부 또는 전부를 수정하지 않는다면, 감사인은 수정되지 아니한 미수정왜곡표시의 중요성을 평가하여 감사의견을 표명하고 감사보고서를 작성한다. 또한 감사인은 감사보고서를 제출하기 전에 감사업무의 전반적인 과정을 검토하고 감사조서를 검토함으로써 감사품질을 통제한다. 다음은 감사보고와 관련된 일련의 과정을 표시한 것이다.

감사보고서 작성

↓

감사업무의 관리(감사업무수행점검표 작성 및 감사조서 검토)

↓

감사보고서 제출

SECTION 02 감사보고서

NEW INTERNATIONAL STANDARDS ON AUDITING

1 회계감사기준이 추구하는 감사보고서

우리나라는 국제감사기준을 번역하여 사용하고 있다. 회계감사기준이 추구하는 감사보고서는 다음과 같다(ISA 700-4).

회계감사기준이 추구하는 감사보고서(ISA 700-4)

감사보고서가 국제적인 일관성(consistency) 및 비교가능성(comparability)이 필요하다는 점과 감사보고서가 제공하는 정보가 이용자에게 보다 목적 적합(relevant to users)하여 감사보고서의 가치를 증진(the value of auditor reporting)시킬 필요가 있다는 점간의 균형을 달성하는 것을 목표로 한다. 감사가 회계감사기준에 따라 수행된 경우, 국제감사기준에 따라 작성된 감사보고서는 일관성이 높아진다. 특히 감사보고서의 일관성은 이용자의 이해를 증진시키고 비경상적인 상황이 발생한 경우 그 상황이 두드러지게 보이게 함으로써 식별가능성을 높인다.

2 감사기준에 따라 수행된 감사보고서(Auditor's Report for Audits Conducted in Accordance with International Standards on Auditing)

감사기준에 따라 수행된 감사보고서는 다음과 같이 작성된다. 여기서, 감사보고서(auditor's report)란 재무제표가 보고기준에 따라 중요성의 관점에서 공정하게 작성되었는지 여부에 대한 감사인의 의견을 보고서 형식(반드시 서면)으로 작성한 것을 말한다. 감사보고서에는 다음과 같은 사항이 기본적으로 기재되어야 한다(ISA 700-20~42).

표 10-1 감사보고서의 기본요소

기본요소	구체적인 내용		
1. 제 목	독립된 감사인의 감사보고서		
2. 수 신 인	감사계약 또는 법규의 규정에 따름(통상적으로 회사의 주주 또는 이사회(지배기구))		
3. 감 사 보 고 서			
감 사 의 견	형식적인 정보	실질적인 정보(적정의견 가정)	
		공정표시체계	준수체계
	① 감사대상 기업 ② 해당 재무제표가 감사받았다는 사실 ③ 재무제표를 구성하는 단위재무제표의 명칭 ④ 중요한 회계정책 정보를 포함한 재무제표의 주석에 대한 언급 ⑤ 재무제표를 구성하는 단위재무제표의 보고대상 일자나 기간	"우리의 의견으로는 별첨된 재무제표는 […]을 [해당 재무보고체계]에 따라 중요성의 관점에서 공정하게 표시하고 있음"	"별첨된 재무제표는 중요성의 관점에서 [해당 재무보고체계]에 따라 작성되었다"

기본요소	구체적인 내용
감사의견근거	① 감사가 감사기준에 따라 수행되었음을 기술 ② 감사기준에 따른 감사인의 책임을 기술하는 감사보고서의 단락 언급 ③ 감사인은 감사와 관련된 윤리적 요구사항에 따라 기업으로부터 독립적이며 그러한 요구사항에 따른 기타의 윤리적 책임들을 이행하였다는 기술 포함. ④ 입수한 감사증거가 감사의견의 근거를 제공하기에 충분하고 적합하다고 감사인이 믿는지 여부에 대한 기술
계속기업 관련 중요한 불확실성 (일정조건을 충족하는 경우에 한정)	회계의 계속기업전제의 사용이 적합 + 중요한 불확실성이 존재 + 경영진이 재무제표에 중요한 불확실성을 적절하게 공시 → 적정의견 + "계속기업 관련 중요한 불확실성" 단락 추가
핵심감사사항	핵심감사사항은 유가증권시장과 코스닥시장에 상장된 기업에만 의무적용하며, 그 외 기업은 자율적으로 적용함.
기타정보 (의견거절의 경우를 제외하고 필요한 경우)	① 경영진이 기타정보에 책임이 있다는 설명 ② 감사보고서일 전에 입수한 기타정보와 상장기업의 경우 감사보고서일 후에 입수할 것으로 예상되는 기타정보의 식별 ③ 감사의견은 기타정보를 포함하지 않으며, 따라서 감사인은 기타정보에 대해 감사의견이나 어떠한 형태의 확신도 표명하지 않고 앞으로도 표명하지 않을 것이라는 설명 ④ 기타정보의 열람, 고려, 보고와 관련된 감사인의 책임에 대한 기술 ⑤ 기타정보가 감사보고서일 전에 입수된 경우 다음 중 하나 a. 감사인이 보고할 내용이 없다는 설명 b. 감사인이 기타정보에 중요한 미수정왜곡표시가 있다고 결론내린 경우, 기타정보의 중요한 미수정왜곡표시를 기술하는 설명
재무제표에 대한 경영진과 지배기구의 책임	① 해당 재무보고체계에 따른 재무제표의 작성 ② 내부통제 ③ 해당 기업의 계속기업으로서의 존속능력에 대한 평가와 해당되는 경우 계속기업 관련 사항의 공시뿐 아니라 회계의 계속기업전제의 사용이 적합한지 여부에 대한 평가 ④ 지배기구의 책임
재무제표감사에 대한 감사인의 책임	① 감사의 목적 ② 합리적인 확신을 설명 ③ 왜곡표시는 부정이나 오류로부터 발생할 수 있음을 명시 ④ 전문가적 의구심을 유지 ⑤ 감사에 대하여 기술 ⑥ 유의적인 감사의 발견사항에 대하여 지배기구와 커뮤니케이션 한다는 것 ⑦ 독립성에 대한 관련 윤리적 요구사항들을 준수 ⑧ 핵심감사사항(상장기업 이외에 한함)

4. 강조사항 및 기타사항 (필요할 경우)	• 재무제표의 주석에 기재된 것(강조사항) • 재무제표의 주석에 기재되지 않은 것(기타사항)
5. 업무수행이사의 이름	① 업무수행이사의 이름을 감사보고서에 기재하는 것은 상장기업에만 의무적용하며, 그 외 기업은 자율적으로 적용함. ② 신변안전을 위한 면제(harm's way exemption)를 허용함. 즉, 업무수행이사의 이름을 감사보고서에 기재함으로 인해 개인의 안전이 위협받는 매우 드문 상황에서는 이러한 상황을 지배기구와 커뮤니케이션한 후 감사보고서에 업무수행이사의 이름을 기재하지 않을 수 있음.
6. 감사인의 서명	감사보고서에는 감사인의 명칭을 기재하고 관련법규에 따라 회계법인의 경우 대표이사, 감사반의 경우 감사에 참여한 구성원 전원이 기명·날인한다.
7. 감사인의 주소	
8. 감사보고서일	① 감사보고서일은 감사인이 재무제표에 대한 감사의견의 형성에 기초가 되는 충분하고 적합한 증거를 입수한 날보다 빠르지 않아야 한다. (사실상 감사를 종료한 날 = 서면진술일) ≦ (감사보고서일 = 감사인과 경영진의 책임한계 구분일) ② 감사인의 책임은 경영진이 작성하고 제시한 재무제표에 대한 의견을 표명하는 것이므로 감사보고서 일자는 경영진이 재무제표에 서명하고 승인한 일자 이후이어야 한다.

2.1 제목 (Title)

감사보고서에는 그 보고서가 '독립된 감사인의 감사보고서'라는 것을 명확히 나타내는 제목을 사용하여야 한다(ISA 700-21). 독립된 감사인의 감사보고서라는 것을 나타내는 제목은 감사인이 독립성에 관한 윤리적 요구사항을 모두 충족시켰으며 따라서 이러한 보고서는 다른 사람들이 발행한 보고서와 구별된다는 것을 확인하는 것이다(ISA 700-A15).

2.2 수신인 (Addressee)

감사보고서는 해당 감사의 상황에 기초하여 적합한 수신인을 기재하여야 한다. 일반적으로 감사보고서는 누구를 위하여 보고서가 작성되는지(감사계약 or 해당국가의 법규)에 따라 수신인이 결정되며, 종종 감사대상 기업의 주주나 지배기구를 수신인으로 한다(ISA 700-A16).

2.3 감사의견 (Auditor's Opinion)

감사보고서의 첫 번째 단락에는 감사의견을 포함하여야 하며, 해당 단락의 제목을 "감사의견"이라 하여야 한다(ISA 700-23). 또한 감사보고서의 감사의견 단락에는 다음

사항이 포함되어야 한다(ISA 700-24).

형식적인 정보	실질적인 정보(적정의견 가정)	
	공정표시체계	준수체계
① 감사대상 기업 ② 해당 재무제표가 감사받았다는 사실 ③ 재무제표를 구성하는 단위재무제표의 명칭 ④ 중요한 회계정책 정보를 포함한 재무제표의 주석에 대한 언급 ⑤ 재무제표를 구성하는 단위재무제표의 보고대상 일자나 기간	감사인은 공정표시체계에 따라 작성된 재무제표에 대하여 적정의견을 표명할 때, "우리의 의견으로는 별첨된 재무제표는 […]을 [해당 재무보고체계]에 따라 중요성의 관점에서 공정하게 표시하고 있음"이라는 문구를 사용하여야 한다. .....present fairly, in all material respects, […] in accordance with [the applicable financial reporting framework]	감사인은 준수체계에 따라 작성된 재무제표에 대하여 적정의견을 표명할 때, "별첨된 재무제표는 중요성의 관점에서 [해당 재무보고체계]에 따라 작성되었다"고 하여야 한다. .....prepared in accordance with a compliance framework

2.4 감사의견근거 (Basis for Opinion)

감사보고서에는 감사의견 단락 바로 다음에 "감사의견근거"라는 제목의 단락을 포함하여야 하며, 이 감사의견근거 단락에는 다음 내용을 기재하여야 한다(ISA 700-28).

① 감사가 감사기준에 따라 수행되었음을 기술

② 감사기준에 따른 감사인의 책임을 기술하는 감사보고서의 단락 언급

③ 감사인은 감사와 관련된 윤리적 요구사항에 따라 기업으로부터 독립적이며 그러한 요구사항에 따른 기타의 윤리적 책임들을 이행하였다는 기술 포함. 해당 기술에는 관련 윤리적 요구사항의 원천에 대한 관할지의 표시 또는 국제윤리기준에 대한 언급이 포함되어야 함.

④ 입수한 감사증거가 감사의견의 근거를 제공하기에 충분하고 적합하다고 감사인이 믿는지 여부에 대한 기술

2.5 핵심감사사항 (Key Audit Matters)

상장기업의 일반적 전체재무제표에 대한 감사에 대하여, 감사인은 감사보고서에 핵심감사사항을 커뮤니케이션 하여야 한다(ISA 700-30). 국제감사기준은 상장기업에 한하여 핵심감사사항을 감사보고서에 포함하도록 규정하고 있다. 그러나 국제감사기준을 도입하는 각국들은 해당 국가의 법적 · 경제적 환경에 따라 핵심감사사항을 감사보고서에 포함하기도 하고 그렇지 않은 경우도 있다. 우리나라의 경우 국제감사기준과 같이 유가증권시장과 코스닥시장에 상장된 기업에 한하여 핵심감사사항을 도입하고 있다.

Q 기타정보와 기타사항의 차이는?

2.6 기타정보 (Other Information)

감사보고서일에 다음에 해당하는 경우, 감사보고서에 '기타정보' 또는 다른 적절한 제목으로 별도의 단락을 포함하여야 한다. 그러나 감사인이 재무제표에 대하여 의견을 거절하는 경우 핵심감사사항과 마찬가지로 기타정보 문단도 포함해서는 안된다(ISA 700-29).

기타정보(사업보고서)가 존재하는 경우 감사보고-기타정보문단 추가 (ISA 720-21)

① 상장기업의 재무제표 감사인 경우, 감사인이 기타정보를 입수하였거나 입수할 것으로 예상함
② 상장기업이 아닌 기업의 재무제표 감사인 경우, 감사인이 기타정보의 일부 혹은 전부를 입수하였음

↓

기타정보 문단에 포함할 내용 (ISA 720-22)

① 경영진이 기타정보에 책임이 있다는 설명
② 감사보고서일 전에 입수한 기타정보와 상장기업의 경우 감사보고서일 후에 입수할 것으로 예상되는 기타정보의 식별
③ 감사의견은 기타정보를 포함하지 않으며, 따라서 감사인은 기타정보에 대해 감사의견이나 어떠한 형태의 확신도 표명하지 않고 앞으로도 표명하지 않을 것이라는 설명
④ 기타정보의 열람, 고려, 보고와 관련된 감사인의 책임에 대한 기술
⑤ 기타정보가 감사보고서일 전에 입수된 경우 다음 중 하나
a. 감사인이 보고할 내용이 없다는 설명
b. 감사인이 기타정보에 중요한 미수정왜곡표시가 있다고 결론내린 경우, 기타정보의 중요한 미수정왜곡표시를 기술하는 설명

2.7 재무제표에 대한 경영진의 책임 (Management's Responsibility for the Financial Statements)

(1) 재무제표에 대한 경영진의 책임

기출 2021

감사보고서에는 "재무제표에 대한 경영진의 책임" 이라는 제목의 단락을 포함하여야 한다. "재무제표에 대한 경영진의 책임" 단락에서는 다음 사항에 대한 경영진의 책임을 기술하여야 한다(ISA 700-33).

① 해당 재무보고체계에 따른 재무제표의 작성, 그리고 부정이나 오류로 인한 중요한 왜곡표시가 없는 재무제표를 작성하기 위해 필요하다고 경영진이 결정한 내부통제
② 해당 기업의 계속기업으로서의 존속능력에 대한 평가와 해당되는 경우 계속기업 관련 사항의 공시뿐 아니라 회계의 계속기업전제 사용이 적합한지 여부에 대한 평가.

이 평가에 대한 경영진 책임의 설명에는 회계의 계속기업전제의 사용이 적합한 시기에 대한 기술을 포함하여야 한다.

(2) 재무제표에 대한 경영진과 지배기구의 책임

재무보고절차의 감시에 책임이 있는 자와 경영진으로서의 책임을 완수하는 자가 상이한 경우, 이 단락에서는 재무보고절차의 감시에 책임이 있는 자도 명시하여야 한다. 이 경우, 해당 단락의 제목은 "재무제표에 대한 경영진과 지배기구의 책임"을 사용한다(ISA 700-34). 또한 본문에는 다음 문장을 추가로 포함한다.

"지배기구는 회사의 재무보고절차의 감시에 대한 책임이 있습니다."

우리나라의 경우 상법 등에서 경영진의 책임과 지배기구의 책임이 구분되어 있으므로, 감사보고서 해당 단락에 재무제표에 대한 경영진의 책임 외에 지배기구의 책임도 포함하여야 한다.

2.8 재무제표감사에 대한 감사인의 책임 (Auditor's Responsibility for the Audit of the Financial Statements)

감사보고서는 "재무제표감사에 대한 감사인의 책임" 이라는 제목의 단락을 포함하여야 한다. 이 단락에서는 다음 사항을 명시 또는 기술하여야 한다(ISA 700-36~38).

① 감사인의 목적이 다음과 같음을 명시
  (a) 재무제표가 전체적으로 부정이나 오류로 인하여 중요하게 왜곡표시 되지 아니하였는지 여부에 대하여 합리적인 확신을 얻음.
  (b) 감사의견을 포함한 감사보고서를 발행함.

② 합리적인 확신은 높은 수준의 확신을 의미하나, 감사기준에 따라 수행된 감사가 항상 중요한 왜곡표시를 발견할 것을 보장하지는 않음을 명시

③ 왜곡표시는 부정이나 오류로부터 발생할 수 있음을 명시하고 다음 중 하나를 포함
  (a) 왜곡표시가 재무제표를 근거로 하는 이용자의 경제적 의사결정에 개별적으로 또는 집합적으로 영향을 미칠 것으로 합리적으로 예상되면 그 왜곡표시는 중요하다고 간주된다는 기술
  (b) 해당재무보고체계에 따른 중요성의 정의 또는 설명의 제공

④ 감사인은 감사의 전 과정에 걸쳐 전문가적 판단을 하고 전문가적 의구심을 유지함을 명시함.

⑤ 아래와 같은 감사인의 책임을 명시함으로써 감사에 대하여 기술함.

(a) 감사인의 책임은 부정이나 오류로 인한 재무제표의 중요왜곡표시위험을 식별하고 평가하며 그러한 위험에 대응하는 감사절차를 설계하고 수행하여 감사의견의 근거로서 충분하고 적합한 감사증거를 입수하는 것임. 부정은 공모, 위조, 의도적인 누락, 허위진술 또는 내부통제 무력화가 개입될 수 있기 때문에 부정으로 인한 중요한 왜곡표시를 발견하지 못할 위험은 오류로 인한 위험보다 큼.

(b) 감사인의 책임은 상황에 적합한 감사절차를 설계하기 위하여 감사와 관련된 내부통제를 이해하는 것임. 그러나 이는 해당 기업의 내부통제의 효과성에 대한 의견을 표명하기 위한 것이 아님. 재무제표감사와 관련하여 감사인이 내부통제의 효과성에 대한 의견을 표명할 책임도 있는 상황이라면, 감사인은 내부통제에 대한 감사인의 고려가 해당 기업의 내부통제의 효과성에 대한 의견을 표명하기 위한 목적이 아니라는 문구를 삭제하여야 함.

(c) 감사인의 책임은 회계정책의 적합성과 경영진이 도출한 회계추정치와 관련 공시의 합리성을 평가하는 것임.

(d) 감사인의 책임은 경영진의 회계의 계속기업전제 사용의 적절성과, 입수한 감사증거를 근거로 계속기업으로서의 존속능력에 대하여 유의적 의문을 초래할 수 있는 사건이나 상황과 관련된 중요한 불확실성이 존재하는지 여부에 대하여 결론을 내리는 것임. 중요한 불확실성이 존재한다고 결론을 내리는 경우, 감사인은 재무제표의 관련 공시에 대하여 주의를 기울이도록 하는 문구를 감사보고서에 기재하여야 하며, 만약 그러한 공시가 부적절한 경우에는 의견을 변형하여야 함. 감사인의 결론은 감사보고서일까지 입수된 감사증거에 기초함. 그러나 미래의 사건이나 상황이 기업의 계속기업으로서 존속을 중단시킬 수 있음.

(e) 감사인의 책임은 재무제표가 공정표시체계에 따라 작성될 때, 공시를 포함한 재무제표의 전반적인 표시와 구조 및 내용을 평가하고, 재무제표가 기초가 되는 거래와 사건을 공정한 표시가 달성될 수 있는 방식으로 표시하고 있는지 여부를 평가하는 것임.

⑥ 감사인은 여러 가지 사항들 중에서 계획된 감사범위와 시기 그리고 감사 중 식별된 유의적 내부통제 미비점 등 유의적인 감사의 발견사항에 대하여 지배기구와 커뮤니케이션 한다는 것을 명시함.

⑦ 상장기업의 재무제표감사에 대하여, 감사인은 독립성에 대한 관련 윤리적 요구사항들을 준수하였고 감사인 독립성 문제와 관련된다고 합리적으로 판단되는 모든 관계와 기타 사항들과, 해당되는 경우, 관련 제도적 안전장치를 지배기구와 커뮤니케이션

TIP

모든 감사보고서에 계속기업에 대한 경영진의 책임과 감사인의 책임을 각각 서술하도록 새롭게 요구하고 있다(new requirements). 이는 원칙적으로 계속기업 이슈와 관련된 커뮤니케이션 등 주된 책임은, 회계기준의 요구사항 관점에서 해당 내용을 판단하고 공시하여야 하는 경영진과 지배기구의 책임인데, 감사인의 절차와 보고사항을 강화하는 것이 경영자의 보고책임을 대행하는 것이라는 오해를 예방하기 위한 것이다. 또한 이러한 규정이 기존의 회계기준과 회계감사기준에서 정한 경영진과 감사인의 책임 내용을 변경하는 것이 아님을 명확히 하고 있다.

TIP

상장기업에서만 해당됨

한다는 진술을 지배기구에게 제공한다는 것을 명시함.

⑧ 핵심감사사항을 커뮤니케이션 하는 상장기업 이외 기업에 대한 재무제표감사의 경우, 감사인은 지배기구와 커뮤니케이션 한 사항들 중에서 당기 재무제표감사에서 가장 유의적인 사항들을 핵심감사사항으로 결정한다는 것을 명시함. 법규에서 해당 사항에 대하여 공개적인 공시를 배제하거나 또는, 극히 드문 상황에서, 해당 사항을 감사보고서에 커뮤니케이션 함으로써 발생할 수 있는 부정적 결과가 그러한 커뮤니케이션의 공익적 효익을 훨씬 초과할 것이라고 합리적으로 예상되기 때문에 감사인이 감사보고서에 해당 사항을 커뮤니케이션 해서는 안 된다고 결정하는 경우가 아닌 한, 감사인은 감사보고서에 이러한 사항들을 기술함.

2.9 기타의 보고 책임(Other Reporting Responsibilities)

만약 감사인이 감사보고서에서 감사기준에 따른 재무제표에 대한 감사인의 보고책임에 추가하여 기타의 보고책임도 다루는 경우에는, 이와 같은 기타의 보고책임은 감사보고서 내에 "기타 법규의 요구사항에 대한 보고" 또는 해당 단락의 내용에 적합한 다른 제목의 별도 단락에서 다루어져야 한다. 그러나 기타의 보고책임이 다루는 주제가 감사기준에서 요구하는 보고책임에 따라 표시되는 주제와 동일한 경우에는 그렇지 아니한다(ISA 700-42).

예를 들면, 회사가 특별법에 따라 설립되었고, 해당 특별법이 감사인에게 법률에서 요구하는 사항을 추가로 준수하여 특정사항을 보고할 책임을 부여한 경우 감사인은 해당 법률에 따라 기타의 보고 책임을 지고 이를 감사보고서에도 기술한다.

2.10 업무수행이사의 이름(Name of the Engagement Partner)

1. 국제감사인증기준위원회(IAASB)는 감사보고서 이용자에 대한 투명성을 제고하고 업무수행이사의 개인적 책임성을 강화하기 위해 상장기업 재무제표에 대한 감사보고서에 업무수행이사(담당이사)의 이름을 기재토록 하는 요구사항을 신설하였다.
2. 업무수행이사의 이름을 감사보고서에 기재하는 것은 상장기업에만 의무적용하며, 그 외 기업은 자율적으로 적용함
3. 신변안전을 위한 면제(harm's way exemption)를 허용함. 즉, 업무수행이사의 이름을 감사보고서에 기재함으로 인해 개인의 안전이 위협받는 매우 드문 상황에서는 이러한 상황을 지배기구와 커뮤니케이션한 후 감사보고서에 업무수행이사의 이름을 기재하지 않을 수 있음

TIP

상장법인에만 해당되는 감사보고서 기재사항

1. 핵심감사사항 → 상장기업 이외에는 자율 적용
2. 재무제표감사에 대한 감사인의 책임 중 ⑦ 감사인의 독립성에 대한 관련 윤리적 요구사항 준수 및 안전장치를 포함한 관련 사항을 지배기구와 커뮤니케이션 한다는 진술을 지배기구에게 제공한다는 것
3. 업무수행이사의 이름 → 상장기업 이외에는 자율 적용

상장기업의 일반적 전체재무제표에 대한 감사보고서에는 업무수행이사의 이름을 포함하여야 한다. 그러나 드문 상황으로서, 업무수행이사의 이름을 공시하는 것이 개인의 안전에 대한 유의적 위협을 발생시킨다고 합리적으로 예상되는 경우에는 그러지 아니한다. 감사인이 감사보고서에 업무수행이사의 이름을 포함하지 않으려 하는 드문 상황일 경우, 감사인은 개인의 안전에 대한 유의적 위협의 발생가능성과 심각성에 대한 감사인의 평가를 알리기 위해 업무수행이사의 이름을 기재하지 않으려는 감사인의 의도를 지배기구와 논의하여야 한다.

2.11 감사인의 서명(Signature of the Auditor)

감사보고서에는 서명이 있어야 한다(ISA 700-40). 회계법인의 경우 대표이사, 감사반의 경우 감사에 참여한 구성원 전원이 기명 · 날인한다.

2.12 감사보고서일(Date of the Auditor's Report)

(사실상 감사를 종료한 날 = 서면진술일) ≦ (감사보고서일 = 감사인과 경영진의 책임한계 구분일)

감사보고서일은 감사인이 재무제표에 대한 감사의견의 형성에 기초가 되는 충분하고 적합한 증거를 입수한 날(서면진술일)보다 빠르지 않아야 한다. 이러한 감사증거에는 다음에 관한 증거들도 포함된다(ISA 700-48).

(a) 전체재무제표(관련 주석 포함)를 구성하는 모든 단위재무제표가 작성되었음
(b) 인정된 권한을 가진 기구가 해당 재무제표에 대하여 책임을 진다고 확인하였음 주

주 우리나라의 경우 이사회가 재무제표를 승인한다. 따라서 상기 기준과 일치한다.

① 감사보고서일은 이 날까지 발생된 사항으로서 감사인이 알게 된 사건과 거래의 영향을 감사인이 고려하였다는 사실을 보고서의 이용자들에게 알리는 것이다.

② 감사의견은 재무제표에 대하여 표명되는 것이며 재무제표는 경영진의 책임사항이므로, 재무제표를 구성하는 모든 단위재무제표와 공시가 작성되었으며 그리고 경영진이 이들 재무제표에 대한 책임을 수용하였다는 증거(이는 경영진의 서면진술을 의미함)가 입수되기 전까지는 감사인은 충분하고 적합한 감사증거가 입수되었는지 결론을 내릴 위치에 있지 아니하다.

③ 국가에 따라서는 법규에서 재무제표를 구성하는 모든 단위재무제표와 공시가 작성되었다고 결정할 개인들이나 기구(예 이사들)를 식별하고 필요한 승인절차를 규정한다. 이 경우, 그러한 승인에 관한 증거는 재무제표에 대한 감사보고서일을 정하기 전에 입수된다.주

주 우리나라의 경우 재무제표 발행일은 주주총회 승인일이다. 재무제표 승인일은 주주총회일에 앞서 이사회가 승인한 날이다. 따라서 상기 기준과 같이 감사보고서일은 주주총회일 전이 된다.

④ 어떤 국가에서는 재무제표가 발행되기 전에 주주의 최종승인이 요구되기도 한다. 이러한 국가의 경우, 감사인이 충분하고 적합한 감사증거를 얻었다고 결론을 내리는 데 재무제표에 대한 주주의 최종승인은 필요하지 않다. 감사기준의 목적상 재무제표의 승인일은 주주의 최종승인일 보다 빠른 날로서, 인정된 권한을 가진 기구가 재무제표를 구성하는 모든 단위재무제표와 공시를 작성하였다고 결정하고 또 재무제표에 대한 책임을 수행했다고 확인한 날이다[1].

2.13 감사인의 주소(Auditor's Address)

감사보고서에는 감사인이 직무를 수행하고 있는 국가 내의 소재지를 기재하여야 한다.

3 감사의견에 영향을 미치는 요소

감사의견에 영향을 미치는 요소는 다음의 두 가지 요소이다.

① 재무제표가 중요하게 왜곡표시되었는가? (회계기준위배)
② 감사인이 충분하고 적합한 감사증거를 입수할 수 있는가? (감사범위제한)

3.1 재무제표의 왜곡표시(Misstatements)

재무제표가 왜곡표시되었다는 것은 재무제표가 회계기준에 위배되어 작성되었다는 것을 말한다. 이는 감사받기 위해 경영진이 제시한 재무제표를 근거로 하는 것이 아니라 감사과정에서 감사인이 발견한 사항을 경영진이 수정반영한(또는 수정반영하지 않은) 재무제표로서 외부에 공표하려고 하는 공표용 재무제표를 근거로 한다. 이 경우 감사인은 왜곡표시의 중요성에 따라 감사의견을 표명한다.

회계기준위배는 '감사인과 경영진과의 의견불일치'를 의미하기도 한다. 감사인의 판단기준은 회계기준이기 때문에 경영진의 의견이 감사인의 의견과 일치하지 않는다면 이는 회계기준에 위

1) 경영진의 서면진술을 의미함

배된 것이기 때문이다. 미국의 큰 회계부정사건을 다루는 신문기사나 논문에서 해당 기업의 회계처리를 창의적인 회계처리(creative accounting)라고 지적하는 것은 감사인과 경영진의 의견불일치를 잘 보여주는 표현이다.

왜곡표시(Misstatement)란 재무제표의 항목의 금액(amount), 분류(classification), 분류 또는 표시(presentation or disclosure)에 있어 해당 재무보고체계(financial reporting framework)에 따라 요구되는 것과 실제로 보고된 것(reported financial statement item)과의 차이이다. 그러므로 재무제표의 중요한 왜곡표시는 다음과 관련하여 발생될 수 있다.

재무제표가 왜곡표시된 경우	구체적인 사례
(a) 선택된 회계정책의 적합성	• 선택된 회계정책이 해당 재무보고체계와 일관성이 없는 경우 • 재무제표가 재무상태표, 포괄손익계산서, 자본변동표 또는 현금흐름표의 유의적인 항목에 대한 회계정책을 정확하게 기술하고 있지 않은 경우 • 재무제표가 공정한 표시를 달성하는 방식으로 기본적인 거래와 사건들을 나타내거나 공시하고 있지 않는 경우
(b) 선택된 회계정책의 적용	• 선택된 회계정책을 보고기간 간 또는 유사한 거래와 사건에 일관되게 적용하지 않은 경우 등 경영진이 선택된 회계정책을 해당 재무보고체계와 일관되게 적용하지 않은 경우(적용의 일관성) • 선택된 회계정책의 적용방법으로 인한 경우(예 의도하지 아니한 적용 오류)
(c) 재무제표 공시의 적합성 또는 적절성	• 해당 재무보고체계에서 요구되는 공시가 모두 재무제표에 포함되지 않은 경우 • 재무제표 공시가 해당 재무보고체계를 준수하여 표시되지 않은 경우 • 해당 재무보고체계에서 구체적으로 요구하는 공시를 넘어 공정한 표시를 달성하는 데 필요한 추가 공시를 재무제표가 제공하지 않은 경우

3.2 감사인이 충분하고 적합한 감사증거를 입수할 수 없는 경우 (Inability to Obtain Sufficient Appropriate Audit Evidence)

감사인이 충분하고 적합한 감사증거를 수집할 수 없다는 것을 감사범위가 제한되었다고 한다. 감사인이 충분하고 적합한 감사증거를 입수하지 못하는 상황은 다음과 같은 이유에서 발생될 수 있다(ISA 705-A8).

기출 2024

(1) 감사범위가 제한되는 경우

감사범위가 제한되는 경우	구체적인 사례
(a) 기업의 통제를 벗어난 상황	• 기업의 회계기록이 파기 · 훼손된 경우 • 유의적 부문의 회계기록이 정부 당국에 의해 무기한 압류 또는 압수된 경우
(b) 감사인 업무의 성격이나 시기와 관련된 상황	• 지분법을 적용할 때, 관계기업의 재무정보를 입수할 수 없는 경우 • 감사인의 선임시기 때문에 재고자산의 실사에 입회할 수 없는 경우 • 감사인이 실증절차를 수행하는 것만으로는 충분하지 않다고 판단하였으나, 기업의 통제가 효과적이지 않은 경우
(c) 경영진에 의한 의도적인 제한	• 경영진이 재고자산 실사에 감사인의 입회를 막는 경우 • 경영진이 특정 계정잔액에 대한 감사인의 외부조회를 막는 경우

(2) 대체적인 절차

기본감사절차는 회계감사기준에서 규정한 감사절차이다. 그러나 감사인이 어떤 이유로 해당 절차를 적용할 수 없는 경우 대체적인 절차를 수행하여 감사증거를 수집하여야 한다. 감사인이 (상기 세 가지 모두에서) 특정 절차를 수행할 수 없더라도 대체적 절차를 통하여 충분하고 적합한 감사증거를 입수할 수 있다면 이는 감사범위제한에 해당되지 아니한다.

(3) 대체적인 절차로서도 충분하고 적합한 감사증거를 수집하지 못한 경우: 감사의견 변형

대체적 절차를 수행하여도 충분하고 적합한 감사증거를 입수할 수 없다면, 감사인은 한정의견 또는 의견거절을 표명한다.

상기에서 감사인이 업무를 수임한 이후 경영진에 의한 의도적인 제한으로 감사인이 충분하고 적합한 감사증거를 입수할 수 없는 경우, 이것이 감사절차에 미치는 영향이 조금 다르다. 왜냐하면, 감사계약은 '감사증거에 대한 감사인의 제한 없는 접근'을 전제로 하기 때문이다. 이는 감사계약서에도 명시되어 있다. 경영진에 의하여 감사범위가 의도적으로 제한된 경우 감사절차는 다음과 같다.

[1단계] 경영진이 의도적으로 감사범위를 제한할 경우(ISA 705-11)
감사범위제한 제거 요청

↓

[2단계] 경영진이 감사범위제한을 거부한 경우(ISA 705-12)
지배기구와 협의 + 대체적인 절차 가능성 고려 ※ 대체적 절차는 의무가 아님

↓

[3단계] 충분하고 적합한 증거를 수집하지 못한 경우(ISA 705-13)
❶ 감사범위제한이 중요한 경우 → 한정의견 ❷ 감사범위제한이 중요+전반적인 경우 → – 1st : 감사계약해지(실행가능하며 관련 법규상 가능한 경우) – 2nd : 의견거절 ※ 의견거절이 기대되는 경우 감사인은 우선 감사계약해지를 고려하고, 가능하지 않은 경우 의견거절한다.

요약하면, 감사인과 경영진은 감사계약에서 '감사인의 제한되지 않은 감사증거의 접근'을 조건으로 한다. 그런데 경영진이 의도적으로 감사범위를 제한(예를 들면, 비합리적인 사유로 외부조회를 거부한 경우 등)한다면 이는 감사계약의 조건을 위반한 것이고 이 경우 감사인은 몇가지 사전절차를 거쳐 감사계약을 해지할 수 있게 하였다.

4 감사의견의 형성(Forming an Opinion on the Financial Statements)

감사결과 감사인이 의견을 형성하기 위해서는 다음 두가지 측면을 고려하여야 한다.

① 재무제표가 전체적으로 중요한 왜곡표시가 없다는 합리적인 확신을 얻었는가?
② 재무제표가 해당 재무보고체계에 따라 작성되었는가?

(1) 재무제표가 전체적으로 중요한 왜곡표시가 없다는 합리적인 확신을 얻었는가?

감사인은 해당 의견을 형성하기 위하여, 재무제표에 전체적으로 부정이나 오류로 인한 중요한 왜곡표시가 없는지에 대하여 합리적인 확신을 얻었는지 여부에 대하여 결론을 내려야 한다. 이러한 결론에는 다음 사항이 고려되어야 한다(ISA 700-11).

감사인이 합리적인 확신을 얻었는가를 평가할 때 고려할 사항(ISA 700-11)

① 감사기준에 따라 충분하고 적합한 감사증거를 입수했는지 여부에 대한 감사인의 결론
② 미수정왜곡표시가 감사기준에 따라 개별적으로 또는 집합적으로 중요한지 여부에 대한 감사인의 결론
③ 재무제표가 중요성의 관점에서 해당 재무보고체계에 따라 작성되었는지 여부에 대한 평가

(2) 재무제표가 해당 재무보고체계에 따라 작성되었는가?

해당 보고체계란 'Chapter 1'에서 설명한 바와 같이 재무제표를 작성할 할 때 기준이 되는 회계기준을 말한다.

감사인은 재무제표가 중요성의 관점에서 해당 재무보고체계에 따라 작성되었는지 여부를 평가하여야 한다. 이 때 감사인은 해당 기업 회계실무의 질적인 측면(경영진 판단의 편의가능성 징후 포함)을 고려하여야 한다.

감사인은 해당 재무보고체계 요구사항의 관점에서 특히 다음 사항을 평가해야 한다.

해당 재무보고체계의 요구사항을 따랐는가를 평가할 때 점검할 사항(ISA 700-13)

① 경영진이 선택하고 적용한 유의적인 회계정책이 재무제표에 적절히 공시(disclose)되었는지 여부, 이를 평가할 때 감사인은 회계정책이 기업과 관련성이 있고 이해가능한 방식으로 표시되었는지 여부를 고려하여야 한다.
② 경영진이 선택하고 적용한 회계정책이 해당 재무보고체계와 일관성(consistent)이 있으며 또한 적합(appropriate)한지 여부
③ 경영진이 도출한 회계추정치가 합리적인지 여부
④ 재무제표에 표시된 정보가 목적적합하고(relevant), 신뢰할 수 있고(reliable), 비교가능하며(comparable), 이해가능한지(understandable) 여부, 이를 평가할 때 감사인은 다음을 고려하여야 한다.
- 포함되어야 할 정보는 포함되었고 그러한 정보가 적합하게 분류되고, 합산되거나 세분화되었으며, 적절한 특징이 나타나는지 여부
- 공시된 사항과 관련성이 없거나 적절한 이해를 어렵게 하는 정보를 포함함으로써 전체적인 재무제표의 표시가 훼손되었는지 여부

⑤ 의도된 이용자(intended users)들이 중요한 거래와 사건이 재무제표의 정보에 미치는 영향을 이해할 수 있도록 재무제표의 공시(adequate disclosures)는 적절한지 여부
⑥ 재무제표에 사용된 용어가 적합한지 여부

5 감사의견 (Auditor's Opinions)

감사인은 재무제표가 중요성의 관점에서 해당 재무보고체계(채택한 회계기준)에 따라 작성되었는지 여부에 대하여 의견을 형성하여야 한다(ISA 700-10). 즉, 감사의견이란 재무제표가 중요성의 관점에서 채택한 회계기준에 따라 작성되었는가에 대한 감사인의 의견이다. 감사의견에 영향을 미치는 사항은 ① 재무제표의 왜곡표시(회계기준위배)와 ② 충분하고 적합한 감사증거 불충분(감사범위제한)이다.

감사의견에는 적정의견, 한정의견, 부적정의견 및 의견거절의 4가지가 있으며, 이것은 감사의견에 영향을 미치는 사항과 그 중요성에 따라 구분된다. 감사의견에 영향을 미치는 사항과 감사의견은 다음과 같다.

구 분	내 용
적정의견 (unqualified opinion)	감사인은 재무제표가 중요성의 관점에서 해당 재무보고체계(회계기준)에 따라 작성되었다고 결론을 내릴 경우 적정의견을 표명한다.
한정의견 (qualified opinion)	감사인은 다음의 경우 한정의견을 표명한다. ① 감사인이 충분하고 적합한 감사증거를 입수한 결과, 왜곡표시가 재무제표에 개별적으로 또는 집합적으로 중요하나 전반적이지는 않다고 결론을 내리는 경우 ② 감사인이 감사의견의 근거가 되는 충분하고 적합한 감사증거를 입수할 수 없었지만, 발견되지 아니한 왜곡표시가 재무제표에 미칠 수 있는 영향이 중요할 수는 있으나 전반적이지는 않을 것으로 결론을 내리는 경우
부적정의견 (adverse opinion)	감사인이 충분하고 적합한 감사증거를 입수한 결과 왜곡표시가 재무제표에 개별적으로 또는 집합적으로 중요하며 동시에 전반적이라고 결론을 내리는 경우 부적정의견을 표명한다.
의견거절 (disclaimer opinion)	감사인이 감사의견의 근거가 되는 충분하고 적합한 감사증거를 입수할 수 없으며, 발견되지 아니한 왜곡표시가 있을 경우 이것이 재무제표에 미칠 수 있는 영향이 중요하고 동시에 전반적일 수 있다고 결론을 내리는 경우 의견거절을 표명한다.

표 10-2 감사의견에 영향을 미치는 사항과 감사의견

감사의견의 변형을 초래한 사항의 성격	해당 사항이 재무제표에 미치거나 미칠 수 있는 영향의 전반성에 대한 감사인의 판단		
	중요하지 않은 경우	중요 but 전반적이지 아니한 경우	중요 & 전반적인 경우
재무제표가 왜곡표시된 경우 (회계기준위배)	적정의견	한정의견	부적정의견
충분하고 적합한 감사증거를 입수할 수 없는 경우 (감사범위제한)	적정의견	한정의견	의견거절

여기서, 전반적이란 무엇을 의미하는 것일까? 전반적이란 왜곡표시가 재무제표에 미치는 영향 또는 충분하고 적합한 감사증거를 입수할 수 없어서 발견되지 아니한 왜곡표시가 재무제표에 미칠 수 있는 영향을 기술하기 위해 왜곡표시의 관점에서 사용되는 용어이다. 재무제표에 대한 전반적 영향(pervasive effects)은 그 영향이 다음 중 하나에 해당된다고 감사인이 판단하는 경우이다(ISA 705-5).

기출 2024

① 재무제표의 특정 요소, 계정과목 또는 항목에 국한되지 않음
② 재무제표의 특정 요소, 계정과목 또는 항목에 국한되지만 이들이 재무제표의 상당한 부분을 나타내거나 나타낼 수 있음
③ 공시와 관련하여, 이용자가 재무제표를 이해하는 데 근본적임

REVIEW POINT

New International Standards on Auditing

Q1. 감사인과 경영진 간의 의견불일치란?

감사인과 경영진간의 의견불일치는 회계기준위배와 재무제표의 왜곡표시를 의미한다. 왜냐하면, 감사인의 판단기준은 회계기준이기 때문이다. 따라서 재무제표에 대한 경영진주장이 감사인의 판단과 일치하지 않는다는 것은 감사인의 판단기준인 회계기준위배가 된다. '감사인과 경영진간의 의견불일치'와 '회계기준위배'는 동격이지만 수험생 입장에서는 공식적인 표현을 사용한 것이 바람직하다.

Q2. 독립성 위배와 감사의견

독립성 위배는 감사의견에 영향을 미치는 사항이라기보다는 감사계약을 해지하여야 할 사유에 해당한다. 예를 들어, 감사인이 감사계약을 체결할 때 독립성이 위배되었다는 것을 인지하였다면 계약을 체결하여서는 안 된다. 또한 감사인이 감사계약을 체결한 후 해결할 수 없는 독립성이 위배되었다는 것을 인지하였다면 법이 허용하는 한 감사계약을 해지하여야 한다는 것을 의미한다.

Q3. 재무제표의 왜곡표시와 감사범위제한

재무제표가 왜곡표시되었다는 것은 감사인이 회계감사기준에서 요구하는 수준의 감사증거(충분하고 적합)를 수집하여, 판단한 결과(증거가 있기에 판단이 가능함) 재무제표가 왜곡표시되었다는 결론을 내리는 것이다. 따라서 재무제표의 왜곡표시는 충분하고 적합한 감사증거를 수집한 경우에만 가능한 판단이다. 이런 관점에서 재무제표가 왜곡표시되었을 경우 어떤 경우에도 의견거절할 수 없다.

반면에 감사범위제한이란 감사인이 회계감사기준에서 요구하는 수준의 감사증거(충분하고 적합)를 수집할 수 없는 경우에 해당한다. 이 경우 감사인은 감사의견을 표명할 근거가 제한적이다. 따라서 그 중요성의 정도에 따라 해당 부분만 한정하고 적정의견을 표명(한정의견)하거나 전반적으로 의견거절한다. 이런 관점에서 감사범위가 제한되었을 경우 어떤 경우에도 부적정의견을 표명할 수 없다.

6 감사의견의 변형

기출 2021

기출 2024

감사인은 다음 중 하나에 해당되는 경우 감사의견을 변형하여야 한다(ISA 705-4).

① 감사인이 입수한 감사증거에 기초하여 재무제표 전체에 중요한 왜곡표시가 존재한다고 결론을 내리는 경우
② 감사인이 재무제표 전체에 중요한 왜곡표시가 없다고 결론을 내릴 수 있을 만큼 충분하고 적합한 감사증거를 입수할 수 없는 경우

여기서, 변형이란 적정의견을 표명할 수 없는 경우를 말한다. 이러한 개념은 대부분의 기업이 적정의견을 받는 데서 유래한다.

우리나라와 미국 그리고 세계 선진국의 사례를 보면 감사받는 기업의 약 95% 이상이 적정의견을 받는다. 이는 별 문제가 없으면 대부분의 기업이 적정의견을 받는다는 것을 의미한다. 적정의견을 받지 못하면 상장기업의 경우 극단적으로 상장폐지되기도 한다. 그러면 왜 기업의 대부분이 적정의견을 받는 것일까? 이는 몇 가지로 해석할 수 있다.

① 기업이 원래 재무제표를 왜곡하지 않았고, 따라서 감사과정에서도 중요한 왜곡표

시가 발견되지 않은 경우

② 기업이 재무제표를 중요하게 왜곡하였고, 감사인이 감사과정에서 이를 적발하여 수정할 것을 권고하였으며, 경영진이 감사인의 제안을 받아들여 재무제표를 수정한 경우

③ 기업이 재무제표를 중요하게 왜곡하였고, 감사인이 감사과정에서 이를 발견하지 못한 경우를 감사실패라 한다.

위 세 가지의 경우가 전체 감사보고서 중 약 95% 이상에 해당하기 때문에 적정의견을 받지 못한다는 것은 시장에서 두드러지며 차별을 받을 수 있다. 따라서 적정의견은 어떻게 보면 4가지의 감사의견 중 기본값(default)에 해당한다. 따라서 적정의견 이외의 의견은 기본값에서 변형된 의견에 해당한다.

(1) 한정의견

감사인은 다음의 경우 한정의견을 표명하여야 한다(ISA 705-7).

① 감사인이 충분하고 적합한 감사증거를 입수한 결과, 왜곡표시가 재무제표에 개별적으로 또는 집합적으로 중요하나 전반적이지는 않다고 결론을 내리는 경우

② 감사인이 감사의견의 근거가 되는 충분하고 적합한 감사증거를 입수할 수 없었지만, 발견되지 아니한 왜곡표시가 재무제표에 미칠 수 있는 영향이 중요할 수는 있으나 전반적이지는 않을 것으로 결론을 내리는 경우

(2) 부적정의견

감사인은 충분하고 적합한 감사증거를 입수한 결과 왜곡표시가 재무제표에 개별적으로 또는 집합적으로 중요하며 동시에 전반적이라고 결론을 내리는 경우 부적정의견을 표명하여야 한다(ISA 705-8).

(3) 의견거절

감사인은 감사의견의 근거가 되는 충분하고 적합한 감사증거를 입수할 수 없으며, 발견되지 아니한 왜곡표시가 있을 경우 이것이 재무제표에 미칠 수 있는 영향이 중요하고 동시에 전반적일 수 있다고 결론을 내리는 경우 의견을 거절하여야 한다(ISA 705-9).

다수의 불확실성을 수반하는 극히 드문 상황에서 감사인이 각각의 불확실성에 대하여 충분하고 적합한 감사증거를 입수하였음에도 불구하고 이들 개별 불확실성 사이의 잠재적 상호작용과 이들 불확실성이 재무제표에 미칠 수 있는 누적적 영향 때문에 재무

제표에 대한 의견을 형성하는 것이 가능하지 않다고 결론을 내리는 경우, 감사인은 의견을 거절하여야 한다(ISA 705-10).

(4) 부적정의견 또는 의견거절에 관련된 기타 고려사항

단일 재무보고체계를 적용하고 전체 재무제표와 그 하부의 재무제표 또는 계정과목에 대해서도 감사의견을 표명하는 경우를 가정해보자. 이 경우 전체 재무제표에 대해서 부적정의견 또는 의견거절을 표명하는데 그 하부의 재무제표 또는 계정과목은 적정의견을 표명하면 전체 재무제표의 의견(부적정의견 or 의견거절)과는 서로 상충되기 때문에 허용되지 않는다(ISA 700-15의 수정).

그러나 다음은 감사기준에서 허용하는 것으로 상기의 상충에 해당하지 않는다(ISA 705-A16). 즉, 다음의 감사보고는 감사기준에 따라 허용된 것으로 상기의 사례와는 다른 것이다.

- 2개의 재무보고체계를 모두 준용하여 하나의 재무제표가 작성된 경우: 예를 들면, 하나의 재무보고체계에 따라서는 적정의견, 다른 보고체계기준에 따라서는 부적정의견을 표명하는 경우가 이에 해당한다(이는 ISA 700-A32에서 허용된 것임).[1]
- 초도감사 – 기초잔액에 대한 감사범위의 제한으로 재무상태는 적정의견, 영업성과와 현금흐름은 한정의견 또는 의견거절하는 경우(이는 ISA 510-10에서 허용된 것임)[2]

[1] 상기 상충과 다른 것은 하나의 재무보고체계가 아니라 복수의 재무보고체계라는 것

[2] 상기 상충과 다른 것은 하부의 재무제표에 대한 의견이 아니라 독립된 재무제표 각각에 대한 의견이라는 것

7 감사의견의 변형으로 인한 감사보고서

7.1 감사의견(Auditor's Opinion)

감사인은 감사의견을 변형할 때 "한정의견", "부적정의견" 또는 "의견거절"이라는 제목을 해당 감사의견 단락의 제목에 적합하게 기재하여야 한다(ISA 705-16).

(1) 왜곡표시로 인한 변형: 한정의견 or 부적정의견

- 한정의견: 재무제표의 왜곡표시로 인하여 한정의견을 표명하는 경우, 감사인은 의견문단에 다음 사항을 기술하여야 한다(ISA 705-17).
  - (a) 재무제표를 공정표시체계에 따라 보고할 경우: 감사인의 의견으로는 별첨된 재무제표는 한정의견근거 단락에 기술된 사항의 영향을 제외하고는, ...을 해당 재무보고체계에 따라 중요성의 관점에서 공정하게 표시하고 있음[주]
  - (b) 재무제표를 준수체계에 따라 보고할 경우: 감사인의 의견으로는 별첨된 재무제

[주] 외감법에 따른 감사는 반드시 (a)를 채택

표는 한정의견근거 단락에 기술된 사항의 영향을 제외하고는, 중요성의 관점에서 해당 재무보고체계에 따라 작성되었음

- 부적정의견: 재무제표의 왜곡표시로 인하여 부적정의견을 표명하는 경우, 부적정의견근거 단락에 기술된 사항의 유의성 때문에, 다음 사항을 감사의견에 기술하여야 한다(ISA 705-18).
  (a) 재무제표를 공정표시체계에 따라 보고할 경우: 감사인의 의견으로는 별첨된 재무제표는 부적정의견근거 단락에 기술된 사항의 유의성으로 인하여, 해당 재무보고체계에 따라 공정하게 표시하고 있지 않음[주]
  (b) 재무제표를 준수체계에 따라 보고할 경우: 감사인의 의견으로는 별첨된 재무제표는 부적정의견근거 단락에 기술된 사항의 유의성으로 인하여, 재무제표가 중요성의 관점에서 해당 재무보고체계에 따라 작성되지 않았음

[주] 외감법에 따른 감사는 반드시 (a)를 채택

(2) 감사범위제한으로 인한 변형: 한정의견 or 의견거절

- 한정의견: 감사인이 충분하고 적합한 감사증거를 입수할 수 없어서 한정의견을 표명하는 경우, 감사인은 변형의견에 대하여 "... 의 사항이 미칠 수 있는 영향을 제외하고"라는 대응 문구를 사용하여야 한다(ISA 705-17).
  (a) 재무제표를 공정표시체계에 따라 보고할 경우: 감사인의 의견으로는 별첨된 재무제표는 한정의견근거 단락에 기술된 사항이 미칠 수 있는 영향을 제외하고는, ...을 [해당 재무보고체계]에 따라 중요성의 관점에서 공정하게 표시하고 있음
  (b) 재무제표를 준수체계에 따라 보고할 경우: 감사인의 의견으로는 별첨된 재무제표는 한정의견근거 단락에 기술된 사항이 미치는 영향을 제외하고는, 중요성의 관점에서 [해당 재무보고체계]에 따라 작성되었음

- 의견거절: 감사인이 충분하고 적합한 감사증거를 입수할 수 없어 의견을 거절하는 경우, 감사인은 다음 사항을 기술하여야 한다(ISA 705-25).
  (a) 감사인은 별첨된 재무제표에 대한 의견을 표명하지 아니함
  (b) 의견거절근거 단락에 기술된 사항의 유의성 때문에, 감사인은 재무제표에 대한 감사의견의 근거를 제공하기에 충분하고 적합한 감사증거를 입수할 수 없었음
  (c) 충분하고 적합한 감사증거를 수집하였을 경우 사용하는 문구인 "감사인이 해당 재무제표를 감사하였음"을 수정하여 "감사인이 재무제표에 대한 감사계약을 체결하였음"으로 기술함

7.2 감사의견근거 단락

감사인은 감사의견을 변형할 때 "한정의견", "부적정의견" 또는 "의견거절"이라는 제목을 해당 감사의견 단락의 제목에 적합하게 기재하여야 한다(ISA 705-16). 예를 들면, 감사의견이 적정의견일 경우 감사의견근거 단락의 제목은 "감사의견근거" 단락, 한정의견일 경우 "한정의견근거" 단락, 부정적의견일 경우 "부적정의견근거" 단락 그리고 의견거절일 경우 "의견거절근거" 단락으로 표기한다.

(1) 왜곡표시로 인한 변형: 한정의견 or 부적정의견

- 금액의 왜곡: 재무제표의 특정 금액(양적 공시 포함)과 관련하여 재무제표의 중요한 왜곡표시가 존재하는 경우, 감사인은 실행불가능하지 않는 한 ① 해당 왜곡표시의 재무적 영향의 설명과 ② 계량화한 내용을 감사의견근거 단락에 포함하여야 한다. 재무적 영향을 계량화하는 것이 실행가능하지 않다면, 그러한 사실을 감사의견근거 단락에 기술하여야 한다(ISA 705-21).

> **TIP**
> 재무적 영향의 한 예로, 재고자산이 과대계상된 경우에 법인세 비용, 세전이익, 순이익 그리고 자본에 미치는 영향을 계량화하는 것을 들 수 있을 것이다(ISA 705-A18).

- 공시의 왜곡: 질적 공시(예 재무제표의 주석)와 관련하여 재무제표의 중요한 왜곡표시가 존재하는 경우, 감사인은 해당 공시가 어떻게 왜곡표시되어 있는지에 대한 설명을 감사의견근거 단락에 포함하여야 한다(ISA 705-22). 공시가 요구되는 정보의 미공시와 관련하여 재무제표의 중요한 왜곡표시가 존재하는 경우, 감사인은 다음의 절차를 모두 수행하여야 한다(ISA 705-23).

(a) 미공시에 대하여 지배기구와 토의
(b) 누락된 정보의 성격을 감사의견근거 단락 기술
(c) 감사인이 누락된 공시를 포함하는 것이 실행가능하고 누락된 정보에 대하여 충분하고 적합한 감사증거를 입수한 경우, 감사인은 법규상 금지되지 않는 한 누락된 공시를 포함(주)

(주) 경영진이 누락된 공시를 포함하면 감사인은 상기 (a), (b), (c)는 무시하고 적정의견을 표명하면 된다.

(2) 감사범위제한으로 인한 변형: 한정의견 or 의견거절

기출 2024

감사인이 충분하고 적합한 감사증거를 입수할 수 없어 감사의견의 변형이 초래된 경우, 감사인은 감사의견근거 단락에 그 이유를 포함하여야 한다(ISA 705-24). 감사인이 재무제표에 대하여 부적정의견을 표명하였거나 의견을 거절한 경우라도, 의견의 변형이 요구되었을 기타의 사항을 알고 있는 경우 감사인은 감사의견근거 단락에 그 이유와 영향을 기술하여야 한다(ISA 705-27).

7.3 감사인의 책임에 대한 기술

(1) 한정의견이나 부적정의견을 표명할 경우 감사인의 책임에 대한 기술

감사인이 한정의견이나 부적정의견을 표명할 경우 감사인의 책임에 대한 감사보고서는 적정의견과 일치하며 변형되지 않는다.

(2) 의견을 거절할 경우 감사인의 책임에 대한 기술

감사인이 재무제표에 대하여 의견을 거절하는 경우, 감사보고서에 감사보고서요소 중 다음 사항은 포함하여서는 안 된다(ISA 705-26).

(a) 감사인의 책임이 기술된 감사보고서 단락에 관한 언급

(b) 입수한 감사증거가 감사의견의 근거를 제공하는 데 충분하고 적합한지 여부에 관한 기술

7.4 지배기구와의 커뮤니케이션

감사인은 감사의견을 변형시킬 것으로 예상하는 경우, 예상되는 변형을 발생시킨 상황 그리고 변형된 문안을 지배기구와 커뮤니케이션하여야 한다(ISA 705-30).

8 감사보고서 핵심감사사항 커뮤니케이션(Communicating Key Audit matters in the Independent Auditor's Report)

8.1 핵심감사사항이란(Definition of Key Audit matters)?

(1) 핵심감사사항의 정의

핵심감사사항(key audit matters)은 감사인의 전문가적 판단에 따라, 당기 재무제표 감사에서 가장 유의적인 사항으로 지배기구와 커뮤니케이션한 사항 중에서 선택된다. 핵심감사사항은 다음과 같이 정의된다(ISA 701-8).

TIP

투자자가 감사보고서에서 얻을 수 있는 정보는 감사의견이다. 핵심감사사항은 여기에 지배기구와 커뮤니케이션한 주요 감사대상, 이에 대한 감사인의 대응(감사절차)과 그 결과(감사결과)를 제공한다.

핵심감사사항 (ISA 701-8)

당기의 재무제표에 대한 감사(the audit of the current period financial statements)에서 가장 유의한(most significance) 사건들에 대한 감사인의 전문가적 판단(auditor's professional judgment)으로 지배기구(those charged with governance)와 커뮤니케이션한 사항 중에서 선택된 것으로, 감사인이 감사를 수행하는 과정(performing the audit)에서 유의하게 감사인의 주의(significant auditor attention)를 요구하는 것

(2) 핵심감사사항의 의의

감사보고서는 감사인이 감사한 회사에 대한 감사결과를 감사보고서 이용자와 커뮤니케이션하는 수단이다. 전통적인 감사보고서는 감사의견만을 제공해 왔다. 그 결과 감사보고서 제공자인 감사인은 감사보고서가 제공하는 의미와 감사가 가지는 한계가 무엇인지 제대로 이해하고 있지만, 감사보고서 이용자는 감사보고서가 실제로 제공하고 있는 것보다 더 높은 수준을 기대하는 기대차이(expectation gap)가 존재한다는 보고가 있었다.

IAASB[2)]는 감사인과 감사보고서 이용자간 기대차이를 완화하고 감사보고서 가치를 높이기 위해서 감사보고체계 개선프로젝트를 진행하였고. 감사보고서에 핵심감사사항을 추가하게 되었다.

(3) 핵심감사사항에 대한 커뮤니케이션의 목적

감사보고서에 핵심감사사항을 포함하여 감사인이 감사보고서 이용자와 커뮤니케이션하는 목적은 다음과 같다(ISA 701-2, 3).

핵심감사사항에 대한 커뮤니케이션의 목적 (ISA 701-2, 3)

① 수행된 감사에 대하여 투명성을 제고함으로써 감사보고서에서의 커뮤니케이션 가치를 향상시킨다.
② 의도된 이용자들이 기업과 감사받은 재무제표에서 유의적경영진판단 분야를 이해하는데 도움을 준다.
③ 의도된 이용자에게 경영진과 지배기구에 더 많이 관여할 수 있는 근거를 제공한다.

① 핵심감사사항에 대한 커뮤니케이션의 목적은 수행된 감사에 대하여 투명성을 제고함으로써 감사보고서에서의 커뮤니케이션 가치를 향상시키는데 있다. 핵심감사사항에 대한 커뮤니케이션은 의도된 재무제표 이용자들("의도된 이용자: intended users")이 당기 재무제표감사에서 가장 유의적인 사항들을 이해하는 데 도움이 될 수 있도록 추가적인 정보를 제공한다.

② 핵심감사사항에 대한 커뮤니케이션은 의도된 이용자들이 기업과 감사받은 재무제표에서 유의적경영진판단 분야를 이해하는데 도움이 될 수 있다.

③ 감사보고서에서 핵심감사사항에 대한 커뮤니케이션은 기업, 감사받은 재무제표, 또는 수행된 감사와 관련한 특정 사항에 관하여 의도된 이용자에게 경영진과 지배

2) International Auditing and Assurance Standards Board

기구에 더 많이 관여할 수 있는 근거를 제공할 수도 있다.

(4) 핵심감사사항에 대한 커뮤니케이션이 제공하지 않는 것

감사보고서에서 핵심감사사항에 대하여 커뮤니케이션 하는 것은 감사인이 재무제표 전체에 대하여 의견을 형성하는 맥락에서 이루어진다. 감사보고서에서 핵심감사사항에 대하여 커뮤니케이션 하는 것이 다음을 의미하는 것은 아니다(ISA 701-4).

① 해당 재무보고체계에서 경영진에게 작성하도록 요구하거나 또는 공정한 표시를 달성하기 위해 필요한 재무제표 공시를 대체

② 특정 감사업무의 상황에서 요구되는 경우 감사인의 변형의견 표명을 대체

③ 계속기업으로서의 존속능력에 대하여 유의적 의문을 불러일으킬 수 있는 사건이나 상황과 관련한 중요한 불확실성이 존재하는 경우 감사기준서상 "계속기업에 대한 보고"를 대체

④ 개별 사항들에 대한 별도의견

8.2 핵심감사사항의 결정(Determining Key Audit Matters)

감사인은 다음 단계를 거쳐 감사보고서 이용자와 커뮤니케이션할 핵심감사사항을 결정한다(ISA 701-9, 10).

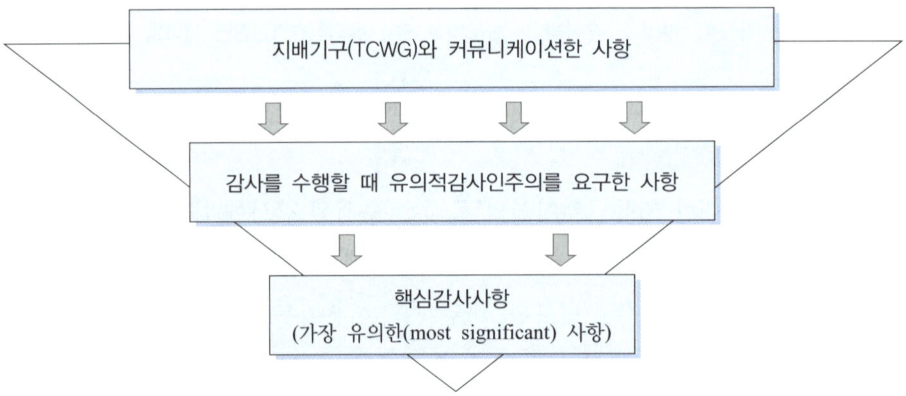

핵심감사사항은 다음 단계를 거쳐 선정한다.

- 1단계: 지배기구와 커뮤니케이션한 사항은 핵심감사사항으로 분류될 수 있는 후보군에 속한다. 즉, 핵심감사사항은 지배기구와 커뮤니케이션 한 것 중에서 후속 단계를 거쳐 선정한다(ISA 701-9).
- 2단계: 상기 지배기구와 커뮤니케이션한 사항 중에서, 감사를 수행하는 과정에서

유의적감사인주의를 요구한 사항을 파악한다. 감사인이 감사를 수행하는 과정에서 다음을 포함하여 유의적감사인주의를 요구한 사항(significant auditor attention)으로 결정할 때 다음 사항을 고려한다(ISA 701-9).

기출 2021

유의적감사인주의를 요구한 사항을 결정할 때 고려하는 사항 (ISA 701-9)

① 중요왜곡표시위험이 더 높게 평가되거나 유의적 위험으로 식별된 분야
② 추정불확실성이 높은 것으로 식별된 회계추정치를 포함하여, 유의적경영진판단이 수반된 재무제표 분야와 관련되는 유의적감사인판단
③ 보고기간 중 발생한 유의적인 사건이나 거래가 감사에 미치는 영향

• 3단계: 상기 2단계에서 감사를 수행할 때 유의적감사인주의를 요구한 사항 중에서 가장 유의한(most significant) 사항에 해당되는 것들을 핵심감사사항으로 분류한다.

감사인이 핵심감사사항을 결정하고 커뮤니케이션하는 것은 해당 감사에 특유한 사항을 식별하고 해당 감사에서 다른 사항들과 비교하여 핵심감사사항의 상대적 중요성을 판단하는데 있다. 따라서 감사인은 위 2단계에서 유의적감사인주의를 요구한 사항들 중 어떤 것이 가장 유의한 사항인지를 선택하여야 하는데 이때 상대적 유의성은 다음을 고려한다(ISA 701-10, A27~A30).

기출 2022

가장 유의적인 사항(상대적 중요성)을 결정할 때 고려하는 사항 (ISA 701-10, A27~A30)

① 지배기구와 커뮤니케이션 성격, 범위 및 빈도 등 고려
② 상대적 유의성을 결정할 때 고려할 기타사항
  - 재무제표에서 해당 사항의 중요성
  - 경영진의 회계정책 선택에 수반되는 복잡성이나 주관성
  - 해당 사항과 관련된 부정이나 오류로 인한 수정왜곡표시와 집계된 미수정왜곡표시의 질적 또는 양적 성격과 중요성
  - 해당 사항을 다루기 위해 필요한 감사노력의 성격과 범위
  - 감사증거를 입수하는데 있어서의 어려움의 성격과 심각성(특히 감사인의 판단이 더 주관적이 될수록 증거수집이 어려움)
  - 식별된 통제 미비점의 심각성
  - 해당 사항이 다수의 감사 고려사항과 관련되는지 여부(예 장기계약은 수익인식, 소송 또는 기타 우발사항에 대하여 유의적감사인주의를 수반할 수 있으며 기타의 회계추정치에 영향을 미칠 수 있음)

주1. 2단계에서 유의적감사인주의를 요하는 사항을 선정하고 3단계에서 그 중 상대적으로 중요한 것을 고르는 것임.
주2. 비교재무제표에서 전기 핵심감사사항을 당기 핵심감사사항에 포함하여야 하는가? 비록 비교재무제표가 표시되는 경우라도(즉, 감사의견이 재무제표가 표시되는 각각의 기간에 대하여 표명된 경우라도), 핵심감사사항에 대한 감사인의 결정은 당기재무제표감사에서 가장 유의적인 사항들로 제한된다(ISA 701-A10).

그러면 어떤 사항들이 핵심감사사항으로 선정되었을까? 핵심감사사항이 유럽을 기반으로 한 국제감사기준에서 유래(미국은 도입하지 않음)하였기 때문에 유럽에서는 이미 핵심감사사항이 많이 정착되었다. 우리나라는 2018 회계연도부터 순차적으로 도입하였기 때문에 유럽 기업들이 어떤 사항을 핵심감사사항으로 선정하는지를 벤키마킹하고 있다. 그 결과 유럽국가들과 우리나라 모두 핵심감사사항으로 기재하는 사항들의 패턴이 매우 유사하다. 아래는 핵심감사사항으로 빈번하게 기재되는 사항들을 예로 들고 있다.

핵심감사사항 기재사례
- 수익인식(부정관련)
- 자산손상(예 유형/무형자산, 매출채권 회수가능성, 투자기업주식)
- 충당부채평가
- 법인세
- 경영진의 통제무력화(management override of controls)
- 리스회계처리

가장 빈도가 높은 사항은 수익인식과 자산손상이다. 왜 그럴까? 기업들이 재무제표를 왜곡하는 동기는 금액적으로 효과가 커야 하고 왜곡하기 쉽고 잘 발각되지 않아야 할 것이다. 이런 관점에서 본다면 손익계산서의 최상위에 있는 매출액(수익)은 부정한 방법으로 재무제표를 왜곡할 경우 당기순이익에 미치는 효과가 크다. 또한 거래빈도가 높아 쉽게 발견되기 어렵다.

자산손상은 금액적으로도 크지만 주관적 판단이 많이 개입된다. 따라서 기업들이 지나치게 유리한 방향으로 자산을 평가하려는 유혹을 가질 수 있다. 두 항목 모두 감사인에게는 요주의 항목일 수밖에 없다. 그 외 사항들도 대체로 금액적으로 크거나, 주관이 많이 개입되거나, 복잡하거나, 또는 기업들이 상대적으로 중요하게 재무제표를 왜곡하려는 대상으로 선정되는 것들이라고 할 수 있다.

기출 2021

Q

1. 다음 사항 중 핵심감사사항으로 기재될 수 있는 것은?
2. COVID 19로 인하여 주요 거래처를 잃게 되었고 그로 인하여 주요 거래처의 매출채권 회수가능성에 의문이 제기되는 경우는 핵심감사사항으로 선정되어야 하는가?
3. COVID 19로 인하여 회사 경영에 영향을 없지만 국가경제가 둔화될 것이라는 전망은 핵심감사사항으로 선정되어야 하는가?

기출 2021

8.3 핵심감사사항에 대한 커뮤니케이션(Communicating Key Audit Matters)

(1) 핵심감사사항의 감사보고

감사인은 감사보고서의 "핵심감사사항"이라는 제목의 별도 단락에 적절한 소제목을 사용하여 각각의 핵심감사사항을 기술하여야 한다. 감사보고서의 이 단락에서 도입 문구는 다음 사항을 기술하여야 한다(ISA 701-11).

① 핵심감사사항은 감사인의 전문가적 판단에 따라 [당기] 재무제표감사에서 가장 유의적인 사항임

기출 2024

② 해당 사항은 재무제표 전체에 대한 감사의 관점에서, 재무제표 전체에 대한 감사의견을 형성할 때 다루어진 사항이며, 감사인은 이 사항에 대하여 별도의 의견을 제공하지 않음

(2) 변형의견 표명을 대체하기 위한 핵심감사사항의 기술 금지

감사인이 어떤 사항으로 인하여 감사의견을 변형해야 하는 경우 감사인은 감사보고서의 핵심감사사항 단락에서 해당 사항을 핵심감사사항으로 커뮤니케이션 하여서는 안 된다(ISA 701-12).

(3) 개별 핵심감사사항의 기술

감사보고서의 핵심감사사항 단락의 각각의 핵심감사사항에 대한 기술은 재무제표의 관련 공시에 대한 언급을 포함하여야 하고 다음 사항을 다루어야 한다.

기출 2024

① 해당 사항이 감사에서 가장 유의적인 사항 중 하나로 고려되어 핵심감사사항으로 결정된 이유

② 해당 사항이 감사에서 다루어진 방법 (예를 들면, 다음사항을 기술)
- 해당 사항에 가장 관련성이 있거나 평가된 중요왜곡표시위험에 특유한 감사인의 대응 및 접근방법
- 수행된 감사절차의 개략적인 개요
- 감사절차의 결과에 대한 암시
- 해당 사항과 관련한 주요 관찰사항
- 또는 이러한 요소들 중 일부의 결합

(4) 핵심감사사항으로 결정된 사항이 감사보고서에 커뮤니케이션되지 않는 상황

감사인은 다음의 경우가 아니라면 감사보고서에 각각의 핵심감사사항을 기술하여야 한다(ISA 701-14).

① 법규에서 해당 사항에 대한 공시를 배제함

② 기업이 공개적으로 공시하지 않았던 민감한 정보(sensitive matter): 기업이 공개적으로 공시하지 않았던 민감한 정보에 대해서는 극히 예외적인 상황에서 핵심감사사항으로 기재하지 않아도 된다. 구체적으로 극히 드문 상황에서, 해당 사항을 감사보고서에 커뮤니케이션 함으로써 발생할 수 있는 부정적 결과(예 기업의 기밀정보)가 그러한 커

뮤니케이션의 공익적 효익을 훨씬 넘어설 것이라고 합리적으로 예상되기 때문에 감사인이 감사보고서에 해당 사항을 커뮤니케이션해서는 안 된다고 결정한 경우가 이에 해당한다. 그러나 기업이 해당 사항에 관한 정보를 이미 공시한 적이 있는 경우(더 이상 공시하지 않아야 할 합리적인 사유가 없음)에는 핵심감사사항으로 보고할 예외로 인정받을 수 없다.

(5) 핵심감사사항의 기술과 감사보고서에 포함되도록 요구되는 다른 요소간의 상호작용

핵심

핵심감사사항에 기재할지 여부에 대한 판단

	감사의견	감사의견 단락	핵심감사사항
1. 감사의견변형사항	변형	감사의견근거 단락	×
2. 한정의견(핵심감사사항 ABC 중 AB는 의견변형사유)	한정의견	AB는 감사의견근거 단락	C는 핵심감사사항 단락
3. 부적정의견(핵심감사사항 AB 중 A는 의견변형사유)	부적정의견	A는 감사의견근거 단락	감사의견이 부적정인 상황에서 B를 핵심감사사항으로 기재하면 부적정의견이 아니라고 오해할 수 있으므로 바람직하지 않음.
4. 계속기업 유의적 불확실성 존재하지만 계속기업 전제의 사용이 적한한 경우	적정의견	적정의견이므로 감사의견근거 단락에 기재할 수 없고 '계속기업 관련 중요한 불확실성' 단락에 추가	×
5. 감사의견거절	의견거절	감사의견근거 단락	× (어떤 내용도 핵심감사사항에 기재할 수 없음)

※ 감사보고서 문단은
1. 동일 내용을 서로 다른 문단에서 중복하지 않는다.
2. 감사의견근거 단락 → 핵심감사사항 → 강조사항 등으로 우선 적용된다.

1. 의견변형사항 → 감사의견을 변형 + '감사의견근거' 단락. not 핵심감사사항
2. 계속기업 유의적 불확실성(적정의견) → '계속기업 관련 중요한 불확실성' 단락. not 핵심감사사항

변형의견을 초래하는 사항 또는 계속기업으로서의 존속능력에 대하여 유의적 의문을 초래할 수 있는 사건이나 상황과 관련한 중요한 불확실성은 그 특성상 핵심감사사항이다. 그러나, 그러한 상황에서, 이 사항들은 감사보고서의 핵심감사사항 단락에 기술되어서는 안되며, 오히려 다음과 같은 절차를 수행하여야 한다(ISA 701-15).

감사의견 변형 또는 계속기업 유의적 의문에 대한 중요한 불확실성과 핵심감사사항 (ISA 701-15)

① 해당 감사기준서에 따라 이 사항들에 대하여 보고함 → 예를 들면, 감사의견단락 또는 계속기업 관련 중요한 불확실성 단락에 반영

② 핵심감사사항 단락에 한정의견(부적정의견)근거 단락 또는 계속기업 관련 중요한 불확실성 단락에 대한 언급을 포함함 → 해당사항을 구체적으로 설명하는 것이 아니라 언급(Include a reference)만 하는 것임. 예를 들면, 핵심감사사항 단락 본문 중간에 다음과 같이 기술할 수 있다. "...우리는 한정의견근거 단락에 기술된 사항에 추가하여, 아래에 기술된 사항을 이 감사보고서에서 커뮤니케이션 할 핵심감사사항으로 결정하였습니다..."

■ 한정의견(부적정의견)에 직접 영향을 미치는 사항과 핵심감사사항

감사인이 한정의견 또는 부적정의견을 표명하는 경우, 한정의견(부적정의견)근거 단락에 변형의견을 초래하는 사항을 기술하는 것은 의도된 이용자들의 이해를 증진시키고 그러한 상황들이 발생하는 경우 이를 식별하는데 도움이 된다. 그러므로 핵심감사사항 단락에 기술된 다른 핵심감사사항으로부터 이 사항에 대한 커뮤니케이션을 분리하는 것이 감사보고서에서 이 사항을 적절하게 부각시킨다(ISA 701-A6). → 즉, 감사의견의 변형을 초래한 사건은 핵심감사사항에 포함하지 않고 한정의견(부적정의견)근거 단락에 포함한다.

■ 한정의견을 표명하고 해당 한정의견과 직접 관련이 없는 사항과 핵심감사사항

감사인이 한정의견을 표명하는 경우에도, 다른 핵심감사사항에 대한 커뮤니케이션은 의도된 이용자들의 감사에 대한 이해를 높이는 것과 여전히 관련이 있을 것이며, 그래서 핵심감사사항에 포함된다(ISA 701-A7). → 즉, 한정의견을 표명하는 경우라고 하더라도 감사의견의 변형을 초래하지 않는 사건으로 핵심감사사항의 요건을 충족하면 핵심감사사항으로 표기한다.

■ 부적정의견을 표명하고 해당 부적정의견과 직접 관련이 없는 사항과 핵심감사사항

감사인이 왜곡표시가 재무제표에 개별적으로 또는 집합적으로 중요하며 동시에 전반적이라고 결론을 내리는 상황에서는 부적정의견이 표명되며, 이 경우에는 다음의 절차를 따른다(ISA 701-A7).

- 부적정의견을 초래하는 사항의 유의성에 따라, 감사인은 그밖에 다른 사항들은 핵심감사사항이 아니라고 결정할 수 있다. 이러한 상황에서는 해당 사항을 핵심감사사항으로 포함하지 아니한다.
- 부적정의견을 초래하는 사항들 외에 하나 이상의 사항이 핵심감사사항으로 결정되는 경우, 재무제표 전체에 대한 부적정의견이 적합한 상황에서, 다른 핵심감사사항에 대한 기술로 인해 재무제표가 전체적인 관점에서 더 신뢰할만하다고 암시하지 않게 하는 것은 매우 중요하다. 따라서 부적정의견을 표명하는 경우 다른 핵심감사사항을 추가하는 것은 바람직하지 않다.

■ 기초잔액에 대한 증거수집과 핵심감사사항

감사인은 기초잔액과 관련하여 충분하고 적합한 감사증거를 입수할 수 없다면, 한정의견을 표명하거나 재무제표에 대한 의견을 거절한다. 만약, 감사인이 당기재무제표에 중요한 영향을 미치는 왜곡표시가 기초잔액에 포함되지 않았다는 점에 대하여 충분하고 적합한 감사증거를 입수하는데 유의적인 어려움에 직면한다면, 감사인은 이것을 핵심감사사항으로 결정할 수 있다(ISA 710-A8).

(6) 다른 상황에서의 핵심감사사항 단락의 형태와 내용

감사인이 커뮤니케이션할 핵심감사사항이 없다고 결정한 경우, 감사보고서에는 다음 사례와 같이 표시한다.

> 핵심감사사항
>
> [한정의견(부적정의견)근거 단락 또는 계속기업 관련 중요한 불확실성 단락에 기술된 사항을 제외하고는] 우리는 감사보고서에 보고해야 할 [다른] 핵심감사사항이 없다고 결정하였습니다.

8.4 지배기구와의 커뮤니케이션(Communication with Those Charged with Governance)

기출 2021

감사인은 지배기구와 다음 사항에 대하여 커뮤니케이션 하여야 한다(ISA 701-17).

핵심감사사항과 관련하여 지배기구와 커뮤니케이션할 사항 (ISA701-17)

① 감사인이 핵심감사사항이라고 결정한 사항들
② 해당되는 경우, 해당 기업과 해당 감사의 사실과 상황에 따라, 감사보고서에 커뮤니케이션할 핵심감사사항이 없다는 감사인의 결정

핵심

	주석기재 ×	기업의 방해 or 회피행위	주석기재 ○ + 지배기구와 커뮤니케이션 ×	의견거절
핵심감사사항	회계기준위배 (한정 or 부적정)			
핵심감사사항		감사범위제한 (한정 or 의견거절)		
핵심감사사항			감사의견에 영향 없음 + 핵심감사사항에 대한 방해(감사방해)	
핵심감사사항				핵심감사사항 기재하면 안됨

8.5 핵심감사사항과 감사의견

핵심감사사항과 감사의견 간에는 다음의 관계가 있다.

- 회계기준위배: 핵심감사사항으로 분류됨에도 불구하고 회사가 이를 재무제표 주석으로 기재하지 않는다면 이는 회계기준위배에 해당된다. 이 경우 감사인은 그 중요성에 따라 한정의견 또는 부적정의견을 표명한다.
- 감사범위제한: 감사인은 핵심감사항목에 대한 기업의 방해 또는 회피행위가 감사범위와 감사의견 형성에 미치는 영향의 중요성을 고려하고, 감사범위의 제한으로 판단되는 경우 한정의견 또는 의견거절한다. 그러나 핵심감사사항에 포함될 수 있는 내용을 회사가 재무제표의 주석으로는 올바르게 기재하고 다만 감사인이 지배기구와 커뮤니케이션 등을 수행하지 않는 경우 이는 감사의견에 영향을 미치지는 않으며, 핵심감사사항에 대한 방해에 해당한다.
- 의견거절: 감사인이 재무제표에 대하여 의견을 거절하는 경우, 감사보고서에 핵심감사사항 단락을 포함하여서는 안 된다(ISA 705-29).

Q
의견거절 하는 경우 핵심감사사항을 기재하는가?

기출 2022

기출 2025

9 강조사항문단

핵심

구 분	주 석	강조사항과 기타사항
근거규정	회계기준(감사의견과 관계있음)	회계감사기준(감사의견과 관계없음)
책 임	경 영 진	감 사 인

9.1 강조사항의 의의

기출 2023

감사보고서에는 감사의견과 관련된 본문에 추가하여 강조사항문단이 추가될 수 있다. 강조사항문단은 다음과 같이 정의된다(ISA 706-7).

> 강조사항문단(Emphasis of Matter Paragraph)이란 재무제표에 적절하게 표시되거나 공시되어 있지만, 이용자가 재무제표를 이해하는데 근본이 될 정도로 중요한 사항이라고 판단되어 감사인이 이러한 사항을 언급하는 감사보고서에 포함된 문단을 말한다.

강조사항은 재무제표에 표시되거나 공시될 사항으로, 경영진이 적절하게 표시하거나 공시한 사항(주석)을 감사인이 감사의견 아래에 추가하여 강조하려는 의도를 가진 것이다. 즉, 회계기준에 따라 표시되거나 공시될 사항으로 적절하게 표시되거나 공시되었기 때문에 감사의견에는 영향을 미치지 않는다. 혹자는 이미 주석 등에 공시된 사항을 왜 감사보고서에 추가하는가? 하는 의문을 가질 수 있다. 그러나 재무제표의 주석은 그 내용이 매우 광범위하다. 그 중에서 정보이용자에게 영향을 미치는 특히 중요한 사항이 있을 경우 정보의 홍수 속에서 이를 정확히 인지하고 파악한다는 것은 한계가 있다. 이런 관점에서 감사인은 감사보고서에 강조사항을 추가함으로써 감사보고서 이용자에게 보다 친절하게(friendly) 정보를 제공하고자 한다.

9.2 강조사항에 포함할 사항

기출 2021

감사인은 재무제표에 표시되거나 또는 공시된 사항으로서 이용자가 재무제표를 이해하는 데 근본이 될 정도로 중요하다고 판단되어 이들에 대하여 이용자의 주의를 환기시켜야 할 필요가 있다고 고려하는 경우, 다음의 경우가 모두 해당된다면 감사보고서에 강조사항문단을 포함하여야 한다(ISA 706-8).

강조사항에 포함될 조건 (ISA 706-8)

① 감사인이 해당 사항으로 인하여 의견을 변형할 것으로 요구되지는 않을 것임[3]
② 해당사항이 감사보고서에서 커뮤니케이션되어야 하는 핵심감사사항으로 결정되지 않았음

감사인이 강조사항문단을 포함시킬 필요가 있다고 고려할 수 있는 상황은 다음과 같다(ISA 706-A5).

강조사항문단에 포함할 예 (ISA 706-A5)

- 예외적인 소송이나 규제조치의 미래 결과에 대한 불확실성
- 재무제표일과 감사보고서일 사이에 발생한 유의적인 후속사건
- 재무제표에 중요한 영향을 미치는 새로운 회계기준을 조기적용하는 경우
- 해당 기업의 재무상태에 유의적인 영향을 미쳤거나 계속해서 영향을 미치고 있는 주요 재해

9.3 강조사항문단을 포함할 경우 준수할 사항

감사인이 감사보고서에 강조사항문단을 포함시키는 경우 다음을 준수해야 한다(ISA 706-9).

① "강조사항" 이라는 용어를 포함하는 적합한 제목을 가진 감사보고서의 별도의 단락 내에 해당 문단을 포함함.

② 강조될 사항 및 이를 상세하게 기술하고 있는 재무제표의 관련 공시(재무제표에 대한 주석)의 위치를 명확하게 언급함. 강조사항문단에서는 재무제표에 표시되거나 공시된 정보만을 언급하여야 함.

③ 강조된 사항과 관련하여 감사의견이 변형되지 않는다는 점을 나타냄

TIP

강조사항문단을 광범위하게 사용할 경우, 강조하고자 하는 사항에 대한 감사인의 커뮤니케이션의 효과성이 감소된다. 또한 강조사항문단에 재무제표에 표시되었거나 공시된 것보다 더 많은 정보를 포함시킬 경우, 이러한 사항이 재무제표에 적절하게 표시되거나 공시되지 아니하였다는 것을 의미할 수도 있다. 그러므로 감사기준에서는 강조사항문단의 사용을 재무제표에 표시되거나 공시된 사항들로 제한하고 있다.

3) 강조할 사항은 적절하게 회계처리되었기 때문에 강조하는 것이며 적절하게 회계처리되지 않았다면 감사의견에 반영한다는 취지임

10 기타사항문단(Other Matter Paragraphs)

10.1 기타사항의 의의

기타사항문단(Other Matter Paragraph)이란 재무제표에 표시되거나 공시되지 아니한 사항으로서 이용자가 감사, 감사인의 책임 또는 감사보고서를 이해하는데 관련성이 있다고 판단되어 감사인이 이러한 사항을 언급하는 감사보고서에 포함된 문단을 말한다.

감사인은 재무제표에 표시 또는 공시되지 아니한 사항으로서 이용자가 해당 감사, 감사인의 책임 또는 감사보고서를 이해하는데 관련성이 있다고 판단되어 이를 커뮤니케이션할 필요가 있다고 고려하는 경우, 다음의 경우가 모두 해당된다면 감사보고서에 기타사항문단을 포함하여야 한다(ISA 706-10).

① 기타사항문단을 포함하는 것이 법규상 금지되어 있지 않음

② 해당 사항은 감사보고서에 커뮤니케이션되어야 하는 핵심감사사항으로 결정되지 않았음

기타사항은 재무제표와 관련이 없기 때문에 재무제표에 표시되거나 공시된 것일 필요가 없다. 다만, 감사라는 것이 일반 이용자가 이해하기 어려운 것이기 때문에 필요한 경우 감사인의 책임이 무엇인지? 그리고 감사보고서를 이해하는데 관련성이 있다고 판단되는 사항이 있을 경우 이를 기타사항에 추가한다. 이는 감사인이 감사인의 책임과 감사에 대하여 이용자에게 친절하게 설명함으로써 불필요한 갈등이나 소송을 미연에 방지하는데 그 목적이 있다.

여기서, 한 가지 분명한 것은 강조사항과 기타사항 모두 감사의견에 영향을 미치지 않는다는 것과 그 기재여부는 경영진이 아닌 감사인이 결정한다는 것이다. 따라서 강조사항과 기타사항을 기재하지 않았다고 해서 감사의견이 변형되는 것은 아니다.

10.2 기타사항에 포함할 사항

기타사항문단에 포함할 수 있는 예는 다음과 같다.

기타사항문단으로 포함할 수 있는 예(ISA 706-A9~A16)

① 감사에 대한 이용자의 이해와 관련성이 있는 경우
② 감사인의 책임이나 감사보고서에 대한 이용자의 이해와 관련성이 있는 경우
③ 하나 이상의 재무제표에 대한 보고[4)]
④ 감사보고서의 배포나 이용의 제한
⑤ 기타정보의 수정이 필요하지만 경영진이 거부한 경우(ISA 720-10)[5)]

10.3 감사보고서 내 기타사항문단의 포함(Including an Other Matter Paragraph in the Auditor's Report)

기타사항문단의 내용에는 해당 기타사항이 재무제표에 표시 또는 공시가 요구되지 않는다는 점을 명확하게 반영한다. 그러나 법규 또는 기타의 전문직 기준(예 비밀유지와 관련된 윤리기준)에 따라 감사인이 제공하는 것이 금지되는 정보는 기타사항문단에 포함시키지 않도록 한다. 또한 경영진이 제공하도록 요구되는 정보도 기타사항문단에는 포함시키지 아니한다(ISA 706-A15).

10.4 지배기구와의 커뮤니케이션(Communication with Those Charged with Governance)

감사인이 감사보고서에 강조사항문단이나 기타사항문단을 포함시킬 것으로 예상하는 경우, 이와 같은 예상 및 해당 문단의 문안에 대하여 지배기구와 커뮤니케이션하여야 한다(ISA 706-12).

11 감사보고서 사례

기출 2023

감사보고서는 감사의견에 영향을 미치는 사항, 법적 요구사항 및 강조사항과 기타사항에 따라 다양하게 작성될 수 있다. 감사보고서 작성 사례는 ① 적정의견 감사보고서, ② 적정의견에 강조사항이 추가된 감사보고서, ③ 한정의견 감사보고서, ④ 부적정의견 감사보고서 및 ⑤ 의견거절 감사보고서의 다섯 가지로 요약될 수 있다.

---

4) 전기재무제표가 전임감사인의 감사를 받은 경우, 전기재무제표에 대한 전임감사인의 감사보고서가 해당 재무제표와 함께 재발행되지 않는 한, 감사인은 당기재무제표에 대한 의견표명에 추가하여 기타사항문단에 다음 사항을 기재하여야 한다(ISA 710-17).
(a) 전기재무제표는 전임감사인이 감사하였음
(b) 전임감사인이 표명한 의견의 유형, 그리고 해당 의견이 변형되었으면 그 이유
(c) 전임감사인의 감사보고서일

5) 기타정보의 수정이 필요하나 경영진이 그러한 수정을 거부하는 경우, 감사인은 이 사항을 지배기구에게 커뮤니케이션하여야 하며, 다음 중 하나의 절차를 취하여야 한다(ISA 720-10).
(a) 해당 중요한 불일치를 기술하는 기타사항문단을 감사보고서에 포함시킴
(b) 감사보고서 발행을 보류함
(c) 관련 법규나 관습상 가능한 경우, 감사업무를 해지함

11.1 적정의견 감사보고서

적정의견은 감사범위의 제한을 받지 아니하고 회계감사기준을 준수하여 감사를 실시한 결과 재무제표가 회계기준에 따라 중요성의 관점에서 공정하게 작성되었다고 판단되는 경우에 표명한다.

주 한국채택국제회계기준은 광범위한 이용자의 공통된 재무정보 수요를 충족시키도록 제정된 공정표시체계라고 한다.

사례 01 적정의견: 한국채택국제회계기준주에 따라 작성된 재무제표에 대한 감사

<사례조건>

- 공정표시체계를 사용하는 상장기업의 전체 재무제표에 대한 감사이며, 그룹감사가 아님
- 기업의 경영진이 한국채택국제회계기준(일반목적체계)에 따라 작성한 재무제표임
- 감사업무의 조건에는 재무제표에 대한 경영진의 책임에 대한 기술이 반영되어 있음
- 감사인은 입수한 감사증거에 근거하여 적정의견이 적합하다고 결론내림
- 감사에 적용된 관련 윤리적 요구사항은 국제윤리기준 그리고 해당 국가의 감사와 관련된 윤리적 요구사항을 포함하고 감사인은 두 가지 모두 언급함
- 입수한 감사증거에 근거하여, 감사인은 계속기업으로서의 존속능력에 대하여 유의적 의문을 초래할 수 있는 사건이나 상황과 관련된 중요한 불확실성이 존재하지 않는다고 결론을 내림
- 핵심감사사항은 커뮤니케이션 됨
- 감사인은 감사보고서일 전에 모든 기타정보를 입수하였으며 기타정보의 중요한 왜곡표시는 식별되지 않음
- 재무제표에 대한 감시 책임자와 재무제표의 작성 책임자가 다름
- 재무제표에 대한 감사에 추가하여, 감사인은 현지 법률의 요구에 따른 기타의 보고책임을 지고 있음

독립된 감사인의 감사보고서

ABC주식회사의 주주 귀중 [또는 다른 적합한 수신인]

재무제표감사에 대한 보고

감사의견

우리는 ABC 주식회사(이하 "회사")의 재무제표를 감사하였습니다. 해당 재무제표는 20×1년 12월 31일 현재의 재무상태표, 동일로 종료된 보고기간의 포괄손익계산서, 자본변동표, 현금흐름표 그리고 중요한 회계정책 정보를 포함한 재무제표의 주석으로 구성되어 있습니다.

우리의 의견으로는 별첨된 회사의 재무제표는 회사의 20×1년 12월 31일 현재의 재무상태와 동일로 종료되는 보고기간의 재무성과 및 현금흐름을 한국채택국제회계기준에 따라, 중요성의 관점에서 공정하게 표시하고 있습니다.

감사의견근거

우리는 감사기준에 따라 감사를 수행하였습니다. 이 기준에 따른 우리의 책임은 이 감사보고서의 재무제표감사에 대한 감사인의 책임 단락에 기술되어 있습니다. 우리는 재무제표감사와 관련된 대한민국의 윤리적 요구사항에 따라 회사로부터 독립적이며 그러한 요구사항에 따른 기타의 윤리적 책임들을 이행하였습니다. 우리가 입수한 감사증거가 감사의견을 위한 근거로서 충분하고 적합하다고 우리는 믿습니다.

적정의견도 감사의견 근거 단락 포함
관련 윤리적 요구사항 준수에 관한 진술 및 관할지 명시

핵심감사사항

핵심감사사항은 우리의 전문가적 판단에 따라 당기 재무제표감사에서 가장 유의적인 사항들입니다. 해당 사항들은 재무제표 전체에 대한 감사의 관점에서 우리의 의견형성 시 다루어졌으며, 우리는 이런 사항에 대하여 별도의 의견을 제공하지는 않습니다.

우리는 아래에 기술된 사항을 이 감사보고서에서 커뮤니케이션할 핵심감사사항으로 결정하였습니다.

[핵심감사사항 각각에 대한 기술]

핵심감사사항(KAM)
단락 신설
(상장기업 감사의 경우)

기타정보

재무제표에 대한 경영진과 지배기구의 책임

경영진은 한국채택국제회계기준에 따라 이 재무제표를 작성하고 공정하게 표시할 책임이 있으며, 부정이나 오류로 인한 중요한 왜곡표시가 없는 재무제표를 작성하는데 필요하다고 결정한 내부통제에 대해서도 책임이 있습니다.

경영진은 재무제표를 작성할 때, 회사의 계속기업으로서의 존속능력을 평가하고 해당되는 경우 계속기업 관련 사항을 공시할 책임이 있습니다. 그리고 경영진이 기업을 청산하거나 영업을 중단할 의도가 없는 한 또는 그 외에는 다른 현실적인 대안이 없는 한, 회계의 계속기업 전제의 사용에 대해서도 책임이 있습니다.

계속기업으로서의 존속능력평가와 계속기업전제 사용의 적절성에 대한 경영진의 책임 기술

지배기구는 회사의 재무보고절차의 감시에 대한 책임이 있습니다.

재무제표 작성 책임자와 재무보고 절차 감시 책임자가 다른 경우 지배기구의 감시책임 별도 기술

재무제표감사에 대한 감사인의 책임

우리의 목적은 재무제표에 전체적으로 부정이나 오류로 인한 중요한 왜곡표시가 없는지에 대하여 합리적인 확신을 얻어 우리의 의견이 포함된 감사보고서를 발행하는데 있습니다. 합리적인 확신은 높은 수준의 확신을 의미하나 감사기준에 따라 수행된 감사가 항상 중요한 왜곡표시를 발견한다는 것을 보장하지는 않습니다. 왜곡표시는 부정이나 오류로부터 발생할 수 있으며 왜곡표시가 재무제표를 근거로 하는 이용자의 경제적 의사결정에 개별적으로 또는 집합적으로 영향을 미칠 것이 합리적으로 예상되면 그 왜곡표시는 중요하다고 간주됩니다.

재무제표감사에 대한 감사인의 책임은 감사보고서 보론으로 첨부할 수 있고, 별도 웹사이트에 게재할 수 있음

기타 법규의 요구사항에 대한 보고

[기타 법규의 요구사항에 대한 보고를 기술]

이 독립된 감사인의 감사보고서의 근거가 된 감사를 실시한 업무수행이사는 ○○○입니다.

업무수행이사의 이름
(상장법인 감사의 경우)

○○회계법인 대표이사 ×××
[감사인의 주소]
[감사보고서일]

11.2 한정의견 감사보고서

감사인은 재무제표가 중요하게 왜곡표시되거나 감사범위제한이 중요한 경우 한정의견을 표명한다.

	재무제표가 중요하게 왜곡표시된 경우	감사범위제한이 중요한 경우
한 정 의 견	회사의 재무제표는 ...... 공정하게 표시하고 있습니다 ↓ 회사의 재무제표는 이 감사보고서의 한정의견근거 단락에 기술된 사항이 미치는 영향을 제외하고는 ...... 공정하게 표시하고 있습니다	좌 동
한정의견근거	- 한정의견의 근거와 재무제표에 미치는 영향 추가 - 일부 문장 수정: 우리가 입수한 감사증거가 한정의견을 위한 근거로서 충분하고 적합하다고 우리는 믿습니다.	- 한정의견의 근거가 되는 감사범위 제한을 추가 - 일부 문장 수정: 우리가 입수한 감사증거가 한정의견을 위한 근거로서 충분하고 적합하다고 우리는 믿습니다.
핵심감사사항	일부 문장 수정: 우리는 한정의견근거 단락에 기술된 사항에 추가하여, 아래에 기술된 사항을 이 감사보고서에서 커뮤니케이션할 핵심감사사항으로 결정하였습니다.	좌 동
재무제표에 대한 경영진과 지배기구의 책임	표준감사보고서와 동일	좌 동
재무제표감사에 대한 감사인의 책 임	표준감사보고서와 동일	좌 동

사례 02 한정의견: 재무제표의 중요한 왜곡표시

<사례조건>

- [사례 1]과 다른 조건은 동일하고, 재무제표가 중요하게 왜곡표시되어 한정의견을 표명하는 경우에 해당한다.
- 재고자산은 왜곡표시 되어 있음. 해당 왜곡표시는 재무제표에 중요하지만 전반적이지는 않은 것으로 여겨짐

독립된 감사인의 감사보고서

ABC주식회사의 주주 귀중 [또는 다른 적합한 수신인]

재무제표감사에 대한 보고

한정의견

우리는 ABC 주식회사(이하 "회사")의 재무제표를 감사하였습니다. 해당 재무제표는 20×1년 12월 31일 현재의 재무상태표, 동일로 종료된 보고기간의 포괄손익계산서, 자본변동표, 현금흐름표 그리고 중요한 회계정책 정보를 포함한 재무제표의 주석으로 구성되어 있습니다.
우리의 의견으로는 별첨된 회사의 재무제표는 이 감사보고서의 한정의견근거 단락에서 기술된 사항이 미치는 영향을 제외하고는, 회사의 20×1년 12월 31일 현재의 재무상태와 동일로 종료되는 보고기간의 재무성과 및 현금흐름을 한국채택국제회계기준에 따라, 중요성의 관점에서 공정하게 표시하고 있습니다.

한정의견근거

[왜곡표시와 왜곡표시가 재무제표에 미치는 영향 기술]

우리는 감사기준에 따라 감사를 수행하였습니다. 이 기준에 따른 우리의 책임은 이 감사보고서의 재무제표감사에 대한 감사인의 책임 단락에 기술되어 있습니다. 우리는 재무제표감사와 관련된 대한민국의 윤리적 요구사항에 따라 회사로부터 독립적이며 그러한 요구사항에 따른 기타의 윤리적 책임들을 이행하였습니다. 우리가 입수한 감사증거가 한정의견을 위한 근거로서 충분하고 적합하다고 우리는 믿습니다.

핵심감사사항

핵심감사사항은 우리의 전문가적 판단에 따라 당기 재무제표감사에서 가장 유의적인 사항들입니다. 해당 사항들은 재무제표 전체에 대한 감사의 관점에서 우리의 의견형성 시 다루어졌으며, 우리는 이런 사항에 대하여 별도의 의견을 제공하지는 않습니다.
우리는 한정의견근거 단락에 기술된 사항에 추가하여, 아래에 기술된 사항을 이 감사보고서에서 커뮤니케이션할 핵심감사사항으로 결정하였습니다.

[핵심감사사항 각각에 대한 기술]

기타정보

재무제표에 대한 경영진과 지배기구의 책임

[표준감사보고서와 일치]

재무제표감사에 대한 감사인의 책임

[표준감사보고서와 일치]

기타 법규의 요구사항에 대한 보고

[표준감사보고서와 일치]

.....이하 생략.....

사례 03 한정의견: 감사범위의 제한

<사례조건>

- [사례 1]과 다른 조건은 동일하고, 감사범위의 제한(충분하고 적합한 감사증거를 입수하지 못한)이 중요하기 때문에 한정의견을 표명하는 경우에 해당한다.
- 감사인이 해외 관계기업에 대한 투자에 대하여 충분하고 적합한 감사증거를 입수할 수 없었으며, 이러한 상황이 미칠 수 있는 영향이 재무제표에 중요하지만 전반적이지는 않은 것으로 여겨짐

독립된 감사인의 감사보고서

ABC주식회사의 주주 귀중 [또는 다른 적합한 수신인]

재무제표감사에 대한 보고

한정의견

우리는 ABC 주식회사(이하 "회사")의 재무제표를 감사하였습니다. 해당 재무제표는 20×1년 12월 31일 현재의 재무상태표, 동일로 종료된 보고기간의 포괄손익계산서, 자본변동표, 현금흐름표 그리고 중요한 회계정책 정보를 포함한 재무제표의 주석으로 구성되어 있습니다.

우리의 의견으로는 별첨된 회사의 재무제표는 이 감사보고서의 한정의견근거 단락에서 기술된 사항이 미칠 수 있는 영향을 제외하고는, 회사의 20×1년 12월 31일 현재의 재무상태와 동일로 종료되는 보고기간의 재무성과 및 현금흐름을 한국채택국제회계기준에 따라, 중요성의 관점에서 공정하게 표시하고 있습니다.

한정의견근거

[감사범위제한과 재무제표에 미치는 영향을 기술]

우리는 감사기준에 따라 감사를 수행하였습니다. 이 기준에 따른 우리의 책임은 이 감사보고서의 재무제표감사에 대한 감사인의 책임 단락에 기술되어 있습니다. 우리는 재무제표감사와 관련된 대한민국의 윤리적 요구사항에 따라 회사로부터 독립적이며 그러한 요구사항에 따른 기타의 윤리적 책임들을 이행하였습니다. 우리가 입수한 감사증거가 한정의견을 위한 근거로서 충분하고 적합하다고 우리는 믿습니다.

기타정보

핵심감사사항

핵심감사사항은 우리의 전문가적 판단에 따라 당기 재무제표감사에서 가장 유의적인 사항들입니다. 해당 사항들은 재무제표 전체에 대한 감사의 관점에서 우리의 의견형성 시 다루어졌으며, 우리는 이런 사항에 대하여 별도의 의견을 제공하지는 않습니다.

우리는 한정의견근거 단락에 기술된 사항에 추가하여, 아래에 기술된 사항을 이 감사보고서에서 커뮤니케이션할 핵심감사사항으로 결정하였습니다.

[핵심감사사항 각각에 대한 기술]

재무제표에 대한 경영진과 지배기구의 책임

[표준감사보고서와 일치]

재무제표감사에 대한 감사인의 책임

[표준감사보고서와 일치]

기타 법규의 요구사항에 대한 보고

[표준감사보고서와 일치]

.....이하 생략.....

11.3 부적정의견 감사보고서

	감사보고서가 변형되는 사항
감 사 의 견	회사의 재무제표는 .... 공정하게 표시하고 있습니다 ↓ 회사의 재무제표는 이 감사보고서의 부적정의견근거 단락에 기술된 사항의 유의성 때문에 회사의 20×1년 12월 31일 현재의 재무상태와 동일로 종료되는 보고기간의 재무성과 및 현금흐름을 한국채택국제회계기준에 따라, 중요성의 관점에서 공정하게 표시하고 있지 않습니다.
부적정의견근거	- 부적정의견의 근거와 재무제표에 미치는 영향 추가 - 일부 문장 수정: 우리가 입수한 감사증거가 부적정의견을 위한 근거로서 충분하고 적합하다고 우리는 믿습니다.
핵심감사사항	일부 문장 수정: 우리는 부적정의견근거 단락에 기술된 사항을 제외하고는 감사보고서에서 커뮤니케이션할 다른 핵심감사사항은 없다고 결정하였습니다.
재무제표에 대한 경영진과 지배기구의 책임	표준감사보고서와 일치
재무제표감사에 대한 감사인의 책임	표준감사보고서와 일치

사례 04 부적정의견: 중요하고 전반적인 왜곡표시

<사례조건>

- [사례 1]과 다른 조건은 동일하고, 재무제표의 왜곡표시가 전반적이기 때문에 부적정의견을 표명하는 경우에 해당한다.
- 재고자산이 과대평가되어 재무제표가 중요하게 왜곡표시되었음. 해당 중요한 왜곡표시는 재무제표에 전반적이라고 판단된다.
- 부적정의견근거 단락에 기술된 사항 외의 핵심감사사항은 없다.

독립된 감사인의 감사보고서

ABC주식회사의 주주 귀중 [또는 다른 적합한 수신인]

재무제표감사에 대한 보고

부적정의견

우리는 ABC 주식회사(이하 "회사")의 재무제표를 감사하였습니다. 해당 재무제표는 20X1년 12월 31일 현재의 재무상태표, 동일로 종료된 보고기간의 포괄손익계산서, 자본변동표, 현금흐름표 그리고 중요한 회계정책 정보를 포함한 재무제표의 주석으로 구성되어 있습니다.

우리의 의견으로는 별첨된 회사의 재무제표는 이 감사보고서의 부적정의견근거 단락에 기술된 사항의 유의성 때문에 회사의 20×1년 12월 31일 현재의 재무상태와 동일로 종료되는 보고기간의 재무성과 및 현금흐름을 한국채택국제회계기준에 따라, 중요성의 관점에서 공정하게 표시하고 있지 않습니다.

부적정의견근거

[왜곡표시와 왜곡표시가 재무제표에 미치는 영향 기술]

우리는 감사기준에 따라 감사를 수행하였습니다. 이 기준에 따른 우리의 책임은 이 감사보고서의 재무제표감사에 대한 감사인의 책임 단락에 기술되어 있습니다. 우리는 재무제표감사와 관련된 대한민국의 윤리적 요구사항에 따라 회사로부터 독립적이며 그러한 요구사항에 따른 기타의 윤리적 책임들을 이행하였습니다. 우리가 입수한 감사증거가 **부적정의견**을 위한 근거로서 충분하고 적합하다고 우리는 믿습니다.

핵심감사사항

우리는 부적정의견근거 단락에 기술된 사항을 제외하고는 감사보고서에서 커뮤니케이션할 다른 핵심감사사항은 없다고 결정하였습니다.

기타정보

재무제표에 대한 경영진과 지배기구의 책임

[표준감사보고서와 일치]

재무제표감사에 대한 감사인의 책임

[표준감사보고서와 일치]

기타 법규의 요구사항에 대한 보고

[표준감사보고서와 일치]

.....이하 생략.....

11.4 의견거절 감사보고서

	감사보고서가 변형되는 사항
의견거절	1. 우리는 ABC 주식회사의 재무제표를 감사하였습니다. 2. 회사의 재무제표는 .... 공정하게 표시하고 있습니다 ↓ 1. 우리는 ABC 주식회사의 재무제표에 대한 감사계약을 체결하였습니다. 2. 우리는 별첨된 회사의 재무제표에 대하여 의견을 표명하지 않습니다. 우리는 이 감사보고서의 의견거절근거 단락에서 기술된 사항의 유의성 때문에 재무제표에 대한 감사의견의 근거를 제공하는 충분하고 적합한 감사증거를 입수할 수 없었습니다.
의견거절근거	- 의견거절의 근거가 되는 감사범위 제한을 추가 - 다음 문장을 삭제 : 우리는 감사기준에 따라 감사를 수행하였습니다. 이 기준에 따른 우리의 책임은 이 감사보고서의 재무제표감사에 대한 감사인의 책임 단락에 기술되어 있습니다. 우리는 재무제표감사와 관련된 대한민국의 윤리적 요구사항에 따라 회사로부터 독립적이며 그러한 요구사항에 따른 기타의 윤리적 책임들을 이행하였습니다. 우리가 입수한 감사증거가 감사의견을 위한 근거로서 충분하고 적합하다고 우리는 믿습니다.
핵심감사사항	의견거절 보고서에는 핵심감사사항을 기재하지 않음
재무제표에 대한 경영진과 지배기구의 책임	표준감사보고서와 동일
재무제표감사에 대한 감사인의 책임	문구를 전반적으로 수정: 우리의 책임은 회계감사기준에 따라 회사의 재무제표를 감사하고 감사보고서를 발행하는데 있습니다. 그러나 우리는 이 감사보고서의 의견거절근거 단락에서 기술된 사항의 유의성 때문에 해당 재무제표에 대한 감사의견의 근거를 제공하는 충분하고 적합한 감사증거를 입수할 수 없었습니다.

사례 05 의견거절: 중요하고 전반적인 감사범위제한

<사례조건>

- [사례 1]과 다른 조건은 동일하고, 재무제표의 다수 구성요소에 대하여 충분하고 적합한 감사증거를 입수하지 못하여 의견거절을 표명하는 경우에 해당한다.
- 회사 순자산의 90%를 초과하는 조인트벤처 투자지분의 재무정보에 대하여 충분하고 적합한 감사증거를 입수할 수 없었음
- 이러한 상황이 미칠 수 있는 영향은 재무제표에 중요하고 전반적이라고 여겨짐

독립된 감사인의 감사보고서

ABC주식회사의 주주 귀중 [또는 다른 적합한 수신인]

재무제표감사에 대한 보고

의견거절

우리는 ABC 주식회사(이하 "회사")의 재무제표에 대한 감사계약을 체결하였습니다. 해당 재무제표는 20×1년 12월 31일 현재의 재무상태표, 동일로 종료된 보고기간의 포괄손익계산서, 자본변동표, 현금흐름표 그리고 중요한 회계정책 정보를 포함한 재무제표의 주석으로 구성되어 있습니다.

우리는 별첨된 회사의 재무제표에 대하여 의견을 표명하지 않습니다. 우리는 이 감사보고서의 의견거절근거 단락에서 기술된 사항의 유의성 때문에 재무제표에 대한 감사의견의 근거를 제공하는 충분하고 적합한 감사증거를 입수할 수 없었습니다.

의견거절근거

[감사범위제한과 재무제표에 미치는 영향을 기술]

※ 감사기준에 따라 감사를 수행하지 못하였기 때문에 "감사기준에 따라 감사를 수행했다"는 문구와 윤리적 요구사항에 대한 문구를 삭제

핵심감사사항

※ 의견거절 보고서에는 핵심감사사항을 기재할 수 없음

재무제표에 대한 경영진과 지배기구의 책임

[표준감사보고서와 일치]

재무제표감사에 대한 감사인의 책임
우리의 책임은 회계감사기준에 따라 회사의 재무제표를 감사하고 감사보고서를 발행하는데 있습니다. 그러나 우리는 이 감사보고서의 의견거절근거 단락에서 기술된 사항의 유의성 때문에 해당 재무제표에 대한 감사의견의 근거를 제공하는 충분하고 적합한 감사증거를 입수할 수 없었습니다.
우리는 재무제표 감사와 관련된 대한민국의 윤리적 요구사항에 따라 회사로부터 독립적이며 그러한 요구사항에 따른 기타의 윤리적 책임들을 이행하였습니다.

기타 법규의 요구사항에 대한 보고
[표준감사보고서와 일치]

.....이하 생략.....

SECTION 03 비교정보

NEW INTERNATIONAL STANDARDS ON AUDITING

1 비교정보의 의의

재무제표상 비교정보는 회사의 1 회계기간 이상의 재무상태, 경영성과, 현금흐름 등에 대한 금액과 적절한 공시사항(주석 등)을 표시하는 것이다. 표시에 관한 기준과 방법은 다음과 같다.

1.1 대응수치 (당기대응 전기수치)

대응수치(Corresponding Figures)란 당기의 정보와 관련하여 이용할 수 있도록 당기의 재무제표에 표시된 전기수치를 말한다. 대응수치는 당기 재무제표의 일부를 구성하지만 그 자체로서 완전한 재무제표는 아니다. 이는 한국채택국제회계기준과 일반기업회계기준에서 채택하지 아니하는 방법이다.

> **TIP**
> 회계감사기준은 대응수치와 비교재무제표에 대한 감사절차와 감사보고를 모두 제시하고 있다. 그러나 외감법에 따른 감사의 경우 비교재무제표의 방식만 가능하다. 감사절차의 경우 두 방식이 동일하다. 그러나 감사보고는 다소 다른 면이 있다. 본 section에서는 비교재무제표에 대한 감사보고만을 제시한다.

1.2 비교재무제표

비교재무제표(Comparative Financial Statements)란 전기의 재무제표를 비교목적으로 당기 재무제표와 같이 표시하는 것이며, 비교표시된 전기재무제표는 당기재무제표의 일부를 구성하지 아니한다. 한국채택국제회계기준과 일반기업회계기준에서 채택하고 있는 방법이다. 따라서 외감법에 따른 회계감사의 경우 비교재무제표 방식에 따라 재무제표가 작성되고 감사되어야 한다(ISA 710-2).

2 비교정보에 대한 감사절차

감사인은 재무제표에 해당 재무보고체계에서 요구되는 비교정보가 포함되어 있는지, 그리고 그러한 정보가 적절하게 분류되어 있는지 여부를 결정하여야 한다. 감사인은 이를 위하여 다음 사항을 평가하고 또한 감사절차를 수행하여야 한다.

비교표시 전기재무제표에 대한 감사절차 (ISA 710-7~9)

구 분	계속감사	초도감사 (전기에 타감사인이 감사한 경우와 감사받지 아니한 경우를 포함)
평가할 사 항	① 비교정보가 전기에 표시되었던 금액 및 기타공시와 일치하는지, 또는 적절한 경우 재작성된 금액 및 기타공시와 일치하는지 여부 ② 비교정보에 반영된 회계정책이 당기의 회계정책과 일관성이 있는지, 또는 회계정책의 변경이 있었다면 그러한 변경이 적절히 회계처리되고 적절하게 표시 및 공시되었는지 여부	좌 동
감 사 절 차	(a) 당기의 감사를 수행하는 과정에서 비교정보에 대한 중요한 왜곡표시의 가능성을 알게 된 경우, 해당 상황에서 필요한 정도의 추가적인 감사절차를 수행	좌 동
	(b) 후속사건에 대한 감사절차도 준수하여야 함	해당 없음㈜
	(c) 전기재무제표가 수정되었다면 비교정보가 수정된 재무제표와 일치하는지 여부를 결정하여야 함 (d) 감사의견에서 언급된 모든 기간에 대하여 서면진술을 요구 (e) 비교정보에 영향을 미치는 전기재무제표의 중요한 왜곡표시를 수정하기 위해 행해진 재작성에 대하여 구체적인 서면진술을 입수	좌 동
	해당 없음	초도감사시 기초잔액에 대한 감사절차를 수행

㈜ 전기에 본 감사인이 감사하지 않았기에 후속사건이 없음

3 계속감사의 경우 비교재무제표에 대한 감사보고

3.1 양회계연도에 대한 감사보고

비교재무제표가 표시되는 경우, 감사의견은 재무제표가 표시되는 각각의 기간과 감사의견이 표명되는 각각의 기간을 언급하여야 한다(ISA 710-15).

비교재무제표에 대한 감사보고서는 표시된 각 기간의 재무제표에 대하여 적용되기 때문에, 감사인은 하나 혹은 그 이상의 기간에 대하여는 한정의견 또는 부적정의견을 표명하거나 의견을 거절하거나 또는 강조사항문단을 포함시킬 수 있으며, 다른 기간의 재무제표에 대하여는 이와 다른 의견을 표명할 수도 있다(ISA 710-A8).

감사인이 당기의 감사와 관련하여 당기재무제표와 전기재무제표 모두에 대하여 보고를 하여야 하며, 전기 감사보고서에 변형의견이 포함되어 있으나 변형을 초래한 사항이 해결되지 않고 있는 경우의 감사보고서는 아래에 예시되어 있다(ISA 710-A10).

사례 06 양회계연도에 대한 감사보고

<사례조건>

- 감사인은 당기의 감사와 관련하여, 당기재무제표와 전기재무제표 모두에 대하여 보고할 것이 요구됨
- 이전에 발행된 전기의 감사보고서에는 한정의견이 포함되었음
- 변형을 초래한 사항이 해결되지 않고 있음
- 해당 사항이 당기의 수치에 미치거나 미칠 수 있는 영향이 당기재무제표와 전기재무제표 모두에 중요하며, 감사의견의 변형이 요구됨
- 감사인은 핵심감사사항을 커뮤니케이션하도록 요구되지도 하기로 결정하지도 않음

독립된 감사인의 감사보고서

ABC주식회사의 주주 귀중 [또는 다른 적합한 수신인]

재무제표에 대한 보고

한정의견

우리는 ABC 주식회사(이하 "회사")의 재무제표를 감사하였습니다. 해당 재무제표는 20×1년 12월 31일과 20×0년 12월 31일 현재의 재무상태표, 동일로 종료된 양 보고기간의 포괄손익계산서, 자본변동표, 현금흐름표 그리고 중요한 회계정책 정보를 포함한 재무제표의 주석으로 구성되어 있습니다.

우리의 의견으로는 별첨된 회사의 재무제표는 이 감사보고서의 한정의견근거 단락에 기술된 사항이 미치는 영향을 제외하고는, 회사의 20×1년 12월 31일과 20×0년 12월 31일 현재의 재무상태와 동일로 종료되는 양 보고기간의 재무성과 및 현금흐름을 한국채택국제회계기준에 따라, 중요성의 관점에서 공정하게 표시하고 있습니다.

한정의견근거

재무제표에 대한 주석 X에서 논의된 바와 같이 상기 재무제표에는 감가상각비가 반영되지 않았으며, 이는 한국채택국제회계기준에 위배됩니다. 이러한 사항은 전기 초 경영진의 결정에 따른 결과이며, 이에 우리는 전기재무제표에 대하여 한정의견을 표명하였습니다. 정액법에 기초하여 건물에 대하여 연 5%, 기계장치에 대하여 연 20%의 상각률을 적용할 경우 20×1 보고기간과 20×0 보고기간의 당기순손실은 각각 ×××원과 ×××원이 증가되어야 하고, 유형자산은 20×1년말과 20×0년말에 각각 ×××원과 ×××원 만큼의 감가상각누계액 해당액만큼 감소되어야 합니다. 또한 20×1 보고기간과 20×0 보고기간의 누적손실은 각각 ×××원과 ×××원 만큼 증가되어야 합니다.

우리는 감사기준에 따라 감사를 수행하였습니다. 이 기준에 따른 우리의 책임은 이 감사보고서의 재무제표감사에 대한 감사인의 책임 단락에 기술되어 있습니다. 우리는 재무제표감사와 관련된 대한민국의 윤리적 요구사항에 따라 회사로부터 독립적이며 그러한 요구사항에 따른 기타의 윤리적 책임들을 이행하였습니다. 우리가 입수한 감사증거가 한정의견을 위한 근거로서 충분하고 적합하다고 우리는 믿습니다.

기타정보

재무제표에 대한 경영진과 지배기구의 책임

[표준감사보고서와 일치]

재무제표감사에 대한 감사인의 책임

[표준감사보고서와 일치]

기타 법규의 요구사항에 대한 보고

[표준감사보고서와 일치]

이 독립된 감사인의 감사보고서의 근거가 된 감사를 실시한 업무수행이사는 [이름] 입니다.

○○회계법인 대표이사 ×××

[감사인의 주소]
[감사보고서일]

3.2 계속감사의 전년도 감사의견 수정

계속감사의 경우 당기감사인은 전기재무제표에 대하여 전기와 다른 감사의견을 표명할 수 있다. 예를 들면, 전기재무제표의 발행일 후 발생한 사건으로 전기재무제표가 수정되어야 함에도 불구하고(전기는 적정의견인 것을 가정) 경영진이 수정하지 않은 채로 비교표시하기를 원한다면, 감사인은 비교표시되는 전기재무제표에 대하여 다른 의견을 표명할 수 있다.

Q
당기에 전기재무제표에 대한 감사의견은 수정할 수 있는가?

기출 2023

이와 같이 감사인이 당기의 감사와 관련하여 비교표시되는 전기재무제표에 대하여 보고할 때, 전기재무제표에 대한 감사의견이 해당 감사인이 이전에 표명한 의견과 다른 경우, 감사인은 기타사항문단에 상이한 의견에 대한 중요한 사유를 공시하여야 한다(ISA 710-16).

4 전기재무제표를 타감사인이 감사한 경우 비교재무제표에 대한 감사보고

4.1 일반적인 경우

전기재무제표가 전임감사인(타감사인)으로부터 감사받은 경우 다음 중 어느 하나를 선택하여 감사보고 한다(ISA 710-17).

기출 2023

	당기감사인	전기감사인
선택 1	당기재무제표에 대하여만 감사의견 표명 + 다음 사항을 감사보고서 기타사항문단에 기재 ① 전기재무제표는 전임감사인이 감사하였음 ② 전임감사인이 표명한 의견의 유형, 그리고 해당 의견이 변형되었으면 그 이유 ③ 전임감사인의 감사보고서일	
선택 2	전기재무제표에 대하여 전임감사인이 감사보고서를 재발행하는 경우 당기재무제표에 대하여만 감사의견 표명	전기 재무제표일 후 사건에 대한 검토 등 필요한 추가적 절차(예 후속사건 감사절차)를 수행한 후 전기재무제표에 대한 감사보고서를 재발행

4.2 타감사인이 감사한 전기재무제표에 대한 감사의견을 수정할 필요가 있는 경우

핵심

감사절차
• 경영진 및 지배기구와 해당 왜곡표시를 커뮤니케이션함 • 이러한 사실을 전임감사인에게 알리도록 요청함

↓

전기재무제표가 수정 + 전임감사인이 수정된 전기재무제표에 대하여 새로운 감사보고서를 발행하는 데 동의하는 경우	전임감사인이 전기재무제표에 대한 감사보고서를 재발행하지 않는 경우
당기감사인은 당기재무제표에 대해서만 보고	감사인은 감사보고서의 기타사항문단에 전임감사인은 수정 전 전기재무제표에 대하여 의견을 표명했다는 사실을 나타낼 수 있을 것이다. + 감사인이 감사계약을 체결하고 수정의 적절성에 대하여 만족할 만큼 충분하고 적합한 감사증거를 얻은 경우에는, 감사보고서에 그 내용을 포함시킬 수도 있음

감사인은 전임감사인이 적정의견을 표명한 전기재무제표에 영향을 미치는 중요한 왜곡표시가 존재한다고 결론을 내리면, 적합한 수준의 경영진, 그리고 지배기구의 모든 구성원이 그 기업의 경영에 참여하고 있지 않는 한 지배기구와 해당 왜곡표시를 커뮤니케이션하여야 하며, 이러한 사실을 전임감사인에게 알리도록 요청하여야 한다(ISA 710-18).

이 때 감사보고는 전기감사인이 수정된 전기재무제표에 따라 감사보고서를 재발행하는데 동의하는가에 따라 다음과 같이 달라진다.

(1) 전기감사인이 수정된 전기재무제표에 따라 감사보고서의 재발행에 동의하는 경우

전기재무제표가 수정되고 전임감사인이 수정된 전기재무제표에 대하여 새로운 감사보고서를 발행하는 데 동의한다면, 감사인은 당기에 대해서만 보고하여야 한다(ISA 710-18).

(2) 전기감사인이 수정된 전기재무제표에 동의하지 않거나 전기감사보고서의 재발행을 거부하는 경우

기출 2023

전임감사인은 전기재무제표에 대한 감사보고서를 재발행할 수 없거나, 또는 재발행하려고 하지 않을 수 있다. 감사인은 감사보고서의 기타사항문단에 전임감사인은 수정 전 전기재무제표에 대하여 의견을 표명했다는 사실을 나타낼 수 있을 것이다. 뿐만 아니라, 감사인이 감사계약을 체결하고 수정의 적절성에 대하여 만족할 만큼 충분하고 적합한 감사증거를 얻은 경우에는, 감사보고서에 다음의 문단을 포함시킬 수도 있을 것이다(ISA 710-A12).

> "우리는 20×2년 재무제표에 대한 감사의 일부로서, 재무제표에 대한 주석 X에서 설명하는 바와 같이 20×1년 재무제표를 수정하기 위해 적용된 조정사항들에 대하여도 감사를 수행하였습니다. 우리의 의견으로는, 해당 조정사항들은 적절하며 바르게 적용되었습니다. 우리는 위의 조정사항을 제외하고는 회사의 20×1년 재무제표에 대하여 감사나 검토, 기타 어떠한 계약도 체결하지 않았습니다. 따라서 우리는 20×1년 재무제표 전체에 대하여 감사의견 또는 기타 어떠한 형태의 확신도 표명하지 아니합니다."

REVIEW POINT *New International Standards on Auditing*

1. 제7장 "6. 초도감사-기초잔액" 중 기초잔액의 중대한 왜곡표시를 포함하고 있는 경우와 연계해 보세요.

5 전기재무제표가 감사받지 않은 경우 비교정보에 대한 감사보고 ㈜

㈜ 기타사항문단에 감사받지 않은 내용 기재

전기재무제표가 감사를 받지 아니한 경우에는 감사인은 기타사항문단에 비교재무제표는 감사받지 아니하였다고 기술하여야 한다. 그러나 감사인이 이러한 기타사항을 기재하여도, 당기재무제표에 중요한 영향을 미치는 왜곡표시가 기초잔액에 포함되지 않았다는 점에 대하여 충분하고 적합한 감사증거를 입수하여야 하는 요구사항은 경감되지 아니한다(ISA 710-19).

SECTION 04 기타정보(Other Information)

Q
기타정보 = 사업보고서?

1 기타정보에 대한 감사의 책임

감사인은 재무제표에 대한 감사에 책임이 있다. 그런데 상장회사와 같이 불특정 다수로부터 증권을 발행하여 자금을 모집하는 회사는 자본시장법에서 정하는 바에 따라 사업보고서(Annual Report)를 작성하여 금융감독원의 전자공시시스템(DART)에 제출하여야 한다. 사업보고서에는 재무정보와 비재무정보가 포함되며, 이들 정보는 감사받은 재무제표에서 유래된 정보를 포함하고 있다.

회사는 감사받은 재무제표는 재무제표만을 투자자에게 전달되기 보다는 재무제표와 재무정보를 가공한 추가정보를 사업보고서에 담아 투자자에게 전달한다. 따라서 회계감사기준은 사업보고서를 기타정보(Other Information)로 정의하고 감사인에게 재무제표뿐만 아니라 기타정보가 감사받은 재무제표와 일치하는지 감사하도록 요구하고 있다.

회사는 사업보고서 이외에도 재무에 관한 정보를 수록할 수 있다. 그러나 회계감사기준은 사업보고서만을 감사인에게 책임있는 기타정보로 제한하고 있다.

감사인에게 책임있는 기타정보와 책임이 없는 보고서는 다음과 같다.

기타정보	사업보고서	기타정보가 아닌 보고서
기업의 사업보고서에 포함되어 있는 (재무제표와 재무제표에 대한 감사보고서 외의) 재무정보와 비재무정보	경영진 또는 지배기구가 법규 또는 관습에 따라 통상적으로 연차 기준으로 작성한 문서 또는 문서의 결합으로, 소유주(또는 유사한 이해관계자)에게 기업의 영업과 재무제표에 기술된 재무성과와 재무상태에 대한 정보를 제공하는 것을 목적으로 한다. 사업보고서에는 재무제표와 재무제표에 대한 감사보고서가 포함되거나 첨부되며 일반적으로 기업의 발전, 기업의 미래전망과 위험 및 불확실성, 기업 지배기구의 진술, 기업의 지배구조와 관련된 보고서를 포함한다.	- 은행, 보험 및 연금 산업에서 작성되는 별도 산업 또는 규제 보고서 (예 : 자본적정성보고서) - 기업의 사회적 책임 성과 보고서 - 지속가능성 보고서 - 다양성 및 기회평등 보고서 - 제조물책임 보고서 - 노동행위 및 근무환경 보고서 - 인권 보고서
감사인에게 책임이 있음	감사인에게 책임이 있음	감사인에게 책임이 없음

기타정보는 재무제표의 금액이나 기타 항목과 동일하거나 금액이나 기타항목을 요약하거나 그 세부 내역을 제공하는 금액이나 기타 항목을 포함할 수 있다. 그러한 금액이나 기타 항목의 예는 다음과 같다(ISA 720-A25).

a. 재무제표의 발췌를 포함하는 표, 차트 또는 그래프
b. 재무제표 표시된 잔액이나 계정의 세부 내역을 제공하는 공시(예: "20X1년 매출은 제품 X의 매출 XXX백만원과 제품 Y의 매출 XXX백만원으로 구성되어 있습니다")
c. 재무 성과의 기술(예: "20X1년 연구개발비 합계는 XXX원입니다")

2 기타정보의 입수

감사인은 재무제표 감사와 함께 책임있는 기타정보를 입수하여야 한다. 감사인은 기타정보를 입수하기 위하여 다음 절차를 수행하여야 한다.

기타정보를 입수하기 위한 감사절차 (ISA 720-13)

① 경영진과의 논의를 통해 사업보고서를 구성하는 문서(들)와 기업이 계획한 그러한 문서(들)의 발행 방식과 시기를 결정함.
② 사업보고서를 구성하는 문서(들)의 최종본을 적시에, 가능하다면 감사보고서일 전에 입수하기 위하여 경영진과 적절한 협의를 함.
③ ①에서 결정된 문서(들)의 일부 혹은 전부가 감사보고서일 이후에야 제공될 수 있는 경우, 경영진에게 감사인이 이 감사기준서에서 요구되는 절차들을 완료할 수 있도록 해당 문서(들)의 최종본을 제공할 수 있을 때, 기업이 발행하기 전에 감사인에게 제공하겠다는 서면 진술을 요청함.

감사인이 재무제표를 감사보고서일까지 감사한다. ①의 절차는 감사인이 사업보고서를 paper형식으로 발행하는지 전자문서 형식으로 발행하는지 그리고 언제 발행하는지 알아야만 사업보고서를 감사할 수 있다는 의미이다.

②의 절차는 사업보고서 최종본을 적시에 그리고 아무리 늦어도 감사보고서일 전에 확보하기 위하여 경영진과 협의하라는 것을 의미한다.

③의 절차는 감사인에게 책임이 없는 감사보고서일 후에 사업보고서를 발행한다면 감사인은 감사보고서일에 향후 발행하기 전에 감사인에게 사업보고서를 제공하겠다는 서면진술을 받으라는 것을 의미한다.

3 기타정보의 열람과 고려

이제 감사인이 기타정보를 확보하였다면 기타정보를 열람하여야 하며 이 과정에서 다음 절차를 수행하여야 한다.

기타정보에 대한 감사절차 (ISA 720-14)

① 기타정보와 재무제표 간 중요한 불일치가 있는지 고려함. 이러한 고려의 기초로서 감사인은 일치 여부를 평가하기 위하여 기타정보에서 선택된 금액이나 기타 항목을 재무제표상 해당 금액이나 기타 항목과 비교하여야 한다.
② 감사에서 입수한 감사증거와 도달한 결론의 관점에서, 기타정보와 감사에서 얻은 감사인의 지식 간에 중요한 불일치가 있는지 고려함.

기타정보를 열람할 때, 감사인은 재무제표나 감사에서 얻은 감사인의 지식과 관련이 없는 기타정보가 중요하게 왜곡표시 된 것으로 보이는 징후에 주의를 유지하여야 한다(ISA 720-15).

4 중요한 불일치가 존재하는 것으로 보이거나, 기타정보가 중요하게 왜곡표시된 것으로 보이는 경우의 대응

감사인이 중요한 불일치가 존재하는 것으로 보이는 것을 식별한 경우 (또는 기타정보가 중요하게 왜곡표시된 것으로 보이는 것을 알게 된 경우), 감사인은 이 사실을 경영진과 논의하여야 하고 필요한 경우 다음에 대한 결론을 내리기 위한 절차를 수행하여야 한다.

Q
재무제표와 기타 정보 중 재무제표가 중요하게 왜곡된 경우 감사인의 조치는?

Q
기타정보가 중요하게 왜곡표시된 경우 감사인의 조치는?

재무제표와 기타정보가 중요하게 왜곡표시되는 경우 (ISA 720-16)

① 기타정보에 중요한 왜곡표시가 존재하는지 여부
② 재무제표에 중요한 왜곡표시가 존재하는지 여부
③ 기업과 기업 환경에 대한 감사인의 이해가 갱신될 필요가 있는지 여부

기타정보를 감사하는 중에 감사인은 무언가 조치를 취해야 하는 중요한 왜곡표시가 존재하는 상황이 발생할 수 있다. ①은 재무제표가 맞고 기타정보가 중요하게 왜곡표시된 경우이며, ②는 기타정보가 맞고 재무제표가 중요하게 왜곡표시된 경우이다. ③은 재무제표와 기타정보가 모두 맞고 기타정보를 감사하던 중에 기업과 기업 환경에 대한 감사인의 이해가 수정되어야 하는 경우이다.

5 감사인이 기타정보에 중요한 왜곡표시가 존재한다고 결론을 내린 경우의 대응

감사인이 기타정보에 중요한 왜곡표시가 존재한다고 결론을 내린 경우, 감사인은 경영진에게 기타정보를 수정할 것을 요구하여야 한다. 이후 감사인은 다음 절차를 수행하여야 한다.

기타정보가 중요하게 왜곡표시된 경우 감사절차 (ISA 720-17)

① 경영진이 수정에 동의하는 경우, 수정이 이루어졌는지 결정함.

② 경영진이 수정을 거부하는 경우, 이 사실을 지배기구와 커뮤니케이션하고 수정을 요구함

5.1 감사보고서일 전 기타정보에 중요한 왜곡표시

감사인이 감사보고서일 전에 기타정보에 중요한 왜곡표시가 있다고 결론을 내렸고, 지배기구와 커뮤니케이션한 이후에도 기타정보가 수정되지 않은 경우, 감사인은 다음 조치를 포함하여 적절한 조치를 취하여야 한다.

기타정보의 중요한 왜곡표시(감사보고서일 전) + 커뮤니케이션 후에도 기타정보가 수정되니 않는 경우 (ISA 720-18)

① ❶감사보고서에 미치는 시사점을 고려하고, ❷감사보고서에서 중요한 왜곡표시를 어떻게 다룰 계획인지 지배기구와 커뮤니케이션함

② 해당 법규에서 가능한 경우 감사업무를 해지함

5.2 감사보고서일 후에 기타정보에 중요한 왜곡표시

감사인이 감사보고서일 후에 기타정보에 중요한 왜곡표시가 있다고 결론을 내린 경우, 감사인은 다음 절차를 수행한다.

기타정보가 수정되어야 하는(감사보고일 후) 경우 감사절차 (ISA 720-19)

기타정보가 수정되는 경우	기타정보가 수정되지 않는 경우
↓	↓
해당 상황에서 필요한 절차를 수행	감사보고서 이용자가 중요한 미수정왜곡표시에 적절하게 주의를 기울일 수 있도록 감사인의 법적 권리와 의무를 고려하여 적절한 조치를 취함
감사인이 감사보고서일 후에 입수한 기타정보에 중요한 왜곡표시가 존재한다고 결론을 내리고 그러한 중요한 왜곡표시가 수정되었다면, 그러한 상황에서 감사인에게 필요한 절차에는 다음을 초함한다(ISA 720-A48). a. 경영진이 수정에 동의하는 경우, 수정이 이루어졌는지 결정함. b. 경영진이 이전에 발행된 기타정보의 수신인에게 그 수정을 커뮤니케이션하기 위해 취한 절차를 검토함	❶ 지배기구가 기타정보를 갱신하는 것에 동의하지 않는다면, 감사보고서 이용자에게 미수정왜곡표시에 적합하게 주의를 환기시키게 하는 적합한 조치를 취할 때 전문가적 판단을 행사할 필요가 있으며 국가의 관련 법규에 영향을 받을 수 있다. 따라서 감사인은 감사인의 법적 책임과 의무에 대하여 법률 조언을 구하는 것이 적절하다고 생각할 수 있다(ISA 720-A49). ❷ 기타정보의 중요한 왜곡표시가 여전히 수정되지 않은 경우 감사보고서 이용자에게 중요한 미수정왜곡표시에 적합하게 주의를 환기시키도록 감사인이 취할 수 있는 법규에서 허용되는 경우 적합한 조치의 예는 다음과 같다(ISA 720-A50). a. 경영진에게 변형된 단락이 포함된 신규 또는 수정된 감사보고서를 제공하고 경영진이 신규 또는 수정된 감사보고서를 감사보고서 이용자에게 제공할 것을 요청한다. 이 때 감사인은 신규 또는 수정된 감사보고서일에 미치는 영향이 있는 경우 감사기준서 또는 해당 법규의 요구사항의 관점에서 그 영향을 고려할 필요가 있을 수 있다. 감사인은 또한 경영진이 신규 또는 수정된 감사보고서를 관련 이용자에게 제공하기 위해 취한 조치를 검토할 수 있다. b. 기타정보의 중요한 왜곡표시에 감사보고서 이용자의 주의를 환기시킨다. (예를 들어 주주총회에서 해당 사항을 다룸) c. 중요한 미수정왜곡표시에 대하여 규제당국이나 관련 전문직 단체와 커뮤니케이션한다. d. 업무유지에 미치는 시사점을 고려한다.

6 재무제표에 중요한 왜곡표시가 존재하거나 기업과 기업 환경에 대한 감사인의 이해가 갱신될 필요가 있을 경우의 대응

감사인이 재무제표에 중요한 왜곡표시가 존재하거나 기업과 기업 환경에 대한 감사인의 이해가 갱신될 필요가 있다고 결론 내리는 경우 다음을 고려할 수 있다(ISA 720-A51).

① 기업과 그 환경에 대한 감사인의 이해. 이에 따라 감사인의 위험평가를 수정할 필요가 있음을 나타낼 수 있다
② 식별된 왜곡표시가 감사에 미치는 영향과 미수정왜곡표시가 있는 경우 재무제표에 미치는 영향을 평가할 감사인의 책임
③ 후속사건에 대한 감사인의 책임

7 보 고

감사보고서일에 다음에 해당하는 경우, 감사보고서에 '기타정보' 또는 다른 적절한 제목으로 별도의 단락을 포함하여야 한다.

기타정보(사업보고서)가 존재하는 경우 감사보고-기타사항문단 추가 (ISA 720-21)

① 상장기업의 재무제표 감사인 경우, 감사인이 기타정보를 입수하였거나 입수할 것으로 예상함
② 상장기업이 아닌 기업의 재무제표 감사인 경우, 감사인이 기타정보의 일부 혹은 전부를 입수하였음

기타사항 문단에 포함할 내용 (ISA 720-22)

① 경영진이 기타정보에 책임이 있다는 설명
② 감사보고서일 전에 입수한 기타정보와 상장기업의 경우 감사보고서일 후에 입수할 것으로 예상되는 기타정보의 식별
③ 감사의견은 기타정보를 포함하지 않으며, 따라서 감사인은 기타정보에 대해 감사의견이나 어떠한 형태의 확신도 표명하지 않고 앞으로도 표명하지 않을 것이라는 설명
④ 기타정보의 열람, 고려, 보고와 관련된 감사인의 책임에 대한 기술
⑤ 기타정보가 감사보고서일 전에 입수된 경우 다음 중 하나
  a. 감사인이 보고할 내용이 없다는 설명
  b. 감사인이 기타정보에 중요한 미수정왜곡표시가 있다고 결론내린 경우, 기타정보의 중요한 미수정왜곡표시를 기술하는 설명

REVIEW POINT

New International Standards on Auditing

개정 전 기타정보에 대한 감사에는 오히려 기타정보가 올바르고 재무제표가 중요하게 왜곡표시되었을 경우 감사보고에 대해서도 제시하고 있었다. 그러나 개정된 기타정보에 대한 감사는 기타정보가 중요하게 왜곡표시되었을 경우에 한정하여 감사절차를 제시하고 있다. 이는 재무제표가 수정되어야 하는 경우 ISA 540외 다른 감사기준서에서 해당 절차를 제시하고 있기 때문이다. 즉, 회계감사기준에 개정되었음에도 재무제표가 중요하게 왜곡표시되었을 경우 감사절차는 변하지 않았다. 참고로 기타정보를 감사하던 중 재무제표가 수정되어야 할 경우 감사보고는 다음과 같다.

감사보고서일 전	감사보고서일 후
재무제표의 수정이 필요함에도 불구하고 경영진이 재무제표를 수정하지 않는 경우, – 중요할 경우 → 한정의견 – 중요하고 + 전반적인 경우 → 부적정의견	재무제표의 수정이 필요함에도 불구하고 경영진이 재무제표를 수정하지 않는 경우, 후속사건에 대한 감사절차를 수행함

SECTION 05 감사업무의 관리

NEW INTERNATIONAL STANDARDS ON AUDITING

감사보고서 초안이 작성되면 감사인은 감사업무의 전반적인 과정을 최종적으로 검토할 뿐만 아니라 감사조서를 검토한다. 감사업무의 전반적인 과정을 검토하는 데는 감사업무수행점검표가 널리 이용된다.

1 감사업무수행점검표 작성

1.1 감사업무수행점검표의 의의

감사업무수행점검표는 감사업무의 내용을 수행단계별로 분류하여 열거한 양식이다. 감사인은 감사업무를 조직적으로 관리하기 위하여 감사업무수행점검표를 작성하여 감사보고서 발행 이전에 필요한 점검을 완료하여야 한다.

TIP

감사업무수행점검표에 대한 사항은 회계감사기준에는 없지만 감사실무에서는 반드시 작성하는 절차 중 하나이다.

1.2 감사업무수행점검표의 내용

감사업무수행점검표는 감사업무의 내용을 수행단계별로 분류하여 열거한 양식이며 그 내용에는 다음과 같은 사항 등을 포함한다.

① 주요 감사계약내용의 확인

② 기업과 기업환경에 대한 이해 및 중요왜곡표시위험에 대한 예비적 평가절차의 이행여부 확인

③ 감사계획서의 작성 및 검토 여부 확인

④ 내부통제의 평가절차 및 평가결과의 적정성 확인

⑤ 실증절차 감사계획에 포함된 절차의 이행 여부 확인

⑥ 서면진술을 받았는지 확인

⑦ 왜곡표시의 내용과 처리결과 확인

⑧ 감사조서에 대한 감독자의 검토 및 심리절차가 완료되었는지 확인

⑨ 감사보고서의 내용, 인쇄상태 및 기명날인의 확인

⑩ 감사보고서의 전달 및 주주총회 일정 확인

⑪ 감사종료보고 확인

1.3 감사업무수행점검표의 예시

감사업무수행점검표

작 성 자:

담당사원:

심리사원:

1. 주요감사계약 내용의 확인

· 회 사 명: ○○주식회사

· 회계연도: 제○기 (20×2년 1월 1일부터 20×2년 12월 31일까지)

· 감사목적과 범위: 상장　　외감법　　기타 (　　)

· 감사보고서 일자: 20×3년 ○월 ○일

· 주주총회 예정일:

· 감사보고서 제출예정일:

· 감사보고서 발행부수:　　부　　회사제출부수:　　부　　관계기관제출:　　부

　감 사 인 보 관:　　부　　총 부 수:　　부

항　　목	예	아니오	해당무	조서번호
………………… 이하 중략 …………………				
3. 감사계획서의 작성 및 검토여부 확인				
3. 1 전반감사전략을 작성하고 전원의 합의를 받았는가?				
3. 2 전반감사전략에는 다음의 사항이 포함되었는가?				
………………… 이하 중략 …………………				
6. 서면진술 및 변호사 조회서를 받았는지 확인				
6. 1 서면진술을 회사로부터 요청하였으며 그 일자는 감사보고서일자와 일치하는가?				
………………… 이하 중략 …………………				
7. 왜곡표시의 내용과 처리결과 확인				
7. 1 왜곡표시들을 요약하여 경영진과 토의하고 재무제표확정 이전에 수정 권고하였는가?				
7. 2 회사가 확정한 최종재무제표를 요청하였는가?				
7. 3 수정분개에 반영되지 않는 사항들은 집계되어 중요성수준과 비교한 후 의견표명에 반영되었는가?				
8. 감사조서에 대한 감독자의 검토 및 심리절차가 완료되었는지 확인				
8. 1 실시한 모든 감사절차에 대하여 감사조서가 작성되었는가?				
………………… 이하 중략 …………………				
10. 감사보고서의 전달 및 주주총회 일정확인				
10.1 인쇄된 감사보고서를 회사에 제출하기 전에 오류유무를 최종 검토하였는가?				
10.2 제출요구된 감사보고서 부수 및 보관해야 할 부수는 틀림이 없는가?				
10.3 회사의 주주총회 일자를 확인하였으며 기일 내에 감사보고서를 회사에 전달하였는가?				
10.4 회사에 신문공고문안을 송부하였는가?				
11. 감사종료 보고확인				
관계기관에 감사보고서 제출기한을 적절히 준수하여 감사종료보고를 하였는가?				

2 감사문서(조서)의 검토

2.1 감사문서(조서) 검토의 필요성

감사인은 감사참여자의 업무평가, 감사업무의 질적수준 유지 및 감사인의 판단에 영향을 미칠 수 있는 영향을 배제하기 위하여 감사업무의 완료단계에서 검토한다.

2.2 감사문서(조서) 검토의 유형

담당감사인에 의하여 작성된 감사조서는 1차적으로 감사현장책임자가 감사현장에서 검토하며 2차적으로 감사업무의 완료단계에서 감사업무에 직접 참여하지 않는 독립된 제3자가 검토한다. 마지막으로 내부심리부서의 검토를 받아야 한다.

(1) 감사현장책임자(Incharge Auditor)에 의한 검토

일반적으로 감사현장책임자는 감사참여자들이 적절한 감사절차를 수행하였는지, 그리고 감사결과가 적정한가를 평가하기 위하여 다음과 같은 사항을 검토한다.

① 적정한 감사절차가 모두 적용되었으며, 수행된 감사의 본질과 범위가 적절한가?
② 감사계획서에서 요구하는 사항을 모두 준수하고 있는가?
③ 감사문서(조서)는 적절하고 명쾌하고 체계적이며 이해가능한가?
④ 왜곡표시는 모두 적절히 검토되었으며 문서화되었는가?

(2) 현장업무와 무관한 감사인(Engagement Partner)에 의한 검토

감사업무의 완료단계에서 책임감사인에 의한 감사조서의 검토가 이루어지고 나면 현장업무와 무관한 독립된 제3자에 의하여 감사문서(조서)를 검토받아야 한다. 보통 회계법인에서는 이러한 검토를 해당 감사업무에는 직접 참여하지는 않지만 감사업무를 총괄하는 업무수행이사(engagement partner)가 자기책임하에 검토한다. 일반적으로 업무수행이사(engagement partner)는 왜곡표시가 공표용 재무제표에 적절히 반영되었는가를 검토한다.

(3) 내부심리부서에 의한 검토

내부심리부서는 감사보고서의 초안과 감사문서(조서)를 종합적으로 검토한다. 감사보고서가 발행되기 전에 감사보고서 초안은 반드시 내부심리부서의 검토를 받아야만 감사보고서 발행을 승인 받을 수 있다. 일반적으로 내부심리부서는 다음과 같은 사항을 검토한다.

① 회계기준과 회계감사기준의 체계 안에서 적용된 회계관행의 타당성
② 재무제표의 타당성
③ 감사보고서의 정당성

2.3 감사문서(조서) 검토사항의 문서화

감사조서 검토자는 다음과 같은 사항을 문서화하여야 한다.

① 제기된 문제와 성격
② 이러한 문제점이 회계, 회계감사, 회계감사보고에 미치는 중요성
③ 이러한 문제점을 해결하기 위하여 추가적으로 수행한 감사절차
④ 문제점 해결 후 최종적인 평가 및 결론

SECTION 06 감사보고서의 제출

NEW INTERNATIONAL STANDARDS ON AUDITING

감사인은 재무제표와 연결재무제표에 대한 감사보고서를 회사(감사 및 감사위원회 포함)와 증권선물위원회에 [표 10-3]과 같이 제출하여야 한다.

표 10-3 재무제표 및 연결재무제표 감사보고서의 제출

<table>
<tr><th colspan="2" rowspan="2">적용
회계기준</th><th colspan="2">감사보고서 제출기한</th></tr>
<tr><th>(감사인 → 회사)</th><th>(감사인 → 증권선물위원회)</th></tr>
<tr><td colspan="2">K-IFRS</td><td>정기총회 1주일 전
1. 회생절차가 진행 중인 회사의 경우에는 사업연도 종료 후 3개월 이내
2. 별도 · 연결 동시 제출</td><td>정기총회 종료 후 2주 이내
1. 회생절차가 진행 중인 인 경우에는 해당 회사의 관리인에게 보고한 후 2주 이내
2. 별도 · 연결 동시 제출</td></tr>
<tr><td rowspan="2">non
K-IFRS</td><td>직전 자산
2조원 이상</td><td>별도 : 정기총회 1주일 전
연결 : 사업연도 종료 후 90일 이내</td><td>별도 : 정기총회 종료 후 2주 이내
연결 : 사업연도 종료 후 90일 이내</td></tr>
<tr><td>직전 자산
2조원 미만</td><td>별도 : 정기총회 1주일 전
연결 : 사업연도 종료 후 120일 이내</td><td>별도 : 정기총회 종료 후 2주 이내
연결 : 사업연도 종료 후 120일 이내</td></tr>
</table>

※ 감사인은 회사가 사업보고서 제출기한 이후 정기총회를 개최하는 경우로서 해당 회사의 재무제표(non K-IFRS 적용 회사의 연결재무제표 제외)를 감사하는 경우에는 감사보고서를 사업보고서 제출기한 1주 전까지 회사에 제출하여야 한다(외감법 시행령 제27조 ②).

정상적이라면 회사는 사업보고서 제출기한 전에 정기총회를 개최한다. 그런데 회사의 어떤 사정으로 사업보고서 제출기한 후에 정기총회를 개최할 경우에도 정기총회 1주일 전까지 감사보고서를 제출하게 한다면 감사받지 않은 재무제표가 사업보고서에 수록되어 투자자들을 보호할 수 없게 된다. 따라서 이 경우 외감법(외감법 시행령 제

27조 ②)은 감사인이 사업보고서 제출기한 1주 전까지 감사보고서를 회사에 제출하도록 하여 사업보고서에 감사받은 재무제표가 수록 규정하고 있다. 이 때 정상적으로 정기총회를 개최할 수 없는 non K-IFRS 적용기업(비상장기업)의 연결재무제표에 대한 감사보고서까지 사업보고서 제출기한 1주 전까지 감사보고서를 제출하도록 강제하지는 않는다.

Chapter 10 OX문제

01 감사기준에서 목표로 하는 감사보고서의 가치를 증가시키는 요소 세 가지는 무엇인가?

02 감사보고서의 제목은 '공인회계사의 감사보고서'이다.

03 감사보고서 수신인은 감사계약서에서 따로 정할 수 있다.

04 '감사인은 감사와 관련된 윤리적 요구사항에 따라 기업으로부터 독립적이며 그러한 요구사항에 따른 기타의 윤리적 책임들을 이행하였다'는 내용은 감사의견근거 단락에 기재되어야 한다.

05 유가증권시장, 코스닥시장, 코넥스 시장에 상장된 기업들은 핵심감사사항을 기재하여야 한다.

06 모든 상장기업은 예외 없이 업무수행이사의 실명을 감사보고서에 기재한다.

07 감사보고서에는 서명이 있어야 한다. 회계법인의 경우 업무수행이사가 서명한다.

08 감사인은 회사가 재고자산(중요하고 전반적임)실사의 입회를 거부한 경우 바로 의견을 거절한다.

09 재무제표가 왜곡표시된 경우 감사인은 의견거절을 표명할 수도 있다.

10 특정 사항에 대하여 감사인과 경영진의 의견이 불일치하고 둘 간의 금액적 차이가 중요하고 전반적인 경우 감사인은 의견거절을 표명한다.

11 특정 사항을 강조하기 위하여 핵심감사사항으로 결정된 사항을 강조사항문단에 기재할 수 있다.

12 감사보고서에서 핵심감사사항에 대하여 커뮤니케이션함으로써 해당 재무보고체계에서 경영진에게 작성하도록 요구하거나 또는 공정한 표시를 달성하기 위해 필요한 재무제표 공시를 대체할 수 있다.

13 변형의견을 초래하는 사항 또는 계속기업으로서의 존속능력에 대하여 유의적 의문을 초래할 수 있는 사건이나 상황과 관련한 중요한 불확실성은 핵심감사사항으로 기재할 수 있다.

14 감사의견의 변형을 초래한 사건은 핵심감사사항에 포함하지 않고 한정의견(부적정의견)근거 단락에 포함한다.

15 부적정의견을 초래하는 사항들 외에 하나 이상의 사항이 핵심감사사항으로 결정되는 경우, 재무제표 전체에 대한 부적정의견이 적합한 상황에서, 다른 핵심감사사항에 대한 기술로 인해 재무제표가 전체적인 관점에서 더 신뢰할만하다고 암시하지 않게 하는 것은 매우 중요하다. 따라서 부적정의견을 표명하는 경우 다른 핵심감사사항을 추가하는 것은 바람직하지 않다.

16 강조사항문단이란 재무제표에 공시여부와 관계없이 이용자가 재무제표를 이해하는데 근본이 될 정도로 중요한 사항이라고 판단되어 감사인이 이러한 사항을 언급하는 감사보고서에 포함된 문단을 말한다.

17 전기재무제표가 전임감사인(타감사인)으로부터 감사받은 경우 전기재무제표는 전임감사인이 감사하였다는 사실을 강조사항에 기재한다.

18 기타사항문단에 비교재무제표는 감사받지 아니하였다고 기술함으로써 당기재무제표에 중요한 영향을 미치는 왜곡표시가 기초잔액에 포함되지 않았다는 점에 대해 충분하고 적합한 감사증거를 입수하여야 하는 요구사항을 경감시킬 수 있다.

Chapter 10 정답 및 해설

01 일관성, 비교가능성, 목적 적합성 (ISA 700-4)

02 × 독립된 감사인의 감사보고서

03 ○ (ISA 700-A21)

04 ○ (ISA 700-28)

05 × 유가증권시장과 코스닥시장에 상장된 기업만 핵심감사사항을 기재할 의무가 있다. (ISA 701-6)

06 × 신변안전을 위한 면제(harm's way exemption)를 허용함. 즉, 업무수행이사의 이름을 감사보고서에 기재함으로 인해 개인의 안전이 위협받는 매우 드문 상황에서는 이러한 상황을 지배기구와 커뮤니케이션한 후 감사보고서에 업무수행이사의 이름을 기재하지 않을 수 있음 (ISA 700-45)

07 × 회계법인의 경우 대표이사가 서명한다.

08 × 해당 사항을 지배기구에케 커뮤니케이션하고, 충분하고 적합한 감사증거를 입수할 수 있는 대체적 절차의 수행이 가능한지 여부를 결정하여야 한다. (ISA 705-12)

09 × 재무제표가 왜곡표시되었다는 것은 왜곡표시되었다는 충분하고 적합한 감사증거가 수집되었다는 것이다. 이 경우 감사인의 의견은 적정, 한정, 부적정의견만 표명할 수 있다.

10 × 부적정의견

11 × 핵심감사사항으로 결정된 사항은 강조사항문단에 포함할 수 없다. (ISA 706-8)

12 × 경영진에게 작성하도록 요구하거나 공정한 표시를 달성하기 위해 필요한 재무제표 공시를 대체할 수 없다. (ISA 701-4)

13 × 변형의견을 초래하는 사항 또는 계속기업으로서의 존속능력에 대하여 유의적 의문을 초래할 수 있는 사건이나 상황과 관련한 중요한 불확실성은 그 특성상 핵심감사사항이다. 그러나, 그러한 상황에서, 이 사항들은 감사보고서의 핵심감사사항 단락에 기술되어서는 안되며, 감사의견에 반영하거나 계속기업 관련 중요한 불확실성 단락에 반영해야 한다. (ISA 701-15)

14 ○

15 ○ (ISA 701-A7)

16 × 강조사항문단은 재무제표에 적절하게 표시되거나 공시되어 있는 경우에 한한다. (ISA 706-7)

17 × 기타사항으로 기재한다. (ISA 710-17)

18 × 기타사항문단에 비교재무제표는 감사받지 아니하였다고 기술하여도, 당기재무제표에 중요한 영향을 미치는 왜곡표시가 기초잔액에 포함되지 않았다는 점에 대하여 충분하고 적합한 감사증거를 입수하여야 하는 요구사항은 경감되지 아니한다. (ISA 710-19)

NEW INTERNATIONAL STANDARDS ON AUDITING

PART 3

그룹재무제표감사, 검토, 기타 인증서비스 및 내부회계관리제도에 대한 감사(검토)

contents

new ISA

NEW INTERNATIONAL STANDARDS ON AUDITING

CHAPTER 11

그룹재무제표감사, 검토 및 기타 인증서비스

용어해설

구 분	내 용
부 문	그룹경영진 또는 부문경영진이 그룹재무제표에 포함되어야 하는 재무정보를 작성하는 대상인 실체 또는 사업활동
부문감사인	그룹감사를 위하여 그룹업무팀의 요청으로 부문과 관련된 재무정보에 대하여 업무를 수행하는 감사인
부문경영진	부문재무정보를 작성할 책임이 있는 경영진
부문중요성	그룹업무팀이 부문에 대하여 설정한 중요성
그 룹	그룹재무제표에 재무정보가 포함되는 모든 부문. 그룹은 항상 둘 이상의 부문을 가진다.
그룹감사	그룹재무제표에 대한 감사
그룹감사의견	그룹재무제표에 대한 감사의견
그룹업무수행이사	그룹감사업무와 그룹감사업무수행 및 발행된 그룹재무제표에 대한 감사보고서에 대해서 회계법인을 대신하여 책임을 지는 파트너 또는 회계법인 내 기타의 사람. 공동감사인이 그룹감사를 수행하는 경우에는, 공동감사의 각 파트너들과 그 업무팀은 집합적으로 그룹업무수행이사와 그룹업무팀을 구성한다. 그러나 이 감사기준서는 공동감사인(joint auditor) 사이의 관계 또는 공동감사인이 다른 공동감사인의 업무(joint engagement)와 관련하여 수행하는 업무에 대하여는 다루지 아니한다.
그룹업무팀 (그룹감사업무팀)	그룹의 전반그룹감사전략을 수립하고 부문감사인과 커뮤니케이션을 하며 연결절차에 관한 업무를 수행하고 그룹재무제표에 대한 의견을 형성하는 기초로서 감사증거로부터 도출된 결론을 평가하는 그룹업무수행이사 등 파트너와 스태프
그룹재무제표	2개 이상 부문의 재무정보를 포함하는 재무제표. 그룹재무제표는 또한 모기업이 없는 동일지배하에 있는 부문이 작성한 재무정보를 합산한 결합재무제표를 지칭하기도 한다.
그룹경영진	그룹재무제표를 작성할 책임이 있는 경영진
그룹차원의 통제	그룹경영진이 그룹의 재무보고에 대하여 설계, 실행하고 유지하는 통제
유의적 부문	그룹업무팀이 다음 중 하나의 특성을 갖는 것으로 식별한 부문 • 그룹에 대하여 개별적으로 재무적 유의성을 가짐 • 고유한 성격이나 상황으로 인하여 그룹재무제표의 유의적인 중요왜곡표시위험을 포함

SECTION 01 그룹재무제표 감사

NEW INTERNATIONAL STANDARDS ON AUDITING

이 장에서 그룹재무제표란 연결재무제표와 결합재무제표를 통칭한다. 그러나 결합재무제표는 더 이상 우리나라에서 작성하지 않으므로 본 장에서 그룹재무제표란 곧 연결재무제표라고 가정하고 서술한다.

핵심

1. 그룹감사인과 부문감사인의 책임

감 사 인	책임과 감사보고
그 룹 감 사 인	전체 그룹에 대하여 책임을 짐
	그룹재무제표에 대한 감사보고서에는 부문감사인을 언급하여서는 안된다. 단, 법에서 언급을 요구하는 경우 언급할 수 있지만 이 경우 그룹감사인의 책임이 경감되지 아니함을 그룹재무제표에 대한 감사보고서에 나타내야 한다.
부 문 감 사 인	외감법에 따라 개별재무제표를 감사하지만 그룹감사인 입장에서 보면 단지 그룹재무제표의 한 부문을 담당하는 부문감사인에 불과하다. 외감법은 개별재무제표에 대한 책임을 지울 수 있지만 그룹감사에서 해당 부문에 대한 책임도 그룹감사인이 진다.
특정 부분으로 인한 그룹감사 의견의 변형	해당 상황을 설명하기 위해 부문감사인을 언급할 수는 있지만 그 외의 사유로는 언급할 수 없다(그룹감사인의 책임을 명확히 하기 위한 조치임).

2. 연결감사절차

(1) 연결절차에 대한 그룹차원에서 통제의 운영 효과성 검증

※ 연결절차에 대하여 수행할 업무의 성격, 시기 및 범위가 ① 그룹차원의 통제가 효과적으로 운영되고 있다는 기대에 근거하거나, ② 실증절차만으로는 경영진주장 수준의 충분하고 적합한 감사증거가 제공될 수 없는 경우, 그룹업무팀은 그룹차원에 대한 통제의 운영효과성을 테스트하거나, 또는 그룹업무팀의 요청을 받은 부문감사인이 이를 테스트한다.

(2) 추가감사절차의 설계 및 수행: 평가된 위험에 대한 대응

(3) 연결조정 및 재분류 검토

연결조정분개의 검토절차 (ISA 600-A56)

- 유의적 조정사항은 그 근거가 되는 사건이나 거래를 적합하게 반영하고 있는지 여부를 평가함
- 그룹경영진, 그리고 해당되는 경우 부문경영진이 유의적 조정사항을 올바르게 계산, 처리 및 승인하였는지 여부를 결정함
- 유의적 조정사항은 적절히 뒷받침되고 충분히 문서화되었는지 여부를 결정함
- 그룹 내부거래 및 미실현이익 그리고 그룹내부거래 계정잔액은 조정 및 제거되었는지를 점검함

(4) 회계정책의 일관성 검토

(5) 부문감사인의 커뮤니케이션에서 식별된 재무정보 검토

(6) 재무제표일이 다른 부문재무제표가 포함된 경우 조정여부 평가

3. 연결 후속사건 감사절차

(1) 그룹업무팀이나 부문감사인이 부문재무정보에 대하여 감사한 경우: 그룹업무팀 or 부문감사인이 후속사건 감사절차 수행

(2) 부문감사인이 감사외의 업무를 수행한 경우: 부문감사인이 그룹감사인에게 후속사건을 통지하도록 요청

4. 그룹경영진 및 그룹지배기구와의 커뮤니케이션

부문감사인은 법규 또는 기타의 이유로 부문의 재무제표에 대한 감사의견을 표명하도록 요구될 수 있다. 그러한 경우, 그룹업무팀은 부문의 재무제표에 유의적(예 잠재적인 소송, 중요한 영업자산의 제각계획, 후속사건 등)인 사항이 존재한다는 것을 알게 되었지만 부문경영진은 이를 모를 경우, 그룹업무팀은 그룹경영진에게 해당 사항을 부문경영진에게 알리도록 요청하여야 한다. 만약 그룹경영진이 이 사항을 해당 부문경영진에게 커뮤니케이션하는 것을 거부한다면 그룹업무팀은 이 사항을 그룹의 지배기구와 논의하여야 한다.

5. 연결감사보고서

연결감사보고서의 형태는 별도재무제표에 대한 감사보고서와 큰 차이가 없다.

REVIEW POINT *New International Standards on Auditing*

본 장에서는 감사인이 그룹재무제표를 어떻게 감사하는지를 설명하고 있다. 지배회사의 감사인이 연결재무제표의 감사인이 된다. 또한 지배회사의 경영진이 연결재무제표를 작성할 책임이 있다. 따라서 지배회사의 감사인은 종속회사의 재무제표를 감사할 수 있는 권한을 가져야 하며, 지배회사의 경영은 종속회사의 재무자료를 수집하고 필요한 경우 자료를 확인할 필요가 있다. 그러나 관련 법률은 지배회사의 감사인과 경영진에게 어떤 권한도 명시하지 않고 있었다. 2017년 개정 외감법에서는 지배회사의 경영진과 감사인의 권한을 다음과 같이 명시하고 있다.

(1) 지배회사의 권한

지배회사의 권한 (외감법 제7조)

① 지배회사는 연결재무제표 작성을 위하여 필요한 범위에서 종속회사의 회계에 관한 장부와 서류를 열람 또는 복사하거나 회계에 관한 자료의 제출을 요구할 수 있다.

② 지배회사는 제1항에 따르더라도 연결재무제표 작성에 필요한 자료를 입수할 수 없거나 그 자료의 내용을 확인할 필요가 있을 때에는 종속회사의 업무와 재산상태를 조사할 수 있다.

(2) 감사인의 권한

감사인의 권한 등 (외감법 제21조)

① 감사인은 언제든지 회사 및 해당 회사의 주식 또는 지분을 일정 비율 이상 소유하고 있는 관계회사의 회계에 관한 장부와 서류를 열람 또는 복사하거나 회계에 관한 자료의 제출을 요구할 수 있으며, 그 직무를 수행하기 위하여 특히 필요하면 회사 및 관계회사의 업무와 재산상태를 조사할 수 있다. 이 경우 회사 및 관계회사는 지체 없이 감사인의 자료 제출 요구에 따라야 한다.

② 연결재무제표를 감사하는 감사인은 그 직무의 수행을 위하여 필요하면 회사 또는 관계회사의 감사인에게 감사 관련 자료의 제출 등 필요한 협조를 요청할 수 있다. 이 경우 회사 또는 관계회사의 감사인은 지체 없이 이에 따라야 한다.

1 그룹감사인의 책임

1.1 문제의 제기

그룹재무제표는 연결재무제표를 가정할 경우 지배회사와 다수의 종속회사를 하나의 실체로 보아 하나의 재무제표로 작성된다. 이 때 지배회사와 개별 종속회사는 각각 개별재무제표를 작성하고 감사받지만, 종속회사(부문)의 감사인이 지배회사의 감사인과 상이할 수 있다. 지배회사의 경영진은 연결재무제표(그룹재무제표)를 작성할 의무가 있고, 지배회사의 감사인은 연결재무제표(그룹재무제표)의 감사인이 된다.

이 경우 그룹감사인은 ① 그룹재무제표 중 자신이 감사하지 않은 부문재무정보에서 발생하는 책임까지 부담하는 것이 타당할까? 아니면 ② 그룹감사인은 그룹재무제표에 포함된 부문 중 자신이 감사한 부문재무정보만 책임지고 타감사인이 감사한 부문재무정보는 해당 감사인이 책임지는 것이 타당할까?

1.2 그룹감사인과 부문감사인의 책임

TIP

부문(component)이란?

그룹감사에서 부문이란 연결대상에 포함되는 지배회사와 개별 종속회사를 말하는데 지배회사의 감사인이 연결감사인이 되기 때문에 개별 종속회사만을 부문이라고 보는 것이 이해하기 쉽다.

감 사 인	책임과 감사보고
그 룹 감 사 인	전체 그룹에 대하여 책임을 짐 그룹재무제표에 대한 감사보고서에는 부문감사인을 언급하여서는 안된다. 단, 법에서 언급을 요구하는 경우 언급할 수 있지만 이 경우 그룹감사인의 책임이 경감되지 아니함을 그룹재무제표에 대한 감사보고서에 나타내야 한다(회계감사기준).
부 문 감 사 인	그룹재무제표감사에서 부문감사에 대한 책임은 회계감사기준과 외감법이 상이하다. 회계감사기준은 그룹재무제표에 대한 책임은 전적으로 그룹감사인에게 있다고 명시하고 있다. 외감법은 연결재무제표에 대한 감사보고서에 중요한 사항을 적지 아니하거나 거짓으로 적은 책임이 종속회사 또는 관계회사의 감사인에게 있는 경우에는 해당 감사인(부문감사인)은 이를 믿고 이용한 제3자에게 손해를 배상할 책임이 있다고 명시하고 있다(외감법 제31조).
특정 부문으로 인한 그룹감사의견의 변형	해당 상황을 설명하기 위해 부문감사인을 언급할 수는 있지만 그 외의 사유로는 언급할 수 없다(그룹감사인의 책임을 명확히 하기 위한 조치임).

(1) 그룹감사인의 책임과 감사보고

그룹업무수행이사는 전문직 기준 및 법규의 요구사항에 따라 그룹감사업무를 지휘 · 감독하고 수행하며 발행된 감사보고서가 상황에 적합한지 여부에 대하여 책임을 진다. 따라서 법규에서 요구하지 않는 한, 그룹재무제표에 대한 감사보고서에는 부문감사인을 언급하여서는 안된다. 법규상 부문감사인의 언급이 요구되는 경우에도, 부문감사인을 언급하더라도 그룹업무수행이사 또는 그룹업무수행이사가 속한 회계법인의 그룹감사의견에 대한 책임이 경감되지 아니함을 그룹재무제표에 대한 감사보고서에 명시하여야 한다(ISA 600-11).

(2) 그룹재무제표에 대한 부문감사인의 책임

부문감사인은 그룹감사를 위하여 부문재무정보에 대한 업무를 수행하고 이에 대한 전반적인 감사 발견사항이나 결론 또는 의견에 대하여 책임을 지지만, 그룹감사의견에 대한 책임은 그룹업무수행이사나 해당 그룹업무수행이사가 소속된 회계법인에 있다(ISA 600-A8).

(3) 부문재무정보와 그룹감사의견의 변형

그룹업무팀이 하나 이상의 부문재무정보에 대하여 충분하고 적합한 감사증거를 입수할 수 없어 그룹감사의견을 변형시키는 경우, 해당 상황을 적절히 설명하기 위해 부문감사인을 언급하는 것이 필요한 것이 아닌 한 그룹재무제표에 대한 감사보고서의 변형근거 문단에 부문감사인을 언급하지 않고 충분하고 적합한 감사증거를 입수하지 못한 이유를 기술한다(ISA 600-A9).

2 수용 및 유지(Acceptance and Continuance)

그룹업무수행이사는 재무제표의 품질관리를 할 때 그룹감사의견의 근거가 되는 연결절차 및 부문재무정보에 관한 충분하고 적합한 감사증거가 입수될 수 있을 것으로 합리적으로 기대가능한지 여부를 결정하여야 한다. 그룹업무팀은 유의적일 수 있는 부문을 식별하는데 충분하도록 해당 그룹과 부문 및 그 환경을 이해하여야 한다. 부문감사인이 그러한 부문의 재무정보에 대한 업무를 수행할 예정인 경우, 그룹업무수행이사는 그룹업무팀이 충분하고 적합한 감사증거를 입수하는 데 필요한 만큼 부문감사인들의 업무에 관여할 수 있을 것인지 여부를 평가하여야 한다(ISA 600-12).

TIP

그룹감사인, 그룹업무팀 및 부문감사인의 차이?

그룹감사인이란 연결재무제표를 감사하는 회계법인을 말한다. 외감법은 지배회사의 감사인이 연결재무제표의 감사인이 된다. 그룹업무팀은 회계법인 내에 많은 업무팀(Engagement Team)이 존재하는데 본 연결재무제표 감사업무를 담당하는 업무팀을 말한다. 결국 그룹업무팀이 연결재무제표를 총괄하여 감사업무를 수행한다. 그런데 연결대상 종속회사의 별도재무제표 중 일부는 타감사인이 감사한 경우가 있을 수 있다. 이 때 종속회사를 감사한 감사인 중 연결감사인과 다른 감사인(타감사인)을 부문감사인이라고 한다. 따라서 종속회사의 감사인이 연결감사인인 경우는 부문감사인이라고 하지 않는다.

2.1 수용 또는 유지 단계에서의 이해

그룹감사인은 신규 고객을 수용할 것인지? 또는 기존 고객을 유지할 것인지를 결정하기 위하여 고객을 이해하여야 한다.

신규업무의 경우 정보의 원천	신규감사의 경우 그룹업무팀은 다음을 통해 그룹, 부문 및 그 환경을 이해할 수 있을 것이다(ISA 600-A10). ① 그룹경영진이 제공한 정보 ② 그룹경영진과의 커뮤니케이션 ③ 해당되는 경우, 전기의 그룹업무팀, 부문경영진 또는 부문감사인과의 커뮤니케이션
그룹업무팀이 이해할 사항	그룹업무팀이 이해할 사항에는 다음과 같은 것이 포함된다(ISA 600-A11). ① 법적 구조와 조직체계 등 그룹의 구조(즉, 그룹의 재무보고시스템이 조직화 되어 있는 방법) ② 그룹에 유의적인 부문사업활동(그러한 활동이 발생하는 산업과 규제적, 경제적, 정치적 환경 포함) ③ 공유 서비스센터 등 서비스조직의 이용 ④ 그룹차원의 통제에 대한 기술서 ⑤ 연결절차의 복잡성 ⑥ 그룹업무수행이사가 소속된 회계법인이나 그 네트워크 회계법인에 소속되지 않은 부문감사인이 부문의 재무정보에 대한 업무를 수행할 것인지 여부, 그리고 그룹경영진이 둘 이상의 감사인을 선임한 논리적 근거 ⑦ 그룹업무팀이 다음의 권한을 보유하고 있는지 여부 - 그룹지배기구, 그룹경영진, 부문지배기구, 부문경영진, 부문정보 및 부문감사인에 대하여 제약을 받지 않고 접근할 수 있음(관련 감사문서 포함) - 그룹업무팀이 부문의 재무정보에 대하여 필요한 업무를 수행할 수 있음
계속감사의 경우 그룹감사인의 적격성	계속감사업무의 경우, 그룹업무팀이 충분하고 적합한 감사증거를 입수할 능력은 여부는 예를 들어 다음과 같은 유의적 변경사항에 영향을 받을 것이다(ISA 600-A12). ① 그룹구조의 변경(예 매수, 매각, 그룹의 조직변경 또는 그룹 재무보고시스템의 조직방법 변경) ② 그룹에 유의적인 부문의 사업활동상 변경 ③ 그룹지배기구, 그룹경영진 또는 유의적 부문의 주도경영진의 구성 변경 ④ 그룹경영진이나 부문경영진의 성실성 및 적격성에 관한 그룹업무팀의 우려 ⑤ 그룹차원의 통제의 변경 ⑥ 해당 재무보고체계의 변경

2.2 수용 및 유지의 결정

상기와 같은 이해를 통하여 그룹감사인은 그룹재무제표에 대한 감사를 수용 또는 유지할 것인지를 결정한다. 만약 그룹업무수행이사가 다음과 같은 결론을 내릴 경우 그룹재무제표감사를 수용 또는 유지하여야 할까?

(1) 충분하고 적합한 감사증거를 입수할 수 없다고 기대할 경우

그룹업무수행이사가 다음과 같은 결론을 내릴 수 있다(ISA 600-13).

충분하고 적합한 감사증거를 입수할 수 없다고 기대할 경우의 사례
① 그룹경영진에 의한 제약으로 인해 그룹업무팀이 충분하고 적합한 감사증거를 입수하는 것이 가능하지 않을 것으로 예상되며, ② 이러한 감사증거의 입수 불가능에 따른 발생가능한 영향의 결과로서 그룹재무제표에 대한 의견거절을 표명하게 될 것임

↓

충분하고 적합한 감사증거를 입수할 수 없다고 기대할 경우의 감사인의 후속조치
① 신규업무인 경우 그 수임을 거절하며, 계속업무인 경우 관련 법규상 가능하다면 업무를 해지함 ② 법규에 의해 감사업무의 수임거부가 금지되거나 해지가 가능하지 아니한다면, 그룹재무제표에 대한 감사를 가능한 범위까지 수행하고 그룹재무제표에 대하여는 의견표명을 거절함

(2) 충분하고 적합한 감사증거를 입수할 수 있다고 기대할 경우

어떤 그룹은 유의적이지 않다고 생각되는 부문으로만 구성되어 있을 수 있다. 이 경우, 그룹업무수행이사는 그룹업무팀이 다음의 절차를 모두 수행할 수 있으면 그룹감사의견을 뒷받침할 수 있는 충분하고 적합한 감사증거를 입수할 수 있다고 합리적으로 기대할 수 있을 것이다(ISA 600-A13).

① 일부 부문의 재무정보에 대한 업무를 수행함 (직접감사)
② 그 외 다른 부문들의 재무정보에 대하여 부문감사인이 수행한 업무에 대하여 충분하고 적합한 감사증거를 입수하기 위해 필요한 정도로 관여함 (간접감사)

(3) 정보에 대한 접근이 제한된 경우

감 사 인	책임과 감사보고
그룹경영진의 의도하지 않은 접근제한	그룹업무팀은 여전히 충분하고 적합한 감사증거를 입수할 수도 있다. 해당 부문의 중요성이 증가할 경우 증거입수가능성이 낮아진다. 이 경우 감사의견을 변형할 것을 고려(한정의견 or 의견거절)
그룹경영진의 의도적인 접근제한	유의적인 경우: 충분하고 적합한 감사증거를 수집할 수 없음. 의견거절이 기대되는 경우 원칙은 계약해지, 그러나 해지가 금지되거나 불가능한 경우 업무수행하고 의견거절. 의견거절이 기대되지 않으면 감사업무를 수행하고 해당 상황에 적합한 감사의견 ※ 개별감사의 경우 대체적인 절차를 수행하도록 규정하고 있지만 그룹감사는 이에 대한 요구가 없음 유의적이지 않은 경우: 충분하고 적합한 감사증거를 수집할 수도 있다(대체적인 절차 등). 그러나 그룹업무팀의 질문에 대한 그룹경영진의 답변이나 그룹경영진진술의 신뢰성에 영향을 줄 수 있다.
법규로 계약해지가 금지된 경우	업무수행하고 의견거절(계약해지를 고려한다는 것은 의견거절이 기대된다는 것을 의미하기 때문)

- CASE 1(그룹경영진의 의도하지 않은 접근제한): 그룹업무팀의 정보에 대한 접근은 그룹경영진이 해결할 수 없는 상황에 의해 제한될 수도 있을 것이다. 예를 들어 비밀유지 및 정보보호 관련 법률에 의한 경우, 또는 부문감사인이 그룹업무팀이 원하는 관련 감사문서에 대하여 접근을 거부하는 경우를 들 수 있다. 뿐만 아니라 그룹경영진에 의해서도 제한될 수 있다(ISA 600-A14).

  그룹업무팀은 특정한 상황으로 정보에 대한 접근이 제한되는 경우에도 여전히 충분하고 적합한 감사증거를 입수할 수도 있겠지만, 해당 부문의 유의성이 증가하는 경우에는 그 가능성이 낮아진다. 예를 들어, 그룹업무팀이 충분하고 적합한 감사증거를 입수할 수 없는 경우 그룹감사인은 그 중요성에 따라 감사의견을 변형할 것을 고려한다(ISA 600-A15의 수정 및 추가).

- CASE 2(그룹경영진의 의도적인 접근제한): 그룹경영진이 유의적 부문의 정보에 대한 그룹업무팀이나 부문감사인의 접근을 제한하는 경우 그룹업무팀은 충분하고 적합한 감사증거를 입수할 수 없을 것이다. 만약, 의견거절이 기대되는 경우, 원칙은 계약해지 그러나 해지가 금지되거나 불가능한 경우 업무수행하고 의견거절한다. 그러나 의견거절이 기대되지 않으면 감사업무를 수행하고 해당 상황에 적합한 감사의견을 표명한다(ISA 600-A16~A17의 수정 및 추가).

- CASE 3(법규에서 업무수임 거절 또는 해지가 금지된 경우): 법규에 따라서는 그룹업무수행이사의 업무수임 거절이나 해지가 금지될 수 있다. 이와 같이 그룹업무팀이 충분하고 적합한 감사증거를 입수할 수 없고 수임도 거절하거나 해지할 수 없는 경우 감사인은 그룹감사를 끝까지 수행한 후 의견을 거절한다(ISA 600-A19의 수정 및 추가).주

주 계약해지를 고려한다는 것은 의견거절이 기대된다는 것을 의미하기 때문이다.

2.3 업무의 조건(Terms of Engagement)

그룹업무수행이사는 그룹감사업무의 조건에 합의하여야 한다(ISA 600-14). 감사업무의 조건에는 다음 사항을 명시한다(ISA 600-A20).

그룹감사업무의 조건 (ISA 600-A20)

① 해당 재무보고체계를 명시한다.
② 그 외에도 다음과 같은 사항이 그룹감사업무의 조건에 추가적으로 포함될 수 있음
- 그룹업무팀과 부문감사인간의 커뮤니케이션은 법규상 가능한 정도까지 제한없이 이루어져야 함
- 부문감사인, 부문지배기구 및 부문경영진간의 중요한 커뮤니케이션 내용(부문 내부통제의 유의적 미비점에 관한 커뮤니케이션 포함)은 그룹업무팀에도 커뮤니케이션 되어야 함
- 재무보고 사항에 관한 규제기관과 부문 간의 중요한 커뮤니케이션 내용은 그룹업무팀에 커뮤니케이션되어야 함
- 다음의 사항은 그룹업무팀이 필요하다고 판단하는 정도까지 허용되어야 함
  - 부문정보, 부문지배기구, 부문경영진 및 부문감사인에 대한 접근(그룹업무팀이 원하는 관련 감사문서를 포함함)
  - 부문재무정보에 대한 업무를 그룹업무팀이 수행하거나 부문감사인이 수행하도록 요청함

3 전반감사전략 및 감사계획

그룹업무팀은 그룹감사에 대한 전반그룹감사전략을 수립하고 감사계획을 개발해야 한다. 그룹업무수행이사는 전반그룹감사전략과 감사계획을 검토하여야 한다(ISA 600-15, 16).

4 그룹·부문과 그 환경에 대한 이해

4.1 그룹·부문과 그 환경을 이해하기 위한 절차

감사인은 해당 실체와 그 환경을 이해함으로써 중요왜곡표시위험을 식별하고 평가

하여야 한다. 그룹업무팀은 다음의 절차를 수행하여야 한다(ISA 600-17).

그룹 · 부문과 그 환경을 이해하기 위한 절차 (ISA 600-17)

① 업무의 수용 또는 유지 단계에서 입수한 그룹 · 부문과 그 환경(그룹차원의 통제 포함)에 대한 이해를 강화함
② 연결절차(그룹경영진이 부문들에 내린 지침 포함)를 이해함

4.2 그룹 · 부문과 그 환경에 대하여 이해할 사항

그룹업무팀은 다음을 수행하는 데 충분하도록 관련 사항을 이해하여야 한다(ISA 600-18).

그룹 · 부문과 그 환경에 대하여 이해할 사항 (ISA 600-18)

① 유의적일 것 같은 부문에 대한 최초 식별내용을 재확인하거나 수정함
② 부정이나 오류로 인한 그룹재무제표의 중요왜곡표시위험을 평가함

5 부문감사인에 대한 이해

5.1 부문감사인에 대해 이해할 사항

핵심

상 황	감사절차	
(a) 독립성	심각성 여부에 불문하고 부문감사인을 활용할 수 없음	그룹업무팀이 해당 부문을 직접 감사
(b) 적격성	심각하지 않은 경우	부문감사인을 활용할 수 있고 + 그룹업무팀이 부문감사인을 보완
	심각한 경우	그룹업무팀이 해당 부문을 직접 감사
(c) 부문감사인의 업무에 관여	충분하고 적합한 감사증거를 수집할 수 있는 경우	그룹업무팀이 부문감사인의 업무에 관여하여 충분하고 적합한 감사증거 수집
	충분하고 적합한 감사증거를 수집할 수 없는 경우	그룹업무팀이 해당 부문을 직접 감사

TIP

부문감사인 이해 방법

그룹업무팀은 여러 방법을 통해 부문감사인을 이해할 수 있을 것이다. 그룹감사에 부문감사인을 참여시킨 최초 연도의 경우, 그룹업무팀은 예를 들어 다음의 절차를 수행할 수 있을 것이다(ISA 600-A35).

- 공통의 모니터링 정책과 절차에 따라 운영되고 이를 준수하는 회계법인이나 네트워크 회계법인에 그룹업무팀과 부문감사인이 함께 속해있는 경우 품질관리 모니터링 시스템의 결과를 평가함
- 부문감사인을 방문함
- 부문감사인에 대해 이해할 사항을 서면으로 확인해 줄 것을 요청함
- 부문감사인에 대해 이해할 사항에 대한 질문서에 대하여 답변을 작성할 것을 요청함
- 그룹업무수행이사가 소속된 회계법인의 동료나 부문감사인에 대한 지식이 있는 명망있는 제3자와 부문감사인에 대하여 토의함
- 부문감사인이 소속된 전문직 조직이나 부문감사인의 전문자격을 부여하는 기관 또는 기타의 제3자로부터 확인서를 입수함

다음 연도부터의 부문감사인에 대한 그룹업무팀의 이해는 부문감사인에 대한 이전의 업무경험에 근거할 수 있다. 그룹업무팀은 문단 19(a)-(c)에 열거된 사항과 관련하여 이전 연도와 다른 변동사항이 있는지 여부를 부문감사인이 확인해 주도록 요청할 수 있을 것이다.

그룹업무팀이 부문감사인에게 부문재무정보에 대한 업무의 수행을 요청하기로 계획하는 경우, 그룹업무팀은 다음 사항을 이해하여야 한다(ISA 600-19).

그룹업무팀이 부문감사인에 대해 이해할 사항 (ISA 600-19)

① 부문감사인이 그룹감사와 관련된 윤리적 요구사항을 이해하고 있으며 이를 준수할 것인지 여부, 특히 부문감사인이 독립적인지 여부
② 부문감사인의 전문가적 적격성
③ 그룹업무팀이 충분하고 적합한 감사증거를 입수하는 데 필요한 만큼 부문감사인들의 업무에 관여할 수 있을 것인지 여부
④ 감사인을 적극적으로 감독하는 규제환경하에서 부문감사인이 업무를 수행하는지 여부

- 부문감사인의 독립성: 부문감사인이 독립적이지 않을 경우, 그룹업무팀은 부문감사인의 업무에 관여하거나 부문재무정보에 대한 추가적인 위험평가나 추가감사절차를 수행하는 것으로 이를 극복할 수 없다(ISA 600-A39). 즉, 이 경우 그룹업무팀은 부문감사인에게 의존할 수 없으며, 그룹업무팀이 해당 부분에 대하여 직접 감사하여 확신을 얻어야 한다. 왜냐하면, 독립성이 결여된 부문에 대한 감사결과는 어떠한 확신도 제공할 수 없기 때문에 감사하지 않은 것과 같기 때문이다.

- 부문감사인의 전문가적 적격성: 부문감사인의 전문가적 적격성에 대한 우려(예 해당 산업에 고유한 지식의 결여), 또는 부문감사인이 속한 국가의 감사인 감독환경이 활발하지 않다는 사실과 같이 심각하지는 않은 우려는, 그룹업무팀이 부문감사인의 업무에 관여하거나 부문재무정보에 대하여 추가적인 위험평가나 추가감사절차를 수행함으로써 이를 극복할 수 있을 것이다(ISA 600-A40). 왜냐하면, 국가마다 공인회계사 자격 부여나 유지 조건 등에 대하여 차이가 존재하기 때문에 감사인의 적격성에 차이가 존재할 수 밖에 없다. 그러나 부문감사인이 전문가적 적격성이 심각하지 않게 우려되는 경우, 그룹감사인은 추가적으로 부문감사인의 업무에 관여하거나 하여 충분하고 적합한 감사증거에 도달할 수 있을 것이다.

- 부문감사인이 독립적이 못하거나, 적격하지 못한 경우 및 부문감사인의 업무에 관여할 수 없는 경우: 부문감사인이 그룹감사 관련 독립성 요구사항을 충족시키지 못하거나 그룹업무팀이 (a) 독립성, (b) 적격성 및 (c) 그룹업무팀이 부문감사인의 업무에 관여하여 감사증거를 수집하는 사항에 대하여 심각한 우려를 갖고 있다면, 부문재무정보에 관한 부문감사인의 업무수행을 요청하지 말고, 해당 부문의 재무정보에 관하여 충분하고 적합한 감사증거를 그룹감사인이 입수하여야 한다(ISA 600-20).

기출 2022

TIP

부문감사인의 전문가적 적격성에 대한 그룹업무팀의 이해사항

부문감사인의 전문가적 적격성에 대한 그룹업무팀의 이해사항에는 다음의 정보가 포함될 수 있다(ISA 600-A38).
- 부문감사인이 그룹감사에서 부문감사인의 책임을 완수하는 데 충분할 만큼 그룹감사에 적용되는 감사기준과 기타의 기준에 대하여 지식을 보유하고 있는지 여부
- 부문감사인이 해당 부문재무정보에 대한 업무를 수행하는 데 필요한 전문기술(예: 해당 산업에 고유한 지식)을 보유하고 있는지 여부
- 해당되는 경우, 부문감사인이 그룹감사에서 부문감사인의 책임을 완수하는 데 충분할 만큼 해당 재무보고체계를 이해하고 있는지 여부

요약하면, 그룹업무팀의 부문에 대한 목적은 부문에 대한 충분하고 적합한 감사증거의 수집이다. 이 때 원칙은 그룹업무팀이 직접 해당 부문을 감사하는 것인데, 부문감사인을 활용하여 충분하고 적합한 감사증거를 수집할 수 있다면 감사기준서는 이를 허용하고 있다.

그러나 부문감사인이 독립성이지 않을 경우 그룹업무팀은 부문감사인을 활용할 수 없다. 독립성은 심각성 정도에 불문하고 수집된 감사증거가 유효하지 않다는 것을 의미한다. 따라서, 독립성이 결여된 경우 그룹감사인은 특정 부문에 대하여 부문감사인을 활용할 수 없고, 그룹업무팀이 직접 해당 부문을 감사하여 해당 부문에 대한 충분하고 적합한 감사증거를 수집하여야 한다.

적격성이 결여된 경우 심각하지 않으면 그룹업무팀이 이를 보완할 수 있다면 보완하는 것으로 부문감사인을 활용할 수 있고, 심각한 경우 그룹업무팀이 직접 해당 부문을 감사하여 해당 부문에 대한 충분하고 적합한 감사증거를 수집하여야 한다.

마지막으로 그룹업무팀이 부문감사인의 업무에 관여하여 충분하고 적합한 감사증거를 수집할 수 있다면 부문감사인을 활용하는 것이 가능하고, 그렇지 않은 경우 그룹업무팀이 직접 해당 부문을 감사하여 해당 부문에 대한 충분하고 적합한 감사증거를 수집하여야 한다.

6 중요성

6.1 다양한 수준의 중요성 결정

그룹업무팀은 다음과 같은 중요성에 대한 세부사항을 결정하여야 한다(ISA 600-21).

기출 2021
기출 2023

중요성에 대한 세부사항의 결정 (ISA 600-21)

① 그룹재무제표 전체에 대한 중요성: 전반그룹감사전략을 수립할 때 그룹재무제표 전체에 대한 중요성

② 그룹의 특정 상황에서 그룹재무제표 전체에 대한 중요성보다 적은 금액의 왜곡표시가 그룹재무제표에 근거한 이용자의 경제적 의사결정에 영향을 줄 것으로 합리적으로 예상될 수 있는 거래유형, 계정잔액 또는 공시가 그룹재무제표에 존재하면, 이러한 특정 유형의 거래, 계정잔액 또는 공시에 적용될 중요성 수준(들).

③ 부문감사인이 적용할 중요성: 부문감사인이 그룹감사의 목적으로 감사 또는 검토를 수행할 예정인 경우, 그러한 부문들에 대한 부문중요성은 그룹재무제표 내의 미수정왜곡표시와 미발견왜곡표시의 합계가 그룹재무제표 전체에 대한 중요성을 초과할 확률을 적절하게 낮은 수준까지 감소시키기 위해, 그룹재무제표 전체에 대한 중요성보다 낮아야 한다. 주

주 부문중요성의 합계는 그룹재무제표 전체에 대한 중요성을 초과할 수 있다.

④ 명백하게 사소한 중요성(clearly trivial): 왜곡표시가 그 기준을 초과하면 그룹재무제표에 대하여 명백하게 경미하다고 간주할 수 없는 기준치

6.2 그룹감사목적으로 부문을 감사할 경우 수행중요성의 적합성 평가

기출 2021

기출 2023

그룹감사의 목적으로 부문감사인이 감사를 수행할 예정인 경우, 그룹업무팀은 부문수준에서 결정된 수행중요성(performance materiality)의 적합성을 평가하여야 한다(ISA 600-22).

TIP

부문감사인이 부문에 대한 감사를 수행하므로 부문감사인이 수행중요성을 결정하고, 그룹감사인은 그 적합성을 평가하는 것이다.

6.3 기타의 목적으로 부문을 감사할 경우 중요성의 적합성 평가

부문이 법규 또는 기타의 이유로 감사를 받아야 하고, 그룹업무팀이 그룹감사 목적의 감사증거를 입수하기 위해 해당 부문 감사를 이용하기로 결정하는 경우, 그룹업무팀은 다음의 중요성들이 감사기준을 충족시키는지 여부를 결정하여야 한다(ISA 600-23).

(a) 해당 부문재무제표 전체에 대하여 결정된 중요성

(b) 부문 수준에서 결정된 수행중요성

7 평가된 위험에 대한 대응(감사계획 및 감사절차)

감사인은 재무제표의 중요한 왜곡표시의 평가된 위험에 대처하는 데 적합한 대응을 설계하고 실행하여야 한다. 그룹업무팀은 그룹업무팀 또는 그룹업무팀을 대신하는 부문감사인이 부문의 재무정보에 대하여 수행할 업무의 유형을 결정하여야 한다. 또한 그룹업무팀은 부문감사인의 업무에 대한 관여의 성격, 시기 및 범위를 결정하여야 한다(ISA 600-24).

1. 연결절차 또는 부문재무정보에 대하여 수행할 업무의 성격, 시기 및 범위가 그룹차원의 통제가 효과적으로 운영되고 있다는 기대에 근거하는 경우, or
2. 실증절차만으로는 경영진주장 수준의 충분하고 적합한 감사증거가 제공될 수 없는 경우 (ISA 600-25)

↓

① 그룹업무팀은 그와 같은 그룹차원의 통제의 운영효과성을 테스트하거나
② 부문감사인에게 테스트하도록 요청하여야 한다.

기출 2022
기출 2024

7.1 부문재무정보에 대하여 수행할 업무유형의 결정

핵심

부 문	부문재무정보가 유의한지 상황	감사인	감사절차
유의한 경우	① 그룹에 대한 개별적인 재무적 유의성으로 인해 유의한 부문	그룹업무팀 또는 부문감사인	부문중요성을 사용한 일반감사절차(검사, 관찰, 외부조회, 재계산, 재수행, 분석적절차, 질문)
	② 부문재무정보가 유의적인 중요왜곡표시위험을 포함함으로써 유의한 부문	그룹업무팀 또는 부문감사인	부문중요성을 사용한 일반감사절차 + 추가 2가지 절차
유의하지 않은 경우		그룹업무팀	그룹수준의 분석적절차

경영진은 ① 지배회사와 종속회사의 별도(부문)재무제표를 단순합산(통합)한 후, ② 연결분개를 수행하여 내부거래, 투자와 자본계정 등을 제거하는 방법으로 연결재무제표를 작성한다. 따라서 감사인은 연결재무제표를 작성한 방향과 같은 방향으로 연결재무제표에 대한 감사를 수행한다. 본 지면에서는 별도(부문)재무제표를 단순합산(통합)한 것을 검증하는 절차를 설명하고 있다. 구체적인 절차는 별도(부문)재무제표가 연결재무제표에 차지하는 비중이 유의한지 여부에 따라 상이하다. 여기서, 어떤 부문의 재무정보가 유의한지는 다음의 두 가지로 판단한다.

부문재무정보가 유의한지 여부를 판단하는 기준 (ISA 600-26, 27)

① 재무적으로 유의한 경우
② 부문재무정보가 유의적인 중요왜곡표시위험을 포함할 경우

감사인은 유의적인 부문은 일반감사절차를, 유의적이지 않은 부분은 그룹수준의 분석적절차를 적용하여 부문재무정보를 감사함으로써 부문재무정보가 적정한지 여부에 대한 감사증거를 수집하여야 한다. 연결재무제표는 별도(부문)재무제표를 합산(통합)하여 내부거래를 제거하고, 그 외 필요한 연결분개를 수행함으로써 작성된다. 따라서 그룹감사인 입장에서는 무엇보다 연결재무제표에 대한 감사의견을 표명하기 위하여 별도

(부문)재무제표가 적정하다는 증거가 필요하다. 다음은 부분재무정보가 유의적인지 여부에 따라 부문재무정보의 적정성에 대한 감사절차를 설명한다.

Q 유의적인 부문의 판단기준은?

(1) 유의적인 부문

부문재무정보가 유의적일 경우는 다음 두 가지로 구분된다. 해당 사유별 부문재무정보에 대한 감사절차는 다음과 같다(ISA 600-26, 27).

기출 2023

부문재무정보가 유의적일 경우	그룹에 대한 개별적인 재무적 유의성으로 인해 유의한 부문	부문재무정보가 고유한 성격이나 상황으로 인하여 그룹재무제표에 대하여 유의적인 중요왜곡표시위험을 포함함으로써 유의한 부문
수행할 감사인	그룹업무팀 또는 그룹업무팀을 대신하는 부문감사인	그룹업무팀 또는 그룹업무팀을 대신하는 부문감사인
감사절차	① 부문중요성을 사용하여 부문재무정보에 대한 감사 → 일반감사절차 (검사, 관찰, 외부조회, 재계산, 재수행, 분석적절차, 질문)	① 부문중요성을 사용하여 부문재무정보에 대한 감사 → 일반감사절차 (검사, 관찰, 외부조회, 재계산, 재수행, 분석적절차, 질문) ② 그룹재무제표의 발생가능한 유의적인 중요왜곡표시위험과 관련된 하나 이상의 거래유형, 계정잔액 또는 공시에 대한 감사 ③ 그룹재무제표의 발생가능한 유의적인 중요왜곡표시위험과 관련된 특정 감사절차

■ 그룹에 대한 개별적인 재무적 유의성으로 인해 유의한 부문: 그룹에 대한 개별적인 재무적 유의성으로 인해 유의한 부문이란 연결대상기업(부문) 중에서 예를 들면 매출액이나 자산총계를 기준으로 전체 그룹에서 해당 부문이 차지하는 비중이 중요할 경우를 말한다. 이 경우 그룹감사인은 그룹업무팀으로 하여금 직접 해당 부문을 감사하여 감사증거를 수집할 수도 있고, 부문감사인을 활용하여 감사증거를 수집할 수도 있다. 그러나 그룹감사인이 부문감사인을 활용하여 특정 부문에 대한 감사증거를 수집한 경우에도 그룹감사인이 연결재무제표에 대한 모든 책임을 진다.
부문중요성을 사용하여 부문재무정보에 대한 감사를 수행한다는 의미는 두 가지 의미를 가지고 있다.

① 해당 부문을 감사할 때 일반감사절차(검사, 관찰, 외부조회, 재계산, 재수행, 분석적절차, 질문)에 따라 감사를 수행한다.
→ not 분석적 절차 위주의 간편절차 but full audit procedures

② 해당 부문을 감사할 때 적용할 중요성은 연결재무제표의 중요성이 아니라 해당 부문의 중요성을 기준으로 감사하여야 한다.

Q
부문재무정보가 재무적으로도 유의하고 유의적인 중요왜곡표시위험을 포함하는 경우 감사절차는?

■ 부문재무정보가 고유한 성격이나 상황으로 인하여 그룹재무제표에 대하여 유의적인 중요왜곡표시위험을 포함함으로써 유의한 부문: 부문재무정보가 유의적인 중요왜곡표시위험을 포함하는 경우란 부문재무정보가 재무적으로는 유의하지 않더라도 유의적인 중요왜곡표시위험을 포함하고 있는 경우를 의미한다. 이 경우 감사절차는 그룹에 대한 개별적인 재무적 유의성으로 인해 유의한 부문에 적용하는 감사절차에 두 가지를 추가한다. 이는 그룹에 대한 개별적인 재무적 유의성으로 인해 유의한 부문보다 유의적인 중요왜곡표시위험을 포함하는 경우, 감사인이 부문재무정보에 대하여 동일 수준의 확신을 얻기 위해서 더 높은 수준의 감사증거가 필요하다는 것을 의미한다.

(2) 유의적이지 않은 부문

기출 2025

그룹업무팀이 그룹수준의 분석적절차(analytical procedure)를 수행

↓

그룹수준의 분석적절차로 충분하고 적합한 감사증거를 수집할 수 없다고 판단한 경우

① 부문중요성을 사용하여 해당 부문의 재무정보에 대한 감사
② 하나 이상의 거래유형, 계정잔액 또는 공시에 대한 감사
③ 부문중요성을 사용하여 해당 부문의 재무정보에 대한 검토
④ 특정의 절차

해당 부문이 유의적이지 않은 경우, 그룹업무팀은 유의적이지 않은 부문에 대하여 그룹수준의 분석적절차(analytical procedure)를 수행하여야 한다(ISA 600-28). 여기서, 해당 부문이 유의적이지 않은 경우 해당 부문에 대한 감사절차는 유의적인 부문에 대한 감사절차와 다음과 같은 차이가 두드러진다.

해당 부문을 감사할 주체가 그룹업무팀이고, 일반감사절차가 아니라 분석적절차(analytical procedure)를 적용한다는 것, 그리고 그 범위는 부문에 대한 분석적절차가 아니라 그룹수준의 분석적절차(analytical procedure)라는 것이다.

이는 해당 부문이 유의적일 경우 감사를 수행할 주체가 그룹업무팀 또는 그룹업무

팀을 대신하는 부문감사인(타감사인)이 해당 부문에 대하여 감사를 수행할 수 있다는 것, 해당 부문에 대하여 일반감사절차를 수행한다는 것과 차이가 있다.

이제 실제상황에서 발생할 수 있는 그룹감사에서 부문정보에 대한 감사절차를 종합적으로 고려하여, 해당 부문이 유의적이지 않은 경우가 포함된 경우, 유의적이지 않은 부분에 대한 감사절차를 설명한다.

연결재무제표에 유의적인 부문과 유의적이지 않은 부문이 혼재되어 있는 경우 다음과 같은 감사절차가 복합적으로 수행될 것이다.

① 유의적 부문의 재무정보에 대하여 수행한 업무
② 그룹차원의 통제 및 연결절차에 대하여 수행한 업무
③ 그룹수준에서 수행한 분석적절차

유의적인 부문	← 내부거래제거 등 →	유의적이지 않은 부문
↓	↓	↓
① 유의적 부문의 재무정보에 대하여 수행한 업무	② 그룹차원의 통제 및 연결절차에 대하여 수행한 업무	③ 그룹수준에서 수행한 분석적절차

여기서 ①은 부문정보에 대하여 유의적인 경우, ③은 유의적이지 않은 경우 수행한 감사절차를 의미한다. ②는 연결재무제표를 작성할 때 내부거래를 제거하는 등의 추가 회계처리가 필요하다는 점에서, 감사인이 그룹차원의 연결내부통제 및 연결절차에 대하여 수행한 업무를 의미한다.

본 주제는 해당 부문이 유의적이지 않은 경우에 대해 설명하고 있다. 그런데 위와 같이 연결재무제표에 유의적이지 않은 부문이 포함된 경우 감사인이 수행한 그룹 수준의 분석적절차로 충분하고 적합한 감사증거를 수집할 수 없다고 판단하면, 그룹업무팀은 유의적이지 아니한 부문 중 일부를 추출한 후 다음의 절차 중 하나 이상을 직접 수행하거나 부문감사인에게 수행하도록 요청하여야 한다(ISA 600-29).

기출 2023

유의적이지 않은 부문에 대한 그룹수준의 분석적절차로 충분하고 적합한 감사증거를 수집할 수 없는 경우 대체적 절차(ISA 600-29)

① 부문중요성을 사용하여 해당 부문의 재무정보에 대한 감사
② 하나 이상의 거래유형, 계정잔액 또는 공시에 대한 감사
③ 부문중요성을 사용하여 해당 부문의 재무정보에 대한 검토
④ 특정의 절차

여기서, 주목할 것은 ① 유의적이지 않은 모든 부분을 추출하지 않아도 된다는 것, ② 그룹업무팀이 직접 수행하거나 또는 부문감사인을 활용할 수 있다는 것, ③ 그룹중요성이 아니라 부문중요성을 적용하여야 한다는 것(부문에 대한 감사절차이기 때문)이고, ④ 부분에 대하여 일반감사절차를 적용(①)하거나 또는 검토절차(③)를 적용할 수 있다는 것이다. 마지막(④) 특정절차는 구체적이지 않으니 상황에 따라 감사인이 판단하여 선택한 감사절차를 의미한다.

7.2 부문감사인이 수행한 업무에 대한 관여

(1) 유의적 부문: 위험평가

부문감사인이 유의적 부문의 재무정보에 대하여 감사를 수행하면, 그룹업무팀은 그룹재무제표의 유의적인 중요왜곡표시위험을 식별하기 위하여 부문감사인의 위험평가에 관여하여야 한다. 그룹감사인의 관여수준은 부문감사인에 대한 이해정도에 따라 달라지지만, 최소한 다음의 절차는 포함되어야 한다(ISA 600-30).

기출 2021
기출 2024

① 그룹에 유의적인 부문사업활동에 대하여 부문감사인이나 부문경영진과 토의함
② 부정이나 오류로 인한 재무정보의 중요한 왜곡표시에 대한 부문의 취약성에 대하여 부문감사인과 토의함
③ 그룹재무제표의 식별된 유의적인 중요왜곡표시위험에 대한 부문감사인의 문서화 내용을 검토함

(2) 그룹재무제표의 식별된 유의적인 중요왜곡표시위험: 추가감사절차

그룹재무제표의 중요한 왜곡표시에 대한 유의적인 중요왜곡표시위험이 부문감사인이 업무를 수행하는 부문에서 식별된 경우, 그룹업무팀은 동 위험에 대응하여 수행할 후속감사절차가 적절한지 평가하여야 한다. 그룹업무팀은 부문감사인에 대한 이해를 바탕으로 하여 후속감사절차에 관여할 필요가 있는지 여부를 결정하여야 한다(ISA 600-31).

8 연결절차(Consolidation Process)에 대한 감사절차

8.1 연결절차에 대한 그룹차원에서 통제의 운영효과성 검증: 중요왜곡표시위험 평가

그룹업무팀은 그룹차원의 통제 및 연결절차(그룹경영진이 부문들에게 내린 지침 포함)를 이해한다. ① 연결절차에 대하여 수행할 업무의 성격, 시기 및 범위가 그룹차원의 통제가 효과적으로 운영되고 있다는 기대에 근거하거나, ② 실증절차만으로는 경영진주장 수준의

충분하고 적합한 감사증거가 제공될 수 없는 경우, 그룹업무팀은 그룹차원의 통제의 운영 효과성을 테스트하거나, 또는 그룹업무팀의 요청을 받은 부문감사인이 이를 테스트한다(ISA 600-32).

8.2 추가감사절차의 설계 및 수행: 평가된 위험에 대한 대응

그룹업무팀은 그룹재무제표의 연결절차에서 발생할 수 있는 평가된 중요왜곡표시위험에 대응하여 연결절차에 대한 추가감사절차를 설계하고 수행하여야 한다. 여기에는 그룹재무제표에 모든 부문들이 포함되어 있는지에 대한 평가도 포함되어야 한다(ISA 600-33).

8.3 연결조정 및 재분류 검토

그룹업무팀은 연결조정과 재분류의 적합성, 완전성 및 정확성을 평가하여야 하며, 또 부정위험요소나 경영진의 편의가능성 징후가 존재하는지 여부를 평가하여야 한다(ISA 600-34). 구체적으로 일상적인 거래처리 시스템을 거치지 않으면서 다른 재무정보에 적용되는 내부통제와 동일한 통제가 적용되지 않는 그룹재무제표의 보고금액은 연결절차상 그 조정이 요구될 수 있다. 이러한 조정사항의 적절성, 완전성 및 정확성에 대한 그룹업무팀의 평가에는 다음이 포함될 것이다(ISA 600-A56).

연결조정분개의 검토절차(ISA 600-A56)

- 유의적 조정사항은 그 근거가 되는 사건이나 거래를 적합하게 반영하고 있는지 여부를 평가함
- 그룹경영진, 그리고 해당되는 경우 부문경영진이 유의적 조정사항을 올바르게 계산, 처리 및 승인하였는지 여부를 결정함
- 유의적 조정사항은 적절히 뒷받침되고 충분히 문서화되었는지 여부를 결정함
- 그룹 내부거래와 미실현이익 그리고 그룹내부계정의 잔액은 조정 및 제거되었는지를 점검함

8.4 회계정책의 일관성 검토

만약 어떤 부문재무정보가 그룹재무제표에 적용된 것과 동일한 회계정책에 따라 작성되지 아니한 경우에는, 그룹업무팀은 해당 부문의 재무정보가 그룹재무제표의 작성과 표시 목적을 위하여 적절하게 수정되었는지 여부를 평가하여야 한다(ISA 600-35).

8.5 부문감사인의 커뮤니케이션에서 식별된 재무정보 검토

그룹업무팀은 부문감사인과의 커뮤니케이션에서 식별된 재무정보가 그룹재무제표

에 포함되어 있는지 여부를 결정하여야 한다(ISA 600-36).

8.6 재무제표일이 다른 부문재무제표가 포함된 경우 조정 여부 평가

그룹과 보고기간말이 다른 부문재무제표가 그룹재무제표에 포함된 경우, 그룹업무팀은 그러한 재무제표가 해당 재무보고체계에 따라 적합하게 조정되었는지 여부를 평가하여야 한다(ISA 600-37).

9 후속사건 (Subsequent Events)

그룹재무제표의 후속사건을 감사하기 위한 감사절차는 다음과 같다.

① 그룹업무팀(or 부문감사인)이 부문재무정보를 감사한 경우	그룹업무팀(or 부문감사인)이 그룹재무제표의 후속사건에 대한 감사절차를 직접 수행 그룹업무팀이나 부문감사인이 부문재무정보에 대하여 감사를 수행하는 경우, 그룹업무팀이나 부문감사인은 부문의 재무정보일과 그룹감사보고서일 사이에 발생하여, 그룹재무제표의 수정이나 공시가 요구될 수 있는 부문에서의 사건을 식별하기 위해 설계된 절차(후속사건 감사절차)를 수행하여야 한다(ISA 600-38). 연결재무제표의 후속사건은 그룹자체의 후속사건이 아닌 부문 후속사건의 집합이다. 따라서 후속사건 감사절차는 부문을 대상으로 수행한다.
② 부문감사인이 감사외의 업무를 수행한 경우	부문감사인이 부문재무정보에 대하여 감사 외의 업무를 수행한 경우, 그룹업무팀은 부문감사인이 그룹재무제표의 수정이나 공시가 요구될 수 있는 후속사건을 알게 되면 이를 그룹업무팀에게 통지하도록 부문감사인에게 요청하여야 한다(ISA 600-39).

10 부문감사인과의 커뮤니케이션

10.1 수행할 감사절차의 요청사항

그룹업무팀은 부문감사인에 대하여 그 요구사항을 적시에 커뮤니케이션 하여야 한다. 그룹업무팀은 이러한 커뮤니케이션을 통하여 부문감사인이 수행할 업무, 그 업무의 활동, 그리고 부문감사인이 그룹업무팀과 커뮤니케이션할 사항의 형태와 내용을 정하여야 한다.

그룹업무팀의 커뮤니케이션에는 다음의 사항도 포함되어야 한다(ISA 600-40).

기출 2025

① 그룹업무팀이 자신의 업무를 활용할 것을 알고 있는 부문감사인이 그룹업무팀에 협조할 것을 확인해 주도록 하는 요청
② 그룹감사와 관련된 윤리적 요구사항, 특히 독립성 요구사항
③ 부문의 재무정보에 대한 감사나 검토를 수행하는 경우, 부문중요성 (그리고 적용가능한 경우, 특정 거래유형, 계정잔액 또는 공시에 대한 중요성 수준들) 및 한도기준(즉, 왜곡표시가 그 기준을 초과하면 그룹재무제표에 대하여 명백하게 사소하다(clearly trivial)고 간주할 수 없는 한도기준)
④ 부문감사인의 업무와 관련성이 있는 부정이나 오류로 인한, 그룹재무제표의 식별된 유의적인 중요왜곡표시위험. 부문에서 부정이나 오류로 인하여, 그룹재무제표에 대하여 기타의 유의적인 중요왜곡표시위험이 식별된 경우, 그룹업무팀은 부문감사인에게 그러한 식별된 유의적위험과 그러한 위험에 대한 부문감사인의 대응을 적시에 커뮤니케이션하도록 요청하여야 한다.
⑤ 그룹경영진이 작성한 특수관계자 목록 및 그룹업무팀이 알고 있는 기타의 특수관계자. 그룹업무팀은 부문감사인에게 그룹경영진이나 그룹업무팀이 이전에 식별하지 못한 특수관계자를 적시에 커뮤니케이션할 것을 요청하여야 한다. 그룹업무팀은 다른 부문감사인들에게 이러한 추가적인 특수관계자를 알릴 것인지 여부를 결정하여야 한다.

10.2 그룹업무팀의 결론과 관련있는 사항

그룹업무팀은 그룹감사에 대한 그룹업무팀의 결론과 관련성이 있는 사항을 커뮤니케이션하도록 부문감사인에게 요청하여야 한다. 이러한 커뮤니케이션에는 다음사항들이 포함된다(ISA 600-41).

기출 2025

① 부문감사인이 그룹감사와 관련된 윤리적 요구사항(독립성 및 전문가적 적격성 포함)을 준수했는지 여부
② 부문감사인이 그룹업무팀의 요구사항을 준수했는지 여부
③ 부문감사인의 보고대상인 부문재무정보의 식별
④ 그룹재무제표에 중요한 왜곡표시를 초래할 수 있는 법규위반 사례에 대한 정보회계감사기준
⑤ 부문재무정보에 대한 미수정왜곡표시의 목록(이 목록에는 그룹업무팀이 커뮤니케이션한, 명백하게 사소한(clearly trivial) 왜곡표시의 한도기준에 미달되는 왜곡표시는 포함될 필요가 없다)
⑥ 경영진의 편의가능성을 나타내는 징후
⑦ 부문수준에서 식별된 유의적인 내부통제 미비점에 대한 설명
⑧ 부문감사인이 지배구조에게 커뮤니케이션했거나 커뮤니케이션할 것으로 기대되는 기타의 유의적 사항들(부문경영진, 부문수준 내부통제에 유의적 역할을 하는 직원, 또는 부문재무정보의 중요한 왜곡표시를 발생시키는 부정과 관련된 기타의 사람들이 연루되어있는 부정이나 의심되는 부정 포함)

⑨ 그룹감사와 관련성이 있을 수 있거나, 부문감사인이 그룹업무팀의 주의를 끌고 싶어하는 기타사항들(부문감사인이 부문경영진에게 요청한 서면진술에 나타난 예외사항포함)
⑩ 부문감사인의 전반적 발견사항, 결론 또는 의견

11 입수한 감사증거의 충분성과 적합성에 대한 평가

11.1 부문감사인의 커뮤니케이션과 그 수행업무의 적절성에 대한 평가

그룹업무팀은 부문감사인의 커뮤니케이션을 평가하여야 한다. 그룹업무팀은 다음의 절차를 수행하여야 한다(ISA 600-42).

① 이러한 평가에서 나타난 유의적 사항을 부문감사인, 부문경영진 또는 그룹경영진 등 적절한 대상과 토의함
② 부문감사인의 감사문서 중 기타의 관련 부분을 검토할 필요가 있는지 여부를 결정함

만약 그룹업무팀이 부문감사인의 업무가 충분하지 않다고 결론을 내린 경우에는, 어떠한 추가적 절차가 수행되어야 할지 그리고 이 절차를 부문감사인이 수행할지 그룹업무팀이 수행할지 여부를 결정하여야 한다(ISA 600-43).

11.2 감사증거의 충분성과 적합성

감사인은 감사위험을 수용가능한 낮은 수준까지 감소시키고 이에 따라 감사인이 감사의견의 기초가 되는 합리적인 결론을 도출할 수 있도록 충분하고 적합한 감사증거를 입수하여야 한다(ISA 600-44).

(1) 연결절차에 대한 감사절차 및 부문재무정보에 대한 증거

그룹업무팀은 연결절차에 대하여 수행한 감사절차 및 부문재무정보에 대하여 그룹업무팀과 부문감사인이 수행한 업무를 통하여 그룹감사의견의 근거가 되는 충분하고 적합한 감사증거를 입수하였는지 여부를 평가하여야 한다(ISA 600-44).

(2) 미수정왜곡표시와 감사범위제한이 그룹감사의견에 미치는 영향

그룹업무수행이사는 그룹업무팀이 식별하였거나 부문감사인이 커뮤니케이션한 미수정왜곡표시들과, 충분하고 적합한 감사증거를 입수할 수 없었던 각 상황들이 그룹감사의견에 미치는 영향을 평가하여야 한다(ISA 600-45).

12 그룹경영진 및 그룹지배기구와의 커뮤니케이션

12.1 그룹경영진과의 커뮤니케이션

그룹업무팀은 식별된 내부통제 미비점 중 어떠한 사항을 지배기구 및 그룹경영진과 커뮤니케이션할 것인지 결정하여야 한다(ISA 600-46).

(1) 부정을 식별한 경우

그룹업무팀이 부정을 식별하였거나 부문감사인이 그룹업무팀에게 주의를 환기시켰던 부정이 드러난 경우 또는 부정의 존재가능성을 나타내는 정보가 있는 경우, 그룹업무팀은 부정의 예방과 발견에 주된 책임을 지고 있는 사람들에게 그들의 책임과 관련된 사항을 알리기 위하여 적합한 수준의 그룹경영진에게 적시에 이를 커뮤니케이션하여야 한다(ISA 600-47).

(2) 부문의 재무제표에 유의적 사항이 있지만 부문경영진은 모르고 있을 경우

부문감사인은 법규 또는 기타의 이유로 부문의 재무제표에 대한 감사의견을 표명하도록 요구될 수 있다. 그러한 경우, 부문의 재무제표에 유의적일 수도 있다고 그룹업무팀은 알게 되었으나 부문경영진은 이를 모를 수 있는 경우에는, 그룹업무팀은 그룹경영진에게 해당사항을 부문경영진에게 알리도록 요청하여야 한다. 만약 그룹경영진이 이 사항을 해당 부문경영진에게 커뮤니케이션하는 것을 거부한다면 그룹업무팀은 이 사항을 그룹의 지배기구와 논의하여야 한다. 해당사항이 해결되지 않고 있는 경우, 그룹업무팀은 법적 및 전문직 비밀유지 책임에 대한 고려 하에, 부문감사인에게 이 사항이 해결될 때까지 부문의 재무제표에 대한 감사보고서를 발행하지 않도록 조언할지 여부를 고려하여야 한다(ISA 600-48).

12.2 그룹지배기구와의 커뮤니케이션

그룹업무팀은 다음 사항에 대하여 그룹의 지배기구와 커뮤니케이션을 하여야 한다(ISA 600-49).

지배기구와 커뮤니케이션 할 사항(ISA 600-49)

① 부문재무정보에 대하여 수행되는 업무유형의 개요
② 유의적 부문의 재무정보에 대하여 부문감사인이 수행할 업무에 대하여 그룹업무팀이 계획하고 있는 관여의 성격에 대한 개요

③ 부문감사인의 업무에 대한 그룹업무팀의 평가가 해당 감사인의 업무품질에 대하여 우려를 발생시키는 사례
④ 그룹감사에 대한 제한. 예를 들어, 그룹업무팀이 정보에 접근하는 데 제약이 가해진 경우
⑤ 경영진, 부문경영진, 그룹차원의 통제에 유의적인 역할을 수행하는 종업원, 또는 그룹재무제표에 중요한 왜곡표시가 초래되는 부정과 관련된 기타의 사람들이 연루되어 있는 부정이나 의심되는 부정

13 문서화

그룹업무팀은 다음의 사항들을 감사문서에 포함하여야 한다(ISA 600-50).

① 유의적으로 나타나는 부문들에 대한 분석 및 그러한 부문들의 재무정보에 대하여 수행된 업무의 유형
② 해당되는 경우 부문감사인의 감사문서 중 관련성이 있는 부분과 그 결론에 대한 그룹업무팀의 검토 등 부문감사인이 유의적 부문에 대하여 수행한 업무에 대하여 그룹업무팀이 관여한 업무의 성격과 시기 및 범위
③ 그룹업무팀의 요구사항에 대하여 그룹업무팀과 부문감사인 간에 이루어진 서면 커뮤니케이션

14 연결감사보고서의 사례

14.1 적정의견 연결감사보고서

적정의견은 감사범위의 제한을 받지 아니하고 회계감사기준을 준수하여 감사를 실시한 결과 연결재무제표가 회계기준에 따라 중요성의 관점에서 공정하게 작성되었다고 판단되는 경우에 표명한다.

사례 01 적정의견: 한국채택국제회계기준[주] 에 따라 작성된 연결재무제표에 대한 감사보고서

주 한국채택국제회계기준은 광범위한 이용자의 공통된 재무정보 수요를 충족시키도록 제정된 공정표시체계라고 한다.

<사례조건>

- 공정표시체계를 사용하는 상장기업의 전체 연결재무제표에 대한 감사이며, 그룹감사임
- 기업의 경영진이 한국채택국제회계기준 (일반목적체계)에 따라 작성한 연결재무제표임
- 감사업무의 조건에는 연결재무제표에 대한 경영진의 책임에 대한 기술이 반영되어 있음
- 그룹업무팀은 감사를 받은 20×1년 12월 31일 현재의 부문재무제표와 이에 대한 감사보고서를 열람하였고, 해당 부문과 관련하여 그룹경영진이 가지고 있는 관련 재무정보를 고려하였음.
- 감사에 적용된 관련 윤리적 요구사항은 모두 공인회계사윤리기준임
- 감사인은 감사보고서일 전에 모든 기타정보를 입수하였으며 재무제표에 대한 한정의견을 초래한 사항이 기타정보에도 영향을 미침
- 연결재무제표에 대한 감시 책임자와 재무제표의 작성 책임자가 다름
- 연결재무제표에 대한 감사에 추가하여, 감사인은 현지 법률의 요구에 따른 기타의 보고책임을 지고 있음

독립된 감사인의 감사보고서

[ABC주식회사의 주주 귀중]

연결재무제표에 대한 보고

감사의견

우리는 ABC주식회사와 그 종속기업들(이하 "연결회사")의 연결재무제표를 감사하였습니다. 해당 연결재무제표는 20×1년 12월 31일 현재의 연결재무상태표, 동일로 종료되는 보고기간의 연결포괄손익계산서, 연결자본변동표, 연결현금흐름표 그리고 유의적인 회계정책의 요약을 포함한 연결재무제표의 주석으로 구성되어 있습니다.

우리의 의견으로는 별첨된 연결회사의 연결재무제표는 연결회사의 20×1년 12월 31일 현재의 연결재무상태와 동일로 종료되는 보고기간의 연결재무성과 및 연결현금흐름을 한국채택국제회계기준에 따라, 중요성의 관점에서 공정하게 표시하고 있습니다.

감사의견근거

적정의견도 감사의견 근거 단락 포함 관련 윤리적 요구사항 준수에 관한 진술 및 관할지 명시

우리는 회계감사기준에 따라 감사를 수행하였습니다. 이 기준에 따른 우리의 책임은 이 감사보고서의 연결재무제표감사에 대한 감사인의 책임 단락에 기술되어 있습니다. 우리는 재무제표감사와 관련된 대한민국의 윤리적 요구사항에 따라 연결회사로부터 독립적이며 그러한 요구사항에 따른 기타의 윤리적 책임을 이행하였습니다. 우리가 입수한 감사증거가 감사의견을 위한 근거로서 충분하고 적합하다고 우리는 믿습니다.

계속기업 관련 중요한 불확실성

단락 신설
계속기업 관련 중요한 불확실성이 존재하고 해당 공시가 적절한 경우, 동 내용을 별도 세션에 기재

연결재무제표에 대한 주석 ○○에 주의를 기울여야 할 필요가 있습니다. 연결재무제표에 대한 주석 ○○은 20×1년 12월 31일로 종료된 보고기간에 순손실 ○○○가 발생하였고 연결재무제표일 현재로 기업의 유동부채가 총자산보다 ○○○만큼 더 많음을 나타내고 있습니다. 주석 ○○○에서 기술한 바와 같이, 이러한 사건이나 상황은 주석 ○○○에서 설명하고 있는 다른 사항과 더불어 계속기업으로서의 존속능력에 유의적 의문을 제기할 만한 중요한 불확실성이 존재함을 나타냅니다. 우리의 의견이 이 사항으로부터 영향을 받지 아니합니다.

핵심감사사항(KAM) 단락 신설 (상장기업 감사의 경우)

핵심감사사항

핵심감사사항은 우리의 전문가적 판단에 따라 당기 연결재무제표감사에서 가장 유의적인 사항들입니다. 해당 사항들은 연결재무제표 전체에 대한 감사의 관점에서 그리고 우리의 의견형성 시 다루어졌으며, 우리는 이러한 사항에 대하여 별도의 의견을 제공하지 않습니다.

[핵심감사사항 각각에 대한 기술]

기타정보

연결재무제표에 대한 경영진과 지배기구의 책임

경영진은 한국채택국제회계기준에 따라 이 연결재무제표를 작성하고 공정하게 표시할 책임이 있으며, 부정이나 오류로 인한 중요한 왜곡표시가 없는 연결재무제표를 작성하는데 필요하다고 결정한 내부통제에 대해서도 책임이 있습니다.

계속기업으로서의 존속능력평가와 계속기업전제 사용의 적절성에 대한 경영진의 책임 기술

경영진은 연결재무제표를 작성할 때, 연결회사의 계속기업으로서의 존속능력을 평가하고 해당되는 경우 계속기업 관련 사항을 공시할 책임이 있습니다. 그리고 경영진이 기업을 청산하거나 영업을 중단할 의도가 없는 한 또는 그 외에는 다른 현실적인 대안이 없는 한, 회계의 계속기업전제의 사용은 적절합니다.

재무제표 작성 책임자와 재무보고 절차 감시 책임자가 다른 경우 지배기구의 감시책임 별도 기술

지배기구는 연결회사의 재무보고절차의 감시에 대한 책임이 있습니다.

재무제표감사에 대한 감사인의 책임은 감사보고서 보론으로 첨부할 수 있고, 별도 웹사이트에 게재할 수 있음

연결재무제표감사에 대한 감사인의 책임

우리의 목적은 연결재무제표에 전체적으로 부정이나 오류로 인한 중요한 왜곡표시가 없는지에 대하여 합리적인 확신을 얻어 우리의 의견이 포함된 감사보고서를 발행하는데 있습니다. 합리적인 확신은 높은 수준의 확신을 의미하나 감사기준에 따라 수행된 감사가 항상 중요한 왜곡표시를 발견한다는 것을 보장하지는 않습니다. 왜곡표시는 부정이나 오류로부터 발생할 수 있으며 왜곡표시가 연결재무제표를 근거로 하는 이용자의 경제적 의사결정에 개별적으로 또는 집합적으로 영향을 미칠 것이 합리적으로 예상되면 그 왜곡표시는 중요하다고 간주됩니다.

기타 법규의 요구사항에 대한 보고

[기타 법규의 요구사항에 대한 보고를 기술]

이 독립된 감사인의 감사보고서의 근거가 된 감사를 실시한 업무수행이사는 ○○○입니다.

○○ 회계법인 대표이사 ○○○
[감사인의 주소]

20×2년 ×월 ×일

14.2 한정의견 연결감사보고서

사 례 02 한정의견: 감사인이 해외 관계기업과 관련하여 충분하고 적합한 감사증거를 입수하지 못함

<사례조건>

- 공정표시체계를 사용하는 상장기업의 전체 연결재무제표에 대한 감사이며, 종속기업이 있는 기업에 대한 그룹감사임
- 기업의 경영진이 한국채택국제회계기준(일반적체계)에 따라 작성한 연결재무제표임
- 감사업무의 조건에는 연결재무제표에 대한 경영진의 책임에 대한 기술이 반영되어 있음
- 감사인이 해외 관계기업에 대한 투자에 대하여 충분하고 적합한 감사증거를 입수 할 수 없었으며, 이러한 상황이 미칠 수 있는 영향이 연결재무제표에 중요하지만 전반적이지는 않는 것으로 여짐 (즉, 한정의견이 적합함)
- 감사에 적용된 관련 윤리적 요구사항은 해당 국가의 감사와 관련된 윤리적 요구사항임
- 핵심감사사항은 커뮤니케이션됨
- 감사인은 감사보고서일 전에 모든 기타정보를 입수하였으며 기타정보의 중요한 왜곡표시는 식별되지 않음
- 연결재무제표에 대한 감시 책임자와 연결재무제표의 작성 책임자가 다름
- 연결재무제표에 대한 감사에 추가하여, 감사인은 현지 법률의 요구에 따른 기타의 보고책임을 지고 있음

독립된 감사인의 감사보고서

ABC주식회사의 주주 귀중 [또는 다른 적합한 수신인]

연결재무제표에 대한 보고

한정의견

우리는 ABC 주식회사와 그 종속기업들(연결회사)의 연결재무제표를 감사하였습니다. 해당 연결재무제표는 20×1년 12월 31일 현재의 연결재무상태표, 동일로 종료되는 보고기간의 연결포괄손익계산서, 연결자본변동표, 연결현금흐름표 그리고 유의적인 회계정책의 요약을 포함한 연결재무제표의 주석으로 구성되어 있습니다.

우리의 의견으로는 별첨된 연결회사의 연결재무제표는 이 감사보고서의 한정의견근거 단락에 기술된 사항이 미칠 수 있는 영향을 제외하고는, 연결회사의 20×1년 12월 31일 현재의 연결재무상태와 동일로 종료되는 보고기간의 연결재무성과 및 연결현금흐름을 한국채택국제회계기준에 따라 중요성의 관점에서 공정하게 표시하고 있습니다.

한정의견 근거

연결회사는 기중에 취득한 해외관계기업 XYZ에 대한 투자에 대하여 지분법으로 회계처리하고 20×1년 12월 31일 현재 연결재무상태표에 ××× 원을 계상하고 있습니다. XYZ의 당기순이익 중 ABC 주식회사의 지분에 해당되는 금액은 ABC 주식회사의 동일로 종료되는 보고기간의 당기순이익에 포함되어 있습니다. 우리는 해외 관계기업 XYZ의 재무정보, 경영진 및 감사인에 대한 접근이 거절되어 20×1년 12월 31일 현재 ABC 주식회사가 XYZ에 대한 투자에 대하여 재무상태표에 계상한 금액, 그리고 XYZ의 당기순이익 중 ABC 주식회사의 지분에 해당되는 금액에 대하여 충분하고 적합한 감사증거를 입수할 수 없었습니다. 따라서 우리는 연결회사가 계상한 금액에 대하여 수정이 필요한지 여부를 결정할 수 없었습니다.

우리는 감사기준에 따라 감사를 수행하였습니다. 이 기준에 따른 우리의 책임은 이 감사보고서의 연결재무제표감사에 대한 감사인의 책임 단락에 기술되어 있습니다. 우리는 연결재무제표 감사와 관련된 대한민국의 윤리적 요구사항에 따라 연결회사로부터 독립적이며 그러한 요구사항에 따른 기타의 책임들을 이행하였습니다. 우리가 입수한 감사증거가 한정의견을 위한 근거로서 충분하고 적합하다고 우리는 믿습니다.

기타정보

핵심감사사항

핵심감사사항은 우리의 전문가적 판단에 따라 당기 연결재무제표감사에서 가장 유의적인 사항들입니다. 해당 사항들은 연결재무제표 전체에 대한 감사의 관점에서 우리의 의견형성 시 다루어졌으며, 우리는 이런 사항에 대하여 별도의 의견을 제공하지는 않습니다. 우리는 한정의견근거 단락에 기술된 사항에 추가하여, 아래에 기술된 사항을 이 감사보고서에서 커뮤니케이션할 핵심감사사항으로 결정하였습니다.

[핵심감사사항 각각에 대한 기술]

연결재무제표에 대한 경영진과 지배기구의 책임

[표준감사보고서와 일치]

연결재무제표에 대한 감사인의 책임

[표준감사보고서와 일치]

기타 법규의 요구사항에 대한 보고

[표준감사보고서와 일치]

이 독립된 감사인의 감사보고서의 근거가 된 감사를 실시한 업무수행이사는 ○○○입니다.

○○ 회계법인 대표이사 ○○○
[감사인의 주소]

20×2년 ×월 ×일

14.3 부적정의견 연결감사보고서

사례 03 부적정의견 : 연결재무제표의 중요한 왜곡표시에 따른 부적정의견

<사례조건>

- 공정표시체계를 사용하는 상장기업의 전체 연결재무제표에 대한 감사이며, 종속기업이 있는 기업에 대한 그룹감사임
- 공정표시체계를 사용하는 상장기업의 전체 연결재무제표에 대한 감사이며, 종속기업이 있는 기업에 대한 그룹감사임
- 기업의 경영진이 한국채택국제회계기준 (일반적체계)에 따라 작성한 연결재무제표임
- 감사업무의 조건에는 연결재무제표에 대한 경영진의 책임에 대한 기술이 반영되어 있음
- 한 종속기업이 연결에서 누락되어 연결재무제표가 중요하게 왜곡표시되었음. 해당 중요한 왜곡표시는 연결재무제표에 전반적이라고 판단됨. 그러나 실행가능성의 문제 때문에 해당 왜곡표시가 연결재무제표에 미치는 영향은 결정되지 아니하였음(즉, 부적정의견이 적합함)
- 감사에 적용된 관련 윤리적 요구사항은 해당 국가의 감사와 관련된 윤리적 요구사항임
- 감사인은 부적정의견근거 단락에 기술된 사항 외의 핵심감사사항은 없다고 결정함
- 감사인은 감사보고서일 전에 모든 기타정보를 입수하였으며 기타정보의 중요한 왜곡표시는 식별되지 않음
- 연결재무제표에 대한 감시 책임자와 연결재무제표의 작성 책임자가 다름
- 연결재무제표에 대한 감사에 추가하여, 감사인은 현지 법률의 요구에 따른 기타의 보고책임을 지고 있음

독립된 감사인의 감사보고서

ABC주식회사의 주주 귀중 [또는 다른 적합한 수신인]

연결재무제표에 대한 보고

부적정의견

우리는 ABC 주식회사와 그 종속기업들(연결회사)의 연결재무제표를 감사하였습니다. 해당 연결재무제표는 20×1년 12월 31일 현재의 연결재무상태표, 동일로 종료되는 보고기간의 연결포괄손익계산서, 연결자본변동표, 연결현금흐름표 그리고 유의적인 회계정책의 요약을 포함한 연결재무제표의 주석으로 구성되어 있습니다.

우리의 의견으로는 별첨된 연결회사의 연결재무제표는 이 감사보고서의 부적정의견근거 단락에 기술된 사항의 유의성 때문에 연결회사의 20×1년 12월 31일 현재의 연결재무상태와 동일로 종료되는 보고기간의 연결재무성과 및 연결현금흐름을 한국채택국제회계기준에 따라 중요성의 관점에서 공정하게 표시하고 있지 않습니다.

부적정의견 근거

주석 X에서 설명된 바와 같이, 연결회사는 20×1년 중에 취득한 종속기업 XYZ의 중요한 자산과 부채에 대하여 취득일 현재의 공정가치를 아직 결정하지 못하여 종속기업 XYZ의 재무제표를 연결하지 않았습니다. 따라서 회사는 이 종속기업에 대한 투자를 취득원가 기준으로 회계처리 하였습니다. 한국채택국제회계기준에 따르면 회사는 종속기업 XYZ를 연결하고 잠정금액에 근거하여 회계처리 하여야 합니다. XYZ 종속기업이 연결대상에 포함되었다면 별첨된 연결재무제표의 많은 요소들이 중요하게 영향을 받을 것입니다. 종속기업 XYZ의 재무제표가 연결대상에 포함되지 않았으므로 별첨 연결재무제표에 미치는 영향은 결정되지 아니하였습니다.

우리는 감사기준에 따라 감사를 수행하였습니다. 이 기준에 따른 우리의 책임은 이 감사보고서의 연결재무제표감사에 대한 감사인의 책임 단락에 기술되어 있습니다. 우리는 연결재무제표 감사와 관련된 대한민국의 윤리적 요구사항에 따라 연결회사로부터 독립적이며 그러한 요구사항에 따른 기타의 윤리적 책임들을 이행하였습니다. 우리가 입수한 감사증거가 부적정의견을 위한 근거로서 충분하고 적합하다고 우리는 믿습니다.

핵심감사사항

우리는 부적정의견근거 단락에 기술된 사항을 제외하고는 감사보고서에서 커뮤니케이션할 다른 핵심감사사항은 없다고 결정하였습니다.

기타정보

연결재무제표에 대한 경영진과 지배기구의 책임

[표준감사보고서와 일치]

연결재무제표에 대한 감사인의 책임

[표준감사보고서와 일치]

기타 법규의 요구사항에 대한 보고

[표준감사보고서와 일치]

이 독립된 감사인의 감사보고서의 근거가 된 감사를 실시한 업무수행이사는 ○○○입니다.

○○ 회계법인 대표이사 ○○○
[감사인의 주소]

20×2년 ×월 ×일

SECTION 02 중간재무제표 등에 대한 검토

NEW INTERNATIONAL STANDARDS ON AUDITING

핵심

1. 감사와 검토의 주요 차이

구 분	감 사	검 토
감 사 의 견	제공함	제공하지 않음
감 사(검토)절 차	검사, 관찰, 외부조회, 재계산, 분석적절차, 질문, 재수행	질문, 분석적절차 및 기타 검토 절차
요구되는 증거의 수준	충분하고 적합	감사보다 낮은 수준
중 요 성 수 준	회계감사기준에 따라 설정	감사와 동일하게 적용
감 사(검 토)인 의 업 무 수 행 기 준	회계감사기준	분·반기재무제표 검토준칙

2. 중간재무제표 검토업무는 중간재무제표가 중요성의 관점에서 회계기준에 따라 작성되지 않았다고 믿게 하는 사항이 발견되었는지 여부에 대하여 보고하는 것을 목적으로 한다.[주]

3. 검토는 주로 재무 및 회계담당자에 대한 질문, 분석적절차 및 기타 검토절차로 구성된다.
   - 감사인은 경영진이 검토보고서일까지 발생된 사건으로서 중간재무제표의 수정이나 공시를 요하는 모든 사건을 파악하였는지 (______)하여야 한다.
   - 감사인은 경영진에게 회사의 계속기업으로서의 존속능력에 대한 경영진의 평가에 변화가 발생하였는지 여부에 대하여 (______)해야 한다.
   - 중간재무제표가 중요성의 관점에서 회계기준에 따라 작성되지 않았다고 믿게 하는 사항이 발견된 경우, 감사인은 검토보고서에 의견을 표명하기 위해 추가적인 (______) 또는 기타의 절차를 수행하여야 한다.

4. 검토는 회계감사기준에 따라 수행하는 감사보다 그 범위가 제한적이다. 이에 따라 감사인은 검토절차를 통해서는 감사 업무시 파악되었을 모든 유의적 사항을 알 수 있을 정도의 확신을 획득하지 못하며, 이로 인해 검토시 감사의견을 표명하지 아니한다.

5. 감사인은 검토업무 수행시에도 재무제표에 대한 감사의견 표명시 적용하였을 중요성에 관한 사항을 동일하게 고려하여야 한다. 검토업무라고 하여 감사업무 수행시에 비하여 중요성의 판단기준을 완화해서는 안 된다.

6. 검토의견에 영향을 미치는 사항: 회계기준위배, 검토범위제한

7. 반기재무제표에 대한 검토보고서: 숙지할 것(특히 감사와의 차이점)

주 보통수준의 확신을 제공하며, 의견의 형태는 소극적 확신

1 검토업무의 목적

1.1 검토업무의 의의

기출 2023

외감법에서는 연간재무제표에 대해서는 감사를 받도록 규정하고 있다. 그러나 반기 및 분기재무제표는 그 목적이 적시성을 제고하는 데 있기 때문에 감사보다 낮은 수준의 확신을 제공하는 검토(Review)를 받게 하고 있다. 이 때 감사인이 따라야 할 수행기준은 분 · 반기재무제표 검토준칙이다. 분 · 반기재무제표와 같이 회사의 회계기간보다 짧은 기간을 단위로 작성하는 재무제표를 통칭하여 중간재무제표라 한다.

재무제표에 대한 검토기준으로 분 · 반기 재무제표 검토준칙 이외에 역사적 재무정보에 대한 검토기준도 있다. 두 기준 간의 적용 차이는 다음과 같이 요약된다.

인증기준	인증업무	비 고
분 · 반기 재무제표 검토준칙	외감법에 따른 분 · 반기 재무제표에 대한 검토	
역사적 재무정보에 대한 검토기준	상기 외의 재무제표 검토	예를 들면, 기업이 자발적으로 재무제표에 대한 감사 대신에 검토를 요청할 경우 ※ 임의감사는 회계감사기준을 적용함

1.2 검토업무의 목적

중간재무제표 검토업무는 중간재무제표가 중요성의 관점에서 회계기준에 따라 작성되지 않았다고 믿게 하는 사항이 발견되었는지 여부(소극적 확신)에 대하여 보고하는 것을 목적으로 한다. 감사인은 중간재무제표가 중요성의 관점에서 회계기준에 따라 작성되지 않았음에도 불구하고 의견을 변형하지 않을 위험을 보통 수준 이하로 감소시키기 위하여 질문, 분석적절차 및 기타의 검토절차를 수행하여야 한다(검토준칙 7).

1.3 검토와 감사의 차이

중간재무제표의 검토목적은 회계감사기준에 따른 감사의 목적과는 유의적인 차이가 있다. 중간재무제표의 검토에서는 중간재무제표가 회계기준에 따라 중요성의 관점에서 진실하고 공정한 관점을 제시하고 있다거나 공정하게 표시되어 있는지에 대한 의견 표명의 근거를 제공하지 않는다(검토준칙 8). → 소극적 확신

1.4 소극적 확신과 감사증거의 수준

검토는 중간재무제표가 중요하게 왜곡표시 되지 아니하였다는 점과 관련하여 감사와 같은 합리적 수준의 확신을 얻도록 설계되지는 않는다. 검토는 주로 재무 및 회계 담당자에 대한 질문, 분석적절차 및 기타 검토절차로 구성된다. 검토에서도 중간재무제표에 영향을 미치는 유의적인 문제들이 도출될 수 있으나, 감사에서 요구되는 것과 같은 모든 증거를 제공하는 것은 아니다(검토준칙 9).

2 검토업무 조건의 합의

감사인과 검토대상회사는 검토업무 조건에 대하여 상호 합의하여야 한다. 합의된 검토업무 조건은 일반적으로 검토업무계약서에 기록하여야 한다. 이러한 의사소통은 검토업무의 성격, 특히 검토의 목적과 범위, 경영진의 책임, 감사인의 책임범위, 감사인이 얻는 확신 및 보고서의 성격과 형식 등에 관하여 오해가 발생하지 않도록 해준다. 검토업무계약서에 포함될 내용은 다음과 같다. 이 경우 중간재무제표의 검토업무 계약조건은 연간재무제표에 대한 감사계약 조건과 결합될 수 있다.

검토업무 계약조건에 포함될 사항(검토준칙 11): 감사계약과 큰 차이가 없음

(1) 중간재무제표 검토의 목적
(2) 검토의 범위
(3) 중간재무제표에 대한 경영진의 책임
(4) 중간재무제표의 작성과 관련된 효과적인 내부통제의 구축 및 운영에 대한 경영진의 책임
(5) 감사인이 회사의 모든 재무기록과 관련 정보를 이용할 수 있도록 하게 할 경영진의 책임
(6) 회사의 재무기록에 내재된 경영진주장과 검토 수행 중 구두로 진술된 내용을 확인하는 서면진술을 감사인에게 제공하겠다는 경영진의 동의
(7) 보고서의 수신인 등 발행될 보고서의 예상 형식과 내용
(8) 회사의 문서에 검토 받은 사실을 명시한 중간재무제표를 포함시킬 경우, 경영진이 동 문서에 중간재무제표에 대한 감사인의 검토보고서도 포함시키겠다는 동의

3 중간재무제표의 검토절차

3.1 내부통제 등 회사와 회사의 환경에 대한 이해

감사인은 내부통제 등 회사와 회사의 환경이 회사의 연간재무제표 뿐만 아니라 중간재무제표의 작성과도 관련되어 있으므로 검토업무를 계획하고 수행시 이를 충분하

게 이해하여야 한다(검토준칙 12).

감사인은 중간재무제표의 검토를 계획할 때, 연간재무제표의 감사를 통하여 이해하였던 사항에 추가할 사항이 있는지 고려하여야 한다. 또한 감사인은 중간재무제표의 작성과 관련된 내부통제가 연간재무제표의 작성과 관련된 내부통제와 다른 부분에 대해서도 충분하게 이해하여야 한다.

감사인은 회사의 내부통제 등 회사와 회사의 환경에 대한 이해를 바탕으로 수행할 질문이나 분석적절차, 기타 검토절차를 결정해야 하며, 이러한 절차의 적용 대상이 되는 특별한 사건이나 거래 또는 경영진주장을 파악해야 한다(검토준칙 14).

3.2 중요성의 원칙

감사인은 검토절차의 성격 · 시기 및 범위를 결정하거나 왜곡사항의 영향을 평가할 때 중요성을 고려하여야 한다. 이러한 중요성수준을 결정할 때 감사인은 양적·질적인 요소를 고려한 전문가적인 판단에 기초하여야 한다.

감사인은 검토업무 수행시에도 재무제표에 대한 감사의견 표명시 적용하였을 중요성에 관한 사항을 동일하게 고려하여야 한다. 감사와 비교할 경우 검토업무는 왜곡표시를 발견하지 못할 위험이 더욱 크다. 그러므로 감사인은 보고해야 하는 정보와 이런 정보를 신뢰하고 이용하는 측의 요구에 의거하여 무엇이 중요한 것인지를 판단해야 하며, 검토업무라고 하여 감사업무 수행시에 비하여 중요성의 판단기준을 완화해서는 안 된다(검토준칙 20).

3.3 질문, 분석적절차 및 기타 검토절차

(1) 일반적인 감사절차

감사인은 중간재무제표가 중요성의 관점에서 회계기준에 따라 작성되지 않았다고 믿게 하는 사항이 발견되었는지 여부를 결정하기 위해 재무 및 회계 담당자에게 질문하고, 분석적절차 및 기타 검토절차를 수행하여야 한다(검토준칙 21).

일반적으로 검토업무에서는 검사, 관찰 또는 조회를 통한 계정잔액에 대한 시사가 요구되지 않는다. 중간재무제표에 대한 검토절차는 중간재무제표와 관련된 유의적 회계문제에 대하여 입수된 입증적 정보보다는 일반적으로 재무 및 회계 담당자에 대한 질문, 분석적절차 및 기타 검토절차의 수행으로 제한된다.

(2) 이중목적검토

중간재무제표를 검토하는 감사인은 동시에 연간재무제표의 감사인이기도 하다. 감사인은 업무의 편의와 효율을 위하여 특정 감사절차에 대하여 중간재무제표의 검토절차와 동시에 수행할 수도 있다. 예를 들어, 중간재무제표를 검토할 목적으로 이사회 의사록을 열람하여 얻은 정보는 연간재무제표의 감사에도 이용될 수 있을 것이다(검토준칙 25).

(3) 소송이나 배상청구에 대한 검토절차

일반적으로 중간재무제표의 검토에서는 소송이나 배상청구에 대한 질문 외에 추가 보강절차를 요구하지 않으며, 따라서 담당변호사에게 변호사 조회서를 보내는 것도 일반적으로 요구되지 않는다. 그러나 중간재무제표가 중요성의 관점에서 회계기준에 따라 작성되지 않았다고 믿게 하는 소송 또는 배상청구 사항이 발견되었으며 변호사가 관련된 유효한 정보를 가지고 있다고 판단하는 경우에는 담당변호사와 직접 협의한다(검토준칙 26).

(4) 원시기록과의 대조

감사인은 중간재무제표가 원시 회계기록과 일치하는지 또는 관련 조정이 이루어졌는지에 대한 증거를 획득하여야 한다. 감사인은 중간재무제표와 다음 자료를 추적함으로써 이에 대한 증거를 얻을 수 있다(검토준칙 27).

① 총계정원장 등 회계기록, 또는 회계기록과 일치시키거나 조정한 명세

② 필요한 경우 회사의 기록에 대한 기타 근거자료

(5) 후속사건

감사인은 경영진이 검토보고서일까지 발생된 사건으로서 중간재무제표의 수정이나 공시를 요하는 모든 사건을 파악하였는지 질문하여야 한다. 그러나 감사인은 검토보고서일 후에 발생된 사건을 확인하는 다른 절차를 수행할 필요는 없다(검토준칙 28).

(6) 계속기업에 대한 검토절차

감사인은 경영진에게 회사의 계속기업으로서의 존속능력에 대한 경영진의 평가에 변화가 발생하였는지 여부에 대하여 질문해야 한다. 감사인이 질문 또는 기타검토절차를 수행한 결과, 회사의 계속기업으로서의 존속능력에 대한 유의적 의문을 초래할 수 있는 사건이나 상황을 알게 된 경우에는 다음과 같은 절차를 수행하여야 한다.

① 회사의 계속기업에 대한 경영진의 평가에 근거한 향후실행계획, 이러한 계획의 실현가능성 및 경영진이 그 산출결과에 따라 상황이 개선될 것으로 믿는지 여부를

질문한다.

② 이와 같은 사항들이 중간재무제표에 적절하게 공시 되었는지 고려한다.

(7) 중요한 왜곡표시의 발견

중간재무제표가 중요성의 관점에서 회계기준에 따라 작성되지 않았다고 믿게 하는 사항이 발견된 경우, 감사인은 검토보고서에 의견을 표명하기 위해 추가적인 질문 또는 기타의 절차를 수행하여야 한다. 예를 들어, 감사인이 검토절차를 수행한 결과 유의적 매출거래가 회계기준에 따라 기록되었는지 의문시 된다면, 감사인은 이러한 의문을 해소하는데 충분하도록 마케팅 및 회계 부서의 책임자와 거래조건에 대하여 논의하거나 판매계약서의 열람과 같은 추가적인 절차를 수행하여야 한다(검토준칙 31주).

주 모든 것이 질문 or 분석적절차로 연결된다.

4 왜곡표시의 평가

감사인은 왜곡표시를 알게 된 경우 이러한 왜곡표시가 개별금액 및 합계금액 기준으로 중간재무제표에 중요한 영향을 미치는지 평가하여야 한다.

5 서면진술

감사인은 경영진으로부터 다음과 같은 내용이 포함된 서면진술을 요청하여야 한다. 다만 ③의 경우 경영진은 수정반영 하지 아니한 사항들을 요약하여 서면진술에 기재하거나 별도로 첨부하여야 한다(검토준칙 36).

서면진술 (검토준칙 36)

① 경영진은 부정과 오류의 예방과 적발을 위한 내부통제제도를 수립하고 운영할 책임이 있다는 사실을 인정함
② 중간재무제표는 회계기준에 따라 작성 · 표시되었음
③ 경영진은 감사인이 집계하여 제시한 중간재무제표의 왜곡표시 중 회사가 이를 수정반영 하지 않은 사항들은 그 개별금액 또는 합계금액의 영향이 재무제표 전체적으로 중요하지 않다고 믿음
④ 경영진은 회사에 영향을 미칠 수 있는 부정이나 부정으로 의문시되는 사항으로서 경영진이 알고 있는 유의적 사실들을 감사인에게 모두 공개하였음
⑤ 경영진은 부정으로 인해 중간재무제표가 중요하게 왜곡표시 될 수 있는 위험의 평가결과를 감사인에게 공개하였음

⑥ 경영진은 중간재무제표의 작성시 그 영향을 고려해야 할 법규 위반이나 그 위반가능성이 있는 사항으로서 경영진이 알고 있는 것을 감사인에게 모두 공개하였음
⑦ 경영진은 재무제표일 후 검토보고서일까지 발생된 사건으로서 중간재무제표의 수정이나 공시를 요하는 유의적인 사건을 감사인에게 모두 공개하였음

6 왜곡표시에 대한 경영진과의 커뮤니케이션(협의)

감사인은 중간재무제표의 검토결과 중간재무제표가 중요성의 관점에서 회계기준에 따라 표시되기 위해 중요한 수정이 필요하다는 사실을 알게 된 경우 적절한 지위의 경영진과 이 문제에 대하여 실행 가능한 한 조속히 협의하여야 한다.

7 중간재무제표 검토의 성격과 범위 및 그 결과의 보고

7.1 검토의견에 영향을 미치는 사항과 검토의견

기출 2023

검토의견에 영향을 미치는 사항과 검토의견은 감사와 일치한다.

검토의견의 변형을 초래한 사항의 성격	해당 사항이 재무제표에 미치거나 미칠 수 있는 영향의 전반성에 대한 감사인의 판단		
	중요하지 않은 경우	중요 but 전반적이지 아니한 경우	중요 & 전반적인 경우
재무제표가 왜곡표시된 경우 (회계기준위배)	적정의견	한정의견	부적정의견
충분하고 적합한 감사증거를 입수할 수 없는 경우 (검토범위제한)	적정의견	한정의견	의견거절

7.2 검토의견의 성격

감사와 검토의 가장 큰 차이점은 감사의 경우 적극적 확신을 검토는 소극적 확신을 제공한다는 것이다. 적극적 확신은 100%는 아니지만 상당히 높은 수준의 확신을 제공하며, 소극적 확신은 보통수준의 확신을 제공한다. 따라서 적극적 확신을 제공하기 위해서는 더 많은 증거가 필요하며, 소극적 확신을 제공하기 위해서는 감사보다는 적은 양의 증거면 충분하다.

적극적 확신은 “감사해보았더니 공정하더라”는 의미로 “재무제표는 한국채택국제회계기준에 따라 중요성의 관점에서 공정하게 표시하고 있습니다”는 의견을 표명한다. 이는 본 감사인이 감사한 결과 재무제표가 적정하다는 적극적인 자세의 표현이다.

7.3 검토보고서

감사인은 다음의 사항을 포함하는 보고서를 발행하여야 한다(검토준칙 46).

① 각 문단의 내용에 적합한 제목

② 수신인 (검토업무 상황의 요구에 따름)

③ 전체 혹은 요약재무제표를 구성하는 재무제표 항목별 명칭 등 검토대상 중간재무제표의 명칭, 중간재무제표 기준일 및 중간 보고기간

④ 경영진은 회계기준(“한국채택국제회계기준” 또는 “일반기업회계기준” 적용시 그 명칭을 직접 명시)에 따라 중간재무제표를 작성하고 공정하게 표시할 책임이 있으며, 부정이나 오류에 의한 중요한 왜곡표시가 없는 재무제표를 작성하는데 필요하다고 결정한 내부통제에 대해서도 책임이 있다는 사실

⑤ 감사인은 중간재무제표의 검토에 근거하여 이에 대한 의견을 표명할 책임이 있다는 사실

⑥ 중간재무제표의 검토는 분·반기재무제표검토준칙에 따라 수행되었으며, 검토는 주로 재무 및 회계 담당자에 대한 질문, 분석적절차 및 기타의 검토절차로 구성된다는 사실

⑦ 검토는 회계감사기준에 따라 수행하는 감사보다 그 범위가 제한적이라는 사실과 이에 따라 감사인은 검토절차를 통해서는 감사 업무시 파악되었을 모든 유의적 사항을 알 수 있을 정도의 확신을 획득하지 못하며, 이로 인해 검토시 감사의견을 표명하지 아니한다는 사실

⑧ 중간재무제표가 회계기준에 따라 중요성의 관점에서 공정하게 표시하고 있지 않다고 믿게 하는 사항이 존재하는지 여부에 대한 결론

⑨ 검토보고서 일자

⑩ 감사인의 주소

⑪ 감사인의 명칭과 서명

TIP

회계감사기준의 개정과 중간재무제표에 대한 검토보고서: 회계감사기준이 개정되면서 감사보고서의 체계가 대폭 개정되었다. 따라서 후속으로 중간재무제표에 대한 검토보고서도 대폭 개정될 예정이다. 그러나 2017.12.31 현재 중간재무제표검토에 대한 기준이 개정되지 않았다. 본 서에서 수록하고 있는 중간재무제표에 대한 검토보고서는 개정전 현행 기준에 따른 것이다.

사례 04 적정의견: 중간재무제표에 대한 검토보고서

반기재무제표에 대한 검토보고서

(적절한 수신인)

검토대상 재무제표

본인은 별첨된 ××주식회사의 반기재무제표를 검토하였습니다. 동 재무제표는 20×1년 6월30일 현재의 재무상태표, 동일로 종료되는 3개월 및 6개월 보고기간의 손익계산서, 현금흐름표 및 자본변동표 그리고 유의적 회계정책에 대한 요약과 기타의 서술정보로 구성되어 있습니다.

재무제표에 대한 경영진의 책임

경영진은 회계기준에 따라 이 재무제표를 작성하고 공정하게 표시할 책임이 있으며, 부정이나 오류에 의한 중요한 왜곡표시가 없는 재무제표를 작성하는데 필요하다고 결정한 내부통제에 대해서도 책임이 있습니다.

감사인의 책임

본인의 책임은 상기 재무제표에 대하여 검토를 실시하고 이를 근거로 이 재무제표에 대하여 검토결과를 보고하는데 있습니다.

본인은 분·반기재무제표 검토준칙에 따라 검토를 실시하였습니다. 이 기준은 본인이 재무제표가 중대하게 왜곡표시되지 아니하였다는 것에 관해 보통수준의 확신을 얻도록 검토를 계획하고 실시할 것을 요구하고 있습니다. 검토는 주로 질문과 분석적절차에 의거 수행되므로 감사보다는 낮은 수준의 확신을 제공합니다. 본인은 감사를 실시하지 아니하였으므로 감사의견을 표명하지 아니합니다.

검토의견

본인의 검토결과 상기 재무제표가 회계기준에 따라 중요성의 관점에서 공정하게 표시하지 않은 사항이 발견되지 아니하였습니다.

서울특별시 구 로 ××
××회계법인
대 표 이 사 × × × (인)
20×1년 ×월 ×일

7.4 회계기준위반

중간재무제표가 중요성의 관점에서 회계기준에 따라 표시되기 위해 중요한 수정이 필요하다는 사실을 알게 된 경우, 감사인은 한정의견 또는 부적정의견을 표명해야 한다.

(1) 한정의견

만약 회계기준 위반사항이 중간재무제표에 중요하게 영향을 미치는 사항을 알게 된 경우, 경영진이 중간재무제표를 수정하지 않는다면 감사인은 검토보고서를 변형한다. 검토보고서의 변형은 회계기준 위반사항의 성격과 중간재무제표에 미치는 영향을 기술한다. 중간재무제표에 적절한 공시필요 사항이 누락된 경우 감사인은 검토보고서를 변형하고, 실행 가능하다면 검토보고서에 해당 필요 정보를 포함한다. 검토보고서의 변형 사유는 통상 검토보고서의 의견 근거문단에 기술하고 한정의견을 표명해야 한다.

사 례 05 중요한 왜곡표시에 의한 한정 검토보고서

반기재무제표에 대한 검토보고서

(적절한 수신인)

검토대상 재무제표

본인은 별첨된 ××주식회사의 반기재무제표를 검토하였습니다. 동 재무제표는 20×1년 6월 30일 현재의 재무상태표, 동일로 종료되는 3개월 및 6개월 보고기간의 손익계산서, 현금흐름표 및 자본변동표 그리고 유의적 회계정책에 대한 요약과 기타의 서술정보로 구성되어 있습니다.

재무제표에 대한 경영진의 책임

경영진은 회계기준에 따라 이 재무제표를 작성하고 공정하게 표시할 책임이 있으며, 부정이나 오류에 의한 중요한 왜곡표시가 없는 재무제표를 작성하는데 필요하다고 결정한 내부통제에 대해서도 책임이 있습니다.

감사인의 책임

본인의 책임은 상기 재무제표에 대하여 검토를 실시하고 이를 근거로 이 재무제표에 대하여 검토결과를 보고하는데 있습니다.

본인은 분·반기재무제표 검토준칙에 따라 검토를 실시하였습니다. 이 기준은 본인이 재무제표가 중대하게 왜곡표시되지 아니하였다는 것에 관해 보통수준의 확신을 얻도록 검토를 계획하고 실시할 것을 요구하고 있습니다. 검토는 주로 질문과 분석적절차에 의거 수행되므로 감사보다는 낮은 수준의 확신을 제공합니다. 본인은 감사를 실시하지 아니하였으므로 감사의견을 표명하지 아니합니다.

한정의견의 근거

경영진이 제공한 정보에 의하면, ×××주식회사는 ○○리스계약에 대하여 회계기준에 따라 금융리스로 회계처리 하지 아니하고 운영리스로 회계처리 하였습니다. 이로 인하여 회계기준에 의하였을 경우보다 유형자산과 비유동부채는 각각 ×××백만원 증가되어야 하며, 중간기간의 순이익과 처분 전 이익잉여금은 각각 ×××백만원 증가표시 되어야 합니다.

한정의견

본인의 검토결과 한정의견의 근거문단에 기술된 사항이 미치는 영향을 제외하고는 상기 재무제표가 회계기준에 따라 중요성의 관점에서 공정하게 표시하지 않은 사항이 발견되지 아니하였습니다.

서울특별시 구 로 ××
××회계법인
대 표 이 사 × × × (인)
20×1년 ×월 ×일

(2) 부적정의견

왜곡표시된 사항이 중간재무제표에 미치는 영향이 매우 중요하고 전반적이어서 한정의견으로는 중간재무제표의 오도가능성이나 불완전한 성격을 공시할 수 없다면, 감사인은 부적정의견을 표명해야 한다.

사 례 06 중요한 왜곡표시에 의한 부적정 검토보고서

반기재무제표에 대한 검토보고서

(적절한 수신인)

검토대상 재무제표

본인은 별첨된 ×× 주식회사의 반기재무제표를 검토하였습니다. 동 재무제표는 20×1년 6월 30일 현재의 재무상태표, 동일로 종료되는 3개월 및 6개월 보고기간의 손익계산서, 현금흐름표 및 자본변동표 그리고 유의적 회계정책에 대한 요약과 기타의 서술정보로 구성되어 있습니다.

재무제표에 대한 경영진의 책임

경영진은 회계기준에 따라 이 재무제표를 작성하고 공정하게 표시할 책임이 있으며, 부정이나 오류에 의한 중요한 왜곡표시가 없는 재무제표를 작성하는데 필요하다고 결정한 내부통제에 대해서도 책임이 있습니다.

감사인의 책임

본인의 책임은 상기 재무제표에 대하여 검토를 실시하고 이를 근거로 이 재무제표에 대하여 검토결과를 보고하는데 있습니다.

본인은 분·반기재무제표 검토준칙에 따라 검토를 실시하였습니다. 이 기준은 본인이 재무제표가 중대하게 왜곡표시되지 아니하였다는 것에 관해 보통수준의 확신을 얻도록 검토를 계획하고 실시할 것을 요구하고 있습니다. 검토는 주로 질문과 분석적절차에 의거 수행되므로 감사보다는 낮은 수준의 확신을 제공합니다. 본인은 감사를 실시하지 아니하였으므로 감사의견을 표명하지 아니합니다.

부적정의견의 근거

주석 ××에서 설명하고 있는 바와 같이 상기 재무제표에는 해외지점의 재무제표 금액이 누락되었습니다. 회계기준에 의하면 해외지점의 재무제표금액도 이 재무제표에 포함되어야만 합니다.

부적정의견

본인의 검토결과 부적정의견의 근거문단에 기술된 사항이 재무제표에 미치는 광범위한 영향 때문에 상기 재무제표는 회계기준에 따라 중요성의 관점에서 공정하게 표시하고 있지 아니합니다.

서울특별시 구 로 ××
××회계법인
대 표 이 사 × × × (인)
20×1년 ×월 ×일

7.5 범위제한

범위제한이 존재한다면 감사인은 일반적으로 검토업무를 완료할 수 없다. 감사인은 범위제한에 따라 검토업무를 완료할 수 없을 경우 적절한 지위의 경영진 및 지배기구와 그 사유에 대하여 서면으로 협의 하여야 하며, 또한 검토보고서를 발행하는 것이 적절한지도 고려하여야 한다.

사 례 07 경영진의 검토범위제한으로 인한 한정 검토보고서

반기재무제표에 대한 검토보고서

(적절한 수신인)

검토대상 재무제표

본인은 별첨된 ××주식회사의 반기재무제표를 검토하였습니다. 동 재무제표는 20×1년 6월 30일 현재의 재무상태표, 동일로 종료되는 3개월 및 6개월 보고기간의 손익계산서, 현금흐름표 및 자본변동표 그리고 유의적 회계정책에 대한 요약과 기타의 서술정보로 구성되어 있습니다.

재무제표에 대한 경영진의 책임

경영진은 회계기준에 따라 이 재무제표를 작성하고 공정하게 표시할 책임이 있으며, 부정이나 오류에 의한 중요한 왜곡표시가 없는 재무제표를 작성하는데 필요하다고 결정한 내부통제에 대해서도 책임이 있습니다.

감사인의 책임

본인의 책임은 상기 재무제표에 대하여 검토를 실시하고 이를 근거로 이 재무제표에 대하여 검토결과를 보고하는데 있습니다.

본인은 다음 문단에서 설명하고 있는 사항을 제외하고는 분·반기재무제표 검토준칙에 따라 검토를 실시하였습니다. 이 기준은 본인이 재무제표가 중대하게 왜곡표시되지 아니하였다는 것에 관해 보통수준의 확신을 얻도록 검토를 계획하고 실시할 것을 요구하고 있습니다. 검토는 주로 질문과 분석적절차에 의거 수행되므로 감사보다는 낮은 수준의 확신을 제공합니다. 본인은 감사를 실시하지 아니하였으므로 감사의견을 표명하지 아니합니다.

한정의견의 근거

회사는 20×1년 ×월 ×일에 발생된 ○○지점의 화재로 인하여 매출채권에 관한 회계기록이 소실되었습니다. 따라서 본인은 이 재무제표의 매출채권 금액 중 ×××원에 대하여는 검토를 수행할 수 없었습니다. 회사는 관련기록을 복구 중에 있으나, 이러한 기록이 위 매출채권 및 관련 대손충당금을 입증할 수 있을지 여부는 불확실합니다.

또한 본인이 동 매출채권에 대하여 검토절차를 수행할 수 있었더라면 중간재무제표에 수정을 요하는 사항을 발견하였을 수도 있습니다.

한정의견

본인의 검토결과 한정의견의 근거문단에 기술하고 있는 매출채권 기록의 소실이 없었을 경우 발견하였을 재무제표에 대한 수정사항을 제외하고 상기 재무제표는 회계기준에 중요하게 위배되어 표시되었다는 점이 발견되지 아니하였습니다.

서울특별시 구 로 ××
××회계법인
대 표 이 사 × × × (인)
20×1년 ×월 ×일

SECTION 03

인증업무와 관련서비스

핵심

[인증업무 및 관련서비스의 체계]

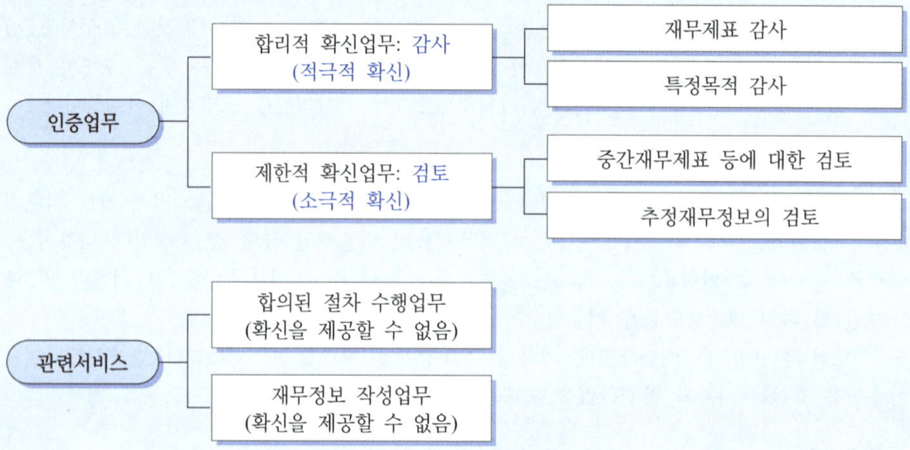

인증에는 재무제표에 대한 인증이 대표적이지만 다양한 분야에 대한 인증이 있다. 재무제표에 대한 인증기준은 회계감사기준이다. 본 section은 회계감사기준과 유사하지만 포괄적인 개념의 인증기준을 제시하고 있다. 독자들이 본 인증기준을 모두 익히는 것은 쉽지 않다. 저자는 독자들에게 본 인증기준이 회계감사와 어떻게 다른지를 중점적으로 학습할 것을 권고한다.

1 인증업무의 정의와 목적

1.1 인증업무의 정의

(1) 인증업무와 회계감사

갑자기 인증업무란 새로운 용어에 많이 당황할 것이다. 본 서 Chapter 1, Section 5 (인증업무와 관련 서비스)에서 일부 개념을 설명한 적이 있다. 특히 [그림 1-5]는 회계감사와 인증업무간의 관계에 대해 잘 제시하고 있다.

회계감사는 인증업무 중 하나이며, 인증업무가 곧 회계감사는 아니다. 즉, 회계감사 이외에도 현대사회에서는 어떤 주장을 정보이용자에게 있는 그대로 제시하기 보다는 제3의 독립적인 전문가로부터 인증 받아 제공하고자 하는 수요가 많다. 특히 경제가 발전할수록 다양한 정보가 제공되고 따라서 더욱 다양한 인증에 대한 수요가 발생한다.

그동안 우리는 회계감사라는 재무제표에 대한 인증에만 익숙해져 왔다. 그러나 선진국에서는 이미 오랜 전부터 공인회계사를 재무제표 이외 분야의 인증에도 활용해 왔다. 공인회계사가 다른 분야의 인증업무에 까지 부름을 받게 된 이유는 아마도 재무제표 인증에서 얻게 된 명성(reputation)과 그들의 전문성에 대한 믿음(reliability) 때문일 것이다.

각기 다른 분야에서 해당 분야 인증 전문가를 양성하여 그들을 활용할 수도 있겠지만 그러기 위해서 치러야 하는 막대한 비용, 전문인력의 양성, 인증기준의 제정 및 합의, 그리고 수요자로부터 그 결과를 신뢰받아야 하는 등 넘어야 할 장애물이 너무 많다. 그러나 가장 중요한 정보 중 하나인 재무제표 인증에서 이미 고도로 훈련되고 사회적 명성까지 얻은 공인회계사가 존재하는 상황에서, 그들을 다른 분야의 인증에 활용하는 것은 매우 자연스러운 과정이라고 할 수 있다.

그런 관점에서 우리는 재무제표를 인증하는 데 필요한 인증기준인 회계감사기준을 벗어나 다양한 인증대상을 인증하는데 필요한 기본적인 개념과 절차들에 대한 기준이 필요하다. 이것이 회계감사기준위원회가 제정한 인증업무 개념체계이며, 2022. 2. 23일 대폭 개정되었다.

인증업무 개념체계는 '역사적 재무정보에 대한 감사 및 검토 이외의 인증업무기준'(이하 '인증업무기준')을 제공한다. 구체적으로 인증업무별 적용되는 인증기준은 다음과 같다.

인증기준	인증업무	비고
회계감사기준	역사적 재무정보에 대한 감사	재무제표 감사라면 임의감사라도 회계감사기준을 적용
분·반기 재무제표 검토준칙	외감법에 따른 분·반기 재무제표에 대한 검토	
역사적 재무정보에 대한 검토기준	외감법에 따른 분·반기 재무제표 검토 이외의 재무제표 검토	예를 들면, 기업이 자발적으로 재무제표 검토를 요청할 경우
인증업무 개념체계	재무제표에 대한 감사와 검토 이외 인증업무	

TIP

OSCARS 2017:

After Huge Oscar Mistake, PricewaterhouseCoopers Goes Into Damage Control Mode
영화계에서 OSCARS상은 최고의 영예로운 상이다. 오랜 동안 OSCARS 시상과정을 PwC가 인증해 왔는데, 2017년 PwC partner의 실수로 시상결과가 번복되는 일이 발생하였다. 이를 계기로 OSCARS상은 선정과정의 의심을 받게 되고 명예가 추락하게 되었으며 OSCARS-PwC는 80여 년간의 관계를 청산하게 되었다고 한다. 이는 영화시상에까지 회계법인이 인증하고 있다는 사례이다.

(2) 인증대상정보

인증업무의 정의 (인증 10)

인증업무는 준거기준에 따라 기초인증대상을 측정하거나 평가한 결과에 대해 인증대상책임자가 아닌 의도된 이용자가 가지는 신뢰의 수준을 향상시킬 수 있게 설계된 결론을 표명하기 위하여 충분하고 적합한 증거를 입수하는 것을 목적으로 하는 업무이다.

재무제표에 대한 회계감사의 경우 인증의견을 표명하기 위해서 재무제표라는 인증대상이 필요하고 이 재무제표가 공정하게 작성되었다고 평가할 준거기준인 재무보고체계(회계기준)가 필요하며, 회계감사기준이라는 인증기준이 필요하다.

인증개념	회계감사
인증대상	재무제표
준거기준	재무보고체계
인증기준	회계감사기준

이제 재무제표를 포함한 인증대상을 포괄적으로 설명해 보자. 기초인증대상을 측정하거나 평가한 결과는 준거기준을 기초인증대상에 적용하여 산출한 정보이다. 예를 들면 다음과 같다(인증 11).

기초인증대상 (인증 11)

① 재무제표(결과)는 재무보고체계(준거기준)를 적용하여 실체의 재무상태, 경영성과 및 현금흐름(기초인증대상)을 측정함으로써 산출된다.
② 내부통제의 효과성에 대한 보고서(결과)는 관련 준거기준을 적용하여 내부통제의 효과성(기초인증대상)을 평가함으로써 산출된다.
③ 기업 특유의 성과 측정치(결과)는 관련 측정 방법론(준거기준)을 적용하여 성과의 다양한 측면(기초인증대상)을 측정함으로써 산출된다.
④ 온실가스보고서(결과)는 인식, 측정, 표시 프로토콜(준거기준)을 적용하여 실체의 온실가스배출(기초인증대상)을 측정함으로써 산출된다.
⑤ 준수 확인서(결과)는 예를 들어 법률과 규정(준거기준)을 기업이 준수하였는지(기초인증대상)를 평가함으로써 산출된다.

예를 들면, ④에서 온실가스배출 보고서가 기초인증대상이다. 세계적으로 온실가스배출을 억제하기 위하여 UN기후변화협약에 대한 교토의정서[1] 의무 이행대상국들은

1) UN기후변화협약은 지구를 구하기 위한 온실가스 규제 규약으로 우리나라는 2002.11.08일 교토 의정서를 비준하였다. Kyoto Protocol to the United Nations Framework Convention on Climate Change

국가 단위의 온실가스배출한도를 배정받는다. 각 국가들은 이를 다시 기업별로 그 한도를 배정할 것이다. 기업들은 그들이 배출하는 온실가스량이 얼마인지를 스스로 측정하여 온실가스보고서를 작성한다. 화석연료를 사용하는 엔진을 이용하는 기계와 전기를 이용하는 기계는 배출하는 온실가스배출량이 다를 것이다. 과연 기업 스스로 온실가스배출량을 측정하여 작성한 온실가스보고서를 제3자가 믿고 의존할 수 있을까?

이 온실가스보고서에 보고된 기업별 그리고 국가별 초과배출 또는 미달배출한 온실가스는 온실가스 국제거래소를 통해 거래된다. 즉, 미달배출한 기업이나 국가는 이를 온실가스 국제거래소에서 팔수 있으며, 초과배출한 기업이나 국가는 구매하여 벌충하여야 한다는 것이 협약을 이행하는 구체적인 내용이다. 그러면 기업이 작성한 온실가스보고서를 곧이곧대로 믿고 미달(초과)배출하였다고 주장하는 온실가스량을 서로 사고 팔수 있을까?

재무제표와 같이 온실가스배출보고서는 정보위험을 내포하고 있다. 따라서 독립적이고 전문가인 제3자가 온실가스보고서가 인식, 측정, 표시 프로토콜(준거기준)에 따라 공정하게 작성되었는지를 인증할 필요가 있고 이것이 바로 회계감사와 유사한 인증업무 중 하나이다. 그 외에도 인증을 필요로 하는 다양한 서비스가 존재한다.

준거기준에 따라 기초인증대상을 측정하거나 평가한 결과를 의미하는 용어로 "인증대상정보"라는 용어를 사용한다. 인증대상정보는 인증인이 그 결론의 근거로서 충분하고 적합한 증거를 수집하는 대상이다.

1.2 입증업무와 직접업무

« 그림11-1 인증서비스, 입증업무 및 직접업무의 관계

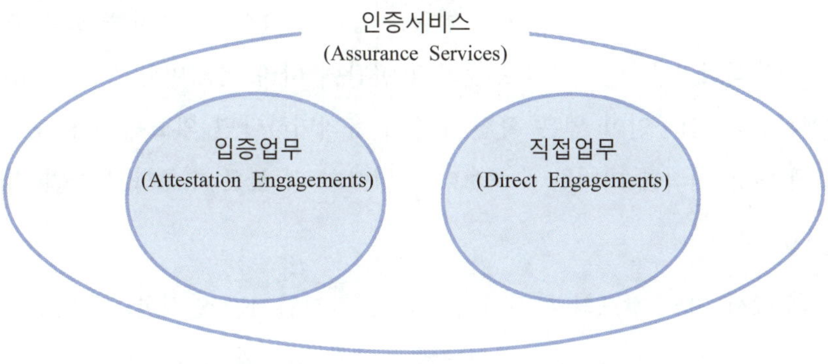

Q 입증업무와 직접업무를 어떻게 구분되는가?

- 입증업무: 입증업무에서는 인증인이 아닌 다른 당사자가 준거기준에 따라 기초인증대상을 측정하거나 평가한다. 또한 인증인이 아닌 다른 당사자는 많은 경우에 보고서 또는 진술서에 산출된 인증대상정보를 제시한다. 그러나 일부 경우에는 인증인이 인증보고서 내에 인증대상정보를 제시하기도 한다. 입증업무에서 인증인의 결론은 인증대상정보에 중요한 왜곡표시가 없는지 여부를 다룬다(인증 12).

- 직접업무: 직접업무에서는 인증인이 준거기준에 따라 기초인증대상을 측정하거나 평가한다. 추가적으로 인증인은 준거기준에 따라 기초인증대상을 측정하거나 평가한 결과에 대해 충분하고 적합한 증거를 입수하기 위하여 인증기술과 기법을 적용한다. 인증인은 기초인증대상을 측정하거나 평가하면서 동시에 그러한 증거를 입수할 수도 있고, 측정하거나 평가하기 이전 또는 이후에 그러한 증거를 입수할 수도 있다. 직접업무에서 인증인의 결론은 준거기준에 따라 기초인증대상을 측정하거나 평가하여 보고된 결과를 다루며 기초인증대상과 준거기준 측면에서 표현된다.

1.3 합리적 확신업무와 제한적 확신업무

- 합리적 확신업무: 합리적 확신업무에서 인증인은 결론의 근거로서 업무위험을 업무상황에 따라 수용가능하게 낮은 수준으로 감소시킨다. 인증인의 결론은 준거기준에 따라 기초인증대상을 측정하거나 평가한 결과에 대해 인증인의 의견을 전달하는 형태로 표명된다(인증 14).

기출 2023

- 제한적 확신업무: 제한적 확신업무에서 인증인은 수행된 절차와 입수된 증거에 근거하여 인증대상정보가 중요하게 왜곡표시되었다는 점이 발견되었는지 여부를 전달하는 형태로 결론을 표명하며, 결론을 표명하기 위한 근거로서 업무위험을 업무상황에서 수용가능한 수준 이하로 감소시키지만 업무위험이 합리적 확신업무보다는 더 높다. 제한적 확신업무에서 수행된 절차의 성격, 시기, 범위는 합리적 확신업무에서 필요로 하는 것에 비하여 제한적이지만, 인증인의 전문가적 판단에 따라 유의미한 수준의 확신을 얻도록 계획된다. 인증인이 얻은 확신 수준이 유의미하다면 의도된 이용자의 인증대상정보에 대한 신뢰를 미미한 수준보다는 명백히 더 높은 수준까지 높일 것으로 예상된다(인증 15).

특정 업무에서 어느 정도의 확신이 유의미한 확신인지는 일정한 범위 내에서 이루어지는 판단의 문제이며 그 범위는 의도된 이용자 집단의 정보요구, 준거기준 및 기초인증대상을 포함한 업무상황에 따라 달라진다(인증 16).

2 개념체계의 범위

2.1 인증업무의 개념체계에 포함되지 않는 것 → 인증업무가 아닌 것

(1) 인증업무의 개념과 일치하지 않는 것

인증인이 수행하는 업무가 모두 인증업무인 것은 아니다. 빈번하게 수행되지만 인증업무의 개념과 일치하지 않아 인증업무개념체계에서 다루지 않는 업무는 다음과 같다(인증 17).

> ① 합의된 절차 수행 업무 및 재무제표 작성 업무와 같이 관련 서비스 업무 기준에서 다루는 업무
> ② 세무조정계산서 작성과 같이 인증 결론이 표명되지 않는 업무
> ③ 경영컨설팅, 세무컨설팅과 같은 컨설팅 (또는 자문)업무

예를 들어 사업 인수 컨설팅 업무에 역사적 재무정보 또는 추정 재무정보에 대한 인증이 포함되는 경우처럼 인증업무기준에 따라 수행된 인증업무가 다른 더 넓은 업무의 일부일 수 있다. 이러한 상황에서 인증업무기준은 업무 중 인증 부분에만 관련이 있다.

(2) 인증업무의 개념과 일치할 수 있지만 인증업무개념체계에서 제외한 것

다음의 업무는 인증업무의 개념과 일관될 수 있지만 이 개념체계에서는 인증업무가 아닌 것으로 본다.

> ① 소송 과정에서 회계, 감사, 세무 등의 문제에 대하여 증언하는 업무
> ② 이용자가 일정한 수준의 확신을 도출할 수도 있는 전문가적 의견, 견해, 문구 등을 포함한 업무로서 다음의 요건을 모두 충족하는 경우
> - 그러한 의견, 견해 또는 문구는 전반적인 업무에서 단순히 부수적임
> - 서면으로 발행된 보고서는 보고서에서 특정한 의도된 이용자만 이용하도록 명시적으로 제한됨
> - 해당 업무가 인증업무가 아니라는 점을 특정 의도된 이용자가 이해하고 문서상 합의함
> - 인증인의 보고서상에서 해당 업무를 인증업무로 표현하지 않음

Q

인증업무가 아닌 업무의 보고서에 인증, 감사 또는 검토라는 문구를 포함할 수 있는가?

Q

인증기준을 충족하지만 의도된 어떤 요건을 충족하지 못한 경우 인증보고서의 이용제한 할 수 있는가?

TIP

인증업무의 전제조건이 감사의 전제조건과 체계가 상이하므로 그 차이점을 인지할 필요가 있다.

2.2 비인증업무 보고서

이 개념체계의 범위 내에 있는 인증업무가 아닌 업무에 대해 인증인이 보고할 때는 해당 보고서를 인증업무보고서와 명확히 구분하여야 한다. 이용자를 혼돈시키지 않도록 인증보고서가 아닌 보고서가 회피하여야 하는 사항을 예시하면 다음과 같다(인증 20).

① 업무가 이 개념체계 또는 인증기준에 따라 수행되었다는 의미가 포함됨
② "인증", "감사", "검토"라는 단어를 부적절하게 사용함
③ 준거기준에 따라 기초인증대상을 평가하거나 측정한 결과에 대해 의도된 이용자의 신뢰수준을 향상시키도록 설계된 충분하고 적합한 증거에 근거한 결론인 것으로 상당히 오해를 불러일으킬 수 있는 문구가 포함됨

인증인과 인증대상책임자는, 인증대상책임자 외에는 의도된 이용자가 없지만 관련 인증기준의 모든 요구사항을 충족하는 업무에, 이 개념체계의 원칙을 적용하기로 합의할 수 있다. 그러한 경우 인증인의 보고서에 보고서 이용자를 인증대상책임자로 제한하는 문구를 포함한다(인증 21).

3 인증업무의 전제조건

다음 인증업무의 전제 조건은 인증업무를 수임하거나 유지할지 여부를 고려할 때 관련이 있다(인증 22).

인증업무의 전제조건 (인증 22)

① 적절한 당사자들의 역할과 책임이 상황에 적합한지 여부. 그리고,
② 업무가 다음의 요건을 모두 충족하는지 여부
- 기초인증대상은 적절하다.
- 인증인이 인증대상정보의 작성에 적용될 것으로 예상하는 준거기준이 업무상황에 적합하며, 인증업무의 특성들을 보여준다.
- 인증인이 인증대상정보의 작성에 적용될 것으로 예상하는 준거기준을 의도된 이용자들이 이용할 수 있을 것이다.
- 인증인이 인증인의 결론을 뒷받침하는 데 필요한 증거를 입수할 것으로 기대한다.
- 인증인의 결론은 보고서에 합리적 확신업무 또는 제한적 확신업무에 적합한 형태로 포함될 것이다. 그리고,
- 인증업무에 합리적 목적이 존재한다. 제한적 확신업무의 경우에 인증인이 유의미한 수준의 확신을 얻을 것으로 기대하는 것도 포함된다.

합리적 정당성이 없다면 인증업무를 수임한 후에 인증업무를 비인증업무로 변경하거나, 합리적 확신업무를 제한적 확신업무로 변경하는 것은 적절하지 않다. 그러나 의도된 이용자의 요구사항에 영향을 미치는 상황 변화가 있거나 업무의 성격에 오해가 있었다면 업무의 변경을 요청하는 것이 정당화될 수도 있다. 이러한 변경이 이루어지더라도 변경 이전에 입수된 증거는 무시하지 않는다. 합리적 확신 결론을 형성하기에 충분하고 적합한 증거를 입수할 수 없다는 점이 합리적 확신업무를 제한적 확신업무로 변경할 수 있는 수용가능한 이유가 될 수 없다(인증 25).

Q 모든 경우에 인증업무(합리적 확신업무) 수임 후 비인증업무(제한적 확신업무)로 변경해 주는 것이 합리적인가?

4 인증업무의 구성요소

인증업무의 구성요소는 다음과 같다(인증 26).

Q 인증업무의 구성요소는?

인증업무의 구성요소 (인증 26)

① 인증인, 인증대상책임자 및 의도된 이용자로 구성되는 삼자관계
② 적절한 인증대상
③ 적합한 준거기준
④ 충분하고 적합한 증거
⑤ 합리적 확신업무 또는 제한적 확신업무에 적합한 형태의 서면 인증보고서

4.1 삼자관계

인증업무에는 ①인증인, ②인증대상책임자 및 ③의도된 이용자의 삼자가 관련된다. 인증대상책임자와 의도된 이용자는 서로 다른 실체에 소속될 수도 있고 동일한 실체에 소속될 수도 있다. 후자의 예로, 이원적 이사회 구조를 갖춘 실체에서 감독이사회가 집행이사회로부터 제공받은 정보에 대하여 확신을 얻으려고 하는 경우를 들 수 있다.

Q 인증업무는 삼자관계를 기본요소로 한다. 여기서 삼자는 누구를 말하는가?

인증대상책임자와 의도된 이용자의 관계는 특정 업무의 성격을 고려하여 판단할 필요가 있으며, 전통적으로 정의된 책임 한계와는 그 내용이 다를 수 있다. 예를 들면, 실체의 고위경영진(의도된 이용자)은 하위관리자(인증대상책임자)가 일차적으로 책임지고 있는 특정 업무에 대하여 인증업무를 수행해 주도록 인증인에게 요청할 수 있다. 그러나 이 경우에도 특정 업무에 대한 궁극적인 책임은 고위경영진에게 있다(인증 27, 28).

《 그림 11-2 인증업무의 당사자

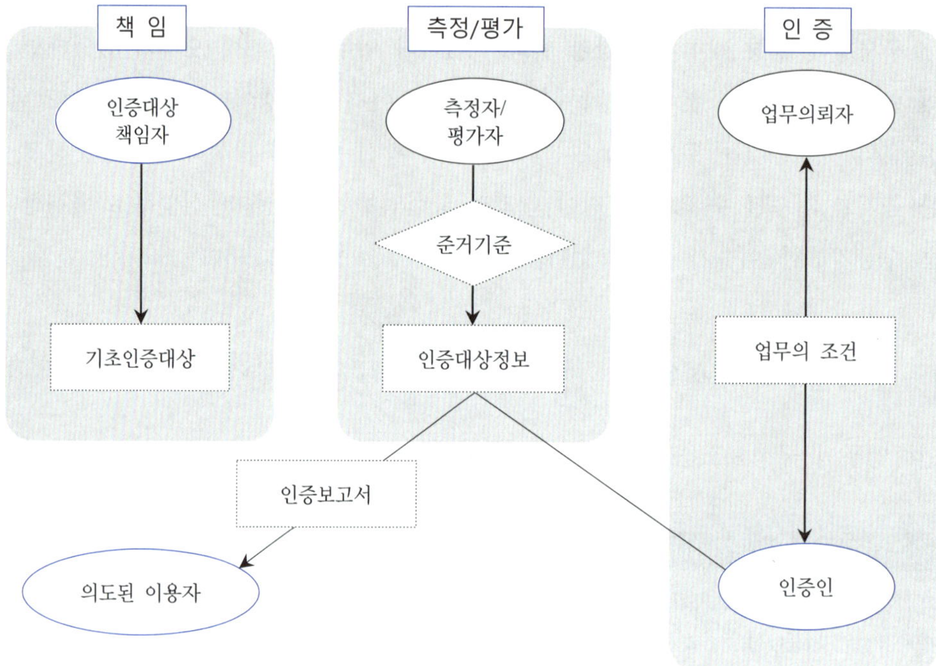

위 그림은 다음 역할이 인증업무에 어떻게 관련되는지를 보여준다.

- 인증대상책임자는 기초인증대상에 책임이 있다.
- 측정자 또는 평가자는 준거기준을 사용하여 기초인증대상을 측정하거나 평가하고 인증대상정보를 산출한다.
- 업무의뢰자는 인증인과 업무의 조건에 합의한다.
- 인증인은 인증대상책임자 이외의 의도된 이용자의 인증대상정보에 대한 신뢰를 향상시킬 목적으로 설계된 결론을 표명하기 위하여 충분하고 적합한 증거를 입수한다.
- 의도된 이용자는 인증대상정보에 근거하여 의사결정한다. 의도된 이용자는 인증인이 인증보고서를 이용할 것이라고 예상하는 개인, 조직, 집단이다. 경우에 따라 인증보고서의 수신인이 아닌 의도된 이용자가 있을 수 있다.

Q

인증인은 반드시 공인회계사여야 하는가?

(1) 인증인

인증인은 인증대상정보에 중요한 왜곡표시가 없는지에 대해 합리적 확신 또는 제한적 확신을 얻고자 인증기술과 기법을 적용하여 업무를 수행하는 개인(들) (일반적으로 업무수행이사나 다른 업무팀원, 또는 해당되는 경우 법인)이다.

개업공인회계사 외의 적격한 인증인이 인증기준을 준수하기로 선택하는 경우, 인증기준의 요구사항은 '공인회계사윤리기준'과 '품질관리기준서 1' 또는 최소한 이에 준하는 다른 전문직 요구사항이나 법규의 요구사항의 전제를 반영하고 있음을 인식하는 것이 중요하다.

업무상황에 대한 사전적인 지식에 비추어 봤을 때 적격성과 관련된 윤리적 요구사항을 충족하지 못할 것으로 보인다면 업무를 수용하지 않는다. 경우에 따라 적격성과 관련된 윤리적 요구사항은 인증인이 인증인측 전문가의 업무를 활용함으로써 충족할 수 있다.

추가적으로 인증인은 인증 결론에 책임을 지고 해당 업무가 인증인의 목적에 적합한지에 대해 결론을 내리는 데 필요한 증거를 입수하기에 충분한 정도까지 인증인측 전문가와 다른 인증인의 업무에 충분히 관여할 수 있어야 한다.

인증인은 표명된 인증결론에 대해 단독으로 책임을 지며 그러한 책임은 인증인측 전문가나 다른 인증인의 업무를 활용했다고 하여 경감되지 않는다. 그럼에도 인증인측 전문가의 업무를 활용하는 인증인이 관련 인증기준에 따라 전문가의 업무가 인증인의 목적에 적합하다고 결론을 내렸다면 인증인은 해당 전문 분야에서 전문가의 발견사항 또는 결론을 적절한 증거로 수용할 수 있다(인증 29-33).

(2) 인증대상책임자

인증대상책임자는 기초인증대상에 책임을 지는 당사자이다. 입증업무에서 많은 경우 인증대상책임자는 측정자 또는 평가자이기도 하다. 인증대상책임자는 인증인과 계약한 당사자(즉 업무의뢰자)일 수도 있고 아닐 수도 있다(인증 34).

Q 재무제표감사에서 인증대상책임자는 누구인가?

(3) 의도된 이용자 → 회계감사와 다른 개념이므로 심도있게 차이점을 숙지할 필요

의도된 이용자는 인증보고서를 이용할 것으로 인증인이 예상하는 개인, 조직 또는 집단이다. 인증대상책임자도 의도된 이용자 중 하나가 될 수 있지만 유일한 의도된 이용자는 아니다.

Q 재무제표감사에서 의도된 이용자는 누구인가?

경우에 따라서는 인증보고서의 수신자가 아닌 의도된 이용자가 있을 수 있다. 인증인이 인증보고서를 열람할 사람을 모두 식별하는 것은 불가능할 수 있으며, 많은 사람이 인증보고서에 접근할 수 있는 경우 특히 그렇다. 이러한 경우, 특히 가능한 이용자가 기초인증대상에 대해 광범위한 이해관계를 가질 수 있는 경우, 의도된 이용자는 중요하고 공통적인 이해관계가 있는 주요 이해관계자로 한정될 수 있다. 의도된 이용자는 다른 방식으로, 예를 들어 인증인과 인증대상책임자 또는 인증의뢰자 사이의 합의 또는 법규에 의해, 식별될 수 있다.

의도된 이용자 또는 의도된 이용자를 대표하는 자는 인증인과 인증대상책임자(또는 업무의뢰자)가 업무의 요구사항을 결정하는 데 직접적으로 관여할 수 있다. 그러나 합의된 절차 수행업무(업무의뢰자 또는 적절한 제3자와 합의한 절차를 기초로 사실적인 발견사항을 보고하는 업무이며 결론을 제공하지 않음)와는 달리 다른 당사자의 관여와 무관하게

① 인증인이 절차의 성격, 시기 및 범위를 결정하는 것을 책임지며,
② 인증인은 알게 된 정보가 계획된 절차를 결정할 때 근거가 된 정보와 유의적으로 다를 경우, 추가적 절차를 수행할 필요가 있을 수 있다.

경우에 따라 의도된 이용자(예 은행 및 규제기관)는 적절한 당사자(들)에게 특정 목적을 위하여 인증업무가 수행될 수 있게 준비하도록 요건을 부과하거나 요청한다. 특정 목적을 위하여 설계된 준거기준이 사용되는 경우, 인증보고서에 이용자들이 이러한 사실에 주의하게 하는 문구를 포함한다. 추가적으로 인증인은 인증보고서가 특정 이용자만을 대상으로 하였음을 표시하는 것이 적절하다고 고려할 수 있다. 이는 업무상황에 따라, 인증보고서의 배포 또는 사용을 제한함으로써 달성될 수 있다. 인증보고서가 특정 의도된 이용자 또는 특정 목적을 위한 것이라면 언제든지 제한될 수 있지만 특정 이용자 또는 특정 목적에 대한 제한이 없다고 해서 그 자체로 인증인이 해당 이용자 또는 해당 목적과 관련하여 법적 책임을 부담한다고 볼 수는 없다(인증 35-38).

4.2 기초인증대상

Q 재무제표감사에서 인증대상은 무엇인가?

기초인증대상은 다음과 같이 그 형태가 다양하다.

- 역사적 재무성과 또는 재무상태(예 역사적 재무상태, 재무성과, 현금흐름). 이 경우 인증대상정보는 재무제표에 표시된 인식, 측정, 표시와 공시가 될 수 있다.
- 미래 재무성과 또는 재무상태(예 추정 재무상태, 재무성과, 현금흐름). 이 경우 인증대상정보는 재무예측 또는 재무추정상 나타난 인식, 측정, 표시와 공시가 될 수 있다.
- 비재무적인 성과 또는 상태(예 실체의 실적). 이 경우 인증대상정보는 효율성과 효과성의 핵심지표일 수 있다.
- 물리적 특성(예 설비의 생산 능력). 이 경우 인증대상정보는 규격 명세일 수 있다.
- 시스템과 프로세스(예 실체의 내부통제 또는 정보기술시스템). 이 경우 인증대상정보는 효과성에 대한 진술일 수 있다.
- 행위(예 기업 지배구조, 법규 준수, 인사 관행). 이 경우 인증대상정보는 준수에 대

한 진술 또는 효과성에 대한 진술일 수 있다.

<표 11-1>은 일부 예시와 함께 가능한 기초인증대상 범위의 분류를 보여준다. 일부 분류는 해당 분류에 포함되는 정보와 관련하여 인증업무가 수행될 가능성이 없어 예시가 제시되지 않았다. 이 분류가 모든 경우를 포함하고 있는 것도 아니고 각각의 분류가 상호 배타적인 것도 아니다. 일부 기초인증대상 또는 인증대상정보는 둘 이상의 분류에 해당하는 요소일 수 있다. 예를 들어 통합보고와 기업의 사회적 책임 보고는 역사적 정보와 미래 지향적 정보에 모두 해당할 수 있고 재무적 정보와 비재무적 정보에 모두 해당할 수도 있다. 또한 일부 경우에는 예시로 인증대상정보를 제시하였지만 다른 경우에는 예시로 기초인증대상을 제시하거나 단순히 정보가 도움이 되는 질문의 유형을 제시하는 등 해당 상황에서 더 의미 있는 것을 제시하였다.

표 11-1 기초인증대상의 분류

정보의 주제		역사적 정보	미래지향적 정보
재무적	성 과	수용가능한 재무보고체계에 따라 작성된 재무제표	예측/추정 현금흐름
	상 태		예측/추정 재무상태
비재무적	성 과/ 자원의 사용/ 경제성 분석	- 온실가스보고서 - 지속가능보고서 - 핵심성과지표 - 자원의 효과적 사용에 대한 진술 - 경제성 분석 보고서 - 기업의 사회적 책임보고서	새로운 기술 도입에 따른 예상 배출 감축량 또는 식물을 심음으로써 흡수되는 온실가스 제안된 조치가 경제성을 제공할 것이라는 진술
	상 태	특정 시점에 실행되고 있는 시스템/프로세스, 기술서, 리스한 부동산의 규모와 같은 물리적 특성	
시스템/ 프로세스	기 술	내부통제시스템 기술서	
	설 계	서비스조직의 통제 설계	개시 예정인 생산 프로세스를 위해 제안된 통제의 설계
	운영/수행	직원의 고용, 훈련 절차의 운영 효과성	
행위 측면	준 수	차입약정, 특정 법규의 요구사항 등의 준수	
	행 동	감사위원회의 효과성 평가	
	기 타	소프트웨어 패키지의 목적 적합성	

각기 다른 기초인증대상은 그에 대한 정보가 질적이거나 양적인 정도, 객관적이거나 주관적인 정도, 과거 또는 미래와 관련된 정도, 한 시점 또는 기간과 관련된 정도를 포함하여 그 특성이 다양하다. 다음의 예시는 이러한 특성에 영향을 받는 사항이다.

① 기초인증대상을 준거기준에 따라 측정 또는 평가할 수 있는 정확도
② 이용가능한 증거의 설득력

인증보고서에는 의도된 이용자와 특별히 관련성 있는 기초인증대상의 특성이 언급된다.

기초인증대상의 적절성은 확신수준에 영향을 받지 않는다. 즉 기초인증대상이 합리적 확신업무에 적절하지 아니하다면 이는 제한적 확신업무에도 적절하지 아니하며, 반대의 경우에도 동일하다. 적절한 기초인증대상은 식별가능하고 해당 준거기준에 따라 일관되게 측정하거나 평가할 수 있어 이에 따라 산출된 인증대상정보에 합리적 확신 또는 제한적 확신 결론을 뒷받침하는 데 충분하고 적합한 증거를 입수하기 위한 절차를 적용할 수 있다(인증 40-41).

4.3 준거기준

Q
재무제표감사에서 준거기준은 무엇인가?

준거기준은 기초인증대상을 측정하거나 평가할 때 사용하는 기준이다. 준거기준은 공식적일 수 있다. 예를 들어, 재무제표를 작성할 때 준거기준은 한국채택국제회계기준이나 일반기업회계기준일 수 있으며, 내부통제의 운영효과성에 대해 보고할 때 준거기준은 확립된 내부통제 개념체계 또는 해당 목적으로 특별히 설계된 개별 통제 목적일 수 있다. 또한 준수에 대해 보고할 때 준거기준은 해당 법규 또는 계약일 수 있다. 반면 준거기준은 덜 공식적일 수도 있는데 그러한 예로 내부적으로 개발된 윤리강령 또는 합의된 성과수준(예 특정 위원회의 연간 회의횟수) 등을 들 수 있다.

적합한 준거기준은 전문가적 판단의 관점에서 기초인증대상을 합리적으로 일관성 있게 측정하거나 평가하기 위하여 필요하다. 적합한 준거기준에 의해 제공되는 준거체계가 없다면 어떤 결론이든 개별적인 해석이나 오해에 노출된다. 준거기준의 적합성은 상황에 따라 달라지는 것으로 준거기준이 적합한지는 업무상황의 맥락에서 결정된다. 적합한 준거기준은 다음과 같은 특성을 보인다(인증 42-44).

적합한 준거기준의 특징 (인증 44)

① 목적적합성: 목적적합한 준거기준은 의도된 이용자의 의사결정에 도움을 주는 기초인증대상을 산출한다.
② 완전성: 준거기준이 완전하다는 것은 이에 따라 작성된 인증대상정보가 해당 인증대상정보를 근거로 한 의도된 이용자의 결정에 영향을 미칠 것으로 합리적으로 예상되는 관련 요소를 누락하지 않는 것을 말한다. 완전한 준거기준은 관련이 있을 경우, 표시와 공시를 위한기준을 포함한다.
③ 신뢰성: 신뢰성 있는 준거기준은 다른 인증인이 유사한 상황에서 사용할 경우, 기초인증대상을 상당히 일관성 있게 측정 또는 평가할 수 있게 한다.
④ 중립성: 중립적인 준거기준은 업무상황에 비추어 적절하게 편향되지 않은 인증대상정보를 산출한다.
⑤ 이해가능성: 이해가능한 준거기준은 의도된 이용자가 이해할 수 있는 인증대상정보를 산출한다.

■ 준거기준과 확신의 관계: 특정 업무에서 준거기준의 적합성을 평가할 때 상기 각각의 특성이 차지하는 상대적 중요성은 전문가적 판단사항이다. 준거기준의 적합성은 확신수준에 영향을 받지 아니한다. 준거기준이 합리적 확신업무에 적합하지 않으면 제한적 확신업무에도 적합하지 않으며, 반대의 경우도 동일하다(인증 45).

■ 확립된 준거기준과 특별히 개발된 준거기준: 준거기준은 법규에 의해 규정될 수도 있고 투명하고 정당한 절차를 따르는 승인된 또는 공인된 전문가 기구에 의해 발표될 수도 있다(확립된 준거기준). 다른 준거기준은 특정 업무상황에서 인증대상정보를 작성하기 위한 목적으로 특별히 개발되었을 수 있다. 준거기준이 확립된 준거기준인지 특별히 개발된 준거기준인지는 인증인이 특정 업무상황에서 준거기준의 적합성을 평가하는 데 필요한 절차에 미친다. 예를 들어 반증이 없는 한 확립된 준거기준은 의도된 이용자의 정보 요구와 관련이 있다면 적합한 것으로 간주된다(인증 46).

■ 의도된 이용자에게 준거기준의 인지: 준거기준은 의도된 이용자가 기초인증대상의 측정 또는 평가 방법을 이해할 수 있도록 의도된 이용자에게 이용가능하게 할 필요가 있다. 준거기준은 다음의 방법 중 하나 또는 그 이상의 방법으로 의도된 이용자들이 이용가능하게 할 수 있다.

① 공개됨
② 인증대상정보를 제시할 때 명확한 방식으로 포함됨
③ 인증보고서에 명확한 방식으로 포함됨
④ 일반적인 이해. 예를 들어, 시간과 분 단위로 시간을 측정한 준거기준

준거기준은 특정 의도된 이용자만 이용가능할 수도 있다. 예를 들어 계약 조건 또는 특정 목적에만 관련되어 있어 특정 산업에 속한 사람에게만 제공되는 산업협회가 발표한 준거기준과 같이, 준거기준을 의도된 이용자만 이용가능할 수 있다.

인증인은 업무의 일부로서 준거기준이 적합한지 여부를 결정한다(인증 47-49).

4.4 증 거

인증업무는 준거기준에 따라 기초인증대상을 측정하거나 평가한 결과에 대해 업무상황상 충분하고 적합한 증거를 입수하기 위하여 ①전문가적 의구심의 태도를 가지고 계획하고 수행한다. 업무를 계획하고 수행할 때, 특히 절차의 성격 · 시기 · 범위를 결정할 때, ②중요성, 업무위험, 이용가능한 증거의 양과 질을 고려하면서 ③전문가적 판단을 내릴 필요가 있다(인증 50).

(1) 전문가적 의구심

전문가적 의구심은 예를 들어 다음과 같은 사항에 대하여 주의를 유지하는 것을 포함한다.

① 이미 입수한 다른 증거와 상반되는 증거
② 증거로 사용될 문서 및 질의에 대한 답변의 신뢰성에 의문을 갖게 하는 정보
③ 인증기준에서 요구하는 절차 외에 추가적인 절차의 필요성을 시사하는 상황
④ 왜곡표시 가능성을 나타내는 것일 수 있는 상황

업무의 전 과정에 걸쳐 전문가적 의구심을 유지하는 것은 예를 들어 다음과 같은 위험을 감소시키기 위하여 필요하다.

- 비경상적 상황의 간과
- 감사상 관찰결과에서 결론을 도출할 때의 과도한 일반화
- 감사절차의 성격, 시기 및 범위를 결정하고 그 결과를 평가할 때 부적합한 가정의 이용

전문가적 의구심은 증거에 대한 비판적 평가에 필요하다. 전문가적 의구심은 상반된 증거 및 문서, 질의에 대한 답변의 신뢰성에 대하여 의문을 품는 것을 포함한다. 또한 입수된 증거의 충분성과 적합성을 상황에 비추어 고려하는 것도 이에 포함된다.

업무에 문서가 진실한지에 대한 인증이 포함된 것이 아니라면, 인증인은 그렇지 않다고 믿을 만한 사유가 없는 한, 기록과 문서들이 진실하다고 인정할 수 있을 것이다.

그럼에도 불구하고, 인증인은 증거로 사용될 정보의 신뢰성을 고려한다.

인증인은 증거를 제공하는 사람들의 정직성과 성실성에 대한 과거의 경험을 무시할 수는 없다. 그러나 인증인이 증거를 제공하는 사람들의 정직성과 성실성을 믿는다고 해서 전문가적 의구심을 유지할 필요성이 줄어드는 것은 아니다(인증 51-55).

(2) 전문가적 판단

전문가적 판단은 인증업무를 적절하게 수행하는데 필수적이다. 관련 윤리적 요구사항과 관련인증기준을 해석하고 업무의 전 과정에 걸쳐 요구되는 정보에 근거한 의사결정이 사실과 상황에 관한 지식과 경험의 적용이 없이는 이루어질 수 없기 때문이다. 전문가적 판단은 다음과 같은 사항을 결정할 때 특히 필요하다.

- 중요성과 감사위험
- 인증기준의 요구사항을 충족하고 증거를 입수하기 위해 적용하는 절차의 성격, 시기 및 범위
- 충분하고 적합한 증거가 입수되었는지 여부, 그리고 관련 인증기준의 목적을 달성하기 위해 수행해야 할 사항이 더 있는지 여부에 대한 평가. 특히 제한적 확신업무에서는 유의미한 수준의 확신을 얻었는지를 평가할 때 전문가적 판단이 요구된다.
- 직접업무의 경우, 기초인증대상에 대한 준거기준의 적용. 인증인이 준거기준을 선택하거나 개발한다면, 준거기준의 선택과 개발. 입증업무의 경우, 다른 사람들의 판단에 대한 평가
- 입수된 증거에 근거한 적절한 결론의 도출

인증인에게 기대되는 전문가적 판단의 두드러진 특징은 합리적 판단을 하는 데 필요한 적격성을 개발하는데 도움이 되는 훈련, 지식 및 경험을 갖춘 인증인에 의해 수행된다는 점이다(인증 56-57).

(3) 증거의 충분성과 적합성

증거의 충분성과 적합성은 상호 관련되어 있다. 충분성은 증거의 양적 척도이다. 필요한 증거의양은 인증대상정보가 중요하게 왜곡표시될 위험에 영향을 받으며 (위험이 높을수록 요구되는 증거의 양은 더 많아질 것임), 증거의 질에도 영향을 받는다(증거의 질이 높을수록 요구되는 증거의 양은 더 적어질 것임). 그러나 더 많은 증거를 입수하는 것이 증거의 낮은 품질을 보완할 수는 없을 것이다.

적합성은 증거의 질적 척도로서, 인증인의 결론을 뒷받침할 때의 목적적합성과 신뢰성을 말한다.

증거의 신뢰성은 그 원천과 성격에 영향을 받으며, 증거가 입수되는 개별적인 상황에 따라 다르다. 신뢰성의 개념은 다양한 종류의 증거에 대하여 일반화될 수 있지만, 중요한 예외들도 존재한다. 외부에서 획득된 증거라도 정보의 신뢰성에 영향을 미칠 수 있는 상황이 존재할 수 있다. 예를 들면, 외부의 독립적인 원천으로부터 획득된 증거이지만 정통한 정보원천이 아닌 경우 그 증거는 신뢰성이 없다고 할 수도 있다. 이와 같이 예외가 존재하지만 증거의 신뢰성에 대하여 다음과 같이 일반화하는 것은 유용하다(인증 61-63).

- 외부의 독립적인 원천으로부터 획득된 증거가 신뢰성이 높다.
- 내부에서 생성된 증거는 관련 통제가 효과적일 때 더 신뢰성이 높다.
- 인증인이 직접 수집한 증거(예를 들면, 통제의 적용에 대한 관찰)가 간접적으로 획득하거나 추론에 의해 획득한 증거(예를 들면, 통제의 적용에 대한 질문)보다 신뢰성이 높다.
- 종이, 전자 혹은 다른 매체 등 문서형태로 존재하는 증거가 보다 신뢰성이 높다 (예를 들어, 회의의 속기록이 회의 후의 구두 설명보다 신뢰성이 높다).

인증인의 결론에 근거가 되는 충분하고 적합한 증거가 입수되었는지 여부는 전문가적 판단 사항이다. 이러한 전문가적 판단에는 증거를 입수하는 비용과 입수한 정보의 유용성간의 관계를 고려하는 것도 포함된다. 인증인은 증거의 양과 질이 인증보고서를 뒷받침하기에 충분하고 적합한지 평가할 때 전문가적 의구심과 더불어 전문가적 판단을 수행한다(인증 66).

(4) 중요성

■ 인증의 수준과 중요성: 중요성은 절차의 성격, 시기 및 범위를 결정하고 인증대상 정보에 왜곡표시가 없는지 평가하는 등 인증업무를 계획하고 수행할 때 필요하다. 중요성에 대한 전문가적 판단은 주변 상황에 비추어 이루어지지만 인증 수준에는 영향을 받지 않는다. 중요성은 의도된 이용자의 정보 요구에 기초하므로 합리적 확신업무이든 제한적 확신업무이든 의도된 이용자가 같고 목적이 같다면 중요성은 같다(인증 67).

■ 중요성의 정의: 누락을 포함한 왜곡표시가 개별적으로 또는 집합적으로 인증대상정보를 근거로 한 의도된 이용자의 의사결정에 영향을 미칠 것이라고 합리적으로 예상된다면 그러한 왜곡표시는 중요하다고 본다. 중요성에 대한 인증인의 고려사항은 전문가적 판단사항으로, 의도된 이용자 집단의 공통적인 정보 요구에 대한 인증인의 인식에 영향을 받는다. 개별 이용자의 정보 요구는 매우 다양할 수 있으므로, 업무가 특정 이용자의 특정 정보 요구를 충족시키기 위하여 설계된 것이 아니라면, 왜곡표시가 특정 개별 이용자에게 미치는 영향은 고려하지 않는다(인증 68).

(5) 업무위험 → 회계감사에서 감사위험을 인증에서는 업무위험이라 하며 그 내용은 동일

■ 업무위험의 발생: 인증대상정보는 기초인증대상과 준거기준의 측면에서 적절하게 표현되지 않았을 수 있으며 따라서 왜곡표시되었을 수 있다. 이는 준거기준을 적용하여 기초인증대상을 측정하거나 평가한 것이 인증대상정보에 적절하게 반영되지 않았을 때 발생한다(인증 71).

■ 인정업무의 고유한계와 업무위험: 업무위험을 완전히 제거하는 것이 달성 가능하거나 비용 대비 효익을 얻는 경우는 매우 드물다. 따라서 합리적 확신은 다음과 같은 요소들의 결과로 절대적 확신보다는 낮은 수준의 확신이다(인증 73).

- 표본시사의 사용
- 내부통제의 고유한계
- 인증인이 이용가능한 증거는 대부분 확정적이라기 보다는 설득적이라는 사실
- 증거를 입수 및 평가하고, 이러한 증거에 근거하여 결론을 형성할 때 전문가적 판단을 적용함
- 경우에 따라, 준거기준에 따라 평가 또는 측정되는 기초인증대상의 특성

■ 업무위험의 구성요소: 모든 인증업무에서 다음과 같은 요소들이 모두 나타나거나 모두 중요한 것은 아니지만, 인증업무 위험은 다음과 같은 구성요소들로 나타낼 수 있다(인증 74).

① 인증인이 직접적으로 영향을 미치지 않는 위험. 다음과 같이 구성된다:
  - 적절한 당사자(들)가 적용한 관련 통제를 고려하기 전 인증대상정보의 중요한 왜곡표시에 대한 민감성 (고유위험)
  - 인증대상정보에서 중요한 왜곡표시가 발생할 위험이 적절한 당사자(들)가 내부통제에의해 적시에 예방 또는 발견 · 수정되지 못할 위험 (통제위험)

② 인증인이 직접적으로 영향을 미치는 위험. 다음과 같이 구성된다:
  - 인증인이 수행한 절차로 중요한 왜곡표시를 적발하지 못할 위험 (적발위험)
  - 직접업무의 경우, 인증인이 준거기준에 따라 기초인증대상을 측정하거나 평가하는 것과 연관된 위험 (측정 또는 평가위험).

(6) 절차의 성격, 시기 및 범위

■ 확신업무에서 사용하는 절차: 합리적 확신 또는 제한적 확신을 얻기 위하여 일반적으로 절차의 조합을 사용한다. 절차에는 다음과 같은 예들이 포함될 수 있다(인증 76).

- 검 사
- 관 찰
- 조 회
- 재계산
- 재수행
- 분석적 절차 그리고
- 질 문

■ 합리적 확신업무에서 실시하는 절차: 합리적 확신업무에서는 다음을 수행한다(인증 78). → 회계감사에서 중요한 왜곡표시위험 식별 및 평가, 감사계획수립 및 실증절차 수행 그리고 수집한 감사증거의 평가 및 추가 감사증거 수집과 일치하는 개념

① 기초인증대상과 기타 업무상황에 대한 이해에 근거하여 인증대상정보의 중요왜곡표시위험을 식별하고 평가한다.
② 평가된 위험에 대응하고 인증인의 결론을 뒷받침하는 합리적 확신을 얻기 위한 절차를 설계하고 수행한다.
③ 업무상황에 따라 입수한 증거의 충분성과 적합성을 평가하고, 해당 상황에서 필요한 경우 추가 증거를 입수하도록 노력한다.

■ 제한적 확신업무에서 실시하는 절차: 제한적 확신업무에서 충분하고 적합한 증거를 수집하는 절차의 성격, 시기, 범위는 합리적 확신업무보다 제한적이다. 특정 기초인증대상에 대한 개별 인증기준에서 특정 유형의 제한적 확신을 얻을 때 충분하고 적합한 증거는 주로 분석적 절차와 질문을 통해 입수할 수 있다고 규정할 수도 있다. 제한적 확신업무에서는 다음을 수행한다(인증 79-80).

① 기초인증대상과 다른 업무상황에 대한 이해에 근거하여 인증대상정보의 중요왜곡표시위험이 발생할 수 있는 분야를 식별한다.
② 상기에서 식별된 분야에 대응하고 인증인의 결론을 뒷받침하는 제한적 확신을 얻기 위한 절차를 설계하고 수행한다.
③ 인증인이 인증대상정보가 중요하게 왜곡표시되었을 수 있다고 믿게 하는 사항을 알게 되는 경우, 추가 증거를 입수하기 위해 추가적인 절차를 설계하고 수행한다.

(7) 이용가능한 증거의 양과 질

■ 이용가능한 증거의 양과 질: 이용가능한 증거의 양과 질은 다음에 의해 영향을 받는다.

① 기초인증대상과 인증대상정보의 특성. 예를 들면, 인증대상정보가 역사적인 정보가 아니고 미래 지향적 정보라면 덜 객관적인 증거라고 예상될 것이다.
② 존재할 것이라 합리적으로 예상했었던 증거가 이용가능하지 않은 경우와 같은 기타 상황. 존재할 것이라 합리적으로 예상했었던 증거는 인증인이 선임된 시점, 기업의 문서 보관 정책, 부적절한 정보시스템 또는 인증대상책임자에 의한 제한 등으로 인하여 이용가능하지 않을 수 있다.

이용가능한 증거는 일반적으로 그 성격이 결론적이기보다는 설득적이다(인증 81).

■ 이용가능한 증거와 인증의견: 다음과 같은 경우에 합리적 확신업무 또는 제한적 확신업무에서 적정 결론이 표명되는 것은 적절하지 않다(인증 82). → 회계감사에서 감사범위제한과 동일한 개념

① 적절한 수준 이하로 업무위험을 감소시키기 위해 필요한 증거수집이 불가능한 상황
② 적절한 수준 이하로 업무위험을 감소시키기 위해 필요한 증거 수집을 인증대상업무자 또는 업무의뢰자가 제한하는 경우

4.5 인증보고서

인증인은 입수된 증거에 근거하여 결론을 형성하고 인증대상정보에 대한 인증결론이 명료하게 표명된 서면 보고서를 제공한다. 인증기준은 인증보고서의 기본 요소들을 규정한다(인증 83).

■ 합리적 확신업무의 인증보고서: 합리적 확신업무에서 인증업무수행자의 결론은 기초인증대상을 측정하거나 평가한 결과에 대해 인증업무수행자의 의견을 전달하는 적극적인 형태로 표명된다(인증 84).

합리적 확신업무에 적절한 형태로 표명된 결론의 예는 다음과 같다(인증 85).

- 기초인증대상과 해당 준거기준 측면에서 표명되는 경우. "우리의 의견으로는, 실체는 중요성의 관점에서 XYZ법률을 준수하였습니다"
- 인증대상정보와 해당 준거기준 측면에서 표명되는 경우. "우리의 의견으로는, 재무제표는 실체의 [특정 일자] 현재 재무상태와 동일로 종료하는 연도의 재무성과 및 현금흐름을 XYZ보고체계에 따라 중요성의 관점에서 공정하게 표시하고 있습니다"
- 적절한 당사자의 진술 측면에서 표명되는 경우, "우리의 의견으로는, 실체가 XYZ법률을 준수하였다는 [적절한 당사자]의 진술은 중요성의 관점에서 공정하게 작성되었습니다." 또는 "우리의 의견으로는, 핵심성과지표가 XYZ준거기준에 따라 표시되어 있다는 [적절한 당사자]의 진술은 중요성의 관점에서 공정하게 작성되었습니다."

■ 제한적 확신업무에서 인증보고서: 제한적 확신업무에서 인증인의 결론은 수행된 업무에 근거하여 인증인이 인증대상정보가 중요하게 왜곡표시되었다고 믿을 만한 점이 발견되었는지 여부를 전달하는 형태로 표명된다. 이러한 결론의 예는 다음과 같다(인증 86).

> "수행된 절차와 입수된 증거에 근거하여 볼 때, 중요성의 관점에서 실체가 XYZ법률을 준수하지 않았다고 믿게 할 만한 점이 발견되지 아니하였습니다."

- 장문형 또는 단문형: 인증인은 의도된 이용자와 보다 효과적으로 커뮤니케이션하기 위하여 "단문형" 또는 "장문형"의 보고 형태를 선택한다. "단문형" 보고는 일반적으로 기본적 요소만을 포함한다. "장문형" 보고는 인증인의 결론에 영향을 미치지 않는 다른 정보와 설명을 포함한다. 장문형 보고는 기본 요소 외에 업무의 조건, 이용된 해당 준거기준, 업무의 특정 측면과 관련된 발견사항, 인증인과 다른 업무 참여자의 상세 자격사항과 경력, 중요성 수준의 공시, 경우에 따라서는 권고사항을 상세하게 기술할 수 있다. 어떠한 정보를 포함할지는 의도된 이용자의 정보 요구에 유의적인지에 따라 결정된다(인증 87).

- 인증결론과 추가문단의 구분: 인증인의 결론은 강조사항, 기타사항, 업무의 특정 측면과 관련된 발견사항, 권고사항 또는 인증보고서에 포함된 추가 정보 등과 같이 인증인의 결론에 영향을 미치지 아니하는 정보 또는 설명과 명확히 구분되어야 한다. 강조사항, 기타사항, 발견사항, 권고사항 또는 추가 정보에는 인증인의 결론에 영향을 미칠 의도가 없음을 명확히 하는 문구를 사용하여야 한다(인증 88).

- 인증결론의 변형: 다음과 같은 상황에서 인증인은 변형결론을 표명한다(인증 89).

- 감사의견의 형성과 동일한 개념

> ① 인증범위제한: 인증인의 전문가적 판단에 따라, 범위 제한이 존재하며, 그러한 사항의 영향이 중요할 수 있다고 판단되는 경우. 이러한 경우, 인증인은 한정결론을 표명하거나 결론표명을 거절한다. 경우에 따라 인증인은 업무 해지를 고려한다.
>
> ② 중요왜곡표시: 인증인의 전문가적 판단에 따라, 인증대상정보가 중요하게 왜곡표시된 경우. 이러한 경우, 인증인은 한정결론이나 부적정결론을 표명한다. 인증대상정보가 인증인의 결론에 해당하는 직접업무에서 인증인이 기초인증대상의 일부 또는 전부가 중요성의 관점에서 준거기준에 부합하지 않는다고 결론 내린 경우, 그러한 결론은 한정결론 (또는 적절한 경우 부적정결론)으로 간주될 수도 있다.

- 한정결론: 한정결론은 해당 사안의 영향 또는 잠재적 영향이 부적정결론을 표명하거나 결론표명을 거절할 정도로 중요하고 전반적이지 않은 경우에 표명된다(인증 90).

- 인증 전제조건의 위배: 만약 업무 수임 이후에 인증업무의 전제조건이 하나 이상 존재하지 않음을 알게 된 경우, 인증인은 적절한 당사자와 해당 사안을 논의하고

다음을 결정해야 한다(인증 91).

① 인증인이 만족할 수 있도록 해당 사안이 해결될 수 있는지 여부
② 업무를 계속하는 것이 적합한지 여부
③ 해당 사안을 인증보고서에서 알릴지 여부, 만약 알린다면 그 방법

■ 업무수임 이후 준거기준의 부적합: 업무 수임 이후에 관련 준거기준의 전부 또는 일부가 부적합하거나 기초인증대상의 전부 또는 일부가 인증업무에 적절하지 않음을 알게 된 경우, 법규상 해지가 가능하다면, 인증인은 업무해지를 고려해야 한다. 만약 업무를 계속하는 경우, 인증인은 해당 상황에 적합하게 다음과 같이 한정결론, 부적정결론을 표명하거나 결론표명을 거절하여야 한다(인증 92).

① 인증인의 전문가적 판단에 따라 해당 사안이 부적합한 준거기준 또는 부적절한 기초인증대상이 의도된 이용자를 오도할 가능성이 있는 경우, 해당 사안이 중요하고 전반적인 정도에 따라 한정결론 또는 부적정결론을 표명한다.
② 다른 경우에는 인증인의 전문가적으로 판단하기에 해당 사안이 얼마나 중요하고 전반적인지에 따라 한정결론을 표명하거나 결론표명을 거절한다.

4.6 기타 사항

(1) 기타 커뮤니케이션 책임

인증인은 계약 조건과 기타 업무 상황에 따라, 인증인이 발견한 사항들을 인증대상 책임자, 측정자 · 평가자, 업무의뢰자 또는 지배기구 등과 커뮤니케이션하여야 하는지 고려한다(인증 93).

(2) 문서화

■ 문서화할 내용: 업무 문서가 적시에 작성되고 이전에 해당 업무에 관여되지 아니한 숙련된 인증인이 다음 사항을 이해하기에 충분하고 적합한 경우, 인증보고서의 근거 기록을 제공한다(인증 94).

① 관련된 인증기준과 해당되는 법규의 요구사항을 준수하기 위해 수행한 절차의 성격, 시기 및 범위
② 수행한 절차의 결과 및 입수한 증거
③ 업무 중 발생한 유의적 사항, 그에 따른 결론 및 결론에 도달할 때 행한 유의적인 전문가적 판단.

■ 불일치: 유의적인 사안과 관련하여 인증인이 식별한 정보와 인증인의 최종 결론이 불일치하는 경우, 업무 문서에는 이러한 불일치를 어떻게 처리하였는지에 대한 문서화가 포함된다(인증 95).

4.7 인증인 명칭의 부적절한 사용

증인이 기초인증대상 또는 인증대상정보와 관련하여 자신의 동의 없이 명칭이 사용되는 사실을 알게 되면 상대방에게 명칭의 사용을 중지하도록 요청한다. 인증인은 또한 알려진 제3자에게 인증인의 명칭이 부적절하게 사용되고 있다는 사실을 알리거나 법적 조언을 구하는 등 다른 조치를 취할 필요가 있는지 고려한다(인증 96).

Chapter 11 OX문제

01 법규에서 요구하지 않는 한, 그룹재무제표에 대한 적정의견 감사보고서에는 부문감사인을 언급하여서는 안된다.

02 회계감사기준에 따르면 그룹재무제표에 대한 책임은 전적으로 그룹감사인에게 있다.

03 부문감사인이 독립적이지 않을 경우, 그룹업무팀은 부문감사인의 업무에 관여하거나 부문재무정보에 대한 추가적인 위험평가나 추가감사절차를 수행하는 것으로 이를 극복할 수 있다.

04 부문감사인의 전문가적 적격성에 대한 우려(예를 들어 해당 산업에 고유한 지식의 결여), 또는 부문감사인이 속한 국가의 감사인 감독환경이 활발하지 않다는 사실과 같이 심각하지는 않은 우려는, 그룹업무팀이 부문감사인의 업무에 관여하거나 부문재무정보에 대하여 추가적인 위험평가나 추가감사절차를 수행함으로써 이를 극복할 수 있다.

05 부문감사인이 독립성, 적격성 및 부문감사인의 업무에 관여하여 감사증거를 수집하는 사항에 대하여 심각한 우려를 갖고 있다면, 그룹업무팀은 부문재무정보에 관한 부문감사인의 업무수행을 요청할 수 없으며, 그룹재무제표에 대해 의견을 거절해야 한다.

06 부문감사인이 그룹감사의 목적으로 감사 또는 검토를 수행할 예정인 경우, 그러한 부문들에 대한 부문중요성은 그룹재무제표 내의 미수정왜곡표시 합계가 그룹재무제표 전체에 대한 중요성을 초과할 확률을 적절하게 낮은 수준까지 감소시키기 위해, 그룹재무제표 전체에 대한 중요성보다 낮아야 한다.

07 그룹감사의 목적으로 부문감사인이 감사를 수행할 예정인 경우, 부문감사인은 부문수준에서 결정된 수행중요성의 적합성을 평가하여야 한다.

08 부문재무정보가 유의적인 중요왜곡표시위험을 포함할 경우 부문정보가 유의적이라고 판단할 수 있다.

09 부문재무정보가 고유한 성격이나 상황으로 인하여 그룹재무제표에 대하여 유의적인 중요왜곡표시위험을 포함함으로써 유의한 부문인 경우 그룹재무제표의 발생가능한 유의적인 중요왜곡표시위험과 관련된 특정 감사절차를 수행할 수 있다.

10 해당 부문이 유의적이지 않은 경우, 그룹업무팀은 유의적이지 않은 부문에 대하여 그룹 수준의 질문을 수행하여야 한다.

11 부문의 재무제표에 유의적일 수도 있다고 그룹업무팀은 알게 된 경우, 그룹업무팀은 부문경영진에게 해당 사항을 알려야 한다.

12 검토업무는 감사보다 낮은 수준의 확신을 제공하기 때문에 감사의견 표명 시 적용하였을 중요성 기준보다 완화하여 적용할 수 있다.

13 검토의견의 변형을 초래한 사항에는 회계기준위배만 있으며, 검토범위제한은 없다.

14 인증업무개념체계에 따르면, 인증업무의 구성요소에는 ① 인증인, 인증대상책임자 및 의도된 이용자로 구성되는 삼자관계, ② 적절한 (　　), ③ 적합한 (　　), ④ 충분하고 적합한 증거, ⑤ 합리적 확신업무 또는 제한적 확신업무에 적합한 형태의 서면 인증보고서가 있다.

15 기초인증대상에 미래지향적 정보는 포함될 수 없다.

Chapter 11 정답 및 해설

01 ○ (ISA 600-11)

02 ○

03 × 부문감사인이 독립적이지 않을 경우, 그룹업무팀은 부문감사인의 업무에 관여하거나 부문재무정보에 대한 추가적인 위험평가나 추가감사절차를 수행하는 것으로 이를 극복할 수 없다. (ISA 600-A39)

04 ○ (ISA 600-A40)

05 × 해당 부문의 재무정보에 관하여 충분하고 적합한 감사증거를 그룹감사인이 입수하여야 한다. (ISA 600-20)

---

06 × 부문감사인이 그룹감사의 목적으로 감사 또는 검토를 수행할 예정인 경우, 그러한 부문들에 대한 부문중요성은 그룹재무제표 내의 미수정왜곡표시와 미발견왜곡표시의 합계가 그룹재무제표 전체에 대한 중요성을 초과할 확률을 적절하게 낮은 수준까지 감소시키기 위해, 그룹재무제표 전체에 대한 중요성보다 낮아야 한다. (ISA 600-21)

07 × 그룹감사의 목적으로 부문감사인이 감사를 수행할 예정인 경우, 그룹업무팀은 부문수준에서 결정된 수행중요성의 적합성을 평가하여야 한다. (ISA 600-22)

08 ○ (ISA 600-27)

09 ○ (ISA 600-27)

10 × 그룹 수준의 분석적절차 (ISA 600-28)

---

11 × 부문의 재무제표에 유의적일 수도 있다고 그룹업무팀은 알게 되었으나 부문경영진은 이를 모를 수 있는 경우에는, 그룹업무팀은 그룹경영진에게 해당 사항을 부문경영진에게 알리도록 요청하여야 한다. (ISA 600-48)

12 × 검토업무라고 하여 감사업무 수행 시에 비하여 중요성의 판단기준을 완화해서는 안된다. (검토준칙 20)

13 × 검토의견에 영향을 미치는 사항과 검토의견은 감사와 일치한다.

14 인증대상, 준거기준

15 × 미래 재무성과 또는 재무상태 등 포함될 수 있는 기초인증대상은 다양하다. (인증업무개념체계 39)

NEW INTERNATIONAL STANDARDS ON AUDITING

CHAPTER 12

내부회계관리제도에 대한 감사(검토)

SECTION 01 내부회계관리제도

NEW INTERNATIONAL STANDARDS ON AUDITING

핵심

내부회계관리제도의 구축과 그 운용실태의 감사(검토)절차

당사자	수행할 절차
(1) 경 영 진	• 내부회계관리제도의 설계 · 운영책임(최종 책임자는 대표이사) • 내부회계관리자 지정
(2) 이 사 회	• 내부회계관리제도 전반에 대한 감독책임
(3) 내부회계관리자	• 내부회계관리제도의 운영실태(평가)보고서 작성하여 감사(감사위원회)에 내부회계관리제도의 운영실태 보고(외감법 제2조의2 ④)
(4) 감 사 (감사위원회)	• 내부회계관리제도에 대한 감사의 평가보고서 작성 • 그 결과를 이사회에 보고하여 미비점이나 취약점을 시정하게 함
(5) 경 영 진	• 내부회계관리제도 운영실태보고서 작성(적극적 확신) • 외부감사인에게 감사(검토)요청
(6) 외 부 감 사 인	• 경영진의 내부회계관리제도 운영실태보고서에 대한 감사(검토)의견 제시 • 감사는 적극적, 검토는 소극적 확신(경영진의 운영실태보고서는 적극적 확신)

1 내부회계관리제도

TIP
2018년에 기존의 내부회계관리제도 모범규준은 전면 개정되어 내부회계관리제도 설계 및 운영 개념체계로 재탄생하였다.

모든 주권상장법인과 직전연도 자산총액이 1천억원 이상인 주권비상장회사는 내부회계관리제도를 구축하고 유지하여야 한다. 내부회계관리제도를 구체적으로 어떻게 구축하여야 할 것인지에 대한 지침은 '내부회계관리제도 설계 및 운영 개념체계'에서 정하고 있다. 아래에서는 내부회계관리제도 설계 및 운영 개념체계에서 정한 내부회계관리제도를 설명하고 있다.

1.1 내부회계관리제도의 정의

내부회계관리제도는 회사의 재무제표가 일반적으로 인정되는 회계처리기준에 따라 작성 · 공시되었는지에 대한 합리적 확신을 제공하기 위해 설계 · 운영되는 내부통제제도의 일부분으로서 회사의 경영진과 이사회를 포함한 모든 구성원들에 의해 지속적

으로 실행되는 과정을 의미한다(개념체계 11).

1.2 내부통제와 내부회계관리제도의 비교

핵심

구 분	미국(상장기업 위주)	우리나라(상장기업과 일정규모의 비상장기업)
내부통제	강제(COSO)	자발적
내부회계관리제도	-	강제(개념체계)
회계감사	내부통제에 따라 중요왜곡표시위험을 평가 + 내부통제에 대한 감사보고서(별도 or 통합)	내부통제에 따라 중요왜곡표시위험을 평가 + 내부회계관리제도에 대한 감사보고서(별도만 가능)

과거 미국의 SOX(2002, Sarbanes-Oxley Act)법 이전에는 기업이 내부통제를 얼마나 잘 구축하는가는 전적으로 경영진의 의사결정이었다. 내부통제를 잘 구축하고자 하면 더 많은 투자가 필요하고, 합리적인 경영자는 내부통제로부터 얻을 수 있는 효익이 투자비용과 일치할 때까지 내부통제에 투자할 수 있을 것이다. 그 결과 내부통제의 효과성은 기업마다 상이할 수밖에 없다.

그런데 이 내부통제라는 것이 기업의 부정이나 오류를 방지함으로써 재무제표의 신뢰성에 중대한 영향을 미친다. 효과적인 내부통제에 따라 작성된 재무제표는 중요왜곡표시위험이 낮을 것이고, 이 경우 감사인은 적발위험을 높여도 허용가능한 수준 이하로 감사위험을 낮출 수 있다.

내부통제에 의존하는 감사전략을 계획한다면, 감사인은 기업과 기업환경에 대한 이해(내부통제 포함)와 더불어 내부통제에 대한 시사를 통하여 중요감사위험을 평가하고 그 수준에 따라 적발위험을 낮추어야만 하는지 아니면 높여도 되는지를 결정할 수 있다. 적발위험의 수준은 곧 실증절차의 성격, 시기 및 범위에 영향을 미친다.

그런데 2002년 근처에 미국에서 Enron 등 대형 회계부정 사건이 발생하자 미국정부는 회계환경에 대한 규제를 강화하기 시작하였다. 그로 인하여 SOX(2002)법이 만들어 졌고, 이것은 우리나라를 포함한 전 세계에 까지 영향을 미쳤다. SOX(2002)법은 상장기업등 규모가 큰 기업으로 하여금 내부통제를 일정수준 이상으로 갖추도록 요구하였고, 감사인으로부터 내부통제에 대한 감사를 받도록 강제하였다. 민간기구인 COSO(Committee of Sponsoring Organizations)에서 내부통제의 표준모델이라 할 수 있는 COSO framework을 제정하였고, 미국공인회계사회(AICPA)와 PCAOB(Public Company Accounting Oversight Board)는 내부통제를 감사하는 감사기준(AS2201)도 제정하였다.

« 그림 12-1 COSO Internal Control framework

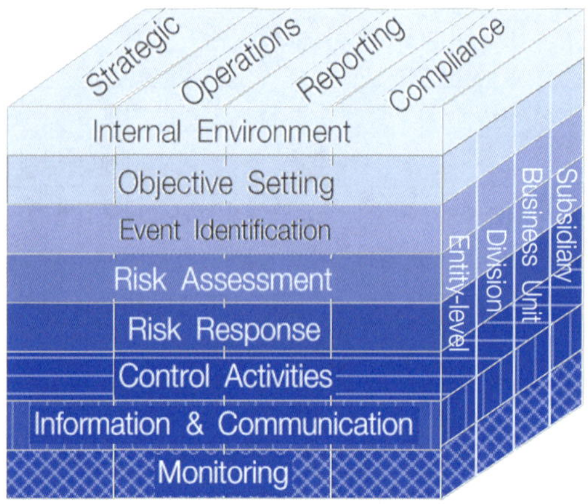

우리나라를 비롯한 세계 각국은 미국의 이러한 움직임에 동조하였다. 앞에서 설명한 바와 같이 내부통제는 세가지 목적을 달성하기 위해 마련된 것이다. 회계수준이 미국에 미치지 못하는 우리나라는 기업에게 세가지 목적을 모두 달성하도록 강제하기보다는 그 중 재무보고의 신뢰성(Reliability of financial reporting)만 선택하여 강제하기로 하였고, 그 결과 내부통제의 일부분인 내부회계관리제도라는 독특한 제도를 법으로 강제하고 있다. 후속조치로 COSO framework에 기초하여 민간기구인 내부회계관리제도운영위원회가 '내부회계관리제도 설계 및 운영 개념체계'라는 내부회계관리제도의 설계 · 운영에 대한 준거기준을 만들었고, 경영자는 이 개념체계에 따라 내부회계관리제도를 설계 · 운영하고, '내부회계관리제도 평가 및 보고 모범규준'에 따라 내부회계관리제도 운영실태 보고서를 작성하여야 이사회에 보고하여야 한다. 감사인은 감사기준서 1100(내부회계관리제도 감사)에 따라 감사하고 이를 재무제표에 대한 감사보고와 별도(별도 보고서)로 보고한다.

이와 별도로 회계감사기준은 감사인이 내부통제에 의존하고자 할 때 기업의 내부통제를 평가하도록 하고 있다. 결국 우리나라에서 감사인은 회계감사기준에서 따라 내부통제를 평가하고, 외감법에 따라 내부회계관리제도를 감사하여야 한다. 이 경우 내부통제는 기업이 자발적으로 3가지 목적을 달성하기 위하여 마련한 것이고 그 수준에 따라 감사인은 중요왜곡표시위험을 달리 평가하고 감사계획을 수립한다. 또한 상장기업을 포함한 일정규모의 기업은 외감법에 따라 내부통제의 일부인 내부회계관리제도를 강제로 마련하여야 하고, 감사인으로부터 감사(소규모 비상장기업은 검토)를 받아야 한다.

1.3 내부회계관리제도의 범위

내부회계관리제도는 내부통제제도의 보고정보의 신뢰성 확보목적 중 외부에 공시되는 재무제표의 신뢰성 확보를 목적으로 하며, 여기에는 자산의 보호 및 부정방지 프로그램이 포함된다. 또한, 운영목적이나 법규준수목적 등 다른 목적과 관련된 내부통제제도가 재무제표의 신뢰성 확보와 관련된 경우 해당 내부통제제도는 내부회계관리제도의 범위에 포함된다(개념체계 12).

(1) 자산의 보호

자산의 보호와 관련된 통제라 함은 재무제표에 중요한 영향을 미칠 수 있는 승인되지 않은 자산의 취득, 사용, 처분을 예방하고 적시에 적발할 수 있는 체계를 의미한다.

(2) 부정방지 프로그램

예를 들어, 경영진의 권한남용 및 통제 무시(management override) 위험 등에 대한 적절한 부정방지 프로그램이 존재하지 않는 경우 이는 내부회계관리제도상 중요한 취약점으로 분류될 수 있다.

1.4 효과적인 내부회계관리제도

내부회계관리제도는 내부통제제도의 일반적인 5가지 구성요소(통제환경, 위험평가, 통제활동, 정보 및 의사소통, 모니터링 활동)와 각 구성요소별 원칙을 모두 고려하여 설계하고, 이사회, 경영진, 감사(위원회) 및 중간관리자와 일반 직원 등 조직 내 모든 구성원들에 의해 운영된다.

(1) 효과적인 내부회계관리제도의 요건

효과적인 내부회계관리제도는 외부 재무보고의 신뢰성 확보라는 목적 달성을 저해할 수 있는 위험을 합리적인 수준에서 감소시킬 수 있으며, 그러한 목적은 다음의 요건이 모두 충족될 때 달성될 수 있다.

- 내부회계관리제도의 각 구성요소와 관련 원칙이 존재하고 기능한다.
- 내부회계관리제도의 구성요소가 연계되어 통합적으로 운영된다.

(2) 내부회계관리제도의 구성요소와 원칙

내부회계관리제도의 구성요소와 원칙은 모든 기업에 적용된다. 원칙은 각 내부회계관리제도 구성요소와 관련된 근본적인 개념으로 각 구성요소가 존재하고 기능하는데 중대한 영향을 미친다. 따라서 관련된 원칙이 존재 · 기능하지 않는 경우 해당 내부회계관리제도 구성요소가 존재 · 기능할 수 없다.

(3) 구성요소 및 원칙의 존재와 기능

존재와 기능은 내부회계관리제도 구성요소 및 원칙에 적용되는 개념으로 다음과 같은 의미를 갖는다.

- "구성요소 및 원칙이 존재한다" 함은 내부회계관리제도 구성요소 및 관련 원칙이 설계 및 구축되어 있다고 판단할 수 있어야 함을 의미한다.
- "구성요소 및 원칙이 기능한다" 함은 내부회계관리제도 구성요소 및 관련 원칙이 계속적으로 운영되고 있다고 판단할 수 있어야 함을 의미한다.
- 내부회계관리제도 구성요소가 "연계되어 통합적으로 운영된다" 함은 5가지 구성요소가 상호 유기적으로 연계되고 운영되어 외부 재무보고 신뢰성을 저해하는 위험을 감소시킨다고 합리적 수준에서 판단할 수 있어야 함을 의미한다.

(4) 원칙 달성을 위한 중점 고려사항

설계 · 운영 개념체계는 내부회계관리제도의 구성요소별 원칙 달성을 위한 중요한 항목으로 중점 고려사항을 제시하고 있다. 회사의 특수한 환경을 고려하여 일부 중점 고려사항을 적용하는 것이 적합하지 않거나 필요한 경우 중점 고려사항을 변경 또는 추가할 수 있다. 중점 고려사항은 경영진이 내부회계관리제도의 설계 및 운영 그리고 관련된 원칙이 실질적으로 존재하고 기능함을 평가하는 데 유용하게 사용될 수 있다.

경영진은 내부회계관리제도를 설계, 운영 및 평가함에 있어 각 구성요소와 원칙을 필수적인 사항으로 고려하여야 하나, 원칙을 실현하기 위한 중점 고려사항은 개별 회사의 상황에 따라 적절히 조정하여 적용할 수 있다.

(5) 원칙 달성을 위한 통제

통제는 회사의 정책 및 절차와 긴밀히 연계되어야 한다. 정책은 효과적인 통제를 위해 반드시 수행되어야 하는 경영진의 지시사항을 반영한다. 절차는 정책을 실행하기 위한 다양한 활동으로 구성된다. 따라서 정책이나 절차가 연계되지 않은 통제는 효과적이지 않을 것이다.

경영진은 내부회계관리제도의 5가지 구성요소와 관련 원칙을 달성하기 위해 구성요소 내에 통제를 설계하고 구축한다. 어떤 통제를 설계 및 운영할 것인가는 회사의 다양한 특성을 고려한 경영진의 결정 사항이다. 다만 경영진은 구성요소와 관련 원칙이 존재하고 기능하고 있다는 결론을 뒷받침하기 위해 설득력 있는 근거를 갖추어야 하며, 이를 위해 구성요소 및 원칙과 관련된 통제를 고려하여야 한다.

효과적인 내부회계관리제도를 설계 및 운영할 수 있도록 본 설계 · 운영 개념체계에서는 5가지 구성요소에 대한 17가지 원칙 및 각 원칙을 달성하기 위한 중점 고려사항을 제시하고 있다. 내부회계관리제도 구성요소 및 17가지 원칙은 효과적인 내부회계관리제도의 필수적인 요구사항이며, 원칙달성을 위한 중점 고려사항은 회사의 상황에 따라 적절히 조정하여 적용할 수 있다.

« 그림 12-2 내부회계관리제도 구성요소 및 17가지 원칙

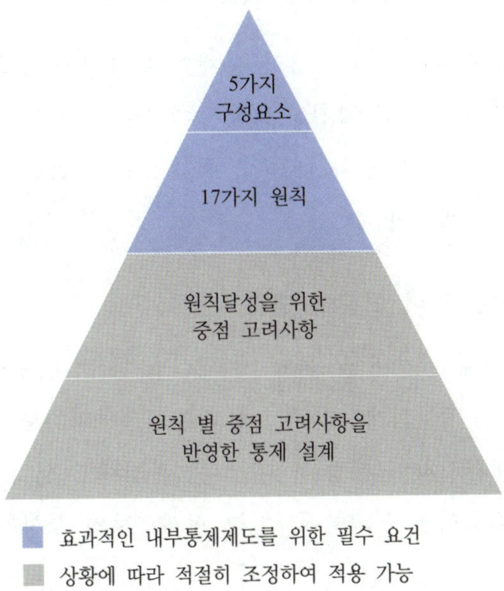

(6) 내부회계관리제도 미비점

내부회계관리제도의 미비점은 재무제표 왜곡표시의 발생가능성 및 금액적 중요성에 따라 단순한 미비점, 유의한 미비점, 중요한 취약점으로 구분된다.

(7) 문서화

회사는 내부회계관리제도와 관련된 문서화를 수행하여야 한다. 문서화는 사업 수행에 필요한 정책 및 절차를 준수하는데 일관성을 높일 수 있는 명확한 권한과 책임을 제시한다. 또한, 통제의 설계를 확인하고 통제 수행자, 수행 방식 등을 전달하며 수행의 기준과 기대사항을 수립하는 데 유용하다. 이는 임직원의 교육에도 유용할 뿐 아니라, 내부회계관리제도의 일부로 통제 운영의 증거를 제공하고 내부회계관리제도의 평가를 가능하게 한다.

효과적인 내부회계관리제도의 설계와 운영을 확신하기 위해서도 문서화가 반드시 필요하다. 외부감사인의 감사(검토) 시, 경영진은 내부회계관리제도가 효과적으로 설계되고 운영된다는 것을 입증할 수 있는 근거를 제시하여야 한다. 필요한 문서화를 결정함에 있어, 경영진은 중요한 결정 및 최종 결정을 내린 근거를 포함하여야 할 것이다.

경영진이 일상적인 업무 수행과정에서 임직원이 관련 통제를 적절히 수행했음을 확인할 수 있는 경우에는 내부통제가 비공식적이고 문서화되지 않을 수 있다. 그러나 내부회계관리제도의 평가를 위한 범위선정이나 평가 근거 및 결과 등은 문서화 없이 고위 경영진의 머릿속에서만 수행될 수 없음을 고려한다.

문서화의 수준과 특성은 조직의 규모와 통제의 복잡성에 따라 달라질 수 있다. 규모가 큰 기업은 일반적으로 보다 복잡한 내부통제 시스템과 업무프로세스로 구성되어 있으므로 보다 정교한 정책 및 절차 매뉴얼, 통제기술서, 업무흐름도, 조직도, 직무기술서 등 다양한 문서가 필요할 수 있다.

(8) 내부회계관리제도 관련 법규의 고려

회사는 내부회계관리제도 설계 및 운영 시 외감법 등 관련 법규의 요구사항을 준수하여야 한다. 경영진은 내부회계관리규정에 내부회계관리제도를 관리하고 운영하는 조직의 구성, 내부회계관리자의 지정 등 내부회계관리제도 설계 및 운영과 관련된 제반 사항을 반영하고 적용하여 신뢰할 수 있는 회계정보의 작성과 공시를 위한 체계를 갖추어야 한다.

내부회계관리제도의 설계 · 운영과 관련하여 외감법에서 요구하고 있는 사항은 다음과 같다.

- 회사는 신뢰할 수 있는 회계정보의 작성과 공시를 위하여 내부회계관리규정과 이를 관리 · 운영하는 조직을 갖추어야 한다(외감법 제8조 제1항).
- 회계정보(회계정보의 기초가 되는 거래에 관한 정보를 포함한다. 이하 이 조에서 같다)의 식별 · 측정 · 분류 · 기록 및 보고방법에 관한 사항(외감법 제8조 제1항 제1호)
- 회계정보의 오류를 통제하고 이를 수정하는 방법에 관한 사항(외감법 제8조 제1항 제2호)
- 회계정보에 대한 정기적인 점검 및 조정 등 내부검증에 관한 사항(외감법 제8조 제1항 제3호)
- 회계정보를 기록 · 보관하는 장부(자기테이프 · 디스켓, 그 밖의 정보보존장치 포함)의 관리 방법과 위조 · 변조 · 훼손 및 파기를 방지하기 위한 통제 절차에 관한 사항(외감법 제8조 제1항 제4호)
- 회계정보의 작성 및 공시와 관련된 임직원의 업무 분장과 책임에 관한 사항(외감법 제8조 제1항 제5호)
- 그 밖에 신뢰할 수 있는 회계정보의 작성과 공시를 위하여 필요한 사항으로서 외감법 시행령에서 정하는 사항

- 내부회계관리제도에 따라 회계정보 작성: 회사는 내부회계관리제도에 의하지 아니하고 회계정보를 작성하거나 내부회계관리제도에 따라 작성된 회계정보를 위조 · 변조 · 훼손 및 파기해서는 아니 된다(외감법 제8조 제2항).
- 내부회계관리자: 회사의 대표자는 내부회계관리제도의 관리 · 운영을 책임지며, 이를 담당하는 상근이사(담당 이사가 없는 경우에는 해당 이사의 업무를 집행하는 자) 1명을 내부회계관리자로 지정하여야 한다(외감법 제8조 제3항).

2 구성요소, 원칙 및 원칙 달성을 위한 중점 고려사항

핵심

내부회계관리제도 구성요소

(1) 통제환경 – 도덕성 및 윤리적 가치, 감독 체계, 권한 및 책임, 적격성에 대한 기대사항 및 이사회의 책임 정립
(2) 위험평가 – 경영진이 평가한 내부회계관리제도의 목적 달성을 저해하는 위험 요소에 대한 감독(중요한 변화, 부정 및 내부회계관리제도에 대한 경영진의 권한 남용으로부터 야기되는 잠재적 영향 포함)
(3) 통제활동 – 경영진의 통제활동 설계 및 운영에 대한 감독
(4) 정보 및 의사소통 – 회사의 내부회계관리제도 목적 달성과 관련된 정보의 분석 및 논의
(5) 모니터링 활동 – 모니터링 활동의 성격과 범위, 경영진의 통제 미비점 및 개선활동의 평가 및 감독

TIP

구성요소, 원칙 및 원칙 달성을 위한 중점 고려사항은 총 17가지로 그 내용이 매우 방대하다. 저자는 수험생들이 세번 정도는 모든 내용을 숙지하여 이해하려고 노력하고, 구성요소 및 원칙은 이것이 내부회계관리제도와 관련이 있다는 것을 반드시 이해할 필요가 있다. 그러나 원칙 달성을 위한 중점 고려사항은 세 번 정도 내용을 숙지하는 것으로 충분하다고 판단한다.

2.1 통제환경

■ 원칙 1(도덕성과 윤리적 가치에 대한 책임): 회사는 도덕성과 윤리적 가치에 대한 책임을 강조한다. 원칙 달성을 위한 중점 고려사항은 다음과 같다.

- 경영진과 이사회의 의지 – 경영진과 이사회는 내부회계관리제도가 효과적으로 기능할 수 있도록 지침, 조치, 행동을 통해 도덕성과 윤리적 가치의 중요성을 강조한다.
- 윤리강령 수립 – 회사의 윤리강령은 도덕성과 윤리적 가치에 관한 이사회와 고위 경영진의 기대사항을 반영하고 있으며, 회사의 모든 임직원, 외부서비스제공자 및 협력업체가 이를 숙지하고 있다.
- 윤리강령 준수 평가 – 윤리강령의 준수에 대한 개인과 팀의 성과를 평가하는 프로세스가 수립되어 있다.
- 윤리강령 위반사항의 적시 처리 – 윤리강령의 위반사항은 적시에 일관된 방식으로 식별되고 개선된다.

■ 원칙 2(내부회계관리제도 감독 책임): 이사회는 경영진으로부터 독립성을 유지하며 내부회계관리제도의 설계 및 운영을 감독한다. 원칙 달성을 위한 중점 고려사항은 다음과 같다.

- 이사회의 감독 책임 정립 – 이사회는 수립된 요구사항 및 기대사항과 관련된 감독 책임을 인지하고 수용한다. 단, 이사회는 외감법 등 법률에서 정하는 사항과 내부회계관리제도, 내부감사 및 부정방지 프로그램 등의 감독 책임을 감사(위원회)에 위임할 수 있다.
- 이사회의 전문성 확보 – 이사회는 이사회 구성원에게 필요한 기술과 전문지식을 정의하고, 유지하며, 주기적으로 평가한다. 이를 통해 이사회 구성원들이 고위 경영진에게 면밀한 질문을 하고 상응하는 조치를 취할 수 있게 한다.
- 이사회의 독립적 운영 – 이사회는 경영진의 의사결정을 평가하고 감독함에 있어 경영진으로부터 독립적이며 객관성을 갖춘 충분한 인력을 보유한다.
- 내부회계관리제도 감독 수행 – 이사회는 경영진의 내부회계관리제도 설계, 구축 및 운영에 대한 감독 책임을 가진다.

■ 원칙 3(조직구조, 권한 및 책임 정립): 경영진은 내부회계관리제도의 목적을 달성하기 위해 이사회의 감독을 포함한 조직구조, 보고체계 및 적절한 권한과 책임을 정립한다. 원칙 달성을 위한 중점 고려사항은 다음과 같다.

- 조직구조 고려 – 경영진과 이사회는 회사의 목적 달성을 지원하기 위해 다양한 조

직구조(운영단위, 법적 실체, 지역적 분포, 외부서비스제공자 포함)를 고려한다.

- 보고체계 수립 – 경영진은 각각의 조직이 권한과 책임을 이행하고 정보교류가 가능한 보고체계를 설계하고 평가한다.
- 권한과 책임의 정의, 부여 및 제한 – 경영진과 이사회는 권한을 위임하고 책임을 정의하며 적절한 프로세스와 기술을 활용하여 조직의 다양한 수준의 필요성에 따라 책임을 부여하고 업무를 분장한다.
  - 이사회: 중요한 의사결정 권한 보유 및 경영진이 부여한 권한과 책임의 적정성 검토
  - 고위 경영진: 임직원이 내부회계관리제도와 관련된 책임을 이해하고 이행할 수 있도록 방향성 제시, 지침 및 통제 수립
  - 경영진: 고위 경영진의 지침과 통제가 회사 및 하위 조직 내에서 실행될 수 있도록 실무지침을 제시하고 지원
  - 직원: 윤리강령, 위험 요소, 조직 각 계층의 통제활동, 정보 및 의사소통 흐름, 모니터링 활동에 대한 이해
  - 외부서비스제공자: 모든 외부 직원의 권한 및 책임 범위에 대해 경영진이 정한 사항의 준수

■ 원칙 4(적격성 유지): 회사는 내부회계관리제도 목적에 부합하는 적격성 있는 인력을 선발, 육성하고 관리한다. 원칙 달성을 위한 중점 고려사항은 다음과 같다.

- 정책 및 실무절차 수립 – 정책 및 실무절차는 내부회계관리제도 목적 달성 지원을 위해 필요한 적격성의 기대사항을 반영한다.
- 적격성 평가 및 보완 – 경영진과 이사회는 정책 및 실무절차에 의거하여 조직 구성원 및 외부서비스제공자들의 적격성을 평가하고, 평가 결과 파악된 미비사항을 보완하기 위해 필요한 조치를 취한다.
- 인력 선발, 육성 및 유지 – 회사는 내부회계관리제도 목적 달성을 지원하기 위해, 충분하고 적격성 있는 인력 및 외부서비스제공자를 선발, 육성하고 유지하는 데 필요한 교육과 훈련을 제공한다.
- 승계계획 및 준비 – 고위 경영진과 이사회는 내부회계관리제도상 중요한 책임에 관한 승계계획을 수립한다.

■ 원칙 5(내부회계관리제도 책임 부여): 회사는 조직 구성원들에게 내부회계관리제도의 목적을 달성하기 위해 필요한 책임을 부여한다. 원칙 달성을 위한 중점 고려사항은 다음과 같다.

- 조직구조, 권한 및 책임을 통한 내부회계관리제도 책임 부여 – 경영진과 이사회는 조직 전체 구성원들과 내부회계관리제도 수행에 관한 책임에 대해 의사소통을 하고, 그들에게 책임을 부여하며 필요한 경우 개선활동을 이행하도록 하는 체계를 수립한다.
- 성과평가 및 보상정책 수립 – 경영진과 이사회는 장단기 목적 달성의 균형을 고려하고, 조직 전체 구성원의 내부회계관리제도 책임 이행에 적합한 성과평가와 보상정책을 수립한다.
- 성과평가 및 보상정책과의 연계 – 경영진과 이사회는 내부회계관리제도 목적 달성을 위해 내부회계관리제도 책임 이행과 그에 따른 성과평가 및 보상을 연계한다.
- 과도한 압박 고려 – 경영진과 이사회는 조직 구성원들에게 책임을 부여하고 성과평가지표를 수립하고 평가할 때 관련된 압박이 존재하는지를 평가하고 조정한다.
- 개인의 성과평가, 보상 또는 징계조치 – 경영진과 이사회는 내부회계관리제도 책임 이행(윤리강령의 준수 및 적격성의 기대 수준 충족 포함)에 대한 성과를 평가하고, 그 결과에 따라 보상하거나 필요 시 징계조치를 취한다.

2.2 위험평가

■ 원칙 6(구체적인 목적 수립): 회사는 관련된 위험을 식별하고 평가할 수 있도록 내부회계관리제도의 목적을 명확하게 설정한다. 원칙 달성을 위한 중점 고려사항은 다음과 같다.

- 적합한 회계기준의 준수 – 신뢰할 수 있는 외부 재무제표를 작성할 때, 경영진은 회사에 적용되는 회계기준을 고려한다. 또한 경영진은 회사의 상황과 목적에 적합한 회계원칙을 채택하고 일관성 있게 적용한다.
- 회사 활동의 실질 반영 – 외부 재무보고는 재무정보의 질적 특성과 경영자 주장을 뒷받침할 수 있는 기초 거래와 사건을 반영한다.
- 중요성 고려 – 경영진은 재무제표 표시에 있어 중요성을 고려한다.

■ 원칙 7(위험 식별 및 분석): 회사는 목적 달성에 영향을 미치는 위험을 전사적으로 식별하고, 위험 관리방안을 수립하기 위해 위험을 분석한다. 원칙 달성을 위한 중점 고려사항은 다음과 같다.

- 회사 내 다양한 조직 수준 고려 – 회사는 회사, 종속회사, 부문, 운영 팀 및 기능 단위 등 회사 전체 조직 단위에서 목적 달성과 관련된 위험을 식별하고 평가한다.
- 외부 재무보고에 영향을 미치는 내부 및 외부 요인 분석 – 내부 및 외부 요인과 그

요인들이 외부에 공시되는 재무제표의 신뢰성을 확보하는 목적을 달성하는데 미치는 영향을 고려한다.

- 적절한 수준의 경영진 참여 – 적절한 수준의 경영진이 참여하는 효과적인 위험평가 체계를 구축한다.
- 식별된 위험의 중요성 평가 – 회사는 해당 위험의 잠재적인 중요성을 평가하는 절차를 포함한 프로세스를 통해 식별된 위험을 분석한다.
- 위험 대응 방안 결정 – 위험평가 결과 식별된 재무제표 왜곡표시 위험에 대하여는 적절한 위험 대응 방안을 결정하여 시행한다.

■ 원칙 8(부정위험 평가): 내부회계관리제도 목적 달성에 대한 위험 평가 시 잠재적인 부정 가능성을 고려한다. 원칙 달성을 위한 중점 고려사항은 다음과 같다.

- 다양한 부정의 유형 고려 – 부정위험 평가 시 다양한 방식의 부정과 비리행위로부터 비롯되는 부정한 재무보고, 자산의 잠재적 손실, 부패 등을 고려한다.
- 유인과 압력의 평가 – 부정위험 평가 시 유인(incentive)과 압력(pressure)으로 인한 부정의 발생가능성을 고려한다.
- 기회 평가 – 부정위험 평가 시 취약한 통제활동 등으로 인해 승인되지 않은 자산의 취득 · 사용 · 처분, 재무보고기록의 변경, 기타 부적절한 행위 등 부정을 저지를 수 있는 기회가 발생할 수 있는 가능성을 고려한다.
- 태도와 합리화에 대한 평가 – 부정위험 평가 시 임직원이 어떻게 부적절한 행위에 연관되는 지와 어떻게 부적절한 행위를 정당화 하는지를 고려한다.

■ 원칙 9(중요한 변화의 식별과 분석): 회사는 내부회계관리제도에 중요한 영향을 미치는 변화를 식별 · 분석하여 내부회계관리제도를 유지 · 관리한다. 원칙 달성을 위한 중점 고려사항은 다음과 같다.

- 외부 환경 변화의 평가 – 위험을 식별하는 과정에서 사업과 관련된 규제의 변화, 경제적인 변화, 물리적 환경의 변화 등이 내부회계관리제도에 미치는 영향을 고려한다.
- 사업모델 변화의 평가 – 새로운 사업영역이나 기존 사업구성의 급격한 변화, 기업인수나 사업양수도, 급격한 성장, 해외 의존도의 변화, 새로운 기술 등이 내부회계관리제도에 미치는 영향을 고려한다.
- 리더십 변화의 평가 – 회사는 경영진의 변경과, 이에 따른 경영진의 태도 및 철학의 변화가 내부회계관리제도에 미치는 영향을 고려한다.

2.3 통제활동

■ 원칙 10(통제활동의 선택과 구축): 회사는 내부회계관리제도의 목적 달성을 저해하는 위험을 수용 가능한 수준으로 줄일 수 있는 통제활동을 선택하고 구축한다. 원칙 달성을 위한 중점 고려사항은 다음과 같다.

- 위험평가와의 통합 – 위험평가 결과 확인된 위험을 관리하고 줄일 수 있는 통제활동을 마련한다.
- 회사의 고유한 요인 고려 – 경영진은 통제활동 선택 및 구축 시, 회사의 고유한 특성뿐만 아니라 사업 환경, 복잡성, 성격 및 범위 등의 영향을 고려한다.
- 관련 있는 업무프로세스 결정 – 경영진은 통제활동이 필요한 관련 있는 업무프로세스를 결정한다.
- 통제유형의 조합 – 위험을 완화시키기 위해 다양한 속성을 결합한 균형 잡힌 통제활동을 고려한다(수동통제와 자동통제, 예방통제와 적발통제 등).
- 다양한 수준의 통제활동 적용 고려 – 경영진은 회사 내 다양한 수준의 통제활동을 고려한다.
- 업무분장 고려 – 경영진은 양립할 수 없는 직무를 분리하되, 업무분장 적용이 가능하지 않을 경우 대체적인 통제활동을 선택하고 구축한다.

■ 원칙 11(정보기술 일반통제의 선정과 구축): 회사는 내부회계관리제도 목적 달성을 지원하는 정보기술 일반통제를 선정하고 구축한다. 원칙 달성을 위한 중점 고려사항은 다음과 같다.

- 업무프로세스에서 사용되는 정보기술과 정보기술 일반통제간 의존도 결정 – 경영진은 업무프로세스 및 자동통제와 정보기술 일반통제간의 의존성과 연관성을 이해하고 결정한다.
- 정보기술 인프라 통제활동 수립 – 경영진은 정보처리의 완전성, 정확성 및 이용가능성을 확보하기 위한 정보기술 인프라에 대한 통제활동을 선택하고 구축한다.
- 보안관리 프로세스에 대한 통제활동 수립 – 경영진은 업무 책임에 상응하는 정보기술 접근권한을 허가된 담당자로 제한하고, 외부의 위협으로부터 회사의 자산을 보호하기 위한 보안 관련 통제활동을 선택하고 구축한다.
- 정보기술의 취득, 개발 및 유지보수 프로세스에 대한 통제 수립 – 경영진은 내부회계관리제도 목적 달성을 위하여 정보기술 및 인프라의 취득, 개발, 유지보수 활동에 대한 통제활동을 선정하고 구축한다.

■ 원칙 12(정책과 절차를 통한 실행): 회사는 기대사항을 정한 정책과 그 정책을 실행하기 위한 절차를 통하여 통제활동을 적용한다. 원칙 달성을 위한 중점 고려사항은 다음과 같다.

- 경영진의 지침 전달을 지원하기 위한 정책 및 절차 수립 – 경영진은 기대사항을 정한 정책과 이를 실행 가능한 구체적 절차로 제시하여 업무프로세스 및 구성원의 일상적인 활동에 통제활동이 내재화되도록 한다.
- 정책과 절차의 적용을 위한 책임 확립과 담당자의 지정 – 경영진은 관련 위험이 존재하는 사업단위 또는 부서의 경영진(또는 지정된 인원)과 함께 통제활동에 대한 책임을 확립하고 담당자를 지정한다.
- 통제활동의 적시 수행 – 통제활동별로 지정된 담당자가 정책과 절차에 정해진 대로 통제활동을 적시에 수행한다.
- 개선조치 이행 – 통제활동 수행 결과 식별된 문제점에 대하여 책임 있는 담당자가 조사하고 조치를 취한다.
- 적격성 있는 담당자의 수행 – 충분한 권한을 가진 적격성 있는 담당자가 지속적인 관심과 주의를 기울여 통제활동을 수행한다.
- 정책, 절차 및 통제활동의 주기적인 재평가 – 경영진은 정책, 절차 및 통제활동이 지속적으로 적정한지 판단하기 위하여 주기적으로 검토하고, 필요 시 정책, 절차 및 통제활동을 개정 또는 개선한다.

2.4 정보 및 의사소통

■ 원칙 13(관련 있는 정보의 사용): 회사는 내부회계관리제도의 운영을 지원하기 위하여 관련 있는 양질의 정보를 취득 또는 생산하고 사용한다. 원칙 달성을 위한 중점 고려사항은 다음과 같다.

- 정보 요구사항의 식별 – 회사의 내부회계관리제도 목적 달성과 내부회계관리제도 구성요소들의 기능을 지원하기 위해 필요하고 요구되는 정보를 식별하는 절차가 수립되어 있다.
- 내부 및 외부의 데이터 원천 포착 – 정보시스템은 내부 및 외부의 데이터 원천을 포착한다.
- 관련 있는 데이터를 의미 있는 정보로 변환 – 정보시스템은 관련 있는 데이터를 처리하여 의미 있는 정보로 변환한다.
- 정보 처리 과정에서 품질의 유지 · 관리 – 정보시스템은 시의적절하고, 최신의, 정

확하고, 완전하고, 접근가능하고, 보호되고, 검증가능한 정보를 생산하고 유지하며 동 정보가 내부회계관리제도 구성요소 지원에 적절한 정보인지 검토한다.

- 비용과 효익 고려 – 의사소통 대상이 되는 정보의 성격, 양, 상세한 정도는 회사의 내부회계관리제도 목적에 부합하고, 목적 달성을 지원한다.

■ 원칙 14(내부 의사소통): 회사는 내부회계관리제도의 운영을 지원하기 위하여 필요한 내부회계관리제도에 대한 목적과 책임 등의 정보에 대해 내부적으로 의사소통한다. 원칙 달성을 위한 중점 고려사항은 다음과 같다.

- 내부회계관리제도 정보에 대한 의사소통 – 모든 직원이 내부회계관리제도 책임을 이해하고 이행하기 위해 필요한 정보를 교환하는 프로세스가 존재한다.
- 경영진과 이사회 간의 의사소통 – 경영진과 이사회는 회사의 내부회계관리제도 목적과 관련한 각자의 역할 수행을 위해 요구되는 정보를 얻을 수 있도록 양자 간에 의사소통한다.
- 별도의 의사소통 라인 제공 – 통상적인 의사소통 채널이 비효과적인 경우를 대비하여 익명 또는 비밀이 보장된 의사소통이 가능하도록 내부고발제도 같은 별도의 의사소통 채널이 갖추어져 있다.
- 적절한 의사소통 방법 선택 – 시기, 대상자 및 정보의 성격을 고려하여 의사소통의 방법을 선택한다.

■ 원칙 15(외부 의사소통): 회사는 내부회계관리제도의 운영에 영향을 미치는 사항에 대해 외부 관계자와 의사소통 한다. 원칙 달성을 위한 중점 고려사항은 다음과 같다.

- 외부 관계자와의 의사소통 – 주주, 협력업체, 소유주, 규제기관, 고객, 재무분석가 등 외부 관계자와 관련 있는 정보를 적시에 의사소통할 수 있는 프로세스가 구축되어 있다.
- 외부로부터의 의사소통 – 고객, 소비자, 공급자, 외부감사인, 규제기관, 재무분석가 등 외부 관계자의 의견을 수렴하여 경영진과 이사회에 관련 있는 정보를 제공할 수 있는 개방된 의사소통 채널을 마련한다.
- 이사회와의 의사소통 – 외부 관계자가 수행한 평가로부터 도출된 관련 있는 정보는 이사회와 의사소통된다.
- 별도의 의사소통 라인 제공 – 통상적인 의사소통 채널이 작동하지 않거나 비효과적인 경우를 대비하여 익명 또는 비밀이 보장된 의사소통이 가능하도록 내부고발제도와 같은 별도의 의사소통 채널이 갖추어져 있다.

- 적절한 의사소통 방법 선택 – 의사소통의 시기, 대상, 성격뿐만 아니라 법률, 규제, 주주 및 이해관계자의 요구사항 및 기대를 고려하여 의사소통 방법을 선택한다.

2.5 모니터링 활동

■ 원칙 16(상시적인 모니터링과 독립적인 평가 수행): 회사는 상시적인 모니터링과 독립적인 평가 방안을 수립하여 내부회계관리제도 설계 및 운영의 적정성을 평가한다. 원칙 달성을 위한 중점 고려사항은 다음과 같다.

- 상시적인 모니터링과 독립적인 평가의 결합 고려 – 경영진은 상시적인 모니터링과 독립적인 평가의 균형을 고려한다.
- 변화의 정도 고려 – 경영진은 상시적인 모니터링과 독립적인 평가를 선택하고 구축할 때, 업무와 업무프로세스의 변화의 정도를 고려한다.
- 출발점(Baseline)의 설정 – 내부회계관리제도의 설계와 현재 상태는 상시적인 모니터링과 독립적인 평가를 위한 출발점을 수립하는데 활용된다.
- 충분한 지식을 갖춘 인력 활용 – 상시적인 모니터링과 독립적인 평가를 수행하는 평가자들은 평가 대상에 대한 충분한 지식을 보유하고 있다.
- 업무프로세스와의 통합 – 상시적인 모니터링은 업무프로세스에 내재되고 변화하는 상황에 따라 조정된다.
- 범위와 빈도 조정 – 경영진은 위험의 중요성에 따라 독립적인 평가의 범위와 빈도를 달리 한다.
- 객관적인 평가 – 객관적인 피드백을 제공하기 위해 주기적으로 독립적인 평가가 수행된다.

■ 원칙 17(미비점 평가와 개선활동): 회사는 내부회계관리제도의 미비점을 평가하고 필요한 개선활동을 적시에 수행한다. 원칙 달성을 위한 중점 고려사항은 다음과 같다.

- 결과 평가 – 경영진과 이사회는 상시적인 모니터링과 독립적인 평가 결과에 대해 적절히 평가한다.
- 미비점 의사소통 – 내부회계관리제도의 미비점은 개선활동을 수행할 책임이 있는 담당자와 책임자(일반적으로 차상위자, 필요시 고위 경영진과 이사회 포함), 이사회와 적절하게 의사소통 된다.
- 개선활동에 대한 모니터링 활동 – 경영진은 통제 미비점들이 적시에 개선되는지 확인한다.

3 내부회계관리제도의 평가 및 보고

내부회계관리제도에 대한 체계는 다음과 같이 내부회계관리제도 자체에 대한 개념 정립과 이를 평가하고 보고하는 절차의 두가지로 분리되어 있다.

① 내부회계관리제도 설계 및 운영 개념체계 → 경영진이 내부회계관리제도를 설계 · 운영할 때 따라야 할 기준

② 내부회계관리제도 평가 및 보고 모범규준 → 경영진, 감사(감사위원회)가 내부회계관리제도를 평가할 때 따라야 할 기준

본 장에서 설명하고 있는 내부회계관리제도의 평가 및 보고는 위 두 번째 "내부회계관리제도 평가 및 보고 모범규준"에 따른다.

3.1 내부회계관리제도의 평가 및 보고의 개요

구 분	보고서	보고대상
경영진(대표자)의 평가	내부회계관리제도 운영실태보고서	주주총회, 이사회 및 감사(또는 감사위원회)
감사(감사위원회)의 평가	내부회계관리제도 평가보고서	이사회
외부감사인의 감사(검토)		주주 및 이사회

TIP

경영진과 대표자

내부회계관리제도에서는 경영진이라는 표현을 외감법에서는 대표자라는 표현을 사용하고 있다. 경영진은 대표자와 대표자가 자신의 목표를 달성하기 위해 임명한 임원을 총체적으로 포함하는 집합체의 개념이다. 그러나 외감법에서는 대표자에게 내부회계관리제도의 책임을 지우고 있음을 숙지할 필요가 있다.

■ 경영진(대표자)의 평가: 경영진(대표자)은 내부회계관리제도를 구축하고 운영할 책임이 있다. 그러나 내부회계관리제도가 제대로 구축되고 운영되어 경영진이 보고하는 재무보고가 신뢰할 만한지에 대한 신뢰가 담보될 수 없다. 따라서 외감법에서는 구축되고 운영되고 있는 내부회계관리제도에 대하여 기업내부인 경영진(대표자)이 평가하여야 한다고 명시하고 있다. 경영진(대표자)이 내부회계관리제도를 평가한 보고서를 '내부회계관리제도 운영실태보고서'라고 한다. 회사의 대표자는 사업연도마다 주주총회, 이사회 및 감사(또는 감사위원회)에게 해당 회사의 내부회계관리제도운영실태를 대면보고하여야 한다.

> 회사의 대표자는 사업연도마다 주주총회, 이사회 및 감사(또는 감사위원회)에게 해당 회사의 내부회계관리제도운영실태를 대면(對面)보고하여야 한다. 회사의 대표자가 필요하다고 판단하는 경우 이사회 및 감사에 대한 보고는 내부회계관리자가 하도록 할 수 있다(외감법 제8조 제4항).

▪ 감사(감사위원회)의 평가: 이에 추가하여 외감법은 지배기구의 일부인 감사(감사위원회)도 경영진과 독립적으로 내부회계관리제도를 평가할 것을 요구하고 있다.

> 회사의 감사(또는 감사위원회)는 내부회계관리제도의 운영실태를 평가하여 이사회에 사업연도마다 보고하고 그 평가보고서를 해당 회사의 본점에 5년간 비치하여야 한다. 이 경우 내부회계관리제도의 관리 · 운영에 대하여 시정 의견이 있으면 그 의견을 포함하여 보고하여야 한다(외감법 제8조 제5항).

TIP

외감법은 경영진이 구축하고 운영하고 있는 내부회계관리제도에 대하여 외부감사인으로부터 감사(검토)받도록 하였다. 이 때 감사인은 경영진으로부터 내부회계관리제도 운영실태보고서를 제출받아 내부회계관리제도를 감사하고 그 감사보고서를 재무제표에 대한 감사보고서에 추가하여 보고한다. 내부회계관리제도감사(검토)는 제11장에서 설명한다.

내부회계관리제도 평가 · 보고와 관련하여 외감법에서 요구하고 있는 사항은 다음과 같다.

내부회계관리제도는 회사의 재무제표가 회계기준에 따라 작성 및 공시되었는지에 대한 합리적 확신을 제공하는 것을 목적으로 한다. 내부회계관리제도의 평가 목적은 경영진이 회계연도 말 시점의 내부회계관리제도에 중요한 취약점의 존재 여부를 평가하는데 있어서 합리적인 근거를 제공하는데 있다. 이를 달성하기 위해, 경영진은 재무보고의 신뢰성에 대한 위험을 식별하고, 이러한 위험을 처리하기 위한 통제가 존재하는지 평가하며, 위험평가에 근거한 통제 운영에 대한 증거를 평가하여야 한다.

평가 절차는 기업마다 다를 수 있다. 그러나 본 평가 · 보고 모범규준에서 설명하는 하향식 접근방법 또는 위험기반의 접근방법은 일반적으로 평가를 수행하는 가장 효율적이고 효과적인 방법일 것이다. 평가 절차는 두 개의 부문으로 되어 있다.

▪ 설계평가: 첫 번째 부문은 외부 재무보고의 위험을 식별하고 식별된 위험과 관련하여 경영진이 구축한 내부회계관리제도가 해당 위험을 적절히 처리할 수 있도록 설계되었는지를 평가(설계의 효과성 평가)하는 방법이다.

▪ 운영평가: 두 번째 부문은 내부회계관리제도의 운영이 효과적인지를 평가(운영의 효과성 평가)하기 위한 방법, 절차 및 적용할 수 있는 판단의 방법이다.

3.2 내부회계관리제도 설계 · 운영의 준거기준과 평가 · 보고의 준거기준

외감법은 경영진으로 하여금 신뢰할 수 있는 회계정보의 작성과 공시를 위하여 내부회계관리제도를 유지하도록 요구하는 동시에 내부회계관리제도에 대한 합리적 확신을 제공하기 위해 내부회계관리제도가 효과적으로 설계 · 운영되는지 여부를 매 사업연도마다 평가하고 투자자들에게 그 평가 결과를 공표하도록 요구하고 있다.

경영진은 내부회계관리제도를 설계 · 운영하기 위하여 준거기준으로 사용할 일반적으로 인정되는 내부통제체계를 선택하여야 한다. 일반적으로 인정되는 내부통제체계는 회사가 내부회계관리제도를 설계 · 운영하는데 필요한 기본원칙을 제시하는 기준으로서, 효과적인 내부통제에 실제 존재하고 작동할 것으로 기대되는 내부통제의 구성내용을 정의한다.

- 내부회계관리제도 설계 및 운영 개념체계: 경영진은 일반적으로 인정되는 내부통제체계로서 내부회계관리제도운영위원회가 발표한 "내부회계관리제도 설계 및 운영 개념체계(설계 · 운영 개념체계)"를 사용할 수 있으며 또한 경영진은 보다 적절하다고 판단하는 경우 다른 내부통제체계(예를 들어, COSO Framework(미국) 등 외감법 제8조의 정의에 부합되는 기타 기준)를 일반적으로 인정되는 내부통제체계로 사용할 수도 있다. 운영위원회는 경영진이 회사의 환경 및 상황을 고려하여 적절하고 유용한 내부통제체계를 검토하고 선택하는 것을 권장한다.
- 내부회계관리제도 평가 및 보고 모범규준: 내부회계관리제도 평가 및 보고 모범규준(평가 · 보고 모범규준)은 경영진이 선택한 내부통제체계에 따라 설계 · 운영한 내부회계관리제도의 평가 및 보고에 관한 지침을 제공하는 것을 목적으로 한다. 본 평가 · 보고 모범규준은 내부회계관리제도 평가 시 하향식 접근방법 또는 위험기반의 접근방법을 적용할 수 있는 방안을 제공한다.

3.3 평가 · 보고의 원칙

평가 · 보고 모범규준은 다음의 두 가지 원칙을 제시한다.

① 통제활동을 설계 · 구축하였는지 평가
② 통제활동의 운영에 대한 평가

(1) 통제활동을 설계 · 구축하였는지 평가

첫 번째 원칙은 경영진이 재무제표의 중요한 왜곡표시를 적시에 예방하거나 적발하지 못할 위험을 적절히 다루기 위한 통제활동을 설계 및 구축하였는지 평가하는 것이다. 평가 · 보고 모범규준은 동 원칙에 대한 접근방법으로 전사적 수준 통제의 역할을 포함하여 재무보고 위험을 평가하고 통제의 적정성을 평가하는데 있어 적용할 하향식 접근방법 또는 위험기반의 접근방법을 설명한다.

평가 · 보고 모범규준은 경영진에게 프로세스의 모든 통제를 식별하거나 내부회계관리제도에 영향을 주는 모든 업무프로세스의 문서화를 요구하지는 않는다. 오히려 경영진은 중요한 왜곡표시 위험을 적절하게 다룰 수 있는 통제의 설계 및 운영을 평가하는데 필요한 문서화와 평가 절차에 중점을 둘 수 있다.

(2) 통제활동의 운영에 대한 평가

두 번째 원칙은 경영진이 위험평가에 기초하여 통제 운영에 대한 평가를 수행하여야 한다는 것이다. 평가 · 보고 모범규준은 내부회계관리제도 평가에 필요한 증거에 대해 위험기반의 접근방법을 제시한다. 이를 통해 경영진이 재무보고의 신뢰성에 위험을 초래하는 정도에 따라, 평가 절차의 성격과 범위를 결정할 수 있도록 한다. 결과적으로, 경영진은 위험이 낮은 부문의 증거자료를 수집할 경우 자가평가와 같은 좀 더 효율적인 접근방식을 적용할 수 있으며, 위험이 높은 부문의 증거자료를 수집할 경우 좀 더 광범위한 테스트를 수행할 수 있다.

3.4 내부회계관리제도의 미비점

내부회계관리제도의 미비점은 경영진과 임직원이 담당 업무를 수행하는 정상적인 과정에서 재무제표 왜곡표시를 예방하거나 적시에 적발할 수 없을 때 발생하며, 설계의 미비점 또는 운영의 미비점으로 구분할 수 있다.

- 설계의 미비점은 내부회계관리제도의 목적을 달성하기 위한 내부통제가 존재하지 않거나, 내부회계관리제도가 적절하게 설계되어 있지 않아서 내부회계관리제도가 설계된 대로 작동하더라도 그 목적이 달성되지 못할 때 발생한다.
- 운영의 미비점은 적절하게 설계된 내부회계관리제도가 설계된 대로 운영되지 않거나, 통제를 수행하는 담당자가 통제를 효과적으로 수행하기 위해 필요한 권한이나 자질을 갖고 있지 않을 때 발생한다.

내부회계관리제도의 미비점은 ①재무제표 왜곡표시의 발생 가능성 및 ②금액적 중요성에 따라 단순한 미비점, 유의한 미비점, 중요한 취약점으로 구분하며, 중요한 취약점이 발견된 경우에는 경영진은 회사의 내부회계관리제도가 효과적이라고 결론지을 수 없다. 경영진은 발견된 모든 미비점을 개별적으로 그리고 다른 미비점과 결합하여 평가하여, 회사의 내부회계관리제도에 유의한 미비점 또는 중요한 취약점이 존재하는지 여부를 평가한다. 내부회계관리제도의 중요한 취약점(Material Weakness)은 내부통제의 중요한 미비점(Major Deficiency) 수준에 대응된다(모범규준 16).

준거 기준	내부통제제도의 미비점 분류 (설계·운영 개념체계 문단 7)	내부회계관리제도의 미비점 분류 (설계·운영 개념체계 문단 27 및 본 평가·보고 모범규준)
미비점 구분	중요한 미비점 (Major Deficiency)	중요한 취약점(Material Weakness)
	미비점(Deficiency)	유의한 미비점(Significant Deficiency)
		미비점(Deficiency)

- 중요한 취약점이란 하나 또는 여러 개 미비점의 결합으로서 재무제표상 중요한 왜곡표시가 예방 또는 적시에 적발되지 못할 가능성이 낮지 않은(reasonable possibility) 경우를 말한다.
  일반적으로 발생가능성은 1) '낮은(remote)', 2) '합리적으로 발생가능한(reasonably possible)', 3) '높은(probable)'의 세 단계로 구분되는데, 여기에서 2) '합리적으로 발생가능한(reasonably possible)' 또는 3) '높은(probable)' 가능성의 경우 '가능성이 낮지 않은(reasonable possibility) 경우'에 해당한다.

TIP
1) '낮은(remote)' 분류에 해당하지 않는 경우 '가능성이 낮지 않은(reasonable possibility)' 경우에 해당하며, 이에 따라 실무적으로는 이를 'more than remote(낮지 않은 발생가능성)'이라고 표현하기도 함.

- 유의한 미비점이란 중요한 취약점으로 분류될 수준은 아니지만, 회사의 재무보고를 감독할 책임이 있는 이사회, 감사(위원회) 등이 주목할 만한 하나 또는 여러 개 통제상 미비점의 결합을 의미한다.

SECTION 02 내부회계관리제도에 대한 감사인의 감사

NEW INTERNATIONAL STANDARDS ON AUDITING

2017년 개정 외감법에서 내부회계관리제도를 강화하기 위해 2019년부터 상장법인에 한해 기존의 '검토'에서 '감사'로 전환하였다. 미국은 상장법인에 한하여 내부회계관리제도가 아니라 내부통제에 대한 감사인의 감사의견을 재무제표에 대한 감사보고서와 함께 결합하여 또는 분리하여 별도의 감사보고서로 제출하게 하고 있다. 우리나라는 내부통제 중 '재무보고의 신뢰성 확보'라는 목적에만 국한된 내부회계관리제도를 대상으로 하는 것은 변함이 없고 다만 2019년부터 상장법인에 국한하여 감사로 전환함으로써 기업의 내부통제를 강화하여 재무제표의 신뢰성을 높이고자 한다.

내부회계관리제도에 대한 감사(검토)는 용어에 대한 개념이 매우 중요하다. 아래는 관련 용어를 정의하고 있다.

용어의 정리 (ISA 1100-6)

(a) 관련경영진주장(relevant assertion): 재무제표의 중요한 왜곡표시를 야기할 왜곡표시 또는 왜곡표시들을 포함할 가능성이 낮지 않은(more than remote) 재무제표 주장. 경영진주장이 관련경영진주장인지 여부에 대한 결정은 통제의 효과와 상관없이, 고유위험에 근거하여야 한다.

(b) 내부회계관리제도(Internal control over financial reporting): 기업의 재무제표가 해당 재무보고체계에 따라 신뢰성 있게 작성되었는지에 대한 합리적인 확신을 제공하기 위해 설계되어, 지배기구, 경영진 및 그밖에 다른 직원에 의해 시행되는 프로세스로서 다음 내용의 정책과 절차를 포함한다.

- 기업 자산의 거래와 처분을 합리적으로 상세하게 그리고 정확하고 공정하게 반영하는 기록의 유지와 관련됨
- 해당 재무보고체계에 따른 재무제표의 작성을 위하여 필요에 맞게 거래가 기록되고, 경영진과 지배기구의 승인에 의해서만 기업의 수입과 지출이 이루어지고 있다는 합리적인 확신을 제공함
- 재무제표에 중요한 영향을 미칠 수 있는 기업 자산의 승인되지 않은 취득, 사용 또는 처분을 예방하거나 적시에 발견 · 수정하는 것에 대한 합리적인 확신을 제공함

내부회계관리제도는 고유한계를 가지고 있다. 내부회계관리제도는 인간의 성실성과 준법성이 관련되는 프로세스이며, 인적오류로 인하여 판단 착오가 발생하거나 와해될 수 있다. 또한 공모 또는 부적절한 경영진의 통제무력화로 내부회계관리제도를 우회할 수 있다. 이러한 한계 때문에, 내부회계관리제도에 의해 중요한 왜곡표시가 적시에 예방되거나 발견 · 수정되지 못할 위험이 존재한다. 그러나 이 고유한계는 재무보고 프로세스의 잘 알려진 특성이다. 따라서 프로세스 내에 안전장치를 설계함으로써 이러한 위험을 제거할 수는 없지만, 줄일 수는 있다.

(c) 내부회계관리제도감사(Audit of Internal control over financial reporting): 기업의 내부회계관리제도의 설계 및 운영 효과성에 대한 감사

(d) 내부회계관리제도에 대한 경영진 평가(Management's assessment about internal control over financial reporting): 적합하고 이용가능한 준거기준에 기초하여 기업의 내부회계관리제도의 효과성에 대해 경영진이 내린 결론. 경영진 평가는 내부회계관리제도 운영실태보고서에 포함된다.

(e) 예방통제(Preventive control): 재무제표의 왜곡표시를 초래할 수 있는 오류나 부정을 예방하는 목적을 가진 통제

(f) 유의적인 거래유형, 계정잔액 및 공시(significant class of transaction, account balance or disclosure): 과대표시와 과소표시 위험을 모두 고려하여, 거래유형, 계정잔액 및 공시가, 개별적으로 또는 집합적으로, 재무제표에 중요한 영향을 미치는 왜곡표시를 포함할 가능성이 낮지 않은(more than remote) 경우의 거래유형, 계정잔액 및 공시. 거래유형, 계정잔액 및 공시가 유의적인지 여부에 대한 결정은 통제의 효과와 상관없이, 고유위험에 근거하여야 한다.

(g) 적발통제(Detective control): 이미 발생하여 이로 인해 재무제표의 왜곡표시를 가져올 것으로 예상되는 경우 해당 오류나 부정을 발견하고 수정하는 목적을 가진 통제

(h) 준거기준(Criteria): 인증대상을 측정하거나 평가하는데 사용되는 기준

(i) 중요한 취약점(Material weakness): 내부회계관리제도 미비점 혹은 미비점들의 결합으로, 기업의 연차재무제표 또는 중간재무제표의 중요한 왜곡표시가 적시에 예방되거나 발견·수정되지 못할 가능성이 낮지 않은(more than remote) 경우에 존재한다.

(j) 통제목적(Control objective): 통제의 목표 또는 목적. 통제목적은 통제가 완화하고자 하는 위험에 대처하는 것이다. 내부회계관리제도의 상황에서, 통제목적은 일반적으로 유의적인 거래유형, 계정잔액 및 공시에 대한 관련경영진주장과 관련되어 있으며 특정 영역의 통제가 관련경영진주장의 왜곡표시 또는 누락을 적시에 예방하거나 발견·수정한다는 합리적인 확신을 제공하지 못할 위험에 대처한다.

1 내부회계관리제도에 대한 감사의 의의

모든 ❶ 주권상장법인(all)과 ❷ 비상장법인 중 자산총액(직전)이 1천억 원 이상인 ❸ 주식회사는 외감법에 따라 내부회계관리제도(내부회계관리제도 규정 + 관리·운영 조직)를 의무적으로 유지하여야 한다.

	내부회계관리제도 의무	감사(audit)	검토(review)
주권상장법인	all	자산총액(직전) ≥ 1천억 원	자산총액(직전) < 1천억 원
non-상장법인	자산총액(직전) ≥ 1천억 원		모든 의무대상 non-상장법인

여기서 주권상장법인이란 증권시장에 주권(주식)이 상장되어 있는 법인을 말한다.

증권시장 = 유가증권시장(코스피) + 코스닥 시장 + 코넥스 시장

외감법은 내부회계관리제도 의무회사에 대해 내부회계관리제도를 감사받거나 검토받도록 하였다. 구체적으로 주권상장법인은 자산총액(직전)이 1천억 원 이상인 회사는 내부회계관리제도를 감사(audit)받아야 하고, 모든 비상장법인과 주권상장법인 중 자산총액(직전)이 1천억 원 미만인 회사는 검토(review) 받아도 된다. 여기서 검토 받아도 된다는 것은 최소한 검토를 받으라는 것이며 감사받아도 된다는 것이다.

1.1 내부회계관리제도 감사에 대한 개요

구 분	주 요 내 용
감사목적	다음 목적을 모두 달성 a. 평가기준일 현재 내부회계관리제도에 중요한 취약점이 존재하는지 여부에 대한 합리적인 확신을 얻음 b. 내부회계관리제도의 효과성에 대한 감사의견을 표명하고 경영진 및 지배기구와 커뮤니케이션함
감사대상과 준거기준	• 감사인은 내부회계관리제도가 평가기준일 현재 『내부회계관리제도 설계 및 운영 개념체계』에 따라 중요성의 관점에서 효과적으로 설계 및 운영되고 있는지에 대한 의견을 표명함 • 감사인은 내부회계관리제도감사를 수행할 때 내부회계관리제도 운영실태에 관한 보고내용이 외부감사법의 요구사항을 포함하여 『내부회계관리제도 평가 및 보고 모범규준』에 따라 작성되었는지를 평가함
통합감사	• 아래 목적을 모두 달성하기 위한 통제테스트를 설계하여야 함 a. 내부회계관리제도 감사의견을 뒷받침할 충분하고 적합한 증거를 입수함 b. 재무제표감사에서 통제위험평가를 뒷받침 할 충분하고 적합한 증거를 입수함 • 내부회계관리제도 감사의견 표명과 관련하여 재무제표감사에서의 통제테스트 결과를 반영하여야 하고, 재무제표감사에서 통제위험을 평가할 때 내부회계관리제도 감사목적으로 수행한 통제테스트 결과를 평가하여야 함 • 내부회계관리제도 감사중에 미비점을 식별하는 경우, 동 미비점이 재무제표감사의 실증절차의 성격, 시기 및 범위에 미치는 영향을 결정하여야 하고, 재무제표감사의 실증절차에서 발견된 사항이 내부회계관리제도의 효과성에 미치는 영향을 평가하여야 함
감사보고	• 별도보고서만 허용 • 의견문단 바로 다음에 재무제표감사에 대한 의견 기재 • 수신인, 업무수행이사 이름, 감사보고서일은 재무제표감사보고서와 같아야 함
감사의견 변형	• 부적정의견 평가기준일 현재 하나 이상의 중요한 취약점이 존재하는 경우 부적정의견을 표명함. 재무제표감사의견에 미치는 영향을 결정하여야 함 • 범위제한 감사업무범위에 제한이 있는 경우 감사계약을 해지하거나 의견을 거절하여야 함. 재무제표 감사에 미치는 영향을 고려하여야 한다.
운영실태보고서의 부적절한 기재 등	불완전하거나 부적절한 운영실태보고서의 내용을 경영진이 수정하지 않는 경우, 감사인이 운영실태보고서가 불완전하거나 부적절하다고 판단한 사유를 기타사항문단에 기술하여야함

구 분	주 요 내 용
경영진 및 지배기구와의 커뮤니케이션	• 유의적 미비점과 중요한 취약점의 경우 경영진과 지배기구에게 감사보고서가 발행되기 이전에 서면으로 커뮤니케이션하여야 함 • 모든 미비점을 경영진에게 감사보고서 발행 이전에 서면으로 커뮤니케이션하여야 하고, 이러한 커뮤니케이션이 언제 수행되었는지 또는 언제 수행될 예정인지를 지배기구에 알려야 함
부문이 다수인 기업	• 부문과 관련된 그룹재무제표의 중요왜곡표시위험을 평가하여 통제테스트를 수행할 부문을 결정함 • 지분법투자의 경우, 감사범위는 재무제표에 보고된 내용에 대한 통제를 포함하여야 하며, 일반적으로 지분법 대상 피투자자의 통제까지 확대되지 않음 • 감사범위에는 평가기준일 이전에 취득한 기업 및 평가기준일에 중단사업으로 재무제표에 계상된 사업이 포함됨. 다만, 『내부회계관리제도 평가 및 보고 모범규준』 및 관련 지침에 의해 특정 부문이 경영진 평가에서 제외되는 경우, 감사인도 이와 동일하게 해당 부문을 감사에서 제외할 수 있음

(1) 통합감사와 별도보고서

기출 2024

TIP

본 장에서 내부회계관리제도를 설명할 때 경영진 or 대표이사라는 명칭이 복합적으로 사용되고 있다. 내부회계관리제도는 특정 회사를 대상으로 외감법에서 강제하고 있고 이 경우 회사의 책임자로 **대표이사(CEO)**를 지정있다. 그리고 회계감사기준에서는 대표이사라는 명칭 대신에 책임자를 **경영진(management)**으로 명명하고 있다. 따라서 외감법에서 따른 내부회계관리제도의 구축, 운영실태보고서 등 내부 관련 보고서 등에서는 대표이사로 그리고 내부회계관리제도에 대한 감사(검토)에서는 경영진으로 표시되고 있다.
여기서, 대표이사는 상법상 대표이사를 그리고 경영진은 대표이사와 대표이사가 임명한 임원을 포괄하는 집단(management)을 의미한다.

감사인은 재무제표감사와 내부회계관리제도감사를 통합하여 감사한다. 통합하여 감사한다는 의미는 재무제표감사와 내부회계관리제도감사가 그 목적은 서로 상이하지만 감사인은 두 목적을 동시에 달성할 수 있도록 감사과정은 통합하여 계획하고 수행하여야 한다는 것을 의미한다. 그러면 감사보고는 어떻게 해야 할까? 1) 하나의 보고서에 두 감사결과를 모두 포함하는 통합보고서? 아니면 2) 감사보고를 분리하여 별도보고서를 발행하여야할까? 정답은 감사보고서는 통합하지 않고 별도로 분리하여야 한다는 것이다. 그러나 이 경우에도 수신인, 업무수행이사 이름, 감사보고서일은 두 보고서가 일치하여야 한다.

(2) 감사대상과 준거기준

이 부분은 조금 복잡하다. 매우 분명하게 기억할 필요가 있다.

구 분	책임자	준거기준
내부회계관리제도	대표자	내부회계관리제도 설계 및 운영 개념체계
내부회계관리제도 운영실태 보고서	대표자	내부회계관리제도 평가 및 보고 모범규준
내부회계관리제도에 대한 감사	감사인	감사기준서1100(내부회계관리제도의 감사)

■ 내부회계관리제도: 내부회계관리제도는 '내부회계관리제도 설계 및 운영 개념체계' 소위 COSO framework에 따라 설계되고 운영되어야 한다. 내부회계관리제도를 구축하고 운용할 책임은 경영자에게 있다.

■ 내부회계관리제도 운영실태보고서: 경영자는 '내부회계관리제도에 대한 운영실태 보고서'를 작성하여야 하며, 이는 '내부회계관리제도 평가 및 보고 모범규준' 따라 작성하여야 한다.

■ 내부회계관리제도에 대한 감사: 감사인은 내부회계관리제도에 대한 감사대상을 감사한다. 여기서 내부회계관리제도에 대한 감사대상은 어떻게 정의될까? 이미 설명한 재무제표에 대한 감사 및 검토 그리고 본 장에서 설명하고자 하는 내부회계관리제도에 대한 감사 및 검토에 대한 감사(검토) 대상을 정리할 필요가 있다. 그런데 감사(검토) 대상과 감사의견을 형성하는데 영향을 주는 대상은 차이가 있으며 아래와 같이 요약된다.

<table>
<tr><th rowspan="2"></th><th colspan="2">(연결)재무제표</th><th colspan="2">내부회계관리제도</th></tr>
<tr><th>감 사</th><th>검 토</th><th>감 사</th><th>검 토</th></tr>
<tr><td rowspan="2">감사대상</td><td>단위 재무제표(4개)
+
공시사항
(주석 포함)</td><td>단위 재무제표(4개)
+
주석</td><td rowspan="2">내부회계관리제도
+
내부회계관리제도
운영실태보고서
(경영진 작성)</td><td rowspan="2">내부회계관리제도
운영실태보고서
(경영진 작성)</td></tr>
<tr><td colspan="2">※ K-IFRS 재무제표 = 단위 재무제표 + 주석</td></tr>
<tr><td>의견대상</td><td>K-IFRS 재무제표</td><td>K-IFRS재무제표</td><td>내부회계관리제도</td><td>내부회계관리제도
운영실태보고서</td></tr>
<tr><td>기타사항문단</td><td>기타 공시사항이 재무제표와 상이하고 그 원인이 기타 공시사항의 왜곡인 경우 등</td><td></td><td>운영실태보고서의 구성요소가 불완전하거나 부적절하게 표시되었을 경우</td><td></td></tr>
</table>

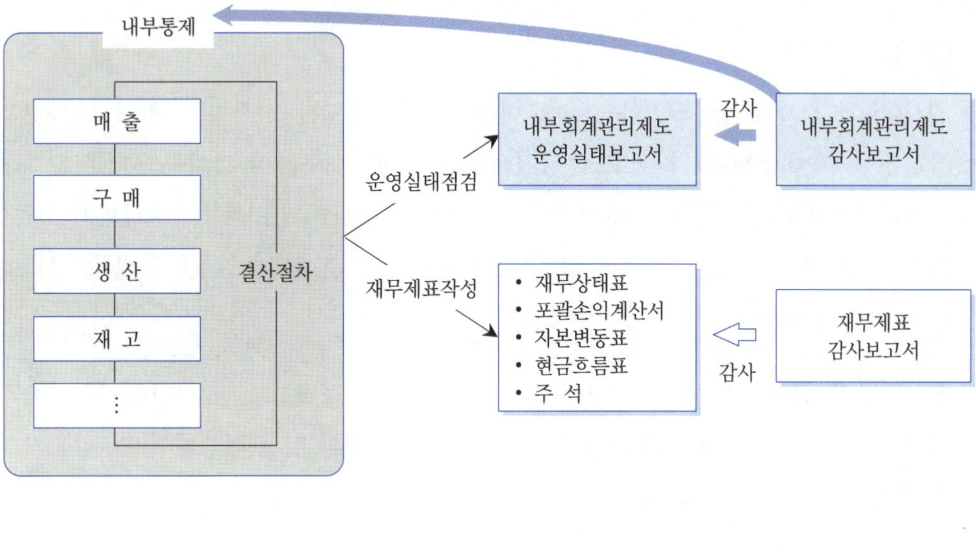

재무제표 감사와 검토의 대상은 '재무제표'로 동일하다. 다만 일반적으로 재무제표 감사는 회사의 회계연도를 모두 포함하는 연간재무제표를 대상으로 감사가 수행되며, 재무제표 검토는 회사의 회계연도보다 짧은 기간을 단위로 하여 작성되는 중간재무제표로서 반기 및 분기재무제표를 대상으로 검토가 수행된다.

우리나라만의 독특한 법률인 외감법에서는 어떤 기업이 어떤 재무제표를 감사(검토)받아야 하는지에 대해 정하고 있는 만큼 해당 기업은 외감법에서 정하는 바에 따라 감사(검토)받아야 한다.

그러나 기업은 외감법에 따라 감사(검토)받지 않아도 되는 연간(중간)재무제표를 자의에 따라 임의적으로 감사(검토)받아 사용할 수 있으며, 이를 임의감사라고 한다.

내부회계관리제도 감사에서 감사대상은 내부회계관리제도와 내부회계관리제도 운영실태보고서(경영진 작성)까지이지만 감사의견은 내부회계관리제도에만 국한된다. 이러한 사항은 감사기준서(1100)에서 정하고 있다. 내부회계관리제도 운영실태보고서에 오류가 있을 경우 후술하는 바와 같이 기타사항문단을 추가한다.

내부회계관리제도 검토에서 검토대상은 내부회계관리제도 운영실태보고서(경영진 작성)에 국한되며, 의견대상도 내부회계관리제도 운영실태보고서에 국한된다. 따라서 감사기준서(1100)에는 기타사항문단에 대한 언급이 없다.

(3) 중요성

내부회계관리제도감사에 적용한 중요성기준은 재무제표감사에 적용하는 중요성기준과 동일하다.

(4) 감사보고

- 감사대상과 감사의견을 표명하는 대상: 내부회계관리제도를 감사하기 위해 감사인은 경영진에게 '내부회계관리제도 운영실태 보고서'를 요구하여 감사를 수행하고 '내부회계관리제도 운영실태 보고서'가 아닌 '내부회계관리제도'가 '내부회계관리제도 설계 및 운영 개념체계'에 따라 중요성의 관점에서 효과적으로 설계 및 운영되고 있는지에 대한 의견을 표명한다.

- 감사의견 및 감사보고서: 재무제표감사는 적정의견, 한정의견, 부적정의견 및 의견거절을 표명한다. 그러나 내부회계관리제도감사는 적정의견, 부적정의견 및 의견거절을 표명하며 한정의견을 표명할 수 없다.

즉, 적정의견의 표준보고서를 변형하는 경우 감사인은 부적정의견 보고서 또는 범위제한으로 의견거절 보고서를 발행할 수 있다. 기준은 범위제한의 경우 감사계약을 해지하는 것도 선택할 수 있다고 설명하고 있지만 우리나라는 감사인이 감사계약을 해지하는데 제약이 있다.

1.2 내부회계관리제도감사와 위험평가절차로서 내부통제평가의 목적

내부회계관리제도감사와 위험평가절차로서 내부통제평가는 그 방법은 유사하지만 궁극적으로 달성하고자하는 목적이 상이하다.

내부통제평가	내부회계관리제도감사
중요왜곡표시위험을 평가하여 추가감사절차의 성격, 시기 및 범위를 결정하기 위함	외감법에 따라 의무적으로 회사가 구축한 내부회계관리제도에 대한 감사의견을 표명

1.3 내부회계관리제도감사의 전제조건

감사계약을 체결할 때 동일 감사인에게 재무제표감사와 내부회계관리제도감사를 함께 계약한다. 재무제표감사와 동일하게 내부회계관리제도감사에서도 감사인은 감사를 위한 전제조건을 충족하는지 여부를 확인하여야 한다. 감사인이 내부회계관리제도감사의 전제조건을 충족하는지 여부를 확인하기 위하여 다음의 절차를 수행하여야 한다.

내부회계관리제도감사의 전제조건을 확인하기 위한 절차 (ISA 1100-7)

- 다음의 책임을 인정하고 이해하고 있다는 점에 대하여 경영진의 동의를 받음
  - (1) 효과적인 내부회계관리제도를 설계, 실행 및 유지할 책임
  - (2) 적합하고 이용가능한 준거기준을 사용하여 기업의 내부회계관리제도의 효과성을 평가할 책임
  - (3) 감사보고서에 첨부되는 보고서에 내부회계관리제도에 대한 경영진 평가(내부회계관리제도 운영실태보고서를 말함)를 제공할 책임
  - (4) 충분한 평가와 문서화를 통해 기업의 내부회계관리제도의 효과성에 대한 기업의 평가를 뒷받침할 책임
  - (5) 다음 사항을 감사인에게 제공할 책임
    - a. 기록, 문서, 기타사항 등 내부회계관리제도에 대한 경영진 평가와 관련하여 경영진이 알고 있는 모든 정보에 대한 접근
    - b. 감사인이 내부회계관리제도감사 목적으로 경영진에게 요청하는 추가적인 정보
    - c. 감사인이 감사증거를 입수하기 위하여 필요하다고 결정한 기업 내부의 관계자들에 대한 제한없는 접근
- 해당 평가기준일이 해당 재무제표 대상 기간의 재무상태표일(또는 보고기간말일)과 일치한다는 결정

2 내부회계관리제도의 감사절차

2.1 내부회계관리제도 운영실태보고서의 요청

경영진은 내부회계관리제도 운영실태보고서를 작성하여야 한다. 감사인은 경영진에게 내부회계관리제도 운영실태보고서를 요청하여 회사가 운영하고 있는 내부회계관리제도를 감사하고 그 의견을 감사보고서에 제시한다.

2.2 내부회계관리제도감사와 재무제표감사의 통합

내부회계관리제도감사와 재무제표감사는 그 목적은 서로 상이하지만 감사인은 두 목적을 동시에 달성할 수 있도록 감사는 통합하여 계획하고 수행하여야 한다. 다만 감사보고는 별도로 분리하여 각각 보고한다.

2.3 하향식 접근법의 사용

감사인은 내부회계관리제도감사 수행 시 테스트 대상 통제를 선정하기 위해 하향식 접근법을 사용하여야 한다. 하향식 접근법은 다음을 포함한다.

- 재무제표수준에서 시작함
- 내부회계관리제도의 전반적인 위험에 대한 감사인의 이해를 사용함
- 전사적 수준 통제에 초점을 둠
- 유의적인 거래유형, 계정잔액, 공시 및 관련경영진주장으로 업무를 옮겨감
- 재무제표에 중요한 왜곡표시가 존재할 가능성이 낮지 않음을 나타내는 거래유형, 계정, 공시 및 경영진주장으로 감사인의 주의를 기울이게 함
- 기업의 프로세스 내에 존재하는 위험에 대한 감사인의 이해를 검증함
- 각각의 관련경영진주장에 대한 평가된 왜곡표시위험에 충분히 대처하는 통제를 테스트 대상으로 선정함

(1) 통제환경

효과적인 내부회계관리제도에 미치는 영향이 중요하기 때문에, 감사인은 회사의 통제환경을 평가해야 한다. 통제환경 평가의 일부로 감사인은 다음사항을 평가해야 한다.

① 경영진의 철학과 경영방식이 효과적인 내부회계관리제도를 장려하는지 여부
② 건전한 도덕성과 윤리적 가치가 발전되고 이해되는지 여부
③ 지배기구가 재무보고와 내부통제에 대한 감시책임을 이해하고 이행하고 있는지 여부

(2) 보고기간말 재무보고 프로세스

재무보고 및 통합감사에 중요하기 때문에, 감사인은 보고기간말 재무보고 프로세스를 평가하여야 한다. 보고기간말 재무보고 프로세스에는 다음을 포함한다.

회사의 보고기간말 재무보고 프로세스 (ISA 1100-27)

① 총계정원장에 거래 총액을 기표하기 위해 사용되는 절차
② 회계정책의 선택과 적용과 관련된 절차
③ 총계정원장에 분개를 생성, 승인, 기록 및 처리하기 위해 사용되는 절차
④ 연차 및 분기 재무제표에 반복적 · 비반복적 조정사항을 기록하기 위해 사용되는 절차
⑤ 연차 및 분기 재무제표를 작성하기 위한 절차

보고기간말 재무보고 프로세스 평가의 일환으로, 감사인은 다음을 평가하여야 한다.

감사인의 보고기간말 재무보고 프로세스 평가대상 (ISA 1100-28)

① 기업이 재무제표 생성을 위해 사용하는 프로세스의 입력자료, 수행하는 절차 및 산출물
② 보고기간말 재무보고 프로세스에 정보기술이 관련되는 정도
③ 경영진에서 누가 참여하는지
④ 보고기간말 재무보고 프로세스에 포함되는 사업장
⑤ 조정사항 및 연결조정 분개의 유형
⑥ 경영진과 지배기구가 프로세스에 대해 수행하는 감시의 성격 및 범위

(3) 왜곡표시의 가능한 원천에 대한 이해

잠재적 왜곡표시의 가능한 원천을 더 많이 이해하기 위하여, 그리고 테스트 대상 통제를 선정하는 것의 일부로써, 감사인은 다음을 수행한다.

- 거래가 개시, 승인, 기록, 처리 및 보고되는 방법을 포함하여, 관련경영진주장과 관련된 거래의 흐름을 이해한다.
- 개별적으로 혹은 다른 왜곡표시와 결합하여 중요한 왜곡표시(부정으로 인한 왜곡표시 포함)가 발생할 수 있는 기업 프로세스 내의 지점을 식별한다(예 정보가 개시, 이전 또는 수정되는 지점).
- 잠재적 왜곡표시에 대처하기 위하여 경영진이 실행한 통제를 식별한다.
- 재무제표에 중요한 영향을 미칠 수 있는 승인되지 않은 기업 자산의 취득, 사용 또는 처분을 예방하거나 적시에 발견 · 수정하기 위해 경영진이 실행한 통제를 식별한다.

2.4 통제테스트

통제테스트에는 다음 두 가지가 있다.

(1) 설계효과성의 테스트

기업의 통제가 통제를 효과적으로 수행하는데 필요한 권한과 적격성을 보유한 사람에 의해 규정된 대로 운영되는 경우, 감사인은 해당 통제가 기업의 통제목적을 충족하고 재무제표의 중요한 왜곡표시를 초래할 수 있는 부정이나 오류로 인한 왜곡표시를 효과적으로 예방하거나 발견 · 수정할 수 있는지 여부를 결정하여 통제의 설계효과성을 테스트하여야 한다.

설계효과성을 평가하기 위해 수행되는 절차는 적합한 기업 담당자에 대한 질문, 특정 통제의 운영에 대한 관찰 그리고 관련 문서의 검사의 결합으로 이루어질 수 있다. 이러한 절차를 포함한 추적조사는 일반적으로 설계효과성을 평가하는데 충분하다.

(2) 운영효과성의 테스트

감사인은 통제가 설계된 대로 운영되는지 여부와 통제를 수행하는 사람이 통제를 효과적으로 수행하는데 필요한 권한과 적격성을 갖추었는지 여부를 결정하여 통제의 운영효과성을 테스트하여야 한다.

운영효과성을 테스트하기 위해 수행되는 절차는 적합한 기업 담당자에 대한 질문, 특정 통제의 운영에 대한 관찰, 관련 문서의 검사 그리고 통제의 재수행의 결합으로 이루어질 수 있다. 그러나 질문만으로는 그러한 목적을 달성하기에 충분하지 않다.

2.5 내부회계관리제도 미비점의 식별과 평가

감사인은 수행한 감사업무를 근거로 하나 이상의 내부회계관리제도 미비점을 식별하였는지 여부를 결정하여야 한다.

(1) 내부회계관리제도에 대한 평가기준일에 중요한 취약점이 존재하는지 여부의 결정

내부회계관리제도의 효과성에 대한 의견을 형성할 목적으로, 감사인은 내부회계관리제도 미비점이, 개별적으로 혹은 결합하여, 평가기준일 현재 중요한 취약점인지 여부를 결정하기 위하여 내부회계관리제도 미비점 각각의 심각성을 평가하여야 한다. 감사인은 내부회계관리제도 미비점의 심각성을 평가할 때, 동일한 유의적인 거래유형

· 계정잔액 · 공시, 관련경영진주장, 또는 내부회계관리제도 구성요소에 영향을 미치는 미비점들이 집합적으로 중요한 취약점이 되는지 여부를 결정하여야 한다.

감사인은 내부회계관리제도 미비점 혹은 미비점들의 결합이 내부회계관리제도에 대한 경영진 평가 기준일 현재의 중요한 취약점인지 여부를 결정할 때, 보완통제의 영향을 평가하여야 한다. 감사인은 보완통제가 중요한 왜곡표시를 예방 또는 발견 · 수정할 수 있는 정밀한 수준으로 운영되는지 여부를 결정하기 위하여, 그러한 보완통제의 운영효과성을 테스트하여야 한다.

감사인은 내부회계관리제도 미비점 혹은 미비점들의 결합이 중요한 취약점이 아니라고 결정하는 경우, 동일한 사실과 상황에 대한 지식을 가진, 회계와 내부회계관리제도에 충분한 전문지식을 갖춘 객관적인 사람이 동일한 결론에 도달할 것인지 여부를 고려하여야 한다.

만약 감사인이 하나의 미비점 혹은 미비점들의 결합으로 인해, 회계와 내부회계관리제도에 충분한 전문지식을 갖춘 객관적인 사람이 직무수행에 있어서 해당 재무보고체계에 따라 재무제표가 작성될 수 있도록 필요에 맞게 거래가 기록된다는 합리적인 확신을 가지고 있다는 결론을 내릴 수가 없다고 결정한다면, 이 경우 감사인은 해당 미비점 혹은 미비점들의 결합을 중요한 취약점의 지표로 다루어야 한다.

(2) 통합감사 중 유의적 미비점이 존재하는지 여부에 대한 결정

감사인은 내부회계관리제도 미비점이 개별적으로 또는 결합하여 유의적 미비점이 되는지 여부를 결정하기 위하여, 내부회계관리제도 미비점 각각의 심각성을 평가하여야 한다. 그러한 평가를 수행할 때, 감사인은 동일한 유의적인 거래유형 · 계정잔액 · 공시, 관련경영진주장, 또는 내부회계관리제도 구성요소에 영향을 미치는 미비점들이 집합적으로 유의적 미비점이 되는지 여부를 결정하여야 한다.

2.6 감사결론

(1) 의견형성

기출 2024

감사인은 다음을 포함하여 모든 원천에서 입수한 증거를 평가함으로써 내부회계관리제도의 효과성에 대한 의견을 형성하여야 한다.

① 내부회계관리제도감사를 위한 감사인의 통제테스트

② 재무제표에 대한 의견표명과 관련된 목적을 달성하기 위해 수행한 추가적인 통제테스트

③ 재무제표감사 과정에서 발견된 왜곡표시

④ 식별된 미비점들

(2) 내부회계관리제도 관련 사항의 커뮤니케이션

	경영진	지배기구	보고수단	커뮤니케이션 대상
① 미비점	○		서 면	
② 유의적 미비점	○	○	서 면	※ 통합감사 중 시정되었거나, 이전에 커뮤니케이션 되었으나 아직 시정되지 않은 유의적 미비점 포함주
③ 중요한 취약점	○	○	서 면	※ 통합감사 중 시정되었거나, 이전에 커뮤니케이션 되었으나 아직 시정되지 않은 중요한 취약점 포함주

주 만약 이전에 커뮤니케이션한 유의적 미비점과 중요한 취약점이 남아있다면, 당기 커뮤니케이션은 이전의 커뮤니케이션을 반복하거나, 단순하게 이전의 커뮤니케이션과 해당 커뮤니케이션 일자를 언급할 수 있다(ISA 1100-A93).

기출 2022

TIP

여기서 미비점을 지배기구에 서면으로 보고하여서는 안된다는 것은 아니며 반드시 서면으로 할 필요는 없다는 것을 의미한다. 4대 회계법인은 미비점까지 포함하여 지배기구에 서면으로 보고한다.

■ 유의적 미비점과 중요한 취약점: 감사인은 통합감사 중에 시정되었거나 이전에 커뮤니케이션 되었으나 아직 시정되지 않은 유의적 미비점과 중요한 취약점을 포함하여, 통합감사 중 식별된 유의적 미비점과 중요한 취약점을 경영진과 지배기구에게 서면으로 커뮤니케이션하여야 한다(ISA 1100-63). 상기 유의적 미비점과 중요한 취약점에 대한 서면 커뮤니케이션은 적시에 그리고 내부회계관리제도에 대한 감사보고서가 발행되기 이전에 이루어져야 한다(ISA 1100-65).

여기서, 통합감사 중에 시정되었거나 이전에 커뮤니케이션 되었으나 아직 시정되지 않은 유의적 미비점과 중요한 취약점을 포함한다는 것은 전기에 발견된 사항이 개선되었는지 여부에 대한 사후관리 결과를 경영진 및 지배기구와 커뮤니케이션하여야 한다는 것을 의미한다.

■ 미비점: 감사인은 통합감사 중에 식별한 내부회계관리제도의 모든 미비점(미비점 까지도)을 경영진에게 서면으로 적시에, 감사보고서 발행 이전에 커뮤니케이션하여야 한다(ISA 1100-66). 이는 내부회계관리제도감사가 내부회계관리제도의 미비점을 식별하는데 중점을 두고 있기 때문이다(ISA 1100-A95).

감사인은 이전의 서면 커뮤니케이션에 포함되어 있는 미비점(only 미비점)에 관한 정보를 반복할 필요가 없다. 이전의 커뮤니케이션이 감사인, 내부감사인 또는 조직 내의 다른 누군가에 의해 수행되었는지는 관계가 없다(ISA 1100-66). 이는 전기에 커뮤니케이션된 유의적 미비점과 중요한 취약점이 당기에 개선되었는지 여부를 커뮤니케이션해야 한다는 것과 다른 것이다.

■ 경영진과 커뮤니케이션 한 사항 지배기구에 통보(inform): 감사인은 지배기구에 경영진과 커뮤니케이션(모든 미비점)이 언제 수행되었는지(과거) 혹은 언제 수행될 예정인지(미래)를 알려야 한다(ISA 1100-66).

■ 중요한 취약점보다 덜 심각한 모든 미비점에 대한 감사보고: 통합감사는 감사인이 중요한 취약점보다 덜 심각한 모든 미비점을 식별하였다는 합리적인 확신을 감사인에게 제공하지 않는다. 따라서 감사인은 통합감사 중에 식별된, 중요한 취약점보다 덜 심각한 미비점이 없다고 명시하는 보고서를 발행해서는 안 된다. 또한, 감사인은 기업의 내부회계관리제도의 효과성에 대해 의견을 표명하는 보고서를 발행하기 때문에, 감사인이 통합감사 중 중요한 취약점이 식별되지 않았음을 나타내는 보고서를 발행해서는 안 된다(ISA 110-67).

위 사항은 오로지 중요한 취약점만 감사의견에 영향을 미치고 감사 또한 중요한 취약점이 존재하는지를 식별하는데 필요한 감사절차에 초점을 두고 있다. 감사인은 중요한 취약점보다 덜한 미비점이나 유의한 미비점에 대한 충분하고 적합한 감사증거를 수집할 수 없다. 따라서, 감사인은 통합감사 중에 식별된, 중요한 취약점보다 덜 심각한 미비점이 없다고 명시하는 보고서를 발행해서는 안 된다는 것이다.

2.7 경영진 서면진술의 입수

감사인은 내부회계관리제도감사를 수행할 때, 다음 내용이 모두 포함된 경영진의 서면진술을 입수하여야 한다.

① 효과적인 내부회계관리제도를 수립하고 유지할 경영진의 책임을 인정함

② 경영진이 기업의 내부회계관리제도의 효과성에 대한 평가를 수행하였음을 진술하고, 준거기준을 구체적으로 명시함

③ 통합감사 중에 감사인이 수행한 감사절차를 경영진이 내부회계관리제도 효과성에 대한 경영진 평가에 대한 근거의 일부로 활용하지 않았음을 명시함

④ 평가기준일 현재 준거기준에 근거한 내부회계관리제도의 효과성에 대한 경영진의 평가내용을 명시함

⑤ 내부회계관리제도의 설계 또는 운영상의 모든 미비점을 감사인에게 공개하였음을 명시함(유의적 미비점이나 중요한 취약점이라고 생각되는 모든 미비점을 경영진이 별도로 감사인에게 공개한 것을 포함함)

⑥ 기업의 재무제표에 중요한 왜곡표시를 초래하는 부정과 재무제표에 중요한 왜곡표시

를 초래하지는 않지만 고위경영진 또는 기업의 내부회계관리제도에서 유의적인 역할을 담당하는 경영진 또는 기타 직원이 연루된 부정을 기술함

TIP

내부회계관리제도에 대한 감사보고가 추가될 때

- 재무제표에 대한 감사보고서 내 의견문단 바로 뒤에 내부회계관리제도도 감사하였고 곧바로 이에 대한 감사보고가 있다는 것을 알려주는 문구를 추가함으로써 감사보고서 이용자가 내부회계관리제도에 대한 감사보고를 지나칠 위험을 줄이려고 한다. 그 다음 문단에 강조사항이나 기타사항이 추가될 수 있을 것이다.

+

- 재무제표에 대한 감사보고와 별도로 내부회계관리제도에 대한 감사보고서를 추가한다.

3 내부회계관리제도의 감사보고

(1) 재무제표에 대한 감사보고서와 내부회계관리제도에 대한 감사보고서의 수정

■ 재무제표에 대한 감사보고서에 내부회계관리제도 감사보고를 추가

내부회계관리제도에 대한 감사보고서가 첨부되는 경우, 감사인은 재무제표에 대한 감사보고서 의견문단 바로 뒤에 다음을 추가한다.

"우리는 또한 회계감사기준에 따라, [통제준거기준 식별]에 근거한 회사의 20×8년 12월 31일 현재의 내부회계관리제도를 감사하였으며, 20×9년 ××월 ××일자[재무제표에 대한 보고서일자와 동일한 보고서일자] 감사보고서에서 [의견의 성격 포함]을 표명하였습니다."

■ 내부회계관리제도에 대한 감사보고서에 재무제표에 대한 감사보고를 추가

내부회계관리제도에 대한 감사보고서가 첨부되는 경우, 감사인은 의견문단 바로 뒤에 다음을 추가한다.

"우리는 또한 회계감사기준에 따라, 회사의 [재무제표 식별]를 감사하였으며, 20×9년 ××월 ××일자[내부회계관리제도의 효과성에 대한 감사보고서일자와 동일한 보고서일자] 감사보고서에서 [의견의 성격 포함]을 표명하였습니다."

Q

내부회계관리제도의 감사의견

(2) 내부회계관리제도 감사의견의 대상

감사인은 경영진이 작성한 내부회계관리제도 운영실태보고서를 제출받아 감사를 수행한다. 그러면 내부회계관리제도에 대한 감사의견은 1) 내부회계관리제도에 대한 의견인지? 아니면 2) 내부회계관리제도 운영실태보고서에 대한 의견인지에 대한 의문이 들 것이다. 감사인은 내부회계관리제도 그 자체에 대하여 감사의견을 표명한다. 따라서 내부회계관리제도 운영실태보고서가 사실과 다르게 작성되었다는 사실 만으로 감사인이 부적정의견을 표명할 수 없다. 다만, 경영진이 내부회계관리제도에 대한 감사의견과 상이하게(부적절하게) 또는 구성요소가 불완전하게 내부회계관리제도 운영실태보고서를 공시하는 경우, 감사인은 내부회계관리제도 감사의견은 변형하지 아니하고 내부회계관리제도 감사보고서를 변형한다.

TIP

내부회계관리제도에 대한 감사대상, 감사절차 및 감사의견

- 감사대상: 내부회계관리제도
- 감사절차: 내부회계관리제도 운영실태보고서를 요청하여 내부회계관리제도를 감사
- 감사의견: 내부회계관리제도가 내부회계관리제도 설계 및 운영 개념체계에 따라 중요성의 관점에서 효과적으로 설계되고 운영되었는가?

(3) 감사보고서 변형

다음 상황이 존재하는 경우, 감사인은 내부회계관리제도 감사보고서를 변형하여야 한다.

① 하나 이상의 중요한 취약점이 존재함(부적정의견)

② 내부회계관리제도 운영실태보고서의 구성요소가 불완전하거나 부적절하게 표시되어 있음(기타사항문단 추가)

③ 업무의 범위에 제한이 존재함(의견거절)

④ 내부회계관리제도 운영실태보고서에 추가정보가 포함되어 있음

(4) 부적정의견

- 부적정의견: 평가기준일 현재에 개별적으로 혹은 결합적으로 하나 이상의 중요한 취약점이 존재한다면, 감사인은 업무 범위에 대한 제한이 없는 한, 내부회계관리제도에 대해 부적정의견을 표명하여야 한다. 즉, 감사인은 내부회계관리제도에 중요한 취약점이 존재하면, 경영진이 내부회계관리제도 운영실태보고서에 그 내용을 기술하는지 여부에 관계없이 부적정의견을 표명한다.

- 부적정의견이 재무제표에 대한 감사의견에 미치는 영향 고려: 감사인은 내부회계관리제도에 대한 부적정의견이 재무제표에 대한 감사의견에 미치는 영향을 결정하여야 한다. 또한, 감사인은 내부회계관리제도에 대한 부적정의견이 재무제표에 대한 감사의견에 영향을 미쳤는지 여부를 공시하여야 한다.

(5) 내부회계관리제도 운영실태보고서의 구성요소가 불완전하거나 부적절하게 표시된 경우

내부회계관리제도에 중요한 취약점이 존재하여 감사인이 부적정의견을 표명한 경우라 하더라도 경영진은 내부회계관리제도 운영실태보고서에 해당 중요한 취약점을 기술한 경우도 있고 기술하지 않는 경우도 있을 것이다. 두 경우 모두 감사인은 부적정의견을 표명하지만 경영진이 내부회계관리제도 운영실태보고서에 중요한 취약점을 기술하지 않은 경우에 다음과 같이 감사보고서를 변형한다.

- 하나 이상의 중요한 취약점이 감사보고서에 첨부되는 내부회계관리제도 운영실태보고서에 포함되지 않았다면, 감사보고서는 하나 이상의 중요한 취약점이 식별되었으나 내부회계관리제도 운영실태보고서에 포함되지 않았음을 언급하도록 변형되어야 한다.
- 감사보고서는 내부회계관리제도 운영실태보고서에 포함되지 않은 각각의 중요한 취약점에 대한 설명을 포함하여야 한다.
- 이 경우, 감사인은 또한 내부회계관리제도 운영실태보고서에 하나 이상의 중요한 취약점이 보고되지 않았거나 중요한 취약점으로 식별되지 않았음을 지배기구에 서면으로 커뮤니케이션하여야 한다. 만약 내부회계관리제도 운영실태보고서에 중요한 취약점이 포함되었으나, 감사인이 중요한 취약점의 공시가 중요성의 관점에서 공정하게 표시되지 않았다고 결론을 내리면, 해당 중요한 취약점을 공정하게 기술하는데 필요한 정보뿐 아니라 해당 결론을 감사보고서에 기술하여야 한다.

- CASE 1: 내부회계관리제도가 부적정 + 운영실태보고서는 이를 적절하게 보고 → 내부회계 감사의견은 부적정 + 내부회계 감사보고서에 운영실태보고서에 대한 추가 설명은 필요하지 않음
- CASE 2: 내부회계관리제도가 부적정 + 운영실태보고서가 이를 부적절하게 보고 → 내부회계 감사의견은 부적정 + 내부회계 감사보고서에 운영실태보고서에서 누락(잘못 설명)된 중요한 취약점에 대한 설명을 추가(수정 설명).

요약하면, 감사인은 내부회계관리제도 운영실태보고서가 어떻게 기술되었는지 여부에 관계없이 내부회계관리제도 자체에 대하여 감사의견을 형성하고, 운영실태보고서가 잘못(누락) 작성된 부분은 내부회계관리제도에 대한 감사보고서에 잘못 설명(누락)한 것을 제대로 설명하는 내용을 추가한다.

(6) 범위제한

통합감사 업무를 수임한 후에, 내부회계관리제도감사의 업무범위에 대한 제한이 있다면, 감사인은 통합감사 계약을 해지하거나 내부회계관리제도에 대한 의견을 거절하여야 하고, 재무제표 감사에 미치는 영향을 고려하여야 한다.

(7) 서면진술을 거부하는 경우

경영진이 내부회계관리제도의 효과성에 대한 경영진의 서면진술의 제공을 거부함으로 인해 감사범위의 제한이 발생되는 경우, 감사인은 통합감사 계약을 해지하여야 한다. 그러나 감사계약의 해지가 관련 법규에 의해 가능하지 않은 경우(우리나라의 경우 감사인이 감사계약을 해지하는 것이 제한되어 있음), 감사인은 내부회계관리제

도에 대한 의견을 거절하여야 한다.

(8) 추가정보

경영진은 내부회계관리제도 운영실태보고서에 수록하여야 할 사항으로 정한 정보 이외에 추가정보를 포함할 수 있다. 이 경우 추가정보는 감사대상이 아니므로 감사의견을 표명할 수 없고 따라서 기타사항문단에서 해당 정보에 대한 의견을 거절하여야 한다.

4 내부회계관리제도 감사(검토)와 재무제표 감사의 연관성

4.1 재무제표감사에 있어서 내부통제의 검토목적

감사인이 재무제표 감사를 위하여 내부통제제도를 평가하는 것은 감사위험의 구성요소인 통제위험을 평가하고 적발위험의 수준을 결정함으로써 재무제표의 경영진주장에 대한 추가감사절차의 성격, 시기 및 범위를 결정하기 위하여 실시된다. 감사인은 재무제표에 대한 경영진주장의 통제위험이 높지 않다고 평가하는 경우에는 회계감사기준의 규정에 의하여 관련 내부통제가 회계기간 동안 효과적으로 설계, 운영되었다는 사실에 대하여 통제테스트를 수행함으로써 관련 증거를 확보한다.

4.2 내부회계관리제도의 감사(검토)가 재무제표 감사시 내부통제의 평가 및 시사에 미치는 영향

내부회계관리제도의 감사(검토)목적은 회사의 내부회계관리제도(내부회계관리제도의 운영실태에 대한 경영진의 보고)가 적절한지 감사(검토)를 실시하고 그 결과에 대한 의견을 표명하는 것이다. 감사인은 전반적인 관점에서 내부회계관리제도 감사(검토)결과를 표명하기 위하여 재무제표의 모든 중요한 계정과목과 공시사항의 주장과 관련된 내부회계관리제도의 효과성에 대한 증거를 입수한다.

감사인의 내부회계관리제도 감사(검토)는 재무제표 감사를 위하여 수행하는 내부통제의 평가와 이에 따른 추가감사절차의 성격, 시기 및 범위를 결정하기 위한 목적에도 유용할 수 있다.

감사인이 내부회계관리제도(경영진의 운영실태보고에 대하여 검토결과)에 대한 의견을 표명하는 것은 재무제표감사를 위하여 수행하는 내부통제제도의 평가 또는 통제테스트와는 별개의 업무임을 유의하여야 한다. 내부회계관리제도 감사(검토)는 일반적으로 재무제표 감사를 위하여 수행하는 내부통제의 검토보다는 확대된 개념이다. 따라서, 내부회계관리제도의 감사(검토) 및 보고업무는 통상적인 재무제표 감사업무와 별개의 업무로서 수행되어야 한다.

4.3 내부회계관리제도의 감사(검토)가 재무제표 감사시 실증절차에 미치는 영향

감사인이 내부회계관리제도(운영실태보고의 검토결과)에 대한 의견을 표명하기 위해 감사(검토)절차를 수행한 경우, 내부회계관리제도의 감사(검토)에 따라 파악된 통제위험의 평가결과 또는 중요왜곡표시위험의 평가결과는 재무제표의 관련 경영진주장에 대한 실증절차의 성격, 시기 및 범위를 적절히 수정하는데 활용될 수도 있을 것이다. 그러나 적극적 확신(소극적 확신)을 제공하는 감사(검토)로부터 얻은 증거가 합리적 확신을 제공하는 감사의견의 표명에도 충분히 활용될 수 있는지 여부는 해당 증거의 충분성과 적합성에 대한 전문가적 판단에 따라 결정되어야 한다.

- 감사인은 내부회계관리제도를 감사(운영실태보고를 검토)했다는 사실만으로 재무제표 감사시 모든 중요한 계정과목과 공시사항의 경영진주장에 대하여 실증절차를 직접적으로 감소시키는 것은 아니다.
- 감사인은 내부회계계관리제도르 감사한 결과(운영실태보고를 검토한 결과) 중요한 취약점이 발견되었다고 하여 반드시 재무제표에 대하여 적정의견이 아닌 감사보고서를 발행해야 하는 것은 아니다. 이 경우, 감사인은 내부회계관리제도의 중요한 취약점이 재무제표에 미칠 영향을 고려하여 실증절차를 수정할지 판단한다.
- 감사인은 내부회계관리제도 감사(검토)에 중요한 범위제한이 있었을 경우 재무제표의 감사의견에 범위제한을 언급하여야 하는 것은 아니지만, 내부회계관리제도 감사(검토)상 범위제한이 재무제표 감사에 미칠 영향을 적절히 고려하여야 할 것이다.

4.4 재무제표 감사의 실증절차가 내부회계관리제도의 감사(검토)에 미치는 영향

감사인은 재무제표의 감사를 위하여 수행한 실증절차에서 다음의 사항을 발견한 경우 내부회계관리제도의 감사(검토)결과에 미칠 수 있는 영향을 고려해야 한다.

- 특히 부정과 관련한 실증절차의 선택과 적용에 있어서의 감사위험 평가
- 불법행위나 특수관계자거래에 관련된 적발사항
- 회계추정과 회계원칙의 선택에 있어서 경영진의 잘못된 지시사항
- 실증절차에서 발견된 왜곡사항

5 내부회계관리제도 감사보고서의 사례

아래는 적정의견 보고서와 부적정의견 보고서를 제시한다. 아래에서 사례 1은 적정의견 감사보고서, 사례 2는 부적정의견 감사보고서, 그리고 사례 3은 의견거절 감사보고서를 수록하고 있다.

사례 01 내부회계관리제도 적정의견(감사보고서)

독립된 감사인의 내부회계관리제도 감사보고서

ABC주식회사의 주주 귀중 [또는 다른 적합한 수신인]

내부회계관리제도에 대한 감사의견
우리는 20×1년 12월 31일 현재 「내부회계관리제도 설계 및 운영 개념체계」에 근거한 ABC주식회사의 내부회계관리제도를 감사하였습니다.

우리의 의견으로는 회사의 내부회계관리제도는 20×1년 12월 31일 현재 「내부회계관리제도 설계 및 운영 개념체계」에 따라 중요성의 관점에서 효과적으로 설계 및 운영되고 있습니다.

우리는 또한 회계감사기준에 따라, ABC주식회사의 20×1년 12월 31일 현재의 재무상태표, 동일로 종료되는 보고기간의 손익계산서(또는 포괄손익계산서), 자본변동표, 현금흐름표를 감사하였으며, 20×2년 ××월 ××일자[내부회계관리제도 감사보고서 일자와 동일한 보고서일자] 감사보고서에서 [의견의 성격 포함]을 표명하였습니다.

내부회계관리제도 감사의견근거
우리는 회계감사기준에 따라 감사를 수행하였습니다. 이 기준에 따른 우리의 책임은 이 감사보고서의 내부회계관리제도감사에 대한 감사인의 책임 단락에 기술되어 있습니다. 우리는 내부회계관리제도감사와 관련된 공인회계사 윤리기준에 따라 회사로부터 독립적이며 그러한 요구사항과 국제윤리기준에 따른 기타의 윤리적 책임들을 이행하였습니다. 우리가 입수한 감사증거가 감사의견을 위한 근거로서 충분하고 적합하다고 우리는 믿습니다.

내부회계관리제도에 대한 경영진과 지배기구의 책임
경영진은 효과적인 내부회계관리제도의 설계, 실행 및 유지할 책임이 있으며, 내부회계관리제도 운영실태보고서에 포함된, 내부회계관리제도 효과성에 대한 평가에 책임이 있습니다.

지배기구는 회사의 내부회계관리제도의 감시에 대한 책임이 있습니다.

내부회계관리제도감사에 대한 감사인의 책임
우리의 책임은 우리의 감사에 근거하여 회사의 내부회계관리제도에 대한 의견을 표명하는데 있습니다. 우리는 회계감사기준에 따라 감사를 수행하였습니다. 이 기준은 우리가 중요성의 관점에서 내부회계관리제도가 효과적으로 유지되는지에 대한 합리적 확신을 얻도록 감사를 계획하고 수행할 것을 요구하고 있습니다.

내부회계관리제도 감사는 중요한 취약점이 존재하는지에 대한 감사증거를 입수하기 위한 절차의 수행을 포함합니다. 절차의 선택은 중요한 취약점이 존재하는지에 대한 위험평가를 포함하여 감사인의 판단에 따라 달라집니다. 감사는 내부회계관리제도에 대한 이해의 획득과 평가된 위험에 근거한 내부회계관리제도의 설계 및 운영에 대한 테스트 및 평가를 포함합니다.

내부회계관리제도의 정의와 고유한계

회사의 내부회계관리제도는 지배기구와 경영진, 그 밖의 다른 직원에 의해 시행되며, [일반적으로 인정된 회계처리기준과 같은 적용 가능한 회계기준]에 따라 신뢰성 있는 재무제표의 작성에 합리적인 확신을 제공하기 위하여 고안된 프로세스입니다. 회사의 내부회계관리제도는 (1) 회사 자산의 거래와 처분을 합리적인 수준으로 정확하고 공정하게 반영하는 기록을 유지하고 (2) [일반적으로 인정되는 회계처리기준과 같은 회계기준]에 따라 재무제표가 작성되도록 거래가 기록되고, 회사의 경영진과 이사회의 승인에 의해서만 회사의 수입과 지출이 이루어진다는 합리적인 확신을 제공하며 (3) 재무제표에 중요한 영향을 미칠 수 있는 회사 자산의 부적절한 취득, 사용 및 처분을 적시에 예방하고 발견하는 데 합리적인 확신을 제공하는 정책과 절차를 포함합니다.

내부회계관리제도는 내부회계관리제도의 본질적인 한계로 인하여 재무제표에 대한 중요한 왜곡표시를 발견하거나 예방하지 못할 수 있습니다. 또한, 효과성 평가에 대한 미래기간의 내용을 추정시에는 상황의 변화 혹은 절차나 정책이 준수되지 않음으로써 내부회계관리제도가 부적절하게 되어 미래기간에 대한 평가 및 추정내용이 달라질 위험에 처할 수 있습니다.

이 독립된 감사인의 내부회계관리제도 감사보고서의 근거가 된 감사를 실시한 업무수행이사는 ○○○입니다.

○○ 회계법인 대표이사 ○○○
[감사인의 주소]

20×2년 ×월 ×일

사례 02 내부회계관리제도 부적정의견(감사보고서)

독립된 감사인의 내부회계관리제도 감사보고서

ABC주식회사의 주주 귀중 [또는 다른 적합한 수신인]

내부회계관리제도에 대한 부적정의견

우리는 20×1년 12월 31일 현재 「내부회계관리제도 설계 및 운영 개념체계」에 근거한 ABC주식회사의 내부회계관리제도를 감사하였습니다.

우리의 의견으로는 부적정의견근거 단락에 기술된 「내부회계관리제도 설계 및 운영 개념체계」의 목적을 달성하기 위한 중요한 취약점의 영향 때문에 ABC주식회사의 내부회계관리제도는 20×1년 12월 31일 현재 효과적으로 설계 및 운영되고 있지 않습니다.

우리는 또한 회계감사기준에 따라, ABC주식회사의 20×1년 12월 31일 현재의 재무상태표, 동일로 종료되는 보고기간의 손익계산서(또는 포괄손익계산서), 자본변동표, 현금흐름표를 감사하였으며, 20×2년 ××월 ××일자[내부회계관리제도 감사보고서 일자와 동일한 보고서일자] 감사보고서에서 [의견의 성격 포함]을 표명하였습니다. 우리는 우리의 20×1년 재무제표 감사에 적용된 감사절차의 성격, 시기 및 범위를 결정하는데 있어 식별된 중요한 취약점을 고려하였으며, 이 감사보고서는 그러한 재무제표 감사보고서에 영향을 미치지 아니합니다.

내부회계관리제도 부적정의견근거

우리는 감사기준에 따라 감사를 수행하였습니다. 이 기준에 따른 우리의 책임은 이 감사보고서의 내부회계관리제도감사에 대한 감사인의 책임 단락에 기술되어 있습니다. 우리는 내부회계관리제도감사와 관련된 공인회계사 윤리기준에 따라 회사로부터 독립적이며 그러한 요구사항과 국제윤리기준에 따른 기타의 윤리적 책임들을 이행하였습니다. 우리가 입수한 감사증거가 부적정의견을 위한 근거로서 충분하고 적합하다고 우리는 믿습니다.

중요한 취약점은 내부회계관리제도 미비점 혹은 미비점들의 결합으로, 회사의 재무제표의 중요한 왜곡표시가 적시에 예방되거나 발견·수정되지 못할 가능성이 낮지 않은 경우에 존재합니다. 다음의 중요한 취약점이 식별되었으며, 첨부된 내부회계관리제도 운영실태보고서에 포함되었습니다.

[내부회계관리제도 운영실태보고서에서 기술된 중요한 취약점을 식별함]

내부회계관리제도에 대한 경영진과 지배기구의 책임

경영진은 효과적인 내부회계관리제도의 설계, 실행 및 유지할 책임이 있으며, 내부회계관리제도 운영실태보고서에 포함된, 내부회계관리제도 효과성에 대한 평가에 책임이 있습니다.

지배기구는 회사의 내부회계관리제도의 감시에 대한 책임이 있습니다.

내부회계관리제도감사에 대한 감사인의 책임

우리의 책임은 우리의 감사에 근거하여 회사의 내부회계관리제도에 대한 의견을 표명하는데 있습니다. 우리는 회계감사기준에 따라 감사를 수행하였습니다. 이 기준은 우리가 중요성의 관점에서 내부회계관리제도가 효과적으로 유지되는지에 대한 합리적 확신을 얻도록 감사를 계획하고 수행할 것을 요구하고 있습니다.

내부회계관리제도 감사는 중요한 취약점이 존재하는지에 대한 감사증거를 입수하기 위한 절차의 수행을 포함합니다. 절차의 선택은 중요한 취약점이 존재하는지에 대한 위험평가를 포함하여 감사인의 판단에 따라 달라집니다. 감사는 내부회계관리제도에 대한 이해의 획득과 평가된 위험에 근거한 내부회계관리제도의 설계 및 운영에 대한 테스트 및 평가를 포함합니다.

내부회계관리제도의 정의와 고유한계

회사의 내부회계관리제도는 지배기구와 경영진, 그 밖의 다른 직원에 의해 시행되며, [일반적으로 인정된 회계처리기준과 같은 적용 가능한 회계기준]에 따라 신뢰성 있는 재무제표의 작성에 합리적인 확신을 제공하기 위하여 고안된 프로세스입니다. 회사의 내부회계관리제도는 (1) 회사 자산의 거래와 처분을 합리적인 수준으로 정확하고 공정하게 반영하는 기록을 유지하고 (2) [일반적으로 인정되는 회계처리기준과 같은 회계기준]에 따라 재무제표가 작성되도록 거래가 기록되고, 회사의 경영진과 이사회의 승인에 의해서만 회사의 수입과 지출이 이루어진다는 합리적인 확신을 제공하며 (3) 재무제표에 중요한 영향을 미칠 수 있는 회사자산의 부적절한 취득, 사용 및 처분을 적시에 예방하고 발견하는데 합리적인 확신을 제공하는 정책과 절차를 포함합니다.

내부회계관리제도는 내부회계관리제도의 본질적인 한계로 인하여 재무제표에 대한 중요한 왜곡표시를 발견하거나 예방하지 못할 수 있습니다. 또한, 효과성 평가에 대한 미래기간의 내용을 추정시에는 상황의 변화 혹은 절차나 정책이 준수되지 않음으로써 내부회계관리제도가 부적절하게 되어 미래기간에 대한 평가 및 추정내용이 달라질 위험에 처할 수 있습니다.

이 독립된 감사인의 내부회계관리제도 감사보고서의 근거가 된 감사를 실시한 업무수행이사는 ○○○입니다.

○○ 회계법인 대표이사 ○○○
[감사인의 주소]

20×2년 ×월 ×일

사례 03 내부회계관리제도 의견거절(감사보고서)

독립된 감사인의 내부회계관리제도 감사보고서

ABC주식회사의 주주 귀중 [또는 다른 적합한 수신인]

내부회계관리제도에 대한 의견거절
의견거절근거 단락에서 기술된 사항의 유의성 때문에 우리는 감사의견의 근거를 제공하는 충분하고 적합한 감사증거를 입수할 수 없었습니다. 따라서 우리는 ABC 회사의 내부회계관리제도 효과성에 대한 의견을 표명하지 않습니다.

우리는 또한 회계감사기준에 따라, ABC 주식회사의 20×1년 12월 31일 현재의 재무상태표, 동일로 종료되는 보고기간의 손익계산서(또는 포괄손익계산서), 자본변동표, 현금흐름표를 감사하였으며, 20×2년 ××월 ××일자[내부회계관리제도 감사보고서일자와 동일한 보고서일자] 감사보고서에서 [의견의 성격 포함]을 표명하였습니다.

우리는 우리의 20×1년 재무제표 감사에 적용된 감사절차의 성격, 시기 및 범위를 결정하는데 있어 식별된 중요한 취약점을 고려하였으며, 이 감사보고서는 그러한 재무제표 감사보고서에 영향을 미치지 아니합니다.

내부회계관리제도 의견거절근거
[의견거절을 초래하는 사항을 기술함]
상기에서 기술된 사항 때문에, 우리는 감사의견의 근거를 제공하는데 충분하고 적합한 감사증거를 입수할 수 없었습니다. 그러나 중요한 취약점이 식별되었습니다. 중요한 취약점은 내부회계관리제도 미비점 혹은 미비점들의 결합으로, 회사의 재무제표의 중요한 왜곡표시가 적시에 예방되거나 발견·수정되지 못할 가능성이 낮지 않은 경우에 존재합니다. 하나 이상의 중요한 취약점이 존재하는 경우 회사의 내부회계관리제도는 효과적이라고 간주될 수 없습니다. 다음의 중요한 취약점은 첨부된 내부회계관리제도 운영실태보고서에 포함되었습니다.

[내부회계관리제도 운영실태보고서에서 기술된 중요한 취약점을 식별하고 중요한 취약점의 성격과 중요한 취약점이 존재하였던 기간에 발행된 기업의 재무제표의 표시에 중요한 취약점이 미치는 실질적 그리고 잠재적 영향을 포함한 중요한 취약점에 대한 기술을 포함한다.]

내부회계관리제도에 대한 경영진과 지배기구의 책임

경영진은 효과적인 내부회계관리제도를 설계, 실행 및 유지할 책임이 있으며, 내부회계관리제도 운영실태보고서에 포함된, 내부회계관리제도의 효과성에 대한 평가에 책임이 있습니다.

지배기구는 회사의 내부회계관리제도의 감시에 대한 책임이 있습니다.

내부회계관리제도감사에 대한 감사인의 책임

우리의 책임은 회계감사기준에 따라 감사를 수행하고 이를 근거로 ABC 회사의 내부회계관리제도에 의견을 표명하는데 있습니다. 그러나 이 감사보고서의 의견거절근거단락에서 기술된 사항 때문에 감사의견의 근거를 제공하는 충분하고 적합한 감사증거를 입수할 수 없었습니다.

내부회계관리제도의 정의와 고유한계

회사의 내부회계관리제도는 지배기구와 경영진, 그 밖의 다른 직원에 의해 시행되며, [일반적으로 인정된 회계처리기준과 같은 적용 가능한 회계기준]에 따라 신뢰성 있는 재무제표의 작성에 합리적인 확신을 제공하기 위하여 고안된 프로세스입니다. 회사의 내부회계관리제도는 (1) 회사 자산의 거래와 처분을 합리적인 수준으로 정확하고 공정하게 반영하는 기록을 유지하고 (2) [일반적으로 인정되는 회계처리기준과 같은 회계기준]에 따라 재무제표가 작성되도록 거래가 기록되고, 회사의 경영진과 이사회의 승인에 의해서만 회사의 수입과 지출이 이루어진다는 합리적인 확신을 제공하며 (3) 재무제표에 중요한 영향을 미칠 수 있는 회사 자산의 부적절한 취득, 사용 및 처분을 적시에 예방하고 발견하는데 합리적인 확신을 제공하는 정책과 절차를 포함합니다.

내부회계관리제도는 내부회계관리제도의 본질적인 한계로 인하여 재무제표에 대한 중요한 왜곡표시를 발견하거나 예방하지 못할 수 있습니다. 또한, 효과성 평가에 대한 미래기간의 내용을 추정시에는 상황의 변화 혹은 절차나 정책이 준수되지 않음으로써 내부회계관리제도가 부적절하게 되어 미래기간에 대한 평가 및 추정내용이 달라질 위험에 처할 수 있습니다.

이 독립된 감사인의 내부회계관리제도 감사보고서의 근거가 된 감사를 실시한 업무수행이사는 ○○○입니다.

○○ 회계법인 대표이사 ○○○

[감사인의 주소]

20×2년 ×월 ×일

SECTION 03 내부회계관리제도에 대한 감사인의 검토

핵심

1. 내부회계관리제도에 대하여
   - 경영진은 내부회계관리제도 운영실태보고에 대하여 합리적 확신을 제공하고
   - 감사인은 이를 검토하여 소극적 확신(또는 제한적 확신)을 제공한다.
2. 내부회계관리제도에 대한 감사인의 검토는 제한된 확신을 제공한다. 이 경우에 적용되는 중요성의 개념은 재무제표 감사에 있어서 합리적 확신을 표명하는 경우와 다르지 아니하다. 검토와 감사간의 확신수준이 다른 것은 다만 검토절차의 내용이 감사절차보다 제한적이라는 성격에 따라 발생되는 것이다.
3. 내부회계관리제도와 관련된 경영진의 책임과 감사인의 책임(본문의 표 참조)
4. 감사인이 위험영역과 관계없이 표준검토절차를 적용한다면, 위험이 높은 분야는 (______)고, 위험이 낮은 분야는 (______)가 수행될 가능성이 있음을 유의한다.
5. 내부회계관리제도 검토보고서

구 분	검토보고서
검토의견	제공함(*not* 감사의견)
표준보고	내부회계관리제도의 중요한 취약점이 발견되지 아니하였고 중요한 범위제한도 없는 경우, 감사인은 경영진의 운영실태보고에 예외사항을 발견하지 못했다고 기재
검토범위의 제한	한정적으로 검토의견을 표명하거나 검토의견의 표명을 거절
중요한 취약점의 발견	1. 내부회계관리제도의 중요한 취약점이 발견된 경우 또는 경영진이 운영실태보고서에 그 내용을 모두 기재한 경우: 경영진의 운영실태보고서에 나타난 중요한 취약점을 기재 2. 경영진이 감사인이 발견한 중요한 취약점들의 일부만 기재한 경우: 경영진의 운영실태보고서에 나타난 중요한 취약점 + 운영실태보고서에 나타나지 않은 기타의 중요한 취약점 모두 기재 3. 경영진이 운영실태보고서에 그 내용을 기재하지 아니한 경우(즉, 내부회계관리제도가 적절하게 운용되고 있다고 보고한 경우): 경영진의 운영실태보고서에 나타나지 않은 모든 중요한 취약점을 기재

중요한 취약점의 발견	※ 결국 위 세 가지의 결과로 검토보고서에 보고되는 중요한 취약점의 정도는 동일하다. 즉, 검토보고서에는 감사인이 알게 된 취약점을 모두 기재하는데 1과 같이 모두 기재하였으면 있는 그대로, 2와 같이 일부만 기재하였으면 나머지도 추가로 기재, 3과 같이 전혀 기재하지 않았으면 모두 기재

6. 감사인이 경영진의 운영실태보고에 대하여 검토결과를 표명하는 것은 재무제표감사를 위하여 수행하는 내부통제제도의 평가 또는 시사와는 별개의 업무임을 유의하여야 한다. 내부회계관리제도 검토는 일반적으로 재무제표 감사를 위하여 수행하는 내부통제의 검토보다는 확대된 개념이다. 따라서 내부회계관리제도의 검토 및 보고업무는 통상적인 재무제표 감사업무와 별개의 업무로서 수행되어야 한다.
7. 감사인은 재무제표 감사시의 실증절차에서 중요한 왜곡표시가 적발되지 아니하였다는 사실이 반드시 내부회계관리제도가 효과적이라는 증거를 제공하지 않음을 유의한다. 반면, 재무제표의 실증절차에서 중요한 왜곡표시사항이 발견되었다면 이와 관련된 내부회계관리제도는 효과적이지 않을 것이라고 예측할 수 있을 것이다.

1 내부회계관리제도 감사와 검토의 차이

앞서 내부회계관리제도의 감사에 대해 설명한 바 있다.

	감 사	검 토
1. 수준에 따른 인증업무	합리적인 수준의 인증	보통 수준의 인증
2. 확신의 수준	적극적 확신	소극적 확신
3. 검증대상	회사의 내부회계관리제도 + 대표이사의 운영실태보고서	대표이사의 운용실태보고서
4. 수행절차	- 통제절차 재수행	
	- 문서검사	- 제한된 문서검사
	- 관 찰	
	- 질 문	- 질문 위주

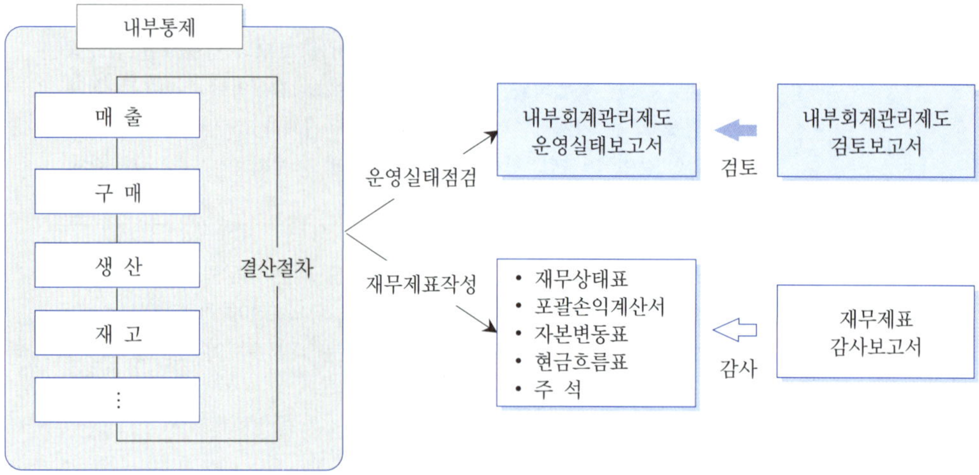

앞서 내부회계관리제도의 감사를 설명한 바 있다. 그리고 재무제표의 감사와 검토의 차이도 설명한 바 있다. 이제 내부회계관리제도의 검토를 이해할 차례이다. 저자는 내부회계관리제도의 검토를 독립적으로 설명하기보다는 내부회계관리제도의 감사와 검토의 차이를 설명하고 검토의 경우 주요 내용만 설명하고자 한다.

위 표에서 제시한 바와 같이 내부회계관리제도의 감사와 검토의 근본적 차이는 제공하는 확신의 차이에서 유래한다. 감사는 합리적인 수준의 인증을 제공하는 것을 목적으로 적극적 확신을 제공하고, 검토는 보통 수준의 인증을 제공하는 것을 목적으로 소극적 확신을 제공한다.

그 결과 수행하는 절차도 차이가 있다. 감사는 통제절차를 재수행, 문서검사, 관찰 및 질문함으로써 합리적인 수준의 확신을 제공하는데 필요한 충분하고 적합한 증거를 수집한다, 검토는 보통 수준의 질문 위주와 필요한 경우 제한된 문서검사라는 제한된 절차로 보통 수준의 확신을 제공하는데 충분하고 적합한 증거를 수집한다.

검증대상에서도 뚜렷한 차이가 있다. 내부회계관리제도 감사에서 감사대상은 회사의 내부회계관리제도 그 자체이다. 회사의 대표이사는 자체적으로 회사의 내부회계관리제도에 대한 운용실태보고서를 작성하여 감사인에게 제시하지만 감사인의 주된 감사대상은 회사의 내부회계관리제도 그 자체이며, 대표이사의 내부회계관리제도 운영실태보고서도 감사대상에 포함된다. 그 결과 회사의 내부회계관리제도가 중요한 미비점이 존재한다면 부적정의견을 감사범위가 제한된다면 의견거절을 표명한다. 그러나 대표이사의 내부회계관리제도 운영실태보고서가 사실과 다르다면 감사의견에는 영향을 미치지 아니하며 기타사항문단을 추가하여 그러한 사실을 보고한다.

내부회계관리제도의 검토에서 검토대상은 대표자의 내부회계관리제도 운영실태보고서이다. 이 경우 감사인은 회사의 내부회계관리제도와 대표이사의 운영실태보고서를 비교할 필요가 있다. 감사인이 회사의 내부회계관리제도의 설계와 운영을 파악하는 방법은 감사와는 달리 질문위주로 필요한 경우 제한적으로 문서검사한다. 감사인은 그 결과를 대표이사의 운영실태보고서와 비교하여 내부회계관리제도 운영실태보고서가 회사의 내부회계관리제도를 있는 그대로 보고하고 있는지에 대한 검토보고서를 작성한다.

2 내부회계관리제도 검토의 의의

2.1 내부회계관리제도의 검토의 목적

내부회계관리제도에 대한 재무제표 감사인의 검토는 내부회계관리제도의 운영에 대한 경영진의 주장(내부회계관리제도 운영실태보고)에 대하여 검토를 수행하고 그 결과를 표명하기 위한 것이다.

감사인이 감사업무를 수행하는 경우에는 내부회계관리제도의 운영실태에 관한 보고내용을 검토하여, 그 검토결과에 대한 종합의견을 감사보고서에 표명하여야 한다(외감법 제8조).

2.2 내부회계관리제도 검토의 고유한계

내부회계관리제도는 내부회계관리제도가 아무리 잘 설계된 내부통제제도라고 할지라도 제도를 운영함으로써 발생되는 집행위험을 피할 수 없으며, 감사인의 내부회계관리제도에 대한 검토의견의 표명은 경영진의 운영실태평가에 대한 소극적확신 개념에 기초하고 있다. 그러므로 감사인은 내부회계관리제도의 모든 중요한 취약점들이 검토과정에서 발견될 것임을 보장하지는 않는다. 따라서 내부회계관리제도의 중요한 취약점에 의한 재무제표 왜곡표시가 사후적으로 발견되었다는 사실이 자동적으로 다음을 의미하지는 않는다.

- 감사인이 소극적 확신을 얻지 못함
- 검토계획의 수립, 검토업무의 수행 및 판단에 있어서의 부적절성
- 전문가로서의 적격성이나 정당한 주의의무의 결여
- 검토기준의 미준수

3 내부회계관리제도 검토의 일반원리 등

3.1 검토업무 수행의 일반원리

감사인은 내부회계관리제도의 검토업무를 수행함에 있어 다음의 일반원리를 준수하도록 한다.

(1) 전문능력

감사인은 내부회계관리제도에 대하여 검토할 수 있는 전문능력을 가지고 있어야 한다.

(2) 독립성

감사인은 내부회계관리제도를 구축 · 운영하고 평가할 책임이 있는 경영진 및 회사와 독립적이어야 한다. 감사인이 독립적이기 위해서는 경영진의 역할을 수행해서는 안되며, 감사인 자신이 수행한 업무를 검토해서는 아니된다.

(3) 전문가로서의 정당한 주의의무

감사인은 내부회계관리제도의 검토에 있어서 전문가로서의 정당한 주의의무를 다 하여야 한다. 정당한 주의의무의 중요한 측면 중 하나는 전문가적 의구심(professional skepticism)의 자세를 유지하는 것이다. 감사인은 재무제표 감사에 있어서 뿐만 아니라 내부회계관리제도의 검토에 있어서도 전문가적 의구심의 자세로서 업무를 수행해야 한다.

(4) 검토기준의 준수

감사인은 내부회계관리제도의 운영실태보고에 대한 검토를 수행함에 있어 검토기준을 준수하여야 한다.

3.2 체계적 · 효과적 · 효율적인 검토업무의 수행

감사인은 내부회계관리제도의 검토업무를 조직적으로 수행함으로써 업무의 효과성과 효율성을 증대시키도록 노력한다. 검토업무를 조직적으로 수행하는데 유의할 사항은 다음과 같다.

(1) 위험이 높은 영역을 중심으로 한 검토업무 수행

감사인은 위험이 높은 분야를 중심으로 전문가적 판단에 따라 상황에 맞는 개별적 검토절차를 계획, 수립함으로써 표준화된 검토절차나 점검표를 이용할 때 발생할 수 있는 비효율성을 감소시킬 수 있다. 감사인이 위험영역과 관계없이 표준검토절차를 적용한다면, 위험이 높은 분야는 충분한 검토가 수행되지 아니하고 위험이 낮은 분야는 과대한 검토가 수행될 가능성이 있음을 유의한다.

(2) 연역적 접근방법(Top-down method)의 채택

감사인은 전사적 수준에서의 내부회계관리제도로부터 검토 업무를 착수함으로써, 재무제표에 대한 왜곡표시의 발생가능성과 그 영향의 크기가 상대적으로 높은 영역을 보다 용이하게 파악할 수 있을 것이다. 그러나 감사인이 이러한 탑-다운 방식 대신 개별 거래와 계정잔액 중심으로 검토절차를 수행한다면 내부회계관리제도의 전반적인 검토라는 일차적 목적보다는 국부적인 사항에 집중하게 될 가능성도 있음을 유의한다.

4 내부회계관리제도 운영실태보고를 위한 경영진의 준거기준

경영진의 내부회계관리제도 운영실태보고는 내부회계관리제도 운영위원회가 제정한 모범규준 등 검증가능하고 신뢰할 수 있는 기준에 근거하여 수행되어야 한다.

5 합리적 확신과 소극적 확신

5.1 경영진의 운영실태보고서: 합리적 확신

경영진의 운영실태보고는 합리적 확신(reasonable assurance)에 근거하여야 한다. 합리적 확신에는 중요한 왜곡표시가 적절한 시기에 예방되지 못하거나 적발되지 못할 위험이 상대적으로 낮다는 것에 대한 이해가 포함된다. 합리적 확신은 절대적 확신은 아니지만 높은 수준의 확신을 의미한다.

5.2 감사인의 검토: 소극적 확신

경영진의 내부회계관리제도의 운영실태보고에 대한 감사인의 검토는 소극적 확신(negative assurance)을 제공한다. 소극적 확신은 검토대상이 되는 정보에 중요한 왜곡표시가 발견되지 않았다는 점에 대하여 회계감사보다는 낮은 수준의 확신을 제공하는 것을 의미한다. 내부회계관리제도에 대한 감사인의 검토는 경영진이 감사인에게 주장한 운영실태보고에 대하여 관련 내용을 확인하고 소극적 확신을 표명하는 것이다.

6 내부회계관리제도의 운영실태보고에 있어서 경영진의 책임

경영진은 내부회계관리제도와 그 운용실태보고서에 대하여 다음과 같은 책임이 있다.

내부회계관리제도에 대한 경영진의 책임	내부회계관리제도의 운영실태보고에 대한 경영진의 책임
경영진은 외감법에 따라 재무정보, 특히 재무제표의 신뢰성을 확보하기 위하여 효과적인 내부회계관리제도를 설계하고 운영하는데 궁극적인 책임을 진다. 경영진은 다음 사항을 포함하여 내부회계관리제도가 원활하게 작동하는데 필요한 제반 조치를 강구하여야 한다. • 이사회가 승인한 내부회계관리규정의 시행 • 적절한 내부회계관리제도의 설계 및 운영 • 내부회계관리제도의 효과성에 대한 평가 • 회계관리제도에 대한 책임 · 권한 · 보고관계의 명확화 등	경영진의 운영실태보고는 평가대상 회계기간의 내부회계관리제도를 대상으로 이루어지며, 경영진은 동 보고내용과 관련하여 다음과 같은 책임이 있다. • 모범규준에 따라 효과적인 내부회계관리제도를 유지할 책임 • 모범규준에 따라 내부회계관리제도의 효과성을 평가하기 위하여 고유의 평가절차를 개발하고 적용할 책임 • 내부회계관리제도 운영실태의 평가에 대하여 문서화된 근거자료 등 충분한 증거로써 입증할 책임 • 평가기준일 현재 회사의 내부회계관리제도 운영실태보고서를 작성할 책임

↓

경영진의 운영실태보고서의 범위에는 다음의 보고서들이 모두 포함된다.

- 모범규준에서 정한 내부회계관리자의 운영실태보고서와 감사 또는 감사위원회의 평가보고서
- 동 보고서들의 근거가 된 각 단위부서의 일반통제 관련 평가보고서나 평가문서
- 동 평가보고서들을 기초로 하여 작성한 주주, 감독기관 등에 제출하는 대표이사, 이사회 등의 대외적 평가보고서

7 내부회계관리제도 검토와 중요성의 고려

감사인은 내부회계관리제도의 검토를 수행할 때 재무제표 수준과 개별 계정과목 수준으로 중요성의 개념을 적용해야 한다.

내부회계관리제도의 유의한 미비점 또는 유의한 미비점이 다수 결합되어 중요한 취약점에 해당되는지 여부를 결정하기 위하여는 재무제표 전반적인 수준의 중요성을 기준으로 판단한다.

내부회계관리제도에 대한 감사인의 검토는 제한된 확신을 제공한다. 이 경우에 적용되는 중요성의 개념은 재무제표 감사에 있어서 합리적 확신을 표명하는 경우와 다르지 아니하다. 검토와 감사간의 확신수준이 다른 것은 다만 검토절차의 내용이 감사절차보다 제한적이라는 성격에 따라 발생되는 것이다.

8 내부회계관리제도의 검토와 부정에 대한 고려

감사인은 회사의 재무제표에 중요한 영향을 미칠 수 있는 부정위험에 대처하도록 고안된 중요한 내부회계관리제도에 대하여 그 운영실태보고를 검토해야 한다. 부정의 예방 · 인식 및 적발과 관련된 내부회계관리제도는 부정이 발생할 위험에 큰 영향을 미칠 수 있다.

9 경영진의 운영실태보고에 대한 검토

감사인의 내부회계관리제도에 대한 검토는 경영진의 운영실태보고가 적절한지 여부의 검토의견을 뒷받침하는 증거를 확보하는 것이다. 감사인은 전반적인 관점에서 검토의견을 표명하기 위해서 재무제표의 모든 중요한 계정과목과 공시사항의 주장과 관련된 내부회계관리제도의 운영실태보고에 대하여 그 적절성에 대한 충분한 증거를 확보해야 한다. 감사인이 경영진의 운영실태보고에 관한 증거를 입수하기 위하여 일반적으로 수행하는 절차를 요약하면 다음과 같다.

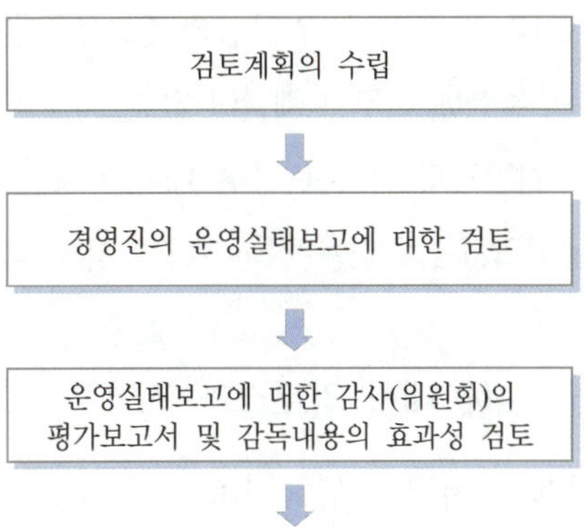

내부회계관리제도 운영실태에 대한 이해

↓

내부회계관리제도 설계의 효과성에 대한 평가

↓

내부회계관리제도 운영의 효과성에 대한 평가

↓

내부회계관리제도 검토의 종결절차 등

10 내부회계관리제도 효과성에 대한 감사인의 결론

10.1 내부회계관리제도 운영실태의 문서화와 감사인의 검토

TIP

문서화되지 않았으면 범위제한 또는 중요한 취약점이 존재할 가능성이 높을 뿐이지 이를 확신할 수는 없다. 따라서 감사인은 신중하게 판단하여야 한다.

내부회계관리제도의 운영실태에 대한 경영진의 보고가 적절한지에 대한 검토보고는 경영진의 자체평가의 적절성에 대한 검토결과를 보고하는 것이다. 감사인의 이러한 검토절차는 경영진의 자체평가 결론과 이를 뒷받침하는 근거가 충분하게 문서화 되었다는 것을 전제로 수행되는 것이다. 따라서 경영진의 결론과 이의 근거가 충분하고 적절하게 문서화가 되지 아니한 경우에는 사실상 중요한 범위제한 사유 또는 내부회계관리제도의 중요한 취약점 등에 해당되지는 않는지 신중하게 판단하여야 한다.

10.2 내부회계관리제도 미비점의 평가

감사인은 파악된 내부회계관리제도의 미비점을 평가하여, 그 미비점이 개별적으로 또는 결합되어서 유의한 미비점이나 중요한 취약점인지의 여부를 최종 결정한다.

감사인은 평가기준일 현재 경영진의 운영실태보고를 기초로 이에 대한 근거 문서를 검토한 결과, 검토업무의 수행에 아무런 제한이 없었으며, 내부회계관리제도의 설계 및 운영에 있어 중요한 취약점이 발견되지 아니한 경우 내부회계관리제도가 중요성의 관점에서 모범규준에 따라 설계 및 운영되지 않았다는 점이 발견되지 아니하였다고 최종결론을 내린다.

10.3 경영진의 운영실태보고에 대한 검토결과 표명

감사인은 내부회계관리제도 최종평가를 기초로 경영진이 내부회계관리제도의 운영실태에 대하여 주장한 내용에 대하여 검토결과를 표명한다. 감사인은 경영진의 운영실태보고와 관련하여 다음과 같은 사항을 종합적으로 검토, 확인한다.

- 경영진은 적절한 내부회계관리제도를 설계 및 유지할 책임을 언급하고 있는가?
- 경영진이 사용한 내부회계관리제도의 준거기준(framework)은 적절한가?
- 경영진은 적절한 형식으로 내부회계관리제도의 운영실태 보고서를 작성하였는가? (내부회계관리제도의 효과성 여부 언급, 합리적 확신 표명, 유의한 미비점, 중요한 취약점의 내용 등이 포함되어야 함)
- 회사의 가장 최근 회계연도 말 현재 경영진의 내부회계관리제도에 대한 평가에 중요한 왜곡표시가 포함되어 있지 않은가?
- 시정된 유의한 미비점, 중요한 취약점을 포함해서 내부회계관리제도의 유의한 미비점과 중요한 취약점이 나타나 있는가?

11 내부회계관리제도 검토보고서

내부회계관리제도의 설계 및 운영실태에 대한 검토의견의 표명은 경영진의 운영실태보고서 내용의 적정성 및 검토업무에 관련된 중요한 범위제한 여부에 따라 결정된다. 감사인은 경영진이 중요한 취약점을 언급하였는지 여부, 검토절차에 중요한 범위제한이 있었는지 등의 여부에 따라 검토의견을 표명한다.

11.1 표준보고

경영진의 운영실태보고 및 이의 근거 문서를 검토한 결과, 내부회계관리제도의 중요한 취약점이 발견되지 아니하였고 중요한 범위제한도 없는 경우, 감사인은 경영진의 운영실태보고에 예외사항을 발견하지 못했다고 기재한다.

11.2 검토범위의 제한

경영진의 운영실태보고 및 이의 근거 문서를 검토하는데 범위제한이 있었던 경우, 검토범위 제한이 중요하다면 감사인은 경영진의 운영실태보고에 대하여 한정적으로 검토의견을 표명하거나 검토의견의 표명을 거절한다.

11.3 중요한 취약점의 발견

(1) 내부회계관리제도의 중요한 취약점이 발견된 경우 또는 경영진이 운영실태보고서에 그 내용을 모두 기재한 경우

경영진의 운영실태보고 및 이의 근거 문서를 검토한 결과, 내부회계관리제도의 중요한 취약점이 발견된 경우 또는 경영진이 운영실태보고서에 그 내용을 모두 기재한 경우, 감사인은 경영진의 운영실태보고서에 나타난 중요한 취약점을 기재한다.

(2) 감사인이 발견한 중요한 취약점들의 일부만 기재한 경우

경영진이 운영실태보고서에 감사인이 발견한 중요한 취약점들의 일부만 기재한 경우, 감사인은 경영진의 운영실태보고서에 나타난 중요한 취약점과 운영실태보고서에 나타나지 않은 기타의 중요한 취약점을 기재한다.

(3) 경영진이 운영실태보고서에 그 내용을 기재하지 아니한 경우

경영진이 운영실태보고서에 그 내용을 기재하지 아니한 경우(즉, 내부회계관리제도가 적절하게 운용되고 있다고 보고한 경우), 감사인은 경영진의 운영실태보고서에 나타나지 않은 모든 중요한 취약점을 기재한다.

11.4 내부회계관리제도에 대한 검토보고서의 편철 등

내부회계관리제도에 대한 검토보고서에는 경영진이 작성한 운영실태보고를 함께 첨부하며, 재무제표에 대한 감사보고서와는 별도로 작성, 첨부한다

12 문서화

감사인은 경영진의 운영실태보고 검토와 관련, 다음의 사항에 대하여 중요한 내용을 문서화해야 한다.

- 회사의 내부회계관리제도의 설계 및 운영에 대한 이해내용
- 중요한 계정과목, 거래유형, 공시사항(검토 대상으로 정한 사업장지역 또는 영업단위 내용 포함) 등에 대한 결정 절차
- 재무제표의 중요 계정, 경영진주장, 절차 등과 관련하여 중요한 왜곡표시가 발생될 위험이 있을 것으로 확인된 사항
- 검토를 위하여 경영진 또는 타감사인 등이 수행한 업무를 활용한 경우 그 내용
- 검토결과 파악된 유의한 미비점 및 중요한 취약점의 평가내용
- 검토보고서를 변형시켜야 할 사유가 되는 기타 발견사항

사례 04 표준보고

〈사례조건〉

경영진의 운영실태보고 및 이의 근거 문서를 검토한 결과, 내부회계관리제도의 중요한 취약점이 발견되지 아니하였고 중요한 범위제한도 없는 경우

독립된 감사인의 내부회계관리제도 검토보고서

수신인 검토보고서일

[*도입 문단*]

우리는 첨부된 AAA주식회사의 20×1년 12월 31일 현재의 내부회계관리제도의 운영실태보고서에 대하여 검토를 실시하였습니다. 내부회계관리제도를 설계, 운영하고 그에 대한 운영실태보고서를 작성할 책임은 AAA주식회사의 경영진에게 있으며, 우리의 책임은 동 보고내용에 대하여 검토를 실시하고 검토결과를 보고하는데 있습니다. 회사의 경영진은 첨부된 내부회계관리제도 운영실태보고서에서 "20×1년 12월 31일 현재 내부회계관리제도 운영실태 평가결과, 20×1년 ×월 ×일 현재 당사의 내부회계관리제도는 내부회계관리제도 모범규준에 근거하여 볼 때, 중요성의 관점에서 효과적으로 설계되어 운영되고 있다고 판단된다"고 기술하고 있습니다.

[*범위 문단*]

우리는 내부회계관리제도 검토기준에 따라 검토를 실시하였습니다. 이 기준은 우리가 중요성의 관점에서 경영진이 제시한 내부회계관리제도의 운영실태보고서에 대하여 회계감사보다는 낮은 수준의 확신을 얻을 수 있도록 검토절차를 계획하고 실시할 것을 요구하고 있습니다. 검토는 회사의 내부회계관리제도를 이해하고 경영진의 내부회계관리제도의 운영실태보고 내용에 대한 질문 및 필요하다고 판단되는 경우 제한적 범위 내에서 관련 문서의 확인 등의 절차를 포함하고 있습니다.

[*정의 문단 및 본질적 한계 문단*]

회사의 내부회계관리제도는 신뢰할 수 있는 회계정보의 작성 및 공시를 위하여 기업회계기준에 따라 작성한 재무제표의 신뢰성에 대한 합리적인 확신을 줄 수 있도록 제정한 내부회계관리규정과 이를 관리 · 운영하는 조직을 의미합니다. 그러나 내부회계관리제도는 내부회계관리제도의 본질적인 한계로 인하여 재무제표에 대한 중요한 왜곡표시를 적발하거나 예방하지 못할 수 있습니다. 또한, 내부회계관리제도의 운영실태보고 내용을 기초로 미래기간의 내용을 추정시에는 상황의 변화 혹은 절차나 정책이 준수되지 않음으로써 내부회계관리제도가 부적절하게 되어 미래기간에 대한 평가 및 추정내용이 달라질 위험에 처할 수 있다는 점을 고려하여야 합니다.

[*검토결과 표시문단*]

경영진의 내부회계관리제도 운영실태보고서에 대한 우리의 검토결과, 상기 경영진의 운영실태보고 내용이 중요성의 관점에서 내부회계관리제도 모범규준의 규정에 따라 작성되지 않았다고 판단하게 하는 점이 발견되지 아니하였습니다.

[*별도 설명문단*]

우리의 검토는 20×1년 12월 31일 현재의 내부회계관리제도를 대상으로 하였으며 20×1년 12월 31일 이후의 내부회계관리제도는 검토하지 않았습니다. 본 검토보고서는 주식회사외부감사에 관한 법률에 근거하여 작성된 것으로서 기타 다른 목적이나 다른 이용자를 위하여는 적절하지 않을 수 있습니다.

XX 회 계 법 인
대 표 이 사 XXX

Chapter 12 OX문제

01 내부통제와 내부회계관리제도가 추구하는 목적은 동일하다.

02 운영목적이나 법규준수목적 등 다른 목적과 관련된 내부통제제도가 재무제표의 신뢰성 확보와 관련된 경우 해당 내부통제제도는 내부회계관리제도의 범위에 포함된다.

03 경영진은 내부회계관리제도를 설계, 운영 및 평가함에 있어 각 구성요소와 원칙을 필수적인 사항으로 고려하여야 하며, 원칙을 실현하기 위한 중점 고려사항도 개별 회사의 상황에 따라 조정하지 않고 개념체계에서 제시된 항목 그대로 사용해야 한다.

04 회사는 내부회계관리제도를 구축하여 이행하면 되며 이를 문서화 할 필요는 없다.

05 효과적인 내부회계관리제도 설계 및 운영을 위한 17가지 원칙 중 통제환경에서 (　　)는 경영진과 이사회는 내부회계관리제도가 효과적으로 기능할 수 있도록 지침, 조치, 행동을 통해 도덕성과 윤리적 가치의 중요성을 강조한다는 점을 포함한다.

06 회사의 대표자에게는 내부회계관리제도를 구축하고 운영할 책임이 있으며, 내부회계관리자에게는 내부회계관리제도운영실태를 보고할 책임이 있다.

07 경영진은 내부회계관리제도 평가보고서를 작성하여 주주총회, 이사회 및 감사위원회에 보고한다.

08 경영진은 일반적으로 인정되는 내부통제체계로서 반드시 내부회계관리제도운영위원회가 발표한 '내부회계관리제도 설계 및 운영 개념체계'를 사용하여야 한다,

09 내부회계관리제도 평가·보고 모범규준은 내부회계관리제도의 평가를 위해 프로세스의 모든 통제를 식별할 것을 요구한다.

10 중요한 취약점이란 하나 또는 여러 개 미비점의 결합으로서 재무제표상 중요한 왜곡표시가 예방 또는 적시에 적발되지 못할 가능성이 높은 경우를 말한다.

11 내부회계관리제도 감사에서 감사대상은 회사의 내부회계관리제도와 내부회계관리제도 운영실태보고서이다.

12 내부회계관리제도 감사에서 감사의견의 대상은 회사의 내부회계관리제도와 내부회계관리제도 운영실태보고서이다.

13 내부회계관리제도에 대하여 전체적으로 의견을 표명하기 위해서는, 감사인은 모든 관련경영진주장에 대하여 선정된 통제의 효과성에 대한 증거를 입수하여야 한다. 따라서 재무제표에 대해서만 의견을 표명할 때는 일반적으로 테스트하지 않는 통제의 설계 및 운영 효과성을 테스트하도록 감사인에게 요구된다.

14 내부회계관리제도 감사에 적용한 중요성기준은 재무제표감사에 적용하는 중요성기준과 동일하다.

15 감사인은 내부회계관리제도 미비점 혹은 미비점들의 결합이 내부회계관리제도에 대한 경영진 평가 기준일 현재의 중요한 취약점인지 여부를 결정할 때, 보완통제의 영향은 배제하여야 한다.

16 감사인은 내부회계관리제도에 중요한 취약점이 존재하면, 경영진이 내부회계관리제도 운영실태보고서에 그 내용을 기술하지 않은 경우에 부적정의견을 표명한다.

17 경영진이 내부회계관리제도의 효과성에 대한 경영진의 서면진술의 제공을 거부함으로 인해 감사범위의 제한이 발생되는 경우, 통합감사 계약을 해지하여야 한다. 그러나 감사계약의 해지가 관련 법규에 의해 가능하지 않은 경우, 그 중요성에 따라 한정의견 또는 의견거절한다.

18 내부회계관리제도 검토기준은 회사가 구축·운영하는 내부회계관리제도에 대하여 회계감사보다 낮은 수준의 확신을 얻을 수 있도록 검토절차를 계획하고 실시할 것을 요구하고 있다.

19 모든 재무제표 감사인은 회계감사를 실시할 때 내부회계관리제도의 운영실태에 관한 보고내용을 검토하여야 한다.

Chapter 12 정답 및 해설

01 × 내부통제의 목적은 재무정보의 신뢰성 확보, 기업운영의 효과성과 효율성 확보, 관련 법규의 준수이다. 내부회계관리제도는 내부통제의 재무정보의 신뢰성 확보목적 중에서도 외부에 공시되는 재무제표의 신뢰성 확보를 목적으로 하며, 여기에는 자산의 보호 및 부정방지 프로그램이 포함된다. (개념체계 12)

02 ○ (개념체계 12)

03 × 원칙을 실현하기 위한 중점 고려사항은 개별 회사의 상황에 따라 적절히 조정하여 적용할 수 있다. (개념체계 23)

04 × 회사는 내부회계관리제도와 관련된 문서화를 수행하여야 한다. (개념체계 30)

05 (도덕성과 윤리적 가치에 대한 책임) (개념체계 38)

---

06 × 내부회계관리제도운영실태에 대한 보고책임도 회사의 대표자에게 있다. 회사의 대표자는 사업연도마다 주주총회, 이사회 및 감사(감사위원회가 설치된 경우에는 감사위원회를 말한다. 이하 이 조에서 같다)에게 해당 회사의 내부회계관리제도의 운영실태를 보고하여야 한다. 다만, 회사의 대표자가 필요하다고 판단하는 경우 이사회 및 감사에 대한 보고는 내부회계관리자가 하도록 할 수 있다. (외부감사법 제8조 제4항)

07 × 내부회계관리제도 평가보고서 → 내부회계관리제도 운영실태보고서

08 × 경영진은 일반적으로 인정되는 내부통제체계로서 내부회계관리제도운영위원회가 발표한 "내부회계관리제도 설계 및 운영 개념체계"를 사용할 수 있으며, 보다 적절하다고 판단하는 경우 다른 내부통제체계(예를 들어, COSO Framework(미국) 등 외부감사법 제8조의 정의에 부합되는 기타 기준)를 일반적으로 인정되는 내부통제체계로 사용할 수도 있다.

09 × 평가 · 보고 모범규준은 경영진에게 프로세스의 모든 통제를 식별하거나 내부회계관리제도에 영향을 주는 모든 업무프로세스의 문서화를 요구하지는 않는다. (모범규준 11)

10 × 중요한 취약점이란 하나 또는 여러 개 미비점의 결합으로서 재무제표상 중요한 왜곡표시가 예방 또는 적시에 적발되지 못할 가능성이 낮지 않은(reasonable possibility) 경우를 말한다.

---

11 ○

12 × only 회사의 내부회계관리제도

13 ○ (ISA 1100 – 11)

14 ○ (ISA 1100 – 22)

15 × 중요한 취약점인지 여부를 결정할 때, 보완통제의 영향을 평가하여야 한다. (ISA 1100-49)

16 × 내부회계관리제도에 중요한 취약점이 존재하면, 경영진이 내부회계관리제도 운영실태보고서에 그 내용을 기술하는지 여부에 관계없이 부적정의견을 표명한다. (ISA 1100-73)

17 × 의견을 거절하여야 한다. (ISA 1100-79)

18 × 내부회계관리제도에 대한 재무제표 감사인의 검토는 내부회계관리제도의 운영에 대한 경영자의 주장(내부회계관리제도 운영실태보고)에 대하여 검토를 수행하고 그 결과를 표명하기 위한 것이다. (내부회계관리제도 검토기준 1.1)

19 × 자산 1천억원 이상의 주권상장법인의 감사인은 내부회계관리제도 및 내부회계관리제도의 운영실태에 관한 보고내용을 감사하여야 한다. (외부감사법 제8조 제6항)

PART 4

감사의 통계적 환경과 IT환경

contents

new ISA

NEW INTERNATIONAL STANDARDS ON AUDITING

CHAPTER 13

표본감사

용어해설

구 분	내 용
표본감사	감사인에게 모집단 전체에 대한 결론을 도출할 수 있는 합리적인 근거를 제공하기 위해, 감사와 관련이 있는 모집단에 속한 모든 표본단위가 추출될 기회를 가지도록 하여 전체항목(100%)보다 적은 수의 항목에 대해서 감사절차를 적용하는 것
모집단	감사인이 표본을 추출하고 결론을 도출하려고 하는 데이터의 전체집합
표본위험	표본에 근거한 감사인의 결론이 모집단 전체에 동일한 감사절차를 적용하였을 경우 도달하였을 결론과 다를 수 있는 위험. 표본위험은 다음 두 가지 형태의 잘못된 결론에 이르게 할 수 있다. (a) 통제테스트에서 통제가 실제보다 더 효과적이라고 평가하거나, 세부테스트에서 실제로 중요한 왜곡표시가 존재함에도 불구하고 중요한 왜곡표시가 존재하지 않는다고 결론을 내림. 이것은 감사의 효과성에 영향을 미치며 부적합한 감사의견에 이르게 할 수 있으므로 감사인은 주로 이런 형태의 잘못된 결론에 유의하여야 한다. (b) 통제테스트에서 통제가 실제보다 덜 효과적이라고 평가하거나, 세부테스트에서 실제로 중요한 왜곡표시가 존재하지 않음에도 불구하고 중요한 왜곡표시가 존재한다고 결론을 내림. 이러한 형태의 잘못된 결론에 대하여는 일반적으로 최초의 결론이 부정확한지 확인하기 위한 추가적인 업무로 이어지기 때문에 감사의 효율성에 영향을 미친다.
비표본위험	감사인이 표본위험과 관련이 없는 다른 이유에 의해 잘못된 결론에 도달할 위험
변이	모집단의 왜곡표시나 이탈을 명백하게 대표하지는 아니하는 왜곡표시나 이탈
표본단위	모집단을 구성하는 개별 항목
통계적 표본감사	다음의 특성을 모두 갖는 표본감사접근법 (a) 표본항목을 무작위로 추출함 (b) 표본위험의 측정 등 표본결과의 평가에 확률이론을 적용함 (a)와 (b)의 특성을 갖추지 않은 표본감사 접근법은 비통계적표본감사로 간주된다.
계층화	모집단을 여러 개의 하위모집단으로 나누는 과정으로서 각각의 하위모집단은 비슷한 특성(종종 화폐가액)을 갖는 표본단위들의 집단으로 구성된다.
허용왜곡표시	모집단의 실제 왜곡표시가 감사인이 설정한 화폐금액을 초과하지 않는다는 적합한 수준의 확신을 얻기 위한 관점에서 감사인이 설정한 화폐금액
허용 이탈률	모집단의 실제 이탈률이 감사인이 설정한 이탈률을 초과하지 않는다는 적합한 수준의 확신을 얻기 위한 관점에서 감사인이 설정한 내부통제절차의 이탈률

SECTION 01 표본감사의 개요

NEW INTERNATIONAL STANDARDS ON AUDITING

1 표본감사의 필요성

회계감사는 감사의 효율 때문에 표본감사를 원칙으로 하지만 전수감사를 실시할 수도 있다. 일반적으로 실증절차에서는 전수감사를 수행하는 경우가 있지만 통제테스트에서는 전수감사를 실시하는 것이 바람직하지 않다. 왜냐하면 통제테스트는 통제위험이 낮다는 것에 대한 증거를 확보함으로써 감사의 효율을 증진시키는 데 목적이 있기 때문이다. 반면에 실증절차에서는 감사위험이 높을 경우 전수조사를 수행하는 경우도 있다.

Q 통제테스트에서 전수감사를 실시하는 것이 바람직한가?

표본감사란 특정 계정잔액이나 거래유형의 특성을 평가하기 위하여 그 계정잔액이나 거래유형의 구성요소 중 일부에 대해서만 감사절차를 적용하는 것을 말한다. 표본감사는 통제테스트(tests of controls)와 세부테스트(tests of details of transactions and balances)에서 적용된다. 그러나 질문 및 분석적절차 등에는 표본감사를 적용하지 아니한다.

Q 실증절차에서 전수감사를 수행해야만 하는 경우도 있는가?

2 표본감사의 구분

표본감사에는 통계적 표본감사와 비통계적 표본감사가 있다. 통계적 감사를 수행할 것인가 또는 비통계적 감사를 이용할 것인가는 감사증거를 수집하는데 있어 어느 방법이 보다 더 효율적인가에 대한 판단문제이다. 통계적 표본감사와 비통계적 표본감사는 다음과 같은 차이점이 있다.

그림 13-1 통계적 표본감사와 비통계적 표본감사

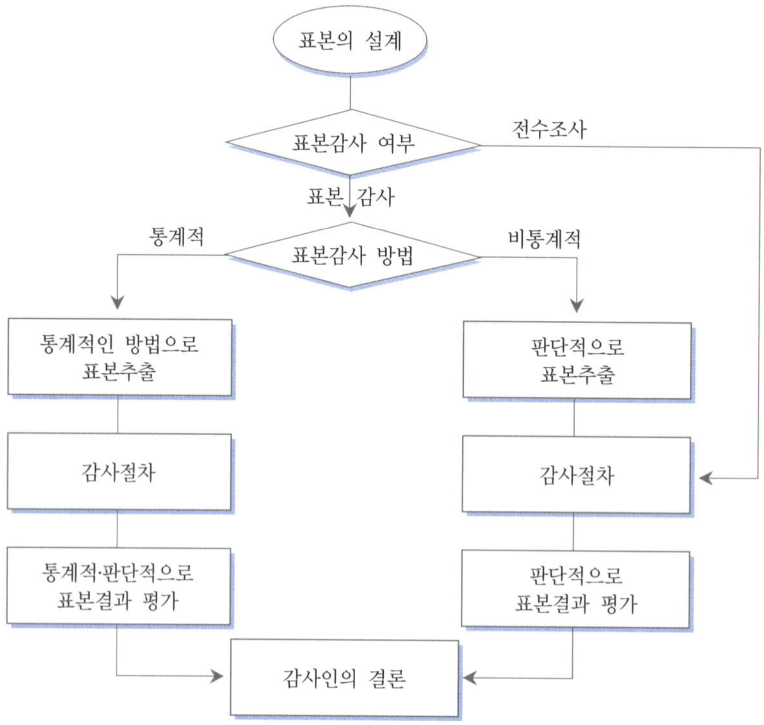

3 통계적 표본감사

통계적 표본감사는 표본의 추출 및 표본결과의 평가에서 통계이론에 근거하는 방법을 말한다. 구체적으로 통계적 표본감사란 다음의 특성을 모두 갖춘 표본감사방법을 말한다. 다음의 ① 또는 ②의 특성을 갖지 않는 표본감사를 비통계적 표본감사라 한다.

통계적 표본감사란?

① 표본의 무작위 추출
② 표본위험의 측정 등 표본결과의 평가에 확률이론을 적용

통계적 표본감사(통계적 표본추출)는 비통계적 표본감사와는 달리 ① 표본을 무작위로 추출하며 ② 표본위험의 측정 등 표본결과를 평가할 때 확률이론을 사용한다. 통계적 표본감사는 다음과 같은 장점과 한계점을 가지고 있다.

장 점	한계점
① 통계적 표본감사는 표본의 추출, 표본결과의 해석과정에서 객관성이 부여된다. ② 무작위로 표본을 추출함으로써 감사인의 편견이 배제된다. ③ 통계적 이론을 따르고 있다는 것으로 자신을 변론할 수 있어 소송에서 유리하다. ④ 감사인이 필요로 하는 감사증거량을 체계적으로 미리 결정할 수 있다.	① 통계적 표본감사라 할지라도 모집단의 예상 오류율의 결정, 허용오류율의 최대 한계수준의 결정, 표본감사결과의 해석에서 주관적인 판단요소가 완전히 배제되지는 않는다. ② 통계적 표본감사를 수행하더라도 표본위험은 여전히 존재한다. ③ 비통계적 표본감사에 비해 시간과 경제적 비용이 많이 소요되어 비효율적이다.

3.1 통계적 표본감사의 종류

« 그림 13-2 통계적 표본감사의 종류

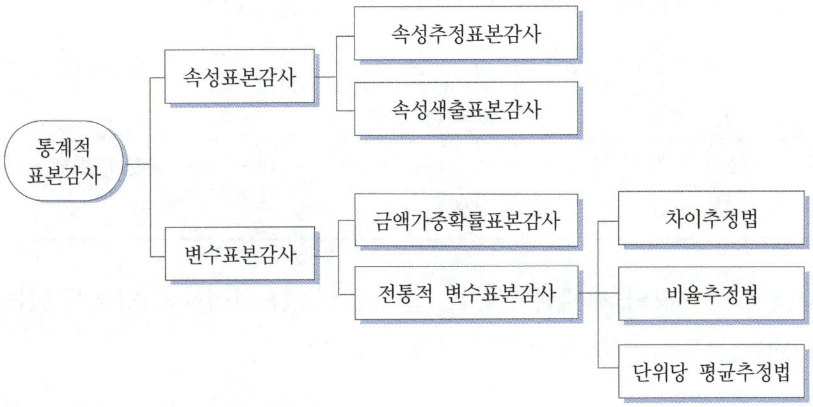

(1) 속성표본감사 (Attributes Sampling)

속성표본감사는 모집단에서 부정이나 오류 등과 같은 특정 속성(attributes)이 포함되어 있는 비율 또는 발생빈도를 추정하기 위하여 사용되는 통계적 표본감사기법이다. 통제테스트에서 감사인이 관심을 가지는 속성은 예외사항의 금액적 크기가 아니라 예외사항이 전체모집단에서 차지하는 이탈률(또는 오류율)이다. 따라서 속성표본감사는 통제테스트에 적합한 통계적 표본감사기법이다. 속성표본감사는 모집단에서의 이탈 또는 오류가 포아송분포를 따른다고 가정한다.

(2) 변수표본감사 (Variables Sampling)

변수표본감사는 모집단에서 부정이나 오류 등과 같은 특정 속성(attributes)의 금액적 크기를 추정하기 위하여 사용하는 통계적 표본감사기법이다. 실증절차는 계정잔액에 대한 예외사항의 금액적 크기에 관심이 있기 때문에 변수표본감사가 타당하다.

변수표본감사에는 금액가중확률표본감사와 전통적 변수표본감사(실물단위표본감사)가 있다. 금액가중확률 표본감사는 속성표본감사를 변형시켜 세부테스트에 사용하는 통계적인 방법으로 속성표본감사와 마찬가지로 모집단에서의 이탈 또는 오류요소가 포아송분포를 따른다고 가정한다. 그러나 전통적 변수표본감사(실물단위표본감사)는 모집단에서의 이탈 또는 오류가 정규분포를 따른다고 가정한다. 전통적 변수표본감사(실물단위표본감사)는 표본결과를 평가하는 방법에 따라 차이추정법, 비율추정법 및 단위당 평균추정법으로 구분된다.

3.2 통계적 표본감사에서 확률분포의 가정

통계적 표본감사에서 확률분포에 대한 가정은 다음과 같다.

« 표 13-1 표본감사에서 확률분포의 가정

구 분	적용분야	확률분포의 가정
속성표본감사	통제테스트	포아송분포
금액가중확률표본감사	세부테스트	포아송분포
전통적 변수표본감사	세부테스트	정규분포

[표 13-1]에서와 같이 회계감사에서는 포아송분포를 가정하는 경향이 있는데, 회계감사에서 포아송분포를 가정하는 이유는 다음과 같다.

포아송분포를 가정하는 이유

① 회계감사대상 모집단 분포의 특징이 포아송분포와 유사하다. 즉, 오른쪽 꼬리를 지니며, 오류율의 수준이 비교적 낮다.

② 모수가 하나이기 때문에 다른 확률분포보다 적용하기 쉽다.

③ 통제테스트와 세부테스트(금액가중확률표본감사를 적용할 때)에서 동일한 분포(포아송분포)를 사용할 수 있다. 왜냐하면 포아송분포를 가정하면 통제테스트에서 사용했던 통계적인 지식을 세부테스트(금액가중확률표본감사를 적용할 때)에서도 그대로 사용할 수 있기 때문이다.

4 비통계적 표본감사

비통계적 표본감사는 표본수의 산출, 추출 및 표본감사결과를 해석하는 데 있어 통계이론을 따르지 않고 감사인의 경험과 판단에 의존하는 기법을 말한다. 비통계적 표본감사는 다음과 같은 경우에 사용할 수 있다.

① 통계적 표본감사를 실시하였을 경우 지출되는 감사비용이 감사효과를 초과할 때
② 감사환경이 통계적 표본감사를 실시하기에 적합하지 못하다고 판단될 때

비통계적 표본감사의 장점과 단점은 다음과 같다.

장 점	단 점
① 상황에 따라 탄력적이고 간편하여 적용하기가 수월하다. ② 통계적 표본감사에 비해 효율적이다. ③ 감사인의 경험, 숙련도가 높으면 효과적인 감사방법이 될 수 있다.	① 모집단의 대표성이 보장되지 못한다. ② 표본에서 발견된 오류가 재무제표에 미치는 영향을 객관적으로 평가할 수 없다. ③ 표본수와 감사증거량의 충분성을 체계적으로 검증할 수 있는 과학적인 방법이 없기 때문에 소송에서 논리적으로 대응하기 어렵다.

SECTION 02 표본위험 및 비표본위험

NEW INTERNATIONAL STANDARDS ON AUDITING

1 표본위험 (Sampling Risk)

표본위험 (ISA 530-5)

표본위험이란 표본에 근거한 감사인의 결론이 모집단 전체에 동일한 감사절차를 적용하였을 경우 도달하였을 결론과 다를 수 있는 위험. 표본위험은 다음 두 가지 형태의 잘못된 결론에 이르게 할 수 있다.[주]

(a) 통제테스트에서 통제가 실제보다 더 효과적이라고 평가하거나, 세부테스트에서 실제로 중요한 왜곡표시가 존재함에도 불구하고 중요한 왜곡표시가 존재하지 않는다고 결론을 내림. 이것은 감사의 효과성에 영향을 미치며 부적합한 감사의견에 이르게 할 수 있으므로 감사인은 주로 이런 형태의 잘못된 결론에 유의하여야 한다.

[주] 표본의 대표성 부족

ⓑ 통제테스트에서 통제가 실제보다 덜 효과적이라고 평가하거나, 세부테스트에서 실제로 중요한 왜곡표시가 존재하지 않음에도 불구하고 중요한 왜곡표시가 존재한다고 결론을 내림. 이러한 형태의 잘못된 결론에 대하여는 일반적으로 최초의 결론이 부정확한지 확인하기 위한 추가적인 업무로 이어지기 때문에 감사의 효율성에 영향을 미친다.

회계감사는 표본감사를 원칙으로 한다. 즉, 표본을 추출하여 감사를 수행하고 표본 감사결과를 통하여 모집단을 추론한다. 따라서 표본이 모집단을 대표하지 못한다면 감사인의 결론도 잘못될 수 있다. 표본이 모집단을 대표하지 못함으로써 발생할 수 있는 통계적 위험을 표본위험이라 한다. 표본위험을 감소시킬 수 있는 방법은 다음과 같다.

표본감사에서 표본위험을 줄일 수 있는 방안

① 비통계적인 방법보다는 통계적인 방법으로 표본을 추출하고 결과를 평가한다.
② 추출할 표본수를 증가시킴으로써 감사범위를 확대한다.

표본위험에는 통제테스트와 관련된 위험과 세부테스트와 관련된 위험이 있다.

1.1 통제테스트와 관련된 표본위험

핵심

1. 과대신뢰위험(β-risk): 감사의 효과성(effectiveness)을 감소시킴(기대손해배상금액의 증가)
2. 과소신뢰위험(α-risk): 감사의 효율성(efficiency)을 감소시킴(기대감사비용의 증가)
3. 기대손해배상금액 > 기대감사비용
4. 감사인은 기대손해배상금액에 영향을 미치는 과대신뢰위험(β-risk)을 보다 통제하려고 노력함

감사인이 통제테스트를 실시하는 목적은 통제위험을 평가함으로써 감사업무를 보다 효율적으로 수행하는 데 있다. 따라서 통제테스트에서 감사인이 관심을 가지는 속성은 이탈금액(또는 오류금액)이 아니라 이탈률(또는 오류율)이다.

감사인은 특정 주장에 대하여 통제위험이 높지 않다고 평가하기 위하여 통제테스트를 실시한다. 통제테스트와 관련된 표본위험은 ① 통제위험이 실제위험보다 낮다고 평가하거나(과대신뢰위험: β-risk = 제2종오류), ② 통제위험이 실제위험보다 높다고 평가(과소신뢰위험: α-risk = 제1종오류)할 때 발생한다.

표 13-2 통제테스트에 대한 감사인의 평가와 표본위험

	통제위험의 허용수준	실제의 내부통제제도	
		설계와 운용이 효과적임	설계와 운용이 효과적이지 못함
감사인의 평가	통제위험이 허용수준 이내에 있음	옳은 결론	과대신뢰위험 (제2종오류 = β-risk)
	통제위험이 허용수준을 초과함	과소신뢰위험 (제1종오류 = α-risk)	옳은 결론

(1) 과대신뢰위험(β-risk): 감사의 효과(Effectiveness)를 감소시킴

핵심

과대신뢰위험(β-risk) → 통제위험이 실제보다 낮게 평가됨 → 적발위험의 목표수준이 실제보다 높게 설정됨 → 감사범위가 실제보다 축소됨 → 감사증거량이 실제보다 적게 수집됨 → 감사의 효과성(effectiveness)을 감소시킴

통제테스트에서 과대신뢰위험(β-risk)이란 통제위험이 실제위험보다 낮다고 평가할 위험을 말한다. 만약 통제테스트에서 과대신뢰위험(β-risk)이 발생한다면 통제위험이 실제보다 낮게 평가되어, 적발위험의 목표수준을 실제보다 높게 설정하는 결과를 초래한다.

적발위험의 목표수준을 실제보다 높게 설정하면, 감사인은 감사범위(감사증거량)를 지나치게 축소하는 오류를 범함으로써 부적절한 감사의견을 표명(감사실패)할 수도 있다. 즉, 과대신뢰위험은 감사의 효과(effectiveness)를 감소시킨다.

(2) 과소신뢰위험(α-risk): 감사의 효율(Efficiency)을 감소시킴

핵심

과소신뢰위험(α-risk) → 통제위험이 실제보다 높게 평가됨 → 최초의 결론이 부정확하다는 것을 확인하는 추가적인 감사 유발 → 감사의 효율성(efficiency)을 감소시킴

통제테스트에서 과소신뢰위험(α-risk)이란 통제위험이 실제위험보다 높다고 평가할 위험을 말한다. 과소신뢰위험(α-risk)은 최초의 결론이 부정확하다는 것을 확인하는 추

가적인 감사를 유발시킬 수 있기 때문에 감사의 효율(efficiency)을 감소시킨다. 예를 들면, 감사인이 회사의 내부통제를 과소신뢰함으로써 통제위험을 실제보다 높게 평가하여 감사범위를 실제보다 확대하게 되면, 감사대상회사 입장에서는 감사보수가 과다 지출되는 등의 피해가 발생한다. 따라서 감사대상회사는 타당한 증거에 근거하여 내부통제의 재평가를 요구할 가능성이 존재하며 감사인은 이를 확인하기 위하여 추가적으로 감사절차를 실시하여야할 경우도 있다.

(3) 감사인이 보다 통제하려고 하는 표본위험: 과대신뢰위험(β-risk)

과대신뢰위험(β-risk)은 감사의 효과(effectiveness)를 감소시킴으로써 미래의 소송제기 가능성을 높인다. 반면에 과소신뢰위험(α-risk)은 감사의 효율(efficiency)을 감소시킴으로써 추가적인 감사비용을 유발시킨다.

이와 같이 과대신뢰위험(β-risk)과 과소신뢰위험(α-risk) 모두 감사인에게 추가적인 부담을 안겨준다. 그러나 과대신뢰위험으로 인한 기대손해배상금액이 과소신뢰위험으로 인한 기대감사비용을 훨씬 능가하기 때문에 감사인은 과대신뢰위험(β-risk)을 보다 더 통제하려고 한다. 실제로 감사인은 과대신뢰위험을 우려하기 때문에 가능한 한 감사위험을 높게 평가하려는 경향이 있다.

1.2 세부테스트와 관련된 표본위험

핵심

1. 부당수용위험(β-risk): 감사의 효과성(effectiveness)을 감소시킴(기대손해배상금액의 증가)
2. 부당거부위험(α-risk): 감사의 효율성(efficiency)을 감소시킴(기대감사비용의 증가)
3. 기대손해배상금액 > 기대감사비용
4. 기대손해배상금액에 영향을 미치는 부당수용위험(β-risk)을 보다 통제하려고 노력함

세부테스트는 계정잔액이 적정하다는 충분하고 적합한 감사증거를 수집하는데 그 목적이 있다. 따라서 세부테스트에서 감사인이 관심을 가지는 속성은 이탈률(또는 오류율)이 아니라 이탈금액(또는 오류금액)이다.

세부테스트와 관련된 표본위험은 ① 실제로 중요한 오류가 존재함에도 중요한 오류가 존재하지 않는다고 결론을 내릴 위험(부당수용위험: β-risk = 제2종오류)과 ② 실제

로 중요한 오류가 존재하지 않음에도 중요한 오류가 존재한다고 결론을 내릴 위험(부당거부위험: α-risk = 제1종오류)으로 구분된다.

« 표 13-3 세부테스트에 대한 감사인의 평가와 표본위험

	중요한 오류의 포함 여부	실제의 계정잔액	
		중요한 오류가 없음	중요한 오류가 포함됨
감사인의 평 가	중요한 오류가 없음	옳은 결론	부당수용위험 (제2종오류 = β-risk)
	중요한 오류가 포함됨	부당거부위험 (제1종오류 = α-risk)	옳은 결론

(1) 부당수용위험(β-risk): 감사의 효과 (Effectiveness)를 감소시킴

세부테스트에서 부당수용위험(β-risk)이란 실제로 중요한 오류가 존재함에도 중요한 오류가 존재하지 않는다고 결론을 내릴 위험을 말한다. 부당수용위험이 발생하면 부적절한 감사의견을 표명할 가능성이 높아진다. 즉, 부당수용위험(β-risk)은 감사의 효과(effectiveness)를 감소시킨다.

(2) 부당거부위험(α-risk): 감사의 효율(Efficiency)을 감소시킴

세부테스트에서 부당거부위험(α-risk)이란 계정잔액이 실제는 중요한 오류가 없음에도 불구하고 감사인이 중요한 오류가 있다고 결론 내릴 위험을 말한다. 부당거부위험은 최초의 결론이 부정확하다는 것을 확인하는 추가적인 감사를 유발하기 때문에 감사의 효율(efficiency)을 감소시킨다.

(3) 감사인이 보다 통제하려고 하는 표본위험: 부당수용위험(β-risk)

부당수용위험(β-risk)은 감사의 효과(effectiveness)를 감소시킴으로써 미래의 소송제기 가능성을 높인다. 반면에 부당거부위험(α-risk)이 발생하면 감사의 효율(efficiency)을 감소시킴으로써 추가적인 감사비용을 유발한다.

이와 같이 부당수용위험(β-risk)과 부당거부위험(α-risk) 모두 감사인에게 추가적인 부담을 안겨준다. 그러나 부당수용위험으로 인한 감사실패시의 기대손해배상금액이 부당거부위험으로 인한 기대감사비용을 훨씬 능가하기 때문에 감사인은 부당수용위험을 보다 더 통제하려고 한다.

2 비표본위험 (Non-Sampling Risk)

비표본위험 (ISA 530-5)

비표본위험이란 감사인이 표본위험과 관련이 없는 다른 이유에 의해 잘못된 결론에 도달할 위험을 말한다. 예를 들어, 대부분의 감사증거들이 결론적이라기보다는 설득적이며, 부적절한 감사절차를 적용하거나 증거를 잘못 해석하여 오류를 인식하지 못할 수 있다.

비표본위험이 발생하는 원인과 이를 통제하기 위한 수단은 다음과 같다.

기출 2022

발 생 원 인	통 제 수 단
① 부적합한 감사절차를 적용하는 경우 ② 감사증거를 잘못 해석하는 경우 ③ 왜곡표시 또는 이탈을 인식하지 못하는 경우	① 적절한 감사계획 수립 ② 감사업무의 감독등과 같은 감사업무의 질적관리를 강화 ③ 품질관리기준(quality control standards)의 준수

SECTION 03 표본의 추출방법

NEW INTERNATIONAL STANDARDS ON AUDITING

감사증거를 수집하기 위한 항목의 선택방법에는 ① 모든 항목을 추출하는 방법(전수조사) ② 특정 항목을 추출하는 방법 및 ③ 표본감사의 방법이 있다. 이들 방법은 특정의 상황(예 테스트되고 있는 경영진주장에 관련된 중요왜곡표시위험) 그리고 상이한 방법의 실용성과 효율성에 따라 개별적으로 또는 결합하여 적용하는 것이 적절할 것이다(ISA 500-A52).

1 모든 항목의 추출(전수조사)

Q

통제테스트에서 전수조사가 합리적인가?

감사인은 어떤 거래유형이나 계정잔액을 구성하는 항목의 전체 모집단(또는 모집단 내의 계층화된 집단)을 조사하는 것이 가장 적절하다고 결정할 수 있을 것이다. 통제테스트에서는 전수조사가 거의 이용되지 않는다. 왜냐하면, 통제테스트의 근본 목적은 통제위험이 낮다는 것에 대한 합리적인 증거를 확보함으로써 실증절차의 범위를 축소하는 등과 같은 감사의 효율을 달성하는데 있기 때문이다. 반면, 세부테스트에서는 전수조사가 더 일반적으로 사용된다. 전수조사는 다음과 같은 경우에 적합할 것이다(ISA 500-A53).

전수조사가 적합한 경우 (ISA 500-A53)

① 모집단이 금액이 큰 소수의 항목으로 구성되어 있을 때
② 유의적 위험이 존재하며 다른 방법으로는 충분하고 적합한 감사증거를 제공하지 못할 때

2 특정 항목의 추출 (판단에 의한 추출)

감사인은 모집단으로부터 특정항목들을 추출하기로 결정할 수도 있다. 이러한 결정을 할 때 관련성이 있는 요소로는 감사인의 기업에 대한 이해, 평가된 중요왜곡표시위험, 그리고 테스트 할 모집단의 특성이 포함된다. 특정 항목에 대한 판단적 추출은 비표본위험을 낳는다(ISA 500-A54).

어떤 거래유형이나 계정잔액에서 특정 항목을 선택적으로 조사하는 것은 감사증거를 얻는 효율적인 수단이 될 수 있지만, 그것이 표본감사를 구성하는 것은 아니다. 이러한 방법으로 추출된 항목에 감사절차를 적용한 결과는 전체 모집단으로 투영될 수 없으며, 따라서 특정 항목에 대한 선택적 조사는 모집단의 잔여 부분과 관련하여 감사증거를 제공하지 않는다(ISA 500-A55).

추출될 특정 항목에는 다음과 같은 것이 포함될 수 있을 것이다(ISA 500-A54).

2.1 금액이 크거나 핵심적인 항목

감사인은 모집단 내의 특정 항목을 추출할 때 그 금액이 큰 항목, 또는 의심스럽고 비경상적이며 특별히 위험성이 있거나 과거에 오류가 발생되었던 항목과 같이 어떤 특성을 보이고 있기 때문에 그러한 항목을 추출하기로 결정할 수 있을 것이다.

2.2 일정금액 이상의 모든 항목

감사인은 거래유형이나 계정잔액의 전체금액에서 많은 부분을 검증하기 위하여 일정 금액을 초과하는 항목을 조사하기로 결정할 수 있을 것이다.

TIP

회계감사는 표본감사를 채택하고 있다. 표본감사를 모르고 회계감사를 수행한다는 것은 곧 감사실패를 의미할 수 있다.

2.3 정보를 입수하기 위한 항목

감사인은 기업의 성격이나 거래의 성격과 같이 어떤 사항에 대한 정보를 입수하기 위하여 관련 항목을 조사할 수 있을 것이다.

3 표본감사

표본감사는 모집단으로부터 도출된 표본에 대한 테스트에 근거하여 모집단 전체에 대한 결론을 이끌어 낼 수 있도록 설계된다.

감사인은 특정 계정잔액이나 거래유형에 대하여 표본감사를 적용할 수 있다. 표본감사에는 통계적 방법과 비통계적 방법이 있다.

통계적 표본감사방법이나 비통계적 표본감사방법 중 어느 것을 선택할지 여부는 특정상황에서 충분하고 적합한 감사증거를 수집하는데 있어서 어느 방법이 더 효율적인지에 대한 감사인의 판단에 따라 결정된다. 예를 들어, 통제테스트와 같이 단순한 오류의 유무확인보다는 오류의 성격과 원인에 대한 분석이 더 중요한 경우에는 비통계적 표본감사방법이 더 적절할 것이다.

통계적 표본감사방법을 적용하는 경우 표본수는 확률이론이나 전문가적인 판단을 이용하여 결정될 수 있으며, 표본수 자체는 통계적 방법과 비통계적 방법을 구분하는 타당한 기준은 아니다.

3.1 통계적 표본추출방법

통계적 표본추출방법에는 무작위추출법, 층화추출법, 체계적 추출법 등이 있다.

(1) 무작위추출법 (Random Selection)

무작위추출법은 다음의 요건을 모두 갖춘 것으로 난수표 또는 컴퓨터 소프트웨어를 이용하는 방법이 자주 사용된다.

① 모집단의 모든 항목(표본단위)이 선택될 확률이 동일하다.

② 어떤 한 항목의 선택이 다른 항목의 선택에 영향을 미치지 않는다.

(2) 층화추출법 (Stratified Random Sampling)

층화추출법이란 모집단을 층화 또는 분할하여 동질적인 몇 개의 집단으로 나눈 다

Q

금액가중확률 표본감사에서 적용하는 표본추출법은?

음, 각 집단으로부터 각각 무작위추출로 표본을 선택하는 방법을 말한다. 층화추출법의 적용단계는 다음과 같다.

① 조사대상 모집단을 상호 독립적이고 동질적인 소집단으로 나눈다. (계층화)

② 각 소집단별로 추출할 표본수를 정한다.

③ 각 소집단별로 무작위추출법을 이용하여 표본을 추출한다.

(3) 체계적 추출법 (Systematic Sampling)

체계적 추출은 모집단금액을 표본수로 나누어 표본추출간격을 정하고 이를 기초로 실제표본을 추출하는 것이다. 예를 들어, 표본추출간격이 50인 경우에, 처음 50개의 항목 안에서 임의로 출발점을 결정한 후, 이로부터 매 50번째 표본단위를 선택하는 것이다. 출발점은 임의로 정할 수도 있지만 난수발생 프로그램이나 난수표를 이용할 때 무작위추출 성격이 더욱 증가한다. 감사인은 체계적 추출방법을 사용하는 경우 모집단에 존재하는 특성이 표본추출간격과 부합되지 않는지 유의한다.

체계적 추출법을 응용하면 큰 금액이 추출될 확률이 높은 금액가중확률 표본감사과 유사한 결과를 달성할 수 있다. 실제로 제5절의 금액가중확률 표본감사는 체계적 추출법을 응용하고 있다.

(4) 금액단위추출법 (Monetary Unit Sampling)

금액단위추출은 금액가중추출법의 한 종류이며, 표본수, 표본추출 그리고 이에 대한 평가에 있어 그 결론이 화폐금액 형태로 나타난다.

3.2 비통계적 표본추출방법

비통계적 표본추출방법에는 구획추출법과 임의추출법 등이 있다.

(1) 구획추출법 (Block Selection)

구획추출은 모집단 내의 이웃하는 항목으로 구성된 하나(또는 복수)의 구획을 선택하는 방법이다. 대부분의 모집단은 연속된 항목들은 서로 유사한 특성을 가지며 모집단의 다른 부분에 있는 항목들은 다른 특징을 가지도록 구성되어 있으므로, 구획추출은 일반적으로 표본감사에서 사용될 수 없다. 비록 경우에 따라 특정 구획의 항목을 조사하는 감사절차가 적합할 수 있으나, 감사인이 표본에 근거하여 전체 모집단에 대하여 유효한 추론을 하고자 할 경우 구획추출이 적절한 표본추출 기법이 되는 경우는 드물 것이다.

(2) 임의추출법 (Haphazard Selection)

이는 감사인이 특정한 구조적 기법을 사용하지 않고 표본을 추출하는 것이다. 그러나 비록 구조적인 기법이 적용되지 않더라도 감사인은 의도적인 편의성이나 예측가능성을 피하고 모집단 내의 모든 항목이 동일한 추출의 기회를 갖도록 하여야 할 것이다(예 추출하기 어려운 항목을 회피하는 것. 각 페이지의 최초 또는 최종 항목만을 선택하거나 무조건 배제하는 것). 통계적 표본감사방법을 사용하는 경우에는 임의 추출이 부적절하다.

SECTION 04 표본감사의 절차

NEW INTERNATIONAL STANDARDS ON AUDITING

표본의 설계

↓

표본추출방법

↓

표본수

↓

감사절차의 수행

↓

이탈과 왜곡표시의 성격과 원인

↓

왜곡표시의 투영

↓

표본감사 결과의 평가

Q

통제테스트는 이탈율과 이탈금액 중 어느 것에 관심이 있는가?

1 표본의 설계

1.1 감사의 목적 결정

통제테스트(Tests Of Controls: TOC)는 내부통제가 효과적으로 운용되고 있다는 것에 대한 합리적인 확신을 제공하는데 그 목적이 있다. 통제테스트에서 감사인이 관심을 가지는 속성은 이탈률(또는 오류율)이다.

세부테스트(substantive tests)는 계정잔액이 적정하다는 것에 대한 합리적인 확신을 제공하기 위하여 설계된다. 세부테스트에서 감사인이 관심을 가지는 속성은 이탈금액(또는 오류금액)이다.

1.2 이탈 및 오류의 정의

통제테스트에서 감사인은 내부통제가 제대로 작동하고 있음을 나타내는 특성(attributes)을 파악하고 이탈상황(deviation)을 정의한다. 통제테스트에서 이탈상황이란 정해진 회사의 내부통제로부터 벗어나는 것을 말한다. 예를 들면, 매출의 경우 회사가 판매지시서의 승인하에 재고를 인도하는 방침이나 절차를 정하였는데 이를 준수하지 않고 거래된 매출이 있다면 이는 이탈상황이 된다.

세부테스트에서 오류란 일반적으로 회계기준에 어긋나게 회계처리된 사항을 말한다.

1.3 모집단의 정의

모집단이란 감사인이 감사목표를 달성하기 위하여 검증하고자 하는 특정 계정잔액이나 거래를 말한다. 통제테스트에서 모집단은 시사할 특정 거래유형이다. 세부테스트에서 모집단은 시사할 특정 계정잔액 또는 거래이다. 감사인은 모집단에 대하여 다음의 사항을 확인하는 것이 중요하다.

(1) 모집단이 표본감사의 목적에 적절한가?

감사인의 목적이 매입채무의 과대계상에 대한 시사라면 모집단은 매입채무 잔액명세서로 정의된다. 반면에 매입채무의 과소계상에 대한 시사가 목적인 경우 모집단은 매입채무 잔액명세서보다는 사후의 지급내역, 미지급 매입송장, 공급자의 매출송장, 지출서류가 첨부되지 않은 검수보고서 기타 매입채무의 과소계상에 대한 감사증거를 제공해 줄 수 있는 모집단이 될 것이다.

(2) 모집단은 누락없이 완전한가?

문서철로부터 지출전표를 추출할 때 모든 지출전표가 문서철로 정리되었는지에 대하여 확신할 수 없다면 감사인은 감사대상 기간 동안의 모든 지출전표에 대한 결론을 도출할 수 없다. 마찬가지로 감사인이 회계연도 동안 내부통제제도의 운용상태에 관한 결론을 도출하기 위한 표본을 추출하고자 한다면, 해당 회계연도의 전 기간 동안 모든 관련 항목들이 모집단에 포함되어야 할 것이다. 또 다른 접근방법으로 표본을 계층화하여 연중 10개월은 표본감사를 이용하고, 잔여 2개월은 대체적 감사절차나 별도의 표본을 이용하여 내부통제에 대한 결론을 도출할 수도 있다.

예를 들면, 회계기간이 1월 1일부터 12월 31일까지라고 할 때 10월 중에 통제테스트를 실시한다면 1월 1일부터 9월 30일까지에 대하여는 통제테스트를 수행하고 잔여기간인 10월 1일부터 12월 31일까지에 대하여는 대체적인 절차를 취하기도 한다.

(3) 세부테스트에서 개별적으로 중요한 항목은 별도로 세부테스트

세부테스트에서 표본위험이 정당화될 수 없을 정도로 중요한 항목은 별도로 세부테스트하여야 하며, 이는 표본추출의 대상에 포함되지 아니한다. 예를 들면, 특정금액 이상의 거래처는 모두 추출하여 조회하고 나머지 소액 거래처는 표본감사하기도 한다.

(4) 모집단의 예상이탈률 또는 예상왜곡표시 평가

통제테스트에서 모집단의 특성을 고려할 때, 감사인은 관련 통제에 대한 감사인의 이해 또는 모집단의 소수 항목에 대한 조사를 근거로 예상이탈률을 평가한다. 이러한 평가는 감사표본을 설계하고 표본수를 결정하기 위해 실시한다. 만약 예상이탈률이 수용할 수 없을 정도로 높은 경우, 감사인은 일반적으로 통제테스트를 수행하지 않을 것이다. 마찬가지로 감사인은 세부테스트에서 모집단의 예상왜곡표시에 대하여 평가를 실시한다. 예상왜곡표시가 높다면 세부테스트를 수행할 때 전수조사 또는 표본수를 크게 하는 것이 적합할 것이다(ISA 530-A7).

2 표본추출방법

통계적 표본감사는 표본항목을 무작위로 추출하는 것으로 각각의 표본단위에 대한 추출확률이 사전에 알려져 있어야 한다. 표본단위는 매출송장과 같은 물리적 단위나 화폐 단위 등이다. 비통계적 표본추출에서는 감사인이 전문가적인 판단을 이용하여 표본

항목을 추출한다. 표본감사의 목적이 모집단에 대한 결론을 도출하는 것이기 때문에 감사인은 표본항목이 모집단을 대표하도록 하고 모집단의 전형적 특징을 갖고 있는 표본항목을 추출함으로써 표본이 어느 한쪽으로 치우치지 않도록 하여야 할 것이다.

3 표본수

모집단이 결정되면 감사인은 감사목적을 달성하는데 필요한 표본수를 결정한다. 감사인은 표본위험을 수용가능한 낮은 수준으로 감소시키기에 충분하도록 표본수를 결정하여야 한다(ISA 530-7).

표본수를 결정할 때 고려할 요소는 다양하지만, 무엇보다 감사인이 수용할 수 있는 표본위험의 수준에 영향을 가장 많이 받는다. 감사인이 수용가능한 위험이 낮을수록 표본수는 더욱 커질 필요가 있다. 표본수는 통계학적 공식이나 전문가적인 판단에 의해 결정될 수 있다.

3.1 통제테스트

통제테스트에서 표본수를 결정할 때 고려하는 요소는 다음과 같다. 이러한 요소들은 복합적으로 고려되어야 한다(ISA 530-보론 2).

기출 2023

통제테스트에서 표본수에 영향을 미치는 요소 (ISA 530-보론 2)

요 소	표본수에 대한 영향
① 감사인이 위험을 평가할 때 관련 통제의 고려정도가 증가함	증 가
② 허용이탈률의 증가	감 소
③ 테스트 대상 모집단의 예상이탈률의 증가	증 가
④ 모집단의 실제 이탈률이 허용이탈률을 초과하지 않을 것이라는 점에 대하여 감사인이 원하는 확신의 수준이 증가함	증 가
⑤ 모집단의 표본단위 수	영향을 무시할 수 있음

① 감사인이 통제의 운영효과성에 대하여 보다 많은 확신을 얻고자 할수록 중요왜곡표시위험에 대한 감사인의 평가는 더 낮아지게 될 것이며, 필요한 표본수는 더 커지게 될 것이다. 감사인이 경영진주장 수준의 중요왜곡표시위험을 평가할 때 통제의 운영효과성에 대한 기대를 포함하고 있는 경우에는 통제테스트를 수행할 필요

가 있다. 다른 사항들이 동일하다면, 위험평가에 있어서 통제의 운영효과성에 대한 감사인의 의존도가 클수록 감사인의 통제테스트의 범위는 더 확대된다. 그러므로 표본수는 증가한다.

② 허용이탈률이 감소할수록 표본수는 커져야 한다.

③ 예상이탈률이 높을수록 감사인이 실제이탈률에 대한 합리적인 추정을 할 수 있도록 표본수는 커져야 한다. 예상이탈률과 관련하여 감사인이 고려할 요소에는 기업에 대한 이해(특히, 내부통제를 이해하기 위해 수행한 위험평가절차), 인원의 변동이나 내부통제의 변동, 이전 보고기간에 적용된 감사절차의 결과, 그리고 다른 감사절차의 결과 등이 있다. 통제에 대한 예상이탈률이 높은 경우에는, 일반적으로 중요한 왜곡표시의 평가된 위험이 거의 감소되지 아니한다.

④ 표본결과가 사실상 모집단의 실제 이탈을 나타내고 있다는 것에 대하여, 감사인이 더 높은 수준의 확신을 요구할수록 표본수는 더 커져야 한다.

⑤ 대규모 모집단의 경우, 모집단의 실제규모는 표본수에 거의 영향을 주지 않는다. 그러나 소규모 모집단에서는 표본감사가 충분하고 적합한 감사증거를 입수하기 위한 대체적인 방법으로 효율적이지 않을 것이다.

3.2 세부테스트

감사인이 실증절차를 위한 표본수를 결정할 때 고려하는 요소는 다음과 같다. 이러한 요소들은 복합적으로 고려되어야 한다.

실증절차에서 표본수에 영향을 미치는 요소의 예 (ISA 530-보론 3)

요 소	표본수에 대한 영향
① 감사인이 중요왜곡표시위험을 높게 평가함	증 가
② 동일한 경영진주장에 대한 다른 실증절차의 적용을 증가시킴	감 소
③ 모집단의 실제 왜곡표시가 허용왜곡표시를 초과하지 않는다는 점에 대하여 감사인이 요구하는 확신의 수준이 증가함	증 가
④ 허용왜곡표시의 증가	감 소
⑤ 모집단에서 감사인이 발견할 것으로 예상하는 왜곡표시금액의 증가	증 가
⑥ 적절한 경우, 모집단의 계층화	감 소
⑦ 모집단의 표본단위의 수	영향을 무시할 수 있음

① 감사인이 중요왜곡표시위험을 높게 평가할수록, 필요한 표본수는 커져야 한다. 중요왜곡표시위험에 대한 감사인의 평가는 고유위험과 통제위험에 영향을 받는다. 예를 들어, 만약 감사인이 통제테스트를 수행하지 않는다면, 특정 경영진주장과 관련된 감사인의 위험평가는 내부통제의 운영효과성을 이유로 감소될 수 없다. 그러므로 감사인은 수용가능한 수준까지 감사위험을 감소시키기 위하여는, 낮은 적발위험이 요구되며 따라서 실증절차에 더욱 의존할 것이다. 세부테스트로부터 입수할 감사증거가 많을수록 (즉, 적발위험을 낮출수록) 표본수는 커질 것이다.

② 감사인이 특정 모집단에 대한 적발위험을 수용가능한 수준까지 감소시키기 위하여 세부테스트나 실증적 분석절차 같은 다른 실증절차에 더 많이 의존할수록, 표본조사를 통하여 요구할 확신은 낮아지므로 표본수는 감소될 수 있다.

③ 표본결과가 사실상 모집단의 실제 왜곡표시금액을 나타내고 있다는 것에 대하여, 감사인이 더 높은 수준의 확신을 요구할수록 표본수는 더 커져야 한다.

④ 허용왜곡표시가 낮을수록 표본수는 커져야 한다.

⑤ 감사인이 모집단에서 발견할 것으로 예상하는 왜곡표시금액이 더 클수록, 모집단의 실제 왜곡표시금액을 합리적으로 추정하기 위해서는 표본수가 더 커져야 한다. 예상되는 왜곡표시금액과 관련하여 감사인이 고려할 요소에는 표본항목 가액의 결정 시 수반되는 주관성의 정도, 위험평가절차의 결과, 통제테스트의 결과, 과거 보고기간에 적용된 감사절차의 결과, 그리고 다른 실증절차의 결과 등이 있다.

⑥ 모집단 항목들의 금액 크기의 범위가 넓은 경우(즉, 변동성이 보다 큰 경우), 모집단을 계층화하는 것이 유용하다. 모집단이 적절히 계층화될 수 있다면, 주어진 수준의 표본위험을 유지하기 위해 각 계층으로부터 추출한 표본수의 합계는, 이를 위하여 전체 모집단으로부터 단일 표본을 추출한 경우의 표본수보다 일반적으로 작을 것이다. 기출 2023

⑦ 대규모 모집단의 경우, 모집단의 실제규모는 표본수에 거의 영향을 주지 않는다. 그리고 소규모 모집단에서는 표본감사가 충분하고 적합한 감사증거를 입수하기 위한 대체적인 방법으로 효율적이지 않는 경우가 종종 있다. (그렇지만 금액단위추출을 사용하는 경우 모집단의 화폐가액의 증가는 재무제표 전체의 중요성[그리고 경우에 따라서는, 특정 거래유형과 계정잔액 및 공시에 대한 중요성수준]의 비례적인 증가에 의하여 그 효과가 상쇄되지 않는 한 표본수를 증가시킨다.)

4 감사절차의 수행

감사인은 감사표본으로 추출된 항목에 대하여 특정시사의 목적에 적합한 감사절차를 수행하여야 한다. 추출된 항목이 감사절차를 적용하기에 부적합한 경우에는 일반적으로 대체항목에 대하여 감사절차를 수행한다. 예를 들어, 감사인은 지출승인에 대한 증거를 입수하기 위하여 무효 처리된 수표를 추출할 수 있다. 수표가 적절한 절차를 거쳐 무효화되었고, 오류로 인한 것이 아니라는 사실을 감사인이 확인하였다면 적절하게 선택된 대체항목을 대상으로 조사하는 것이다.

그러나 경우에 따라서 감사인은 해당항목에 대한 서류가 분실되었기 때문에 계획한 감사절차를 적용할 수 없는 경우도 있다. 해당항목에 대하여 적절한 대체적 감사절차도 수행할 수 없다면 감사인은 일반적으로 해당항목을 오류로 본다. 적절한 대체적 감사절차의 예로 적극적 조회요청에 대한 회신이 없는 경우 재무제표일 후 회수여부에 대한 조사를 하는 것을 들 수 있다.

5 이탈과 왜곡표시의 성격과 원인 (Nature and Cause of Deviations and Misstatements)

감사인은 식별된 이탈이나 왜곡표시의 성격과 원인을 조사하고, 감사절차의 목적과 타 감사분야에 미칠 수 있는 영향을 평가하여야 한다.

극히 드문 상황에서, 감사인이 표본에서 발견된 어떤 왜곡표시나 이탈이 변이(anomaly)라고 고려하는 경우, 감사인은 그러한 왜곡표시나 이탈이 모집단을 대표하는 것이 아니라는 것에 대하여 높은 수준의 확실성을 가져야 한다.

이러한 왜곡표시나 이탈이 모집단의 잔여부분에는 영향을 미치지 않는다는 것에 대하여 충분하고 적합한 감사증거를 입수하기 위하여는, 추가적인 감사절차를 수행함으로써 마찬가지로 높은 수준의 확실성을 가져야 한다(ISA 530-12, 13).

감사인은 식별된 이탈과 왜곡표시를 분석할 때, 예를 들어 거래의 형태, 장소, 제품라인 혹은 시기 등에 있어 대부분 어떤 공통된 특징을 갖고 있는 것을 관찰할 수도 있을 것이다. 이 경우 감사인은 모집단에서 해당 공통된 특징을 가지고 있는 모든 항목을 식별하여 이에 대하여 감사절차를 확대하기로 결정할 수 있을 것이다. 뿐만 아니라 이와같은 종류의 이탈과 왜곡표시는 의도적인 것일 수 있고 따라서 부정의 가능성을 나타내는 것일 수도 있다(ISA 530-A17).

6 왜곡표시의 투영 (Projecting Misstatements to Population)

감사인은 세부테스트의 경우 표본에서 발견된 왜곡표시를 모집단으로 투영(Projecting)하여야 한다.

감사인은 왜곡표시의 규모에 대하여 대략적인 시각(broad view of the scale of misstatement)을 얻기 위해 왜곡표시를 모집단에 투영하여야 한다. 그러나 투영은 기록될 금액을 결정하는 데는 충분하지 않을 수 있다(ISA 530-A18).

특정의 왜곡표시가 변이(anomaly)로 밝혀진 경우에는 왜곡표시를 모집단으로 투영할 때 이 왜곡표시는 제외될 것이다. 그렇지만, 변이로 밝혀진 왜곡표시가 수정되지 않는 경우에는 변이가 아닌 왜곡표시의 투영값(projection of the non-anomalous misstatements)에 가산하여 그 왜곡표시의 효과를 고려하여야 한다.

통제테스트에서는 대부분 표본이탈률이 곧 모집단 전체의 투영 이탈률이기 때문에 이탈에 대한 명시적인 투영이 필요 없다.

예제 01 세부테스트에서 왜곡표시의 투영

다음 자료를 이용하여 물음에 답하시오.

- 모집단의 장부가액 = ₩40,000,000
- 표본의 장부가액 = ₩2,000,000
- 표본으로부터 발견된 왜곡표시금액 = ₩10,000 (그 중 ₩6,000의 왜곡표시(장부가액 ₩400,000)는 장부에 기록할 때 중복되어 나타난 오류로서, 감사인이 감사한 결과 통상적인 경우에 해당하지 않으며 예외적으로 발생한 변이로 판단됨)
- 표본은 모집단을 대표한다고 가정하며, 표본의 왜곡표시를 모집단에 투영할 때 금액에 비례하여 투영함

요구사항

1. 표본으로부터 감사인이 발견한 오류를 변이가 아닌 왜곡표시와 변이로 구분하시오.
2. 표본의 왜곡표시를 모집에 투영하여 투영값을 계산하시오.
3. 표본위험을 고려하지 않고 모집단의 총오류를 추정하시오.

해답

1. 변이가 아닌 왜곡표시 = ₩4,000(= 10,000 − 6,000), 변이 = ₩6,000
2. ₩4,000 × (40,000,000 − 400,000) / (2,000,000 − 400,000) = ₩99,000
3. 총 추정오류 = 변이가 아닌 왜곡표시 + 변이로 인한 왜곡표시
   ₩105,000 = 99,000 + 6,000

예제 02 통제테스트에서 이탈률의 투영

매출은 상품이 선적될 때 선적서류를 작성하고 거래 쌍방이 확인함으로써 이루어진다. 감사인은 모든 선적서류가 매출로 계상되는지에 대한 통제테스트를 수행하기 위하여 200건의 선적서류를 무작위로 추출한 결과, 4건이 정해진 내부통제를 이탈한 것으로 판단하였다. 연간 선적서류는 총 20,000건에 해당한다. 이 경우 표본이탈률과 모집단에 투영한 이탈률을 계산하시오.

해답

1. 표본이탈률 = 4 / 200 = 2%
2. 모집단에 투영한 이탈률 = 표본이탈률과 같이 2%

7 표본감사 결과의 평가 (Evaluating Results of Audit Sampling)

감사인은 다음 사항을 평가하여야 한다(ISA 530-15).

(a) 표본의 결과

(b) 표본감사를 적용하는 것이 테스트 대상 모집단에 대한 결론에 합리적인 근거를 제공하는지 여부

7.1 표본의 결과 (The Results of the Sample)

(1) 통제테스트

통제테스트의 경우 표본이탈률이 예상과 달리 높게 평가될 경우, 감사인은 최초의 평가(예상이탈률)를 입증할 수 있는 추가적인 감사증거가 입수되지 않는 한 평가된 중요왜곡표시위험을 증가시킨다.

(2) 세부테스트

세부테스트의 경우 표본왜곡표시 금액이 예상과 달리 크게 평가될 경우, 중요한 왜곡표시가 존재하지 않는다는 추가적 감사증거가 없는 한 감사인은 특정 거래유형이나 계정잔액이 중요하게 왜곡표시되어 있다고 믿을 것이다.

세부테스트에 있어서, 모집단의 왜곡표시에 대한 감사인의 최선의 추정치는 투영된 왜곡표시와 변이로 인한 왜곡표시의 합이다. 투영된 왜곡표시와 변이로 인한 왜곡표시를 합한 것이 허용왜곡표시를 초과한다면, 표본은 테스트된 모집단에 관한 결론에 합리적인 근거를 제공하지 못한다. 투영왜곡표시와 변이로 인한 왜곡표시를 합한 것이 허용왜곡표시에 근접할수록 모집단의 실제의 왜곡표시가 허용왜곡표시를 초과할 가능성은 더욱 높아진다. 또한 투영왜곡표시가 표본수를 결정하기 위해 적용하였던 감사인의 예상왜곡표시보다 큰 경우, 감사인은 모집단의 실제왜곡표시가 허용왜곡표시를 초과한다는 수용할 수 없는 표본위험(부당기각위험)이 존재한다고 결론을 내릴 수 있을 것이다.

다른 감사절차들의 결과를 고려하는 것은 감사인이 모집단의 실제왜곡표시가 허용왜곡표시를 초과하는 위험을 평가할 때도 도움을 주며, 추가적인 감사증거가 입수될 경우 그러한 위험이 감소될 수도 있을 것이다(ISA 530-A21, A22).

7.2 표본감사를 적용하는 것이 테스트 대상 모집단에 대한 결론에 합리적인 근거를 제공하는지 여부 (Whether the use of audit sampling has provided a reasonable basis for conclusions about the population that has been tested)

테스트 대상인 모집단에 대한 결론을 내리는 데 표본감사가 합리적인 근거를 제공하지 못하고 있다고 결론을 내리면, 감사인은 다음의 절차 중 하나를 취할 수 있다(ISA 530-A23).

기출 2022

테스트 대상인 모집단에 대한 결론을 내리는 데 표본감사가 합리적인 근거를 제공하지 못할 경우(ISA 530-A23)

① 경영진에게 식별된 왜곡표시 및 잠재적인 추가 왜곡표시에 대하여 조사를 수행하고 필요한 수정을 하도록 요구함
② 요구되는 확신을 가장 잘 달성할 수 있도록 추가감사절차의 성격, 시기 및 범위를 조정함

TIP
통제테스트의 경우, 감사인은 표본수를 확대하거나 대체적인 통제를 테스트할 수 있고 관련된 실증절차를 변경시킬 수도 있다.

SECTION 05 통제테스트에서 통계적 표본감사

1 통제테스트에서 표본을 이용한 모집단의 추정

통제테스트에서 통계적 표본감사는 이론적으로는 통계학에 기초하고 있다. 그러나 회계감사에서 통계학의 이론부터 응용까지 모두 학습하는 것은 바람직하지 않다. 미국공인회계사회(AICPA)에서는 많은 연구를 통하여 회계감사 실무에서 쉽게 적용할 수 있는 통계적 기법을 소개하고 있다. 예를 들면, 표본수를 산출할 때 적용할 공식이 있지만 미국공인회계사회는 이를 실무에 적용할 수 있게 과대신뢰위험(ARO : Acceptable Risk of Overreliance), 허용이탈률(TDR: Tolerable Deviation Rate) 그리고 모집단추정오류율(EPER: Estimated Population Exception Rate)를 고려하여 모집단수를 결정하는 조견표(table)를 제공하고 있다.

표본수조견표에서 고려할 정보에 해당하는 표본수가 정해지면 감사인은 해당 표본수를 모집단에서 무작위로 추출하여 통제테스트를 수행한다.

통제테스트의 결과 표본으로부터 이탈사항(주어진 통제를 벗어난 표본)이 발견되면 표본의 이탈률을 결정할 수 있다. 통제테스트의 경우 표본이탈률은 곧 모집단이탈률을 의미한다. 그러나 여기서 과연 해당 내부통제가 신뢰할 수 있는지는 모집단이탈률과 허용이탈률을 곧바로 비교하여 결정하는 것은 아니다. 알고 있는 바와 같이 표본 감사절차는 표본의 이탈률을 통하여 모집단의 이탈률을 추정하는 것이다. 그리고 표본이탈률이 곧 모집단이탈률이 되지만, 여기에는 표본의 결과라는 점 때문에 반드시 표본위험을 추가로 고려하여야 한다. 즉, 표본이탈률(= 모집단이탈률)에 추가로 표본위험을 고려하여 모집단이탈상한률(achieved upper deviation rate)을 결정하고 이를 허용이탈률과 비교한다.

결국 감사인은 허용이탈률과 모집단이탈상한률을 비교하여 해당 통제가 효과적인지 아니면 효과적이지 않은지를 결론내린다.

이제 이러한 과정을 미국공인회계사회(AICPA)에서 제시하는 방법으로 설명하면 다음과 같다.

2 표본수

미국공인회계사회(AICPA)는 통제테스트에서 추출할 표본의 수를 [표 13-4]와 같은 조견표로 제시하고 있다.

표 13-4 통제테스트에서 표본수와 허용가능이탈수의 수: 과대신뢰위험이 5%일 때

예상이탈률 (Expected Population Deviation Rate, %)	허용이탈률(Tolerable Deviation Rate)										
	2%	3%	4%	5%	6%	7%	8%	9%	10%	15%	20%
0.00%	149(0)	99(0)	74(0)	59(0)	49(0)	42(0)	36(0)	32(0)	29(0)	19(0)	14(0)
0.25	236(1)	157(1)	117(1)	93(1)	78(1)	66(1)	58(1)	51(1)	46(1)	30(1)	22(1)
0.50	-	157(1)	117(1)	93(1)	78(1)	66(1)	58(1)	51(1)	46(1)	30(1)	22(1)
0.75	-	208(2)	117(1)	93(1)	78(1)	66(1)	58(1)	51(1)	46(1)	30(1)	22(1)
1.00	-	-	156(2)	93(1)	78(1)	66(1)	58(1)	51(1)	46(1)	30(1)	22(1)
1.25	-	-	156(2)	124(2)	78(1)	66(1)	58(1)	51(1)	46(1)	30(1)	22(1)
1.50	-	-	192(3)	124(2)	103(2)	66(1)	58(1)	51(1)	46(1)	30(1)	22(1)
1.75	-	-	227(4)	153(3)	103(2)	88(2)	77(2)	51(1)	46(1)	30(1)	22(1)
2.00	-	-	-	181(4)	127(3)	88(2)	77(2)	68(2)	46(1)	30(1)	22(1)
2.25	-	-	-	208(5)	127(3)	88(2)	77(2)	68(2)	61(2)	30(1)	22(1)
2.50	-	-	-	-	150(4)	109(3)	77(2)	68(2)	61(2)	30(1)	22(1)
2.75	-	-	-	-	173(5)	109(3)	95(3)	68(2)	61(2)	30(1)	22(1)
3.00	-	-	-	-	195(6)	125(4)	95(3)	84(3)	61(2)	30(1)	22(1)
3.25	-	-	-	-	-	148(5)	112(4)	84(3)	61(2)	30(1)	22(1)
3.50	-	-	-	-	-	167(6)	112(4)	84(3)	76(3)	40(2)	22(1)
3.75	-	-	-	-	-	185(7)	123(5)	100(4)	76(3)	40(2)	22(1)
4.00	-	-	-	-	-	-	146(6)	100(4)	89(4)	40(2)	22(1)
5.00	-	-	-	-	-	-		158(8)	116(6)	40(2)	30(2)
6.00	-	-	-	-	-	-			179(11)	50(3)	30(2)
7.00	-	-	-	-	-	-				68(5)	37(3)

위 조견표는 대규모 모집단을 가정한 것으로 자료출처는 다음과 같다.
자료출처: AICPA, Audit Guide, Audit Sampling (New York, 2001)

조견표에서 고려할 요소는 과대신뢰위험, 허용이탈률 그리고 모집단의 예상이탈률이다. 그리고 그 결과 계산된 표본수를 제시하고 있으며, 표본수 옆 괄호( )안의 수는 허용가능이탈수(Allowable Number of Deviations)를 제시하고 있다. 미국공인회계사회(AICPA)는 표본수조견표를 과대신뢰위험이 5%인 경우와 10%인 경우 두 가지를 제시하고 있다. 이것은 미국공인회계사회가 실무에서 과대신뢰위험을 적용할 때 5% 또는 10%가 적절하다는 판단 때문으로 보인다. 표에서 제시하는 표본수와 허용가능이탈수는 통계이론에 따라 공식을 적용하여 사전에 계산된 수치이다.

예를 들어, 감사인이 과대신뢰위험을 5%로 설정한다고 하자. 또한 감사인이 허용이탈률을 9%로 설정하였다고 하자. 여기서 허용이탈률을 얼마로 설정할 지는 감사인의 전문가적 판단에 따른다. 중요한 거래의 경우 허용이탈률을 낮게 그리고 중요하지 않은 거래의 경우 허용이탈률을 높게 설정하는 등의 판단기준을 예로 들 수 있다.

마지막으로 모집단예상이탈률(expected population rate)을 적용하여야 한다. 모집단의 예상이탈률은 아직 통제테스트를 수행하기 전이기 때문에 감사인의 추정에 따를 수 밖에 없다. 예를 들면, 감사인은 직전연도의 실제이탈률을 당해연도의 모집단예상이탈률로 사용할 수 있다. 또는 소수의 표본을 추출하여 이탈률을 계산하고 이를 모집단예상이탈률로 사용할 수도 있다.

필요한 정보는 모두 수집되었다. 과대신뢰위험 5%, 허용이탈률을 9% 그리고 모집단예상이탈률이 4%라고 하면 모든 정보들이 만나는 점의 숫자는 100(4)이다. 즉, 표본수는 100개이고 통제테스트 결과 허용가능이탈수는 4개까지이다.

3 표본추출

표본수가 결정되었으니 이제 표본을 추출하여야 할 것이다. 통계적인 방법을 적용하려면 허용된 추출방법을 사용하여야 한다. 여러 방법이 있겠지만 무작위추출법이 통계이론에 부합하는 방법에 해당한다.

무작위로 추출하는 방법으로 실무에서는 컴퓨터 추출프로그램을 이용한다. 해당 프로그램은 추출할 표본수를 입력하면 자동으로 추출하여야 할 표본의 번호를 정해진 개수만큼 출력해 준다.

4 통제테스트

표본이 추출되었으니 추출된 표본에 대하여 감사인이 테스트하고자 하는 통제를 테스트한다. 이를 통제테스트라고 한다.

5 통제테스트 결과의 해석

통제테스트 결과 표본에서 일정수의 이탈이 발견되었다고 하자. 이것을 이용하여 과연 해당 통제가 유효한지를 어떻게 결론내릴 수 있을까? 여기에는 1) 이탈수를 이용하는 방법과 2) 이탈률을 이용하는 방식이 있다.

(1) 이탈개수를 이용하는 방법

이탈개수를 이용하는 방법은 실무에서 잘 사용하지 않는 방법이다. 위 사례에서 표본수가 100개 허용가능이탈수가 4개이다. 그런데 100개의 표본에서 3개의 이탈이 발견되었다면 이는 허용가능이탈수를 넘지 않은 이탈에 해당하기 때문에 해당 "통제가 유효하다"고 결론지을 수 있다.

(2) 이탈률을 이용하는 방법

이탈율을 이용하는 방법은 이탈개수를 이용하는 방법보다 실무에서 널리 사용된다. 그 이유는 미국공인회계사회(AICPA)가 이탈률을 이용하는 방법 위주로 설명하고 있기 때문으로 보인다.

이탈률을 이용하는 방법은 표본수와 표본의 이탈개수를 이용하여 표본이탈률을 계산하는 것에서 시작한다. 표본이탈률은 곧 모집단이탈률로 추정되며 다음과 같이 계산한다.

$$\text{표본이탈률(=모집단이탈률)} = \frac{\text{표본의 이탈개수}}{\text{표본수}}$$

그런데 후술하는 이탈금액의 경우 표본의 이탈금액이 곧 모집단의 이탈금액을 의미하지는 않는다.

모집단이탈률은 표본위험을 고려하지 않는 것이다. 즉, 표본이 모집단을 대표하지 못하여 모집단이탈률을 잘못 추정할 수 있는 오류를 고려하지 않은 것이다. 통계에서는 모집단이탈률에 추가적으로 표본위험을 고려하여 모집단이탈상한율(achieved upper deviation rate)을 결정하고 이를 허용이탈률과 비교한다. 여기서 모집단이탈상한율(AUDR: achieved upper deviation rate)은 표본이 모집단을 대표하지 못하여 모집단이탈률을 잘못 추정할 수 있는 정도를 고려한 최대모집단이탈률(maximum deviation rate)을 말한다.

결국 감사인은 허용이탈률과 모집단이탈상한율을 비교하여 해당 통제가 효과적인지 아니면 효과적이지 않은지를 결론내린다.

미국공인회계사회는 과대신뢰위험이 각각 5%와 10%일 때 최대모집단이탈률(maximum deviation rate)이 얼마가 되는지를 미리 계산하여 [표 13-5]와 같이 조견표로 제시하고 있다.

« 표 13-5 통제테스트에서 표본결과의 평가: 과대신뢰위험 5%일 때 최대모집단이탈률 (Maxium Deviation Rate)

표본수 (Sample Size)	실제 이탈 수(Actial Number of Deviations Found)										
	0	1	2	3	4	5	6	7	8	9	10
25	11.3	17.6	-	-	-	-	-	-	-	-	-
30	9.5	14.9	19.6	-	-	-	-	-	-	-	-
35	8.3	12.9	17.0	-	-	-	-	-	-	-	-
40	7.3	11.4	15.0	18.3	-	-	-	-	-	-	-
45	6.5	10.2	13.4	16.4	19.2	-	-	-	-	-	-
50	5.9	9.2	12.1	14.8	17.4	19.9	-	-	-	-	-
55	5.4	8.4	11.1	13.5	15.9	18.2	-	-	-	-	-
60	4.9	7.7	10.2	12.5	14.7	16.8	18.8	-	-	-	-
65	4.6	7.1	9.4	11.5	13.6	15.5	17.4	19.3	-	-	-
70	4.2	6.6	8.8	10.8	12.6	14.5	16.3	18.0	19.7	-	-
75	4.0	6.2	8.2	10.1	11.8	13.6	15.2	16.9	18.5	20.0	-
80	3.7	5.8	7.7	9.5	11.1	12.7	14.3	15.9	17.4	18.9	-
90	3.3	5.2	6.9	8.4	9.9	11.4	12.8	14.2	15.5	16.8	18.2
100	3.0	4.7	6.2	7.6	9.0	10.3	11.5	12.8	14.0	15.2	16.4
125	2.4	3.8	5.0	6.1	7.2	8.3	9.3	10.3	11.3	12.3	13.2
150	2.0	3.2	4.2	5.1	6.0	6.9	7.8	8.6	9.5	10.3	11.1
200	1.5	2.4	3.2	3.9	4.6	5.2	5.9	6.5	7.2	7.8	8.4

위 조견표는 대규모 모집단을 가정한 것으로 자료출처는 다음과 같다.
자료출처: AICPA, Audit Guide, Audit Sampling (New York, 2008)

미국공인회계사(AICPA)는 조견표(과대신뢰위험 5%)를 이용하여 최대모집단이탈률(maximum deviation rate)을 추정하는 방법을 제시하고 있다. 예를 들면, 표본수가 100개이고 통제테스트 결과 이탈개수가 3개라면 모집단이탈률은 3%에 해당한다. 이 경우 최대모집단이탈률(maximum deviation rate)은 두 숫자가 만나는 점에서 제시하는 7.6%이다. 즉, 표본 100개를 통하여 통제테스트를 실시한 결과 3개가 정해진 통제를 이탈하였지만 표본이 모집단을 대표하지 못할 가능성까지 추가로 고려하면 최대모집단이탈률(maximum deviation rate)은 7.6%가 된다는 것을 의미한다.

이 경우 감사인은 최대모집단이탈률(maximum deviation rate)이 허용이탈률을 초과하는지에 따라 해당 통제가 효과적인지를 결론 내린다. 사례에서 허용이탈률은 9%, 표본이탈률과 모집단이탈률은 3%(3/100) 그리고 최대모집단이탈률(maximum deviation rate)은 7.6%이다. 여기서 최대모집단이탈률(maximum deviation rate)이 허용이탈률보다 작기 때문에 감사인인 "해당 통제가 효과적이다"고 결론내린다.

SECTION 06 금액가중확률 표본감사

NEW INTERNATIONAL STANDARDS ON AUDITING

1 금액가중확률 표본감사

1.1 계층화와 금액가중추출 (Stratification and Value-Weighted Selection)

핵심

1. 계층화의 목적은 각 계층 내 항목의 변동성을 줄임으로써 표본위험의 증가 없이 표본수를 줄이는 것이다.
2. 실증절차를 수행할 때에 계정잔액이나 거래는 종종 화폐금액으로 계층화된다. 이는 계정잔액이나 거래의 과대계상의 경우 금액적 오류의 가능성이 가장 큰 항목에 감사노력이 집중되도록 한다.

Q 모집단을 계층화함으로써 얻을 수 있는 효익은?

감사인은 모집단을 식별가능한 각각의 특성별 부분모집단으로 계층화함으로써 감사의 효율성을 향상시킬 수 있다. 계층화의 목적은 각 계층 내 항목의 변동성을 줄임으로써 표본위험의 증가없이 표본수를 줄이는 것이다. 부분모집단은 어떤 표본단위도 하나의 계층에만 속하도록 분류되어야 한다.

세부테스트를 수행할 때에 계정잔액이나 거래는 종종 화폐금액으로 계층화된다. 이는 계정잔액이나 거래의 과대계상의 경우 금액적 오류의 가능성이 가장 큰 항목에 감사노력이 집중되도록 한다. 또 다른 계층분류로서 모집단을 오류발생의 위험특성에 따라 계층화할 수도 있다. 예를 들어, 매출채권에 대한 대손추정액을 시사하는 경우 전체 매출채권 잔액을 경과기간에 따라 계층화할 수도 있다.

한 계층 내의 표본항목에 대하여 적용한 감사절차의 결과는 그 계층을 구성하는 항목에 대해서만 추정될 수 있다. 감사인은 모집단에 대한 결론을 도출하기 위하여는 모집단을 구성하는 다른 계층들과의 상대적 위험과 중요성을 고려할 필요가 있다. 예를 들어, 모집단내의 20%의 항목이 계정잔액의 90%를 구성한다고 하면 감사인은 20%의 항목으로부터 일정크기의 표본을 추출하여 표본감사를 수행할 수 있다. 이에 따라 감사인은 계정잔액의 90%에 대하여는 표본의 결과를 이용하여 평가하고, 잔여 10%에 대해서는 이에 대한 표본이나 다른 감사증거 수집방법을 사용하여 결론을 내리거나, 또는 금액적으로 중요하지 아니하다고 고려할 수도 있을 것이다.

1.2 금액가중추출 (Value-Weighted Selection)

핵심

금액단위를 표본단위로 정의하는 방법은 잔액이 큰 항목의 추출기회를 높임으로써 이들 항목에 감사가 집중되도록 하고 감사대상 표본수를 줄이게 하는 효과가 있다.

Q 금액가중추출에서 표본단위는?

세부테스트에서 특히 과대계상 여부를 감사할 때 계정잔액이나 거래의 개별 금액단위를 표본단위로 이용하는 것이 보다 효과적일 때가 있다. 예를 들어 매출채권 잔액과 같은 모집단으로부터 특정 금액단위를 선택한 경우, 감사인은 그 금액단위를 포함하고 있는 개별항목의 잔액을 감사한다. 금액단위(1원)를 표본단위로 정의하는 방법은 잔액이 큰 항목의 추출기회를 높임으로써 이들 항목에 감사가 집중되도록 하고 감사대상 표본수를 줄이게 하는 효과가 있다. 이 방법은 체계적 추출법과 함께 이용할 수 있으며, 무작위 추출법으로 추출할 때 가장 효율적이다(ISA 530-보론 1 수정).

1.3 금액가중확률 표본감사의 특징

금액가중확률 표본감사(probability proportional to size sampling: PPS)는 속성표본감사이론을 적용하면서 표본감사의 결과는 비율이 아닌 금액으로 표현된다. 금액가중확률 표본감사는 다음과 같은 경우에 매우 효과적이다.

> **TIP**
> 금액가중확률 표본감사는 금액단위표본감사(monetary unit sampling)라고도 한다.

① 계정잔액이 0 또는 음(−)의 금액을 갖지 않을 때
② 개별항목의 단위가 비교적 크고, 또한 금액이 큰 거래에 대해서는 반드시 표본항목으로 추출하고자 할 때
③ 상대적으로 오류액이 거의 없거나 적은 것으로 예상되는 계정잔액을 검증할 때(포아송분포와 그 특징이 같다)
④ 자산의 신규취득과 같이 거래의 속성(예 표준편차)을 파악하기 어려울 때

1.4 금액가중확률 표본감사의 장점과 단점

> **TIP**
> 금액가중확률 표본감사는 금액단위 1원이 표본단위가 되므로 금액이 큰 항목은 작은 항목보다 추출될 확률이 높다. 예를 들면, 10원은 표본단위의 10개 묶음단위이기 때문에 10원이 추출될 확률은 1원의 10배가 된다. 따라서 중요성 관점에서 감사업무를 수행하는 표본감사 방법으로 적합하다고 할 수 있다. 그러나 과소계상오류가 포함되어 있는 항목은 당해 항목의 추출확률이 낮아지기 때문에 부채계정의 표본감사 방법으로는 적합하지 않다.

장　점	단　점
① 일반적으로 실물단위표본감사(전통적 변수표본감사)보다 적용하기가 쉽다. ② 표본수를 결정할 때 표준편차 등을 직접 고려할 필요가 없다. ③ 표본이 화폐금액에 비례해서 추출되기 때문에 자동적으로 계층화의 결과를 가져온다. 그리고 금액이 큰 항목은 추출될 확률이 높아서 자동적으로 큰 금액이 강조된다. ④ 오류의 발생이 예상되지 않는다면 실물단위표본감사(전통적 변수표본감사)보다 추출하여야 할 표본수가 작아 효율적이다. ⑤ 모집단이 체계적으로 구성되어 있지 아니하더라도 추출이 가능하고, 표본의 설계가 비교적 쉽다.	① 만약 표본에서 과대계상액과 과소계상액이 함께 확인되었다면 표본 결과를 평가할 때 이들을 상호 분리하여 별도로 계산하여야 하는 번거로움이 있다. ② 금액이 0인 항목은 표본으로 추출되지 않기 때문에 따로 분리해서 그 항목들을 검증하여야 한다. ③ 표본결과를 평가할 때 오류가 발견되었을 경우, 주어진 위험수준에서 표본위험의 허용치를 과대평가할 수 있다. 이에 따라 채택되어야 할 모집단이 오히려 기각될 위험도 있다. ④ 모집단의 예상오류액이 증가함에 따라 금액가중확률 표본감사에서의 표본수가 증가한다. 이런 상황에서는 전통적 변수표본감사(실물단위표본감사)보다 표본수가 더 커질 수 있다.

« 그림 13-3 예상오류액과 표본수

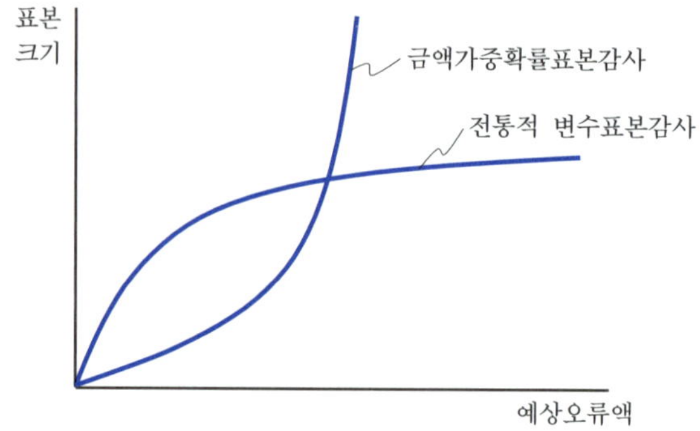

2 표본수의 결정

표본수를 결정하는 방식은 ① 표본수결정표를 이용하는 방법과 ② 신뢰계수표를 이용하는 방법이 있다. 신뢰계수표를 이용하는 방법이 표본수결정표를 이용하는 방법보다 널리 사용된다. 본 절에서는 신뢰계수표를 이용하는 방법을 제시하고 있으며 표본수결정표를 이용하는 방법은 부록으로 수록하고 있다.

신뢰계수표를 이용하여 표본수를 계산하려면 허용할 수 있는 부당수용허용위험(β-risk)에 적합한 신뢰계수를 찾아 다음 식에 대입하면 된다.

$$표본수(n) = \frac{신뢰계수(RF) \times 장부가액(BV)}{허용오류액(TE) - (예상오류액(EE) \times 확장계수(EF))} = \frac{RF \times BV}{TE - (EE \times EF)}$$

여기서,

RF : 신뢰계수(reliability factor)
BV : 장부가액(book value)
TE : 허용오류액(tolerable error)
EE : 예상오류액(expected error)
EF : 확장계수(expansion factor)

예 제 03 금액가중확률 표본감사에서 표본수의 결정

다음 주어진 자료를 이용하여 표본수를 계산하시오.

허용오류액	50,000원 (매출채권에 배분된 중요성금액)
부당수용허용위험	10%
모집단의 금액	2,500,000원
예상오류액	0원

과대계상오류의 수	부당수용허용위험별 신뢰계수	
	5%	10%
0	3.00	2.30
1	4.75	3.89
2	6.30	5.32
3	7.76	6.68
4	9.16	7.99

부당수용허용위험	1%	5%	10%	15%	20%
확 장 계 수	1.9	1.6	1.5	1.4	1.3

TIP

신뢰계수를 적용할 때에는 항상 과대계상오류의 수가 영(0)인 것을 적용한다. 왜냐하면, 금액가중확률 표본감사는 상대적으로 오류가 거의 없거나 적은 것으로 예상되는 계정잔액을 검증할 때 효과적이라는 특징 때문이다.

해답

$$\text{표본수} = \frac{2.3 \times 2{,}500{,}000}{50{,}000 - (0 \times 1.5)} = 115\text{개}$$

3 표본의 추출

금액가중확률 표본추출법은 표본이 각 항목의 금액에 비례하여 추출될 수 있도록 설계되어야 한다. 따라서 일반적으로 체계적 추출법이 가장 많이 이용된다. 체계적 추출법을 사용하면 모집단 내에서 추출간격 이상인 큰 집단은 모두 추출되며 추출간격 미만인 집단은 일부만 추출된다. 따라서 표본결과의 평가도 이러한 특성을 반영하여야 한다.

예 제 04 금액가중확률 표본감사에서 표본의 추출

A(주)의 매출채권 잔액의 세부테스트를 수행하고 있는 Kim 회계사는 표본감사방법으로 금액가중확률 표본감사를 적용하려고 한다. 장부상 매출채권 잔액은 ₩200,000이고 표본 개수는 1,000개, 출발점은 50th이라고 할 때 다음 자료를 이용하여 추출되는 거래처의 번호를 지정하시오.

거래처 번호	잔 액	누적잔액
1	₩100	₩100
2	150	250
3	50	300
4	70	370
5	80	450
6	140	590
7	80	670
8	70	740
9	90	830
10	120	950

해답

금액가중확률 표본감사에서 표본단위는 ₩1이며, 체계적추출법이 응용된다. 즉, 첫 출발점은 무작위로 지정하고 그 다음부터는 체계적으로 표본간격만큼 떨어져 있는 표본을 추출한다. 주어진 자료에서 표본간격은 $\frac{₩200,000}{1,000}$ = ₩200 이다. 따라서, 누적잔액을 기준으로 추출할 표본을 다음과 같이 지정한다.

1st : 출발점 50th : 누적잔액에서 50^{th}을 포함하고 있는 거래처 번호는 1번
2nd : 50th + 표본간격 = 50 + 200 = 250 : 누적잔액에서 250^{th}를 포함하고 있는 거래처 번호는 2번
3rd : 250 + 표본간격 = 250 + 200 = 450 : 누적잔액에서 450^{th}를 포함하고 있는 거래처 번호는 5번
4th : 450 + 표본간격 = 450 + 200 = 650 : 누적잔액에서 650^{th}를 포함하고 있는 거래처 번호는 7번
5th : 650 + 표본간격 = 650 + 200 = 850 : 누적잔액에서 850^{th}를 포함하고 있는 거래처 번호는 10번

따라서, 주어진 자료에서는 거래처 번호 1, 2, 5, 7 및 10번이 추출된다.

4 표본시사 결과의 평가

표본시사의 결과를 평가하는 과정은 다음과 같다.

감사결과 평가 단계	수행하여야 할 절차
1 단계: 표본결과의 항목별 오류율의 계산	$\frac{\text{오류금액}}{\text{장부금액}}$
2 단계: 신뢰계수의 계산	신뢰계수표를 이용하여 발견된 오류수에 해당하는 신뢰계수를 찾는다.

3 단계: 추정오류상한액의 계산	추정오류상한액 = 표본간격 × [최초의 신뢰계수 + (⊿ 신뢰계수 × 항목당오류율)]
4 단계: 통계적인 결론	① 추정오류상한액 ≥ 허용오류액 계정잔액 적정하다고 결론지을 수 없다. ② 추정오류상한액 < 허용오류액 계정잔액 적정하다고 결론지을 수 있다.
5 단계: 오류의 질적인 요소를 고려	감사인은 표본의 분석결과 발견된 오류금액 뿐만 아니라 오류의 발생원인과 성격 등을 분석하여 이것이 재무제표에 미치는 영향을 고려하여야 한다.
6 단계: 감사의견에 반영	계정과목에 배분된 중요성수준에 의거 감사의견에 반영한다.

여기서 추정오류상한액은 추정오류액(projected misstatement: PM)에 표본위험의 허용치(allowance for sampling risk)를 가산한 것이다. 추정오류액(PM)은 표본오류를 모집단에 투사(projection)한 점추정치(point estimate)이다. 따라서 모집단의 기각여부는 통계적 추론과정에서 발생할 수 있는 오차를 고려할 필요가 있으며 이것이 바로 표본위험의 허용치이다.

4.1 추정오류상한액의 계산

기출 2024

그림 13-4 모집단 추정오류상한액의 추정과정

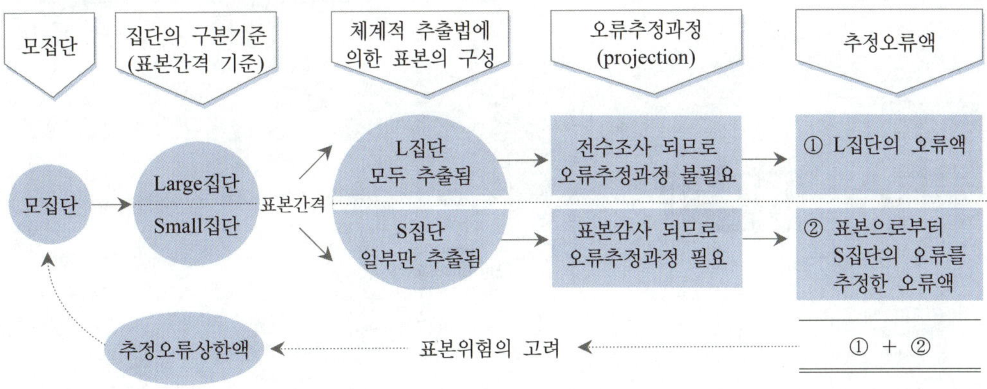

금액가중확률 표본감사에서 체계적 추출법을 이용하여 표본을 추출하면 표본은 표본간격 이상인 집단과 미만인 집단으로 이원화된다. 따라서 모집단의 추정오류상한액(upper limit of misstatements: ULM)도 이원화된 방법으로 계산한다.

따라서 이와 같은 특성을 반영한 추정오류상한액은 다음과 같은 식에 의하여 계산된다.

기출 2023

추정오류상한액 = 추정오류액 + 표본위험의 허용치
= 추정오류액 + 기본정도 + 표본위험의 증분허용치
= [최초신뢰계수 + ⊿ 신뢰계수 × 항목당오류율] × 표본간격 ← 이후 제2법의 공식
= (최초신뢰계수 × 표본간격) + (⊿신뢰계수 × 항목당오류율 × 표본간격)
= (최초신뢰계수 × 표본간격) + (⊿신뢰계수 − 1 + 1) × 항목당오류율 × 표본간격
= (최초신뢰계수 × 표본간격) + (항목당오류율 × 표본간격)
+ [(⊿신뢰계수 − 1) × 항목당오류율 × 표본간격]
= (항목당오류율 × 표본간격) + (최초신뢰계수 × 표본간격)
+ [(⊿ 신뢰계수 − 1) × 항목당오류율 × 표본간격] ← 이후 제1법의 공식

여기서,

- 표본간격 $= \dfrac{\text{모집단장부가액}}{\text{표본수}}$
- 항목당오류율(또는 항목당오염율: tainting rate) $= \dfrac{(\text{장부가액}-\text{감사가액})}{\text{장부가액}}$
- 추정오류액(projected misstatements) = (항목당오류율 × 표본간격)
- 표본위험의 허용치(allowance for sampling risk) = 기본정도 + 표본위험의 증분허용치
- 기본정도(basic precision) = (최초신뢰계수 × 표본간격)
- 표본위험의 증분허용치(incremental allowance for projected misstatements)
= [(⊿ 신뢰계수 − 1) × 항목당오류율 × 표본간격]

그림 13-5 표본오류에서 추정오류상한액까지의 개념도

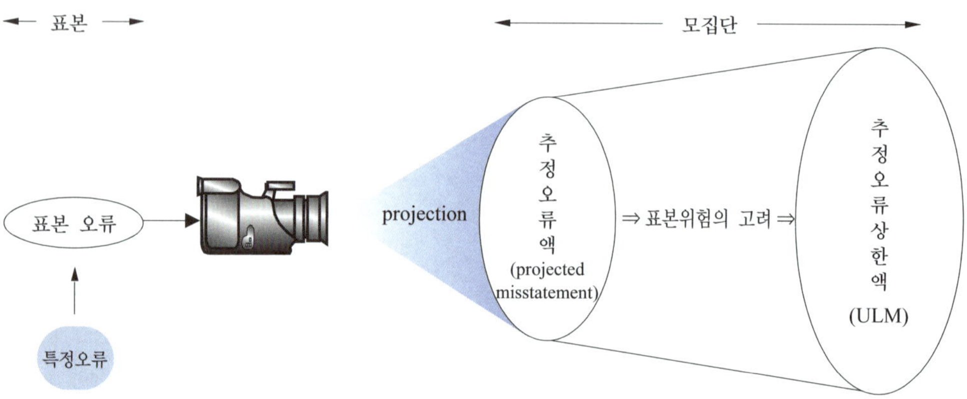

※ 추정오류상한액은 추정오류액에 표본위험을 고려하여 계산한 것이다.

4.2 표본시사 결과의 평가

표본시사 결과는 추정오류상한액과 허용오류액(중요성금액)을 비교하여 평가한다.

(1) 추정오류상한액 < 허용오류액

모집단의 추정오류상한액이 허용오류액보다 적을 경우 감사인은 계정잔액이 적정하다는 가설을 채택한다. 그러나 계정잔액에 포함된 오류가 허용오류액을 능가함에도 불구하고 허용오류액을 능가하지 않았다고 결론 내림으로써 부당하게 적정의견을 수용할 가능성(즉, 부당수용위험 = β-risk)이 존재할 수 있다는 것을 명심하여야 한다.

(2) 추정오류상한액 ≥ 허용오류액

모집단의 추정오류상한액이 허용오류액을 능가할 경우 감사인은 계정잔액이 적정하다는 가설을 기각한다. 그러나 계정잔액에 포함된 오류가 허용오류액을 능가하지 않음에도 불구하고 허용오류액을 능가하였다고 결론 내림으로써 부당하게 적정의견을 거부할 가능성(즉, 부당거부위험 = α-risk)이 존재할 수 있다는 것을 명심하여야 한다. 부당거부위험(= α- risk)이 발생할 경우 경영진은 표본의 결과를 부정할 수도 있다. 경영진이 표본결과에 대하여 수긍하지 않는다면 감사인은 그 발생원인별로 다음과 같은 대응책을 고려하여야 한다.

원　　인	감사인의 대응책
① 표본이 모집단을 대표하지 못할 가능성	추가적인 표본단위의 조사 또는 대체절차 실시
② 모집단이 허용오류 이상으로 잘못 표시되었을 경우	경영진에게 오류를 조사하도록 요청하거나 장부가액의 수정을 요청

예제 05 금액가중확률 표본감사에서 표본결과의 평가

기출 2024

1. 매출채권에 대한 실증절차를 실시함에 있어 금액가중확률 표본감사의 방법을 이용한다.

매출채권의 장부가액 = ₩5,000,000	부당수용허용위험 = 5%
허용오류액(중요성금액) = ₩40,000	예상오류액 = ₩5,000

2. 신뢰계수와 확장계수는 다음과 같다.

과대계상오류의 수	부당수용허용위험별 신뢰계수	
	5%	10%
0	3.00	2.30
1	4.75	3.89
2	6.30	5.32
3	7.76	6.68
4	9.16	7.99

부당수용허용위험	1%	5%	10%	15%	20%
확 장 계 수	1.9	1.6	1.5	1.4	1.3

3. 표본감사결과 다음과 같은 오류가 발견되었다고 가정하자.

오류표본	장부가액	감사가액	오류금액
A	50,000	40,000	10,000
B	10,000	9,600	400
C	10,000	7,000	3,000
D	5,000	4,000	1,000
합 계	75,000	60,600	14,400

상기자료를 이용하여 표본수, 표본간격, 추정오류액과 추정오류상한액을 계산하시오.

해답

1. 표본수와 표본간격

(1) 표본수의 계산

$$표본수 = \frac{신뢰계수 \times 장부가액}{허용오류액 - (예상오류액 \times 확장계수)}$$

$$= \frac{3.0 \times 5,000,000}{40,000 - (5,000 \times 1.6)} = 469개$$

(2) 체계적 추출법에 의할 경우 표본간격의 계산

$$표본간격 = \frac{장부가액}{표본수} = \frac{5,000,000원}{469개} = 10,661$$

모집단에서 469개의 표본을 추출하여 매출채권을 조회한 결과 A, B, C, D의 4개 표본에서 과대계상오류가 발견되었다는 것을 의미한다. 4개의 오류를 분석해 보면 L모집단(거래처별 채권잔액이 표본간격 이상인 집단)에서는 A거래처만이 과대계상오류가 발견되었으며, S모집단(거래처별 채권잔액이 표본간격 미만인 집단)에서는 B, C, D거래처에서 과대계상오류가 발견되었다는 것을 의미한다. 여기서 주의할 점은 L모집단은 전수조사되었기 때문에 별도로 오류를 추정할 필요가 없다. 그러나 S모집단은 표본감사되었기 때문에 S모집단의 표본오류인 B, C, D거래처의 오류를 통하여 S모집단의 오류를 추정하는 작업이 필요하다.

2. 표본결과의 평가

(1) 제1법

추정오류상한액 = (항목당오류율 × 표본간격) + (최초신뢰계수 × 표본간격)
+ [(⊿ 신뢰계수 − 1) × 항목당오류율 × 표본간격]

① 추정오류액의 계산(projected misstatement)

표본의 오류를 모집단에 투영(projection)하여 모집단의 오류를 추정한다.

$$추정오류액 = \sum_{i=1} 항목당오류율_i \times 표본간격_i$$

$$= \sum_{i=1} \frac{항목당\ 오류금액}{항목당\ 장부가액} \times \frac{모집단\ 장부가액}{표본수}$$

여기서 표본간격은 모집단 장부가액의 평균을 의미하므로 여기에 항목당오류율을 곱하면 표본오류로부터 모집단의 오류액을 추정할 수 있다.

오류표본	①	②	③=①−②	④=③/①	⑤	⑥=④×⑤
	장부가액	감사가액	오류금액	오류율㊟	표본간격㊟	추정오류액㊟
A	50,000	40,000	10,000	N / A	N / A	10,000
B	10,000	9,600	400	4%	10,661	426
C	10,000	7,000	3,000	30%	10,661	3,198
D	5,000	4,000	1,000	20%	10,661	2,132
합 계						15,756

㊟ ① 체계적 추출법에 의하면 장부가액이 표본간격 이상의 경우 모두 추출된다. 따라서 오류의 추정은 다음과 같은 두 분류로 구분하여 추정된다.

구 분	표본추출가능성	추정오류액
장부가액 ≥ 표본간격	모두 추출됨	표본오류가 곧 모집단오류임
장부가액 < 표본간격	일부만 추출됨	표본오류로서 모집단의 오류금액을 추정하여야 함

② 오류율을 사용하여 궁극적으로 오류금액의 추정치를 산출하는 것은 속성표본감사이론을 적용하면서도 표본감사의 결과는 비율이 아닌 금액으로 표현한다는 것을 보여주는 것이다.

위의 오류표본 A의 경우 "장부가액(₩50,000) > 표본간격(₩10,661)"이다. 즉, 모집단에서 장부가액이 ₩10,661 이상인 거래처는 모두 추출되어 감사되었는데 이 중에서 A거래처만 오류가 발생한 것이다. 따라서 표본간격 이상인 표본에서는 오류의 총합계가 A거래처의 오류액인 ₩10,000이 된다. 모집단에서 장부가액이 표본간격 미만인 표본에서는 일부만 추출되어 감사되었는데 이 중 표본 B, C, D거래처에서 오류가 발생하였으므로 장부가액이 표본간격 미만인 집단의 오류액은 표본으로부터 추정하여야 한다. 따라서 오류율과 표본간격, 신뢰계수를 통하여 오류를 추정하는 작업이 필요하다.

② 기본정도(basic precision) = 최초신뢰계수 × 표본간격 = 3.0 × 10,661 = 31,983

③ 표본위험의 증분허용치(incremental allowance)의 계산
장부가액이 표본간격보다 작은 표본에 대하여 추정오류액의 크기순으로 나열하여 표본위험의 증분허용치를 계산한다.

오류표본	신뢰계수	⊿신뢰계수	⊿신뢰계수−1	추정오류액	표본위험의 증분허용치
	3.00	−	−	−	−
C	4.75	1.75	0.75	3,198	2,399
D	6.30	1.55	0.55	2,132	1,173
B	7.76	1.46	0.46	426	196
합 계					3,768

④ 추정오류상한액(ULM) = 추정오류액 + 기본정도 + 표본위험의 증분허용치

$$= 15{,}756 + 31{,}983 + 3{,}768$$
$$= 51{,}507$$

※ 여기서 Large 집단의 오류액은 10,000이고 Small 집단의 추정오류상한액은 41,507이다.

⑤ 표본결과의 평가

모집단 오류액은 "추정오류상한액(₩51,507) > 중요성금액(₩40,000)"이다. 그러므로 매출채권 잔액은 적정하다는 가설을 기각(즉, 적정하지 않다고 결론)한다.

(2) 제2법

추정오류상한액 = [최초신뢰계수 + (⊿ 신뢰계수 × 항목당오류율)] × 표본간격

① Large 집단오류 = (50,000 − 40,000) = 10,000

② Small 집단추정오류 = [3 + (1.75 × 0.30) + (1.55 × 0.20) + (1.46 × 0.04)] × 10,661
= 41,508

※ 이 때 ⊿ 신뢰계수는 항목당 오류율의 크기순으로 적용하면 제1법의 추정오류액 크기순과 일치한다.

③ 추정오류상한액 = ① + ② = 51,508

※ 제1법과 1원의 차이가 발생하는데 이는 단수차이로 인한 것이다.

TIP

제1법과 제2법의 차이

제1법과 제2법은 표본결과를 평가하는 데는 근본적으로 차이가 없다. 다만, 제1법은 추정오류상한액의 구성요소(추정오류액과 표본위험의 허용치)를 알 수 있다는 장점이 있고, 제2법은 제1법보다 쉽다는 장점이 있다. 다만, 제2법에만 의존할 경우, 추정오류와 표본위험을 고려한 추정오류상한액을 묻는 질문에는 취약하다는 것을 알아둘 필요가 있다.

SECTION 07 전통적 변수표본감사 (실물단위표본감사)

NEW INTERNATIONAL STANDARDS ON AUDITING

전통적 변수표본감사는 이미 개발된 통계학이론을 회계감사에 그대로 적용한 것이다. 통계학은 소수의 표본으로 모집단을 추정하기 위하여 연구된 학문이다. 전통적 변수표본감사는 모집단이 평균을 중심으로 종모양을 이룬다는 정규분포를 가정하고 여기에 맞는 통계기법을 그대로 적용한 것이다.

그러면 과연 회계감사에서 특정 계정잔액 또는 거래가 정규분포를 이룬다고 가정하는 것이 바람직할까? 그것은 단정하기 어렵다. 예를 들면 기업이 소비자와 직접 거래(B2C)하는 방식이라면 해당 기업의 매출채권(AR)은 소액으로 구성되고 정규분포를 이룰 가능성이 있다. 그러나 기업이 다른 기업과 거래하는 (B2B)라면 매출은 소수의 주요 거래처에서 큰 금액의 매출(매출채권)이 발생하고 불특정 다수의 거래처에서 소액의 매출(매출채권)이 발생할 가능성이 있다. 이 경우 매출채권의 분포는 어느 한쪽으로 치우치는 비대칭을 이룰 가능성이 있다.

또 다른 견해는 감사는 왜곡표시를 추정하는 것이기 때문에 감사인이 관심을 가지는 것은 예를 들면 매출채권 잔액이 아니라 매출채권의 왜곡표시이다. 기업이 매출채권을 왜곡하고자 하면, 발각될 가능성을 줄이고 왜곡의 효과를 극대화하기 위하여 다수 거래처를 대상으로 개별적으로 작은 금액을 왜곡하기 보다는 소수 거래처를 대상으로 개별적으로 큰 금액을 왜곡하는 방법을 선택할 가능성이 있다. 이 경우 매출채권의 왜곡표시는 정규분포보다는 한쪽으로 치우친 비대칭을 이룰 가능성이 있다.

따라서, 감사인이 전통적 변수표본감사기법을 감사에서 적용한다는 것은 관심의 대상이 정규분포를 이룬다는 가정에 합당하다고 판단하기 때문이다. 또한 전통적 변수표본감사는 이미 통계학에서 많은 연구가 이루어져 있어 회계법인 차원에서 고민없이 도입할 수 있다는 장점도 있다.

그러나 앞서 설명한 금액가중확률표본감사는 미국공인회계사회(AICPA)에서 연구된 것으로 회계감사에 특화된 방법이다.

1 표본의 분포와 추정

1.1 표본의 분포

확률변수 X가 정규분포를 이룰 때 정규분포는 평균과 표준편차에 따라 그 모양과 위치가 달라진다. 정규분포의 성격을 서로 비교하거나 또는 한 분포에서 특정한 면적의 확률을 쉽게 계산하고자 할 때에는 정규분포를 표준화할 필요가 있다.

모든 정규분포를 평균$(\mu)=0$, 표준편차$(\sigma)=1$이 되도록 변형시켜 표준화한 것을 표준정규분포라 한다. 어떤 관측치 X 의 값이 그 분포의 평균으로부터 표준편차의 몇 배 정도나 떨어져 있는가를 표준화된 정규분포확률변수 Z로 나타내기 때문에 표준정규분포를 Z-분포라고도 한다.

$$Z = \frac{X-\mu}{\sigma}$$

표준정규분포는 $\mu=0$이며 곡선의 모양이 대칭이기 때문에 Z값이 0보다 크거나 작을 확률은 각각 50%이다.

예를 들면, 매출채권의 분포가 평균 100원이며 표준편차가 10원이고 정규분포를 이룬다고 할 때 각각의 X값을 Z값으로 변환시키면 다음과 같다.

$$X_1 = 120 \Rightarrow Z = \frac{120-100}{10} = +2$$

$$X_2 = 110 \Rightarrow Z = \frac{110-100}{10} = +1$$

$$X_3 = 90 \Rightarrow Z = \frac{90-100}{10} = -1$$

$$X_4 = 80 \Rightarrow Z = \frac{80-100}{10} = -2$$

Z값은 위에서처럼 1, 2, -1, -2 등과 같이 정수만 존재하는 것이 아니라 연속적인 값을 갖는다. 상기 사례에서 매출채권의 평균이 100이며 표준편차가 10일 경우 정규분포와 이를 표준화한 표준정규분포는 다음과 같다.

« 그림 13-6 정규분포와 표준정규분포

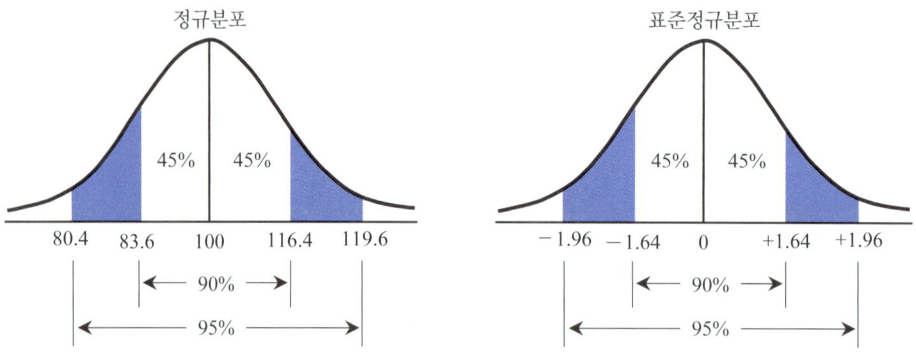

정규분포에서 Z값이 ± 1.64이라는 것은 $\mu \pm 1.64\sigma$를 의미하며 이는 평균으로부터 1.64배의 표준편차 범위 내에 전체항목의 90%를 포함하고 있다는 것을 의미한다. 일반적으로 조사자들이 가장 관심 있어 하는 곡선아래의 면적은 90%, 95% 및 99%이고, 양쪽 꼬리를 제외한 곡선아래의 면적에 해당하는 각각의 Z-값은 다음과 같다.

Z-값	곡선 아래의 면적(양측검정)
±1.64	90.0%
±1.96	95.0%
±2.58	99.0%

1.2 표본수

전통적 변수표본감사에서 표본수는 통계학에서 이미 개발해 놓은 공식을 사용한다. 표본수는 감사인이 통제하려는 α risk, β risk, 중요성수준 및 모집단의 표준편차에 따라 달라진다.[주]

회계감사에서는 진실한 계정잔액(감사가액)이나 왜곡표시금액의 단위당 평균보다는 총액에 관심을 가진다. 그러나 표본을 통하여 모집단의 특성을 결론내리는 통계학에서는 표본평균(단위당 평균)을 사용한다. 따라서 이하에서 설명하는 표본수와 표본결과의 평가는 표본평균의 관점에서 설명한다. 다만, 평균($\bar{x}$)에 모집단의 크기(N)를 곱하면 총액으로 전환하여 해석이 가능하다. 이러한 관점에서 중요성수준을 TM (tolerable misstatement)이라 하고, 단위당 중요성수준을 m이라 하며, 모집단의 크기를 N이라 하면, $TM = N \times m$의 관계가 성립한다. 단위당 중요성수준을 이용하여 표본수를 계산하는 방법은 다음과 같다.

$$n = \left[\frac{(Z_{\alpha/2} + Z_{\beta})ESD}{m} \right]^2$$

여기서,

- n : 표본수
- $Z_{\alpha/2}$: 부당거부위험의 신뢰계수
- Z_{β} : 부당수용위험의 신뢰계수
- ESD : 모집단의 추정표준편차
- m : 단위당 중요성수준 = 중요성수준(허용오류액) / 모집단의 규모(TM/N)

주: 어떤 책에서는 모집단에 존재하리라고 추정되는 오류(추정오류)도 고려하는 공식을 제안하고 있다. 그러나 감사인이 특정 회사의 회계감사를 수임한다는 전제에는 회사가 재무제표를 왜곡하지 않을 것이라는 가정한다는 점에서 추정오류는 무시하는 것이 더욱 설득적이다.

TIP

중요성수준(TM)을 이용하여 표본수를 계산하는 방법은 다음과 같다.

$$n = \left[\frac{N(Z_{\alpha/2} + Z_{\beta})ESD}{TM} \right]^2$$

(1) 모집단의 추정표준편차 (ESD)

표본수를 계산하기 위해서는 모집단의 표준편차를 알아야 한다. 그러나 표본수를 결정하기 위해서 모집단의 표준편차를 계산한다는 것은 매우 비효율적이기 때문에 일반적으로는 그 추정치를 사용한다. 모집단의 추정표준편차(ESD)는 감사인이 ① 사전적으로 몇 개의 표본(대개 30개)을 추출하여 계산하거나 ② 전년도의 감사결과 알게 된 모집단의 표준편차를 사용하기도 한다.

(2) 중요성수준 (TM)

중요성수준(TM: tolerable misstatement)이란 개별 계정잔액에 배부된 중요성수준을 말한다. 예를 들면, 매출채권에 대하여 전통적 변수표본감사를 적용한다면 중요성

수준은 매출채권에 배분된 중요성수준이 된다. 위 표본수를 계산하는 식에서는 중요성수준(TM)이 아니라 단위당 중요성수준(m)을 사용하고 있다.

(3) 부당거부위험(α risk)과 부당수용위험(β risk)의 신뢰계수

앞에서 부당거부위험과 부당수용위험에 대하여 설명한 바 있다. 표본감사에 감사인은 가능하면 표본위험인 부당거부위험(α risk)과 부당수용위험(β risk)을 모두 통제하는 것이 바람직하다. 따라서 감사인이 전통적 변수표본감사에서 두 위험을 모두 고려할 수 있다면 이를 표본수를 결정할 때 고려할 수 있다.

두 위험에 대한 신뢰계수를 적용함에 있어 주의할 것이 있다. [그림 13-7]에서 제시한 바와 같이 부당거부위험(α risk)은 정규분포의 양쪽 꼬리의 면적을 모두 합친 것이고, 부당수용위험(β risk)은 한쪽 꼬리의 면적에 해당한다. 따라서 두 위험에 대한 신뢰계수는 각각 $Z_{\alpha/2}$와 Z_{β}를 사용한다.

TIP

[그림 12-7]에서 H_0와 H_a는 각각 귀무가설과 대립가설을 의미하며 μ는 모평균을, m은 단위당 중요성수준을 의미한다. 통계에서 조사자는 사전에 신뢰수준을 설정하는데 신뢰수준과 표본위험 사이에는 [표 12-6]과 같은 관계가 있고, 신뢰수준에 따라 대립가설을 채택할지 여부를 결정하는 의사결정기준도 결정된다. 이것은 통계학에서 연구하는 영역이기 때문에 회계감사에서는 이를 이해시키는데 많은 지면과 노력이 소요된다. 따라서 독자들은 그 결과만을 적용하는데 집중하는 것이 바람직하다.

« 그림 13-7 부당거부위험과 부당수용위험

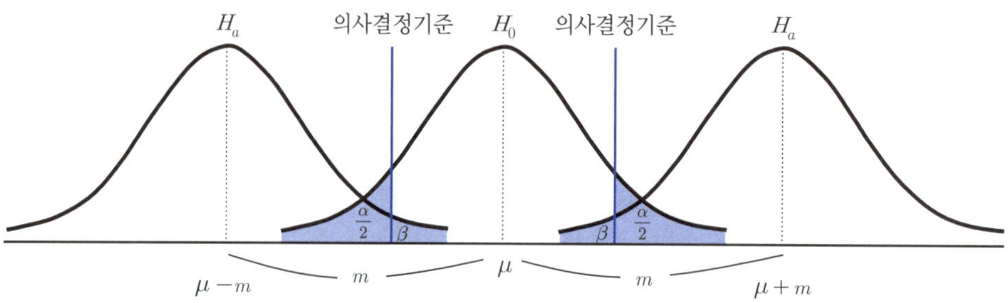

« 표 13-6 부당거부위험과 부당수용위험에 대한 신뢰계수 (Confidence Coefficient for Confidence Levels, (α, and β))

신뢰수준 (Confidence Level, %)	부당거부위험 (α risk, %)	부당수용위험 (β risk, %)	신뢰계수 (Confidence Coefficient)
99	0.5	1	2.58
95	2.5	5	1.96
90	5	10	1.64
80	10	20	1.28

[표 13-6]에서 신뢰수준(confidence level)은 (1-α risk)로 정의된다. 그리고 부당거부위험(α risk)은 표본을 이용하여 모집단에 대한 결론을 내릴 때 결론을 잘못 내릴

위험이 종모양의 대칭인 곡선 양쪽 꼬리에 분포하고 있다. 따라서 양쪽 꼬리를 모두 합친 것이 부당거부위험(α risk)이다. 위 표에서 신뢰수준이 99%인 경우 부당거부위험은 1%이고 양 극단의 꼬리는 각각 $\alpha/2$이기 때문에 편의상 한쪽 꼬리가 0.5%라고 제시하고, 신뢰계수는 2.58이 된다.

그리고 부당수용위험(β risk)이 1%인 경우 부당수용위험은 한쪽 꼬리만을 가지기 때문에 신뢰수준 99%일 때의 신뢰계수로 적용하고 해당하는 신뢰계수는 2.58이 된다.

신뢰수준(Confidence Level) = (1 − α risk)

2 모집단의 추정 및 결론

기출 2022

표본으로부터 모집단을 추정하는 방법에는 모집단의 특성에 대한 가정에 따라 단위당평균추정법, 차이추정법 및 비율추정법이 있다. 단위당평균추정법은 표본의 감사가액 평균(mean audited value of sample)을 이용하여 모집단의 추정오류액(projected misstatement)과 모집단의 감사가액(audited value of population)을 추정하는 방법을 말한다. 단위당평균추정법은 통계학에서 이미 연구된 이론을 배경으로 미국공인회계사회에서 구체적인 적용 방법을 연구하여 공개하고 있기 때문에 실무에서도 널리 사용되고 있다.

그 외에도 차이추정법과 비율추정법이 있는데 이는 개념만 소개할 뿐, 통계적 접근법에 대해서는 소개되고 있지 않다. 따라서 본 서에서는 미국공인회계사회와 실무에서 대부분 채택하고 있는 단위당평균추정법 위주로 소개한다. 단위당평균추정법을 이용하여 모집단의 추정오류액과 모집단의 감사가액을 추정하는 방법은 다음과 같다.

2.1 단위당평균추정법(Mean per Unit Estimation)

단위당평균추정법은 표본의 평균($\bar{x}$)과 표준편차(σ)를 이용하여 모집단을 추정하는 방법을 말한다. 이 때 추정의 대상은 감사가액을 추정할 수도 있고, 왜곡표시를 추정할 수도 있다.

■ 감사가액을 추정하는 방법

표본수가 계산되고 무작위추출에 따라 해당 표본이 추출되면, 감사인은 세부테스트를 실시한다. 그런데 세부테스트의 결과는 표본의 결과이기 때문에 이를 이용하여 모집단의 진정한 가액(감사가액)을 추정하는 절차가 필요하다.

표본수가 계산되고 무작위추출에 따라 해당 표본이 추출되면, 감사인은 세부테스트를 실시한다. 그런데 세부테스트의 결과는 표본의 결과이기 때문에 이를 이용하여 모집단의 진정한 가액(감사가액)을 추정하는 절차가 필요하다.

표본으로부터 모집단을 추정하는 것은 표본평균($\bar{x}$, 점추정치)으로부터 모평균(μ)을 추정하고 추가로 표본위험을 고려하여 모평균이 존재할 구간을 추정한다. 주어진 신뢰수준 하에서 표본평균으로부터 아래 또는 위로 모평균이 포함될 것으로 기대하는 합리적인 구간을 채택구간(acceptance interval)이라 한다.

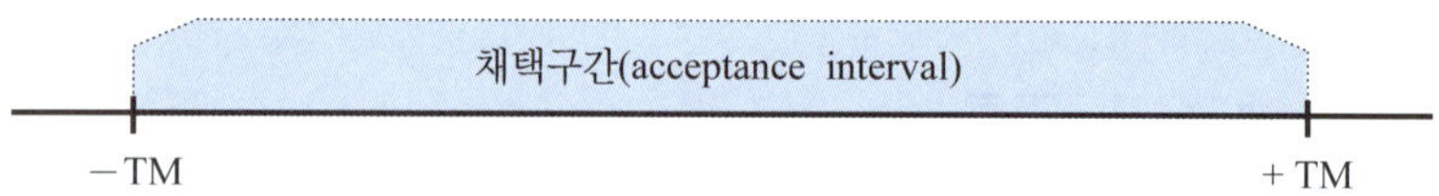

채택구간(acceptance interval)을 계산할 때 Z_β는 감사인이 수용하기로 한 부당거부위험 β에 대한 신뢰계수이다. 즉, 채택구간(acceptance interval)이란 추정감사가액(estimated total audited value)에 추가적으로 표본위험의 허용치(allowance for sample risk)를 고려하여 계산한다.

추정감사가액(estimated total audited value)은 감사가액의 표본평균($\bar{x}$)에 모집단수(N)를 곱하여 산출한다.

수정된 표본위험의 허용치(adjusted allowance for sampling risk)는 단위당 중요성수준(m)에서 부당수용위험(β risk)의 계수(Z_β)에 표본감사가액의 표준편차(σ)를 곱하고, 이를 표본수의 제곱근($\sqrt{n}$)으로 나누어 계산한 값을 제외한 값에 모집단수(N)를 곱하여 계산한다.

여기서, 중요성수준을 추가로 고려하는 것은 일반 사회과학에서는 볼 수 없는 회계감사만의 특이한 요소이다.

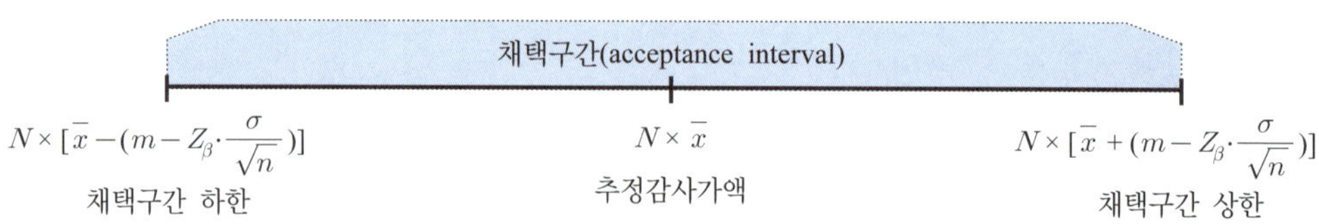

TIP

수정된 표본위험의 허용치 (adjusted allowance for sampling risk)

수정된 표본위험의 허용치란 표본위험의 허용치(Allowance for sampling risk : $(m - Z_\beta \frac{\sigma}{\sqrt{n}})$)에 추가로 중요성수준($m$)을 고려한 것이다. 전통적 통계학에서 표본으로부터 모집단을 추정할 때 표본 평균($\bar{x}$)에 추가하여 표본위험(Sampling Risk)을 고려한다. 이를 표본위험의 허용치(allowance for sampling risk)라고 한다. 그런데 회계감사에서는 여기에 추가로 중요성수준을 고려한다. 왜냐하면, 일반 사회과학에서는 중요성이라는 개념이 없지만 감사에서는 중요성이라는 오류에 대한 일정수준의 허용치가 고려되기 때문이다.

감사인 입장에서 표본감사결과에 기초하여 결론을 내리고, 감사결론이 잘못될 경우 큰 대가를 치를 수도 있다. 그런 점에서 감사인은 가능하면 결과를 보수적으로 평가할 필요가 있으며 이러한 개념을 고려하여 전통적 통계이론에서 제시하는 표본위험의 허용치를 사용하지 않고 중요성수준에서 표본위험의 허용치를 차감한 수정된 표본위험의 허용치(adjusted allowance for sampling risk)를 사용한다. 대부분의 경우 중요성수준이 표본위험의 허용치보다 크며, 중요성수준 자체가 감사인의 결론에 대한 완충지(buffer) 역할을 하고 표본위험의 허용치도 중요성수준과 유사하게 완충지 역할을 한다. 이런 관점에서 표본감사를 연구하는 미국공인회계사회(AICPA)가 전통적인 통계학에서 표본위험의 허용치 대신에 중요성수준을 추가로 고려한 수정된 표본위험의 허용치를 사용하는 방식을 채택한 것이다.

채택구간(acceptance interval)

= 추정감사가액(estimated total audited value)

± 수정된 표본위험의 허용치(adjusted allowance for sampling risk)

$$= N \times [\bar{x} \pm (m - Z_{\beta} \cdot \frac{\sigma}{\sqrt{n}})]$$

추정감사가액(estimated total audited value)

$$= N \times [\bar{x}]$$

수정된 표본위험의 허용치(adjusted allowance for sampling risk)

$$= N \times (m - Z_{\beta} \cdot \frac{\sigma}{\sqrt{n}})$$

추정오류액(projected misstatement)

= 모집단의 장부가액(book value of population)

− 추정감사가액(estimated total audited value)

여기서, N : 모집단수 / Z_{β} : 부당수용위험(β risk)계수

$\bar{x}$: 표본감사가액의 평균 / σ : 표본 감사가액의 표준편차

m : 단위당 중요성수준 / n : 표본수

■ 장부가액이 채택구간 안에 있는 경우

만약, 경영진이 주장하는 금액(장부가액)이 채택구간 안에 있다면, 감사인은 주어진 신뢰수준(1-α) 하에서 "장부가액이 중요하게 왜곡표시되지 않았다"고 결론 내린다. 이 경우 실제는 장부가액이 중요하게 왜곡표시되었는데도 감사인이 이를 부당하게 "적정"을 수용할 위험이 β만큼 존재한다는 것을 의미한다. 그러나 감사인은 통계적인 방법에 따라 이미 "적정하다"는 결론을 내렸고 회사는 "적정의견"을 원하기 때문에 감사인과 회사 모두 추가적인 조치를 취하지 않고 부당수용위험 β는 고스란히 감사인의 부담으로 남는다.

■ 장부가액이 채택구간 밖에 있는 경우

만약, 경영진이 주장하는 금액(장부가액)이 채택구간 밖에 있다면, 감사인은 주어진 신뢰수준(1-α) 하에서 장부가액이 중요하게 왜곡표시되었다고 결론 내린다. 이 경우 실제는 장부가액이 중요하게 왜곡표시되지 않았는데 감사인이 이를 부당하게 "적정"을 거부할 위험이 α만큼 존재한다. 그러나 감사인은 통계적인 방법에 따라 이미 "적정하지 않다"이라는 결론을 내렸고 회사는 "적정의견"을 원하기 때문에 회사는 감사인에게 추가감사를 요구하게 되며, 또한 회사 스스로도 회사의 장부가액을 수정하는 조치를 취하게 된다. 감사인은 회사가 수정한 장부를 토대로 표본감

사절차를 다시 수행한다. 이러한 과정은 최종적으로 감사인이 "장부가액이 중요하게 왜곡표시되지 않았다"고 결론 내려질 때까지 반복적으로 수행된다. 이 경우 감사시간은 더 투입되고 감사보수는 더욱 증가한다. 결과적으로 부당거부위험 α는 줄어들어 영(0)으로 수렴한다.

예제 06 단위당평균추정법

ABC(주)의 매출채권 잔액의 세부테스트를 수행하고 있는 Kim 회계사는 표본감사방법으로 전통적 변수표본감사를 적용하려고 한다. 거래처의 수와 거래처별 장부금액은 다음과 같다. 다음 자료를 이용하여 매출채권이 중요하게 왜곡표시되었는지를 결론 내리시오.

일련번호	거래처	장부가액(book value)
1	AAA	₩120
2	AAB	950
3	AAC	1,000
⋮		
100,000	ZZZ	650
총 계		₩85,000,000
평 균		₩850

- 부당거부위험(α risk) = 5%
- 부당수용위험(β risk) = 20%
- 부당거부위험, 부당거부위험의 신뢰계수

Confidence Level(%)	부당거부위험	부당수용위험	Confidence Coefficient
99	0.5	1	2.58
95	2.5	5	1.96
90	5	10	1.64
80	10	20	1.28

- 매출채권에 배분된 중요성: ₩3,000,000
- 모집단의 추정표준편차(ESD): ₩100
- 외부조회 결과 요약

일련번호	거래처	장부가액 (book value)	감사가액 (audit value)	차 이 (difference)
1	AAA	₩120	₩120	₩ –
9	BBC	1,200	1,000	(–)200
12	BBK	900	950	50

⋮				
n = ???	ZZA	650	650	–
표본소계		99,450	93,600	5,850
표본평균		₩850	₩800	₩50
표준편차			₩108	

주어진 자료를 이용하여 단위당 평균추정법을 사용하려면 표본의 평균과 표준편차가 필요하다. 그런데 본 (예제 6)는 (예제 7)과 달리 표준편차는 감사가액의 표준편차가 주어졌다. 따라서 모집단의 감사가액을 추정하는 방법을 사용하여야 한다.

해답

1. 표본수 $n = \left[\dfrac{(Z_{\alpha/2}+Z_{\beta})ESD}{m}\right]^2$

$= \left[\dfrac{(1.96+1.28)100}{30}\right]^2$

= 117개 (116.64개 이지만 수량은 소수단위가 없기 때문에 소수점은 무조건 올림하는 것이 바람직함)

2. 표본추출: 전통적 변수표본감사에서 표본을 추출하는 타당한 방법은 무작위추출이다. 따라서 무작위로 117개의 표본을 추출한다.

3. 세부테스트: 매출채권에 대한 세부테스트로 문제에서 주어진 바와 같이 외부조회한다.

4. 표본결과의 평가

(1) 추정감사가액(estimated total audited value)

$= N \times [\bar{x}]$

= 100,000 × [₩800]

= ₩80,000,000

(2) 수정된 표본위험의 허용치(adjusted allowance for sampling risk)

$= N \times [(m - Z_{\beta} \cdot \dfrac{\sigma}{\sqrt{n}})]$

$= 100{,}000 \times [(₩30 - 1.28 \cdot \dfrac{108}{\sqrt{117}})]$

= ₩1,722,560

(3) 추정오류액(projected misstatement)

= 모집단의 장부가액(book value of population)

– 추정감사가액(estimated total audited value)

= ₩85,000,000 – ₩80,000,000

= ₩5,000,000(과대계상오류)

TIP

어떤 경우 부당거부위험(α risk)이 주어지지 않는 경우도 있다. 이 경우 수험생들은 부당거부위험(α risk)을 고려하지 않아도 되며 해당 신뢰계수는 0으로 처리한다.

TIP

감사를 수행하기 전에 표본수를 결정하기 위하여 모집단의 추정표준편차(ESD)의 정보가 필요하다. 예제에서는 이를 사전적으로 모집단의 추정표준편차(ESD)가 ₩100이라고 추정하였다. 그런데 실제로 모집단 표준편차는 이와 다르게 나타나는 것이 현실이고 이러한 요소도 채택구간을 설정할 때 고려되어 있다.

(4) 채택구간(acceptance interval)

$$= N \times [\bar{x} \pm (m - Z_{\beta} \cdot \frac{\sigma}{\sqrt{n}})]$$

$$= 100{,}000 \times [₩800 \pm (30 - 1.28 \cdot \frac{108}{\sqrt{117}})]$$

$$= 100{,}000 \times [₩800 \pm (30 - 1.28 \times 9.98)]$$

$$= 100{,}000 \times [₩800 \pm (30 - 12.7744]$$

$$= 100{,}000 \times [₩800 \pm 17.2256]$$

$$= ₩78{,}277{,}440 \sim ₩81{,}722{,}560$$

(5) 결론

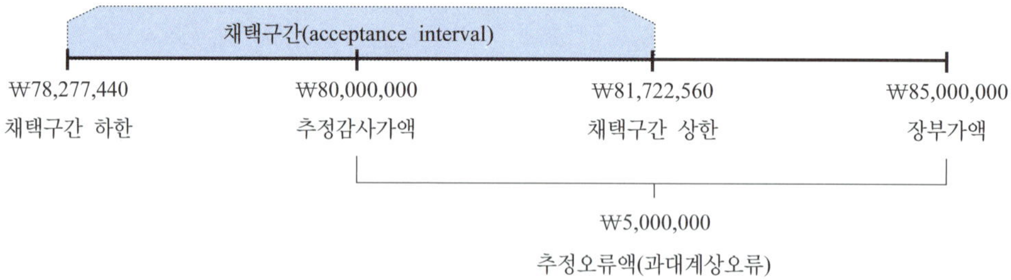

- 회사의 장부가액은 ₩85,000,000인데 이는 감사인이 적정하다고 채택할 수 있는 구간(₩78,277,440 ~ ₩81,722,560)을 오른쪽으로 벗어나 있다. 따라서 감사인은 95%(1-α) 신뢰수준에서 "회사의 매출채권이 중요하게 왜곡표시되었다"고 결론 내린다.
- 감사가액(audit value)의 점추정치는 ₩80,000,000이다. 그러나 감사인은 표본이 모집단을 대표하지 못하여 발생할 수 있는 위험(표본위험)을 추가로 고려하여야 한다. 따라서 수정된 표본위험의 허용치(adjusted allowance for sample risk)를 추가로 고려한다. 위 결과에서 표본위험의 허용치는 ₩1,722,560이며, 이를 점추정치 ₩80,000,000에 추가로 고려하면 채택구간을 계산할 수 있다.
- 감사가액의 추정치는 ₩80,000,000이고 회사의 장부가액은 ₩85,000,000이다. 따라서 추정왜곡표시(projected misstatement)는 ₩5,000,000이고 장부가액이 감사가액의 추정치보다 크기 때문에 과대계상(overstatement)되었다고 추정할 수 있다.

그러나 이것은 표본감사의 결과이고 사전에 표본감사계획을 수립할 때 감사인은 최종결과 부당거부위험 5% 그리고 부당수용위험이 20%가 되도록 설계하였다. 따라서 표본감사의 결과는 이러한 위험을 내포하고 있다. 즉, 표본감사결과의 신뢰수준은 95%(1-5%)이다. 즉, 실제는 매출채권이 중요하게 왜곡표시되지 않았는데 감사인이 이를 부당하게 "적정"을 거부할 위험은 5%라는 것을 의미한다.

(6) 후속조치

- 감사인이 매출채권이 중요하게 왜곡표시되었다고 결론 내림에 따라 회사는 매출채권에 대한 재조사를 통하여 매출채권 장부를 수정한다.
- 감사인은 회사가 수정한 장부를 토대로 표본감사절차를 다시 수행한다. 회사가 적정의견을 받는다는 입장이라면 이러한 과정은 감사인의 결론이 "매출채권은 중요하게 왜곡표시되지 않았다"고 결론 내려질 때까지 반복적으로 수행된다. 이 경우 감사시간은 더 투입되고 감사

보수는 더욱 증가한다.

이러한 후속조치를 통하여 부당거부위험(α-risk)은 줄어 들어 영(0)으로 수렴한다. 그러나 감사인의 최초 결론이 "중요하게 왜곡표시되지 않았다"고 결론 내려지면 부당수용위험(β risk)은 여전히 남게 된다. 이러한 사후적 조치도 감사인에게 부당거부위험(α risk)보다 부당수용위험(β risk)이 더욱 중요하게 다루어지게 하는 요인 중 하나이다.

■ 왜곡표시를 추정하는 방법

앞에서는 단위당 평균추정법을 이용하여 표본으로부터 진정한 가액(감사가액)을 추정하고, 여기에 '표본위험의 허용치'와 중요성수준을 고려한 '수정된 표본 위험의 허용치'를 가감하여 장부가액의 채택구간을 계상하였다. 그리고 감사인이 장부가액에 중요한 왜곡표시가 포함되었는지를 모르는 상황에서 장부가액이 채택구간 안에 포함되면 장부가액이 중요하게 왜곡표시되지 않았다고 결론 내렸다.

이제 단위당 평균추정법의 다른 방법을 설명한다. 모집단의 감사가액을 추정하는 것이 아니라 모집단의 왜곡표시를 추정하는 방법이다. 이 방법은 표본수를 계산하는 방식은 같다. 다만 채택구간을 설정하는 대신에 왜곡표시구간을 추정하고 이를 중요성수준과 비교하여 결론을 내린다는 점에서 상이하다.

추정왜곡표시(point estimated of total misstatement)는 왜곡표시의 표본평균($\bar{x}$, 점추정치)에 모집단수(N)를 곱하여 산출 한다.

표본위험의 허용치(allowance for sampling risk)는 부당수용위험(β risk)의 계수(Z_β)에 표본왜곡표시의 표준편차(σ)를 곱하고, 이를 표본수의 제곱근($\sqrt{n}$)으로 나누어 계산한 값에 모집단수(N)를 곱하여 계산한다.

추정왜곡표시에 표본위험의 허용치를 가감(추정왜곡표시 ±표본위험의 허용치)하면 추정왜곡표시의 신뢰구간(confidence lnterval)을 계산할 수 있다. 추정왜곡표시의 가장 작은 값은 추정왜곡표시의 하한이 되고, 추정왜곡표시의 가장 큰 값은 추정왜곡표시의 상한이 된다.

추정왜곡표시의 신뢰구간(Confidence Limits)

= 추정왜곡표시(point estimated of total misstatement)
± 표본위험의 허용치(allowance for sampling risk)

$$= N \times [\bar{x} \pm (Z_\beta \cdot \frac{\sigma}{\sqrt{n}})]$$

추정왜곡표시(point estimated total misstatement)

$$= N \times [\bar{x}]$$

표본위험의 허용치(allowance for sampling risk)

$$= N \times (Z_{\beta} \cdot \frac{\sigma}{\sqrt{n}})$$

여기서, N : 모집단수　　Z_{β} : 부당수용위험(β risk)계수
$\bar{x}$: 표본왜곡표시의의 평균　　σ : 표본 왜곡표시의 표준편차
m : 단위당 중요성수준　　n : 표본수

■ 추정왜곡표시의 신뢰구간이 중요성수준 구간 안에 있는 경우

만약, 추정왜곡표시의 상한과 하한이 모두 중요성수준의 구간 안에 있다면 감사인은 주어진 신뢰수준(1-α) 하에서 "장부가액이 중요하게 왜곡표시되지 않았다"고 결론 내린다. 이 경우 회사의 장부가액이 중요하게 왜곡표시되었는데도 감사인이 부당하게 "적정의견"을 수용할 위험이 β만큼 존재한다는 것을 의미한다. 그러나 감사인은 통계적인 방법에 따라 이미 "적정의견"이라는 결론을 내렸고 회사는 "적정의견"을 원하기 때문에 감사인과 회사 모두 추가적인 조치를 취하지 않고 부당수용위험 β는 고스란히 감사인의 부담으로 남는다.

사례 1: 적정하다고 결론

■ 추정왜곡표시의 신뢰구간이 중요성수준 구간 밖에 있는 경우

만약, 추정왜곡표시의 상한과 하한 중 어느 하나라도 중요성수준의 구간 밖에 있다면, 감사인은 주어진 신뢰수준(1-α) 하에서 장부가액이 중요하게 왜곡표시되었다고 결론 내린다. 이 경우 회사의 장부가액이 중요하게 왜곡표시되지 않았는데도 감사인이 부당하게 "적정의견"을 거부할 위험이 α만큼 존재한다. 그러나 감사인은 통계적인 방법에 따라 이미 "적정하지 않다"이라는 결론을 내렸고 회사는 "적정의견"을 원하기 때문에 회사는 감사인에게 추가감사를 요구하게 되며 또한 회사 스스로도 회사의 장부가액을 수정하는 조치를 취하게 된다. 감사인은 회사가 수정한 장부를 토대로 표본감사절차를 다시 수행한다. 이러한 과정은 최종적으로 감사인이 "장부가액이 중요하게 왜곡표시되지 않았다"고 결론 내려질 때까지 반복적으로 수행된다. 이 경우 감사시간은 더 투입되고 감사보수는 더욱 증가한다. 그러나 부당

거부위험 α는 줄어 들어 영(0)으로 수렴한다.

사례 2: 중요하게 왜곡표시되었다고 결론

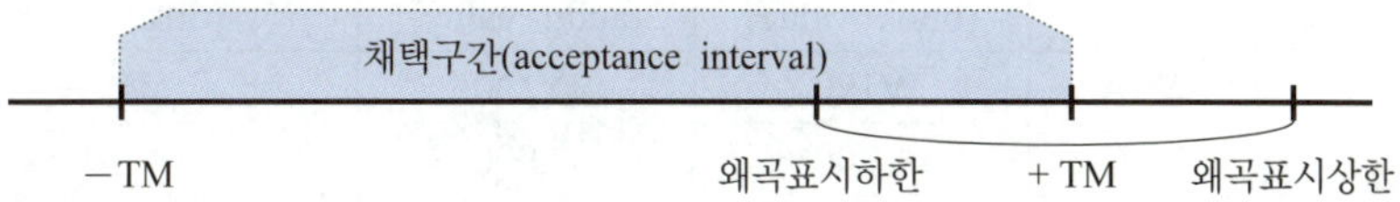

사례 3: 중요하게 왜곡표시되었다고 결론

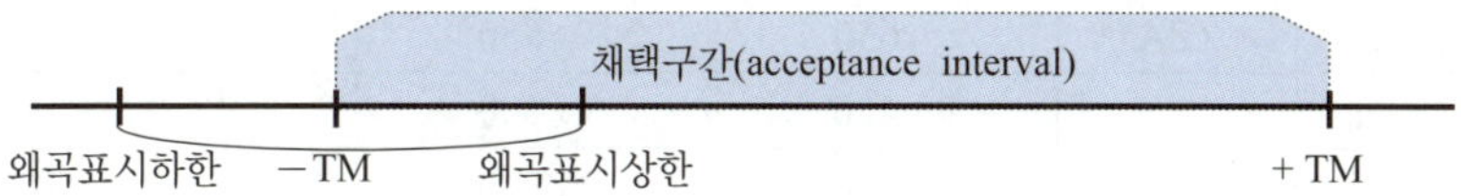

예 제 07 단위당 평균추정법-왜곡표시의 추정

ABC(주)의 매출채권 잔액의 세부테스트를 수행하고 있는 Kim 회계사는 표본감사방법으로 전통적 변수표본감사를 적용하려고 한다. 거래처의 수와 표본으로 선정된 거래처로부터 확인된 왜곡표시는 다음과 같다. 다음 자료를 이용하여 매출채권이 중요하게 왜곡표시되었는지를 결론 내리시오.

일련번호	거래처	장부가액(book value)
1	AAA	₩120
2	AAB	950
3	AAC	1,000
⋮		
100,000	ZZZ	650
총 계		₩85,000,000
평 균		₩850

- 부당수용위험(β risk) = 20%
- 부당거부위험(α risk) = 5%
- 부당거부위험, 부당거부위험의 신뢰계수

Confidence Level(%)	부당거부위험	부당수용위험	Confidence Coefficient
99	0.5	1	2.58
95	2.5	5	1.96
90	5	10	1.64
80	10	20	1.28

- 매출채권에 배분된 중요성: ₩3,000,000
- 모집단 장부가액의 추정표준편차(ESD): ₩100

- 외부조회 결과 요약

일련번호	거래처	장부가액 (book value)	감사가액 (audit value)	차 이 (difference)
1	AAA	₩120	₩120	₩ –
9	BBC	1,200	1,000	(–)200
12	BBK	900	950	50
⋮				
n = ???	ZZA	650	650	–
표본소계		99,450	93,600	5,850
표본평균		₩850	₩800	50
표준편차				₩5

주어진 자료를 이용하여 단위당 평균추정법을 사용하려면 표본의 평균과 표준편차가 필요하다. 그런데 본 예제 10은 예제 09와는 달리 표준편차는 왜곡표시의 표준편차가 주어졌다. 따라서 모집단의 왜곡표시를 추정하는 방법을 사용하여야 한다.

해답

1. 표본수 $n = \left[\dfrac{(Z_{\alpha/2}+Z_{\beta})ESD}{m}\right]^2$

$= \left[\dfrac{(1.96+1.28)100}{30}\right]^2$

= 117개 (116.64개 이지만 수량은 소수단위가 없기 때문에 소수점은 무조건 올림하는 것이 바람직함)

2. 표본추출: 전통적 변수표본감사에서 표본을 추출하는 타당한 방법은 무작위추출이다. 따라서 무작위로 117개의 표본을 추출한다.

3. 세부테스트: 매출채권에 대한 세부테스트로 문제에서 주어진 바와 같이 외부조회한다.

Q 발견된 왜곡표시를 투영하여 추정왜곡표시를 계산할 수 있는가?

기출 2022

4. 표본결과의 평가

(1) 추정왜곡표시(point estimated of total misstatement)

$= N \times [\bar{x}]$

$= 100{,}000 \times [₩50]$

= ₩5,000,000

(2) 표본위험의 허용치(allowance for sampling risk)

$= N \times [(Z_{\beta} \cdot \dfrac{\sigma}{\sqrt{n}})]$

$= 100{,}000 \times [(1.28 \cdot \dfrac{5}{\sqrt{117}})]$

= ₩59,166

(3) 채택구간(confidence Interval)

$$= N \times [\bar{x} \pm Z_{\beta} \cdot \frac{\sigma}{\sqrt{n}}]$$

= 5,000,000 ± ₩59,166

= ₩4,940,834 ~ ₩5,059,166

(4) 결론

- 감사인이 추정한 왜곡표시는 그 신뢰구간이 최소 ₩4,940,834에서 최대 ₩5,059,166으로 감사인이 허용할 수 있는 왜곡표시의 최대금액 ±3,000,000을 벗어나 있다. 따라서 감사인은 95%(1-α) 신뢰수준에서 "회사의 매출채권이 중요하게 왜곡표시되었다"고 결론 내린다.
- 그러나 이것은 표본감사의 결과이고 사전에 표본감사계획을 수립할 때 감사인은 최종결과 부당수용위험 20% 그리고 부당거부위험이 5%가 되도록 설계하였다. 따라서 표본감사의 결과는 이러한 위험을 내포하고 있다. 즉, 표본감사결과의 신뢰수준은 95%(1-5%)이다. 즉, 실제는 매출채권이 중요하게 왜곡표시되지 않았는데 감사인이 이를 부당하게 "적정"을 거부할 위험은 5%라는 것을 의미한다.

(5) 후속조치

- 감사인이 매출채권이 중요하게 왜곡표시되었다고 결론 내림에 따라 회사는 매출채권에 대한 재조사를 통하여 매출채권 장부를 수정한다.
- 감사인은 회사가 수정한 장보를 토대로 표본감사절차를 다시 수행한다. 회사가 적정의견을 받는다는 입장이라면 이러한 과정은 감사인의 결론이 "매출채권은 중요하게 왜곡표시되지 않았다"고 결론 내려질 때까지 반복적으로 수행된다. 이 경우 감사시간은 더 투입되고 감사보수는 더욱 증가한다.
- 이러한 후속조치를 통하여 부당거부위험(α risk)은 줄어 들어 영(0)으로 수렴한다. 그러나 감사인의 최초 결론이 "중요하게 왜곡표시되지 않았다"고 결론 내려지면 부당수용위험(β risk)은 여전히 남게 된다. 이러한 사후적 조치도 감사인에게 부당거부위험(α risk)보다 부당수용위험(β risk)이 더욱 중요하게 다루어지게 하는 요인 중 하나이다.

2.2 차이추정법(Difference Estimation)과 비율추정법(Ratio Estimation)

감사에서 사용하는 표본으로부터 모집단을 추정하는 방법에는 위에서 설명한 단위당평균추정법 이외에도 차이추정법과 비율추정법이 있다.

- 차이추정법(Difference Estimation)은 표본의 단위당 오류(sample net misstatement)를 이용하여 모집단 오류를 추정하는 방법을 말한다. 모집단의 추정오류액(projected misstatement)은 다음과 같이 계산한다.

추정오류액(projected misstatement)

$$= \frac{\text{표본 순오류액(sample net misstatement)}}{\text{표본수(sample items)}} \times \text{모집단수(population items)}$$

차이추정법은 단위당 오류액이 개별 장부가액에 따라 크게 다르지 않고 개별적으로 유사하다는 가정이 합리적일 때 사용할 수 있는 방법이다. 즉, 개별적으로 장부가액이 큰 경우와 작은 경우 모두 개별 오류는 단위별로 유사할 때 사용할 수 있는 방법이다.

■ 비율추정법(Ratio Estimation)은 표본의 오류비율(sample error ratio)을 이용하여 모집단 오류를 추정하는 방법을 말한다. 모집단의 추정오류액(projected misstatement)은 다음과 같이 계산한다.

추정오류액(projected misstatement)

$$= \frac{\text{표본 순오류액(sample net misstatement)}}{\text{표본 장부가액(sample book value)}} \times \text{모집단 장부가액(population book value)}$$

비율추정법은 단위당 오류액이 장부가액에 비례한다는 가정이 합리적일 때 사용할 수 있는 방법이다. 즉, 개별적으로 장부가액이 클수록 오류도 비례하여 크고, 반대로 장부가액이 작을 수록 비례하여 오류도 작을 때 사용할 수 있는 방법이다.

예제 08 차이추정법과 비율추정법

A공인회계사는 XYZ(주)의 매출채권에 대한 실증절차를 수행함에 있어 전통적 변수표본감사를 적용하기로 하였다. 표본수 결정방식에 따라 계산된 표본수는 100개이며, 무작위추출에 따라 선정된 거래처에 조회서를 발송하였다. 회신율은 100%이며 표본감사결과는 다음과 같다.

거래처번호	모집단 장부가액	표 본		
		장부가액	감사가액	오류액
1	₩200	₩200	₩200	-
2	300	300	250	50
3				
⋮	⋮		⋮	⋮
	400	400	300	100
	200			
	800			

	3,000	3,000	3,000	–
1,000	5,000	5,000	5,300	△300
합 계	₩100,000	₩12,000	₩11,500	₩500

요구사항

1. 상기 자료를 이용하여 차이추정법에 따라 모집단의 오류금액을 추정하시오.
2. 상기 자료를 이용하여 비율추정법에 따라 모집단의 오류금액을 추정하시오.

해답

1. 차이추정법

추정오류액(projected misstatement)

$$= \frac{\text{표본 순오류액(sample net misstatement)}}{\text{표본수(sample items)}} \times \text{모집단수(population items)}$$

$$= \frac{₩500}{100개} \times 1{,}000개$$

$$= ₩5{,}000$$

2. 비율추정법

추정오류액(projected misstatement)

$$= \frac{\text{표본 순오류액(sample net misstatement)}}{\text{표본 장부가액sample book value)}} \times \text{모집단 장부가액 (population book value)}$$

$$= \frac{500}{12{,}000} \times ₩100{,}000$$

$$= ₩4{,}167$$

Chapter 13 OX문제

01 통계적 표본감사를 수행하는 경우에는 표본위험의 측정 등 표본결과의 평가에 확률이론을 적용하므로 표본위험이 존재하지 않는다.

02 통제테스트에서 통제가 실제보다 더 효과적이라고 평가하거나, 세부테스트에서 실제로 중요한 왜곡표시가 존재함에도 불구하고 중요한 왜곡표시가 존재하지 않는다고 결론을 내리는 것은 감사의 효과성에 영향을 미치며 부적합한 감사의견에 이르게 할 수 있으므로 감사인은 이런 형태의 잘못된 결론에 유의하여야 한다.

03 통제테스트는 필요할 경우 전수감사를 실시하는 것이 바람직하다.

04 모집단의 금액이 큰 소수의 항목으로 구성되어 있는 경우에는 표본조사를 실시하는 것이 적합하다.

05 통계적 표본감사방법을 적용하는 경우 표본수는 확률이론이나 전문가적 판단을 이용하여 결정될 수 있으며, 표본수 자체는 통계적 방법과 비통계적 방법을 구분하는 타당한 기준은 아니다.

06 통제테스트에서 감사인이 관심을 가지는 속성은 예외사항의 금액적 크기이다.

07 (   ) 이란 표본에 근거한 감사인의 결론이 모집단 전체에 동일한 감사절차를 적용하였을 경우 도달하였을 결론과 다를 수 있는 위험을 말한다.

08 통제테스트에서 부당거부위험이란 통제위험이 실제위험보다 높다고 평가할 위험을 말한다.

09 감사인은 감사위험을 수용가능한 낮은 수준으로 감소시키기에 충분하도록 표본수를 결정하여야 한다.

10 통제테스트에서 허용이탈률의 증가, 테스트 대상 모집단의 예상이탈률의 증가는 모두 표본수를 감소시키는 방향으로 영향을 미친다.

11 실증절차에서 동일한 경영진주장에 대해 다른 실증절차의 적용을 증가시킨 경우, 표본수는 감소한다.

12 모집단 항목들의 금액 크기의 범위가 넓은 경우(즉, 변동성이 보다 큰 경우), 모집단을 단일화하는 것이 유용하다.

13 감사인은 모집단을 식별가능한 각각의 특성별 부분모집단으로 계층화함으로써 감사의 효율성을 향상시킬 수 있다. 계층화의 목적은 각 계층 내 항목의 변동성을 줄임으로써 표본위험을 줄이고 표본수를 줄이는 것이다.

14 금액가중확률 표본감사는 표본이 화폐금액에 비례해서 추출되기 때문에 금액이 큰 항목이 추출될 확률이 높아지므로 특정 항목의 완전성 검증에 적합하다.

15 감사인은 추출된 항목에 대하여 감사절차를 적용할 수 없을 경우, 해당항목을 오류(왜곡표시)로 간주한다.

16 통제테스트에서는 표본에서 결정된 오류율을 모집단으로 투영하여야 한다.

Chapter 13 정답 및 해설

01 × 통계적 표본감사를 수행하더라도 표본위험은 여전히 존재한다.

02 ○ (ISA 530 - 5)

03 × 통제테스트는 통제위험이 낮다는 것에 대한 증거를 확보함으로써 감사의 효율을 증진시키는 데 목적이 있기 때문에 표본감사를 실시하는 것이 바람직하다. 반면에 실증절차에서는 감사위험이 높을 경우 전수조사를 수행하는 경우도 있다.

04 × 모집단의 금액이 큰 소수의 항목으로 구성되어 있는 경우에는 전수조사를 실시하는 것이 적합하다. (ISA 500 - A54)

05 ○

---

06 × 통제테스트에서 감사인이 관심을 가지는 속성은 예외사항의 금액적 크기가 아니라 예외사항이 전체모집단에서 차지하는 이탈률(또는 오류율)이다.

07 표본위험

08 × 통제테스트에서 과소신뢰위험이란 통제위험이 실제위험보다 높다고 평가할 위험을 말한다. 부당거부위험은 세부테스트에서 실제로 중요한 오류가 없음에도 중요한 오류가 포함된 것으로 평가할 위험이다.

09 × 감사위험 → 표본위험

10 × 테스트 대상 모집단의 예상이탈률 증가는 표본수를 증가시킨다. (ISA 530 - 보론2)

---

11 ○

12 × 단일화 → 계층화

13 × 표본위험의 증가 없이 표본수를 줄이는 것이다.

14 × 금액이 큰 항목이 추출될 확률이 높아지는 경우 특정 항목의 실재성 검증에 적합하다.

15 × 감사인은 추출된 항목에 대하여 감사절차를 적용할 수 없을 경우, 대체항목에 대하여 감사절차를 수행하여야 한다. (ISA 530 - 19)

---

16 × 통제테스트에서는 대부분 표본이탈률이 곧 모집단 전체의 투영 이탈률이기 때문에 이탈에 대한 명시적인 투영이 필요 없다. (ISA 530 - A20)

NEW INTERNATIONAL STANDARDS ON AUDITING

CHAPTER 14

정보시스템 환경에서의 회계감사

SECTION 01 정보기술 내부통제

1 내부통제 시스템에서 정보기술의 영향

기업의 내부통제 시스템은 수작업 요소와 자동화된 요소를 가지고 있다. 기업이 정보기술을 사용하는 경우, 해당 재무보고체계에 따른 재무제표 작성에 관련된 정보가 처리, 저장, 커뮤니케이션 되는 방식에 영향을 주고 따라서 기업의 내부통제 시스템이 설계되고 실행되는 방식에 영향을 준다.

기업의 내부통제 시스템의 각 구성요소는 어느 정도의 정보기술을 사용할 수 있다. 일반적으로 정보기술은 기업이 다음과 같은 것을 할 수 있도록 함으로써 기업의 내부통제 시스템에 유용하다(ISA 315-보론 5, 1).

- 사전에 정의된 사업 규칙을 일관되게 적용하고 대량의 거래나 데이터를 처리하는 복잡한 계산 수행
- 정보의 적시성, 이용가능성 및 정확성 강화
- 정보의 추가적인 분석 도움
- 기업의 활동과 기업의 정책 및 절차의 수행을 모니터링하는 능력 강화
- 통제가 우회될 위험 감소
- IT 응용프로그램, 데이터베이스 및 운영시스템의 보안통제를 실행함으로써 효과적인 업무분장을 달성할 능력 강화

수작업 또는 자동화 요소의 특성은 중요왜곡표시위험에 대한 감사인의 식별과 평가 및 이에 기초한 추가감사절차와 관련된다. 자동화통제는 쉽게 우회하거나 무시하거나 무력화할 수 없으며 단순한 오류나 실수가 발생하기 쉽지 않기 때문에 수작업 통제보다 신뢰할 수 있다. 자동화된 통제가 수작업 통제보다 효과적일 수 있는 상황은 다음과 같다(ISA 315-보론 5, 2).

- 대량의 반복적인 거래 또는 기대되거나 예상되는 오류가 자동화를 통하여 예방, 적발 또는 수정될 수 있는 상황
- 통제를 수행하는 특정 방식이 적절히 설계되고 자동화될 수 있는 통제

2 정보기술 일반통제(IT general controls)

기업의 통제가 수작업이 아닌 정보기술에 의존할 경우, 내부통제에서 추가적인 통제활동이 필요하다. 이를 정보기술 일반통제(IT general controls)라 한다.

구체적으로 정보기술 일반통제는 기업이 전산화된 환경에서 발생할 수 있는 특유한 위험을 적절히 예방하고 적발하기 위하여 정보시스템이 구입 · 개발되고, 유지 · 보수되며, 운영되는 전반적인 환경에 대한 통제를 말한다. 정보기술 일반통제는 내부통제의 구성요소 중 통제활동에 속한다.

여기에는 정보처리 통제의 지속적이고 효과적인 기능과 기업의 정보시스템 내 데이터 무결성(Integrity)을 포함한다.

사례 : 정보기술 일반통제가 효과적으로 설계되지 않거나 IT 사용으로 인한 위험에 대처하기에 적절하게 실행되지 않은 경우주), 이것은 그 영향을 받는 IT 응용프로그램 내의 자동화된 통제에 의존하려는 감사인의 판단에 영향을 줄 수 있다.

주) 예 : 통제가 적절하게 승인되지 않은 프로그램 변경이나 IT 응용프로그램에 대한 승인되지 않은 접근을 예방하거나 식별하지 못하는 통제

SECTION 02 정보기술 일반통제(General IT Controls)

NEW INTERNATIONAL STANDARDS ON AUDITING

정보기술 일반통제(IT general controls)는 기업이 전산화된 환경에서 발생할 수 있는 특유한 위험을 적절히 예방하고 적발하기 위하여 정보시스템이 구입 · 개발되고, 유지 · 보수되며, 운영되는 전반적인 환경에 대한 통제를 의미한다.

> **Q** 수작업 환경에서 내부통제의 구성과 전산화된 환경에서 내부통제의 구성을 비교하여 설명하시오.
>
> **Q** 일반통제와 응용통제의 구체적 내용을 이해하고 있는가?
>
> 기출 2022

구체적으로 정보기술 일반통제는 다수의 응용소프트웨어와 응용통제의 효과적인 작동을 지원하는 정책과 절차이다. 이들은 메인프레임, 미니프레임 및 최종사용자 환경 모두에 적용된다(ISA 315-A108).

정보기술 일반통제는 단독으로 재무보고 위험을 적발 또는 예방할 수 없는 것이 일

반적이나, 자동화된 통제 또는 회사의 제반 IT(information technology)기능은 효과적인 정보기술 일반통제에 의존한다. 따라서, 감사인은 기업의 재무보고 위험과 관련된 주요 통제가 자동화된 통제 또는 전산에 기반한 수작업 통제인 경우, 해당 통제의 효과성에 영향을 미치는 정보시스템의 정보기술 일반통제를 평가함으로써 중요왜곡표시위험을 평가할 수 있다.

정보기술 일반통제에는 전산화 계획의 수립, 재난복구계획 등 다양한 영역이 존재하며, 회사의 정보시스템에의 의존 정도, 회사의 규모나 업종 등에 따라 달라질 수 있다.

내부회계관리제도 설계 및 운영 개념체계에서 분류하는 정보기술 일반통제는 다음과 같다.

내부회계관리제도 설계 및 운영 개념체계에 따른 정보기술 일반통제
① 프로그램 개발(Program Development)
② 프로그램 변경(Program Changes)
③ 프로그램과 데이터에 대한 접근보안(Access to Program and Data)
④ 컴퓨터 운영(Computer Operations)

« 그림 14-1 정보기술 일반통제(General IT Controls)

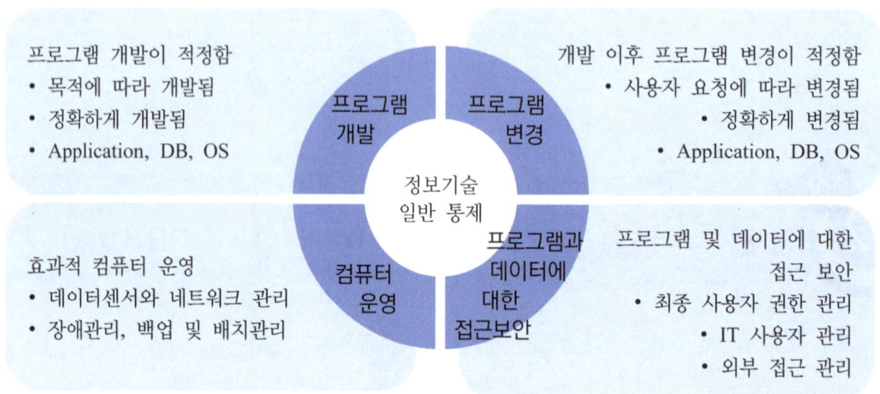

(1) 프로그램 개발(Program Development)

프로그램 개발과 관련되어 고려되어야 할 통제에는 일반적으로 다음의 내용이 포함된다.

① 새로운 시스템의 개발 및 도입은 적절한 경영진에 의해 승인된다.

② 전산시스템 및 응용 프로그램의 개발은 적절한 통제가 내재된 개발방법론을 적용하여 수행한다.

③ 새로운 시스템의 구축에 의해 영향을 받을 수 있는 기존의 통제는 수정되거나 완전성의 유지를 위해 재설계한다.

④ 전산시스템 및 응용프로그램의 개발은 현업부서 및 전산관련 부서의 적절한 테스트과정을 거친다.

⑤ 새로운 전산시스템과 응용프로그램에 대하여 시스템, 사용자, 관련 통제에 대한 적절한 문서화가 이루어진다.

⑥ 새로운 시스템을 운영환경으로 이전함에 있어서 접근통제가 수행된다.

⑦ 새로운 시스템으로 이전된 데이터는 완전성을 유지한다.

⑧ 시스템 사용자는 새로운 시스템과 응용프로그램을 사용하기에 적절한 수준의 지식을 보유하고 있다.

(2) 프로그램 변경(Program Changes)

프로그램(하드웨어 및 네트워크 포함) 변경 과정을 적절하게 통제되지 않는 경우 재무제표의 신뢰성에 중요한 영향을 미칠 수 있으며, '프로그램 변경'과 관련된 통제는 일반적으로 다음의 사항들을 충족시킬 수 있도록 설계 및 운영된다.

① 시스템의 대한 변경 요청은 적절한 경영진의 승인을 받는다.

② 시스템의 변경의 영향을 적절히 반영하기 위해 관련 시스템, 사용자, 관련 통제문서 등을 적절히 수정한다.

③ 시스템의 변경을 적절히 테스트하고, 그 결과를 문서화한다.

④ 운영환경에 적용된 시스템은 적절한 관리자의 승인없이 변경되지 않는다.

⑤ 변경된 시스템과 응용 프로그램을 운영환경으로 이전되기 전에 적절한 관리자가 승인한다.

⑥ 각 사용자는 변경된 시스템 및 응용프로그램을 사용하기에 적절한 지식을 보유하고 있다.

(3) 프로그램 및 데이터에 대한 접근보안(Access to Program and Data)

재무제표의 신뢰성을 유지하기 위해서는 프로그램 및 데이터에 대한 접근보안이 전제되어야 한다. 접근보안은 다음의 두가지로 구분된다.

- 물리적 접근통제(Physical Access)
- 온라인 접근통제(Online Security)

■ 물리적 접근통제

물리적 접근통제는 승인받지 않은 자가 하드웨어(hardware), 소프트웨어(software), 백업자료파일(backup data files), 하드드라이버(hard drivers), CD 및 외부저장장치(external disks)와 같은 컴퓨터장비(computer equipment)에 접근하는 것을 제한하는 통제를 의미한다. 예를 들면, 승인받지 않은 사람의 접근을 제한하는 감시카메라(secutity camera)와 지문인식장치(security personnel), 전산장비를 보호하기 위한 항온항습장치(monitoring of cooling and humidity)와 화재가 발생하였을 때 피해를 최소화하기 위한 화재진압장비(fire-extinguishing equipment) 등을 포함한다.

■ 온라인 접근통제

온라인 접근통제란 소프트웨어와 관련 자료파일 등의 접근을 제한하기 위하여 마련된 통제를 말한다. 예를 들면, 기업이 사용자가 컴퓨터 시스템을 사용하기 위하여 시스템에 자신을 알리고 등록하는 로그인(Log-in)을 하게 함으로써 승인 받은 자만이 소프트웨어와 관련 자료파일에 접근할 수 있게 한 장치가 대표적인 예이다. 온라인 접근을 허락받기 위해서 사용자는 로그인(Log-in)에 사전에 승인받은 ID와 비밀번호(password)를 입력하여야 한다.

온라인 접근통제에는 사전에 승인받지 않고 기업의 소프트웨어와 자료파일을 변경하는 것을 방지하는 것을 포함한다. 예를 들면, 기업 외부와 내부 정보통신망 경계에서 접근을 차단하는 방화벽(firewall)시스템, 데이터 전송 등에 있어서 전달문을 암호처리하여 제3자가 이해하기 곤란한 형식으로 변환하는 암호화(encryption) 등이 여기에 해당한다.

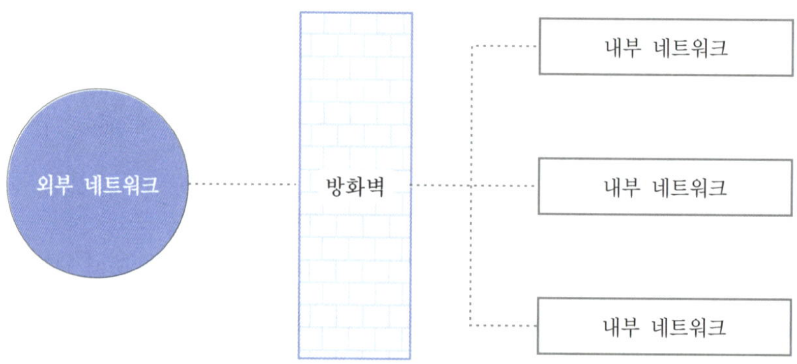

프로그램과 데이터에 대한 접근보안과 관련된 통제는 일반적으로 다음의 사항들을 충족시킬 수 있도록 설계 및 운영된다.

① 정보보안 정책을 수립하고 있으며, 보안실무를 고려하여 그 적정성을 정기적으로 검

토한다.

② 시스템 접근권한의 적정성을 구성원이 수행하는 업무의 내용 등을 고려하여 정기적으로 검토한다.

③ IT 자원(하드웨어, 소프트웨어, 데이터를 포함)에 대한 접근을 관리하기 위한 물리적인 접근통제 및 논리적인 접근통제(식별, 인증, 승인 메커니즘 등)를 수립하고 있다.

④ 적시에 사용자 계정을 추가, 수정, 삭제할 수 있는 절차를 수립하고 있다.

⑤ 보안활동에 대한 기록, 발생 가능한 보안위반 사항에 대한 식별, 이에 대한 전달 및 적시대응 등을 포함한 효과적인 보안체제를 구축하고 있다.

다음은 정보기술 일반통제에서 접근관리 프로세스를 예시한 것이다(ISA 315-보론 6).

접근 관리 프로세스	설 명
인증 (Authentication)	사용자가 자신의 로그인 자격 증명을 사용하고 있는지 확인하는 통제 (본인 계정 여부 확인)
권한 부여 (Authorization)	사용자가 직무상 필요한 정보와 기능에만 접근하도록 제한하는 통제
프로비저닝 (Provisioning)	신규 사용자 생성 및 기존 사용자 권한 변경 시 승인 · 등록하는 통제
프로비저닝 해제 (De-provisioning)	퇴사 · 이동 시 불필요한 권한을 즉시 삭제하는 통제
특별 권한 접근 (Privileged Access)	관리자 · 운영자 등 강력한 권한 계정을 모니터링 · 제한하는 통제
사용자 접근 검토 (User Access Review)	주기적으로 사용자 권한을 재검토 · 재승인하여 적절성 유지하는 통제
보안구성 통제 (Security Configuration Control)	시스템 · DB · 네트워크 등 기술 환경의 보안 설정을 관리 · 제한하는 통제
물리적 접근 (Physical Access Control)	데이터센터 · 서버실 등 하드웨어에 대한 출입을 통제하는 물리적 보안

(4) 컴퓨터 운영(Computer Operations)

재무제표의 신뢰성을 확보하기 위해서는 재무정보가 입력, 처리 및 산출되는 제반 정보시스템을 적절히 운영하여야 한다. 컴퓨터 운영과 관련된 통제는 다음의 내용을 포함한다.

① 재무보고에 필요한 데이터, 거래, 프로그램을 복구하기 위해 적절한 백업(back up) 및 복구절차(disaster recovery system)가 존재한다. 기출 2024

백업(back up) 및 복구절차(disaster recovery system)란 기업이 천재지변, 외부 해킹, 파업 등과 같이 전산시스템이 정상적으로 작동하지 않게 하는 비상상황이 발생할 것을 대비하여 제3의 장소에 주센터와 유사한 전산시스템을 갖춘 재해복구센터를 구축하여 주센터가 작동되지 않을 때 재해복구센터를 이용하여 실시간으로 서비스를 재개하게 하는 대응체계를 말한다. 재해복구센터는 그 대응 정도에 따라 핫 사이트(hot site)와 콜드 사이트(cold site)로 분류된다.

핫 사이트(hot site)란 주요 데이터 및 시스템과 애플리케이션 환경을 실시간으로 원격지에 복제해 둠으로써, 재해가 발생하였을 때 최단 시간 내에 데이터 유실 없이 복구할 수 있도록 이중화하는 방식을 말한다. 시스템 환경이 이중화되어 있으므로 상시 시스템 검증이 가능한 이상적인 방식이나, 이중화 설비 투자 및 전용선 유지비용이 많이 든다.

콜드 사이트(cold site)란 주기적으로 주요 데이터를 백업하여 보관하거나 분산해 둠으로써, 재해가 발생하였을 때 시스템 운용을 재개할 수 있도록 별도의 물리적인 공간과 전원 및 배전 설비, 통신 설비 등을 이용하는 복구 방식을 말한다. 이 방식은 비용이 저렴한 반면에, 시스템 복구 시간이 길며(약 10일 ~ 20일), 백업 시점 차에 따른 복구 대책이 없다는 단점이 있다. 주로 시스템 설비가 고가이던 시기에 적용하던 방식이다. 흔히 업무 복구 서비스(business recovery service)라고 하며 아웃소싱 형태로 운영된다.

② 복구절차의 효과성과 백업자료의 질을 정기적으로 테스트하기 위한 절차가 존재한다.

③ 백업자료에 대한 접근을 승인된 구성원에게만 허용할 수 있는 통제절차가 존재한다.

④ 시스템과 관련된 장애나 오류 등을 기록하고 분석하여 동일한 문제의 재발을 방지할 수 있는 절차가 존재한다.

⑤ 재무보고와 관련된 응용 프로그램이나 데이터에 관한 일괄처리(Batch job) 및 온라인(on-line) 거래가 정확하며 완전하고 적시에 처리된다.

내부통제에서 중요한 것 중 하나는 업무분장(separation of duties)이다. 업무가 정보기술에 의존하는 환경에서도 업무분장은 내부통제를 구성하는 중요한 요소이며 이를 IT 업무분장이라 한다. IT 업무분장은 정보기술 일반통제에 해당한다. 분장되어야 할 IT 업무는 다음과 같다. 다음의 업무는 독립적으로 분리하여 이루어져야 통제의 효과를 기대할 수 있다.

분리되어야 할 기능	구체적인 예
시스템 개발 (Systems Development)	새로운 프로그램과 시스템을 설계 · 개발하는 기능. 운영/보안 기능과 분리되어야 함.
시스템 운영 (Computer Operations)	프로그램 실행, 데이터 입력 · 처리, 일상적 시스템 운용 담당. 개발자가 동시에 운영을 하면 무단 변경 위험이 있음.
데이터베이스 관리 (Database Administration)	데이터 저장 · 관리 · 백업 · 복구 및 접근 권한 관리. 운영 · 개발자가 직접 DB 관리권한을 가지면 데이터 무결성에 위험 발생.
보안 관리 (Security Administration)	사용자 계정 생성 · 삭제, 접근 권한 설정, 암호 정책 등 보안 관련 기능. 운영자 · 개발자가 동시에 수행하면 부정 가능성 증가.
시스템 변경 관리 (Change Management)	프로그램 및 시스템 변경을 승인 · 배포하는 기능. 개발자가 변경 승인과 배포까지 하면 검증이 불가능해짐.

SECTION 03 정보시스템에서 내부통제의 운용효과성 테스트

NEW INTERNATIONAL STANDARDS ON AUDITING

전산정보시스템에서 내부통제를 평가하는 과정은 수작업과 다르지 않다. 다만 기업이 구축하고 있는 내부통제를 실행하고 있는지 여부를 확인하는 방법은 차이가 있다. 정보시스템에서 통제테스트의 방법으로는 다음과 같은 것이 있다.

정보시스템에서 통제테스트의 방법

① 컴퓨터주변감사(audit around the computer)
② 컴퓨터자체감사(audit through the computer)
- 시험자료법(test data approach)
- 병행처리법(parallel simulation)
- 종합자료처리법(integrated test facility)

③ 컴퓨터를 이용하는 감사(computer assisted audit technique)

1 컴퓨터주변감사(Audit around the Computer)

컴퓨터주변감사는 감사인이 원시증빙을 표본추출하여 이에 대한 전산출력물을 통하여 중간단계의 거래를 추적하고 최종적으로 총계정원장의 기록과 일치하는지를 추적하는 전통적인 수작업방법과 동일한 방법이다. 컴퓨터주변감사는 입력자료와 출력자료를 중심으로 검토하기 때문에 프로그램의 처리과정에 대한 정당성이나 통제절차에 대한 검토는 실시하지 않는다. 이러한 컴퓨터주변감사는 다음과 같은 장점과 단점을 가지고 있다.

장 점	① 수작업 감사기법과 동일하므로 그대로 사용할 수 있다. ② 복잡한 프로그램과정을 재점검할 필요가 없다.
단 점	① 프로그램 자체에 대한 검증이 수행되지 않으므로 출력표본에 나타나지 않는 프로그램상의 오류를 발견할 수 없다. ② 증거수집이나 기타의 감사과정에 편리한 컴퓨터를 이용하지 못하므로 상대적으로 비용이 많이 든다.

컴퓨터가 도입되기 시작한 초창기에는 감사인이 컴퓨터에 대한 지식이 부족하여 컴퓨터자체감사나 컴퓨터를 이용하는 감사는 시행하기가 곤란하였으며, 컴퓨터는 고도의 정확성을 갖고 있기 때문에 입력자료만 정확하면 출력자료도 정확할 것으로 믿는 등의 이유로 컴퓨터주변감사만 수행하는 것이 고작이었다. 그러나 이러한 방법으로는 출력표본에 나타나지 않는 프로그램상의 오류를 발견할 수 없다.

컴퓨터주변감사는 감사인이 전산정보시스템을 신뢰할 수 있다는 충분하고 적합한 감사증거를 확보하였을 경우에는 문제가 없지만 감사인의 전산지식이 부족하다는 이유로 컴퓨터주변감사만을 시행하여서는 안 된다. 컴퓨터주변감사는 다음과 같은 상황에서 주로 이용된다.

컴퓨터주변감사의 전제조건

① 원시증빙이 비기계어로 작성되어 판독가능한 상태로 유지되어야 한다.
② 증빙서류가 감사목적을 위하여 사용될 수 있도록 철 되어 있어야 한다.
③ 원시증빙에서 출력자료에 이르기까지 또는 그 반대방향으로 개별거래를 감사인이 추적할 수 있어야 한다.

2 컴퓨터자체감사(Audit through the Computer)

핵심

구 분	시험자료법	병행처리법	종합자료처리법
사용프로그램	감사대상회사	감 사 인	감사대상회사
Data	시험(모의)자료	실 제 자 료	시험(모의)자료 + 실제자료

컴퓨터시스템이 점점 복잡해짐에 따라 입력자료와 출력자료를 대조하는 전통적인 컴퓨터주변감사만으로는 처리내용에 대한 명확한 확신을 가질 수 없게 되었다. 또한 컴퓨터는 사람이 조작한대로 처리하기 때문에 프로그램이나 조작방법에 의하여 얼마든지 자료처리결과를 조작할 수 있는 여지가 있다. 즉, 입력자료가 정확하다고 하여 반드시 출력자료가 정확한 것은 아니다. 따라서 처리통제를 검토하고 자료처리가 컴퓨터 내부에서 정확하게 이루어지고 있는지를 확인하는 과정이 필요하게 되었으며 이것이 곧 컴퓨터자체감사이다.

컴퓨터자체감사는 감사인이 컴퓨터통제와 자료처리과정을 시사를 통하여 검증함으로써 자료처리과정에서 발생할 수 있는 체계적인 부정이나 오류의 발생가능성에 대한 확신을 가질 수 있다는 점에서 컴퓨터주변감사 방법보다 우수한 방법이라 할 수 있다. 또한 자료처리과정을 적은 비용으로 파악할 수 있을 뿐만 아니라 취약점이 발견될 경우 이를 개선권고할 수 있다는 장점이 있다. 그러나 고도로 훈련된 전산감사요원이 필요할 뿐만 아니라 전산자원이 추가적으로 필요하다는 단점도 있다. 이러한 컴퓨터자체감사방법에는 다음과 같은 방법이 있다.

2.1 시험자료법(Test Data Approach)

시험자료법은 감사인이 검증하려고 하는 통제가 유효하게 운영되는지를 검증하기 위하여 감사인이 개발한 시험자료(모의자료)를 감사대상회사의 전산정보시스템 설비와 컴퓨터 프로그램을 이용하여 처리하고 그 결과를 사전에 측정한 결과와 비교함으로써 조사를 수행하는 방법이다. 시험자료법은 다음과 같은 장점과 단점을 가지고 있다.

구분	내용
장 점	① 처리프로그램의 신뢰성을 부여할 수 있다. ② 프로그램의 특정 통제절차를 검증대상으로 할 수 있다.
단 점	① 감사대상회사의 프로그램이 회계기간 중 변경되었을 경우에 변경전과 변경후의 프로그램을 모두 검증하여야 한다. ② 프로그램자체에 대한 검증뿐이며, 회사의 실제기록에 대한 검증은 없기 때문에 내부통제절차의 존재여부의 확인 방법으로는 적합하나 운용감사기법으로는 부적합하다. ③ 프로그램 운영자는 시험자료의 모의검증이 있다는 것을 인지하고 사전에 프로그램조작을 통하여 부정이나 오류를 은폐할 가능성이 있다. ④ 검증 후에는 시험자료를 별도로 제거하여야 하는 번거로움이 있다.

감사인은 시험자료(test data) 속에 포함되어 있는 부정이나 오류의 내용을 알고 있으므로 감사대상회사의 처리과정에 대한 확신을 가질 수 있다. 이러한 시험자료법은

다음과 같은 전제조건이 충족되어야 한다.

시험자료법의 전제조건

① 시험자료는 감사인이 검증하려는 모든 관련된 조건을 포함하고 있어야 한다.
② 감사인이 시험자료를 이용하여 검증하려고 하는 컴퓨터프로그램은 회사가 회계기간 동안 사용한 프로그램이어야 한다.

그림 14-2 시험자료법(Test Data Approach)

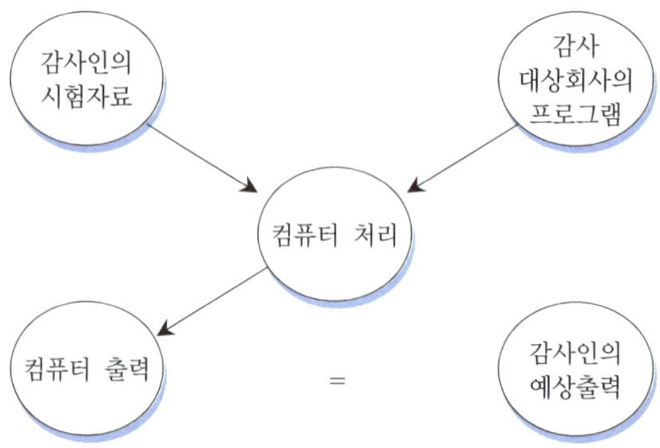

2.2 병행처리법(Parallel Simulation)

병행처리법은 감사인이 중요하다고 생각되는 응용프로그램상의 처리과정에 대하여 이와 동일한 기능의 프로그램을 작성한 후 이 프로그램을 통해 기계어로 기록된 회사의 실제자료를 재처리하고, 그 결과를 회사 전산시스템의 처리결과와 비교하여, 불일치 여부를 감사하는 방법이다. 병행처리법은 시험자료법과는 상호보완적인 관계에 있다. 병행처리법은 다음과 같은 장점과 단점을 가지고 있다.

장 점	① 실제자료가 사용되므로 감사인은 거래를 원시문서와 승인절차 등까지 추적하여 그 정당성을 검증할 수 있다. ② 다량의 검증대상자료를 감사인의 감사용 컴퓨터로 처리할 수 있기 때문에 적은 추가비용으로 표본규모를 증가시킬 수 있다. ③ 회사의 전산처리과정을 중단하지 않고도 감사용 컴퓨터를 이용하여 독립적인 조사를 수행할 수 있다.
단 점	① 감사대상 전체기간의 신뢰성을 검증하기 어렵다.(주) ② 감사인이 사용하는 감사용 프로그램을 작성하고 수정하는데 추가적인 시간과 비용이 소요된다.

(주) 감사용 컴퓨터의 처리용량 제한 때문에

« 그림 14-3 병행처리법(Parallel Simulation)

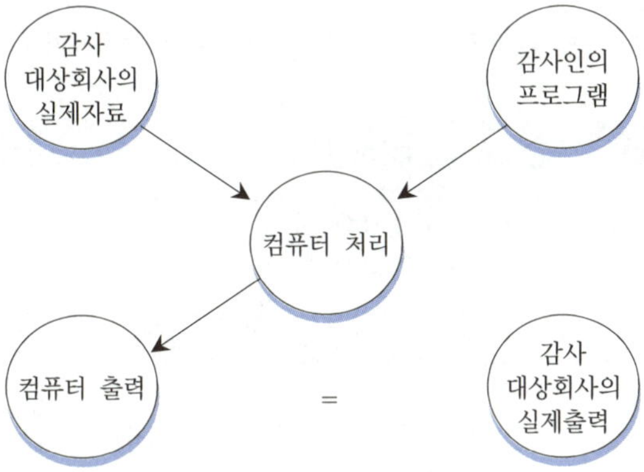

2.3 종합자료처리법 (Integrated Test Facility)

종합자료처리법은 회사의 전산정보시스템 내부에 별도의 하위시스템을 구성하여 실제자료와 시험자료를 동시에 처리하여, 실제자료는 장부상 결과와 하위시스템에 의한 결과를 비교하고, 시험자료는 감사인이 예상한 시험자료 결과와 별도의 하위시스템에 의하여 출력된 시험자료 결과를 비교하는 방법이다. 실제자료를 처리하는 중에 별도의 시험자료를 검증하여 내부통제의 유효성을 검증할 수 있다는 점에서 시험자료법과는 다른 장점을 가지고 있다. 그러나 시험자료를 처리과정 중에 입력해야 하기 때문에 시험자료가 실제자료와 혼합되어 오류를 발생시킬 수도 있다. 또한 종합자료처리장치를 설치한 후 이러한 장치를 유지하여야 하며 시험자료법과 마찬가지로 검증 후 시험자료를 제거하여야 하는 번거로움이 있다. 종합자료처리법의 장점과 단점은 다음과 같이 요약된다.

장 점	① 실제자료를 처리하는 중에 별도의 시험자료를 검증하여 내부통제의 유효성을 검증할 수 있다.
단 점	① 시험자료가 실제자료와 혼합되어 오류를 발생시킬 수도 있다. ② 검증 후 시험자료를 제거하여야 하는 번거로움이 있다.

3 컴퓨터를 이용하는 감사(Computer Assisted Audit Technique: CAAT)

감사인은 감사업무 수행과정 중에 컴퓨터를 감사의 수단으로 사용하기도 한다. 컴퓨터를 이용하는 감사란 컴퓨터를 수단으로 사용하는 모든 감사기법을 의미한다. 감사인이 감사업무를 수행하는 과정에서 가장 많이 사용하는 프로그램은 범용프로그램(Generalized Audit Software Package)이다.

범용프로그램이란 회계법인이나 외부의 전문전산프로그램 업체에서 개발하여 특정 업체의 개별적인 속성과 관계없이 다양한 감사에 보편적으로 사용가능한 프로그램을 말한다. 범용소프트웨어는 일반적으로 다음과 같은 기능을 가지고 있다.

범용소프트웨어의 기능

① 계 산　② 자료의 선정　③ 논리적 작업
④ 자료의 계층화　⑤ 보고서의 작성　⑥ 조회서의 준비
⑦ 두 파일의 비교

〈범용소프트웨어의 장점과 단점〉

구분	내용
장 점	① 초기개발비용을 제외하고는 추가적인 프로그램 개발비용이 많이 소요되지 않는다. ② 전산에 대한 많은 훈련 없이 감사과정에서 효과적으로 컴퓨터를 이용할 수 있다. ③ 회사의 기계어로 된 다량의 자료를 신속하고 효과적으로 검증 가능하다. ④ 다양한 여러 시스템에서 이용이 가능하다.
단 점	① 최초의 set up cost가 많이 든다. ② 하드웨어 기종에 따라 호환성에 문제가 있을 수 있다.

범용소프트웨어는 일반적으로 접근할 수 있는 파일의 수와 구조가 제한되어 있다. 따라서 이러한 단점을 보완하기 위하여 때때로 개별회사의 특성에 맞는 맞춤소프트웨어를 사용하기도 한다.

SECTION 04 외부의 서비스조직을 이용하는 기업에 대한 감사

NEW INTERNATIONAL STANDARDS ON AUDITING

아래의 내용을 이해하기 위해서는 몇몇 용어에 대한 이해가 우선되어야 한다.

용어의 정리

(a) 보충적인 이용자기업 통제 – 서비스조직이 해당 서비스를 설계할 때 이용자기업이 실행할 것으로 보는 통제로서, 통제목적을 달성하는데 필요하다면 시스템기술서에서 식별되는 통제
(b) 서비스조직 통제에 대한 기술과 설계에 관한 보고서("유형 1 보고서"라 함) – 이는 다음으로 구성된다.
- 특정일 현재 설계되고 실행 중인 서비스조직의 시스템과 통제목적 및 관련 통제에 대한 서비스조직 경영진의 기술

- 서비스감사인이 합리적인 확신을 제공할 목적으로 작성한 보고서. 이는 해당서비스 조직의 시스템, 통제목적 및 관련 통제에 대한 기술과, 명시된 통제목적을 달성하기 위한 통제설계의 적합성에 대한 서비스감사인의 감사의견을 포함하고 있다.

(c) 서비스조직 통제에 대한 기술과 설계 및 운영효과성에 대한 보고서("유형 2 보고서"라 함) – 이는 다음으로 구성된다.

- 서비스조직의 시스템, 통제목적 및 관련 통제, 특정일 현재 혹은 특정기간의 이들의 설계와 실행, 그리고 경우에 따라 특정기간의 운영효과성에 대한 서비스조직 경영진의 기술
- 서비스감사인이 합리적 확신을 제공할 목적으로 작성한 보고서. 이는 다음 사항을 포함한다.
  a. 서비스조직의 시스템, 통제목적 및 관련 통제에 대한 기술과, 명시된 통제목적을 달성하기 위한 통제설계의 적합성에 대한 서비스감사인의 감사의견
  b. 서비스감사인의 통제테스트 및 그 결과에 대한 기술

(d) 서비스감사인 – 서비스조직의 요청에 따라 해당조직의 통제에 관한 인증보고서를 제공하는 감사인

(e) 서비스조직 – 이용자기업의 재무보고 관련 정보시스템의 일부를 구성하는 서비스를 이용자기업에게 제공하는 제3자 조직(또는 제3자 조직의 사업부문)

(f) 서비스조직의 시스템 – 서비스감사인의 보고 대상인 서비스를 이용자기업에게 제공하기 위하여 서비스조직이 설계 · 실행 · 유지하는 정책과 절차

(g) 하위서비스조직 – 서비스조직이 이용자기업의 재무보고 관련 정보시스템의 일부를 구성하는 서비스를 이용자기업에게 제공할 때, 해당 서비스의 일부를 수행하기 위하여 서비스조직이 이용하는 타서비스조직

(h) 이용자기업 감사인 – 이용자기업 재무제표에 대한 감사와 보고를 하는 감사인

(i) 이용자기업 – 서비스조직을 이용하는 기업으로서 자신의 재무제표를 감사받고 있는 기업

1 외부의 서비스조직 이용

« 그림 14-4 기업이 외부전문기업에 IT서비스를 outsourcing 할 경우

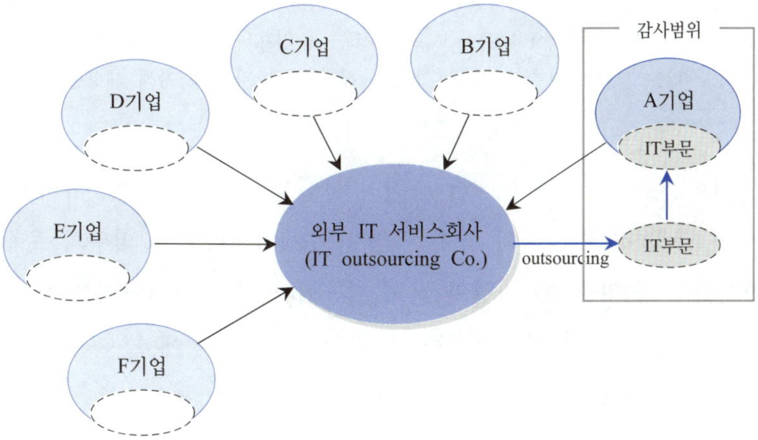

위 그림은 회사의 전산기능을 외부에 맡겨 처리하는 경우 회계감사의 범위에 대해 설명하고 있다. 그림에서 보는 바와 같이 이용자 A기업은 주요 전산기능을 외부IT서비스기업에 맡기고 있다. 외부IT서비스기업은 A기업 이외에도 다수의 기업을 고객으로 두고 있다. A기업의 기능 일부가 외부에 있는 상황에서 A기업을 감사하는 감사인이 감사할 감사범위는 외부IT서비스 기업에 맡긴 전산기능을 포함한다. 이 경우 외부 서비스조직을 이용하는 기업에 대한 감사절차를 적용한다.

외부의 서비스 조직이란?

세계적으로 소위 경쟁력 있고 투자자들에게 매력 있는 산업은 대부분 IT관련 산업에 해당한다. Facebook, Google, 그 외 신생기업의 대부분은 거대한 IT플랫폼을 기반으로 한다. 일반제조업과 서비스업도 예외는 아니다. 업무정보와 고객정보를 포함하여 저장하여야 할 정보는 실로 엄청나다, 상당부분의 거래나 업무가 온라인상에서 이루어진다. 그 결과 기업이 IT에 얼마나 투자하느냐가 곧 기업경쟁력이 되는 상황이다. 그러나 모든 기업이 독립적으로 IT에 거대한 자금을 투자할 여력은 없다. 그리하여 등장한 것이 IT서비스전문기업이다. IT서비스

전문기업은 거대한 IT서비스체계 특히 대용량 초고속 서버(sever)를 구축하고, 기업을 회원으로 가입시켜 수수료를 받고, 회원기업이 IT서비스전문기업의 전산서비스를 이용할 수 있게 한다. 회원기업입장에서는 IT부분을 외주(outsourcing)준 것이나 다름없다.

이 경우 회원기업을 감사하는 감사인은 회원기업의 업무가 외부의 서비스조직에 의해 처리되니 특히 내부통제를 평가하기 위해서는 외부 서비스조직에 대해 감사할 필요가 있다. IT서비스전문기업은 수많은 회원기업의 감사인이 매년 회원기업의 내부통제를 평가한다고 자신의 IT서비스제공과정을 감사한다고 하니 업무에 지장이 많을 것이다.

그리하여 IT서비스전문기업은 스스로 회계법인을 선정하여 자신들의 IT서비스 통제에 대한 설계와 운용효과성에 대해 감사받고 보고서를 받아 회원기업의 감사인이 요청할 때 이를 제공하기도 한다. 그렇지 않은 경우 IT서비스전문기업은 회원기업의 요청(자신의 감사인이 IT서비스전문기업의 전산서비스과정을 직접 감사할 수 있게 해달라)을 거부할 수 없을 것이다. 요약하면, 외부에 전산서비스조직을 둔 기업을 감사하는 감사인이 해당 회사의 내부통제를 감사하는 방법은 ①외부 서비스조직을 직접 감사하는 방법과 ②외부 서비스조직이 준비한 서비스조직 통제에 대한 기술 및 설계에 대한 보고서(유형 1 보고서) 또는 운영효과정까지 포함하는 보고서(유형 2 보고서)를 이용하는 방법이 있을 것이다. 이런 사전 지식을 가지고 이해 내용을 학습해 보자.

기업들은 서비스조직들로부터 여러 측면의 사업을 아웃소싱하며, 이러한 조직은 감사대상 기업의 감독 하에 하나의 특정 과업을 수행하거나 납세의무의 준수(세금계산서 발행, 원친징수 등)와 같은 기업의 전체 기능이나 전체 사업단위를 대행한다. 이러한 조직들이 제공하는 서비스는 대부분 그 기업의 사업운영에 필수적인 부분이다. 그러나 이러한 서비스가 모두 감사와 관련된 것은 아니다.

서비스조직이 제공하는 서비스는 해당서비스와 이에 대한 통제가 이용자기업의 재무보고와 관련성이 있는 정보시스템의 일부인 경우에는, 이용자기업의 재무제표감사와 관련이 있다. 서비스조직의 대부분 통제는 재무보고와 관련이 있을 가능성이 있지만, 자산보호에 대한 통제와 같이 감사와도 관련성이 있을 다른 통제들이 있을 수 있다(ISA 402-3).

Application & Explanation

예를 들어 보자. 벤처기업들은 다른 기업들에 비해 조직이 작고, 연구개발에 집중되어 있으며, 자금이 여유롭지 못하다. 또한 기업의 운영에 필요한 전산조직을 자체적으로 구축하기에는 자금과 인력 면에서 한계가 있다. 따라서 외부의 전산서비스기업과 계약하여 운영에 필요한 전산서비스를 제공받고 있다. 서비스를 맡은 IT기업은 자사에 서버를 두고 토털 ERP 서비스를 제공한다.

이 경우 벤처기업을 감사하는 감사인이 내부통제를 평가하기 위하여 기업을 방문할 경우, 기업은 대부분의 통제활동을 외부 전산서비스업체에 의존하기 때문에 감사인은 직접 외부전산서비스업체를 방문하여 내부통제를 평가하거나, 아니면 전산서비스업체가 스스로 받아 놓은 전산통제활동에 대한 보고서가 있는 경우 이를 이용할 수 있다. 여기서, 각 주체는 다음과 같이 정의된다.

- 벤처기업: 이용자기업
- 벤처기업을 감사하는 기업: 이용자기업 감사인
- 전산서비스기업: 서비스조직
- 전산서비스업체가 스스로 받아 놓은 전산통제활동에 대한 보고서: 서비스감사인에 의한 유형 1 또는 2 보고서

2 내부통제 등 서비스조직에 의하여 제공되는 서비스에 대한 이해

2.1 서비스조직에 의해 제공되는 서비스에 대한 이해

이용자기업 감사인은 이용자기업을 이해할 때, 이용자기업이 자신의 사업에 서비스조직의 서비스를 어떻게 이용하는지를 이해하여야 한다(ISA 402-9).

구체적으로 감사인은 회사가 서비스조직의 서비스를 어떻게 이용하는 지를 다음의 감사절차로 이해할 수 있다.

서비스조직의 서비스를 이해하는 감사절차(ISA 402-9)

① 서비스조직이 제공하는 서비스의 성격과 그러한 서비스가 이용자 기업에 미치는 유의성(이용자기업의 내부통제에 대한 영향 포함)

② 서비스조직이 처리한 거래 또는 해당 조직에 의해 영향을 받는 계정이나 재무보고절차의 성격과 중요성

③ 서비스조직이 수행하는 활동과 이용자기업이 수행하는 활동의 상호작용 정도

④ 서비스조직이 수행하는 활동에 대한 관련 계약조건 등 이용자기업과 서비스조직간 관계의 성격

2.2 이용자기업 감사인이 서비스조직을 충분히 이해하지 못한 경우

이용자기업 감사인이 이용자기업으로부터 충분한 이해를 얻을 수 없는 경우, 이용자기업 감사인은 다음 중 하나 이상의 절차를 통하여 이를 충분히 이해하여야 한다.

(a) 입수가능한 경우, 유형 1 또는 유형 2 보고서를 입수함

(b) 특정 정보를 얻기 위하여 이용자기업을 통하여 서비스조직과 접촉함

(c) 서비스조직을 방문하여 서비스조직의 관련 통제에 대하여 필요한 정보를 제공할 절차를 수행함

(d) 타감사인이 수행한 업무를 활용하여 이용하여 서비스조직의 관련 통제에 대하여 필요한 정보를 제공할 절차를 수행함

(1) 유형 1 또는 유형 2 보고서

이용자기업 감사인은 서비스조직을 이해하기 위하여 유형 1 또는 유형 2의 보고서를 활용할 수 있다.

유형 1 보고서	서비스감사인이 작성한 서비스조직 통제에 대한 기술 및 설계에 대한 보고서
유형 2 보고서	서비스감사인이 작성한 서비스조직 통제에 대한 기술, 설계 및 운영효과성에 대한 보고서

기출 2025

유형 1 또는 유형 2 보고서는 이용자기업 감사인이 중요왜곡표시위험을 식별하고 평가하기 위해 충분한 이해를 하는 데 도움을 줄 수 있다. 그러나 유형 1 보고서는 관련 통제의 운영효과성에 대한 증거를 제공하지 아니한다.

(2) 유형 1 또는 유형 2 보고서가 제공하는 증거의 평가

이용자기업 감사인은 유형 1 또는 유형 2 보고서에 의해 제공되는 감사증거의 충분성과 적합성을 결정할 때, 다음에 대하여 만족할 수 있어야 한다(ISA 402-13).

(a) 서비스감사인의 전문가적 적격성 및 서비스조직으로부터의 독립성

(b) 발행된 유형 1 또는 유형 2 보고서에 적용된 기준의 적절성

(3) 유형 1 또는 유형 2 보고서를 이용하기 위한 감사절차

이용자기업 감사인은 서비스조직의 통제의 설계 및 실행에 대한 이해를 뒷받침하기 위하여 유형 1 또는 유형 2 보고서를 감사증거로 이용할 계획이면, 다음의 절차를 수행하여야 한다(ISA 402-14).

(a) 서비스조직의 통제에 대한 기술과 설계가 이용자기업 감사인의 감사목적에 적합한 일자 또는 적합한 기간에 대한 것인지 여부를 평가함

(b) 감사와 관련된 이용자기업의 내부통제의 이해를 위해 해당 보고서가 제공하는 증거의 충분성과 적합성을 평가함

(c) 서비스조직에 의해 식별된 보충적인 이용자기업 통제가 이용자기업과 관련성이 있는지 여부를 결정함. 관련성이 있다면, 이용자기업이 그러한 통제를 설계하였고 실행하였는지 여부를 이해함

3 평가된 중요왜곡표시위험에 대한 대응

이용자기업 감사인은 평가된 위험에 대응하여, 다음의 절차를 수행하여야 한다(ISA 402-15).

(a) 관련 재무제표 주장에 대하여 충분하고 적합한 감사증거가 이용자기업이 보유하고 있는 기록으로부터 입수가능한지 여부를 결정함

(b) 위 (a)에서 감사증거가 입수가능하지 않는 경우에는, 충분하고 적합한 감사증거를 입수하기 위한 추가감사절차를 수행하거나, 이용자기업 감사인을 대신하여 해당 서비스조직에서 그러한 절차를 수행하도록 타감사인을 활용함

3.1 통제테스트

이용자기업 감사인이 위험을 평가할 때 서비스조직의 통제가 효과적으로 이루어지고 있다는 기대가 포함되어 있으면, 이용자기업 감사인은 다음의 절차 중 하나 이상을 수행하여 서비스조직 통제의 운영효과성에 관한 감사증거를 입수하여야 한다(ISA 402-16).

(a) 입수가능한 경우, 유형 2 보고서를 입수함

(b) 서비스조직의 통제에 대하여 적합한 통제테스트를 수행함

(c) 서비스조직의 통제에 대하여 통제테스트를 수행한 타감사인의 업무를 활용함

3.2 서비스조직 통제의 운영효과성에 대한 감사증거로서의 유형 2 보고서 이용

이용자기업 감사인이 서비스조직의 통제가 효과적으로 운영되는지에 대한 감사증거로 유형 2 보고서를 이용할 계획이라면, 이용자기업 감사인은 다음의 절차를 수행함으로써 서비스감사인의 감사보고서가 이용자기업 감사인의 위험평가를 뒷받침하는데 통제의 효과성에 대한 충분하고 적합한 감사증거를 제공하는지 여부를 결정하여야 한다(ISA 402-17).

(a) 서비스조직 통제에 대한 기술, 설계 및 운영효과성이 이용자기업 감사인의 감사목적에 적합한 일자 또는 적합한 기간에 대한 것인지 여부를 평가함
(b) 서비스조직에 의해 식별된 보충적인 이용자기업 통제가 이용자기업과 관련성이 있는지 여부를 결정하고, 관련성이 있다면 이용자기업이 그러한 통제를 설계하였고 실행하였는지 여부를 이해하고 통제의 운영효과성을 테스트함
(c) 통제테스트의 대상기간 및 그러한 통제테스트를 수행한 후 경과된 시간의 적절성을 평가함
(d) 서비스감사인의 감사보고서에 기술된 해당 감사인의 통제테스트와 그 결과가 이용자기업 재무제표의 경영진주장과 관련이 있으며, 이용자기업 감사인의 위험평가에 도움이 되도록 충분하고 적합한 감사증거를 제공하는지 여부를 평가함

4 서비스조직이 수행하는 활동과 관련된 부정, 법규위반 및 미수정왜곡표시

이용자기업 감사인은 이용자기업의 경영진에게 서비스조직이 이용자기업에게 이용자기업의 재무제표에 영향을 미치는 부정, 법규위반 또는 미수정왜곡표시를 보고하였는지, 또는 다른 방법으로 이를 알고 있는지에 대해서 질문하여야 한다. 이용자기업 감사인은 그러한 사항들이 이용자기업 감사인의 추가감사절차의 성격, 시기 및 범위에 어떻게 영향을 미치는지 평가하여야 한다(ISA 402-19).

5 이용자기업 감사인에 의한 보고

이용자기업의 재무제표감사와 관련하여 서비스조직이 제공하는 서비스에 관한 충분하고 적합한 감사증거를 입수할 수 없는 경우, 이용자기업 감사인은 감사의견을 변형하여야 한다(ISA 402-20).

이용자기업 감사인은 법규에서 요구하지 않는 한 적정의견을 표명하고 있는 자신의 감사보고

서에서 서비스감사인이 수행한 업무를 언급하지 않아야 한다. 법규상 이러한 언급이 요구된다면, 이용자기업 감사인은 그러한 언급이 이용자기업 감사인의 감사의견에 대한 책임을 경감시키지 아니함을 감사보고서에 명시하여야 한다(ISA 402-21).

서비스감사인이 수행한 업무를 언급하는 것이 이용자기업 감사인의 변형의견을 이해시키는 것과 관련된다면, 이용자기업 감사보고서에는 그러한 언급이 해당 변형의견에 대한 이용자기업 감사인의 책임을 경감시키지 아니함을 명시하여야 한다.

SECTION 05 데이터의 활용과 데이터베이스의 이해

NEW INTERNATIONAL STANDARDS ON AUDITING

정보기술(IT)은 무엇을 어느 정도 이해해야 하는가?

2025년부터 공인회계사 시험에 정보기술(IT) 분야가 출제된다. 수험생들은 출제 범위와 깊이를 파악하는 것이 우선이다. 다행히 출제범위를 유추할 수 있는 자료와 모의문제가 제공되었다.

회사는 정보기술을 바탕으로 데이터베이스 관리시스템(DBMS)을 통하여 회계정보 등의 데이터를 체계적으로 관리하고 있다.

감사인이 회사로부터 제공받는 자료는 회사의 데이터베이스(DB)에서 추출한 자료이다. 그런데 오늘날 대부분의 회사들은 관계형 데이터베이스(RDB)를 사용하고 있다.

따라서 감사인은 회사의 데이터베이스에서 자료를 직접 추출하거나 회사에게 추출하게 하여 제공받는다. 이 경우 감사인이 회사의 데이터베이스에 대한 지식이 없다면 감사증거를 확보하는데 어려움이 있게 된다.

따라서 예비 공인회계사들에게 ① 관계형 데이터베이스에 대한 이해, ② 관계가 있는 개별 데이터를 연결(Join)하여 유용한 기초 자료를 확보하는 방법, ③ 데이터의 무결성 등에 대한 이해를 요구하고 있다.

오늘날 우리가 접하는 많은 데이터는 이미 관계형 데이터베이스의 개념에 기초하고 있다. 따라서, 수험생들은 정보기술(IT)이 생소하다고 두려워할 필요가 없다. 저자가 제공하는 정도의 내용이면 수험을 대비하는데 부족하지 않을 것이다.

1 IT용어의 이해

■ 데이터베이스(DB: Database)

> 데이터베이스(DB: Database방대한 데이터를 효율적으로 관리하고 활용하기 위한 도구로 체계적으로 구성된 데이터의 집합, 데이터 창고를 말한다.

데이터베이스(Database)안에는 수많은 구조화된 형태의 데이터(DATA)가 저장되며, 후에 설명하는 데이터베이스 관리시스템(DBMS)을 이용하여 해당 정보를 생성, 조회 및 DATA를 서로 조합하여 필요한 정보를 생성할 수 있다. 데이터베이스(DB)에서 필요한 데이터들을 추출하여 서로 연결시키고 연산(operation)하여 의미있는 새로운 정보를 생산하는 과정을 '데이터 처리'라고 한다.

■ 데이터베이스 관리시스템(DBMS: Database Management System)

> DBMS란 DB를 효율적으로 관리하기 위한 소프트웨어(SoftWare) 시스템을 말한다. DBMS를 통하여 DATA를 생성할 수 있으며 생성된 DATA는 DBMS 내 DB에 저장된다. DB는 DATA를 저장한 공간이다. DB에서 DATA를 체계적으로 정리하고, 효율적으로 관리하기 위해서는 별도의 소프트웨어(SoftWare)가 필요한데 이것이 데이터베이스 관리시스템(DBMS: Database Management System)이다. 즉, DBMS는 컴퓨터에 저장되어 있는 DB를 관리해 주고, SQL 언어를 사용하여 여러 DATA를 서로 연결(Join)하여 필요한 정보를 생성하고 추출하여 후속 분석이 가능하게 한다.

DATA 수가 증가하면서 관리하여야 할 파일이 증가하고 어느 순간 관리자의 개인적 관리 능력만으로는 DATA를 관리하는데 한계를 가지게 되었다. 그 결과 DBMS를 활용하여 DATA를 DB로 정리하여 보다 효율적으로 DATA를 관리하는 방식으로 발전하게 되었다.

DBMS는 DATA를 생성, 수정, 삭제하는 등 DB 안의 DATA를 조작하도록 지원하고, 이러한 DATA를 꺼내어 저장할 수 있게 한다. 따라서 사용자는 DBMS를 통해 DB에 저장된 다양한 DATA 중 필요한 DATA를 선택 · 제외 또는 서로 연결하여 꺼내 사용할 수 있다.

DBMS는 1960년대의 계층형 DB를 사용하는 HDBMS로부터 시작하여, 네트워크형, 관계형, 객체형으로 발전해 오고 있다. 기업에서 처리하는 DATA 저장 및 처리에는 관계형 DBMS(Relational DBMS)가 주로 사용되고 있다. DBMS는 다음의 기능을 수행한다;

- 하나의 DB에 여러 사용자가 동시에 access할 수 있게 함
- 보안 규칙을 수립하여 사용자 access 권한을 관리할 수 있음
- DATA를 정기적으로 백업하고 외부 재해 또는 침해가 발생할 때 신속하게 데이터를 복구(recovery)함
- DB 규칙과 표준을 설정하여 데이터 무결성을 유지할 수 있음

널리 사용되는 DBMS로는 Oracle, MySQL, MS SQL Severer, PostgreSQL 등이 있다. 그림 <14-5>는 ORACLE 제품의 화면 중 일부이다.

« 그림 14-5 ORACLE의 DBMS

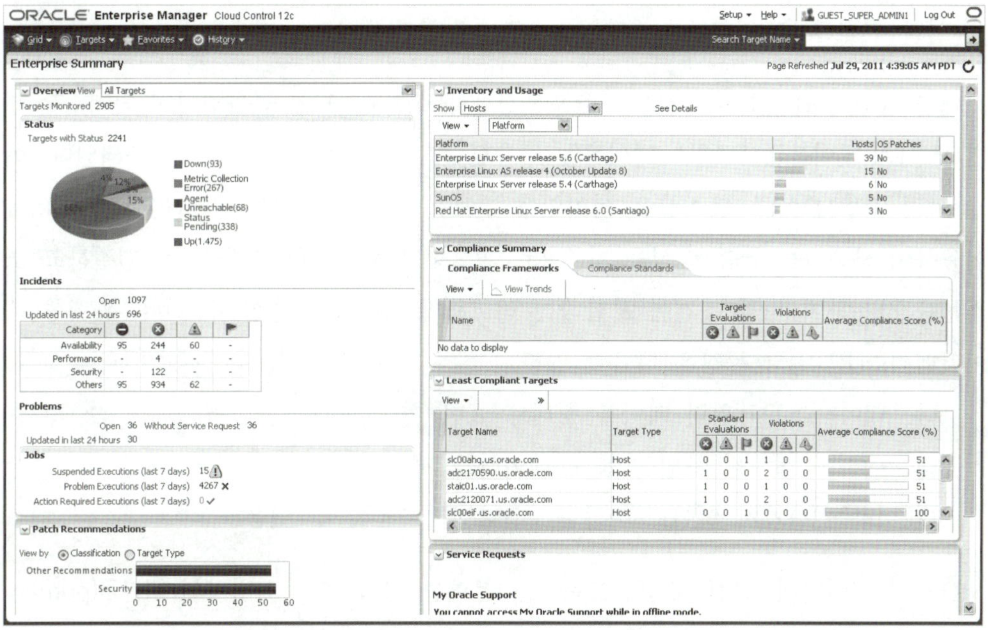

■ 관계형 데이터베이스(RDB, Relational Database)

> DATA가 하나 이상의 열과 행의 테이블(이를 '관계'라고 함)에 저장되어서, 서로 다른 데이터 구조가 어떻게 관련되어 있는지 쉽게 파악하고 이해할 수 있도록 사전 정의된 관계로 DATA를 구성하는 정보 모음을 말한다. 관계란 이러한 테이블 간의 상호작용을 기반으로 설정되는 여러 테이블 간의 논리적 연결을 의미한다.

관계형 데이터베이스(RDB)는 데이터의 구성방법 중 하나로 관계형 데이터 모델에 기초를 둔 DB를 말한다.

관계형 데이터베이스 모델은 IBM의 E.F. Codd가 1970년대에 개발하였다. 관계형 데이터베이스 모델은 필요한 DATA를 각각 분리하여 독립적으로 저장하되 DATA에는 반드시 공통적인 속성을 포함하게 하여, 공통 속성을 기준으로 필요한 데이터 테이블(data table)을 서로 연관시킬 수 있게 한다.

권한을 가진 자는 DBMS에 접속하여 DATA를 생성(create), 수정(alter) 및 삭제(drop) 할 수 있다. 그런데 개별 DATA 테이블은 의미있는 정보를 제공하기 어렵다. 따라서 정보이용자는 DBMS를 이용하여 DB안에 있는 다양한 DATA 테이블을 서로 연결하여 의미있는 정보를 생성할 수 있다. 이때 개별 DATA 테이블은 공통의 속성을 가지고 있기 때문에 공통 속성을 기준으로 DB안에 존재하는 여러 DATA 테이블을 서로 연결할 수 있다.

예를 들면, DB안에 고객정보/매출주문정보/매입주문정보가 존재한다고 하자. 각 개별 DATA 테이블은 DATA 테이블을 구축할 때 공통 속성을 가지게 구축되었다. 이 경우 각 개별 DATA 테이블은 의미있는 정보를 제공하지 않는다. 따라서 DBMS를 이용하여 사용자는 공통 속성을 기준으로 필요한 DATA 테이블을 서로 연결하고 조건문을 사용하여 특정 조건에 부합하는 레코드와 속성을 추출할 수 있다. 관계형 데이터베이스(RDB)의 특징은 다음과 같다.

- 모든 데이터를 2차원의 테이블 형태로 표현
- SQL 이라는 정해진 문법을 통해 데이터를 저장
- SQL이라는 한가지 언어로 다양한 DBMS를 사용할 수 있음

관계형 데이터베이스(RDB)의 모든 테이블에는 행의 고유 식별자인 기본키(primary key)라는 속성을 가지고 있으며, 각 행은 다른 테이블의 기본키에 대한 참조인 외래키(foreign key)를 사용하여 서로 다른 테이블 간의 관계를 만들 수 있다.

« 그림 14-6 관계형 데이터베이스(RDB)

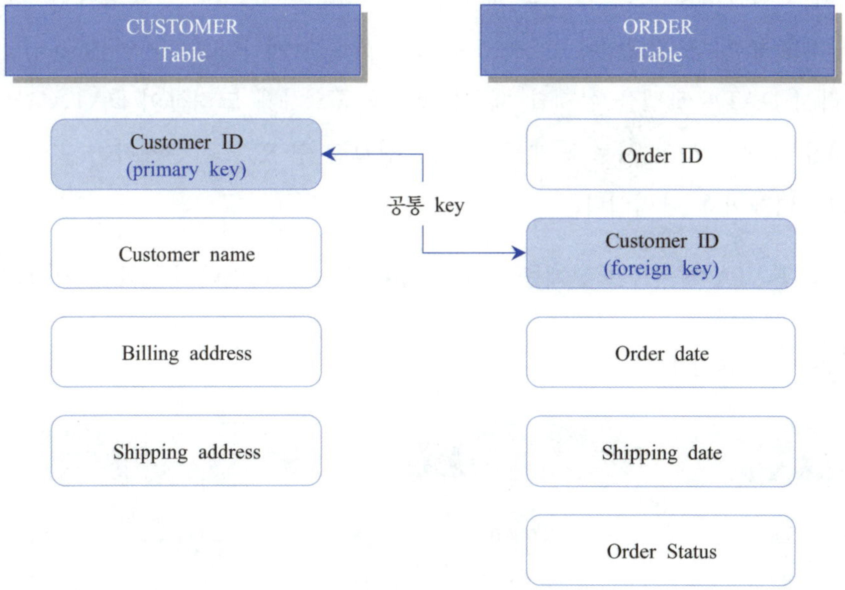

위 <그림 14-6>에서와 같이 고객테이블(Customer Table)과 주문테이블(Order Table)의 두 DATA 테이블이 있다고 가정하자. 기업들은 일반적으로 업데이트 최소화 등 데이터를 효율적으로 관리하기 위해 테이블을 분리하는 형태로 DB에 보관하면서 DATA 무결성을 유지하고 있다.

Customer Table에는 다음 네가지 속성자료를 담고 있다.

Customer ID	Customer name	Billing address	Shipping address

Order Table.에는 다음 다섯 가지 속성자료를 담고 있다.

Order ID	Customer ID	Order date	Shipping date	Order Status

Customer Table과 Order Table은 각각 고유의 DATA를 담고 있다. 이 경우 기업 마케팅과 고객관리를 위해서 어느 고객이 어떤 주문을 했는지 알고 싶다면 두 자료를 서로 연결(Join)하면 된다. 이 때 두 DATA가 서로 관계가 없다면 연결(Join)할 수 없다. 따라서 DATA 모델을 설계할 때 키(key)를 중요하게 고려하여 DATA 간에 공통 키(key)를 매개로 하여 서로 관계를 가지고 연결할 수 있도록 설계하는 것이 바로 관계형 데이터베이스 관리이다.

DB에서 DATA 테이블간 관계는 일대일, 일대다 또는 다대다의 관계를 가질 수 있다.

« 그림 14-7 테이블간 관계

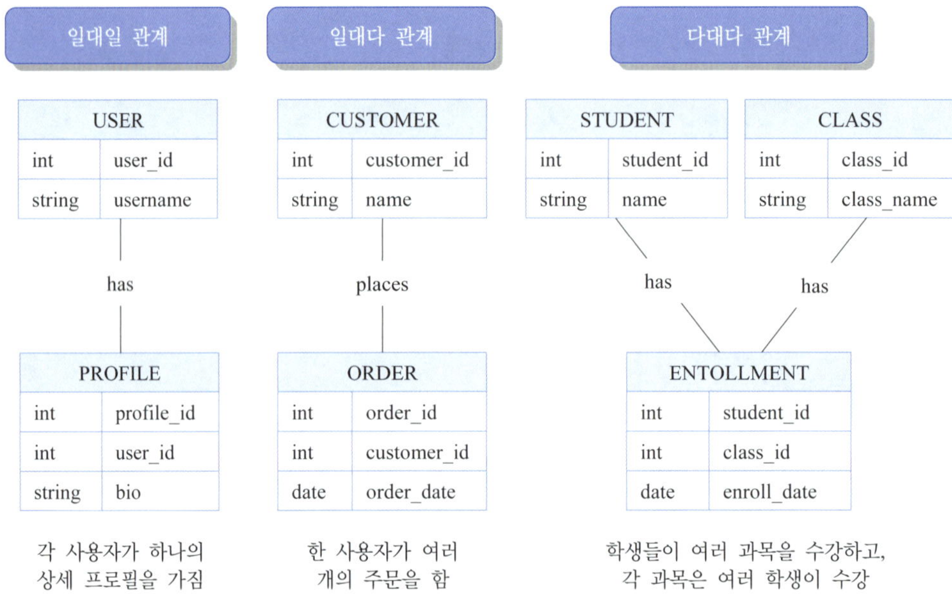

일대일의 관계는 USER 테이블과 USER의 PROFILE 테이블의 관계를 예를 들 수 있다. USER은 하나의 PROFILE을 가질 수 있다. 이 경우 일대일의 관계이다.

일대다의 관계는 CUSTOMER 테이블과 ORDER 테이블의 관계를 예를 들 수 있다. 하나의 고객이 주 또는 월에 다수의 주문을 할 수 있다. 이 경우 일대다의 관계이다.

다대다의 관계는 STUDENT 테이블과 CLASS 테이블의 관계를 예를 들 수 있다. 대학에서 수강신청을 할 때 여러 학생이 여러 강좌를 선택할 수 있다. 이 경우 한 학생이 여러 강좌를 그리고 한 강좌를 여러 학생이 수강신청하는 다대다의 관계이다.

« 그림 14-8 DBMS의 접속과 DB

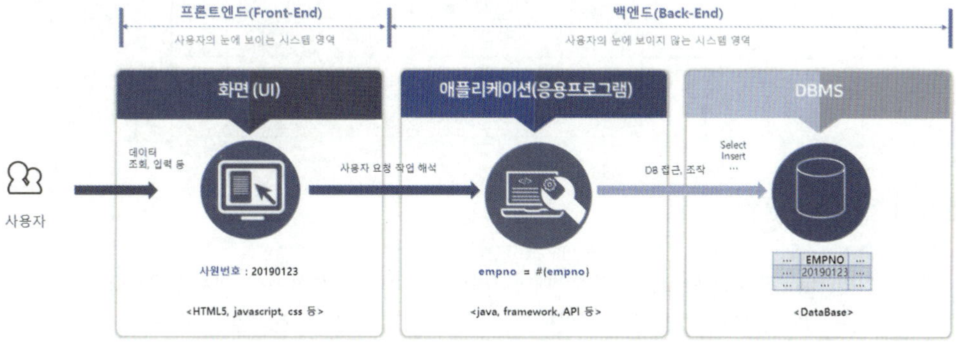

그림 <14-8>은 DBMS를 포함한 정보시스템의 체계를 제시하고 있다. DBMS는 SQL이라는 컴퓨터 언어로 구동되기 때문에 전산전문가가 아니면 DBMS를 이용하는데 제약이 있다. 그리하여 그 전단계에 어플리케이션(응용프로그램)을 설치하여 빈번하게 사용하는 자료요청사항은 MENU로 간편화하여 사용할 수 있게 하였다. MENU에 없는 자료요청은 DBMS 운영자에게 별도 요청하여야 한다.

어플리케이션에 접속하기 위해서는 사용자화면(UI : User Interface)[주]을 통하여 부여받은 ID와 Password를 통과하여야 한다. 그림에서 DB, 그리고 관계형 데이터베이스라면 RDB인데 이는 DBMS 내에 존재한다. RDB의 DATA는 DBMS를 통해서 생성된다. 이 때 DATA는 무결성이라는 원칙을 엄격하여 지켜야만 한다. 승인받은 자만 DB를 생성(create)하거나 수정(alter)할 수 있다. 예를 들면, 회계정보의 경우 거래가 발생하는 개별 입력센터에서 분개를 입력(journal entry)한다. 해당 부서 상급자의 승인을 거친 후 최종 회계부서의 승인을 거치면 원장에 전기(posting)되어 RDB에 저장된다.

[주] 사용자화면(UI)은 사용자가 시스템과 상호작용할 때 사용하는 초기화면을 말한다.

■ 테이블(Table), 행(Row), 열(Column)

> 테이블(Table): 테이블이란 DATA를 저장하는 기본 단위로 각 테이블은 행(Row)과 열(Column)로 구성된 테이블 형태로 구성되며, 각 행은 고유한 식별자 키(Key)에 의하여 구별된다. 테이블간 관계(key를 통해 관계를 형성)는 데이터의 일관성과 무결성을 유지하는데 중요하다.
>
> 행(Row): 행(row)은 테이블을 구성하는 각 행(Row). 레코드(record) 또는 튜플(Tuple)을 말한다. Cardinality는 튜플(Tuple)의 개수를 말한다.
>
> 열(Column): 열(column)은 테이블을 구성하는 각 열(column), 속성(attribute)을 말한다. 차수(Degree)는 속성(attribute)의 개수를 말한다. 속성값을 가질 수 있는 값은 도메인(Domain)이라 한다. 도메인 무결성의 원칙은 속성(attribute)값이 취할 수 있는 값의 범위를 말하며, 이를 어기지 않으면 원칙에 적합하다는 것을 의미한다.

열, 필드, 속성

USERS 테이블

user_id	username	phone no	...
20240001	홍길동	010-1111-2222	
20240002	김인수	010-1234-5555	

행, 레코드

■ 데이터 타입(Data Type)

데이터 타입(Data Type)은 프로그래밍, 데이터베이스, 데이터 분석에서 변수나 열(column)이 가질 수 있는 값의 유형과 그 형식을 정의한다. 데이터 타입은 숫자, 문자열 날짜 등 다양한 형태를 포함할 수 있다.

■ 도메인(Domain)

도메인이란 각 열(Column)에 입력 가능한 값들의 범위를 말한다.

도메인의 예는 다음과 같다;

- 사번: 회사 입사시 부여받은 고유 숫자 NNNNNNNN(N은 0에서 9까지의 숫자). 이 경우 사번은 데이터가 가지는 자릿수는 8자리이다.
- 이름: 종업원의 이름으로 구성된 문자열의 조합.
- 전화번호: NNN-NNNN-NNNN(N은 0에서 9까지의 숫자). 이 경우 전화번호가 가지는 데이터의 자릿수는 13자리이다.

만약, 회사의 사번이 8자리 문자열 데이터 타입의 도메인을 가지는데 7자릿수 도메인을 가진 사번이 있다면 이는 오류이다.

■ 키(Key)

키(Key)는 DB에서 조건에 만족하는 행(레코드)를 찾거나 순서대로 정렬할 때 기준이 되는 열(칼럼)을 의미한다. 키는 다음과 같은 특징을 갖는다.

- 열(칼럼)들 중 일부로 각 행(레코드)들을 유일하게 식별해 낼 수 있는 식별자이다.
- 일반적으로 하나의 열(칼럼)를 지정하여 키로 지정하나, 여러 개의 열(칼럼)들로 키를 구성할 수도 있다.

■ 기본키(Primary Key)

기본키(Primary Key)는 행(레코드)을 유일하게 구분할 수 있는 속성으로 널(Null)이 아니고, 테이블당 하나만 존재(유일)하여야 한다. 기본키로 정의된 속성에서는 동일한 값이 중복되어서는 안 된다. 즉, 기본키는 식별자 기능을 하므로 테이블의 기본키를 구성하는 어떤 열(칼럼)도 널(Null) 값을 가질 수 없다.

■ 외래키(Foreign Key)

외래키(Foreign Key)란 어떤 테이블 A와 B가 서로 관계가 있는 경우, B의 열(칼럼) 중 A의 기본키를 참조하는 열을 말한다. 외래키로 지정되면 A의 기본키에 없는 값은 입력할 수 없다.

외래키(Foreign Key)의 특징은 다음과 같다.

- 다른 테이블의 기본키를 참조
- A 테이블과 B 테이블을 서로 연결(Join)할 때 동일키를 기준으로 연결할 수 있는데 A 테이블에서 기본키가 B 테이블에서 외래키가 됨
- A와 B 테이블이 서로 관계가 있는 경우, B 테이블의 열 중 A 테이블의 기본키를 참조하는 열
- B 테이블에서 외래키로 지정되면 외래키에는 A 테이블의 기본키에 없는 값을 입력할 수 없음

■ 데이터 무결성(Integrity)

데이터 무결성(Integrity)이란 데이터베이스에 저장된 데이터의 정확성과 일관성을 보장하는 규칙이나 제약 조건이다. 도메인 무결성, 개체 무결성, 참조 무결성 등이 있다

기출 2025

무결성	정의 및 설명
개체 무결성 (Entity Integrity, 기본키 제약)	테이블은 기본키를 지정하고, 그에 따른 무결성 원칙을 지켜야 하는 조건 - 기본키 열(칼럼)에 중복된 값이 존재해서는 안됨 - 기본키는 식별자 기능을 하므로 테이블의 기본키를 구성하는 어떤 열(칼럼)도 널(Null) 값을 가질 수 없음 - 기본키는 식별자의 기능을 하므로 기본키로 정의된 열(칼럼)이 널(Null)을 가지게 되면 이러한 식별자의 기능을 상실

무결성	정의 및 설명
참조 무결성 (Referential Integrity, 외래키 제약)	관련된 테이블의 행(레코드) 간의 관계를 유효하게 하는 규칙으로, 사용자의 실수로 관련 데이터가 삭제되거나 수정되는 것을 막기 위한 조건이다. 즉, 참조되는 테이블 행은, 이를 참조하는 참조키가 존재하는 한 삭제될 수 없음 - 테이블 간의 참조 관계를 선언하는 제약 조건, 관련 테이블 행 간의 관계를 유효하게 하는 규칙 - 참조되는 테이블 행은 이를 참조하는 외래키가 존재하는 한 삭제될 수 없음 - 사용자 실수로 관련 데이터가 삭제되거나 수정되는 것을 막기 위한 조건
도메인 무결성 (Domain Integrity, CHECK)	테이블 내 열의 무결성을 보장하기 위한 것으로 열의 데이터 타입, 기본 값, Null 값 허용, 가능한 범위 등을 정의하고 올바른 데이터가 입력되었는지 확인하는 조건
키 무결성 (Key Integrity, UNIQUE)	- 키 필드에 중복된 값이 존재해서는 안됨 - 관계 정의 시 기본키나 UNIQUE를 명시한 필드에 중복된 값을 허용하지 않음
사용자 정의 무결성 (Unser-defined Integrity)	사용자가 정의한 모든 업무규칙(Business Rules, BR)

■ 조인(Join)

조인(Join)은 특정 열(칼럼)을 기준으로 두 개 이상의 테이블을 결합하는 방법이다. 즉, 두개의 테이블을 서로 묶어서 하나의 결과를 만들어 내는 것을 말한다.

- Inner Join: 두 테이블에서 일치하는 행만 나온다.(교집합)
- Left(outer) Join: 왼쪽 테이블의 모든 행과 오른쪽 테이블의 일치하는 행이 나온다. 일치하는 값이 없는 경우 널(Null) 값이 나온다.
- Right(outer) Join: 오른쪽 테이블의 모든 행과 왼쪽 테이블의 일치하는 행이 나온다. 일치하는 값이 없는 경우 널(Null) 값이 나온다.
- Outer Join: 두 테이블의 모든 행이 나온다. 일치하는 값이 없는 경우 널(Null) 값이 나온다.

기출 2025

« 그림 14-9 조인(Join)의 방법

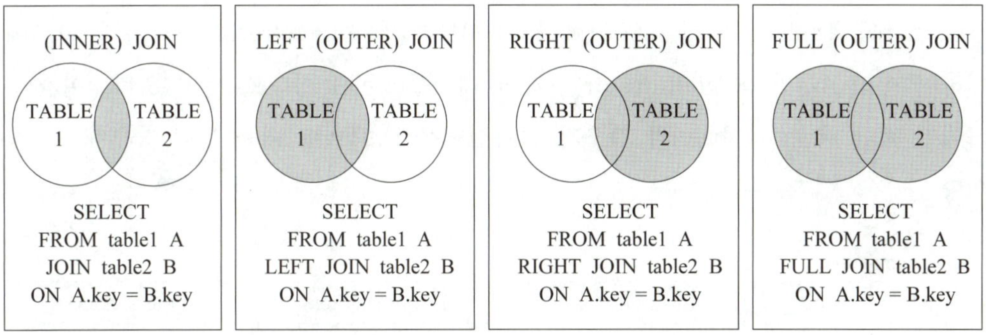

- (INNER JOIN) : 두 테이블에서 값이 일치하는 레코드 반환
- LEFT (OUTER) JOIN : 왼쪽 테이블에서 모든 레코드, 오른쪽 테이블에서 일치하는 레코드 반환
- RIGHT (OUTER) JOIN : 오른쪽 테이블에서 모든 레코드, 왼쪽 테이블에서 일치하는 레코드 반환
- FULL (OUTER) JOIN : 왼쪽 또는 오른쪽 테이블의 모든 레코드 반환

■ SQL(Structured Query Language)

SQL은 RDB 정보를 저장하고 처리하기 위한 프로그래밍 언어를 말한다. SQL에는 다음과 같은 명령어들이 있다.

SQL 명령어들	기능
데이터 정의 언어(DDL, Data Definition Language)	테이블 생성/수정/삭제 CREATE/ALTER/DROP TABLE
데이터 조작 언어(DML, DataManupulationLanguage)	데이터 삽입/수정/삭제 INSERT/UPDATE/DELETE
데이터 접근 제어(DCL, DataControlLanguage)	사용자에게 권한 부여/회수 GRANT/REVOKE

2 관계형 데이터베이스(RDB)에서 관계 있는 데이터의 연결(Join)

이제 관계형 데이터베이스(RDB)에 저장된 두 파일을 키(Key)를 통해 연결(Join)해 보자. <그림 14-6> 에서와 같이 고객테이블(Customer Table)과 주문테이블(Order Table)의 두 DATA Table가 있다고 가정하자. 기업들은 일반적으로 데이터 무결성을 유지하면서 개별 정보를 최대한 분리하여 Table 형태의 DATA를 저장하여 유지하고 이를 DB에 보관하고 있다.

Customer Table은 15개(100001에서 100015까지) 레코드(record)를 가진 고객에 대하여 아래 4개의 속성(attrubate)을 가진 테이블(table) 형태로 담고 있다. 여기서, 고객에 대한 속성(attrubate)의 개수가 많아질수록 DATA는 내용이 더 풍부해 질 것이다.

Customer Table

Customer ID	Customer name	Billing address	Shipping address
100001	A	DE	DE
100002	B	PA	NJ
100003	A	NJ	NJ
100004	B	GA	TX
100005	A	MA	MA
100006	B	MD	MD
100007	A	MD	MA
100008	B	VT	VT
100009	A	IL	IL
100010	B	MI	IL
100011	A	FL	FL
100012	B	MD	MD
100013	A	IL	IL
100014	B	NJ	NJ
100015	A	MI	MI

Order Table은 6개(OR10001에서 OR10006까지) 레코드(record)를 가진 주문서(order)에 대하여 아래 5개의 속성(attrubate)를 테이블(table) 형태로 담고 있다.

Order Table

Order ID	Customer ID	Order date	Order date	Order Status
OR10001	100005	FEB /02/2024	FEB /03/2024	Shipping
OR10002	100006	FEB /03/2024	FEB /04/2024	Shipping
OR10003	100001	FEB /04/2025	FEB /04/2025	Canceled
OR10004	100004	FEB /05/2026	FEB /05/2026	Delevered
OR10005	100001	FEB /06/2027	FEB /08/2027	Shipping
OR10006	100005	FEB /09/2028	FEB /09/2028	Shipping

Customer Table에는 고객의 정보를 제공하고 있고, Order Table에는 주문(Order) 정보를 수록하고 있다. 그런데 고객정보를 담은 주문정보가 필요하게 되었다. 관계형 데이터베이스에서는 두 table이 어떤 Key를 기준으로 서로 연결이 가능하도록 데이터(data)가 체계화 되어 있다. 위 경우 두 DATA는 Customer ID를 공통으로 가지고 있다. 따라서 Customer ID를 기준으로 두 DATA를 연결하여 병합(Join)할 수 있다.

이 때 user는 Customer Table를 기준으로 Order Table을 연결하려고 하며, 이 때 매개가 되는 속성은 Customer ID이다.

이 경우 Customer Table에서 Customer ID를 기본키(Primary Key)라고 하고, Order Table에서 Customer ID를 외래키(Foreign Key)라고 한다.

Customer ID를 기본키(Primary Key)와 외래키(Foreign Key)로 하여 두 DATA가 서로 관계가 있다는 것을 알게 되었다. 이제 Customer ID를 Key로 하여 두 DATA를 병합(Join)하여 고객정보를 가진 주문정보를 생성하고자 한다.

그 과정은 Customer Table에서 첫 번째 Customer ID 100001이 Order Table의 Customer ID에 일치하는 것이 있는지 찾는다. Order Table에는 하나의 일치하는 레코드(record)가 존재한다. 그리하여 DBMS는 100001 기준 matching의 결과를 임시로 기억한다.

두 번째 Customer ID 100001이 Order Table의 Customer ID에 일치하는 것이 있는지 찾는다. Order Table에는 일치하는 레코드(record)가 존재하지 않는다. 이 경우 Customer Table에서 100002를 기준으로 한 고객정보는 모두 기록하고 Order Table의 정보는 '없음'이라는 의미의 NULL이라고 표시한다. 그리하여 DBMS는 100001 Key 결과에 추가하여 100002 Key의 결과를 임시로 기억한다.

Customer ID 100003에서 100004도 이런 과정을 반복한다. 그런데 Customer ID 100005라는 외래키(foreign key)는 OR10001와 OR10006이라는 두 개의 주문서(order)서 정보가 존재한다. 이 경우 Customer ID 100005는 두 개의 매칭결과를 생산하여 표시한다.

유사한 과정을 반복하여 DBMS는 Customer ID를 기본키(Primary Key)와 외래키(Foreign Key)로 하여 두 데이터(data)의 병합결과를 최종결과로 출력한다. DBMS usersms 해당 결과에 만족하면 이를 별도의 저장장치에 최종결과를 저장하여 추가 분석에 사용한다.

그러면 Customer Table의 4개 속성과 Order Table의 5개 속성을 공통키인 Customer ID를 기준으로 병합하면 8개의 속성을 가진 결과만 얻을 수 있을까? DBMS 이용자가 다른 조건을 입력하지 않는다면 그렇다. 그런데 DBMS는 여러 조건을 수행할 수 있게 설계되어 있다. 따라서 특정 속성은 제외(delete)하거나 어느 속성의 범위를 제한하여 결과를 얻을 수도 있다.

예를 들면, 위 자료에서 Customer ID가 100001에서 100005의 범위를 조건으로 제한한 결과를 명령할 수도 있고, Order Status를 삭제(delete)한 결과를 명령할 수도 있다. 더 나아가 Order Status가 cancelled인 결과만을 명령할 수 도 있다.

customer ID	Customer name	Billing address	Shipping address	Order ID	Order date	Order date	Order Status

100001 기준 matching							
100001	A	DE	DE	OR10005	FEB /06/2027	FEB /08/2027	Shipped

100002 기준 matching							
100001	A	DE	DE	OR10005	FEB /06/2027	FEB /08/2027	Shipped
100002	B	PA	NJ	NULL	NULL	NULL	NULL

⬇

100003 기준 matching							
100001	A	DE	DE	OR10005	FEB /06/2027	FEB /08/2027	Shipped
100002	B	PA	NJ	NULL	NULL	NULL	NULL
100003	A	NJ	NJ	NULL	NULL	NULL	NULL

⬇

100004 기준 matching							
100001	A	DE	DE	OR10005	FEB /06/2027	FEB /08/2027	Shipped
100002	B	PA	NJ	NULL	NULL	NULL	NULL
100003	A	NJ	NJ	NULL	NULL	NULL	NULL
100004	B	GA	TX	OR10004	FEB /05/2026	FEB /05/2026	Delevered

⬇

100005 기준 matching							
100001	A	DE	DE	OR10005	FEB /06/2027	FEB /08/2027	Shipped
100002	B	PA	NJ	NULL	NULL	NULL	NULL
100003	A	NJ	NJ	NULL	NULL	NULL	NULL
100004	B	GA	TX	OR10004	FEB /05/2026	FEB /05/2026	Delevered
100005	A	MA	MA	OR10001	FEB /02/2024	FEB /03/2024	Shipped
100005	A	MA	MA	OR10006	FEB /09/2028	FEB /09/2028	Shipped

⬇

100006 기준 matching							
100001	A	DE	DE	OR10005	FEB /06/2027	FEB /08/2027	Shipped
100002	B	PA	NJ	NULL	NULL	NULL	NULL
100003	A	NJ	NJ	NULL	NULL	NULL	NULL
100004	B	GA	TX	OR10004	FEB /05/2026	FEB /05/2026	Delevered
100005	A	MA	MA	OR10001	FEB /02/2024	FEB /03/2024	Shipped
100005	A	MA	MA	OR10006	FEB /09/2028	FEB /09/2028	Shipped
100006	B	MD	MD	OR10002	FEB /03/2024	FEB /04/2024	Shipped

⬇

100007 기준 matching							
100001	A	DE	DE	OR10005	FEB /06/2027	FEB /08/2027	Shipped
100002	B	PA	NJ	NULL	NULL	NULL	NULL
100003	A	NJ	NJ	NULL	NULL	NULL	NULL
100004	B	GA	TX	OR10004	FEB /05/2026	FEB /05/2026	Delevered
100005	A	MA	MA	OR10001	FEB /02/2024	FEB /03/2024	Shipped
100005	A	MA	MA	OR10006	FEB /09/2028	FEB /09/2028	Shipped
100006	B	MD	MD	OR10002	FEB /03/2024	FEB /04/2024	Shipped
100007	A	MD	MA	NULL	NULL	NULL	NULL

⬇

100015 기준 matching → 최종결과							
100001	A	DE	DE	OR10005	FEB /06/2027	FEB /08/2027	Shipped
100002	B	PA	NJ	NULL	NULL	NULL	NULL
100003	A	NJ	NJ	NULL	NULL	NULL	NULL
100004	B	GA	TX	OR10004	FEB /05/2026	FEB /05/2026	Delevered
100005	A	MA	MA	OR10001	FEB /02/2024	FEB /03/2024	Shipped
100005	A	MA	MA	OR10006	FEB /09/2028	FEB /09/2028	Shipped
100006	B	MD	MD	OR10002	FEB /03/2024	FEB /04/2024	Shipped
100007	A	MD	MA	NULL	NULL	NULL	NULL
100008	B	VT	VT	NULL	NULL	NULL	NULL
100009	A	IL	IL	NULL	NULL	NULL	NULL
100010	B	MI	IL	NULL	NULL	NULL	NULL
100011	A	FL	FL	NULL	NULL	NULL	NULL
100012	B	MD	MD	NULL	NULL	NULL	NULL
100013	A	IL	IL	NULL	NULL	NULL	NULL
100014	B	NJ	NJ	NULL	NULL	NULL	NULL
100015	A	MI	MI	NULL	NULL	NULL	NULL

3 관계형 데이터베이스의 실제

오늘날 대부분의 회사는 DB를 관계형 DB로 구축하고 필요한 정보를 DB에서 키(Key)를 기준으로 조합(Join)하여 생성해서 사용한다고 설명하였다. 아래는 한국상장회사협의회에서 구축하고 있는 TS2000이라는 DB에서 필요한 정보를 추출하는 과정을 소개한다.

특정 회사의 DB를 소개하는 것이 이해하기 좋겠지만 회사 정책으로 사례를 소개하기 어렵다. 대신에 회계감사를 받은 모든 기업의 자료를 DB로 구축하여 제공하는 TS2000을 소개한다. TS2000은 관계형 DB와 관계형 DBMS를 대표적인 예시라고 할 수 있다.

TS2000의 DB는 아래와 같이 개별 정보가 분리되어 다른 정보와 독립적으로 구조화되어 있다. 개별 정보는 여러 행과 열로 이루어진 테이블 형태로 체계화 되었다. 또한 모든 테이블은 서로 연결할 수 있도록 '거래소코드'라는 공통의 키(key)를 가지고 있다.

고객정보		
회사명	거래소코드	결산월
㈜MH에탄올	023150	12
㈜SH에너지화학	002360	12
⋮	⋮	⋮

현금및현금성자산		
거래소코드	회계연도	금액
023150	2022/12	200000
023150	2023/12	21500
⋮	⋮	⋮

매출채권		
거래소코드	회계연도	금액
023150	2022/12	11320909
023150	2023/12	11700272
⋮	⋮	⋮

재고자산		
거래소코드	회계연도	금액
023150	2022/12	8698527
023150	2023/12	10889142
⋮	⋮	⋮

매출액		
거래소코드	회계연도	금액
023150	2022/12	51400289
023150	2023/12	55120454
⋮	⋮	⋮

매출원가		
거래소코드	회계연도	금액
023150	2022/12	40240200
023150	2023/12	43120140
⋮	⋮	⋮

<그림 14-10>은 TS2000의 초기화면(UI)이다. 세 DB 중에서 TS2000의 바로실행 버턴을 클릭한다. 물론 후속작업이 진행되기 위해서는 부여받은 ID와 Password를 입력하여야 한다. 그러면 <그림 14-11> TS2000의 DATA 메뉴가 나타난다.

« 그림 14-10 TS2000의 화면(UI)

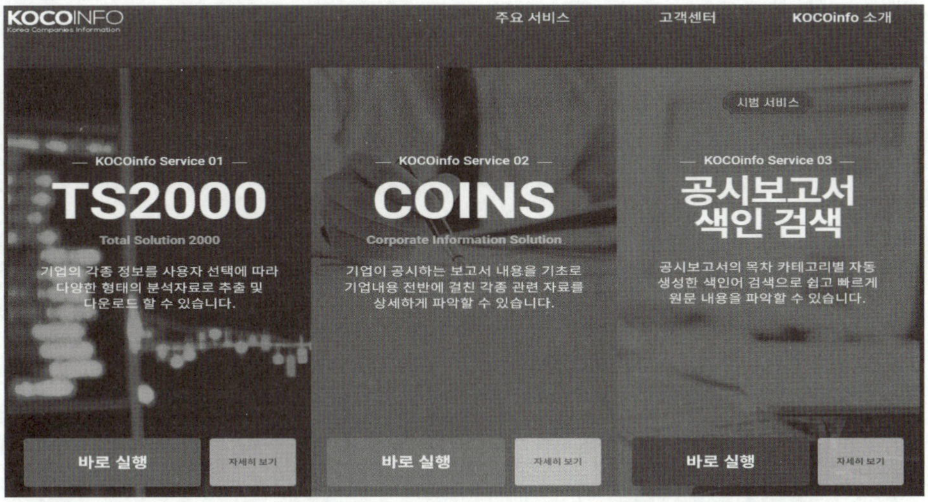

<그림 14-11>는 SQL 언어로 자주 사용되는 자료추출 패턴을 MENU로 만들어 놓은 것이다. MENU에서 필요한 DATA를 클릭하면 화면에 선택한 자료가 표시된다. 왼쪽 표에서 추출할 회사, 결산기, 결산월, 업종을 선택할 수 있고, 오른쪽 표에서 필요한 재무항목을 선택할 수 있다. 가운데 표 아래에서 자료기간 등을 선택할 수 있다.

감사인이 제조업을 영위하는 회사(12월 결산법인)의 2022년부터 2023년까지 재고자산, 매출채권, 및 매출액을 동종업종과 비교하고자 한다면 동일 업종, 동일 기간에 속하는 동일 계정을 추출하여야 한다. 그리하여 다음과 같은 MENU를 선택한다.

- 왼쪽 표에서 제조업, 12월 결산월, 2022년에서 2023년 기간을 선택
- 중앙 표에서 자료기간을 2022년에서 2023년 선택
- 오른 쪽 표에서 재무제표→ 재무상태표 → 재고자산, 매출채권 선택
- 오른 쪽 표에서 재무제표→ 손익계산서 → 매출 선택

« 그림 14-11 TS2000의 DATA 메뉴

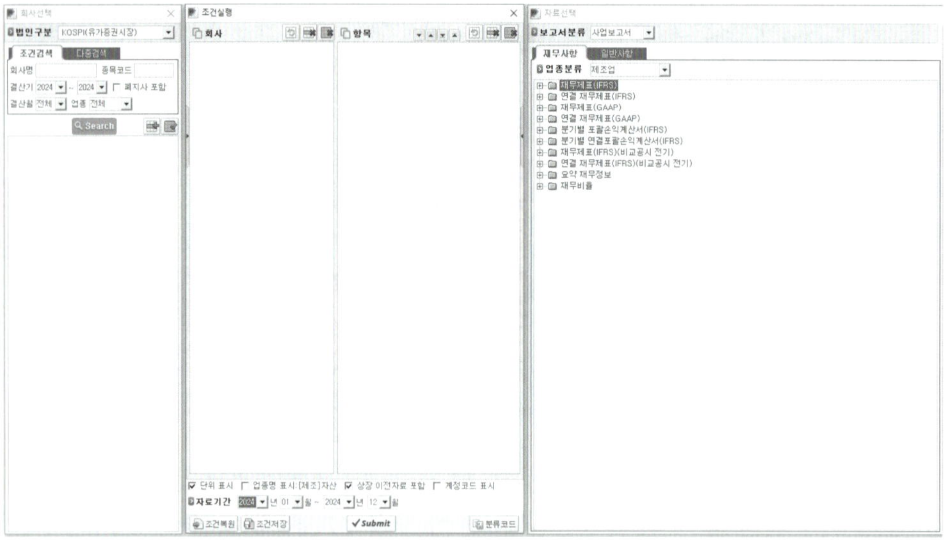

필요한 MENU를 모두 선택하면 <그림 14-12>와 같이 선택한 MENU가 표시된다. 선택한 MENU가 맞다면 중앙 표 아래의 submit MENU를 누르면 <그림 14-13>과 같이 결과가 나타난다. submit MENU에는 화면에 보이지는 않지만 선택한 DATA 테이블을 SQL언어를 사용하여, 횡(row) 레코드를 연결한다. 이 때 서로 독립적으로 분리되어 있지만 공통 key인 거래소코드를 매개로 서로 연결(Join)할 수 있다.

TS2000의 DB는 아래와 같이 개별 정보가 분리되어 다른 정보와 독립적으로 구조화 되어 있다. 개별 정보는 여러 행과 열로 이루어진 테이블 형태로 체계화 되었다. 또한 모든 테이블은 서로 연결할 수 있도록 '거래소코드'라는 공통의 키(key)를 가지고 있다.

그림 14-12 TS2000에서 선택한 MENU

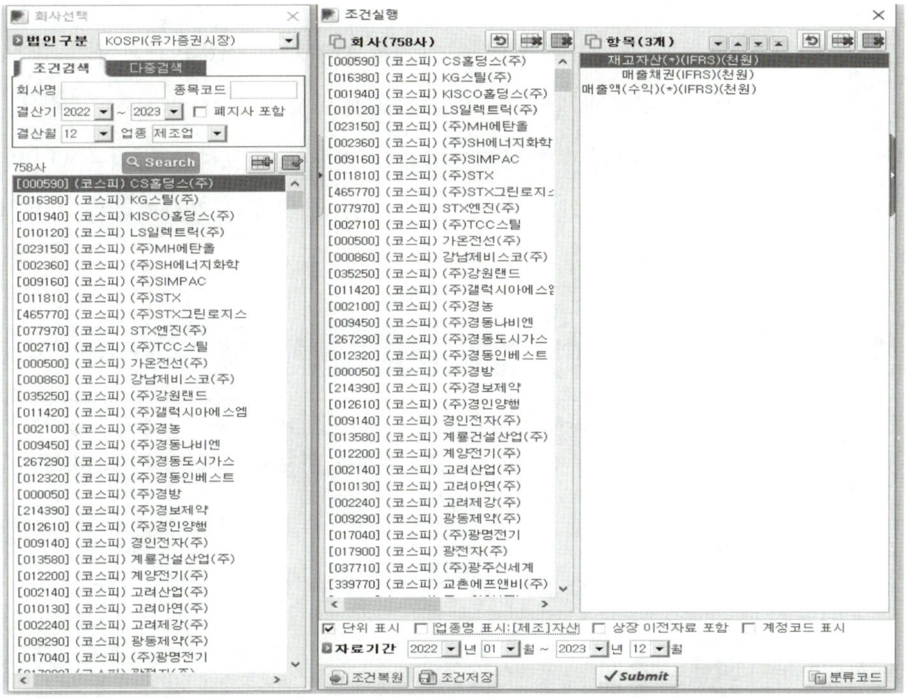

감사인은 <그림 14-13>과 같은 DATA 테이블을 감사목적에 이용할 수 있다.

그림 14-13 TS2000에서 선택한 MENU의 결과 테이블

	A	B	C	D	E	F
1	회사명	거래소코드	회계년도	재고자산	매출채권	매출액
2	(주)MH에탄올	023150	2022/12	8,698,527	11,320,909	51,400,289
3	(주)MH에탄올	023150	2023/12	10,889,142	11,700,272	55,120,454
4	(주)SH에너지화학	002360	2022/12	21,160,989	20,943,492	160,633,871
5	(주)SH에너지화학	002360	2023/12	19,150,674	18,035,086	130,236,663
6	(주)SIMPAC	009160	2022/12	142,419,005	73,385,613	504,474,738
7	(주)SIMPAC	009160	2023/12	151,416,446	68,265,323	404,826,538
8	(주)STX	011810	2022/12	27,550,000	75,956,000	879,729,000
9	(주)STX	011810	2023/12	22,767,000	88,995,000	764,556,000
10	(주)STX그린로지스	465770	2023/12	1,492,180	15,136,371	28,310,433
11	(주)TCC스틸	002710	2022/12	104,860,168	74,400,522	527,359,655
12	(주)TCC스틸	002710	2023/12	105,092,341	68,770,042	471,543,090
13	(주)강원랜드	035250	2022/12	4,024,411	5,109,768	1,269,418,094
14	(주)강원랜드	035250	2023/12	5,518,778	6,489,896	1,387,518,282
15	(주)갤럭시아에스엠	011420	2022/12	6,749,155	8,983,301	30,093,883
16	(주)갤럭시아에스엠	011420	2023/12	5,977,495	8,524,956	32,950,222

4 정보기술에 의해 자료를 처리하는 기업의 회계감사

오늘날 회사는 회계자료를 ORACLE 등 관계형 DBMS(RDBMS) 체계로 구축하고 있다. 이 경우 감사인은 회사에 필요한 자료를 확보하여 감사에 맞게 수정하여 감사증거로 사용한다. 이 때 감사인이 회사의 DB에서 자료를 확보하는 방법은 다음의 세 가지가 있다. 감사인은 다음 세가지 중 어느 하나를 선택하여 감사자료를 확보할 수 있다.

기업이 생산한 정보를 감사증거로 사용할 경우 추가 감사절차 (ISA 500-9)

① 회사에 필요한 자료를 추출해 줄 것을 요청	(a) 해당 정보의 정확성과 완전성에 대한 감사증거를 입수함 (b) 정보가 감사인의 목적을 위해 충분히 정확하고 자세한지 여부를 평가함
② 감사인이 직접 회사의 데이터베이스에 접속하여 자료를 추출	➜ 가장 증거력이 높은 방법
③ 회사가 데이터베이스에서 자료를 적정하게 추출하는지 입회하여 확인한 후 담당자로부터 확인서(요청한대로 자료를 추출하였다는 확인서)를 수령한다.	➜ 증거력은 감사인이 직접 추출하는 경우와 유사하지만 다수의 증거를 신뢰성 있게 추출할 수 있음 ➜ 감사인이 IT능력이 부족해도 가능함

위 세가지 중 '① 회사에 필요한 자료를 추출해 줄 것을 요청'하는 방법이 가장 많이 사용된다. 이는 '기업이 생산한 재무자료를 감사인이 이용하는 경우'[1]에 해당한다.

기업이 생산한 정보를 감사증거로 사용할 경우, 감사인은 해당 정보가 감사목적을 위해 충분히 신뢰할 수 있는지 평가하여야 하며, 해당 상황의 필요에 따라 다음을 포함한 절차를 수행하여야 한다(ISA 500-9).

기업이 생산한 정보를 감사증거로 사용할 경우 추가 감사절차 (ISA 500-9)

(a) 해당 정보의 정확성과 완전성에 대한 감사증거를 입수함
(b) 정보가 감사인의 목적을 위해 충분히 정확하고 자세한지 여부를 평가함

1) Chapter6 감사증거에서 기업이 생산한 정보를 감사증거로 사용할 경우 필요한 감사절차에 대해 설명한 바 있다.

5 데이터분석 모의문제 분석

다음은 시험당국에서 제공한 일부 모의고사 문제와 그 해설이다.

[문제 1] 김OO 회계사는 비상장회사인 ㈜OO을 감사하고 있다. 김OO 회계사는회사의 공급업체, 구매거래에 대한 데이터를 입수하였으며, 다음은 김OO회계사가 입수한 '공급업체', '구매거래' 테이블이다. '공급업체' 테이블의기본키는 '공급업체코드', '구매거래' 테이블의 기본키는 '구매거래번호'이다

공급업체코드	회사명	사업자번호	주소
S1001	㈜가	123-45-OOOOO	서울특별시 구로구 OOO로 OOO
S1002	㈜나	456-78-OOOOO	서울시 영등포구 동빛로 123번길 45-6
S1003	㈜다	789-45-OOOOO	경기도 남양주시 OOO로 OOO
S1004	㈜라	486-56-OOOOO	경기도 안산시 상록구 OOO로 OOO
S1005	㈜마	357-12-OOOOO	서울특별시 마포구 OOO로 OOO
S1005	㈜바	424-68-OOOOO	경상남도 창원시 OOO로 OOO

구매거래번호	품목	주문일	금액	공급업체코드	종업원코드
P1001	A	2024-01-03	654,686	S1001	E1002
P1002	B	2024-01-04	5,681,872	S1003	E1003
P1003	B	2024-01-08	3,150,552	S1003	E1004
P1004	C	2024-01-09	3,814,345	S1004	E1002
P1005	C	2024-01-11	6,033,711	S1002	E1001
P1006	B	2024-01-18	6,665,291	S1002	E1004
P1007	A	2024-01-19	3,912,395	S1007	E1003
P1008	B	2024-01-23	5,371,941	S1002	E1003

(물음 1) '기본키', '외래키'의 개념에 대하여 각각 서술하시오.

(물음 2) 김OO 회계사는 상기 데이터를 검토한 후 관계형 데이터베이스 관점에서 데이터의 문제점이 있는 것으로 판단하였다. 김OO 회계사의 판단 근거는 무엇인지 서술하시오.

※ 다음은 (물음3)에 대한 추가자료이다.

김OO회계사는 '종업원'테이블을 추가로 입수하였으며, 동 테이블의 기본키는 '종업원코드'이다.

종업원코드	성명	입사일	주소
E1001	이OO	2011-12-02	서울시 영등포구 동빛로 123번길 45-6
E1002	윤OO	2013-04-04	서울특별시 강동구 OOO로 OOO
E1003	권OO	2013-08-20	경기도 용인시 기흥구 OOO로 OOO
E1004	장OO	2022-09-23	서울특별시 동대문구 OOO로 OOO

(물음 3) 김OO 회계사는 상기 데이터를 검토한 후 부정(횡령)위험이 존재하는 것으로 판단하였다. 김OO 회계사의 판단근거는 무엇인지 서술하시오.

〈정답풀이〉

(물음 1)

기본키	행(레코드)을 유일하게 구분할 수 있는 속성으로 널(Null)이 아니고, 유일하여야 한다. 기본키로 정의된 속성에서는 동일한 값이 중복되어서는 안 된다.
외래키	어떤 테이블A와 B가 서로 관계가 있는 경우, B의 열(칼럼) 중 A의 기본키를 참조하는 열을 말한다.

(물음 2)

데이터 문제점관련	1. (공급업체테이블) 기본키인 '공급업체코드'에 동일한 값이 중복된다. 즉, 공급업체코드 S1005가 두 번 기록되어 있다.
	2. (공급업체,구매거래테이블) 구매거래번호 P1007행(레코드)의 공급업체(S1007)가 공급업체 테이블에 존재하지 않는다.

(물음 3)

부정(횡령) 위험관련	1. (공급업체, 종업원테이블)공급업체 S1002와 종업원 E1001의 주소가 동일하므로 가상의 공급업체일 가능성이 있다(특히, 구매번호(P1005)의 공급업체와 종업원은 S1002와 E1001로 주소가 동일하다).

〈문제 해설〉

모범 정답은 위에서 제공되었다. [문제 1]은 다음의 개념을 묻고 있다.

(물음 1)은 본문에서 설명하고 있는 관계형 데이터베이스(RDB)에서 각 독립적인 테이블(또는 데이터)을 서로 연결(Join)할 때 연결의 매개가 되는 키(key)의 개념

(물음 2)는 데이터 무결성을 묻고 있다. 이는 매우 중요한 개념이다. 문제에서 기본키는 서로 중복되어서는 안되며, NULL이어서도 안된다. 그러나 참조키는 중복, NULL일 수 있다. 주어진 자료가 어떤 상황인지 이해하고 그런 상황이 합리적인지 판단해 보자.

(물음 3)은 정보기술 문제라기 보다는 전통적인 부정 문제이다.

[문제 2] 김OO 회계사는 진행매출로 수익을 인식하는 OO건설회사의 2023년 감사업무를 담당하고 있다. 김OO 회계사는 공사원가와 관련한 감사절차로 전표분석(Journal EntryTest,이하'JETest')을 수행하기로 하였다.

(물음 1) 전표 데이터가 누락되지 않도록 다음의 위험관점에서 김OO 회계사가 취할 수 있는 적절한 감사절차를 서술하시오.

위험유형	감사절차
조작된 전표 데이터가 추출될 위험	

※ 다음은 (물음2)에 대한 추가자료 이다.

김OO회계사가 회사로부터 수령한 진행률 명세표는 아래와 같다.

(단위: 억 원)

현장명	공사개시 연도	도급액	당기총예정원가	전기누적 발생원가	당기발생 원가	총누적 공사원가	누적 진행률
A현장	2022	1,000	1,200	300	300	600	50%
B현장	2021	500	400	200	200	400	100%
C현장	2023	900	800	0	200	200	25%

김OO 회계사는 기말에 발생한 공사원가에 대해서 고위험 전표로 아래 4개의 전표를 추출하였다.

(단위: 억 원)

전표번호	전기일	계정명	차변금액	대변금액	현장명	전표유형
1	2023-12-28	공사원가		80	A현장	수동
	2023-12-28	공사원가	50		C현장	수동
2	2023-12-29	미지급금		60	B현장	자동
	2023-12-29	공사원가	60		B현장	자동

3	2023-12-30	공사원가		10	C현장	수동
	2023-12-30	공사원가	10		B현장	수동
4	2023-12-31	공사원가	80		C현장	자동
	2023-12-31	선급공사원가		80	C현장	자동

(물음 2) 위 1 ~ 4의 전표 중 공사손익을 과대 계상할 위험이 가장 높은 전표번호를 기재하고, 그 사유를 서술하시오.

〈정답풀이〉

(물음 1)

항 목	설 명
조작된 전표 데이터가 추출될 위험	데이터베이스에서 감사인이 직접 데이터를 추출하거나, 회사가 적정하게 추출하는지를 입회하여 확인한 후 확인서를 담당자로부터 수령한다.

(물음 2)

항 목	설 명
위험이 가장 높은 전표번호	전표번호 1번
사유	손실이 발생하는 현장(A현장)의 원가를 이익이 발생하는 현장(C현장)의 원가로 대체하는 전표이다.

〈문제 해설〉

모범 정답은 위에서 제공되었다. 문제 2는 다음의 개념을 묻고 있다.

(물음 1)은 기업이 생산한 정보를 감사증거로 사용할 경우 추가 감사절차 (ISA 500-9)에 대한 것이다. 과거에도 기출된 적이 있다.

(물음 2)는 전통적인 실증절차 문제이다. 다만, 주어진 자료가 데이터베이스에서 추출한 것일 뿐이다.

[문제 3] OO회계법인은 중견 제조기업인 ㈜OO에 대한 회계감사를 수행하고 있으며, 김OO 회계사는 매출 및 매출채권과 관련된 경영자의 주장에 대한 감사를 수행하고 있다. 김OO 회계사가 파악한 내용은 다음과 같다.

- ㈜OO은 매출채권을 현금(계좌이체)으로만 회수하고 있다.
- 김OO 회계사는 매출채권 회수의 적정성을 확인하기 위하여, 당기 매출주문내역 및 현금 회수 관련 데이터를 입수하였다. 김OO 회계사는 데이터분석기법을 활용하여, 다음과 같은 결과를 도출했다.

(단위: 억 원)

구 분	상 황	고객코드	주문금액	현금수취액	차 이
①	현금수취액이 주문금액과 동일	1001	50,000	50,000	–
		1002	100,000	100,000	–
		…	…	…	…
②	현금수취액이 주문금액보다 작음	1103	200,000	180,000	20,000
		1104	100,000	80,000	20,000
		1105	50,000	45,000	5,000
③	현금수취액이 주문금액보다 큼	1106	30,000	50,000	(20,000)
		1107	20,000	21,000	(1,000)
④	현금수취 없음	1108	300,000	–	300,000
		1109	150,000	–	150,000
		1110	50,000	–	50,000
합 계			10,000,000	9,476,000	524,000

• 단, 전기 이전(전기포함) 발생한 매출채권은 전기말까지 모두 회수된 것으로 가정한다.

(물음1) 각각의 구분(① ~ ④)에 대해 매출채권 과대표시(또는 대손충당금 과소표시) 위험이 높은 상황을 모두 선택하고, 이들 항목에 대해 고려할 수 있는 추가 감사절차를 서술하시오

〈정답풀이〉

(물음 1)

매출채권 과대표시 위험 상황 (또는 대손충당금 과소표시)	추가 감사절차
②, ④	고객에게 채권조회서 발송, 기말 매출채권 대사, 대손충당금 평가

〈문제 해설〉

모범 정답은 위에서 제공되었다. 문제 3은 다음의 개념을 묻고 있다.

(물음 1)은 전통적인 실증절차 문제이다. 다만, 주어진 자료가 데이터베이스에서 추출한 것일 뿐이다.

[문제 4] OO회계법인은 OO전자에 대한 감사를 수행하고 있으며, 감사팀원인 김OO 회계사는 수출매출의 기간귀속에 대하여 감사절차를 설계하고 있다. 김OO 회계사가 파악한 사항은 다음과 같다. 단, 제시된 데이터는 적정한 것으로 가정한다.

- 회사의 매출은 내수와 수출로 구분되며, 김OO 회계사는 회사에 '수출매출원장' 등 관련 데이터를 요청하였다.
- 다음은 김OO 회계사가 입수한 '수출매출원장'의 일부이다. 동 테이블은 '송장번호'가 기본키이며, '청구일자'가 현재 회사의 재무제표상 매출이 인식되는 일자이다.

송장번호	청구일자	계정코드	계정과목	차변금액	대변금액	거래처ID
...	...	...	...	...	...	...
INV0483	2023-12-31	10011	매출 - 수출	-	4,510,000	C001
INV0987	2023-12-31	10011	매출 - 수출	-	1,280,000	C002
INV0821	2023-12-31	10011	매출 - 수출	-	8,220,000	C003

- 다음은 김OO 회계사가 입수한 '선적거래테이블'의 일부이다. 회사는 하나의 송장번호에 여러 선적거래가 발생할 수 있다고 얘기하였다. 단, 하나의 선적거래가 두 개 이상의 송장을 발생시킬 수는 없다고 한다. 동 테이블은 '선적번호'가 기본키이며, '송장번호'가 외래키이다.

선적번호 (Shipping No.)	송장번호 (Invoice No.)	선적일자	고객번호	제품번호	수량	도착일자	추적번호	거래조건
...	...	...	...	...	...	...	...	...
SHP0016	INV0483	2023-12-02	C001	P001	10	2023-12-09	TRACK101	DDP
SHP0033	INV0483	2023-12-31	C001	P031	12	2024-01-02	TRACK011	FOB
SHP0081	INV0821	2023-12-16	C003	P075	9	2023-12-18	TRACK028	CIF
SHP0032	INV0821	2023-12-25	C003	P031	12	2024-01-01	TRACK093	DDP
SHP0046	INV0987	2023-12-23	C002	P028	18	2023-12-29	TRACK064	CIF
SHP0064	INV0987	2023-12-24	C002	P010	22	2023-12-31	TRACK036	FOB

- 무역거래조건에 따른 적정한 매출인식 시기는 다음과 같다고 본다.
  - FOB, CIF: 선적일
  - DDP: 도착일

(물음 1) 김OO 회계사는 '선적거래테이블'에 적정한 매출일자를 나타내는 열(Column A)을 추가하고자 한다. 이때 필요한 데이터 처리 방법(논리)이 무엇인지 무역거래조건, 선적일, 도착일 열(Column)을 이용하여 설명하시오.

(물음 2) '선적거래테이블'에 '수출매출원장'의 청구일자(회사의 매출인식 시기)를 가지고 오기 위하여 어떠한 데이터처리방법(논리)을 실행해야 하는지 설명하시오.

(물음 3) 김OO 회계사는 선적번호 SHP0032의 거래를 예로 들며, 회사의 재무제표에는 매출 기간귀속에 대한 왜곡표시 위험이 있다고 판단하고 있다. 김OO 회계사가 이러한 문제를 제기한 이유를 설명하시오.

〈정답풀이〉

(물음 1) 무역거래조건에 따라 선적일이나 도착일을 새로운 열(Column A)로 가져오는 데이터 처리가 필요하다. 즉, FOB, CIF은 선적일 열, DDP은 도착일 열을 기준으로 적정한 매출일자 추가하는 열을 만들 수 있다.

(물음 2) 송장번호를 키(Key)값으로 하여 '선적거래테이블'에 '수출매출원장'을 조인(Join)할 수 있다. 이러한 데이터 처리를 통하여 '수출매출원장'에서 '청구일자' 열(칼럼)을 가지고 올 수 있다.

(물음 3) 선적번호 SHP0032의 경우, 도착일인 2024년에 매출을 인식하여야 하지만, 청구일인 2023년 매출이 인식되어 매출 기간 귀속이 적절하지않다. 즉. 무역거래조건에 따라 매출 기간귀속이 결정되지 아니하고, 청구일자에 따라 매출이 인식되고 있다

〈문제 해설〉

모범 정답은 위에서 제공되었다. 문제 4는 다음의 개념을 묻고 있다.

(물음 1)은 감사인이 감사목적에 필요한 새로운 열(column)을 생성할 수 있다는 개념을 이해하는지 그리고 적합하게 열을 생성하는 능력이 있는지 묻고 있다.

(물음 2) 관련있는 두 데이터를 공통 키(key)를 이용하여 연결(Join)하는 것을 묻고 있다.

(물음 3) 통상적인 실증절차 문제이다. 다만, 주어진 자료가 데이터베이스에서 추출한 것일 뿐이다.

Chapter 14 OX문제

01 다음 각 설명이 내부회계관리제도에 의한 정보기술 일반통제 중 어느 것에 속하는지 답하시오.

> (1) 재무보고에 필요한 데이터, 거래, 프로그램을 복구하기 위해 적절한 백업(back up) 및 복구절차(disaster recovery system)가 존재한다.
> (2) 전산시스템 및 응용프로그램의 개발은 현업부서 및 전산관련 부서의 적절한 테스트과정을 거친다.
> (3) 시스템에 온라인 접근을 허락받기 위해서 사용자는 로그인(Log-in)을 하게 함으로써 승인 받은 자만 소프트웨어와 관련 자료파일에 접근할 수 있게 한다.
> (4) 운영환경에 적용된 시스템은 적절한 관리자의 승인 없이는 변경되지 않는다.

02 컴퓨터 주변감사는 복잡한 전산시스템 하에서도 감사인의 전산지식이 부족한 경우에 특별한 요건 없이 이용할 수 있다.

03 시험자료법은 시험자료를 이용하여 회사의 프로그램을 검증하므로 내부통제절차의 존재여부 확인 방법으로 부적합하다.

04 병행처리법은 감사인이 중요하다고 생각되는 응용프로그램상의 처리과정에 대하여 이와 동일한 기능의 프로그램을 작성한 후 이 프로그램을 통해 기계어로 기록된 회사의 모의자료를 재처리하고, 그 결과를 회사 전산시스템의 처리결과와 비교하여, 불일치 여부를 감사하는 방법이다.

05 기업의 전산시스템에 별도의 하위시스템을 설치한 후 모의자료와 실제자료를 처리하는 방법은 종합자료처리법(Integrated Test Facility)이다.

---

06 서비스조직 통제의 운영효과성에 대한 감사증거를 입수하기 위한 방법 중에는 유형 1 보고서를 확인하는 방법이 있다.

07 서비스감사인이 수행한 업무를 언급하는 것이 이용자기업 감사인의 변형의견을 이해시키는 것과 관련된다면, 이용자기업 감사보고서에는 해당 업무와 관련하여 이용자기업 감사인의 책임이 없음을 명시하여야 한다.

08 열(Column)은 테이블을 구성하는 각 열(Column). 레코드(record) 또는 튜플(Tuple)을 말한다.

09 기본키(Primary Key)는 행(레코드)을 유일하게 구분할 수 있는 속성으로 널(Null)이 아니고, 테이블당 여러 개 존재할 수 있다.

Chapter 14 정답 및 해설

01 (1) 컴퓨터 운영, (2) 프로그램 개발, (3) 프로그램과 데이터에 대한 접근보안, (4) 프로그램 변경

02 × 다음 전제조건이 만족하는 경우에 이용할 수 있다.
① **원시증빙**이 비기계어로 작성되어 **판독가능한 상태로 유지**되어야 한다.
② 증빙서류가 **감사목적을 위하여 사용될 수 있도록** 철 되어 있어야 한다.
③ 원시증빙에서 출력자료에 이르기까지 또는 그 반대방향으로 개별거래를 감사인이 **추적할 수 있어야 한다.**

03 × 프로그램 자체에 대한 검증뿐이며, 회사의 실제기록에 대한 검증은 없기 때문에 내부통제절차의 존재 여부의 확인 방법으로는 적합하나 운용감사기법으로는 부적합하다.

04 × 모의자료 → 실제자료

05 ○

---

06 × 유형 1 보고서는 서비스조직 통제에 대한 기술 및 설계에 대한 보고서이다. 서비스조직 통제의 운영효과성을 확인하기 위해서는 유형 2 보고서를 확인해야 한다.

07 × 서비스감사인이 수행한 업무를 언급하는 것이 이용자기업 감사인의 변형의견을 이해시키는 것과 관련된다면, 이용자기업 감사보고서에는 그러한 언급이 해당 변형의견에 대한 이용자기업 감사인의 책임을 경감시키지 아니함을 명시하여야 한다. (ISA 402-21)

08 × 행(Row)에 대한 설명이다.

09 × 기본키(Primary Key)는 행(레코드)을 유일하게 구분할 수 있는 속성으로 널(Null)이 아니고, 테이블당 하나만 존재(유일)하여야 한다.

New International Standards on Auditing

PART 5

감사인의 책임과 감사품질

contents

new ISA

New International Standards on Auditing

CHAPTER 15

감사인의 책임과 의무

SECTION 01 감사인의 법률적 책임

감사인은 전문가적 적격성과 독립성을 갖추고 정당한 주의를 다하여 감사서비스를 제공하여야 한다. 만약 감사인이 자신의 책무를 다하지 못하여 제3자 또는 감사대상회사에 손해를 입혔다면 감사인은 제3자 또는 감사대상회사에 손해를 배상할 책임이 있다.

미국의 경우 소송비용이 비교적 낮기 때문에 회계법인을 상대로 한 소송이 매우 빈번하게 발생하고 있다. 그러나 정작 소송까지 진행되는 경우는 극히 드물며, 대개 당사자 간의 사전합의로 해결되고 있다.

왜냐하면 회계법인은 소송에 연루되었다는 사실만으로도 그 명성이 훼손되기 때문이다. 회계법인의 명성은 회계법인의 수익과 직결된다. 따라서 가능한 한 비밀리에 협상함으로써 소송을 중단하고자 하는 경향이 있다.

우리나라는 소송비용이 비교적 높고 재무제표의 활용도가 낮기 때문에 감사인을 상대로 한 소송은 빈번하지는 않았지만 최근에는 증가하고 있는 추세이다. 그러나 감사인을 상대로 한 소송에서 투자자가 승소하더라도 감사인이 이를 배상할 능력이 없다면 그 책임을 물을 수 없다. 따라서 관련 법률에서 감사인이 손해배상 책임을 다할 수 있도록 제도적인 장치를 마련하고 있다. 이러한 감사인의 책임은 법률적 책임과 윤리적 책임으로 구분할 수 있는데, 법률적 책임은 다시 민사적 책임과 형사적 책임으로 구분된다.

민사적 책임은 외감법, 자본시장과 금융투자업에 관한 법률, 민법에 명시되어 있으며, 형사적 책임은 외감법과 공인회계사법에서 명시하고 있다. 감사인의 법률적 책임에 대한 관련 법률은 ① 감사인 입장에서는 부당한 책임추궁의 방패가 될 수 있으며, ② 이해당사자 입장에서는 감사인의 귀책사유로 인하여 발생하는 손실에 대하여 그 책임을 물을 수 있는 근거가 된다.

1 감사인의 손해배상책임

기출 2022

감사인의 손해배상책임은 회사에 대한 책임과 제3자에 대한 책임으로 구분된다.

구 분	법 률	책임주체	책임요건
회사에 대한 책임	외감법 제31조	감사인(회계법인+감사반) ※ 감사반의 경우 감사에 참여한 공인회계사	감사인이 그 임무를 게을리하여 회사에 손해를 발생하게 한 경우에는 그 감사인은 회사에 대하여 손해를 배상할 책임이 있다. 이 경우 감사반인 감사인의 경우에는 해당 회사에 대한 감사에 참여한 공인회계사가 연대하여 손해를 배상할 책임을 진다.
제3자에 대한 책임	외감법 제31조	감사인(회계법인+감사반) ※ 감사반의 경우 감사에 참여한 공인회계사	감사인이 중요한 사항에 관하여 감사보고서에 기재하지 아니하거나 거짓으로 기재를 함으로써 이를 믿고 이용한 제3자에게 손해를 발생하게 한 경우에는 그 감사인은 제3자에게 손해를 배상할 책임이 있다. 다만, 연결재무제표에 대한 감사보고서에 중요한 사항을 기재하지 아니하거나 거짓으로 기재를 한 책임이 종속회사 또는 관계회사의 감사인에게 있는 경우에는 해당 감사인은 이를 믿고 이용한 제3자에게 손해를 배상할 책임이 있다.
	자본시장법 제125조	공인회계사(감사반)+회계법인	증권신고서의 기재사항 또는 그 첨부서류가 진실 또는 정확하다고 증명하여 서명한 때에, 증권신고서와 투자설명서 중 중요사항에 관하여 거짓의 기재 또는 표시가 있거나 중요사항이 기재 또는 표시되지 아니함으로써 증권의 취득자가 손해를 입은 경우
	자본시장법 제170조 (외감법을 준용)	감사인(회계법인+감사반) ※ 감사반의 경우 감사에 참여한 공인회계사	외감법 제31조 감사인의 손해배상에 대한 규정은 선의의 투자자가 사업보고서등에 첨부된 회계감사인의 감사보고서를 신뢰하여 손해를 입은 경우 그 회계감사인의 손해배상책임에 관하여 준용한다.
	민 법 제750조	공인회계사(감사반)+회계법인	고의 또는 과실로 인한 위법행위로 타인에게 손해를 입힌 경우

1.1 회사에 대한 책임

감사인은 회사와 감사계약을 체결하고 계약서에서 명시하고 있는 감사를 이행한다. 즉, 감사인과 회사는 서로 계약의 당사자 관계(the privity of contract)에 있으며, 감사인은 계약서에 명시한 계약조항을 이행하여야 한다. 만약, 감사인이 그 임무를 게을리하여 회사에 손해를 발생하게 한 경우, 그 감사인은 회사에 대하여 손해를 배상할 책임이 있다(외감법 제31조 ①). 회계감사계약은 위임계약에 해당하므로 감사인은 선량한 관리자의 주의의무를 다하여야 한다. 감사인은 감사계약의 당사자로서 계약위반(예 감사보고서를 기한 내에 제출하지 않은 경우)을 위반한 경우 채무불이행에 따른 회사에 대한 손해배상책임을 부담한다.

1.2 제3자에 대한 책임

감사인이 발행한 감사보고서는 계약당사자가 아닌 제3자(투자자 등)가 이용한다. 감사인은 제3자가 감사보고서를 이용할 것이라는 것을 알고 있거나 또는 예상할 수 있다. 과연 감사인이 계약당사자가 아닌 제3자에 대하여도 감사보고서로 인한 책임을 지는 것일까? 이는 국가별로 다소 상이하다. 우리나라의 경우 감사인은 계약 상대방이 아닌 제3자에 대해서도 손해배상책임을 진다. 감사보고서와 관련한 감사인의 제3자에 대한 책임은 분식회계를 발견하지 못하고 적정의견을 표명한 감사보고서를 제3자(투자자, 채권자)가 신뢰하여 회사에 투자하고 손실을 입은 경우 등에 대하여 감사인이 책임을 지는 경우이다.

제3자에 대한 감사인의 손해배상책임은 외감법, 자본시장과 금융투자업에 관한 법률 및 민법에서 명시하고 있다.

(1) 외감법

손해배상책임 (외감법 제31조)

② 감사인이 중요한 사항에 관하여 감사보고서에 적지 아니하거나 거짓으로 적음으로써 이를 믿고 이용한 제3자에게 손해를 발생하게 한 경우에는 그 감사인은 제3자에게 손해를 배상할 책임이 있다. 다만, 연결재무제표에 대한 감사보고서에 중요한 사항을 적지 아니하거나 거짓으로 적은 책임이 종속회사 또는 관계회사의 감사인에게 있는 경우에는 해당 감사인은 이를 믿고 이용한 제3자에게 손해를 배상할 책임이 있다. 이 경우 감사반인 감사인의 경우에는 해당 회사에 대한 감사에 참여한 공인회계사가 연대하여 손해를 배상할 책임을 진다.

④ 감사인이 제3자에게 손해를 배상할 책임이 있는 경우에 해당 회사의 이사 또는 감사(감사위원회가 설치된 경우 감사위원회위원)도 그 책임이 있으면 그 감사인과 해당 회사의 이사 및 감사는 연대하여 손해를 배상할 책임이 있다. 다만, 손해를 배상할 책임이 있는 자가 고의가 없는 경우에 그 자는 법원이 귀책사유에 따라 정하는 책임비율에 따라 손해를 배상할 책임이 있다.

⑤ 제4항 단서에도 불구하고 손해배상을 청구하는 자의 소득인정액이 일정 금액 이하에 해당되는 경우에는 감사인과 해당 회사의 이사 및 감사는 연대하여 손해를 배상할 책임이 있다.

⑥ 제4항 단서에 따라 손해를 배상할 책임이 있는 자 중 배상능력이 없는 자가 있어 손해액의 일부를 배상하지 못하는 경우에는 같은 항 단서에도 불구하고 같은 항 단서에 따라 정하여진 각자 책임비율의 100분의 50 범위에서 대통령령으로 정하는 바에 따라 손해액을 추가로 배상할 책임을 진다.

⑦ 감사인 또는 감사에 참여한 공인회계사가 손해배상책임을 면하기 위하여는 그 임무를 게을리하지 아니하였음을 증명하여야 한다. 다만, 다음 중 어느 하나에 해당하는 자가 감사인 또는 감사에 참여한 공인회계사에 대하여 손해배상 청구의 소를 제기하는 경우에는 그 자가 감사인 또는 감사에 참여한 공인회계사가 임무를 게을리하였음을 증명하여야 한다.

1. 외감법에 따라 감사인을 선임한 회사
2. 은행법에 따른 은행
3. 농협은행 또는 수협은행
4. 보험업법에 따른 보험회사
5. 자본시장과 금융투자업에 관한 법률에 따른 종합금융회사
6. 상호저축은행법에 따른 상호저축은행

⑨ 감사인의 손해배상책임은 그 청구권자가 해당 사실을 안 날부터 1년 이내 또는 감사보고서를 제출한 날부터 8년 이내에 청구권을 행사하지 아니하면 소멸한다. 다만, 제4조에 따른 선임을 할 때 계약으로 그 기간을 연장할 수 있다.

- 감사인의 책임

감사인이 중요한 사항에 관하여 감사보고서에 기재하지 아니하거나 거짓으로 기재를 함으로써 이를 믿고 이용한 제3자에게 손해를 발생하게 한 경우에는 그 감사인은 제3자에 대하여 손해를 배상할 책임이 있다. 다만, 연결재무제표에 대한 감사보고서에 중요한 사항을 기재하지 아니하거나 거짓으로 기재를 한 책임이 종속회사 또는 관계회사의 감사인에게 있는 경우에는 해당 감사인은 이를 믿고 이용한 제3자에게 손해를 배상할 책임이 있다. 이 경우 감사반인 감사인의 경우에는 해당 회사에 대한 감사에 참여한 공인회계사가 연대하여 손해를 배상할 책임을 진다.

- 면 책

감사인 또는 감사에 참여한 공인회계사가 손해배상책임을 면하기 위하여는 그 임무를 게을리하지 아니하였음을 증명하여야 한다. 여기서, 중요한 것은 원칙적으로 감사인

이 임무를 게을리하지 않았다는 것을 입증할 책임을 부담하고 있다는 것이다. 그러나 재무정보에 관한 수집 · 분석능력 등이 뛰어난 금융대출기관 등에게까지 획일적으로 적용될 경우 이를 악용할 남소의 우려가 있으므로 감사인을 선임한 회사, 자금중개기능을 담당하는 은행, 보험회사, 종합금융회사 및 상호저축은행에 대하여는 원고가 감사인이 임무를 게을리 하였다는 것을 입증할 책임을 지도록 규정하고 있다.

Q

연대책임과 비례책임의 차이는?

- 감사인, 이사 및 감사의 연대책임과 비례책임

외감법은 연대책임과 비례책임을 동시에 인정하고 있다. 연대책임은 피해자를 우선적으로 구제한다는 차원에서 귀책책임을 고려하지 않고 무조건 배상능력이 있는 자로부터 피해를 복구한다는 개념이다. 그런데 회사나 제3자가 피해를 입은 대부분의 경우 회사는 도산된 상태이고 이사 및 감사(감사위원)는 개인으로 손해배상능력에 한계가 있다. 이 경우 감사인이 이사 및 감사(감사위원)와 연대하여 책임을 진다면 배상능력이 있는 감사인만 손해를 배상하게 되는 불합리함이 존재할 수 있다. 따라서, 외감법은 감사인, 이사 및 감사(감사위원) 중 고의가 없는 경우 각자의 책임비율에 따라 책임을 질 수 있게 하는 비례책임을 도입하고 있다.

즉, 감사인은 원칙적으로 책임이 있는 이사 및 감사(감사위원)와 손해배상에 대한 연대책임이 있다. 다만 감사인, 이사 및 감사(감사위원) 중 고의가 없다면 법원이 귀책사유에 따라 책임비율을 정하는 비례책임이 있다.

- 일정소득 이하의 손해배상청구자에 대한 감사인, 이사 및 감사의 연대책임

감사인, 이사 및 감사(감사위원)가 비례책임을 지는 경우에도 불구하고 손해배상을 청구하는 자의 소득인정액이 연간 1억5천만원 이하에 해당되는 경우에는 감사인과 해당 회사의 이사 및 감사는 연대하여 손해를 배상할 책임이 있다(외감법 제31조 ⑤).

외감법은 손해를 입은 제3자가 일정소득 이하인 경우, 감사인, 이사 및 감사(감사위원)이 고의가 없는 경우에도 연대배상책임만을 인정하고 있다. 따라서. 손해를 입은 제3자가 일정소득 이하인 경우, 그가 입은 손해를 배상능력이 있는 자로부터 우선적으로 복구받을 가능성이 높다.

- 비례책임에서 배상능력이 없는 자가 있는 경우 손해배상의 추가분담

감사인, 이사 및 감사(감사위원) 중 고의가 없다면 법원이 귀책사유에 따라 책임비율을 정하는 비례책임이 있다. 이 경우 어느 하나가 손해를 배상할 능력이 없는 경우 손해를 입은 자는 그 손해를 모두 배상받을 수 없다. 외감법은 이 경우 손해를

입은 자의 손해를 복구하는 것을 우선시하여 배상능력이 없는 자로부터 배상받지 못하는 손해를 그 외의 손해배상능력이 있는 자에게 추가로 이미 정해진 비례책임 비율의 50% 범위에서 추가로 분담하게 하였다.

예를 들면, 제3자가 입은 손해 2,000억원 중 법원이 회계법인, 이사 및 감사위원이 300억원을 배상하여야 하고, 회계법인, 이사 및 감사위원 모두 고의가 없으므로 각각 20%, 20% 및 60%식 구분하여 책임진다고 판결하였다고 하자. 그런데 손해의 20%와 60%를 배상하여야 할 이사 및 감사위원이 정해진 손해의 일부를 배상할 능력이 없는 경우 회계법인은 기본 20%의 책임비율에 추가로 10%(= 20% × 50%)의 범위 내에서 법원이 정하는 비율을 추가배상하게 된다. 결과적으로 회계법인은 기본 20%의 책임비율에 최대 30%의 손해를 배상하게 될 수도 있다.

• 손해배상의 당사자

외감법에서는 외부감사의 대상을 직전연도 자산총액 등이 기준액 이상인 주식회사로 한정하고 있기 때문에 외감법에 의한 감사인의 책임은 외감법에 의한 외부감사 대상에만 제한된다. 또한 손해배상책임 당사자를 감사인이라고 하였기 때문에 회계법인의 경우 회계법인에게만 책임이 한정되며 감사에 참여한 공인회계사에게는 책임의 범위가 미치지 아니한다. 그러나 감사반의 경우 독립된 인격이 없기 때문에 감사에 참여한 공인회계사가 연대하여 손해를 배상할 책임이 있다.

• 소멸시효

외감법상 감사인의 손해배상책임은 당사자가 당해 사실을 안 날로부터 1년 이내 또는 감사보고서를 제출한 날로부터 8년 이내에 청구권을 행사하지 아니하면 소멸한다. 다만, 감사계약으로 그 기간을 연장할 수 있다(외감법 제31조의 ⑨).

TIP

감사인의 손해배상책임에 대한 소멸시효(자본시장법은 "안 날로부터 1년, 감사보고서 제출일로부터 3년", 외감법은 "안 날로부터 1년, 감사보고서 제출일로부터 8년", 민법은 "안 날로부터 3년, 외감법은 불법행위시부터 10년")은 상이하다.

(2) 자본시장과 금융투자업에 관한 법률

거짓의 기재 등으로 인한 배상책임 (자본시장법 제125조)

① 증권신고서와 투자설명서 중 중요사항에 관하여 거짓의 기재 또는 표시가 있거나 중요사항이 기재 또는 표시되지 아니함으로써 증권의 취득자가 손해를 입은 경우에는 그 증권신고서의 기재사항 또는 그 첨부서류에 자기의 평가 · 분석 · 확인 의견이 기재되는 것에 대하여 동의하고 그 기재내용을 확인한 자(공인회계사)는 그 손해에 관하여 배상의 책임을 진다. 다만, 배상의 책임을 질 자가 상당한 주의를 하였음에도 불구하고 이를 알 수 없었음을 증명하거나 그 증권의 취득자가 취득의 청약을 할 때에 그 사실을 안 경우에는 배상의 책임을 지지 아니한다.

회계감사인의 손해배상책임 (자본시장법 제170조)

① 외감법 제31조 ②항의 규정은 선의의 투자자가 사업보고서 등에 첨부된 회계감사인의 감사보고서를 신뢰하여 손해를 입은 경우 그 회계감사인의 손해배상책임에 관하여 준용한다.
② 제1항에 따라 배상할 금액은 청구권자가 그 증권을 취득 또는 처분함에 있어서 실제로 지급한 금액 또는 받은 금액과 다음 각 호의 어느 하나에 해당하는 금액(처분의 경우에는 제1호에 한한다)과의 차액으로 추정한다.
  1. 제1항에 따라 손해배상을 청구하는 소송의 변론이 종결될 때의 그 증권의 시장가격(시장가격이 없는 경우에는 추정처분가격을 말한다)
  2. 제1호의 변론종결 전에 그 증권을 처분한 경우에는 그 처분가격
③ 제2항에 불구하고 제1항에 따라 배상책임을 질 자는 청구권자가 입은 손해액의 전부 또는 일부가 중요사항에 관하여 거짓의 기재 또는 표시가 있거나 중요사항이 기재 또는 표시되지 아니함으로써 발생한 것이 아님을 증명한 경우에는 그 부분에 대하여 배상책임을 지지 아니한다.

(3) 민 법

불법행위의 내용 (민법 제750조)

고의 또는 과실로 인한 위법행위로 타인에게 손해를 가한 자는 그 손해를 배상할 책임이 있다.

채무불이행과 손해배상 (민법 제390조)

채무자가 채무의 내용에 좇은 이행을 하지 아니한 때에는 채권자는 손해배상을 청구할 수 있다. 그러나 채무자의 고의나 과실없이 이행할 수 없게 된 때에는 그러하지 아니하다. 감사는 당사자 간의 계약에 의해 진행된다. 따라서 감사인은 민법에서 정한 계약위반으로 인한 손해를 배상할 책임이 있다.

민법에서는 회사에 대한 책임과 마찬가지로 법률(외감법 등)에 의한 회계감사뿐만 아니라 임의감사에 대하여도 감사인에게 손해배상책임을 물을 수 있는 근거를 마련하고 있다. 민법상 손해배상책임에 대한 소멸시효는 이를 안 날로부터 3년, 불법행위시부터 10년이다.

우리나라에서 감사인의 손해배상책임에 대한 손해배상 판결 중 민법에 의한 최초의 판결은 1997년의 한국강관(주)에 대한 판결이다. 이 판결은 그 동안 자본시장과 금융투자업에 관한 법률과 외감법상의 책임만 인정해 오던 관례를 깨고 민법상의 불법행위로 인한 손해배상책임을 처음으로 인정한 것이다.

REVIEW POINT New International Standards on Auditing

1. 감사반의 책임 : 감사반은 독립된 인격이 없기 때문에 감사에 참여한 공인회계사가 연대하여 손해를 배상할 책임이 있다.
2. 회계법인에 속한 공인회계사 개인에 대한 책임 : 회계법인의 경우 소속 공인회계사 개인에게 책임을 지울 수 있는가? 하는 의문이 제기될 수 있다. 판례에 따르면 외감법, 민법 모두 회계법인에 소속한 공인회계사 개인에게는 책임을 물을 수 없다.
3. 원고는 외감법, 자본시장과 금융투자업에 관한 법률 및 민법 중 하나 이상을 선택하여 소송을 제기할 수 있다. 그러나 법원에서 법을 적용할 때는 자본시장과 금융투자업 → 외감법 → 민법 순으로 적용한다. 왜냐하면, 자본시장과 금융투자업과 외감법은 민법의 특별법에 해당하기 때문이다.

(4) 증권집단소송제도

핵심

긍정적 측면	① 개별소송의 중복 방지로 소송의 효율성 도모 ② 소액피해 구제가능 ③ 분식회계 등 증권관련 범죄의 예방효과
부정적 측면	① 기업의 경영활동 위축

Q 증권집단 소송을 제기할 수 있는 자의 요건은?

증권집단소송제란 기업의 주가조작, 허위공시, 분식회계 등으로 소액주주들(제3자)이 피해를 보았을 경우 이를 법적으로 구제하기 위한 제도의 한 가지로 피해를 본 소액주주가 해당기업을 상대로 소송을 제기해 승소하면 같은 피해를 본 나머지 투자자들도 별도의 소송 없이 피해를 보상받을 수 있도록 한 제도이다. 소송의 대상은 주권상장법인에 한한다. 다만 증권집단소송은 소액주주 50인 이상으로 발행주식 1/10,000(0.01%) 이상을 보유한 경우에만 가능하다.

증권집단소송제도는 다음과 같은 긍정적인 면과 부정적인 면을 가지고 있다. 긍정적인 면으로는 다음과 같은 점이 있다.

① 개별소송의 중복을 막을 수 있어 소송의 효율성을 도모할 수 있다.

② 집단전체의 피해는 크다 할지라도 개인별로는 피해가 작은 소액피해의 경우 개별소송으로는 소송의 이익을 도모할 수 없지만 집단소송으로는 구제가 가능할 수 있다.
③ 개별소송에 비하여 손해배상액이 막대하므로 분식회계 등 증권관련 범죄를 예방할 수 있다.

부정적인 면으로는 소송이 제기될 경우 기업의 소송비용이 크고, 관련 소송이 일시에 제기됨으로써 기업경영이 위축될 수 있다는 문제점이 제기되고 있다.

2 감사인의 형사적 책임

핵심

구 분	외 감 법	공인회계사법
위 법 성	감사보고서에 중요한 사항 미기재 또는 허위기재	고의로 진실을 감추거나 은폐
피 고	감사인(회계법인, 감사반) 또는 소속 공인회계사나 감사업무와 관련된 자	공인회계사

감사인의 형사적 책임은 외감법과 공인회계사법에 명시되어 있으며, 그 책임의 정도는 점진적으로 증가하고 있는 추세이다.

2.1 외감법

감사인 또는 그에 소속된 공인회계사가 감사보고서에 기재하여야 할 사항을 기재하지 아니하거나 거짓으로 기재를 한 경우에는 10년 이하의 징역 또는 그 위반행위로 얻은 이익 또는 회피한 손실액의 2배 이상 5배 이하의 벌금에 처한다(외감법 제39조).

감사보고서에 기재할 사항 (외감법 제18조 ②)

① 감사범위
② 감사의견
③ 이해관계인의 합리적 의사결정에 유용한 정보

TIP

회계감사기준은 업무수행이사와 회계법인의 책임을 분명히 구분하고 있다. 업무수행이사는 회계법인을 대신하여 발행된 감사보고서에 대해서 책임을 진다(ISA 220-7). 즉, 업무수행이사가 발행된 보고서에 대하여 모든 책임을 진다. 그리고 회계법인은 품질관리시스템, 정책과 절차를 구축할 책임을 진다. 따라서 개별 업무팀에 대한 처벌이 이루어질 경우 회계법인도 함께 처벌하는 양벌규정은 회계감사기준에서 정한 책임 그리고 세계적인 추세와도 다른 점이 있다. 양벌규정은 개인이 잘못하였을 경우 단체나 또는 단체장이 함께 책임져야 한다는 단체주의가 강한 우리나라의 독특한 개념이다.

외감법상 형사적 책임은 법인의 대표자나 법인 또는 개인의 대리인 · 사용인, 기타 종업원이 그 법인 또는 개인의 업무에 관하여 외감법에 위반되는 행위를 하면 그 행위자를 벌하는 외에 그 법인 또는 개인에게도 해당 조문의 벌금형을 부과하는 양벌규정이다(외감법 제51조).

2.2 공인회계사법

공인회계사가 직무를 행할 때 고의로 진실을 감추거나 허위보고를 하는 경우에는 3년 이하의 징역 또는 3천만원 이하의 벌금에 처한다(공인회계사법 제53조의 ②).

또한 부실감사를 한 회계법인과 공인회계사에 대한 효과적인 제재수단으로서 과징금제도를 도입하여 회계법인에 대하여는 5억원 이하의 과징금을, 공인회계사에 대하여는 1억원 이하의 과징금을 각각 부과할 수 있다(공인회계사법 제52조의2).

2.3 엔론의 회계부정과 아더앤더슨의 책임 그리고 그로부터 얻은 교훈

세계적인 회계법인 중 아더앤더슨(Arthur Andersen)은 2001년 엔론(Enron) 회계부정에 연루되어 세상에서 사라졌다. 엔론(Enron) 사건 후 아더앤더슨의 담당 업무수행이사가 회계부정에 가담한 사실이 밝혀질 것을 두려워하여 감사관련 문서를 파기하였고 미국 법무부(Department of Justice)는 관련된 회계사들 뿐만 아니라 아더앤더슨도 기소하였다. 그러나 회계감사는 담당 업무수행이사가 책임지고 업무팀을 조직하여 수행하는 것이기 때문에 해당 업무와 관련없는 업무팀에 까지 영향을 미치는 회계법인을 기소하는 것에 대한 우려가 많았다.

미국 법무부는 아더앤더슨에게 형량협의(plea agreement)를 제안하였지만 아더앤더슨은 거절하였고, 정부는 유죄인정(plea of guilty)이 필요 없는 기소유예협의(deferred prosecution agreement)를 다시 제안하였지만 아더앤더슨은 이것마저도 거절하였다. 사실 미국 법무부가 아더앤더슨 에게 제시한 유죄인정(plea of guilty)이 필요 없는 기소유예협의(deferred prosecution agreement)은 일반적으로 너무나 낮은 수준의 형량에 해당한다. 정부가 아더앤더슨이 구체적으로 무엇을 추구하는 것인지 물었을 때, 아더앤더슨은 “정부가 아더앤더슨 회계법인의 잘못을 공개적으로 깨끗하게(clear) 해결해 주는 것이 필요하다”고 요청하였지만 정부는 이를 거절하였다. 아더앤더슨은 엔론을 감사하였던 담당 업무수행이사가 저지른 개인적인 범법행위이지 아더앤더슨이 조직적으로 범법행위에 개입하지 않았고, 따라서 적어도 회계법인은 결백하다고 주장하였다. 결국 정부는 아더앤더슨 회계법인을 기소하였고, 1심 재판에서 사법방해죄(obstruction of justice)로 유죄판결을 받았다. 그로부터 2년이 지난 후 연방대법원(Supreme Court)은 그 사건의 판결을 뒤집고 무죄판결하였다. 그러나 때는 너무 늦었다. 아더앤더슨이 기소된 후 아더앤더슨의 고객들은 줄줄이 이탈하였고 고객을 잃은 아더앤더슨은 스스로 회계법인 라이센스(Firm License)를 반납함으로써 해체되었고, 소속 임직원은 직장을 잃고 새로운 직업을 찾지 못하는 등 갖은 어려움을 겪었다. 더 큰 문제는 아더앤더슨에게 감사받은 유수의 고객들이 새로운 회계법인으로 변경하여 감사받는데 많은 어려움을 겪었다는 것이다. 아더앤더슨 고객들이 새로운 회계법인으로 감사인을 변경하게 되었을 때, 자본시장과 다른 회계법인들은 문제가 되지 않았던 아더앤더슨 고객들에게 까지 의심의 눈초리로 보는 현상이 관찰되었다. 또한 5개의 대형 회계법인이 자본시장에서 자금을 조달하는 대부분의 기업들을 감사하여 왔는데 갑자기 4개로 재편되니 독과점 현상을 우려하게 되었으며, 많은 연구자들과 당국에서 회계법인의 독과점 현상에 관심을 가지고 조사하기도 하였다.

아더앤더슨을 기소하였던 검사 Buell은 후에 그의 저서 “Capital Offenses: Business Crime and Punishment in America’s Corporate Age[1)]”에서 다음과 같이 말하고 있다.

“아더앤더슨의 사례가 검사들에게 기업을 기소하면 안 된다는 교훈을 제기하는 것은 아니다. 기업을 범죄집단으로 만드는 형사기소는 일반소송과는 달리 매우 강력하고 그 결과를 통제할 수 없다.” 그 사건 이후 미국은 기업범죄행위에 대하여 검찰이 형사처벌하는 기조에서 기소유예와 불기소협약을 맺는 쪽으로 전환되었다.

1) Buell, Samuel W. 2016. Capital Offenses: Business Crime and Punishment in America’s Corporate Age. Norton

1999년 TV시청률 1위에 올랐던 '허준'이라는 드라마에서 명의(名醫) 허준의 일대기를 방영했던 것을 기억할 것이다. 극중에서 허준이 선조가 총애하는 후궁(공빈)의 동생[1]을 치료하는 과정에서 허준을 신뢰하지 못하였던 선조는 수일 내에 완치시킬 수 있다는 약속을 요구하였고, 이에 허준은 일주일내에 완치시키겠다고 다짐하였다. 허준의 말이 떨어지기가 무섭게 선조는 "궁중에는 희언(戱言)[2]이 없다"는 말로 허준에게 책임을 가중시켰으며, 만약 일주일내에 환자의 병을 완치시키지 못한다면 허준의 오른쪽 팔은 작두로 잘려나가야 할 판이었다.

약속한 일주일이 지나도 환자의 병이 완치되지 않자 내의원의 수장인 어의(御醫)는 작두를 대령할 것과 함께 허준을 불러 치료과정을 상세히 경청하였다. 문제는 허준의 치료과정이 당시의 의서(醫書)나 의학적 상식에는 어긋나는 것이었기에 허준은 자신의 정당성을 입증할 수 없었다. 작두에 팔이 잘리기 직전 극적으로 환자의 병이 완치되어 허준이 정당하다는 것이 입증되었지만 생각만 해도 아찔한 순간이었다. 명의(名醫) 허준의 팔이 잘려나갔다고 상상해보자. 아마 역사가 바뀌었을지도 모른다. 그러면 당시의 상황에서 문제점을 짚어보자. 허준은 의사라는 전문직에 종사하고 있었다. 그러나 당시에는 의료수칙이라는 것이 존재하지 않았기 때문에 의사들마다 치료방법에 차이가 있었을 것으로 판단된다.

따라서 의료사고가 발생하였을 때 의사가 정당한 주의의무를 다하였다는 것을 입증할 수 있는 수단이 없었고 의료행위의 결과만으로 의사의 정당성을 판단하였을 것이다.

만약 오늘날에도 의료행위의 정당성을 입증할 수 있는 의료수칙이 존재하지 않는다면 의사라는 직업은 분명 선망의 대상이 아닐 것이다. 다행히 오늘날에는 의료수칙이라는 것이 존재하며, 의사가 이를 준수하였다면 그 결과와 관계없이 의사에게는 책임을 묻지 않는다. 따라서 의료수칙은 의사라는 전문가가 의료행위를 할 때 준수하여야 할 행위기준일 뿐만 아니라 의사의 책임한계를 정하는 기준이 된다.

회계감사에서 의사의 의료수칙에 해당하는 것이 **회계감사기준**이다. 만약 "회계감사에는 희언(戱言)이 없다"는 것이 적용된다고 가정해보자. 아마 아무도 감사인이 되지 않으려 할 것이다. 왜냐하면, **감사실패**(사실과 다른 감사의견을 표명: audit failure)가 발생한다면 감사인의 손이 잘려나갈 수도 있기 때문이다. 그러나 다행히 회계감사기준이 존재하며 **회계감사기준을 준수하여 감사를 수행하였다면 감사인에게는 책임을 묻지 않는다.** 즉, 회계감사기준은 감사인이 회계감사과정에서 준수하여야 할 **행위기준**일 뿐만 아니라 감사인의 **책임한계를 정하는 기준**이 된다.

1) 극중에서 공빈의 동생은 구안와사(입이 돌아가는 증상)와 위암(극중에서는 '반위'라고 함)을 앓고 있었다.
2) 희언(戱言)은 허언(虛言)이라고도 함

SECTION 02 기대차이

1 기대차이(Expectation Gap)

Q

기대차이와 감사인을 상대로 한 투자자들의 소송과의 관계는?

미국의 '감사인의 책임위원회(The Commission on Auditor's Responsibility)'는 '감사보고서 이용자가 감사의 결과에 대하여 기대하거나 요구하는 것과 감사인들이 합리적으로 수행가능하다고 기대하는 것의 차이'를 기대차이(expectation gap)라고 정의하고 있다. 또한 동 위원회는 실제로 감사보고서 이용자가 감사인의 책임과 역할에 대하여 합리적인 수준 이상으로 기대하고 있다는 조사결과를 제시하였다. 감사인이 제공하는 감사결과와 감사보고서 이용자가 기대(요구)하는 감사결과 간에 차이(기대차이)가 존재하면, 감사보고서 이용자는 감사인이 실제로 제공하는 감사결과에 대하여 만족하지 않게 된다. 그 결과 감사보고서 이용자는 감사인이 경영진(대리인)을 감시하는 감시자자로서의 역할을 충실하게 하지 못한다고 판단하고 추가적인 감시비용(대리인 비용)을 지출하게 되고, 투자손실을 입은 경우 이것이 낮은 수준의 감사에 기인한다고 오인하고 감사인을 상대로 소송을 제기하기도 한다. 오늘날 감사인을 상대로 제기되는 빈번한 소송은 감사인과 감사보고서 이용자간의 기대차이가 주된 원인 중 하나라는 연구결과도 다수 보고되고 있다.

TIP

기대차이와 핵심감사사항
(CH.10 핵심감사사항 참조)

핵심감사사항으로 기재하는 핵심감사사항은 영국에서 시작된 것으로 투자자에게 감사보고서가 제공하는 감사의견 이외에 주요 감사과정과 감사결과를 제공함으로써 감사보고서 이용자들의 기대차이를 줄여주기 위해 시작된 것이다. 영국은 감사인과 계약한 회사를 제외한 제3자가 원칙적으로 감사인을 상대로 소송을 제기할 수 없는 특이한 환경이다. 핵심감사사항은 회사의 명백하지 않은 문제점을 세상에 알리고, 그것에 대하여 감사인이 어떻게 대응하였는지를 공시함으로써, 불필요한 소송을 염려하지 않을 수 없게 되었다. 영국을 제외한 EU 회원국들도 핵심감사사항을 자율사항으로 도입한 국가들이 있지만 실제 사례는 극소수에 불과하다. 미국은 입법부 소속 회계감사관(GAO: Government Accountability Office)이 단호하게 미국은 핵심감사사항을 도입할 의사가 없다는 의견을 제시한 바 있다. 유럽을 제외하고는 아마도 우리나라가 이례적으로 핵심감사사항을 도입한 첫 사례로 보여지며 향후 이것이 미치는 영향에 관심을 가질 필요가 있다.

캐나다 공인회계사회(Canadian Institute of Certified Accountants)는 기대차이를 다음과 같이 세분화하고 있다. 이는 미국의 '감사인의 책임위원회'가 정의한 개념보다 확장된 것이다.

« 그림 15-1 기대차이의 구성요소

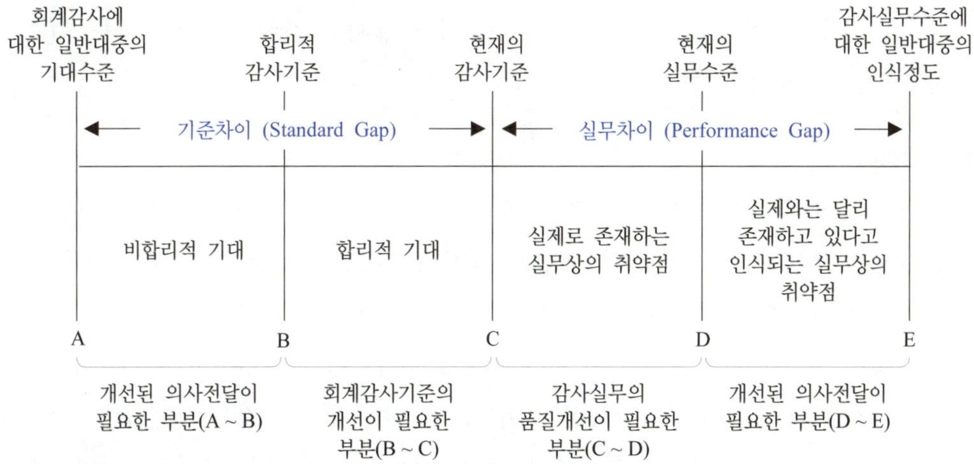

■ 일반대중의 기대수준(A)

회계감사에 대한 일반대중의 기대수준(A)은 "감사인은 전문가이니 어떤 왜곡표시도 발견할 수 있을 것이고, 따라서 감사받은 재무제표에는 어떤 왜곡표시도 존재하지 않을 것이다"고 기대한다.

■ 합리적 감사기준(B)

합리적 감사기준(B)은 현실적으로 존재하지 않지만 감사기준 제정 기구가 완전하다(perfect)면 그들이 제정할 수 있는 감사기준을 말한다. 이 경우에도 감사는 표본감사를 원칙으로 하고 중요성에 따라 감사하는 한 일반대중의 기대수준(A)에는 못 미친다.

■ 현재의 감사기준(C)

현재의 감사수준(C)은 감사인이 현재의 감사기준을 완전하게 따랐을 때 제공할 수 있는 수준을 말한다. 전문가 집단이 현재의 감사기준을 제정하였지만 현재의 감사기준(C)은 합리적 감사기준(B) 보다는 낮은 수준이다.

■ 현재의 실무수준(D)

현재의 실무수준(D)은 감사인이 현재 감사기준에 따라 감사를 수행한 후 제공할 수 있는 실무수준을 말한다. 감사인이 현재 감사기준에 따라 충실하게 감사를 수행하더라도 인적 오류 등으로 현재의 감사기준(C)에 미치지 못한다.

■ 감사실무수준에 대한 일반대중의 인식정도(E)

감사실무수준에 대한 일반대중의 인식정도(E)는 감사실무가 제공하는 수준에 대하여 일반대중이 인식하는 정도를 말한다. 이는 실제로 감사인이 제공하는 현재의 실무수준(D) 보다 낮은 수준이다.

■ 비합리적 기대(A-B)

만약 완전한 감사기준 제정기구가 존재한다고 가정하고, 감사인이 이 기준에 따라 충실하게 감사 할 경우 제공할 수 있는 수준은 일반대중의 기대(A)에는 미치지 못한다. 일반대중의 기대수준(A)과 합리적 감사기준(B)의 차이는 일반대중이 감사에 대하여 잘못 기대한데서 기인한 것으로 이를 '비합리적 기대차이(A－B)'라 한다. 비합리적 기대는 감사인이 잘못한 것이 아니라 일반대중이 감사에 대하여 잘못 이해하고 있는 것이기 때문에 감사전문가들은 개선된 의사전달의 노력으로 일반대중의 비합리적 기대를 완화할 수 있을 것이다.

기준차이란 감사보고서 이용자가 회계감사기준이 잘못되었다고 기대하는 부분을 말하며, 이는 회계감사의 고유한계로 인한 비합리적인 기대부분(A~B: 비합리적 기대)과 감사인들이 현재의 회계감사기준에 반영하지 않고 있으나 포함하는 것이 합리적인 부분(B~C: 합리적 기대)으로 구분된다.

■ 합리적 기대(B-C)

현행 감사기준이 전문가 집단이 제정한 감사기준(C)이라고 하더라도 합리적 감사기준(B)에는 미치지 못한다. 합리적 감사기준(B)과 현재의 감사기준(C)의 차이는 감사에 대한 일반대중의 '합리적인 기대차이(B－C)'라 한다.

■ 실제로 존재하는 실무상의 취약점(C-D)

감사인이 현재의 감사기준을 완전하게 따랐을 때 제공할 수 있는 수준(C)과 감사인이 실무적으로 제공할 수 있는 수준(D)의 차이는 '실제로 존재하는 실무상의 취약점(C－D)'이라 한다.

실무차이란 회계감사실무가 잘못되었다고 생각하는 부분을 말하며, 이는 감사인들이 회계감사기준에 못 미치게 실무를 수행하는 부분(C~D: 실제로 존재하는 실무상의 취약점)과 감사인들이 회계감사기준에 따라 수행하고 있으나 감사보고서 이용자가 그렇지 않다고 인식하고 있는 부분(D~E: 실제와는 달리 존재하고 있다고 인식되는 실무상의 취약점)으로 구분된다.

■ 실제와는 달리 존재한다고 인식되는 실무상의 취약점(D-E)

실제로 감사인이 제공하는 현재의 실무수준(D)과 감사실무수준에 대하여 일반대중이 인식하는 정도(E)의 차이는 '실제와는 달리 존재하고 있다고 인식되는 실무상의 취약점(D－E)'이라 한다.

기대차이는 감사보고서이용자가 회계감사기준이 잘못되었다고 기대하는 부분인 기준차이(A~C)와 회계감사실무가 잘못되었다고 생각하는 부분인 실무차이(C~E)로 구분된다.

2 기대차이의 해소

기준차이 중 비합리적인 기대(A ~ B)와 실무차이 중 실제와는 달리 존재하고 있다고 인식되는 실무상의 취약점(D ~ E)은 미국의 '감사인 책임위원회'가 정의한 기대차이의 개념과 동일하다고 볼 수 있다.

여기서 비합리적인 기대(A~B)와 실제와는 달리 존재하고 있다고 인식되는 실무상의 취약점(D~E)은 보다 개선된 의사전달을 통하여 실제가 감사보고서 이용자의 인식과 다르다는 점이나 감사보고서이용자의 기대가 비합리적임을 보다 적극적으로 알림으로써 해결될 수 있을 것이다.

실제로 존재하는 실무상의 취약점(C~D)은 감사인들의 감사실무에 대한 보다 적극적인 품질관리를 통하여, 현재의 회계감사기준에 반영하지 않고 있으나 포함하는 것이 합리적인 부분(B~C)은 회계감사기준의 보완을 통하여 해결될 수 있을 것이다. 주

주 기대차이에 대한 내용은 한양대학교 이명곤 교수님의 다음 논문 중 일부입니다. 인용에 앞서 이명곤 교수님의 사전 동의를 받았으며 인용을 허락하신 이명곤 교수님께 진심으로 감사드립니다. "이명곤, 표준감사보고서와 기대차이, working paper, 2005."

SECTION 03 감사인의 책임을 보장하기 위한 조치

NEW INTERNATIONAL STANDARDS ON AUDITING

감사인이 감사의뢰인인 회사와 제3자에게 손해를 입힌 경우 손해를 배상할 책임이 있다. 그러나 손해배상책임을 명시하고 있다 할지라도 감사인이 그 손해를 배상할 만큼 충분한 재원을 가지고 있지 못하다면 회사 또는 제3자가 승소하더라도 그 손해를 보상받지 못할 수도 있다. 따라서 외감법, 공인회계사법 및 증권거래법에서는 감사인의 손해배상책임을 보장하기 위한 여러 종류의 제도를 마련하고 있다.

손해배상책임을 보장하기 위한 제도는 회계법인의 조직형태와 밀접한 관련이 있다. 1997년까지는 "회계법인은 무한책임사원만으로 구성된 합명회사에 한한다"고 공인회계사법에서 규정하고 있었다. 그러나 1997년 12월 공인회계사법의 개정으로 회계법인을 공인회계사법상 특수법인화하였으며, 사원의 유한책임을 인정하였다. 즉, 회계법인의 사원에 대한 책임은 무한책임에서 유한책임으로 경감되었다. 따라서 감사인의 손해배상책임을 보장하기 위한 조치가 추가 또는 신설되었다. 구체적으로는 회계법인의 손

해배상준비금, 회계법인의 손해배상공동기금을 신설하고 회계법인의 설립요건 중 자본금을 10억원 이상으로 상향조정하였을 뿐만 아니라 이월결손금이 발생할 경우 이를 보전하도록 하였다. 그러나 2001년 2월 개정 공인회계사법에서는 설립 자본금의 규모를 10억원 이상에서 5억원 이상으로 하향조정하였다. 이는 다수 회계법인의 설립을 유도하여 회계감사시장의 경쟁을 제고함으로써 회계감사서비스의 품질을 제고시키기 위한 것이다. 결국 감사인의 손해배상책임을 보장하기 위한 조치는 회계법인의 법적지위를 합명회사(사원의 무한책임)에서 특수법인(사원의 유한책임)으로 전환함에 따라 이루어진 후속조치이다.

미국의 경우 감사인을 상대로 한 손해배상소송이 활발하게 제기되고 있고 손해배상사례가 증가하고 있다. 감사인에 대한 손해배상 사례가 빈번하자 1992년에는 미국의 6대 회계법인이 성명서[주]를 발표하여 사원에 대한 책임을 무한책임에서 당해 감사업무와 직접적으로 관련되지 않은 사원은 유한책임(limited liability)만을 부담할 수 있도록 요구하였다.

[주] The Liability Crisis in the United States: Impact on the Accounting Profession

감사인의 손해배상책임을 보장하기 위한 조치는 직접적인 조치와 간접적인 조치로 구분할 수 있다.

1 직접적인 조치

핵심

구 분	외감법 제32조	공인회계사법 제19조와 제28조
회 계 법 인	손해배상공동기금 또는 보험가입 (다만, 손해배상공동기금 중 기본적립금은 의무적립)	손해배상준비금
감 사 반	손해배상공동기금 또는 보험가입[주] (현실적으로 보험가입)	–
개업공인회계사	–	공제사업에 가입 또는 보험가입[주]

[주] 회계법인은 외감법상 손해배상공동기금 또는 보험에 가입함으로써, 감사반은 공인회계사법 제19조에 따라 구성원(개업공인회계사)이 각각 보험에 가입함으로써 외감법과 공인회계사법을 모두 충족하고 있다.

1.1 회계법인 내에 손해배상준비금의 적립: 회계법인에게만 한정

회계법인인 감사인은 회사와 제3자에 대한 손해배상책임을 보장하기 위하여 당해 사업연도 총매출액의 2/100에 해당하는 금액을 직전 2개 사업연도와 당해 사업연도 총매출액 평균의 10/100에 달할 때까지 회계법인 내에 손해배상준비금으로 적립하여야 한다. 이러한 손해배상준비금은 금융위원회의 승인 없이는 손해배상 이외의 목적으로 사용할 수 없다(공인회계사법 제28조).

Q 손해배상준비금과 손해배상공동기금의 차이는?

기출 2022

손해배상준비금 적립은 회계법인의 이익잉여금이 전액 배당되는 것을 방지함으로써 잉여금 중 일부가 회계법인 내부에 유보되어 손해배상 재원이 증가되는 효과가 있다.

1.2 한국공인회계사회에 손해배상공동기금의 적립 또는 보험가입 등

감사인(회계법인, 감사반)은 손해배상책임을 보장하기 위하여 손해배상공동기금(기본적립금 + 연간적립금)의 적립 또는 보험가입 등 필요한 조치를 하여야 한다(외감법 제31조). 손해배상공동기금은 한국공인회계사회에서 운영하고 있으며, 회계법인은 반드시 이에 가입하여야 한다. 그러나 손해배상책임보험에 가입한 경우에는 손해배상공동기금(기본적립금 + 연간적립금) 중 연간적립금을 적립하지 아니할 수 있다(외감법 제32조).

감사반은 인격을 갖춘 독립적인 실체가 없기 때문에 손해배상공동기금을 적립할 의무가 없을 뿐만 아니라 기금관리의 어려움 등 실무적인 문제[주] 때문에 가입할 수도 없다. 또한 감사반 명의의 보험가입도 현실적으로 어렵다. 그러면 감사반은 외감법 제32조의 손해배상공동기금 또는 보험가입 등 필요한 조치를 어떻게 충족시킬 수 있을까? 이 문제는 공인회계사법 제19조(손해배상책임의 보장)와 연관시켜 보면 알 수 있다.

공인회계사법 제19조에 의하면 개업공인회계사는 회사와 선의의 제3자를 보호하기 위하여 한국공인회계사회가 운영하는 공제사업에 가입 또는 보험가입(공인회계사 1인당 5천만원 이상) 등 필요한 조치를 하여야 하며, 현재 개업공인회계사는 공인회계사 1인당 5천만원을 한도로 한 책임보험에 가입하고 있다. 따라서 개업공인회계사 3인 이상의 조직인 감사반은 감사반 명의의 보험에는 가입하고 있지 않지만 공인회계사법 제19조에 따라 구성원 각각이 개별적으로 책임보험에 가입함으로써 공인회계사법 제19조와 외감법 제31조를 모두 충족시키고 있다.

[주] 회계법인은 그 자체가 인격을 갖춘 독립된 실체이지만 감사반은 개업공인회계사 3인 이상으로 회계감사를 위하여 일시적으로 결성된 단체이다. 따라서 감사반의 경우 그 결성과 해체가 매우 자유롭기 때문에 감사반의 기금을 관리하는 여러 가지 어려움이 있다. 또한 외감법 제31조에서 "감사인(회계법인과 감사반)은 손해배상공동기금 또는 보험가입 등 필요한 조치"를 하도록 규정하고 있지만 외감법 제32조에서 "회계법인인 감사인은 손해배상공동기금에 가입..." 하도록 규정하고 있어 굳이 감사반이 손해배상공동기금에 가입할 필요도 없다.

2 간접적인 조치

핵심

1. 회계법인의 설립 최소 자본금(5억원) 및 그 계속적인 유지의 강제화
2. 감사반의 감사범위 제한

외감법과 공인회계사법에서는 상기의 직접적인 조치 이외에 회계법인의 설립요건 중 자본금 요건을 강화하고 있으며, 감사인 형태별로 감사할 수 있는 감사범위를 제한하고 있다. 이러한 조치는 감사인의 손해배상책임과 직접적으로 관련되는 것은 아닐지라도 간접적으로 그 책임을 보장하는 조치라고 할 수 있으며, 그 구체적인 내용은 다음과 같다.

2.1 회계법인의 설립 최소 자본금(5억원) 및 그 계속적인 유지의 강제화

회계법인의 자본금은 5억원 이상이어야 하며, 또한 직전연도의 자본(자산총계 − 부채총계)이 5억원에 미달하는 경우 미달한 금액을 매 사업년도 종료 후 6개월 이내에 사원의 증여로 이를 보전하거나 증자하여야 한다(공인회계사법 제27조). 이러한 조치는 손해배상 능력을 갖추어야만 회계법인을 설립할 수 있도록 함으로써 간접적으로 회계법인의 손해배상책임을 보장하는 효과가 있다.

2.2 감사반의 감사범위 제한 + 상장회사 감사인 미등록법인 감사제한

감사반은 감사할 수 있는 대상기업이 제한된다. 주권상장법인 · 금융회사가 하나라도 포함된 연결재무제표 및 감사인 지정의 감사를 할 수 없다. 이는 회계법인처럼 조직화되지 않은 감사반은 기대되는 수준의 감사품질을 제공할 수 없으며 또한 손해배상능력이 부족하기 때문이다.

또한 상장회사 감사인으로 등록한 회계법인만 상장회사를 감사할 수 있다. 자본시장에서 공개적으로 자본을 조달하는 상장기업의 경우, 신뢰할 수 있는 재무정보를 제공하는 것이 자본시장을 활성화하는데 중요하다. 따라서 한국과 미국은 상장법인을 감사할 수 있는 감사인등록제도를 만들어 엄격한 심사기준을 통과한 회계법인에게만 상장법인을 감사할 수 있도록 하고 있다.

SECTION 04 감사인의 의무

NEW INTERNATIONAL STANDARDS ON AUDITING

감사인은 전문가로서 사회적인 책임을 가지고 있을 뿐만 아니라 그에 부합하는 의무도 가지고 있다. 감사인의 의무는 ① 정당한 주의의무, ② 비밀유지의무 및 ③ 법률적인 의무로 구분된다.

1 정당한 주의의무

감사인은 전문직업인으로서의 정당한 주의의무(Due Professional Care)를 다하여야 한다. 여기서, 정당한 주의란 맡은 업무의 요구조건에 따라, 철저하고도 신중하며 적시에 업무를 수행할 책임을 포함한다(윤리기준 130.4). 정당한 주의와 관련하여 공인회계사는 자신의 통솔 하에 전문가의 자격으로 업무를 수행하는 모든 구성원이 적절한 훈련과 감독을 받도록 조치를 취하여야 한다(윤리기준 130.5). 또한 공인회계사는 필요하다면 의뢰인, 고용주 또는 기타 전문서비스의 이용자에게 전문서비스가 갖는 고유한계를 일깨워 줌으로써 공인회계사의 의견표명이 사실에 대한 주장으로 잘못 해석되지 않도록 하여야 한다(윤리기준 130.6).

2 비밀유지의무

감사인은 업무상 지득한 정보를 정당한 사유없이 누설하거나 감사목적 이외에 이를 사용하여서는 아니된다. 공인회계사 윤리기준에서는 감사인의 비밀유지에 대하여 다음과 같이 명시하고 있다.

2.1 비밀유지의 개념

윤리기준의 비밀유지 강령은 공인회계사에게 다음과 같은 행위를 하지 말아야 할 의무를 부과하고 있다(윤리기준 140.1).

① 직무상 지득한 기밀정보를 법적 또는 직업적으로 공개할 권리나 의무가 없는 경우에 적절하고 명확한 승인없이 회계법인 또는 소속기관외의 외부에 누설하는 행위

② 직무상 지득한 기밀정보를 본인이나 제3자의 이익을 위해 사용하는 행위

2.2 비밀유지의 대상

① 측근: 공인회계사는 친밀한 관계에서도 비밀유지 강령을 준수하여야 한다. 공인회계사는 오랜 사업상의 관계자, 직계가족 또는 측근가족과의 사이에서 우연하게 기밀을 누설할 가능성이 있다는 점을 특히 경계하여야 한다(윤리기준 140.2).

② 예상되는 의뢰인이나 고용주: 공인회계사는 예상되는 의뢰인이나 고용주가 제공한 정보에 대해서도 비밀을 유지하여야 한다(윤리기준 140.3).

③ 공인회계사는 회계법인이나 소속기관 내부에서도 정보에 대한 기밀을 유지할 필요성이 있는지를 고려하여야 한다(윤리기준 140.4).

④ 자신의 통제하에 있는 직원: 공인회계사는 자신의 통제하에 있는 직원과 자문 등 지원을 제공하는 구성원이 공인회계사의 비밀유지의무를 반드시 지키도록 모든 합리적인 조치를 취하여야 한다(윤리기준 140.5).

2.3 비밀유지의 기간

공인회계사는 의뢰인 또는 고용주와의 관계가 종료된 이후에도 비밀유지의 원칙을 준수하여야 할 필요성이 있다. 공인회계사가 고용관계를 변경하거나 새로운 의뢰인으로부터 업무를 수임한 경우, 공인회계사는 이전의 업무경험을 이용할 자격이 있다. 그러나 공인회계사는 직무수행과정에서 지득한 어떠한 기밀의 정보도 사용하거나 공개해서는 아니된다(윤리기준 140.6).

2.4 비밀유지의 예외

다음의 경우에 공인회계사는 기밀의 정보를 공개할 수 있다(윤리기준 140.7).

① 법규에 의해 정보의 공개가 허용되고 의뢰인 또는 고용주로부터 공개를 허락 받은 경우

② 다음과 같이 법규에 의해 정보의 공개가 요구되는 경우

- 소송절차에 따라 문서를 제시하거나 기타증거로 제시하는 경우
- 이미 알려진 법규위반 사실을 해당 공공기관에 공개하는 경우

③ 법규에 의해 정보의 공개가 금지되지 아니한 경우로서, 정보의 공개에 대하여 전문가적인 권리 또는 의무가 있는 경우

- 한국공인회계사회 또는 감독기관의 품질관리 감리의무를 준수하기 위한 경우
- 한국공인회계사회 또는 감독기관의 질의 또는 조사에 응하기 위한 경우
- 소송에서 공인회계사의 직업상의 이해관계를 보호하기 위한 경우
- 기술적 기준 및 윤리적 요구사항을 준수하기 위한 경우

2.5 정보의 공개

공인회계사는 다음의 사항을 고려하여 정보의 공개여부를 결정하여야 한다(윤리기준 140.8).

① 의뢰인 또는 고용주가 정보의 공개에 동의한 경우에도 공인회계사의 정보공개가 제3자를 포함한 모든 이해관계자의 이익에 나쁜 영향을 미치게 되는지 여부

② 모든 관련정보가 실제적으로 알려져 있고 입증될 수 있는지 여부. 사실관계를 입증할 수 없거나 정보가 불완전하거나 또는 결론을 입증할 수 없는 경우에는, 정보공개의 유형을 결정함에 있어서 전문가적 판단을 발휘하여야 한다.

③ 의사소통방식과 그 대상자에 대한 고려. 공인회계사는 특히 의사소통 대상자가 적임자인지를 확실히 하여야 한다.

3 법률적인 의무

감사인에게 주어진 법률적인 의무는 주로 공인회계사법과 외감법에 명시되어 있으며 주요 내용은 다음과 같다.

3.1 감사보고서 제출의 의무

감사인은 감사보고서를 작성하여 회사(감사 또는 감사위원회를 포함한다)에는 정기주주총회 1주일 전, 증권선물위원회와 공인회계사회에는 정기주주총회 종료 후 2주일 이내에 제출하여야 한다(외감법 제23조). 여기서, 특이한 것은 기업경영투명성을 제고하기 위하여 외감법에서는 회사의 감사 또는 감사위원회가 이사회 제출에 앞서 감사인의 감사보고서를 검토할 수 있도록 하고 있다.

3.2 직무상 알게 된 비밀엄수의무

감사인과 그에 소속된 공인회계사 또는 업무와 관련된 자는 그 직업상 알게 된 사실을 누설할 수 없다. 다만 법원의 제출요구가 있는 경우와 감리업무를 위하여 증권선물위원회와 공인회계사회의 요구가 있는 경우, 기타 회사의 승인을 받은 경우에는 예외적이다(외감법 제20조).

Q

감사인이 이사의 부정행위를 발견할 경우 어떤 조치를 취하여야 하는가?

TIP

회계기준위반을 감사인으로부터 통보 받은 감사 또는 감사위원회는 반드시 외부전문가를 선임하여 조사하고 보고하여야 하며, 조사결과 및 회사의 시정조치 결과 등을 즉시 증권선물위원회와 감사인에게 제출하여야 한다.

3.3 부정행위 등의 보고의무

(1) 이사의 부정행위: 감사 또는 감사위원회에 통보 + 주주총회에 보고 + 증권선물위원회에 보고

감사인이 그 직무를 수행함에 있어서 이사의 직무행위에 관하여 부정행위 또는 법령이나 정관에 위반되는 중대한 사실을 발견하면, 감사 또는 감사위원회에 통보하고 주주총회(사원총회)에 보고하여야 하며, 이사의 부정행위 또는 법령 위반사항은 증권선물위원회에도 보고하여야 한다(외감법 제22조).

(2) 회계기준 위반: 감사 또는 감사위원회에게 통보

감사인이 회사가 회계처리 등에 관하여 회계기준을 위반한 사실을 발견하면 감사 또는 감사위원회에 통보하여야 한다. 이 경우 회사의 회계처리기준 위반사실을 통보받은 감사 또는 감사위원회는 회사의 비용으로 외부전문가를 선임하여 위반사실 등을 조사하도록 하고 그 결과에 따라 회사의 대표자에게 시정 등을 요구하여야 한다(외감법 제22조).

3.4 주주총회의 요구가 있을 시 출석의무

감사인 또는 그에 소속된 공인회계사는 주주총회의 요구가 있으면 주주총회 등에 출석하여 의견을 진술하거나 주주 등의 질문에 답변하여야 한다(외감법 제24조).

Chapter 15 OX문제

01 연결재무제표에 대한 감사보고서에 중요한 사항을 기재하지 아니하거나 거짓으로 기재를 한 책임이 종속회사 또는 관계회사의 감사인에게 있는 경우에는 해당 감사인은 연결재무제표 감사보고서를 믿고 이용한 제3자에게 손해를 배상할 책임이 있다.

02 외부감사법상 감사인의 손해배상책임은 그 청구권자가 해당 사실을 안 날부터 1년 이내 또는 재무제표 발행일로부터 8년 이내에 청구권을 행사하지 아니하면 소멸한다.

03 (　　)란 기업의 주가조작, 허위공시, 분식회계 등으로 소액주주들(제3자)이 피해를 보았을 경우 이를 법적으로 구제하기 위한 제도의 한 가지로 피해를 본 소액주주가 해당기업을 상대로 소송을 제기해 승소하면 같은 피해를 본 나머지 투자자들도 별도의 소송 없이 피해를 보상받을 수 있도록 한 제도이다.

04 공인회계사가 직무를 행할 때 고의 또는 중대한 과실로 진실을 감추거나 거짓 보고를 하는 경우에는 3년 이하 이하의 징역 또는 3천만원 이하의 벌금에 처한다.

05 회계법인인 감사인은 회사와 제3자에 대한 손해배상책임을 보장하기 위하여 회계법인 내에 손해배상공동기금을 적립하여야 한다.

---

06 외부감사법은 감사인으로 하여금 전문직업인으로서의 정당한 주의의무(Due Professional Care)를 다하여야 한다고 규정하고 있다.

07 공인회계사는 의뢰인 또는 고용주와의 관계가 종료된 이후에는 비밀유지의 원칙을 준수하여야 할 필요가 없다.

08 감사인이 그 직무를 수행함에 있어서 임원의 직무행위에 관하여 부정행위 또는 법령이나 정관에 위반되는 중대한 사실을 발견하면, 감사 또는 감사위원회에 통보하고 주주총회(사원총회)에 보고하여야 한다.

Chapter 15 정답 및 해설

01 ○ (외부감사법 제31조)

02 × 외부감사법상 감사인의 손해배상책임은 그 청구권자가 해당 사실을 안 날부터 1년 이내 또는 감사보고서를 제출한 날부터 8년 이내에 청구권을 행사하지 아니하면 소멸한다. (외부감사법 제31조)

03 (증권집단소송제도)

04 × 공인회계사가 직무를 행할 때 고의로 진실을 감추거나 거짓 보고를 하는 경우에는 3년 이하 이하의 징역 또는 3천만원 이하의 벌금에 처한다.

05 × 회계법인 내에 적립하는 것은 손해배상준비금이다. 손해배상공동기금은 회계법인 외부인 한국공인회계사회에 적립하는 형태이다.

---

06 × 외부감사법 → 공인회계사 윤리기준 (윤리기준 100.4)

07 × 공인회계사는 의뢰인 또는 고용주와의 관계가 종료된 이후에도 비밀유지의 원칙을 준수하여야 할 필요성이 있다. (윤리기준 140.6)

08 × 임원 → 이사 (외부감사법 제22조)

CHAPTER 16

감사인의 자격과 감사품질

SECTION 01 전문가적 적격성

회계감사는 경영진이 제공하는 재무제표에 대하여 독립적인 제3의 전문가가 그 적정성 여부에 대한 의견을 제시함으로써 재무제표의 신뢰성을 높이는 기능을 가지고 있기 때문에 감사인은 일정한 자격을 갖추어야 한다. 감사인이 갖추어야 할 자격 요건으로는 ① 전문가적 적격성과 ② 독립성을 들 수 있다.

1 전문가적 적격성

1.1 전문가적 적격성의 개념

공인회계사는 의뢰인이나 고용주에게 적격성을 갖춘 전문서비스를 제공하기에 합당한 수준의 전문적 지식과 기술을 유지해야 한다(윤리기준 130.1).

1.2 전문가적 적격성의 단계

적격성을 갖춘 전문서비스를 제공하는데 필요한 전문적 지식과 기술을 적용함에 있어 건전한 판단력을 발휘하여야 한다. 전문가적 적격성은 다음의 두 가지 단계로 구분된다(윤리기준 130.2).

① 전문가적 적격성의 습득
② 전문가적 적격성의 유지

전문가적 적격성을 유지하기 위해서는 관련된 기술적, 전문가적, 사업적 발전 동향에 대한 계속적인 관심과 이해가 필요하다. 공인회계사는 계속적인 전문가적 개발을 통해 전문적인 환경 속에서 적격하게 업무를 수행할 수 있는 역량을 개발하고 유지하여야 한다(윤리기준 130.3).

2 적격성이 결여된 경우

공인회계사는 적격하게 업무를 수행할 수 있다고 판단되는 업무만을 제공하여야 한다. 공인회계사는 업무수임을 승낙하기 전에, 해당 업무의 승낙이 윤리강령의 준수에 위협이 되는지를 고려하여야 한다. 예를 들어, 업무팀이 해당 업무를 적절하게 수행하기 위해 필요한 적격성을 보유하고 있지 않거나 이러한 적격성을 습득할 수도 없는 상황임에도 불구하고, 해당 업무를 수임한다면 전문가적 적격성과 정당한 주의 강령의 준수에 대하여 이기적 위협을 야기시킨다.

공인회계사는 파악된 위협의 심각성을 평가하여야 하며, 해당 위협이 명백하게 경미한 경우 외에는 해당 위협을 제거하거나 수용가능한 수준이하로 감소시키기 위한 안전장치를 적용하여야 한다.

그러나 상기의 안전장치에도 불구하고 적격성이 만족될 수 없다면 감사계약을 해지할 것을 고려하여야 한다.

Q

감사인이 감사계약 후 적격성 때문에 계약을 해지할 수 있는가?

SECTION 02 감사인의 독립성

NEW INTERNATIONAL STANDARDS ON AUDITING

1 감사업무에 있어서의 독립성

독립성의 정의

독립성이란 감사절차의 수행, 그 결과의 평가 및 감사보고서 작성에까지 모든 감사업무를 수행하는 과정에서 불편 부당한 자세를 유지할 수 있는 것을 말한다.

감사인은 감사의견을 표명함에 있어서 다음과 같이 정신적 독립성 및 외관상 독립성을 준수하고 유지하여야 한다. 회계감사기준에서는 공인회계사가 제공하는 모든 서비스에 대하여 독립성을 요구하는 것이 아니라 감사와 같은 인증 서비스의 경우에만 반드시 독립성을 요구하고 있다. 또한 공인회계사 윤리기준에서는 인증업무의 경우 독립성을 유지하여야 한다고 규정하고 있다. 따라서 인증업무(감사 포함) 이외의 서비스 중 공인회계사가 제공하는 서비스의 경우 독립성 준수에 대한 제한이 없기 때문에 독립성의 준수여부는 해당 서비스의 계약조건에 따라야 할 것이다.

공인회계사 윤리기준에서는 정신적 독립성과 외관상 독립성을 다음과 같이 정의하고 있다(윤리기준 290.8).

1.1 정신적 독립성

정신적 독립성이란 전문가적 판단을 손상시키는 요인에 영향을 받지 않고 의견을 표명할 수 있는 정신적 상태를 의미하며, 개인으로 하여금 성실하게 행동하고 공정함을 유지하며 전문가적인 의구심을 발휘하도록 한다. 이를 실질적 독립성(independence in fact)이라고도 한다.

1.2 외관상 독립성

외관상 독립성이란 안전장치를 포함한 관련된 모든 정보를 알고 있는 합리적인 제3자가 회계법인 또는 인증업무팀의 구성원의 성실, 공정 및 전문가적 의구심이 손상된 것으로 판단하게 만드는 중요한 사실이나 상황을 회피하는 것을 말한다. 이를 형식상 독립성(independence in appearance)이라고도 한다.

2 정신적 독립성과 외관상 독립성의 관계

① 본질적으로 정신적 독립성이 외관상 독립성을 능가한다.
② 외관상 독립성이 의심되면 정신적 독립성 여부에 관계없이 감사보고서 신뢰성은 떨어진다.
③ 외관상으로만 독립성이 유지되었다 하여 정신적 독립성이 유지되는 것은 아니다.
④ 외관상 독립성은 감사보고서의 신뢰성을 확보하기 위한 최소한의 전제조건이다.
⑤ 정신적 독립성과 외관상 독립성은 상호보완 관계에 있다.

(1) 본질적으로 정신적 독립성이 외관상 독립성을 능가한다.

감사인의 입장에서 보면 전문가로서 불편 부당한 정신적 자세만 갖추고 있다면 감사대상회사와 외관상 어떠한 관계에 있다할지라도 감사과정과 감사보고서는 왜곡되지 않을 것이다. 그러나 정신적 독립성이 유지되었다는 것을 이해관계자에게 설득시키기란 매우 어렵다.

(2) 외관상 독립성이 의심되면 정신적 독립성 여부에 관계없이 감사보고서 신뢰성은 떨어진다.

감사보고서 이용자의 입장에서 본다면 감사인이 아무리 정신적 독립성을 유지하고 있다 하여도 외관상 독립성이 결여되어 있다면 그 신뢰성은 매우 의심스러울 것이다. 즉, 외관상 독립성이 의심된다면 정신적 독립성 유지여부에 관계없이 감사보고서의 신뢰성은 손상된다.

(3) 외관상으로만 독립성이 유지되었다 하여 정신적 독립성이 유지되는 것은 아니다.

신분상 독립성과 경제적 독립성이 유지되었다고 하여 감사인의 불편 부당한 자세까지 유지되는 것은 아니다.

(4) 외관상 독립성은 감사보고서의 신뢰성을 확보하기 위한 최소한의 전제조건이다.

감사인은 정신적 독립성과 외관상 독립성을 모두 갖추어야 한다. 정신적 독립성은 감사인이 갖추어야 할 마음의 자세이기 때문에 감사보고서 이용자들이 확인하기 어렵다. 그러나 외관상 독립성이 위배되면 외부정보 이용자들은 감사보고서의 신뢰성을 의심하게 된다. 따라서 외관상 독립성은 감사보고서의 신뢰성을 확보하기 위한 최소한의 전제조건이다.

(5) 정신적 독립성과 외관상 독립성은 상호보완 관계에 있다.

정신적 독립성이 유지되었다고 하여 외관상 독립성이 유지되는 것은 아니다. 또한 외관상 독립성이 유지되었다고 하여 정신적 독립성이 유지되는 것도 아니다. 오히려 이들 둘의 관계는 상호보완적인 관계에 있다. 즉, 감사보고서의 신뢰성이 완전하게 확보되기 위해서는 정신적 독립성과 외관상 독립성이 모두 유지되어야 한다.

SECTION 03 독립성과 법률

NEW INTERNATIONAL STANDARDS ON AUDITING

독립성이 위배되었는지에 대한 판단은 공인회계사법과 공인회계사 윤리기준에 따른다. 독립성이 위배된다고 판단하여 공인회계사법에서 금지하고 있는 사항은 미국의 사베인스옥슬리법(Sarbanes-Oxley Act)에 기초한다. 공인회계사법에서 정하고 있는 독립성이 위배되는 사항은 1) 감사인과 회사간 특정 관계가 형성된 경우 해당 회사에 대한 감사를 제한하는 것, 2) 감사와 동시에 제공할 수 없는 비감사서비스가 있다.

독립성, 특히 정신적 독립성은 법률로 제한하기 어려운 점이 있다. 따라서 법률에 추가하여 공인회계사 윤리기준에서 공인회계사가 준수하여야 할 윤리적 사항을 규정함으로써 공인회계사들에게 법률로 강제할 수 없는 사항들에 대해서는 윤리의식에 호소하고 있다.

기출 2022

기출 2023

기출 2024

기출 2025

주 공인회계사에게 적용되는 제한은 다음 두 가지를 경우에 적용될 수 있다.
① 개업공인회계사 개인으로서 외감법 감사 이외의 감사와 같은 증명업무를 제공할 경우
② 개업공인회계사가 조직한 감사반으로서 감사와 같은 증명업무를 제공할 경우

1 감사인과 회사간 특정 관계가 형성된 경우 업무제한

공인회계사법은 감사인과 회사간 특정 관계가 형성된 경우 해당 회사에 대하여 감사업무를 제한하고 있다. 구체적인 제한은 ①공인회계사를 제한하는 것 그리고 ②회계법인을 제한한 것이 있다.

공인회계사에게 적용되는 직무제한(공인회계사법 제21조) 주	회계법인에게만 적용되는 직무제한(공인회계사법 제33조)
	① 회계법인이 주식을 소유하거나 출자하고 있는 회사
	② 회계법인의 사원이 다음의 관계가 있는 회사
① 자기 또는 배우자가 임원이나 그에 준하는 직위(재무책임자 포함)에 있거나, 과거 1년 이내에 그러한 직위에 있었던 자	a. 회계법인의 사원 또는 그 배우자가 임원이나 그에 준하는 직위(재무책임자 포함)에 있거나, 과거 1년 이내에 그러한 직위에 있었던 회사
② 자기 또는 배우자가 그 직원이거나 과거 1년 이내에 직원이었던 자(배우자는 재무직원의 경우만 해당)	b. 회계법인의 사원 또는 그 배우자가 그 사용인이거나 과거 1년 이내에 직원이었던 회사
③ 자기 또는 배우자와 뚜렷한 이해관계가 있어서 그 직무를 공정하게 행하는 데 지장이 있다고 인정되는 다음의 자 a. 당해 공인회계사 또는 그 배우자가 주식 또는 출자지분을 소유하고 있는 자 b. 공인회계사 또는 그 배우자와 채권 또는 채무관계에 있는 자. 다만, 특정 Grandfathered Loan은 허용된다.	c. 회계법인의 사원 또는 그 배우자와 뚜렷한 이해관계가 있어서 그 직무를 공정하게 행하는 데 지장이 있다고 인정되는 다음의 회사 1. 당해 사원 또는 그 배우자가 주식 또는 출자지분을 소유하고 있는 회사 2. 사원 또는 그 배우자와 채권 또는 채무관계에 있는 회사. 다만, 특정 Grandfathered Loan은 허용된다.
	③ 회계법인이 뚜렷한 이해관계를 가지고 있거나 과거 1년 이내에 그러한 이해관계를 가지고 있었던 것으로 인정되는 다음의 회사 a. 과거 1년 이내에 자기의 재무제표 등에 대하여 감사 또는 증명업무를 행한 회계법인의 담당사원 또는 그 배우자가 임원이나 그에 준하는 직위(재무책임자 포함)에 있는 회사 b. 회계법인과 1억원 이상의 채권 또는 채무관계에 있는 회사. 다만, 특정 Grandfathered Loan은 허용된다.

① 당해 공인회계사에게 무상으로 또는 일반적인 거래가격보다 현저히 낮은 대가로 공인회계사 사무소나 영업용 차량을 제공하고 있는 자 ② 당해 공인회계사에게 공인회계사 업무외의 업무로 인하여 계속적인 보수를 지급하거나 기타 경제상의 특별한 이익을 제공하고 있는 자 ③ 당해 공인회계사에게 공인회계사 직무를 수행하는 대가로 자기 회사의 주식 · 신주인수권부사채 · 전환사채 또는 주식매수선택권을 제공하였거나 제공하기로 한 자	c. 회계법인과 다음의 관계가 있는 회사 1. 당해 회계법인에게 무상으로 또는 일반적인 거래가격보다 현저히 낮은 대가로 공인회계사 사무소나 영업용 차량을 제공하고 있는 회사 2. 당해 회계법인에게 공인회계사 업무외의 업무로 인하여 계속적인 보수를 지급하거나 기타 경제상의 특별한 이익을 제공하고 있는 회사 3. 당해 회계법인에게 공인회계사 직무를 수행하는 대가로 자기 회사의 주식 · 신주인수권부사채 · 전환사채 또는 주식매수선택권을 제공하였거나 제공하기로 한 회사

위에서 특정 Grandfathered Loan은 다음을 말한다. 다음에 해당하는 채권 · 채무(Grandfathered Loan)관계는 감사인의 독립성에 영향을 미치지 아니한다.

기출 2025

Grandfathered Loan(공인회계사법 시행령 제14조)

① 공인회계사의 직무와 직접 관련된 채권
② 「금융소비자 보호에 관한 법률」에 따른 금융상품에 대해 약관에 따라 체결한 계약으로 발생한 채권 또는 채무 중 일부. (다만, 정당한 사유 없이 일반적인 거래조건보다 유리하게 체결한 계약이나 「금융산업의 구조개선에 관한 법률」에 따른 적기 시정조치를 받거나 받아야 하는 금융기관과 체결한 계약으로 발생한 채권 또는 채무는 제외한다.)
  1) 다음의 채권 또는 채무 중 감사기간 중에 만기를 연장한 계약으로 발생한 채권 또는 채무
    가) 주택담보대출 · 예금담보대출 등 일반적인 절차에 따라 담보를 제공하고 성립된 채무
    나) 보험상품 계약으로 발생한 채권 또는 채무
  2) 건축물이나 주택의 분양 · 공급 등과 관련하여 금융회사와 일괄적으로 체결한 대출 계약으로 발생한 채무(집단대출)
  3) 신용카드 사용에 따른 지급기일이 2개월 이내인 채무 중 연체되지 않은 채무
  4) 1)부터 3)까지의 채권 또는 채무 외의 것으로서 재무제표를 감사하거나 증명하는 업무를 수행하는 계약을 체결하기 전에 발생한 채권 또는 채무
③ 재무제표를 감사하거나 증명하는 업무를 수행하는 계약을 체결하기 전에 약관에 따라 구입하거나 정상적인 가액으로 구입한 회원권 · 시설물이용권 등 채권
④ 「근로자퇴직급여 보장법」에 따른 퇴직연금 등 채권
⑤ 감사기간 중 합병 · 상속 또는 소송 등에 의하여 비자발적으로 발생된 채권 또는 채무
⑥ ①~⑤의 채권 또는 채무 외의 것으로서 상거래를 위해 약관에 따라 체결된 계약으로 발생한 3천만원 미만의 채권 또는 채무

2 감사와 동시에 제공할 수 없는 비감사서비스

상기와 같이 감사인과 회사(연결 종속회사 포함)간의 특정 관계를 제한하는 것 이외에 공인회계사법에서는 다음과 같은 비감사업무를 감사와 동시에 수행할 수 없도록 금지하고 있다. 구체적으로 회사가 다른 회사와 지배 · 종속 관계에 있어 연결재무제표를 작성하는 경우, 지배회사의 감사인은 지배회사 뿐만 아니라 모든 종속회사에 대해서도 공인회계사법에서 금지된 비감사업무를 수행할 수 없다. 왜냐하면, 지배회사 감사인은 종속회사가 포함된 지배회사의 연결재무제표를 감사하고, 따라서 지배회사 감사인이 그룹재무제표에 대한 감사를 수행할 때 지배회사 뿐만 아니라 연결재무제표 포함되는 모든 종속회사와도 독립성이 요구되기 때문이다. 그러나 종속회사의 감사인은 해당 종속회사만 감사하기 때문에 지배회사와 독립적일 것이 요구되지 않는다. (공인회계사법 제21조 ②).

TIP

지배회사 감사인이 종속회사에 대해서도 비감사업무를 수행하지 못하게 하는 것은 2017년 개정 공인회계사법에서 도입되었다.

기출 2021

기출 2024

감사와 동시에 수행할 수 없는 비감사서비스(공인회계사법 제21조)

① 회계기록과 재무제표의 작성
② 내부감사업무의 대행
③ 재무정보체제의 구축 또는 운영
④ 자산 · 자본, 그 밖의 권리 등(자산 등)을 매도 또는 매수하기 위한 다음의 업무(부실채권의 회수를 목적으로 한 사항은 제외)
　– 자산 등에 대한 실사 · 재무보고 · 가치평가
　– 자산 등의 매도 · 매수거래 또는 계약의 타당성에 대한 의견제시
⑤ 인사 및 조직 등에 관한 지원업무
⑥ 재무제표에 계상되는 보험충당부채 금액 산출과 관련되는 보험계리업무
⑦ 민 · 형사 소송에 대한 자문업무
⑧ 자금조달 · 투자 관련 알선 및 중개업무
⑨ 중요한 자산의 처분 및 양도, 지배인의 선임 또는 해임 등 경영에 관한 의사결정으로서 임원이나 이에 준하는 직위의 역할에 해당하는 업무
⑩ 그 밖에 재무제표의 감사 또는 증명업무와 이해상충의 소지가 있는 것으로서 법률에서 정하는 특정 업무

상기에 해당하는 업무 외의 업무는 내부통제절차 등 대통령령으로 정하는 절차에 따라 할 수 있다. 이는 공인회계사가 해당 업무를 수행하기 전에 그 회사의 감사와 그 업무에 대하여 협의하고, 이해상충의 소지가 높은 업무에 대하여는 감사등의 동의를 얻는 절차를 말한다. 공인회계사가 그러한 업무를 수행한 경우에는 감사등과의 협의 사항 및 감사등의 동의와 관련한 사항을 문서화하여 8년간 보존해야 한다.

REVIEW POINT New International Standards on Auditing

감사인이 그룹재무제표감사를 수용 또는 유지를 결정할 때 감사증거를 충분하고 적합하게 수집할 수 있다고 기대할 수 있어야 할 뿐만 아니라 독립성이 유지된다는 것이 전제되어야 한다. 우리나라의 경우 **감사인이 회사와 특정 관계에 있는 경우** 독립성이 위배된다고 정하고 있다. 또한 **감사인이 회사(연결재무제표를 감사하는 감사인의 경우 종속회사 포함)에게 법에서 금지하는 비감사서비스를 제공하는 경우** 독립성이 위배된다고 정하고 있다(공인회계사법 제21조).

감사인	감사의 범위	요구되는 독립성	
		공인회계사법에서 금지하는 비감사서비스	공인회계사법에서 금지하는 관계
그룹감사인(지배회사 감사인)	지배회사의 재무제표 + 그룹재무제표	지배회사 + 모든 종속회사	지배회사
부문감사인(종속회사 감사인) ※ 종속회사란 지배·종속관계에 있어 연결재무제표에 포함되는 모든 회사를 말한다.	종속회사의 재무제표	해당 종속회사	해당 종속회사

Q 지분법 적용 대상 회사에 대해서도 지배회사 감사인은 해당 회사에 대한 비감사서비스를 제공할 수 없는가?

Q 지배회사 감사인은 종속회사와 비감사서비스 이외에 공인회계사법에서 정한 관계(예: 주식소유)를 가져서도 안되는가?

SECTION 04 공인회계사 윤리기준

NEW INTERNATIONAL STANDARDS ON AUDITING

공인회계사가 회계감사와 같은 확신업무를 제공함에 있어 반드시 요구되는 독립성은 전문가로서의 자세에 해당한다. 따라서 법률로서 이를 강제하는 것만으로 충분하지 않으며, 회계 선진국을 비롯한 대부분의 국가에서 공인회계사 윤리기준을 통하여 공인회계사가 전문직업인으로서 준수하여야 할 자세를 정의하고 이를 준수할 것을 호소하고 있다. 미국은 미국공인회계사회의 윤리기준(AICPA Code of Professional Conduct)과 주별로도 공인회계사 윤리기준(State Ethics & Regulations for CPA)이 있다.

우리나라도 공인회계사 윤리기준(한국공인회계사 제정)이 제정되어 있으며 그 구체적인 내용은 다음과 같다.

1 공인회계사 윤리기준

공인회계사(professional accountant)라는 직업이 가지는 중요한 특징 중의 하나는 공익을 보호해야 할 책임이 있다는 것이다. 그러므로 공인회계사의 책임은 단지 의뢰인이나 본인이 소속해 있는 조직이 요구하는 사항을 충족시키는 데에만 그치지 아니한다. 공인회계사는 직무를 수행함에 있어 공익을 보호하기 위하여 이 윤리기준의 요구사항을 준수하여야 한다(윤리기준 100.1).

기출 2022

2 공인회계사 윤리기준의 목적 및 적용범위

공인회계사 윤리기준은 공인회계사 시험에 합격하여 공인회계사법(제7조)에 의하여 등록한 공인회계사가 전문직업인으로서 준수하여야 할 윤리기준을 정함으로써, 공인회계사로 하여금 그 직무를 높은 수준으로 수행하게 하고 공익에 부합되게 하여, 공인회계사에 대한 사회적 신뢰를 제고함을 목적으로 한다. 이 윤리기준은 3부로 구성된다. 제1부는 공인회계사 윤리의 근본원칙인 윤리강령을 제정하고 이를 적용하기 위한 개념체계를 제시한다. 개념체계는 윤리강령을 준수하기 위한 지침들로 구성되어 있다. 공인회계사는 이러한 개념체계를 이용하여 윤리강령을 준수하는데 위협이 되는 요인을 파악하고, 위협의 심각성을 평가하며, 이러한 위협이 명백하게 경미한(clearly insignificant) 경우 외에는, 해당 위협을 제거하거나 수용가능한 수준이하로 감소시키기 위한 제도적 안전장치(이하 "안전장치"라 한다)를 적용하여 윤리강령의 준수가 훼손되지 않도록 한다(윤리기준 100.2).

공인회계사는 재무제표에 대한 감사(검토) 외에도 다양한 업무를 수행한다. 공인회계사가 제공하는 다양한 서비스 중 공인회계사 윤리기준이 적용되는 범위는 어디까지일까? 이에 대한 해답은 공인회계사 윤리기준에서 찾을 수 있지만 인증업무 개념체계(보론 1)에서 명확하게 제시하고 있다. 즉, 공인회계사 윤리기준은 공인회계사가 제공하는 모든 업무에 적용된다. 아래는 회계감사기준위원회가 제정한 기준 등의 상호 관계 및 공인회계사윤리기준과의 관계를 제시하고 있으며, 이를 통하여 공인회계사 윤리기준의 적용범위를 명확하게 알 수 있다(인증업무 개념체계 보론 1).

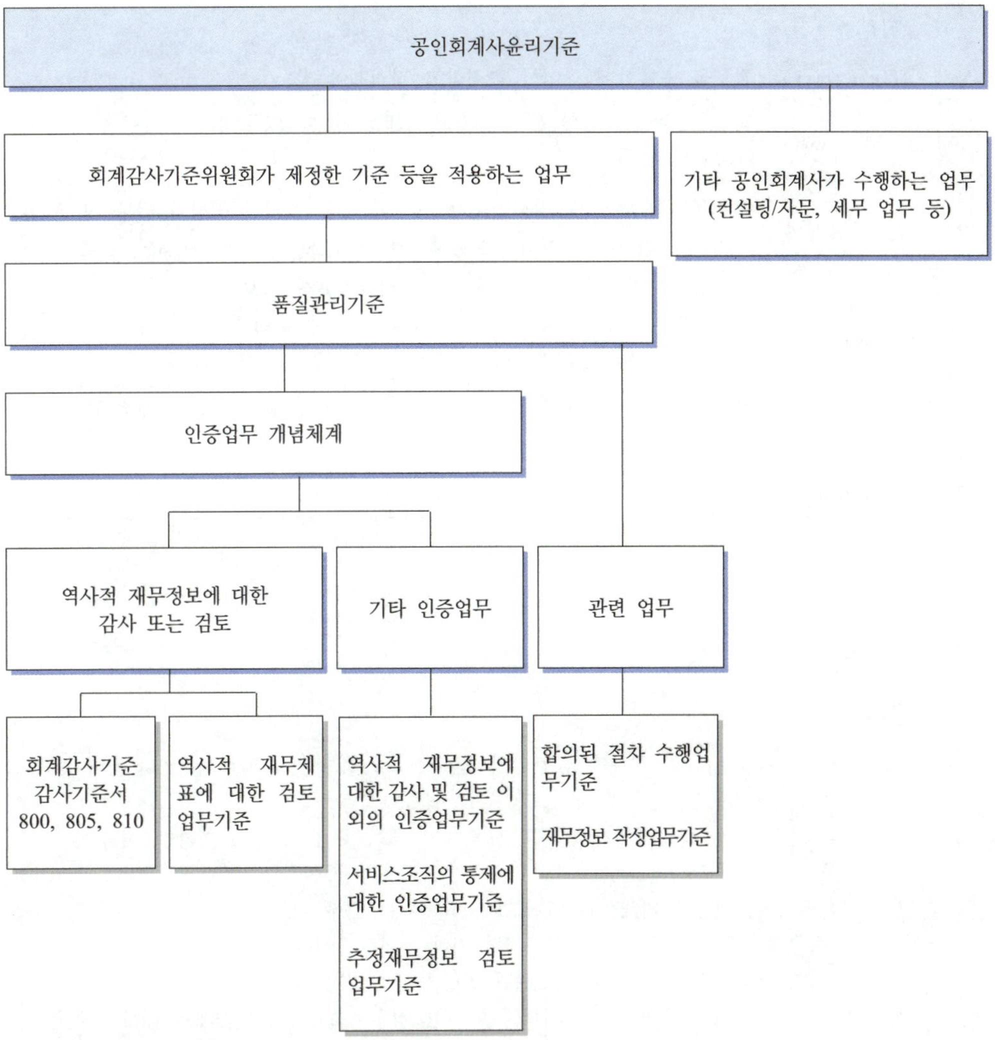

Q

공인회계사 윤리기준은 제공하는 세무업무에도 적용되는가?

3 윤리강령 (Principles of Professional Conduct)

기출 2021

공인회계사 윤리기준은 공인회계사가 추구하는 가치관을 명문화하여 스스로 나아가야할 자아상, 자기책무, 최소한의 행동준칙을 정하고 자기규제를 행할 기준을 정하고 있는데 이를 윤리강령이라고 한다. 공인회계사의 윤리강령은 다음과 같다.

윤리강령	내　용
성　실(Integrity)	직무를 수행함에 있어서 솔직하고 정직해야 함
공정성(Objectivity)	직무를 수행함에 있어 편견이나 이해의 상충 또는 외부의 부당한 영향을 받아서는 안됨
전문가적 적격성과 정당한 주의 (Competence and Due Care)	• 전문가적 적격성: 의뢰인이나 자신이 속한 조직이 최신의 업무, 법규 및 기술에 입각하여 적격성을 갖춘 전문서비스(professional service)를 제공받을 수 있도록 전문적 지식과 기법을 지속적으로 유지 • 정당한 주의: 직무를 수행함에 있어 정당한 주의를 기울여야 하며, 관련 기술적 또는 전문적 기준을 준수
비밀유지(Confidential)	직무수행과정에서 지득한 어떠한 기밀의 정보도 사용하거나 공개해서는 안됨
전문가적 품위유지 (Maintain Dignity)	• 관련 법규를 준수 • 공인회계사의 품위를 실추시키는 행동 금지

기출 2024

REVIEW POINT

New International Standards on Auditing

1. 비밀유지의 예외: 다음의 경우에 공인회계사는 기밀의 정보를 공개할 수 있다(윤리기준 140.7).
   (1) 법규에 의해 정보의 공개가 허용되고 의뢰인 또는 고용주로부터 공개를 허락 받은 경우
   (2) 다음과 같이 법규에 의해 정보의 공개가 요구되는 경우
      ① 소송절차에 따라 문서를 제시하거나 기타증거로 제시하는 경우
      ② 이미 알려진 법규위반 사실을 해당 공공기관에 공개하는 경우
   (3) 법규에 의해 정보의 공개가 금지되지 아니한 경우로서, 정보의 공개에 대하여 전문가적인 권리 또는 의무가 있는 경우
      ① 한국공인회계사회 또는 감독기관의 품질관리 감리의무를 준수하기 위한 경우
      ② 한국공인회계사회 또는 감독기관의 질의 또는 조사에 응하기 위한 경우
      ③ 소송에서 공인회계사의 직업상의 이해관계를 보호하기 위한 경우
      ④ 기술적 기준 및 윤리적 요구사항을 준수하기 위한 경우

기출 2022

2. 공인회계사는 의뢰인 또는 고용주와의 관계가 종료된 이후에도 비밀유지의 원칙을 준수하여야 할 필요성이 있다. 공인회계사가 고용관계를 변경하거나 새로운 의뢰인으로부터 업무를 수임한 경우, **공인회계사는 이전의 업무경험을 이용할 자격이 있다.** 그러나 공인회계사는 직무수행과정에서 지득한 어떠한 기밀의 정보도 사용하거나 공개해서는 아니된다(윤리기준 140.6).

4 개념체계에 의한 접근

공인회계사는 직무를 수행함에 있어 윤리강령을 준수하는데 위협이 되는 상황에 처할 수 있다. 그러나 위협이 되는 모든 상황을 규정하고 각 상황에 맞는 적절한 대처방안을 모두 명기하는 것은 불가능하다. 또한 수행하는 직무의 성격에 따라 관련된 위협요소도 상이하기 때문에 해당 위협요소에 맞는 서로 다른 안전장치의 적용이 요구된다.

개념체계는 공인회계사가 독단적일 수 있는 일련의 세부적인 규정을 단순히 준수하는데 그치지 않고, 윤리강령의 준수에 대한 위협을 파악하고 평가하며 이에 대처함으로써, 결과적으로 공익을 보호할 것을 요구한다. 공인회계사 윤리기준은 공인회계사가 윤리강령의 준수에 대한 위협을 파악하고 평가하며 이에 대처함에 있어서 도움이 되는 틀을 제공한다. 공인회계사는 파악된 위협이 명백하게 경미한 경우가 아니면, 해당 위협을 제거하거나 수용가능한 수준이하로 감소시키기 위해 필요한 안전장치를 적용함으로써, 윤리강령의 준수가 훼손되지 않도록 하여야 한다(윤리기준 100.5).

5 윤리적 갈등의 해결

공인회계사가 윤리기준을 준수함에 있어 독립성을 포함한 윤리적 갈등을 겪을 경우 이를 해결하여야 한다. 공인회계사가 공식적 또는 비공식적으로 윤리적 갈등을 해결하려고 하는 경우, 해결과정의 일환으로 다음의 사항을 개별적으로 또는 더불어 고려하여야 한다(윤리기준 100.17).

① 관련 사실

② 관련된 윤리적 사안

③ 논란이 되고 있는 사안과 관련된 윤리강령

④ 갈등해결을 위한 내부절차

⑤ 일련의 대체적인 조치

공인회계사는 상기 사항들을 고려한 후, 파악된 윤리강령에 부합하는 적절한 조치가 무엇인지를 결정하여야 한다. 공인회계사는 가능한 각각의 조치에 대하여 초래될 수 있는 결과를 비교해 보아야 한다.

공인회계사는 갈등이 해결되지 않을 경우 다음과 같은 단계를 통하여 윤리적 갈등을 해결할 수 있다(윤리기준 100.16-100.21).

기출 2021

1단계: 회계법인 또는 소속기관내의 타구성원에게 도움 요청

⬇

2단계: 회계법인의 내부감시기구(이사회나 감사위원회)에 자문

갈등과 관련된 사안의 요지, 세부 논의내용 및 사안과 관련된 결정사항 등을 문서화

⬇

3단계: 한국공인회계사회 또는 법률 전문가에게 조언을 요청

⬇

4단계: 관계단절

- 업무수행팀, 해당업무에서 철수
- 업무수임 거절
- 회계법인에서 사임

6 주장기준 인증업무와 독립성

독립성은 공인회계사가 제공하는 서비스 중 적어도 회계감사와 같은 인증업무에서는 반드시 요구되는 것이다. 인증업무에는 예를 들면, 감사, 검토 등이 있다.

인증업무에는 "주장기준 인증업무"(assertion-based engagement)와 "직접보고 인증업무"(direct reporting engagement)가 있다. 재무제표감사업무(financial statement audit engagement) 등과 같은 "주장기준 인증업무"에서는 인증대상의 평가와 측정은 그 인증대상업무를 수행하는 책임자에 의해 수행되며, 인증대상정보(F/S)는 인증대상업무를 수행하는 책임자가 의도된 이용자에게 주장(즉, 경영진주장)하는 형태로 제공된다(윤리기준 290.6).

"직접보고 인증업무"에서는 개업공인회계사가 인증대상을 직접 평가하고 측정하거나, 평가와 측정을 수행한 책임자로부터 확인서를 징구하는데, 그러한 확인서는 의도된 이용자에게 공개되지 않는다. 인증대상정보는 인증업무보고서의 일부로서 의도된 이용자에게 제공된다(윤리기준 290.7).

6.1 재무제표감사업무

재무제표감사업무는 잠재적이고 광범위한 정보이용자와 관련이 있다. 따라서 재무제표감사업무에서는 정신적 독립성도 중요하지만 외관상 독립성은 특히 중요하다. 그러므로 인증업무팀의 구성원 및 회계법인등은 재무제표감사의뢰인을 위해서 재무제

표감사의뢰인으로부터 독립적이어야 한다. 이러한 독립성 요구사항은 인증업무팀의 구성원과 인증대상정보(재무제표)에 직접적이고 심각한 영향력을 미칠 수 있는 직위에 있는 재무제표감사의뢰인의 임직원간의 특정 관계를 금지하는 내용을 포함한다. 또한 인증대상(재무상태, 경영성과 및 현금흐름)에 직접적이고 심각한 영향을 미칠 수 있는 직위에 있는 직원과의 관계에 의하여 독립성 훼손위협이 발생하는지 여부도 고려하여야 한다(윤리기준 290.14).

6.2 기타의 주장기준 인증업무

재무제표감사외의 "주장기준 인증업무"를 수행하는 인증업무팀의 구성원과 회계법인은 인증의뢰인으로부터 독립적이어야 한다. 이러한 독립성 요구사항은 인증업무팀의 구성원과 인증대상정보에 직접적이고 중요한 영향력을 발휘할 수 있는 직위에 있는 의뢰인간의 특정 관계를 금지하는 내용을 포함한다. 그리고 인증대상에 대하여 직접적이고 심각한 영향을 미칠 수 있는 직위에 있는 직원과의 관계에 의하여 독립성 훼손위협이 발생할 수 있는지 여부도 감안하여야 한다.

또한 회계법인은 네트워크 회계법인의 이해관계 및 유대관계에 의하여 발생할 수 있다고 판단되는 독립성 훼손위협을 고려하여야 한다(윤리기준 290.15).

재무제표감사외의 대부분의 "주장기준 인증업무"에서는 인증대상업무 책임자가 인증대상정보와 인증대상 모두에 대하여 책임을 진다. 하지만 어떤 경우에는 인증대상업무 책임자가 인증대상에 책임을 지지 않을 수도 있다. 예를 들어, 환경전문가가 의도된 이용자에게 배포할 목적으로 기업의 지속가능성실무에 대한 보고서를 작성하고 개업공인회계사가 이 보고서에 대한 인증업무를 수행하는 경우, 동 환경전문가는 인증대상정보에 책임을 지고 기업은 인증대상(지속가능성실무)에 책임을 진다(윤리기준 290.16). 재무제표감사업무외의 "주장기준 인증업무"에서 인증대상업무 책임자가 인증대상정보에 책임을 지고 인증대상에는 책임을 지지 않는 경우, 인증업무팀의 구성원과 회계법인은 인증대상정보 책임자(인증의뢰인)로부터 독립적이어야 한다. 또한 회계법인은 인증업무팀의 구성원 및 회계법인등과 인증대상 책임자간의 이해관계 및 유대관계에 의하여 발생할 수 있다고 생각되는 독립성 훼손위협도 고려하여야 한다(윤리기준 290.17).

6.3 직접보고 인증업무

"직접보고 인증업무"를 수행하는 인증업무팀의 구성원과 회계법인은 인증의뢰인(인증대상업무 책임자)으로부터 독립적이어야 한다(윤리기준 290.18).

TIP

네트워크 회계법인(Network firm)이라 함은 관련된 모든 정보를 알고 있는 합리적인 제3자가 국내·외적으로 통제와 소유 또는 경영의 통일성에 있어 당해 회계법인이 그 회계법인의 일부라고 판단할 수 있는 회계법인이나 경제적 실체(entity)를 말한다.

7 독립성이 훼손되었을 경우 감사인의 대응조치

감사인은 감사업무에 있어 독립성이 훼손되었다는 것을 인지한 경우 감사의 각 단계별로 다음과 같은 조치를 취한다.

기출 2022

감사단계	적절한 대응
(1) 감사계약 체결 전	해당 감사계약을 수임하지 않아야 함
(2) 감사계약 후	다음 단계별로 대응 단계 1: 안전장치를 적용함으로써 해당 위협을 제거하거나 수용가능한 수준으로 감소시키는 적합한 조치를 취함 → 감사업무 계속 단계 2: 적합하다고 판단되고 법규상 해지가 가능한 경우, 감사계약을 해지함 → 감사업무 중단 단계 3: 해당 위협을 제거하거나 수용가능한 수준으로 감소시킬 수도 없고 + 법규상 감사계약 해지도 불가능한 경우 감사보고서에 의견거절함

8 독립성을 훼손하는 위협

핵심

독립성 사례문제에서 판단기준은 위에서 제시한 바와 같이 1) 공인회계사법에서 금지하고 있는 관계에 있는 회사에 대한 회계감사와 2) 이러한 관계에 있지 않더라도 특정 직무를 금지하는 경우 안전장치와 관계없이 수임이 불가능하다. 그러나 그 이외에 공인회계사 윤리기준에서 독립성이 훼손될 수 있다는 사례들은 윤리기준에서 추가적으로 금지하고 있지 않는 한 수임은 가능하지만 독립성이 훼손될 위험을 일정수준 이하로 낮출 수 있는 '안전장치'를 마련한 후 수임가능하다. 그리고 법률과 윤리기준 어디에도 독립성이 훼손될 가능성을 언급하지 않은 경우 제한 없이 수임가능하다.

감사인은 독립성을 유지하여 높은 품질의 감사서비스를 제공하고자 하는 유인을 가지고 있다. 그러나 감사인이 독립성을 유지하고자 하는 유인을 위협이 존재하는데, 공인회계사 윤리기준은 구체적으로 아래의 5가지 위협을 제시하고 있다(윤리기준 200.3).

기출 2025

위협의 분류	내 용
① 이기적위협 (self-interest threat)	※ 개념: 공인회계사 본인, 그의 직계가족 또는 측근가족이 재무적 또는 기타 이해관계가 있을 경우에 발생 • 회사와 단독 재무적 이해관계/공동 재무적 이해관계 • 회사에 지나친 경제적 의존(수임료) • 회사와 친밀한 사업관계 • 회사와 관계가 상실될 가능성 우려 • 회사와 잠재적 고용관계 • 인증업무에 대한 성공보수 • 회사 또는 회사의 임원으로부터 자금 차입
② 자기검토위협 (self-review threat)	※ 개념: 공인회계사가 과거에 본인이 판단한 사항에 대하여 검토를 수행하는 경우에 발생 • 과거 수행업무에 대한 감사 중 중요한 오류 발견 • 자신이 설계 및 구축한 재무시스템의 운영에 대한 인증보고업무 수임 • 인증대상이 되는 기록의 원시자료 작성업무 수행 • 업무팀의 구성원이 현재 또는 최근까지 회사의 임원인 경우 • 업무팀의 구성원이 현재 또는 최근까지 회사의 직원으로서, 재무책임자인 경우 • 인증대상에 직접적으로 영향을 주는 비감사서비스
③ 변호위협 (advocacy threat)	※ 개념: 공인회계사가 공정성이 손상될 수 있을 정도로 어떤 입장이나 의견을 옹호하는 경우에 발생 • 상장회사인 피감사회사의 주식 알선 • 소송에서 피감사회사를 옹호하는 역할
④ 유착위협 (familiarity threat)	※ 개념: 공인회계사가 밀접한 관계로 인하여 타인의 이익에 지나치게 동정적인 경우에 발생 • 업무팀 구성원의 직계가족 또는 측근가족이 회사의 임원 또는 재무책임자인 경우 • 회계법인의 파트너이었던 자가 회사의 임직원으로서, 회사에 직접적이고 심각한 영향을 주는 직위에 종사하는 경우 • 선물 또는 특혜(접대)를 받은 경우 ※ 단, 제3자가 판단하여 제공받은 선물이나 접대의 가치가 명백하게 경미한 경우는 독립성을 훼손하지는 않지만 이 경우에도 윤리기준 위반에 해당 • 회계법인의 고위임직원이 회사와 오랜 친분관계 유지
⑤ 압력위협 (intimidation threat)	※ 개념: 공인회계사가 현실적 또는 잠재적인 협박의 가능성 때문에 공정하지 못하게 되는 경우에 발생 • 해임 또는 교체 위협 • 소송 위협 • 보수를 낮추기 위하여 감사범위를 부적절하게 제한하는 압력

독립성이 훼손되는 위협에 대한 개념은 위에서 정의한 바와 같다. 이제 구체적 사

례별로 특정 위협이 발생하였을 때 어떻게 대체하여야 하는지를 살펴보자. 아래 구체적 사례들은 한 가지 위협에만 영향을 미치는 것이 아니라 복수의 위협에 영향을 미칠 수도 있다.

8.1 이기적 위협

(1) 재무적 이해관계로 인한 위협

<table>
<tr><th>구 분</th><th colspan="2">내 용</th></tr>
<tr><td>업무팀 구성원 또는 그 직계가족이 재무적 이해관계</td><td colspan="2">① 직접적 이해관계: 이해관계 청산
② 간접적 이해관계: 중요한 간접적 이해관계는 위협이 됨 → 이해관계가 중요하지 않도록 청산
③ 재무적 이해관계를 가지고 있는 구성원을 인증업무에서 제외</td></tr>
<tr><td>업무팀 구성원 또는 그 직계가족이 상속·증여, 합병으로 회사와 재무적 이해관계</td><td colspan="2">다음의 안전장치 후 가능
• 감사위원회 등 인증의뢰인의 내부감시기구와 논의
• 해당 구성원이 수행한 업무를 검토하거나, 필요한 경우 조언을 제공해 줄 공인회계사를 추가로 투입함
• 가능한 빠른 시일 내에 이해관계 청산
• 재무적 이해관계를 가지고 있는 구성원을 인증업무에서 제외</td></tr>
<tr><td>인증업무팀의 측근가족이 재무적 이해관계</td><td colspan="2">다음의 안전장치 후 가능
• 재무적 이해관계 청산
• 감사위원회 등 내부감시기구와 이 문제를 논의함
• 해당 인증업무에 참여하지 않은 공인회계사를 추가로 투입하여 해당 구성원이 수행한 업무를 검토하거나 필요한 경우 조언을 제공하도록 함
• 해당 구성원을 해당 인증업무에서 제외</td></tr>
<tr><td rowspan="2">대출, 보증</td><td>인증의뢰인이 금융기관</td><td>① 해당 대출이나 보증이 정상적인 절차와 약정기간 및 요구조건에 따라 이루어지고, 회사와 회계법인에게 모두 중요하지 않은 경우 수임 가능
② 회사나 회계법인에게 중요한 경우에는 안전장치 후 가능</td></tr>
<tr><td>인증의뢰인이 비금융기관</td><td>중요한 대출·보증은 수임 불가, 중요하지 않은 대출·보증은 수임 가능</td></tr>
<tr><td>친밀한 사업관계(회사와 회계법인의 공동투자관계, 상호상품결합, 상호마케팅)</td><td colspan="2">① 회사와 회계법인 모두에게 중요하지 않고 그 관계가 명백하게 경미한 경우: 안전장치 후 가능
② 그렇지 않은 경우: 해당 사업관계를 종료 or 재무적 이해관계가 명백하게 경미하도록 관련 금액을 감소 or 수임 거절</td></tr>
<tr><td>회계법인이나 업무팀 구성원이 회사로부터 상품 또는 서비스 구입</td><td colspan="2">명백하게 경미한 경우 외에는 안전장치 필요
• 거래를 제거하거나 거래금액을 감소시킴
• 해당 개인을 인증업무팀에서 제외
• 감사위원회 등 내부감시기구와 이 문제를 논의함</td></tr>
</table>

■ 인증업무팀 구성원 또는 직계가족 : 인증의뢰인과 재무적 이해관계

인증업무팀의 구성원이나 그 직계가족이 인증의뢰인과 직접적인 재무적 이해관계를 가지거나 또는 중요한 간접적인 재무적 이해관계를 가지는 경우에 발생하는 이기적 위협은 독립성에 매우 심각한 영향을 미치게 된다. 따라서 이러한 위협을 제거하거나 수용가능한 수준이하로 감소시킬 수 있는 유일한 안전장치는 다음으로 한정한다(윤리기준 290.106).

① 직접적인 재무적 이해관계를 가진 개인이 인증업무팀의 구성원이 되기 이전에 직접적인 재무적 이해관계를 청산함
② 중요한 간접적인 재무적 이해관계를 가진 개인이 인증업무팀의 구성원이 되기 이전에 간접적인 재무적 이해관계의 전부를 청산하거나 또는 남아있는 간접적인 재무적 이해관계가 더 이상 중요하지 않게 되도록 간접적인 재무적 이해관계를 충분히 청산함
③ 재무적 이해관계를 가지고 있는 인증업무팀의 구성원을 해당 인증업무에서 제외시킴

TIP
재무적 이해관계를 가진 자가 통제력을 행사할 수 있는 재무적 이해관계는 직접적인 재무적 이해관계(direct financial interest)로 간주되며, 재무적 이해관계를 가진 자가 통제력을 행사할 능력이 없는 재무적 이해관계는 간접적인 재무적 이해관계(indirect financial interest)로 간주된다.

■ 인증업무팀 구성원 또는 직계가족 : 상속이나 증여, 또는 합병으로 인한 재무적 이해관계

인증업무팀의 구성원이나 그 직계가족이 예를 들어, 상속이나 증여, 또는 합병으로 인하여 인증의뢰인과 직접적인 재무적 이해관계를 가지게 되거나 또는 중요한 간접적인 재무적 이해관계를 가지게 되는 경우 이기적 위협이 발생할 수 있다. 이러한 위협을 제거하거나 수용가능한 수준이하로 감소시키기 위해 적용하여야 하는 안전장치는 다음과 같다(윤리기준 290.107).

① 가능한 빠른 시일 내에 재무적 이해관계를 청산함
② 재무적 이해관계를 가지고 있는 인증업무팀의 구성원을 당해 인증업무에서 제외시킴

한편, 재무적 이해관계를 청산하거나 해당 구성원을 당해 인증업무에서 제외시키기 이전에도 해당 위협을 수용가능한 수준이하로 감소시키기 위한 추가적인 안전장치가 필요한지 여부를 고려하여야 한다. 이러한 안전장치를 예시하면 다음과 같다.

① 감사위원회 등 인증의뢰인의 내부감시기구와 이러한 문제를 논의함
② 해당 구성원이 수행한 업무를 검토하거나, 필요한 경우 조언을 제공해 줄 공인회계사를 추가로 투입함

■ 측근가족 : 인증의뢰인과 재무적 이해관계

인증업무팀의 구성원이 자신의 측근가족이 인증의뢰인과 직접적인 재무적 이해관계를 가지고 있거나 또는 중요한 간접적인 재무적 이해관계를 가지고 있다는 사실을

알게 된 경우, 이기적 위협이 발생할 수 있다. 이러한 위협의 심각성을 평가할 때, 인증업무팀의 구성원과 그 측근가족간의 관계의 성격과 그 측근가족이 가지고 있는 재무적 이해관계의 중요성을 고려하여야 한다. 해당 위협의 심각성을 평가한 후 필요한 안전장치를 강구하고 적용하여야 한다. 이러한 안전장치를 예시하면 다음과 같다(윤리기준 290.108)

① 재무적 이해관계를 가지고 있는 측근가족은 가능한 빠른 시일 내에 모든 재무적 이해관계를 청산하거나 또는 남아있는 재무적 이해관계가 더 이상 중요하지 않게 되도록 재무적 이해관계를 충분히 청산함
② 감사위원회 등 인증의뢰인의 내부감시기구와 이 문제를 논의함
③ 해당 인증업무에 참여하지 아니한 공인회계사를 추가로 투입하여 해당 구성원이 수행한 업무를 검토하거나, 필요한 경우 조언을 제공하도록 함
④ 해당 구성원을 해당 인증업무에서 제외시킴

■ 회계법인 : 재무제표감사의뢰인과 재무적 이해관계

회계법인등이 재무제표감사의뢰인과 직접적인 재무적 이해관계를 가지는 경우 이기적 위협이 발생한다. 이러한 위협은 독립성에 매우 심각한 영향을 미치므로 이러한 위협을 수용가능한 수준이하로 감소시킬 수 있는 안전장치가 없을 것이다. 따라서 해당 재무제표감사업무를 수행하기 위한 유일한 대책은 해당 재무적 이해관계를 청산하는 것이다.

회계법인등이 재무제표감사의뢰인과 중요한 간접적인 재무적 이해관계를 가지는 경우 이기적 위협이 발생한다. 회계법인등이 해당 재무제표감사업무를 수행하기 위한 유일한 대책은 간접적인 재무적 이해관계를 전부 청산하거나 또는 남아있는 재무적 이해관계가 더 이상 중요하지 않게 되도록 재무적 이해관계를 충분히 청산하는 것이다(윤리기준 290.113~114).

■ 회계법인 : 재무제표감사의뢰인에 대하여 지배력을 가지고 있는 자와 재무적 이해관계

회계법인등이 재무제표감사의뢰인에 대하여 지배력을 가지고 있는 자와 중요한 재무적 이해관계를 가지는 경우 이기적 위협이 발생한다. 이러한 위협은 독립성에 매우 심각한 영향을 미치므로 이러한 위협을 수용가능한 수준이하로 감소시킬 수 있는 안전장치가 없을 것이다. 해당 재무제표감사업무를 수행하기 위한 유일한 대책은 회계법인등이 해당 재무적 이해관계를 전부 청산하거나 남아있는 재무적 이해관계가 더 이상 중요하지 않게 되도록 재무적 이해관계를 충분히 청산하는 것이다(윤리기준 290.115).

■ 회계법인 : 금융기관으로부터의 대출과 보증

회계법인이 은행 또는 기타 이와 유사한 금융기관인 인증의뢰인으로부터 대출이나 대출에 대한 보증을 받은 경우, 해당 대출이나 보증이 정상적인 절차와 약정기간 및 요구조건에 따라 이루어지고 이러한 대출이나 보증이 인증의뢰인이나 회계법인 모두에게 중요하지 아니한 경우, 독립성 훼손위협이 발생하지 아니한다. 이러한 대출이나 보증이 인증의뢰인이나 회계법인에게 중요한 경우에는 안전장치의 적용을 통해 이러한 이기적 위협을 수용가능한 수준이하로 감소시키는 것이 가능하다. 이러한 안전장치에는 회계법인등에 소속되지 않은 외부의 공인회계사를 추가로 투입하여 회계법인이 수행한 업무를 검토하도록 하는 것이 포함된다(윤리기준 290.126).

※ 관련 법규에서 제외하기로 정한 채권 또는 채무(Grandfathered Loan(공인회계사법 시행령 제14조) → p.16-7 참조

■ 회계법인 또는 인증업무팀 구성원 : 금융기관이 아닌 인증의뢰인과의 대출과 보증

회계법인이나 인증업무팀의 구성원이 은행이나 기타 이와 유사한 금융기관이 아닌 인증의뢰인으로부터 대출이나 차입에 대한 보증을 제공하거나 제공받은 경우에 발생하는 이기적 위협은 독립성에 매우 심각한 영향을 미치게 되므로, 이러한 위협을 수용가능한 수준이하로 감소시킬 수 있는 안전장치가 없을 것이다. 다만 이러한 대출이나 보증이 회계법인이나 인증업무팀의 구성원과 인증의뢰인 모두에게 중요하지 않은 경우는 그렇지 아니하다(윤리기준 290.129~130).

■ 친밀한 사업관계

회계법인이나 인증업무팀의 구성원과 인증의뢰인이나 그 경영자간에 형성된 친밀한 사업관계 또는 회계법인등과 재무제표감사의뢰인간에 형성된 친밀한 사업관계는 상업적이거나 일반적인 재무적 이해관계를 수반할 것이며, 이기적 위협과 압력위협을 발생시킬 수 있다. 이러한 친밀한 관계를 예시하면 다음과 같다(윤리기준 290.132).

- 인증의뢰인 또는 그 지배주주, 임원 또는 기타 경영의사결정을 하는 자와의 공동투자에서 중요한 재무적 이해관계를 가지는 경우
- 회계법인과 인증의뢰인의 서비스나 상품을 결합하여 일괄 판매하는 약정을 체결한 경우
- 회계법인이나 인증의뢰인이 상대방의 상품이나 서비스를 유통하거나 마케팅을 수행하는 약정을 체결한 경우

재무제표감사의뢰인은 재무적 이해관계가 회계법인등과 감사업무의뢰인 모두에게

중요하지 않고 그 관계가 명백하게 경미한 경우가 아닌 한, 이러한 독립성 훼손위협을 수용가능한 수준이하로 감소시킬 수 있는 안전장치가 존재하지 아니한다. 또한 재무제표감사의뢰인외의 인증의뢰인의 경우에도 재무적 이해관계가 회계법인과 인증의뢰인 모두에게 중요하지 않고 그 관계가 명백하게 경미한 경우가 아닌 한, 이러한 독립성 훼손위협을 수용가능한 수준이하로 감소시킬 수 있는 안전장치가 존재하지 아니한다. 따라서 이러한 두 가지 상황 모두에 가능한 유일한 일련의 조치는 다음과 같다.

① 해당 사업관계를 종료함
② 재무적 이해관계가 중요하지 않고 명백하게 경미한 관계가 될 수 있도록 관련 금액을 감소시킴
③ 해당 인증업무의 수행을 거절함

인증업무팀의 구성원의 재무적 이해관계가 중요하지 않고 그 관계가 명백하게 경미한 경우가 아닌 한, 유일하게 적절한 안전장치는 해당 구성원을 인증업무팀에서 제외시키는 것이다.

■ 상품과 서비스를 구입하는 경우

회계법인이나 인증업무팀의 구성원이 인증의뢰인으로부터 상품과 서비스를 구입하거나, 또는 네트웍 회계법인이 재무제표감사의뢰인으로부터 상품과 서비스를 구입하는 경우, 해당 거래가 정상적인 거래과정에 따라 공정하게 이루어지는 경우에는 일반적으로 독립성에 대한 위협이 발생하지 아니한다. 하지만 거래의 성격이나 중요성에 따라 이기적 위협이 발생할 수도 있다. 이러한 위협이 명백하게 경미한 경우외에는 해당 위협을 수용가능한 수준이하로 감소시키는데 필요한 안전장치를 강구하고 적용하여야 한다. 이러한 안전장치를 예시하면 다음과 같다(윤리기준 290.134).

- 거래를 제거하거나 거래금액을 감소시킴
- 해당 개인을 인증업무팀에서 제외시킴
- 인증의뢰인의 감사위원회 등 내부감시기구와 이 문제를 논의함

(2) 가족관계 및 개인적 관계

■ 인증업무팀의 구성원이 인증의뢰인의 임직원과 가족관계 및 개인적 관계에 있는 경우

인증업무팀의 구성원이 인증의뢰인의 임직원과 가족관계 및 개인적 관계에 있는 경우, 이기적 위협, 유착위협 또는 압력위협이 발생할 수 있다. 이러한 위협은 인증의뢰

인의 임직원의 역할에 따라 달라진다. 이러한 관계가 일으킬 수 있는 독립성 훼손위협의 심각성을 상세하게 설명하는 것은 현실적으로 불가능하다. 이러한 위협의 심각성은 해당 인증업무에 대한 개인의 책임, 관계의 친밀도 및 해당 가족 구성원 또는 기타 다른 개인이 인증의뢰인 내부에서 수행하는 역할 등 많은 요인들에 의하여 결정된다. 따라서 평가가 필요한 다양한 상황에 대해서 해당 위협을 수용가능한 수준이하로 감소시키기 위한 다양한 안전장치를 적용하여야 한다(윤리기준 290.135).

■ 인증업무팀의 구성원의 직계가족의 인증의뢰인의 임직원으로서, 인증대상정보에 직접적이고 심각한 영향을 미칠 수 있는 직위에 있거나 또는 이러한 직위에 있었던 경우

인증업무팀의 구성원의 직계가족이 관련 인증업무의 수행기간동안 인증의뢰인의 임직원으로서, 인증대상정보에 직접적이고 심각한 영향을 미칠 수 있는 직위에 있거나 또는 이러한 직위에 있었던 경우에는 독립성 훼손위협이 발생할 수 있다. 이러한 위협을 수용가능한 수준이하로 감소시키기 위해서는 해당 개인을 인증업무팀에서 제외시켜야 한다. 이러한 관계의 친밀도가 독립성에 미치는 영향은 매우 심각하므로, 이러한 위협을 수용가능한 수준이하로 감소시킬 수 있는 다른 안전장치가 존재하지 아니한다. 해당 개인을 인증업무팀에서 제외시킬 수 없는 경우의 유일한 대책은 해당 인증업무를 해지하는 것이다. 예를 들어, 재무제표감사업무를 수행하는 구성원의 배우자가 재무제표감사의뢰인의 직원으로서, 회계기록이나 재무제표의 작성에 직접적이고 심각한 영향을 주는 직위에 있는 경우, 이때 발생하는 독립성 훼손위협을 수용가능한 수준이하로 감소시킬 수 있는 유일한 안전장치는 해당 개인을 인증업무팀에서 제외시키는 것이다(윤리기준 290.136).

다만, 회계법인은 회계법인의 파트너의 배우자가 과거 1년 이내에 회사의 임원이나 그에 준하는 직위(재무에 관한 사무의 책임있는 담당자 포함)에 있었거나 사용인이었던 경우에는, 그 회사의 재무제표를 감사하거나 인증하는 업무를 수임할 수 없다.

■ 인증업무팀의 구성원의 직계가족이 인증의뢰인의 직원이 직접적이고 심각한 영향을 미칠 수 있는 직위에 있는 경우

인증업무팀의 구성원의 직계가족이 인증의뢰인의 직원으로서, 인증대상에 직접적이고 심각한 영향을 미칠 수 있는 직위에 있는 경우, 독립성 훼손위협이 발생할 수 있다. 이러한 위협의 심각성은 다음과 같은 요인에 의하여 결정될 것이다(윤리기준 290.137)

- 당해 직계가족의 의뢰인조직내에서의 직위
- 인증업무팀내에서 해당 구성원의 역할

이러한 위협의 심각성을 평가하여야 하며, 해당 위협이 명백하게 경미한 경우외에는 해당 위협을 수용가능한 수준이하로 감소시키는데 필요한 안전장치를 강구하고 적용하여야 한다. 이러한 안전장치를 예시하면 다음과 같다.

- 해당 개인을 인증업무팀에서 제외시킴.
- 가능하면 해당 구성원이 그 직계가족의 책임하에 있는 사항들을 다루지 않도록 인증업무팀의 책임을 조정함.
- 회계법인 소속 구성원이 독립성 및 공정의 준수와 관련된 문제를 회계법인내의 상급자에게 전달하도록 하는 정책과 절차를 마련함.

다만, 회계법인은 회계법인의 파트너의 배우자가 과거 1년 이내에 회사의 임원이나 그에 준하는 직위(재무에 관한 사무의 책임있는 담당자 포함)에 있었거나 사용인이었던 경우에는, 그 회사의 재무제표를 감사하거나 인증하는 업무를 수임할 수 없다.

■ 인증업무팀의 구성원의 측근가족이 인증의뢰인의 임직원으로서, 인증대상정보에 직접적이고 심각한 영향을 미칠 수 있는 직위에 있는 경우

인증업무팀의 구성원의 측근가족이 인증의뢰인의 임직원으로서, 인증대상정보에 직접적이고 심각한 영향을 미칠 수 있는 직위에 있는 경우 독립성 훼손위협이 발생할 수 있다. 이러한 독립성 훼손위협의 심각성은 다음과 같은 요인에 의하여 결정될 것이다(윤리기준 290.138).

- 당해 측근가족의 직위
- 인증업무팀내에서 구성원의 역할

이러한 위협의 심각성을 평가하여야 하며 해당 위협이 명백하게 경미한 경우외에는 해당 위협을 수용가능한 수준이하로 감소시키는데 필요한 안전장치를 강구하고 적용하여야 한다. 이러한 안전장치를 예시하면 다음과 같다.

- 해당 개인을 인증업무팀에서 제외시킴.
- 가능하면 해당 구성원이 그 측근가족의 책임하에 있는 사항들을 다루지 않도록 인증업무팀의 책임을 조정함.
- 회계법인 소속 구성원이 독립성 및 공정의 준수와 관련된 문제를 회계법인내의 상급자에게 전달하도록 하는 정책과 절차를 마련함.

■ 인증업무팀의 구성원이, 그의 직계가족 또는 측근가족이 아닌 자로서, 인증의뢰인의 임직원으로서, 인증대상정보에 직접적이고 심각한 영향을 미칠 수 있는 직위에 있는 자와 친밀한

관계에 있는 경우

인증업무팀의 구성원이, 그의 직계가족 또는 측근가족이 아닌 자로서, 인증의뢰인의 임직원으로서, 인증대상정보에 직접적이고 심각한 영향을 미칠 수 있는 직위에 있는 자와 친밀한 관계에 있는 경우, 이기적 위협, 유착위협 또는 압력위협이 발생할 수 있다. 그러므로 인증업무팀의 구성원은 이러한 자를 식별하여 회계법인이 정한 절차에 따라 자문을 구할 책임이 있다. 이러한 위협의 심각성과 해당 위협을 제거하거나 수용가능한 수준이하로 감소시키기에 적절한 안전장치의 판단에는 해당 관계의 친밀도와 인증의뢰인 내에서 해당 개인의 역할 등을 고려하는 것이 포함될 것이다(윤리기준 290.139).

■ 인증업무팀의 구성원이 아닌 회계법인의 파트너 또는 직원은, 자기와 가족관계 및 개인적 관계에 있는 자가 인증의뢰인의 임직원으로서, 인증대상정보에 직접적이고 심각한 영향을 미칠 수 있는 직위에 있는 경우

인증업무팀의 구성원이 아닌 회계법인의 파트너 또는 직원은, 자기와 가족관계 및 개인적 관계에 있는 자가 인증의뢰인의 임직원으로서, 인증대상정보에 직접적이고 심각한 영향을 미칠 수 있는 직위에 있는 경우, 이기적 위협, 유착위협 또는 압력위협이 발생하는지의 여부를 고려하여야 한다. 그러므로 회계법인의 파트너와 직원은 이러한 관계를 식별하여 회계법인이 정한 절차에 따라 자문을 구할 책임이 있다. 해당 위협의 심각성과 이러한 위협을 제거하거나 수용가능한 수준이하로 감소시키기에 적절한 안전장치의 판단에는 해당 관계의 친밀도, 해당 회계법인의 파트너 또는 직원과 인증업무팀의 상호작용, 해당 회계법인의 파트너 또는 직원의 직위 및 인증의뢰인 내에서 해당 개인의 역할 등을 고려하는 것이 포함될 것이다(윤리기준 290.140).

다만, 회계법인은 회계법인의 파트너의 배우자가 과거 1년 이내에 회사의 임원이나 그에 준하는 직위(재무에 관한 사무의 책임있는 담당자 포함)에 있었거나 사용인이었던 경우에는, 그 회사의 재무제표를 감사하거나 인증하는 업무를 수임할 수 없다.

(3) 인증의뢰인과의 고용관계로 인한 위협

구 분	내 용
과거 업무팀 구성원 또는 파트너가 현재 회사의 임직원	명백하게 경미한 경우 외에는 안전장치 후 가능 • 해당 인증업무 계획 수정의 적절성이나 필요성을 고려 • 경험이 충분히 있는 인증업무팀을 배정함 • 해당 인증업무에 참여하지 않은 공인회계사를 추가로 투입하여 해당 구성원이 수행한 업무를 검토하거나 필요한 경우 조언을 제공하도록 함 • 해당 인증업무에 대한 품질관리검토를 실시함

구 분	내 용
업무팀 구성원이 회사와 고용관계가 예정된 경우	다음의 모든 안전장치를 적용 후 가능 • 해당 개인이 이러한 사실을 회계법인에게 통보하도록 요구하는 정책과 절차 • 해당 개인을 해당 인증업무에서 제외시킴 • 해당 개인이 업무수행기간동안 행한 중요한 판단에 대하여 독립적인 검토를 수행할 것을 고려
회계법인의 파트너나 직원이 회사의 임원으로 근무하는 경우	해지 or 거절

■ 과거 인증업무팀 구성원 또는 파트너 : 현재 인증의뢰인의 임직원

과거에 인증업무팀의 구성원 또는 회계법인의 파트너이었던 자가 현재에는 인증의뢰인의 임직원으로서, 인증대상정보에 직접적이고 심각한 영향을 미칠 수 있는 직위에 있는 경우, 해당 회계법인이나 인증업무팀의 독립성이 위협받을 수 있다. 특히 해당 개인과 이전에 이 개인이 소속되어 있던 회계법인간에 여전히 중요한 관계가 남아있는 경우, 이러한 상황은 이기적 위협, 유착위협 및 압력위협을 발생시킬 수 있다. 또한 현재 인증업무에 참여하고 있는 개인이 장래의 특정 시점에 인증의뢰인에게 고용되거나 고용될 것을 알고 있고, 또는 이를 믿을 만한 근거가 있는 경우, 인증업무팀의 구성원의 독립성이 위협받게 될 수 있다(윤리기준 290.143~144).

인증업무팀의 구성원, 회계법인의 파트너 또는 이전에 회계법인의 파트너로 재직했던 자가 인증의뢰인에게 고용된 경우 발생하는 이기적 위협, 유착위협 또는 압력위협의 심각성은 다음과 같은 요인들에 의하여 결정될 것이다.

① 해당 개인의 인증의뢰인에서의 직위
② 해당 개인이 인증업무팀에 관여하게 될 정도
③ 해당 개인이 인증업무팀 또는 회계법인을 퇴직한 이후 경과한 기간
④ 해당 개인이 인증업무팀 또는 회계법인에 소속되어 있었을 때의 직위

이러한 위협의 심각성을 평가하여야 하며, 해당 위협이 명백하게 경미한 경우외에는 이러한 위협을 수용가능한 수준이하로 감소시키는데 필요한 안전장치를 강구하고 적용하여야 한다. 이러한 안전장치를 예시하면 다음과 같다.

- 해당 인증업무 계획 수정의 적절성이나 필요성을 고려함
- 경험이 충분히 있는 인증업무팀을 배정함
- 해당 인증업무에 참여하지 아니한 공인회계사를 추가로 투입하여 해당 인증업무팀의 구성원이 수행한 업무를 검토하거나 필요한 경우 조언을 제공하도록 함
- 해당 인증업무에 대한 품질관리검토를 실시함

인증의뢰인과의 고용관계와 관련된 모든 경우에, 해당 위협을 수용가능한 수준이하로 감소시키는데 필요한 안전장치는 다음의 모든 내용을 포함한다.

① 해당 개인은 사전에 확정된 금액(퇴직연금 등)을 지급받는 경우가 아닌 한, 회계법인으로부터 어떠한 이익이나 보수를 받아서는 아니된다. 또한 해당 개인에게 회계법인이 지급하여야 할 금액이 회계법인의 독립성을 위협할 정도로 심각하여서는 아니된다.
② 해당 개인은 실제적으로나 외관상으로, 회계법인의 사업이나 전문가적 활동에 계속 참여하여서는 아니된다.

■ 인증의뢰인에게 고용될 예정인 경우

인증업무에 참여하고 있는 인증업무팀의 구성원이 장래의 특정 시점에 인증의뢰인에게 고용될 것을 알고 있거나 또는 이를 믿을 만한 근거가 있는 경우 이기적 위협이 발생한다. 이러한 위협을 수용가능한 수준이하로 감소시키기 위해서는 다음의 모든 안전장치를 적용하여야 한다(윤리기준 290.145).

① 인증의뢰인과 진지하게 고용협상을 시작하는 해당 개인에게 이러한 사실을 회계법인에게 통보하도록 요구하는 정책과 절차
② 해당 개인을 해당 인증업무에서 제외시킴
③ 또한 해당 개인이 업무수행기간동안 행한 중요한 판단에 대하여 독립적인 검토를 수행할 것을 고려하여야 한다.

■ 회계법인의 파트너 또는 직원 : 인증의뢰인의 임원으로 근무하는 경우

기출 2023

회계법인의 파트너나 직원이 인증의뢰인의 임원으로 근무하는 경우에 발생하는 자기검토위협과 이기적 위협은 독립성에 매우 심각한 영향을 미치게 되므로, 이러한 위협을 수용가능한 수준이하로 감소시킬 수 있는 안전장치가 존재하지 아니한다. 재무제표감사업무의 경우에는, 네트웍 회계법인의 파트너나 직원이 재무제표감사의뢰인의 임원으로 근무하는 경우에 발생하는 독립성 훼손위협이 매우 심각한 영향을 미치게 되므로, 해당 위협을 수용가능한 수준이하로 감소시킬 수 있는 안전장치가 존재하지 아니한다. 따라서 회계법인등의 파트너나 직원이 이러한 임원직을 수락하기 위한 유

일한 대책은 인증업무의 수행을 거절하거나 인증업무계약을 해지하는 것이다(윤리기준 290.149).

(4) 보수와 관련된 위협

구 분	내 용	
보수의 상대적 크기 (수임의존도가 높은 경우)	다음의 안전장치 후 가능 • 감사위원회 등 내부감시기구와 보수의 범위와 성격에 관하여 논의 • 의뢰인에 대한 수임의존도를 줄이기 위한 조치를 취함 • 외부의 품질관리검토를 받음 • 해당 감독기관 또는 다른 공인회계사 등 제3자로부터 자문을 받음	
연체된 보수	다음의 안전장치 후 가능 • 감사위원회 등 내부감시기구와 연체보수의 규모에 관하여 논의함 • 해당 인증업무에 참여하지 않은 공인회계사를 추가로 투입하여 인증업무팀이 수행한 업무를 검토하거나 필요한 경우 조언을 제공하도록 함 • 연체보수의 대출로 간주될 수 있는지 여부와 심각성을 고려	
현저히 낮은 감사보수	다음의 안전장치 후 가능 ① 적절한 시간의 투입과 자질 있는 구성원을 해당 업무에 배정함을 입증함 ② 인증업무와 관련된 모든 기준, 지침 및 품질관리절차의 준수를 입증함	
성공보수	인증업무	불가
	비인증업무	다음의 안전장치 후 가능 • 보수의 산정근거와 관련하여 의뢰인에게 서면으로 된 사전동의서를 징구함 • 보수의 성격과 범위를 감사위원회 등 내부감시기구에 보고 • 독립된 제3자에 의한 최종보수의 검토 또는 결정 • 품질관리 정책과 절차

기출 2023

■ 보수총액의 상당한 부분을 차지하는 경우

기출 2024

특정 인증의뢰인에 대한 보수총액이 회계법인 보수총액의 상당한 부분을 차지하는 경우, 의뢰인이나 의뢰인 집단에 대한 수임의존도와 의뢰인 상실가능성에 대한 우려로 인하여 이기적 위협이 발생할 수 있다. 이러한 위협의 심각성은 다음과 같은 요인에 의하여 결정될 것이다(윤리기준 290.206).

• 회계법인의 조직구조
• 조직화가 잘 된 회계법인인지 아니면 새롭게 설립된 회계법인인지의 여부

이러한 독립성 훼손위협의 심각성을 평가하여야 하며, 해당 위협이 명백하게 경미

한 경우 외에는 해당 위협을 수용가능한 수준이하로 감소시키는데 필요한 안전장치를 강구하고 적용하여야 한다. 이러한 안전장치를 예시하면 다음과 같다.

- 감사위원회 등 내부감시기구와 보수의 범위와 성격에 관하여 논의함
- 의뢰인에 대한 수임의존도를 줄이기 위한 조치를 취함
- 외부의 품질관리검토를 받음
- 해당 감독기관 또는 다른 공인회계사 등 제3자로부터 자문을 받음

■ 개인 파트너 수입액의 상당한 부분을 차지하는 경우

특정 인증의뢰인에 대한 보수가 개인 파트너 수입액의 상당한 부분을 차지하는 경우 이기적 위협이 발생할 수 있다. 이러한 위협의 심각성을 평가하여야 하며, 해당 위협이 명백하게 경미한 경우 외에는 해당 위협을 수용가능한 수준이하로 감소시키는데 필요한 안전장치를 강구하고 적용하여야 한다. 이러한 안전장치를 예시하면 다음과 같다(윤리기준 290.207).

- 인증업무에 대한 품질관리를 모니터링하고 실행하기 위한 정책과 절차
- 인증업무팀의 구성원이 아닌 공인회계사를 추가로 투입하여 인증업무팀이 수행한 업무를 검토하거나 필요한 경우 조언을 제공하도록 함

■ 연체된 보수

전문서비스를 제공한 대가로 인증의뢰인에게 청구한 보수의 상당액이, 장기간, 특히 차기연도의 인증보고서가 발행되기 전까지 회수되지 않고 남아있는 경우 이기적 위협이 발생할 수 있다. 일반적으로 이러한 보수는 차기연도의 인증보고서를 발행하기 전에 회수하도록 해야 한다. 이러한 경우에 적용하는 안전장치를 예시하면 다음과 같다(윤리기준 290.208).

- 감사위원회 등 내부감시기구와 연체보수의 규모에 관하여 논의함.
- 해당 인증업무에 참여하지 않은 공인회계사를 추가로 투입하여 인증업무팀이 수행한 업무를 검토하거나 필요한 경우 조언을 제공하도록 함.

회계법인은 연체보수가 의뢰인에 대한 대출에 상응한 것으로 간주될 수 있는지 여부와 연체보수의 심각성을 감안할 때, 회계법인이 재선임 되는 것이 적절한지의 여부를 고려하여야 한다.

기출 2022
기출 2023

■ 현저히 낮은 보수

회계법인이 전임회계법인의 보수 또는 다른 회계법인의 제안보수보다 상당히 더 낮은 금액의 보수로 인증업무를 수임하는 경우에 발생하는 이기적 위협은 다음의 안전장치를 모두 충족하지 않는 한, 수용가능한 수준이하로 감소되지 아니할 것이다(윤리기준 290.209).

> ① 적절한 시간의 투입과 자질있는 구성원을 해당 업무에 배정함을 입증함
> ② 인증업무와 관련된 모든 기준, 지침 및 품질관리절차의 준수를 입증함

■ 인증업무와 관련한 성공보수

성공보수는 거래의 결과나 수행된 업무의 결과에 따라 사전에 결정된 기준에 의해 산정되는 보수이다. 회계법인이 인증업무와 관련하여 성공보수를 지급 받기로 하는 경우 이기적 위협과 변호위협이 발생하며, 이러한 위협을 수용가능한 수준이하로 감소시키기 위한 안전장치가 존재하지 아니한다. 따라서 회계법인은 인증업무의 결과나 인증대상정보 항목에 의해 결정되는 성공보수를 조건으로 인증업무계약을 체결하여서는 아니된다(윤리기준 290.211).

(5) 기타의 이기적 위협

■ 적격한 업무수임

개업공인회계사는 적격하게 업무를 수행할 수 있다고 판단되는 업무만을 제공하여야 한다. 개업공인회계사는 업무수임을 승낙하기 전에, 해당 업무의 승낙이 윤리강령의 준수에 위협이 되는지를 고려하여야 한다. 예를 들어, 업무수행팀이 해당 업무를 적절하게 수행하기 위해 필요한 적격성을 보유하고 있지 않거나 이러한 적격성을 습득할 수도 없는 상황이라면, 해당 업무의 수임을 승낙하는 것은 전문가적 적격성과 정당한 주의 강령의 준수에 대하여 이기적 위협을 야기시킨다(윤리기준 210.7).

■ 재무제표감사의뢰인에 대하여 지배력을 가지고 있는 자와 중요한 재무적 이해관계를 가진 경우

회계법인 등이 재무제표감사의뢰인에 대하여 지배력을 가지고 있는 자와 중요한 재무적 이해관계를 가지는 경우 이기적 위협이 발생한다. 이러한 위협은 독립성에 매우 심각한 영향을 미치므로 이러한 위협을 수용가능한 수준이하로 감소시킬 수 있는 안전장치가 없을 것이다. 해당 재무제표감사업무를 수행하기 위한 유일한 대책은 회계법인

등이 해당 재무적 이해관계를 전부 청산하거나 남아있는 재무적 이해관계가 더 이상 중요하지 않게 되도록 재무적 이해관계를 충분히 청산하는 것이다(윤리기준 290.115).

8.2 자기검토위협

(1) 비인증업무

구 분	내 용
금지된 비인증업무	다음 업무는 금지 ① 거래 승인 · 실행 · 완결 등의 권한을 보유 ② 특정사항의 이행을 결정하는 행위 ③ 경영진의 역할로 보고하는 행위
회사의 기능을 일부 대행	(의뢰인자산 보관, 직원의 성과 감독, 거래문서의 작성 등) ① 명백하게 경미한 경우: 가능 ② 그 외 : 다음의 안전장치 후 가능 • 상기 업무를 제공하는 구성원이 인증업무에 참여하지 않도록 업무배정을 조정함 • 자문을 제공해 줄 공인회계사를 추가로 투입함 • 기타 법규상의 관련 안전장치를 적용함
가치평가업무	① 중요한 사항 + 상당정도의 주관개입: 금지 ② 중요한 사항이 아닌 경우: 다음의 안전장치 후 가능 • 공인회계사를 추가로 투입하여 검토 또는 조언을 제공함 • 가치평가에 사용되는 기본가정 및 평가방법을 재무제표감사의뢰인이 이해하였음을 확인하고, 사용에 대해 승인받음 • 업무결과책임에 대한 확인서를 입수함 • 해당자가 감사업무에 함여하지 않도록 업무배정을 조정함
세무관련 업무	• 수임가능(세무신고서 작성, 세무규정의 준수, 세무계획 수립 등)
소송지원서비스	① 소송으로 인한 재무제표에 반영되는 금액에 영향을 미치는 경우: 다음의 안전장치 후 가능 • 해당자의 경영의사결정 행위를 금지하는 정책과 절차 • 인증업무팀 외의 전문가 활용 • 독립적인 전문가와 같은 제3자의 관여 ② 회사를 대신하여 경영의사결정을 하는 행위: 금지

■ 금지된 비인증업무

다음의 활동은 일반적으로 이기적 위협이나 자기검토위협을 발생시키며, 이러한 위협은 독립성에 매우 심각한 영향을 미치게 되므로, 해당 위협을 수용가능한 수준이하로 감소시키기 위한 유일한 대책은 다음의 활동을 회피하거나 해당 인증업무의 수행을 거절하는 것이다(윤리기준 290.159).

- 거래를 승인, 실행, 완결하는 행위 또는 인증의뢰인을 대신하여 권한을 행사하거나 이와 같은 권한을 갖는 것
- 회계법인의 권고사항 중 특정사항을 이행해야 한다고 결정해주는 행위
- 감사위원회 등 내부감시기구에 경영자의 역할로 보고하는 행위

■ 회사의 기능을 일부 대행하는 경우

다음의 활동은 이기적 위협 또는 자기검토위협을 발생시킬 것이다(윤리기준 290.161).

- 인증의뢰인의 자산을 보관하는 경우
- 인증의뢰인의 직원의 경상적인 활동성과를 감독하는 경우
- 거래의 발생을 입증할 수 있는 전자문서 또는 다른 형태의 증빙서류나 원시자료(예 구매주문서, 급여지급을 위한 업무시간 기록카드, 판매지시서)를 작성하는 행위

이러한 위협의 심각성을 평가하여야 하며 해당 위협이 명백하게 경미한 경우외에는 해당 위협을 제거하거나 수용가능한 수준이하로 감소시키는데 필요한 안전장치를 강구하고 적용하여야 한다. 이러한 안전장치를 예시하면 다음과 같다.

- 상기 업무를 제공하는 구성원이 인증업무에 참여하지 않도록 업무 배정을 조정함
- 회계법인과 인증업무팀의 독립성에 잠재적 영향을 미치는 활동에 관하여 자문을 제공해 줄 공인회계사를 추가로 투입함
- 기타 법규상의 관련 안전장치를 적용함

TIP

(가치평가업무의 내용) 가치평가는 미래 추정과 관련된 가정의 수립, 평가 방법 및 기법의 적용, 그리고 이 두 가지를 결합하여 자산, 부채 또는 기업 전체의 가치를 산정하는 것이다.

기출 2023

■ 가치평가업무

재무제표에 중요한 사항에 대한 가치평가로서, 상당한 정도의 주관성이 개입되는 매도목적의 가치평가가 발생시키는 자기검토위협에 대해서는 해당 위협을 수용가능한 수준이하로 감소시킬 수 있는 안전장치가 존재하지 아니한다. 따라서 재무제표감사의뢰인에게는 이러한 업무를 제공해서는 아니되며, 가치평가업무를 제공하기 위한 유일한 대책은 재무제표감사업무 계약을 해지하는 것이다(윤리기준 290.176).

반면, 재무제표감사의뢰인에게 개별적으로나 전체적으로 재무제표에 중요하지 아니하거나 또는 상당한 정도의 주관성이 개입되지 않은 가치평가업무를 제공하는 경우에 발생하는 자기검토위협은, 다음에서 예시하는 안전장치를 적용하여 수용가능한 수준이하로 감소시킬 수 있다(윤리기준 290.177).

- 재무제표감사업무팀의 구성원이 아닌 공인회계사를 추가로 투입하여 재무제표감사업무팀이 수행한 업무를 검토하거나 필요한 경우 조언을 제공하도록 함
- 재무제표감사의뢰인이 가치평가에 사용되는 기본가정과 평가방법을 이해하였음을 확인하고, 그 사용에 대해 재무제표감사의뢰인의 승인을 받음
- 회계법인이 수행한 업무결과에 대한 책임이 재무제표감사의뢰인에게 있음을 인정하는 확인서를 입수함
- 이러한 업무를 제공하는 구성원이 해당 감사업무에 참여하지 않도록 업무배정을 조정함

■ 세무관련 업무

회계법인등이 재무제표감사의뢰인에게 세무신고서의 작성, 세액산정 또는 세무계획 수립 목적의 가치평가업무를 제공한 경우, 이러한 가치평가는 일반적으로 세무당국 등 외부의 검토를 받도록 되어 있기 때문에 독립성에 심각한 위협을 발생시키지 않을 것이다(윤리기준 290.178).

■ 소송지원서비스를 제공하는 경우

소송지원서비스의 일환으로 제공된 추정치가 재무제표에 반영되는 금액이나 공시에 영향을 주는 경우, 자기검토위협이 발생한다. 이러한 위협의 심각성은 다음과 같은 요인들에 의하여 결정될 것이다(윤리기준 290.194).

> **TIP**
> 소송지원서비스는 전문가로서의 증인 역할, 추정손실액 또는 소송이나 기타 법정분쟁결과로 받거나 지급할 금액의 계산, 그리고 분쟁이나 소송과 관련된 서류를 관리하고 복구하는 활동의 지원 등을 포함한다.

- 관련된 금액의 중요성
- 관련된 문제에 내포된 주관성의 정도
- 동 소송지원서비스의 성격

회계법인등은 이러한 독립성 훼손위협의 심각성을 평가하여야 하며, 해당 위협이 명백하게 경미한 경우 외에는 해당 위협을 제거하거나 수용가능한 수준이하로 감소시키는데 필요한 안전장치를 강구하고 적용하여야 한다. 이러한 안전장치를 예시하면 다음과 같다.

- 소송지원서비스를 제공하는 회계법인의 구성원이 의뢰인을 대신하여 경영의사결정을 하는 행위를 금지하는 정책과 절차
- 당해 서비스를 수행함에 있어서 인증업무팀의 구성원이 아닌 다른 전문가의 활용
- 독립적인 전문가와 같은 제3자의 관여

기출 2022

(2) 인증의뢰인과 고용관계에 있던 자가 인증업무팀 구성원이 된 경우

구 분	내 용
인증업무의 보고대상기간에 임직원인 경우	해당자가 인증업무에 참여하지 않도록 업무배정
인증업무의 보고대상기간 이전에 임직원인 경우	다음의 안전장치 후 가능 • 해당자가 수행한 업무를 검토하거나 필요한 경우 조언을 제공해 줄 공인회계사를 추가로 투입함 • 감사위원회 등 내부감시기구와 해당 문제를 논의함

■ 인증업무의 보고대상기간에 인증의뢰인의 임직원인 경우

인증의뢰인의 임직원이었던 자가 인증업무팀의 구성원으로서 업무를 수행하게 된 경우, 이기적 위협, 자기검토위협 및 유착위협이 발생할 수 있다. 특히 보고하여야 할 대상이 인증업무팀의 구성원이 인증의뢰인에 재직 당시 작성하였거나 평가하였던 인증대상정보 또는 재무제표 구성요소인 경우에는 더욱 그러하다(윤리기준 290.146~147).

인증업무팀의 구성원이 인증업무의 보고대상기간동안에 인증의뢰인의 임직원으로서, 인증대상정보에 직접적이고 심각한 영향을 미치는 직위에 재직하였던 경우에 발생하는 위협은, 독립성에 매우 심각한 영향을 미치므로, 이러한 위협을 수용가능한 수준이하로 감소시킬 수 있는 안전장치가 존재하지 아니한다. 따라서 해당 개인을 인증업무팀에 배정하여서는 아니된다.

■ 인증업무의 보고대상기간 이전에 인증의뢰인의 임직원인 경우

인증업무팀의 구성원이 인증업무의 보고대상기간 이전에 인증의뢰인의 임직원으로서, 인증대상정보에 직접적이고 심각한 영향을 미칠 수 있는 직위에 재직하였던 경우, 이기적 위협, 자기검토위협 및 유착위협이 발생할 수 있다. 예를 들어, 이러한 위협은 인증업무팀의 구성원이 인증의뢰인에 재직하였을 당시(인증업무 대상기간 이전)에 수행하였던 업무나 의사결정이 현행 인증업무의 일부분으로써 현재의 기간에 평가되는 경우에 발생할 것이다. 이러한 위협의 심각성은 다음과 같은 요인들에 의하여 결정될 것이다(윤리기준 290.148).

• 해당 개인의 인증의뢰인에서의 직위
• 해당 개인이 인증의뢰인을 퇴직한 이후 경과한 기간
• 인증업무팀에서 해당 개인의 역할

이러한 위협의 심각성을 평가하여야 하며, 해당 위협이 명백하게 경미한 경우외에는 해당 위협을 수용가능한 수준이하로 감소시키는데 필요한 안전장치를 강구하고 적용하여야 한다. 이러한 안전장치를 예시하면 다음과 같다.

- 해당 개인이 인증업무팀의 일원으로서 수행한 업무를 검토하거나, 필요한 경우 조언을 제공해 줄 공인회계사를 추가로 투입함.
- 감사위원회 등 내부감시기구와 이 문제를 논의함.

8.3 변호위협

(1) 법률서비스를 제공하는 경우

구 분	내 용
거 래 집 행	계약지원, 법률자문, 법적 실사 및 구조조정: 안전장치 후 가능 • 해당 서비스 제공시 인증업무팀이 참여하지 않음 • 재무제표감사의뢰인이 궁극적인 의사결정
분쟁 · 소송에서 회 사 변 호	① 중요한 경우: 금지 ② 경미한 경우: 다음 안전장치 후 가능 • 해당자의 경영의사결정 행위를 금지하는 정책과 절차 • 인증업무팀 외의 전문가 활용
법 률 고 문	• 금지

■ 거래의 집행에 관한 법률서비스

변호와 자문(advice)은 구별된다. 재무제표감사의뢰인에게 거래의 집행에 관한 법률서비스(예 계약에 대한 지원, 법률자문, 법적 실사 및 구조조정 등)를 제공하는 경우 자기검토위협이 발생할 수 있다. 하지만 이러한 위협에 대해서는 해당 위협을 수용가능한 수준이하로 감소시킬 수 있는 안전장치가 존재한다. 이러한 서비스는 일반적으로 다음과 같은 경우에 한하여 독립성을 손상시키지 아니한다(윤리기준 290.199).

① 해당 서비스를 제공함에 있어서 인증업무팀의 구성원이 참여하지 않는 경우
② 법률 자문이나 거래의 집행 서비스와 관련하여 재무제표감사의뢰인이 궁극적인 의사결정을 하는 경우

■ 분쟁이나 소송에서 회사 변호

재무제표감사의뢰인의 재무제표상 중요한 금액에 대한 분쟁이나 소송에서 회계법

인이 재무제표감사의뢰인을 위하여 법률서비스를 제공하는 것은 변호위협과 자기검토위협을 발생시킬 것이며, 이러한 위협은 독립성에 매우 심각한 영향을 미치게 되므로 해당 위협을 수용가능한 수준이하로 감소시킬 수 있는 안전장치가 존재하지 아니한다. 따라서 회계법인은 재무제표감사의뢰인에게 이러한 종류의 서비스를 제공하여서는 아니된다(윤리기준 290.200).

한편, 회계법인이 재무제표감사의뢰인의 재무제표상 중요하지 않은 금액에 대한 분쟁이나 소송과 관련하여 재무제표감사의뢰인으로부터 변호를 요청 받은 경우, 회계법인은 이로 인해 발생하는 변호위협과 자기검토위협의 심각성을 평가하여야 하며, 해당 위협이 명백하게 경미한 경우 외에는 해당 위협을 제거하거나 수용가능한 수준이하로 감소시키는데 필요한 안전장치를 강구하고 적용하여야 한다. 이러한 안전장치를 예시하면 다음과 같다(윤리기준 290.201).

- 재무제표감사의뢰인을 지원하는 개인이 의뢰인을 대신하여 경영의사결정을 하는 행위를 금지하는 정책과 절차
- 해당 서비스를 수행함에 있어서 인증업무팀의 구성원이 아닌 다른 전문가의 활용

■ 법률고문

회계법인등의 파트너나 직원이 재무제표감사의뢰인의 법률고문으로 선임되는 경우 자기검토위협과 변호위협이 발생할 것이며, 이러한 위협은 독립성에 매우 심각한 영향을 미치게 되므로 해당 위협을 수용가능한 수준이하로 감소시킬 수 있는 안전장치가 존재하지 아니한다. 법률고문직은 일반적으로 기업의 법률서비스에 대한 광범위한 책임을 지는 고위직이므로, 회계법인등의 구성원은 재무제표감사의뢰인의 이러한 직무를 수락하여서는 아니된다(윤리기준 290.202).

(2) 기업금융 및 이와 유사한 활동

구 분	내 용
금 지 업 무	① 회사의 주식 알선 · 중개 · 인수 ② 거래조건을 정하거나 회사를 대신하여 거래 완수
가 능 업 무	기업구조조정 관련 자문업무, 자금조달 관련 자문업무, 매도 · 매수 중개 관련 자문업무: 다음 안전장치 후 가능 • 해당자의 경영의사결정 행위를 금지하는 정책과 절차 • 인증업무팀 외의 전문가 활용

■ 금지된 기업금융 및 유사활동

인증의뢰인에게 기업금융업무, 기업금융 관련 자문 또는 지원업무를 제공하는 것은 변호위협과 자기검토위협을 발생시킬 수 있다. 어떤 기업금융업무는 해당 위협이 독립성에 매우 심각한 영향을 미치게 되므로 해당 위협을 수용가능한 수준이하로 감소시킬 수 있는 안전장치가 존재하지 아니한다. 예를 들어, 인증의뢰인의 주식을 알선, 중개 및 인수(underwriting)하는 활동은 인증업무의 제공과 양립할 수 없다. 더 나아가 인증의뢰인을 구속할 수 있는 거래의 조건을 정하거나, 의뢰인을 대신하여 거래를 완수하는 활동은 독립성 훼손위협을 발생시키며, 이러한 위협은 독립성에 매우 심각한 영향을 미치므로 해당 위협을 수용가능한 수준이하로 감소시킬 수 있는 안전장치가 존재하지 아니한다. 재무제표감사의뢰인의 경우에도, 회계법인등이 재무제표감사의뢰인에게 이러한 기업금융서비스를 제공하는 경우에 발생하는 위협은 독립성에 매우 심각한 영향을 미치므로, 해당 위협을 수용가능한 수준이하로 감소시킬 수 있는 안전장치가 존재하지 아니한다(윤리기준 290.204).

■ 가능한 기업금융 및 유사활동

기타의 기업금융서비스 역시 변호위협 또는 자기검토위협을 발생시킬 수 있다. 하지만 이러한 위협에 대해서는 해당 위협을 수용가능한 수준이하로 감소시킬 수 있는 안전장치가 존재할 수 있다. 이러한 기업금융서비스에는 의뢰인의 기업전략 개발을 지원하는 업무, 기업구조조정 관련 자문업무, 자금조달 관련 자문업무, 매도 · 매수 · 중개 관련 자문업무 및 의뢰인이 제안하거나 의뢰인에게 제안된 거래가 회계에 미치는 영향을 분석하는 업무에 관하여 조언을 제공하고 이를 지원하는 업무 등이 포함된다. 이와 관련하여 다음의 내용을 포함하는 안전장치를 강구하여야 한다(윤리기준 290.205).

- 인증의뢰인을 지원하는 회계법인의 구성원이 의뢰인을 대신하여 경영의사결정을 하는 행위를 금지하는 정책과 절차
- 당해 업무를 수행함에 있어서 인증업무팀의 구성원이 아닌 다른 전문가의 활용
- 회계법인이 인증의뢰인을 구속하는 거래의 조건을 정하거나 의뢰인을 대신하여 거래를 완수하지 않음을 보장

8.4 유착위협

구 분	내 용	
회사와 장기간 감사수임 관계	• 인증업무팀에서 해당 고위구성원을 교체함 • 해당 고위구성원이 수행한 업무를 검토하거나 필요한 경우 조언을 제공해줄 공인회계사를 추가로 투입함 • 독립적인 내부 품질검토를 실시함	
의뢰인의 고위경영진을 모집	금지업무	경영진을 대신하여 채용의사결정을 하는 것
	가능업무	• 지원자의 전문적 자질에 대한 검토, 해당 직위에 적합한지에 대한 조언 • 인증의뢰인이 구체적으로 제시한 선발기준에 따른 최종 면접후보자 선발
선물과 접대	• 명백하게 경미한 경우를 제외하고는 수령 금지	

■ 회사와 장기간 감사수임 관계

동일한 고위구성원을 해당 인증업무에 장기간 배정하는 경우 유착위협이 발생할 수 있다. 이러한 위협의 심각성은 다음과 같은 요인들에 의하여 결정될 것이다(윤리기준 290.153).

- 해당 개인이 인증업무팀의 구성원으로서 업무를 수행한 기간
- 인증업무팀에서 해당 개인의 역할
- 회계법인의 조직구조
- 해당 인증업무의 성격

이러한 위협의 심각성을 평가하여야 하며, 해당 위협이 명백하게 경미한 경우 외에는 해당 위협을 수용가능한 수준이하로 감소시키기 위한 안전장치를 강구하고 적용하여야 한다. 이러한 안전장치를 예시하면 다음과 같다.

- 인증업무팀에서 해당 고위구성원을 교체함.
- 인증업무구성팀 구성원이 아닌 공인회계사를 추가로 투입하여 해당 고위구성원이 수행한 업무를 검토하거나, 필요한 경우 조언을 제공하도록 함
- 독립적인 내부 품질검토를 실시함.

■ 고위경영자를 모집해 주는 경우

회계법인이 인증의뢰인을 위하여 인증대상정보에 영향을 주는 직위의 고위경영자를 모집해주는 것은, 현재 또는 미래의 이기적 위협, 유착위협, 압력위협을 발생시킬

수 있다. 이러한 위협의 심각성은 다음과 같은 요인에 의하여 결정될 것이다(윤리기준 290.203).

- 모집대상자의 역할
- 회계법인이 제공하는 지원업무의 성격

회계법인은 일반적으로 다수의 지원자들의 전문적 자질을 검토해주는 업무와 그들이 해당 직위에 적합한지에 대한 조언을 제공할 수 있다. 또한 회계법인은 일반적으로 인증의뢰인이 구체적으로 제시한 선발기준을 따르는 경우에 한하여 최종 면접 후보자를 선발해 줄 수 있다.

이러한 경우에 발생하는 독립성 훼손위협의 심각성을 평가하여야 하며, 해당 위협이 명백하게 경미한 경우 외에는 해당 위협을 수용가능한 수준이하로 감소시키는데 필요한 안전장치를 강구하고 적용하여야 한다. 회계법인은 어떠한 경우에도 경영의사결정을 하여서는 아니되며, 고용에 대한 의사결정은 의뢰인이 하여야 한다.

■ 선물과 접대

기출 2022

인증의뢰인으로부터 선물이나 접대를 받은 경우 이기적 위협과 유착위협이 발생할 수 있다. 또한 선물을 받은 사실이 공개될 가능성 때문에 공정 강령의 준수에 대한 압력위협이 발생할 수 있다. 회계법인이나 인증업무팀의 구성원이 선물이나 접대를 받은 경우, 그것의 가치가 명백하게 경미한 경우 외에는 이로 인해 발생하는 독립성 훼손위협을 수용가능한 수준이하로 감소시킬 수 있는 안전장치가 존재하지 아니한다. 결과적으로, 회계법인이나 인증업무팀의 구성원은 이와 같은 선물이나 접대를 받아서는 아니된다(윤리기준 290.213).

8.5 압력위협

구 분	내 용
회사와 회계법인(업무팀) 간 소송가능성	다음 안전장치 후 가능 • 소송의 성격과 범위를 내부감시기구에 보고 • 소송연루 구성원을 인증업무팀에서 제외 • 공인회계사를 추가로 투입하여 검토 또는 조언을 제공함
압력위협이 발생할 수 있는 상황	• 해임 또는 교체의 위협이 존재하는 경우 • 업무보수를 낮추기 위해 수행업무의 범위를 부적절하게 제한하려는 압력이 존재하는 경우

■ 소송 또는 소송발생 위협

회계법인이나 인증업무팀의 구성원과 인증의뢰인 간에 소송이 제기되거나 제기될 것으로 판단되는 경우, 이기적 위협이나 압력위협이 발생할 수 있다. 의뢰인의 경영자와 인증업무팀의 구성원간의 관계는 아주 솔직하여야 하며, 의뢰인의 사업활동에 관한 충분한 공시가 이루어져야 한다는 특징을 가지고 있다. 회계법인과 의뢰인의 경영자가 소송에 의해 대립하는 입장에 처하게 되면, 경영자가 충분히 공시하려고 하는 의지에 부정적인 영향을 미칠 수 있으며, 회계법인에게는 이기적 위협이 발생할 수 있다. 이러한 위협의 심각성은 다음의 요인에 의하여 결정될 것이다(윤리기준 290.214).

- 소송의 중요성
- 인증업무의 성격
- 소송이 이전의 인증업무와 관련되어 있는지의 여부

이러한 위협이 중요한 것으로 판단되는 경우, 해당 위협을 수용가능한 수준이하로 감소시키는데 필요한 다음의 안전장치를 적용하여야 한다.

- 소송의 성격과 범위를 감사위원회 등 내부감시기구에 보고
- 소송에 연루되어 있는 인증업무팀의 당해 구성원을 인증업무팀에서 제외
- 인증업무팀의 구성원이 아닌 공인회계사를 추가로 투입하여 인증업무팀이 수행한 업무를 검토하거나 필요한 경우 조언을 제공하도록 함.

이러한 안전장치가 해당 위협을 수용가능한 수준이하로 감소시키지 못하는 경우에 유일한 대책은 인증업무를 해지하거나 인증업무수임을 거절하는 것이다.

9 독립성 유지를 위한 제도적 안전장치

독립성이 위협받는 경우 이를 완전히 제거하거나 일정수준 이하로 낮추려는 노력(안전장치)이 필요하다. 어떤 경우 독립성을 훼손하는 위협을 완전히 제거하거나 일정수준 이하로 낮출 수 없다. 이와 같이 어떤 안전장치로도 그 위협을 통제할 수 없는 경우, 공인회계사법은 해당 회사를 감사할 수 없다고 금지하고 있다.

그러나 독립성을 훼손하는 위협이 존재하더라도, 특정 안전장치로 그 위협을 제고하거나 일정수준 이하로 낮출 수 있다면, 공인회계사 윤리기준은 특정 안전장치를 전제로 해당 업무를 허용하고 있다. 윤리기준은 안전장치를 다음 두 가지로 분류하고

있다(윤리기준 100.11).

그러나 어떤 경우 일정한 안전장치로 해당 위협을 제거하거나 수용가능한 수준이하로 감소시킬 수도 있다.

기출 2024

한국공인회계사회 또는 법규상 안전장치	업무환경 내의 안전장치
① 공인회계사 등록에 요구되는 사항(교육, 훈련, 실무경험) ② 내부감시기구에 대한 규정(communications) ③ 한국공인회계사회 또는 감독기관의 모니터링 및 제재 절차 → 감리 · 윤리위원회 제소 ④ 전문가적 기준(예 윤리기준)	① 회계법인 전체 수준(제도, 인력, 조직차원) • 윤리강령준수를 위한 경영방침 • 인증업무 품질관리를 위한 정책과 절차 • 독립성 훼손위험평가와 안전장치 ② 개별업무 수준 • 인증업무팀의 상급자 교체 • 수행된 업무의 재검토 • 독립적인 제3자에 대한 자문 요청 ③ 의뢰인 조직 수준 • 감사인 선임의 추인절차 • 적격한 인력 보유 • 내부감시기구 유지

REVIEW POINT

New International Standards on Auditing

감사인의 독립성을 제고하기 위한 제도에는 다음과 같은 것들이 있다.

독립성 관련 제도	윤리기준의 관련 위협
① 감사(인선임)위원회가 외부감사인 선임	압력위협 + 유착위협
② 감사인 유지(auditor retention)	압력위협
③ 전기 감사인의 의견 진술권	압력위협
④ 파트너 순환(동일 이사 연속하는 6개(4개) 사업연도 감사 제한)	유착위협
⑤ 감사인 지정	유착위협

10 독립성과 업무수임기간

10.1 독립성 유지기간

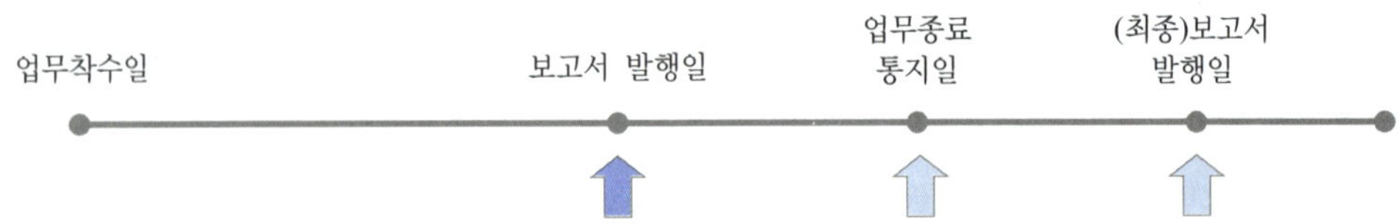

일반적 경우 (1회성 업무) 업무착수일 ~ 보고서 발행일

반복적(Recurring) 업무의 경우 업무착수일 ~ Late[업무(관계/계약)종료 통보일, 최종보고서 발행일]

독립성은 인증업무 수임기간 동안 유지해야 한다. 여기서, 인증업무 수임기간이란 인증업무팀이 업무를 착수한 일로부터 인증보고서 발행일까지이다. 반복적인 인증업무의 수임기간 종료일은 어느 일방의 계약당사자가 전문적 관계가 종료되었음을 통고한 일자와 최종 인증업무보고서의 발행일자 중 더 나중 일자로 한다(윤리기준 290.31).

10.2 회계기간중이나 그 이후에 업무를 수임한 경우

보고대상 재무제표의 회계기간중이나 그 이후에 업무를 수임한 회계법인은 다음의 상황이 독립성 훼손위협을 발생시키는지 여부를 판단하여야 한다(윤리기준 290.32).

① 감사업무 수임이전인 재무제표의 회계기간 중 또는 재무제표의 회계기간 이후에 의뢰인과 재무적 이해관계 및 사업적 관계가 있는 경우

② 당해 의뢰인에게 이전에 서비스를 제공한 적이 있는 경우

감사업무기간동안 제공이 금지되어 있는 비인증업무를 해당 감사업무를 착수하기 이전에 제공한 경우 다음과 같은 필요한 안전장치를 강구하여야 한다(윤리기준 290.33).

① 당해 의뢰인의 감사위원회 등 지배기구와 이미 제공된 비인증업무와 관련된 독립성 문제를 논의

② 비인증업무의 결과에 대한 책임이 당해 의뢰인에게 있음을 인정하는 확인서를 입수

③ 비인증업무를 제공한 구성원을 해당 재무제표감사업무에서 제외시킴

④ 다른 회계법인에게 해당 비인증업무의 결과를 검토하게 하거나, 해당 비인증업무를 재수행하도록 함으로써, 타 회계법인이 해당 비인증업무에 대한 책임을 질 수 있도록 함

11 독립성에 대한 기타 고려사항

11.1 고의성 없이 독립성을 위반할 경우 조치

회계법인 등 또는 그 구성원이 이 윤리기준의 독립성 규정을 고의성이 없이 위반하는 경우가 있을 수 있다. 이러한 고의성이 없는 위배사항은 다음의 안전장치를 준수한다면 일반적으로 인증의뢰인에 대한 독립성을 손상시키지 않을 것이다(윤리기준 290.22).

① 회계법인내에 독립성을 증진시키기 위한 적절한 품질관리 정책과 절차를 강구

② 위배사항을 발견하는 즉시 시정

③ 필요한 안전장치를 적용

11.2 독립성 훼손위협이 경미하지 않은 인증업무 수임·유지하는 경우 문서화

독립성 훼손위협이 명백하게 경미한 경우가 아님에도 불구하고, 회계법인이 해당 인증업무를 수임하거나 유지하기로 결정하는 경우 회계법인은 다음 사항을 문서화하여야 한다(윤리기준 290.27).

독립성 훼손위협이 경미하지 않은 인증업무 수임·유지하는 경우 문서화(윤리기준 290.27)

① 파악된 위협
② 해당 위협을 제거하거나 수용가능한 수준이하로 감소시키기 위해 적용한 안전장치
③ 이에 따른 결론
④ 그 결론의 근거

12 그 외 윤리기준

위에서는 공인회계사의 독립성을 위주로 설명하였다. 그러나 윤리강령에서 설명한 바와 같이 공인회계사가 준수하여야 하는 공인회계사 윤리기준에는 독립성 이외의 윤리강령도 있다. 독립성 이외에 주목하여야 할 주요 윤리기준은 다음과 같다.

(1) 알선수수료의 수수 및 지급 금지

기출 2021
기출 2022

개업공인회계사가 알선수수료를 지급하거나 수령하는 것은 어떠한 윤리강령 준수에 상당히 심각한 위협을 초래하므로, 이러한 위협을 제거하거나 수용가능한 수준이하로 감소시킬 수 있는 안전장치가 존재하지 아니한다. 따라서 개업공인회계사는 어떠한

종류의 알선수수료도 지급하거나 수령해서는 아니된다(윤리기준 240.7).

(2) 광고: 허용하지만 과장 비난 광고는 금지

개업공인회계사가 광고 또는 기타 마케팅방식을 이용하여 새로운 업무에 대한 수임을 권유하는 경우, 윤리강령의 준수에 대한 잠재적 위협이 발생할 수 있다. 개업공인회계사는 광고를 함에 있어 다음과 같은 행위를 하여서는 아니된다(윤리기준 250.2).

① 제공하는 서비스, 보유한 자격의 내용 또는 업무경력에 대한 과장된 주장

② 입증되지 아니한 비교결과를 인용하여 다른 공인회계사의 업무를 비난하는 행위

(3) 이해상충

개업공인회계사는 이해상충을 유발할 수 있는 상황을 파악하기 위하여 합리적인 조치를 취하여야 한다. 이해상충을 유발할 수 있는 상황은 윤리강령 준수에 대한 위협을 야기시킬 수 있다. 예를 들어, 개업공인회계사가 직접적으로 의뢰인과 경쟁하거나 또는 의뢰인의 주요 경쟁자와 동업 관계 또는 유사한 협약을 맺고 있는 경우 공정 강령 준수에 대한 위협이 발생할 수 있다. 또한 개업공인회계사가 이해가 서로 상충하는 의뢰인들 또는 어떤 문제나 거래와 관련하여 서로 다른 입장에서 분쟁 중에 있는 의뢰인들에게 동시에 업무를 제공하는 경우에는 공정 또는 비밀유지 강령의 준수에 대한 위협이 발생할 수 있다(윤리기준 220.1).

개업공인회계사는 이해상충으로 인하여 발생하는 윤리강령 준수에 대한 위협의 심각성을 평가하여야 한다. 이러한 평가에는, 개업공인회계사가 새로운 업무를 수임하거나 기존 업무를 계속 유지할 것인지에 대한 의사결정을 하기 전에, 의뢰인 및 제3자와 맺은 사업적 이해관계 및 유대관계로 인하여 윤리강령이 훼손될 위협이 발생하는지 여부에 대한 고려가 포함된다. 해당 위협이 명백하게 경미한 경우외에는 위협을 제거하거나 수용가능한 수준이하로 감소시키는데 필요한 안전장치를 강구하고 이를 적용하여야 한다(윤리기준 220.2).

이해상충과 관련된 안전장치는 위협이 발생되는 상황에 따라 달라지며, 통상적으로 다음의 내용을 포함하여야 한다(윤리기준 220.3).

① 회계법인은 이해상충이 있을 수 있는 사업적 이해관계나 영업활동 중 의뢰인과 이해상충이 될 수 있는 사항이 생긴 경우에는, 이를 의뢰인에게 통보하고 이러한 상황에 대하여 의뢰인의 동의를 얻어야 한다.

② 개업공인회계사는 어떤 사항에 관하여 이해관계가 서로 상충하고 있는 둘 이상의

당사자들을 위하여 직무를 수행하는 경우, 이를 관련된 모든 이해관계자에게 통보하여야 하며 이러한 입장에 대한 동의를 얻어야 한다.

③ 개업공인회계사는 신규수임업무(예를 들어, 특정지역이나 특정직무와 관련됨)를 제공함에 있어서 어느 한 의뢰인을 위해서만 배타적으로 활동하지 않는다는 점을 의뢰인에게 통보하여야 하며 이러한 입장에 대한 동의를 얻어야 한다.

이해상충과 관련하여 다음의 추가적인 안전장치를 강구하여야 한다(윤리기준 220.4).

① 업무수행팀의 분리 운영
② 정보에 대한 접근금지(예를 들어, 업무수행팀의 엄격한 물리적 격리, 자료 보관의 기밀과 보안유지)
③ 업무수행팀 구성원에게 기밀유지와 보안문제에 대한 명확한 지침 제공
④ 회계법인의 파트너와 직원에게 기밀유지약정서에 대한 서명 요구
⑤ 안전장치의 적용상황에 대하여, 해당 의뢰인에 대한 업무에 참여하지 아니하는 상급자가 정기적으로 검토 실시

(4) 제2의견

개업공인회계사가 의뢰인이 아닌 회사로부터 특정 상황이나 거래와 관련하여, 회계, 감사, 보고, 또는 기타 기준이나 원칙의 적용에 대하여 제2의견의 제공을 요청받은 경우, 윤리강령의 준수에 대한 위협이 발생될 수 있다. 예를 들어, 제2의견이 그 회사의 기존공인회계사가 알고 있는 사실과 동일한 사실에 근거하지 않거나, 부적합한 증거에 근거하여 형성되는 경우, 전문가적 적격성과 정당한 주의 강령 준수에 대한 위협이 발생할 수 있다. 해당 위협이 얼마나 중요한지는 제2의견을 요청받은 상황과 전문가적 의견표명의 근거가 된 관련 사실 및 가정에 달려 있다(윤리기준 230.1).

개업공인회계사는 제2의견을 제공해 달라는 요청을 받은 경우, 발생하는 위협이 얼마나 중요한지를 평가하여야 하며, 해당 위협이 명백하게 경미한 경우외에는 해당 위협을 제거하거나 수용가능한 수준이하로 감소시키기 위해 필요한 안전장치를 강구하고 이를 적용하여야 한다. 이러한 안전장치에는 해당 회사에게 기존공인회계사와의 논의를 허용하여 줄 것을 요청하고, 제2의견 표명의 한계를 설명하며, 기존공인회계사에게 당해 제2의견의 사본을 제공하는 것이 포함된다(윤리기준 230.2). 기출 2021

개업공인회계사는 제2의견을 요청하는 회사가 기존공인회계사와의 의견교환을 허용하지 않는 경우, 모든 상황을 감안하여 회사가 요청하는 의견을 제공하는 것이 적절한지 여부를 고려하여야 한다(윤리기준 230.3).

(5) 비인증업무 성공보수

일부 비인증업무들 중에는 성공보수 조건으로 수행되는 경우가 있다. 그러나 상황에 따라서는, 성공보수에 의하여 업무를 수임하는 것이 윤리강령 준수에 대한 위협을 초래할 수 있다. 성공보수는 공정 강령의 준수에 대한 이기적 위협을 발생시킬 수 있다. 이러한 위협이 얼마나 중요한지 여부는 다음에 예시하는 요인들에 의해 결정될 것이다(윤리기준 240.3).

- 업무의 성격
- 보수의 범위
- 보수의 산정기준
- 해당 거래의 산출물이나 결과를 독립적인 제3자가 검토하는지 여부

개업공인회계사는 이러한 위협의 심각성을 평가하여야 하며, 해당 위협이 명백하게 경미한 경우 외에는 해당 위협을 제거하거나 수용가능한 수준이하로 감소시키는데 필요한 안전장치를 강구하고 이를 적용하여야 한다. 이러한 안전장치를 예시하면 다음과 같다(윤리기준 240.2).

- 보수의 산정근거와 관련하여 의뢰인에게 서면으로 된 사전동의서를 징구함
- 개업공인회계사가 수행한 업무결과를 이용할 것으로 예정된 자에게 수행한 업무의 내용과 함께 보수의 산정근거를 제시함
- 품질관리 정책과 절차
- 개업공인회계사가 수행한 업무를 객관적인 제3자가 검토함

(6) 의뢰인 자산의 보관

의뢰인 자산의 보관은 윤리강령 준수에 대한 위협을 일으킨다. 예컨대, 의뢰인 자산을 보관하는 것은 전문가적 품위와 공정 강령의 준수에 대한 이기적 위협을 발생시킬 수 있다. 타인의 금전(또는 기타자산)을 위탁받은 개업공인회계사는 이러한 위협에 대하여 다음의 안전장치를 적용하여야 한다(윤리기준 270.2).

① 담당공인회계사 자신 또는 당해 회계법인의 자산과 의뢰인 자산을 분리하여 보관함

② 의뢰인 자산은 오로지 의도된 목적에만 사용하도록 함

③ 의뢰인 자산과 그 자산에서 발생하는 이익이나 배당수입등에 대한 수지보고서를 정기적으로 작성 비치함

④ 의뢰인 자산의 보관 및 회계와 관련된 모든 법규를 준수함

SECTION 05 감사품질(Audit Quality)

회계감사의 산출물인 감사보고서는 일정한 품질이 유지되어야 한다. 감사품질(audit quality)이란 회계감사의 산출물인 감사의견에 대한 품질이다. 감사품질은 ① 감사의견을 형성하기 위한 증거수집과정에서 충분하고 적합한 감사증거를 수집하여야 하고, ② 이를 감사보고서에 적절히 반영하여야만 유지될 수 있다. 감사품질에 대한 정의로는 DeAngelo(1981)[주]의 정의가 널리 이용된다. 감사품질에 대한 DeAngelo(1981)의 정의는 다음과 같다.

[주] DeAngelo(1981), "Auditor Size and Audit Quality", Journal of Accounting and Economics 3, pp.183-199.

DeAngelo의 감사품질(audit quality)에 대한 정의

감사품질이란 특정 감사인이 감사대상회사의 회계시스템에서 부적절하게 처리된 사항을 발견하고, 이러한 발견사항을 보고할 결합확률의 기대치로 정의된다.

$$\text{audit quality} = E[P(DIS) \times P(REP)]$$

여기서,

P(DIS): 부적절하게 처리된 사항을 발견할 확률

P(REP): 발견사항을 보고할 확률

즉, 감사품질을 결정하는 두 가지 요소는 감사인이 전문가적 능력을 발휘하여 감사대상회사의 회계시스템에서 부적절하게 처리된 사항을 발견할 확률과, 발견된 사항을 독립성을 가지고 적절하게 보고할 확률로 구성된다.

1 부적절하게 처리된 사항을 발견할 확률: 감사인의 전문가적 능력

부적절하게 처리된 사항을 발견할 확률은 감사인의 전문가적 적격성과 감사의 성격, 시기 및 범위 등에 따라 달라진다. 예를 들어, 감사인의 전문지식이 높을수록 부적절한 사항을 발견할 가능성이 높아질 수 있다. 또한 감사범위를 확대할수록 부적절한 사항을 발견할 가능성은 높아질 수 있다. 그러나 전문가적 능력의 수준도 한계가 있으며, 제한된 기간 내에 무한정 감사범위를 확대하는 것도 한계가 있기 때문에 부적절한 사항을 발견할 확률은 100% 미만일 것이다.

2 발견사항을 보고할 확률: 감사인의 독립성

부적절한 사항을 발견하는 것도 중요하지만 이를 보고하는 것도 중요하다. 아무리 많은 사항을 발견하였다 할지라도 이를 보고하지 않는다면 감사품질은 개선되지 않는다. 예를 들어, 부적절한 사항을 발견할 확률이 100%일 경우 이를 보고할 확률이 0%라면 감사품질은 0% (100% × 0%)가 될 것이다.

발견사항을 보고할 확률은 감사인의 독립성(Independence)에 따라 달라질 수 있다. 예를 들어, 독립성이 높을수록 발견사항을 보고할 확률은 높을 것이다. 우리나라는 1982년 자유수임제도로 변경한 이후 감사인의 독립성에 대한 논의가 끊임없이 제기되고 있다.

3 감사품질을 높이기 위한 방안

감사품질을 향상시킴으로써 감사의 사회적 기능을 높이기 위해서는 감사인 스스로 노력하여야 할 뿐만 아니라, 외부의 제도적인 장치도 마련되어야 할 것이다. 외부의 제도적인 장치는 감사품질을 일정수준 이상 유지시킬 수 있는 방안이 될 수 있다. 만약 회계감사가 재무제표의 가치를 높이고 당해 재무제표가 사회적으로 매우 중요하다면, 감사품질이 일정수준 이상 유지될 수 있도록 하는 것이 바람직하다.

SECTION 06 감사의 품질관리

NEW INTERNATIONAL STANDARDS ON AUDITING

회계감사기준 220에서는 재무제표감사의 품질관리 절차에 관한 감사인의 책임을 규정하고 있다. 감사에 대한 품질관리는 회계법인 차원과 업무팀 차원으로 구분되어 있다. 회계법인(accounting firm)은 품질관리시스템, 정책 및 절차를 구축하여야 할 책임이 있으며, 업무팀(engagement team)은 주어진 품질관리시스템, 정책 및 절차 중에서 감사업무에 적용가능한 것들을 실행하고, 독립성과 관련된 품질관리시스템이 가동될 수 있도록 관련 정보를 회계법인에 제공할 책임이 있다.

회계법인(accounting firm)이란 개인개업자, 공인회계사들로 구성된 파트너십, 법인 또는 기타의 실체를 말한다. 우리나라의 경우 회계법인, 감사반 그리고 감사반에 소속하지 않은 개업공인회계사 중 감사를 수행하는 자가 이에 해당한다. 즉, 품질관리에서 정의하고 있는 회계법인이란 감사를 수행하는 조직(organization)을 의미한다.

업무팀(engagement team)이란 감사업무를 수행하는 모든 파트너와 스태프, 그리고 당해 회계법인 또는 네트워크 회계법인에 고용되어 해당 감사업무에 대한 감사절차를 수행하는 자를 의미한다. 그러나 회계법인 또는 네트워크 회계법인에 계약된 감사인의 외부 전문가는 여기서 제외된다.

일반적으로 회계법인 내에는 다수의 감사 업무팀이 존재한다. Big4 회계법인의 경우 감사 업무팀을 업종별로 전문화함으로써 업종별 전문가가 감사업무를 담당하고 있다.

« 그림 16-1 회계법인과 업무팀과의 관계

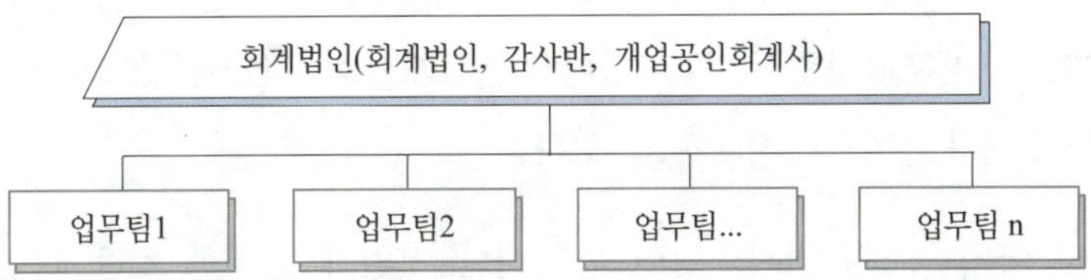

이와 같이 품질관리기준은 감사의 품질관리와 관련하여 회계법인과 업무팀의 역할을 구분하고 있다. 즉, 조직은 합리적인 품질관리시스템, 정책 및 절차를 구축하고 감사를 실행하는 자는 이를 현장에서 적용하면 감사품질이 통제될 수 있다는 개념이다.

회계법인과 업무팀과의 관계를 건설공사와 연관시켜 설명하면, 건설회사는 회계법인에 비유될 수 있고, 건설회사 내 공사현장팀은 업무팀에 비유될 수 있다. 건설공사의 품질을 높이기 위해서 건설회사는 합리적인 품질관리시스템, 정책 및 절차를 구축하여야 하고, 공사현장팀은 이를 현장에 엄격하게 적용하여야 한다.

1 품질관리에 대한 책임

회계감사기준 220은 품질관리에 대한 책임을 다음과 같이 회계법인과 업무팀의 책임으로 구분하고 있다.

회계법인의 책임	업무팀의 책임과 권리
220.2. 품질관리시스템, 정책과 절차는 회계법인의 책임이다. 회계법인은 품질관리기준 1에 따라 다음에 대하여 합리적 확신을 제공할 수 있도록 품질관리시스템을 수립하고 유지할 의무가 있다. (a) 회계법인과 그 구성원이 전문직 기준 및 법규의 요구사항을 준수하고 있음 (b) 회계법인 또는 업무수행이사가 발행하는 보고서가 해당 상황에 적합함	220.3. 업무팀은 회계법인의 품질관리시스템 관점에서 감사업무에 적용가능한 품질관리절차를 실행하고 독립성과 관련된 품질관리시스템 부분이 기능할 수 있도록 관련 정보를 회계법인에게 제공할 책임이 있다. 220.4. 회계법인 또는 기타 당사자들이 제공하는 정보에서 달리 제시되지 않는 한, 업무팀은 회계법인의 품질관리시스템에 의존할 권리가 있다.

1.1 회계법인의 책임 → 품질관리시스템, 정책과 절차를 구축할 책임

위에서 보시는 바와 같이 회계감사기준 220.2는 회계법인에게 품질관리시스템, 정책과 절차를 구축할 책임을 지우고 있다. 그리고 품질관리를 위해 회계법인이 추구하여야 할 이상적인 목표(goal)를 각각 (a)와 (b)에서 제시하고 있으며 구체적인 내용은 '품질관리기준서 1'에 위임하고 있다. 품질관리기준서 1은 한국공인회계사회 감사·인증기준위원회에서 개정의결(2013.8.20.)하여 현재 시행하고 있다.

그런데 과연 어떤 품질관리시스템이 바람직한 것인가에 대한 것은 사실 정하기 어렵다. 어떤 시스템이든지 완벽하지 못하다는 것은 충분히 이해할 수 있는 부분이다. 그래서인지 국제감사기준, 한국 회계감사기준 그리고 미국감사기준에서도 모두 품질관리에 영향을 미치는 요소만들 열거하고 이런 요소를 고려하여 구체적으로 품질관리시스템을 회계법인의 상황에 맞게 구축하라고 요구하고 있다. 다만, 품질관리에 영향을 미치는 요소(이를 '품질관리요소'라 함)는 국제감사기준과 한국 감사기준은 동일하고, 미국감사기준과는 약간의 차이가 있지만 전체적으로 보면 대등소이하다.

회계감사기준에서 요구하는 품질관리시스템, 정책과 절차는 개별 회계법인이 구체적인 규정으로 개별 회계법인의 크기(소속공인회계사 수 등), 제공하는 업무의 성격 등에 따라 적합한 수준으로 마련하고 있는 것이 현실에 대한 설명이다.

Big 4의 경우 프랜차이즈이기 때문에 Big 4 International에서 회계감사기준을 충족하고 추가적으로 차별화되는 품질을 제고하기 위하여 개발된 품질관리시스템, 정책과 절차를 소속 회원사에 제공하고 있다고 열려져 있다. 사실 이것이 프랜차이즈의 혜택 중 가장 큰 것에 해당한다. 그리고 Big 4 International은 이러한 회계법인의 품질관리시스템, 정책과 절차가 요구하는 standard와 일치하는지 그리고 개별 국가의 법적 요구사항과 감사환경에 따라 일부 차이가 있다면 그 차이는 바람직한 것인지를 주기적으로 점검한다. 결국 회계법인이 책임지고 있는 품질관리시스템, 정책과 절차는 회계법인의 규정으로 자리잡고 있기 때문에 문서(documents)로 존재하고 문서검증만으로도 Big 4 International은 개별 회원사의 품질관리시스템, 정책과 절차가 제대로 구축되었는지를 파악할 수 있다.

1.2 업무팀(업무수행이사)의 책임

업무수행이사는 업무팀의 수장으로서 회계법인의 품질관리시스템 관점에서 감사업무에 적용가능한 품질관리절차를 실행할 책임이 있다.

2 회계법인(Accounting Firm)의 품질관리시스템

어떤 정책이나 절차가 감사품질을 높일 수 있을 것인지에 대해서는 유일한 가이드라인을 제시하기 어렵다. 따라서 회계감사기준에서는 품질관리시스템에 영향을 미치는 요소만을 제시하고, 이러한 요소를 고려하여 회계법인별로 품질관리를 위한 구체적인 정책이나 절차를 구축하게 하고 있다.

회계법인 차원의 품질관리는 ① 전사적 차원과 ② 개별 감사업무차원으로 이원화되어 있다. 전사적 차원은 '품질관리기준서 1'에 위임하여 설명하고 있으며, 개별 감사업무차원은 회계감사기준(ISA 220)에서 설명하고 있다.

TIP
품질관리에 대한 보다 자세한 내용은 한국공인회계사회 자료실에서 '품질관리기준서 1'을 참조하시오.

품질관리 7 요소	전사적 차원(품질관리기준서)	개별 감사업무차원(ISA 220)
궁극적 책임자	회계법인	대부분 업무수행이사(파트너)
① 회계법인내 품질에 대한 리더십 책임 (tone at the top)	(1) 품질이 핵심가치라는 기업문화를 촉진하기 위한 절차의 수립 책임: 궁극적으로는 CEO와 파트너총회가 책임을 짐 (2) 품질관리파트너(심리실장)의 자격(경험, 능력 & 권한)의 규정화 책임	전반적 품질에 대한 책임 (파트너는 담당 감사업무의... 책임을 진다)
② 관련 윤리적 요구사항	독립성 준수를 위한 절차의 수립 · 시행	(1) 업무팀원의 윤리적 요구사항 위배 여부에 주의 유지 (2) 위반 발견시 회계법인 내부절차, 자문에 따라 적합한 조치
③ 의뢰인 관계 및 감사업무의 수임과 유지	아래의 요건을 모두 충족할 경우에만 고객을 수임하는 절차구축 (1) 업무수행인력의 적격성, 역량, 자원, (2) 윤리적 요구를 충족 가능(독립성규정) (3) 의뢰인의 성실성	고객 관계와 감사업무 수용 · 유지 절차의 준수 의무

품질관리 7 요소	전사적 차원(품질관리기준서)	개별 감사업무차원(ISA 220)
궁극적 책임자	회계법인	대부분 업무수행이사(파트너)
④ 인적 자원관리 (업무팀의 배정)	(1) 적합한 인력 보유를 위한 절차(채용, 평가, 수행능력, 적격성, 승진, 보상, 인력 수요추정 등) (2) 적격한 파트너 / 구성원에게 업무 배정하는 절차	적격한 업무팀원, 전문가의 배정 책임
⑤ 업무의 수행	전문기준에 따른 감사보고서 발행을 확신할 수 있는 절차 (1) 업무수행품질의 일관성 (2) 감독 (3) 검토 (4) 자문 (5) 업무품질관리 검토	(1) 지휘 · 감독 및 수행 - 감사기준 및 법규에 따른 지휘감독 / 적합한 감사보고서 책임 (2) 검토 - 회계법인 정책에 따른 검토 및 충분하고 적합한 감사증거 입수 확인 (3) 자문 - 적절한 자문을 받고, 감사결과에 반영 (4) 담당 감사업무의 전반적 품질에 대한 책임 (5) 업무품질관리검토(quality review)
⑥ 모니터링	(1) 품질관리시스템의 설계, 실행 절차, 개별 engagement 차원 적절성 모니터링 (2) 정기적 검토주기 (3) 전사적 통제와 개별 업무 모두 선정 가능	회계법인 차원의 모니터링 결과를 고려, 미비점의 영향 여부 고려
⑦ 문서화	(1) 최종조서파일의 취합완료 의무 (2) 조서 비밀유지, 안전보관, 완전성, 접근성, 재생 가능성 관리 의무 (3) 업무문서 보관 의무 (4) 업무문서 소유권 - 회계법인에 있음	필수 문서화 (1) 윤리적 요구사항 관련 사항(이슈, 해결, 논의), (2) 독립성 관련사항(이슈, 해결, 논의), (3) 고객의 수용 및 유지에 대한 결론, (4) 자문의 성격, 범위, 결론

기출 2023

2.1 감사품질에 대한 리더십 책임

업무수행이사는 자신이 담당하는 각각의 감사업무의 전반적인 품질에 대한 책임을 져야 한다(ISA 220-8).

2.2 관련 윤리적 요구사항(독립성)

(1) 감사품질과 윤리적 요구사항

품질관리 요소 중 관련 윤리적 요구사항(독립성)은 회계법인이 감사업무를 수행 할 때 높은 수준의 윤리적 요구사항(독립성)을 준수하느냐에 따라 감사품질이 결정된다.

업무수행이사는 감사업무의 전 과정에 걸쳐 필요한 관찰과 질문을 통해 업무팀원이 관련 윤리적 요구사항을 위반하고 있다는 증거에 대하여 주의를 유지하여야 한다. 업무수행이사는 회계법인의 품질관리시스템 등을 통해 업무팀원이 관련 윤리적 요구사항을 위반하고 있음을 시사하는 사항을 알게 되면, 회계법인 내부의 다른 사람들로부터 자문을 받아 적합한 조치를 결정하여야 한다.

회계법인 차원에서 준수하여야 할 윤리적 요구사항은 공인회계사 윤리기준에서 다수 규정하고 있다. 그러나 그 중 감사의 품질관리와 관련된 사항은 독립성이 유일하다. 그런 점에서 회계감사기준은 관련 윤리적 요구사항으로 독립성(independence)만을 규정하고 있다.

(2) 독립성

업무수행이사는 감사업무에 적용되는 독립성 요구사항의 준수에 관한 결론을 내려야 한다. 이와 관련하여 업무수행이사는 다음의 절차를 수행하여야 한다.

독립성 준수와 관련하여 업무수행이사가 수행할 절차 (ISA 220-11)

(a) 회계법인, 그리고 해당되는 경우 네트워크 회계법인으로부터 관련 정보를 입수하여 독립성에 위협을 일으키는 상황과 관계를 식별하고 평가함
(b) 회계법인의 독립성 정책과 절차를 위반한 사실이 식별된 경우, 위반사실에 관한 정보를 평가하여 이 사실이 감사업무의 독립성에 위협을 발생시키는지 여부를 결정함
(c) 안전장치를 적용하여 그러한 위협을 제거하거나 수용가능한 수준으로 감소시키기 위한 적합한 조치를 취함. 또는, 적합하다고 고려되면, 법규상 가능한 경우 해당 감사업무를 해지하기 위한 적합한 조치를 취함. 업무수행이사는 적합한 조치를 통하여 해당 사항을 해결할 수 없다면 신속히 이를 회계법인에 보고한다.

2.3 의뢰인관계와 감사업무의 수용과 유지

업무수행이사는 의뢰인 관계와 감사업무의 수용과 유지에 관하여 적합한 절차들이 지켜졌는지 만족할 수 있어야 하며, 이에 대하여 도달된 결론이 적합한지 결정하여야 한다. 조기에 알았더라면 회계법인이 감사업무를 거절하였을 정보를 업무수행이사가 입수한 경우, 회계법인과 업무수행이사가 필요한 조치를 취할 수 있도록 업무수행이사는 회계법인에 해당 정보를 신속히 커뮤니케이션하여야 한다(ISA 220-13).

2.4 업무팀의 배정

업무수행이사는 업무팀, 그리고 업무팀원이 아닌 감사인측 전문가들이 총체적으로 다음 사항을 수행하는 데 적합한 적격성과 역량을 보유하고 있는지에 대하여 만족할 수 있어야 한다(ISA 220-14).

업무수행이사가 업무팀을 배정할 때 고려할 적격성 (ISA 220-14)

(a) 전문직 기준과 해당 법규의 요구사항에 따라 감사업무를 수행함
(b) 해당 상황에 적합한 감사보고서를 발행할 수 있음

2.5 감사업무의 수행

(1) 지휘, 감독 및 수행

업무수행이사는 다음에 관하여 책임을 져야 한다(ISA 220-15).

업무수행이사의 감사업무에 대한 책임 (ISA 220-15)

(a) 전문직 기준과 해당 법규의 요구사항을 준수하여 감사업무를 지휘, 감독하고 수행함
(b) 감사보고서는 해당 상황에 적합함

(2) 검토

업무수행이사는 회계법인의 검토정책과 절차에 따라 검토가 수행되도록 책임을 져야 한다. 업무수행이사는 감사보고서일 또는 그 전에, 감사문서의 검토와 업무팀과의 토의를 통하여, 감사에서 도달된 결론과 발행될 감사보고서를 뒷받침하는 데 충분하고 적합한 감사증거가 입수되었다는 것에 대하여 만족할 수 있어야 한다(ISA 220-16, 17).

(3) 자문

업무수행이사는 자문과 관련하여 다음과 같이 하여야 한다.

기출 2025

업무수행이사가 자문할 사항 (ISA 220-18)

(a) 어렵거나 논쟁의 여지가 있는 사항들에 관하여 업무팀이 적합한 자문을 실시하도록 하는 책임을 짐
(b) 업무팀원이 감사업무 중 업무팀 내부 및 업무팀과 회계법인 내 · 외부의 적합한 위치의 사람들 간에 적합한 자문을 실시하였다는 것에 대하여 만족할 수 있음
(c) 그러한 자문의 성격과 범위, 그리고 해당 자문에 따른 결론들이 자문제공자의 의견과 같다는 것에 대하여 만족할 수 있음
(d) 그러한 자문의 결론들이 실행되었는지 결정함

(4) 업무품질관리검토

상장기업의 재무제표감사 그리고 회계법인이 업무품질관리검토가 필요하다고 결정한 기타의 감사업무에 대하여, 업무수행이사는 다음의 절차를 수행하여야 한다.

기출 2025

업무품질관리검토가 필요한 경우 업무수행이사가 수행할 일 (ISA ISA 220-19)

(a) 업무품질관리검토자가 선임되었는지 결정함
(b) 업무품질관리검토 중에 식별된 사항 등 감사업무의 수행 중에 야기된 유의적 사항을 업무품질관리검토자와 논의함
(c) 감사보고서일자를 업무품질관리검토의 종료일 전의 일자로 하지 않음

업무품질관리검토자는 업무팀이 내린 유의적 판단사항과 감사보고서의 형성 과정에서 도달된 결론들에 대하여 객관적인 평가를 수행하여야 한다. 이 평가에는 다음 사항이 포함되어야 한다.

기출 2025

업무품질관리검토자가 수행하여야 할 절차 (ISA 220-20)

(a) 유의적 사항을 업무수행이사와 논의
(b) 재무제표와 감사보고서의 초안을 검토
(c) 업무팀이 내린 유의적 판단 및 도달된 결론과 관련된 감사문서를 선정하여 검토
(d) 감사보고서를 작성할 때 도달된 결론들을 평가하고 감사보고서 초안이 적합한지 여부를 고려

(5) 의견의 차이

업무팀은 업무팀 내부나 자문수행자, 또는 해당되는 경우 업무수행이사와 업무품질관리검토자간에 의견의 차이가 발생하면, 이를 처리하고 해결하기 위한 회계법인의 정책과 절차를 따라야 한다(ISA 220-22).

2.6 모니터링

효과적인 품질관리시스템에는 해당 품질관리시스템과 관련된 정책과 절차가 관련성이 있고 적절하며 효과적으로 운영되고 있다는 합리적 확신을 회계법인에게 제공할 수 있도록 설계된 모니터링 절차가 포함된다. 업무수행이사는 회계법인, 그리고 해당되는 경우 타 네트워크 회계법인이 회람시킨 최근의 정보에 나타난 해당 회계법인의 모니터링 절차의 결과를 고려하여야 한다. 또 그러한 정보에서 언급된 미비점들이 해

당 감사업무에 영향을 미치는지 여부를 고려하여야 한다(ISA 220-23).

2.7 문서화

(1) 감사업무수행과 문서화

감사인은 다음 사항을 감사문서에 포함하여야 한다.

감사업무수행과 관련하여 감사인이 문서화할 사항 (ISA 220-24)

(a) 관련 윤리적 요구사항의 준수에 관하여 식별된 이슈 및 그러한 이슈를 해결한 방법
(b) 해당 감사업무에 해당되는 독립성 요구사항의 준수에 관한 결론 및 그러한 결론을 뒷받침하는 회계법인과의 관련 논의내용
(c) 의뢰인 관계와 감사업무의 수용과 유지에 관하여 도달된 결론
(d) 감사업무 수행과정에서 실시된 자문의 성격, 범위와 그 결론

(2) 업무품질관리검토와 문서화

업무품질관리검토자는 검토한 감사업무에 대하여 다음 사항을 문서화하여야 한다.

업무품질관리검토자가 문서화 할 사항 (ISA 220-25)

(a) 업무품질관리검토에 관하여 회계법인의 정책에서 요구되는 절차를 수행하였음
(b) 업무품질관리검토는 감사보고서일 또는 그 전에 종료되었음
(c) 검토자는 업무팀이 내린 유의적 판단과 도달된 결론이 적합하지 않았다고 판단할 만한 어떠한 미해결 사항도 인지하고 있지 아니함

3 품질관리 정책과 절차의 이행여부 검토

핵심

	전사적 차원의 품질관리	개별 감사업무 차원의 품질관리
자율적 품질관리	품질관리시스템, 정책 및 절차의 구축 • 회계법인의 내의 품질에 대한 리더십 책임 • 관련 윤리적 요구사항 • 의뢰인 관계 및 감사업무의 수임과 유지 • 인적 자원관리 • 업무의 수행 • 모니터링 • 문서화	구축된 품질관리시스템, 정책 및 절차의 실행
	↓	↓
	감사인의 품질관리감리	감사보고서감리
외부규제에 의한 품질감리	• 대규모 감사인: 증권선물위원회 • 소규모 감사인: 한국공인회계사회 위탁	• 주권상장법인: 증권선물위원회 • 주권비상장법인: 한국공인회계사회 위탁

3.1 자율적 품질관리

회계법인은 감사품질을 향상시키기 위하여 품질관리 정책 및 절차를 고안하고 이를 전사적 차원과 개별 감사업무 차원 모두 이행하여야 한다. 회계법인은 그들 스스로 품질을 유지 또는 향상하여 그들의 명성을 유지 또는 향상시킴으로써 더 많은 고객을 확보하고 더 높은 감사보수를 받고자 하는 유인을 가지고 있다. 또한 회계감사기준에서도 감사인 스스로 품질관리 정책 및 절차의 이행 여부에 대한 검토를 실시하도록 규정하고 있다. 따라서 감사인은 내부에 품질관리부서를 설치함으로써 개별감사에 대한 품질관리(=심리)뿐만 아니라 그들이 마련한 품질관리 정책 및 절차가 규정대로 준수되고 이행되고 있는지를 검토하고 있다.

3.2 외부규제에 의한 품질관리: 감리

감사인은 그들 스스로 감사품질을 높이려고 동기를 가지고 이를 실천하고 있다. 그러나 감사가 자본시장에 미치는 중요한 영향을 고려한다면, 자발적 노력에 추가하여 외부의 객관적인 기관에 의한 품질관리도 필요하다고 할 것이다. 이를 감리라고 하며 그 근거는 외감법(제26조)에 있다.

TIP

증권선물위원회는 감사보고서 뿐 아니라 재무제표 자체의 신뢰도를 높이기 위해 회사가 제출한 재무제표가 회계처리기준을 준수하고 있는지 여부에 대한 감리(재무제표 감리)와 회사가 내부회계관리제도를 적절히 운영했는지에 대한 감리(내부회계관리제도 감리)를 실시한다.

감리를 실시하는 주체는 증권선물위원회이다. 감리는 결국 자본시장에 투명한 회계정보가 제공되어 투자자를 보호하는 데 있다. 그런 점에서 외감법은 ① 재무제표를 작성한 회사와 ② 해당 재무제표를 감사한 감사인을 대상으로 감리하고 있다. 이렇게 회사와 감사인에 대하여 모두 감리를 실시하는 이유는 잘못된 재무정보를 제공하는 원인은 회사일 수도 그리고 감사인일 수도 있기 때문이다. 증권선물위원회는 감리 결과 잘못이 있으면, 회사와 감사인에게 각각 행정징계처분을 내린다. 구체적인 감리의 종류는 다음과 같다.

표 16-1 감리의 종류(외감법 제26조)

회사에 대한 감리	감사인에 대한 감리
① 내부회계관리제도 운영 감리: 회사가 내부회계관리제도를 외감법에 따라 운영했는지에 대한 감리 업무 ※ 위 재무제표에 대한 감리 업무를 수행하는 데 필요한 경우로 한정. 즉, 내부회계관리제도만을 독립적으로 감리하지는 않는다는 의미	① 감사보고서 감리: 감사인이 제출한 감사보고서에 대하여 회계감사기준의 준수 여부에 대한 감리
② 재무제표 감리: 회사가 제출한 재무제표에 대하여 회계처리기준의 준수 여부에 대한 감리	② 품질관리 감리: 감사인의 감사업무에 대하여 품질관리기준의 준수 여부에 대한 감리 및 품질관리수준에 대한 평가 ③ 상장법인 등록 감사인 요건 감리: 주권상장법인의 감사인으로 등록한 자가 등록요건을 유지하는지에 대한 감리 업무

(1) 회사에 대한 감리

회사는 내부회계관리제도를 운영하고 재무제표를 작성한다. 내부회계관리제도는 재무정보 처리과정이고, 재무제표는 재무정보의 결과물이다. 외감법은 내부회계관리제도에 대한 운영과 작성된 재무제표에 대하여 다음과 같이 감리한다.

■ 내부회계관리제도 운영 감리

외감법에서 회사에게 내부회계관리제도를 운영할 책임을 지우고 있다. 따라서 증권선물위원회는 사후적으로 내부회계관리제도가 외감법에 따라 운영되고 있는지를 감리한다.

■ 재무제표 감리

외감법에서 회사는 재무제표를 작성하여 감사받기 전 일정기한 내에 감사인과 증권선물위원회에 제출하도록 요구하고 있다. 또한 회사는 해당 재무제표를 감사받아 감사인이 지적한 왜곡표시사항을 수정(or 일부수정, 거부)하여 감사의견을 받아 공시한다. 사후적으로 회사가 재무제표를 왜곡하여 감사과정에서 발견(or 미발견)되었는지 등 공시된 재무제표가 왜곡된 경우 회사의 책임이 있는지 등에 대해 증권선물위원회가 감리한다.

(2) 감사인에 대한 감리

감사인은 감사보고서(외감법 감사대상 포함)를 발행하며, 외감법은 감사인에게 품질관리를 요구하고 있다. 외감법은 상장법인을 감사할 수 있는 등록요건을 제시하고, 요건이 되는 감사인은 외감법에서 정한 절차에 따라 등록하고 있다. 따라서 증권선물위원회는 사후적으로 감사인을 대상으로 아래 세가지 사항이 제대로 준수되고 있는지 감리한다.

■ 감사보고서 감리

감사보고서감리란 규제기관이 개별감사의 결과인 감사보고서가 회계감사기준에 따라 적절하게 이루어 졌는지를 조사하는 것이다. 감사는 회계감사기준에 따라 수행되니 감사보고서 감리에서 감리의 기준은 감사인이 감사과정에서 회계감사기준을 준수하였는지 여부이다.

■ 품질관리 감리

품질관리 감리란 규제기관이 감사업체인 회계법인이 감사업무의 질적 수준 향상 및 유지를 위하여 '품질관리시스템을 적정하게 구축하였는지' 또한 실제 감사업무를 수행할 때 '동 시스템에 따라 적절하게 운영하고 있는지'를 조사하는 것이다.

감사보고서 감리가 업무팀 차원의 품질관리에 대응한 것이라면, 품질관리감리는 회계법인 차원의 품질관리에 대응한 것이다.

■ 상장법인 등록 감사인 요건 감리

상장법인 등록 감사인 요건 감리는 주권상장법인의 감사인으로 등록한 자가 외감법에 따라 등록요건을 유지하는지에 대한 사후적으로 실시하는 감리를 말한다.

감리의 주체는 증권선물위원회이며 일부 업무의 경우 한국공인회계사회에 위탁하여 실시하고 있다. 구체적으로 감사보고서 감리의 경우 주권상장법인에 대한 감리는 증권선물위원회가 직접 실시하며, 주권비상장법인에 대한 감리는 증권선물위원회가 한국공인회계사회에 위탁하여 실시하고 있다.

품질관리감리의 경우 감사인의 감사수행 현황 및 소속 공인회계사의 수 등을 고려하여 금융위원회가 정하는 소규모 감사인에 대한 감리는 증권선물위원회가 한국공인회계사회에 위탁하여 실시하며, 대규모 감사인에 대한 감리는 증권선물위원회가 직접 실시하고 있다. 증권선물위원회가 주도적으로 품질관리감리를 실시하는 이유는 공공기관에 의한 사전 예방적 회계감독기능을 강화함으로써 감사품질을 향상하여 회계투명성을 높이는데 있다.

SECTION 07 감사의 품질관리를 위한 규제

NEW INTERNATIONAL STANDARDS ON AUDITING

회계감사의 사회적 기능을 기대하기 위해서는 일정수준 이상의 감사품질이 유지되어야 할 것이다. 제품의 품질이 가격에 영향을 미치는 것과 같이 감사품질도 감사보수에 영향을 미치기 때문에 감사인 스스로 감사품질을 높이려는 유인이 있다. 또한 품질이 낮은 감사보고서를 발행할 경우 손해배상을 당할 수도 있기 때문에 감사인 스스로 감사품질을 일정수준 이상 유지하고자 한다. 그러나 회계감사의 사회적 중요성을 고려한다면 전적으로 감사인 스스로의 노력에만 의존할 수는 없으며 적절한 규제도 필요하다. 규제기관이 감사품질에 관여할 때 기대할 수 있는 것은 최소한의 감사품질이 유지될 수 있다는 것이다.

우리나라의 경우 증권선물위원회와 한국공인회계사회가 회계감사 업무를 감시·감독하고 있다.

1 증권선물위원회의 품질관리 규제

증권선물위원회는 외감법과 공인회계사법에 따라 다음과 같이 규제함으로써 감사품질을 관리하고 있다.

① 감사인 선임과정의 엄격한 규제(외감법 제10조 등)
② 증권선물위원회에 의한 감사인 지정 등(외감법 제11조)
③ 대규모 감사인의 품질관리 감리 및 감사보고서감리(외감법 제26조)
④ 감사인에 대한 업무제한 및 법적조치(외감법 제29조)
⑤ 위반행위의 공시(외감법 제30조)
⑥ 주권상장법인에 대한 감사인 유지(외감법 제10조)
⑦ 부실감사에 대한 과징금제도(외감법 제35조)

1.1 감사인 선임과정의 엄격한 규제

외감법에서는 감사인 선임과정을 엄격하게 규정하고 있다. 특히, 2017년 개정 외감법은 감사(감사위원회) 또는 감사인선임위원회가 감사인을 선임하도록 감사인 선임권을 지배기구에게 부여함으로써 지배기구가 경영진과 독립적이라면 경영진을 효과적으로 감시할 수 있는 감사인을 선임할 수 있게 하였다.

TIP
2017년 이전에는 회사가 감사인을 추천하여 지배기구가 감사인을 승인하는 감사인을 회사가 선임하는 구조였다.

1.2 증권선물위원회에 의한 감사인 지정 등

우리나라는 자유수임방식을 근간으로 하고 있지만 일부 회사에 대해서는 증권선물위원회가 감사인을 지정하고 있다(외감법 제11조). 감사인 지정제도는 자유수임제도가 지니고 있는 가장 큰 문제점인 감사인의 독립성 문제를 다소 해결하기 위한 것이라 할 수 있다.

1.3 감리: 품질관리감리 및 감사보고서감리

증권선물위원회는 감사업무의 품질향상을 위한 감사인의 업무 설계 및 운영에 관한 감리업무(품질관리감리업무)와 감사보고서감리를 실시하고 있으며, 이는 증권선물위원회의 가장 대표적인 품질관리 수단이다(외감법 제26조). 여기서 품질감리란 감사인의 조직이 회계감사기준 또는 관련 법령을 준수하고 있는지를 감리하는 것이며, 감사보고서감리란 회사가 제출한 감사보고서 중 일부에 대하여 감사가 회계감사기준과 관련 법령에 따라 이루어졌는지를 감리하는 것이다. 또한 증권선물위원회는 당해 감리업무 중 일부를 한국공인회계사회에 위탁하고 있다.

1.4 감사인에 대한 업무제한 및 법적조치

증권선물위원회는 감사인이 감사업무와 관련하여 외감법에서 규정하고 있는 특정사항을 위반하는 경우 감사업무를 제한하는 등의 조치를 취한다(외감법 제29조). 이는 감사인에게 관련 법률을 준수할 수 있게 함으로써 감사품질을 높이는 수단이 될 수 있다.

1.5 위반행위의 공시

증권선물위원회는 부실감사를 예방하고 회계정보의 신뢰성을 제고하기 위하여 외감법에서 정한 일정사항을 위반[주] 한 경우, 금융감독위원회가 정하는 바에 따라 그 위반사실이 확정된 날부터 3년 이내의 기간 동안 당해 위반사실을 공시할 수 있다(외감법 제30조).

[주] 외감법에서 정한 일정사항을 위반한 경우라 함은 다음을 말한다.
① 회사 또는 감사인이 회계기준에 위반하여 재무제표 또는 연결재무제표를 작성한 경우
② 감사보고서에 기재하여야 할 사항을 기재하지 아니하거나 허위로 기재한 경우
③ 그 밖의 법 또는 금융 관련 법령을 위반한 경우

1.6 주권상장법인에 대한 감사인 유지

주권상장법인 · 대행비상장주식회사 · 금융회사는 연속하는 3개 사업연도의 감사인을 동일 감사인으로 하여 감사계약을 체결하여야 한다(외감법 제10조의 ③). 이는 감사인 교체압력을 완화함으로써 감사품질(특히 감사인의 독립성)을 높이기 위한 것이다.

1.7 부실감사에 대한 과징금제도

부실감사를 한 감사인에 대한 효과적인 제재수단으로서 과징금제도를 도입하여 금융위원회는 감사인이 고의 또는 중대한 과실로 회계감사기준을 위반하여 감사보고서를 작성한 경우에는 그 감사인에 대하여 해당 감사로 받은 보수의 5배를 초과하지 아니하는 범위에서 과징금을 부과할 수 있다(외감법 제35조).

2 한국공인회계사회의 품질관리 규제

한국공인회계사회는 외감법에 의한 증권선물위원회의 감사관련 규제업무 중 일부를 위탁받거나 공인회계사법에 따라 규제함으로써 감사품질을 관리하고 있다.

① 증권선물위원회로부터 위탁받은 품질관리감리 및 감사보고서감리
② 공인회계사 윤리기준을 통한 품질관리
③ 정기연수 등 교육을 통한 품질관리

2.1 증권선물위원회로부터 위탁받은 품질관리감리 및 감사보고서감리

한국공인회계사회는 증권선물위원회에서 실시하는 품질관리감리 및 감사보고서감리

중 일부를 위탁받아 실시하고 있다.

2.2 공인회계사 윤리기준을 통한 품질관리

감사인의 전문지식뿐만 아니라 윤리수준도 감사품질에 영향을 미칠 수 있다. 전문지식이 아무리 높다하더라도 윤리수준이 낮다면 감사인에 대한 사회적 기대에 부응할 수 없을 것이다. 따라서 공인회계사회는 윤리기준을 제정하여 공인회계사의 윤리수준을 고취하고자 노력하고 있다.

2.3 정기연수 등 교육을 통한 품질관리

공인회계사회에서는 공인회계사의 업무능력을 향상시키기 위하여 정기연수와 특별연수를 실시하고 있다.

SECTION 08 미국의 감사품질 시스템

NEW INTERNATIONAL STANDARDS ON AUDITING

미국의 감사품질 시스템은 미국공인회계사회의 주관하에 실시하는 상호감리(Peer Review)와 회계감독위원회(PCAOB)가 실시하는 감리로 구성되어 있다.

1 상호감리(Peer Review)

미국공인회계사회는 감사인이 자발적으로 상호감리를 받을 것을 권고하고 있다. 상호감리를 도입한 이유는 전문적인 회계감사에 대해 외부자들이 규제를 할 만큼 충분한 이해를 하지 못하고 있다는 우려 때문이다. 또한 외부자가 규제를 하는 경우 규제가 정치적인 영향을 받을 우려로 인해 본래의 목적을 달성하지 못할 가능성이 있기 때문이다.

미국에서는 상호감리의 효과에 대해 사회 전반적으로 매우 긍정적인 평가를 하고 있다. 또한 회계사 자신들도 비록 상호감리로 인해 발생하는 비용이 크더라도 이로부터 얻는 효익이 크다는 것을 인식하고 긍정적으로 평가하고 있다. 1978년 미국공인회계사회는 품질관리기준위원회(quality control standards committee: QCSC)를 설치하여 회계법인이 품질관리 정책과 절차를 개발하고 이행하는 데 도움을 주도록 하였다. 품질관리 정책과 절차는 회계법인의 조직구조와 업무수행절차를 포함하고 있다.

품질관리는 회계감사기준(GAAS)과 밀접한 관련을 가지고 있기는 하지만 이와는 별개의 개념이다. 품질관리는 모든 감사에 대하여 계속적으로 이들 기준이 준수될 수 있도록 하는 절차이다. 따라서 품질관리는 회계법인 전체를 위해 수립된 것인 반면 GAAS는 개별감사에 적용되는 것이다.

1.1 품질관리 정책의 목적

미국공인회계사회는 모든 회계법인을 대상으로 한 일률적인 품질관리 정책을 정하지는 않고 있다. 즉, 품질관리 정책은 회계법인의 규모, 사무소의 수, 업무의 성격에 따라 설정되어야 한다는 입장이다. 예를 들면, 다수의 다국적기업을 주고객으로 하고 여러 나라에 사무소를 가진 국제적 회계법인의 품질관리 정책은 비교적 소수의 업종을 영위하는 소규모기업에 대한 감사를 전문으로 하는 소규모 회계법인과는 달라야 한다는 것이다. 품질관리기준위원회는 회계법인이 적합한 품질관리 정책과 절차를 정하는 데 있어 고려하여야 할 다섯 가지(우리나라는 7가지) 품질관리 정책의 목적을 제시하고 있다.

표 16-2 미국 공인회계사회가 제시한 품질관리 정책의 목적

품질관리 정책의 목적	구체적인 요구사항
① 독립성, 정직성 및 성실성	감사와 관련된 자는 외관상 독립성과 정신적 독립성을 유지하여야 하며, 정직성과 성실성을 유지하여 감사인의 책무를 다하여야 할 것
② 인적관리	품질관리 정책과 절차는 다음과 같은 합리적인 확신을 제공할 수 있도록 수립되어야 할 것 • 채 용: 모든 신규직원은 업무를 유능하게 수행할 수 있을 것 • 감사업무의 배정: 감사업무는 충분하고 적합한 전문가적 교육을 받은 자에게 배정되고 있을 것 • 교 육: 감사업무에 종사하는 자는 자신에게 부과된 의무를 완수할 수 있도록 지속적인 교육을 받고 있을 뿐만 아니라 전문기술을 개발하고 있을 것 • 승 진: 승진된 자는 새로운 직위에서 자신에게 배정된 업무를 충분히 이행할 수 있을 것

③ 고객의 수용과 유지 및 계약	새로운 고객을 수용 또는 기존고객의 유지여부에 대한 정책과 절차를 마련하고 있을 것. 또한 정당한 주의의무를 다할 수 있는 고객만을 수용할 것
④ 계약의 달성	감사계약은 감사관련기준, 법률규정 및 당해 회계법인의 내규를 충족하는 경우에 한하여 체결되고 있을 것
⑤ 감시	상기의 4가지 품질관리가 지속적으로 적용될 수 있는 정책과 절차를 마련하고 있을 것

1.2 상호감리 (Peer Review) 시스템

감사를 포함한 공적서비스를 제공하는 감사인 조직은 미국공인회계사회(AICPA)의 회계법인을 위한 부서(division for CPA firms)나 품질검토부서(quality review division)의 실무감시프로그램(practice monitoring program)에 참여해야 한다. 미국공인회계사(AICPA)의 회원가입여부는 전적으로 자유의사에 달려 있다. 그러나 일단 회원이 되면 미국공인회계사회(AICPA)에서 정한 규정(code of professional conduct)을 준수하여야 한다.

상호감리(peer review)는 회계법인회원이 준수하여야 할 규정 중 하나로 1975년 이래 미국공인회계사회의 회계법인회원 상호간에 실시하는 품질관리 정책 및 절차의 이행여부에 대한 검토를 말한다. 상호감리(peer review)는 주로 회계법인이 수립한 다섯 가지(우리나라의 경우 7가지) 품질관리요소에 대한 적합한 정책 및 절차를 개발하여 이행하고 있는지 여부를 검토하여 확인 · 보고하는 것이다.

미국은 주회계사회(State Board of Accountancy)가 공인회계사 면허(individual license)와 회계법인 면허(firm license)를 발급한다. 그리고 공인회계사 또는 회계법인이 미국공인회계사회(AICPA) 회원으로 가입하는 것은 자유의사에 달려 있다. 그러나 주회계사회(State Board of Accountancy)에서 면허유지조건으로 미국공인회계사회(AICPA) 가입을 요구하면 해당 주에서는 반드시 미국공인회계사회(AICPA)에 가입하여야 한다.

상호감리(Peer Review)는 미국공인회계사회(AICPA)에서 실시하는 자율적 품질관리시스템이지만 2001년 Enron 등 대형 회계부정사건을 경험한 후로 대부분의 주회계사회(State Board of Accountancy)는 미국공인회계사회(AICPA)의 상호감리(Peer Review)를 의무적으로 요구하고 있다.

TIP

회계법인은 두 section 중 어느 한 section에만 가입할 수도 있고, 두 section 모두 가입할 수도 있다.

1.3 상호감리의 내용

상호감리는 감사인 조직 전체와 선별된 감사에 대하여 감사조서나 감사보고서 뿐만 아니라 회계법인 내부기록(공인회계사의 채용, 감사팀의 구성, 고객회사의 수용 및 교육프로그램 등)까지도 검토하며 구체적인 내용은 다음과 같다.

① 감사인 조직이 채택하고 있는 감사 품질관리 정책과 절차에 대한 검토
② 감사의 수행시 품질관리기준을 준수했는가에 대한 조사와 증거의 수집
③ 수행한 절차에 대한 관련서류의 검토
④ 고객기업의 재무제표 검토 등

1.4 상호감리의 방법

미국공인회계사회(AICPA)의 상호감리프로그램(Peer Review Program)에 가입한 회계법인은 최소한 3년에 한 번씩 상호감리를 받아야 한다.

상호감리는 다음 3가지 중 회계법인이 선택한 방법에 따라 이루어진다.

① 공공감시위원회가 감리요원을 선정하여 감리팀 지명
② 회계법인간 계약에 의해 감리팀 구성 → 가장 일반적임
③ 공공감시위원회(POB)로부터 권한을 위임받은 주별회계사협회에 의한 감리

상기 방법 중 대부분의 회계법인은 회계법인간 계약에 의하여 감리팀을 구성하고 peer review를 받기 때문에 peer review를 상호감리라 한다.

상호감리를 성공적으로 통과한 회계법인만이 상장법인분과 또는 비상장기업분과 등 실무분과의 회원이 될 수 있다.

상호감리는 공공감시위원회가 구성한 팀에 의하여 품질관리기준(quality control standards)에 따라 실시된다. 상호감리팀은 높은 자격요건을 갖춘 구성원들로 구성되며, 상호감리의 결과는 외부에 공표된다.

1.5 상호감리의 효과

상호감리는 다음과 같은 장점과 단점이 있다.

장 점	① 업무가 동료에 의하여 검토된다는 인식 때문에 부실 감사절차가 예방될 수 있다. ② 부실 감사절차를 적발할 수 있다. ③ 상호감리과정에서 감리자가 감사기술을 익힐 수 있다. ④ 전문가에 의한 자기규제가 정부규제보다 효율적이고 효과적이다.
단 점	① 상호감리비용 ② 회계법인이 품질관리기준을 준수하였는지에 대한 여부는 평가할 수 있지만 개별감사가 적정하게 수행되었는지에 대한 평가는 어렵다.

실제로 미국공인회계사회의 상호감리가 감사품질의 제고에 미치는 긍정적 영향에 대한 조사와 연구는 다음과 같다.

① GAO의 조사와 SEC의 조사(Wallace 1989), McCabe, Luzi and Brennan(1993) 등
② 1996년 GAO는 의회의 요청에 따라 마련된 보고서에서 상호감리를 비롯하여 20년에 걸친 회계업계의 자율규제 노력이 감사품질을 향상하였다고 보고했다(미국공인회계사회 Home Page).

2 상장회사 회계감독위원회(PCAOB)의 회계법인에 대한 조사(inspection)

Q
PCAOB의 역할과 기대효과는?

미국은 회계법인이 품질관리시스템, 정책 및 절차에 대하여 충실한 의무를 다하고 있는지를 조사하는 기관이 다수 있다. 이러한 체계는 회계법인에 대한 책임과 그에 대한 평가를 가능하게 한다.

구체적으로 미국은 기관에 따라 미국 전역(연방)에 권한을 갖고 영향력을 행사하는 기관도 있지만, 상장법인에 국한하여 권한을 갖고 영향력을 행사하는 기관 그리고 해당 주(state)에만 국한하여 권한을 갖고 영향력을 행사하는 기관이 있다.

미국공인회계사회(AICPA), 미국 증권거래위원회(SEC: Securities and Exchange Commission)[1]는 미국 전역(연방)에 권한을 갖고 영향력을 행사한다.

상장회사 회계감독위원회(PCAOB)는 미국 상장기업에 대한 회계감사를 규제하는 기관으로 사베인스옥슬리법(Sarbanes-Oxley Act)에 의해 설립되어 주로 동 법을 이행하는 기관이다. PCAOB도 미국 전역(연방)에 권한을 갖고 영향력을 행사하지만 상장법인에만 국한한다. 이는 회계부정의 대부분이 주식이 빈번하게 거래되는 소수의 상장법인에 집중되기 때문이다. 따라서 PCAOB는 다른 어떤 기관보다 전문적이고 독립

TIP
PCAOB(Public Company Accounting Oversight Board)는 미국회계개혁법(Sarbanes-Oxley Act)에 따라 자본시장의 신뢰도 제고를 위해 설립된 기구로 상장법인의 감사보고서를 발행하는 회계법인 등록업무, 감사업무와 관련된 감사규정, 품질관리규정, 윤리기준 및 독립성 규정 등의 제·개정, 등록된 회계법인에 대한 검사업무 및 조사·징계 업무를 담당하고 있다.

1) 미국증권거래위원회(SEC)는 미국 증시에서 이뤄지는 거래를 감시 감독하는 정부 직속 기관으로 1934년에 설립되었다. SEC는 증권거래법 제4조를 기초로 세워진 대통령 직속 기관으로 주요 기능은 증시에 대한 감시 감독이다.

적이며, 동시에 그 영향력이나 파급효과도 가장 강력하다고 알려져 있다.

주회계사회(State Board of Accountancy)는 회계법인이 소속된 개별 주에만 권한을 갖고 영향력을 행사한다. 그러나 대부분의 주회계사회는 규정으로 미국공인회계사회(AICPA), 미국증권거래위원회(SEC) 그리고 PCAOB의 요구사항을 충족할 것을 요구하고 있다.

PCAOB 룰은 우리나라에도 영향을 미치고 있다. PCAOB는 미국에서 증권을 발행하는 기업을 감사하기 위해서는 해외 소재 회계법인도 PCAOB에 등록하도록 요구하고, 등록된 회계법인은 그들이 감사하는 회사의 수에 따라 주기적으로 PCAOB의 조사(inspection)를 받도록 요구하고 있다. 2016년 현재 포스코, 한전 등 다수의 대기업이 현재 우리나라와 미국에 동시 상장(cross-border)되어 있고 따라서 이들 기업을 감사하는 회계법인은 주기적으로 PCAOB의 조사(inspection)를 받고 있다.

PCAOB의 조사(inspection)는 Sarbanes-Oxley Act, 주 회계사회, 미국증권거래위원회(SEC), 미국공인회계사회(AICPA) 요구사항을 회계법인이 충족하고 있는가를 조사하는 것이다. 여기에는 회계법인의 감사수행, 감사보고서 발행 그리고 관련 문제가 조사대상이다. 그리고 조사결과를 'Firm Inspection Reports'라고 하여 PCAOB의 웹사이트(https://pcaobus.org/Inspections/Pages/default.aspx)에 공개하고 있다.

PCAOB의 조사(inspection) 주기는 룰[2)]로 정해져 있는데 우리나라 Big 4는 Rule 4003 (b)에 해당되어 최소 3년 주기(at least 3 years)로 조사를 받아야 한다. 현재는 매 2년마다 조사(inspection)가 이루어지고 있다. 조사(inspection) 때는 우리나라 금융감독원의 감리팀도 함께 참여하는데 이는 PCAOB와 금융감독원간 맺어진 협약(PCAOB Cooperative Arrangements)에 근거한 것이다.

2) Rule 4003. Frequency of Inspections: (b) At least once in every three calendar years, beginning with the three-year period following the calendar year in which its application for registration with the Board is approved, a registered public accounting firm that, during any of the three prior calendar years, issued an audit report, other than by consenting to an issuer's use of a previously issued audit report, with respect to at least one issuer, but no more than 100 issuers, shall be subject to a regular inspection. Available at: https://pcaobus.org//Rules/Pages/Section_4.aspx

Chapter 16 OX문제

01 회계법인의 사원이 아닌 공인회계사 또는 해당 개인의 배우자가 과거 1년 이내에 직원이었던 회사에 대해 회계법인은 감사를 수행할 수 없다.

02 공인회계사 직무와 직접 관련된 채권·채무의 경우에는 금액과 상관없이 공인회계사법에 의한 직무제한에 해당하지 않는다.

03 재무제표를 감사계약을 체결하기 전에 약관에 따라 구입한 시설물이용권은 1억을 초과할 경우 공인회계사법에 의한 직무제한에 해당한다.

04 공인회계사법에 따르면 지배회사 감사인은 재무제표 작성 등의 비감사서비스를 지분법 적용회사에 대해서도 수행할 수 없다.

05 공인회계사는 의뢰인 또는 고용주와의 관계가 종료된 이후에도 비밀유지의 원칙을 준수하여야 할 필요성이 있다. 공인회계사가 고용관계를 변경하거나 새로운 의뢰인으로부터 업무를 수임한 경우, 공인회계사는 직무수행과정에서 지득한 어떠한 기밀의 정보도 사용하거나 공개해서는 아니되므로 이전의 업무경험을 이용할 수 없다.

---

06 공인회계사가 공정성이 손상될 수 있을 정도로 어떤 입장이나 의견을 옹호하는 경우에 발생하는 위협은 유착위협이다.

07 회계법인이 전임회계법인의 보수 또는 다른 회계법인의 제안보수보다 상당히 더 낮은 금액의 보수로 인증업무를 수임하는 경우에 발생하는 이기적 위협은 어떠한 안전장치를 통해서도 수용가능한 수준이하로 감소되지 않을 것이다.

08 회계법인이 인증의뢰인을 위하여 인증대상정보에 영향을 주는 직위의 고위경영자를 모집해주는 것은, 현재 또는 미래의 이기적 위협, 유착위협, 압력위협을 발생시킬 수 있기 때문에 인증의뢰인이 구체적으로 제시한 선발기준을 따르는 경우에 한하여 고용의사결정을 할 수 있다.

09 독립성은 인증업무 수임기간 동안 유지해야 한다. 인증업무 수임기간이란 인증업무팀이 업무를 착수한 일로부터 인증보고서 발행일까지이다.

10 개업공인회계사가 알선수수료를 지급하거나 수령하는 것은 윤리강령 준수에 상당히 심각한 위협을 초래하므로, 어떠한 종류의 알선수수료도 지급하거나 수령해서는 아니된다. 따라서 개업공인회계사가 다른 회계법인 업무의 전부 또는 일부를 인수하는 경우, 그 회계법인의 전 소유자인 개인에게 인수대가를 지급할 수 없다.

---

11 개업공인회계사가 직접적으로 의뢰인과 경쟁하는 경우 (　　) 강령 준수에 대한 위협이 발생할 수 있다.

12 비인증업무에 대한 성공보수는 (　　) 강령 준수에 대한 이기적 위협을 발생시킬 수 있다.

13 (　　)은 품질관리시스템, 정책 및 절차를 구축하여야 할 책임이 있으며, (　　)은 주어진 품질관리시스템, 정책 및 절차 중에서 감사업무에 적용가능한 것들을 실행하고, 독립성과 관련된 품질관리시스템이 가동될 수 있도록 관련 정보를 회계법인에 제공할 책임이 있다.

14 회계법인은 품질이 업무수행시 핵심이라는 것을 인식할 수 있는 내부문화를 촉진할 수 있도록 설계된 정책과 절차를 수립하여야 한다. 이는 품질관리기준서1에서 제시하는 품질관리시스템의 구성요소 중 '인적 자원관리'에 해당한다.

15 감사보고서감리란 규제기관이 감사업체인 회계법인이 감사업무의 질적 수준 향상 및 유지를 위하여 '품질관리시스템을 적정하게 구축하였는지' 또한 실제 감사업무를 수행할 때 '동 시스템에 따라 적절하게 운영하고 있는지'를 조사하는 것이다.

Chapter 16 정답 및 해설

01 × 해당 공인회계사를 업무팀에서 제외하면 업무수임이 가능하다. (공인회계사법 제21조)

02 ○ (공인회계사법 시행령 제14조)

03 ○ 금액과 상관없이 업무수행이 가능하다. (공인회계사법 시행령 제14조)

04 × 지분법 적용회사는 업무제한 범위에 해당하지 않으며, 종속회사까지만 공인회계사법 제21조가 적용된다. (공인회계사법 제21조)

05 × 공인회계사는 의뢰인 또는 고용주와의 관계가 종료된 이후에도 비밀유지의 원칙을 준수하여야 할 필요성이 있다. 공인회계사가 고용관계를 변경하거나 새로운 의뢰인으로부터 업무를 수임한 경우, 공인회계사는 이전의 업무경험을 이용할 자격이 있다. (윤리기준 140.6)

---

06 × 변호위협에 대한 설명이다. 유착위협은 공인회계사가 밀접한 관계로 인하여 타인의 이익에 지나치게 동정적인 경우에 발생하는 위협이다. (윤리기준 200.3)

07 × 다음의 안전장치가 모두 충족되는 경우, 수용가능한 수준이하로 감소시킬 수 있다. (윤리기준 290.209)
① 적절한 시간의 투입과 자질있는 구성원을 해당 업무에 배정함을 입증함
② 인증업무와 관련된 모든 기준, 지침 및 품질관리절차의 준수를 입증함

08 × 회계법인은 어떠한 경우에도 경영의사결정을 하여서는 아니되며, 고용에 대한 의사결정은 의뢰인이 하여야 한다. (윤리기준 290.203)

09 ○ (윤리기준 290.31)

10 × 개업공인회계사가 다른 회계법인 업무의 전부 또는 일부를 인수하는 경우, 그 회계법인의 전 소유자인 개인 또는 그의 상속인에게 지급하는 인수대가는 알선수수료로 간주되지 아니한다. 따라서 지급이 가능하다. (윤리기준 240.8)

---

11 개업공인회계사가 직접적으로 의뢰인과 경쟁하는 경우 (공정) 강령 준수에 대한 위협이 발생할 수 있다. (윤리기준 220.1)

12 비인증업무에 대한 성공보수는 (공정) 강령 준수에 대한 이기적 위협을 발생시킬 수 있다. (윤리기준 240.3)

13 (회계법인)은 품질관리시스템, 정책 및 절차를 구축하여야 할 책임이 있으며, (업무팀)은 주어진 품질관리시스템, 정책 및 절차 중에서 감사업무에 적용가능한 것들을 실행하고, 독립성과 관련된 품질관리시스템이 가동될 수 있도록 관련 정보를 회계법인에 제공할 책임이 있다.

14 × 품질관리시스템의 구성요소 중 '회계법인내 품질에 대한 리더십 책임'에 해당한다. (품질관리기준서1 18)

15 × 품질관리 감리에 대한 설명이다.

참 고 문 헌

이명곤, 2005, 표준감사보고서와 기대차이, working paper.

AICPA, Audit Guide, Audit Sampling (New York, 2001)

AICPA, Audit Guide, Audit Sampling (New York, 2008)

Amercian Accounting Association, 1973, Studies in Accounting Research #6(A Statement of Basic Auditing Concepts by Committee On Basic Auditing Concepts.

Arens, Alvin A., James K. Loebbecke, 1997, AUDITING: *An Integrated Approach*, Prentice-Hall International, Inc.

Bae, Gil S., Joon-Hwa Rho(2001), The Effect of Retention Requirement on *Auditor Independence: An Empirical Investigation of the Korean Audit Market*, 한국회계학회 동계학술대회 발표논문집.

DeAngelo, L., 1981a. Auditor independence, low-balling, and disclosure regulation. *Journal of Accounting and Economics 3*, 113-127

DeFond, M., Subramanyam, K.R. 1998, Auditor changes and discretionary accruals, *Journal of Accounting and Economics* 25, 35-67.

Dye, R., 1991, Informationally motivated auditor replacement, *Journal of Accounting and Economics* 14(4), 347-374

Francis, J., 1984, The effect of audit firm size on audit prices: a study of the Australian market. *Journal of Accounting and Economics* 6, 133-151.

Jensen M. C., W. H. Meckling, 1976, Theory of the Firm: Managerial Behavior, Agency Cost and Ownership Structure, *Journal of Financial Economics*(October).

Kanodia, C., Mukherji, A., 1994. Audit pricing, lowballing and auditor turnover: a dynamic analysis, *The Accounting Review 69 (October)*, 593-615.

McCabe, R., A. Luzi, and T. Brennan, Managing Partner's Perceptions of Peer Review, Auditing: *A Journal of Practice and Theory (fall 1993)*, 109-115

Palmrose, Z., 1986, Audit fees and auditor size: further evidence, *Journal of Accounting Research*, 97-110

Simon, D., Francis, J., 1988. The effects of auditor change on audit fees: tests of price cutting and price recovery, *The Accounting Review* 63, 255-269.

Simunic, D., 1980, The pricing of audit services: theory and evidence, *Journal of Accounting Research*, 161-190.

Teoh, S., 1992, auditor independence, dismissal threats, and the market reaction to auditor switches, *Journal of Accounting Research 30(1),* 1-23.

Wallace, W., A Historical View of the SEC's Reports to Congress on oversight of the Professional Self-Regulatory Process, *Accounting Horizon(December 1989)*: 24-39

찾아보기

저/자/소/개

노준화

저자 소개

저자는 1991년 고려대학교 경영대학을 졸업하고, 1997년 동 대학원에서 박사학위를 받았으며, 회계법인에서 공인회계사로 근무하기도 하였다. 현재 충남대학교 경영학부 교수로 재직중이며, 2007년 LG 연암문화재단 해외연구교수로 선정되어 미국 Purdue 대학교 Krannert 경영대학에서 1년 6개월, 그리고 2017년 Pacific Lutheran University에서 1년 동안 연구하였다. 1990년 한국 공인회계사 시험에 합격하였으며, 2016년 미국 워싱턴주 공인회계사(CPA in Washington state) 면허를 취득하였다. 저자는 한국회계학회, 한국국제회계학회 및 한국회계정보학회의 회계감사분과위원장을 지내는 등 회계감사에 전문적 경험과 지식을 가지고 있다.

주요 약력

고려대학교 경영대학 졸업(경영학 학사)

고려대학교 대학원 졸업(경영학 석사·박사)

한국공인회계사(KCPA) /미국 워싱턴주 공인회계사(Washington State licensed CPA)

Visiting Scholar, Purdue university(2007.7 - 2008.12, LG연암재단 해외연구교수)
Pacific Lutheran University(2017.8 - 2018.7)

전, 한국회계학회 회계감사분과위원장
㈜ KT&G 사외이사(감사위원장)

현, 충남대학교 경영학부 교수
한국수자원공사 비상임이사(감사위원장)
내부회계관리제도 위원(실무분과위원장)

주요 논문

Bae, Gil, S. Choi and Joonhwa Rho. 2016. Audit Hours and Unit Audit Price of Industry Specialist Auditors: Evidence from Korea. *Contemporary Accounting Research.*

Jang, Min-ho, Joon Hwa Rho. 2016. IFRS adoption and financial statement readability: Korean evidence. *Asia-Pacific Journal of Accounting & Economics.*

Bae, Gil, Sanjay Kallapur, and Joonhwa Rho. Departing and Incoming Auditor Incentives, and Auditor-Client Misalignment under Mandatory Auditor Rotation: Evidence from Korea. Under Review. Working Paper.

2026 New ISA 회계감사

지 은 이 · 노 준 화
펴 낸 이 · 최 재 범
펴 낸 곳 · 도서출판 탐진
등록 1 - 996호(倫). 1990. 1. 12.
서울특별시 마포구 신수로 27-1
Tel. 715-1092 ~ 3 / Fax. 701-6391
E-mail. tamjin1990@hanmail.net / Homepage. www.tamjin.co.kr

저자와의 협의하에 인지를 생략함

2014. 2. 10. 초 판 발행
2026. 1. 2. 제13판 발행

ISBN 978-89-5540-718-1 93320

정가 46,000원